Das Weinlexikon hat sich im Laufe der Jahre auch bei Fachleuten einen guten Ruf erworben und wurde u. a. von Wolfram Siebeck als »das ideale Nachschlagewerk für den Weinfreund« bezeichnet, und in der Zeitschrift *Essen und Trinken* hieß es: »Eine Wohltat für den Wißbegierigen ist das Weinlexikon.« Um diesem Ruf weiterhin gerecht zu werden, ist eine grundlegende Neubearbeitung erfolgt, die den einschneidenden Veränderungen in der Welt des Weines Rechnung trägt.

So haben sich zum Beispiel in vielen Ländern die gesetzlichen Rahmenbedingungen für die Erzeugung und Vermarktung verändert. Außerdem haben in den letzten Jahren eine große Zahl von Weingütern durch die Qualität ihrer Weine auf sich aufmerksam gemacht. Zunehmend spielen auch Weine aus außereuropäischen Ländern – u. a. Australien, Kalifornien und Südafrika – eine wichtige Rolle und werden hier stärker berücksichtigt.

Das hat zu einer Erweiterung auf nunmehr ca. 3000 Stichworte geführt, in denen der Benutzer alles Wissenswerte über Weinbau und Weinbaugebiete, Spitzenweine und deren Erzeuger, Jahrgangsweine und Erntemengen, über Rebsorten, Klassifizierungen, Lagerung, Ausbau, Bekömmlichkeit und Temperierung erfährt und vinologische Fachbegriffe erklärt bekommt. Besonders ausführlich dargestellt sind die Weinbauländer Deutschland, Frankreich, Italien, Österreich, Schweiz und Spanien, deren Weinjahrgänge – nach Anbaugebieten rubriziert – eine Bewertung erfahren. Ein umfangreiches und kommentiertes Literaturverzeichnis zum Thema Wein rundet dieses Nachschlagewerk für Fachleute und Weinkenner ab.

Dr. Horst Dippel, Jahrgang 1942, Studium der Geschichte an den Universitäten Köln, Heidelberg und Göttingen, ist Professor an der Universität Kassel. Er hat mehrere Bücher zum Thema Geschichte sowie zum Thema Wein veröffentlicht. Er ist Mitglied der Commanderie du Bontemps, des Graves et du Médoc und bevorzugt Bordeaux-Weine.

Horst Dippel

Das Weinlexikon

Fischer Taschenbuch Verlag

Veröffentlicht im Fischer Taschenbuch Verlag GmbH,
Frankfurt am Main, Dezember 1997

Erstveröffentlichung 1995 im
Wolfgang Krüger Verlag, Frankfurt am Main
© S. Fischer Verlag GmbH, Frankfurt am Main 1995
Gesamtherstellung: Clausen & Bosse, Leck
Printed in Germany
ISBN 3-596-13826-4

L'Ame du Vin

Un soir, l'âme du vin chantait dans les bouteilles:
»Homme, vers toi je pousse, ô cher déshérité,
Sous ma prison de verre et mes cires vermeilles.
Un chant plein de lumière et de fraternité!

Je sais combien il faut, sur la colline en flamme,
De peine, de sueur et de soleil cuisant
Pour engendrer ma vie et pour me donner l'âme;
Mais je ne serai point ingrat ni malfaisant,

Car j'éprouve une joie immense quand je tombe
Dans le gosier d'homme usé par les travaux,
Et sa chaude poitrine est une douce tombe
Où je me plais bien mieux que dans mes froids caveaux.

Entends-tu retenir les refrains des dimanches
Et l'espoir qui gazouille en mon sein palpitant?
Les coudes sur la table et retroussant tes manches
Tu me glorifieras et tu seras content;

J'allumerai les yeux de ta femme ravie;
A ton fils je rendrai sa force et ses couleurs
Et serai pour ce frêle athlète de la vie
L'huile qui raffermit les muscles des lutteurs

En toi je tomberai, végétale ambroisie,
Grain précieux jété par l'Eternel Semeur,
Pour que de notre amour naisse la poésie
Qui jaillira vers Dieu comme une rare fleur!«

Charles Baudelaire

Inhalt

Anhang

Vorwort

Sechs Jahre sind seit der letzten Auflage des Weinlexikons vergangen, in denen sich die Lebensbedingungen für Hunderte Millionen Menschen von Grund auf verändert haben. So wurden in der letzten Auflage noch Staaten aufgeführt wie die Deutsche Demokratische Republik, Jugoslawien und die Sowjetunion, die in dieser Form längst zu existieren aufgehört haben. Nicht allein diese Veränderungen haben eine Neuauflage dringend erforderlich gemacht, sondern zumindest ebenso die einschneidenden Veränderungen in der Welt des Weins im Verlauf der letzten sechs Jahre. In vielen Ländern, unter ihnen Österreich, die Schweiz und die Länder Mittel- und Osteuropas, haben sich in der Zwischenzeit die gesetzlichen Rahmenbedingungen für die Erzeugung und Vermarktung von Wein wesentlich verändert. In Deutschland, Frankreich, Italien, Spanien, Portugal und weiteren Ländern haben sich weitreichende Neuerungen teils auf individueller, teils auf gesetzgeberischer Ebene vollzogen. Eine Fülle neuer Weine und Weingüter, vor allem in Deutschland, Italien und Übersee, hat aufgrund der Qualität auf sich aufmerksam gemacht und beansprucht Berücksichtigung und Verdeutlichung. Weine aus der Europäischen Gemeinschaft, aber auch aus Drittländern wie Australien, Kalifornien oder Südafrika spielen, verglichen mit den heimischen Erzeugnissen, eine zunehmend wichtigere Rolle. Dies alles und noch eine Fülle mehr, einschließlich der weltweit offenkundige Wandel im Weinkonsum, haben eine völlige Überarbeitung des Weinlexikons und seine Anpassung an die gegenwärtige Situation erforderlich gemacht. Nicht nur bereits bestehende Artikel wurden überarbeitet, ergänzt und aktualisiert, sondern auch neue hinzugefügt. Damit ist zugleich die Zahl der Stichworte und Verweise auf rund 3000 angewachsen.

Ungeachtet dieser grundlegenden Neubearbeitung ist eines jedoch geblieben, nämlich die Verpflichtung, in völliger Unabhängigkeit und allein in dem Streben nach zuverlässiger Information kritisch-sichtend die unendliche Vielfalt der Weinwelt auszubreiten, damit jene, die in ihr nach Orientierung suchen, in diesem Buch Hilfe und Anleitung finden mögen.

Das Weinlexikon bleibt dabei unverändert von der Überzeugung geprägt, daß Qualität im Wein Engagement, Kompromißlosigkeit und Seriosität voraussetzt. Spitzenweine sind kein Zufallsprodukt, sondern stets unter der Voraussetzung optimaler natürlicher Bedingungen allein das Ergebnis unablässigen menschlichen Strebens. Wie kein zweites Erzeugnis stellt der Spitzenwein eine einzigartige Symbiose zwischen Natur und Mensch dar und verkörpert darin für viele seine unnachahmliche Größe bis hin zum Kunstwerk, während der Gleichgültige gerade darin seine Indifferenz begründet sehen mag. In analoger Weise teilt sich die Weinerzeugung dieser Welt auf der einen Seite in die Masse des Alltäglichen und Belanglosen, die uns überall umgibt, und auf der anderen Seite in die sehr viel geringere Zahl der *guten, sehr guten, ausgezeichneten, hervorragenden, bemerkenswerten* und schließlich sogar der ganz seltenen *großen* Weine, die schon immer die Leitbilder einer mehr als 3000jährigen europäischen

Weinkultur waren. In Analogie dazu kann man bei den Weinbauorten – wie im Fall der deutschen geschehen – angesichts der Bonität ihrer Spitzenlagen von ausgezeichneten (*), hervorragenden (**) und bemerkenswerten (***) Orten sprechen. Möge das Weinlexikon dazu beitragen, daß das Bewußtsein für derartige Weine bei einer möglichst großen Zahl auch weiterhin erhalten bleibt.

Diese Neuauflage hätte nicht unternommen werden können, ohne die Unterstützung der Vielzahl jener, die bewußt oder unbewußt zu ihrer Fertigstellung beigetragen haben. Ihnen allen gilt mein aufrichtiger Dank. Ganz besonderen Dank, mehr als Worte ausdrücken können, schulde ich meiner lieben Frau für ihre Unterstützung, Geduld und ihr Einfühlungsvermögen, ohne die diese Neuauflage nicht hätte bewerkstelligt werden können. Für alle verbliebenen Fehler bin jedoch allein ich verantwortlich.

Horst Dippel

A

Aargau Ostschweizer Kanton, dessen 382 ha Rebfläche über das Limmattal, das Reußtal, das Fricktal und beiderseits der Aare verstreut ist. Zu 60 % werden Rotweine aus dem →Spätburgunder erzeugt, von denen der *Wettinger Herrenberger*, der *Goldwändler* von Ennetbaden sowie die Weine von Klingnau, Döttingen und Tegerfelden im unteren Aaretal zu den beachtenswertesten zählen dürften. Der bekannteste Weißwein des Kantons ist zu Recht der Riesling × Sylvaner (→Müller-Thurgau) von →Schinznach.

Abbeeren Ablösen der Beeren von den Stielen vor der Gärung, eine Maßnahme, die heute weithin für die Erzeugung eines guten Rotweins als unverzichtbar gilt. Es gibt jedoch Regionen oder Weinjahrgänge, in denen man bei Rotweinen einige Stiele mit den Beeren vergären läßt, wodurch der Wein herber, gerbstoffhaltiger und spätreifer, andererseits auch langlebiger wird.

Abboccato Italienische Bezeichnung für →halbtrocken. Der weiße →Orvieto kommt heute noch z. T. als *abboccato* in den Handel. Die Bezeichnung entspricht den Ausdrücken →demi-sec, →imexeros, →medium dry, →meio seco, semiseco.

Abgang Bezeichnung für den Eindruck, den der Wein beim Schlucken hinterläßt. Schlichte Konsumweine haben in der Regel keinen Abgang, d. h. sie hinterlassen keinen Nachgeschmack und die Geschmacksempfindung setzt am hinteren Gaumen aus. Der Wein ist dann kurz; am Zungengrund (d. h. »hinten«) weiß er nichts mehr zu

»sagen«. Dessenungeachtet kann er »vorne«, also im vorderen Teil des Mundes und an der Zungenspitze, kräftig und sehr angenehm wahrgenommen werden. Jeder ernst zu nehmende Wein muß dagegen über einen deutlichen Abgang verfügen.

Abgebaut Man spricht von einem abgebauten Wein, wenn dieser durch Alterung deutlich an Qualität eingebüßt hat.

Abgerundet Ausgeglichen, harmonisch, ohne ernstliche Mängel, einwandfrei, eine Geschmackseigenschaft, die durch die Rebsorten, Kellerbehandlung oder Alterung hervorgerufen sein kann. Kein schlechter Wein wird diese Eigenschaften für sich in Anspruch nehmen, andererseits aber muß ein abgerundeter Wein nicht unbedingt ein feiner oder großer Wein sein.

Abocado Spanisches Äquivalent des italienischen →Abboccato. Meist gebraucht man dafür den Ausdruck →Semiseco.

Abruzzen Östlich von Rom an der Adria gelegene italienische Region mit rund 32500 ha Rebfläche, die jährlich um 4 Mill. hl Wein hervorbringen, von dem über 90 % von kaum mehr als von lokaler Bedeutung sind. Der Grund liegt auf der Hand: Mit einem seit den achtziger Jahren dramatisch hochgepuschten Hektarertrag von heute bis an die 140 hl / ha haben die Abruzzen die traurige Ehre, sich alljährlich mit der →Emilia-Romagna um den ersten Platz hinsichtlich der Erwirtschaftung von Massenerträgen im italienischen Weinbau streiten zu dürfen. Lediglich zwei →DOC-Weine werden erzeugt und sind auch außerhalb der Region bekannt, nämlich der mitunter beachtenswerte rote →Montepulciano d'Abruzzo (auch als z. T. ausgezeichneter →Cerasuolo, eine Art Rosé) und der etwas leichtere, sehr ansprechende, weiße →Trebbiano d'Abruzzo.

Abstatt Kleiner Ort südöstlich von →Heilbronn mit rund 110 ha Rebfläche, zu denen die Lage *Abstatter Burg Wildeck* gehört, eine der vorzüglichsten Weinlagen →Württembergs, die sich im Alleinbesitz der →Lehr- und Versuchsanstalt Weinsberg befindet. Die von ihr dort erzeugten Weine (→Riesling, →Spätburgunder u. a.) sind, zumal in guten Jahren, ausgezeichnet.

Abstich, Abzug Das durch Umfüllen von einem →Faß in ein anderes erfolgende *Abziehen* (auch *Abstechen* oder *Abschlauchen* genannt) des klaren jungen Weins vom Trub (→Bodensatz), der sich angesammelt hat. Beim Abstich (französisch *soutirage*, italienisch *travaso*, englisch *racking*) gehen normalerweise 2–3 % des Volumens des Weins verloren. Während bei traditionellen Vinifikationsverfahren bis zu viermal im Jahr abgestochen wird, begnügt man sich heute vielfach aus Gründen des reduktiven →Ausbaus mit insgesamt zwei Abstichen. Dabei werden aus wirtschaftlichen Erwägungen zunehmend Zentrifugen (→Separieren) und Kieselgurfilter (→Filtrieren) eingesetzt.

Achaia Clauss 1855 in →Patras durch den Bayern Gustav Clauss gegründeter, heute bekannter Weinbau- und Weinhandelsbetrieb, der etliche ausgezeichnete bis durchschnittliche Weine erzeugt, darunter als →O.P.A.P.-Weine den →Nemea und den Patras, als →Markenweine den →Château Clauss, →Danielis, →Santa Helena und natürlich den →Demestica sowie schließlich

den →Mavrodaphne bzw. den →Muskat von Patras u. a.

Achkarren Eine der bedeutendsten Weinbaugemeinden des →Kaiserstuhls mit gut 150 ha Rebfläche. Als beste Lage gilt der *Schloßberg*, von dem u. a. das Weingut Dr. Heger aus dem benachbarten →Ihringen in guten Jahren einen der bemerkenswertesten →Rieslinge →Badens erzeugt.

Adega Portugiesische Bezeichnung für Weinkellerei, entspricht in etwa dem spanischen →Bodega. Dient sowohl als Bezeichnung für Familienbetriebe als auch für größere Weinlager. Adega cooperativa bedeutet →Winzergenossenschaft.

Adelaide Ursprung und heute Zentrum des Weinbaus in →Südaustralien. Trotz um sich greifender Urbanisierung gibt es im Osten der Stadt an den Abhängen des Mount Lofty noch einige Weinberge. Wenige Kilometer südlich der Stadt liegt das renommierte Weinbaugebiet der →Southern Vales, 50 km nordöstlich das →Barossa Valley, eines der berühmtesten australischen Weinbaugebiete, und schließlich rund 130 km nördlich das Gebiet von →Clare Valley.

Adelmann, Graf Adelsgeschlecht, in dessen Besitz sich das renommierte, 15 ha große →Brüssele'-Weingut in →Kleinbottwar, eines der besten →Württembergs, befindet mit Lagen in Kleinbottwar (*Süßmund* und *Oberer Berg* im Alleinbesitz) und im benachbarten Hoheneck. Seine traditionell ausgebauten →Riesling- (26 %), →Traminer- (7 %), →Lemberger- (7 %) und →Samtrot-Weine (7 %) vermögen in guten Jahren hervorragende Qualität zu erreichen und zählen dann zu den beachtenswertesten Weinen Württembergs. Ferner vielversprechende Versuche mit →Barriqueweinen.

Adstringierend Bezeichnung von Weinen mit hohem, aggressivem →Tanningehalt, die beim Verkosten ein zusammenziehendes Gefühl im Mund verursachen. Viele exquisite Rotweine tun dies in ihrer Jugend. Wenn sie dabei nicht mager erscheinen, sondern über Frucht und einen guten Körper verfügen, ist dies ein Hinweis auf eine lange Lagerfähigkeit und eine dabei zu erwartende hervorragende Reifeentwicklung, während der sich das Tannin abbaut und der Wein zunehmend weicher und ausgeglichener wird.

Affentaler Badischer, aus dem →Spätburgunder erzeugter Rotwein aus der Umgebung von →Bühl. Trotz seines Namens, der sich von dem lokalen Alvetal herleitet, kann er von durchaus passabler Qualität sein. Die Affentaler Winzergenossenschaft Bühl erzeugt darüber hinaus seit einiger Zeit in kleinen Mengen im →Barrique ausgebaute →Rieslinge und Spätburgunder von bemerkenswerter Qualität, die zu den besten Weinen ihrer Art in Deutschland gehören.

Affile Weinbaugemeinde in →Latium, östlich von Rom, in deren Umgebung überwiegend aus →Cesanese ein Rotwein erzeugt wird, der wie auch der benachbarte Cesanese del Piglio als →asciutto, →amabile, →dolce, →spumante oder →frizzante in den Handel kommen kann. Er wird auch als *Cesanese di Affile* bezeichnet. In der Regel wird man den trockenen Abfüllungen, die delikat und beachtenswert sein können, den Vorzug geben.

Afrika Angesichts des vorherrschenden tropischen Klimas erscheint Afrika nur an seinen klimatisch gemilderten Randzonen für Weinbau geeignet. Das älteste Weinbauland ist sicherlich Ägypten, das noch heute in geringen Mengen Wein erzeugt. Während noch vor 25 Jahren der meiste afrikanische Wein in →Algerien erzeugt wurde, steht heute hinsichtlich Quantität und wohl auch Qualität →Südafrika an erster Stelle. →Marokko und →Tunesien sind weitere bekannte Weinbauländer, und seit geraumer Zeit gibt es auch in Madagaskar, Zimbabwe und Tansania beachtenswerte Versuche der Weinerzeugung.

Ägäische Inseln Griechische Weinbauregion mit einer breiten Palette unterschiedlichster Weine. Der bedeutendste ist heute vielleicht der weiße →Santorin, ein →O.P.A.P.-Wein, ebenso wie der rote →Paros und der Limnos, die allerdings nicht ganz diesen Rang haben. Noch bekannter dürften die →Likörweine und die meist eher durchschnittlichen trockenen Rot- und Weißweine von →Samos und →Rhodos sein.

Agassac, Château d' *Cru* →*bourgeois* aus →Ludon im →Haut-Médoc mit 35 ha Rebfläche (60 % →Cabernet Sauvignon, 40 % →Merlot) und einem sehr feinen, gehaltvollen und zuverlässigen Rotwein; im gleichen Besitz wie Château →Calon-Ségur u. a.

Aglianico Süditalienische rote Rebsorte, vermutlich antiken griechischen Ursprungs, die für einige der bedeutendsten süditalienischen Rotweine verantwortlich ist, darunter den →Taurasi, den Aglianico del Vulture und den →Canneto. Die beiden letzteren stammen aus der Provinz Potenza, östlich von Neapel, in der →Basilicata und gedeihen auf den vulkanischen Böden der Abhänge des Monte Vulture. Der Aglianico del Vulture ist tieffarben und verfügt oftmals über eine derartige Tanninfülle, daß er in seiner Jugend unnahbar erscheint und etliche Jahre des →Alterns und der Reife bedarf, um sich zu runden. Dank seines mittleren Alkoholgehalts (um 12–12,5 % vol.) wirkt er dann nicht kopflastig, sondern samtigvoll, mit differenziertem Charakter, der ihn weit über den Durchschnitt der süditalienischen Rotweine heraushebt. Wenn er voll gelungen ist, ist er fraglos der beachtenswerteste Rotwein des Mezzogiorno. F.lli D'Angelo gilt allgemein als bedeutendster Erzeuger, aber auch Armando Martino, die Viticoltori Associati, F.lli Napolitano, Paternoster, Carilli u. a. sind verläßliche Namen.

Ägypten Eines der ältesten Weinbauländer der Welt mit derzeit rund 38000 ha Rebfläche, von denen allerdings lediglich gut 20000 hl Wein, ein Viertel der Erzeugung von Madagaskar, kommen: der bescheidene Rest einer einst bedeutenden Kultur.

Ahr Kleiner Fluß, der zwischen Koblenz und Bonn in den Rhein mündet. Im mittleren und unteren Ahrtal das nach →Sachsen, →Saale-Unstrut und der Hessischen →Bergstraße viertkleinste deutsche Weinanbaugebiet mit 506 ha Ertragsrebfläche. Auf den steilen Schieferhängen eines der nördlichsten deutschen Anbaugebiete werden zu 80 % rote Rebsorten angepflanzt, vor allem →Spätburgunder (263 ha) und →Portugieser (95 ha), während unter den weißen Sorten →Riesling (48 ha) und →Müller-Thurgau (42 ha) dominieren. Die Rotweine, wenn auch mitunter etwas schlank im Körper und relativ hoch in der Säure, können fruchtig und charaktervoll sein und zu den besten ihrer Art in Deutschland zählen. Als die bedeutendsten Weinbauorte gelten aufgrund der Bonität ihrer Böden und der Bedeutung ihrer Weine: →*Ahrweiler, →* Dernau, →** Heimersheim, →* Marienthal, →* Mayschoß und →*** Walporzheim, letzteres zugleich der Name für den ganzen Bereich, während *Klosterberg* der Großlagenname ist.

Ahrweiler Heute Stadtteil von Bad Neuenahr-Ahrweiler und einer der bedeutenderen Weinbauorte der →Ahr, dessen beste Rotweine zumeist von der Lage *Rosenthal* stammen. Zu den führenden Erzeugern zählen die Staatliche →Weinbaudomäne Kloster Marienthal, J. J. Adeneuer u. a.

Aigle Berühmte Weinbaugemeinde der →Chablais-Region des Kantons →Waadt mit eigener Appellation, deren Weißweine aus dem →Gutedel (→Dorin) sich durch besondere Feinheit, verbunden mit einem ausgesprochenen →Feuersteingeschmack auszeichnen und zu den besten des Chablais gehören. Der aufgrund seines Etiketts sogenannte →Eidechsli-Wein→ von Henri Badoux (*Aigle les Murailles*) ist fast so etwas wie eine Schweizer Institution. Es werden auch beachtenswerte Rotweine aus der →Pinot noir erzeugt.

Aisne Französisches Département, nordwestlich des Département →Marne gelegen, mit knapp 1900 ha Rebfläche, die z. T. als qualitativ weniger bedeutende Ausläufer zum Anbaugebiet des →Champagners gehören. Einige der am geringsten eingestuften Gemeinden befinden sich hier, und ihre Trauben werden selten für die großen Marken verwandt.

Ajaccio Hauptstadt des Départements Corse du Sud und der Region →Korsika. Zugleich eine eigene Appellation der französischen Mittelmeerinsel im Bereich der Westküste. Die Böden sind – wie überall auf Korsika – sehr unterschiedlich; es überwiegt Granit. Die besten Weine, die zu den beachtenswertesten der Insel überhaupt gehören, stammen aus mehreren Rebsorten, wobei bei den Rot- und Roséweinen der Sciacarello anteilmäßig mindestens 40 % und bei den Weißweinen der →Vermentino mindestens 80 % ausmachen muß. Zu den führenden Erzeugern zählen der Domaine Comte Péraldi, die Clos d'Alzeto, Clos Capitoro u. a.

Alambrado Spanischer Ausdruck für die von einem feinen Drahtnetz (Alambre) umspannte Flasche. Für gehobene Qualitäten wird diese etwas aufwendige Verpackungsart bei spanischen, z. T. auch anderen Weinen nach wie vor angewandt.

Alameda County Im Südosten von →San Francisco gelegenes kalifornisches Weinbaugebiet mit weniger als 800 ha Rebfläche, besonders im →Livermore Valley, südöstlich von Oakland, heute eine eigene →AVA. Neben einigen größeren Erzeugern wie Wente, Concannon u. a. gibt es heute Dutzende kleiner und Kleinsterzeuger mit z. T. beachtlichen Qualitäten.

Alba Unter dem Gesichtspunkt des Weins die vielleicht bedeutendste Stadt der italienischen Region →Piemont, südöstlich von Turin gelegen, berühmt wegen ihrer weißen Trüffel und Zentrum einiger der herausragendsten Weine Italiens. Unmittelbar östlich von Alba wächst der bemerkenswerte →Barbaresco, wenige Kilometer südwestlich der nicht weniger großartige →Barolo. Aus der Gegend nordwestlich von Alba stammt der in seinen Spitzen immer noch hervorragende →Nebbiolo d'Alba und der ebenfalls beachtenswerte weiße →Arneis dei Roeri, südlich von Alba der →Dolcetto d'Alba sowie im gesamten Gebiet der →Barbera d'Alba.

Albalonga Würzburger →Neuzüchtung aus →Rieslaner × →Silvaner, dessen derzeit noch verbliebene 20 ha sich vor allem in →Rheinhessen befinden. Die Weine sind in der Regel ohne größere Bedeutung, und die Rebsorte scheint allmählich wieder zu verschwinden. Es dürfte kein Verlust sein.

Albana di Romagna Ein trockener (→secco), lieblicher (→amabile) oder als →passito erzeugter Weißwein, der aus der gleichnamigen Rebsorte aus der →Emilia-Romagna stammt und seit 1987 mit dem →DOCG-Prädikat versehen ist. Der beste Albana kommt in der Regel aus dem Ort Bertinoro (Forli), insbesondere von der Fattoria →Paradiso u. a., z. T. auch aus der Umgebung von Brisighella (südlich Faenza), darunter Vallunga u. a.

Albanello Weißwein →Siziliens aus der Provinz Syrakus. Er ist sehr alkoholhaltig und erinnert in seinem Geschmack etwas an einen →Marsala. Dabei kann er trocken oder auch ziemlich süß sein.

Albanien Das unbekannteste Weinbauland Europas mit rund 17 000 ha Rebfläche und einer jährlichen Erzeugung von 150–200 000 hl Wein. Neben einheimischen Sorten findet sich auch →Aligoté, →Barbera und Mavrud (→Mavrodaphne). Die wichtigste Weinbauregion ist die adriatische Küstenregion, doch steigt der Weinbau im Landesinnern auch bis auf z. T. 1000 m Höhe an.

Albariza Der außergewöhnliche, weiße Kreideboden von →Jerez in →Andalusien, der im →Sherry-Gebiet die besten →Finos und →Manzanillas hervorbringt. Etwa ähnlichen Boden gibt es im Gebiet von →Montilla-Moriles.

Albeisa Traditionelle Flasche aus →Alba in →Piemont mit höheren Schultern als die →Burgunder- und längerem Hals als die →Bordeaux-→Flasche. Nach den →DOCG-Bestimmungen ist sie für →Barolo und →Barbaresco seit einigen Jahren zwingend vorgeschrieben.

Alcamo Ein höchst ansprechender, mitunter beachtlicher vollmundiger und dabei eleganter Weißwein aus dem westlichen →Sizilien, auch als *Bianco Alcamo*, der zu mindestens 80 % aus Catarratto bianco (comune oder lucido) erzeugt wird. Die besten Abfüllungen gehören zu den vorzüglichsten

Weißweinen der Insel und stammen von →Rincione, Gatinais (→Rapitalà), Torre Macauda u. a.

Alcobaça An die beiden ungleich größeren Gebiete von →Óbidos und →Santarém angrenzendes kleines mittelportugiesisches →IPR-Weinbaugebiet mit ca. 2100 ha Rebfläche und einer alten Weinbautradition, zu der die Zisterziensermönche des berühmten Klosters von Alcobaça im 12. Jahrhundert nachhaltig beigetragen haben. Die Weißweine stammen zu mindestens 80 % aus →Fernão Pires, Vital, Arinto, →Malvasia und Tamarez, die Rotweine zu mindestens 60 % aus →Periquita, Baga und Trincadeira.

Aleatico Rote italienische Rebsorte und der aus ihr erzeugte, meist süße, z. T. →gespritete Wein. Aufgrund des ausgeprägten Muskatgeschmacks ihrer Weine könnte es sich um eine Mutation aus dem →Moscato bianco handeln, wogegen jedoch die tiefe Farbe spricht. Die Weine können in jedem Fall von herausragender Feinheit sein, und allgemein gilt der aus der Umgebung von Portoferraio auf →Elba stammende *Aleatico di Portoferraio* als der beste. Aber auch in →Apulien, →Latium und der →Toscana stammen einige beachtenswerte Aleatico-Weine, darunter der *Aleatico di Puglia, Aleatico dolce Gioia del Colle* (beide aus Apulien), der *Aleatico di Gradoli* (aus Latium), alle drei mit dem →DOC-Prädikat, u. a.

Alella Kleines spanisches Weinbaugebiet mit nur noch 560 ha Rebfläche und eigener →Denominación de Origen, unmittelbar nördlich von Barcelona an der Küste gelegen und von der ausufernden Metropole zunehmend bedroht. Es werden hauptsächlich Weißweine aus Xarel-lo, dem katalanischen Namen für die Pansá blanca, und →Garnacha blanca sowie einige weiche Rotweine vor allem aus Ull de Llebre

(→Tempranillo), Garnacha negra u. a. erzeugt. Alta Alella, Jaime Serra, Alella Vinicola u. a. gelten als führende Erzeuger.

Alenquer Rund 12 500 ha großes mittelportugiesisches →IPR-Weinbaugebiet ca. 50 km nördlich von Lissabon mit Weißweinen aus Arinto, →Fernão Pires, Jampal, Vital u. a. Sorten und Rotweinen aus →Periquita, Camarate, Mortágua, Preto-Martinho, Tinta-Miúda u. a.

Alentejo Der portugiesische Süden (ohne →Algarve), südlich des Tejo gelegen, nahezu ein Drittel des ganzen Landes, der für sein trockenes und heißes Klima bekannt ist. Nach der →Reblauskrise Ende des vorigen Jahrhunderts war hier der Weinbau deutlich rückläufig, doch seit den 1980er Jahren hat hier der vielleicht spektakulärste qualitative Neuansatz des modernen portugiesischen Weinbaus eingesetzt. Inzwischen stehen ca. 13 000 ha unter Reben und verteilen sich u. a. auf die →IPR-Gebiete →Borba, →Évora, →Granja-Amareleja, →Moura, →Portalegre, →Redondo, →Reguengos und →Vidigueira. Die in ihnen erzeugten Rotweine von einer wachsenden Zahl privater Weingüter (Rothschild!) zählen bereits jetzt zu den besten Portugals, aber auch manche ihrer Weißweine werden weithin geschätzt. Auch als eines der ersten portugiesischen →Landweingebiete (→vinho regional) definiert. Man sollte die Weine des Alentejo in jedem Fall im Auge behalten.

Alezio →DOC-Wein aus dem Süden →Apuliens östlich von Gallipoli. Der Rot- und Roséwein wird hauptsächlich aus →Negro amaro erzeugt und kann sehr ansprechend sein, wobei der Rote tanninreich, der Rosé (→Rosa del Golfo) weich und weinig ist. Calò, Coppola u. a. gelten als führende Erzeuger.

Alföld Die ungarische Tiefebene zwischen Donau und Theiß. Mit rund 100 000 ha umfaßt sie praktisch zwei Drittel der Rebfläche des Landes. Die Reben wachsen auf reinem Sandboden in einem sommerheißen, trockenen Klima. Die Weine sind körperreich, doch fehlt es ihnen mitunter etwas an Ausgewogenheit und Charakter. Das ungarische Weingesetz von 1994 hat dieses weite Gebiet in die drei Weinbaugebiete →Kiskunság, →Hajós-Vaskút und →Csongrád aufgeteilt.

Algarve Eine der modernen europäischen Touristenhochburgen, in der in geringem Umfang Wein erzeugt wird. 1980 wurden seine noch gut 4000 ha Rebfläche in vier →DOC-Gebiete unterteilt: →Lagao, →Lagos, →Portimão und →Tavira. Der bekannteste Wein ist ein an einen leichten →Sherry erinnernder →Likörwein aus der weißen Cratotraube. Darüber hinaus wird fast nur Rotwein erzeugt, der jedoch dazu neigt, eher plump und breit zu sein.

Algerien Weinbauland seit römischer Zeit, dessen Rebfläche ihre größte Ausdehnung während der 130 Jahre französischer Kolonialherrschaft erfahren haben dürfte. Seither ist der Weinbau deutlich rückläufig, und die derzeitige Rebfläche von unter 120 000 ha umfaßt kaum noch ein Drittel der Rebfläche des Jahres 1962. Wurden selbst in der ersten Hälfte der 1970er Jahre noch im Schnitt 7 Mill. hl jährlich erzeugt, sind es in den letzten Jahren kaum noch 500 000 hl gewesen. Anders als in den beiden Nachbarländern Marokko und Tunesien scheint damit die rasante Talfahrt des algerischen Weinbaus ungebrochen.
Diese Entwicklung ist bedauerlich. Zwar hat man jahrzehntelang in Algerien vielfach billigen →Tafel- oder →Markenwein erzeugt, der dank seines Farb- und Körperreichtums, seines Alkoholgehaltes von bis zu 14 % vol. und

der Tatsache, daß er aus französischen Rebsorten wie →Cinsaut, →Carignan, →Grenache u. a. stammt, lange als Verschnitt für südfranzösische Weine gedient hat. Doch die besseren Rotweine zumal aus den Weinbauregionen von Zaccar, Médéa, Ain-Bessem-Bouira, Mitidja, El-Asnam, Oran, Mostaganem, →Mascara u. a. genießen nach wie vor einen guten Ruf und vermögen zumindest das Qualitätsniveau südfranzösischer →V.D.Q.S.-Weine zu erreichen.

Alicante Mittelspanisches →DO-Weinbaugebiet in der gleichnamigen Provinz am Mittelmeer, in der auf gut 17 000 ha meist schwere und wuchtige Rotweine (13–16 % vol. vorwiegend aus der Monastrell bei eventuellen Zusätzen von →Garnacha, Bobal und weiteren Sorten erzeugt werden. Die Roséweine können dagegen bei 12,5–13 % vol. durchaus fruchtig und differenzierter sein, während die seltenen Weißweine aus Merseguera und gegebenenfalls weiteren Sorten meist nicht sonderlich aufregend sind. Darüber hinaus werden einige →Likörweine erzeugt mit mindestens 15 % vol. Alkohol, darunter der *vino de licor* →Moscatel Alicante sowie der *Fondillon*, ein nach dem →Solera-Verfahren erzeugter Wein, vorwiegend aus Monastrell, mit mindestens 16 % vol. Alkohol. Garcia Poveda, Salvador Poveda, Primitivo Quiles u. a. gelten als führende Erzeuger.
Ferner in der westlichen und südlichen →Toscana vereinzelt gebräuchliche Bezeichnung für die →Grenache und die aus ihr erzeugten Rotweine. Die besten von ihnen haben nichts mit dem →Cannonau von →Sardinien gemein, sondern stellen, zumal bei →Barrique-Ausbau, ansprechende, warme und elegante Rotweine dar, die durchaus der Beachtung wert sind, darunter insbesondere der Querciolaia von Mantellassi in Maglione und der Massavecchia von Fabrizio Niccolaini aus Massa Marittima.

Alicante Bouschet Eine qualitativ wenig bedeutende rote →Neuzüchtung
aus →Teinturier du Cher × →Aramon ×
→Grenache, die 1886 von dem Botani-
ker Henri Bouschet entwickelt wurde
und die dank ihrer hohen Erträge, ihres
Farb- (roter Beerensaft!) und Alkohol-
reichtums vielfach zur Erzeugung billigen Massenweins in Südfrankreich und
Algerien verwand wurde und überall
dort anzutreffen ist, wo der →Aramon
nicht weit ist, damit sich auf diese Weise
zwei Blinde gegenseitig stützen können. Rund 20000 ha dürften im →Midi
gegenwärtig noch mit ihr bestockt sein,
doch auch in Süditalien, Nord- wie
Südafrika und in Kalifornien ist sie verbreitet. Doch verbietet es sich, im Zusammenhang mit Qualität von ihr zu
sprechen.

Aligoté Alte französische weiße, ergiebige Rebsorte, die vor allem in →Bur-
gund noch mit etwa 1000 ha angebaut
wird, wo sie den leichten, angenehmen,
jung zu trinkenden Bourgogne Aligoté
(→Bouzeron) hervorbringt – nur für
diesen weißen →Burgunder darf der
Aligoté verwandt werden. In Verbindung mit dem Cassis de →Dijon ergibt
er ferner den beliebten →Apéritif →Kir.

Alkohol Hefepilze verwandeln durch
→Gärung →Zucker in Äthylalkohol
(C_2H_5OH) und →Kohlensäure. Dieser
Alkohol (auch Weingeist genannt) ist
farblos und von angenehmem Geruch.
Je nach Zuckergehalt des →Mostes, der
Art der Hefen sowie der Temperaturen
während der Gärung entstehen
40–140 g/l, jedenfalls nicht mehr als
144 g/l (18,2% vol.) Alkohol. Weine mit
höherem Alkoholgehalt sind →gespri-
tet. Ganz grob gerechnet enthalten in
Deutschland je nach Herkunft, Rebsorte und →Süße →Kabinettweine ca.
70–80 g/l und →Spätlesen ca. 75–90 g/l
(tatsächlichen) Alkohol, während der
(fiktive) Gesamtalkohol – errechnet aus
tatsächlichem Alkohol plus dem theo-

retischen Alkoholgehalt des nicht vergorenen →Restzuckers – je nach Süße
erheblich höher liegen kann. Die Angabe des Gesamtalkohols kann daher
außer bei trockenen Weinen leicht recht
irreführend sein. Ab 1.5.1988 müssen
alle in der EG in den Handel kommenden Weine die Angabe des tatsächlichen
Alkoholgehalts auf dem Etikett führen.
– Üblicherweise wird der Alkoholgehalt eines Weines heute in Volumen-
prozent (% vol.) angegeben: 7,95 g/l ≙
1% vol. Alkohol.

Almansa Eines der kleineren spanischen →DO-Weinbaugebiete im Osten
der Provinz Albacete südwestlich von
Valencia, im Osten der halbtrockenen
zentralspanischen Hochebene, mit
rund 7600 ha Rebfläche, auf der
hauptsächlich Rotweine überwiegend
aus Monastrell und →Garnacha, z. T.
→Tempranillo u. a. Sorten sowie einige
Weißweine aus Merseguera erzeugt
werden. Die besten sind heute nicht
mehr so schwer wie ehedem, sondern
begnügen sich mit einem Alkoholgehalt
um 12,5% vol. und sind dabei ausgeglichen und ansprechend. Piqueras (Ca-
stillo de Almansa) und Carrión haben
die besten Namen.

Almeirim Größte portugiesische
→IPR-Weinbauregion im →Ribatejo
mit 15800 ha Rebfläche. Die Weißweine
stammen überwiegend aus →Fernão Pires, Arinto, Rabo de Ovelha, Tália,
Trincadeira das Pratas und Vital, die
Rotweine aus →Periquita, Castelão Nacional, Baga und Tricandeira Preta.

Almonte In der Nähe von Todi im südlichen →Umbrien vor allem aus →San-
giovese und →Barbera erzeugter Rotwein, ansprechend, aber mitunter nicht
ganz ausgeglichen. Er stammt von Vagniluca.

Aloxe-Corton Eine der berühmtesten
Weinbaugemeinden in →Burgund mit

rund 290 ha Rebfläche, die nördlichste Gemeinde der →Côte de Beaune und zugleich – zusammen mit ihren beiden Nachbargemeinden →Ladoix-Serrigny und →Pernand-Vergelles – die einzige der →Côte d'Or, die über →*grand cru*-Lagen sowohl für Rot- als auch für Weißweine verfügt. Es sind dies die Weine von dem berühmten →Corton-Hang, dessen Weißweine in aller Regel als *Corton-Charlemagne* in den Handel kommen, während die roten Corton zusätzliche Lagenbezeichnungen wie *Clos du Roi, Bressandes, Pougets, Renardes* u. a. führen dürfen. Gleich ob von diesen Spitzen- oder lediglich von einfacheren Gemeinde- oder *premier cru*-Lagen kommend, dürfen die Rotweine lediglich aus →Pinot noir und die Weißweine allein aus →Chardonnay erzeugt werden. Auch wenn die einfacheren Gewächse im allgemeinen nicht das Niveau der *grand cru*-Weine erreichen, sind sie kraftvoll, mitunter etwas direkt und bodenständig, gehaltvoll und anhaltend. Bonneau du Martray, Louis Latour, Chevalier, Tollot-Beaut, Michel Voarick, Antonin Guyon u. a. zählen zu den führenden Erzeugern von Aloxe-Corton-Weinen.

Alsace →Elsaß

Alsace grand cru Eigene →A.O.C.-Bestimmung für Weine aus dem →Elsaß mit einem natürlichen Mindestalkohol von 12 % vol. (→Gewürztraminer und →Pinot gris) bzw. 10 % vol. (→Riesling und →Muscat). Die Weine dürfen ausschließlich aus einer der vier Rebsorten stammen – die auf dem Etikett angegeben werden muß – und der Grundertrag (→Ertrag) darf 70 hl/ha nicht übersteigen. Insgesamt 50 Lagen mit Rebflächen zwischen 3,23 und 80,28 ha in 47 Orten sind als →*grand cru*-Lagen klassifiziert und dürfen auf dem Etikett genannt werden. Zu den bekanntesten zählen *Altenberg* und *Kanzlerberg* in →Bergheim, *Eichberg* und *Pfersigberg*

in →Eguisheim, *Kessler, Kitterlé, Saering* und *Spiegel* in →Guebwiller, *Schlossberg* und *Furstentum* in →Kientzheim, *Geisberg, Kirchberg* und *Osterberg* in →Ribeauvillé, *Schoenenbourg* und *Sporen* in →Riquewihr, *Furstentum, Mambourg* und *Marckrain* in →Sigolsheim, *Rangen* in Thann, *Brand* in →Turckheim, *Hengst* in →Wintzenheim u. a.

Alsheim Weinbauort im Bereich →Nierstein in →Rheinhessen, südlich von →Guntersblum gelegen, mit rund 620 ha Rebfläche in den →Großlagen *Krötenbrunnen* und *Rheinblick*. →Riesling, →Müller-Thurgau, weiße wie rote →Burgunderarten u. a. Sorten werden angebaut. Dr. Reinhard Muth gilt als der namhafteste lokale Erzeuger.

Altenbamberg Kleine Weinbaugemeinde mit etwa 50 ha Rebfläche im Alsenztal im →Anbaugebiet →Nahe mit einigen exzellenten Südlagen, darunter *Rotenberg, Kehrenberg, Schloßberg, Treuenfels* u. a., auf denen überwiegend →Riesling angepflanzt wird, die z. T. hervorragende Weine voll Feinheit und Ausdruckskraft hervorbringen. Die →Weinbaudomäne Niederhausen-Schloßböckelheim, Paul →Anheuser u. a. gelten als führende Erzeuger.

Altern von Wein Jeder Wein verändert sich mit zunehmendem Alter, doch über die damit verbundenen Fragen, über den Grad der Veränderung, über Charakter, Qualität, Lagerfähigkeit, Entwicklungsdauer u. a. herrscht vielfach Unklarheit, zumal der Trend zu jungen, frischen Weinen im Zug der Zeit zu liegen scheint, tatsächlich jedoch oftmals allein Unkenntnis verbirgt.
Viele Faktoren entscheiden über die Reifentwicklung eines Weins, und nur auf die wenigsten von ihnen hat der Weintrinker Einfluß. Boden, Rebsorte, Vinifikation und Weinausbau sind da-

gegen von entscheidender Bedeutung, und die übergroße Zahl gewöhnlicher Weine ist nicht für eine nach Jahren zählende Lagerung bestimmt und wird sich nicht oder nur unwesentlich auf der Flasche verbessern. Jeder bessere Wein verfügt dagegen ähnlich dem Menschen über verschiedene Lebensalter - seine Jugend, seine Reife und sein Alter. Diese Phasen mögen ganz unterschiedlicher Länge sein, ohne daß man darüber allgemeine Angaben machen könnte. Seit es aber in vielen Teilen der Welt als Fortschritt gepriesen wird, Weißweine ausschließlich in Stahl- oder Kunststofftanks möglichst →reduktiv auszubauen, macht es in der Regel keinen Sinn mehr, auch die besten von ihnen länger als 5–6 Jahre liegen zu lassen; vielmehr sollte man sie tunlichst in den ersten drei Jahren getrunken haben. Bei Weißweinen, die zumindest eine Reihe von Monaten in Holzfässern sorgfältig ausgebaut wurden, aus einer hervorragenden Rebsorte (→Riesling, Weißer →Burgunder, Grauer →Burgunder, Grüner →Veltliner, →Chardonnay, →Sauvignon u. a.) und Lage, einem guten und besseren Jahrgang und von einem zuverlässigen Erzeuger stammen, sieht dies ganz anders aus. Einen bemerkenswerten weißen →Burgunder oder →Bordeaux aus einem überdurchschnittlichen Jahr wird kein Kenner trinken, bevor er nicht mindestens 5 Jahre alt ist, und der höchste Genuß wird sich vielfach erst im Alter von 10 oder 15 Jahren einstellen. Mit einem qualitativ ähnlich exzellenten Riesling aus einem deutschen oder österreichischen Spitzengebiet, einem Grünen Veltliner aus der →Wachau o.ä. Weinen ist dieses bei den gleichen Voraussetzungen nicht anders, zumal wenn es sich um trockene Weine handelt. Auch diese verlangen ein ähnliches Alter, um wirklich zeigen zu können, was in ihnen steckt.
Bei großen Rotweinen, gleich ob aus Frankreich, Italien, Spanien oder wo

immer sonst her, versteht sich diese Geduld und der Zwang zur Lagerung für den Weintrinker von selbst. Bei entsprechenden Weißweinen ist das Bewußtsein dafür vielfach verlorengegangen, und der Hinweis auf den unzureichenden Neubaukeller im eigenen Haus dient meist als Entschuldigung dafür. Doch eine Temperaturschwankung von ca. 10° C über das Jahr schadet selbst einem trockenen Weißwein nach 15 Jahren in keiner erkennbaren Weise. Altern von Wein ist daher nicht nur eine Frage der Möglichkeiten und des eigenen Mutes, sondern auch ein Kennzeichen von Weinkultur, die ja nicht nach dem müden, faden oder firnen Wein strebt, sondern die es vermag, dem Wein seine notwendige Zeit zur Reifung zu geben, um ihn dann auf seinem geschmacklichen Höhepunkt zu genießen. Das Altern von Wein ist mithin weder Selbstzweck noch unzeitgemäß, sondern, mit Maß und Verstand angewandt, das Gebot jeder Weinkultur. Es ist schade um jede Flasche Wein, die vor ihrer Zeit getrunken wird.

Altersgeschmack →Firn

Alto Adige Oberes Etschtal, zur Provinz →Bozen gehörend und italienischer Name für →Südtirol. Weinrechtlich ein 32 Gemeinden der Provinz Bozen umfassendes →DOC-Gebiet mit insgesamt 19 verschiedenen Rot- und Weißweinen (die Rebsorte wird angegeben). Der bekannteste dürfte der →Lagrein Kretzer sein. Auf Deutsch werden diese Weine etikettiert als Südtiroler Blauburgunder, Südtiroler Rosenmuskateller usw.

Alvarinho Die herausragendste Rebsorte des →Vinho verde, aus dem jedoch praktisch nur in dem Gebiet von →Monção sortenreine Weißweine erzeugt werden, die dann allerdings auch mit 11,5 % vol. und mehr einen deutlich höheren Alkoholgehalt aufweisen als die normalen vinhos verdes.

Amabile Italienische Bezeichnung für →lieblich; entspricht →moelleux, →medium, →semidulce, →imiglykos oder →meio dolce.

Amarone Einer der berühmtesten Rotweine Italiens, ein trocken vinifizierter →Recioto della Valpolicella, ein sog. →Strohwein, der aus dem Most von luftgetrockneten, teilrosinierten Trauben, den gleichen wie für den normalen →Valpolicella, erzeugt wird. Auf diese Weise entsteht ein tieffarbener, langsam reifender und sehr langlebiger Rotwein von mindestens 14 % vol. Alkohol, oft auch mehr, dessen Schwere, wenn voll gelungen, durch Rasse, Charakter und eine gewisse Eleganz und Samtigkeit ausgeglichen wird. Als führende Erzeuger gelten Masi, Quintarelli, Luigi Righetti, F.lli Tedeschi, Villa Girardi, Allegrini, Le Ragose u. a.

Amboise Stadt an der →Loire in der →Touraine, dessen Stadtbild von einem eindrucksvollen Renaissance-Schloß beherrscht wird. Die in ihrer Umgebung erzeugten Weine kommen durchweg unter der A.O.C.-Bezeichnung *Touraine-Amboise* in den Handel. Die Weißweine ähneln etwas dem unweit erzeugten →Vouvray und stammen aus dem →Chenin blanc, während die Rot- und Roséweine aus →Malbec (Cot), →Gamay und gelegentlich aus →Cabernet franc stammen. Die Weine sind fruchtig, frisch und durchweg ansprechend.

Ambonnay Nachbargemeinde von →Bouzy in der →Montagne de Reims in der →Champagne und ebenso wie diese als eine der 17 *grand cru*-Gemeinden eingestuft. Hier ist das Reich des →Pinot noir, der in Ambonnay einige seiner besten Ergebnisse hervorbringt.

American Viticultural Area →AVA

Americano Bezeichnung für Weine aus amerikanischen Rebsorten, die die Weinbauern in der italienischen Schweiz (in der Gegend von Locarno und Lugano im Kanton →Tessin) Ende des vergangenen Jahrhunderts anpflanzten, nachdem ihre eigenen Rebstöcke durch →Mehltau oder →Reblaus vernichtet worden waren. Leider handelte es sich dabei zumeist um die →Isabella, eine minderwertige Abart der Concord, mit wenig ansprechendem Geruch und penetrantem →Foxgeschmack, die für die Weinerzeugung nahezu ungeeignet ist. Heute wird sie daher auch lediglich noch als Tafeltraube bzw. zur Herstellung von Traubensaft verwandt. Im Unterschied zum *Americano* bezeichnet man den Wein aus der einheimischen Bondola als →*Nostrano*.

Amerikanische Weine Nach den gesetzlichen Bestimmungen der →Vereinigten Staaten Bezeichnung für sämtliche in den USA erzeugten Weine. Die Praxis sieht jedoch etwas anders aus: Weine aus →Kalifornien, →New York, →Texas, →Ohio u. a. Staaten kommen in der Regel unter dem Namen ihrer Staaten, bzw. seit einigen Jahren zunehmend unter dem einer entsprechenden →AVA, in den Handel, so daß lediglich →Verschnitte aus Weinen mehrerer Staaten als amerikanische Weine deklariert werden. Nach einer engeren Begriffsbestimmung handelt es sich bei amerikanischen Weinen um Weine aus amerikanischen Rebsorten, wie Concord, Delaware, Catawba, Elvira u. a.

Ammerschwihr Bedeutender Weinbauort im →Elsaß mit rund 350 ha Rebfläche, als deren beste Lagen *Wineck-Schlossberg* (→Alsace grand cru) und *Kaefferkopf* gelten, die für ihre →Rieslinge und →Gewürztraminer weithin geschätzt sind. Kuehn, die Winzergenossenschaft Kientzheim-Kaysersberg, Ehrhardt u. a. gelten als führende Erzeuger.

Amontillado Eine der vier Grundkategorien des →Sherry neben dem →Fino bzw. →Manzanilla und dem →Oloroso. Tatsächlich liegt der Amontillada zwischen ihnen und ist ein in der →Solera weiter ausgebauter und gereifter Fino mit ca. 16–18 % vol. Alkohol. Auch in Farbe und Bukett liegt er zwischen einem Fino und einem Oloroso, neben denen sich die als alt deklarierten (*viejo* oder *muy viejo*) qualitativ am besten behaupten. Hervorragende trockene Abfüllungen stammen von Hijos de Agustín Blázquez (Marken: Carta Oro viejo, Carta Plata), Gonzalez Byass (Del Duque muy viejo), Emilio Martin Hidalgo (Tresillo), Sanchez Romate (N.P.U.), Pedro Domecq (51a), Garvey (Tio Guillermo), Osborne (Coquinero), Wisdom & Warter (Royal Palace) u. a.

Amoroso Kaum noch benutzte Bezeichnung für einen weichen, süßen →Oloroso, dem →Pedro Ximénez und vino de color (→Arrope) zugefügt wurden. Kein guter →Sherry wird auf diese Weise erzeugt.

Ampelographie Die Lehre von den verschiedenen Rebsorten, ihre Beschreibung und wissenschaftliche Klassifizierung.

Ampuis Kleiner Weinbauort auf dem rechten →Rhône-Ufer südlich von →Lyon, von dessen steilen Südhängen der berühmte rote →Côte-Rôtie stammt. Das lokale Weingut Guigal genießt einen exzellenten Ruf.

Ampurdán-Costa Brava Kleines Weinbaugebiet mit gut 3000 ha Rebfläche und eigener →Denominación de Origen im äußersten Nordosten Spaniens unmittelbar am Mittelmeer und der französischen Grenze gelegen. Es werden zu etwa zwei Drittel Roséweine erzeugt, bei denen →Garnacha und →Cariñena dominieren. Die verbleibenden Rotweine zeichnen sich durch Körper und keinen übermäßigen Alkohol aus. Die Weißweine werden überwiegend aus Xarel-lo und →Macabeo erzeugt und sind, wie die Roséweine, meist frisch und ansprechend. Den modischen Zeittrends folgend wird auch in wachsendem Umfang →vino novello (katalanisch *vi de l'any* oder *vi novell*) erzeugt. Francisco Quintana Ylzarbe sowie eine Reihe von Winzergenossenschaften haben einen guten Namen.

Anbaugebiet, bestimmtes Nach dem deutschen Weingesetz von 1994 verteilt sich die Erzeugung von →Qualitätswein in Deutschland auf 13 bestimmte Anbaugebiete, die geographisch genau abgegrenzt sind. Es sind dies →Ahr, →Baden, Hessische →Bergstraße, →Franken, →Mittelrhein, →Mosel-Saar-Ruwer, →Nahe, →Rheingau, →Rheinhessen, →Pfalz (bis 1992 Rheinpfalz), →Württemberg, →Saale-Unstrut und →Sachsen. Die Anbaugebiete sind jeweils in →Bereiche unterteilt. Das deutsche →Anbaugebiet→ entspricht in etwa der österreichischen →Weinbauregion.

Andalusien Historisch und kunstgeschichtlich eine der berühmtesten Regionen Spaniens im äußersten Süden des Landes gegenüber der afrikanischen Küste. Unter dem Gesichtspunkt des Weins dürfte sie außerhalb Spaniens dank des hier erzeugten →Sherry der bekannteste Landesteil sein. Aber auch der →Condado de Huelva, →Málaga und der →Montilla-Moriles kommen von hier. Neuerdings machen einige Weine von →Arcos de la Frontera zusätzlich auf sich aufmerksam.

Andelfingen Weithin bekannte Weinbaugemeinde im Thurtal im →Weinland des Kantons →Zürich, die zusammen mit Kleinandelfingen rund 20 ha Rebfläche aufweist. Ihre bekannteste Lage ist der *Schiterberg*, der zu den steilsten Reblagen der Schweiz gehört. Seine →Blauburgunder zählen zu den geschätztesten Ostschweizer Rotweinen. Der Bezirk Andelfingen ist hingegen bekannter unter dem Namen Zürcher Weinland.

Andlau Qualitativ einer der bedeutendsten Weinbauorte des nördlichen →Elsaß im Département →Bas-Rhin mit allein drei →*grand cru*-Lagen: *Kastelberg, Moenchberg* und *Wiebelsberg*.

Añejo Wenig präzise spanische Bezeichnung für einen gealterten Wein, das Gegenstück des →*vino novello*.

Angélus, Château L' Hoch angesehener *grand cru classé* von →Saint-Emilion mit 25 ha (50% →Merlot, 45% →Cabernet franc, 5% →Cabernet Sauvignon) und einem ausdrucksvollen, tiefen, sehr vom Merlot betonten, exzellenten Wein, der heute wieder zu den besten seiner Klasse in Saint-Emilion zählt.

Angenehm Ein Wein ohne große Auszeichnung, der sich jedoch gut trinken läßt.

Angludet, Château d' *Cru* →*bourgeois* aus →Cantenac in der Appellation →Margaux (→Haut-Médoc) mit 30 ha Rebfläche (55% →Cabernet Sauvignon, 30% →Merlot, 8% →Petit Verdot, 7% →Cabernet franc) und einem gehaltvollen, ausgeglichenen und beständig guten Rotwein, dessen Niveau durchaus dem klassifizierter Gewächse vergleichbar ist.

Anheuser Weitverzweigte Familie aus Bad →Kreuznach, deren Namen seit alters mit dem Weinbau an der →Nahe verknüpft ist. Den herausragendsten

Ruf genießt heute dank ausdrucksvoller, ausgeglichener und eleganter Weine das Weingut Paul Anheuser mit rund 55 ha Ertragsfläche, die zu 70% mit →Riesling bestockt sind, und Lagen in →Altenbamberg, Bad Kreuznach, →Niederhausen, →Norheim, →Roxheim, →Schloßböckelheim u. a. Orten. An Charakter und Tiefe verhaltener sind oftmals die Weine des Weingutes August E. Anheuser (50 ha, Riesling-Anteil von 74% und Lagen in Kreuznach, Niederhausen, Norheim, Schloßböckelheim und →Winzenheim).

Anjou Eine der historischen Provinzen Frankreichs und das qualitativ wohl bedeutendste wie auch vielgestaltigste Weinbaugebiet an der →Loire, westlich an die →Touraine anschließend. Der verbreitetste und populärste von dort kommende Wein ist der →*Rosé d'Anjou*, leicht, fruchtig, süffig und in der Regel lieblich, ein vielerorts zwar sehr beliebter, doch kaum sonderlich anspruchsvoller Wein, der aus dem →Grolleau erzeugt wird. Erheblich bedeutender vermögen dagegen die Rotweine zu sein, die aus Cot und Grolleau erzeugt werden, während eine Reihe weiterer aus →Cabernet franc erzeugt werden und vielfach als →Cabernet d'Anjou in den Handel kommen. Noch weit beachtenswerter sind hingegen die ebenfalls aus Cabernet franc erzeugten Rotweine aus der Umgebung von →Saumur und zumal von →Champigny, die zu den exquisitesten Rotweinen der Loire gehören und weit mehr Beachtung verdienen, als ihnen gemeinhin jenseits des Anbaugebietes zuteil wird.
Die Bedeutung der hervorragendsten Rotweine Anjous wird wohl allein von jener seiner besten Weißweine übertroffen. Dazu gehören zum einen trockene Weine aus dem →Chenin blanc, von denen an erster Stelle der →Savennières genannt zu werden verdient und insbesondere der unvergleichliche →Coulée

de Serrant, einer der bemerkenswertesten trockenen Weißweine Frankreichs, zum anderen aber auch die natursüßen, mittels →Botrytis cinerea erzeugten süßen Weißweine von den →Coteaux du Layon, allen voran der →Bonnezeaux und der →Quarts de Chaume. Um die Palette vollständig zu machen, verdienen schließlich noch die Schaumweine, zumal aus der Umgebung von Saumur, Beachtung, die zumeist nach der →Méthode champenoise erzeugt werden und nach allgemeiner Überzeugung zu den besten Schaumweinen Frankreichs außerhalb der →Champagne gehören.

Anjou-Villages Neue →A.O.C.-Bestimmung für Rotweine aus →Cabernet franc und →Cabernet Sauvignon aus 47 Gemeinden des Anbaugebietes →Anjou, zumal der bislang lediglich mit Weißwein-Appellationen ausgestatteten Bereiche der →Coteaux de l'Aubance, →Coteaux du Layon und von →Savennières zur Aufwertung des dort erzeugten Rotweins.

Anreichern Legales Zusetzen von →Zucker vor der →Gärung zur Erhöhung des Alkoholgehaltes des Weins; in Österreich →aufbessern genannt. Dieses Verfahren (früher in Deutschland verbessern genannt) darf nicht zur Süßung des Weins verwandt werden (jedoch →Süßreserve). Laut EG-Verordnung darf auf diese Weise der Alkoholgehalt bei Weinen der →Weinanbauzone A um höchstens 3,5 % vol. (in besonders ungünstigen Jahren um 4,5 % vol.), in der Zone B um höchstens 2,5 % vol. (bzw. 3,5 % vol.) und in den Zonen C um 2 % vol. erhöht werden. In Deutschland und Österreich darf diese Anreicherung lediglich bei →Tafel- und einfachen →Qualitätsweinen erfolgen; →Kabinettweinen, →Spätlesen u. a. darf kein Zucker zugesetzt werden. In Südafrika (mit Ausnahmen), Italien, →Kalifornien u. a. ist das Anreichern verbo-

ten. →Chaptalisieren, →Naßverbesserung, →Rektifiziertes Traubenmostkonzentrat.

Ansprechend Ein mundiger, zum Trinken animierender, qualitativ in der Regel nicht besonders herausragender Wein.

Anstechen Unter dem Anstechen eines Fasses versteht man das Einschlagen eines Zapfhahns in das Zapfloch, um den Wein aus dem Faß entnehmen zu können.

A.O.C. →Appellation (d'Origine) contrôlée

A.O.V.D.Q.S. Abkürzung für Appellation d'origine des vins délimités de qualité supérieure, →V.D.Q.S.

Aostatal →Valle d'Aosta

Apagado Spanische Bezeichnung für stummgemachten Most, indem man Traubenmost reinen →Alkohol zusetzt bis zu einer tatsächlichen Alkoholhöhe von 16–18 % vol., womit eine →Gärung des Mostes verhindert wird (im französischen →Muté). Mit Hilfe dieses Verfahrens erhält minderwertiger →Sherry mitunter →Süße und Alkohol.

Apéritif Ein vieldeutiger Ausdruck, mit dem man nahezu jedes vor einer Mahlzeit zum Appetitanregen eingenommene Getränk bezeichnen kann. Sowohl ein Cocktail als auch ein →Sherry, ein Glas →Champagner, →Wermut, →Portwein, →Marsala, →Madeira, ein →Kir oder etwas Ähnliches mögen als Apéritif dienen. Je nach Gelegenheit mag sich auch ein Glas einer →Auslese, →Beerenauslese o.ä. bzw. ein →Sauternes als Apéritif anbieten.

Apoteosi Man mag darüber streiten, ob es sich bei diesem Wein um die Verklärung schlechthin handelt, aber zweifellos ist dieser neue →Tafelwein aus →Piemont von Michele Chiarlo einer der bemerkenswertesten neuen italienischen Rotweine: Erzeugt aus einem Verschnitt aus →Nebbiolo, →Cabernet Sauvignon und →Barbera und im →Barrique ausgebaut, handelt es sich um einen Wein von seltener Komplexität, Rasse und Eleganz, der das ganze herausragende Potential dieses Anbaugebietes zum Ausdruck bringt und in Zukunft noch mehr von sich reden machen dürfte.

Appellation (d'Origine) contrôlée Kontrollierte Ursprungsbezeichnung französischer Weine, die nach den EG-Bestimmungen ebenso wie die etwas niedriger angesehene Kategorie der →V.D.Q.S.-Weine zur Kategorie der →Qualitätsweine (→V.Q.P.R.D.) gehört und damit rechtlich den deutschen →Qualitätsweinen b.A. bzw. den →Qualitätsweinen mit Prädikat gleichgestellt ist, obwohl die A.O.C.-Weine im Gegensatz zu den deutschen wie österreichischen Prädikatsweinen durchweg angereichert werden dürfen. Zur Zeit gibt es in Frankreich rund 390 A.O.C.-Weine, die rund 50% der französischen Weinbaufläche einnehmen, aufgrund der strengeren Bestimmungen jedoch nur knapp 40–45% der französischen Weinerzeugung ausmachen. Nahezu alle bedeutenden französischen Weine kommen mit einer Appellation contrôlée in den Handel und unterliegen damit der Überwachung durch das Pariser *Institut National des Appellations d'Origine des Vins et Eaux-de-Vie* (I.N.A.O.), das für die Bestimmung dieser Ursprungsbezeichnungen zuständig ist und über ihre Einhaltung wacht. Auf diese Weise werden nicht nur die geographischen Grenzen jeder Appellation contrôlée (je nachdem Lage, Gemeinde, Bereich oder Anbaugebiet) genau festgelegt, sondern auch bestimmt, welcher Wein in dem jeweiligen Gebiet aus welchen

Rebsorten erzeugt werden darf. Dazu gehören neben Bestimmung über Pflanzdichte und →Rebschnitt auch allgemeine Vinifikations- und Ausbaumethoden, eine Festsetzung des →Mindestmostgewichts sowie Festlegung des maximalen Grunderttrags (*Rendement de base*, →Ertrag). Verglichen mit den Bestimmungen anderer Länder scheint das französische System für sich zu haben, daß es der Erzeugung von Spitzenweinen weniger hinderlich entgegensteht, als dies anderenorts vielfach der Fall ist, während angesichts der zurückliegenden →Weinskandale anderer Länder das französische System im allgemeinen als zuverlässig und vertrauenswürdig eingestuft wird. Es verwundert daher nicht, daß es außerhalb Frankreichs das am häufigsten kopierte System ist.

Aprilia Südlich von Rom in →Latium unterhalb der →Castelli Romani gelegenes Weinbaugebiet um die Stadt Aprilia mit drei →DOC-Weinen, von denen der Merlot als der beste gilt. Bei den beiden anderen handelt es sich um den →Trebbiano und den →Sangiovese di Aprilia. Größere Bedeutung kommt ihnen in der Regel bislang nicht zu.

Apulien Region in Südostitalien (Puglia), der →Absatz→ des italienischen →Stiefels→ mit rund 120 000 ha Rebfläche und einer Jahreserzeugung von um die 9–11 Mill. hl und damit gemeinsam mit →Sizilien die größte Weinbauregion Italiens. Der größte Teil der Erzeugung wandert wohl immer noch anonym als →vino da taglio irgendwohin in den Norden, um dort mageren Weinen Kraft und Farbe zu geben. Doch vermag diese kultur- und traditionsreiche Region durchaus auch beachtenswertere Weine hervorzubringen. Dazu gehört eine große Zahl von Roséweinen, wie der →Salice Salentino, →Castel del Monte, →Rosa del Golfo, →Fives Roses, →San Severo u.a., die durchweg gehaltvoller und schwerer als die Roséweine Norditaliens sind. Sie werden jedoch in der Regel übertroffen von den besten Rotweinen der Region, darunter der →Patriglione, der →Notarpanaro, Salice Salentino, →Donna Marzia, →Torre Quarto, Castel del Monte (Il →Falcone) u. a. Zunehmende Beachtung verdienen schließlich auch einige Weißweine, die mit Hilfe modernster Kellertechnik fruchtig, strukturiert und angenehm sind, darunter der weiße Donna Marzia, →Locorotondo, der weiße San Severo u. a. Hingewiesen sei schließlich auch noch auf einige →Likörweine, zu denen der berühmte →Moscato di Trani u. a. zählen.

Aquilaia Von Erik Banti in Montemerano in der südlichen →Toscana erzeugter roter →Tafelwein vor allem aus →Morellino-Trauben, deren rustikale Derbheit durch den →Barrique-Ausbau deutlich verfeinert wird. Der Wein verfügt über Charakter und Eleganz und ist in der Regel dem Morellino di Scansano →DOC überlegen.

Aquileia In der römischen Kaiserzeit und dem frühen Mittelalter eine der bedeutendsten Städte Italiens, heute nur noch ein kleiner Ort im Isonzodelta einige Kilometer von der Adria entfernt. Weinrechtlich ist Aquileia ein →DOC-Gebiet in →Friuli-Venezia Giulia, zu dem 18 Gemeinden der Provinz Udine gehören. Zwölf Rebsorten-Weine und eine Rosé (überwiegend aus →Merlot) sind zugelassen. Die Reben stehen auf sandigen Lehmböden, und die Weine sind in der Regel angenehm und ansprechend, doch selten wirklich herausragend.

Aragón Historische Provinz in Nordost-Spanien mit den um die Hauptstadt Zaragoza gelegenen →DO-Gebieten →Calatayud, →Campo de Borja, →Cariñena und →Somontano.

Aramon Der Schrecken jedes Weintrinkers und der Fluch des französischen →Midi: Eine mit den →Hybriden in enger Beziehung stehende →Neuzüchtung, die es vermag, 300 hl/ha hervorzubringen! Was, daraus gewonnen, euphorisch Wein genannt wird, ist in Wirklichkeit eine dünne, ausdruckslose, mehr oder weniger rote Flüssigkeit. Zwar deutlich rückläufig, dürften immer noch um die 60 000 ha im →Languedoc mit ihr bestockt sein, die Hälfte davon im →Hérault. Nach der EG-Klassifikation zählt sie zwar nirgendwo im französischen Südosten zu den »empfohlenen«, sondern allein zu den →zugelassenen→ Rebsorten, doch selbst diese Einstufung ist unter dem Gesichtspunkt der Qualität genausowenig wie bei den deutschen Massenträgern zu rechtfertigen.

Arbois Nach dem →Château-Chalon die wohl bekannteste Appellation des französischen →Jura, unter der jedoch insgesamt sechs verschiedene Weine in den Handel gebracht werden dürfen (auch als *Arbois Pupillin*, falls der Wein aus der Gemeinde Pupillin stammt). Zum einen handelt es sich dabei um Weißweine aus Savagnin (der lokalen Bezeichnung für →Traminer), →Chardonnay (auch als →Melon d'Arbois bezeichnet) und →Pinot blanc, zum anderen um Rotweine aus Ploussard (oder Poulsard), Trousseau und →Pinot noir (Gros noirin). Der gleichfalls zulässige Roséwein wird durch Vergären von roten und weißen Trauben erzeugt. Diese Weine dürfen schließlich ebenfalls zu →Schaumwein verarbeitet und als *Arbois* →*Mousseux* in den Handel gebracht werden. Ähnlich dem Château-Chalon, aber bei etwas reduzierten Anforderungen, darf ferner ein →Vin jaune (ausschließlich aus Savagnin) erzeugt werden, der mindestens sechs Jahre im Faß reifen muß. Schließlich darf noch ein →Vin de Paille (→Strohwein) erzeugt werden, wenn die Trau-

ben einen natürlichen Mindestalkoholgehalt von 18 % vol. theoretisch aufgewiesen haben.

Arborea Neues →DOC-Gebiet an der
Westküste →Sardiniens mit Weiß-, Rot-
und Roséweinen. Die Weine werden
hauptsächlich aus →Trebbiano und
→Sangiovese erzeugt.

Archanes Auf →Kreta auf ca. 400 ha erzeugter hervorragender Rotwein, sehr
ähnlich dem →Peza, der nach den gleichen Bedingungen erzeugt wird.

Arche, Château d' *2ᵉ cru classé* aus
→Sauternes mit 30 ha Rebfläche (90 %
→Sémillon, 10 % →Sauvignon), das für
seinen ausgezeichneten süßen Weißwein sehr geschätzt wird. Weit weniger
bekannt sind der 8 ha große *cru →bour-
geois* gleichen Namens aus →Ludon im
→Haut-Médoc mit seinem guten Rotwein sowie ein weiteres Château d'Arche im Süden der →Graves.

Arcins Kleiner Weinbauort im →Haut-
Médoc zwischen →Moulis, →Soussans
und Lamarque mit rund 170 ha Rebfläche. Große Namen fehlen hier, doch
sind die Châteaux d'Arcins, Arnauld,
Barreyres u. a. bekannt.

Arcos de la Frontera Das bekannteste
der sog. →Weißen Dörfer→ des südwestlichen →Andalusiens, 30 km östlich
von →Jerez gelegen, in dem das lokale
Weingut Páez Morilla seit 1984 einen beachtenswerten, strukturierten und charaktervollen Rotwein (Viña Lucia, 3°
año) aus →Cabernet Sauvignon, →Ali-
cante Bouschet und →Tempranillo erzeugt. Ferner werden ein leichter, fruchtiger und nerviger Weißwein (Tierra
Blanca) aus →Palomino und →Riesling
sowie ein süßer →Moscatel u. a. Weine
erzeugt, die durchweg weit über dem
Durchschnitt vergleichbarer Weine Süd-
spaniens liegen, eine für die Zukunft
höchst vielversprechende Bilanz.

Arena Bezeichnung für den rötlichen
Sandboden im →Sherry-Gebiet mit nur
geringem Kreideanteil (ca. 10 %), der
zwar größere Erträge liefert, aber keine
besondere Qualität. Am ehesten pflanzt
man den →Moscatel auf ihm an. Die
feineren Qualitäten kommen allein von
den →Albariza-Böden und zum Teil
noch den →Barro-Böden.

Argentinien Der nach den →Vereinig-
ten Staaten größte weinerzeugende
Staat außerhalb Europas, der 5. größte
der Welt mit einer stark reduzierten
Rebfläche von derzeit gut 200 000 ha
und einer jährlichen Durchschnitterzeu-
gung von zu Beginn der neunziger
Jahre noch gut 14 Mill. hl. Über 85 %
davon sind einfache →Tafelweine, zum
unmittelbaren Konsum bestimmt – ohnehin zählen die Argentinier mit über
50 l pro Kopf und Jahr zu den größten
Weintrinkern der Welt –, während nur
etwa 12 % auf die →Qualitätswein-
erzeugung entfallen (der →Schaum-
weinanteil ist minimal). In überwiegender Zahl werden Rotweine erzeugt, von
denen die besten aus →Cabernet,
→Merlot, →Malbec, →Pinot noir u. a.
Sorten, häufig im Verschnitt, stammen,
und die besten von ihnen können von
höchst beachtlicher Qualität sein, obgleich nur wenig exportiert wird. Sehr
verbreitet ist ebenfalls die Erzeugung
von Roséweinen, während die
Weißweine in den letzten Jahren deutlich zugenommen haben. Die besten
von ihnen stammen aus →Sauvignon,
→Sémillon, →Chardonnay, →Riesling,
→Gewürztraminer, →Pedro Ximénez
u. a. Sorten. Die argentinischen Weinbaugebiete liegen zwischen dem 23.
und 40. Breitengrad, und 72 % der
Weine stammen aus dem Staat →Men-
doza, 19 % aus →San Juan, während ca.
5 % südwestlich von Buenos Aires im
Staat Rio Negro erzeugt werden.

Arjaoda Portugiesische Bezeichnung
für das in Portugal verbreitete Erzie-

hungssystem der Rebe an zwischen Bäumen gespannten Drähten.

Armailhacq, Château d' *5ᵉ cru classé* aus →Pauillac im →Haut-Médoc, der nach dem Erwerb durch Philippe de Rothschild 1933 bis 1956 als Château →Mouton-d'Armailhacq, von 1956–77 als Château Mouton-Baron-Philippe und von 1977–89 als Château →Mouton-Baronne-Philippe bezeichnet wurde. 50 ha Rebfläche (65 % →Cabernet Sauvignon, 20 % →Merlot, 15 % →Cabernet franc) ergeben einen tanninreichen, feingliedrigen und eleganten Rotwein, der ungeachtet seiner gestiegenen Qualität seit 1981 von der kraftvollen Struktur seines im gleichen Besitz befindlichen) Bruders Château →Clerc-Milon übertroffen wird, sich aber dennoch in seiner eher femininen Art voll und ganz auf dem Niveau seines offiziellen Ranges befindet.

Armenien Weinbau ist hauptsächlich im südlichen, doch meist über 1000 m hoch gelegenen Teil auf rund 30 000 ha Rebfläche möglich. Schon in den Zeiten der alten Sowjetunion war Armenien bekannt für seine Likörweine, die nach Art des →Sherry, →Madeira und →Portwein erzeugt werden.

Arnad-Montjovet Als *→Valle d'Aosta-Arnad-Montjovet* in den Handel kommender Rotwein mit →DOC-Prädikat, überwiegend aus →Nebbiolo, der etwas an einen →Donnaz erinnert.

Arneis dei Roeri Italienischer Tafelwein, der nordwestlich von →Alba aus dem Hügelland der →Roeri aus dem inzwischen wieder etwas verbreiteteren Arneis erzeugt wird, ein meist jung zu trinkender, feinblumiger und fruchtigvollmundiger Weißwein, der mit seiner eleganten Art zu den besten Weißweinen →Piemonts gehört. Als führende Erzeuger gelten B. Giacosa, R. Rabez-

zana, die Winzergenossenschaft von Montaldo u. a.

Aroma Zum Unterschied vom →Bukett ist das Aroma eines Weines ausgeprägter und leichter feststellbar, wenn der Wein noch jung ist; es ist vielfach dem Duft frischen Obstes vergleichbar, wie etwa das Pfirsich-Aroma eines guten →Rieslings. Etliche Rebsorten sind sogleich an ihrem Aroma zu erkennen, z. B. →Gewürztraminer, →Malvasia, →Muskateller. Sehr trockene Weine haben dabei in der Regel etwas weniger Duft, da der Zucker wie auch beim Obst ein Aromaträger ist. Inzwischen kennt man aberhunderte von Aromastoffen, die sich im Wein in den unterschiedlichsten Zusammensetzungen wiederfinden. Je älter der Wein wird, um so mehr schwindet das Aroma, und an seine Stelle tritt das Bukett.

Aromatisch Ein aufgrund seiner Rebsorten mit einer Fülle von Duft- und Geschmacksstoffen versehener, angenehm wirkender Wein.

Arrábida Westlich von →Setúbal gelegenes 6600 ha großes portugiesisches →IPR-Weinbaugebiet, das sich teilweise mit dem des Moscatel de Setúbal überschneidet, für den jedoch andere gesetzliche Bestimmungen gelten. Der weiße Arrábida wird vorherrschend aus →Fernão Pires, Arinto, Moscatel de Setúbal, Rabo de Ovelha und Roupeiro erzeugt, der rote vor allem aus →Periquita, wobei ihm bis zu 10 % →Cabernet Sauvignon beigegeben sein dürfen.

Arrières-Côtes Westlich und oberhalb der →Côte d'Or gelegene Rebflächen, weinrechtlich zusammengefaßt als →Bourgogne-→Hautes-Côtes de Beaune und Bourgogne-→Hautes-Côtes de Nuits. Die dort erzeugten Weine, nahezu ausnahmslos Rotweine, sind durchweg leichter in Körper und

Charakter als jene der →Côte de Beaune bzw. →Côte de Nuits, können jedoch in überdurchschnittlichen Jahren ganz beachtlich sein.

Arroba Traditionelle spanische Maßeinheit, entspricht etwa 16 Litern.

Arrope Traubenkonzentrat, das durch Einkochen von unvergorenem Traubenmost auf ein Fünftel seines ursprünglichen Volumens entsteht. Auf diese Weise enthält man eine tiefbraune Flüssigkeit, die nach gebranntem →Zucker oder Karamel schmeckt. Man benutzt sie als Zuckerungs- und Farbzusatz für billigen →Sherry der Kategorien →Oloroso und →Cream Sherry.

Arrosée, Château L' *Grand cru classé* aus →Saint-Emilion mit 10 ha Rebfläche (55 % →Merlot, 30 % →Cabernet Sauvignon, 15 % →Cabernet franc) in privilegierter Lage an den Abhängen (*Côtes*) zum →Dordogne-Tal mit einem immer phantastischer werdenden Wein voll Kraft, Tiefe, Kern, Balance und Eleganz, der heute keinen Vergleich mit höher eingestuften Gewächsen Saint-Emilions zu scheuen braucht und zu den ersten Adressen der Gemeinde gehört.

Arruda 4700 ha großes portugiesisches →IPR-Weinbaugebiet zwischen →Bucelas und →Alenquer nördlich von Lissabon gelegen. Die Weißweine stammen vor allem aus →Fernão Pires, Jampal und Vital, die Rotweine aus Camarate, →Periquita und Tinta Miúda.

Arsac Kleine Weinbaugemeinde im →Haut-Médoc mit rund 100 ha Rebfläche und eine der fünf Gemeinden, deren Weine, die seit Jahrhunderten über ein herausragendes Ansehen verfügen, unter der Appellation →Margaux in den Handel gebracht werden dürfen. Die Aushängeschilder sind heute ohne Frage die Châteaux du →Tertre und →Monbrison. Aber auch andere Güter verdienen Beachtung.

Artig Bezeichnung für einen gefälligen Wein, der die Art seiner Rebsorte und Herkunft klar zum Ausdruck bringt.

Artisan Heute nur noch selten gebräuchliche Bezeichnung im →Médoc für Gewächse unterhalb der Ebene der *crus* →*bourgeois*. Ebenso wie die einst noch darunter eingestuften *crus* →*paysans* bezeichnet man diese Weine heute in der Regel als *petits châteaux* oder als *autres crus*.

Asciutto Italienische Bezeichnung für →trocken, auch →secco genannt; entspricht →dry, →sec, →seco, →xeros.

Aserbaidschan Der Weinbau und seine Zukunft in Aserbaidschan erscheinen gegenwärtig schwer vorhersehbar. Auf seinem Höhepunkt soll die Rebfläche fast an die 300000 ha betragen haben, so daß das Land in der alten Sowjetunion als die zweitgrößte Weinbauregion galt, obwohl in Anbetracht des trockenen Klimas der Weinbau vielfach nur mit künstlicher Bewässerung möglich war. Der Schwerpunkt liegt westlich und nördlich von Baku. Es werden nahezu ausschließlich einheimische Rebsorten angepflanzt, aus denen neben normalen, meist einfachen Rot- und Weißweinen auch eine große Zahl von Schaum- und Likörweinen erzeugt wird.

Asperg Westlich von Ludwigsburg gelegene Kleinstadt in →Württemberg, weithin bekannt durch die oberhalb der Stadt gelegene Festung Hohenasperg, die als Staatsgefängnis im 18. und 19. Jahrhundert so bedeutende Persönlichkeiten beherbergte wie den Dichter Christian Friedrich Daniel Schubart und den Volkswirt Friedrich List. Der steile, terrassierte Südhang dieses aus Gipskeuper bestehenden und bis auf über 350 m ansteigenden *Asperger Berg* ist mit Reben bestockt, und die Württembergische →Hofkammer erzeugt hier gehaltvolle und nuancenreiche Rot- und Weißweine, unter den letzteren insbesondere einen herausragenden →Riesling, die zu den besten Württembergs zählen.

Asprin(i)o Trockener, blaßfarbener, säurereicher, leichter Weißwein aus der gleichnamigen Rebsorte aus der Gegend von Potenza in der →Basilicata in Süditalien. Ein ähnlicher Wein gleichen Namens wird auch in →Kampanien nördlich von Neapel erzeugt.

Assmannshausen Malerisch gelegener Ort am Rhein, unmittelbar nördlich von →Rüdesheim, mit ca. 150 ha Rebfläche mit in der Regel dem teuersten deutschen Rotwein. Er wird ausschließlich aus →Spätburgunder erzeugt, doch ist ein guter Assmannshäuser darüber hinaus deutlich von dem Schieferboden geprägt, auf dem die Reben gedeihen. Auch ohne den Körper und das Volumen guter roter →Burgunder ist er, wenn gelungen, ein beachtenswerter, ausgezeichneter, fruchtiger Rotwein, der im allgemeinen von der besten Lage, dem *Höllenberg,* stammt, von dem die Hessischen →Staatsweingüter den größten Anteil besitzen. Die besten Abfüllungen dürften heute von dem kleinen lokalen Weingut August Kesseler stammen, neben dem sich das Hotel zur Krone, die Staatsweingüter u. a. einen Namen gemacht haben.

Asti Bedeutende Weinstadt in →Piemont südlich von Turin, die weltweit für ihren meist süßen Schaumwein, den *Asti →Spumante* oder *Moscato d'Asti* berühmt ist. Beide Versionen sind die bekanntesten und beliebtesten ihrer Art in Italien und kommen seit 1993 mit dem →DOCG-Prädikat in den Handel. Asti ist ebenfalls ein wichtiges Handelszentrum für →Wermut, und in der hügeligen Landschaft der Umgebung wird in großem Umfang der →Moscato di Canelli angepflanzt, aus dem man einen leichten, weißen →Muskateller erzeugt. Ferner stammen aus der Provinz Asti der →Barbera d'Asti, der →Dolcetto d'Asti, der →Grignolino d'Asti, der →Freisa d'Asti, der →Loazzolo u. a., insgesamt durchweg ordentliche und zum Teil ausgezeichnete Weine, wenngleich diese aus dem eigentlichen →Monferrato stammenden Weine in der Regel nicht an die Spitzen aus den →Langhe um →Alba heranreichen.

Asti spumante →Spumante

Ászár-Neszmély Kleines ungarisches Weinbaugebiet seit dem Weingesetz von 1994 westlich von Budapest um die Städte Kisbér und Tata an den sanften Abhängen zur Donauebene. Westlich und südlich davon liegen die bekannteren Gebiete von →Pannonhalma-Sokoró bzw. →Mór.

Aszú In Ungarn ein →Ausbruchwein, bei dem eine unterschiedliche Zahl von →puttonyos (Butten) eingeschrumpfter Beeren dem →Tokaji →Szamorodni beigefügt wird (zwei- bis sechsbuttiger Aszú). Ein dreibuttiger Aszú weist mindestens 60 g/l →Restzucker, ein vierbuttiger 90 g/l, ein fünfbuttiger 120 g/l und der höchst seltene sechsbuttige 150 g/l auf. Aszúweine verfügen im allgemeinen um 13,5–15,5 % vol. Alkohol. Die Weine weisen darüber hinaus einen hohen Extrakt- und Säuregehalt auf, der ihnen, zumal im Alter, eine von →Sauternes-Weinen sehr unterschiedliche Balance verleiht. Laut ungarischem Weingesetz dürfen sie erst nach dreijähriger Faßlagerung abgefüllt und in den Handel gebracht werden.

Aszú Eszencia Eine Kategorie von →Tokaji-Weinen, die zwischen den →Aszú-Weinen und der →Eszencia liegt, da die Weine mehr als die 150 g/l →Restzucker des sechsbuttigen Aszú, aber weniger als die für die Eszencia vorgeschriebenen 250 g/l Restzucker aufweisen müssen. Es versteht sich von selbst, daß derartige Weine außerordentlich selten und nur in den herausragendsten Jahren erzeugt werden. Sie sind jedoch dann von fabulöser Qualität und dank ihrer immer noch bemerkenswerten Säurestruktur und bei Alkoholwerten um 12–13 % vol. von großer Ausgeglichenheit und qualitativ nahezu jedem →Sauternes vergleichbar, wenn nicht überlegen, wahrlich große Weine von nahezu unbegrenzter Lebensdauer. Das ungarische Weingesetz schreibt für diese höchst seltenen Weine eine zehnjährige Faß- und eine anschließende fünfjährige Flaschenlagerung vor, so daß sie erst 15 Jahre nach der Ernte in den Handel kommen können.

Athos Der sog. Heilige Berg, jene eher archaisch wirkende Mönchsrepublik in der östlichen Chalkidike in Nordgriechenland, die auch als Weinbaugebiet in hohem Ansehen steht. Neben einigen weniger eindrucksvollen Weinen kommt als Athos der hier von →Tsantalis aus →Sauvignon blanc erzeugte Wein in den Handel, wenn gelungen, ein beachtenswerter Wein von Rang und Charakter, den die meisten Kenner zu den besten griechischen Weißweinen zählen.

Ätna Mit seinen 3274 m Höhe der größte noch aktive Vulkan Europas, an der Ostküste →Siziliens gelegen. Auf seiner Süd- und Ostflanke befinden sich zwischen Nicolosi und Linguaglossa in 500 bis 700 m Höhe ausgedehnte Rebanpflanzungen, deren Rot- und Weißweine als *Etna* mit dem →DOC-Prädikat in den Handel kommen. Beide zählen zu den besseren sizilianischen Weinen und können dank ihrer Ausgeglichenheit von Körper und Säure durchaus beachtenswert sein. Montalto, Francesco Russo, die Winzergenossenschaft von Linguaglossa

u. a. sind in der Regel verläßliche Erzeuger.

Attika Qualitativ bedeutendster Teil der griechischen Weinbauregion →Zentralgriechenland und Euböa. Hier ist die Heimat des berühmtesten aller griechischen Weine, des →Retsina, der hier, vor allem im Messoghia-Bereich, die besten Qualitäten hervorbringt. Es werden jedoch auch einige, durchweg erheblich anspruchsvollere Weißweine, zumeist aus der →Savatianorebe, erzeugt, allen voran der →Cava Cambas und der Château →Matsa sowie der →Kantza. Einige neuere Erzeuger wie Sideris in Marathon dürften in Zukunft Beachtung verdienen. Bekannt ist auch die Winzergenossenschaft von Pikermi.

Aubance →Coteaux de l'Aubance

Aube Französisches Département östlich von Paris mit gut 5500 ha Rebfläche, die Anfang des 20. Jahrhunderts erst nach massiven Protesten seiner Winzer dem Weinbaugebiet der →Champagne zugerechnet wurden. Heute kommen einige ausgezeichnete →Champagner aus Aube, wenn auch in der Regel keine ganz großen Marken. Hingegen wird viel dort erzeugter Wein als Rosé des →Rinceys in den Handel gebracht.

Aude Nach dem →Hérault das größte französische Weindépartement, dessen rückläufige Rebfläche sich heute immer noch auf knapp 91500 ha beläuft und damit nur um 10 % kleiner ist als die der gesamten Bundesrepublik. Während auf 74 % der Fläche Land- und Tafelweine erzeugt werden, werden auf dem verbleibenden Fünftel →A.O.C.-Weine erzeugt (→V.D.Q.S.-Weine gibt es kaum noch), darunter der →Corbières, →Fitou, der →Blanquette de Limoux, der →Minervois (teilweise) und von den →Coteaux du Languedoc La →Clape und →Quatourze.

Aufbessern In Österreich erlaubtes Zusetzen zum Most von bis zu 5 kg/hl Zucker oder Traubendicksaft zur Erhöhung des Alkoholgehaltes des Weins, auch Lesegutaufbesserung genannt. →Anreichern, →Chaptalisieren.

Auffüllen Normalerweise einmal wöchentlich vorgenommener Ersatz des im Holzfaß verdunsteten jungen Weins (Schwund) durch Auffüllen, damit keine Luft zwischen der Oberfläche des Faßinhalts und dem Spund auf den Wein einwirkt. Regelmäßiges Auffüllen gehört daher zur Arbeit jedes gepflegten Weingutes. In der Schweiz darf man allen Weinen bis zu 8 % →Auffüllwein→ zusetzen, und man benutzt dies auch dort, wo dank des Ausbaus in Stahltanks gar kein Schwund entsteht, zur Korrektur kleiner Fehler und Schwächen (in Farbe, Geschmack und Duft) des Weins.

Ausbau Nach der →Gärung folgt der Ausbau des Weins. Dazu können spontane Vorgänge gehören wie der biologische →Säureabbau oder das Ausscheiden von →Weinstein, aber auch gezielte Maßnahmen, darunter →Auffüllen, →Abstich, →Schwefeln, →Schönen, →Filtrieren und dgl. Vielfach wird heute der sog. reduktive Ausbau zur Erzeugung aromareicher, frischer Weine bevorzugt, indem man den Luftzutritt während des Ausbaus nach Möglichkeit zu vermeiden sucht. Dieses Verfahren eignet sich nicht für alle Weine in gleichem Maße, doch kann die Alternative in der Regel kein →oxydativer Ausbau, sondern lediglich ein weniger rigoros durchgeführter reduktiver Ausbau sein. Ein extrem reduktiver Ausbau ist in jedem Fall abzulehnen, da er die Weine ihrer Ausdruckskraft und ihrer Entwicklungsmöglichkeiten beraubt und sie geradezu denaturiert. Im allgemeinen benötigt der Wein je nach Sorte und Qualität mehrere Monate bzw. Jahre für seinen Ausbau.

Ausbruch In Österreich Weine aus ausschließlich edelfaulen oder überreifen, auf natürliche Weise eingetrockneten Beeren, dem frisch gekelterter Most oder Wein derselben Lage, der mindestens →Spätlesequalität entspricht, beigegeben werden darf. Der daraus gewonnene Saft muß ein Mostgewicht von mindestens 27° →KMW ($\triangleq$ 138,5° →Oechsle) aufweisen. Auch in Ungarn kennt man Ausbruchweine. Diese müssen mindestens 22% →Zucker enthalten. Das deutsche Weingesetz kennt keine Ausbruchweine.

Ausgeglichen Ausgeglichen nennt man einen Wein, dessen Bestandteile (→Alkohol, →Körper, →Säure, →Tannine) sich in einem harmonischen Verhältnis zueinander befinden, der ein gutes Bukett, einen »runden«, einwandfreien Geschmack und einen guten →Abgang hat. Ein leichter Wein dieses Charakters ist zumeist fein, ein körperreicher prononcierter, eventuell kraftvoller im Geschmack. Ein ausgeglichener Wein muß nicht unbedingt groß sein; er ist genau richtig für seine Art und Klasse, so daß das Wort ausgeglichen durchaus als großes Kompliment gemeint sein kann. →Harmonisch.

Auslese Lese aller vollreifen und/oder von →Edelfäule befallenen Trauben unter Aussonderung aller unreifen Trauben und der daraus bereitete Wein. Anders als in Deutschland dürfen in Österreich dazu nur spätgelesene Trauben verwandt werden. Die Anforderungen an die →Mindestmostgewichte liegen in Deutschland je nach Anbaugebiet und Rebsorte zwischen 83° und 105° →Oechsle (in Österreich einheitlich 21° →KMW $\triangleq$ 105° Oechsle). Bei den sehr seltenen Schweizer Ausleseweinen darf es sich um keinen →Verschnitt handeln. – Ausleseweine sind in der Regel von Natur aus mehr oder weniger →trocken und verfügen dann über einen eher hohen Alkoholgehalt von etwa um 13 % vol. Sie können einen trockenen Weißweinen wie Rotweinen abträglichen →Botrytis-Ton aufweisen, und die besten von ihnen stellen ganz und gar bemerkenswerte Weine dar.

Ausone, Château Berühmter *premier cru* von →Saint-Emilion im →Bordeaux-Gebiet, der heute in der Regel noch höhere Preise erzielt als die größten Weine des →Médoc: Châteaux →Lafite, →Latour, →Margaux oder →Mouton-Rothschild. Nachdem Ausone bis in die Mitte der siebziger Jahre eine Schwächeperiode durchlaufen hat, steht es heute gemeinsam mit Château →Cheval Blanc wieder an der Spitze der Gewächse von Saint-Emilion, ja, übertrifft Cheval Blanc in manchen Jahren sogar noch. Dennoch ist es ein Wein von ganz anderem Charakter: gehaltvoll, tanninreich, mit viel Substanz und aufgrund seines betont klassisch-traditionellen Ausbaus sehr langsam reifend und selbst in schwächeren Jahren vor seinem 8.–10. Lebensjahr kaum trinkbar, dann aber meist von herausragender Finesse und Eleganz, und in guten Jahren von außerordentlicher Komplexität und Langlebigkeit und einer der größten Rotweine Frankreichs. Der Wein besteht je zur Hälfte aus →Merlot und →Cabernet franc, und da das Gut nur über wenig mehr als 7 ha verfügt, übersteigt die Erzeugung kaum einmal 250 hl. Der Name leitet sich von dem spätrömischen Dichter und Konsul →Ausonius her, dessen Weingut angeblich hier gelegen haben soll.

Ausonius Name des spätrömischen Dichters und Konsul Decimus Magnus Ausonius, der 310 n.Chr. im römischen Burdigala (heute →Bordeaux) geboren wurde († 394) und nicht nur der Erzieher des späteren Kaisers Gratian, sondern auch Weingutsbesitzer in Lucaniacus (heute →Saint-Emilion) war, woran heute noch das Weingut Château →Ausone erinnert. Ob sein Weingut aber tatsächlich dort gelegen hat, wo sich heute Château Ausone befindet, wie seit dem 16. Jahrhundert immer wieder behauptet, ist nach wie vor ungeklärt, wenn auch jüngere Grabungsfunde zumindest nicht dagegen sprechen. Ausonius verdanken wir darüber hinaus eine Beschreibung der Weine der →Gironde sowie ein Gedicht über die →Mosel, in dem er ihre Weine preist.

Aussehen Das Aussehen eines Weines meint seine Farbe und Klarheit. Wenn man von einem Wein sagt, er habe ein gutes Aussehen, so heißt dies heute im allgemeinen, daß er →glanzhell und von nach Rebsorte und Herkunft typischer Farbe ist.

Ausstich In Österreich mitunter noch gebräuchliche Bezeichnung für eine Art →Tête de Cuvée, das Ausstechen der besten Fässer. Es sollte sich also um einen besonders gelungenen, den besten Wein des Gutes handeln.

Australien Wein gelangte erst durch die europäischen Siedler auf den fünften Kontinent, und zwar vor 200 Jahren im Jahr 1788, als die ersten Reben in der Nähe des heutigen Sydney angepflanzt wurden. 1830 brachte James Bushby 20 000 Blindreben von mehr als 600 verschiedenen Rebsorten von Europa nach Australien, um ihre Eignung für den Weinbau in Australien zu prüfen. Seither gibt es nicht nur eine breite Palette europäischer Rebsorten in Australien bis zur Gegenwart, sondern vielfach immer noch den Gebrauch, eigene Weine mit europäischen Ursprungsbezeichnungen wie →Sherry, →Portwein u. a. zu belegen.
Trotz zahlreicher Rückschläge hat der australische Weinbau in den zurückliegenden Jahrzehnten einen spektakulären Aufschwung genommen, und dies sowohl unter quantitativen wie qualitativen Gesichtspunkten. Zwar hat sich die Rebfläche in den letzten 20 Jah-

ren bei etwa 60 000 ha stabilisiert, auf denen jährlich gut 4 Mill. hl Wein erzeugt werden. Doch die Australier haben allen Grund, diese zu schätzen: Mit inzwischen 19 l pro Kopf und Jahr sind sie statistisch außerhalb Europas nach den Argentiniern, Chilenen und Uruguayern die größten Weintrinker der Welt.

Angesichts der geographischen Lage und der klimatischen Bedingungen des Kontinents beschränkt sich der Weinbau auf eine Fülle unterschiedlich großer Weinbauinseln im äußersten Südosten des Landes bzw. zu einem erheblich kleineren Teil auf die Südwestecke des Kontinents in der Nähe von Perth, in → Westaustralien. Die nächsten Rebstöcke stehen einige tausend Kilometer weiter östlich im Südosten von →Südaustralien, dem größten australischen Weinstaat, und daran angrenzend in →Victoria, →Neusüdwales und auf der Insel →Tasmanien. Kleinere Rebflächen im Bundesdistrikt von Canberra sowie in Queensland fallen quantitativ wie qualitativ nicht ins Gewicht.

Australische Weine finden heute in ihren Spitzen vor allem als Rotweine Beachtung. Als die führende Sorte gilt der →Syrah, der in Australien →Shiraz genannt wird, mit fast 5800 ha und in seinen Spitzen großartigen Qualitäten, darunter der bedeutendste australische Rotwein, der →Grange Hermitage. Sehr im Kommen ist wie überall auf der Welt der →Cabernet Sauvignon mit derzeit knapp 5500 ha und einigen exzellenten Weinen. Eine australische Besonderheit ist dabei der recht verbreitete Verschnitt zwischen Cabernet Sauvignon und Shiraz, der sonst nirgendwo auf der Welt praktiziert wird, hier aber durchaus hervorragende Ergebnisse zu liefern vermag. Geringere Rollen spielen →Grenache (2000 ha), →Pinot noir (1250 ha) und →Merlot (700 ha). Unter den weißen Sorten, die zwei Drittel der australischen Rebfläche ausmachen, führen →Chardon-

nay (5200 ha) und →Riesling (3700 ha) deutlich vor →Sémillon (2900 ha) und →Sauvignon (1000 ha).

Mit der Verbesserung der önologischen Kenntnisse und der technischen Ausrüstungen haben auch die trockenen Weißweine stark an Bedeutung gewonnen. Während →Riesling (vor allem im →Barossa Valley) und →Sémillon (vor allem im →Hunter Valley) nach wie vor gepflegt und vielfach geschätzt werden, scheint die nähere Zukunft anderen Sorten zu gehören. So nimmt der →Sauvignon rasant an Verbreitung zu, und der vor 1970 in Australien praktisch unbekannte →Chardonnay gilt heute als das Aushängeschild australischer Spitzenweißweine. Die Zukunft des australischen Weinbaus und seiner Weine verspricht, nur noch interessanter zu werden.

80 % der australischen Weinerzeugung werden heute von 12 großen Aktiengesellschaften, teilweise mit ausländischer Beteiligung, kontrolliert. Als die vier größten gelten die Penfolds Wine Group (Penfolds, Seppelts, Lindemans, Wynns, Seaview u. a.), die Orlando Wyndham Group (Orlando, Wyndham Estate, Morris u. a.), BRL Hardy Ltd. (Hardy, Berri-Renmano, Houghtons, Chateau Reynella, Barossa Valley Estates u. a.) und Mildara Blass Ltd. (Mildara, Wolf Blass, Krondorf, Eaglehawk u. a.). Weitere große Gesellschaften sind Yalumba, McWilliams, Tyrrells, Rosemount, De Bortoli, Brown Brothers u. a.

Auvergne Mittelfranzösische Region und historische Provinz mit altberühmtem Weinbau, für den unverändert die Namen →Chanturgues, Châteaugay und Corent stehen, auch wenn nach allgemeinem Verständnis mit diesen Namen heute nicht die besten Weine der Welt bezeichnet werden, obwohl, wie es heißt, echte Auvergnaten davon unerschüttert überzeugt bleiben. Heute tragen sie wie auch die Weine von Boudes und Madargues das →V.D.Q.S.-Siegel als *Côtes d'Auvergne* mit dem Zusatz des Gemeindenamens. Durchweg sind es fruchtige, leicht und angenehm zu trinkende Weine, wobei die Weißweine aus →Chardonnay und die Rot- und Roséweine aus →Gamay und →Pinot noir erzeugt werden. Andere →Qualitätsweine der Region führen die Bezeichnung →Côte Roannaise, →Côtes du Forez, bzw. →Saint-Pourçain sur Sioule.

Auxerrois Dem Namen zufolge aus der Gegend von Auxerre unmittelbar westlich von →Chablis stammende weiße Rebsorte, die etwas dem Weißen →Burgunder ähnelt und in Deutschland in rückläufigem Maße – derzeit noch 48 ha – angepflanzt wird und zumal in →Baden und dort insbesondere im →Markgräflerland angebaut wird. Es ist zudem die Bezeichnung für die Hauptrebsorte im Gebiet von →Cahors, wo es sich natürlich um eine, auch als Cot bezeichnete Rotweinsorte handelt, die in →Bordeaux und anderswo als →Malbec bekannt ist.

Auxey-Duresses Kleine Weinbaugemeinde an der →Côte de Beaune, nordwestlich und oberhalb von →Meursault gelegen mit 170 ha Rebfläche, von denen angenehme Weiß- und Rotweine kommen, die durchweg nicht das Format der Weine von Meursault oder →Volnay haben, aber dennoch fein, charmant und ausdrucksvoll sein können. Die besten verdienen mehr als Beachtung. Eines der berühmtesten Weinhäuser →Burgunds, der Domaine Leroy, hat hier ihren Sitz. Aber auch Ampeau, der Duc de Magenta, Bouchard Père et Fils u. a. sind zuverlässig.

AVA Neues amerikanisches System der Herkunftsbezeichnung, mit dem der Bundesstaat – nicht die Einzelstaaten – in der Verantwortung des Federal Bureau of Alcohol, Tobacco and Firearms genau abgegrenzte Weinbaubereiche festlegt, ohne allerdings Bestimmungen über Rebsorten oder Anpflanz- und Ausbaumethoden nach dem Modell der französischen →Appellation d'origine contrôlée zu erlassen. Jedoch müssen die Weine, die unter der Bezeichnung einer AVA in den Handel kommen, zumindest zu 75 % aus diesem Bereich stammen. In →Kalifornien allein sind derzeit an die 60 AVAs festgelegt, davon 5 in →Napa Valley.

Avelsbach Nordöstlicher Stadtteil von →Trier, dessen Weine einen anderen Charakter haben als die nur einen Bergrücken weit entfernten →Ruwer-Weine, obwohl beide zur →Großlage *Römerlay* gehören. Als die herausragendsten Lagen gelten *Herrenberg*, *Altenberg*, *Kupp* u. a. Die Hohe →Domkirche, die Staatliche →Weinbaudomäne Trier u. a. sind bekannte Erzeuger. Die Weine können statt *Avelsbacher* auch als *Trierer* in den Handel gebracht werden.

Avensan Etwas zurückgezogener kleiner Weinbauort im →Haut-Médoc mit rund 130 ha Rebfläche zwischen →Cantenac, →Soussans, →Arsac und →Moulis-en-Médoc gelegen. Auch wenn klassifizierte Gewächse hier fehlen, sind doch Châteaux wie →Villegeorge, →Citran u. a. bekannt und weithin geachtet.

Avignon Bedeutende historische Stadt im unteren →Rhônetal, von 1309–1376 Sitz der Päpste, aus deren Umgebung heute so bedeutende Weine kommen wie der →Châteauneuf-du-Pape, →Tavel, →Lirac, →Gigondas u. a. Darüber hinaus ist Avignon ein wichtiges Weinhandelszentrum.

Avize Bedeutender, als *grand cru* eingestufter Weinbauort in der →Champagne, südlich von →Epernay und der Marne und gemeinsam mit →Cramant das Zentrum der →*Côte de Blancs*, deren →Chardonnay durchweg von hervorragender Qualität sind, so daß der Ort heute zu den 17 Spitzengemeinden der Champagne zählt.

Ay Weinbauort in der →Champagne, →Epernay gegenüber auf dem rechten Marneufer gelegen, dessen landschaftlich reizvolle Weinberge fast ausschließlich mit →Pinot noir bestockt sind und zusammen mit jenen von 16 weiteren Orten in der höchsten Qualitätsstufe als →*grand cru* eingestuft sind.

Ayl Einer der qualitativ bedeutendsten und bekanntesten Weinbauorte an der →Saar mit rund 100 ha Rebfläche, die zu etwa vier Fünftel auf die renommierteste Lage des Ortes, den *Ayler Kupp* entfällt. Kaum geringer, doch wesentlich kleiner ist der im Alleinbesitz des →Bischöflichen Konvikts befindliche *Herrenberger*.

Azay-le-Rideau Stadt in der →Touraine, weithin bekannt für eines der schönsten Renaissance-Schlösser der →Loire und Zentrum der Appellation *Touraine-Azay-le-Rideau*. Unter dieser Bezeichnung kommen etliche der besten trockenen Weißweine der Touraine

in den Handel, die aus →Chenin blanc erzeugt werden und an den →Vouvray erinnern. Zusätzlich wird ein Rosé erzeugt, der überwiegend aus →Grolleau sowie aus Anteilen von →Gamay, Cot und →Cabernet franc besteht.

Azidität Wenn ein Wein →sauer schmeckt, sagt dies nichts über die Menge der in ihm enthaltenen Säuren, wohl aber etwas über deren Art aus. Dieser Wein hat dann einen hohen Säuregrad oder eine hohe Azidität. Diese Azidität ist Ausdruck der Konzentration der Wasserstoffionen, die man auch in pH angibt. Die pH-Werte von Weinen schwanken zwischen 2,8 und 3,8. Ganz grob läßt sich sagen: Je geringer der pH-Wert eines Weins ist, desto höher ist seine Azidität, desto saurer schmeckt der Wein.

Azoren Portugiesische Inselgruppe im mittleren Atlantik, deren berühmtes *Hoch* nicht nur das Wetter in den westeuropäischen Weinbaugebieten günstig zu beeinflussen vermag, sondern auf der auch einiger, meist recht alkoholreicher Wein erzeugt wird, der im Gegensatz zu dem *Hoch* allerdings nur selten die Insel verläßt.

B

Bacchus Lateinischer Name für
→Dionysos, den griechischen Weingott. Ferner Name einer →Geisenhei-
mer →Neuzüchtung aus (→Silvaner ×
→Riesling) × →Müller-Thurgau, dessen
Ergebnisse dem Müller-Thurgau nicht
unähnlich sind und dem Weingott gewiß nicht zur Ehre gereichen: sehr er-
tragreich in der Menge, doch in der
Qualität nur eher durchschnittlich.
Dennoch wird die Sorte in Deutschland, wenn auch bei inzwischen leicht
rückläufiger Tendenz, immer noch viel
zu häufig angepflanzt und liegt mit derzeit 3490 ha an achter Stelle der Sortenliste. Zwei von drei Stöcken stehen in
→Rheinhessen und in →Franken.

Bacharach Malerische Kleinstadt am
→Mittelrhein, unmittelbar gegenüber
dem **äußersten Nordwestzipfel des**
→**Rheingaus** bei Lorchhausen. Rund
175 ha stehen auf steilen, zumeist nach
Süden gerichteten Schieferhängen unter
Reben und sind zu über 80% mit
→Riesling bestockt. *Hahn* und *Posten*
gelten als die besten Lagen. Ein führen-
der lokaler Erzeuger ist das Weingut
Toni Jost.

Bacharach, Bereich Ehemaliger südlichster der drei Bereiche des Anbaugebietes →Mittelrhein um die Orte
→Bacharach, Oberdiebach u. a. Seit
1990 zusammen mit dem früheren Bereich →Rheiburgengau Teil des neuen
Bereichs →Loreley.

Bad Dürkheim →Dürkheim

Bad Kreuznach →Kreuznach

Badacsony Ungefähr 2300 ha großer
Bereich des ungarischen Weinbaugebietes →Balaton, auf dem klimatisch besonders geschützten Nordufer des Plattensees (Balaton) zwischen Szigliget
und Balatonszepezd gelegen und land-
einwärts bis Tapolca reichend, der qualitativ nach dem Gebiet von →Tokaj-
Hegyalja als der bedeutendste des Landes gilt, insbesondere dank seiner
Basaltböden, die charaktervolle und
nuancenreiche Weißweine mit lebendiger Säure hervorbringen, denen die etwas säureärmeren Weine vom in einigen
Gemeinden anzutreffenden Rotliegen-
den nur wenig nachstehen. Den großen
Ruf der Badacsonyer Weine begründete
einst der *Badacsonyi* →*Kéknyelü* (Badacsonyer Blaustengler), der aufgrund
seiner Anbauprobleme und geringen
Erträge gegenwärtig praktisch nicht
mehr anzutreffen ist. Bei Flaschen, die
heute unter diesem Namen in den Handel gebracht werden, handelt es sich in
der Regel um →Welschriesling, der
sonst auch als *Badacsonyi Olaszrizling*
angeboten wird und durchaus ein angenehmer, fruchtiger und charaktervoller
Wein sein kann. Qualitativ ist ihm fraglos der *Badacsonyi* →*Szürkebarát* (Badacsonyer Grauer Mönch bzw. →Pinot
gris) überlegen, der jedoch aus Marketinggründen immer noch ebenso wie
der seltener anzutreffende →Muskat-
Ottonel praktisch ausschließlich als
→halbtrockener bis →lieblicher Wein
angeboten wird. Nach dem neuen
Weingesetz ist schließlich noch als
fünfte Sorte der zunehmend angepflanzte →Chardonnay erlaubt, der
durchaus interessante Ergebnisse hervorzubringen vermag. Insgesamt ist
derzeit die Weinbausituation wie über-

all in Ungarn noch zu sehr im Umbruch, um bereits gegenwärtig eine breite Zahl von dem natürlichen Potential entsprechenden herausragenden Weinen anzutreffen. Doch die ersten Resultate engagierter privater Winzer sind außerordentlich ermutigend und verheißen mittel- bis langfristig eine große Renaissance dieses altberühmten Weinbaugebietes.

Baden Ausgedehntestes und vielgestaltigstes deutsches Weinanbaugebiet, das sich auf rund 400 km Länge vom →Bodensee rheinabwärts über den unteren Neckar bis in das untere Taubertal erstreckt und heute mit einer Ertragsrebfläche von 16141 ha das drittgrößte deutsche Weinbaugebiet ist. Es ist in acht →Bereiche mit jeweils ausgeprägtem Eigencharakter unterteilt: Bodensee, →Markgräflerland, →Kaiserstuhl, →Tuniberg, →Breisgau, →Ortenau, Badische →Bergstraße/Kraichgau und →Tauberfranken. In seinem südwestlichen, dem →Elsaß gegenüberliegenden Teil zwischen Basel und Baden-Baden ist es das wärmste deutsche →Anbaugebiet am Fuß des schützenden Schwarzwaldes und das einzige, das zur →Weinbauzone B der EU gehört und daher die höchsten Mindestanforderungen an den Qualitätsweinbau im gesamten Bundesgebiet stellt. So müssen →Kabinettweine ein →Mindestmostgewicht, je nach Rebsorte, von 76° →Oechsle (→Riesling) bis 85° (Grauer →Burgunder, →Traminer, →Spätburgunder) aufweisen, während für →Spätlesen jeweils 10° mehr vorgeschrieben sind (in den Bereichen Bodensee und Tauberfranken 85–91°). Entsprechend zählen die durchschnittlichen Hektarerträge zu den niedrigsten im deutschen Weinbau. In zunehmendem Maße werden Rotweine erzeugt, so daß der Weißweinanteil nur noch gut 70% ausmacht. Über 85% der Rebfläche sind mit den fünf dominierenden Rebsorten bestockt: →Müller-Thurgau (5340 ha),

Spätburgunder (4251 ha), Grauer Burgunder (1519 ha), Riesling (1347 ha) und →Gutedel (1334 ha). Weitere 1450 ha entfallen auf die drei traditionsreichen Sorten Weißer →Burgunder, →Silvaner und Traminer, während →Neuzüchtungen (abgesehen vom Müller-Thurgau) quantitativ wie qualitativ nicht ins Gewicht fallen.

Die regionalen Unterschiede sind innerhalb Badens von erheblicher Bedeutung. So ist der Bodensee für seine vollen und milden →Seeweine aus Spätburgunder (auch als →Weißherbst) und Müller-Thurgau bekannt, während der Gutedel nahezu ausschließlich im Markgräflerland anzutreffen ist, wo knapp die Hälfte des Weins auf ihn entfällt. Zu knapp 85% bestehen die meist säurearmen Weine des Breisgaus aus Müller-Thurgau, Spätburgunder und Grauem Burgunder, während im Kraichgau und an der Badischen Bergstraße Müller-Thurgau, Riesling, Grauer und Weißer Burgunder dominieren und nahezu zwei von drei Weinen von Tauberfranken aus Müller-Thurgau bestehen. Als die beiden qualitativ herausragendsten Bereiche zählen hingegen die Ortenau mit ihren gehaltvollen Spätburgundern und den rassigen Rieslingen, insbesondere aus →Durbach und der Gegend zwischen Baden-Baden und Bühl, und der Kaiserstuhl, jene Vulkaninsel in der Oberrheinischen Tiefebene, von dem fast ein Drittel des badischen Spätburgunders und über die Hälfte des Grauen Burgunders kommen, Weine, die heute zunehmend zu den besten ihrer Art in Deutschland zählen.

Der badische Weinbau hat innerhalb der letzten rund fünfzehn Jahre eine einzigartige Aufwärtsentwicklung erlebt, dank der er heute zu den kreativsten und einfallsreichsten in Deutschland zählt. Dazu haben sowohl die Winzergenossenschaften beigetragen, die über 80% der badischen Weinernte erfassen und an deren Spitze der Badische Winzerkeller (früher Zentralkellerei Badischer Winzergenossenschaften) in Breisach steht, die eine der größten und modernsten Kellereien in Europa ist, als auch etablierte Weingüter und eine Vielzahl junger und engagierter Weinbaubetriebe. Zu den wichtigsten Weinbauorten zählen →***Achkarren, →***Blankenhornsberg, →**Bickensohl, →***Bischoffingen, →**Bühl, →*Burkheim, →***Durbach, →*Fremersberg, →***Ihringen, →*Istein, →*Jechtingen, →*Laufen, →*Michelfeld, →*Müllheim, →**Neuweier, →*Oberbergen, →**Oberrotweil, →***Ortenberg, →*Tiefenbach, →*Waldulm u. a.

Baden (bei Wien) Bedeutende österreichische Weinbaugemeinde im Weinbaugebiet →Thermenregion mit allerdings stark rückläufigem Weinbau in den letzten Jahrzehnten. Heute sind noch rund 280 ha mit Reben bestockt, davon 80 % weiße Sorten. *Römerberg, Goldberg, Himmeltau* u. a. gelten als die besten →Rieden und Johann Fischer, Friedrich Gleichweit, Robert Tröber u. a. als führende Erzeuger.

Bairrada Zwischen Atlantikküste und dem →Dão-Gebiet, nördlich von Coimbra, der berühmtesten Universität des Landes, gelegenes portugiesisches Weinbaugebiet mit eigener →Denominação de origem controlada. In dem zur Küste flach abfallenden, kalksteinhaltigen Gebiet stehen etwa 15 000 ha unter Reben, auf denen – meist aus Bical, Maria Gomes (→Fernão Pires), Rabo de Ovelha, Arinto und →Sercial – vollmundige, rassige Weißweine erzeugt werden, die großenteils zur Schaumweinherstellung verwandt werden, sowie vorwiegend aus der roten Baga, einige noch hervorragendere, feinfruchtige, charaktervolle, sehr ausgeglichene und lagerfähige Rotweine – z. T. auch ansprechende Rosés –, die den außerhalb Portugals wesentlich bekannteren Dão-Weinen in nichts nachstehen. Einige →Garrafeira-Weine können geradezu bemerkenswert sein. Aliança, Messias, Barrocão, Fonseca, São João u. a. gelten als führende Erzeuger.

Balaton Der ungarische Name für den Plattensee und damit zugleich für eines der besten Weinbaugebiete des Landes, das seit dem ungarischen Weingesetz von 1994 unterteilt wird in die Weinbaugebiete →Badacsony, →Balatonfüred-Csopak, →Balatonmellék und →Dél-Balaton.

Balatonfüred-Csopak Einer der vier Bereiche des ungarischen Weinbaugebietes →Balaton mit etwa 2500 ha Rebfläche, auf dem Nordufer des Plattensees von Zánka im Westen bis Balaton almádi im Nordosten mit dem Zentrum um die Orte Balatonfüred und Csopak östlich des noch berühmteren Bereichs →Badacsony gelegen. Anders als dort fehlen jedoch hier die unvergleichlichen Basaltböden. Allerdings verfügt die Gegend um Csopak über Böden aus Rotliegendem, die charaktervolle und nuancenreiche Weine hervorbringen, die besten des Bereichs. Ansonsten herrschen Braunerde und Sand vor. Als wichtigste Rebsorte gilt der →Welschriesling, aber auch Grauer →Burgunder, →Muskat-Ottonel u. a. ergeben z. T. höchst beachtenswerte Weine. Eine Sonderstellung nimmt die rund 200 ha Rebfläche umfassende Halbinsel Tihany mit ihrem nahezu mediterranen Klima ein, die besonders für ihre mitunter hervorragenden Rotweine aus →Kékfrankos (→Blaufränkisch), →Cabernet u. a. Sorten bekannt ist.

Balatonmellék Wörtlich »Plattenseegegend«. Damit wurden früher jene außerhalb der beiden klassischen Bereiche des Anbaugebietes →Balaton, →Badacsony und →Balatonfüred-Csopak, gelegenen Rebflächen gemeint, die insbesondere auf dem flachen Südufer des Sees liegen, zusammen etwa 1400 ha, die zu drei Viertel →Welschriesling hervorbringen. Seit dem neuen ungarischen Weingesetz von 1994 umfaßt das Weinbaugebiet Balatonmellék jedoch lediglich noch die unmittelbar westlich und nördlich an das Gebiet von Badacsony angrenzenden Rebflächen, womit qualitativ eine deutlich Aufwertung des Gebietes verbunden sein dürfte.

Balbach 15 ha großes Weingut in →Nierstein, eines der besten am Ort. Der →Riesling-Anteil beträgt 80 %, und die daraus erzeugten Weine sind feinfruchtig und elegant.

Balestard-la-Tonnelle, Château Einer der ältesten und heute einer der besten *grands crus classés* von →Saint-Emilion mit 11 ha Rebfläche (65 % →Merlot, 20 % →Cabernet franc, 10 % →Cabernet Sauvignon, 5 % →Malbec) und einem Wein mit Körper, Fleisch, Struktur und Tannin. Bereits vor rund 500 Jahren hat François Villon von »ce divin nectar Qui porte nom de Balestard« geschwärmt. Auf dem Etikett ist das ganze Gedicht abgedruckt.

Balìfico Neuer Rotwein aus der →Toscana, der von dem bemerkenswerten Weingut Castello di Volpaia auf der Lage *Balìfico* in Radda in Chianti inmitten des →Chianti classico-Gebietes zu 65 % aus →Sangioveto, 25 % →Cabernet Sauvignon und 10 % →Cabernet franc erzeugt und 15 Monate in →Barriques ausgebaut wird. Der Wein hat vielleicht nicht ganz das Volumen des auf dem gleichen Gut erzeugten →Coltassala, vermag diesen aber noch an Eleganz und Komplexität zu übertreffen, einer der bemerkenswertesten neuen Rotweine der Toscana.

Bandol Beachtenswerte, mitunter hervorragende Weiß-, Rot- und vor allem Roséweine, die an der französischen Mittelmeerküste im Hinterland der Ba-

deorte Bandol und Sanary-sur-Mer, westlich von Toulon erzeugt werden und wie die →Côtes de Provence, →Cassis u. a. eine eigene →Appellation contrôlée führen. Die Rot- und Roséweine stammen zu mindestens 50 % aus →Mourvèdre sowie aus →Grenache, →Cinsaut und gegebenenfalls einigen ergänzenden Sorten; die Weißweine aus Bourboulenc, →Clairette, →Ugni blanc und je nachdem bis zu 40 % →Sauvignon blanc. Jährlich werden auf rund 1100 ha etwa 40000 hl (davon 5 % Weißwein). Die Domaines Ott, Val d'Arenc, Port d'Alon, Château Pradeaux u. a. gelten als führende Erzeuger.

Banyuls Bekanntester und vielleicht bester französischer →Likörwein, etwa einem leichten *Tawny Port* vergleichbar. Nach den französischen Bestimmungen werden diese Weine als →Vin doux naturel bezeichnet, da ein erheblicher Teil ihres natürlichen Traubenzuckers dadurch erhalten bleibt, daß der Wein aufgespritet, d. h. ihm 5–10 % hochprozentiger Branntwein zugesetzt wird. Auf diese Weise erreicht er mindestens 15 % vol. Alkohol, oft auch mehr, ist ziemlich süß und verfügt über eine rostbraune Farbe und mit zunehmenden Alter – zumal als *Banyuls Grand Cru*, der mindestens 2 ½ Jahre im Faß gelegen haben muß – über ein besonderes Bukett und einen ganz eigentümlichen, als →Rancio bezeichneten Altersgeschmack. Der Wein wird überwiegend aus →Grenache erzeugt, und zwar an der Côte Vermeille, jenem schmalen, malerischen Küstenstreifen zwischen Perpignan und der spanischen Grenze um die Orte →Collioure, Port Vendres, Banyuls und Cerbère. Die Reben stehen auf terrassierten, sonnenüberfluteten Steilhängen über dem Mittelmeer, und die Lese ist durchweg spät. Auch ohne Alkoholanreicherung neigt der Banyuls daher dazu, schwer und süß zu sein, Eigenschaften, die durch sein Herstellungsverfahren noch unterstrichen werden. Der Domaine du Mas Blanc hat einen guten Namen.

Barbacarlo Einer der ältesten und herausragendsten Weine des →Oltrepò Pavese in der südlichen →Lombardei – ursprünglich allein auf einen diesen Namen tragenden Teil eines Hügels oberhalb von →Broni bezogen – erzeugt aus Croatina, Uva rara, Ughetta und etwas →Barbera: ein intensiver, leicht schäumender Rotwein (→frizzante), der eigentümlicherweise sehr gut lagerfähig ist und nach einigen Jahren zunehmend fein und charaktervoll wird. Obwohl er heute als →DOC-Wein von mehreren Gütern erzeugt wird, verdankt er seinen Ruhm unverändert dem lokalen Weingut Lino Maga.

Barbaresco Einer der zu Recht berühmtesten italienischen Rotweine aus →Piemont, dessen insgesamt 484 ha großes Anbaugebiet in der Umgebung der Gemeinde gleichen Namens, einschließlich Neive, Treiso und Teilen von →Alba, unweit des →Barolo-Bereichs liegt. Er wird ebenso wie der Barolo, doch durchweg in niedrigerer Höhenlage als dieser, aus →Nebbiolo erzeugt und gilt gemeinhin als der etwas leichtere und weniger langlebige Verwandte des Barolo mit einer vorgeschriebenen, um ein Jahr kürzeren Faßlagerung, die je nachdem zwischen zwei und vier Jahren beträgt. Seit 1981 trägt er wie der Barolo das →DOCG-Prädikat. Vielleicht erreicht der Barbaresco nicht ganz die Kraft und den Körper eines Barolo, doch kann ein Barbaresco eines erstklassigen Erzeugers wie Angelo →Gaja, Bruno Giacosa, Vietti, Ceretto, Alfredo Prunotto, Renato Ratti, Scarpa, Gigi Rosso, Giovannini Moresco, Castello di Neive, Oddero, Cortese, San Giuliano u. a. nahezu jeden Barolo an Feinheit und Differenziertheit übertreffen und ein wahrhaft überragender Wein von

außerordentlichem Charakter, Finesse und Rasse sein. Die besten von ihnen gehören sicherlich zu den bemerkenswertesten Weinen der Welt.

Barbarossa Name, unter dem der hohenstaufische Kaiser Friedrich I. seit dem 12. Jahrhundert bekannt ist. Heute außerdem Bezeichnung für mehrere italienische →Tafelweine, deren bedeutendster ein von der Fattoria →Paradiso erzeugter Rotwein aus bislang nicht identifizierten Rebsorten ist, die in Bertinoro in der →Emilia-Romagna zu Füßen der Burg des einstigen Kaisers wachsen; ein voller, reifer Wein von kräftiger, lang anhaltend jugendlicher Farbe, dabei zunehmend samtig und ausgeglichen.

Barbera Rote Rebsorte, die in Italien auf etwa 90 000 ha angepflanzt wird, insbesondere in →Piemont, und mit weiteren 12 000 ha in →Kalifornien und Argentinien verbreitet ist. Trotz ihrer hohen Verbreitung wird die Barbera eigentlich nur in Piemont und in Teilen der angrenzenden →Lombardei und →Emilia-Romagna reinsortig ausgebaut, wobei sie in der Regel einen säurebetonten, nicht zu körperreichen Wein mit typischem Bukett ergibt, der in der Regel jung getrunken wird und keine besonderen Ansprüche stellt, obwohl er im Alter von 10–15 Jahren mitunter beachtliche Struktur und Charakter aufweisen kann. Am besten dürfte in der Regel der Barbera d'→Alba sein, neben dem es einen Barbera d'→Asti, Barbera del →Monferrato, Barbera dei Colli Tortonesi, Barbera →Oltrepò Pavese u. a. gibt. Die große Verbreitung der Sorte ergibt sich aber letztlich aus ihrer Eignung als Verschnitt für andere, säurearme Sorten, deren Weinen sie dann Struktur und Rückgrat zu verleihen vermag, während sie, auf sich allein gestellt, sich selten zu Höhenflügen aufrafft.

Neben diesen hergebrachten, im allgemeinen nicht allzu bedeutenden Weinen gibt es seit einigen Jahren einen neuen Barbera ganz anderer Dimension, der höher im Alkohol liegt (13,5–14 % vol.), dichter und konzentrierter ist und heute zumeist im →Barrique ausgebaut wird. Dieser neue Barbera ist vor allem mit dem Namen des 1989 verstorbenen Giacomo Bologna verknüpft, der Aufsehen und Bewunderung erregte mit seinen großartigen →Bricco dell'Uccellone, →Bricco della Bigotta und zuletzt dem kaum geringeren *Ai Suma* (einem Barbera d'Asti). In die gleiche Richtung gehen inzwischen der *Vignarey*, ein Barbera d'Alba von →Gaja, der →Montruc, der *Valle del Sole*, ein Barbera d'Asti von Michele Chiarlo u. a., allesamt großartige Weine, die dem so verkannten Barbera eine neue Zukunft weisen und mit den herkömmlichen Weinen dieser Sorte kaum etwas gemein haben.

Barberone Eigentlich ein großer →Barbera, eine Bezeichnung, die in Italien kaum verwandt wird, doch in →Kalifornien einen schweren Rotwein meint, der kaum besondere Beachtung verdient und zudem bestenfalls zu einem Teil aus Barbera stammt.

Barca Velha Legendärer portugiesischer Rotwein aus dem oberen →Dourotal, der von dem →Portwein-Haus Ferreira aus →Tinta Roriz (das portugiesische Synonym für die spanische →Tempranillo), Tinta Amarela und Touriga Francesca erzeugt wird, jedoch nur in besten Jahren (seit 1951); geringere Jahrgänge werden als *Reserva Especial* verkauft. Er wird mehrere Jahre in 250-l-Fässern in →Vila Nova de Gaia gelagert, bevor er verteilt, eher als verkauft, wird, da er nur in kleinen Mengen erzeugt wird: Vollmundig, sehr konzentriert, von bemerkenswertem Charakter und Tiefe ist er langsam reifend und außerordentlich lagerfähig und qualitativ der bemerkenswerteste

portugiesische Rotwein und am ehesten dem spanischen →Vega Sicilia vergleichbar.

Barco rabelo Altertümlich erscheinendes, flachgehendes Segelschiff, mit dem man vor dem Zeitalter der Lastwagen den neuen Wein vom oberen →Douro nach →Vila Nova de Gaia zur →Portweinerzeugung transportierte. Heute nur noch eine Touristenattraktion.

Barco Reale Rotwein aus der →Toscana aus dem Gebiet von →Carmignano, der ebenso wie dieser hauptsächlich aus →Sangiovese und →Cabernet erzeugt wird, doch nicht die Tiefe und Konzentration des Carmignano erreicht und als der leichtere, früher zu trinkende beider Weine gilt. Der Barco Reale der Tenuta di Capezzana ist sehr angenehm.

Bardolino Sehr beliebter, ansprechender und meist leichter Rotwein, der in der Umgebung des gleichnamigen Ortes am Südostufer des →Gardasees erzeugt wird. Wie der →Valpolicella, der auf ganz anderen Böden etwa 15 km weiter östlich gewonnen wird, wird der Bardolino vornehmlich aus →Corvina, →Rondinella, →Molinara und →Negrara erzeugt. Er ist in der Farbe kaum intensiver als ein dunkler Rosé, verfügt über ca. 12 % vol. Alkohol und wird durchweg jung getrunken. Fruchtig, heiter, lebendig und unkompliziert, ist er einer der köstlichsten Weine der Provinz →Verona. Der →superiore ist etwas gehaltvoller. Poggi, Guerrieri-Rizzardi, Anselmi, Masi u. a. sind zuverlässige Erzeuger. Übrigens wird der Bardolino auch als →spritziger, hellroter Rosé erzeugt; er darf dann die Bezeichnung →Chiaretto führen und kann noch besser als der Rote sein.

Baret, Château Kleines Weingut in →Villenave d'Ornon in den →Graves unmittelbar südlich von →Bordeaux mit 13 ha Rebfläche (72 % →Cabernet Sauvignon, 25 % →Merlot, 3 % →Cabernet franc bzw. 65 % →Sémillon, 32 % →Sauvignon, 3 % →Muscadelle für den Weißwein) und einem ausgeglichenen Rotwein und einem mitunter noch besseren, fruchtigen Weißwein.

Barilot Neuer italienischer Rotwein von Michele Chiarlo aus →Nebbiolo aus einer Lage in →Barolo und →Barbera aus Vinchio im Gebiet des Barbera d'→Asti. Der Wein wird in geringen Mengen erzeugt und in →Barriques ausgebaut. Er ist tief, gehaltvoll und komplex und zählt zu den beachtenswertesten neuen →Tafelweinen aus →Piemont.

Barolo Einer der bemerkenswertesten Rotweine Italiens, der in den →Langhe in →Piemont südwestlich von →Alba auf knapp 1200 ha um die Dörfer Barolo, La Morra, Castiglione Falletto, Serralunga d'Alba, Monforte u. a. aus →Nebbiolo erzeugt wird, von der die Spielarten Lampia, Michet und Rosé vorherrschen, die je nach Bodenart, Höhenlage und Exposition unterschiedliche Weine ergeben. Je nach Boden, Jahrgang und Vinifikation handelt es sich um mehr oder weniger robuste Weine mit kraftvollem Alkohol (um 13–14 % vol.), wobei die Weine von Barolo und La Morra in der Regel eleganter und samtiger, die von Castiglione, Serralunga und Monforte voller, tanninreicher und kräftiger sind. Nach den →DOCG-Bestimmungen (seit 1981) muß der einfache Barolo drei Jahre, die →Riserva fünf Jahre (die frühere Bezeichnung Riserva speciale ist nicht mehr zulässig) gelagert werden, davon mindestens zwei Jahre im – durchweg großen – Eichen- oder Kastanienholzfaß. Anschließend ist je nach Jahrgang eine etwa fünf- bis zehnjährige Flaschenlagerung zur Entfaltung eines optimalen Geschmackseindrucks erforderlich, da ein hervorragender Barolo,

zumal in guten Jahren zu den langsamst reifenden und langlebigsten großen Rotweinen der Welt zählt. Er kommt zumeist von einer der Spitzenlagen des Gebiets (*Cannubi, Brunate, Rocche, Bussia, Monprivato, Vigna Rionda* u. a.) und von führenden Erzeugern wie →Gaja (*Sperss*), Bruno Giacosa, Elvio Cogno-Marcarini, Ceretto, Vietti, Giulio bzw. Giuseppe (Mauro) Mascarello, Alfredo Prunotto, F.lli Barale, Valentino Migliorini, Renato Ratti, Gigi Rosso, Franco Fiorina, Montanello, Pio Cesare, Oddero u. a. Ein vollauf gelungener Barolo ist immer ein bemerkenswerter, wenn nicht großer Wein.

Baron de L Nach allgemeiner Überzeugung der mit Abstand beste →Pouilly-Fumé, der von Ladoucette in guten Jahren in geringen Mengen als wahrhaft bemerkenswertes Spitzencuvée erzeugt wird, ein Wein von Fülle, Rasse und Charakter, der unter den Weißweinen der →Loire wenige seinesgleichen hat.

Barossa Valley Lange Zeit und zumal in Deutschland (wegen der zahlreichen deutschen Auswanderer) der bekannteste Name im und vielerorts geradezu ein Synonym für australischen Qualitätsweinbau, ein sanftes, gut 50 km nordöstlich von →Adelaide in →Südaustralien gelegenes Tal von 32 km Länge und 3–11 km Breite mit etwa 5700 ha Rebfläche (einschließlich Eden Valley). Das Klima ist heiß und trocken, in Europa am ehesten mit dem Portugals vergleichbar. Da die →Reblaus nie bis hierhin vorgedrungen ist, gibt es nahezu keine →Pfropfreben, sondern wurzelechten Anbau. Während früher der Schwerpunkt auf →gespriteten Weinen lag (heute sind noch rund 250 ha mit →Palomino und →Pedro Ximénez bestockt), werden heute in zunehmendem Maße Rot- und Weißweine meist aus französischen und deutschen Rebsorten von mitunter beachtlicher Qualität erzeugt (1000 ha →Shiraz, 920 ha →Riesling, 590 ha →Sémillon, 580 ha →Cabernet Sauvignon, 430 ha →Chardonnay), wenn auch gerade unter den Spitzenweinen übergebietliche →Verschnitte keine Seltenheit sind. Als namhafteste Erzeuger gelten Penfolds, Thomas Hardy, Wynns, Seppelt, Saltram, Orlando, die Barossa Co-operative Winery →Kaiser Stuhl→ u. a.

Barr Bedeutender Weinbauort im nördlichen →Elsaß mit etlichen herausragenden →Rieslingen und →Gewürztraminern. Der *Kirchberg* ist als →*grand cru* eingestuft, und Willm gilt als ein namhafter lokaler Erzeuger.

Barrique Name für die im →Bordeaux-Gebiet üblichen Eichenfässer mit 225 l Fassungsvermögen, in der praktisch alle namhaften Rot- und Weißweine des Gebiets ausgebaut werden; 4 Barriques ergeben 1 →Tonneau, die fiktive, aber traditionelle Maßeinheit im Bordelais.
Darüber hinaus scheint Barrique heute in zahlreichen Weinbaugebieten der Welt als ein Zauberwort zu gelten, mit dessen Hilfe der Aufstieg in den Weinadel möglich erscheint. Vor allem in der →Toscana, aber auch in →Piemont und anderen Teilen Italiens hat man vor Jahren von einer regelrechten *Barriquomanie* gesprochen, die nicht nur einige bemerkenswerte Weine (→Sassicaia, →Solaia, →Tignanello, Le →Pergole Torte, →Sammarco, →Canneto u.v.a.), sondern auch etliche unrühmliche Kopien angeblich Bordeaux ähnlicher Weine hervorgebracht hat. Doch die meisten haben hier wie auch anderso inzwischen gelernt, daß der kleine Wein in der Barrique nicht zu einem großen Wein wird. Auch in Deutschland, Österreich u. a. experimentiert man inzwischen seit geraumer Zeit bei Rotweinen, aber auch bei etlichen Weißweinen (Weißer und Grauer →Burgunder, →Chardonnay, →Riesling und andere) mit der Methode des Barrique-

ausbaus. Nach anfänglichen Fehlern und Mißerfolgen hat sich dabei inzwischen in einer Fülle von Fällen in Deutschland wie anderswo eine deutliche Bereicherung und eine mitunter qualitativ bemerkenswerte Verbesserung dank überzeugender roter wie weißer Barriqueweine ergeben, obgleich der Gesamtumfang dieser Erzeugung etwa in Deutschland gegenwärtig noch minimal ist.

Barro Bezeichnung der eisenhaltigen Lehmböden im →Sherry-Gebiet in →Andalusien, die nur einen geringen Kreideanteil aufweisen. Während die besten Weine von den Kreideböden, dem →Albariza, kommen, gilt der *Barro* nur als zweitklassig, bringt aber immer noch deutlich bessere Weine hervor als der →Arena, der Sandboden.

Barsac Nördlichster und nach →Sauternes selbst bekanntester der fünf Sauternes-Orte mit eigener Appellation. Der Grund für diese Sonderstellung liegt nicht nur daran, daß er mit rund 750 ha Rebfläche der größte dieser Orte ist, sondern auch darin, daß seine Weine, bedingt durch die anderen Böden in Barsac und ihre Lage trotz des ähnlichen Rebsortenverhältnisses und gleicher Vinifikations- und Ausbauarten deutlich von den Weinen der übrigen vier unter der Appellation Sauternes zusammengefaßten Orte unterschieden sind: Weniger körperreich und opulent und weniger süß als traditionelle Sauternes, zeichnen sich die Barsac-Weine durch Rasse und Eleganz aus, die ihre Süße verhalten erscheinen läßt und ihnen Feinheit und Distinktion verleiht. Château →Climens gilt heute allgemein als das Flaggschiff von Barsac, gefolgt von den Châteaux →Coutet, →Doisy-Daëne, →Doisy-Védrines, →Nairac, →Broustet, →Caillou, →Suau, →Doisy-Dubroca u. a.

Barullo Neuer italienischer roter →Tafelwein, der in Vagliagli im Gebiet des →Chianti classico in der →Toscana von der Fattoria di Selvole in kleinen Mengen aus →Sangioveto und →Cabernet Sauvignon erzeugt wird. Der Wein wird drei Jahre lang in großen Eichenfässern und anschließend für weitere acht Monate in →Barriques ausgebaut. Das Ergebnis ist ein kraftvoller, aber dennoch eleganter Rotwein von Struktur und Charakter, der zu den bemerkenswertesten seiner Art in Italien zählt.

Baselland Ostschweizer Kanton mit 94 ha Rebfläche, davon zwei Drittel Rotwein (→Spätburgunder), während für den Weißwein zu gleichen Teilen der Riesling × Sylvaner (→Müller-Thurgau) und der →Gutedel angebaut werden. Trotz zunehmender Urbanisierung hat sich die Baselbieter Rebfläche in den zurückliegenden Jahren erfreulicherweise noch um einige Hektar ausdehnen können.

Bas-Médoc Bestenfalls noch umgangssprachlich, aber nicht mehr offiziell gebräuchliche Bezeichnung für den unteren →Médoc, d. h. das unterhalb des →Haut-Médoc gelegene Weinbaugebiet.

Bas-Rhin Das nördliche der beiden Départements des →Elsaß und mit rund 5800 ha Rebfläche das kleinere der beiden. Auch qualitativ rangiert im allgemeinen das Gebiet um Straßburg etwas unterhalb des →Haut-Rhin. Doch genießt nicht nur →Marlenheim wegen seines vorzügliches Rosés aus dem →Pinot noir einen guten Ruf, sondern auch Orte wie →Andlau, →Barr, →Dambach-la-Ville, →Goxwiller, →Marlenheim, →Mittelbergheim, →Molsheim, →Obernai u. a. für ihre →Rieslinge, →Gewürztraminer u. a. Weine.

Basilicata Eine der unterentwickeltsten Regionen des italienischen Mezzogiorno mit vergleichsweise geringem Weinbau (gut 14000 ha Rebfläche). Wenn dieser dennoch überregionales und sogar über Italien hinausgehendes Interesse verdient, dann allein wegen des hervorragenden →Aglianico del Vulture, der in guten Jahren und wenn voll gelungen zu den bedeutendsten Rotweinen Süditaliens zählt, während der aus der gleichen Rebsorte erzeugte →Canneto wahrhaft bemerkenswert und einer der großartigsten neuen italienischen Rotweine ist. Ferner werden der →Asprinio sowie einige weitere Weine an den Abhängen des Monte Vulture und anderswo erzeugt.

Bassermann-Jordan Weitbekanntes, jahrhundertealtes Weingut in →Deidesheim und eines der bedeutendsten Zentren der Weinkultur in Deutschland, dessen großer Holzfaßkeller mit zahllosen Ausgrabungsstücken aus der römischen Antike und neueren Kunstgegenständen rund um den Wein geschmückt ist, die diesen nahezu zu einem lebendigen Weinmuseum gestalten. Der Vater des gegenwärtigen Gutsleiters, selbst Kunsthistoriker, Geh.-Rat Dr. Friedrich von Bassermann-Jordan war jahrzehntelang der Nestor der deutschen Weinwirtschaft und hat sich das Ansehen auch der Nachwelt nicht zuletzt durch sein unübertroffenes Standardwerk →Geschichte des Weinbaus→ erhalten. Von diesem Gut nahm Ende des 18. Jahrhunderts der pfälzische Qualitätsweinbau seinen Ausgang.

Heute umfaßt das Gut 40 ha Rebfläche, die ausschließlich mit →Riesling bestockt ist. Es verfügt über bedeutende Anteile der besten Lagen von Deidesheim, →Forst und →Ruppertsberg im Zentrum der →Mittelhaardt. Die Weine – mit einem, wenn auch langsam, steigenden Anteil trockener Abfüllungen – zeichnen sich durch eine besonders schöne Frucht und Eleganz aus und zählen zu den feinsten der →Pfalz.

Bastard Süßer Rotwein aus Portugal, der zu Zeiten Königin Elisabeths I. in England sehr beliebt war und von Shakespeare (in »Maß für Maß« und »Heinrich IV.«) erwähnt wird. Der Name stammt wahrscheinlich von der roten Bastardo-Rebe, die heute noch in nahezu ganz Portugal verbreitet ist.

Basto Spanisch für grob oder gewöhnlich, das Gegenteil von →fino. Minderwertiger →Sherry wurde früher häufig so bezeichnet, was heute kaum noch geschieht – ohne daß damit zugleich auch der minderwertige Sherry verschwunden wäre.

Batailley, Château *5e cru classé* in →Pauillac im →Haut-Médoc mit 50 ha Rebfläche (69 % →Cabernet Sauvignon, 30 % →Merlot, 1 % →Petit Verdot) und einem festen, strukturierten, tanninreichen und langsam reifenden Rotwein, der solide und zuverlässig ist.

Bâtard-Montrachet Ein →grand cru und eine der besten Weinlagen in →Burgund mit einer Fläche von 11,9 ha, die zu nahezu gleichen Teilen in →Puligny-Montrachet und in →Chassagne-Montrachet liegt, unmittelbar unterhalb des legendären →Montrachet. Nach dem Montrachet und dem am höchsten gelegenen →Chevalier-Montrachet steht dieser Wein nach der Überzeugung der meisten Kenner seit Generationen auf einem kaum geringeren dritten Platz. Er wird wie diese ausschließlich aus →Chardonnay erzeugt, verfügt über eine blaßgelbe Farbe und relativ viel Alkohol (13–14 % vol.), ist trocken, aber nicht hart, vollmundig, ausdrucksvoll und von großem Charakter und besitzt ein ungewöhnlich reiches Bukett. Der beste Bâtard dürfte in der Regel von den Domaine Leflaive stammen, doch auch Etienne Sauzet u. a. besitzen einen guten Namen.

Béarn Historische französische Provinz im äußersten Südwesten des Landes mit der Hauptstadt Pau, die heute nahezu identisch mit dem Département Pyrénées-Atlantiques ist. Rund 2250 ha stehen hier unter Reben, und ihr berühmtester Wein ist seit Jahrhunderten der →Jurançon. Ferner werden der rote →Irouléguy und →Madiran erzeugt, im letzteren Gebiet zusätzlich der weiße →Pacherenc du Vic-Bilh. Ferner bringen gut 80 Gemeinden den *Béarn* hervor, bei dem es sich zumeist um angenehm zu trinkende Rosé- bzw. Rotweine handelt. Die verbleibenden zwei Drittel der Rebfläche sind der Erzeugung von →Tafel- und →Landweinen vorbehalten.

Beaucastel, Domaine (Château) de Namhaftes Weingut in →Châteauneuf-du-Pape, das für seine kräftigen, tiefen, jedoch dabei sehr differenzierten und hervorragenden Rotweine bekannt ist, die zu den besten des Gebiets zählen.

Beaujeu Weinbaugemeinde am Westrand des →Beaujolais-Gebietes, als dessen Zentrum sie lange Zeit galt; heute tritt sie jedoch hinter Villefranche-sur-Saône weit an Bedeutung zurück. Die *Hospices de Beaujeu* sind eine etwa mit den →Hospices de Beaune vergleichbare Krankenhaus-Stiftung, der bedeutende Rebflächen in →Fleurie und anderen Gemeinden des Beaujolais gehören, deren Weine unter der Bezeichnung *Hospices de Beaujeu*, gegebenenfalls mit Angabe des Ortes, aus dem sie stammen, in den Handel gebracht werden.

Beaujolais Einer der bekanntesten und beliebtesten französischen Rotweine, seltener Roséweine, während die gleichfalls unter dieser Bezeichnung erzeugten Weißweine äußerst rar sind. Beaujolais ist außerdem der Name jener Landschaft im Süden →Burgunds, unmittelbar nördlich von →Lyon, aus der sie stammen. Die Rebflächen liegen in einer anmutigen Hügellandschaft westlich der Saône, wobei die Böden meist aus Ton und Granit bestehen und nicht, wie an der Côte d'Or, aus Kalk. Entsprechend anders sind die Rebsorten: Statt aus →Pinot noir wird der Beaujolais aus →Gamay erzeugt. Obwohl zu Burgund gehörend unterscheidet sich der Beaujolais heute mehr denn je von den eigentlichen →Burgundern, und nur wenige Weine dieses Gebiets haben daher das Recht, als *Burgunder (Vin de Bourgogne)* bezeichnet zu werden. Zweifellos handelt es sich dabei um die besten, die aus insgesamt zehn Gemeinden bzw. Bezirken, den sogenannten →*crus*, kommen: →Brouilly, →Côte-de-Brouilly, →Chénas, →Chiroubles, →Fleurie, →Juliénas, →Morgon, →Moulin-à-Vent, →Régnié und →Saint-Amour.

Neben diesen gehaltvollsten und ausdruckvollsten Beaujolais, die aus dem Norden des Gebietes stammen, gibt es, durchweg um sie herum gelegen, 36 weitere Orte, deren Weine das Recht haben, als *Beaujolais-Villages*, ohne Ortsangabe, in den Handel gebracht zu werden. Bei ihnen handelt es sich in der Regel um den besten, einfacheren Beaujolais, und ihre Moste müssen einen natürlichen Mindestalkoholgehalt von 10,5 % vol. theoretisch aufgewiesen haben.

Der einfachste Beaujolais stammt aus dem verbleibenden Gebiet und kommt ohne weiteren Zusatz in den Handel, wenn sein Ausgangsmostgewicht theoretisch mindestens 10 % vol. betrug oder als *Beaujolais Supérieur*, wenn mindestens 10,5 % vol. erreicht worden waren.

Bei allen diesen Weinen handelt es sich heute um mehr oder weniger fruchtige, frische Weine, die vielfach unkompliziert und sehr angenehm zu trinken sind. Anders als früher fehlt ihnen heute meist viel an Kern, Tannin und Charakter, weshalb sie als der zeit-

gemäße, jung zu trinkende Wein erscheinen, der in seiner Problemlosigkeit weder tieferes Verständnis noch besondere Gelegenheiten verlangt. Der Schritt zum gesichtslosen Allerweltswein ist daher, insbesondere bei den einfachen Qualitäten, oft nicht sehr weit.

Gefördert wird dieser Eindruck durch die in den vergangenen Jahren immer größere Formen annehmende Modeerscheinung des *Beaujolais* →*Primeur* (auch als *Beaujolais Villages Primeur*), eines Weins, der mit Hilfe der →*Macération carbonique* vergoren und rund acht Wochen nach der Lese, in der Regel am dritten Donnerstag im November des Erntejahres, auf den Markt geworfen wird, ein frischer, fruchtiger, lebendiger und in seinen Spitzen köstlicher Wein für den unmittelbaren Genuß, doch sicherlich kein Wein von einer größeren Bedeutung. Doch heute wird bereits rund die Hälfte der Beaujolais-Erzeugung auf diesem Wege abgesetzt.

Wenn diese Entwicklungen und Tendenzen dazu geführt haben, daß der traditionelle Beaujolais weitgehend verschwunden ist, so sollten doch zumindest die besten *crus* des Beaujolais nicht vergessen machen, daß das Gebiet weit mehr als gefällige Allerweltsweine hervorzubringen in der Lage ist und daß der Gamay bei entsprechenden Bedingungen außerordentlich seriöse und hervorragende Weine zu liefern vermag.

Beaumes-de-Venise Kleine Weinbaugemeinde östlich von →Orange im Département →Vaucluse, der insbesondere für seinen *Muscat de Beaumes-de-Venise* bekannt ist, einen nur leicht →gespriteten →Vin doux naturel, der von vielen Kennern für den besten Frankreichs gehalten wird. Die übrigen Weine des Ortes dürfen als →Côtes du Rhône-Beaumes-de-Venise in den Handel gebracht werden.

Beaune Malerische Kleinstadt in →Burgund mit rund 17000 Einwohnern und einigen bedeutenden alten Bauwerken, darunter die →Hospices de Beaune, ein Stift aus dem Jahr 1443. Nach einem französischen Sprichwort ist →Dijon die Hauptstadt von *La Bourgogne* (der einstigen Provinz), Beaune hingegen jene von *Le Bourgogne* (dem Wein). Viele große Handelshäuser haben hier ihren Sitz, darunter Louis Jadot, Louis Latour, Joseph Drouhin, Bouchard Père & Fils, Albert Bichot u. a. Der südliche Teil der →Côte d'Or ist daher auch nach Beaune als →Côte de Beaune benannt. Die Stadt selbst verfügt über 450 ha Rebfläche, darunter 322 ha als *Premier cru*-Lagen wie *Les* →*Grèves, Les Fèves, Les Cents Vignes, Les Marconnets, Bressandes, Cras, Champs Pimont,* →*Clos des Mouches,* →*Clos de la Mousse, Clos du Roi, Les Teurons, L'Ecu, Les Vignes Franches, Boucherottes, Epenottes, Avaux, Aigrots* u. a. Die von ihnen stammenden Weine – von einem etwa einem →Meursault vergleichbaren weißen *Clos des Mouches* und wenigen anderen abgesehen, ausnahmslos Rotwein – sind durchweg von bemerkenswerter Qualität, voll im Körper, dabei kernig, fest und elegant, ohne die Statur des benachbarten →Corton, doch klarer, anmutiger und eleganter als die Weine von →Volnay. Zu den führenden Erzeugern zählen Jacques Germain, Joseph Drouhin, Louis Jadot, Coron, Tollot-Beaut, Jaboulet-Vercherre, Bouchard Père & Fils, Chanson u. a.

Beauregard, Château Name mehrerer Weingüter im →Bordeaux-Gebiet. Das mit Abstand bedeutendste von ihnen befindet sich in →Pomerol mit 13 ha Rebfläche (48 % →Merlot, 44 % →Cabernet franc, 6 % →Cabernet Sauvignon, 2 % →Malbec) und einem feinen, weichen, samtig-eleganten Rotwein.

Beauséjour, Château Verbreiteter Weingutsname im →Bordeaux-Gebiet. Das bedeutendste von ihnen befindet sich in →Saint-Emilion und ist nach seiner Besitzerfamilie als Château Beauséjour Duffau-Lagarrosse bekannt (7 ha: 50 % →Merlot und je 25 % →Cabernet franc und →Cabernet Sauvignon). Offiziell ist es als premier *cru classé B* eingestuft und erzeugt seit einigen Jahren wieder einen gehaltvollen, kernigen, tanninreichen und ausdrucksvollen Rotwein von wahrhaft bemerkenswerter Qualität. Einst Teil des gleichen Besitzes ist das benachbarte Château Beau-Séjour-Bécot (19 ha: 70 % Merlot und je 15 % Cabernet franc und Cabernet Sauvignon), heute nur noch als *grand cru classé* eingestuft, das einen reichen, vollen und komplexen, mitunter jedoch sehr vordergründigen Wein erzeugt.

Bechtheim Zwischen →Alsheim und →Worms im Bereich →Wonnegau gelegene große Weinbaugemeinde des rheinhessischen →Hügellandes mit rund 620 ha Rebfläche. Während der *Bechtheimer Pilgerpfad*, ein →Großlagenname, in jedem Supermarkt zu finden ist, verdient der Ort Beachtung als Sitz des Brenner'schen Weinguts (15 ha, 35 % Weißer →Burgunder, je 15 % →Spätburgunder und →Riesling), dessen Weiß- wie Rotweine (zumal unter der Seriennummer, die dem Alter des Familienbesitzes entspricht) ausgezeichnet sein können und damit deutlich machen, welches Potential in Bechtheim vorhanden ist.

Beerenauslese Ein ganz besonderer, sehr seltener und entsprechend teurer Wein, der aus einzeln herausgeschnittenen, edelfaulen, wenigstens überreifen Beeren (in Österreich beides) erzeugt wird. Während bei der →Auslese die reifsten Trauben gelesen und gepreßt werden, geschieht das gleiche bei der Beerenauslese, wie der Name sagt, lediglich mit den individuellen Beeren. Je nach →Anbaugebiet muß dabei ein →Mindestmostgewicht von 110 bis 128° →Oechsle erreicht werden; in Österreich mindestens 25° →KMW ≙ 127° Oechsle und auf eine gute Lage beschränkt. Beerenauslesen werden in Deutschland und nach den Skandalen der 1980er Jahre wohl auch im österreichischen →Burgenland in guten und sehr guten Jahren letztlich allein wegen des Prestiges erzeugt. Wenn sie voll gelungen sind, sind sie sehr süß, von einem fast unbeschreiblichen Reichtum an Bukett, Fruchtigkeit und Geschmack, und sie gehören zu den erlesensten Weißweinen, die es überhaupt gibt. Man sollte sie lediglich als →Apéritif, zum Dessert (sehr schwierig) oder nach Tisch servieren.

Beeren- und →Trockenbeerenauslesen werden vereinzelt auch in anderen Ländern erzeugt, wo sie vielfach ähnlich fabulöse Weine ergeben. →Barsac, →Sauternes, →Coteaux du Layon u. a.

Beerliwein Traditioneller Rotwein der →Ostschweiz aus dem Saft →abgebeerter, vollständig an der Maische vergorener →Spätburgundertrauben. Seit dieses Verfahren vielfache Praxis geworden ist, hat die besonders in der →Bündner Herrschaft bekannte Bezeichnung an Bedeutung eingebüßt.

Bel-Air-Marquis-d'Aligre, Château *Cru →Bourgeois* in →Soussans im →Haut-Médoc mit 17 ha Rebfläche (jeweils ein Drittel →Cabernet Sauvignon, →Cabernet franc und →Merlot, einschließlich →Petit Verdot) und einem eleganten Rotwein, der ausgezeichnet sein kann.

Bélair, Château Das bekannteste Weingut dieses Namens ist der *premier cru classé B* von →Saint-Emilion, wo es unmittelbar neben Château →Ausone liegt und sich seit rund 70 Jahren im gleichen Besitz befindet. Bis Ende des vorigen Jahrhunderts galt Bélair jahrhundertelang als das erste Gewächs der Côtes von Saint-Emilion. Es verfügt über 13 ha Rebfläche, die zu 60% mit →Merlot, 35% →Cabernet franc und 5% →Cabernet Sauvignon bestockt sind. Auch wenn der Wein heute nicht mehr ganz das Format hat und dazu neigt, etwas schlank im Körper zu sein und durch sein markantes Tannin streng zu wirken, reift er langsam, zeichnet sich jedoch dann durch zunehmende Komplexität und Eleganz aus und ist nach wie vor ohne Zweifel einer der besten Weine von Saint-Emilion, der seit Ende der achtziger Jahre qualitativ noch bemerkenswerter geworden ist. – Rund 15 weitere Güter in →Bordeaux tragen diesen oder einen ähnlichen Namen, alle jedoch ohne sein Niveau auch nur annähernd zu erreichen. Am erwähnenswertesten dürften noch Château de Bel-Air in →Lalande-de-Pomerol und Château Bel-Air in →Pomerol sein.

Belgrave, Château *5e cru classé* von →Saint-Laurent im →Haut-Médoc, unmittelbar an der Grenze zu →Saint-Julien gelegen mit 50 ha Rebfläche (60% →Cabernet Sauvignon, 35% →Merlot, 5% →Petit Verdot). Seit dem Besitzerwechsel Ende der siebziger Jahre geht es auf dem Gut wieder sichtbar aufwärts, und man sollte es weiterhin im Auge behalten und nicht mit den anderen Châteaux Bellegrave verwechseln.

Bellegarde →Clairette

Bellet Kleines, 45 ha umfassendes →A.O.C.-Gebiet auf den Hügeln bei Nizza, auf denen jährlich insgesamt rund 1200 hl Wein erzeugt werden, zu je rund einem Drittel Rosé-, Rot- bzw. Weißwein. Die Weine zeichnen sich durch einen eigenen Charakter aus – es werden überwiegend lokale Rebsorten verwandt –, sind weich, voll und angenehm, während die Roten aufgrund ihrer Körper- und Tanninstruktur durchaus ein höheres Niveau zu beanspruchen vermögen. Dennoch ist das Bemerkenswerteste an den Weinen von Bellet ihre Rarität.

Bellevue, Château Verbreiteter Weingutsname in Frankreich, wo allein im →Bordeaux-Gebiet über ein Dutzend Güter diesen oder einen ähnlich klingenden Namen besitzen. Am namhaftesten dürfte der *grand cru classé* aus Saint-Emilion sein.

Benefizio, Il Ein Weißwein von Frescobaldi aus der →Toscana, der unter der →DOC-Bezeichnung →Pomino in den Handel kommt und seinem Namen alle Ehre macht: Aus →Pinot bianco, →Pinot grigio, →Chardonnay und etwas →Trebbiano erzeugt, im Holzfaß ausgebaut, darunter einige Monate im →Barrique, ist er ein hervorragender Wein, reich, voll, doch dabei Struktur und Nerv, unschwer einer der bedeutendsten Weißweine der Toscana, der zwar nicht über die Komplexität bemerkenswerter →Burgunder verfügt, doch beachtliche Statur aufweist und langsam reift.

Benicarló Selten gewordener Wein der kleinen Küstenstadt am Mittelmeer nördlich von →Valencia. Im 19. Jahrhundert waren ihre schweren und dunklen Weine beliebte →Verschnittweine für so manchen französischen Wein.

Bensheim Nach →Heppenheim bedeutendste Weinbaugemeinde im Anbaugebiet Hessische →Bergstraße mit ungefähr 150 ha bestockter Rebfläche. Es wird überwiegend →Riesling von z. T. hervorragender Qualität erzeugt. Als beste Lagen gelten *Kalkgasse, Kirchberg, Streichling* u. a. Bensheim ist Sitz der zu den Hessischen →Staatsweingütern gehörenden Domäne. Zu den übrigen führenden Erzeugern zählt das Weingut der Stadt Bensheim, während

im Stadtteil Auerbach Tobias Georg Seitz bekannt ist.

Bentonit →Schönen

Bercy Zwischen Gare de Lyon und Seine gelegener Teil des 12. Arrondissements von Paris, der einst der Hauptumschlagplatz der gewöhnlichen, für die Stadt angelieferten Weine war. Mit den strukturellen Veränderungen des Weinhandels und der Flaschenfüllung im Erzeugergebiet heute nur noch eine historische Reminiszenz.

Bereich Nach dem deutschen →Weingesetz von 1971 »eine Zusammenfassung mehrerer Lagen, aus deren Erträgen Weine gleichartiger Geschmacksrichtung hergestellt zu werden pflegen«. Kritiker halten dieser Gesetzesdefinition vor, daß, selbst wo sie etwas Richtiges meine – etwa in der sinnvollen Unterscheidung zwischen →Mittelmosel und →Obermosel –, sie diese falsch ausdrücke und zudem noch mit klingenden und damit letztlich irreführenden Namen schmücke. Denn tatsächlich geht es ja nicht um →Geschmacksrichtung→ (trocken, lieblich, süß), sondern um durch Natur und Böden bedingten »Weincharakter«. Doch daß man es mit diesen Kriterien aus kommerziellen Gründen wiederum nicht allzu genau nahm, zeigt etwa die völlig widernatürliche Zusammenfassung der →Rheinfront mit dem rheinhessischen →Hügelland zum Bereich →Nierstein→, so als ob eine →Liebfrauenmilch etwas mit einem großen →Riesling aus →Nierstein gemein habe. Andererseits verfügen →Anbaugebiete wie die →Ahr und der →Rheingau lediglich über jeweils einen, mit den Grenzen des Anbaugebietes identischen Bereich (→Walporzheim, →Johannisberg), während →Baden acht, →Mosel-Saar-Ruwer und →Württemberg je fünf und die übrigen Gebiete zwei bis drei Bereiche aufweisen.

Die nächstkleinere geographische Einheit nach dem Bereich ist die →Großlage.

Bergerac Stadt mit rund 30 000 Einwohnern an der →Dordogne östlich von →Bordeaux und umfassendste Appellation für die Weine ihrer Umgebung. Ungefähr fünf Sechstel der jährlich ca. 600 000 hl kommen als *Bergerac* oder *Bergerac sec* meist als roter in den Handel und können ausgezeichnet sein und durchaus einem kleinen Bordeauxwein ähneln, während die trockenen Weißweine, zunehmend aus →Sauvignon blanc, fruchtig und von schönem Körper und Rasse sind. Châteaux de Panisseau, Belingard, La Jaubertie u. a. haben die besten Namen. Seit 1993 kommen die Weißweine mit einem Restzucker zwischen 4 und 54 g/l wie die trockenen Rot- und Roséweine als *Bergerac* in den Handel, während die trockenen Weißweine als *Bergerac sec* etikettiert werden. Trockene Rotweine mit einem festgelegten höheren Mindestmostgewicht dürfen als →*Côtes de Bergerac* bezeichnet werden.

Berghausen Kleiner, aber qualitativ herausragender, zur Gemeinde Ehrenhausen gehörender Weinbauort im Sulztal in der →Südsteiermark. →Muskateller, →Traminer, →Sauvignon und →Welschriesling liefern hervorragende Weine, insbesondere von dem weithin gerühmten Weingut Regele.

Bergheim Hervorragende Weinbaugemeinde im südlichen →Elsaß im Département →Haut-Rhin mit rund 250 ha Rebfläche. *Altenberg* und *Kanzlerberg* sind als →*grand-cru*-Lagen eingestuft und für ihre exzellenten →Rieslinge und →Gewürztraminer bekannt. Gustave Lorentz gilt als führender Erzeuger.

Bergstraße, Hessische Das nach →Sachsen und →Saale-Unstrut drittkleinste deutsche Weinbaugebiet, zumeist an den Abhängen des Odenwalds zwischen Darmstadt und Weinheim gelegen, mit 456 ha Ertragsrebfläche, auf der zu 96 % weiße Rebsorten angepflanzt sind, darunter zu 56 % →Riesling, 15 % →Müller-Thurgau und 7 % →Silvaner. Die Weine verfügen mitunter über eine delikate Frucht und können hervorragend sein. Das Gebiet unterteilt sich in die Bereiche →Starkenburg mit den Weinlagen an der eigentlichen Bergstraße und →Umstadt als kleiner Weinbauinsel im Odenwald östlich von Darmstadt um die Orte Groß- und Klein-Umstadt. Die beiden wichtigsten Weinbauorte des Anbaugebietes sind →Heppenheim und →Bensheim. Die zu den Hessischen →Staatsweingütern gehörende Domäne Bensheim verfügt über 8 % der gesamten Anbaufläche und ist der bedeutendste Erzeuger. Daneben einige weitere, meist kleinere Betriebe bzw. Winzergenossenschaften.

Bergstraße / Kraichgau, Badische Mit 1868 ha Rebfläche fünftgrößter Bereich des Anbaugebietes →Baden (seit einigen Jahren knapp vom →Breisgau übertroffen) im Kraich-, Pfinz- und Enzgau sowie um Heidelberg. Als Böden herrschen Keuper, Muschelkalk, Buntsandstein und Porphyrverwitterungsgestein vor, während sich an den Abhängen zur Rheinebene häufig Lößschichten finden. Von den geschützten Abhängen von Odenwald und Nordschwarzwald kommen meist ansprechende und mitunter hervorragende Weißweine (zu nahezu 80 % aus →Müller-Thurgau, →Riesling, Grauem und Weißem →Burgunder), während knapp 17 % der Rebfläche mit roten Sorten bestockt sind. Die Weine sind in der Regel etwas frischer und nerviger als jene der weiter südlich gelegenen Bereiche Badens und sehr angenehm zu trinken. Bekannte Orte sind →Michelfeld, →Tiefenbach u. a.

Berliquet, Château Altberühmtes Gewächs von →Saint-Emilion, Nachbar von Château →Magdelaine und seit 1985 völlig zu Recht als *grand cru classé* eingestuft. 9 ha sind zu 75 % mit →Merlot, 15 % →Cabernet franc und 10 % →Cabernet Sauvignon bestockt und liefern einen gehaltvollen und ausgeglichenen Rotwein.

Bern →Bielersee

Bernkastel Malerisches Städtchen an der →Mosel, inmitten des Weinbaugebietes →Mosel-Saar-Ruwer, mit der teuersten Weinbergslage Deutschlands, dem unvergleichlichen →*Bernkasteler Doctor*, einer nur 3,2 ha großen, nach Süden weisenden Steillage, direkt über dem Ortskern. Die von ihm stammenden →Rieslinge zeichnen sich durch besondere Tiefe, Komplexität und Eleganz aus, darunter seit jüngstem ein bemerkenswerter →Jahrgangssekt →extra brut des Weingutes Reichsgraf von →Kesselstatt. Insgesamt verfügt Bernkastel-Kues, wie der volle Name lautet, ohne den dazugehörigen Ortsteil →Wehlen, über rund 225 ha Rebfläche, darunter die Lagen *Alte Badstube am Doctorberg* (jene 1,8 ha, die nach einem der längsten Rechtsstreite in der deutschen Weingeschichte nicht *Doctor* werden durften), *Graben, Lay, Bratenhöfchen, Matheisbildchen* u. a., die alle zur renommierten, ganze 58 ha umfassenden →Großlage *Badstube* gehören (die andere ungleich weiter gefaßte und daher öfter anzutreffende heißt *Kurfürstlay*). Einige der herausragendsten Mosel-Rieslinge kommen von diesen Lagen und stammen von Weingütern wie Wwe. Dr. Thanisch, Dr. Loosen, →Wegeler-Deinhardt, →St. Nikolaus-Hospital, Dr. Pauly-Bergweiler (→Prüm), Pfarrkirche St. Michael, Schorlemer u. a.

Bernkastel, Bereich Eine der eindrucksvollsten und landschaftlich schönsten Weinlandschaften der Erde und zugleich mit 7789 ha Ertragsrebfläche der berühmteste und mit Abstand größte Bereich des →Anbaugebietes →Mosel-Saar-Ruwer, früher sinnvoller als Mittelmosel bezeichnet, aus dem nahezu zwei Drittel aller Moselweine stammen. Alle bedeutenden Weinbauorte des Moseltals von →Trittenheim bis →Traben-Trarbach gehören diesem Bereich an, und seine bemerkenswertesten Weine sind ausnahmslos →Rieslinge. Obwohl heute nur knapp 56 % der Rebfläche mit Riesling bestockt sind und die Tendenz weiter rückläufig ist, steht noch fast jeder fünfte deutsche Rieslingstock an der Mittelmosel, und die aus ihm gewonnenen Weine sind zart, feingliedrig und in ihren Spitzen von großer Komplexität und Ausdruckskraft.

Besserat de Bellefon In →Reims ansässiges →Champagnerhaus, das einige ausgezeichnete Weine, häufig auf →Chardonnaybasis, erzeugt. Der normale →Brut und der →*Crémant* sind sehr überzeugend und fein. Die Spitzencuvée *Salon Blanc de Blancs* →*millésimé* ist ein reifer und differenzierter Wein.

Beychevelle, Château *4e cru classé* aus →Saint-Julien im →Haut-Médoc mit 72 ha Rebfläche (62 % →Cabernet Sauvignon, 28 % →Merlot, 8 % →Cabernet franc, 2 % →Petit Verdot) und einem roten →Bordeaux, der in den letzten Jahren wieder beachtlich an Format gewonnen hat und sich nunmehr erneut durch große Feinheit und Rasse auszeichnet und damit einen Rang erreicht, der jenen aus der →Klassifizierung von 1855 zu übertreffen sich anschickt. Das 1757 erbaute Schloß, von dem man sagt, daß sich sein Name von *Baisse voile* (niedergeholtes Segel, als Ehrenbezeigung vor dem einstigen Schloßherrn, dem Großadmiral Herzog von Epernon) herleitet, gehört zu den bemerkenswertesten Anlagen seiner Art im gesamten →Médoc.

Béziers Französische Stadt mit 80000 Einwohnern im Herzen des →Midi im Département →Hérault gelegen und wichtiger Handelsplatz für Weine des →Languedoc.

Bianca di Valguarnera Moderner von →Corvo auf →Sizilien aus Inzolia erzeugter und in →Barriques ausgebauter weißer →Tafelwein, der über Wärme, Ausdruck und Charakter verfügt und damit zweifellos einer der besten Weißweine Siziliens ist, selbst wenn Rasse und Differenziertheit naturgemäß nicht zu seinen Stärken rechnen.

Bianchello del Metauro Nicht sonderlich aufregender Weißwein, der aus der genannten Rebsorte im Metauro-Tal südlich von Pesaro in den →Marken erzeugt wird und das →DOC-Prädikat trägt.

Bianco Italienisch für weiß; *vino bianco* bedeutet also Weißwein. Damit zugleich Namensteil von inzwischen rund 50 italienischen →DOC-Weißweinen, darunter Bianco →Alcamo, Bianco →Biferno, Bianco →Breganze, Bianco →Capri, Bianco →Castel del Monte, Bianco →Cirò, Bianco →Colli Bolognesi, Bianco →Colli Euganei, →Bianco di Custoza usw. bis zum Bianco →Vesuvio, und ungezählten →Tafelweinen.

Bianco Alcamo →Alcamo

Bianco Capena Weißwein aus der Umgebung von Capena nördlich von Rom in →Latium mit →DOC-Status, der aus →Malvasia, →Trebbiano, Bellone und Bombino erzeugt wird. Er ähnelt den Weißweinen der →Castelli Romani.

Bianco dei Colli Maceratesi In der Provinz Macerata einschließlich der

Gemeinde Loreto in den →Marken erzeugter Weißwein mit →DOC-Prädikat aus →Trebbiano, Maceratino, →Malvasia und →Verdicchio. Er kann sehr angenehm sein.

Bianco di Custoza Italienischer Weißwein, der im äußersten Südosten des →Gardasees westlich von →Verona im →Veneto zumeist aus →Trebbiano und →Garganega erzeugt wird. Er kann beachtlich und von ausdrucksvoller Blume und ansprechender Frucht sein. Wenn er auch einem →Lugana überlegen sein mag, erreicht er in der Regel nicht den →Soave.

Bianco Pisano di San Torpè Weißwein aus den →Colline Pisane in der →Toscana mit →DOC-Status. Er wird überwiegend aus →Trebbiano erzeugt mit Zusätzen von weißem Canaiolo, →Malvasia u. a. Sorten. Er ist in der Regel gewöhnlicher als sein Name. Es wird auch ein →Vino Santo erzeugt.

Bianco di Pitigliano Weißwein aus dem äußersten Süden der →Toscana in der Provinz Grosseto. Laut →DOC-Statut wird er aus →Trebbiano erzeugt mit Zusätzen von →Greco, →Malvasia und Verdello.

Bianco di Scandiano An den Apennin-Abhängen in der Provinz Reggio um Scandiano in der →Emilia-Romagna aus →Sauvignon mit kleineren Zusätzen von →Malvasia und →Trebbiano erzeugter Weißwein. Er kann alles von trocken bis süß und von still über →*frizzante* bis →*spumante* sein.

Bianco della Valdinievole In der Provinz Pistoia in der Umgebung von Montecatini Terme in der →Toscana erzeugter Weißwein aus →Trebbiano, der durch →Malvasia, Canaiolo bianco, →Vermentino u. a. Sorten ergänzt werden kann. Er kann leicht perlend sein. Der →DOC-Status ist das positivste, was sich über ihn sagen läßt. Im übrigen wird er auch als →Vino Santo erzeugt.

Bianco Vergine Val di Chiana Zwischen →Montepulciano und Arezzo in der →Toscana erzeugter Weißwein aus →Trebbiano, →Malvasia und →Greco. Er besitzt das →DOC-Prädikat und kann fruchtig und angenehm sein.

Biancolella Italienische Rebsorte, aus der insbesondere auf →Ischia ein vorzüglicher Weißwein erzeugt wird, gehaltvoll und nachhaltig, vermutlich der beste seiner Art von dieser zauberhaften Insel. Die Casa d'Ambra ist der namhafteste Erzeuger.

Bickensohl Weinbauort am →Kaiserstuhl unweit von →Achkarren mit gut 100 ha Rebfläche, als deren beste Lage der *Steinfelsen* gilt. Die Weine, insbesondere →Spätburgunder, Grauer →Burgunder und →Müller-Thurgau, kommen fast ausschließlich durch die lokale Winzergenossenschaft in den Handel.

Bielersee Westschweizer Weinbaugebiet am Westufer des gleichnamigen Jurasees, wo auf rund 240 ha zu 67 % Weißwein nahezu ausschließlich aus dem →Chasselas erzeugt wird, der ähnlich wie im benachbarten →Neuenburg nach dem biologischen →Säureabbau meist zeitig auf die Flasche gefüllt wird und dadurch natürliche Kohlensäure enthält (→Sternwein). Twann (*Chapf*, *Holde*), Ligerz (*Kirchrebe*) und Schafis sind die renommiertesten Weinorte. Seit Beginn der achtziger Jahre wird in steigendem Maße →Pinot noir (→Spätburgunder) angepflanzt.

Bienvenues-Bâtard-Montrachet Großartige →*grand cru*-Lage in →Burgund und 3,7 ha große Enklave im nördlichen, zu →Puligny-Montrachet gehörenden Teil der Lage →*Bâtard-Montrachet*. Die Weine ähneln in jeder Hinsicht denen von *Bâtard-Montrachet*, goldfarben, kompakt, körperreich und von bewundernswerter Statur und Charakter zählen sie wie diese zu den größten trockenen Weißweinen Frankreichs. Leflaive, Etienne Sauzet u. a. zählen zu den führenden Erzeugern.

Bierzo Im Westen der Provinz →León gelegenes spanisches Weinbaugebiet mit eigener →Denominación de Origen (seit 1989), richtiger El Bierzo. Auf 2885 ha in Höhenlagen zwischen 450 und 1000 m werden vor allem rote Sorten, insbesondere Mencío und →Garnacha angepflanzt, die bemerkenswerte Qualität zu erreichen vermögen. Die Weißweine, insbesondere aus Doña blanca, Godello u. a. Sorten, erreichen durchweg nicht dieses Niveau. Palacio de Arganza aus Villafranca del Bierzo genießt dank seiner gehaltvollen und komplexen Rotweine allgemein den größten Ruf.

Biferno →DOC-Wein aus →Molise, der nahezu in der gesamten Provinz Campobasso erzeugt wird. Der Rot- und Roséwein wird vorherrschend aus →Montepulciano (plus →Trebbiano und →Aglianico), der Weißwein überwiegend aus Trebbiano (plus Bombino und →Malvasia) bereitet. Die Weine zeichnen sich durch einen ansprechenden frischen und fruchtigen Geschmack und für die südliche Lage eher mäßigen Alkoholgehalt aus, der beim Weißwein zwischen 10,5 und 12 beim Rotwein zwischen 11,5 und 13,5 % vol. liegt. Bei mindestens 13 % vol. Alkohol und drei Jahre Lagerung darf der Rotwein als →Riserva in den Handel gebracht werden.

Bikavér Gehaltvoller ungarischer Rotwein, neben dem →Tokajer der im Ausland wohl bekannteste ungarische Wein, der aus der Umgebung der Stadt

→Eger (Erlau) stammt und als *Egri Bi-kavér* (Erlauer Stierblut) in den Handel kommt. Anders als früher ist heute nicht mehr der →Kadarka, sondern der →Blaufränkisch die dominierende Rebsorte. Hinzu kommen →Cabernet, →Portugieser und →Merlot. Der Bikavér gilt als einer der besten und langlebigsten ungarischen Rotweine.

Bingen Bedeutende Weinstadt in →Rheinhessen mit rund 1100 ha Rebfläche (einschließlich aller Stadtteile), an der Nahemündung gegenüber von →Rüdesheim am Rhein gelegen. Die besten Binger Lagen liegen rheinabgewandt auf mehr oder weniger steilen bis hängigen Südlagen und sind *Scharlachberg, Schloßberg-Schwätzerchen, Kapellenberg, Kirchberg, Osterberg, Schelmenstück, Schwarzenberg* u. a., die alle zur →Großlage *Sankt Rochuskapelle* gehören. Die bedeutendsten Weine dieser Lagen stammen aus dem →Riesling, und die →Weinbaudomäne Niederhausen-Schloßböckelheim, Villa Sachsen, P. A. Ohler u. a. gelten als führende Erzeuger.
Die Lagen und Weine des Stadtteils Bingerbrück auf dem gegenüberliegenden Naheufer gehören zum Anbaugebiet →Nahe.

Bingen, Bereich Westlichster der drei →Bereiche des →Anbaugebietes →Rheinhessen mit 8544 ha Rebfläche. Die besten Weißweine, in der Regel →Rieslinge, kommen zumeist aus dem Stadtgebiet von →Bingen und werden in ihrer Qualität bestenfalls von jenen der →Rheinfront um →Nierstein übertroffen. Östlich von Bingen ist die Rotweininsel um →Ingelheim für ihre beachtenswerten →Spätburgunderweine bekannt. Die übrigen Weine kommen aus dem westlichen Teil des rheinhessischen →Hügellandes und stammen durchweg aus →Müller-Thurgau, →Silvaner, →Scheurebe, →Kerner und einer ganzen Palette weiterer →Neuzüchtungen. Größere Bedeutung kommt nur wenigen von ihnen zu.

Binisalem Auf Mallorca um die Gemeinde gleichen Namens gelegenes Weinbaugebiet mit einer zugelassenen Rebfläche von 500 ha, das seit 1990 über eine eigene →Denominación de Origen verfügt. Moll unter den weißen bzw. Manto negro und Callet unter den roten gelten als die wichtigsten Rebsorten. Die Weine weisen im allgemeinen um 12 % vol. Alkohol auf und dürfen erst nach zwei Jahren in den Handel gebracht werden.

Biondello dei Gaggioli Eigenwilliger Weißwein, der nach Rotweinart in Gaggioli in der Gemeinde Scansano in der →Toscana aus Procanico, →Malvasia und Ansonica erzeugt wird: bernsteinfarben, reif und gehaltvoll, ist er keineswegs schlecht, doch beachtenswerter für seine Rarität als seine Qualität. Er wird von Sellari-Franceschini erzeugt.

Biowein Nach Jahren der Irrungen und Wirrungen, der falschen Hoffnungen, Illusionen und Enttäuschungen heute eine sich verbreitende, wenn auch wenig glückliche Bezeichnung für nach den Grundgedanken des →Ökologischen Weinbaus erzeugte Weine. Selbst eingefleischste Ideologen behaupten daher heute nicht mehr, daß Biowein »aus Pflanzen stammt, die nach ihrem Bauplan ohne Eingriffe des Menschen produzieren können«, denn die Konsequenz wäre für jeden Weinbau verheerender als im vorigen Jahrhundert das Auftreten der →Reblaus. Wie bei jeder Kulturpflanze ist der Eingriff des Menschen unerläßlich, um Degeneration zu vermeiden. Jedoch einen möglichst naturnahen und umweltschonenden Weinbau zu betreiben, der überall dort auf Chemie verzichtet – oder doch den Einsatz von Schwefel und Kupfer auf ein unerläßliches Minimum reduziert –, wo es im Sinne der

Verringerung der Umweltbelastung wie der Steigerung der Qualität, verbunden mit einer unvermeidlichen Reduzierung der Menge, möglich und angebracht ist, ist nicht nur ein ökologisch erstrebenswertes Ziel, sondern auch zur Erzeugung lagen- und sortentypischer Weine mit ausgeprägter Individualität im Interesse der Qualität des Weines höchst wünschenswert. Eigentlich sollte jeder herausragende Wein heute so erzeugt werden. Doch angesichts des damit verbundenen höheren Aufwandes praktizieren immer noch zu viele den leichten Griff zur Chemie, so daß sich viele ökologischen Weinbau betreibende Winzer von ihnen auf dem Etikett abzuheben suchen durch Aufdrucke wie Bioland, BÖW (Bundesverband ökologischer Weinbau), ECOVIN (mit stilisierter Traube) u. a.

Birkweiler Weinbaugemeinde in der →Pfalz und eine der besten der Südlichen →Weinstraße, mit rund 160 ha Rebfläche. Als bedeutendste Lage gilt der steile *Kastanienbusch* mit seinem einzigartigen Boden aus Buntsandstein und Rotliegendem, der kräftige und rassige →Rieslinge hervorbringt. Als führende Erzeuger gelten das lokale Weingut Hohenberg (Wehrheim), Ökonomierat Rebholz aus dem benachbarten →Siebeldingen u. a.

Bischoffingen Weinbaugemeinde am westlichen Rand des →Kaiserstuhls, unweit von →Burkheim, mit rund 215 ha Rebfläche. *Enselberg* und *Steinbuck* gelten als gute Lagen. Neben Lößauflagen bestehen die Böden aus vulkanischem Verwitterungsgestein. →Spätburgunder und Grauer →Burgunder sind die vorherrschenden Sorten. Die Weine werden zumeist von der lokalen Winzergenossenschaft in den Handel gebracht, doch macht seit den achtziger Jahren das lokale Weingut Karl H. Johner Furore, das auf inzwischen 8 ha ausschließlich in →Barriques ausgebaute

Spätburgunder, Weiße →Burgunder, →Chardonnay, Graue Burgunder, →Müller-Thurgau (→Rivaner) u. a. Sorten erzeugt, die nach übereinstimmender Ansicht der Kenner von herausragender Qualität sind und zu den bemerkenswertesten Weinen dieser Rebsorten in Deutschland zählen und damit demonstrieren, welches Potential hier bei entsprechendem Einsatz, Engagement und Können schlummert.

Bischöfliche Weingüter Trier →Bischöfliches Konvikt, →Bischöfliches Priesterseminar, Hohe →Domkirche

Bischöfliches Konvikt Katholisches Schülerinternat in →Trier, dem knapp 40 ha Weinberge in →Piesport, →Ayl (darunter *Herrenberger* im Alleinbesitz), →Avelsbach, →Kasel und →Eitelsbach gehören. Die von diesen Lagen erzeugten Weine erfreuen sich allgemein großer Beliebtheit. Der von ihrem Verkauf erwirtschaftete Gewinn dient der Förderung bedürftiger Schüler.

Diese Weine wie jene des →Bischöflichen Priesterseminars und der Hohen →Domkirche tragen jeweils ihr eigenes Etikett, werden jedoch allesamt in den Kellern der Bischöflichen Weingüter in Trier vergoren, ausgebaut und von dort in den Handel gebracht. Die Weine aller drei Güter sowie der zugepachteten Kirchengüter in →Oberemmel, →Eitelsbach, Waldrach und Trier, die zusammen eine Rebfläche von 99 ha ergeben, tendieren zur fruchtigen, säurebetonen Art des Mosel-Saar-Ruwer-Rieslings und werden überwiegend in trockenen Abfüllungen angeboten.

Bischöfliches Priesterseminar Katholisches Seminar in →Trier, dem gut 34 ha Rebfläche in hervorragenden Lagen und verstreut über das gesamte →Anbaugebiet von →Mosel-Saar-Ruwer gehören, und zwar in →Ayl, →Wiltingen, →Kanzem, →Kasel, →Tritten-

heim, →Dhron, →Ürzig und →Erden.
Aus dem Gewinn werden Theologie-
studenten gefördert.

Bitter Eine mitunter in Weinen anzutreffende Geschmackseigenschaft, die
viele Ursachen haben kann und entsprechend unterschiedlich zu bewerten
ist. Rotweine aus →Bordeaux, Südeuropa u. a. Gegenden können mitunter
deutlich als bitter empfundene →Tan-
nine beinhalten, die man heute im allgemeinen zu vermeiden sucht, da sie nicht
qualitätsfördernd sind. Zum anderen
können Weine in extrem trockenen Jahren oder bei unsachgemäßer Kellerbehandlung eine bittere Geschmacksnote erhalten, die ebenfalls nicht als
Qualitätsmerkmal zu bewerten ist.
Hingegen können junge, trockene Rot-
und Weißweine einen angenehmen Bit-
termandelton aufweisen, der sich durch
→Altern der Weine verliert und der
durchaus als Qualitätsindiz dient, da er
Ausdruck komplexer Inhaltsstoffe des
Weins ist.

Blagny Winziges Dorf oberhalb von
→Meursaults berühmtester Lage →Per-
rières mit einigen *premier cru*-Lagen,
die z. T. in den Appellationen Meursault (*La Pièce sous le Bois, La Jennelotte, Sous le Dos d'Ane*) bzw. →Puli-
gny-Montrachet (*Hameau de Blagny*)
liegen. Während die mitunter eigenwilligen Rotweine unter dem Namen Blagny erscheinen, kommen die hervorragenden Weißweine als Meursault oder
Puligny-Montrachet, gegebenenfalls
mit Zusatz der Lage, in den Handel.

Blanc de Blancs Bezeichnung für einen
Weißwein, der aus weißen Trauben er-
zeugt wurde. Dieser Ausdruck wurde
ursprünglich in der →Champagne ge-
prägt für Weine, die ausschließlich aus
→Chardonnay bereitet werden, zum
Unterschied von jenen weißen
→Champagnern, die aus →Pinot noir
(→Blanc de Noirs) bzw. aus roten und

weißen Trauben erzeugt werden. *Blanc
de Blancs*-Champagner, die angesichts
ihrer leichten Art und ihrer Feinheit
und Eleganz heutzutage besonders geschätzt werden, werden vornehmlich an
der →Côte des Blancs um die Ortschaften →Cramant, Le →Mesnil und
→Avize erzeugt.
Angesichts der Beliebtheit dieser Weine
tauchen auch in anderen Gebieten
Frankreichs, wie in der →Provence, an
der →Loire u. a., zunehmend *Blanc de
Blancs*-Weine auf, obgleich die Bezeichnung dort jeweils praktisch unsinnig
ist, da es in ihnen keine Tradition gibt,
Weißweine anders als aus weißen Trauben zu erzeugen.

Blanc-Fumé In und um →Pouilly-sur-
Loire gebräuchliche Bezeichnung für
den →Sauvignon blanc. Ein →Pouilly-
Fumé oder – was heute seltener
gebraucht wird – ein Blanc fumé de
Pouilly ist also ein Sauvignon-Wein im
Unterschied zu den lediglich als
Pouilly-sur-Loire bezeichneten Weinen,
bei denen es sich um einen Verschnitt
aus Sauvignon blanc und →Chasselas
handelt. Kalifornische Blanc-Fumé-
Weine aus dem →Napa Valley, →San
Benito County u. a. stammen ebenfalls
aus dem Sauvignon blanc.

Blanc de Morgex et de la Salle Im
→Valle d'Aosta in den Gemeinden
Morgex und La Salle aus dem Blanc de
Morgex erzeugter seltener Weißwein
mit →DOC-Prädikat *Valle d'Aosta*. Die
Reben gedeihen in einer Höhe von 1000
bis 1200 m, und Alberto Vevey hat den
besten Namen.

Blanc de Noirs Im Unterschied zum
→*Blanc de Blancs* ein Weißwein der aus
roten (ampelographisch: schwarzen)
Trauben erzeugt ist, wie dies in der
→Champagne bei Weinen der Fall ist,
die allein aus →Pinot noir, gegebenenfalls mit Zusatz von Pinot →Meunier
gewonnen werden. Diese werden vor

allem von kleinen Erzeugern, den sog. Manipulants, in den Orten →Ay, →Bouzy, →Verzenay, →Mailly, →Hautvillers u. a. erzeugt. Durchweg sind sie körperreicher, kräftiger und kerniger und in der Farbe eine Spur dunkler als die *Blanc de Blancs.*

Blanchots Eine der acht →*grand cru*-Lagen von →Chablis mit einer Rebfläche von 12 ha.

Blankenhornsberg Ortsteil von →Ihringen am →Kaiserstuhl, Sitz des Lehr- und Versuchsguts des Staatlichen →Weinbauinstituts Freiburg als Alleinbesitzer der erstklassigen Lage *Doktorgarten*, nach Überzeugung einiger Kenner die hervorragendste Lage →Badens. Ihre z. T. hervorragenden Weine, darunter insbesondere →Riesling und →Spätburgunder, kommen nach wie vor allein als *Blankenhornsberger* – lediglich der Graue →Burgunder führt den Lagennamen als Zusatz – in den Handel. Die Domäne scheint gegenwärtig ein leichtes Formtief durchzumachen.

Blanquefort Südlichste Gemeinde des →Médoc, dessen südliche Gemeindegrenze, der Jalle de Blanquefort, gleichzeitig die Grenze zum Gebiet der →Graves bildet, was heute nur noch theoretische Bedeutung hat, da es in der nördlichen Randzone von →Bordeaux längst keinen Weinbau mehr gibt. Château Dillon dürfte das bekannteste Weingut von Blanquefort sein.

Blanquette de Limoux →A.O.C.-Gebiet im →Languedoc südlich von Carcassonne und Name des dort erzeugten weißen Schaumweins, der zu mindestens 90 % aus Mauzac (früher Blanquette genannt) und zu maximal 10 % aus →Chardonnay und →Chenin blanc nach der →Méthode champenoise hergestellt wird. Zusätzlich werden ausschließlich aus dem Mauzac ein

nicht vollständig vergorener Wein oder Schaumwein unter dem Namen *Blanquette méthode ancestrale* (früher als *Vin de Blanquette*) und in geringen Mengen ein trockener Stillwein unter dem Namen →*Limoux* erzeugt. Qualitativ wie quantitativ ist der *Blanquette de Limoux* der bei weitem bedeutendste, und als →Brut kann er einen vorzüglichen Schaumwein abgeben.

Blauburgunder →Burgunder, Blauer

Blaufränkisch Dritthäufigste österreichische Rotweinsorte mit 2690 ha bestockter Rebfläche, die sich zu fast 94 % im →Burgenland befinden. Während aus den Gebieten →Neusiedlersee und →Neusiedlersee-Hügelland einige charaktervolle Blaufränkisch kommen (zumal vom Weingut Römerhof in →Großhöflein), verdankt das →Südburgenland in ganz besonderem Maße seinen Ruf seinen Blaufränkisch-Weinen. Das benachbarte ungarische Weinbaugebiet →Sopron ist ebenfalls wegen seiner gehaltvollen und kernigen Blaufränkisch-Weine bekannt, und auch im berühmtesten ungarischen Rotwein, dem *Egri* →*Bikavér* (Erlauer Stierblut), spielt der Blaufränkisch heute eine wichtige Rolle. Einige beachtenswerte Blaufränkisch-Weine gibt es auch in Deutschland, und zwar in →Württemberg, wo sie allerdings unter dem Namen →Lemberger in den Handel kommen.

Blauschönung →Schönen

Blaustengler →Kéknyelü

Blaye Stadt und großer Weinbaubereich in →Bordeaux nördlich von →Bourg auf dem rechten Ufer der →Gironde gegenüber dem →Médoc. Unter den Appellationen *Blaye*, *Blayais*, *Côtes de Blaye* und *Premières Côtes de Blaye* werden jährlich um die 150 000 hl erzeugt, bei denen es sich ganz überwiegend um Rotwein handelt. Dieser weist mitunter beachtliche Qualität auf, ist meist etwas leichter im Körper als der →Haut-Médoc, verfügt jedoch über Frucht, Charakter und Charme und ist durchweg den zumeist weniger eindrucksvollen Weißweinen überlegen. Die besten Abfüllungen kommen im allgemeinen als *Premières Côtes de Blaye* in den Handel. Châteaux Bourdieux, Loumède (Louis Raynaud), Pérenne, Sainte-Luce-Bellevue u. a. sind verläßliche Erzeuger.

Blind Bezeichnung für einen unzureichend geklärten Wein; die nächstgeringere Stufe wäre →trüb. Derartige Weine sind infolge von kolloiden oder festen, schwebenden Teilchen nicht klar und gelten als nicht verkehrsfähig. →Niederschlag.

Blindrebe Als Blindrebe oder Blindholz bezeichnet man das Stück eines Weinrebentriebs, das zur vegetativen Vermehrung als Steckling verwendet wird.

Blumig Gute Weine weisen in der Regel eine große Zahl von Aromastoffen auf, die man beim Öffnen der Flasche und insbesondere durch Schwenken des Weins in einem entsprechenden →Glas feststellt. Alle diese sind durchweg sehr angenehm, und wenn sie nur leicht vorhanden sind, bezeichnet man derartige Weine als →duftig, wenn sie stärker ausgebildet sind, als blumig. Sollten sie zu aufdringlich wirken, spricht man von einem →parfümierten Wein. →Bukett.

Blüte Wie alle Früchte, so blühen auch Weinreben, ohne daß ihre Blüten einen Pfirsich-, Kirsch- oder Apfelbäumen vergleichbaren Ausdruck entwickeln, vielmehr eher unscheinbar sind. Diese Weinblüten, man spricht von →Geschein, sind je nach Rebsorte besonders empfindlich gegen Kälte und Nässe, so

daß kühles und / oder anhaltend regnerisches Wetter während der Blütezeit zu erheblichen Mengenverlusten bei der späteren Ernte führen kann. →Durchrieseln.

Boca Unweit nördlich von →Gattinara und →Ghemme gelegenes Weinbaugebiet, zu dem vier Gemeinden der Provinz Novara in →Piemont gehören. Aus dem hier →Spanna genannten →Nebbiolo, →Vespolina und →Bonarda wird ein beachtenswerter, tanninreicher Rotwein erzeugt, der nach zwei Jahren Faßlagerung in den Handel kommt, dann aber in der Regel einige weitere Jahre benötigt, um sich zu runden.

Bockfließ Rund 120 ha große Weinbaugemeinde im österreichischen →Weinviertel, östlich von Wolkersdorf und knapp 20 km nordöstlich von →Wien gelegen. Es wird hauptsächlich Grüner →Veltliner erzeugt, und das lokale Schloßweingut gilt als ein führender Erzeuger.

Bocksbeutel Bauchige, flache, grüne oder braune Flasche, in der →Franken- und auch die →Mauer- und einige weitere Weine aus der Umgebung von →Neuweier in →Baden sowie die Weine von →Tauberfranken abgefüllt werden dürfen. Ausländische Weine dürfen in Deutschland nur dann in Bocksbeuteln in den Handel gebracht werden, wenn dies dem Gebrauch in ihrem jeweiligen Heimatland (z. T. in Portugal, Chile und Südafrika) entspricht. Der Name gilt als vom Hodensack des Ziegenbocks abgeleitet.

Böckser Jungweine besitzen mitunter den Geschmack oder Geruch von faulen Eiern; sie haben dann einen Schwefelböckser, Hefeböckser, Mistböckser oder dergleichen. Auch wenn ein derartiger Fehler bei guten Weinen nicht vorkommen sollte, verschwindet er doch meist mit dem →Altern des Weins völlig.

Bodega Spanisch für Weinkeller, der jedoch in Spanien meist zu ebener Erde liegt. Ferner Bezeichnung für Weinkellerei mit den entsprechenden Einrichtungen. Ebenfalls als Weinschänke gebraucht. Bodega cooperativa bezeichnet eine →Winzergenossenschaft.

Bodegfährtle Beim schwäbischen Wein jener spezifische Geschmackseindruck, der vom Boden des Weinbergs herrühren soll und den die Schwaben als das typisch Württembergische an ihrem Wein schätzen.

Bodengeschmack Bezeichnung für einen besonderen Geschmackston eines Weins – französisch *goût de terroir* –, der vom Standort der Reben und vom Boden des Weinbergs herrührt. Der Wein »schmeckt« dann nicht nach Schiefer, Muschelkalk o.ä., vielmehr erhält er seine besondere Geschmacksnote, die ihn aufgrund von Lage und Boden von vergleichbaren Weinen unterscheidet. Insoweit ist der Ausdruck Bodengeschmack oder Bodenton eher neutral. Letztlich hängt es von ihm selbst ab, ob er als qualitätsfördernd oder eher, wenn er breit und derb wirkt, als negativ zu bewerten ist.

Bodenheim Weinbauort südlich von →Mainz in →Rheinhessen mit rund 500 ha Rebfläche, deren →Rieslinge in der Regel nicht ganz die Klasse der besten →Niersteiner zu erreichen vermögen, doch gewiß Beachtung verdienen: Ohne aggressive Säure sind sie ausgeglichen und anziehend. Zu den besten Lagen zählen *Burgweg, Kapelle, Westrum, Silberberg* u.a. Als führende Erzeuger gelten das Weingut Kühling-Gillot u.a.

Bodensatz Hefe und Trub setzen sich während des Weinausbaus am Boden des Fasses ab und werden durch den →Abstich oder Abzug vom Wein getrennt. Je nach Ausbauart wird dieser Abstich mehrfach wiederholt oder durch →Schönen, →Filtrieren und/oder →Separieren erreicht, daß der Wein →glanzhell auf die Flasche kommt. Einen späteren möglichen Bodensatz in der Flasche bezeichnet man allgemein als →Depot.

Bodensee, Bereich Kleinster →Bereich des →Anbaugebietes →Baden, am Nordufer des Bodensees und des angrenzenden Hochrheins gelegen, mit 476 ha Ertragsrebfläche. Das Rebsortenverhältnis ähnelt dem der benachbarten →Ostschweiz. 43 % entfallen auf den →Müller-Thurgau und gut 40 % auf den →Spätburgunder, der häufig als →Weißherbst ausgebaut wird. Die auch als →Seeweine bezeichneten Gewächse des Bodensees gedeihen in 400–450 m Höhe auf Moräneschotter (auf dem Vulkankegel des Hohentwiel bei Singen, Deutschlands höchst gelegenem Weinberg, erreicht der Weinbau 570 m Höhe) und sind in der Regel angenehm, mild, säurearm und mitunter körperreich. Namhafte Erzeuger sind das →Staatsweingut Meersburg, die Markgrafen von Baden, die Spitalkellerei Konstanz, die Winzergenossenschaften in Meersburg, Hagnau und auf der Reichenau u.a.

Bodensee, Bayerischer Bereich Ganze 21 ha Ertragsrebfläche umfassender bayerischer Weinbaubereich bei Lindau am Bodensee. Zwei Drittel der Rebfläche ist mit →Müller-Thurgau bestockt, während auf den →Spätburgunder 4 ha entfallen.

Bodensee, Württembergischer Bereich Winziger württembergischer Weinbaubereich, zu dem 8 ha Rebland in Kreßbronn am Bodensee, der südlichsten württembergischen Weinbaugemeinde, gehören sowie einige wenige

Parzellen beim nördlich davon gelegenen Ravensburg. Es ist überwiegend →Müller-Thurgau angepflanzt.

Bolgheri Jedes italienische Schulkind kennt die berühmten Zeilen des gefeierten, 1835 in der Provinz Lucca geborenen Giosuè Carducci, der hier seine Kindheit verlebte und hierher im Alter immer wieder zurückkehrte:
»I cipressi che da Bolgheri alti e schietti vanno a San Guido in duplice filar...«
Auch heute noch ist das kleine und pittoreske Bolgheri in der Gemeinde →Castagneto Carducci in der →Toscana besuchenswert, und die fast 5 km lange Zypressenallee hinunter nach San Guido dürfte in den seither vergangenen mehr als 100 Jahren nichts von ihrem Reiz und Charme verloren haben. Unter dem Gesichtspunkt des Weins markiert diese Zypressenallee einige, insgesamt sehr unterschiedliche Weine, einmal die mit dem →DOC-Prädikat in den Handel kommenden Weißweine aus →Trebbiano und →Vermentino sowie die noch verbreiteteren Roséweine aus →Sangiovese und Canaiolo – darunter als bekanntester der Scalabrone –, zum anderen den unvergleichlichen, roten →Sassicaia, dessen Rebflächen nicht zu dem DOC-Gebiet gehören und durch die Allee geteilt werden, an deren Ende sich in San Guido seine Kellereianlagen befinden, sowie weitere herausragende →Tafelweine wie der →Masseto, der →Ornellaia, der →Paleo, der →Guada al Tasso u. a.

Bollinger Hervorragendes →Champagnerhaus in →Ay mit klassischen Weinen. *Vieilles vignes, R.D.* (für *Recemment dégorgé*), *Brut* →*millésimé* und der einfache Brut sind exzellente, traditionelle →Cuvées, die zu den bemerkenswertesten Champagnern gehören, die es gibt.

Bommes Eine der vier Gemeinden der Appellation →Sauternes mit rund 300 ha Rebfläche (die drei anderen sind neben Sauternes selbst →Fargues und →Preignac, während als fünfte Gemeinde →Barsac im landläufigen Sinne zwar ebenfalls Sauternes-Weine erzeugt, aber zu Recht über eine eigene Appellation verfügt). Sechs der insgesamt zwölf *premiers crus* befinden sich in Bommes: Châteaux →Sigalas-Rabaud, →Rayne-Vigneau, →Lafaurie-Peyraguey, →Clos-Haut-Peyraguey, La →Tour-Blanche und →Rabaud-Promis.

Bon Pasteur, Château Le Kleines Weingut in →Pomerol mit 7 ha Rebfläche (75 % →Merlot, 25 % →Cabernet franc) und einem reichen, vollen Wein, der zu den besten der Appellation zählt, jedoch mitunter etwas an Ausgeglichenheit und Eleganz vermissen läßt.

Bonarda Name zweier verschiedener roter Rebsorten. Die eigentliche Bonarda findet sich vor allem im nördlichen →Piemont in der Gegend von Novara, wo sie als Zusatz zum →Bramaterra u. a. Weinen verwandt wird. Was hingegen als *Bonarda dell'Oltrepò Pavese* als →DOC-Wein in den Handel kommt und den Urtyp des Rotweins dieser Gegend in der südlichen →Lombardei darstellt, ist ebenso wie die *Bonarda dei Colli Piacentini* in der angrenzenden →Emilia-Romagna in Wirklichkeit kein Bonarda, sondern die lokale Bezeichnung für den Croatina, der – wie auch auch beim →Gutturnio dei Colli Piacentini – mit je nach den Bestimmungen mehr oder weniger großen Zusätzen von →Barbera gemischt wird. Die Weine sind angenehm, sehr typisch und durchweg jung zu trinken.

Bonnes Mares Eine der großartigsten *grand cru*-Lagen von →Burgund, von deren 15 ha 13,5 ha im Bereich der Gemeinde →Chambolle-Musigny und die verbleibenden 1,5 ha in →Morey-Saint-

Denis liegen. Auf halbem Wege zwischen →*Chambertin* und →*Musigny* gelegen, erscheinen die Weine nach Kraft und Klasse mitunter eher dem *Chambertin* vergleichbar, verfügen dabei aber meist über weniger Finesse als dieser und der *Musigny*. Die besten *Bonnes Mares* zeichnen sich durch Kraft, Festigkeit, Struktur, Tiefe, Ausgeglichenheit und Eleganz aus und zählen zu den größten Rotweinen der →Côte de Nuits. Der Comte de Vogüé, G. Roumier, Dujac, Clair-Daü, Joseph Drouhin u. a. zählen zu den namhaftesten Erzeugern.

Bonnezeaux Berühmte →grand cru-Lage an den →Coteaux du Layon im →Anjou. Auf rund 80 ha Rebfläche wird aus überreifen und edelfaulen Beeren des →Chenin blanc ein gehaltvoller, süßer Weißwein erzeugt, dessen →Most mindestens 230 g/l →Zucker vor der Vergärung aufweisen muß. Wenn vollauf gelungen, ist der Wein üppig und bemerkenswert, langsam reifend und sehr langlebig und hat als einzigen Rivalen an der →Loire den →Quarts de Chaume. Das Château de Fesles u. a. zählen zu den führenden Erzeugern.

Bönnigheim Weinbaugemeinde in →Württemberg, südlich von →Brakkenheim gelegen, mit rund 170 ha Rebfläche. Auf schweren Keuper- und Lehmböden werden hauptsächlich rote Sorten und →Riesling angebaut. Das lokale Weingut Dautel (6,5 ha) verdient Beachtung.

Bontemps Traditionelle Schöpfkelle aus Holz auf den Weingütern in →Bordeaux; als solche das Symbol der Vereinigung der Weinerzeuger und -händler im →Médoc und in den →Graves, die *Commanderie du Bontemps de Médoc et des Graves*.

Boppard Kleinstadt am →Mittelrhein südlich von Koblenz mit rund 150 ha Rebfläche. Als seine beste Lage gilt der unterhalb der Stadt gelegene gewaltige Südhang des *Bopparder Hamm* mit den Einzellagen *Mandelstein*, *Feuerley* und *Ohlenberg*. Bekannt sind das lokale Weingut August Perll u. a.

Borba Portugiesisches →IPR-Weinbaugebiet im →Alentejo, 200 km östlich von Lissabon, das vor allem für seine fruchtigen und körperreichen Rotweine aus →Periquita, Aragonez, Trincadeira, →Alicante Bouschet u. a. Sorten und seine Weißweine aus Roupeiro, Rabo de Ovelha, Tamarez, Perrum u. a. bekannt ist. Die Zukunft dieses Gebietes dürfte spätestens 1992 begonnen haben, als die Rothschild-Familie (von Château →Lafite) eine 50 %-Beteiligung an dem traditionsreichen Weingut Quinta do Carmo (inzwischen ausgeweitet auf 94 ha, davon über 90 % Rotwein) erwarb mit dem Ziel, angesichts des natürlichen Potentials hier in einer Reihe von Jahren einen der größten, wenn nicht den größten portugiesischen Rotwein zu erzeugen. Wenn auch die ersten unter der neuen Leitung auf den Markt gekommenen Weine noch nicht als repräsentativ für die zukünftig zu erwartende Qualität gelten können, kündigt sich bereits jetzt ein konzentrierter, kerniger und kraftvoller Wein von erheblichem Potential an. Man sollte ihn in jedem Fall im Auge behalten.

Bordeaux Hafenstadt an der →Garonne und bedeutendste Stadt in Südwestfrankreich, dessen Agglomeration rund 650 000 Einwohner zählt. Einige Kilometer nördlich von Bordeaux vereinigen sich Garonne und →Dordogne zur →Gironde, nach der das umliegende Département mit der Hauptstadt Bordeaux benannt ist und das das gesamte Weinbaugebiet *Bordeaux* umfaßt. Rund 100 000 ha Rebfläche weist dieses größte französische Qualitätsweinbaugebiet auf, mehr als die gesamte Bundesrepublik. Im Schnitt werden heute etwa 6 Mill. hl Wein erzeugt, was nahezu einem Viertel der gesamten französischen →A.O.C.-Erzeugung entspricht. Während bis 1969 mehrheitlich Weißweine aus Bordeaux kamen, ist ihr Anteil inzwischen zugunsten der Rotweine auf gut 20 % zurückgegangen.

Sämtliche auf den Qualitätsweinflächen der Gironde erzeugten Weine dürfen als *Bordeaux* AC in den Handel gebracht werden, vorausgesetzt, sie stammen aus den dafür vorgesehenen Rebsorten (→Cabernet Sauvignon, →Cabernet franc, →Merlot, →Malbec, →Petit Verdot und →Carmenère für die Rotweine, →Sémillon, →Sauvignon und →Muscadelle für die Weißweine), deren Trauben bei der Lese einen potentiellen Alkoholgehalt von mindestens 10 % vol. aufgewiesen haben, und sie sind unter Berücksichtigung der übrigen gesetzlichen Bestimmungen erzeugt worden. Tatsächlich kommen daher nur jene Weine unter dieser Passepartout-Bezeichnung in den Handel, für die es keine enger gefaßte Bezeichnung gibt bzw. die die dafür erforderlichen gesetzlichen Bestimmungen nicht erfüllt haben. In der Tat umfaßt das gesamte Bordeaux-Gebiet, getrennt nach Rot- und Weißweinen über 50 verschiedene Appellationen, die es deutlich auseinanderzuhalten gilt, will man die Orientierung nicht verlieren.

Unter dem Gesichtspunkt der Qualität ist die erste grobe Einteilung jene in linkes und rechtes Ufer, und obwohl dies zunächst kein unterschiedliches Qualitätsniveau bezeichnet, ist es für viele eine Frage der Weltanschauung. Mit dem linken Ufer meint man das linke Ufer von Garonne und Gironde und die Regionen →Médoc, →Graves und →Sauternes, drei der renommiertesten Bereiche für Rotwein (Médoc), Rot- und trockene Weißweine (Graves) und süße Weißweine (Sauternes). Sie alle sind unterteilt in Gemeindeappella-

tionen wie →Pauillac, →Margaux, →Pessac-Léognan, →Barsac u. a., die nicht nur das Herkunftsgebiet eingrenzen, sondern auch gegenüber dem weitergefaßten Bereich höhere Anforderungen an Mindestalkoholgehalt und Hektarerträge stellen (der zulässige Grundertrag, *rendement de base*, schwankt je nach Appellation und Rot- und Weißwein zwischen 40 und 65 hl/ha bzw. zwischen 25 und 40 hl/ha für die süßen Weißweine, →Ertrag). Neben diesen gibt es weniger prestigereiche Randzonen wie etwa die eigentliche →Appellation contrôlée Médoc im äußersten Norden oder →Cérons im Süden.

Im Gegensatz dazu bezeichnet man mit rechtem Ufer das rechte Ufer der Dordogne und meint damit das Libournais, also die Bereiche von →Saint-Emilion, →Pomerol und →Fronsac. Hier wird ausschließlich Rotwein erzeugt, und alle drei Appellationen sind Gemeindeappellationen – eine übergreifende Bereichsappellation fehlt –, jedoch haben die Randzonen eigene Appellationen wie →Lalande-de-Pomerol und die vier Satellitengemeinden von Saint-Emilion. Eine Ausnahme stellt Fronsac dar, das über eine engere Appellation für die besten Provenienzen an den Dordogneabhängen verfügt, →Canon-Fronsac.

Alle übrigen Bereiche des Bordeaux-Gebietes verfügen über kein den genannten Bereichen des linken wie rechten Ufers vergleichbares Ansehen. Im wesentlichen sind dies die Randzonen im Norden, →Bourg, →Blaye und Castillon (→Bordeaux-Côtes de Castillon), in denen viel Rotwein erzeugt wird und von denen einige Gegenden, wie der Cubzaguais über gar keine engere Appellation verfügen sowie der große Bereich zwischen Garonne und Dordogne, dessen bekannteste Appellation →Entre-deux-Mers ist, die jedoch lediglich für Weißweine gilt, obgleich hier ebenfalls viel Rotwein erzeugt wird. Diese besitzen lediglich an den sog. →Côtes de Bordeaux (mit den →*Premières Côtes de Bordeaux*) eine eigene Appellation, während es eine Fülle weiterer Appellationen für Weißweine, Weiß- und Rotweine bzw. süße Weißweine gibt.

Was immer die Bedeutung der auf dem Etikett angegebenen Appellation ist, entscheidend ist hier wie in allen anderen Fällen der Erzeuger oder Abfüller. Im wesentlichen kommen heute drei Gattungen von Bordeaux-Wein in den Handel, der →Markenwein als Verschnitt unterschiedlicher Provenienzen, der in der Regel unter einer weitgefaßten Appellation angeboten wird, wie der bekannteste und verbreitetste von allen, der →Mouton-Cadet als *Bordeaux* AC. Ferner gibt es den Typenwein, der als *Saint-Julien* AC, *Saint-Emilion* AC u. a. auf den Markt kommt, und schließlich den →Château-Wein, der von einem genau bestimmten Gut kommt – und meist auch dort abgefüllt ist, was durch den Aufdruck →Mis en bouteille au château ausgewiesen ist –, wobei die jeweils gültige Appellation und ihre Angabe den gesetzlich vorgegebenen Rahmen benennt, ohne damit konkret etwas über die tatsächliche Qualität des Weines auszusagen. Diese mag durch eine →Klassifizierung, durch die Angabe *cru* →*bourgeois*, →*grand cru classé* o.ä. angedeutet sein. Doch entsprechen derartige Hinweise nicht immer dem aktuellen Qualitätsniveau, und lediglich im Médoc, den Graves, Sauternes und Saint-Emilion gibt es überhaupt Klassifizierungen, die wiederum von Gebiet zu Gebiet sehr unterschiedlich und kaum miteinander vergleichbar sind.

Das alles sieht zunächst sehr verwirrend aus. Doch wenn man näher in die einzelnen Bereiche und Appellationen eindringt, werden die inneren Strukturen deutlicher, und es wird damit leichter, jene Weine zu finden, nach denen man sucht. Insgesamt hat dabei das Bordeaux-Gebiet im Gegensatz zu vielen anderen Weinbaugebieten innerhalb wie außerhalb Frankreichs den Vorzug, daß selbst auf der untersten Qualitätsstufe die Weine in der Regel angenehm und ansprechend und heute meist immer noch sehr preiswert sind. Auf einem mittleren Niveau gibt es kaum ein zweites bedeutendes Weinbaugebiet, in dem man auf ein günstigeres Preis-Qualitäts-Verhältnis trifft, während die Spitzenweine der linken wie rechten Ufers zu den größten Weinen der Welt zählen und als unübertroffen gelten.

Bordeaux-Côtes de Castillon Östlich von →Saint-Emilion auf dem rechten Ufer der →Dordogne gelegener Weinbaubereich mit rund 2250 ha Rebfläche und eigener →Appellation contrôlée. Die Bestimmungen ähneln denen für die allgemeinen Appellation →Bordeaux, insbesondere für *Bordeaux supérieur* AC. Die Weine genießen heutzutage kein den prestigereicheren Appellationen des rechten Ufers vergleichbares Ansehen und ähneln am ehesten denen von →Puisseguin-Saint-Emilion.

Bordeaux-Côtes de Francs Östlich von →Lussac-Saint-Emilion und nördlich der Appellation →Bordeaux-Côtes de Castillon gelegene kleine →Appellation contrôlée mit rund 550 ha Rebfläche, von der durchweg ansprechende Rotweine kommen. Weißweine werden kaum erzeugt. Wenn sie mindestens 27 g/l natürlichen →Restzucker enthalten, dürfen sie den Zusatz →*liquoreux* führen.

Bordeaux-Haut-Benauge Traditionsreiches Weinbaugebiet nördlich von →Cadillac mit insgesamt neun Gemeinden bis hin nach Targon. Früher kamen diese Weißweine meist als →*Entre-deux-Mers* in den Handel, während sie nun über eine eigene Appellation verfügen.

Borro Cepparello →Cepparello

Borro della Sala Ausgezeichneter Weißwein, der auf dem der Familie Antinori gehörenden Weingut Castello della Sala bei →Orvieto in →Umbrien aus →Sauvignon und Procanico seit 1987 erzeugt wird. Der Wein ist fruchtig, nervig und anhaltend und erfordert, anders als die meisten italienischen Weißweine unserer Tage, ein paar Jahre der Flaschenreife.

Boscarelli Neuer Rotwein aus der →Toscana, der von dem Weingut de Ferrari Corradi in →Montepulciano aus →Sangioveto und Prugnolo gentile (→Sangiovese grosso) erzeugt und ca. 3–3$\frac{1}{2}$ Jahre ausgebaut wird, davon 18 Monate in →Barriques. Der Wein ist reich und reif, sehr ausgeglichen, dabei kraftvoll und elegant und sicherlich einer der bemerkenswertesten Rotweine seiner Art aus der Toscana und dem herkömmlichen →Vino Nobile di Montepulciano gewiß überlegen.

Botrytis Cinerea In gewissen Weinbaugebieten, darunter am →Rhein, am →Neusiedlersee, an Teilen der →Loire, im Gebiet von →Sauternes u. a. immer wieder auftretender Pilz. Wenn er im Laufe des Sommers unreife Trauben befällt, tritt die sogenannte →Rohfäule ein, der die befallenen Trauben zerstört und mithin zu erheblichen Ernteeinbußen führen kann. Befällt er hingegen im Herbst reife Beeren, wird aus dem Feind der Freund des Winzers. Er zerstört dann die Beerenhaut und bewirkt die Verdunstung des Wassers und damit die Konzentration des →Zuckers und anderer wertvoller Inhaltsstoffe in der Beere. Aus derartigem Lesegut lassen sich hochrangige →Auslesen, →Beerenauslesen bis hin zur →Trockenbeerenauslese bzw. die französischen →vins liquoreux erzeugen. Derartige Weine weisen neben einem mitunter hohen Alkoholgehalt eine deutliche Süße auf, da der Most aufgrund seiner hohen Konzentration den Zucker nicht vollständig vergärt, sowie einen durchaus angenehmen, qualitätssteigernden Botrytiston in Geruch und Geschmack. Es versteht sich von selbst, daß somit ein Botrytisbefall ausschließlich bei Rebsorten erwünscht ist, aus denen derartige, botrytisierte Weine erzeugt werden sollen. Botrytis in einem trockenen Weißwein ist hingegen keineswegs qualitätsfördernd, trägt vielmehr zu seinem rascheren →Altern und einer vorzeitigen Ermüdung bei. Botrytis in Rotweinen ist schlicht eine Katastrophe, da sie Farbe, Tannine und Geschmack zerstört.
Durch eine entsprechende Rebenbehandlung (Laubschnitt, Ausdünnung u. a. zum raschen Abtrocknen von Feuchtigkeit) bis hin zu Spritzungen kann man Auftreten und Ausbreitung des Pilzes eindämmen bzw. vermeiden. Das Ausmaß an Botrytisbefall – wo er erwünscht ist – ist von Jahr zu Jahr sehr verschieden.

Botticino Unmittelbar nordöstlich von →Brescia aus →Barbera, →Schiava, →Marzemino und →Sangiovese erzeugter ansprechender Rotwein aus der →Lombardei, etwas einem →Cellatica vergleichbar.

Bouches-du-Rhône Südostfranzösisches Département am Mittelmeer, zu dem Marseille, Aix-en-Provence, Arles und das →Rhône-Delta gehören, mit stark rückläufigem Weinbau. Heute stehen nur noch knapp 12 000 ha im Ertrag, und die bekanntesten der von ihnen stammenden Weine sind der weiße (eher als Ausnahme rote) →Cassis – das ideale Getränk zur Bouillabaisse – sowie die Weiß-, Rot- und Roséweine von →Palette und den →Coteaux d'Aix, alle heute mit eigener →Appellation contrôlée. Ferner gehören Teile des Départements zum Anbaugebiet der →Côtes de Provence bzw. zum →Landweingebiet des →*Vin de pays des Sables-du-Golfe-de-Lion.*

Bouchet Im Libournais (→Saint-Emilion, →Pomerol, →Fronsac) übliche Bezeichnung für den →Cabernet franc; sollte nicht mit dem Namen des französischen →Hybriden-Züchters Henri Bouschet verwechselt werden, →Alicante-Bouschet.

Bougros Eine der acht →*grand cru*-Lagen von →Chablis mit 12 ha Umfang.

Bourg Kleiner Ort im →Bordeaux-Gebiet, Zentrum des Bourgeais, auf dem rechten Ufer von →Gironde und →Dordogne, unmittelbar dem →Haut-Médoc gegenüberliegend. Es werden jährlich unter den Appellationen *Bourg, Bourgeais* oder *Côtes de Bourg* um die 160000 hl Wein erzeugt, davon weniger als 5 % Weißwein meist mittlerer Güte, ansonsten Rotweine, von denen etliche weit mehr Beachtung verdienen, als ihnen gemeinhin zuteil wird. Abgesehen von der allgemeinen Appellation *Bordeaux rouge* (unter der ungleich mehr verkauft wird) kommen diese Weine meist als *Côtes de Bourg* in den Handel. Körperreich, ausgeglichen, stammen sie in der Regel aus →Merlot, →Malbec, →Cabernet franc und →Cabernet Sauvignon: ein zu Unrecht vernachlässigter Rotwein. Als verläßliche Erzeuger gelten Châteaux de Barbe, Les Heaumes, du Bousquet, Falfas, Eyquem, La Croix de Millorit, Haut-Guiraud u. a.

Bourgeois Nachdem durch die →Klassifizierung von 1855 die Aristokratie der →Haut-Médoc-Weingüter in fünf Kategorien eingeteilt wurde, hat man 1932 444 Weingüter des gesamten →Médoc als *crus bourgeois* eingestuft. Rund 100 von diesen (nur im Haut-Médoc) wurden als *crus bourgeois supérieurs* bewertet, die sechs besten davon wiederum als *crus bourgeois supérieurs* →*exceptionnels.*

Durch das Syndikat der *crus bourgeois*-Weingüter des Médoc ist diese Klassizierung seither mehrfach überarbeitet und in jüngster Zeit dahingehend vereinfacht worden, daß man heute auf jede interne Hierarchisierung verzichtet und allein noch von *crus bourgeois* spricht. Die heutige Einstufung als *cru bourgeois* setzt voraus, daß das Gut Mitglied des Syndikats ist. Auf diese Weise gibt es gegenwärtig im Médoc 306 *crus bourgeois*, die zusammen über eine Fläche von 7000 ha, entsprechend rund 50 % der Ertragsfläche des Médoc, verfügen.

Nach den →*crus classés* auf einem durchaus ehrenhaften zweiten Platz eingestuft, erzeugen diese *Bourgeois*-Güter Weine, die jenen als *5e cru classé* eingestuften Gewächsen oftmals in nichts nachstehen. Man sollte daher nie vergessen, daß es sich bei *crus bourgeois*-Weinen nicht um zweitklassige, gewöhnliche Weine handelt, sondern durchweg um ausgezeichnete, ja mitunter hervorragende Weine, die jede Beachtung wert sind.

Weine unterhalb der *Bourgeois*-Ebene wurden im Médoc früher als *crus* →*artisans* bzw. auf der untersten Stufe als *crus* →*paysans* bezeichnet. Heute werden diese Begriffe in der Regel nicht mehr verwandt, und man spricht schlicht von *autres crus.* Außerhalb des Médoc hat sich der Begriff *cru bourgeois* bislang nicht offiziell durchgesetzt, obwohl es etwa in den →Graves seit langem Bestrebungen zu seiner Einführung gibt.

Bourgogne →Burgund, →Burgunder

Bourgogne-Côte-Chalonnaise Seit 1990 eigene Appellation für die 44 Weinbaugemeinden der →Côte Chalonnaise mit →Givry, →Mercurey, →Rully u. a., um ihren Weinen neben jenen der nördlich angrenzenden →Côte de Beaune wie des südlich sich anschließenden →Mâconnais eine eigene Identität zu geben.

Bourgogne-Haut-Côtes de Beaune (Nuits) Vollständiger Name der beiden →Appellations contrôlées, unter denen die Rot- und wenigen Weißweine der →Hautes-Côtes de Beaune bzw. der →Hautes-Côtes de Nuits in den Handel kommen.

Bourgogne-Passe-tout-Grains →Passe-Tout-Grains

Bourgueil Kleiner Ort in der →Touraine westlich von Tours an der →Loire gelegen, bekannt für seine köstlichen Rotweine, die hauptsächlich aus →Cabernet franc, hier Breton genannt, und z. T. mit Zusätzen von →Cabernet Sauvignon erzeugt werden. Sie stammen aus Bourgueil selbst und einigen Gemeinden der Umgebung, von denen die beste, →Saint-Nicolas-de-Bourgueil, eine eigene Appellation besitzt. Die Weine sind gehaltvoll, tanninreich und haben Charakter und sind entgegen einer weitverbreiteten Auffassung für eine längere Lager- und Reifezeit bestimmt, bevor sie ihren Höhepunkt erreichen. Sie zählen dann zu den feinsten Rotweinen der Loire. Jährlich werden um die 40 000 hl erzeugt. Audebert, Georges Renou, Jacques Morin, Raphael Galteau, Régis Mureau, Marc Mureau, Lamé-de-Lille, La Dîme u. a. gelten als führende Erzeuger. In der französischen Literatur ist Bourgueil bekannt als Ort von Rabelais' *Abbaye de Thelème*, eine Art Schloß im Schlaraffenland, und es war ebenfalls hier, wo Ronsard seine Marie, »la belle Angevine« traf, deren Charme er in Versen besang, die zur schönsten Lyrik der französischen Renaissance gehören.

Bouscaut, Château →*Cru classé* aus Cadaujac in den →Graves, unmittelbar südlich von →Bordeaux mit 45 ha Rebfläche (50 % →Merlot, 35 % →Cabernet Sauvignon, 15 % →Cabernet franc bzw. 60 % →Sémillon und 40 % →Sauvignon für den Weißwein). Die Weine dieses Gutes sind von außerordentlich unterschiedlicher Qualität und können geschmeidig, komplex und ausdrucksvoll, mitunter, zumal die Weißweine, aber auch nur von mäßiger Güte sein. In den jüngsten Jahren scheint die Entwicklung konsequenter aufwärts zu gehen.

Boutari In Nordgriechenland bei →Naoussa ansässiger großer Erzeuger- und Weinhandelsbetrieb mit eigenen Weinbergen und einigen beachtenswerten Weinen, darunter die rote Spitzencuvée →*Grande Réserve*, ein hervorragender, gehalt- und charaktervoller Rotwein, der →Goumenissa, Naoussa u. a. bis zum →Cava Mantare und dem einfachen →Rotonda. Unter den Weißweinen des Hauses ragt der Château →Matsa heraus.

Bouvier Österreichische reich tragende, aber qualitativ selten herausragende weiße Rebsorte, wird auf 542 ha insbesondere im nördlichen →Burgenland angebaut. Auch als Tafeltraube.

Bouzeron Weinbaugemeinde an der nördlichen →Côte Chalonnaise, deren ansprechende →Aligoté-Weine alleine das Recht auf Zusatz des Gemeindenamens haben und als *Bourgogne Aligoté-Bouzeron* in den Handel gebracht werden dürfen.

Bouzy Bedeutender Weinbauort an der →*Montagne de Reims* und einer der 17 →*grand cru*-Gemeinden der →Champagne. Auf ihren Rebflächen steht hauptsächlich →Pinot noir, aus dem nicht nur etliche exquisite →Champagner erzeugt werden, sondern auch ein ungemein angenehmer, stiller Rotwein, der *Bouzy rouge*.

Boyd-Cantenac, Château Sehr traditionell arbeitender *3ᵉ cru classé* aus →Cantenac mit 18 ha Rebfläche (67 % →Cabernet Sauvignon, 20 % →Merlot,

7 % →Cabernet franc, 6 % →Petit Verdot) und einem in seiner Jugend meist
sehr harten und abweisenden und mitunter etwas rustikalen, langsam reifenden und dann zunehmend eleganten
→Margaux.

Bozen (Bolzano) Wichtiges Weinhandelszentrum in →Südtirol (Alto Adige).
Die Berghänge nordöstlich und nordwestlich der Stadt sind von in →Pergo-
laform erzogenen Reben bedeckt und
bringen eine Reihe beachtenswerter
und wohlbekannter Weine hervor, darunter allen voran der →Sankt Magdalener, der Bozner Leiten (Colli di
Bolzano), ein ansprechender Rotwein
aus →Schiava, den einen oder anderen
Rebsortenwein, wozu auch der beliebte
→Lagrein Kretzer zählt, der weiße
→Terlaner u. a., die heute alle unter der
→DOC-Oberbezeichnung Südtiroler
(Alto Adige) in den Handel kommen,
während südlich von Bozen der populäre →Kalterersee wächst.

Brachetto d'Acqui Leichter, frischer,
lieblicher Rotwein (→frizzante oder
auch schäumend), der in 26 Gemeinden
der Provinzen →Asti und Alessandria
im südlichen →Piemont aus Brachetto
erzeugt wird. Neben diesem gibt es, allerdings ohne →DOC-Bezeichnung,
den *Brachetto d'Asti*, *Brachetto
d'→Alba*, *Brachetto di Moirano* – letzterer als trockener, charaktervoller Wein
von Scarpa – u. a.

Brackenheim Südwestlich von →Heil-
bronn gelegener Geburtsort von Theo-
dor Heuss mit rund 130 ha Rebfläche
(unter Berücksichtigung seiner eingemeindeten Ortsteile, darunter →Neip-
perg, ist Brackenheim heute mit knapp
750 ha Rebfläche die größte Weinbaugemeinde →Württembergs). Der *Zwei-
felsberg* gilt als die beste Lage des Ortes
und die lokale Winzergenossenschaft
als eine der zuverlässigsten Württembergs.

Bramaterra In der Gegend von Roasio
zwischen →Lessona und →Gattinara
im nördlichen →Piemont erzeugter
Rotwein. Er wird zu ungefähr zwei
Dritteln aus →Nebbiolo (hier →Spanna
genannt) sowie kleineren Zusätzen von
Croatina, →Bonarda und →Vespolina
erzeugt und muß mindestens 18 Monate im Faß gelagert sein. Der Wein ist
kernig, doch dabei von beachtlicher
Eleganz, sehr langsam reifend und dem
hervorragendsten Gattinara kaum unterlegen. Als solcher zählt er zu den
charaktervollsten Weinen Piemonts.
Sella ist ein führender Erzeuger.

Branaire-Ducru, Château *4e cru classé*
aus →Saint-Julien im →Haut-Médoc,
unmittelbar gegenüber von Château
→Beychevelle, mit 48 ha Rebfläche
(65 % →Cabernet Sauvignon, 25 %
→Merlot, 10 % →Cabernet franc) und
mit außerordentlich feinen und eleganten Rotweinen, die heute durchweg
über ihrem offiziellen Rang liegen. Jetzt
unter neuer Leitung.

Brancaia Neuer roter →Tafelwein aus
Castellina in →Chianti in der →Tos-
cana, der auf dem Weingut La Brancaia
erzeugt und mit Unterstützung des
Weingutes Fonterutoli ausgebaut wird.
Der Wein stammt aus →Sangiovese,
→Cabernet Sauvignon und →Merlot
und wird in →Barriques ausgebaut. Er
verfügt über Kraft, Konzentration, Differenziertheit und Eleganz und dürfte
bald zu den herausragendsten Weinen
seiner Art in der Toscana zählen.

Branco Portugiesisch für weiß. *Vinho
Branco* ist also ein Weißwein.

Brandig Negativer Geschmackseindruck beim Wein, hervorgerufen durch
einen unharmonisch hervorstechenden
Alkoholgehalt, der nicht durch einen
entsprechenden →Körper abgerundet
wird. Derartige Weine können mitunter
→bitter schmecken.

Brane-Cantenac, Château 2e cru classé aus →Cantenac im →Haut-Médoc mit 85 ha Rebfläche (70 % →Cabernet Sauvignon, 15 % →Cabernet franc, 13 % →Merlot, 2 % →Petit Verdot) und einem altberühmten roten →Bordeaux. Wenn voll gelungen – und dies scheint in den letzten Jahren wieder häufiger der Fall –, ist er ein ganz und gar bemerkenswerter Wein von großer Distinktion und Eleganz, der zu den besten Weinen →Margaux' zählt.

Brasilien Wein gedeiht nur im äußersten Süden des Landes, insbesondere im Bundesstaat Rio Grande do Sul, der angesichts seiner größeren Entfernung zum Äquator ein gemäßigteres Klima aufweist. Rund 60 000 ha sind mit Reben bestockt, darunter zunehmend europäische Sorten (→Cabernet Sauvignon, →Cabernet franc, →Merlot, →Riesling u. a.), von denen aber nur zum Teil Wein erzeugt wird – viel wird als Tafeltrauben verkauft. Zwischen 3 und 4 Mill. hl in der Regel gewöhnlicher bis ausgezeichneter Wein – selten mehr – werden jährlich erzeugt, der jedoch außerhalb des Landes nahezu unbekannt ist. Neben lokalen Erzeugern und Winzergenossenschaften haben sich einige ausländische Investoren hier niedergelassen, darunter Pedro Domecq aus Spanien und Almadén aus →Kalifornien.

Braun Das Weingut Heinrich Braun in →Nierstein (28 ha, 60 % →Riesling mit Lagen in Nierstein, →Oppenheim, →Dienheim und →Ludwigshöhe) zählt heute zu den führenden Gütern an der rheinhessischen →Rheinfront und ist geachtet für seine trockenen, rassigen und eleganten Rieslinge, zumal von den Spitzenlagen des Roten Hangs (*Pettenthal, Hipping, Ölberg, Heiligenbaum* und *Orbel*). Einige Weine werden auch im →Barrique ausgebaut. Im gleichen Besitz befindet sich das lokale, 6 ha große Weingut Graf Wolff-Metternich.

Braun werden →Rahn werden

Brauneberg Berühmter Weinbauort an der mittleren →Mosel mit über 300 ha Rebfläche, von denen weniger als 50 ha seinen großen Ruf begründet haben. Sie liegen dem Ort gegenüber auf dem eindrucksvollen Südhang jenes Berges, den schon die Römer wegen der von ihm stammenden ausgezeichneten, süßen Weine *mons dulcis* (süßer Berg) genannt haben sollen, woraus dann in späteren Zeiten (bis 1925) der Ortsname Dusemond wurde (nach einer von Historikern als wahrscheinlicher angesehenen Deutung leitet sich der Ortsname von den *duos amandos montes super Mosellam*, den beiden lieblichen Bergen über der Mosel, her). Lange Zeit galten die Weine von Dusemond als die besten Moselweine überhaupt, und auch heute noch sind die Weine der besten Lagen, *Juffer*, *Juffer-Sonnenuhr* und die ganze 0,38 ha große *Kammer* von bemerkenswerter Qualität und in ihren Spitzen denen von →Wehlen und →Bernkastel durchaus vergleichbar: zart und filigran, dabei von bewundernswerter Würze, Kraft und Komplexität. Das lokale Weingut Fritz Haag gilt heute als eine der ersten Adressen im deutschen Weinbau, aber auch Max Ferd. Richter, Willi Haag, das →St. Nikolaus Hospital, Thanisch u. a. verdienen Beachtung.

Breganze Nördlich von Vicenza gelegener Weinbaubereich des →Veneto, aus dem einige beachtenswerte Weiß- wie Rotweine kommen. Laut den →DOC-Bestimmungen gibt es 5 Rebsortenweine (→Cabernet, →Pinot nero, →Pinot bianco, →Pinot grigio und Vespaiolo) sowie die als Verschnitt bereiteten →Bianco und →Rosso. Den mit Abstand besten Namen hat das lokale Weingut Maculan, dessen bemerkenswerter roter →Fratta, der kaum geringere →Palazzotto und schließlich →Brentino sowie der weiße →Prato di Cànzio, der →Torcolato, ein exzellenter weißer →Likörwein, u. a. herausragend und weithin geschätzt sind.

Breisgau Mittlerer →Bereich des →Anbaugebietes →Baden mit 1888 ha Ertragsrebfläche, zwischen Freiburg und dem nördlich von Lahr gelegenen Oberschopfheim auf den Vorhügeln des Schwarzwaldes und den Abhängen der angrenzenden Seitentäler. Die Böden bestehen größtenteils aus Löß. Mit 42 % dominiert der →Müller-Thurgau, gefolgt von →Spätburgunder (29 %), Grauem →Burgunder (14 %) u. a. Einen guten Ruf genießen die Weine des Glottertals, wo der Weinbau bis auf 550 m Höhe ansteigt, aus Hecklingen (*Schloßberg*), Freiburg (*Schloßberg*), Lahr (zumal jene des lokalen Städtischen Weinguts) u. a.

Breit Man bezeichnet einen Wein als breit, dem es in jugendlichem Stadium mangels →Säure und Nuancen an Struktur und Feinheit fehlt. Die nächste Stufe wäre →plump. Derartige Weine sind in der Regel langweilig und uninteressant.

Brennwein Als Brennwein bezeichnet man Wein, der zu Weinbrand bzw. →Cognac verarbeitet wird.

Brentano Gut 9 ha großes Weingut in →Winkel im →Rheingau, das außer 4 % →Spätburgunder ausschließlich →Riesling anbaut. Das Gut ist nicht nur für seine fruchtigen und vollmundigen Weine bekannt, sondern auch durch Goethes Verbindung mit der Familie Brentano zu Anfang des 19. Jahrhunderts. Angesichts dieser Beziehung vermarktet das Gut seine Weine mit dem Zusatz »Goethewein«.

Brentino Ein von Maculan im Gebiet von →Breganze erzeugter Rotwein aus →Cabernet Sauvignon, →Cabernet franc und →Merlot, der in der Regel teilweise in →Barriques ausgebaut

wird. Der Wein verfügt über einen mittleren Körper, doch fehlt es ihm etwas an Tiefe und Statur.

Brescia Provinz im Osten der →Lombardei und eines der größten Weinbaugebiete der Region. Qualitativ am bedeutendsten dürfte heute der Bereich →Franciacorta mit z. T. sensationellen Rot-, Weiß- und Schaumweinen sein. Aber auch der →Riviera del Garda (Bresciano), der →Cellatica, der →Botticino, der →Capriano del Colle, der →Lugana und der →Tocai di San Martino della Battaglia verdienen Beachtung.

Bricco della Bigotta Auf dem Weingut Braida in Rocchetta Tanaro in →Piemont aus →Barbera erzeugter Rotwein, der in →Barriques ausgebaut wird. Der Wein verfügt über Körper, Charme, Eleganz und Komplexität und stellt einen der bemerkenswertesten neuen Barbera dar, auch wenn er vielleicht nicht ganz die auf dem gleichen Gut erzeugten Barbera d'→Asti *Ai Suma* und →Bricco dell'Uccellone erreicht.

Bricco del Drago Ungewöhnlicher piemontesischer Rotwein, der die Weichheit und Anmut des →Dolcetto mit der vornehmen Rasse und kraftvollen Art des →Nebbiolo verbindet, der in diesem hervorragenden Wein mit einem Anteil von 15 % enthalten ist. Da die italienischen →DOC- oder →DOCG-Bestimmungen für einen Wein aus →Alba diesen Verschnitt nicht vorsehen, kommt der Wein als →Tafelwein in den Handel. Er wird von Luciano di Giacomi erzeugt.

Bricco Manzoni Ein aus →Nebbiolo und →Barbera erzeugter Rotwein aus Monforte d'Alba im Süden des →Barologebiets, der Stil, Charakter und Eleganz besitzt, langsam reift und dann dank seiner lebendigen Säure zumal in vorzüglichen Jahren zu den hervorragendsten Rotweinen des →Piemont gehört. Er wird von Valentino Migliorini erzeugt.

Bricco dell'Uccellone Eines jener italienischen Wein-»Wunder«, die zuvor niemand für möglich gehalten hat, nämlich ein →Barbera, der mit der üblichen belanglosen Massenware nichts gemein hat. Vielmehr wird er von dem inzwischen verstorbenen Giacomo Bologna auf dem Gut »Braida« in Rocchetta Tanaro unweit von →Asti erzeugt und in →Barriques ausgebaut, ebenso wie die nachfolgend erzeugten →Bricco della Bigotta und der *Ai Suma*. Das Ergebnis ist ein gehaltvoller, komplexer, nuancenreicher und eleganter Rotwein, der nicht nur demonstriert, wozu die vielgeschmähte Sorte bei entsprechender Behandlung fähig ist, sondern der auch zu den bemerkenswertesten Rotweinen →Piemonts gehört.

Bricout Kleineres →Champagnerhaus in →Avize mit einigen feinen und eleganten Weinen, weitgehend auf →Chardonnaybasis. Der →Blanc de Blancs ist sehr gelungen und die Spitzencuvée *Charles Koch* intensiv und von hervorragender Feinheit.

Brillante Ähnlich *Diamante*: Handelsname für einen leicht süßen spanischen Weißwein.

Brindisi Italienische Hafenstadt im Süden →Apuliens, Endpunkt der antiken Via Appia. Bezogen auf Wein ein →DOC-Gebiet für Rot- und Roséweine, deren bedeutendster der herausragende →Patriglione sein dürfte.

Broccato Von dem Weingut Dievole in Vagliagli im Gebiet des →Chianti classico aus in →Barriques ausgebautem →Sangiovese erzeugter →Tafelwein, der über Kern, Kraft und Charakter verfügt und selbst in geringeren Jahren jede Beachtung verdient.

Brochon Kleine Weinbaugemeinde an der →Côte d'Or in →Burgund, unmittelbar nördlich von →Gevrey-Chambertin. Während die Weine der elf südlich des Ortes gelegenen Lagen – zusammen 51 ha – die Appellation *Gevrey-Chambertin* führen, kommen seine übrigen (42 ha) lediglich als →*Côte de Nuits-Villages* bzw. schlicht als *Bourgogne* in den Handel.

Broni Eine der führenden Weinbaugemeinden des →Oltrepò Pavese in der südlichen →Lombardei und der Ursprungsort des herausragenden →Barbacarlo des lokalen Weinguts Lino Maga, des gehaltvollen Ronchetto di Maga u. a. Weine.

Brouilly Eine der bekanntesten →*crus* des →Beaujolais und mit 1230 ha die größte. Ähnlich →Moulin-à-Vent ist Brouilly kein Ort, sondern ein genau festgelegter Bezirk an den unteren Abhängen um den Brouilly-Berg (→Côte de Brouilly) gelegen mit den Ortschaften Odénas, Saint-Lager, Cercié, Quincié und Charentay. Als Wein ist der Brouilly, zumal in seiner Jugend, einer der typischsten und angenehmsten Beaujolais: fruchtig, körperreich und frühreif, der sich im Unterschied zu einem Moulin-à-Vent oder →Morgon in der Regel rasch entwickelt. Er zählt auf diesem Niveau zu den angenehmsten Rotweinen Frankreichs. Château de la Chaize ist der eindrucksvollste Besitz.

Broustet, Château 2ᵉ cru classé von →Barsac mit 16 ha Rebfläche (63 % →Sémillon, 25 % →Sauvignon, 12 % →Muscadelle), dessen Weißweine in der Regel etwas weniger →Restzucker aufweisen als andere Barsac, jedoch von hervorragendem Rang, Rasse und Frucht sind.

Bruch Trübung oder Veränderung in der Farbe bei Most, Wein oder Sekt, der meist durch einen Überschuß an metallischen Salzen hervorgerufen wird. Selbst eine nur kurze Berührung mit Kupfer oder Eisen kann bei einem ansonsten gesunden Wein zu Bruch führen. Es gibt Mittel gegen Bruch, doch lassen sich diese allein dann anwenden, wenn der Wein noch nicht auf Flaschen gefüllt ist.

Bründlmayer Das Weingut Wilhelm Bründlmayer in →Langenlois ist nicht nur wegen seiner Größe, heute 45 ha, sondern vor allem angesichts der Qualität seiner Weine eine der herausragendsten Weindomänen Österreichs. Seine besten Lagen sind der →*Zöbinger Heiligenstein* sowie in Langenlois *Berg Vogelsang, Spiegel, Steinhaus, Dechant* u. a. Zu zwei Dritteln werden Weißweine erzeugt (→Riesling, →Grüner Veltliner, Weißer und Grauer →Burgunder u. a., darunter seit einigen Jahren ein in →Barriques (genau 300-l-Fässer) ausgebauter sensationeller →Chardonnay) und zu einem Drittel Rotweine (Blauer →Burgunder, →St. Laurent, →Cabernet Sauvignon und →Merlot) von, in ihren Spitzen, bemerkenswerter Qualität (Cuvée St. Vincent). Eine erste Adresse in Europa.

Brunello di Montalcino Einer der bemerkenswertesten Rotweine der →Toscana, der südlich von Siena in der Umgebung von Montalcino aus der Brunello genannten →Sangiovese grosso erzeugt wird. Für diesen Wein ist eine vierjährige Lagerung vorgeschrieben, davon mindestens 3½ Jahre im Eichen- oder Kastanienfaß (so entsprechend den →DOCG-Bestimmungen von 1980; nach dem alten →DOC-Dekret war noch eine vierjährige Holzfaßlagerung obligatorisch). Für einen derart ausgedehnten Ausbau mit nachfolgender Reifezeit nicht geeignete Weine kommen nach ein- bis zweijährigem Faßla-ger als →Rosso di Montalcino auf den Markt, jugendliche, lebendige und charmante Rotweine durchaus mit Charakter.

Obgleich dem Brunello die Rasse eines erstklassigen →Vino Nobile di Montepulciano und die Finesse eines →Sassicaia fehlt, ist er dennoch fraglos ein hervorragender Wein: sehr gehalt- und charaktervoll, jedoch häufig derart tanninüberfrachtet, daß nicht nur bei manchen Weinen im jugendlichen Alter wenig Nuancen und Differenziertheit zum Ausdruck kommt. Wenn er jedoch voll gelungen ist, gehört er zu den vorzüglichsten Rotweinen der Toscana, der allerdings seine Zeit zur Entwicklung braucht. Die besten sind dann durchaus ausgeglichen in Frucht und Tannin und verfügen über Charme, Komplexität und Länge, wenn auch die etwas modische Nachfrage der letzten Jahre dazu geführt hat, daß einige von ihnen entschieden überbewertet sind. E. Costanti, La Chiesa di S. Restituta, Tenuta »La Fuga«, Case Base, Poggio Antico, La Magia, Siro Pacenti, Barbi, Talenti, Capana, Ciacci Piccolomini d'Aragona, Casanuova delle Cerbaie u. a. zählen derzeit zu den führenden Erzeugern.

Brusco dei Barbi Eigentlich ein →Brunello, der nach dem →Governo-Verfahren von der Fattoria dei Barbi erzeugt und mithin wesentlich kürzer ausgebaut wird. Der Wein erhält dadurch eine gewisse Lebendigkeit, die dazu anhält, ihn in jungen Jahren zu trinken. Er ist dann keineswegs *brusco* (ruppig), vielmehr erinnert der Name an den legendären Räuberhauptmann Giovacchino Zamperini, genannt →*Bruscone*, aus →Montalcino.

Bruscone dei Barbi Vergleichsweise neuer →Tafelwein aus der →Toscana, der ähnlich wie der →Brusco dei Barbi vinifiziert, doch anschließend in französischen →Barriques ausgebaut wird.

Der Wein erhält dadurch einen weichen Barriqueton, der ihn komplexer und eleganter als den Brusco erscheinen läßt. In seiner Jugend bereits sehr charmant und angenehm, bleibt abzuwarten, wie er sich im Alter entwickelt.

Brut Bezeichnung für den zumeist trockensten →Champagner oder →Schaumwein (→Sekt), trockener als →extra trocken. Da Brut wörtlich roh bedeutet, dürfte ein Brut Champagner eigentlich keinerlei →Dosage (Zuckerzusatz) enthalten. Tatsächlich dürfen Brut Champagner oder Schaumweine jedoch bis zu 15 g/l Zucker enthalten, und in der Regel sind sie mit einer leichten Dosage versehen. Seltener sind hingegen Bezeichnungen wie →Extra brut, Brut absolu, Brut intégral, Brut (Dosage) zéro u. a., die für Schaumweine ohne Zuckerzusatz gelten. Auch wenn Brut, Extra Brut usw. für sich noch keine Garantie für Qualität sind, weisen heute praktisch alle hochwertigen Champagner und Schaumweine nur eine entsprechend geringe bis keine Dosage auf. Bei deutschen Schaumweinen entspricht die Bezeichnung →herb dem französischen Brut.

Bual Name, auch Boal geschrieben, eine der hervorragendsten Rebsorten von →Madeira und des aus ihm erzeugten feinen, süßen, goldfarbenen Weins.

Bucelas Altberühmtes portugiesisches →DOC-Weinbaugebiet rund 20 km nördlich von Lissabon im Trancãotal und die dort erzeugten gleichnamigen beachtlichen Weißweine aus Arinto, einer vorzüglichen Rebsorte, das sich seit einiger Zeit wieder im Aufschwung befindet, so daß derzeit wieder rund 400 ha bestockt sind. Die Weine sind entsprechend: Frisch und von deutlicher Säure in ihrer Jugend gekennzeichnet, reifen sie sehr gut und ergeben nach einigen Jahren einen fruchtigen, charaktervollen, tiefen und gehalt-

vollen Wein. Camillo Alves gilt als ein führender Erzeuger.

Bugey Gebiet im Südosten des Département Ain, östlich von →Lyon, mit einer Reihe von Rot-, Rosé-, Weiß- und Schaumweinen, die unter dem →V.D.Q.S.-Siegel als *Vin du Bugey* oder →*Roussette du Bugey* (lediglich bestimmte Weißweine) in den Handel kommen, bisweilen unter dem Zusatz eines Gemeindenamens wie →Montagnieu oder Virieu. Die Weine sind frisch, fruchtig und leicht, und die Roten (überwiegend aus →Gamay, →Pinot noir, Poulsard und →Mondeuse) erinnern mitunter an leichte →Beaujolais. Bugey war die Heimat des großen Gastrosophen Brillat-Savarin.

Buhl Altberühmtes Weingut Reichsrat von Buhl mit 54 ha Rebfläche, die zu 92 % mit →Riesling bestockt ist. Nach langjährigen Schwierigkeiten und Problemen wurde das Gut 1989 an den japanischen Konzern Sanyo verkauft; es versucht seither, seinen einstigen großen Ruf zurückzugewinnen, der in seinen fruchtigen und rassigen Rieslingen begründet ist. Diese stammen unverändert von etlichen der besten Lagen in →Forst, →Deidesheim und →Ruppertsberg in der →Pfalz. Die drei besten trockenen Rieslinge kommen seit dem 1992er als →Buhl Classic→ in besonderer Ausstattung in den Handel.

Bühl Weithin bekannte Stadt an den Abhängen des Schwarzwaldes, in der →Ortenau gelegen, mit 200 ha Rebfläche, vor allem in den Stadtteilen Altschweier, Eisental und Neusatz. Letztere gilt qualitativ als die bedeutendste, zumal dank der ausgedehnten Steillage *Wolfhag*. Zu rund 85 % werden →Riesling und →Spätburgunder angebaut und größtenteils von der →Affentaler Winzergenossenschaft in den Handel gebracht, die bei beiden Sorten zu den Pionieren des →Barriqueausbaus in

Deutschland gehörte und dabei mit spektakulären Ergebnissen auf sich aufmerksam gemacht hat.

Bukett Die Gesamtheit verschiedenartiger reizvoller und angenehmer Düfte, die ein guter, reifer Wein durch den Kontakt mit Sauerstoff ausströmt, bezeichnet man als Bukett; die Wirkungen eines derartigen Weins auf die Geruchsorgane können einen der schönsten Sinneseindrücke vermitteln. Viele Kenner sind in der Lage, allein schon am Bukett Herkunft, Rebsorte, ungefähres Alter, Art und Qualität eines Weins festzustellen. Junge Weine mögen →Aroma, Duft, Wohlgeruch, Fruchtigkeit oder Blume besitzen – Bukett ist etwas anderes, obwohl es alle diese Eigenschaften mit enthalten kann. Durch die langsame Oxydation gewisser Bestandteile des Weins, unter anderm des →Alkohols und vor allem der Polyphenole, entstehen Ester, die das Bukett vornehmlich verursachen. Weine aus nördlichen Gegenden und solche, die langsam und bei niedrigen Temperaturen vergoren wurden, haben in der Regel mehr Bukett als andere Weine. Ähnlich weisen Weine von kalkhaltigen, steinigen und gemeinhin weniger fruchtbaren Böden oder aus langsamer reifenden Rebsorten mehr Bukett auf. Man braucht im übrigen durchaus kein Experte zu sein, um das Bukett eines feinen Weines erkennen zu können und schätzen zu lernen.

Bükk Gebirge im Nordosten Ungarns und Name des ungarischen Weinbaugebiets, das sich östlich an das noch bekanntere von →Eger anschließt und von Bogács bis Miskolc reicht.

Bulgarien Balkanstaat mit rund 150000 ha Rebfläche, die jährlich etwa 2–3 Mill. hl Wein ergeben. Überwiegend handelt es sich um Rotwein. Neben traditionsreichen Balkansorten wie →Kadarka und Mavrud (→Mavro-

daphne) werden in zunehmendem Maße zumal französische Rebsorten wie die beiden →Cabernet, →Merlot, aber auch →Chardonnay u.a. angepflanzt. Die Weine werden zu zwei Dritteln exportiert, früher vor allem in die Länder Osteuropas, doch schon seit den achtziger Jahren drängen sie verstärkt auf den westeuropäischen Markt.

Bündner Herrschaft Qualitativ der bedeutendste Weinbaubereich von →Graubünden, nördlich von Chur um die Gemeinden Fläsch, →Maienfeld, Jenins und →Malans gelegen. In geschützter Süd- bis Südwestlage gedeihen hier einige der körperreichsten und kräftigsten →Ostschweizer →Spätburgunderweine, die zu den bedeutendsten ihrer Art in der Schweiz gehören. In kleinerem Umfang wird auch Weißwein erzeugt.

Burg Layen Teil der Weinbaugemeinde Rümmelsheim im →Anbaugebiet →Nahe mit rund 240 ha Rebfläche, von denen *Schloßberg*, *Hölle*, *Rothenberg* u.a. als beste Lagen gelten. Burg Layen verdient aber auch nicht zuletzt deswegen Erwähnung, weil es der Sitz des ambitionierten und exzellenten Weingutes Schloßgut →Diel ist, das hier und im unmittelbar benachbarten →Dorsheim einige der herausragendsten Weine der Nahe, z.T. im →Barrique ausgebaut, erzeugt, die durch Klarheit, Kraft und Nuancenreichtum beeindrucken.

Burgenland Österreichische Weinbauregion mit 19215 ha Ertragsrebfläche in den vier Weinbaugebieten →Neusiedlersee, →Neusiedlersee-Hügelland, →Mittelburgenland und →Südburgenland (bis 1985 wurden die ersten drei Gebiete zusammen als →Rust-Neusiedlersee und Südburgenland als →Eisenberg bezeichnet). Das pannonische Klima mit seinen heißen Sommern führt zu starker Verdunstung des flachen Neusiedlersees und erzeugt damit die notwendige Luftfeuchtigkeit, so daß bei einer langen Vegetationsperiode geradezu ideale Verhältnisse für den Weinbau bestehen. Doch hat man diese natürlichen Vorzüge zu lange zu wenig genutzt, so daß bis Mitte der achtziger Jahre das Burgenland – insbesondere durch fragwürdige Billigsterzeugnisse und einen Aufsehen erregenden →Weinskandal – sich im In- und Ausland den einseitigen und verzerrenden Ruf des österreichischen Massenproduzenten erworben hat, obgleich die Hektarerträge in einigen niederösterreichischen Weinbaugebieten z. T. deutlich höher liegen. Allzu viele Weine mit plumper Schwere und charakterloser Süße verleugneten hartnäckig, daß diese Region aufgrund ihrer einzigartigen natürlichen Gegebenheit erheblich Besseres hervorzubringen in der Lage ist. Seither hat sich jedoch vieles geändert. Zwar gibt es immer noch den reichen, fülligen bis hin zur Plumpheit neigenden burgenländischen Wein. Doch stehen heute daneben eine Vielzahl von strukturierten, von ihrer Säure lebenden Weißweinen (Grüner →Veltliner, →Welschriesling, in wachsendem Maße →Chardonnay u. a. Sorten) bis hin zu einigen unendlich nuancenreichen →Trockenbeerenauslesen, die ohne Zweifel zu den hervorragendsten Weinen Österreichs gehören, sowie etliche hervorragende Rotweine (→Blaufränkisch, zunehmend →Cabernet Sauvignon u. a.), die dem natürlichen Potential des Gebietes durchaus gerecht zu werden vermögen.

Bürgerspital z. hl. Geist Mit 140 ha Rebfläche ist das 1319 als wohltätige Stiftung gegründete Bürgerspital in →Würzburg eines der größten deutschen Weingüter und eines der ältesten →Frankens. Sein Weinbergsbesitz liegt zu knapp 70 % innerhalb der Stadtgrenzen von Würzburg (u. a. *Stein* mit *Stein-Harfe, Innere Leiste, Abtsleite, Pfaffenberg*), neben denen insbeson-

dere Anteile an den Spitzenlagen von →Randersacker (*Pfülben, Teufelskeller, Marsberg*) und →Thüngersheim erwähnenswert sind; weitere Lagen befinden sich in Michelau, Gössenheim, Leinach, Veitshöchheim und Himmelstadt. Anders als in Franken üblich ist der →Riesling mit 25 % die Hauptrebsorte, während auf den →Müller-Thurgau und den traditionellen →Silvaner jeweils 20 % entfallen. Allgemein zeichnen sich die Bürgerspitäler Weine, zu denen auch 7 % Rotwein, insbesondere aus →Spätburgunder und →Schwarzriesling, gehören, trotz eines unterschiedlichen Qualitätsniveaus und der einen oder anderen Enttäuschung in jüngster Vergangenheit insgesamt zumeist durch eine ausgeglichene, herzhaft-kräftige Art aus, und die besten von ihnen zählen zweifellos zu den bemerkenswertesten Weinen Frankens.

Bürgstadt Aufstrebende Weinbaugemeinde mit den Lagen *Centgrafenberg* und *Mainhölle* im Bereich →Mainviereck in →Franken, aus der heute einige der besten, in ihren Spitzen durchaus beachtenswerte fränkische Rotweine, insbesondere →Spätburgunder kommen. Als führender lokaler Erzeuger gilt nach allgemeiner Einschätzung das Weingut Fürst (10 ha, 55 % Rotwein, davon überwiegend Spätburgunder, 12 % →Riesling), aber auch das →Juliusspital, das →Löwensteinsche Weingut u. a. sind auf den Bürgstädter Lagen vertreten.

Burgund Alte historische Provinz Frankreichs (französisch *La Bourgogne*), südöstlich von Paris, aus der einige der berühmtesten Rot- und Weißweine der Welt kommen, die →Burgunder.

Burgunder Sammelbezeichnung für jedweden aus →Burgund kommenden Wein, französisch *Le Bourgogne*. Nicht jeder in Burgund erzeugte Wein darf sich jedoch rechtlich Burgunder nennen, und nicht alle Burgunder sind gleichermaßen von herausragendem Rang. Hingegen ist leider unverkennbar, daß angesichts weltweiter Nachfrage nach diesen einzigartigen Weinen heute allzu viele Burgunder in den Handel kommen, deren klangvolle Namen und exorbitante Preise mehr Qualität suggerieren, als sie tatsächlich einlösen, oder wie es ein namhafter négociant vor einiger Zeit ausdrückte: Es ist nicht schwer, guten Burgunder zu verkaufen, es ist aber heute sehr schwer, guten Burgunder zu kaufen.

Diese Situation ist nicht zuletzt dadurch bedingt, daß die Zahl jener außergewöhnlichen Weine so gering ist. Denn obwohl das alte Burgund eine große Provinz war und sich seine Weinbaufläche über 4 heutige Départements erstreckt (→Yonne, →Côte d'Or, Saône-et-Loire und einen erheblichen Teil von →Rhône), verglichen mit nur einem Département, aus dem →Bordeaux-Weine kommen, darf sich noch lange nicht jeder dort erzeugte Wein Burgunder nennen. In dem recht normalen Jahr 1992 wurden in diesen 4 Départements 2,9 Mill. hl Wein erzeugt. Davon trugen gut 2,6 Mill. hl das →A.O.C.-Prädikat, was nicht einmal 4,5 % der gesamten französischen Weinernte dieses Jahres entsprach. Ca. 16 % dieser Weine, 436000 hl, kamen in irgendeiner Form als mehr oder weniger einfacher *Bourgogne* in den Handel, während etwas mehr als die Hälfte der Gesamtmenge, rund 1,35 Mill. hl, →Beaujolais waren. Weitere 12 % kamen aus dem →Mâconnais und knapp 8 % aus dem →Chablis-Gebiet bzw. knapp 3 % von der →Côte Chalonnaise und den →Coteaux du Lyonnais. Bleiben ganze 245977 hl übrig, die von den beiden illustren Bereichen der →Côte de Nuits und der →Côte de Beaune kamen, gerade 9 % aller in Burgund erzeugten Weine, die →Vosne-Romanée, →Beaune, →Meursault,

→Nuits-Saint-Georges, vom →*Clos de Vougeot*, →*Corton*, →*Montrachet*, →*Richebourg*, →*Chambertin*, →*Musigny* und allen jenen Provenienzen, die die uneingeschränkte Wertschätzung von Weinkennern aller Herren Länder finden.

Diese Weine werden nahezu ausschließlich aus lediglich zwei Rebsorten erzeugt, die roten aus dem hier wahrlich unvergleichlichen →Pinot noir, die weißen aus dem ebenso einzigartigen →Chardonnay (andere →Pinot-Sorten, →Gamay und →Aligoté, die in anderen Teilen Burgunds eine Rolle spielen, haben an der Côte d'Or keine Bedeutung). Diese Weine kommen von einem meist sanft nach Südosten zum →Saône-Tal abfallenden Hang, dessen Böden aus z. T. sehr kalkhaltigem Mergel besteht.

Diese Côte d'Or beginnt einige Kilometer südlich von Dijon und erstreckt sich über Beaune hinaus (die eigentliche Hauptstadt des Burgunders) bis südwestlich von Chagny. In ihrem Verlauf haben 27 Orte das Recht, ihren Wein unter den Namen ihrer Gemeinde in den Handel zu bringen, Orte wie →Fixin, →Chambolle-Musigny, →Blagny, →Pommard, →Santenay und wie sie alle heißen. Wenn zusätzlich eine Lage angegeben ist, handelt es sich durchweg um eine *premier cru*-Lage, was dann allerdings auf dem Etikett etwa als *Appellation Beaune premier cru contrôlée* angegeben sein muß. Statt eines Lagennamens kann der Wein auch etwa als →*Savigny-les-Beaune premier cru* in den Handel kommen. Die besten Weine kommen hingegen ohne jede Angabe eines Gemeindenamens in den Verkehr. Sie stammen von einer der 32 *grand cru*-Lagen und werden einfach etikettiert als →*Bonnes-Mares*, La →*Tâche*, →*Romanée-Conti*, *Corton* oder →*Chevalier-Montrachet*.

Während es sich bei praktisch allen mittleren und besseren Bordeaux-Weinen um →Erzeugerabfüllungen handelt, füllen zumal die vielen kleinen Winzer in Burgund ihren Wein häufig nicht selbst ab, sondern verkaufen sie an Händler (*négociants*), die den Wein unter ihrem Namen als Abfüller in den Handel bringen. Dieser Wein muß deswegen nicht geringer sein, und es gibt in der Tat eine ganze Reihe seriöser Händler, die hervorragende Burgunder anbieten, obgleich auch hier den besten Domänenabfüllungen meist der Vorzug zu geben sein wird. Diese herausragenden roten Burgunder haben Wärme, Frucht, Charakter und Bukett und eine unvergleichliche Verbindung von Kraft, Komplexität und Finesse. In der Regel sollten sie zwischen 5 und 15 Jahren getrunken werden, können z. T. aber erheblich älter werden. Die besten weißen Burgunder haben ihren Höhepunkt meist ebenfalls in dieser Zeit: Charaktervoll und finessenreich, mit z. T. unendlichen Geschmacksnuancen sind sie für die meisten Gerichte, die einen Weißwein erfordern, der praktisch vollkommene Begleiter, die in ihrer Art von keinem anderen trockenen Weißwein der Welt übertroffen werden.

Burgunder, Blauer In Österreich und der Schweiz übliche Bezeichnung für den →Spätburgunder (→Pinot noir). In der Schweiz wird er vielfach auch als →Klevner bezeichnet.

Burgunder, Grauer Die in Deutschland und Österreich sich zunehmend einbürgernde Bezeichnung für den →Pinot gris, den man hier früher – und heute immer seltener – als →Ruländer bezeichnet hat. Mit dem Namenswechsel geht vielfach eine veränderte Vinifikation der aus ihm erzeugten Weine einher, dank der sich die Weine heute vom →Kaiserstuhl, aber auch aus anderen Teilen →Badens, aus →Rheinhessen, der →Pfalz u. a. rassiger, strukturierter und eleganter als früher präsentieren. Ob damit die Renaissance dieser Rebsorte in Deutschland eingeleitet

werden kann, ist noch nicht erkennbar. Gegenwärtig sind noch gut 2500 ha mit ihr bestockt, womit sie auf den neunten Platz der Sortenliste abgerutscht ist. Ihr Hauptverbreitungsgebiet ist Baden und dort vor allem der →Bereich Kaiserstuhl, wo rund jeder dritte Graue Burgunder-Rebstock steht.
In Österreich nimmt sie 0,7 % der Rebfläche ein (rund 390 ha), die sich vor allem am →Neusiedlersee und in der →Steiermark befinden.
Im →Wallis und dem →Valle d'Aosta nennt man den Grauen Burgunder →Malvoisie und im →Elsaß →Tokay d'Alsace.

Burgunder, Grüner Zumal in der →Wachau anzutreffende neue Bezeichnung für den →Neuburger. Es ist jedoch nicht erkennbar, daß die Weine unter dem neuen Namen qualitativ bedeutender geworden sind als unter der früheren, eindeutigeren Bezeichnung.

Burgunder, Weißer In Deutschland und Österreich üblicher Name für den →Pinot blanc, von dem Ampelographen annehmen, daß er durch Mutation aus dem →Pinot gris hervorgegangen ist. Obgleich mitunter in →Burgund angebaut, ist der Weiße Burgunder nicht die Rebsorte der herausragenden weißen →Burgunder. Diese werden vielmehr ausschließlich aus →Chardonnay erzeugt, den man daher nicht mit dem Weißen Burgunder verwechseln sollte. Im Gegensatz zum Grauen →Burgunder erfreut sich der Weiße Burgunder in Deutschland mit Recht zunehmender Beliebtheit, so daß die mit ihm bestockte Rebfläche inzwischen über 1700 ha ausmacht – womit er auf Platz 14 der Sortenliste vorgerückt ist –, die sich zur Hälfte in →Baden befinden. Die aus ihm gewonnenen Weine sind in der Regel relativ neutral im Ausdruck, dabei fruchtig, körperreich, ausgeglichen und mitunter von herausragender Eleganz. Die besten von ihnen kommen häufig aus Baden (→Kaiserstuhl, →Markgräflerland, →Ortenau, →Kraichgau u. a.) – wo zumal Karl H. Johner demonstriert, welch bemerkenswertes Niveau der Weiße Burgunder in Deutschland zu erreichen vermag –, aber auch viele Abfüllungen von der →Nahe, aus →Rheinhessen, der →Pfalz, aus →Franken u. a. unterstreichen den Rang dieser Weine.

In Österreich sind 3,3 % der Rebfläche mit ihm bestockt (1900 ha), womit er an vierter Stelle unter den weißen Rebsorten steht und in allen Weinbaugebieten mit zum Teil hervorragenden Ergebnissen anzutreffen ist. In der →Steiermark kennt man eine Spielart des Weißen Burgunders unter dem Namen →Klevner.

Burkheim Kleiner Weinbauort am westlichen →Kaiserstuhl in →Baden mit knapp 130 ha Rebfläche. Als seine beste Lage gilt der *Feuerberg*. Das lokale Weingut Bercher, dessen →Spätburgunder, Weiße und Graue →Burgunder sowie →Rieslinge zu den hervorragendsten des Kaiserstuhls zählen, genießt allgemein den größten Ruf.

Bürklin-Wolf Hervorragendes Weingut in →Wachenheim in der →Pfalz und mit 120 ha Rebfläche nicht nur das zweitgrößte Weingut der Pfalz, sondern auch das drittgrößte private Weingut in Deutschland. Das Gut hat nennenswerte Anteile an den besten Lagen von Wachenheim, →Forst, →Deidesheim und →Ruppertsberg, darunter im Alleinbesitz *Wachenheimer Rechbächel* und *Ruppertsberger Gaisböhl*. Mit 85 %

Flächenanteil ist der →Riesling die dominierende Rebsorte, und die überwiegend trocken ausgebauten Weine zeichnen sich durch Frucht, Rasse, Charakter und Eleganz aus. Beginnend mit dem Jahrgang 1993 vermarktet das Gut alle seine Weine nach einem strengen hierarchischen Klassifikationssystem: Gutsrieslinge, Ortsrieslinge, Lagenrieslinge (allein von den →*grand cru*-Lagen der →Mittelhaardt). Alle übrigen Weine werden lediglich mit der Bezeichnung der Rebsorte (ohne nähere Herkunftsangabe) in den Handel gebracht.

Buschenschank In Österreich gebrauchte Bezeichnung für eine →Straußwirtschaft, in der der →Heurige ausgeschenkt wird.

Buttafuoco Angenehmer Rotwein aus →Barbera mit Zusätzen von Croatina, Uva rara und Ughetta von den im →Oltrepò Pavese in der südlichen →Lombardei bei →Broni und Canneto Pavese gelegenen Rebflächen. Die beiden anderen Weine der Umgebung von Broni heißen →Barbacarlo und →Sangue di Giuda.

Buzet Auf dem linken →Garonne-Ufer, nördlich des Armagnac-Gebietes und südwestlich von Agen gelegener Weinbaubereich, der jährlich ungefähr 50000 hl Rotwein hervorbringt (kaum Weißwein). Beide Weine werden aus den üblichen →Bordeaux-Sorten erzeugt, sind sehr ansprechend und ähneln kleineren Bordeaux-Weinen. Die im Handel befindlichen Abfüllungen stammen meist von der Winzergenossenschaft von Buzet.

C

Cà del Bosco 1968 im Gebiet des →Franciacorta in der →Lombardei von Maurizio Zanella gegründetes Weingut mit inzwischen rund 40 ha, dem heute führenden Erzeuger der Region, der seit einer Reihe von Jahren in spektakulärer Weise auf seine Weine aufmerksam gemacht hat. In der Tat ist sein →Maurizio Zanella großartig und sein →Chardonnay wie auch sein →Schaumwein kaum geringer. Selbst die etwas einfacheren →DOC-Weine von Franciacorta sind exzellent, während an seinem gewiß herausragenden →Pinero das bemerkenswerteste der Preis ist.

Cà del Pazzo Von der Tenuta Caparzo in →Montalcino seit 1982 erzeugter Rotwein aus einem Verschnitt von je zur Hälfte →Sangiovese grosso (Brunello) und →Cabernet Sauvignon, der 6–8 Monate lang in →Barriques ausgebaut wird. Der Wein verfügt über Kraft, Kern und Tannin, ist hervorragend und elegant und zählt gewiß zu den bemerkenswertesten modernen →Tafelweinen der →Toscana.

Cabanne, Château La Kleines hochangesehenes Weingut in →Pomerol mit 12 ha Rebfläche (70 % →Merlot, 30 % →Cabernet franc) und einem gehaltvollen und feinen roten →Bordeaux. Sollte nicht mit einigen anderen Gütern gleichen oder ähnlichen Namens verwechselt werden.

Cabernet d'Anjou Ein Rosé, der im Tal der →Loire in einem Gebiet, das in etwa der früheren Provinz →Anjou entspricht, aus →Cabernet Sauvignon und →Cabernet franc erzeugt wird. Die Weine sind durchweg besser als der gewöhnliche, meist aus →Grolleau erzeugte →*Rosé d'Anjou*: angenehm, →halbtrocken bis süß (mindestens 10 g/l →Restzucker), doch alles andere als außergewöhnlich.

Cabernet franc In Frankreich von der westlichen →Loire bis nach →Bordeaux und →Bergerac verbreitete rote Rebsorte (ca. 23 000 ha), die als Verwandte des →Cabernet Sauvignon gilt, jedoch früher austreibt und reift als dieser und etwas höhere Erträge bringt. Ihre Weine sind meist etwas schlanker, weniger tanninbetont, frühreifender und eleganter als jene des Cabernet Sauvignon. In der Regel kann man sagen, daß sie dort, wo der Cabernet Sauvignon optimale Bedingungen findet, diesem qualitativ unterlegen ist, so daß sie heute, zumal im →Médoc und in den →Graves nur noch eine untergeordnete und rückläufige Rolle spielt. In kühleren Gegenden, in denen der Cabernet Sauvignon durchweg nicht mehr ausreift, ist sie ihm jedoch deutlich überlegen, etwa in →Saint-Emilion und →Pomerol, wo sie →Bouchet genannt wird, aber auch an der Loire, wo sie seit Jahrhunderten als Breton bekannt und geschätzt ist. So weisen etwa so großartige Bordeaux wie Châteaux →Cheval Blanc, →Ausone, →Canon, L'→Evangile oder La →Conseillante einen Cabernet franc-Anteil auf, der zwischen 60 und 35 % liegt, während an der Loire der →Bourgueil, →Champigny, →Chinon, →Saint-Nicolas-de-Bourgueil, →Saumur u. a. ganz oder größtenteils aus Cabernet franc erzeugt werden.
Außerhalb Frankreichs ist der Cabernet franc u. a. in Norditalien häufig anzutreffen (→Collio, →Friuli, →Colli

Berici, →Breganze, seltener im Süden, →Favonio), während der Mischsatz aus Cabernet franc und Cabernet Sauvignon mit z. T. hervorragendem Erfolg in →Südtirol, im →Trentino und am →Piave gepflegt wird und in Griechenland z. B. den exzellenten Château →Carras hervorbringt.

Auch in →Kalifornien, Neuseeland, Südafrika und Südamerika ist der Cabernet franc anzutreffen.

Cabernet Sauvignon *Die* Rebsorte der großen roten →Bordeaux aus dem →Médoc und den →Graves schlechthin (über 17 000 ha sind dort mit ihr bestockt bei 36 000 ha in ganz Frankreich) und *die* Rebsorte, aus der weltweit mehr Spitzenweine erzeugt werden als aus irgendeiner anderen roten Sorte. Im Gegensatz zum →Cabernet franc treibt der Cabernet Sauvignon spät aus und reift spät. Seine Beeren sind klein, hart, dickschalig und relativ unempfindlich. Die Erträge sind niedrig, zumal die Rebe Wärme und karge Böden bevorzugt. Der aus ihr gewonnene Wein ist tieffarbig, fleischig, tanninreich und sehr langsam reifend. Doch auf ihrem Höhepunkt zeichnen sich ihre Weine durch Charakter, Klasse, Distinktion und Eleganz aus. Ihr Anteil bei den Spitzengewächsen des Médoc macht in der Regel um 70 % aus, steigt aber etwa bei Château →Mouton-Rothschild bis auf 85 %.

Kein Wunder, daß überall auf der Welt, wo Bordeaux als der Gipfel der Rotweinwelt gilt, heute Cabernet Sauvignon angepflanzt wird. Das gilt in zunehmendem Maße für Südfrankreich (→Daumas-Gassac und viele andere Weine der →Provence und des →Languedoc), für Spanien (→Vega Sicilia, →Ribera del Duero, →Penedés), die →Toscana (→Sassicaia, →Sammarco, →Solaia, →Podere Le Rocce, →Mormoreto u.v.a.) und andere Teile Italiens, in den letzten zehn Jahren in wachsendem Maße für Österreich (→Burgenland, →Bründlmayer), für die Balkanländer und Griechenland (→Katoi de Metsovo), aber auch für Außereuropa: Südafrika, Chile, Argentinien, Neuseeland und insbesondere für Australien (5500 ha in →Coonawarra, →Hunter Valley u.a. Gebiete) und →Kalifornien – wo sie mit gut 14 000 ha heute die am meisten angepflanzte rote Rebsorte ist –, aus dem einige der nach Bordeaux bedeutendsten Cabernet Sauvignon-Weine kommen (→Opus One, →Dominus, →Napa Valley u. a.). Nicht immer handelt es sich bei diesen Weinen um reinsortige Cabernet Sauvignon-Weine, doch ist der Anteil dieser Rebsorte stets ausschlaggebend.

Als Anmerkungen: Der kalifornische Ruby-Cabernet ist übrigens weder echter Cabernet, sondern eine Kreuzung aus →Carignan und Cabernet Sauvignon, noch ergibt er einen herausragenden Wein.

Cabrières Bei Clermont-l'Hérault im →Languedoc aus →Carignan, →Grenache, →Cinsaut u. a. Sorten erzeugter altberühmter Roséwein, der unter der →A.O.C.-Bezeichnung Cabrières oder →Coteaux du Languedoc-Cabrières in den Handel gebracht werden darf. Anders als früher kann heute ein Cabrières allerdings auch ein Rotwein sein. Beide gehören zu den besseren des →Midi.

Cabrières, Domaine de Bekanntes Weingut in →Châteauneuf-du-Pape mit einem traditionellen, kräftigen und charaktervollen Rotwein.

Cacc'e mmitte di Lucera Geschmeidiger, süffiger Rotwein, der in der Umgebung von Lucera im Nordwesten →Apuliens aus Uva di Troia, →Montepulciano, →Sangiovese und →Malvasia nera unter 15–30 % Zufügung von weißen Sorten (→Trebbiano, Bombino und Malvasia) erzeugt wird und heute den →DOC-Status trägt. Er kommt meist aus Genossenschaftskellereien.

Cadet-Piola, Château Kleiner *grand cru classé* in →Saint-Emilion mit 7 ha Rebfläche (51 % →Merlot, 28 % →Cabernet Sauvignon, 18 % →Cabernet franc, 3 % →Malbec) und ausgezeichnetem alten Ruf. Es wird ein hervorragender, gehaltvoller, tiefer und tanninreicher Rotwein erzeugt, der den Vergleich mit etlichen höher eingestuften Gewächsen nicht zu scheuen braucht.

Cadillac Kleine Weinbaugemeinde an der →Garonne, gegenüber den Bereichen von →Cérons und →Barsac, die zusammen mit 13 weiteren Gemeinden der Umgebung ein eigenes, rund 3200 ha umfassendes Weinbaugebiet bildet. Bei diesen als *Cadillac* in den Handel kommenden Weinen handelt es sich um süße, aus edelfaulen Beeren erzeugte Weißweine, die jenen des benachbarten →Sauternes ähnlich sind, ohne jedoch deren Spitzenqualitäten zu erreichen. Tatsächlich werden derartige *vins →liquoreux* derzeit von kaum zwei Dutzend Gütern, darunter Châteaux Fayau, Cayla, Plaisance, du Peyrat, Labatut-Bouchard, Manos, Poncet, Renon, Anniche u. a., auf weniger als 100 ha erzeugt. Sehr viel umfangreicher ist dagegen die Erzeugung von trockenen Weißweinen, die jedoch lediglich als *Bordeaux AC* in den Handel kommen dürfen, und insbesondere die von Rotweinen, die das Recht auf die Appellation *→Premières Côtes de Bordeaux AC* haben.

Cahors Alter, traditionsreicher Wein aus dem Südwesten Frankreichs, der in der Umgebung der gleichnamigen Stadt im Département Lot erzeugt wird. Einst war er berühmter und gefragter als der →Bordeaux, und im 16. Jahrhundert war er für König Franz I. der Inbegriff französischen Rotweins schlechthin. Doch die Zeiten änderten sich, und auch der Cahors-Wein erlebte seinen großen Niedergang. Der Wiederaufstieg datiert letztlich erst aus den 1960er Jahren, und inzwischen hat die Rebfläche bereits über 3000 ha erreicht. Auch die Qualität macht wieder von sich reden: ein kerniger, kräftiger, fast schwarzer Rotwein (er gilt als der farbkräftigste französische Rotwein), sehr langlebig und im Alter fein und rund. Der Wein wird zu 70 % aus →Malbec erzeugt, die hier als →Auxerrois oder Cot bezeichnet wird; der Rest entfällt (ab 1996) auf →Merlot und Tannat. Die Winzergenossenschaft →Les Côtes d'Olt→ ist der mit Abstand größte Erzeuger. Daneben gelten die Châteaux Triguedina, Lagrezette, de Chambert u. a. als herausragende Erzeuger.

Caillou, Château *2ᵉ cru classé* in →Barsac mit 15 ha Rebfläche (90 % →Sémillon, 10 % →Sauvignon) und einem der besten süßen Weißweine seiner Kategorie. Man sollte das Gut nicht mit den zahlreichen anderen →Bordeaux-Gütern dieses oder ähnlichen Namens verwechseln.

Calabria →Kalabrien

Calatayud Unmittelbar westlich von →Cariñena gelegenes spanisches Weinbaugebiet in →Aragón mit 10 900 ha Rebfläche und – seit 1990 – eigener →Denominación de Origen. Es wird überwiegend Rotwein insbesondere aus →Garnacha erzeugt (die Rosés in der Regel bis zu 100 %) –, die Weißweine stammen überwiegend bis reinsortig aus →Viura –, und die Weine ähneln in ihrem Charakter mehr oder weniger jenen des Nachbargebietes.

Caldaro →Kalterer See (Lago di Caldaro)

Calon-Ségur, Château *3ᵉ cru classé* in →Saint-Estèphe im →Haut-Médoc mit 55 ha Rebfläche (65 % →Cabernet Sauvignon, 25 % →Merlot, 10 % →Cabernet franc). Die Weine können exquisit und ganz und gar bemerkenswert, ja groß sein. Doch leider ist das Qualitätsniveau außerordentlich ungleichmäßig, so daß man immer wieder Enttäuschungen erlebt.

Caluso Stadt in →Piemont, nördlich von Turin, aus deren Umgebung (insgesamt 36 Gemeinden, von denen vier in der Provinz Vercelli liegen) zwei →DOC-Weine kommen, der *Erbaluce di Caluso*, ein aus Erbaluce erzeugter trockener Weißwein, sowie der *Caluso* →*passito*, der aus luftgetrockneten Erbaluce-Trauben und maximal 5 % zugesetztem →Bonarda besteht und mindestens 8 % →Restzucker enthält. Er darf erst nach fünfjähriger Reifezeit in den Handel gebracht werden. Wenn ihm zusätzlich Alkohol zugefügt wurde, darf er als →*Liquoroso* bezeichnet werden.

Calvi Auf der französischen Mittelmeerinsel →Korsika einer der 7 Bereiche des →*Vin de Corse*, als *Vin de Corse-Calvi* im Handel. Domaine Orsini dürfte der führende Erzeuger sein. Clos Landry und Couvent d'Alzipratu sind ebenfalls bekannt.

Cambas In Athen ansässige griechische Weinbau- und Weinhandelsfirma Andrew P. Cambas (heute praktisch im Staatsbesitz) mit einigen sehr guten bis hervorragenden Weinen, zumeist aus →Attika und vom →Peloponnes, darunter als einfachster *Cambas Rouge* (Blanc, Rosé) – früher als Pendeli, Hymettos bzw. →Roditys im Handel –, →Kantza, →Mantinia, →Nemea, →Cava Cambas u. a. Unter den fünf großen griechischen Weinhandelshäusern heute eine der führenden Adressen.

Camensac, Château de *5ᵉ cru classé* in →Saint-Laurent im →Haut-Médoc mit 65 ha Rebfläche (60 % →Cabernet Sauvignon und je 20 % →Merlot und →Cabernet franc). Was dem Wein mitunter an Tiefe und Komplexität fehlt, gleicht er häufig durch Feinheit und Eleganz und sein geradezu sensationelles Preis-

Qualitäts-Verhältnis mehr als wieder aus.

Campania →Kampanien

Campidano di Cagliari Landschaft im Süden →Sardiniens, nordwestlich von Cagliari und bedeutendes Weinbaugebiet der Insel. Etliche der bekanntesten sardischen Weine kommen von dort, darunter der →Girò, →Malvasia, →Monica, →Moscato, →Nasco und →Nugarus (als →DOC-Weine alle mit dem Zusatz →di Cagliari→) sowie seit geraumer Zeit ebenfalls als DOC-Wein der *Campidano di Terralba*, ein trockener Rotwein, weitgehend aus der Rebsorte Bovale.

Campo de Borja Spanisches Weinbaugebiet in →Aragón mit eigener →Denominación de Origen und rund 10 000 ha Rebfläche, westlich von Zaragoza gelegen. Es werden hauptsächlich robuste und alkoholreiche (13–18 % vol.) Rotweine aus →Garnacha (bei →Reserva-Qualitäten überwiegend aus →Tempranillo) sowie einige Weißweine aus →Macabeo erzeugt. Als führende Erzeuger gelten Bordejé sowie die Winzergenossenschaften von Borja und einigen anderen Orten.

Campo Fiorin Lage im →Valpolicella-Gebiet und der von ihr durch besondere Lese, Vinifikation und längeren Faßausbau erzeugte recht alkoholreiche Rotwein, der seinem Charakter nach zwischen einem normalen Valpolicella und einem →Amarone liegt, ohne jedoch die Spitzen beider zu erreichen. Er wird von Masi erzeugt.

Caña Ein zylindrischer, hoher und enger Weinbecher in →Andalusien, aus dem traditionellerweise →Manzanilla getrunken wird. Die Venencias (langstielige, schlanke Schöpfkellen zum Entnehmen von Weinproben), mit denen in →Sanlúcar de Barrameda der

Manzanilla dem Faß entnommen wird, sind aus Bambus (spanisch *caña*) statt aus Fischbein oder Silber wie in →Jerez. Der Name *caña* als Weinbecher ist wahrscheinlich davon abgeleitet.

Candia dei Colli Apuani Ein hauptsächlich aus →Vermentino erzeugter, meist trockener Weißwein von den Ausläufern der Apuanischen Alpen in der Umgebung von Massa in der nordwestlichen →Toscana.

Canelli Bedeutender Weinbauort nahe →Asti in →Piemont, bekannt für den in der näheren und weiteren Umgebung erzeugten →Moscato d'Asti und den Moscato d'Asti →Spumante.

Canicatti Ort und Weinbaubereich im südlichen →Sizilien zwischen Caltanisetta und Agrigent und die unter dem Gemeindenamen in den Handel kommenden, ansprechenden roten und weißen Tafelweine. Der weiße ist in der Regel der bessere von beiden und kann durchaus mehrere Jahre alt werden. Sie stammen zumeist von der lokalen Winzergenossenschaft »Grottarossa«.

Cannellino Frascati →DOC-Bezeichnung für einen süßlichen →Frascati.

Canneto Mit dem 1985er erstmals herausgekommener Rotwein, der von dem Spitzenweingut D'Angelo in der →Basilicata aus besonders ausgesuchten →Aglianico-Trauben erzeugt und ein Jahr lang in →Barriques ausgebaut wird. Obwohl mithin eigentlich ein Aglianico del Vulture, kommt der Wein lediglich als →Vino da tavola in den Handel. Die ersten Jahrgänge sind sehr unterschiedlich ausgefallen, und es bleibt abzuwarten, ob er sich wirklich zu einem der bemerkenswerten neuen Rotweine Italiens entwickelt.

Cannonau Auf →Sardinien gebräuchliche Bezeichnung für den →Grenache noir und eine der verbreitetsten Rotweinsorten der Insel sowie der auf der ganzen Insel aus ihr erzeugte Rot- und Roséwein, der als *Cannonau di Sardegna* das →DOC-Prädikat führt. Als trockener Rotwein, zumal von den Winzergenossenschaften in Jerzu und Alghero kann er sehr interessant und ausdrucksvoll sein.

Cannstatt Bezogen auf Wein zusammen mit →Untertürkheim der bedeutendste Stadtteil von →Stuttgart, eigentlich Bad Cannstatt. Das *Cannstatter Zuckerle* gilt als eine der vorzüglichsten Lagen der Stadt und ganz →Württembergs und das Weingut der Stadt Stuttgart als ein führender Erzeuger. →Riesling und →Trollinger sind die dominierenden Sorten.

Canon, Château Einer der besten *premiers grands crus classés B* von →Saint-Emilion mit 18 ha Rebfläche (55% →Merlot, 40% →Cabernet franc, 3% →Malbec, 2% →Cabernet Sauvignon). Der Wein ist auch in geringeren Jahren außerordentlich beständig, jedoch in besseren Jahren ein charaktervoller und tanninreicher Rotwein, der sehr langsam reift, langlebig ist, dabei bemerkenswerte Eleganz entwickelt und zu den großartigsten Weinen gehört, die Saint-Emilion heute hervorbringt. Ferner Name des heute qualitativ führenden Weinguts von →Fronsac mit der Appellation →Canon-Fronsac (1,1 ha, 75% Merlot, 25% Cabernet franc), das sich im Besitz von Christian Moueix befindet, der hier einen bemerkenswert eleganten und charaktervollen Rotwein erzeugt, der zu den Spitzengewächsen des rechten Ufers zählt. Weitere Bordeaux-Güter gleichen Namens sind durchweg von geringerer Bedeutung.

Canon-Fronsac Appellation für die – besseren – Hanglagen von →Fronsac (die gleichermaßen zulässige Appellation →Côtes de Canon-Fronsac ist heute nicht mehr gebräuchlich), von der in der Regel die besten Weine von Fronsac und Saint-Michel-de-Fronsac kommen. Seit einigen Jahren befindet sich das Gebiet in deutlicher Aufwärtsentwicklung. Die Weine werden ähnlich jenen von →Pomerol und →Saint-Emilion vorherrschend aus →Merlot, zumeist mit einem mehr oder weniger großen Anteil von →Cabernet franc erzeugt. Als kommender Star gilt Château →Canon von Christian Moueix, neben dem aber auch die Châteaux Canon-Moueix, Moulin-Pey-Labrie, Canon-de-Brem, Mazeris, Junayme, Vray-Canon-Boyer, Haut-Ballet u. a. Beachtung verdienen.

Canon-La-Gaffelière, Château *Grand cru classé* in →Saint-Emilion mit 19 ha Rebfläche (60 % →Merlot, 35 % →Cabernet franc, 5 % →Cabernet Sauvignon) im Besitz der Grafen →Neipperg. Seit dem deutlichen Qualitätsanstieg in der zweiten Hälfte der achtziger Jahre, mit dem das Gut an seine Leistungen der fünfziger und frühen sechziger Jahre angeknüpft hat, werden wieder tiefe, strukturierte und elegante Weine von großer Distinktion erzeugt, so daß das Gut heute erneut zu den führenden Erzeugern von Saint-Emilion zählt.

Canon-Moueix, Château Exzellentes Weingut in →Fronsac mit der Appellation →Canon-Fronsac und 5 ha Rebfläche (70 % →Merlot, 30 % →Cabernet franc). Das Gut gehört seit 1985 dem Handelshaus Jean-Pierre Moueix in →Libourne und ist nichts anderes als das einstige Château Pichlèbre. Der Wein ist von hervorragender Qualität, reich und konzentriert, doch etwas rustikaler und ohne die Eleganz des noch herausragenderen Château →Canon von Christian Moueix.

Cantemerle, Château *5e cru classé* in →Macau im →Haut-Médoc mit 56 ha

Rebfläche (je 40 % →Cabernet Sauvignon und →Merlot, 20 % →Cabernet franc) und einem heute wieder sehr guten roten →Bordeaux, der angesichts seiner Tiefe, Komplexität und Ausgeglichenheit inzwischen wieder deutlich über seinem offiziellen Rang steht und mit seiner feinen Eleganz etwas an die Weine der nördlichen →Graves erinnert.

Cantenac Bedeutender Weinbauort im →Haut-Médoc, unmittelbar südlich von →Margaux, zu dessen Appellation es gehört. Rund 400 ha sind mit Reben bestockt und bringen teils volle, körperreiche und elegante, teils zarte und finessenreiche Weine hervor. Acht klassifizierte Gewächse befinden sich hier, und zwar die Châteaux →Brane-Cantenac, →Palmer, d'→Issan, →Cantenac-Brown, →Boyd-Cantenac, →Kirwan, →Prieuré-Lichine und →Pouget. Hinzu kommen einige crus →bourgeois, darunter Châteaux d'→Angludet, Pontac-Lynch, Martinens u. a.

Cantenac-Brown, Château *3e cru classé* in →Cantenac im →Haut-Médoc mit 42 ha (69 % →Cabernet Sauvignon, 25 % →Merlot, 6 % →Cabernet franc) und einem roten →Margaux, der seit der Übernahme der Verantwortung für die Weinerzeugung durch Jean-Michel Cazes vom Château →Lynch-Bages in →Pauillac Ende der achtziger Jahre heute wieder bemerkenswert tiefe und dabei elegante und nuancenreiche Weine erzeugt, die dem einstigen Ruf des Gutes voll gerecht werden.

Canvalle Vom Weingut Vignavecchia in Radda in →Chianti erzeugter roter →Tafelwein aus →Sangiovese (80 %) und →Cabernet Sauvignon (20 %), der in →Barriques ausgebaut wird. Der Wein wirkt auch nach Jahren etwas rustikal und altertümlich, aber vielleicht bringen kommende Jahre die noch fehlende Eleganz und Differenziertheit.

Canzem →Kanzem

Capri Romantisch verklärtes Touristenziel aller Italienurlauber im Golf von Neapel. Unter dem Gesichtspunkt des Weins wird man jedoch recht rasch in die Niederungen des Alltags zurückgeholt: Die trockenen Rotweine (zu mindestens 80 % aus Piedirosso) und Weißweine (zu wenigstens 80 % aus Falanghina und →Greco und maximal 20 % →Biancolella), beide mit dem →DOC-Prädikat, sind bestenfalls angenehm und freundlich, reichen aber in der Regel nicht an die Spitzen des benachbarten →Ischia heran.

Capriano del Colle Südlich von →Brescia in der →Lombardei gelegene Weinbaugemeinde und der in ihrer Umgebung erzeugte →DOC-Wein, der →Rosso überwiegend (75–95 %) aus →Sangiovese und →Marzemino besteht, während der Weißwein als reinsortiger →Trebbiano in den Handel kommt.

Caramino Italienischer →Tafelwein aus dem nördlichen →Piemont unweit von →Fara. Aus →Nebbiolo erzeugt, gehaltvoll und von Art und Nerv, kann er, aus guten Jahrgängen stammend, leicht zehn Jahre und älter werden. Sicherlich ist er einer der beachtenswerteren Weine Piemonts. Ein führender Erzeuger ist die Winzergenossenschaft Colli Novaresi in Fara.

Carbonnieux, Château Bedeutender und mit Abstand größter cru classé in →Léognan, im Bereich →Graves, mit 80 ha Rebfläche (60 % →Cabernet Sauvignon, 30 % →Merlot und je 5 % →Cabernet franc bzw. →Malbec und →Petit Verdot sowie 65 % →Sauvignon und 35 % →Sémillon für den Weißwein). Der Rotwein ist meist eher schlank, während der Weißwein nervig und charaktervoll und der ungleich bekanntere und sicherlich durchweg auch der bessere der beiden Weine ist, deren Qualität in jüngster Zeit erfreulicherweise wieder im Steigen begriffen ist. Ob dennoch jener legendäre türkische Sultan, der angesichts des Alkoholverbots des Korans einst den weißen Carbonnieux als *Eau minérale de Carbonnieux* an seinem Hof servieren ließ, dies gegenwärtig bereits wieder tun würde, mag dahingestellt sein.

Carcavelos In den westlichen Ausläufern von Lissabon in der Umgebung von Estoril gelegenes →DOC-Weinbaugebiet Portugals, das mit seinen noch verbliebenen 20 ha als das kleinste Weinbaugebiet der Welt gilt. Doch seine Rot- und Weißweine, die als →gespritete topas- bzw. bernsteinfarbene →Likörweine mit 17,5–22 % vol. Alkohol, die je nachdem →halbtrocken bis →süß ausfallen, erst nach zweijähriger Mindestlagerzeit in den Handel kommen, sind altberühmt und hochgeschätzt und eine der größten Raritäten des portugiesischen Weinbaus.

Carema Ausgezeichneter Rotwein, der nördlich von Turin in →Piemont in der Gemeinde Carema in kleinen Mengen aus →Nebbiolo erzeugt und nach vierjähriger Lagerung, davon zwei im Holzfaß, in den Handel gebracht wird. Die Cantina produttori →Nebbiolo di Carema→ gilt als ein führender Erzeuger.

Carianne Weinbaugemeinde im unteren →Rhône-Tal, etwa 40 km nordöstlich von →Avignon. Seine Rot-, Weiß- und Roséweine zählen zu den besten jener, die unter der Appellation →Côtes-du-Rhône-Villages verkauft werden.

Carignan Ertragreiche rote Rebsorte, die im französischen →Midi, in Spanien, Algerien und Kalifornien weit verbreitet ist und, wenn auch keinen exquisiten, so doch vielfach einen recht zufriedenstellenden Wein liefert. Bei vie-

len bekannten Weinen des →Langue-
doc, in geringerem Maße auch der
→Provence, stellt sie den führenden
Anteil. Allerdings ist man seitens der
Verantwortlichen bemüht, ihren Einfluß bei den →Qualitätsweinen zurück-
zudrängen. So ist allein zwischen 1979
und 1988 ihre Anbaufläche in Frankreich um 20 % von 207 000 auf 167 000 ha
zurückgegangen. Dennoch ist sie auch
weiterhin die meistangebaute Rebsorte
des Landes.

Carignano del Sulcis Aus Carignano,
der italienischen Bezeichnung für →Ca-
rignan, erzeugte Rot- und Roséweine
um das punische Sulcis an der Südwest-
küste →Sardiniens und den ihr vorgelagerten Inseln mit eigenem →DOC-Sta-
tus. Die Weine können überaus ansprechend sein. Nach über einjähriger Lagerung darf der Rotwein als *invecchiato* in
den Handel gebracht werden.

Cariñena Rund 22 000 ha großes nordspanisches Weinbaugebiet mit eigener
→Denominación de Origen in →Ara-
gón südlich von Zaragoza. Die einfachen Rotweine, überwiegend aus
→Garnacha, und die höheren Qualitäten (→Crianza, →Reserva, →Gran
Reserva) mit wachsenden Anteilen von
→Tempranillo, alle mit kleineren Zusätzen von Cariñena, Mazuela o.a. Sorten,
können angenehm und charaktervoll
sein, sind jedoch vielfach zu alkoholhaltig (bis 18 % vol.), um an die Weine von
→Navarra oder →Rioja heranreichen zu
können. Die Weißweine meist aus
→Viura, zum Teil mit Zusätzen von
Garnacha u.a. Sorten, verdienen zumeist weniger Beachtung. Santiago
Vegué, die Winzergenossenschaft San
Valero aus Cariñena u.a. haben einen
guten Namen.
Ferner Name einer in Spanien sehr verbreiteten Rotweinsorte, die jedoch nur
z.T. für den Cariñena verwandt wird
und bei der es sich in Wirklichkeit um
den französischen →Carignan handelt.

Carmenère Zweitklassige Rebsorte im
→Bordeaux-Gebiet, die wahrscheinlich
den →Cabernet-Sorten verwandt ist,
ohne allerdings deren Rang zu erreichen. Außer im →Médoc ist sie nur in
den geringeren Appellationen zugelassen und spielt heute für die Erzeugung
der Spitzenweine praktisch keine Rolle
mehr.

Carmes-Haut-Brion, Château Les
Kleines Weingut in →Pessac in den
Außenbezirken von →Bordeaux, das
einzige neben Châteaux →Haut-Brion
und →Pape-Clément dort verbliebene
Gut. Es verfügt über knapp 4 ha, die zu
60 % mit →Merlot und zu je 20 % mit
→Cabernet Sauvignon und →Cabernet
franc bestockt sind und einen gehaltvollen Rotwein hervorbringen, dem es
vielleicht etwas an Feinheit mangelt.

Carmignano Beachtenswerter italienischer Rotwein, seit 1991 mit dem
→DOCG-Prädikat versehen, von den
Ausläufern des Monte Albano (→Mon-
talbano) westlich von Florenz in der
→Toscana. Der Wein wird hauptsächlich aus →Sangiovese mit Zusätzen anderer Sorten, darunter →Cabernet, erzeugt und ist in seiner Jugend mitunter
recht tanninhaltig, entwickelt sich jedoch gut auf der Flasche und wird samtig und voll. Eine leichtere Version wird
unter dem Namen →Barco Reale erzeugt. Die Tenuta di Capezzana der
Contini Bonacossi genießt den größten
Ruf, aber auch Artimino u.a. verdienen
Beachtung.

Carnuntum Seit 1993 eigenständiges
österreichisches Weinbaugebiet, der
östliche, donauabwärts von →Wien gelegene Teil des vormaligen Gebietes
→Donauland-Carnuntum mit 995 ha
Rebfläche und den Zentren um Prellenkirchen und Hainburg sowie um Bruck
an der Leitha mit Göttelsbrunn und
Höflein. Während um Prellenkirchen
viel Rotwein (aus →Blaufränkisch und

Blauem →Portugieser) erzeugt wird und unter den weißen Sorten der Grüne →Veltliner und der Weiße →Burgunder überwiegen, wird in dem Raum um Göttelsbrunn und Höflein zunehmend →Welschriesling angebaut.

Caronne-Sainte-Gemme, Château *Cru →bourgeois* in →Saint-Laurent im →Haut-Médoc mit 42 ha Rebfläche (65 % →Cabernet Sauvignon, 33 % →Merlot, 2 % →Petit Verdot) und einem gehaltvollen und zuverlässigen Rotwein.

Carras, Château Von Carras in Nordgriechenland auf der Chalkidike im Gebiet der →Côtes de Meliton erzeugter bemerkenswerter Rotwein aus –: Cabernet Sauvignon und →Cabernet franc (der rote Côtes de Meliton enthält zusätzlich 70 % Limnio), der in guten Jahren zu den besten Rotweinen Griechenlands zählt: Voll Rasse und Charakter und typischer Cabernetart stellt er einen wahrhaft bemerkenswerten Wein dar.

Carrascal Eine der größten und besten Lagen des →Sherry-Gebietes und mit →Macharnudo zusammen vielleicht die berühmteste. Nördlich der Stadt →Jerez gelegen, befindet sie sich ausschließlich auf den besten kreidehaltigen →Albariza-Böden, die den feinsten Sherry hervorbringen.

Carruades Plateau südlich der Gutsgebäude von Château →Lafite-Rothschild, auf dem ein erheblicher Teil der Reben von Lafite steht. Der Zweitwein des Gutes heißt *Moulin des Carruades*.

Carrubier, Domaine de Östlich von Toulon bei La-Londe-les-Maures gelegenes Weingut, dessen aus →Grenache, →Cinsaut und →Mourvèdre erzeugter, geschmeidiger, vollmundig-eleganter Roséwein zu den hervorragendsten der →Côtes de Provence gehört.

Carso In den Provinzen Triest und Gorizia in →Friuli-Venezia Giulia erzeugte Rot- und Weißweine mit →DOC-Prädikat. Der Rotwein wird vor allem aus Terrano, der lokalen Bezeichnung für die →Mondeuse aus →Savoyen, erzeugt und kommt als *Carso* oder *Terrano Carso* in den Handel, während der Weißwein überwiegend aus →Malvasia stammt.

Cartaxo Portugiesisches →IPR-Weinbaugebiet, südwestlich von Santarém gelegen, und mit fast 11 000 ha Rebfläche das zweitgrößte Weinbaugebiet des →Ribatejo. Es werden einige durchaus beachtenswerte, gehaltvolle Weiß- und Rotweine erzeugt – die weißen überwiegend aus →Fernão Pires, Arinto, Tália und Trincadeira das Pratas, die roten vor allem aus Castelão Nacional, →Periquita, Preto Martinho und Trincadeira Preta –, darunter auch charaktervolle und tanninreiche →Garrafeira-Weine.

Cassis Malerischer Fischerort an der französischen Mittelmeerküste östlich von Marseille, in dessen Umgebung auf rund 200 ha überwiegend ein mitunter ausgezeichneter, trockener, blaßgoldfarbener Weißwein erzeugt wird, der am Ort gern zur Bouillabaisse getrunken wird. Er besteht aus →Sauvignon, →Clairette und →Ugni Blanc. Jährlich werden etwa 4500–5000 hl Wein erzeugt, darunter rund 1500 hl eines weniger überzeugenden Rotweins und eines recht ordentlichen Rosés. Der Domaine du Bagnol u. a. gelten als namhafte Erzeuger.
Cassis ist ferner der französische Name für die schwarze Johannisbeere, aus der zumal in →Burgund ein süßer Likör bereitet wird, die *Crème de Cassis*, die, mit →Aligoté vermischt, unter dem Namen →Kir auch außerhalb Burgunds als zunehmend beliebter →Apéritif getrunken wird.

Castagneto Carducci Obgleich in der toscanischen Küstenlandschaft zwischen Livorno und Grosseto schon immer Wein angebaut wurde, ist der phänomenale Aufstieg Castagnetos zu einer der herausragendsten Weinbaugemeinden Italiens erst so jungen Datums, daß der Ort außerhalb Italiens noch nahezu unbekannt ist. Dabei werden innerhalb seiner Gemeindegrenzen, insbesondere aus →Cabernet Sauvignon, →Cabernet franc, →Merlot und →Sangiovese so großartige Weine erzeugt wie der →Sassicaia, der →Masseto, der →Ornellaia, der →Paleo, der →San Martino, der rote →Grattamacco, der →Vigna al Cavaliere, der →Guado al Tasso u. a. Auch die im allgemeinen etwas geringeren Weißweine verdienen Beachtung, darunter die weißen Paleo und Grattamacco, der →Poggio alle Gazze sowie der →Bolgheri, der ebenso wie der roséfarbene mit dem →DOC-Prädikat in den Handel kommt. Von den z. T. noch sehr jungen Weingütern sollte man in Zukunft u. a. Le Macchiole im Auge behalten, dessen roter, weißer und roséfarbener *Vigneto le Contessine* durchaus neben dem Paleo angesichts des Qualitätsstrebens des Gutes Beachtung verdient. Auch Michele Satta mit seinem roten *Castagneto Carducci* »Diambra« und dem weißen →Vermentino *La Costa di Giulia* sollte neben seinem →Barriquewein beachtet werden.

Casteggio Bedeutender Weinbauort im →Oltrepò Pavese in den südlichen →Lombardei, der für seine ausgezeichneten Rot- und Weißweine bekannt ist, von denen der →Clastidium, ein weißer →Pinot, der →Monsupello und der rote wie weiße →Frecciarossa die herausragendsten sein dürften. Auch beachtenswerte →Spumanti werden erzeugt.

Castel del Monte Bekannte italienische →DOC-Weine, die im mittleren →Apulien westlich von Bari in einem weitläufig um das berühmte Jagdschloß Kaiser Friedrichs II. von Hohenstaufen gelegenen Gebiet erzeugt werden. Der populärste von ihnen dürfte der weitgehend bis ausschließlich aus Bombino nero erzeugte →Rosato sein, ein frischer, fruchtiger und eher leichter Rosé. Der Rotwein aus Uva di Troia, eventuell plus Bombino, →Montepulciano und →Sangiovese, ist jedoch, zumal als →*Riserva* (Il →Falcone), der durchaus charakter- und gehaltvollere Wein. Schließlich werden noch einige Rebsortenweine aus →Aglianico, →Chardonnay, →Pinot Bianco und →Sauvignon erzeugt. Gennaro Marasciuolo, Rivera, Chiddo, Bruno, Felice Botta u. a. gelten als führende Erzeuger.

Castell Kleiner Weinbauort im →Bereich →Steigerwald in →Franken, von denen sich zwei Drittel im Besitz des lokalen Fürstl. Castellschen Weingutes (60 ha, 30 % →Silvaner, 7 % →Riesling, 5 % →Spätburgunder) befinden. Als beste Lage gilt der *Schloßberg*, der ebenso wie die Mehrzahl der übrigen im Alleinbesitz des Gutes ist. Neben dem Silvaner dominieren vor allem →Neuzüchtungen.

Casteller Populärer →DOC-Rot- und Roséwein aus dem Trentiner Etschtal, aus →Schiava, →Merlot und →Lambrusco erzeugt, ein frischer, fruchtiger, unkomplizierter und jung zu trinkender Wein.

Castelli di Jesi →DOC-Gebiet um die mittelalterliche Geburtsstadt Kaiser Friedrichs II. von Hohenstaufen, westlich von Ancona gelegen, und – abgesehen von dem in der ganzen Region erzeugten →Rosso Piceno – der größte Weinbaubereich der →Marken, in dem der →*Verdicchio dei Castelli di Jesi* erzeugt wird. 27 Gemeinden zählen zu dem Bereich, und Cupramontana u. a. gehören zu den bedeutendsten. Der Wein ist trocken, frisch und kann, wenn von einem engagierten Erzeuger, köstlich und schmackhaft sein. Mario und Giorgio Brunori, Gioacchino Garofoli (besonders sein im →Barrique ausgebauter, langlebiger Serra Fiorese), Fazi-Battaglia (cru Le Moie), Monte Schiave, die Winzergenossenschaft von Cupramontana, Castellucci u. a. gelten als führende Erzeuger.

Castelli Romani Bezeichnung für →Tafelweine von den Albaner Bergen südöstlich von Rom aus jenen Gemarkungen, die über keinen →DOC-Status, wie →Frascati, →Marino, →Colli Albani, →Velletri u. a., verfügen. Meist handelt es sich um angenehme, jung zu trinkende Weiß- und Rotweine.

Castello di Ama 1976 gegründetes Weingut in Gaiole im Gebiet des →Chianti Classico, das nach übereinstimmender Meinung der Kenner heute in der Regel den besten Chianti classico moderner Machart erzeugt, d. h. in →Barriques ausgebaute Weine, nach Lagen abgefüllt (*La Cassucia, Bellavista, Bertinga* und *San Lorenzo*) und mit unterschiedlichen Ergänzungssorten zum dominierenden →Sangiovese versehen (→Merlot, →Malvasia nera, Canaiolo u. a.). Die an bemerkenswerte →Bordeaux erinnernden Weine sind dicht und konzentriert, dabei zugleich komplex und elegant. Darüber hinaus werden unter der Bezeichnung Castello di Ama eine Reihe von Tafelweinen, ebenfalls mit zusätzlicher Lagenbezeichnung und als Rebsortenweine, erzeugt, als deren bedeutendster der *Vigna L'Apparita* (Merlot) gilt, dem jedoch der *Vigna Al Poggio* (→Chardonnay), *Vigna Il Chiuso* (→Pinot noir) und der *Vigna Bellaria* (→Pinot grigio) kaum nachstehen. Sie alle sind von bemerkenswerter Struktur und Eleganz und gehören zu den bedeutendsten ihrer Art in Italien.

Castello Banfi Summus Neuer Prestigewein des Weingutes Banfi in →Montalcino in der →Toscana. Der aus →Sangiovese (45 %), →Cabernet Sauvignon (40 %) und →Syrah (15 %) erzeugte und in →Barriques ausgebaute Rotwein ist von bemerkenswerter Struktur und Charakter und zählt zu den herausragendsten neuen Weinen der Toscana.

Castello di Roncade Beachtenswertes Weingut im →Piavetal im →Veneto im Besitz von Ciani Bassetti, dessen Villa Giustinian aus den beiden →Cabernets, →Merlot, →Malbec und →Petit Verdot, wenn voll gelungen, ein hervorragender Rotwein ist, kraftvoll und dennoch finessenreich, wenn auch die letzten Jahrgänge z. T. enttäuscht haben.

Castelo Rodrigo Nordostportugiesisches →IPR-Weinbaugebiet mit ca. 3000 ha Rebfläche zwischen →Duoro und →Pinhel gelegen, in dem auf Schieferböden vor allem Weißweine mit guter Säurestruktur aus Codo, verschiedenen Arinto-Varianten, Fonte Cal u. a. Sorten und einiger Rotwein überwiegend aus Bastardo, Marufo, Rufete und →Touriga Nacional erzeugt wird. Der Weißwein ist ein beliebter Sektgrundwein.

Cava Wörtlich *Keller* und zugleich Bezeichnung für in Spanien und Portugal nach der →Méthode champenoise erzeugte →Schaumweine, die früher in Spanien als *Champán* oder →*Xampán* etikettiert wurden, was heute rechtlich nicht länger zulässig ist. 90 % der in Spanien nach einer Herstellungs-, nicht Ursprungsgarantie (Denominación específica) erzeugten Cava-Schaumweine stammen aus →Penedés.
In Griechenland bringen einige Erzeuger ihr Spitzencuvée unter der Zusatzbezeichnung *Cava* in den Handel, so der →Cava Cambas, der Cava →Tsantalis, der Cava Manzavino, der Cava Mantare (von →Boutari) u. a.

Cava Cambas Name zweier griechischer Markenweine, die von →Cambas erzeugt werden. Der weiße →*Cava Cambas* wird aus ausgesuchten →Savatianotrauben aus →Attika erzeugt und kommt erst nach rund 10 Jahren in den Handel. Er ist ein trockener, reifer, dabei charaktervoller Wein mit ca. 11,5 % vol. Alkohol, von hervorragender Qualität und in jeder Weise beachtenswert. Er zählt zweifellos zu den besten Weißweinen Griechenlands. Der rote *Cava Cambas* stammt aus Agiorgitikotrauben aus dem Gebiet von →Nemea und wird ebenfalls eine Reihe von Jahren in Eichenfässern und dann in Flaschen ausgebaut, bevor er in den Verkehr gelangt. Mit gleichfalls ca. 11,5 % vol. Alkohol ist es ein reifer und ausgeglichener Wein mit einer gewissen Eleganz, doch ohne das Format des gleichnamigen Weißweins.

Cave Französisch für →Keller, womit sowohl ein unterirdischer Lagerraum für Wein als auch ein Weinvorrat gemeint sein kann. Bezeichnungen wie *Cave* auf dem Etikett sollten allerdings eher zur Vorsicht raten, denn der blumige Aufdruck *Mis en bouteille dans nos caves* bestätigt, daß es sich um keine →Erzeugerabfüllung handelt. Entsprechend ist ein *caviste* ein Weinhändler im Sinne eines Weinfachgeschäftes.

Cellatica Unmittelbar nordwestlich von →Brescia in der östlichen →Lombardei aus →Schiava, →Barbera und →Marzemino erzeugter Rotwein mit →DOC-Prädikat. Der Wein ist harmonisch und ansprechend im Geschmack und gehört zu den besseren Weinen der Provinz, auch wenn er in der Regel nicht an die Spitzen des →Franciacorta heranreicht. Die Winzergenossenschaft Cellatica-Gussoga ist ein verläßlicher Erzeuger.

Cépage Französisch für Rebsorte.

Cepparello Neuer →Tafelwein aus der →Toscana, der von dem Weingut Isole e Olena im Gebiet des →Chianti classico reinsortig aus →Sangiovese erzeugt und in →Barriques ausgebaut wird und deshalb nicht als Chianti classico in den Handel kommen darf. Gehaltvoll, kompakt, tanninreich und konzentriert kann er es jedoch leicht mit jeder →Riserva aufnehmen: einer der herausragendsten Weine seiner Art.

Cerasuolo In Italien des öfteren verwandte Bezeichnung für eine besondere Art von Roséweinen von kirschroter Farbe, die kurz an der Maische vergoren und dann abgepreßt werden. Einer der besten von ihnen trägt ein eigenes →DOC-Prädikat, nämlich der *Cerasuolo di Vittoria*, in der Umgebung von Vittoria im südöstlichen →Sizilien aus →Frappato di Vittoria, Nero d'Avola u. a. Sorten erzeugt wird, ein gehalt- und charaktervoller Wein von schöner Rasse, wenn auch oft etwas hohem Alkoholgehalt (um 13,5 % vol.). Die besten Abfüllungen stammen von Giuseppe Coria, Carlo Modica dei Baroni di San Giovanni u. a. – Von ganz anderer Art ist der →*Montepulciano d'Abruzzo Cerasuolo*, freundlich und ansprechend, aber selten wirklich herausragend.

Cérons Kleine Weinbaugemeinde auf dem linken Ufer der →Garonne, unterhalb von →Barsac und gegenüber von →Cadillac. Zusammen mit →Podensac und Illats bildet sie einen eigenen, rund 800 ha großen Weinbaubereich im →Bordeaux-Gebiet. Zu einem knappen Drittel werden hier Rotweine erzeugt, die ebenso wie die trockenen oder →lieblichen (→moelleux) Weißweine mit der Appellation →Graves bzw. Graves supérieures in den Handel kommen. Auf gut 100 ha werden zusätzlich süße Weißweine erzeugt, die kleineren →Sauternes-Weinen vergleichbar sind, aber nicht ganz so hohe Anforderungen erfüllen müssen. Grand-Enclos du Château de Cérons, Châteaux de Chantegrive, de Cérons, Archambeau, La Tuilerie u. a. gelten als namhafte Erzeuger.

Certan-Giraud, Château Kleines, altes Weingut in →Pomerol in der Nachbarschaft von Château →Pétrus und →Vieux Château Certan mit 4 ha Rebfläche (70 % →Merlot, 30 % →Cabernet franc) und ausgezeichneten, mitunter auch als Château Certan-Marzelle bezeichneten Weinen.

Certan de May, Château Kleines Weingut in →Pomerol, unmittelbar an →Vieux Château Certan grenzend, das früher zu ihm gehörte, mit 5 ha Rebfläche (70 % →Merlot, 25 % →Cabernet franc, 5 % →Cabernet Sauvignon und Malbec). Wie diese gehört Certan de May heute zur Spitzengruppe von Pomerol. Auch wenn es das Niveau des Nachbargutes vielleicht nicht ganz erreicht, erzeugt es einen klaren, ungemein eleganten und komplexen Rotwein von bemerkenswerter Qualität.

Cervaro della Sala 1985 erstmals herausgekommener italienischer Weißwein, der von Antinori auf dem Gut Castello della Sala bei →Orvieto in →Umbrien erzeugt wird. Der Wein wird aus einer einzigartigen Mischung von ca. 70 % →Chardonnay und 30 % des in Umbrien verbreiteten Grechetto erzeugt, der dem Wein eine gewisse Robustheit verleiht. Es dominiert jedoch eindeutig der Chardonnay-Charakter, der durch die Vergärung und den Ausbau des Weins in →Barriques unterstrichen wird. Das Ergebnis ist in jeder Weise ein hervorragender, wenn nicht bemerkenswerter Wein, nicht nur der vielleicht bedeutendste Weißwein Umbriens, sondern auch einer der seltenen, wirklich beachtenswerten italienischen Chardonnay-Weine, der einen Vergleich mit französischen, kalifornischen

oder australischen Chardonnay-Weinen seiner Preisklasse nicht zu scheuen braucht.

Cerveteri Zwischen Rom und Civitavecchia in →Latium erzeugte Rot- und Weißweine mit →DOC-Status. Der Rotwein wird aus →Sangiovese, →Montepulciano, Canaiolo, →Carignan und →Barbera erzeugt, der Weißwein überwiegend aus →Trebbiano und →Malvasia. Die Weine sind ansprechend, selten mehr.

Cesanese Italienische Rotweinsorte, die östlich von Rom in →Latium mit dem Namen von drei Weinbaugemeinden verbunden ist, →Affile, Piglio und Olevano Romano, und ausgezeichnete Weine hervorbringen kann. Am bekanntesten dürfte der *Cesanese del Piglio* sein, doch qualitativ stehen ihm die beiden anderen nichts nach. Alle drei tragen einen →DOC-Status, und wenn es sich um trockene, stille Rotweine handelt, können sie delikat, geschmeidig, doch durchaus strukturiert und ausgeglichen sein und jede Beachtung verdienen. Sie kommen meist von lokalen Winzergenossenschaften in den Handel.

Cetinaia Roter →Tafelwein, der von dem Weingut Castel San Polo in Rosso im →Chianti classico-Gebiet allein aus →Sangiovese erzeugt wird. Der Wein ist komplex und elegant und zweifellos von hervorragender Qualität.

Chablais Rund 500 ha große Weinregion im Kanton →Waadt in der →Westschweiz. Die Reben, zu 90 % →Chasselas, der als →Dorin in den Handel kommt, erstrecken sich von Villeneuve am Ostzipfel des Genfer Sees südöstlich das obere →Rhône-Tal entlang bis nach Bex und liegen meist auf voralpinen Schuttkegeln. Die Weine sind ziemlich körperreich, und einige von ihnen, wie beispielsweise die von →Yvorne und

→Aigle, gehören zu den besten Schweizer Weißweinen. Daneben werden einige überraschende →Pinot noir-Weine erzeugt.

Chablis Kleinstadt südöstlich von Paris im Département Yonne, nach der einer der berühmtesten Weißweine →Burgunds benannt ist. Er kommt aus einem insgesamt 17 Ortschaften umfassenden Gebiet. Von den rund 40000 ha des 19. Jahrhunderts sind heute angesichts der erheblichen Frostgefährdung nur noch rund 3000 ha übriggeblieben, bei allerdings steigender Tendenz dank der großen Popularität der Weine zumal außerhalb Frankreichs (neun Zehntel der Produktion gehen derzeit ins Ausland). Jährlich werden heute zwischen 140000 und 180000 hl erzeugt, so daß Chablis der wichtigste Erzeuger von Weißweinen in Burgund ist. Die Weine stammen ausnahmslos aus →Chardonnay und kommen unter vier unterschiedlichen →A.O.C.-Bezeichnungen in den Handel.

Der feinste Chablis ist der *Chablis* →*grand cru*, der von einem einzigen Südhang oberhalb von Chablis mit 97 ha Rebfläche kommt, die in sieben (eigentlich acht) Lagen unterteilt ist: →*Vaudésir, Les* →*Clos*, →*Grenouilles*, →*Valmur*, →*Blanchots*, →*Preuses*, →*Bougros* und *La* →*Moutonne* (meist als Teil von *Vaudésir* gerechnet). Die Namen dieser Lagen erscheinen durchweg auf dem Etikett (mit der Angabe *Chablis grand cru*). Die Weine sind körperreich, tief, komplex und ausdrucksvoll.

Der *Chablis premier cru* ist in guten Jahren kaum weniger erlesen als der grand cru und kommt von ungefähr 670 ha, die sich auf folgende 11 Lagen – zuzüglich der weiterhin zulässigen jeweiligen traditionellen Namen – verteilen, die auf dem Etikett angegeben werden können; theoretisch reicht auch die Angabe *Chablis premier cru* (siehe Tabelle, Seite 93).

Der verbreitetste Chablis ist dagegen der *Chablis* tout court, der auf insgesamt knapp 2000 ha erzeugt werden darf. Anders als die beiden erstgenannten Appellationen (11 bzw. 10,5 % vol. Alkohol) muß er mindestens 10 % vol. Alkohol aufweisen. Er reift schneller als diese, ist weniger tief und komplex und hält sich etwa fünf Jahre.

Der kleinste Chablis ist schließlich der →*Petit Chablis*, der auf rund 260 ha der geringsten Lagen erzeugt wird.

Insgesamt unterliegt die Qualität der Weine bis hin zum einfachen Chablis, je nach Jahrgang, großen Schwankungen. In geringen Jahren kann er dünn und unreif sein, in den besten hingegen aromatisch, stahlig, ausdrucksvoll und mit jenem charakteristischen Geschmack versehen, der oft als →Feuersteingeschmack bezeichnet wird. Als namhafte Erzeuger bzw. Händler gelten J. Moreau, Domaine de l'Eglantière, Robert Vocoret, René Dauvissat, Domaine A. Long-Depaquit, Domaine de la Maladière, Domaine Laroche, Jean Collet, Château Grenouille, A. Regnard, die Winzergenossenschaft →La Chablisienne→ u. a.

Chacolí de Guetaria Neues spanisches →DO-Gebiet im Baskenland (baskisch Geratiako Txakolina) mit alter Reputation und noch ganzen 47 ha, westlich von San Sebastian im Küstenbereich gelegen. Es werden vor allem leichte Weißweine (um 11 % vol.) aus den beiden autochthonen Rebsorten Hondarrabi Zuri und Hondarrabi Beltza erzeugt.

Chai Französische Bezeichnung für das in der Regel oberirdische Weinlager eines Weingutes, während →cave mitunter eher Keller im Sinne der Handelskellerei oder des privaten Weinkellers meint, ohne daß allerdings beide Begriffe stets strikt voneinander getrennt werden. Der *maître du chai* ist der Kellermeister.

Premier cru-Lage	Gemeinde	r/l der Serein
Mont de Milieu	Fyé und Fleys	rechts
Montée de Tonnerre	Fyé und Fleys	rechts
Chapelot		
Pied-d'Aloup		
Côte de Bréchain		
Fourchaume	La Chapelle-Vaupelteigne,	rechts
Vaupulent	Poinchy, Fontenay und	
Côte de Fontenay	Maligny	
L'Homme-Mort		
Vaulorent		
Vaillons	Chablis	links
Châtains		
Sécher		
Beugnons		
Les Lys		
Mélinots		
Roncières		
Les Epinottes		
Montmains	Chablis	links
Forêts		
Butteaux		
Côte de Léchet	Milly	links
Beauroy	Poinchy und Beine	links
Troesmes		
Côte de Savant		
Vau Ligneau	Beine	links
Vau de Vey	Beine	links
Vaux Ragons		
Vaucoupin	Chichée	rechts
Vosgros	Chichée	links
Vaugiraut		
Les Fourneaux	Fleys	rechts
Morein		
Côte des Prés-Girots		
Côte de Vaubarousse	Fyé	rechts
Berdiot	Fyé	rechts
Chaume de Talvat	Courgis	links
Côte de Jouan	Courgis	links
Les Beauregards	Courgis	links
Côte de Cuisy		

Chaintré Eine der fünf Gemeinden bzw. Weiler im →Mâconnais, deren Weißweine als →Pouilly-Fuissé im Handel sind.

Chalon →Côte Chalonnaise

Chambave Rote und weiße Rarität aus dem →Valle d'Aosta. Der Rotwein stammt aus Petit Rouge, →Dolcetto, →Gamay und →Pinot nero und kann vorzüglich sein, während es sich bei dem Weißwein um einen →Moscato handelt, der dem Rotwein in nichts nachsteht. Er kann auch als →Passito in den Handel kommen. Alle drei Weine genießen →DOC-Status *Valle d'Aosta*, werden jedoch nur in geringen Mengen erzeugt.

Chambertin Eine der berühmtesten und großartigsten Rotweinlagen von →Burgund, deren 13 ha sich im Süden der Gemeinde →Gevrey-Chambertin befinden. Im Norden grenzt sie an die qualitativ vergleichbare Lage *Clos de Bèze*, deren Weine als einzige daher auch das Recht haben, schlicht als Chambertin in den Handel gebracht zu werden – tatsächlich werden sie allerdings zumeist als *Chambertin-Clos de Bèze* etikettiert. Im Süden ist ihr die →grand cru-Lage →*Latricières-Chambertin* und im Osten der →*Charmes-Chambertin* benachbart. Nur wenig weiter entfernt sind →*Mazoyères-Chambertin*, →*Griotte-Chambertin*, →*Chapelle-Chambertin*, →*Mazis-Chambertin* und →*Ruchottes-Chambertin*.
So herausragend die Weine dieser Lagen auch sind, erreichen sie außer dem *Clos de Bèze* in der Regel nicht den einzigartigen Charakter eines wahren Chambertin: Kraftvoll, fest, voll Biß und Statur, sind es langlebige, unendlich komplexe und dabei im Alter zunehmend feine und elegante Weine von großem Nuancenreichtum. Nicht umsonst ist der Ruf dieser Lage und ihrer Weine

über sechs Jahrhunderte alt, war der Chambertin der Lieblingswein Napoleons, schrieb Alexandre Dumas über ihn: »Nie sonst erscheint einem die Zukunft so rosig, als wenn man sie durch ein Glas Chambertin betrachtet.« Ein großer Chambertin ist ein unübertrefflicher Wein, der Inbegriff des großen roten Burgunders, der nahezu jeden Preis wert ist. A. Rousseau, Clair-Daü, Camus, Bertagna u. a. gelten als führende Erzeuger.

Chambéry Stadt östlich von →Lyon im Département Savoie (→Savoyen). In ihrer näheren und weiteren Umgebung wird der *Vin de Savoie* bzw. der →*Roussette de Savoie* erzeugt, für die die Orte Apremont, Abymes, Arbin, Ayze, Montmélian, St-Jean-de-la-Porte u. a. den besten Namen haben. Außerdem ist Chambéry für seinen →Wermut bekannt.

Chambolle-Musigny Berühmter Weinort der →Côte d'Or, der ursprünglich nur Chambolle hieß, dann aber, ähnlich anderen Orten in →Burgund, den Namen seiner besten Weinlage an den eigenen Ortsnamen angehängt hat. Knapp 190 ha sind mit Reben bestockt, aus denen bis auf einen winzigen Anteil von →*Musigny* ausschließlich Rotweine gewonnen werden, von denen einige zu den großartigsten, feinsten und duftigsten Weinen Burgunds gehören. Die beiden illustren grand cru-Lagen, *Musigny* und →*Bonnes Mares*, werden ohne Zusatz des Gemeindenamens etikettiert. Doch auch die besten premier cru-Lagen (zusammen 61 ha), die mit dem Zusatz von Chambolle-Musigny in den Handel kommen, vermögen hervorragende Weine hervorzubringen, darunter *Les Amoureuses, Les Charmes* u. a. Selbst der nur unter dem Gemeindenamen erscheinende Chambolle-Musigny vermag finessenreich, charmant und elegant zu sein. Als führende Erzeuger gelten der Comte de Vogüé,

Roumier, Dujac, Jean Brunot, Maurice Sigaut, Joseph Drouhin, Clair-Daü u. a.

Chambrieren Das Erwärmen von Rotwein von Keller- auf Zimmertemperatur. Trotz mancher moderner Hilfsmittel, wie Heizung, heißes Wasser oder Mikrowellenherd, bleibt die traditionelle Methode, den Wein rechtzeitig vor dem Servieren in das Zimmer zu bringen zur behutsamen, nicht schockartigen Erwärmung, nach wie vor das angemessene Verfahren.

Champagne Historische Provinz Frankreichs, östlich von Paris gelegen, französisch *La Champagne*, Herkunftsgebiet eines der berühmtesten Weine der Welt: des →Champagners.

Champagner Nach dem Gesetz ein →Schaumwein, französisch *Le Champagne*, wie er ausschließlich in der →Champagne und zwar aus genau festgelegten Rebsorten (Pinot →Meunier, →Pinot noir und →Chardonnay) und nach ganz bestimmten Verfahren, nämlich ausschließlich mittels der →Méthode champenoise erzeugt werden darf. Jeder andere Wein dieser Art aus einem anderen Herkunftsgebiet oder aus anderen Rebsorten oder nach einem anderen Herstellungsverfahren ist aber nur →Schaumwein oder *vin* →*mousseux*.

Champagner kommt von derzeit rund 28 500 ha Rebfläche. Während sich etwa 7200 ha davon in den Départements →Aube und →Aisne befinden, bilden vier Fünftel das eigentliche Kerngebiet im Département →Marne, das sich auf drei große Bereiche südlich von →Reims verteilt: 1. die →Montagne de Reims mit körperreichen, eher schweren Weinen aus dem →Pinot noir; 2. die unmittelbar nördlich von →Epernay gelegene →Vallée de la Marne mit weicheren und runderen Weinen meist aus Pinot noir und →Pinot Meunier, und 3. die südlich von Epernay gelegene →Côte des Blancs, fast ausschließlich das Reich des →Chardonnay, der elegante und feine, doch auch weniger komplexe Weine ergibt.

Das Geheimnis der Champagne ist wie in nahezu allen Gebieten der Boden, und der beste Champagner kommt von dem berühmten blendendweißen Kreideboden, der zumeist unter einer 20–50 cm dicken Erdschicht liegt. Auf diesem Boden befinden sich die bedeutendsten Weinbauorte der Champagne, deren jeweilige Rebflächen pauschal klassifiziert sind, wobei sich die Klassifizierung im Herbstpreis der Trauben niederschlägt. So gibt es 17 grand cru-Gemeinden, deren Trauben mit 100 % des festgesetzten, seit 1990 frei ausgehandelten Preises bezahlt werden, darunter →Verzenay, →Sillery, →Mailly, →Bouzy, →Ambonnay, →Ay, →Avize, →Cramant, Le →Mesnil u. a. Rund 40 Gemeinden sind als premiers crus mit 90–99 % eingestuft, d. h. ihre Trauben erzielen 90–99 % des festgesetzten Preises. Dazu gehören →Mareuil-sur-Ay, →Dizy-Magenta, →Hautvillers u. a. Die restlichen rund 250 Champagner-Dörfer erzielen zwischen 80 und 89 % des offiziellen Preises. Der zulässige Hektarertrag und potentielle Mindestalkoholgehalt wird jedes Jahr vom *Comité interprofessionnel* festgelegt. Diese Trauben werden, ob weiß oder rot, gekeltert – wobei aus 150 kg Trauben nicht mehr als 1 hl Most gewonnen werden darf – und der Most wie bei jedem Weißwein vergoren (es sei denn, es soll ein Rosé-Champagner erzeugt werden, dann werden die roten Trauben kurz an der Maische angegoren, bevor sie abgepreßt und zu Ende vergoren werden). Hierbei entscheidet sich schon wesentlich die Qualität des späteren Champagners, nämlich ob nur der Most der ersten Pressung, die sog. *cuvée* verwandt wird (wie bei einigen der besten Häuser üblich) oder ob auch der Most der zweiten und dritten Pressung (*taille*) benutzt wird. Nach der Gärung (bei der Champagnererzeugung 1. Gärung genannt) findet der sog. *assemblage* statt, das Verschneiden verschiedener Sorten, Lagen und Jahrgänge, je nach der Hausmarke des Herstellers und der Art des angestrebten Erzeugnisses, ob als Jahrgangsverschnitt, was die Regel, als Jahrgangswein (→*millésimé*), ob als →Blanc de Blancs (ausschließlich aus dem Chardonnay), als →Blanc de Noirs (allein aus roten Trauben) oder als *cuvée de prestige* (die Spitzencuvée, der beste Wein des Hauses).

Nun beginnt das eigentliche Champagnerverfahren, die *Méthode champenoise*, im Deutschen als →Flaschengärung bezeichnet. Der →Stillwein, denn das ist er ja bislang, wird auf Flaschen gefüllt und erhält dabei jeweils die →*liqueur de tirage*, d. h. ein Gemisch aus altem Wein mit Zucker und Hefe für die Durchführung einer 2. Gärung in der Flasche, durch die der Champagner seine Kohlensäure erhält, also die Voraussetzung für jenen im Glas sich bildenden Schaum (*mousse*) entsteht. Der durch diese zweite Gärung entstehende →Niederschlag muß mindestens 1 Jahr (bei Jahrgangs-Champagner mindestens 3 Jahre) in der Flasche bleiben, wobei manche Häuser längere Lagerzeiten praktizieren, da er als wesentlicher Qualitätsfaktor gilt. Vor dem Versand wird dieser Niederschlag ohne Entweichen der Kohlensäure wieder aus der Flasche entfernt. Zu diesem Zweck wird die Flasche mit dem Hals nach unten in ein →Rüttelpult gestellt, in dem der Niederschlag durch →Rütteln zum Korken getrieben wird. Geschah dies früher in 2–3 Monaten durch Hand, so sind heute mechanische Rütteltische üblich, die das gleiche innerhalb von einer Woche erreichen.

Wenn der Niederschlag sich am Korken abgesetzt hat, wird der Wein →degorgiert, d. h. der Flaschenhals wird vereist und der Pfropfen herausgeschleudert,

ohne daß die Kohlensäure entweicht. Zu diesem Zeitpunkt ist der Champagner völlig trocken. Bevor er nun endgültig verkorkt wird, erhält der Wein je nach angestrebtem Süßungsgrad die →*liqueur d'expedition*, die sog. →*Dosage*. Völlig trockener Champagner bleibt ohne Dosage, was dann als *Dosage Zéro*, →*Extra brut* oder *Sans Dosage* o. ä. auf dem Etikett vermerkt wird. Geht er als →brut in den Handel – was heute bei rund 95 % der Champagner der Fall ist –, erhält er 0–2 % Dosage, als →Extra Dry oder →Extra trocken 1,6–2,7 %, →Dry, →Sec oder →Trocken 2,3–4,7 %, →Demi-Sec oder →halbtrocken 4,4–6,7 %. Die Geschmacksangabe erscheint auf dem Etikett. Ebenfalls auf dem Etikett finden sich jeweils, meist etwas versteckt, einige Buchstaben, die über die Herkunft des Champagners Aufschluß geben: So bedeutet N.M. Hauptmarke eines Handelshauses; M.A. = Zweitmarke eines Handelshauses; R.M. = Champagner eines selbständigen Winzers oder Weinguts; C.M. = Champagner einer Winzergenossenschaft. Seit 1990 dürfen zusätzlich R.C. = Marke eines Genossenschaftswinzers und S.R. = Marke einer Winzervereinigung benutzt werden.

Rund zwei Drittel aller Champagner stammen von den großen Champagnerhäusern, von denen es derzeit rund 150 gibt, darunter einige, die zum selben Konzern gehören, die zusammen ca. 12 % der Rebfläche besitzen, während sich in die übrigen 88 % rund 14 000 Winzer teilen, die teils an die großen Häuser liefern, teils in Winzergenossenschaften oder Winzervereinigungen zusammengeschlossen sind, teils ihren eigenen Champagner erzeugen. Da der Champagner im wesentlichen ein Markenwein ist, haben die großen Häuser wie alle Erzeuger von Markenweinen den Vorteil der größeren Lager und finanziellen Möglichkeiten gegenüber kleineren Weingütern, die auf ihr eigenes Lesegut angewiesen sind und von

Jahrgangsschwankungen sehr viel stärker betroffen werden als die großen Häuser. Bedauerlicherweise hat man in der Vergangenheit bei so manchem der großen Häuser jedoch feststellen müssen, daß die Qualität der unter der gleichen Marke abgefüllten Weine außerordentlich schwankend ist und geringere Qualitäten mitunter in den Export gehen. Die führenden dieser Häuser genießen dennoch zu Recht weltweites Prestige. Zu ihnen gehören →Krug, →Bollinger, →Roederer, →Pol Roger, →Taittinger, →Pommery, →Moët et Chandon, →Veuve Clicquot, →Laurent-Perrier, →Deutz & Geldermann, Abel →Lepitre, →Henriot, →Piper-Heidsieck, →Heidsieck Monopole, →Besserat de Bellefon, Charles →Heidsieck, →Charbaut, →Bricout, →Lanson, Paillard, Perrier-Jouet, Ruinart, Mumm, Ayala, de Venoge, Joseph Perrier, Canard-Duchêne, Mercier, de Castellane u. a. Neben diesen verdienen sicherlich aber auch einige Weingüter Beachtung, darunter Paul Bara, Henri Mandois, Lilbert-Fils, Leclerc-Briant, Agrapart, Raoul Collet (eine Genossenschaft), Pierre Gimonnet u. a.
Entgegen anderslautenden Behauptungen gewinnt der Champagner nach dem Degorgieren in der Flasche kaum mehr an Qualität. Die meisten alten Champagner, die köstlich schmecken können, sind vor dem Degorgieren im Originalkeller gealtert, als sich der Niederschlag noch in der Flasche befand.
Nicht nur Champagner kommen aus der Champagne. Die dort erzeugten Stillweine führen die Bezeichnung →Coteaux Champenois. Rosé des →Riceys.

Champigny Kleine Weinbaugemeinde südöstlich von →Saumur im →Loire-Tal, in der aus dem →Cabernet franc ein köstlicher, feiner Rotwein gewonnen wird, der etwas an einen →Chinon erinnert und zu Recht als der beste rote →Anjou gilt. Er führt die Appellation *Saumur-Champigny* und soll der Lieblingswein Clemenceaus gewesen sein.

Chantepleure Bezeichnung für den Hahn eines Weinfasses, der beim Öffnen »singt« (quietscht) und »weint«, wenn der Wein herausfließt, auf französisch »chante et pleure«. Die Weinbruderschaft von →Vouvray, eine von vielen in Frankreich, nennt sich *Confrérie de la Chantepleure*. Außerdem wird in anderen Teilen Frankreichs der →Probenheber als Chantepleure bezeichnet, mit dem man durch Ansaugen durch das Spundloch des Fasses eine Probe entnimmt.

Chanturgues Nach Überzeugung echter Auvergnaten der beste Rotwein der Welt. Tatsächlich handelt es sich um einen altberühmten Wein, der heute das →V.D.Q.S.-Siegel führt und als *Côtes d'→Auvergne-Chanturgues* in den Handel kommt: ein angenehmer, aber gewiß nicht übermäßig aufregender Rotwein aus dem →Gamay.

Chamusca Das östlichste portugiesisches →IPR-Weinbaugebiet im →Ribatejo, östlich von Santarém, an das →Alentejo grenzend. Auf 2200 ha Rebfläche werden hauptsächlich körperreiche Rotweine aus →Periquita, Castelão Nacional, Trincadeira Preta u. a. Sorten erzeugt sowie etwas Weißwein, überwiegend aus →Fernão Pires, Tália, Trincadeira das Pratas, Vital und Arinto.

Chapelle-Chambertin Eine der kleineren der acht →grand cru-Lagen von →Gevrey-Chambertin in →Burgund mit 5,5 ha, unmittelbar unterhalb des berühmten →Clos de Bèze und nördlich von →Griotte-Chambertin gelegen. Die Weine sind bewundernswert und zählen zu den bemerkenswertesten Rotweinen dieser illustren Gemeinde. Wenn auch vielleicht nicht ganz so tief und komplex wie jene von →*Charmes-Chambertin*, sind sie fein in der Nase, elegant, konzentriert und nuancenreich. Clair-Daü, Louis Trapet, Pierre Damoy, Drouhin-Laroze u.a. gehören zu den herausragendsten Erzeugern.

Chapitre Französisch für Kapitel, womit auch das Mönchs- oder Domkapitel gemeint ist. Vor der Französischen Revolution verfügten diese religiösen Kapitel vielfach über Weinbergsbesitz, der z.T. noch heute als →*Clos du Chapitre* o.ä. bezeichnet wird.

Chaptalisieren Französischer Ausdruck für das →Anreichern eines Mostes vor der →Gärung mit →Zucker zur Erhöhung des →Alkoholgehaltes des Weins, benannt nach seinem Propagator, dem Chemiker und Minister unter Napoleon I., Jean-Antoine Chaptal. Das Ausmaß, in dem dieses Verfahren heute praktiziert werden darf, ist durch Verordnungen der EU geregelt, die den Zucker allerdings gerne langfristig durch →Rektifiziertes Traubenmostkonzentrat ersetzen möchte. In der →Weinbauzone A darf der Alkoholgehalt durch Chaptalisierung um bis zu 3,5 % vol. (in außergewöhnlich ungünstigen Jahren bis 4,5 % vol.), in der Zone B bis 2,5 % vol. (bzw. 3,5 % vol.) und in den Zonen C bis 2 % vol. erhöht werden. Gegen diese Verfahren ist nicht das geringste einzuwenden, solange dadurch eine qualitative Verbesserung der Weine erreicht wird, zumal einige Weinarten bzw. Rebsorten, z.B. Rotwein, →Chardonnay u.a., einen etwas höheren Alkoholgehalt benötigen, um sich optimaler präsentieren zu können, als etwa ein →Riesling. Aufgrund der Konkurrenz der Sonnenländer (→Kalifornien, Australien u.a.) oder aus marktstrategischen Gründen – der unkundige Käufer neigt dazu, bei Rotweinen und gewissen Weißweinen den alkoholhaltigeren Wein für den volleren und besseren zu halten – werden jedoch viele Weine, zumal in Frankreich, darunter Weine aus →Burgund, dem →Elsaß und

zunehmend auch aus →Bordeaux, heute überchaptalisiert.

Charakter Ausdruck für einen guten Wein, der unabhängig von seiner Qualität bestimmte unverwechselbare Merkmale besitzt, die in der Herkunft des Weines, seinen Rebsorten und den traditionell angewandten Vinifikations- und Ausbaumethoden begründet sind. Ein Wein ohne Charakter ist langweilig und reizlos.

Charbaut In →Epernay ansässiges →Champagnerhaus mit einigen ausgezeichneten Weinen (u.a. →Brut, Rosé). Am beachtenswertesten ist der feine und elegante *Certificate* →*millésimé.*

Chardonnay Eine der besten weißen Rebsorten der Welt, die einige der größten trockenen Weißweine hervorbringt. Diese kommen zumeist aus Frankreich, wo – mit steigender Tendenz – derzeit gut 20 000 ha mit Chardonnay bestockt sind, und zwar aus →Burgund, dessen große Weißweine der →Côte d'Or den von dort kommenden Rotweinen in nichts nachstehen, darunter die Weine von →Meursault bis hin zum unvergleichlichen →Montrachet. Aber auch im südlichen Burgund, an der →Côte Chalonnaise und im →Mâconnais bringt der Chardonnay großartige Ergebnisse hervor, während der weltweit wohl bekannteste aus ihm erzeugte Wein der →Chablis ist. Schließlich ist der Chardonnay eine der drei und dabei die einzige weiße Rebsorte des →Champagners. Alle diese Weine zeichnen sich durch Frucht und Körper und durch ein mitunter bemerkenswertes und in seinen Spitzen unnachahmliches Maß an Komplexität und Nuancenreichtum aus.
Angesichts dieser Ergebnisse wird der Chardonnay heute auf der ganzen Welt angebaut, er ist zu einer regelrechten Modeerscheinung geworden. So sind in Deutschland inzwischen 210 ha mit ihm

bestockt bei rasch steigender Tendenz, deren Weine z. T. in der →Barrique ausgebaut werden. In Österreich gilt er seit langem in der →Steiermark unter dem Namen →Morillon als eingebürgert, und insgesamt dürften in Österreich inzwischen rund 300 ha mit Chardonnay bestockt sein – bei ebenfalls steigender Tendenz – und das in nahezu allen Weinbaugebieten, wobei →Bründlmayer und einige Güter der →Wachau zum Teil bemerkenswerte Chardonnays erzeugen. In Italien gibt es eine regelrechte Chardonnay-Manie, deren bislang bemerkenswerteste Ergebnisse heute von →Gaja stammen bzw. als I →Sistri, Le →Granze u. a. aus der →Toscana auf den Markt kommen. Doch auch der →Cervaro della Sala, der →Piodilei, der »Löwengang« von Alois Lageder, der Portico dei Leoni (beide aus →Südtirol) u. a. verdienen Beachtung. Auch im Norden Spaniens (→Penedés u. a.) trifft man zunehmend häufiger auf ihn wie ebenfalls auf der südlichen Halbkugel von Chile bis Neuseeland. Seine bemerkenswertesten Ergebnisse außerhalb Frankreichs dürfte der Chardonnay jedoch heute in →Kalifornien mit 24 300 ha und Australien mit 5200 ha – entsprechend 18 % bzw. 8,5 % der Rebfläche jeweils die dort heute am meisten angepflanzte weiße Rebsorte – hervorbringen, deren beste Chardonnay-Weine längst nicht mehr üppig, überladen und plump, sondern zunehmend differenziert und fein sind.

Ampelographisch dürfte die Herkunft des Chardonnay weitgehend geklärt sein. Obwohl er außerhalb Frankreichs mitunter als »Pinot Chardonnay« etikettiert wird, gehört er nach Überzeugung der kompetentesten Rebforscher nicht zur →Pinot-Familie und sollte daher auch nicht mit einem Weißen →Burgunder (→Pinot blanc) verwechselt werden.

Charlemagne →Karl der Große

Charmes Lagenname in →Burgund in den Gemeinden →Meursault (*Les Charmes*), →Chambolle-Musigny (*Les Charmes*) und →Gevrey-Chambertin. Nur in der letzteren Gemeinde hat die Lage →grand cru-Charakter, so daß ihr Wein lediglich als →*Charmes-Chambertin* etikettiert wird.

Charmes-Chambertin Zusammen mit der heute kaum noch etikettierten Lage →Mazoyères-Chambertin 31 ha große →grand cru-Lage in →Gevrey-Chambertin, unmittelbar unterhalb der Lage →Chambertin bzw. ihrer Nachbarlage →Latricières-Chambertin gelegen und von diesen allein durch die Departementstraße D 122 getrennt. Die Weine machen ihrem Namen alle Ehre: charmant, doch dabei fest, tief, komplex und elegant, gehören sie zu den bemerkenswertesten der Gemeinde, die ihrem illustren Nachbarn nur wenig nachstehen. A. Rousseau, Tortochot, Camus u. a. gehören zu den namhaftesten Erzeugern.

Charta-Weingüter, Vereinigung der 1984 gegründeter freiwilliger Zusammenschluß von Weingütern im →Rheingau zur Förderung des Rheingauer →Rieslings. Die Mitgliedsbetriebe können ausgesuchte eigene Riesling-Weine als sog. *Charta-Weine* nach entsprechender Prüfung in den Handel bringen. Als Erkennungszeichen auf der Flasche, der Kapsel und dem Rückenetikett dient ein romanischer Doppelbogen, wenn dieser Wein das erforderliche höhere Mindestmostgewicht für →Qualitätswein, →Kabinett bzw. →Spätlese (65, 78, 88° →Oechsle) erreicht hat, mindestens 8 ‰ Säure im Wein, bei der Spätlese 7,5 ‰ (als Richtwerte) und einen →Restzucker aufweist, der den Säurewert um nicht mehr als 3 g/l übersteigt. Aufgrund der geringeren Erträge soll damit eine höhere Qualität und dabei ein Wein erreicht werden, der neben dem →Alkohol von seiner Säure und einem möglichst hohen →Extrakt geprägt wird und damit an das Niveau des alten klassischen Rheingauer Rieslings wieder anknüpft, doch die Versuchung, den noch etwas abweisenden jungen Wein durch eine kleine Restsüße abzurunden, bleibt bestehen, selbst auf die Gefahr hin, daß der Wein dann wie ein süß-saurer Apfel schmeckt.

Chassagne-Montrachet Bedeutende Weinbaugemeinde in →Burgund, in der Nähe der südlichen Ausläufer der →Côte d'Or. Mit ihren gut 340 ha Rebfläche (hinzu kommen noch einmal 7 ha in Remigny) hat Chassagne Anteil am unvergleichlichen →*Montrachet* sowie an dem kaum geringeren →*Bâtard-Montrachet*, während der nur 1,6 ha große →*Criots-Bâtard-Montrachet* ganz in Chassagne liegt. Darüber hinaus weist Chassagne eine große Zahl von premier cru-Lagen auf (rund die Hälfte der Gemeinde-Appellation). Zu rund 40 % wird Weißwein erzeugt, dessen Spitzen von äußerst hoher Qualität sind, während der Rotwein sehr gut, aber selten wirklich erstklassig ist. Zu den besten premier →cru-Lagen für Weißwein gehören *Caillerets*, *Chevenottes*, *Morgeot* u. a. Beim Rotwein dominieren im allgemeinen die Lagen *Clos Saint-Jean*, *La Boudriotte*, *La Maltroie*, *Morgeot* u. a. Bei schlicht als *Chassagne-Montrachet* deklarierten Weinen dürfte im allgemeinen der Weiße vorzuziehen sein. Als führende Erzeuger gelten die Domaines Delagrange-Bachelet, Duc de Magenta, André Ramonet u. a.

Chasse-Spleen, Château Hervorragendes Weingut in →Moulis im →Haut-Médoc, offiziell im Rang eines cru →bourgeois, tatsächlich jedoch eher 4es oder 5es →*crus classés* vergleichbar. Auf 70 ha (55 % →Cabernet Sauvignon, 35 % →Merlot, 7 % →Petit Verdot, 2 % →Cabernet franc) wird ein erstaunlich beständiger, intensiver, barriquebetonter,

anfänglich mitunter etwas strenger, doch nach einigen Jahren bewundernswert charmanter und eleganter Rotwein erzeugt. Der beachtenswerte Zweitwein kommt als *L'Ermitage de Chasse-Spleen* in den Handel. Seit 1994 unter neuer Leitung.

Chasselas Weiße Rebsorte, die in Deutschland als →Gutedel bekannt und hier praktisch nur noch im →Markgräflerland in →Baden anzutreffen ist. Als Chasselas ist sie jedoch *die* weiße Rebsorte der →Westschweiz, wo sie unter den Bezeichnungen →Fendant, →Dorin oder →Perlan nicht nur etliche ausgezeichnete und höchst angenehm zu trinkende Weine hervorbringt, sondern auch mit den Spitzengewächsen des →Chablais um →Aigle und der →Lavaux – bis hin zum herausragenden →Dézaley – verdeutlicht, daß diese Rebsorte unter optimalen Boden- und Klimabedingungen in der Lage ist, höchst beachtenswerte Weine hervorzubringen, die zu den besten Weißweinen der Schweiz zählen. In keinem anderen Weinbauland spielt der Chasselas eine qualitativ vergleichbare Rolle, doch findet man ihn auch vereinzelt in Frankreich, so in →Pouilly-sur-Loire und z. T. noch im →Elsaß, wo er dann allerdings lediglich für den →Edelzwicker mitverwandt wird.

Château Heute vor allem im →Bordeaux-Gebiet verwendeter Ausdruck für jedwedes Weingut einschließlich seiner meist in unmittelbarer Nähe bzw. mehr oder weniger geschlossen um die Gebäude gruppierte Rebflächen. Noch bis weit in das 20. Jahrhundert war der Ausdruck auf mittelalterliche Burgen bzw. frühneuzeitliche Adelssitze beschränkt. Heute verbirgt sich hinter dem Namen *Schloß* oft nicht mehr als ein Bauerngehöft. In Frankreich darf der Name *Château* auf dem Etikett lediglich verwandt werden, wenn das Gut über eine eigene Rebfläche verfügt, von der der Wein stammt. Dabei muß der Wein nicht auf dem Gut abgefüllt werden. Ist er dies jedoch und mithin eine →Erzeugerabfüllung, lautet der französische Etikettenaufdruck *Mis(e) en bouteille(s) au château.*

Château-Chalon Ein ausgefallener, seltener und der berühmteste der sog. gelben Weine (→vin jaune) aus dem französischen →Jura, der aus dem Ort Château-Chalon und drei Nachbargemeinden stammt. Der Wein wird ausschließlich aus Savagnin erzeugt, einem Verwandten des →Traminers, der ein natürliches →Mostgewicht von umgerechnet mindestens 12% vol. Alkohol aufgewiesen haben muß und der nach einer langsamen Vergärung mindestens 6 Jahre lang, ohne aufzufüllen, in Eichenholzfässern gereift sein muß, um den sog. *goût de jaune* anzunehmen. Der Wein ähnelt dann eher einem leichten spanischen →Sherry oder →Montilla, wenn auch bei höherer Säure und geringerem Alkoholgehalt als bei irgendeinem anderen französischen Wein, natürlich ausgenommen die übrigen *vins jaunes* des Jura, wie →Arbois oder L'→Etoile, deren Ansehen aber nicht ganz das des Château-Chalon erreicht. Der Wein kommt in einer besonderen Flasche, der sog. →Clavelin, in den Handel. Er ist wohl mehr wegen seiner Ausgefallenheit als wegen seiner Qualität bekannt.

Château Clauss Das Flaggschiff der trockenen griechischen Rotweine von →Achaia Clauss, ein feiner, eleganter Wein von Körper und Art, der zu den besten griechischen →Markenweinen gehört.

Château-Grillet Eine der größten Raritäten im Weinbau nicht nur Frankreichs: ein winziges, gerade 3 ha großes →A.O.C.-Gebiet auf dem Westufer der →Rhône südlich von →Lyon, dessen Rebflächen sich ausschließlich im Besitz eines einzigen Weingutes befinden, nämlich dem von Neyret-Grachet, das hier jährlich etwa 10 000 Flaschen eines gehaltvollen, würzigen und eleganten Weißweins aus dem →Viognier erzeugt, den man in früheren Jahren oft zu den besten trockenen Weißweinen Frankreichs gezählt hat. In letzter Zeit erscheint er etwas ungleichmäßig und hat seiner immer hochgesteckten Erwartungen in vollem Umfang entsprochen. Doch, wie es scheint, geht es wieder aufwärts.

Châteauneuf-du-Pape Berühmtes Weinbaugebiet im unteren →Rhônetal nördlich der alten Papststadt →Avignon. Das heute nur noch als Ruine erhaltene Châteauneuf überragt malerisch den gleichnamigen Ort und war im 14. Jahrhundert der Sommersitz der Päpste. Die Reben wachsen auf einer idyllisch anmutenden Hochebene, von der man einen weiten Ausblick auf die Rhône und ihre fruchtbare Tallandschaft hat. Der Boden besteht zumeist aus grobem Kies und kleinen Flußsteinen und ist außer für Weinbau unfruchtbar.

Heute umfaßt das Weinbaugebiet von Châteauneuf-du-Pape an die 3100 ha, von dem jährlich rund 100 000 hl Wein kommen, davon 98% Rot- und 2% Weißwein. 13 verschiedene Rebsorten, mehr als in jedem anderen französischen Qualitätsweinbaugebiet, werden angepflanzt, aus denen traditionellerweise der rote Châteauneuf bereitet wird: →Grenache, →Syrah, →Mourvèdre, →Cinsaut, →Picpoul, Terret noir, Counoise, Muscardin, Vaccarèse, Picardan, →Clairette, →Roussanne und Bourboulenc. Tatsächlich wird aber heute meist kaum die Hälfte für den Verschnitt verwandt, zumeist Grenache, Syrah, Mourvèdre und Cinsaut.

Die Rotweine erreichen im allgemeinen nicht ganz die Größe der Spitzengewächse von →Hermitage und →Côte

Rôtie und gelten als weniger langlebig als diese (je nach Jahrgang 10–15 Jahre, z. T. mehr). Traditionellerweise ist der Châteauneuf-du-Pape ein kräftiger, körper- und alkoholreicher (13–14 % vol.), mitunter außerordentlich differenzierter und charaktervoller, im Alter zunehmend runder und weicher Rotwein. Seit geraumer Zeit werden jedoch in wachsendem Maße durch gezielte Auswahl unter den zugelassenen Rebsorten sowie z. T. durch Praktizierung der →Macération carbonique eher leichtere Weine erzeugt. Wenn gelungen, können diese Weine fein und elegant, mitunter sogar hervorragend sein, für die Anhänger des traditionellen Châteauneuf haben sie jedoch an Charakter verloren. Die wenigen Weißweine können kernig, ausdrucksvoll und von beachtlichem Spiel sein.

Aufgrund der Sortenvielfalt und ihren unterschiedlichen Boden- und Reifebedingungen können sich sorgfältig auswählende Händler optimale Qualitäten sichern. Diese findet man insbesondere bei renommierten Häusern wie Jean-Pierre Brotte (auch als Père Anselme), M. Chapoutier, Paul Jaboulet Aîné u. a. Ihre Spitzenweine stehen den besten Erzeugerabfüllungen kaum nach. Zu den führenden Gütern gehören Châteaux →Fortia, de →Beaucastel (z. T. auch als Domaine de Beaucastel), la →Nerte, Domaine de Vieux Télégraphe, Châteaux →Rayas, →Mont-Redon, Clos des Papes, Domaines de Beaurenard, de →Nalys, de →Cabrières, Château des →Fines Roches, Domaines de la →Solitude, de →Père Caboche, Château →Vaudieu, →Clos de L'Oratoire de Pape, Domaine de la Font du Loup u. a.

Da leider immer noch sehr viel mehr angeblicher Châteauneuf-du-Pape in den Handel kommt, als dort selbst in den üppigsten Jahren wachsen kann, sollte man Billigstangeboten gegenüber höchst skeptisch sein und sich möglichst an verläßlichen Namen orientieren.

Chatillon-en-Diois Rot-, Rosé- und – sehr selten – Weißweine aus dem östlichen →Rhônetal, nahe dem Weinbauort →Die. Anders als beim →Clairette de Die handelt es sich bei den unter der Appellation *Chatillon-en-Diois* angebotenen Weinen nicht um →Schaumweine.

Chaves Nordportugiesisches →IPR-Weinbaugebiet, unmittelbar an der spanischen Grenze östlich des Gebietes des →Vinho verde in der Provinz →Trás-os-Montes gelegen. Auf über 3000 ha werden frische Rot- und Weißweine aus Bastardo, Tinta Carvalha, Tinta Amarela bzw. Boal, Codega, Gouveio (→Verdelho), →Malvasia Fina u. a. Sorten erzeugt.

Chavignol Die nach →Sancerre und Bué wohl bekannteste Weinbaugemeinde der Appellation Sancerre im östlichen →Loire-Tal. Als ihre beste Lage gilt *Les Monts Damnés*. — Hingegen handelt es sich beim *Crottins de Chavignol* um keinen Wein, sondern um einen beliebten, kleinen, runden Ziegenkäse.

Cheilly-les-Maranges Kleine Weinbaugemeinde im äußersten Süden der →Côte d'Or in →Burgund, südlich von →Santenay mit einigen in der Regel nicht sonderlich aufregenden Rotweinen, die seit kurzem zusammen mit denen von →Dezize-les-Maranges und →Sampigny-les-Maranges unter der neuen →A.O.C.-Bezeichnung →*Maranges* in den Handel kommen.

Chénas Weinbaugemeinde und kleinste der zehn →crus des →Beaujolais, zwischen →Juliénas und →Fleurie gelegen, mit 260 ha Rebfläche. Da die südlich des Dorfes gelegene Rebfläche zugleich Teil der angesehenen Appellation →Moulin-à-Vent ist – deren größerer Teil zur südöstlich gelegenen Gemeinde →Romanèche-Thorins gehört –, sind bessere

Chénas fast immer als *Moulin-à-Vent* im Handel. Aber auch schlicht als *Chénas* verkaufter Wein ist keinesfalls zu verachten: Weniger abgerundet und fein als ein *Moulin-à-Vent* und schneller reifend, ist er ein typischer Beaujolais und zudem ein äußerst guter.

Chenin blanc Weiße Rebsorte von ausgezeichneter Qualität, mitunter als →Pineau de la Loire bezeichnet, obwohl es sich weder um einen echten →Pinot handelt, noch die Rebe mit dieser Sorte verwandt ist. In der →Touraine und dem →Anjou werden praktisch alle bedeutenden Weißweine aus ihr gewonnen, so der unvergleichliche →Savennières, der →Vouvray, der →Bonnezeaux, der →Coteaux du Layon u. a. Auch außerhalb Frankreichs, wo sie auf gut 10 000 ha kommt, ist die Sorte anzutreffen, etwa in →Kalifornien (12 500 ha), während sie in Südafrika unter dem Namen →Steen mit rund 30 000 ha die führende weiße Rebsorte ist. Der Chenin blanc ist sehr ergiebig und kann einen relativ ausdruckslosen Wein ergeben. Wenn er jedoch in seinem →Ertrag entsprechend begrenzt wird und optimale Bedingungen vorfindet, ergibt er einen rassigen, feinen und in seinen Spitzen unsagbar charaktervollen und differenzierten Wein.

Cheval Blanc, Château Gemeinsam mit Château →Ausone der Spitzenwein von →Saint-Emilion und ein wahrhaft großartiger *premier cru* mit 37 ha Rebfläche, die zu 60 % mit →Cabernet franc, 34 % →Merlot, 5 % →Malbec und 1 % Cabernet Sauvignon bestockt ist. Wenn der Cheval Blanc vielerorts als der populärste →Bordeaux der 1. Klasse gilt, dann nicht nur weil seine Fläche und Erzeugung drei- bis fünfmal so groß ist wie die des →Pétrus und des Ausone, sondern auch weil sich der Wein durch ungewöhnliche Erlesenheit, Samtigkeit und Vollmundigkeit auszeichnet. Er gehört dadurch nicht nur zu den feinsten, sondern vielleicht auch zu den am leichtesten eingängigen großen roten Bordeauxweinen. Auf dem Markt erzielen diese Weine gleich hohe Preise wie ein Château →Lafite oder Château →Latour, obwohl sie in ihrem Charakter ganz anders sind und im allgemeinen früher reifen.

Chevalier, Domaine de Einer der bemerkenswertesten Weine →Bordeaux' aus →Léognan in den →Graves mit 30 ha Rebfläche (65 % →Cabernet Sauvignon, 30 % →Merlot, 5 % →Cabernet franc bzw. 70 % →Sauvignon und 30 % →Sémillon auf den 4 ha für die Erzeugung von Weißwein). Der Rotwein ist kraftvoll, tanninbetont, langsam reifend und erinnert mehr an einen →Médoc als einen Graves. Er ist von herausragender Qualität und der Mehrzahl der *2es crus classés* des →Haut-Médoc überlegen. Der seltene Weißwein ist mitunter sogar noch besser und dank seiner nervigen, strukturierten, komplexen und ausdrucksvollen Art einer der besten weißen Graves überhaupt. Beide Weine zeichnen sich durch Beständigkeit, Differenziertheit, Eleganz und Rasse aus.

Chevalier-Montrachet Knapp 7,4 ha umfassende →grand cru-Lage in →Burgund, hangaufwärts unmittelbar oberhalb des sagenhaften →*Montrachet* ganz im Bereich der Gemeinde →Puligny-Montrachet gelegen. Der steinige Boden ist kalkhaltig und karg und ergibt im Durchschnitt 233 hl. Der Wein ist von ebenso großer Rarität wie Güte und wird nach allgemeiner Überzeugung in seiner ganz und gar bemerkenswerten, wenn nicht großen Qualität allein vom *Montrachet* noch übertroffen. Die Domaines Leflaive, Louis Jadot u. a. gelten als führende Erzeuger.

Cheverny Eines der schönsten →Loire-Schlösser aus der ersten Hälfte des 17. Jahrhunderts. Die Rot-, Rosé-,

Weißweine der Umgebung haben nicht ganz den gleichen Rang. Seit 1993 kommen sie unter zwei verschiedenen →A.O.C.-Bezeichnungen in den Handel. Bei dem schlicht als *Cheverny* bezeichneten Wein handelt es sich um einen Rot- oder Roséwein, überwiegend aus →Gamay, mit größeren Anteilen von →Pinot noir und weiteren Zusätzen insbesondere von →Cabernet franc bzw. um einen Weißwein aus →Sauvignon blanc mit Zusätzen von →Chardonnay, Arbois und →Chenin blanc. Heißt der Wein hingegen *Cour-Cheverny*, handelt es sich um einen Weißwein, der ausschließlich aus der lokalen Romorantin bereitet ist. Beide dürfen den Zusatz *Val de Loire* führen.

Chianti Für viele der Inbegriff italienischen Weins schlechthin, und es hat Zeiten gegeben, die noch gar nicht so lange zurückliegen, in denen der Chianti mit seiner strohumflochtenen Flasche, dem →*fiasco*, als nahezu vollendeter Ausdruck italienischer Lebensfreude galt. Jenseits der Alpen dürfte diese Einschätzung seitens der nördlichen Nachbarn vermutlich in der Regel nur Kopfschütteln hervorrufen, denn kaum viel mehr als 1 % der gesamten italienischen Weinerzeugung trägt die Bezeichnung *Chianti*, und die meisten Italiener und Italienerinnen werden in ihrem Leben vermutlich nie Chianti getrunken haben. Auch wenn dies in der →Toscana, der Heimat des Chianti, schon anders aussieht und er dort für viele Teil der Alltagsernährung ist, bedeutet dies noch lange nicht, daß der Chianti grundsätzlich ein belangloser Allerweltswein wäre. Bedauerlicherweise gibt es nach wie vor nur zu viele derartiger Abfüllungen. Doch erfreulicherweise gibt es auch den hervorragenden, wenn nicht bemerkenswerten Chianti. Dieser wird sich nie in einem *fiasco* finden, sondern in einer braunen Art →Bordeaux-→Flasche und er wird aus einem der Bereiche des →Chianti putto,

insbesondere aber aus dem Bereich des →Chianti classico stammen.

Chianti classico Bezeichnung für einen →Chianti, der aus der klassischen Anbauzone, einem genau festgelegten, gut 6800 ha Rebfläche umfassenden Gebiet zwischen Florenz und Siena mit den Gemeinden Greve, Barberino Val d'Elsa, San Casciano, Tavernelle Val di Pesa (in der Provinz Florenz), Castellina in Chianti, Gaiole, Radda, Castelnuovo Berardenga und Poggibonsi (in der Provinz Siena) stammt. In dieser anmutigen, von Olivenhainen, Wäldern und Feldern durchzogenen Hügellandschaft ist überwiegend →Sangiovese angepflanzt, der beim Chianti classico 75–90 % ausmachen soll. Der Canaiolo macht 5–10 % aus, während der Anteil der traditionellen weißen Sorten für den Chianti, →Trebbiano und →Malvasia laut den →DOCG-Bestimmungen von 1984 nur noch zwischen 2 und 5 % ausmachen soll. Dafür dürfen bis zu 10 % weitere, nicht klassische Chianti-Sorten, darunter insbesondere der →Cabernet Sauvignon dem Chianti beigegeben werden. Nach dreijähriger Lagerung kann der Wein als →Riserva in den Handel gebracht werden.

Hinter diesen technischen Daten verbirgt sich ein derart tiefgreifender Wandel, daß es heute kaum noch möglich erscheint, verbindlich zu bestimmen, was ein Chianti ist. Wie es scheint, gibt es derzeit zumindest zwei Versionen. Bei der einen handelt es sich um das, was man den traditionellen Chianti classico nennen könnte, einen Wein von nicht zu intensiver Farbe, weinig, frisch und ein ganz klein wenig prickelnd auf der Zunge, dank seines speziellen Vinifikationsverfahrens, des →Governo, lebendig, anregend und beschwingt, ein Wein von unverkennbarem Charakter und unnachahmlich auf seine Weise. Heute setzt sich dagegen immer mehr ein moderner Charakter des Chianti classico durch, nämlich der eines substantiellen

Rotweins, der sein unverkennbares Vorbild in →Bordeaux sucht, tief in der Farbe, mit einem festen und ausgeprägten Körper, dabei tanninreich, teilweise mit einem leichten →Barriqueton, kräftig, deutlich langsamer reifend als früher, aber auch langlebiger, kurzum ein Wein, den seine Anhänger nach wie vor als Chianti verstehen, der aber viel von seinem ursprünglichen unverwechselbaren Charakter verloren hat und den Rang eines Rotweins von internationalem Niveau anstrebt. Es ist daher kein Wunder, im Grunde jedoch fragwürdig, wenn nicht problematisch, daß nahezu alle renommierten Güter des Chianti classico zusätzlich noch einen roten →Barriquewein mit mehr oder weniger deutlichem Bordeaux-Charakter erzeugen.

Ob alle diese Veränderungen dem Chianti classico langfristig guttun werden, wird die Zukunft erweisen müssen. In jedem Fall ist zu wünschen, daß der Chianti zu einer allseits akzeptierten, überzeugenden Persönlichkeit findet und sich nicht in vordergründigen Modetrends verstrickt und fremden Göttern seine Identität opfert. Als führende Erzeuger gelten derzeit →Castello di Ama, Fattoria di Felsina, Riecine, Badia a Coltibuono, Castello dei Rampolla, Castello di Volpaia, Isole e Olena, La Sala, Montoro, Castello di Fonterutoli, Colle Bereto, Poggio al Sole, Capannelle, Castello di Querceto, Vigna Vecchia, Castello di San Polo in Rosso, Villa Cafaggio, Monsanto, Giorgio Regni, Le Fonti, Castello di Rencine, Castello di Uzzano, Terrabianca u. a.

Chianti putto Eine im Sprachgebrauch eingebürgerte Bezeichnung für einen →Chianti, der nicht aus dem →classico-Gebiet stammt, sich mithin auch nicht Chianti classico nennen darf. Dabei unterscheidet er sich vielfach weder in der Flasche noch der übrigen Aufmachung und verfügt wie dieser seit 1984 über den →DOCG-Status. Doch das Erkennungszeichen der dem lokalen Konsortium zugehörigen Güter ist nicht wie beim Chianti classico ein schwarzer Hahn (gallo nero), sondern eine goldene Putte (putto). Weinrechtlich zählen alle zum Chianti-Gebiet der Provinzen Arezzo, Florenz, Pisa, Pistoia und Siena gehörenden Rebflächen dazu, die schlicht als Chianti in den Handel kommen dürfen. Darüber hinaus gibt es ähnlich dem Chianti classico-Gebiet sechs engere Ursprungsbezeichnungen, nämlich – in der ungefähren Reihenfolge ihrer qualitativen Bedeutung: Chianti →Rufina, Chianti dei →Colli Senesi, Chianti dei →Colli Fiorentini, Chianti di →Montalbano, Chianti dei →Colli Arentini und Chianti delle →Colline Pisane. Sie alle können von herausragender Qualität sein, und die besten von ihnen stehen den Spitzen des Chianti classico kaum nach.

Chiarello →Chiaretto

Chiaretto Ortsübliche und weinrechtlich abgesicherte Bezeichnung für Roséweine vom Südwestufer des →Gardasees, den →Riviera del Garda (Bresciano), ein sehr ansprechender, erfrischender, spritziger, köstlicher Wein, der jung getrunken wird. Auch der als Rosé vinifizierte →Bardolino vom Ostufer des Gardasees wird als Chiaretto bezeichnet. Ein Chiaretto hat, was kaum betont werden muß, nichts mit den Roséweinen →Apuliens und des übrigen Süditaliens gemein.

Chiavennasca Lokale Bezeichnung für den →Nebbiolo im Weinbaugebiet des →Valtellina.

Chiclana Weinbaugemeinde im Süden des →Sherry-Gebietes, südöstlich von Cádiz; ihr voller Name lautet Chiclana de la Frontera. Die von dort kommenden Weine sind von ansprechender Qualität.

Chiesa San Restituta Von dem Weingut La Chiesa di San Restituta in der Lage *Piano de Cerri* in →Montalcino aus 80% →Cabernet Sauvignon und 20% →Sangiovese erzeugter und in →Barriques ausgebauter Rotwein, der, zumal in guten Jahren, durch seine Eleganz und Komplexität überzeugt und zu den hervorragendsten modernen →Tafelweinen der →Toscana zählt.

Chile Das älteste und nach Argentinien das wichtigste weinerzeugende Land Südamerikas, in dem bereits um das Jahr 1550 Wein erzeugt wurde. Heute stehen rund 120000 ha unter Reben, die in den letzten Jahren allerdings nur um 3 Mill. hl Wein (statt der noch vor 20 Jahren gewohnten 6 Mill. hl) hervorgebracht haben. Das Zentrum des chilenischen Weinbaus liegt ungefähr zwischen dem 32. und 36. Breitengrad; jedoch gibt es noch über 8000 ha Rebfläche in der südlichen Zone südlich von Concepción, bis etwa auf die Höhe des 38. Breitengrades, obwohl der Anbau aus klimatischen Gründen hier rückläufig ist. Im Gegenzug gibt es in der zentralen nördlichen Zone bis zum 28. Breitengrad noch einmal rund 10000 ha, in denen nahezu ausschließlich →Moscatel angepflanzt ist bzw. →Likörweine erzeugt werden. Rund 85% des chilenischen Weinbaus entfallen mithin auf die Zentral- und die südliche Zentral-Zone, und als das beste Gebiet gilt das Maipo-Tal unmittelbar südlich der Hauptstadt Santiago, aus der die bedeutendsten chilenischen Rotweine kommen und in der die klassischen →Bordeaux-Sorten →Cabernet Sauvignon, →Cabernet franc, →Merlot, →Malbec und →Petit Verdot angepflanzt werden bzw. unter den weißen Rebsorten →Sémillon, →Sauvignon, →Chardonnay, →Riesling u. a. Da die →Reblaus nie bis Chile vorgedrungen ist, wird ausschließlich wurzelechter Anbau betrieben. Daneben sind vor allem die Gebiete Maule und Rapel bedeutend.

Die in diesen Gebieten und aus diesen Sorten erzeugten Weine können von bemerkenswerter Qualität sein und verkörpern nicht nur die qualitative Spitze des südamerikanischen Weinbaus, der zunehmend Erzeuger aus Europa zu Investitionen anzieht (Miguel Torres aus dem spanischen →Penedés-Gebiet, Rothschild von Château →Lafite-Rothschild u. a.). Bei einer Mindestlagerzeit von 4 Jahren können sie das Prädikat Reservado, bei mindestens 6 Jahren →Gran vino führen. Es sind Weine, die außerhalb des Landes noch viel zuwenig bekannt sind, doch zu den vorzüglichsten auf der Welt erzeugten Weinen gehören.

China Im Reich der Mitte hat der Weinbau seit Ende der achtziger Jahre einen rasanten Aufschwung genommen. Inzwischen stehen bereits über 150000 ha unter Reben, von denen seit Beginn der neunziger Jahre über 3 Mill. hl Wein erzeugt werden. China ist damit nicht nur das mit Abstand größte Weinbauland Asiens, sondern der Umfang der Erzeugung dürfte derzeit bereits den von so traditionsreichen Weinbauländern wie Österreich oder Chile übertreffen. Weinbau wird insbesondere zwischen dem 32. und 44. Breitengrad betrieben, wobei das bedeutendste Gebiet die Bohai-Region mit Hebei und Shandong und den Stadtregionen Beijing und Tianjin ist, aus der die bekanntesten chinesischen Weine stammen. Es werden in der Regel die bedeutendsten europäischen Rebsorten angepflanzt und viele Weine als Joint ventures mit ausländischen Partnern unter Marken- oder Rebsortennamen in den Verkehr gebracht.

Chinon Malerischer Ort an der Vienne in der →Touraine gelegen, der von den Ruinen des einst stolzen Schlosses überragt wird, in dem Johanna von Orléans erstmals dem Dauphin begegnete. Unweit von hier wurde der französische

Schriftsteller und Humanist François Rabelais geboren, der in seinen Werken so häufig den *bon vin breton* gepriesen hat, für den Chinon auch heute noch berühmt ist. Dieser Wein wird aus der Breton erzeugt, wie hier der →Cabernet franc heißt, und ist *bon et frais* wie zu Zeiten des großen Schriftstellers. Der beste rote Chinon ist ein überaus köstlicher, charaktervoller und tanninreicher Wein, den man in Frankreich gerne als Intellektuellenwein bezeichnet. Er kann jung getrunken werden, eignet sich jedoch je nach Erzeuger und Jahrgang hervorragend für eine längere Lagerung. Jährlich werden um die 50 000 hl erzeugt, zu denen noch einmal etwa 200 hl eines sehr ansprechenden weißen Chinon aus dem →Chenin blanc kommen. Als führende Erzeuger gelten Couly-Dutheil, Dozon Père & Fils, Charles Joguet, Georges Farget, Jean-Maurice Raffault, Olga Raffault, Jean-François Olek, Serge Sourdais u. a.

Chipiona Kleines Seebad und Weinbaugemeinde an der spanischen Atlantikküste südwestlich von →Sanlúcar de Barrameda im →Sherry-Gebiet. Auf den den Ort umgebenden sandigen →Arena-Böden wird →Moscatel angepflanzt.

Chiroubles Kleine Weinbaugemeinde im →Beaujolais und eine der zehn →crus des Gebietes mit einem ausgezeichneten, fruchtigen, rassigen und charaktervollen Rotwein, der auf rund 350 ha erzeugt wird, deren Böden hauptsächlich aus Granit und Porphyr bestehen. Der Wein ist im allgemeinen im zweiten Jahr am besten, doch gibt es etliche Abfüllungen, zumal in sehr guten Jahren, die durchaus altern, ohne an Qualität zu verlieren, wenn auch vielleicht nicht in dem Maße wie ein →Moulin-à-Vent oder der benachbarte →Morgon.

Chorey-lès-Beaune Weinbaugemeinde nördlich von →Beaune in →Burgund mit knapp 170 ha Rebfläche, meist in Flachlagen. Die Rotweine sind im allgemeinen weniger fein als die aus den benachbarten Beaune oder →Aloxe-Corton. Die Weine werden vielfach als →*Côte de Beaune-Villages* verkauft. Jacques Germain, Tollot-Beaut u. a. namhafte Güter haben ihren Sitz in Chorey.

Chorherrenstift Klosterneuburg Mit rund 100 ha Rebfläche um →Wien, verteilt auf die Weinbaugebiete →Donauland, Wien und →Thermenregion eines der größten und qualitativ herausragendes Weingut in →Klosterneuburg. Mehrheitlich wird Weißwein (vor allem aus Grünem →Veltliner, Weißem →Burgunder und →Rheinriesling) erzeugt, während nahezu 40 % der Gesamtrebfläche allein auf den →Saint Laurent entfallen. Spitzenabfüllungen kommen seit jüngstem unter der Bezeichnung →Domäne Chorherren Klosterneuburg→ in den Handel.

Chusclan Eine der Gemeinden der Appellation →*Côtes du Rhône-Villages*, auf dem rechten →Rhône-Ufer nördlich von →Tavel und westlich von →Orange gelegen mit einer Reihe guter Rot-, Rosé- und Weißweine.

Cigales Neues spanisches →DO-Weinbaugebiet unmittelbar nördlich von Valladolid, in dem drei Rosés (Rosado Cigales, Rosado Cigales Nuevo und Rosado Cigales Crianza) und ein Rotwein erzeugt werden. Die dominierende Sorte ist der →Tempranillo, meist als Tinto del pais bezeichnet. Ergänzungssorten sind vor allem der →Garnacha bzw. einige weiße Sorten, die zumindest 20 % in den Rosés ausmachen müssen.

Cignale Vom Castello di Querceto in Greve inmitten des →Chianti-Gebietes seit 1986 aus 90 % →Cabernet Sauvignon und 10 % →Merlot erzeugter Rotwein, der einen deutlichen →Bordeaux-Charakter aufweist und, anders als sein Name (Wildschwein) erwarten ließe, über Charme und Eleganz verfügt. Ein exzellenter neuer →Tafelwein aus der →Toscana, der den beiden anderen Tafelweinen des Gutes, La →Corte und Il →Querciolaia, zumindest gleichwertig, wenn nicht überlegen ist.

Cinque terre Altberühmter Weißwein aus →Ligurien, der nordwestlich von La Spezia auf steil zum Meer abfallenden terrassierten Hängen der Gemeinden Monterosso, Vernazza, Corniglia, Manarola und Riomaggiore gedeiht. Er wird zu mindestens 60 % aus Bosco erzeugt mit Zusatz von →Vermentino und Albarola. Der Wein muß mindestens 11 % vol. Alkohol aufweisen und ist trocken. Es gibt ihn auch als *sciacchetrà*, ein süßer →Likörwein mit mindestens 17 % vol. Alkohol. Beide Weine sind auf ihre Weise eigenwillig, doch leider sind wirklich herausragende Abfüllungen heute kaum noch zu finden. Liana Rollandi u. a. sind noch gute Adressen.

Cinsault Synonym für →Cinsaut.

Cinsaut Wichtige rote Rebsorte in Südfrankreich, die einen vollmundigen und tieffarbenen Wein von beträchtlichem Rang und unverwechselbarem Charakter liefert. Allerdings verwendet man sie kaum ausschließlich für die dortige Rotweinerzeugung; sie spielt jedoch eine bedeutende, wenn auch quantitativ untergeordnete Rolle beim →Châteauneuf-du-Pape, dem →Tavel und bei vielen weiteren besseren Rot- und Roséweinen des →Midi. Derzeit sind etwa 48 000 ha mit ihr in Frankreich bestockt. In Südafrika hat man den Cinsaut (z. T. irreführend als →Hermitage bezeichnet) mit dem →Pinot noir gekreuzt und daraus als →Neuzüchtung den →Pinotage gewonnen.

Cirò Sagenumwobener Wein aus einem kleinen →DOC-Gebiet in →Kalabrien an der Küste des Ionischen Meers. Die Rot- und Roséweine aus Gaglioppo – mit maximal 5 % Zusatz von weißem →Trebbiano und →Greco – sind gehaltvoll und tief und dabei von beachtlicher Rasse. Nach drei Jahren Lagerung und bei mindestens 13,5 % vol. Alkohol dürfen sie als →*riserva* in den Handel gebracht werden. Wenn gelungen, ist der Rotwein dann ein Wein von Art und Charakter, der in besonderen Jahren leicht 15 Jahre und älter werden kann. Der *Cirò bianco* wird aus Greco erzeugt – der Zusatz von maximal 10 % Trebbiano ist erlaubt – und kann, zumal wenn er drei bis vier Jahre alt ist, ein ganz ungewöhnlich feiner und eleganter Weißwein sein, der dann zu den besten Süditaliens gehört. Die Winzergenossenschaft Caparra & Siciliani zählt zu den führenden Erzeugern.
Der Cirò sollte nicht mit dem →Girò aus →Sardinien verwechselt werden.

Cissac Weinbaugemeinde im →Haut-Médoc, westlich der Gemeindegrenze zwischen →Pauillac und →Saint-Estèphe mit rund 270 ha Rebfläche. Etliche gute *crus* →*bourgeois* kommen von hier, so Châteaux →Cissac, du Breuil, La Tour St-Joseph, Hanteillan u. a.

Cissac, Château Der heute herausragendste Wein aus →Cissac mit 55 ha Rebfläche (65 % →Cabernet Sauvignon, 20 % →Merlot, 10 % →Cabernet franc, 5 % →Petit Verdot), offiziell als *cru* →*bourgeois* eingestuft, doch qualitativ durchaus im Rang klassifizierter Gewächse: ein gehaltvoller, feiner, intensiver und ungemein eleganter Rotwein.

Citran, Château Ausgezeichnete *cru* →*bourgeois* aus →Avensan im →Haut-Médoc mit 92 ha Rebfläche (60 % →Merlot, 35 % →Cabernet Sauvignon, 5 % →Petit Verdot) und einem gehaltvollen und strukturierten Rotwein, der seit Ende der achtziger Jahre verstärkt auf sich aufmerksam gemacht hat.

Clairet Vor Jahrhunderten übliche französische Bezeichnung für den damals ziemlich leichten roten →Bordeaux – in Ableitung von diesem Namen bezeichnet man in England noch heute umgangssprachlich den roten Bordeaux als →Claret. Heute ist ein *Bordeaux clairet* ein relativ leichter Rotwein, der in der Regel nach dem sog. *Saigner*-Verfahren (eine Art →Vorlauf) zumeist aus dem →Cabernet Sauvignon erzeugt wird. Er ist farbintensiver und gehaltvoller als ein Rosé, jedoch wie dieser zum raschen Verbrauch bestimmt. Er wird normalerweise gekühlt serviert und sollte in jedem Fall frisch und sehr ansprechend sein. Traditionell den besten Namen haben die Clairets von Quinsac von den →Premières Côtes de Bordeaux.

Clairette In Südfrankreich (→Provence, →Languedoc) verbreitete weiße Rebsorte mit hohem →Ertrag, aber meist eher durchschnittlicher Qualität. Vielfach wird sie als Zusatzsorte verwandt, so beim →Bandol, →Cassis, →Coteaux d'Aix u.a. Drei Weine, die ausschließlich bzw. großenteils aus ihr erzeugt werden, kommen mit eigener →Appellation contrôlée in den Handel: →Clairette de Bellegarde, →Clairette de Die und →Clairette du Languedoc.

Clairette de Bellegarde Südöstlich von Nîmes um die Gemeinde Bellegarde im Département →Gard aus der Clairette erzeugter Weißwein, der durchweg in seinem ersten Jahr getrunken werden sollte und der als idealer Begleiter zu Fischgerichten gilt.

Clairette de Die Aus der Umgebung von →Die in Südostfrankreich am Rande der Alpen stammender →A.O.C.-→Schaumwein, der nach der sog. *Méthode dioise ancestrale* hergestellt wird. Der Wein stammt aus Clai-

rette und mindestens 75% →Muscat à petits grains, wobei der Most mindestens 136 g/l Zucker aufgewiesen haben muß. Der gärende Most wird, wenn noch 55 g/l Zucker in ihm enthalten sind, in Flaschen gefüllt, in denen er weiter gärt, bis ein →Restzucker von mindestens 35 g/l zurückbleibt. Nach frühestens vier Monaten wird das Depot durch →Degorgieren, nach dem →Transvasierverfahren oder auf eine andere Methode entfernt. Dem Schaumwein darf weder eine →*Liqueur de* →*tirage* noch eine *Liqueur d'expédition* zugesetzt werden. – Bei dem Clairette de Die handelt es sich um mehr oder weniger gefällige Weine, die überwiegend von der lokalen Winzergenossenschaft in den Handel gebracht werden.
Schaumweine des Gebietes, die nach dem →Champagnerverfahren mit einer 2. Flaschengärung erzeugt werden und allein aus der Clairette blanche stammen, kommen seit 1993 als →Crémant de Die in den Verkauf. Die Stillweine des Gebietes werden seit 1993 nicht mehr als Clairette de Die, sondern als →Coteaux de Die in den Handel gebracht.

Clairette du Languedoc Weißer →A.O.C.-Wein der nordöstlich von →Béziers auf 8990 ha allein aus der Clairette erzeugt wird und der zu den bekanntesten Weißweinen des →Languedoc gehört. Der Rotwein des Gebietes hat Anrecht auf die Bezeichnung →Coteaux du Languedoc.

Clape, La Kleine Weinbauzone in der Küstenzone unterhalb von Narbonne, die zu den besten des →A.O.C.-Gebietes →Coteaux du Languedoc gehört und ihren Namen auf dem Etikett hinzufügen darf. Es werden Rot-, Rosé- und Weißweine (10%) erzeugt. Château Rouquette-sur-Mer genießt in jeder Hinsicht den besten Ruf.

Clare Valley Gut 130 km nordwestlich von →Adelaide gelegenes kleines Weinbaugebiet in →Südaustralien mit ähnlichen Böden wie im →Barossa Valley, jedoch heißerem Klima, in dem seit nahezu 150 Jahren Weinbau betrieben wird. Nach wie vor dominiert eindeutig der →Shiraz, von dem Penfolds jedes Jahr einen Teil für ihren →Grange Hermitage verwenden. Taylor's ist ein weiterer bekannter Name.

Claret Englische Bezeichnung für Rotwein. In England selbst wird traditionellerweise roter →Bordeaux als *Claret* bezeichnet. In Australien meint man damit einen Verschnitt aus →Cabernet Sauvignon und →Shiraz.

Clarete In Spanien, insbesondere im Gebiet der →Rioja, gebräuchliche Bezeichnung für einen nach Farbe und Körper leichten Rotwein. →Clairet.

Clarke, Château Von Baron Edmond de Rothschild wiedererrichtetes altes Gewächs in →Listrac-Médoc im →Haut-Médoc mit nahezu kalifornischen Dimensionen (132 ha Rebfläche: 45 % →Merlot, 41,5 % →Cabernet Sauvignon, 11 % →Cabernet franc, 2,5 % →Petit Verdot) und einem Wein, der in den achtziger Jahren viel von sich reden gemacht hat und sicherlich heute einer der besseren Weine der Appellation ist. Doch auch in Listrac wachsen die Bäume nicht in den Himmel.

Classico Italienische Bezeichnung für den ursprünglichen Kernbereich eines Anbaugebietes, das klassische Herkunftsgebiet eines bestimmten Weins, das in der Regel auch heute noch die besten Weine hervorbringt. Am bekanntesten ist diese Bezeichnung beim →Chianti, wo der →Chianti classico nahezu zu einem eigenen Weinbegriff geworden ist. Aber auch der →Soave, der →Valpolicella, der →Kalterersee, der →Verdicchio dei →Castelli di Jesi, der →Cirò und viele andere italienische Weine verfügen über eine jeweils genau definierte *classico*-Zone.

Clavelin Kurze dicke Spezialflasche mit einem Fassungsvermögen von 0,62 l, wie sie für die →*vins jaunes* (→Côtes du Jura, →Arbois, L'→Etoile und →Château-Chalon) traditionellerweise üblich und auch gesetzlich vorgeschrieben ist.

Clerc-Milon, Château 5ᵉ *cru classé* von →Pauillac im →Haut-Médoc mit 28 ha Rebfläche (70 % →Cabernet Sauvignon, 20 % →Merlot, 10 % →Cabernet franc), im gleichen Besitz wie Château →Mouton-Rothschild. Seit Beginn der 1980er Jahre ist die Qualität deutlich angestiegen, so daß es heute ein kraftvoller, tanninreicher, komplexer und ausgeglichener Pauillac ist, der durchaus höher, als durch seinen offiziellen Rang ausgedrückt, einzustufen ist.

Clevner Bezeichnung für je nach Gebiet sehr verschiedenartige Rebsorten und die aus ihnen erzeugten Weine. In →Baden, zumal in der →Ortenau, meint man damit einen →Traminer, in →Württemberg hingegen einen →Frühburgunder, während man in der →Ostschweiz →Klevner schreibt und einen →Spätburgunder meint und in Österreich damit eine Spielart des Weißen →Burgunders bezeichnet. Im →Elsaß bezeichnet Clevner oder Klev(e)ner je nach Erzeuger einen →Pinot blanc, →Auxerrois oder einen Verschnitt aus beiden.

Climat Besonders in →Burgund gebräuchliche Bezeichnung, die der deutschen →Einzellage (österreichisch: →Ried) entspricht.

Climens, Château Nach übereinstimmender Meinung das führende Gewächs von →Barsac und einer der großen süßen Weißweine von →Bordeaux: Goldfarben, von dezenter Süße, viel Rasse, sehr nuancenreich und von einschmeichelnder Eleganz ist er einer der bemerkenswertesten →Likörweine der Welt. 30 ha sind zu 98 % mit →Sémillon und 2 % Sauvignon bestockt.

Clinet, Château Eines der namhaftesten Gewächse aus →Pomerol mit 9 ha (60 % →Merlot, 25 % →Cabernet Sauvignon, 15 % →Cabernet franc) und einem reichen, modernen, kraftvollen und holzbetonten Rotwein, der durchaus seine Liebhaber findet.

Clos Ursprünglich ein mit einer Mauer oder ähnlichem umfriedeter Weinberg in Frankreich, wie etwa der →*Clos de Vougeot*. Heute wird diese Bezeichnung mitunter etwas großzügiger angewandt, darf aber im Zusammenhang mit dem Namen eines Weins nur auf dem Etikett stehen, wenn ein derartiger *Clos* oder eingefriedeter Weinberg tatsächlich existiert und der betreffende Wein von ihm stammt.

Clos, Les Berühmte →grand cru-Lage in →Chablis, eine der besten der acht unter dieser Bezeichnung eingestuften Lagen und mit 26 ha die größte. Ein 2,4 ha großer Teil von ihr ist unter dem Namen *Clos des Hospices* (Alleinbesitz J. Moreau) bekannt. Man vermutet, daß der Weinbau in Chablis von hier seinen Ausgang nahm.

Clos de Bèze Eine der größten Rotweinlagen in →Burgund, deren 15 ha sich in →Gevrey-Chambertin unmittelbar nördlich der Lage →*Chambertin* befinden. Ihre Weine dürfen als Chambertin in den Handel gebracht werden, werden aber zumeist als Chambertin-Clos de Bèze etikettiert. Sie stehen ihrem illustren Nachbarn in nichts nach, manche Kenner geben ihm vielmehr sogar noch den Vorzug. Ihre Weine vereinigen die herausragendsten Eigenschaften der Gewächse von Gevrey in sich: Kraftvoll und fest, von

großartiger Statur, dabei elegant, fein und komplex in ihrem Ausdruck, sind es wahrhaft große Burgunder, die ihresgleichen suchen. A. Rousseau, Clair-Daü, Pierre Damoy, Faiveley u. a. zählen zu den führenden Erzeugern.

Clos Blanc *Premier cru*-Lage in →Pommard, von der, anders als der Name nahelegen könnte, ein guter Rotwein stammt.

Clos du Chapitre Name mehrerer französischer Weinlagen, von denen vor allem zwei Erwähnung verdienen. Die eine liegt in →Fixin im Norden der →Côte de Nuits (Alleinbesitz der Domaine Pierre Gelin), von der ein roter →Burgunder exzellenter Qualität und Rasse stammt; die andere befindet sich in →Viré nördlich von →Mâcon (Alleinbesitz der Domaine Jacques Dépagneux), wo aus dem →Chardonnay ein hervorragender trockener Weißwein, einer der besten des →Mâconnais, bereitet wird.

Clos des Corvées Die vielleicht beste Lage von →Premeaux am südlichen Ende der →Côte de Nuits in →Burgund. Ihr ausgezeichneter Rotwein – vollmundig, rund, mit einer recht angenehm erdigen Nuance im Geschmack – kommt unter der Appellation →*Nuits-Saint-Georges* in den Handel. Die angrenzende, kaum weniger gute Lage *Clos des Argillières* gehört zum gleichen Domaine du Général Gouachon.

Clos des Goisses Ein großartiger und geradezu einzigartiger 6 ha umfassender Weinberg an einem Steilhang über der Marne bei →Mareuil-sur-Ay in der →Champagne, der zu 70 % mit →Pinot noir und zu 30 % mit →Chardonnay bestockt ist. Aus ihnen wird ein hervorragend feiner und eleganter →Champagner erzeugt, einer der wenigen, die unter einem Lagennamen in den Handel kommen. Heute im Besitz von Gosset-Philipponat.

Clos Haut-Peyraguey, Château *Premier cru classé* im Gebiet von →Sauternes und hervorragendes Gut in →Bommes mit 15 ha Rebfläche (83 % →Sémillon, 15 % →Sauvignon, 2 % →Muscadelle) und einem ausgezeichneten goldenen, süßen Wein, einem typischen Sauternes, der vielleicht nicht ganz den Rang von Château →Lafaurie-Peyraguey hat.

Clos des Jacobins, Château Ausdrucksvoller, kerniger *grand cru classé* aus →Saint-Emilion mit 7 ha Rebfläche (50 % →Merlot, 45 % →Cabernet franc, 5 % →Cabernet Sauvignon).

Clos des Lambrays Seit 1981 →*grand cru*-Lage (8,8 ha) in der Gemeinde →Morey-Saint-Denis, unmittelbar angrenzend an den →*Clos de Tart*, der einen ausgeglichenen und komplexen roten →Burgunder hervorzubringen vermag. Im Besitz des Domaine des Lambrays.

Clos du Mesnil 1,87 ha große Lage in Le →Mesnil-sur-Oger an der →Côte des Blancs in der →Champagne, im Besitz des Hauses →Krug, das, beginnend mit dem Jahrgang 1979, von dort einen Lagenchampagner, den *Clos du Mesnil* →*Brut* →*Blanc de Blancs*, in den Handel bringt, der aufgrund seiner traditionellen Art, großen Eleganz, Rasse und Differenziertheit wohl einer der bemerkenswertesten Champagner ist, den es derzeit gibt.

Clos des Mouches Namhafte *premier cru*-Lage von →Beaune in →Burgund (etwa zur Hälfte im Besitz von Joseph Drouhin), von der ein anziehender, feingliedriger Rotwein und erstaunlicherweise ein vielleicht sogar noch besserer Weißwein kommt. Bei letzterem dürfte es sich um den bedeutendsten Weißwein Beaunes handeln, etwa einem →Meursault vergleichbar.

Clos de la Mousse Ausgezeichnete *premier cru*-Lage von →Beaune in →Burgund (Alleinbesitz von Bouchard Père & Fils), von der ausschließlich Rotweine stammen, die von großer Feinheit und Eleganz sind und nicht mit denen des →*Clos des Mouches* verwechselt werden sollten.

Clos de l'Oratoire des Papes Bekanntes Weingut in →Châteauneuf-du-Pape, dessen Weinen es heute allerdings mitunter etwas an Schliff zu fehlen scheint.

Clos de la Perrière Lage, im Alleinbesitz des Domaine de la Perrière, mit seit alters geachtetem Rotwein in →Fixin in →Burgund (auch →Perrière). – Der *Clos des Perrières* ist ein kleiner, besonders geschätzter Teil der Lage *Perrières* in →Meursault, der einen Weißwein bemerkenswerter Ausgeglichenheit und Rasse hervorbringt.

Clos René, Château Kleines Weingut in →Pomerol mit 11 ha Rebfläche (60 % →Merlot, 30 % →Cabernet franc, 10 % →Malbec) und einem ausgezeichneten, vollen und beständigen roten →Bordeaux.

Clos de la Roche Ausgezeichnete *grand cru*-Lage in →Morey-Saint-Denis in →Burgund, für viele Kenner, anders als der Gemeindename andeutet, die beste Lage des Ortes. Auf seinen 17 ha wächst ein wahrhaft großer Burgunder: kraftvoll, fest, kompakt und nuancenreich, der einem →Chambertin nur wenig nachsteht, auch wenn er in der Regel dessen Rasse und Rang nicht ganz erreicht. Armand Rousseau, Dujac, Georges Lignier u. a. zählen zu den namhaftesten Erzeugern.

Clos du Roi Name gleich zweier, weithin geschätzter Lagen in →Burgund, die beide einen hervorragenden, wenn nicht bemerkenswerten Rotwein hervorbringen. Die höherrangige befindet sich in

→Aloxe-Corton, und ihr Wein ist als →*Corton-Clos du Roi grand cru AC* im Handel. Bei der anderen handelt es sich um eine *premier cru*-Lage in →Beaune, etikettiert als *Beaune Clos du Roi.*

Clos Saint-Denis Bedeutende *grand cru*-Lage unmittelbar nördlich des Ortskerns von →Morey-Saint-Denis in →Burgund, die auf 6,6 ha vielleicht nicht den besten Rotwein der Gemeinde hervorbringt, doch stets einen vollen, substantiellen und komplexen roten Burgunder hoher Klasse. Dujac, Georges Lignier u. a. gelten als führende Erzeuger.

Clos Saint-Jacques Ausgezeichnete Lage in →Gevrey-Chambertin, als *premier cru* eingestuft und vielleicht die beste der so klassifizierten Lagen in →Burgund. Der hervorragende, vollmundige, feine Rotwein vermag bemerkenswerte Qualität zu erreichen, zumal wenn er von Armand Rousseau oder einem anderen namhaften Erzeuger stammt.

Clos Saint-Jean Ausgezeichnete Lage in →Chassagne-Montrachet. Neben *Les Boudriottes* und *La Maltroie* dürften die vom *Clos Saint-Jean* kommenden Rotweine vermutlich die besten dieser wegen ihrer Weißweine berühmten Weinbaugemeinde in →Burgund sein.

Clos de Tart Eine der besten *grand cru*-Lagen von →Morey-Saint-Denis in →Burgund, im Süden der Gemeinde unmittelbar angrenzend an →*Bonnes-Mares* gelegen. Seine 7,5 ha befinden sich ausschließlich im Besitz von Mommessin, der hier einen Wein erzeugt, der zwar nicht über die Kraft und Festigkeit des Bonnes-Mares verfügt, jedoch durch seine Struktur, Komplexität und finessenreiche Eleganz stets beeindruckt.

Clos de Vougeot Weltberühmte *grand cru*-Lage in →Burgund, die größte an der →Côte d'Or (50,6 ha), die im 12. Jahrhundert von Zisterziensermönchen auf ursprünglich brachliegendem Boden begründet wurde. Im Schnitt werden heute über 1500 hl erzeugt. Über 80 verschiedene Besitzer teilen sich derzeit in den *Clos de Vougeot*, wobei die Besitzanteile naturgemäß nicht nur unterschiedlich groß sind, sondern sich auch in unterschiedlich bedeutenden Teilen der Lage befinden. Als namhafteste Besitzer gelten Jacques Prieur, Champy, Grivot, Lamarche, Joseph Drouhin, Engel, Faiveley, Bertanga, Noëllat, Drouhin-Laroze u. a. Die besten Weine, meist Erzeugerabfüllungen, stammen üblicherweise aus dem oberen Teil der Lage, der an den →*Musigny* und den →*Grands Echézeaux* grenzt. Insgesamt gesehen stellen praktisch alle Clos de Vougeot-Weine erstklassige Burgunder dar, die sich vielleicht mehr durch ihr Bukett als durch die Komplexität als durch die kraftvolle Fülle ihres Körpers auszeichnen. – Das in seinem Kern mittelalterliche Château de Vougeot inmitten der Lage mit seinen massiven alten Weinpressen befindet sich im Besitz der burgundischen Weinbruderschaft *Chevaliers du* →*Tastevin.*

Coastal Region Zwischen Küste und erster Bergkette gelegene Weinbauregion Südafrikas, aus der in der Regel die besten Weine des Landes kommen. Während früher die Region für die ganzen Weinbaugebiete von →Constantia und Durbanville, →Paarl, →Stellenbosch, Swartland, Tulbagh und Franschhoek angewandt wurde und damit etliche der herausragendsten und zunehmend bedeutender werdenden südafrikanischen Rot- und Weißweine dank ihres durch den Einfluß des Atlantik ausgeglichenen, nicht zu heißen Klimas aus dieser aufstrebenden Region, in der der südafrikanische Weinbau vor über 300 Jahren seinen Ursprung nahm, meinte, gilt der Begriff Coastal Region (Kuustreek) heute als Weinbaugebiet allein als Oberbegriff für die beiden Untergebiete Durbanville und Constantia.

Codirosso Neuer roter →Tafelwein aus der →Toscana, der in Gaiole inmitten des →Chianti classico-Gebietes von Vistarenni aus →Sangiovese erzeugt und in →Barriques ausgebaut wird. Der Wein verfügt über Kraft, Charakter und Tannin und überzeugt durch seinen Charme und seine Eleganz. Gewiß nicht der größte toscanische Rotwein der neuen Welle, doch einer, der am überzeugendsten Tradition mit Innovation verbindet.

Cognac Südwestfranzösisches Weinbaugebiet mit 80112 ha Rebfläche, zu nahezu gleichen Teilen in den beiden Départements Charente und Charente-Maritime, die ausschließlich der Erzeugung von *Cognac* bzw. von *Eau-de-vie de Cognac* oder *Eau-de-vie des Charentes*, einem Weinbrand, der hauptsächlich aus →Ugni blanc (lokal auch →Saint-Emilion des Charentes genannt), →Colombard u. a. weißen Rebsorten erzeugt wird, während die einst vorherrschende →Folle blanche heute kaum noch anzutreffen ist. Der →Ertrag ist, nicht allein um der erforderlichen Säure willen, für französische Verhältnisse außerordentlich hoch und mit in der Regel über 100 hl/ha der höchste aller französischen →A.O.C.-Gebiete. Als mindestens ebenso entscheidend gilt der Boden, der in seinen besten Lagen im Zentrum des Gebietes nahezu ebenso kreidereich ist wie in der →Champagne. Diese Bereiche führen daher die Bezeichnung *Grande fine champagne* und *Grande champagne*. Um sie herum liegt der ebenfalls noch sehr gute, aber schon nicht mehr ganz so kreidereiche Bereich der *Petite champagne*. Nördlich daran grenzt der kleine Bereich der *Borderies*. Kreisförmig um

diese Kernbereiche herum liegen jene der *Fins Bois* und dann der *Bons Bois*, in denen die Böden fett und kaum noch kreidehaltig sind. Als *Fine champagne* deklarierte Cognacs kommen aus der *Grande* und der *Petite champagne*, wobei der Anteil der Weine aus der *Grande champagne* mindestens 50 % ausmachen muß.

Colares Das wohl in jeder Hinsicht eigentümlichste Weinbaugebiet Portugals mit eigener →DOC, im Bezirk Sintra westlich von Lissabon unmittelbar am Atlantik gelegen. Auf 350 ha werden die Rebstöcke in den Sanddünen in 3 m tiefen Löchern eingegraben, wo sie in den darunterliegenden Schichten aus Kalk, Kreide und Basalt wurzeln, und zusätzlich mit Schilfwänden gegen die rauhen Atlantikwinde geschützt. Nur der von diesen Böden stammende Wein darf mit kontrollierter Ursprungsbezeichnung (so auch bereits unter den Regelungen der früheren →Região demarcada) auf Flaschen gefüllt in den Handel gebracht werden. Der Rotwein wird zu mindestens 80 % aus Ramisco erzeugt und ist vollmundig, mit einem feinen Pfefferton, von großer Eleganz und, wenn gelungen, von nahezu unbegrenzter Haltbarkeit. Es gibt 25jährige rote Colares, die in Farbe, Bukett und Geschmack von einer geradezu unglaublichen Frische sind. Auch der Weißwein aus →Malvasia mit kleineren Zusätzen von Arinto u. a. Sorten ist von ähnlich ungewöhnlicher Qualität, die sich trotz eines Alkoholgehalts von nur ca. 11,5 % vol. erst voll im Alter entfaltet. Ein etwa 15 Jahre alter weißer Colares kann von bemerkenswerter Frucht, Rasse und Art sein und dürfte dann zu den besten portugiesischen Weißweinen zählen.

Damit der rote wie weiße Colares nicht zu früh in den Handel kommen, müssen die Weine für mindestens drei Jahre in großen Fässern der *Adega Regional*, einer einzigartigen Kontrollinstanz, gelagert werden, bevor sie die Vermarkter zurückerhalten. Leider sind die Weine dieses winzigen Gebietes äußerst selten und nur schwer erhältlich. Doch jede Mühe lohnt sich, denn es gibt in Portugal kaum bessere Rot- und Weißweine. Antonio Bernardino Paulo da Silva aus Azenhas do Mar ist ein namhafter Erzeuger, der übrigens ebenfalls in kleinen Mengen einen weiteren hervorragenden und ungemein eleganten Weißwein erzeugt als »Colecção Privada«.

Colheita Portugiesische Bezeichnung für Jahrgang, entsprechend dem spanischen →Cosecha und englischen →Vintage.

Collage Französisch für →Schönen.

Colle Picchioni Ausgezeichnete Rot- und Weißweine aus →Marino, südöstlich von Rom an den Ausläufern der Albaner Berge in →Latium gelegen. Der Rotwein wird vor allem aus →Cabernet Sauvignon, →Cabernet franc und →Merlot erzeugt, während der Weiße aus →Malvasia besteht mit Zusätzen von →Trebbiano, →Greco und Bellone. Der herausragendste Rotwein ist der *Vigna del Vassallo*, ein substantieller, gehaltvoller und strukturierter Rotwein, den Kenner heute zu den beachtenswertesten in Italien zählen. Das nur 4 ha große Gut befindet sich im Besitz von Paola di Mauro.

Colli Albani Trockener oder leicht süßlicher ansprechender Weißwein aus →Malvasia und →Trebbiano, der in der Umgebung von Albani in den Albaner Bergen südöstlich von Rom in →Latium erzeugt wird und den Status eines →DOC-Weins genießt. Es wird auch etwas →spumante erzeugt.

Colli Altotiberini →DOC-Bezeichnung für Rot- und Weißweine aus 9 Gemeinden im oberen Tibertal, nördlich von Perugia, in →Umbrien. Die Rotweine werden hauptsächlich aus →Sangiovese und →Merlot, die Weißweine aus →Trebbiano und →Malvasia erzeugt.

Colli Aretini Östlich des →Chianti classico-Gebietes in der →Toscana zumeist an den Abhängen des Valdarno gelegenes Gebiet, aus dem einiger beachtenswerter →Chianti kommt, der *Chianti dei Colli Aretini*. Villa La Selva, San Fabiano, Cignano u. a. gelten als verläßliche Erzeuger.

Colli Berici Südlich von Vicenza gelegener, 27 Gemeinden umfassender Weinbaubereich des →Veneto, laut →DOC-Statut, 7 verschiedenen Weinen. In der Regel sind sie von eher durchschnittlicher Qualität, über die Alfredo Lazzarini und die Conti da Schio (→Costozza) deutlich herausragen. Angesichts der überragenden Qualität dieser Weine, unter denen einige sind, wie der →Merlot von Lazzarini, die qualitativ von keinem vergleichbaren Wein Nordostitaliens übertroffen werden, dürften wohl die Voraussetzungen für die Erzeugung von Weinen überdurchschnittlicher Qualität gegeben sein. Bleibt zu hoffen, daß diese in Zukunft besser genutzt werden. Der Bereich hätte dann gewiß Aussicht, einmal zu den großen Weinnamen in Italien gezählt zu werden.

Colli Bolognesi Südlich von Bologna gelegenes →DOC-Gebiet, entweder mit dem Zusatz *Monte San Pietro* oder *Castelli Medioevali* oder beidem, in dem insgesamt 8 Rot- und Weißweine aus →Barbera, →Cabernet Sauvignon, →Chardonnay, →Merlot, Pignoletto, →Pinot bianco, Riesling italico (→Welschriesling) und →Sauvignon erzeugt werden. Den größten Namen genießt das Weingut →Terre Rosse von Enrico Vallania in Zola Predosa.

Colli Euganei 17 Gemeinden in den Euganeischen Hügeln in der Provinz Padua im →Veneto umfassender Weinbaubereich mit eigenem →DOC-Statut für 5 Rebsorten-Weine (→Cabernet, →Merlot, →Moscato, →Pinot bianco und →Tocai sowie einen →Bianco und einen →Rosso). Letzterer gilt als der beste.

Colli Fiorentini Anmutige Hügellandschaft um Florenz, für viele der Inbegriff der toscanischen Landschaft. Weinrechtlich ist sie das Ursprungsgebiet des →Chianti dei Colli Fiorentini, aus dem einige der hervorragendsten Chianti außerhalb der →Chianti classico-Zone kommen, die diesen an Feinheit und Differenziertheit kaum nachstehen. La Querce, Torre a Decima, Torricino u. a. gelten als führende Erzeuger.

Colli Lanuvini Zwischen den →DOC-Zonen der →Colli Albani, →Velletri und →Aprilia gelegener kleiner Weinbaubereich im Süden der Albaner Berge in →Latium mit einigen der besseren Weißweine der Gegend, die vor allem aus →Malvasia und →Trebbiano erzeugt werden.

Colli Morenici Mantovani del Garda Rot-, Rosé- und Weißweine, die in 6 Gemeinden der Provinz Mantua südöstlich des →Gardasees aus Rossanella und →Merlot bzw. →Trebbiano, →Garganega und eventuell weiteren Sorten erzeugt werden. Der Rosé darf als →Chiaretto bezeichnet werden. Insgesamt stehen die Weine im Schatten ihrer bekannteren Nachbarn vom Gardasee bzw. aus der Provinz →Verona.

Colli Orientali del Friuli Nordwestlich des →Collio gelegener Weinbaubereich von →Friuli-Venezia Giulia mit insgesamt 19 Rebsorten-Weinen, die denen des Collio in der Regel kaum nachstehen. Dazu gehören die beiden →Cabernet, der →Merlot, der →Picolit, der

teuerste italienische →Likörwein, →Pinot bianco und →Pinot grigio, →Pinot nero, der weiße →Ribolla, →Riesling Renano, →Refosco, →Sauvignon, →Tocai und →Verduzzo. Der bedeutendste aus den Colli Orientali stammende Wein dürfte der bemerkenswerte →Schioppettino sein, der erst seit kurzem über den →DOC-Status verfügt. Zu den namhaftesten Erzeugern gehören Ronchi di Cialla, Abbazia di Rosazzo, Bosco Romagno (Zambotto), Ronco del Gnemiz, Vigne dal Leon, Volpe Pasini, Livio Felluga, Girolamo Dorigo u. a.

Colli di Parma Südlich von Parma in der →Emilia-Romagna unweit der einstigen Burg Canossa, in der Papst Gregor VII. König Heinrich IV. nach dessen berühmtem Gang vom Bann löste, gelegene Weinbauzone, aus der drei →DOC-Weine kommen, ein aus →Barbera, →Bonarda und Croatina bestehender Rotwein sowie ein →Malvasia und ein →Sauvignon als Weißwein. Der Malvasia gilt als der beachtenswerteste, zumal als →Schaumwein.

Colli Perugini Rot-, Rosé- und Weißweine, vorwiegend aus →Sangiovese bzw. →Trebbiano, die aus 6 Gemeinden aus dem Tibertal unterhalb von Perugia in →Umbrien kommen. Sie können höchst beachtenswert sein.

Colli Piacentini →DOC-Bezeichnung für insgesamt 11 Weine aus der Provinz Piacenza in der →Emilia-Romagna, darunter →Barbera, →Bonarda, →Pinot nero bzw. →Malvasia, →Pinot grigio, →Sauvignon u. a. Der beachtenswerteste dürfte der →Gutturnio dei Colli Piacentini sein.

Colli Senesi Reizvolle Hügellandschaft in der →Toscana in der näheren und weiteren Umgebung der Stadt Siena, aus der eine Reihe bedeutender Weine kommen, darunter einige als →Chianti classico etikettierte Weine, ferner der →Vernaccia di San Gimignano sowie weiter südlich schließlich der →Brunello di Montalcino und der →Vino Nobile di Montepulciano. Wenn jedoch *Colli Senesi* als Ursprungsgebiet auf dem Etikett erscheinen, handelt es sich um den *Chianti dei Colli Senesi*, der zu den besten Chianti außerhalb des →*classico*-Gebietes zählen kann. Pietrafitta, La Lellera, Montenidoli, Majnoni Guicciardini u. a. gelten als führende Erzeuger.

Colli Tortonesi Im Südosten von →Piemont um die Gemeinde Tortosa gelegene →DOC-Zone mit einem →Barbera und einem →Cortese. Beide zählen nicht zu den vorzüglichsten Schöpfungen des piemontesischen Weinbaus.

Colli del Trasimeno Rot- und Weißweine mit →DOC-Prädikat, die in →Umbrien rings um den Trasimener See vorherrschend aus →Sangiovese bzw. →Trebbiano erzeugt werden und mitunter recht ansprechend sein können. La Querciolana u. a. gelten als namhafte Erzeuger.

Colline Lucchesi →DOC-Bezeichnung für einen Weiß- wie Rotwein aus der Umgebung von Lucca in der →Toscana. Der Weißwein wird aus →Trebbiano, →Greco, →Vermentino und →Malvasia erzeugt, während der Rotwein aus →Sangiovese, Canaiolo, Trebbiano, Vermentino, Malvasia, Ciliegino und Colorino stammt. Er ist vollmundig, gehaltvoll und im Alter samtig und kann an einen guten →Chianti erinnern.

Colline Pisane Das südlich des Arno zwischen Pisa und Volterra gelegene Hügelland der →Toscana und das am weitesten nach Westen gelegene Anbaugebiet des Chianti. Dieser als *Chianti delle Colline Pisane* bezeichnete Wein ist in der Regel ohne größere Bedeu-

tung, kann aber durchaus ansprechend und freundlich sein. Cempini Meazzuoli, Piedivilla, Gaslini, Salvadori (Vino del Caratello) u. a. gelten als führende Erzeuger.

Collio Qualitativ der wohl bedeutendste Weinbaubereich von →Friuli-Venezia Giulia in der Umgebung des alten habsburgischen Görz, heute Gorizia, unmittelbar an der slowenischen Grenze, der insbesondere für seine Weißweine berühmt ist, darunter mit →DOC-Prädikat →Chardonnay, →Malvasia, →Picolit, →Pinot bianco, →Pinot grigio, →Riesling renano, →Riesling italico, →Sauvignon, →Tocai, →Traminer. Die besten Weine des Collio zeichnen sich durch herausragende Frucht, Körper und Struktur aus, die ihnen gemeinsam ein Maß an Ausgeglichenheit verleihen, wie es nur wenige italienische Weißweine anderer Gebiete erreichen. Über diesen Weinen sollten nicht die mitunter ausgezeichneten Rotweine (→Cabernet franc, →Merlot, →Pinot nero) vergessen werden. Als führende Erzeuger gelten Gravner, Jerman, Schiopetto, Gradnik, Villa Russiz, Francesco Pecorari (San Leonardo), Russiz Superiore, Eno Friula, Livio bzw. Marco Felluga, Conti Attems u. a.

Collioure Einer der reizvollsten Orte der Pyrénées-Orientales an der französischen Mittelmeerküste. Aus seiner Umgebung kommt ein bekannter →*Vin doux naturel*, der →Banyuls. In kleinen Mengen (etwa 10 000 hl jährlich) wird auch ein kräftiger, alkoholreicher (12–15 % vol.), trockener Rotwein (auch als Roséwein) hauptsächlich aus →Grenache und →Mourvèdre erzeugt. Domaine du Mas Blanc genießt einen guten Namen.

Colmar Französische Stadt im Département →Haut-Rhin, wichtiges Weinhandelszentrum und – unter dem Gesichtspunkt des Weins – die eigentliche Hauptstadt des →Elsaß.

Colombard Qualitativ eher durchschnittliche, ergiebige und säurebetonte weiße Rebsorte, die insbesondere in den Départements Charente und Charente-Maritime angepflanzt und zur Herstellung des →Cognac verwandt wird. Vereinzelt trifft man sie auch im benachbarten →Bordeaux-Gebiet, wo sie als Zusatzsorte zugelassen ist. – In →Kalifornien ist sie mit derzeit 22 700 ha die zweitwichtigste Rebsorte.

Coltassala Lage im Besitz des namhaften Weingutes Castello di Volpaia bei Radda inmitten des →Chianti classico-Gebietes in der →Toscana und der von dort stammende →Barriquewein aus 95 % →Sangiovese und 5 % Mammolo. Der Wein wird seit 1980 erzeugt, ist langsam reifend, vermag aber dann außerordentliche Finesse, Eleganz und Nuancenreichtum zu entwickeln. Wenn voll gelungen, zählt er zu den bemerkenswertesten neuen Rotweinen der Toscana.

Commandaria →Zypern

Conca de Barberá Weinbaugebiet in →Katalonien, unweit von →Tarragona, das seit 1989 über eine eigene →Denominación de Origen verfügt. Seine annähernd 7000 ha Rebfläche lieferten in der Vergangenheit vor allem Grundweine für die Schaumweinriesen aus dem nahen →Penedés. Doch inzwischen werden in zunehmendem Maße auch eigene Weiß- und Rotweine aus →Macabeo, Parellada, →Tempranillo u. a. Sorten erzeugt.

Concerto Roter →Barriquewein aus der →Toscana vom Weingut Castello di Fonterutoli, der aus →Sangiovese, →Cabernet u. a. Sorten erzeugt wird. Scheint ähnlich dem →Chianti des Gutes rasch zu reifen und dann schwach auszuklin-

gen. Neuere Jahrgänge sollen besser sein.

Condado de Huelva Weinbaugebiet mit eigener →Denominación de Origen im äußersten Südwesten Spaniens zwischen dem →Sherry-Gebiet und der portugiesischen Grenze. Auf gut 12 000 ha werden zwei verschiedene Arten von Wein erzeugt, einmal ein normaler Weißwein zum Essen und zum anderen →*vinos generosos* nach dem →Soleraverfahren, ähnlich dem Sherry, mit →Finos, →Amontillados, →Olorosos und →Dulces. Neben der lokalen Sorte Zamela, auf die nahezu 90 % der Rebfläche entfallen, werden →Palomino (lokal auch Listán genannt), →Moscatel und Garrido fino angepflanzt. Andrade, Oliveiros Perea, Raposo u. a. gelten als führende Erzeuger.

Condrieu Interessanter und eigenwilliger Weißwein, der rund 50 km südlich von →Lyon im →Rhône-Tal in den Gemeinden Condrieu, Vérin, St-Michel u. a. auf ca. 12 ha aus der →Viognier erzeugt wird. Die Weinberge sind ähnlich steil wie jene der nahe gelegenen →Côte Rôtie. Der Wein ist goldfarben, fruchtig, mit charaktervollem Bukett und in der Regel trocken. Auch wenn die besten von ihnen in der Regel nicht ganz das Format des →Château-Grillet erreichen und regelrecht enttäuschende Abfüllungen leider vorkommen können, verdient der Wein jede Beachtung. Paul Multier, Georges Vernay u. a. gelten als führende Erzeuger.

Conegliano Weinbaugemeinde nördlich von Venedig mit berühmter Weinbauschule und einem Weinbau-Institut, das als Propagator einer modernen Kellerwirtschaft nach heutigen wissenschaftlichen Erkenntnissen eine Art →Geisenheim Italiens ist. Ferner Zentrum der →DOC-Zone des →Prosecco di Conegliano, eines trockenen oder als

→amabile abgefüllten Weißweins, der auch als →Perl- (→frizzante) oder →Schaumwein (→spumante) in den Handel kommt.

Conseillante, Château La Großartiger Rotwein aus →Pomerol und eine der führenden crus des Gebietes, qualitativ zweiten Gewächsen des →Médoc durchaus vergleichbar, wenn nicht überlegen. Der Charakter des Weins ist jedoch ein ganz anderer. Auf 12 ha werden zu 65 % →Merlot, 30 % Cabernet franc und 5 % →Malbec angepflanzt, die einen sehr geschliffenen, ungemein eleganten und komplexen Wein ergeben, der zu den bemerkenswertesten roten →Bordeaux gehört, der seit Ende der achtziger Jahre noch besser geworden ist.

Consejo Regulador Vom spanischen Weingesetz und seinen Ausführungsbestimmungen in den jeweiligen Qualitätsweinbaugebieten eingerichtete Aufsichts- und Überwachungsbehörde zur Kontrolle und Praktizierung der gesetzlichen Bestimmungen für die Erzeugung von Wein gemäß der →Denominación de Origen.

Constantia und Durbanville Ältestes Weinbaugebiet Südafrikas in der Umgebung von Kapstadt, dessen ältestes und bekanntestes Weingut Groot Constantia im 19. Jahrhundert Weine erzeugte, die selbst in Frankreich in hohem Ansehen standen. Heute Name der beiden Untergebiete des Weinbaugebietes →Coastal Region. Nach einer langen Zeit des Niedergangs profitieren auch diese Bereiche von dem Neuaufschwung des südafrikanischen Weinbaus, und das Weingut Groot Constantia verdient seit Ende der achtziger Jahre zweifellos wieder Beachtung.

Convivio Ein neuer Rotwein, der von Giorgio Regni in Gaiole in →Chianti vor allem aus →Sangiovese, in →Barri-

ques ausgebaut, erzeugt wird: Tief, konzentriert und komplex, mit einem feinen Schokoladenton beeindruckt er durch seine köstliche Eleganz und Ausgeglichenheit.

Coonawarra Kleines Weinbaugebiet im äußersten Südosten von →Südaustralien, das heute als das qualitativ führende des Kontinents angesehen wird. Im wesentlichen dankt es sein herausragendes Ansehen zwei Faktoren: Rund 420 km südöstlich von →Adelaide gelegen, gehört es zu den südlichsten und kältesten australischen Weinbaugebieten überhaupt, von seinen Wärmegraden noch am ehesten der →Champagne vergleichbar. Die Folge ist eine für Australien ungewöhnlich langsame und lange Reifeperiode (statt wie anderswo Ende Februar ist die Lese erst Ende April), die natürlich erhebliche Risiken mit sich bringt, aber ebenso als Qualitätsfaktor gilt wie der Boden, ein 15 km langer und 200–1500 m breiter Streifen roter Erde, die berühmte *Terra rossa* von Coonawarra, die heute praktisch vollständig mit Reben bestockt ist, und zwar insbesondere mit →Cabernet Sauvignon, sowie mit größeren Anpflanzungen von →Riesling. Die besten Weine sind gehaltvoll, tief, strukturiert, fein und elegant. Wynns verfügt über etwa ein Drittel der rund 1300 ha der *Terra rossa*-Böden und ist ein verläßlicher Erzeuger, aber auch Penfolds, Lindemans, Mildara, Leconfield, Rosemount u. a. erzeugen dort vorzügliche Weine.

Copertino Weitgehend bis ausschließlich aus →Negro amaro erzeugter Rot- und Roséwein aus der Umgebung von Copertino im Süden →Apuliens westlich von Lecce. Besonders der Rotwein gehört zu den besten des →Salento, sollte jedoch angesichts seines Tanninreichtums erst nach einigen Jahren der Reife getrunken werden, zumal die nach zweijähriger Lagerung als →riserva in den Handel kommende Qualität. Barone Bacile di Castiglione gilt allgemein als führender Erzeuger.

Corbara (Lago di) In verschiedenen Teilen Italiens anzutreffender Name für lokale →Tafelweine. Der beste von ihnen dürfte in der Umgebung des Lago di Corbara zwischen →Orvieto und Todi aus →Sangiovese, →Montepulciano und Canaiolo erzeugte Rotwein sein: samtig, doch mit unverkennbarem Kern und Rasse. Barberani u. a. Erzeuger haben einen Namen. Seit einiger Zeit erzeugt Barbi hier seinen bemerkenswerten →Decugnano dei Barbi.

Corbières Hügelige Weinlandschaft im →Midi südlich der →Aude in dem nach ihr benannten Département, in der in 87 Weinbaugemeinden der rote oder weiße Corbières erzeugt wird. 39 Gemeinden, nahezu ausschließlich im mediterranen Teil des Gebietes haben das Recht auf die Bezeichnung Corbières →supérieures. Mit der Verleihung des →A.O.C.-Rangs für die Weine von Corbières 1985 sind die Bemühungen verbunden, beim roten Corbières den Anteil des →Carignan möglichst auf um die 50 % zu reduzieren zugunsten eines höheren Anteils von →Syrah und →Mourvèdre. Ergänzende Sorten sind →Grenache, Lladoner Pelut, Picpoul noir, Terret und →Cinsaut, wobei letzterer 20 % nicht übersteigen darf. Die Weißweine werden aus Bourboulenc, Grenache blanc, →Macabeo, →Clairette, →Muscat, →Picpoul blanc und Terret erzeugt, wobei die ersten drei zu mehr als 50 % im Wein enthalten sein müssen. Die in der Regel gehaltvolleren, aromatischen und ausgeglichenen Rotweine gehören zu den angenehmsten und unkompliziertesten Weinen des →Languedoc. Die 9 besten Gemeinden im Süden des Gebietes dürfen ihre Weine unter der Bezeichnung →Fitou in den Handel bringen. Sie dürfen ebenfalls den →Rivesaltes und den →Muscat de Rive-saltes erzeugen. Château St-Auriol zählt zu den führenden Erzeugern.

Corbin, Château *Grand cru classé* in →Saint-Emilion, ähnlich Château →Figeac einst eine große Domäne, die im Laufe der Jahrhunderte zerstückelt wurde, so daß es heute eine ganze Reihe von Gütern gibt mit Corbin als Namensteil: Châteaux Grand-Corbin-Despagne, Corbin-Michotte, Gran-Corbin, Haut-Corbin und Grand-Corbin-Manuel. Bei allen Unterschieden zwischen den Weinen dieser Güter sind sie in der Regel tief, weich und geschmeidig und mehr oder weniger hervorragend. Auch in →Montagne-Saint-Emilion gibt es ein Château Corbin.

Corgoloin Südlichste Weinbaugemeinde der →Côte de Nuits in →Burgund, aus der in der Regel weniger bedeutsame Weine kommen. Sie werden meist als *Côte de Nuits-Villages* oder schlicht als *Bourgogne* in den Handel gebracht.

Cori Südöstlich von Rom und den Albaner Bergen gelegene kleine →DOC-Zone in →Latium mit Weißweinen aus →Malvasia und →Trebbiano und Rotweinen aus →Montepulciano, Nero buono und →Cesanese. Bislang haben sie wenig Aufsehen erregt.

Cornas Kräftiger, angenehmer, aber mitunter etwas rustikaler Rotwein aus dem →Rhônetal. Ebenso wie der einige Kilometer weiter nördlich auf dem gegenüberliegenden Ostufer der Rhône angebaute →Hermitage wird er aus →Syrah erzeugt. Im Gegensatz zu diesem verfügt der Cornas jedoch über einen deutlichen *Goût de terroir* (→Bodengeschmack), zumal in seiner Jugend. Bei längerer Lagerung gewinnt er allerdings an Qualität. Auguste Clape, Marcel Juge, Robert Michel u. a. gelten als führende Erzeuger.

Corniello Ausgezeichneter, fruchtiger und ausgeglichener Weißwein, der von einer Gruppe von Winzern, der Associazione vignaiuoli Alta Maremma, im Val di Cornia nordöstlich von Piombino in der →Toscana überwiegend aus →Trebbiano und →Vermentino erzeugt wird.

Coronata Guter Weißwein aus →Ligurien von den Hügeln oberhalb von Genua.

Corse Französischer Name für →Korsika, auf der heute rund 7600 ha mit Reben bestockt sind. Als Weinappellation ist *Vin de Corse* die zusammenfassende Bezeichnung jener Bereiche, die nicht wie →Ajaccio oder →Patrimonio über eine eigene Appellation verfügen oder wie →Sartène, →Porto Vecchio, Figari, Coteaux du Cap-Corse und Calvi ihren Namen der Bezeichnung *Vin de Corse* hinzufügen dürfen. Weine mit der schlichten Appellation *Vin de Corse* müssen deswegen nicht von geringerer Güte sein. So genießen z. B. die Domaines de Musoleu in Folelli, Vico in Ponte-Leccia, die Cave des vignerons von Aleria u. a. einen guten Ruf.

Cortaccio Neuer →Tafelwein aus der →Toscana, der von Cafaggio in Panzano aus →Cabernet Sauvignon erzeugt und in →Barriques ausgebaut wird. Der Wein ist charmant und ansprechend und in jeder Weise beachtenswert.

Cortaillod Westschweizer Weinbaugemeinde im Kanton →Neuenburg, in dem überwiegend Weißwein aus dem →Chasselas erzeugt wird. Weithin bekannt ist der Ort jedoch für seine ausgezeichneten Rot- und Roséweine aus →Pinot noir, die zu den besten der →Westschweiz gehören.

Corte, La Seit 1978 vom Castello di Querceto in Greve im →Chianti classico-Gebiet allein aus →Sangiovese er-

zeugter und in →Barriques ausgebauter kräftiger und tanninreicher Rotwein, der heute zu den besten seiner Art in der →Toscana zählt.

Cortese Vor allem in →Piemont anzutreffende Weißweinsorte, deren bekanntester – und teuerster – Wein der →Gavi ist. Die modische Wertschätzung dieser Sorte ist heute meist nur noch schwer nachvollziehbar, denn aufgrund des längst um sich gegriffenen extrem reduktiven →Ausbaus sind die Weine inzwischen in der Regel mehr oder weniger schlank im Körper, neutral im Geschmack und sehr säurebetont, ohne dabei die Differenziertheit und Komplexität eines →Rieslings auch nur annähernd zu erreichen, wohingegen noch zu Beginn der achtziger Jahre traditionell ausgebaute Weine durchaus beachtliches Niveau zu erreichen vermochten. Heute hingegen sind ein →Soave oder ein Weißwein vom →Collio einem Cortese im allgemeinen deutlich überlegen. Dennoch gibt es nicht nur den Cortese di Gavi oder einfach Gavi, sondern auch den Cortese dei →Colli Tortonesi, den Cortese dell'Alto →Monferrato, den Cortese dell'→Oltrepò Pavese aus der benachbarten →Lombardei als →DOC-Weine. Auch im →Bianco di Custoza ist Cortese enthalten.

Corton Allgemein und zu Recht der größte Rotwein der →Côte de Beaune in →Burgund – der einzige, der als *grand cru* eingestuft ist – und ein ebenso eingestufter Weißwein der allerhöchsten Klasse (damit die einzige *grand cru*-Lage in Burgund sowohl für Rot- wie für Weißwein). Der Name bezeichnet eine einzigartige Lage von 232 ha, von der knapp 170 ha in →Aloxe-Corton, gut 34 ha →Pernand-Vergelesses und weitere 28 ha in →Ladoix-Serrigny liegen. Während der Weißwein nahezu ausschließlich als *Corton-→Charlemagne* in den Handel kommt, kann der rote Corton eine Reihe von Bezeichnnungen führen, darunter schlicht *Le Corton* oder *Corton-Bressandes*, *Corton-Clos du Roi*, *Corton-Renardes*, *Corton-Pougets*, *Corton-Le Rognet* u. a., je nach seiner exakten Herkunft von dem Corton-Hang. Zählen die Weißweine nach dem →Montrachet und seinen Nachbarlagen in der Regel zu den größten weißen Burgundern und präsentieren sich kraftvoll, nervig, nuanciert, komplex, voll Spiel, Feinheit und Eleganz, so zeichnen sich die roten Corton durch Kraft und Tannin aus, der sie in ihrer Jugend streng und abweisend erscheinen läßt, um ihnen schließlich Kern, Biß, Festigkeit und Struktur zu geben, die sich zunehmend mit Komplexität und Eleganz zu großartiger Statur miteinander verbinden. Bonneau du Martray, Chandon de Briailles, Faiveley, Louis Jadot, Laleure-Piot, Joseph Drouhin, Louis Latour, Prince de Merode, Bouchard Père & Fils, Chevalier, Thénard, Bouzereau-Gruère u. a. sind namhafte Erzeuger. Der Name Corton Château Grancey bezeichnet hingegen keine Lage, sondern einen hervorragenden roten Corton, der auf dem Château Grancey in Aloxe-Corton von Louis Latour erzeugt wird.

Coruche Im Südosten des →Ribatejo östlich von Lissabon gelegenes portugiesisches →IPR-Weinbaugebiet mit etwa 3500 ha Rebfläche. Es werden hauptsächlich körperreiche Rotweine aus →Periquita, Preto Martinho, Trincadeira Preta u. a. Sorten und etwas Weißwein insbesondere aus →Fernão Pires, Tália, Trincadeira das Pratas und Vital erzeugt.

Corvina In Norditalien, besonders im →Bardolino- und →Valpolicella-Gebiet weitverbreitete rote Rebsorte, die einen leichten Wein liefert und daher durchweg mit anderen Sorten verschnitten wird.

Corvo Weitverbreitete sizilianische Rot- und Weißweine aus der heute dem sizilischen Staat gehörenden Kellerei Duca di Salaparuta. Die Rotweine sind gehaltvoll und rund, doch keineswegs aufregend. Mehr Beachtung verdienen die beiden aus Inzolia, Cataratto und →Trebbiano erzeugten Weißweine (*Marca verde prima goccia* und *Colomba palatino*), die Körper mit Charakter und Rasse verbinden, durchaus fünf Jahre und älter werden können und zu den ansprechendsten Weißweinen →Siziliens gehören. Schließlich wird noch ein ausgezeichneter trockener, bernsteinfarbener →Likörwein erzeugt, der *Stravecchio di Sicilia*. Seit den achtziger Jahren werden zusätzlich in →Barriques ausgebaute Prestigeweine erzeugt, darunter der rote →Duca Enrico und der weiße →Bianca di Valguarnera.

Cos d'Estournel, Château Nach allgemeiner Überzeugung heute das bedeutendste Weingut in →Saint-Estèphe im →Haut-Médoc und einer der besten *2es crus classés* mit Weinen, die in letzter Zeit zunehmend sogar noch über seinem offiziellen Rang liegen. Auf 68 ha sind zu 60 % →Cabernet Sauvignon, 38 % →Merlot und 2 % →Cabernet franc angepflanzt. Der Wein ist kräftig, kernig, tanninbetont und voll, dabei sehr nuancenreich, langsam reifend und sehr langlebig. Auf seinem Höhepunkt ist er wunderbar ausgeglichen, harmonisch, komplex und elegant. Der Name des Zweitweins ist Château de Marbuzet.

Cos Labory, Château Unmittelbarer Nachbar von Château →Cos d'Estournel in →Saint-Estèphe im →Haut-Médoc mit 15 ha Rebfläche (40 % →Cabernet Sauvignon, 30 % →Merlot, 25 % →Cabernet franc, 5 % →Petit Verdot) und mit ganz anderen Böden und daher auch nur als *5e cru classé* offiziell eingestuft. Dennoch sind die Weine in den besseren Jahrgängen von bemerkenswerter Qualität, während sie in den geringeren Jahren mitunter etwas hart und dünn ausfallen.

Cosecha Spanische Bezeichnung für Jahrgang.

Cosechero Spanisch für Winzer oder Weingutsbesitzer.

Costers del Segre Nordostspanisches Weinbaugebiet in der Provinz Lérida, das seit 1988 über eine eigene →Denominación de Origen und knapp 3650 ha Rebfläche verfügt, die sich auf vier Bereiche verteilen, darunter das auch außerhalb Spaniens geschätzte, nordwestlich von Lérida gelegene *Raimat* (katalanisch *Raymat*), der Bereich Artesa nordöstlich von Lérida mit drei Gemeinden im Segretal sowie die beiden südöstlich von Lérida gelegenen Bereiche Vall de Riu Corb und Les Garrigues. Über ein Drittel der gesamten Rebfläche befindet sich im Besitz des Sektherstellers Codorníu, der rund zwei Drittel aller Weine des Gebietes erzeugt. Dazu gehören neben Weiß- und Schaumweinen aus einheimischen Sorten (→Macabeo, Parellada, Xarello und →Garnacha blanca) insbesondere →Chardonnay sowie mitunter bemerkenswerte Rotweine aus →Cabernet Sauvignon, →Merlot, →Tempranillo u. a. Sorten.

Costières-du-Gard →Costières de Nîmes

Costières de Nîmes Seit 1989 gültige Bezeichnung für die 1986 zum →A.O.C.-Gebiet aufgewerteten Costières-du-Gard. Die Rot-, Weiß- und Roséweine aus dem Département →Gard kommen aus 23 Gemeinden zwischen Nîmes und dem →Rhônedelta. Die Rot- und Roséweine stammen zu maximal 50 % aus Terret noir und →Carignan sowie →Cinsaut, Counoise, →Grenache, →Mourvèdre und →Syrah und die Weißweine aus Bourboulenc, →Clairette, Grenache blanc, →Ugni blanc und einigen ergänzenden Sorten. Die Anteile von Carignan und Cinsaut bzw. Ugni blanc dürfen ab 1995 höchstens noch jeweils 40 % betragen. Wenn sie über genügend Frucht verfügen und nicht zu hoch im Alkohol liegen, können die Roséweine recht angenehm und den etwas einsilbigen Rotweinen überlegen sein. Am beachtenswertesten können jedoch die Weißweine sein. Als führende Erzeuger gelten Châteaux de Belle-Coste, La Tulerie, Domaines Bellefontaine, St-Bénézet, des Consuls, de la Roche u. a.

Costozza Bei Longare an den →Colli Berici im →Veneto erzeugte Rot- und Weißweine des Weingutes Conti da Schio. Insbesondere der →Cabernet franc ist von beachtlicher Qualität und zählt zu den besten des Bereichs, auch wenn er lediglich als →Tafelwein in den Handel kommt.

Côte, La Größtes Weinbaugebiet des Westschweizer Kantons →Waadt, aus dem 50 % der waadtländischen Weinernte stammen. Die Rebflächen liegen an den Abhängen zum Genfer See zwischen →Lausanne und →Genf. 80 % entfallen auf den →Chasselas, der hier als →Dorin fruchtige, frische und sehr angenehme Weine hervorbringt, die vielleicht nicht ganz die Statur jener von der weiter östlich anschließenden →Lavaux haben. Als bester Bereich gilt La Bonne Côte mit den Appellationen →Mont sur Rolle, Féchy, Vinzel, Luins u. a.

Côte d'Auxerre Rot-, Rosé- (→Clairet) und Weißweine aus den Gemeinden Augy, Auxerre-Vaux, Quenne, Saint Bris le Vineux und Teilen von Vinceleottes im Département →Yonne dürfen, wenn sie den gesetzlichen Bestimmungen entsprechen, als *Bourgogne-*

Côte d'Auxerre in den Handel gebracht werden.

Côte de Beaune Die südliche Hälfte der berühmten →Côte d'Or in →Burgund – jenes langezogene, schmale Band von Rebflächen an den unteren sanften Abhängen zum →Saône-Tal, von dem alle großen →Burgunder kommen. Im Unterschied zur nördlichen Hälfte, der →Côte de Nuits, liefert die Côte de Beaune ebenso berühmte Weißweine (→Montrachet, →Meursault, →Corton) wie Rotweine (→Pommard, →Volnay, →Beaune, Corton u. a.), wobei letztere ungeachtet ihrer Erlesenheit, Samtigkeit und ihres Charmes in der Regel nicht ganz so groß und nicht ganz so außergewöhnlich sind wie die Spitzenweine der Côte de Nuits. Vielmehr sind sie im allgemeinen etwas direkter, körperreicher, mitunter auch bodenständiger und reifen durchweg rascher.

Daneben gibt es eine *Côte de Beaune AC* mit insgesamt 52 ha, doch wird diese Appellation für einige Lagen von Beaune, darunter jedoch keine *premier cru*-Lagen heute kaum noch verwandt; im allgemeinen gibt man mehr und mehr der gleichwertigen Appellation *Beaune* den Vorzug. Hingegen werden unter der Appellation *Côte de Beaune-Villages*, die für die gesamte 3222 ha große Rebfläche der Côte de Beaune zulässig ist, zumeist Rotweine weniger bekannter Orte wie →Cheilly, →Sampigny u. a. in den Handel gebracht. Schließlich existiert noch die Appellation *Bourgogne-→Hautes-Côtes de Beaune*.

Côte des Blancs Südlich von →Epernay gelegener Bereich des →Champagner-Gebietes mit den Orten →Cramant, →Avize, Le →Mesnil u. a., wo aus dem →Chardonnay der herausragend delikate und feine →Blanc de Blancs erzeugt wird.

Côte de Brouilly Ausgezeichnete Appellation und *crus* des →Beaujolais an den Abhängen des *Mont Brouilly* (im Gegensatz zu der auf seine flacheren Ausläufer beschränkten Appellation →Brouilly), der die besseren Teile der Gemeinden Odénas, Saint-Lager, Cercié und Quincié mit zusammen rund 310 ha umfaßt. Die Böden bestehen aus Granit und Schiefer und ergeben einen fruchtigen und vollmundigen Rotwein, dessen Most einen potentiellen Mindestalkoholgehalt von 10,5 % bzw. bei Angabe einer Lage 11 % aufweisen muß, während der Wein auf maximal 13,5 % →chaptalisiert werden darf. Im allgemeinen ist der *Côte de Brouilly* in jungen Jahren am besten und etwas voller als ein *Brouilly*, mitunter aber auch nicht so delikat wie dieser.

Côte Chalonnaise 44 Gemeinden umfassender Weinbaubereich in →Burgund zwischen der →Côte d'Or und dem →Mâconnais gelegen, der seit 1990 über die Appellation →*Bourgogne Côte Chalonnaise* verfügt. Zentrum ist das Gebiet von →Mercurey, aus dem ebenso wie aus dem südlicher gelegenen →Givry nahezu ausschließlich Rotwein aus der →Pinot noir kommt, der in guten Jahren in seinen Spitzen hervorragend sein kann. Im Norden des Bereichs liegt →Rully, das insbesondere für seine beachtlichen Weißweine aus dem →Chardonnay bekannt ist, aber noch mehr Rotwein erzeugt, während im Süden →Montagny liegt, das die besten Weißweine des Chalonnais hervorbringt. Ferner werden im Chalonnais →Aligoté, der →Bouzeron, *Bourgogne* →*Mousseux* (besonders in Rully) und →Passe-Tout-Grains erzeugt.

Côte de Nuits Nördlicher der beiden Hauptteile der →Côte d'Or in →Burgund und mit seinen rund 1500 ha eines der größten Rotweingebiete der Welt, dessen einziger wirklicher Rivale in Frankreich der →Haut-Médoc im →Bordeaux-Gebiet ist. Weißwein wird nur in minimalem Umfang erzeugt (insbesondere im →Musigny, →Clos de Vougeot und in →Nuits-Saint-Georges); die Rotweine aber haben Burgunds weltweiten Ruf begründet. Der Name stammt von der größten Stadt des Bereichs (Nuits-Saint-Georges), der sich von →Fixin im Norden bis →Corgoloin im Süden, nach dem die →Côte de Beaune beginnt, erstreckt. Das schmale Band der Rebflächen ist nur selten mehr als 800 m breit, liefert jedoch einen →Chambertin, →Bonnes Mares, Musigny, Clos de Vougeot, →Grands Echézeaux, →Richebourg, →Romanée-Conti und eine Fülle anderer, nahezu ähnlich illustrer Weine. Diese führen jedoch nie die Bezeichnung *Côte de Nuits*, sondern werden unter dem Gemeinde- oder Lagennamen verkauft. Hingegen gibt es eine eigene →Appellation contrôlée *Côte de Nuits-Villages*, die insgesamt 310 ha umfaßt und die sich etwa je zur Hälfte in den nördlichen (Fixin und →Brochon) wie südlichen Randgemeinden (→Premeaux, Comblanchien und Corgoloin) der Côte de Nuits befinden. Hingegen bezieht sich die Appellation *Bourgogne →Hautes-Côtes de Nuits* auf höher gelegene Lagen der →Arrières-Côtes oberhalb der eigentlichen Côte de Nuits.

Côte d'Or Französisches Département im Herzen der alten Provinz →Burgund südöstlich von Paris mit 9089 ha Rebfläche. Zugleich bezeichnet Côte d'Or (wörtlich: Goldener Hang) jene sanft zum →Saône-Tal abfallenden Hänge, die wenige Kilometer südlich von Dijon beginnen und sich über →Beaune hinaus bis nach →Santenay über eine Länge von etwa 50 km parallel zur Autobahn Dijon–Lyon erstrecken. Westlich davon sind die Hänge steiler, höher und abgesehen von den Rebinseln der →Arrières-Côtes für Weinbau ungeeignet, östlich davon liegt die fruchtbare Flußebene, deren Böden für Weinbau zu reich und fett sind. Allein die kargen

kalkhaltigen und mit Braunerde vermischten Böden jenes schmalen Rebbandes der Côte d'Or liefern optimale Bedingungen für den Weinbau. Alle großen Burgunder kommen von hier, und man unterteilt das Gebiet in die beiden Bereiche der →Côte de Nuits und der →Côte de Beaune. Hier ist das Reich des →Pinot noir für die Rotweine und des →Chardonnay für die Weißweine. Ganz generell kann man sagen, daß die Rotweine, von Süden nach Norden ziehend, immer besser werden und an Statur, Rasse, Eleganz und Feinheit zunehmen, um ihre Apotheose schließlich im unvergleichlichen →Chambertin zu finden, während die Weißweine, im Norden noch kaum anzutreffen, nach Süden immer bedeutender werden, um ihren einzigartigen Höhepunkt im →Montrachet zu erreichen. Etwa in der Mitte beider Linien liegt der einmalige →Corton, der einzige →*grand cru* Burgunds für Rot- und Weißweine. Übrigens darf kein Wein der Côte d'Or mit der Bezeichnung »Appellation Côte d'Or contrôlée« in den Handel gebracht werden, denn eine derartige Ursprungsbezeichnung gibt es nicht, so daß der Name Côte d'Or nie auf dem Etikett in Verbindung mit Wein erscheinen wird.

Côte Roannaise In der Umgebung von Roanne westlich von →Lyon an der oberen →Loire erzeugte Rot- und Roséweine aus dem →Gamay. Sie kommen unter dem →V.D.Q.S.-Siegel in den Handel.

Côte Rôtie Unweit von Vienne, etwa 30 km südlich von →Lyon auf steilen Südhängen über der →Rhône wachsende Reben und der daraus erzeugte Rotwein, der seit der Antike hoch geschätzt wird. Die terrassierten Hänge sind offziell in 52 *quartiers* oder Kleinstlagen eingeteilt, deren Namen allerdings kaum einmal auf Etiketten erscheinen, die wiederum in zwei Bereiche zusammengefaßt sind – die *Côte Brune* und die *Côte Blonde*. Die Böden der *Côte Brune* sind dunkler und liefern einen etwas kräftigeren Wein von höherer Lagerfähigkeit. Der Sage nach vermachte ein Landedelmann namens Maugiron einst die *Côte Blonde* seiner blonden Tochter und die *Côte Brune* ihrer brünetten Schwester. Der Wein, um die 4000 hl jährlich, wird aus →Syrah erzeugt, der 10 bis 20 % des weißen →Viognier beigegeben werden darf. In guten Jahren ist er ein wahrhaft bewundernswerter Wein: Tiefdunkel, voluminös, kraftvoll, konzentriert und von hohem Rang und Klasse, steht er einem →Hermitage nichts nach und zählt zu den bemerkenswertesten Weinen des französischen Südostens. Den besten Namen hat heute Guigal, aber Robert Jasmin, René Rostaing, Bernard Burgaud, Albert Dervieux, Henri Minot, Chapoutier, Jaboulet, Vidal-Fleury u. a. sollten nicht übersehen werden.

Coteaux d'Aix-en-Provence Rot-, Rosé- und Weißweine, die in der Umgebung der reizvollen südostfranzösischen Universitätsstadt Aix-en-Provence erzeugt werden, die seit 1985 mit dem →A.O.C.-Prädikat versehen sind. Während die Rot- und Roséweine aus →Grenache, →Carignan, →Cabernet Sauvignon, →Cinsaut, →Mourvèdre, →Syrah u. a. Sorten erzeugt werden, stammt der Weißwein vor allem aus →Ugni blanc, →Sauvignon, →Sémillon, →Clairette u. a. Rebsorten des →Midi. Bei entsprechender Herkunft dürfen die Weine den Zusatz *Les Baux* führen. Die Weine können ausgezeichnet sein, und Domaine de →Trévallon, Châteaux →Vignelaure, de Fonscolombe, Pigoudet u. a. gelten als führende Erzeuger.
Seit 1993 gibt es schließlich noch einen weiteren A.O.C.-Wein mit dem unförmigen Namen Coteaux d'Aix-en-Provence-les-Baux-de-Provence aus der Umgebung von Les Baux, für dessen Rot-, Rosé- und Weißweine ansonsten die gleichen Bedingungen wie für den Coteaux d'Aix-en-Provence gelten.

Coteaux d'Ajaccio →Ajaccio

Coteaux d'Ancenis →Nantes

Coteaux de l'Aubance Kleiner Weinbaubereich unmittelbar südlich der →Loire zwischen Angers und den →Coteaux du Layon in der historischen französischen Provinz →Anjou gelegen, der für seinen guten, meist →halbtrockenen Weißwein aus dem →Chenin blanc bekannt ist, von dem allerdings jährlich kaum 2000 hl in den Handel kommen. Weit mehr als *Coteaux de l'Aubance* werden in dem Bereich trockene Rot- und Weißweine erzeugt, die unter der Appellation *Anjou*, bzw. Roséweine, die als →Cabernet d'Anjou, →Rosé d'Anjou oder →Rosé de la Loire auf den Markt kommen. Die Rotweine aus →Cabernet franc und →Cabernet Sauvignon dürfen mit der Appellation →*Anjou-Villages* in den Handel kommen.

Coteaux du Cap Corse →Vin de Corse

Coteaux Champenois Weißer und roter Stillwein aus der →Champagne. Beide erfreuen sich trotz ihrer beachtlichen Preise und obwohl sie in der Regel von leichterem Körper, kräftigerer Säure und weniger Nuancenreichtum als hervorragende →Burgunder sind, auch außerhalb Frankreichs wachsender Beliebtheit. Je nach Erzeuger können sie ausgezeichnet sein und recht gut altern. Sie kommen wie ihre verspielteren Vetter, die →Champagner, meist ohne Jahrgangsangabe in den Handel, dürfen wie diese aber Zusätze wie →Blanc de Blancs oder Orte wie →Bouzy, →Ay, Vertus u. a. auf dem Etikett angeben.

Coteaux de Die Seit 1993 gültiges →A.O.C.-Prädikat für die weißen Stillweine aus dem Gebiet des →Clairette de

Die. Die Weine dürfen ausschließlich aus →Clairette blanche erzeugt werden.

Coteaux du Languedoc Verstreute →A.O.C.-Zone (seit 1985 für den Rot- und seit 1988 für den Weißwein) inmitten des →Languedoc zwischen Nîmes und Narbonne mit rund 50000 ha Rebfläche, die sich auf 121 Gemeinden verteilt. 12 umgrenzte Gebiete dürfen ihren Namen der Bezeichnung Coteaux du Languedoc hinzufügen: →Cabrières, La →Clape, →Montpeyroux, →Quatourze, →Picpoul de Pinet, La Méjanelle, Pic-Saint-Loup, Saint-Christol, Saint-Drézéry, Saint-Georges-d'Orques, Saint-Saturnin und Vérargues. Die Rotweine werden bis zu 50% aus →Carignan, mindestens 20% →Grenache, →Syrah, →Mourvèdre und →Cinsaut erzeugt (ab 1995 muß der Anteil von Grenache, Lladoner pelut, Syrah und Mourvèdre mindestens 40% betragen), die Weißweine aus Bourboulenc, Grenache blanc, →Clairette, Picpoul, Carignan blanc, →Macabeo, →Ugni blanc u. a. Sorten, wobei der Anteil der drei letztgenannten rückläufig ist. Die Weine sind in der Regel gehaltvoll und angenehm, und die besten haben durchaus Charakter.

Coteaux du Layon Weinbaubereich im Tal des gleichnamigen Nebenflusses der →Loire, aus dem viel trockener Weiß- und Rotwein bzw. beliebte Roséweine unter den Appellationen →Anjou, →Anjou-Villages (für Rotweine aus →Cabernet franc und →Cabernet Sauvignon), →Cabernet d'Anjou und →Rosé d'Anjou in den Handel kommen. Als *Coteaux du Layon* werden hingegen in der Regel wesentlich bedeutendere Weine erzeugt, nämlich auf rund 4000 ha Weißweine aus dem →Chenin blanc, deren Beeren bei der Lese möglichst stark von →Botrytis befallen waren. Die aus ihnen erzeugten Weine verfügen über Körper und eine mehr oder weniger deutliche Süße sowie über Rasse und Säure, dank der sie an leichtere →Barsac oder →Sauternes bzw. große →Auslesen und →Beerenauslesen des →Rheingaus erinnern. Ihre beiden bedeutendsten Orte sind als →*grands crus* eingestuft und besitzen eigene Appellationen: →Bonnezeaux und →Quarts de Chaume. Zu den übrigen qualitativ führenden Orten der *Coteaux du Layon* zählen →Rochefort-sur-Loire, Beaulieu-sur-Layon, Saint-Aubin-de-Luigne, →Rablay, →Faye-d'Anjou, Chaume und Saint-Lambert-du-Lattay, die das Recht besitzen, ihre Weine als *Coteaux du Layon-Villages* in den Handel zu bringen.

Coteaux du Loir Der Rest eines einst ausgedehnten Weinbaubereichs entlang des Loir, einem Nebenfluß der →Loire, nördlich von Tours an der heutigen französischen Weinbaugrenze gelegen. Es bestehen kaum noch 30 ha Rebfläche, die vornehmlich mit Pineau d'Aunis, →Cabernet franc, →Gamay, →Malbec (Cot), →Chenin blanc (Pineau de la Loire) und →Grolleau bestockt sind und Rot-, Rosé- und Weißweine ausgezeichneter Qualität liefern, jedoch nur in überdurchschnittlichen Jahren. Ihr berühmtester Weißwein ist der →Jasnières.

Coteaux de la Loire Name für zwei gesetzlich definierte Weinbaubereiche an der →Loire. Der eine liegt unweit von →Nantes in der Umgebung von Ancenis und ist bekannt für seinen leichten, frischen und ansprechenden →*Muscadet des Coteaux de la Loire.* Der andere befindet sich bei Angers im →Anjou, wo aus dem →Chenin blanc der *Anjou-Coteaux de la Loire* erzeugt wird, ein gehaltvoller, nerviger und meist trockener Weißwein. Der berühmteste von dort stammende Wein verfügt über eine eigene Appellation, der →Savennières.

Coteaux du Lyonnais Rot-, Rosé- und Weißweine, die im Département

→Rhône in der Umgebung von →Lyon aus →Gamay bzw. →Chardonnay und →Aligoté erzeugt werden und heute als →A.O.C.-Weine in den Handel kommen. Die Weine sind seit alters geschätzt, und die Roten gelten manchem →Beaujolais als gleichwertig, wenn nicht überlegen.

Coteaux de Pierrevert Rot-, Rosé- und Weißweine mit dem →V.D.Q.S.-Siegel aus dem Südwesten des Départements Alpes de Haute-Provence. Die ersteren werden aus →Carignan, →Cinsaut, →Grenache, →Mourvèdre u. a. Sorten, der letztere aus →Clairette, Marsanne, →Picpoul, →Roussanne und →Ugni blanc erzeugt.

Coteaux de Saumur →Saumur

Coteaux de Touraine →Touraine

Coteaux du Tricastin Weinbaubereich im →Rhône-Tal im Département →Drôme, aus dem jährlich rund 100000 hl eines ordentlichen und ausgeglichen Rotweins aus →Grenache, →Cinsaut, →Mourvèdre, →Syrah, →Carignan u. a. Sorten kommen, während Weißwein kaum erzeugt wird. Im Zentrum des Tricastin befindet sich Suze-la-Rousse, dessen Schloß Sitz der weithin bekannten *Université du vin* ist.

Coteaux Varois Einst der →Name eines Landweins aus der →Provence, der 1993 schließlich die höchste Stufe der französischen Weinhierarchie erklommen hat und seither das →A.O.C.-Prädikat trägt. Er stammt aus 28 nördlich von Toulon im Département →Var gelegenen Gemeinden. Der Rotwein besteht aus →Grenache, →Syrah, →Mourvèdre und einem Anteil von höchstens 20 % →Cabernet Sauvignon, der Rosé vor allem aus Grenache und →Cinsaut und der Weißwein aus →Clairette, weißem Grenache und Rolle, wobei bis zu 30 % →Sémillon

und ab 1996 höchstens noch 25 % →Ugni blanc hinzugegeben werden darf.

Coteaux du Vendômois Leichte, z. T. sehr ansprechende Rot-, Rosé- und Weißweine, die westlich von Vendôme im Tal des →Loir nördlich von Tours erzeugt werden. Jährlich werden an die 10000 hl erzeugt, von denen gut 10 % Weißweine sind. Sie kommen mit dem →V.D.Q.S.-Siegel in den Handel.

Côtes d'Agly Weinbaubereich im Département Pyrénées-Orientales in Südfrankreich, nördlich von Perpignan, in dem süße, körperreiche, aufgespritete Weine erzeugt werden, die sog. →*vins doux naturels*. Entsprechend den Bestimmungen für die Erzeugung von →Grand Roussillon und →Rivesaltes werden diese Weine hauptsächlich aus →Grenache, →Muskat und →Malvoisie erzeugt und müssen mindestens 15 % vol. Alkohol enthalten. Jährlich werden etwa 8000 hl *Côtes d'Agly* erzeugt. Die trockenen Weine des Bereichs kommen als →Landweine unter der Bezeichnung *Vin de pays des vals d'Agly* in den Handel.

Côtes de Bergerac Seit 1993 allein noch für Rotweine aus der Umgebung von →Bergerac, östlich von →Bordeaux, zulässige Appellation. Diese Rotweine sind trocken und müssen bei der Lese eine höhere Reife (mindestens 180 g Zucker pro Liter Most) als die einfachen *Bergerac* aufweisen. Sie werden wie der einfache rote Bergerac aus →Cabernet Sauvignon, →Cabernet franc, →Merlot, →Malbec und zwei lokalen Sorten erzeugt.

Côtes de Blaye →Blaye

Côtes de Bordeaux Weinrechtlich nicht verankerte, doch im Sprachgebrauch übliche zusammenfassende Bezeichnung zweier nebeneinander gelegener

Weinbaubereiche im →Bordeaux-Gebiet am relativ steilen rechten Ufer der →Garonne, südöstlich der Stadt Bordeaux. Der nördlichere und bedeutendere von beiden heißt →*Premières Côtes de Bordeaux*. Von dort kommen eine Reihe erfreulicher, mitunter ausgezeichneter Rotweine und einige →halbtrockene bis süße Weißweine (z. T. unter der eigenen Appellation →Cadillac), während trockene Weißweine als Bordeaux oder *Bordeaux supérieur* in den Handel gebracht werden müssen. Cadillac, Quinsac, Cenac, Latresne, Carignan, Yvrac, Sainte-Eulalie u. a. Orte sind bekannt. Der südlichere Bereich heißt *Côtes de Bordeaux-Saint Macaire*. Zu dieser Appellation sind nur Weißweine berechtigt, die zumeist süß sind, wenn es auch einige wenige trockene von guter Qualität unter ihnen gibt, während die zahlreichen Rotweine als *Bordeaux* oder *Bordeaux supérieur* in den Handel kommen.

Côtes du Brulhois Südöstlich von Agen und praktisch anschließend an das Gebiet von →Buzet erzeugter Rot- und Roséwein aus →Cabernet franc, →Cabernet Sauvignon, Fer, →Merlot, Cot und Tannat, der mit dem →V.D.Q.S.-Siegel in den Handel kommt.

Côtes de Buzet Bis 1986 gebräuchliche Bezeichnung für die seither als →Buzet bezeichnete →Appellation contrôlée.

Côtes de Canon-Fronsac Unverändert rechtlich gültige Bezeichnung für die Hanglagen von →Fronsac und Saint-Michel-de-Fronsac. Heute wird im allgemeinen die gleichwertige Appellation →Canon-Fronsac benutzt.

Côtes de Castillon →Bordeaux-Côtes de Castillon

Côtes de Duras Zwischen →Entredeux-Mers und →Bergerac gelegener Weinbaubereich im südwestfranzösischen Département Lot-et-Garonne. Es werden hauptsächlich trockene Weiß- und Rotweine, meist aus →Bordeaux-Sorten, erzeugt. Die Weine sind durchaus ansprechend und gefällig.

Côtes du Forez Westlich von →Lyon im Département →Loire aus →Gamay erzeugte leichte Rot- und Roséweine mit dem →V.D.Q.S.-Prädikat. Die Rotweine erinnern mitunter an kleinere →Beaujolais.

Côtes de Francs →Bordeaux-Côtes de Francs

Côtes du Frontonnais Südwestfranzösische Rot- und Roséweine, die nördlich von Toulouse in insgesamt 20 Gemeinden der Départements Haute-Garonne und Tarn-et-Garonne erzeugt werden und als →A.O.C.-Weine entweder als *Côtes du Frontonnais* oder als *Côtes du Frontonnais-Fronton* oder als *Côtes du Frontonnais-Villaudric* in den Handel kommen. Sie werden hauptsächlich aus Négrette und einer Reihe weiterer Rebsorten erzeugt und sind durchweg angenehm, ohne zumeist sonderlich aufregend zu sein.

Côtes du Jura →Appellation contrôlée für die meisten Weine des französischen →Jura, sofern sie nicht wie →Château-Chalon, →Arbois oder L'→Etoile über eine eigene, enger gefaßte Appellation verfügen. Von den Abhängen der Juraberge werden nach etwas weniger strikten Bestimmungen als für die Gemeindeappellation gelten, wie dort Weiß-, Rot- und Roséweine, Schaumweine, die sog. →*Vins jaunes* und →Strohweine erzeugt. In der Regel erreichen sie nicht das Format eines vergleichbaren, guten Arbois. Dennoch sind die Weine von Château d'Arlay u. a. beachtenswert.

Côtes du Luberon Rot-, Rosé- und Weißweine (letztere bei weitem die besten), die in der Hügellandschaft östlich von →Avignon nördlich der Durance aus →Grenache, →Syrah (ab 1995 beide zusammen 60%) und →Mourvèdre unter Zusätzen von →Cinsaut, →Carignan u. a. Sorten bzw. im Falle der Weißweine aus →Ugni blanc (ab 1995 noch maximal 50%), Grenache, →Clairette, Borboulenc, →Vermentino u. a. Sorten erzeugt werden. Sie kommen seit 1988 als →A.O.C.-Weine in den Handel. Châteaux Val Joanis, Thouramme u. a. gelten als namhafte Erzeuger.

Côtes de la Malepère Südwestlich von Carcassonne im Département →Aude erzeugte →V.D.Q.S.-Rot- und Roséweine. →Cinsaut, →Grenache, →Merlot und eine Reihe anderer Sorten werden angepflanzt, die den Weinen eine eigene Persönlichkeit geben.

Côtes du Marmandais In der Umgebung von Marmande an der →Garonne südöstlich des →Bordeaux-Gebietes erzeugter Rot- und (sehr selten) Weißwein. Anders als bei den benachbarten →Côtes de Duras und in →Buzet kommen diese Weine mit dem →V.D.Q.S.-Siegel in den Handel. Sie werden aus den gängigen Bordeaux-Sorten erzeugt und können recht gefällig sein und werden meist durch die lokale Winzergenossenschaft auf den Markt gebracht.

Côtes de Meliton In Nordgriechenland auf der Chalkidike gelegenes →O.P.A.P.-Gebiet für einige ausgezeichnete Rot-, Rosé- und Weißweine – bislang allein von dem renommierten Weingut Carras. Der als →Blanc de Blancs in den Handel kommende Weißwein kann ebenso wie der Rotwein von hervorragender Qualität sein. Der bemerkenswerteste von dort kommende Wein ist jedoch zweifellos der Château →Carras.

Côtes de Montravel →Montravel

Côtes de Provence Die für die Erzeugung von Weinen mit dem →A.O.C.-Prädikat zulässige Rebfläche von 18 000 ha verteilt sich auf 83 Gemeinden, die überwiegend im Département →Var liegen – 15 befinden sich im Département →Bouches-du-Rhône, 1 in Alpes-Maritimes. Entsprechend ihrer unterschiedlichen Böden unterscheidet man vier Bereiche: 1. die aus Schiefer und Granit bestehenden Abhänge des Massif des Maures zwischen Toulon und Saint-Raphaël; 2. die sich halbkreisförmig darum gruppierenden Senken aus dem Perm mit überwiegenden Ton-Sand-Böden; 3. das malerische Kalkplateau der oberen Var aus dem Trias und der Jura mit seinem Terrassenweinbau, und 4. das westlich davon gelegene Massif von Sainte-Victoire mit seinem eigenen Klima und seinen oft tonhaltigen Sandsteinböden. Je nach Herkunft sind die erzeugten Rot-, Rosé- und Weißweine der →Provence, die in den letzten Jahren an Bedeutung gewonnen haben, sehr unterschiedlich. Zwar gilt immer noch der beliebte, mit rund 80% der Erzeugung dominierende Rosé im allgemeinen als der beste, der wegen seiner Frische, Fruchtigkeit und Eleganz besonders geschätzt wird, aber insgesamt dürfte der Rotwein, auf den ca. 15–20% entfallen, beträchtlich an Statur gewonnen haben. →Grenache, →Cinsaut, →Mourvèdre und der lokale Tibouren gehören zu den klassischen Sorten, von denen der Grenache heute die am häufigsten angepflanzte Rebsorte ist. Seit 1986 ist der Anteil des ebenfalls traditionellen →Carignan in beiden Weinen auf maximal 40% reduziert, während der →Syrah bis zu 30% ausmachen darf und der Anteil des →Cabernet Sauvignon, der in der Provence zunehmend Verbreitung findet, deutlich steigt. Für den etwa 5% ausmachenden Weißwein sind die beiden traditionellen Sorten →Clairette und →Ugni blanc, aber auch →Sémillon und →Vermentino zulässig. Je nach tatsächlichem Rebsortenverhältnis vermögen die oft auch als →Blanc de Blancs deklarierten Weine angenehm, mitunter auch besser zu sein. Ob innerhalb oder außerhalb der Appellation dürften in Zukunft die Weine der Provence noch mehr von sich reden machen. Zu den bekannteren Weingütern zählen heute Château de →Selle, Château →Sainte-Roseline, Domaine de la →Croix, Château →Minuty, Domaine de →Carrubier, Domaine de la Malherbe, Château de Saint-Martin, Domaine de l'Aumérade, Domaine Richeaume, Domaine des Planes, Domaine de la Courtade, Château Barbeyrolles u. a.

Côtes du Rhône Bedeutendes französisches Weinbaugebiet, südlich von →Lyon zwischen Vienne und →Avignon im →Rhône-Tal gelegen. Von den ca. 2,5 Mill. hl – davon 8 % Weißweine – kommen über vier Fünftel mit der →Appellation contrôlée *Côtes du Rhône* in den Handel, und es handelt sich bei ihnen in der Regel um ansprechende, unkomplizierte, vollmundige und weiche Rotweine, die keine besonderen Ansprüche stellen. Die besseren Provenienzen werden dagegen zunehmend herausgestellt. Als *Côtes du Rhône-Villages* dürfen insgesamt 17 herausgehobene Gemeinden ihren Namen auf dem Etikett angeben wie →Cairanne, →Chusclan, →Laudun, →Vacqueyras, →Rasteau u. a., während weitere 54 Gemeinden in den Départements Ardèche, →Drôme, →Gard und →Vaucluse das Recht haben, ihre Weine unter der Bezeichnung *Côtes du Rhône-Villages* in den Handel zu bringen – allerdings ohne zusätzliche Angabe des Gemeindenamens –, zusammen im Schnitt etwa 170 000 hl. Die besten Herkünfte haben dagegen ihre eigene Appellation. Es sind dies von Nord nach Süd: →Côte Rôtie, →Condrieu, →Château-Grillet, →Crozes-Hermitage, →Hermitage, →Saint-Joseph, →Cornas, →Saint-Péray, →Gigondas, →Châteauneuf-du-Pape, →Lirac und →Tavel. Darüber hinaus gibt es eine Reihe weiterer →A.O.C.-Weine im Rhône-Tal, die nicht zu den *Côtes du Rhône* gezählt werden, wie →Clairette de Die, →Chatillon en Diois, →Coteaux du Tricastin, →Côtes du Lubéron, →Côtes du Ventoux, →Clairette de Bellegarde und als → *Vins doux naturels* der →Muscat de →Beaumes-de-Venise und der Rasteau. Von diesen und einigen Weißweinen (Château-Grillet, Condrieu) bzw. Roséweinen (Tavel, Lirac) abgesehen, handelt es sich bei den Weinen des Rhône-Tals im wesentlichen um Rotweine. Diese können wie der eine oder andere Châteauneuf-du-Pape und insbesondere der Côte Rôtie und Hermitage von bemerkenswerter Qualität sein. Als *Côtes du Rhône* bzw. *Côtes du Rhône-Villages* etikettiert, sind es immer noch solide und im allgemeinen zuverlässige Weine, die in ihrer Preisklasse unverändert zu den attraktivsten Weinen Frankreichs zählen. →Grenache, →Syrah, →Mourvèdre und →Cinsaut bei den roten Sorten und →Clairette, →Roussanne, Bourboulenc u. a. bei den weißen sind die vorherrschenden Rebsorten.

Côtes du Roussillon Südlich von Perpignan gelegener Bereich, gemeinsam mit dem kleineren, nordwestlich zum angrenzenden Gebiet von →Fitou gelegenen Bereich der *Côtes du Roussillon-Villages* ca. 6000 ha großes →A.O.C.-Gebiet im Département Pyrénées-Orientales. Es werden hauptsächlich körperreiche, ordentliche Rotweine erzeugt, die (ab 1993) bis zu 60 % aus →Carignan bestehen, während →Syrah, →Mourvèdre (beide ab 1996 zusammen mindestens 20 %), →Cinsaut, →Grenache u. a. für den Rest aufkommen. Der Weißwein besteht aus →Macabeo und Tourbat. Die *Villages*-Weine (ausschließlich Rotweine) gelten als die gehaltvolleren von beiden, insbesondere

wenn sie zusätzlich den Gemeindenamen Caramany oder Latour-de-France
tragen.

Côtes de Toul Leichte, angenehme und
alkoholarme Rot-, kaum Weiß- und
sehr häufig Roséweine, die als →*Vins
gris* bezeichnet werden, aus der Umgebung von Toul in der alten französischen Provinz →Lothringen. Sie werden vornehmlich aus →Gamay (nur
beim *vin gris*), Pinot →Meunier und
→Pinot noir erzeugt, sind allerdings
kaum aufregend und tragen das
→V.D.Q.S.-Siegel.

Côtes de Ventoux Rotwein, auch einiger Weiß- und Roséwein von den
Abhängen des →Ventoux in der →Pro-
vence, nach den →*Côtes du Rhône* die
größte →Appellation contrôlée im
→Rhône-Tal. Die Rotweine sind durchweg sehr ansprechend, erreichen jedoch
in der Regel nicht das Format der
besten Abfüllungen aus dem benachbarten →Gigondas. Die Rosés können
mitunter ganz ausgezeichnet sein.

Coufran, Château *Cru* →*bourgeois*
aus →Saint-Seurin-de-Cadourne im
→Haut-Médoc mit 64 ha Rebfläche
(85 % →Merlot, 15 % →Cabernet Sauvignon) und einem fülligen und reifen,
wenn auch für Gegend und Rang etwas
atypischen Rotwein.

Couhins, Château Name zweier Güter
in →Villenave-d'Ornon in den →Gra-
ves, die wegen ihrer Weißweine klassifiziert sind. Das größere von beiden (8 ha:
54 %   →Cabernet Sauvignon, 31 %
→Merlot, 11 % →Cabernet franc, 4 %
→Petit Verdot bzw. 100 % →Sauvignon
für den Weißwein) befindet sich im Besitz des französischen Landwirtschaftsministeriums, das hier beachtenswerte
Rot- und Weißweine erzeugt.

Couhins-Lurton, Château Das andere
der beiden Couhins-Güter in →Ville-

nave-d'Ornon, das sich im Besitz von
André Lurton (Château La →Louvière)
befindet und gegenwärtig etwas ausgeweitet wird. Momentan sind etwa 4 ha,
und zwar ausschließlich mit →Sauvi-
gnon, bestockt. Der von ihnen erzeugte
Weißwein ist hervorragend und gehört
zu den besten seiner Art in →Bordeaux.
Die Weine beider Couhins-Güter kommen unter der Appellation →Pessac-
Léognan in den Handel.

Coulée de Serrant 7 ha große, von
Mauern eingefaßte, steile Südlage im
Gebiet von →Savennières, die aus dem
→Chenin blanc nicht nur den herausragendsten trockenen Weißwein der
→Loire, sondern überhaupt einen der
bemerkenswertesten Weißweine Frankreichs hervorbringt: sehr gehaltvoll und
von Rasse und großem Charakter, der je
nach Jahrgang zwischen 15 und 20 Jahren seinen Höhepunkt erreicht und
dann in seiner Intensität, Harmonie und
Größe nur von wenigen Weißweinen
übertroffen werden dürfte. Die Lage befindet sich im Alleinbesitz der Familie
Joly (Château de la Roche-aux-Moines).

Coupé Französisch für *verschnitten*;
ein *vin de coupage* ist also ein →Ver-
schnittwein.

Cour-Cheverny →Cheverny

Couronne, Château La *Cru* →*bourgeois* aus →Pauillac im →Haut-Médoc
mit 4 ha Rebfläche (70 % →Cabernet
Sauvignon, 30 % →Merlot) und einem
reichen und gehaltvollen roten →Bor-
deaux, der zu den besten nichtklassifizierten Gewächsen von Pauillac zählt.

Coutet, Château *Premier cru* aus
→Barsac mit 36 ha Rebfläche (75 %
→Sémillon, 23 % →Sauvignon, 2 %
→Muscadelle) und, wenn voll gelungen,
ein bemerkenswert tiefer und komplexer Wein mit dezenter Süße und deutlicher Rasse und Eleganz. In besonde-

ren Jahren wird zusätzlich die →*Cuvée Madame* erzeugt, ein dichter und kompakter, unendlich nuancenreicher Wein, der einem Château d'→Yquem kaum nachsteht.
Château Coutet ist ferner der Name eines substantiellen und ausgeglichenen Rotweins aus →Saint-Emilion.

Couvent des Jacobins *Grand cru classé* aus →Saint-Emilion mit 9 ha (65 % →Merlot, 30 % →Cabernet franc, 5 % →Cabernet Sauvignon) und einem charaktervollen und feinen roten →Bordeaux.

Cova da Beira Portugiesisches →IPR-Weinbaugebiet unmittelbar südöstlich des ungleich berühmteren →Dão-Gebietes. Auf über 6000 ha werden säurebetonte Weißweine aus Pérola, Rabo de Ovelha und verschiedenen Arinto-Varianten und nicht sehr farbintensive Rotweine aus Jaen, Marufo, →Periquita, Rufete, Tinta Amarela u. a. Sorten erzeugt.

Cramant Bedeutende Weinbaugemeinde an der →Côte des Blancs in der →Champagne südlich von →Epernay und einer der 17 →*grand cru*-Orte der Champagne. Ihre Weine stammen ausschließlich aus dem →Chardonnay und können von bemerkenswerter Feinheit und Rasse sein. Einige von ihnen kommen, was in der Champagne sehr selten ist, unverschnitten und mit dem Namen des Herkunftsortes versehen in den Handel.

Cream Sherry Ein im Spanischen zur Gruppe der →*Dulces* zählender, sehr stark aufgesüßter →Oloroso mit dessen Körper und Kraft (im Unterschied zu dem heute mitunter auch erzeugten *Pale Cream Sherry*, der aus einem →Fino bereitet wird). Wenn gut gemacht, wurde →Pedro Ximénez-Wein zur Süßung verwandt. Häufiger ist jedoch die Süßung durch *Mosto* →*apagado* (süßer,

→gespriteter Traubenmost). Don Zoilo, Gonzalez Byass, Williams & Humbert, Wisdom & Warter, Croft, Terry u. a. gelten als namhafte Erzeuger.

Crémant Bezeichnung für einen →Schaumwein nach der →Méthode champenoise, der über einen etwas geringeren →Kohlensäuredruck (3,5 bar) verfügt als ein normaler →Champagner, so daß im Glas die aufschäumende *Mousse* eher wie eine *Crème* aussieht. *Crémant* sollte man daher nicht mit →*Cramant*, dem →*grand cru*-Ort an der →Côte des Blancs verwechseln, obwohl es auch einen *Crémant de Cramant* gibt. *Crémant*-Champagner, zumal als →Blanc de Blancs können sehr fein und köstlich sein. →Abel Lepitre, →Besserat de Bellefon u. a. erzeugen sehr gute *Crémant*-Champagner.
Nach dem gleichen Verfahren werden ebenfalls in →Burgund, im →Elsaß, an der →Loire u. a. *Crémants* erzeugt, und zwar der *Crémant de Bourgogne*, *Crémant d'Alsace*, *Crémant de Loire*, *Crémant de Bordeaux*, *Crémant de* →*Die* und *Crémant de* →*Limoux* in den Handel gebracht.

Crépy Wenig aufregender französischer Weißwein, der auf einem etwa 60 ha großen →A.O.C.-Gebiet südlich des Genfer Sees im Département Haut-Savoie (→Savoyen) aus dem →Chasselas erzeugt wird. Er kommt in langen, schlanken Flaschen in den Handel und ähnelt den Weißweinen der →Westschweiz. Jacques Metral hat einen guten Namen.

Cresco Name zweier →Tafelweine, die von Bolla in Verona erzeugt werden. Bei dem Rosso handelt es sich um einen Wein, der aus →Cabernet Sauvignon (70 %) und Zusätzen von besonders spät gelesenen Trauben, die ansonsten für den →Valpolicella verwandt werden, erzeugt und in →Barriques ausgebaut wird. Der Wein ist gefällig, komplex und charmant, doch ohne jede Individualität. Der Bianco ist in diesem Sinne noch technischer und für viele damit noch ansprechender: Zu 90 % aus →Chardonnay mit 10 % Zusatz von →Sauvignon blanc wird er für wenige Monate im kleinen Holz ausgebaut und präsentiert sich als ungemein charmanter und freundlicher Wein, der über Komplexität und jenen modernen Ausdruck verfügt, der so manchen Wein zwischen →Kalifornien und Australien heute kennzeichnet. Erst in Verbindung mit der eingesetzten modernsten Kellertechnik gewinnt der Name des Weins (»Ich wachse«) seine wahre Bedeutung!

Criadera Spanischer Ausdruck für *Kinderschule* oder *Baumschule*. Doch auch beim Wein wird etwas großgezogen, nämlich in →Jerez der →Sherry. Ehe dieser in die →Solera kommt, in der er verschnitten und gealtert wird, wird er als junger Wein in der Criadera gelagert und nach seinen Grundtypen sortiert. Das Wort *criadera* kann aber auch für alle Stadien der Solera gebraucht werden, mit Ausnahme der ersten und letzten. Zumeist spricht man dann aber von *escala*.

Criots-Bâtard-Montrachet Winzige (1,57 ha), gleichwohl berühmte Lage in →Chassagne-Montrachet, von der ein überragender weißer →Burgunder kommt. Geographisch ist die Lage die südliche Verlängerung von →*Bâtard-Montrachet*. Die Weine beider Lagen sind von gleich hoher Qualität und praktisch kaum voneinander zu unterscheiden. Delagrange-Bachelet ist ein namhafter Erzeuger.

Croix, Domaine de la Name etlicher französischer Weingüter. Das bedeutendste dürfte wohl jener →*cru classé* aus der →Provence unweit von St-Tropez sein, dessen Rotweine von beachtlicher Qualität sind und zu den besten der →Côtes de Provence gehören. In →Bordeaux gibt es mehrere Châteaux La Croix, von denen die beiden wichtigsten in →Pomerol bzw. in →Fronsac liegen.

Croix-de-Gay, Château La Ausgezeichnetes kleines Weingut in →Pomerol, Nachbar von Châteaux Le →Gay und →Lafleur mit 12 ha Rebfläche (80 % →Merlot, 15 % →Cabernet Sauvignon, 5 % →Cabernet franc) und einem beständig guten Rotwein, das seit 1982 zusätzlich von 2 ha ein Spitzencuvée unter dem Namen Château La →Fleur-de-Gay erzeugt.

Croizet-Bages, Château 5e *cru classé* aus →Pauillac im →Haut-Médoc mit 24 ha Rebfläche (60 % →Cabernet Sauvignon, 30 % →Merlot, 10 % →Cabernet franc), im gleichen Besitz wie Château →Rauzan-Gassies in →Margaux. Wie bei diesem Gut sind die Weine von Croizet-Bages in der Regel etwas leichtgewichtig, mitunter uneinheitlich und selten wirklich bemerkenswert.

Crozes-Hermitage →Appellation contrôlée für Rot- und Weißweine aus dem →Rhône-Tal, die aus 11 Gemeinden nördlich, südlich und östlich jenes außergewöhnlichen Hanges stammen, von dem der →Hermitage kommt. Die Rotweine werden ausschließlich aus →Syrah erzeugt, die Weißweine aus →Roussanne und Marsanne. Sie ähneln etwas dem Hermitage, ohne jedoch dessen Tiefe, Charakter und Statur angesichts der andersartigen Boden- und Lagenverhältnisse zu erreichen. Jährlich werden etwa 43 000 hl erzeugt, neunmal soviel wie vom Hermitage; davon entfallen rund 10 % auf den Weißwein. Die Domaine des Entrefaux hat heute einen guten Namen (insbesondere für seinen Weißwein – nahezu ganz aus Marsanne).

Cru Französischer Ausdruck, den man mit *Wachstum* oder *Gewächs* übersetzen kann und der Kernbegriff der französischen Weinphilosophie. Cru bezeichnet die →Lage und den von ihr stammenden Wein, d. h. unabhängig von den Schwankungen der Jahrgänge die Verankerung der Qualität in der Lage, ihren besonderen Böden und der mikroklimatischen Bedingungen, also in den natürlichen Voraussetzungen. Man spricht daher von der *gewachsenen Qualität*, und ein *vin de cru* ist mithin ein Wein, der sich aufgrund seiner konstanten natürlichen Vorzüge über den Durchschnitt heraushebt und eine eigene Persönlichkeit mit gehobener Qualität ist. Durch darauf bezogene Klassifizierung wird dies in einigen französischen Weinbaugebieten (→Elsaß, →Burgund, →Provence, →Champagne) noch besonders hervorgehoben. Man kennt dort Einstufungen wie →*cru classé*, →*grand cru*, *premier cru* u. a. In →Bordeaux hat dagegen *cru* eine noch umfassendere Bedeutung, und zwar versteht man darunter den individuellen Besitz von Rebfläche mit zugehörigem Weingut plus den dort erzeugten, ausgebauten und dem Verkauf zugeführten Wein. Weingut *plus* der dazugehörige Wein sind hier (→Médoc, →Graves, →Sauternes, →Saint-Emilion) klassifiziert.

In Italien setzt sich seit einigen Jahren der Begriff *cru* für Weine gehobener Qualität aus fest umrissenen, besonderen Lagen immer mehr durch. Das deutsche Weinrecht kennt offiziell den Begriff der gewachsenen Qualität und damit naturbedingter Vorzüge nicht, obwohl sich doch der Weinbau an der →Mosel, im →Rheingau u. a. stets gerne seiner unvergleichlichen Spitzenlagen rühmt. Allerdings gibt es seit jüngstem an der →Rheinfront um →Nierstein Bestrebungen, den Begriff *grand cru* offiziell einzuführen.

Cru bourgeois →Bourgeois

Cru classé Qualitätseinstufung (→*cru*) der meisten Spitzenweine im →Bordeaux-Gebiet. Im →Haut-Médoc wurde die bislang letzte, heute noch gültige →Klassifizierung von 1855 lediglich 1973 und allein bezüglich eines Gewächses (Château →Mouton-Rothschild) offiziell korrigiert. Die Spitzengewächse sind hier in fünf *crus classés* eingeteilt, obwohl unterhalb der ersten Stufe auf dem Etikett meist nur *grand cru classé* steht: *Premiers crus classés*, *Deuxièmes (2es) crus classés*, *Troisièmes (3es) crus classés*, *Quatrièmes (4es) crus classés* und *Cinquièmes (5es) crus classés*. Die →Spitzengewächse aus →Sauternes und →Barsac werden unterschieden in *Premier cru classé supérieur*, *Premiers crus classés* und *Deuxièmes crus classés*, die von →Saint-Emilion in *Premiers crus classés* und *Grands crus classés*, während man in den →Graves offiziell nur die Kategorie *Crus classés* kennt. Für die übrigen Bordeaux-Bereiche gibt es keine offizielle Klassifizierung.

In →Burgund und anderen französischen Weinbaugebieten unterscheidet man →*Grands crus* und *Premiers crus*, wobei es sich in Burgund um Lagen, in der →Champagne um Orte handelt. Im Gebiet der →Côtes de Provence sind seit 1955 23 Weingüter als *crus classés* eingestuft, von denen heute noch 18 existieren, darunter die Châteaux →Sainte-Roseline, de →Selle, →Minuty, de Saint-Martin, die Domaines de la →Croix, de l'Aumérade, ferner Castel Roubine u. a.

Cruzeau, Château de Wiedererstandenes altes Gewächs in St. Médard-d'Eyrans in den →Graves von →Bordeaux mit 47 ha Rebfläche (60 % →Cabernet Sauvignon, 40 % →Merlot bzw. 90 % →Sauvignon, 10 % →Sémillon für den Weißwein) und mit höchst beachtenswerten vollmundigen und ausgeglichenen Rotweinen und einer kleineren Erzeugung von ebenso guten gehaltvollen und stimmigen Weißweinen. Die Weine kommen heute unter der Appellation →Pessac-Léognan in den Handel.

Csongrád Mit dem ungarischen Weingesetz von 1994 eingerichtetes südungarisches Weinbaugebiet auf dem Westufer der Theiß zwischen Csongrád und der serbischen Grenze, das im Westen und Norden durch das Weinbaugebiet →Kiskunság begrenzt wird. Früher Teil des →Alföld.

Cuis *Premier cru*-Gemeinde in der →Champagne, südlich von →Epernay an der nördlichen →Côte des Blancs gelegen und mit 90% (für rote Trauben) bzw. 95% (für weiße Trauben) eingestuft. Es dominiert mithin der →Chardonnay.

Curé-Bon-la-Madeleine,   Château *Grand cru classé* von →Saint-Emilion mit 5 ha Rebfläche (90% →Merlot und je 5% →Cabernet Sauvignon und →Malbec), in exzeptioneller Lage zwischen den *premiers crus classés* →Ausone, →Belair, →Magdelaine und →Canon. Das Gut war längere Zeit vernachlässigt, geht jedoch seit dem Besitzerwechsel 1992 einer neuen Zukunft entgegen, die erneut sehr gehaltvolle, tiefe und konzentrierte Weine erwarten

läßt, die dann sicherlich wieder zu den besten ihrer Klasse gehören dürften.

Cussac Offiziell Cussac-Fort-Médoc; kleiner Weinbauort im →Haut-Médoc südlich von →Saint-Julien mit 240 ha Rebfläche und einigen vorzüglichen *crus →bourgeois*, darunter die Châteaux →Lanessan,   Tour-du-Haut-Moulin, Beaumont, Lamothe-de-Bergeron u. a.

Custoza →Bianco di Custoza

Cuvée Weinmenge aus der gleichen *cuve* (→Faß). Darüber hinaus bezeichnet der Ausdruck einen Most oder Wein oder eine Mischung verschiedener Moste oder Weine von in der Regel einer bestimmten Geschmacksrichtung oder Typik, die zur Erzeugung eines →Schaumweins oder →Champagners verwandt wird. Bei →Bordeauxweinen spricht man in der Regel statt von *cuvée* von *assemblage*, jedoch gibt es zumal im Gebiet von →Sauternes Güter, die eine →*Tête de cuvée* als die beste Partie des Jahrgangs erzeugen. Der Ausdruck *première cuvée* als einer der besten Weine einer bestimmten Gemeinde wird hingegen heute in Frankreich kaum noch verwandt, zumal er relativ unverbindlich und damit nichtssagend ist.

D

Dalmatien Kroatischer Küstenstreifen an der Adria von Rijeka bis Dubrovnik, der eine breite Palette beachtenwerter Weine hervorbringt, darunter teils frische, teils gehaltvolle Weißweine (Bodanusa, Posip, Marastina u. a.) sowie etliche mitunter ausgezeichnete Rotweine meist aus der Plavac (Dingac, Opol, Plavina, Postup u. a.). Außerdem werden der Prosek (ein →Likörwein) und ein angenehmer Rosé (Ruzica) erzeugt.

Dalsheim →Flörsheim-Dalsheim

Dambach-la Ville Mit rund 400 ha Rebfläche die größte Weinbaugemeinde des →Elsaß im Département →Bas-Rhin und qualitativ eine der besseren. Der *Frankstein* ist als →Alsace grand cru eingestuft. Es werden eine Reihe ansprechender →Rieslinge und →Gewürztraminer erzeugt.

Dame-Blanche, Château La Name, unter dem der Weißwein von Château du Taillan verkauft wird, und eines der wenigen Weingüter des →Haut-Médoc, die Weißwein erzeugen. Es liegt in Le Taillan bei →Blanquefort, ein paar hundert Meter nördlich der Grenze zu den →Graves. Der Rot- wie Weißwein des Gutes erinnern in der Tat eher an leichte Graves. Da die Appellation *Haut-Médoc* ausschließlich für Rotwein gilt, kann Château La Dame Blanche nur als →*Bordeaux supérieur* in den Handel kommen.

Dame Jeanne Ein größerer Glasballon unbestimmten Fassungsvermögens für Wein, mitunter mit Weide oder Stroh umflochten oder von einem Holzgestell umgeben, der heute als Transportbehälter kaum noch eine Rolle spielt. Sehr große →Bordeaux-Flaschen (→Jeroboams, →Impériales u. a.) werden mitunter als *Dames Jeannes* bezeichnet.

Damenwein Ein semantisch gewiß unzulässiger Ausdruck, der dem rassigen, nervigen oder kraftvollen →Herrenwein den milden, geschmeidigen, vielleicht auch lieblichen Damenwein gegenübersetzt. Der damit unterstellte geringere weibliche Weinverstand ist – wie die Ausdrücke selbst – schlichtweg albern.

Danielis Gehalt- und charaktervoller trockener griechischer Markenrotwein von →Achaia Clauss, früher als Castel Danielis bekannt. Der Wein kann gut altern und leicht zehn Jahre und älter werden.

Dão Seit 1908 eingegrenztes portugiesisches Weinbaugebiet in einer nordöstlich von Coimbra gelegenen Hügellandschaft um die Stadt Viseu, die von bis zu 2000 m aufsteigenden Bergketten umschlossen wird, denen sie ihre klimatischen Besonderheiten verdankt, die sich ebenso wie die Granitböden auf den Charakter des Weins auswirken. Von allen gesetzlich kontrollierten portugiesischen Weinanbaugebieten mit eigener →DOC-Regelung hat das Dão-Gebiet, sieht man einmal von dem →Portweingebiet ab, den größten Namen. Von den insgesamt 20 000 ha Rebfläche sind 16 500 ha mit roten Sorten bestockt. Qualitativ die wichtigste Rebsorte, aus der der rote Dão erzeugt wird, ist der überragende →Touriga Nacional, ergänzt durch Alfrocheiro Preto, Tinta Pinheira, Jaen, Bastardo und

Tinta Roriz (→Tempranillo). Sie ergeben einen so tieffarbenen und so gehaltvollen Wein, daß man ihn fast schon
als dick bezeichnen könnte. Dennoch
haben die besten roten Dão Charakter
und Art, ja mitunter durchaus Nerv,
und als →Garrafeira oder – häufiger –
als →Reserva können sie, zehn bis
zwanzig Jahre alt, von beachtenswerter
Feinheit und Eleganz sein. Die Spitzen
– in Zukunft soll es noch als Topqualität
mit einer Mindestlagerzeit von über
vier Jahren den Dão Nobre geben – sind
in jeder Weise hervorragende, unvergleichliche Weine, die in Portugal lediglich von den besten Garrafeira-Weinen
erreicht werden. Die weniger bekannten
Weißweine aus Arinto, Borrado das
Moscas, Cercial, Barcelo, Encruzado
und →Verdelho erreichen dieses Niveau
in der Regel nicht, können jedoch fein
und von dezenter Rasse sein. Sie sollten
in der Regel nicht älter als zehn Jahre
werden, wenngleich eine verbesserte
Kellertechnik inzwischen die Qualität
der Weißweine deutlich verbessert hat.
Für den roten und weißen Dão haben
traditionell den besten Namen Meia
Encosta, Dom Teodósio, Grão Vasco,
José Marques Agostinho, Conde de
Santar, Alexandro Magno, Aliança,
Porta dos Cavaleiros, Messias u. a. Man
sollte daneben jedoch die wachsende
Zahl der Weine kleiner, selbstabfüllender Güter durchaus beachten.

Darmagi Die Familienchronik weiß zu
berichten, daß, als Angelo →Gaja Ende
der 1970er Jahre eine Parzelle zur Erzeugung von →Barbaresco aushauen
ließ, um an ihre Stelle →Cabernet Sauvignon zu pflanzen, sein Vater ausrief:
»Darmagi – wie schade!« Die Weinwelt
gibt heute dem Sohn recht. Der Darmagi ist ein körperreicher, kompakter,
fester Rotwein mit deutlicher Tanninstruktur, der über erhebliche Reserven
verfügt und mit dem zunehmenden
Alter der Rebstöcke seinen Anspruch
auf Einstufung als bemerkenswertester

Wein seiner Art in →Piemont unter-
mauern wird.

Dassault, Château *Grand cru classé* aus
→Saint-Emilion mit 23 ha Rebfläche
(65 % →Merlot, 20 % →Cabernet franc,
15 % →Cabernet Sauvignon) und einem
geschmeidigen, feinen Rotwein.

Daumas Gassac, Mas de Ein rund 24 ha
großes Weingut bei Aniane im Gassac-
Tal inmitten des →Midi im Département →Hérault, das sich seit 1978, als
der erste Wein erzeugt wurde, sehr in
Szene zu setzen gewußt hat. Inzwischen
ist es um das Gut und seinen Wein wieder etwas ruhiger geworden, und die
erste Euphorie scheint verflogen. Was
geblieben ist, ist ein hervorragender,
strukturierter, tiefer, konzentrierter,
tanninreicher Wein, der geologisch und
dank des kühleren Klimas mikroklimatisch eine Ausnahme im →Languedoc
darstellt und aus 80 % →Cabernet Sauvignon stammt; 20 % entfallen zu gleichen Teilen auf →Malbec, →Merlot,
→Syrah, →Cabernet franc, →Pinot noir
und Tannat. Auch wenn das Ergebnis
kein →Bordeaux aus dem Midi ist,
dürfte es doch das bedeutendste sein,
was auf diese Art aus dem Hérault
kommt. Noch bedeutender ist vielleicht
der besonders rare Weißwein, der Blanc
de raisins blancs, der zu je etwa 30 % aus
→Chardonnay, →Viognier und Petit
Manseng plus 10 % →Roussanne, Marsanne und Bourboulenc besteht. Der
Wein verfügt über eine bemerkenswerte
Komplexität und Eleganz, ist großzügig
und reich und von großer Ausdruckskraft.

Dauzac, Château *5ᵉ cru classé* aus
→Labarde-Margaux im →Haut-Médoc
mit 50 ha Rebfläche (65 % →Cabernet
Sauvignon, 30 % →Merlot, 5 % →Petit
Verdot) und einem guten und recht delikaten Rotwein. Nach erheblichen Investitionen und der Übernahme der Verantwortung für die Weinerzeugung

durch André Lurton (Château La →Louvière u. a.) geht es nunmehr auf dem Gut sichtbar aufwärts. Auch wenn der Weg zur Spitze aufgrund der Versäumnisse und Fehler der Vergangenheit noch lang ist, sollte man dem Gut in Zukunft jede Beachtung schenken.

Debrö Die berühmteste Weinbaugemeinde des Weinbaugebietes um Gyöngyös an den Abhängen des →Mátragebirges nordöstlich von Budapest, westlich von →Eger, als deren herausragendster Wein der *Debröi Hárslevelü* (Debröer Lindenblättrige) gilt, ein fruchtiger, charaktervoller, nuancenreicher und eleganter Weißwein, der, zumal in →trockenen Abfüllungen, zu den besten seiner Art in Ungarn gehört.

Deckrotwein Globaler Ausdruck für farbintensive Rotweine, meist aus Spanien, die zur Aufbesserung farbschwacher deutscher Rotweine verwendet werden. Laut EU-Recht darf dieses Verfahren in Deutschland seit dem 30. 6. 1989 nicht angewandt werden. Unter dem Gesichtspunkt der Qualität ist diese Entscheidung nur zu begrüßen, wenngleich der seither vielfach beschrittene Übergang auf den modischen →Dornfelder und andere farbintensive →Neuzüchtungen das Erreichte wieder in Frage stellen dürfte.

Decugnano dei Barbi Name zweier Weine, die von Barbi in →Umbrien in der Nähe des →Corbarasees erzeugt werden. Der eine ist ein gehaltvoller, fruchtiger und körperreicher, dabei strukturierter Rotwein aus →Sangiovese und →Montepulciano, der zu den bemerkenswertesten der Region gehört. Bei dem anderen handelt es sich um einen weißen →Orvieto classico, der von einer feinen →Süße und einem deutlichen →Botrytis-Ton geprägt ist. Dank der vom Corbara-See heraufziehenden Nebel im Herbst verfügt dieser Wein über eine ausgeprägte →Edelfäule (als →Pourriture noble→ auf dem Etikett ausgewiesen), die ihn deutlich über den heute handelsüblichen, als →abboccato deklarierten Orvieto heraushebt. Auch wenn der Wein das Format eines bemerkenswerten →Sauternes nicht ganz erreicht, ist er charaktervoll und von hervorragender Qualität.

Degorgieren Abgeleitet von dem französischen Wort *dégorger* bezeichnet der Ausdruck jenes entscheidende Endstadium der →Schaumweinerzeugung, bei dem die →Hefe von dem Schaumwein getrennt wird. Bei der klassischen →Méthode champenoise geschieht dies, indem die auf den Pfropfen gerüttelte Hefe aus dem Flaschenhals herausgeschleudert wird. Die Flasche wird dann aufgefüllt, zumeist mit einem →Dosage versehen, und endgültig verkorkt.

Deidesheim Berühmte malerische Weinstadt in der →Pfalz, die gemeinsam mit den benachbarten →Forst sowie mit →Ruppertsberg, →Wachenheim und zwei, drei weiteren Orten in der Regel die bemerkenswertesten pfälzischen Weißweine hervorbringt. Rund 520 ha sind mit Reben bestockt, davon drei Viertel mit →Riesling. Zu den renommiertesten Lagen zählen *Hohenmorgen, Grainhübel, Leinhöhle, Kieselberg, Kalkofen, Mäushöhle, Herrgottsacker* u. a. Dagegen ist *Deidesheimer Hofstück* ein →Großlagenname. Die Weine besitzen in der Regel ein eindrucksvolles Bukett und weisen Körper, Charakter und Eleganz auf. Die besten von ihnen sind in jeder Hinsicht bemerkenswert und rechtfertigen das herausragende Ansehen Deidesheims unter den deutschen Weinbaugemeinden vollauf. Zu den namhaftesten Erzeugern zählen →Bassermann-Jordan, →Bürklin-Wolf, →Wegeler-Deinhard, →Buhl, Georg Siben Erben, Biffar, Jul. Ferd. Kimich u. a.

Deinhard →Wegeler-Deinhard

Dekantieren Zwei sehr unterschiedliche Gründe können das Dekantieren eines Weines, also das Umgießen aus der Flasche in eine Karaffe erforderlich machen. Der durchweg bekannte und in der Regel befolgte Grund ist die Trennung des klaren Weins von dem in der Flasche gebildeten →Depot. Da dieses selbst bei noch so vorsichtigem Einschenken aufgerüttelt wird und damit ins Glas gelangen würde, was angesichts der in diesem Niederschlag enthaltenen Bitterstoffe den Weingenuß – wie auch den Wein selbst – trüben würde, sollte ein derartiger Rotwein im allgemeinen vor dem Servieren dekantiert werden, indem man ihn behutsam und gegen das Licht einer brennenden Kerze in die Karaffe umgießt. Ob der fragliche Wein Depot gebildet hat, läßt sich zuvor leicht in der Flasche erkennen. Es versteht sich von selbst, daß diese Methode nur bei Rotweinen erforderlich ist, da Weißweine normalerweise kein Depot aus Schwebeteilchen bilden. Die etwaige Ausfällung von →Weinstein erfordert kein Dekantieren, da es sich um kristalline Ausscheidungen handelt, die nicht nur keinen Einfluß auf den Geschmack haben, sondern auch nur bei grober Unachtsamkeit in das Weinglas gelangen.

Ein zweiter Grund für ein Dekantieren wird zumeist weitaus weniger beachtet, da er junge statt alte Weine betrifft, nämlich jene, deren →Tannine sich tunlichst vor dem Genuß durch eine erhöhte Berührung mit Sauerstoff assimilieren sollten, um sie weniger aggressiv erscheinen zu lassen. Bei einer Reihe zumal tanninreicher, italienischer Rotweine empfiehlt sich ein derartiges Verfahren, aber auch bei dem einen oder anderen →Bordeaux. Selbst einige noch junge und unfertige Weißweine können von einem Dekantieren profitieren.

Schließlich gibt es noch alte Rotweine, die man trotz ihres Depots lieber nicht dekantieren sollte, da ihre fragilen Tannine der forcierten Sauerstoffzufuhr eventuell nicht standhalten. Dies ist jedoch keine Frage des Alters, sondern der Grundkonstitution des betreffenden Weins. So würde ich etwa einen Château →Haut-Brion im allgemeinen lieber nicht dekantieren.

Dekantierkörbchen Korb, in der Regel aus Metall oder Holz, französisch *panier*, in dem eine Weinflasche auf dem Tisch in nahezu waagerechter Lage ruht, um das Aufwirbeln des →Depots möglichst zu vermeiden. Es versteht sich daher von selbst, daß es wenig Sinn macht, Weine in einem Dekantierkörbchen zu servieren, die überhaupt kein Depot besitzen.

Dél-Balaton Der seit dem ungarischen Weingesetz von 1994 eigenständige südlich des →Balaton, weitgehend auf Sandböden gelegene Teil des einstigen größeren Gebietes →Balatonmellék. Das Gebiet reicht bis Andocs und Marcali.

Demestica Von →Achaia Claus in →Patras erzeugter griechischer weißer wie roter →Markenwein, der meistverkaufte griechische Wein überhaupt, ein unkomplizierter Allerweltswein.

Demi-Sec Französisch für →halbtrocken; entspricht →abboccato, →imixeros, →medium dry, →meio seco, →semiseco.

Denominação de origem controlada Neues portugiesisches Qualitätsweinsystem in Einklang mit den EU-Richtlinien und oberste Kategorie der portugiesischen Qualitätsweine kontrollierten Ursprungs nach dem Vorbild der französischen →AOC-Bestimmungen. Sie ist an die Stelle der alten →Região demarcada getreten.

Denominación de Origen Kontrollierte Herkunftsbezeichnung spanischer →Qualitätsweine, ein seit 1970 geschaffenes System der Eingrenzung von Weinbaugebieten und der Bestimmungen über Weinerzeugung und Vinifikationsverfahren in Analogie zum französischen →A.O.C.- und dem →V.Q.P.R.D.-System der EU. Gegenwärtig gibt es in Spanien rund 40 *Denominaciones de Origen*. In der Hierarchie darüber steht in Spanien die Kategorie der DOC-Weine, also der Weine mit einer →Denominación de Origen Calificada.

Denominación de Origen Calificada
1988 eingeführte oberste Kategorie spanischer Qualitätsweine mit rigoroseren Qualitätsanforderungen als bei den Weinen mit einfacher →Denominación de Origen. So muß das Gebiet genau kartografiert, die Weingüter mit ihren Weinen exakt erfaßt sein. Der Wein darf nur in Flaschen verkauft werden, und der Traubenpreis muß den des nationalen Durchschnitts um mindestens das Doppelte übersteigen. Darüber hinaus sind Ausbaubestimmungen genau festgelegt. Das erste spanische Weinbaugebiet, das in der Lage war, diese Auflagen zu erfüllen, war das von La →Rioja.

Denominazione di origine controllata
Kontrollierte Ursprungsbezeichnung italienischer →Qualitätsweine nach einem System, das 1963 in Anlehnung an das französische System der →Appellation contrôlée geschaffen wurde und wie dieses die Gebietsgrenzen, Rebsorten, Pflanzmethoden, Hektarerträge, z. T. Vinifikations- und Ausbaumethoden, chemische und organoleptische Merkmale u. a. genau regelt. Obwohl es zumal in seiner Praxis mitunter als weniger rigide als das französische System erscheint, stellt es weit eher ein zu enges Korsett dar, das es nicht vermocht hat, die Erzeugung von Spitzenqualitäten zu fördern und unter den gesetzten Bestimmungen in vorgegebene Bahnen zu leiten. Zwar gibt es heute über 240 italienische Weine mit eigenem DOC-Statut, doch hat man 1980 nach →Weinskandalen und anderen Unzulänglichkeiten noch ein zusätzliches, angeblich noch »garantierteres« System, die →Denominazione di origine controllata e garantita, geschaffen, das inzwischen für 13 Weine gilt. Zusammen kommen diese Qualitätsweine für rund 14 % der italienischen Weinernte auf, wobei die mengenmäßige Bedeutung der einzelnen DOC- oder DOCG-Weine außerordentlich unterschiedlich ist und zwischen 1 Mill. hl für den →Chianti und dem gegenwärtig nur von einem einzigen Weingut auf einem halben Hektar erzeugten →Faro schwankt. Insgesamt kommen die 20 mengenmäßig bedeutendsten DOC- bzw. DOCG-Weine (also knapp ein Zehntel der Gesamtzahl) für zwei Drittel der von allen italienischen Qualitätsweinen zusammen erzeugten Menge auf. Doch viel schneller als die Zahl der →DOC-Weine steigt in Italien die Zahl der Spitzenweine, die außerhalb dieses gesetzlich definierten Rahmens erzeugt und →Tafelwein auf den Markt als gebracht werden, worin Spötter inzwischen die einzige wirkliche Qualitätsgarantie sehen. Weltweit so renommierte Weine wie →Sammarco, →Ornellaia, →Tignanello, →Maurizio Zanella, →Darmagi, →Schioppettino, →Solaia, →Grifi und wie sie alle heißen, in denen viele die heutige Spitze des italienischen Weinbaus sehen, kommen alle als Tafelweine in den Handel – eine Entwicklung, die in Deutschland seit einiger Zeit sich ähnlich zu vollziehen scheint und die die Verantwortlichen zum Nachdenken darüber veranlassen sollte, inwieweit die gegenwärtigen Weingesetze den tatsächlichen Erfordernissen wirklich gerecht werden.

Denominazione di origine controllata e garantita Oberste Qualitäts- und Garantiestufe für eine wachsende Zahl italienischer →Qualitätsweine, die 1980 eingeführt wurde und inzwischen für 13

Weine gilt: →Albana di Romagna, →Asti, →Barbaresco, →Barolo, →Brunello di Montalcino, →Carmignano, →Chianti (einschließlich aller Unterregionen), →Gattinara, →Montefalco, →Taurasi, →Torgiano, →Vernaccia di San Gimignano und →Vino nobile di Montepulciano. Gegenüber den →DOC-Bestimmungen bringen diese Dekrete einige verschärfte Auflagen. DOCG-Weine dürfen nur nach vorangegangener →organoleptischer Prüfung und ausschließlich auf Flaschen gefüllt in den Handel gebracht werden.

Depot Auch Niederschlag genannte Ausscheidungen des Weins in der Flasche. Während beim Rotwein das Depot weitgehend aus Schwebeteilchen besteht, die unangenehm bitter schmecken und sich beim →Altern des Weins aufgrund der Veränderung der →Tannine u. a. Stoffe bilden und am Boden absetzen, jedoch bei der Bewegung der Flasche leicht aufrütteln lassen, besteht ein etwaiges Depot bei Weißweinen in der Regel aus Ausfällungen in kristalliner Form von →Weinstein, der farb- und geschmacklos ist. Während der Weinstein allein aus ästhetischen Gründen nicht mit eingeschenkt werden sollte, verhindert man das Eingießen von Teilen des Rotweindepots am wirkungsvollsten durch ein →Dekantieren des Weins.

Dernau Kleiner Weinbauort an der →Ahr mit ca. 135 ha Rebfläche, als deren beste Lagen *Hardtberg*, *Pfarrwingert* u. a. gelten. Es wird vorrangig →Spätburgunder angebaut. Seit einigen Jahren ist der Ort vor allem bekannt als Sitz des hochgeachteten Weinguts Meyer-Näkel, das heute dank seiner finessenreichen und gehaltvollen, teilweise in →Barriques ausgebauten Weine allgemein als der führende Rotweinerzeuger der Ahr gilt. Ferner haben die Vereinigten Ahrwinzergenossenschaften ihren Sitz in Dernau.

Desmirail, Château Wiedererstandener *3ᵉ cru classé* in der Appellation →Margaux im →Haut-Médoc mit Rebflächen in →Cantenac und →Arsac, zusammen derzeit 18 ha (69 % →Cabernet Sauvignon, 23 % →Merlot, 7 % →Cabernet franc, 1 % →Petit Verdot), dank der Initiative von Lucien Lurton, dem Besitzer von Château →Brane-Cantenac u. a. Der Wein verspricht wieder fein und elegant zu werden, ist aber noch von seinem einstigen Rang weit entfernt.

Dessertwein Früher ein gebräuchlicher Gattungsbegriff für süße Weine, die man traditionellerweise zum Dessert reichte. In der EU sind derartige Weine heute rechtlich als →Likörweine definiert. In einem weiter gefaßten Sinn kann man jedoch auch hochwertige →Auslesen, →Eisweine, →Beeren- und →Trockenbeerenauslesen als Dessertweine ansehen. Ob sie sich in der Tat zu einem bestimmten Dessert eignen, vermag allein Probe oder Erfahrung zu entscheiden.

Deutsches Weinsiegel →Weinsiegel

Deutschkreutz Bedeutende Weinbaugemeinde im österreichischen →Mittelburgenland mit rund 750 ha Rebfläche. Es werden zu etwa gleichen Teilen rote wie weiße Sorten angepflanzt, von denen der Wein der ersteren in der Regel der bedeutendere ist, zumal wenn er aus →Blaufränkisch oder dem neuerdings zunehmend angepflanzten →Cabernet Sauvignon besteht. Unter den weißen Sorten dominiert der Grüne →Veltliner, doch gibt es inzwischen auch den einen oder anderen beachtenswerten, in →Barriques ausgebauten →Chardonnay. Gesellmann hat allgemein den besten Namen.

Deutschland Trotz des großen, jahrhundertealten und wohlbegründeten Rufs seiner Weine kann man Deutschland kaum als ein typisches weinerzeugendes und weinverbrauchendes Land bezeichnen, da der Rebanbau heute, von wenigen Ausnahmen abgesehen, ganz auf den Südwesten der Bundesrepublik, auf das Tal des →Rheins und seiner wichtigsten Nebenflüsse begrenzt ist. Hier sind insgesamt 105 770 ha mit Reben bestockt, was gerade 11 % der französischen Rebfläche entspricht, und da der Weinkonsum außerhalb der Anbaugebiete durchweg erheblich geringer ist als innerhalb der Erzeugergebiete, trinkt der statistische Durchschnittsdeutsche mit 23–24 l pro Kopf im Jahr nur etwa halb soviel Wein wie der Durchschnittsschweizer. Angesichts einer Durchschnittsernte von rund 10 Mill. hl, von denen zwischen 15 und 20 % exportiert werden, entfällt kaum die Hälfte des normalen Verbrauchs auf heimische Weine, so daß die Bundesrepublik zugleich der größte Weinimporteur der Welt ist. Eine weitere Zunahme des Pro-Kopf-Verbrauchs, wie er in den letzten Jahrzehnten in den Nachbarländern Dänemark, Luxemburg, der Schweiz und Österreich zu verzeichnen war, ließe sich daher ausschließlich über eine Steigerung des Imports erreichen, woran die deutsche Weinwirtschaft begreiflicherweise wenig Interesse hat, da sie aus klimatischen Gründen die Erzeugung zur Deckung des Inlandsbedarfs und zur Steigerung des Pro-Kopf-Verbrauchs nicht ausdehnen kann.

Dennoch verkauft sich deutscher Wein nicht von selbst. Die Gründe dafür liegen nicht nur an der in jedem Land anzutreffenden erheblichen Diskrepanz zwischen mittelmäßigen und gewöhnlichen Weinen einerseits und Spitzenerzeugnissen andererseits, die ohne jede Frage in nennenswertem Maße vorhanden sind und auf ihre Weise zu den besten der Welt gehören. Doch, und dazu hat das →Weingesetz von 1971 erheblich beigetragen – ohne daß das neue Weingesetz von 1994 daran entscheidendes

geändert hat –, hat man Qualität zu lange und zu ausschließlich als rein technisches Kriterium der formalen Fehlerfreiheit definiert, ohne wirkliche Anreize zur Steigerung des Niveaus zu geben, so daß die Erzeuger, losgelöst von jeder Form traditioneller Weinkultur, ihre Weine mehr und mehr an dem Gelegenheitsweintrinker orientierten, der keine innere Bindung an den Wein hat und dem es angesichts einer verwirrend komplizierten Nomenklatur unmöglich war und ist, eine verstärkte Identifizierung mit einem bestimmten Wein zu entwickeln.

Viele Fehler der Vergangenheit sind inzwischen erkannt und manche Erkenntnisse daraus umgesetzt worden. Als Ergebnis ist im Laufe der zurückliegenden Jahre eine erfreuliche und insgesamt höchst positive Bewegung in den deutschen Weinbau und die deutschen Weine gekommen, wozu eine neue Generation von Weinerzeugern mit neuen Ideen erheblich beigetragen hat. So scheint jene unselige Entwicklung der künstlichen Süßung der Weine mittels →Süßreserve, einer beschönigenden Bezeichnung für unvergorenen Traubensaft, endlich gebrochen, und die Zahl der Spitzenerzeuger, die ausschließlich durchgegorene, trockene Weine erzeugen, nimmt ständig zu. Manche haben noch die schamhafte Zwischenstufe der sog. →halbtrockenen Weine eingeschaltet, eine Variante, die an Augenwischerei grenzt und angesichts ihres rein hypothetischen Charakters – denn entweder ist ein Wein trocken oder er ist es nicht – manche an so etwas wie »halbschwanger« erinnert. Mehr und mehr Erzeuger haben die Bezeichnung vereinfacht und füllen nicht mehr jeden Wein unter einer möglichst blumigen Lagenbezeichnung, sondern nur noch mit den Namen der Rebsorte und des Erzeugers versehen ab. Andere wiederum gehen neue Wege bei Vergärung und Ausbau, setzen wieder wie früher Holzfässer statt ausdruckslose

Stahltanks zumindest bei den höheren Qualitäten ein. Einige sind in den letzten Jahren noch weiter gegangen und haben begonnen, mit einem Weinausbau in →Barriques zu experimentieren und dabei zum Teil höchst bemerkenswerte Ergebnisse erreicht, die beweisen, daß es sich hierbei genausowenig um eine Verfremdung handelt wie bei den Sünden anderer Länder, etwa Italiens, Weißweine nahezu nur noch in Stahltanks auszubauen. Allein die Qualität des Ergebnisses ist es beim Wein, die wirklich zählt.

Zusätzlich hat die Einsicht, daß die Erträge um der höheren Qualität willen deutlich reduziert werden müssen, bei einer wachsenden Zahl von Erzeugern um sich gegriffen, bei denen heute vielfach 60–80 hl/ha, z. T. sogar 50 hl/ha und weniger als Obergrenze gelten. Und daß hochwertige Weine und Weinkultur etwas mit Lagerung, Reife und Alter und nicht mit →Primeur-Konsum zu tun hat – etwas, woran jeder Weinliebhaber bezogen etwa auf →Bordeaux-Weine nicht den geringsten Zweifel hat –, greift erfreulicherweise auch im Bereich trockener deutscher Weine allmählich um sich.

Die Folgen sind weitreichend. Nicht mehr ist jeder hervorragende und bemerkenswerte deutsche Wein grundsätzlich ein Weißwein. Gerade bei der Rotweinerzeugung gibt es qualitativ beachtliche Steigerungen, wenn auch der Aufstieg weiterhin hart und steinig bleiben dürfte und die Mehrzahl noch weit vom Ziel entfernt ist. Doch – und dies ist die eigentliche Sensation, an die noch vor wenigen Jahren niemand zu denken wagte – es gibt bereits die ersten, die einen Rotwein von internationalem Format zu erzeugen vermögen. Insgesamt schenkt man dem Rotwein heute mehr Beachtung, und die Ausdehnung der Rebfläche in den letzten Jahren ist praktisch ausschließlich den roten Sorten zugute gekommen, deren Flächenanteil sich innerhalb der letzten fünf-

zehn Jahre von 11,3 auf 18,5 % erhöht hat. Zugleich hat damit der →Spätburgunder auf Kosten des einst favorisierten, doch deutlich geringeren →Portugiesers auch quantitativ eine führende Stellung eigenommen.

Insgesamt wird Deutschland zweifellos ein Weißweinland bleiben, doch auch hier ist zumindest bei den Spitzenbetrieben ein Wandel und die Korrektur früherer Fehlentwicklungen erkennbar. Gab es einmal eine Zeit, in der es als Ausweis eigener Modernität galt, mehr und mehr Parzellen mit entweder ausdruckslosen oder qualitativ unbedeutenden →Neuzüchtungen zu bepflanzen, so ist diese Euphorie inzwischen glücklicherweise verflogen, und •eine wachsende Zahl verzichtet inzwischen nicht nur ganz auf sie, sondern konzentriert darüber hinaus die Erzeugung ganz auf die bewährten und gebietstypischen Qualitätssorten. Sieht man einmal von dem in den wichtigsten Gebieten nach wie vor ungebrochenen, wenn auch verlangsamten Rückgang des →Silvaners und Korrekturen beim Grauen →Burgunder ab, so sind die Zunahmen bei →Riesling, Weißem →Burgunder und →Gutedel ebenso erfreulich wie die rückläufigen Tendenzen bei →Müller-Thurgau, →Scheurebe, →Morio-Muskat, →Faber, →Huxelrebe u. a. fragwürdigen Neuzüchtungen.

Ein weiterer Wandel letzter Zeit erfaßt schließlich die Weine selbst und ihren Alkoholgehalt. Verglichen mit den Gewächsen der Sonnenländer sind deutsche Weine im Alkohol in der Regel leichter. Doch die Erkenntnis verbreitet sich, daß Alkohol allein keine Qualitätsfrage ist. Sicherlich erfordert der Riesling in seiner Balance zwischen Alkohol, Körper und Säure weniger Alkohol als etwa ein →Chardonnay, und sicherlich ist diese Balance und damit der erforderliche Alkoholgehalt an der →Mosel eine andere als im →Rheingau oder an der →Mittelhaardt. Ein Rotwein erfordert in der Regel hingegen mehr Alkohol – und Körper –, um sich ausgeglichen zu präsentieren. Als Folge dieser Einsicht haben viele Spitzengüter für sich die Eingangsmostgewichte für die jeweiligen Qualitätsstufen (→ Kabinett, → Spätlese) mehr oder weniger deutlich über das gesetzliche Minimum angehoben, und manche verzichten sogar ganz auf den Kabinettwein – was nicht nur beim Rotwein sinnvoll wäre –, und nehmen statt dessen lieber eine maßvolle → Chaptalisierung auf Werte um 11 % vol. vor, statt einen mitunter recht mageren Kabinettwein mit 9 % vol. Alkohol anzubieten. Auch die Erzeugung noch höherer Prädikate wie → Auslese, → Beerenauslese, → Eiswein und → Trockenbeerenauslese erscheint heute nicht mehr jedem Gut als erstrebenswert. Prestige läßt sich auch anders erreichen, auch wenn eine große Riesling-Beeren- oder Trockenbeerenauslese auf ihre Weise einen einzigartigen, aber äußerst raren Wein darstellt.

Diesem Wandel entsprechen zweifellos Veränderungen in den Trinkgewohnheiten, und sie sind Ausdruck eines verstärkten Genusses deutscher Weine in Verbindung mit einem passenden Essen. So wichtig und begrüßenswert diese Entwicklung auch ist, bleibt der deutsche Wein darüber hinaus ein Wein, der durchaus nach dem Essen getrunken werden kann und dann angesichts seines moderaten Alkohols, seiner fruchtigen und oftmals komplexen und eleganten Struktur anderen alkoholischen Getränken deutlich überlegen ist.

Angesichts der nördlichen Lage mit seinem relativ kühlen Klima gedeihen Reben in Deutschland nur in besonders bevorzugten Lagen, meist Flußtälern, zumal in Südwestdeutschland, sowie in kleinerem Umfang in Ostdeutschland auf dem Gebiet der ehemaligen DDR. Gerade der Rhein wirkt klimaregulierend, und sechs der dreizehn deutschen Weinbaugebiete liegen daher entlang des Rheins. Dem Flußverlauf folgend sind dies:

1. → Baden, weitgestreut, vielgestaltig, mit Weinen sehr unterschiedlicher Qualität und zunehmender Bedeutung, auch wenn die Bereiche → Kaiserstuhl und → Ortenau jenseits der Landesgrenzen nach wie vor das größte Ansehen genießen;

2. Hessische → Bergstraße, nach Norden anschließendes drittkleinstes deutsches Anbaugebiet;

3. → Pfalz, zweitgrößtes deutsches Anbaugebiet, dessen beste Weinbaugemeinden an der → Mittelhaardt zwischen → Kallstadt und → Neustadt liegen, darunter → Deidesheim, → Forst, → Ruppertsberg, → Wachenheim, → Ungstein u. a. Orte;

4. → Rheinhessen, größtes Anbaugebiet, bekannt für seine hervorragende → Rheinfront um → Nierstein, gegenüber der die Weine des → Hügellandes in der Regel sehr viel weniger Beachtung finden;

5. → Rheingau, qualitativ das herausragendste Anbaugebiet am Rhein, nördlich des Rheins zwischen → Hochheim und → Lorch gelegen mit so berühmten Orten wie → Rauenthal, → Erbach, → Hattenheim, → Johannisberg, → Rüdesheim u. a.

6. → Mittelrhein, sehr romantisch, doch ohne Frage mit einigen Weinen, zumal → Rieslingen, die durchaus Beachtung verdienen und zumeist aus → Bacharach, → Kaub, → Oberwesel, → Boppard u. a. Orten stammen.

Von den verbleibenden Gebieten liegen an fünf Nebenflüssen des Rheins:

1. → Württemberg, dessen Weinbau sich um den Neckar konzentriert mit Weinen oftmals eigenen Charakters und über 55 % Rotweinanteil, dessen beste Qualitäten außerhalb des Gebiets wenig bekannt sind;

2. → Franken, dessen Weine zumeist aus dem Maintal um → Würzburg stammen und in den beliebten → Bocksbeuteln abgefüllt sind;

3. → Nahe mit vielfältigen Weinen und weitgehend unbekannten Spitzenqua-

litäten meist aus dem Raum zwischen →Schloßböckelheim und →Münster-Sarmsheim;

4. →Mosel-Saar-Ruwer, was den Wein angeht, wichtigster Nebenfluß (samt dessen Nebenflüssen) mit bedeutsamen, allein dem Rheingau qualitativ vergleichbaren Weinen insbesondere um →Wiltingen (→*Scharzhofberg*), an der →Ruwer und →Bernkastel;

5. →Ahr, das kleine Rotweingebiet (80 % Rotweinanteil) unweit von Bonn, das sich in den letzten Jahren erfolgreich bemüht hat, den Ruf alleiniger minderer Touristenqualität abzuschütteln.

Bei den beiden verbleibenden Gebieten handelt es sich um das derzeit kaum 400 ha umfassende Weinbaugebiet →Saale-Unstrut in Sachsen-Anhalt und Thüringen sowie um das kleinste deutsche Weinbaugebiet →Sachsen, im wesentlichen elbabwärts von Dresden um →Radebeul und →Meißen gelegen.

Da das deutsche Weingesetz dem →Mostgewicht der Trauben mehr Beachtung schenkt als der unterschiedlichen Qualität der Böden, auf denen die Reben wachsen, ist die Vorstellung von der »Qualität im Glas« entstanden, d. h. der Einstufung von Weinen in die verschiedenen Qualitätsstufen allein nach dem Eingangskriterium des Mostgewichts. Lediglich die Höhe der →Oechslegrade – in Österreich, Italien u. a. Ländern kommen zumindest noch Säure-, Extrakt-, Asche- u. a. qualitätsbestimmende Werte hinzu – entscheidet, ob der Wein in die Kategorie →QbA, Kabinett usw. einzuordnen ist. Die letzte Entscheidung fällt dann bei der Amtlichen Qualitätsweinprüfung, die alle als Qualitätsweine vorgesehenen Weine – verbunden mit dem Antrag auf Zuteilung der gewünschten Qualitätsstufe – durchlaufen müssen, bevor sie in Verkehr gebracht werden dürfen. Bei bestandener Prüfung enthält jeder Wein die auf dem Etikett anzugebende Amtliche →Prüfnummer. Statt sich mit diesen Prüfungsämtern und anderen staatlichen Behörden auseinandersetzen zu müssen, zieht es heute eine wachsende, wenn auch noch kleine Zahl von Erzeugern, ähnlich der Entwicklung in Italien, vor, besonders hochrangige, mitunter im Barrique ausgebaute Weine schlicht als →Tafelweine in den Handel zu bringen, was ein bezeichnendes Licht auf die Frage der Qualitätsorientiertheit eines Weingesetzes wirft.

Auf dem Etikett erscheint neben der Prüfnummer (bei allen Qualitätsweinen) der Hinweis auf die Qualitätsstufe (ansonsten sind es Tafel- oder →Landweine), bei nahezu allen besseren Weinen das Jahr, die Rebsorte und eine geographische Herkunftsangabe, d. h. neben dem Anbaugebiet meist eine Lagenbezeichnung. Bei diesen ist es jedoch nur dem Kenner möglich, zwischen →Groß- und →Einzellage zu unterscheiden, d. h. die Bedeutung der Angabe zu ermessen (weshalb einige Erzeuger ganz auf sie verzichten). Lediglich in vier Fällen steht bei diesen Herkunftsangaben allein der Lagenname (ohne Ortsangabe), da der Lagenname zugleich als Orts- bzw. Ortsteilname gilt. Diese vier *grands crus* sind: *Schloß →Johannisberger*, *Schloß →Vollrads*, →*Steinberger*, *Scharzhofberger*. Ferner mag noch eine Geschmacksrichtung angegeben sein, wobei in der Praxis Einstufungen wie →trocken oder →halbtrocken genannt werden. Findet sich keine Angabe, dürfte es sich in der Mehrzahl der Fälle um eine →liebliche oder →süße Abfüllung handeln. Schließlich müssen noch Erzeuger oder Abfüller genannt werden, wobei der Weintrinker in der Regel in Deutschland der →Erzeugerabfüllung den Vorzug geben wird.

Deutschlandsberg Einer der führenden Orte des →Schilchergebiets in der →Weststeiermark, mit gut 30 ha Rebfläche, dessen beste →Ried die unterhalb der Burgruine Landsberg gelegene

Lage *Burgegg* ist. Der von dort kommende Schilcher (von dem zu dem hochangesehenen Gut E. & M. Müller aus dem benachbarten Groß St. Florian gehörenden Prinz Liechtensteinschen Weingut) dürfte der beste der Weststeiermark sein. Weitere führende Erzeuger sind Gernot Mahler u. a. Unmittelbar in der Nähe liegt auch der kleine Ort Wildbach, der dem Blauen →Wildbacher, aus dem der Schilcher erzeugt wird, seinen Namen gegeben hat.

Deutsch-Schützen Weinbaugemeinde mit 80 ha Rebfläche im Pinkatal im Weinbaugebiet →Südburgenland, dessen Rotweine, insbesondere aus dem →Blaufränkisch, sehr beachtenswert sein können. Gisela Wiesler u. a. gelten als führende Erzeuger.

Deutz & Geldermann In →Ay ansässiges →Champagnerhaus mit einigen ausgezeichneten Champagnern, von denen der →Blanc de Blancs und die Spitzencuvée *William Deutz* am beachtenswertesten sind.

Dézaley Wenn es um Weinprovenienzen geht – die erste Adresse in der Schweiz und ein herausragender Wein, der in der →Lavaux östlich von →Lausanne auf steil zum Genfer See abfallenden Terrassen aus dem →Chasselas erzeugt wird, der hier eine unvergleichliche Konzentration und einen bemerkenswerten Nuancenreichtum erreicht, den er mit Struktur und Ausdruckskraft verbindet. Als führende Erzeuger gelten das Weingut der Stadt Lausanne mit seinen Einzellagen *Clos des Abbayes* und *Clos des Moines*, Testuz, Bovard, Fonjallaz, Dubois (*Dézaley-Marsens*) u. a.

Dezize-les-Maranges Kleine Weinbaugemeinde am Südzipfel der →Côte d'Or in →Burgund, das einen recht ordentlichen Rotwein hervorbringt, der bis Ende der achtziger Jahre als →Côte de Beaune-Villages auf den Markt kam, seither aber gemeinsam mit den Weinen von →Cheilly-les-Maranges und →Sampigny-les-Maranges die neue Appellation →*Maranges* führen darf.

Dhron Kleiner Weinbauort an der →Mosel zwischen →Trittenheim und →Piesport und Teil der Verbandsgemeinde →Neumagen-Dhron. Es wird zu rund drei Viertel →Riesling angebaut, und als bedeutendste Lage gilt der *Hofberger* in einem Seitental der Mosel. Die Weine zeichnen sich durch Bukett und Frucht aus.

Diabetikerwein Gesetzlich vorgesehene Bezeichnung für durchgegorene, trockene Weine, die, anders als ihr Name nahelegen könnte, nicht aus der Apotheke oder aus dem Reformhaus stammen, sondern bei denen es sich letztlich um nichts anderes handelt, als was über 90 % der deutschen Weine von Natur aus wären: trocken mit weniger als 4 g/l unvergorenem →Zucker, höchstens 12 % vol. Alkohol und maximal 40 mg/l freier und 150 mg/l gesamter schwefliger Säure. Angesichts der natürlichen Bedingungen des deutschen Weinbaus sind diese analytischen Daten so selbstverständlich, daß es bezeichnend ist, daß man für derartige Weine einen besonderen medizinisch klingenden Namen erfinden mußte. Glücklicherweise ist daher eine Mehrzahl von Erzeugern nicht der Überzeugung, daß sie einen natürlichen Wein als Spezialwein ausgeben müßten.

Dick Ein körper- und extraktreicher Wein, unter Umständen auch mit zuviel →Restzucker oder →Alkohol ausgestattet, dem es an Feinheit und Struktur fehlt. Die nächste Stufe der Negativskala wäre →plump.

Die Ort und Weinbaubezirk östlich des →Rhône-Tals, der für seinen →Schaumwein, den →Clairette de Die, bekannt ist, aus dem aber auch stille Rot-, Rosé- und Weißweine stammen, der →Chatillon-en-Diois.

Diel, Schloßgut Aufstrebendes und ambitioniertes Weingut in →Burg Layen mit 12 ha Rebfläche und nennenswerten Anteilen an den →Dorsheimer Spitzenlagen *Goldloch* und *Pittermännchen*, dessen Weine (65 % →Riesling, 25 % Grauer und Weißer →Burgunder) heute zu den besten der →Nahe gehören. Die Weine werden überwiegend →trocken ausgebaut, darunter einige in der →Barrique, und zeichnen sich durch Klarheit, Frucht und Säure aus, während einige edelsüße Abfüllungen vollends bemerkenswert sein können.

Dienheim Weinbaugemeinde in →Rheinhessen, am →Rhein südlich von →Oppenheim gelegen, wo die →Rheinfront in die →Wormser Ebene übergeht. Rund 600 ha sind mit Reben bestockt (→Riesling, →Müller-Thurgau, →Silvaner u. a. Sorten), die einen relativ geschmeidigen, doch ausgeglichenen und angenehmen Wein ergeben. Zu den besseren Lagen zählen *Kreuz, Falkenberg, Herrenberg, Tafelstein* u. a. Als führende Erzeuger gelten →Braun aus →Nierstein, Stallmann-Hiestand aus →Uelversheim, Dr. Muth aus →Alsheim, Dr. Becker aus →Ludwigshöhe, das Oppenheimer →Staatsweingut u. a.

Dijon Größte Stadt in →Burgund im Département →Côte d'Or, doch trotz seiner rund 150000 Einwohner im Weinhandel weniger bedeutend als das ungleich kleinere →Nuits-Saint-Georges und insbesondere als →Beaune. Nach einem französischen Bonmot ist Dijon die Hauptstadt von *La Bourgogne* (der Provinz), Beaune dagegen von *Le Bourgogne* (dem Wein). Am Südrand von Dijon begann früher die sog. *Côte de Dijon*, deren Weinbau

jedoch längst quantitativ unbedeutend und qualitativ nicht vergleichbar mit der der südlich anschließenden →*Côte de Nuits* ist, zu der die verbliebenen Rebflächen heute offiziell gehören. Dennoch ist Dijon auch weiterhin von erheblicher Bedeutung für den Wein und insbesondere den →Burgunder, nicht zuletzt dank des renommierten Önologischen Instituts der Universität von Dijon und der jährlich abgehaltenen Gastronomiemesse.

Dionysos Griechischer Gott des Weins und des Natursegens, dessen lateinischer Name →Bacchus lautet.

Direktträger Bezeichnung für wurzelechte Rebstöcke im Gegensatz zu den heute verbreiteten →Pfropfreben. Da die →*Vinifera*-Sorten jedoch seit der →Reblaus-Krise allgemein in Form von Pfropfreben angepflanzt werden, bezeichnet man als Direktträger zumeist die Kreuzungen aus *Vinifera* und amerikanischen Reben, die sogenannten →Hybriden.

Dizy Bekannte *premier cru*-Gemeinde der →Champagne an der Marne gegenüber von →Epernay, die offiziell mit 95 % eingestuft ist, so daß ihre Trauben einen um 5 % geringeren Preis als die des benachbarten →Ay erzielen. Alle drei für →Champagner zugelassene Rebsorten werden angepflanzt.

DO Spanische Abkürzung für →Denominación de Origen, d. h. ein gesetzlich eingegrenztes Weinbaugebiet mit entsprechenden Bestimmungen für die Weinerzeugung.

DOC, DOCG →Denominación de Origen calificada, →Denominação de origem controlada, →Denominazione di origine controllata, →Denominazione di origine controllata e garantita

Doce Portugiesische Bezeichnung für →süß; entspricht →dolce, →doux, →dulce, →glykos, →sweet.

Dògoli Interessanter neuer weißer →Tafelwein, der von Guerrieri-Rizzardi auf der Lage gleichen Namens in Calmasimo, im Gebiet des →Bardolino im →Veneto, aus der →Moscato erzeugt wird. Der Wein ist →trocken, von intensiver Frucht, ausgeglichen und von eleganter Länge und verdient durchaus Beachtung.

Doisy-Daëne, Château *2ᵉ cru classé* in →Barsac und vielleicht das bekannteste der drei Doisy-Güter nicht zuletzt dank Denis Dubourdieu, einem der namhaftesten Önologen für süße und trockene Weißweine aus →Sauternes und den →Graves. Auf den 13 ha des Gutes (85 % →Sémillon, 15 % →Sauvignon) wird nicht nur ein hervorragender süßer Barsac erzeugt, sondern auch ein trockener Weißwein von Rasse und Eleganz, der sich großer Beliebtheit erfreut.

Doisy-Dubroca, Château *2ᵉ cru classé* in Barsac, das mit 4,5 ha kleinste der drei Doisy-Güter (90 % →Sémillon, 10 % →Sauvignon), heute im gleichen Besitz wie Château →Climens. Der Wein ähnelt etwas seinem großen Bruder, ist aber in der Regel etwas leichter und weniger konzentriert.

Doisy-Védrines, Château *2ᵉ cru classé* in Barsac, mit 20 ha das größte der drei Doisy-Güter (80 % →Sémillon, 20 % →Sauvignon). Der Wein ist hervorragend und klassisch und seit Mitte der achtziger Jahre noch besser geworden. Es wird auch etwas Rotwein und trockener Weißwein erzeugt.

Dolce Italienische Bezeichnung für →süß; entspricht →doce, →doux, →dulce, →glykos, →sweet.

Dolceacqua →Rossese di Dolceacqua

Dolcetto Italienische Rotweinsorte, die besonders im südlichen →Piemont weit verbreitet ist und – anders als ihr Name nahelegen könnte – einen trockenen, charaktervollen, dabei mitunter sehr charmanten, feinen und eleganten Rotwein liefert. Der Wein wird in etlichen Gemeinden der →Langhe und des →Monferrato erzeugt, wobei der beste vermutlich der Dolcetto d'→Alba ist. Kaum geringer sind der Dolcetto d'Ovada, Dolcetto di Diano d'Alba, Dolcetto di Dogliani, Dolcetto delle Langhe Monrealesi, Dolcetto d'→Asti und Dolcetto d'Acqui, alle mit dem →DOC-Prädikat (es gibt auch weniger bekannte, doch mitunter beachtliche als →*vino da tavola*). Zwar erreicht der Dolcetto nicht die Fülle und Rasse eines →Barolo oder →Barbaresco, doch ist er ein hervorragender, früher reifender, harmonischer Wein für nahezu alle Gelegenheiten. Zu der stattlichen Zahl namhafter Erzeuger gehören →Gaja (*Vignabajla*), Bruno Giacosa, Mario Savigliano, Vietti, Giovanni Accomasso, Quinto Chionetti, Renato Ratti, Giuseppe Mascarello, Giacomo Conterno, Gigi Rosso u. a.

Dôle Rotwein aus dem gebirgigen und felsigen oberen →Rhônetal im Schweizer Kanton →Wallis, der aus →Pinot noir und häufig einem Zusatz von →Gamay erzeugt wird, ein tieffarbener, gehaltvoller Rotwein, der vielfach als der beste der Schweiz angesehen wird. Sein jährlich festgelegtes Mindestmostgewicht schwankt je nach Jahrgang zwischen 81° und 86° →Oechsle. Weine, die diese Reife nicht erlangen, kommen als →Goron in den Handel. Als beste Provenienzen für den Dôle gelten im allgemeinen die Spitzenlagen um →Sierre und Salgesch.
Während Dôle einen Rotwein bezeichnet, gibt es auch den sog. Dôle blanche, der jedoch kein Weißwein ist, sondern

einen aus den gleichen Trauben wie für den Dôle nach Weißweinart vinifizierten Wein meint. Das Ergebnis ist ein Rosé oder →Oeil de Perdrix, frisch, fruchtig und dabei gehaltvoll, doch ohne die Statur des eigentlichen Dôle.

Dom Perignon Mönch und Kellermeister der Abtei von →Hautvillers in der →Champagne (1670–1715) und der Überlieferung nach der »Erfinder« des →Champagners, von dem er, als er ihn das erste Mal kostete, gesagt haben soll: »Ich trinke Sterne.« In Wahrheit hat natürlich niemand den Champagner »erfunden«. Dom Perignon hat dies auch nie von sich behauptet und war einfach, ebenso wie sein Zeitgenosse Dom Oudard, einer der fähigsten und einfallsreichsten Weinexperten seiner Zeit. Fest steht, daß er als einer der ersten mit den damals in Frankreich aufkommenden Flaschenverschlüssen aus →Korken experimentierte und durch Verschneiden von Weinen verschiedener Herkunft aus roten und weißen Trauben erstmals eine →Cuvée herstellte. Der heutige Champagner verdankt daher seine Entstehung ebenso Dom Perignon wie vielen anderen längst vergessenen Kellermeistern.

Die Abtei von Hautvillers ist ein berühmtes, architektonisch höchst reizvolles altes Kloster, von dem aus man einen herrlichen Blick über die Rebflächen von →Epernay und das Tal der →Marne hat. Heute gehört sie zum Besitz des berühmten Champagner-Hauses Moët et Chandon, deren teuerster und bester Champagner den Namen Dom Perignon trägt, dessen Denkmal übrigens im Hof der Abtei steht.

Domaine de l'Eglise, Château du Eines der ältesten Weingüter von →Pomerol, das auf 7 ha (90 % →Merlot, 10 % →Cabernet franc) einen ausgezeichneten, samtigen Rotwein erzeugt.

Domäne In der Regel größeres Weingut, das sich meist im Besitz des Staates oder traditionell im Besitz einer Adelsfamilie befindet (Schloß →Vollrads; in →Bordeaux z. T. gleichbedeutend mit →Château) oder einen umfangreichen, breitgestreuten Besitz umfaßt (→Staatsweingüter, Staatliche →Weinbaudomänen).

Domina Rote →Neuzüchtung aus →Portugieser × →Spätburgunder mit reifen, farbintensiveren, allerdings meist auch säurereicheren Weinen als jene vom Portugieser, jedoch sehr eindimensional. Derzeit auf etwa 98 ha angepflanzt, zwei Drittel davon in →Franken.

Dominique, Château La →Grand cru classé von →Saint-Emilion in unmittelbarer Nachbarschaft zu Château →Cheval Blanc, dessen exzellente Kiesböden er aber praktisch nicht teilt. Auf 19 ha (80 % →Merlot, 15 % →Cabernet franc, 5 % →Cabernet Sauvignon und →Malbec) wird ein gehaltvoller, körperreicher und kerniger Rotwein erzeugt, der heute zu den besten seiner Klasse gehört.

Dominus Ein neuer Star am kalifornischen Weinhimmel, der im →Napa Valley in einer Partnerschaft mit Christian Moueix aus →Libourne (Château →Pétrus u. a.) aus 75 % →Cabernet Sauvignon und 25 % →Cabernet franc und →Merlot seit 1983 erzeugt wird: Ein außerordentlich tiefer und konzentrierter Wein, der nicht die oft etwas eindimensionale Härte kalifornischer Cabernet Sauvignon aufweist, aber außerordentlich kompakt und tanninreich ist, ganz anders in seiner Machart als der →Opus One, und anzudeuten scheint, was ein Château Pétrus in Kalifornien sein könnte, ein sehr reicher und konzentrierter, langsam reifender und offensichtlich sehr langlebiger Wein, der in seinem Innersten über jene Komplexität zu verfügen scheint, die nahezu allen übrigen kalifornischen Rotweinen fehlt, sicherlich einer der ganz großen kalifornischen Rotweine mit einem phänomenalen Potential. Über alles weitere wird die Zukunft entscheiden.

Domkirche, Hohe Trierer bischöfliches Weingut mit 26 ha Rebfläche mit Besitz in →Wiltingen (darunter 7,9 ha großer Anteil am →*Scharzhofberg*), →Avelsbach (darunter den *Altenberg* im Alleinbesitz) und Waldrach. Die Weine, praktisch ausschließlich →Riesling, werden ebenso wie die des →Bischöflichen Konvikts und die des →Bischöflichen Priesterseminars in der Zentralkellerei der Bischöflichen Weingüter in Trier vergoren und ausgebaut.

Don Lisander Ein aus der →Groppello als →passito erzeugter Rotwein des Weingutes Monte Cicogna in →Moniga del Garda und einer der beachtenswertesten Weine der →Riviera del Garda Bresciano: fruchtig, gehaltvoll, ausgeglichen, einem leichten →Amarone vergleichbar, doch eleganter; ein ausgezeichneter Wein.

Donauland Vier österreichische Weinbaugebiete erstrecken sich entlang der Donau, von denen bis zur Novellierung des österreichischen Weingesetzes von 1993 zwei die Bezeichnung *Donauland* als Teil ihres Namens tragen: →Donauland-Carnuntum und →Kamptal-Donauland. Bei den übrigen beiden Weinbaugebieten handelt es sich um die →Wachau und →Wien. Mit dem Gesetz von 1993 wurden die beiden Gebiete mit dem Namen Donauland geteilt, letzteres in →Kremstal und →Kamptal, ersteres in →Carnuntum und Donauland. Bei diesem neuen Weinbaugebiet Donauland mit seinen 3510 ha Rebfläche handelt es sich allein um den westlichen, donauaufwärts von Wien gelegenen Teil des ehemaligen Gebietes Donauland-Carnuntum mit den Bereichen des →Wagram (mit Fels bzw. Kirchberg am Wagram), um Traismauer und Herzogenburg sowie um Klosterneuburg. Klosterneuburg ist qualitativ der führende Ort des Gebiets und nicht zuletzt dank seiner Weinbauschule, deren erster Direktor, Freiherr von Babo, die →Klosterneuburger Mostwaage konstruierte, nach der in Österreich das Mostgewicht bestimmt wird, der klangvollste Name. Es dominiert im gesamten Gebiet der Grüne →Veltliner, neben dem eine breite Palette anderer, meist weißer Sorten angepflanzt wird.

Donauland-Carnuntum, Weinbaugebiet Bis 1993 von →Wien geteiltes österreichisches Weinbaugebiet, das von 1976–1985 als →Klosterneuburg, davor als Traismauer-Carnuntum bezeichnet wurde mit zuletzt 4500 ha Rebfläche. Seit 1993 ist es geteilt in die beiden Weinbaugebiete →Donauland und →Carnuntum.

Donna Marzia Rassiger, charaktervoller Rot- und Weißwein, der von dem Weingut Conti Zecca in →Leverano südwestlich von Lecce im Süden →Apuliens erzeugt wird. Der Rotwein stammt aus →Negro amaro, →Sangiovese, →Montepulciano und →Malvasia und zählt zu den beachtenswertesten Rotweinen des →Salento. In guten Jahren langlebig, erreicht er schließlich eine feine Rundung. Der Weißwein aus Malvasia hat ebenfalls Nerv und Charakter und gehört zu den besten Weißweinen Süditaliens.

Donnafugata Südlich von Palermo im Inneren →Siziliens gelegenes Gut, durch Lampedusas Roman »Der Leopard« zu literarischem Weltruhm gelangt. Die heute dort erzeugten Weine sind nicht ganz so herausragend, doch sicherlich ausgezeichnet. Der Rosé ist fruchtig und frisch, der →rosso seriöser. Doch am gelungensten dürften die Weißweine sein, darunter der leichte und fruchtige Gemme sowie insbesondere der sehr gut abgestimmte Donnafugata bianco Damaschino, der zu den besten sizilianischen Weißweinen zählt und seit 1993 das →DOC-Prädikat Contessa Entellina führen darf.

Donnaz Ein ausgezeichneter, zu mindestens 85 % aus →Nebbiolo im unteren →Valle d'Aosta, unweit des →Carema aus →Piemont, erzeugter Rotwein. Er ist leichter als die Nebbioloweine des südlichen Piemont, kann aber doch sehr fein und elegant sein. Seit 1992 kommt er als *Valle d'Aosta Donnaz* mit dem →DOC-Prädikat in den Handel. Die lokale Winzergenossenschaft ist ein verläßlicher Erzeuger.

Donnici Rot- und Roséwein mit →DOC-Status aus →Kalabrien, der auf den Hängen um Cosenza wächst und aus Gaglioppo und Greco nero bei einem Zusatz von mindestens 20 % weißer Sorten (→Malvasia, Mantonico, Pecorello) erzeugt wird. Er ist fruchtig, frisch und angenehm.

Dordogne Bedeutender Fluß in Südwestfrankreich, der nördlich von →Bordeaux durch die Vereinigung mit der →Garonne den den Gezeiten ausgesetzten Mündungstrichter der →Gironde bildet. – Außerdem ein weiter östlich gelegenes Département mit einer Rebfläche von 15 526 ha, von der eine Reihe verschiedenartiger, häufig ansprechender Rot- und Weißweine kommt, darunter →Bergerac, →Montravel, →Monbazillac, →Rosette, →Pécharmant u. a.

Dorin In der →Waadt übliche Bezeichnung für Weine aus dem →Chasselas. Spitzenweine dürfen das Gütezeichen →Terravin tragen. Im allgemeinen sind diese Weine zusätzlich mit einer Ursprungsbezeichnung versehen.

Dornfelder →Weinsberger rote →Neuzüchtung aus den Neuzüchtungen →Helfensteiner × →Heroldrebe. Als derzeit erfolgreichste rote Neuzüchtung sind inzwischen 1776 ha mit ihr bestockt, und zwar in der →Pfalz, in →Rheinhessen und in →Württemberg. Ihre zunehmende Verbreitung beruht auf der vergleichsweise hohen Farbkraft (und →Tanningehalt) der aus ihr erzeugten Weine, die viele übersehen läßt, daß ein in →Barriques ausgebauter Dornfelder sehr eindimensional und einsilbig ist und die Komplexität und Eleganz eines gelungenen →Spätburgunders auch nicht im entferntesten zu erreichen vermag.

Dorsheim Kleiner Weinbauort im →Anbaugebiet →Nahe, etwas zurückgezogen zwischen →Laubenheim und →Münster-Sarmsheim gelegen, mit rund 100 ha Rebfläche. Als seine bedeutendsten Lagen gelten *Goldloch*, *Pittermännchen* u. a., die →Riesling-Weine von hervorragendem Charakter und Ausdruckskraft hervorbringen, die zu den besten der Nahe gehören. Das Schloßgut Diel aus dem benachbarten →Burg Layen, Kruger-Rumpf aus Münster-Sarmsheim, Meinolf Schömehl, Joh. Bapt. Schäfer u. a. gelten als führende Erzeuger.

Dosage Bei der Erzeugung von →Schaumweinen oder →Champagnern unterscheidet man zwei Formen von Dosage, den Fülldosage und den Versanddosage. Der Fülldosage ist das Erzeugnis, das der →Cuvée zur Einleitung der zweiten →Gärung zugesetzt wird. Dieser Fülldosage darf lediglich aus unvergorenem, angegorenem oder konzentriertem Most oder aus Wein und Zucker bestehen. Nach dieser zweiten Gärung ist jeder Schaumwein bis zum →Degorgieren absolut trocken. Dann erst erhält er in der Regel den Versanddosage, auch →*liqueur d'expédition* genannt, aus Most,

Wein, Zucker oder einer Mischung daraus, gegebenenfalls mit Zusatz eines Weindestillats, des sog. *Esprit de Cognac*. Je nach Höhe des hinzugefügten Zuckeranteils kommt der Schaumwein dann als →Brut, →Extra trocken, →Trocken, →Halbtrocken oder →Mild in den Handel.

Seit einigen Jahren kommen innerhalb wie außerhalb der Champagne eine wachsende Zahl von Schaumweinen ohne Versanddosage (→Sans Dosage, →Extra brut, Brut zéro o.ä.) in den Verkehr.

Auch die in Deutschland praktizierte Beimischung von →Süßreserve zum →Stillwein wird mitunter als *Dosage* bezeichnet, ebenso wie der erlaubte künstliche Zusatz von →Kohlensäure.

Douro Einer der drei großen Flüsse Portugals, die alle in Spanien ihre Quelle haben: der spanische Tajo, aus dem der portugiesische Tejo wird, der vom Duero zum Douro gewordene Fluß und der nördliche Grenzfluß Miño, der sich auf dem portugiesischen Südufer Minho schreibt. Während jedoch Tajo und Miño für den Weinliebhaber nur von untergeordneter Bedeutung sind, muß der Duero/Douro als eine der großen Lebensadern herausragender Weinbaugebiete gelten wie der →Rhein, die →Rhône, die →Loire oder streckenweise die Donau, mit der einzigen Ausnahme, daß er sie alle an Bedeutung vielleicht noch übertrifft. Schon als Duero ist er das Ursprungsgebiet des →Ribera del Duero mit dem Torremilanos und →Pesquera, vor allem aber dem unvergleichlichen →Vega Sicilia u.a. höchst beachtenswerten Weinen, des →Rueda wie des →Toro, um dann als Duoro seinen Höhenflug fortzusetzen und damit zugleich dem spektakulärsten portugiesischen Weinbaugebiet seinen Namen zu geben. Dieses Gebiet ist identisch mit jenem des →Portweins, der aufgrund seiner eigenen Vinifikations- und Ausbaubedingungen mit einer eigenen →DOC-Regelung in den Handel kommt.

Bei dem als Vinho do Douro bzw. einfach als Douro vermarkteten Rot- und Weißwein handelt es sich hingegen um jenen Ernteteil, der nicht zur Erzeugung von Portwein verwandt wird, der ungefähr die Hälfte der Trauben von den nahezu 30 000 ha des Gesamtgebietes entspricht. Er ergibt durchweg trockene und frische Weine von feiner fruchtiger Säure und höchst ansprechendem Charakter, die mitunter hervorragend sein können. Die besten dieser Weine verdienen erheblich mehr Beachtung, als ihnen bisher zuteil wird, zumal Kenner den bemerkenswertesten von ihnen, den höchst seltenen, nur in besten Jahren erzeugten und jahrelang gelagerten →*Barca Velha* (von Ferreira) für den größten portugiesischen Rotwein überhaupt halten, am ehesten dem spanischen →Vega Sicilia vergleichbar. Der Wein wird aus →Tinta Roriz (→Tempranillo), Amarela und Touriga Francesca erzeugt, neben denen Bastardo, Mourisco Tinto, Tinta Barroca, Tinta Francisca, Tinto Cão, →Touriga Nacional u.a. als weitere roten Sorten für den Douro zugelassen sind. Die Weißweine haben im allgemeinen nicht ganz den Rang der besten Rotweine und stammen aus Donzelinho, Esgana Cão, Folgazão, Gouveio (→Verdelho), →Malvasia Fina, Rabigato, Viosinho u.a. Sorten. Carvalho, Ribeiro & Ferreira, Borges & Irmão u.a. sind verläßliche Erzeuger sowie einige gute Winzergenossenschaften.

Doux Französische Bezeichnung für →süß; entspricht →doce, →dolce, →dulce, →glykos, →sweet. Während man in Frankreich die süßen Weine von →Sauternes und →Anjou als →*Vins liquoreux* bezeichnet, versteht man unter den als *Vins doux naturels* süße aufgespritete Weine, wie sie in Teilen Südfrankreichs, darunter im →Roussillon,

→Languedoc und in der →Provence erzeugt werden.

Draceno Ansprechende rote, weiße und roséfarbene →Tafelweine aus dem Südwesten →Siziliens.

Drachenblut Heller, wenig aufregender Rotwein aus →Portugieser, der im →Siebengebirge an den Abhängen des Drachenfels am Ostufer des →Rheins unweit von Bonn wächst.

Dresden, Bereich Nur noch wenige Hektar umfassender Bereich des Anbaugebietes →Sachsen zwischen →Radebeul und Pillnitz.

Drôme Südostfranzösisches Département auf dem linken →Rhôneufer südlich von →Lyon mit 16 635 ha Rebfläche. Der mit Abstand bedeutendste hier erzeugte Wein ist der →Hermitage; aber auch der →Crozes-Hermitage, der →Coteaux du Tricastin, der →Haut-Comtat, der →Clairette de Die, der →Chatillon-en-Diois u. a. Weine kommen aus dem Département ebenso wie eine Reihe von →Tafel- und →Landweinen.

Dry Englische Bezeichnung für →trocken; entspricht →asciutto, →sec, →secco, →seco, →xeros. Ein als *dry* bezeichneter →Champagner oder →Schaumwein ist dagegen schon recht →süß und weist einen →Restzuckergehalt zwischen 17 und 35 g/l auf. Als *→extra dry* deklariert, liegt er immer noch bei 12 bis 20 g/l Restzucker.

Duca Enrico Der heute gefeierte rote Prestigewein von →Corvo aus →Sizilien. Der Wein wird aus Nero d'Avola erzeugt und in →Barriques ausgebaut und verfügt zweifellos über Kern, Substanz und Kraft. Mag dies bereits unter den klimatischen Bedingungen Siziliens Lob genug für beachtenswerte Rotweine sein, so wird man doch unter einem allgemeineren Gesichtspunkt den Mangel an Komplexität, Differenziertheit und Eleganz nicht verschweigen dürfen.

Ducru-Beaucaillou, Château *2e cru classé* aus →Saint-Julien im →Haut-Médoc, der auf 50 ha einen der besten Gewächse seiner Klasse hervorbringt, dessen Qualität zumeist der von 1. Gewächsen vergleichbar ist. Der Wein wird zu 65% →Cabernet Sauvignon, 25% →Merlot, 5% →Cabernet franc und 5% →Petit Verdot erzeugt. Er ist tief, konzentriert, reich, kernig, komplex und ausgeglichen, ein Wein von großer Distinktion, Vornehmheit und Klasse, der in Saint-Julien im allgemeinen allein von dem Château →Léoville-Las Cases übertroffen wird.

Duftig Bezeichnung für einen Wein mit einem zarten, feinen Duft. Die Steigerung wäre →blumig.

Duhart-Milon, Château *4e cru classé* aus →Pauillac im →Haut-Médoc, an Château →Lafite grenzend, mit dem es den Besitzer teilt. Auf 60 ha sind zu 58% →Cabernet Sauvignon, 22% →Merlot und 20% →Cabernet franc angepflanzt. Der Wein hat seit Beginn der 1980er Jahre wie auf Lafite deutlich an Qualität gewonnen und ist heute wieder tief, komplex und elegant und voll auf der Höhe seines offiziellen Rangs.

Dulce Spanische Bezeichnung für →süß. Bei →Likörweinen bezeichnet man mit *Dulces* die Kategorie der besonders süßen Weine wie z. B. beim →Sherry den →Pedro Ximénez, den →Cream Sherry und den →Moscatel.

Dunkelfelder Rote →Neuzüchtung von Froelich aus unbekannter Kreuzung, mit der heute 186 ha, fast ausschließlich in der →Pfalz, →Baden und →Rheinhessen, bestockt sind. Sie liefert farbintensive, doch geschmacklich eher belanglose Weine. Die einzige Ausnahme ist vielleicht der in →Barriques ausgebaute *Barrot* des Weinguts Eugen Müller in →Forst.

Dünn Ausdruck für einen geringen, wäßrigen oder verwässerten Wein, der Körper und Struktur vermissen läßt, vielleicht auch über einen zu niedrigen Alkoholgehalt verfügt. Die Gründe dafür können nach den gesetzlichen Mindestanforderungen unzureichend ausgebauter und abgefüllter →Kabinettwein sein, eine völlig verregnete Ernte, aber auch weit über das zuträgliche Maß hinaus gesteigerte Erträge.

Durbach Qualitativ die wohl bedeutendste Weinbaugemeinde der →Ortenau in →Baden mit über 310 ha Rebfläche. Als beste Lagen gelten *Schloßberg, Schloß Staufenberg, Plauelrain, Schloß Grohl, Steinberg, Kochberg* u. a. Es werden mitunter hervorragende →Rieslinge (Klingelberger), die in der Regel fülliger, aber nicht so kernig wie die des →Rheingaus sind, beachtenswerte →Spätburgunder, →Traminer (Clevner) u. a. Weine erzeugt. Als führende Erzeuger gelten das Gräflich →Wolff-Metternichsche Weingut, das Markgräflich badische Weingut Schloß →Staufenberg, Heinrich Männle, das Freiherr von Neveusche Weingut u. a.

Durchrieseln Eine der vielen Sorgen des Winzers: Sie tritt als Folge anhaltender Regenfälle oder kühler Witterung während der Rebblüte auf und äußert sich darin, daß je nach Sortenanfälligkeit viele →Blüten nicht befruchtet werden, die Fruchtansätze daher verkümmern und schließlich abfallen. Zwar wird die Qualität des Weins dadurch nicht direkt beeinflußt, sehr wohl aber der Ertrag, der je nach Ausmaß drastisch gemindert werden kann bis hin zum völligen Verlust der Ernte.

Durfort-Vivens, Château *2ᵉ cru classé* in →Margaux im →Haut-Médoc mit 25 ha Rebfläche, die zu 82 % mit →Cabernet Sauvignon, 10 % →Cabernet franc und 8 % →Merlot bestockt ist. Der Wein zeichnet sich durch einen komplexen, zarten Charakter und eine herausragende Eleganz aus. In den letzten Jahren hat die Qualität weiter zugenommen, ohne jedoch ihren einstigen Rang bereits wieder voll erreicht zu haben.

Dürkheim Normalerweise, außer auf Weinetiketten, Bad Dürkheim genannt; eine der größten Weinbaugemeinden der Bundesrepublik mit gut 900 ha Rebfläche, landschaftlich in reizvoller Lage in der →Pfalz gelegen. Die Stadt ist eines der Zentren des Rotweinanbaus in der Pfalz aus dem Portugieser. Qualitativ bedeutender ist jedoch in der Regel der Weißwein, zumal der →Riesling. Als bessere Lagen gelten *Michelsberg, Spielberg, Rittergarten, Hochbenn* u. a. Über gute bis ausgezeichnete Lagen verfügen auch die Ortsteile →Ungstein und →Leistadt, deren Weine z. T. die Dürkheims noch übertreffen. Neben →Bassermann-Jordan gelten Karl Schaefer, Fitz-Ritter u. a. als führende lokale Erzeuger.

Dürnstein Zu Recht berühmte Weinbaugemeinde in der →Wachau mit rund 200 ha Rebfläche. Die beiden großartigsten Lagen sind der *Kellerberg* und der auf der Grenze zu →Loiben liegende *Schütt*, die zu den vier oder fünf bemerkenswertesten Lagen der Wachau zählen. Des weiteren gibt es kleine exzellente, steil über der Donau liegende Rieden wie *Schreiberberg, Liebenberg, Himmelstiege, Flohhaxn* u. a. →Riesling und Grüner →Veltliner sind qualitativ die führenden Sorten und liefern ausdrucksvolle, rassige, strukturierte und langlebige Weine, die jene des benachbarten →Weißenkirchen in der Regel an Struktur übertreffen. Die Spitzen von ihnen zählen zu den besten Weinen der Wachau. Dürnstein ist Sitz der renommierten Freien Weingärtner Wachau (früher Winzergenossenschaft »Wachau«), die zusammen mit Franz Xaver Pichler, Emmerich Knoll, Wolfgang Bäuerl (alle aus Loiben), Johann Schwarz, Franz Schmidl u. a. zu den führenden Erzeugern zählen.

E

e Der fünfte Buchstabe im Alphabet und seit 1975 auf Weinflaschen wie auf anderen Fertigpackungen Ausdruck dafür, daß die Flaschengröße den EG-Richtlinien über das gleichfalls angegebene Nennvolumen entspricht.

Eberbach, Kloster Altes romanisch-gotisches Kloster im →Rheingau, das im Jahr 1135 von Benediktinern gegründet und kurz darauf von Zisterziensern unter dem heiligen Bernhard von Clairvaux übernommen wurde, der auf einem Hang in →Burgund, den →*Clos de Vougeot* hatte anlegen lassen. Nun wurde hier nach burgundischer Manier ein Weinberg angelegt und mit einer ihn umgebenden Mauer, die noch heute existiert, der →*Steinberg*. Im Verlauf des ersten Jahrhunderts nach der Gründung entwickelte sich Kloster Eberbach zum wichtigsten Zentrum des deutschen Weinbaus und Weinhandels. Es unterhielt eine Filiale in Köln und eine eigene kleine Handelsflotte auf dem Rhein. Obwohl das Kloster im Jahr 1803 säkularisiert wurde und heute dem Land Hessen gehört, sind die alten, von den Zisterziensern errichteten Gebäude erhalten geblieben bzw. restauriert worden. Die großen Räume mit ihren hochgewölbten gotischen Decken und den alten Weinpressen sind auch heute noch ein Zentrum der Weinkultur in Deutschland und dienen alljährlich weithin beachteten Weinversteigerungen der Hessischen →Staatsweingüter u. a. Rheingauer Domänen. Darüber hinaus finden in dem 850 Jahre alten Komplex das ganze Jahr über eine Fülle von künstlerischen, weinkulturellen u. a. Veranstaltungen statt.

Echézeaux, Les Bedeutende, 37,7 ha große →*grand cru*-Lage in →Burgund im Bereich der →Côte de Nuits zwischen dem →*Clos de Vougeot* und →Vosne-Romanée. Da die Lage zu der sanft abfallenden unteren Hälfte der Côte gehört, sind ihre Weine in Farbe und Körper meist etwas leichter als die der benachbarten *grand cru*-Lagen. Doch gleichen sie an Rasse, Eleganz und Feinheit vieles von dem aus, was ihnen an Kraft fehlt.

Eckig Zumal ein junger Wein hat mitunter seine Ecken und Kanten, die sich im Laufe des →Alterns des Weins zugunsten größerer Rundung und Harmonie verlieren. Bleibt ein Wein über diese Reifephase hinaus eckig, ist er unharmonisch und stellt keinen Genuß dar.

Edel Eine beliebte, doch mitunter inflationär gebrauchte Bezeichnung zur Charakterisierung eines guten Weins; sie sollte allein den äußerst seltenen, ganz großen Gewächsen vorbehalten bleiben.

Edelfäule Bei feuchtem, warmem Herbstwetter werden die inzwischen reifen Trauben vom Grauschimmel, dem sogenannten Edelfäulepilz →Botrytis Cinerea befallen, der die Beerenhaut durchwächst und sie porös macht, wodurch das in den Beeren enthaltene Wasser langsam verdunstet, so daß die Beeren einschrumpfen. Sie sind damit keinesfalls verdorben, obwohl sie nicht gerade appetitlich aussehen. Vielmehr sind die aus ihnen gewonnenen →Moste außerordentlich konzentriert mit einem hohen →Zuckergehalt (25–45 %), so daß aus ihnen hochwertige →Auslesen, →Beerenauslesen bzw. die *vins liquoreux* von →Sauternes und →Anjou gewonnen werden. Es versteht sich von selbst, daß Edelfäule daher bei einem →trockenen Weißwein unerwünscht und bei Rotweinen eine Katastrophe ist. Befällt der Pilz die Trauben, bevor diese reif sind, tritt die →Rohfäule ein, die den Verlust der Ernte bedeutet.

Edeltrauben Wenig spezifische Bezeichnung für Keltertrauben, die besonders hervorragende Weine zu liefern vermögen, wie →Riesling, →Chardonnay, →Sauvignon, →Cabernet, →Spätburgunder, →Nebbiolo, →Sangiovese, →Tempranillo u. a.

Edelzwicker Weißwein aus dem →Elsaß, der als →Verschnitt aus verschiedenen Rebsorten, vielfach in der 1-l-Flasche, auf den Markt kommt. Der Wein stellt keine besonderen Ansprüche, sondern ist in der Regel ein einfacher, angenehmer und sauberer →Schoppenwein und eine geradezu ideale Vermarktungsart für alle Weine, die sich schlechterdings nicht mit dem Anspruch auf gehobene Qualität und reinsortig in den Handel bringen lassen.

Ediger-Eller Doppelort an der →Mosel im Bereich →Zell/Untermosel mit rund 200 ha Rebfläche. *Höll, Feuerberg, Pfaffenberg, Eltzhofberg* u. a. gelten als die besten Lagen.

Eger (Erlau) Ungarisches Weinbaugebiet an den Südausläufern des→Bükk-Gebirges und westlich des Weinbaugebietes Bükk gut 100 km nordöstlich von Budapest um die Stadt gleichen Namens gelegen. Rund 2500 ha stehen auf kalkarmen Lehmböden auf Rhyolithtuffunterlage unter Reben. Eger ist außerhalb Ungarns besonders bekannt durch zwei mit seinem Namen verbundene Weine, den berühmten roten *Egri* →*Bikavér* (Erlauer Stierblut) und den weißen *Egri*

→*Leányka* (Erlauer Mädchentraube). Während es sich bei dem Rotwein um einen körperreichen, tieffarbenen und langlebigen Wein, mitunter jedoch unterschiedlicher Qualität, handelt, ergibt der nahezu nur noch hier anzutreffende Leányka einen fruchtigen, weichen und ausgeglichenen Wein. Zusätzlich werden →Chardonnay, →Welschriesling, →Traminer, →Pinot gris u. a. Sorten angebaut. Vilmos Thummerer (24 ha) ist ein höchst beachtenswerter lokaler Erzeuger.

Eglise, Clos L' Kleines Weingut in →Pomerol mit 6 ha Rebfläche (50 % →Merlot, 28 % →Cabernet Sauvignon, 22 % →Cabernet franc) und einem ausgezeichneten, mitunter etwas harten und direkten Rotwein, ein Charakter, der sich sicherlich in Zukunft ändern dürfte, da der Merlot-Anteil zu Lasten des Cabernet Sauvignon erhöht werden soll. Das Gut sollte nicht mit dem *Clos de l'Eglise* in →Lalande-de-Pomerol verwechselt werden.

Eglise-Clinet, Château L' Knapp 6 ha umfassendes, kleines Weingut in →Pomerol, das zu 80 % mit →Merlot, 15 % →Cabernet franc und 5 % →Malbec bestockt ist. Der Wein hat seit Beginn der 1980er Jahre ständig an Qualität gewonnen und zählt heute dank seiner tiefen, konzentrierten, komplexen und eleganten Art zu den bemerkenswertesten Weinen von Pomerol.

Eguisheim Einer der führenden Weinbauorte im →Elsaß mit über 250 ha Rebfläche, südlich von →Colmar im Département →Haut-Rhin gelegen. Als beste Lagen gelten die als →*grand cru* klassifizierten *Eichberg* und *Pfersigberg*. Unter den lokalen Erzeugern genießt Léon Beyer den herausragendsten Ruf. Außerdem befindet sich am Ort die größte Winzergenossenschaft des Elsaß.

Ehrenfelser →Geisenheimer →Neuzüchtung aus →Riesling × →Silvaner. Angesichts ihrer hohen Säurewerte gilt die Sorte als Riesling ähnlich, ohne dessen Qualität und Charakter zu erreichen. Da sie früher als der Riesling reift und höhere Erträge bringt, wird sie vereinzelt als probate Ersatzsorte angesehen, doch ist ihr Anteil heute rückläufig. 399 ha sind noch mit ihr bestockt, zumal in der →Pfalz, in →Rheinhessen, dem →Rheingau und an der →Nahe.

Ehrlich Ein nicht sehr bedeutender, jedoch →sauberer Wein, der nichts vorgibt, was er nicht einlöst.

Eiche Für Fässer der verschiedensten Größen und Formen benutztes Holz, in dem sich Wein fast immer gut entwickelt und seine Qualität noch steigert, da der Wein in ihnen – im Gegensatz zum Stahl- oder Kunststofftank – lebt und atmet. Vor allem Weine, die zum →Altern statt zum raschen Konsum bestimmt sind, sollten grundsätzlich in Holzfässern ausgebaut werden. Dabei hat sich Eiche durchweg als das beste Holz erwiesen; in bestimmten Gegenden verwendet man eventuell auch Kastanie (häufig in Italien) oder Redwood (Mammutbaum; z. T. in USA), dessen für den Wein positive Eigenschaften in der Regel geringer als die der Eiche sind.
Herkunft und Art des Eichenholzes spielen dann eine relativ ungeordnete Rolle, wenn die aus ihnen hergestellten Fässer vor der Benutzung →weingrün gemacht werden bzw. bereits jahrelang in Gebrauch sind. Da aber in unserer Zeit die Verwendung neuen Holzes beim Weinausbau, vor allen von →Barriques, in Frankreich, Italien, Deutschland, Österreich, der Schweiz u. a. deutlich zunimmt, kommt der Herkunft und damit der Art des Eichenholzes erhebliche Bedeutung zu. Je nachdem, ob es großporig oder engporig ist, ändert sich der Gerbstoffgehalt, wirkt das Faß

anders auf den Wein ein. Das mag für einen Wein gut sein, für einen anderen aber genau nicht passend sein, und die Unterschiede sind sehr nuanciert. Ein Château →Margaux benötigt ein anderes Holz als ein Château →Haut-Brion und ein →Pinot noir als ein →Sangiovese oder ein Weißwein. Hinzu kommt selbstverständlich, daß die Art und Weise der Holzbehandlung und -trocknung eine erhebliche Rolle spielt. Das Limousin, Allier, Nivernais u. a. sind in Frankreich bekannte Herkunftsgebiete für Eiche.
Weine, die in nicht weingrün gemachten, sondern neuen Barriques ausgebaut werden, nehmen je nach Art und Qualität des Weines und Dauer der Ausbauzeit einen von diesem Holz herrührenden Ton an. Wenn dieser nicht zu prononciert ist, kann man von einem Barriqueton sprechen, ist er ausgeprägter, sagt man in Frankreich, der Wein sei *boisé*, was sicherlich nicht mit hölzern zu übersetzen wäre. Diese Töne verlieren sich jedoch alle mit zunehmendem Altern des Weins und geben ihm zusätzlich Kraft und Ausdruck. Ist die Lagerung im kleinen Holzfaß übertrieben lang, nehmen die Weine einen deutlichen Vanillton an. Bei noch längerer Lagerung wird schließlich jede Frucht des Weins erschlagen, die Weine werden →welk und absteigend, ohne je einen Höhepunkt erlebt zu haben.

Eimer In Österreich früher gebräuchliches Hohlmaß (56 l). Heute mitunter noch als Lagenname verwandt, wie etwa beim *1000-Eimer-Berg* in →Spitz.

Einzellage Oft nur Lage genannt, eine bestimmte Rebfläche, die in Deutschland als solche in die Weinbergsrolle eingetragen sein muß und mindestens 5 ha umfassen sollte. Die ca. 2600 Lagen in Deutschland haben eine statistische Durchschnittsgröße von 40 ha (die größte 460 ha), können z. T. aber auch, mittels Sondergenehmigung, weniger als 1 ha aufweisen, wie →*Walporzheimer Gärkammer* (0,68 ha), →*Ürziger Goldwingert* (0,26 ha), →*Brauneberger Kammer* (0,5 ha), →*Niersteiner Goldene Luft* (0,6 ha) u. a. Mit dem deutschen →Weingesetz von 1971 sind Zehntausende gerade dieser kleinen und Kleinstlagennamen verschwunden, was für Handel und Verbraucher viele Vorteile haben mag, jedoch sind damit häufig zugleich Namen exzellenter Kleinlagen, wie etwa →*Graacher Himmelreich*, →*Escherndorfer Lump*, →*Waldulmer Pfarrberg* u. a., auf ganze Berghänge ausgedehnt worden, deren Weine in der Mehrzahl heute nicht mehr das Niveau jener der bevorzugten Ursprungsgemarkung haben. Diese Nivellierungstendenzen wurden dann noch mit der unseligen Einführung sogenannter →Großlagen fortgeschrieben, deren einziger Sinn war, dem unkundigen Käufer die tatsächliche, in der Regel eher unbedeutende Herkunft eines als *Niersteiner Gutes Domtal*, →*Wiltinger Scharzberg* o.ä. deklarierten Weins zu verschleiern. Der in Österreich übliche Ausdruck für Einzellage ist →Ried; in →Burgund heißt sie →Climat.

Eisacktaler (Valle Isarco) Die →DOC-Bezeichnung Südtiroler Eisacktaler (Alto Adige Valle Isarco) gilt für insgesamt 6 Rebsortenweine, die in 9 Gemeinden des Eisacktals zwischen Brixen und Klausen, nordöstlich von →Bozen in →Südtirol erzeugt werden: →Müller-Thurgau, →Ruländer (Grauer →Burgunder, →Pinot grigio), →Silvaner, →Gewürztraminer (→Traminer aromatico), →Veltliner und →Kerner. Hinzu kommt als siebter Wein der Klausner Leitacher. Die besten von ihnen können ausgezeichnet sein.

Eisenberg Weinbaugemeinde im Weinbaugebiet →Südburgenland, besonders bekannt für ihre →Blaufränkisch-Weine, die zu den beachtenswertesten Rotweinen des Gebiets gehören. Kurt

Rennhofer gilt als ein führender Erzeuger.

Eisenberg, Weinbaugebiet Bis 1985 gebräuchliche Bezeichnung für das seither als →Südburgenland bekannte Weinbaugebiet.

Eisenstadt Hauptstadt des österreichischen →Burgenlandes und mit rund 760 ha Rebfläche eine der größten Weinbaugemeinden des Weinbaugebietes →Neusiedlersee-Hügelland. Die Stadt ist untrennbar mit dem Namen Esterhazy verbunden und Sitz der Esterhazyschen Schloßkellerei, deren meist gefällige Weine mehrheitlich aus dem angrenzenden Stadtteil St. Georgen kommen (dem »→Grinzing von Eisenstadt«) bzw. aus den unweit gelegenen →Rust oder →St. Margarethen.

Eisheilige Die Namenstage der Schutzpatrone der vier Tage vom 12. bis 15. Mai, an denen insbesondere in den nördlichen und östlichen deutschen Weinbaugebieten noch die Gefahr eines verspäteten Frosteinbruchs im Frühling besteht. Die Namen der Eisheiligen lauten: St. Pankratius, St. Servatius, St. Bonifacius und Sta. Sophia, auch die *kalte Sophie* genannt. Jeder Winzer atmet erleichtert auf, wenn die Eisheiligen vorbei sind, da nach dem 15. Mai im allgemeinen nicht mehr mit →Frost gerechnet werden muß.

Eiswein Eine Kuriosität unter den deutschen und österreichischen Weinen, die allein dadurch entsteht, daß die Trauben zum Zeitpunkt der Lese und Kelterung gefroren (mindestens −7 °C) sind. Da durch Frost Wasser gebunden wird, erhält man einen sehr konzentrierten Most, der neben einer hohen Süße eine gleichfalls hohe Säure aufweist. Trotz der damit verbundenen drastischen Mengeneinbuße und erheblicher Mehrkosten erschien manchen Betrieben die Erzeugung von Eisweinen derart gewinnbringend, daß in den siebziger Jahren eine regelrechte Inflationierung von z. T. auch minderwertigen Eisweinen zu verzeichnen war. Durch die 1982 vorgenommenen Änderungen des deutschen →Weingesetzes von 1971 dürfen daher seither nur noch solche Eisweine in Verkehr gebracht werden, die mindestens das im jeweiligen Anbaugebiet für das Prädikat →Beerenauslese festgesetzte Mindestmostgewicht (110–128° →Oechsle) aufweisen.

Mit der österreichischen Weingesetznovelle von 1985 ist ebenfalls Eiswein als eigenständiges Prädikat anerkannt worden. Diese Weine müssen mindestens 25° →KMW ≙ 127° Oechsle aufweisen. Wenn diese Maßnahmen auch unter qualitativen Gesichtspunkten uneingeschränkt zu begrüßen sind, dürfte doch der Eiswein auch in Zukunft nicht an große Beeren- und →Trockenbeerenauslesen heranreichen, da ihm der qualitätsentscheidende →Botrytis-Ton fehlt.

Eitelsbach Heute Stadtteil von →Trier, an der →Ruwer, einem Nebenfluß der →Mosel, gelegen, dessen berühmte steile Weinberge einst einem Karthäuserkloster gehörten und seit 1811 größtenteils (ca. 19 ha Rebfläche) im Besitz der Familie Rautenstrauch-Tyrell sind, die hier großartige Weine erzeugt, die zu den Spitzen von →Mosel-Saar-Ruwer gehören: feingliedrig, zart, mit viel Nerv, Struktur, Komplexität und Eleganz. Sie werden ausschließlich aus →Riesling erzeugt und kommen als *Eitelsbacher Karthäuserhofberg* in den Handel (auf die Deklarierung der Einzelstücke *Kronenberg, Sang, Burgberg, Stirn* und *Orthsberg* wird heute aus Qualitätsgründen verzichtet).

Die zweite, weniger bedeutende Lage von Eitelsbach ist das *Marienholz*, deren Weine allerdings nicht das Format jener des Rautenstrauch'schen Weingutes erreichen.

Elba Insel im Tyrrhenischen Meer, der Küste der →Toscana vorgelagert und als kurzfristiger Verbannungsort Napoleons zu Weltruhm gelangt. Heute geht es dort, abgesehen von der allsommerlichen Touristenflut, beschaulicher zu, obwohl die besten Weine der Insel durchaus Beachtung verdienen. Nach den →DOC-Bestimmungen besteht der Rotwein ausschließlich (oder mit maximal 25 % Zusatz anderer Sorten) aus →Sangiovese und der Weißwein zu 90 % aus →Trebbiano, hier Procacino genannt (→Malvasia u. a. Sorten können ihn ergänzen). Beide können nach dem →Champagnerverfahren als →spumante in den Handel kommen. Acquabona (u. a. mit einem recht guten Ansonica di Portoferraio), die Tenuta la Chiusa u. a. gelten als führende Erzeuger. Eine Rarität besonderer Art ist schließlich noch der →*Aleatico di Portoferraio*, ein in der Umgebung von Portoferraio erzeugter roter →Likörwein, der etwas an einen leichten →Portwein erinnert, eine prononcierte Blume aufweist und sehr aromatisch schmeckt.

Elbtal → Sachsen

Elbling Ergiebige, allerdings qualitativ nicht zu großen Spitzenleistungen fähige Weißweintraube, auch Alben oder Kleinburger genannt, die schon in römischen Zeiten gepflegt worden sein soll. Sie liefert einen ziemlich neutralen Wein von recht schlankem Körper, der insbesondere von seiner hohen Säure lebt, ohne die er flach und belanglos ist. Bei innerhalb des letzten Jahrzehnts wieder leicht steigenden Tendenzen sind derzeit 1162 ha mit ihm bestockt, die sich fast ausschließlich im Gebiet von →Mosel-Saar-Ruwer befinden, und zwar in den Bereichen →Obermosel, →Moseltor und →Zell/Untermosel. Neben seinem Ausbau als →Stillwein wird er gerne als Grundwein zur →Schaumweinerzeugung verwandt. –

Auch im →Saale-Unstrut-Gebiet wird der Elbling noch vereinzelt angebaut.

Elegant Ausdruck für harmonisch ausgeglichene und geschliffene Weine. Ausgezeichnete bis hin zu ganz großen Weinen können elegant sein bzw. werden es vielfach durch →Altern, einfache Weine werden es nahezu nie.

Elegia Neuer →Tafelwein aus der →Toscana, der seit 1983 von dem hochangesehenen Weingut Poliziano in →Montepulciano aus der lokalen Version des →Sangiovese erzeugt und in →Barriques ausgebaut wird. Der Wein gehört zu den bemerkenswertesten seiner Art und verbindet Wucht, Kraft und Fülle mit Strukturiertheit, Eleganz und Noblesse: ein sehr überzeugender Wein. Le →Stanze.

Elsaß Ostfranzösisches Weinbaugebiet an den Abhängen der Vogesen, gegenüber von →Baden. Die Weinberge liegen nahezu ausschließlich zwischen Mülhausen und Straßburg in den beiden Départements →Haut-Rhin und →Bas-Rhin, und das Gebiet gehört mit seinen malerischen und höchst reizvollen Weinstädtchen zu den landschaftlich schönsten der Welt. Es wird zu 95 % Weißwein erzeugt (insgesamt durchschnittlich gut 1–1,5 Mill. hl auf rund 14500 ha Rebfläche); die wenigen Rot- und Roséweine stammen ausschließlich aus der →Pinot noir. Sieht man einmal von dem →Edelzwicker ab, der ein Verschnittwein aus zwei oder mehr Rebsorten ist, werden fast alle elsässischen Weine nur aus einer Rebsorte erzeugt. Für diese sind folgende Sorten zugelassen: →Gewürztraminer, →Riesling, →Pinot gris (auch Tokay Pinot gris), →Muskat (aus →Muskateller und →Muskat-Ottonel), →Pinot (oder →Klevner, aus →Auxerrois, Pinot noir als Weißwein vinifiziert und Pinot gris), →Sylvaner und →Chasselas. Während die letzten beiden meist für den Edelzwicker verwandt werden, erscheinen die übrigen als Rebsortenweine deklariert im Handel.

Anders als bei den übrigen →A.O.C.-Weinen Frankreichs dürfen von diesen Sorten 100 hl/ha erzeugt werden, und der Most muß einen potentiellen Mindestalkohol von 8,5 % vol. aufgewiesen haben. Zusätzlich gibt es die →Appellation contrôlée →*Alsace grand cru* für 50 Lagen mit insgesamt 585 ha Rebfläche. Diese ist Riesling und Muscat vorbehalten, wenn sie mindestens 10 % vol., und Gewürztraminer und Pinot gris, wenn sie mindestens 12 % vol. Alkohol ergeben würden – für die Jahre 1987–1992 galten noch 11 % vol. als ausreichend –, einen zulässigen Grundertrag von 70 hl/ha nicht übersteigen und von einer entsprechend festgelegten Lage kommen.

Ansonsten erscheint die Angabe einer Lage nur selten auf dem Etikett elsässischer Weine. Neben der Rebsorte ist eher der Name des Erzeugers oder Abfüllers wichtig bzw. qualitätsverbürgend. Man sollte daher nicht nur die wichtigsten Namen kennen, sondern auch das übrige Deklarationssystem beachten. Die als *Vendanges tardives* deklarierten Weine dürfen lediglich aus Gewürztraminer, Pinot gris, Riesling und Muscat stammen, wobei die ersten beiden einen Zuckergehalt im Most von 243 g/l, die beiden übrigen von 220 g/l aufgewiesen haben müssen und nicht angereichert worden sein dürfen. Von den gleichen Reben kann auch eine →Beerenauslese, *Sélection de grains nobles* durchgeführt werden, doch müssen die Zuckerwerte bei 279 bzw. 256 g/l gelegen haben. Alle weiteren Angaben sind ungeschützt und können nichtssagend sein. Da jedoch viele größere Häuser nicht nur ihren eigenen Wein vermarkten, sondern auch Trauben, Most oder Wein zukaufen und unter ihrem Namen in den Handel bringen, werden die Erzeugerabfüllungen in der Regel besonders kenntlich gemacht als *sélection* oder *réserve personnelle* oder *particulière* o.ä.

Als führende Weinbauorte des Elsaß gelten, in geographischer Reihenfolge von Nord nach Süd: →Marlenheim, →Molsheim, →Obernai, →Goxwiller, →Barr, →Mittelbergheim, →Andlau, →Dambach-la-Ville, →Bergheim, →Ribeauvillé, →Hunawihr, →Zellenberg, →Riquewihr, →Mittelwihr, →Sigolsheim, →Kientzheim, →Kaysersberg, →Ammerschwihr, →Katzenthal, →Turckheim, →Wintzenheim, →Eguisheim, →Husseren-les-Châteaux, →Westhalten, →Guebwiller u. a.

Elstertal Kleinster und nördlichster der drei zum Weinanbaugebiet →Sachsen gehörenden Bereiche, deren wenige Hektar sich im wesentlichen im Tal der Schwarzen Elster bei Jessen befinden.

Eltville Bedeutender Weinbauort im →Rheingau mit rund 240 ha Rebfläche (ohne →Hattenheim, →Erbach, →Rauenthal und Martinsthal). Zu den besseren Lagen gehören *Sonnenberg*, *Langenstück*, *Taubenberg* u. a. Zu den bedeutendsten Weingütern, die ihren Sitz in Eltville haben, zählen das Weingut Freiherr →Langwerth von Simmern und die Hessischen →Staatsweingüter. Eltville ist zudem ein bedeutendes Zentrum der Schaumweinerzeugung; unter anderem hat die Firma Matthäus Müller hier ihren Sitz. Am Ostausgang der Stadt befindet sich das Weinbauamt mit Weinbauschule.

Emilia-Romagna Norditalienische Region, die landwirtschaftlich reichste des Landes, mit der Hauptstadt Bologna, die in Italien nicht umsonst als *Bologna la grassa* bekannt ist. Ihre Weine sind hingegen in ihrer Mehrzahl nicht vergleichbar bemerkenswert; Quantität tritt nur zu oft an die Stelle der Qualität, vor allem in den weiten, intensiv genutzten Po- und Küstenebenen. Von den 64 940 ha Rebfläche, gut 10 % weniger als die der benachbarten →Toscana, kommen etwa ein Achtel aller italienischen Weine, im Schnitt 8–9 Mill. hl, fast vergleichbar der gesamten Erzeugung der Bundesrepublik; die durchschnittliche Erzeugung der Toscana schwankt zwischen 3 und 3,5 Mill. hl! Doch mit lediglich 11 Weinen mit →DOC- bzw. →DOCG-Prädikat, die für gut 9 % der Erzeugung aufkommen, bleibt der Anteil der Qualitätsweine noch spürbar unter dem nationalen Durchschnitt, kein Wunder angesichts der gepflegten Massenproduktion. Bei diesen Qualitätsweinen handelt es sich um den →Albana bzw. →Sangiovese und →Trebbiano di Romagna aus den Provinzen Bologna, Forli und Ravenna, einige Bologneser, Piacenteser und Parmeser Weine (→Colli Bolognesi, →Colli Piacentini, →Colli di Parma), den eigenwilligen →Lambrusco aus den Provinzen Módena und Reggio, eine Art italienisches Gegenstück zur deutschen →Liebfrauenmilch, sowie einige andere Weine. Mehr Beachtung haben zumal in der Vergangenheit einige der Weine der Weingüter →Terre Rosse und →Paradiso gefunden. Der Rest ist oft nicht mehr als anonymer Grundwein zur Schaumweinherstellung in Deutschland und anderswo.

Encostas de Aire Mittelportugiesisches →IPR-Weinbaugebiet in der nördlichen Estremadura mit 10 000 ha Rebfläche um die Stadt Leira. Es werden hauptsächlich Rotweine aus →Periquita, Baga, Trincadeira Preta u. a. Sorten sowie Weißwein insbesondere aus →Fernão Pires, Arinto, →Malvasia, Tamarez und Vital erzeugt.

Encostas da Nava Kleines, 1500 ha großes nordportugiesisches →IPR-Weinbaugebiet zwischen den ungleich größeren von →Douro bzw. →Portweingebiet im Norden und dem →Dão-Gebiet im Süden. In der gebirgigen Region mit ihren meist aus Schiefer bestehenden Böden werden beachtenswerte Weißweine aus →Malvasia und eventuellen Zusätzen von Folgasão und Gouveio (→Verdelho) sowie relativ leichte, doch farbintensive Rotweine aus Touriga Francesa mit möglichen Ergänzungen durch Touriga Nacional, Mourisco Tinto und Tinto Amarela erzeugt.

Enclos, Château L' In der Nachbarschaft von →Clos René gelegenes, gut 10 ha großes Weingut in →Pomerol (80 % →Merlot, 19,75 % →Cabernet franc, 0,25 % →Malbec) mit bewundernswerten und eleganten Rotweinen.

Enfer d'Arvier Vergleichsweise leichter, angenehmer Rotwein aus dem →Valle d'Aosta, der früher mit eigenem →DOC-Status und seit 1992 als *Valle d'Aosta Enfer d'Arvier DOC* in den Handel kommt und zumindest zu 85 % aus Petit Rouge erzeugt wird.

England Angefangen mit den Römern hat es bis zu Beginn der Neuzeit in England einen umfangreichen Weinbau gegeben, der, nachdem er über Jahrhunderte völlig verschwunden war, seit Anfang der fünfziger Jahre einen zaghaften Neubeginn erlebt. Inzwischen stehen auf mikroklimatisch privilegierten kleinen Weinbauinseln im Süden des Landes – einige Parzellen gibt es auch im Südwesten von Wales – etwa 1000 ha unter Reben, die in der Regel mit frühreifen und ertragssicheren Sorten bestockt sind, darunter dem →Müller-Thurgau, der französischen →Hybride Seyval blanc, Madelaine angevine, →Schwarzriesling (Wrotham Pinot), →Huxelrebe, →Reichensteiner, Schönburger u. a., aber in Ausnahmefällen auch mit →Pinot noir, →Chardonnay u. a. Sorten, die jährlich um 20000 hl Wein ergeben. Zwar zählen sie alle in der Regel nicht zu den hellsten Sternen am europäischen Weinhimmel, aber zumeist sind sie doch, wie Kenner es genannt haben, »good drinking«.

Enkirch Moselabwärts von →Traben-Trarbach gelegener Weinbauort mit rund 210 ha Rebfläche, zu der der *Batterieberg* (Alleinbesitz des Weingutes Immich), *Zeppwingert, Herrenberg, Steffensberg* u. a. gehören. Die Weine sind in guten Jahren gehaltvoll, ausdrucksreich und von ganz besonderer Fruchtigkeit und stammen von den Weingütern C. A. Immich (6 ha, 100 % →Rieslinganbau), Adolf Jung u. a.

Entrappen Das Abtrennen der Beeren von den Traubenstielen vor der →Gärung (bei Rotweinen) bzw. vor der Kelterung (bei Weißweinen) wird als Entrappen, in Österreich als →Rebeln bezeichnet. →Abbeeren.

Entre-Deux-Mers Wörtlich *Zwischen zwei Meeren*, mit der jener große, zwischen →Garonne und →Dordogne liegende Bereich gemeint ist, der mit seinen rund 23000 ha Rebfläche die größte →Appellation contrôlée von →Bordeaux ist – ein Viertel des gesamten Qualitätsweingebietes –, die allerdings ausschließlich für Weißweine zulässig ist, obwohl inzwischen mehrheitlich Rotweine erzeugt werden, die allerdings lediglich als *Bordeaux* oder *Bordeaux supérieur* in den Handel kommen dürfen, während die an seinen Rändern liegenden weiteren Appellationen wie →Premières Côtes de Bordeaux, Bordeaux-→Haut-Benauge, →Graves de Vayres, →Sainte-Foy-Bordeaux u. a. oft umfassender sind und auch Rotweine einschließen. Angesichts der anderen Böden und Ausbauarten sind die Weißweine leichter als jene der →Graves, doch nervig, trocken und strukturiert und durchaus angenehme Begleiter zu Fischgerichten. Die Rotweine können oft die Weißweine noch übertreffen und ansprechend, ausgeglichen und charmant sein, wobei in beiden Fällen höhere Qualitäten durchaus denkbar und realistisch erscheinen. Noch verfügen die meisten Güter lediglich über lokale Bedeutung, doch Châteaux Bonnet, de La Tour, de Camarsac, Le Grand-Verdus, Turcaud, Prince-Larquey, Guibon, de la Rouergue, Goumin, Pinasse, La Blanquerie, Latour, du Gua, La France, Quinsac, Domaine du Pas-Saint-Georges u. a. verdienen Beachtung.

Entsäuerung Reduzierung der →Säure im Wein, um diesen milder zu machen, ein in entsprechenden Jahren in allen →Weinbauzonen der EU – außer CIIIb – völlig legales Verfahren (in Österreich dürfen allerdings weiße →Qualitätsweine nicht auf unter 4,5 g/l, rote nicht unter 4 g/l Säure entsäuert werden). Die beiden wichtigsten Techniken des Säureabbaus sind der biologische →Säureabbau (→Malolaktische Gärung, →Nachgärung), bei der entweder im Anschluß an die eigentliche Gärung oder im Frühjahr, wenn die Kellertemperaturen wieder mindestens 15° C erreichen, ein natürlicher Säureabbau in Form der Umwandlung der Äpfelsäure in die mildere Milchsäure (wobei Kohlensäure frei wird) stattfindet oder eine Entsäuerung durch neutrales Kaliumtartrat oder Kalziumkarbonat, der als *weinsaurer Kalk* ausgeschieden wird. Seit einiger Zeit darf auch das sogenannte Malitex-Verfahren zur Entsäuerung angewendet werden, bei dem eine Partie des Weins völlig, die andere, damit zu vermischende gar nicht entsäuert wird, ein sehr massiver und damit unter dem Gesichtspunkt der Qualität fragwürdiger Eingriff. →Naßverbesserung, →Säuerung.

Epernay Eines der beiden Haupthandelszentren für →Champagner (das andere ist →Reims), an der →Marne gelegen, dessen äußerlich wenig aufregende Erscheinung mit jenem wahren Labyrinth von Tunneln, Gängen und Kellern kontrastiert, die unter der Erde die Stadt durchziehen und insgesamt 300 km lang sein sollen. Sie gehören einigen der berühmtesten Champagner-Häusern, darunter →Pol Roger, →Moët et Chandon, Perriet-Jouët, de Venoge, de Castellane, Mercier u. a.
Als Weinbauort ist Epernay von deutlich geringerer Bedeutung. Seine Rebflächen sind mit 88 % eingestuft und gehören zumindest teilweise zur →Côte des Blancs, die mit →Cramant, Avize u. a. Orten ungleich bedeutender ist. Am anderen Marneufer liegen →Ay, →Hautvillers und die nicht minder berühmten Orte der →Vallée de la Marne.

Epirus Griechische Provinz und Weinbauregion im äußersten Nordwesten des Landes. Wenn auch heute mit 1300 ha kleinste Weinbauregion des Landes, so doch qualitativ von überragender Bedeutung dank des überwältigenden roten →Katoi de →Metsovo. Ferner bekannt für den aromatischen und ansprechenden weißen →Zitsa.

Erbach Einer der herausragendsten Weinbauorte des →Rheingaus, der, wenn es um die Qualität der aus ihm stammenden Weine geht, vielleicht nur von →Rauenthal übertroffen wird. 270 ha stehen unter Reben, nahezu ausschließlich →Riesling, allen voran der unvergleichliche →*Marcobrunn*. Aber auch *Siegelsberg, Honigberg, Michelmark, Hohenrain* und *Steinmorgen* vermögen großartige Weine von Kraft und Festigkeit hervorzubringen, die langsam reifen, aber dann ihre große Klasse zum Ausdruck bringen. Eine Besonderheit ist hingegen die Lage *Rheinhell*, die auf einer Insel im →Rhein liegt und geschmeidigere und ausgeglichene Weine hervorbringt. Zu den namhaftesten Erzeugern zählen →Langwerth von Simmern, von Oetinger, Schloß →Reinhartshausen, →Schönborn, die Hessischen →Staatsweingüter, die lokale Winzergenossenschaft u. a.

Erbaluce Vor allem in →Piemont angepflanzte weiße Rebsorte qualitativ eher mittlerer Bedeutung, aus der um →Caluso der *Erbaluce di Caluso*, ein trockener Weißwein, sowie der *Caluso* →*passito* und der *Caluso passito* →*liquoroso* erzeugt werden.

Erden Kleiner Weinbauort an der →Mosel mit rund 120 ha Rebfläche, dessen Steillagen zu den steilsten in der Bundesrepublik gehören. Am bekanntesten ist das *Treppchen*, doch dürften die bemerkenswertesten Weine des Ortes von dem nur wenig über 2 ha großen *Prälat* kommen, den Kenner für eine der größten Lagen der Mosel überhaupt halten. An dritter Stelle rangiert der *Herrenberg*, während auf dem gegenüberliegenden weitgehend flachen bis hängigen Moselufer sich die Lage *Busslay* befindet, von der über die Hälfte der Erdener Weine stammen, darunter viel →Müller-Thurgau, ohne jedoch zum Renommee des Ortes beizutragen. Als führende Erzeuger gelten Robert Eymael aus dem benachbarten →Ürzig, Dr. Loosen, Peter Nicolay (Dr. Pauly-Bergweiler), das →Bischöfliche Priesterseminar, Dr. Weins-Prüm Erben u. a.

Erlau →Eger

Ermitage Heute nur noch selten benutzte Schreibweise für →Hermitage. – Außerdem ein Schweizer Weißwein aus dem Kanton →Wallis aus dem Marsanne.

Ertrag Der Ertrag von Reben wird im allgemeinen in Doppelzentner Trauben oder Hektoliter Wein pro Hektar (hl/ha) angegeben. Dabei versteht es sich für jeden qualitätsorientierten Weinbau von selbst, daß es Obergrenzen der zu erzeugenden Menge geben muß, da die Natur nicht auf der gleichen Grundlage beliebig reproduzierbar ist. Reduzierung der Erträge bedeutet daher nach dem →Menge-Güte-Gesetz in aller Regel Steigerung der Qualität, was natürlich auch wieder höhere Preise für den Wein nach sich ziehen muß. Nicht zuletzt angesichts niedrigster Preise für allgemeine Konsumware waren daher im deutschen Weinbau effektive Maßnahmen zur Ertragsbegrenzung nie durchzusetzen. Erst unter dem Druck der EU hat man sich in langwierigen Verhandlungen auf Minimalkompromisse geeinigt, die in Zukunft ein nach Qualitätsstufen gestaffeltes System der Ertragsbegrenzung (zwischen 75 und 150 hl/ha für →Tafelwein) vorsehen, wobei aber diese Grenzen um 20 % überschritten werden dürfen, vorausgesetzt, die Übermenge wird so lange vom Markt ferngehalten, bis eine naturbedingte kleine Ernte erlaubt, diese in den Handel zu bringen.

Angesichts dieser unter dem Gesichtspunkt der Qualität geradezu lächerlichen Bestimmungen gehen mehr und mehr Spitzengüter in Deutschland zu einer freiwilligen Ertragsbegrenzung von ca. 60–80 hl/ha über, z. T. auch 50 hl/ha und weniger, um die Qualität ihrer Weine zu steigern.

Wesentlich qualitätsorientierter bestimmt das österreichische →Weingesetz von 1993 als Obergrenze für →Landwein, →Qualitätswein und →Prädikatswein 67,5 hl pro Hektar eingetragener und bepflanzter Rebfläche. Wird diese Hektarhöchstmenge überschritten, darf die gesamte Ernte eines Jahrganges nur als Tafelwein in den Verkehr gebracht werden.

In Frankreich ist man seit langem andere Wege gegangen, auch wenn es das starre und rigorose System früherer Tage längst nicht mehr gibt. In einigen besonderen Gebieten wie →Sauternes u. a. ist der Grundertrag (*rendement de base*) auf 25 hl/ha begrenzt, während er laut Gesetz für die roten Spitzenlagen →Burgunds vom →*Chambertin* bis zum →Corton 35 hl/ha beträgt und bei keinem französischen →A.O.C.-Wein (außer →Elsaß bis 100 hl/ha) über

50 hl/ha liegt. Die tatsächlichen Höchsterträge (*Plafond limite de classement*) werden jährlich festgesetzt und können die Grunderträge je nach Jahr um 10, 20 oder gar 60 % übersteigen. Da mit dieser Regelung ebenfalls eher dazu ermuntert wird, mehr zu erzeugen, als zunächst erlaubt scheint, verfolgen auch hier die Spitzengüter ihre eigene Politik einer mehr oder minder strikten Ertragsbegrenzung aus Gründen der Qualität.

Zumindest bei den besten Gütern in allen Weinbauländern setzt sich die Erkenntnis durch, daß nicht nur strenger →Rebschnitt und minimale Düngung für eine wirksame Ertragsbegrenzung und damit ein Höchstmaß an Qualität Voraussetzung sind, sondern oftmals zusätzlich noch eine Ausdünnung der →Gescheine nach dem Fruchtansatz.

Erzeugerabfüllung Keine Qualitätsgarantie beim Wein, doch die Gewißheit, daß der Wein von Rebflächen im eigenen Besitz stammt und auch dort abgefüllt worden ist. Das gilt auch für Winzergenossenschaften, wenn das Lesegut von Mitgliedern dieser Genossenschaften stammt. Zugekaufte Trauben, Most oder Wein, die von einer Kellerei weiter behandelt oder auch nur abgefüllt werden, dürfen nicht als Erzeugerabfüllung in den Handel gebracht werden, sondern müssen mit dem Namen oder Code des Abfüllers versehen sein. Die Erzeugerabfüllung bzw. die seit 1993 ebenfalls zulässige Bezeichnung →Gutsabfüllung entspricht dem französischen *Mis en bouteille à la propriété* (*au château, au domaine, par les producteurs réunis*) oder einfach *Mise d'origine*, dem italienischen *Imbottigliato del viticoltore* (*all'origine, dalla cantina sociale, dai produttori riuniti*), dem spanischen *Embotellado en origen* (*en propriedad, en la explotación agraria, por el cosechero, por el productor, por la cooperativa*) bzw. dem englischen →*Estate bottled*.

Escherndorf Kleiner Weinbauort am Main, nordöstlich von →Würzburg, mit 140 ha Rebfläche und einer der bekanntesten Weinbergslagen →Frankens, dem *Escherndorfer Lump*, eine sich steil über den Main erhebende Südlage. Nicht ganz den gleichen Rang haben die beiden übrigen Lagen *Fürstenberg* und *Berg*. →Silvaner, →Riesling, →Traminer u. a. Sorten werden vor allem im *Lump* gepflegt, und neben dem Würzburger →Juliusspital verfügen Hermann Schäffer, die Vogelsburg (das älteste fränkische Weingut) u. a. über einen hervorragenden Ruf.

Essigsäure CH_3COOH entsteht aus Acetaldehyd bzw. durch Oxydation des Äthylalkohols mit Essigbakterien und zählt zu den flüchtigen Säuren, von denen jeder Weißwein zwischen 0,3 und 0,6 g/l, als Essigsäure berechnet, enthält. Sind in einem Weißwein mehr als 0,8 g/l und in einem Rotwein mehr als 1,2 g/l flüchtige Säure enthalten, so ist dies fast immer ein Anzeichen für schlechte oder unsachgemäße Kellerbehandlung, und der Wein neigt dann zum Essigstich. Natürlich darf kein wirklich guter Wein diese Krankheit je aufweisen.

Eszencia Bezeichnung für den außergewöhnlichsten →Tokajer, die *Tokaji eszencia* (Tokajer Essenz), die im Unterschied zu dem *Tokaji* →*Aszú* und dem →*Aszú eszencia* ausschließlich aus dem →Vorlauf der aufgeschichteten, aber noch ungepreßten Trockenbeeren erzeugt wird. Sie ist von einzigartiger Konzentration, Dichte und Geschmacksvielfalt, deren komplexe Fülle, verbunden mit einer deutlichen Säurestruktur die große Süße, mindestens 250 g/l Zucker, sehr zurücktreten läßt und einbindet. Angesichts der minimalsten Mengen, die auf diese Weise in guten Jahren erzeugt werden können, ist die *Tokaji eszencia* die wohl größte Kostbarkeit und Rarität der Weinwelt überhaupt, und weit mehr als einen Wein im herkömmlichen Sinn stellt sie, die man ohnehin nur bei außergewöhnlichen Anlässen als winzigen Schluck auf der Zunge zergehen läßt, ein unvergleichliches Erlebnis dar. Im Gegensatz zur *Aszú eszencia* darf sie wie ein *Aszú* bereits nach dreijähriger Faßlagerung in den Handel gebracht werden.

Est! Est!! Est!!! di Montefiascone In der Umgebung von →Montefiascone in →Latium, nördlich von Rom, aus →Trebbiano und 20% Zusatz von →Malvasia erzeugter Weißwein. Der Name stammt aus dem Lateinischen und heißt wörtlich *Ist – Ist – Ist*. Der Überlieferung nach soll ein deutscher Bischof, nach anderen Berichten ein holländischer Kardinal, wieder andere melden, es sei ein bayrischer Baron gewesen, der gerne Wein trank, seinen Kammerdiener auf einer Reise nach Rom zur Quartiersuche vorausgeschickt haben, wobei ihm als entscheidendes Kriterium, die Qualität des Weins zu prüfen, aufgegeben war. Überall dort, wo der Wein gut genug war, um Station zu machen, sollte er an die Tür ein *EST* schreiben. In Montefiascone angekommen, muß der Wein geradezu sensationell gewesen sein, so daß er gleich dreimal *EST* an die Tür schrieb. Sein Herr hat allem Anschein nach diese Meinung geteilt, denn er ist nie in Rom angekommen und soll sich in seiner Begeisterung an dem Wein zu Tode getrunken haben. Ähnliche Vorfälle neueren Datums sind nicht bekannt geworden, und es fällt in der Tat schwer, bei den heutigen Qualitäten des Weins in vergleichbare Euphorie zu verfallen. Weder der →*asciutto* noch der →*secco* noch der halbtrockene →*abboccato* sind in der Regel mehr als guter Durchschnitt. Doch Italo Mazziotti, Falseco u. a. gehören sicherlich zu den beachtenswerteren Abfüllern.

Estate bottled Englische und international gebräuchliche Bezeichnung für →Erzeugerabfüllung.

Estournel →Cos d'Estournel, Château

Estufa Portugiesisch für *Gewächshaus*, was, bezogen auf Wein, ein *Warmhaus* meint, in dem z. B. →Madeira unmittelbar nach seiner Erzeugung aufbewahrt wird, um ihm den typischen Geschmacksausdruck zu verleihen.

Etikett Das Etikett ist der Geburtsausweis und das Aushängeschild des Weins, über das äußerlich die Identifizierung und das Wiederfinden eines bestimmten Weins erfolgt. Sieht man jedoch viele Etiketten, an hat man oftmals eher den gegenteiligen Eindruck. Dahinter steht häufig mangelndes ästhetisches Empfinden, aber auch eine durch das →Weingesetz nur zu oft geförderte Einstellung. Einen →Bordeaux-Wein kann man mit zwei Angaben identifizieren, dem Jahrgang und dem Namen des Château. Für einen →Burgunder benötigt man drei oder vier: Jahrgang, →*grand cru*-Lage oder Gemeinde (gegebenenfalls plus einer →*premier cru*-Lage) und Abfüller oder Erzeuger. Mit der gleichen Zahl kommt man bei einem →Rioja, →Barolo oder →Chianti classico aus, während man im Falle eines →Sassicaia oder →Sammarco sich lediglich den Jahrgang merken muß. Gleiches gilt in Deutschland etwa für den →Geheimrat »J« oder den →Trullo. Doch für einen normalen Wein von der →Mosel, der →Nahe oder aus →Franken oder jedem anderen deutschen Gebiet werden an die Merkfähigkeit des interessierten Käufers wesentlich höhere Anforderungen gestellt: Nicht nur Jahrgang und Name des Erzeugers, sondern zusätzlich eine bis zu fünf Worte umfassende Litanei aus Gemeinde- plus Lagenname, Rebsorte, Qualitäts- oder →Prädikatsstufe und Geschmacksrichtung. Woher nimmt die überwiegende

Zahl der Winzer ihren Optimismus, daß der normale Käufer bereit ist, sich diese Fülle von Angaben zu merken? Weitsichtige Weingutsbesitzer sind inzwischen längst der Überzeugung, daß das deutsche Weinetikett nicht nur vielfach ästhetisch ansprechender gestaltet, sondern auch gründlich entrümpelt werden muß. Etliche bieten inwischen ihre QbA-Weine nur noch als Gutsweine mit dem Jahrgang und unter dem Namen des Erzeugers und der Rebsorte an. Da sich dadurch ein sinnvoller Lagenverschnitt erreichen läßt, haben alle gewonnen: Der Kunde, weil er den Wein leichter wiederfindet und feststellt, daß die Qualität vielfach – jedenfalls im Vergleich zu den geringeren Lagen – besser geworden ist, der Erzeuger durch die Straffung seines Angebots und die Gastronomie durch größere verfügbare Mengen des gleichen Weins und eine leichtere Orientierung.

Leider bewegt sich im Prädikatsweinbereich bislang nur wenig. Hier ist es bislang noch üblich, jede Lage (sei sie auch noch so unbedeutend) bis hin zur →Großlage anzugeben, obwohl das Bewußtsein für die wirklichen Spitzenlagen sich nur schärfen läßt, indem man auf die Deklaration der übrigen Lagen verzichtet, eine Einsicht, die in den letzten Jahren an der →Rheinfront um sich gegriffen hat. Warum also nicht einfach *Lorcher Riesling Kabinett* oder *Bechtheimer Weißer Burgunder Spätlese.* Jede Vereinfachung der Nomenklatur wäre hilfreich, würde die Identifizierbarkeit fördern und das Ansehen steigern. Sie könnte die Qualität steigern, da sie die Kosten senkt. Der →Rheinhessen-Silvaner ist ein überzeugender Schritt in diese Richtung, und der Erfolg mancher neuer →Barrique-Weine ist nicht zuletzt darin begründet, daß man sich damit gerne aus den Zwängen der bestehenden Qualitätsweinbestimmungen gelöst und zu einfachen Deklarierungen gefunden hat, auch wenn diesen meist noch ein angemessener Name fehlt.

Einiges muß jedoch auf dem Etikett stehen, und manches davon ist gut und hilfreich. So muß die Qualitätsstufe angegeben sein und in Deutschland und Österreich (seit wenigen Jahren) bei einem Qualitätswein die Amtliche →Prüfnummer. Der Erzeuger oder Abfüller muß genannt werden und die Füllmenge. Seit dem 1987er muß in der EU zusätzlich der tatsächliche →Alkoholgehalt auf dem Etikett erscheinen.

Etna →Ätna

Etoile, L' Kleine →Appellation contrôlée im französischen →Jura, die im Jahresdurchschnitt um die 5000 hl vor allem eines beachtenswerten →Schaumweins, aber auch als Weißwein hervorbringt, sowohl als normaler Stillwein als auch als →*Vin jaune* und als →*Vin de paille.* Während für den *vin jaune* allein der Savagnin zulässig ist, dürfen die anderen Weine auch →Chardonnay und Poulsard enthalten.

Etrusco Neuer, von Leandro Alessi auf dem Weingut Cennatoio in Panzano in →Chianti in der →Toscana aus in →Barriques ausgebautem →Sangiovese erzeugter →Tafelwein, der heute sicherlich zu den überzeugenderen Weinen dieser Art gehört: Ausdrucksvoll, elegant und komplex, gehört er zu den bemerkenswertesten Weinen dieser Art, der den Vergleich mit bislang bekannteren Weinen dieser Art nicht zu scheuen braucht.

Etsch (Adige) Fluß in Norditalien, der die malerischen Weinbaugebiete →Südtirols, des →Trentino und →Valpolicellas durchfließt. Er kommt dann nach →Verona und mündet schließlich südlich von Venedig in die Adria.

Etschtaler (Valdadige) Weitläufige →DOC-Bezeichnung, die sich über insgesamt 75 Gemeinden der Provinz →Bozen, des →Trentino bis in die Provinz →Verona erstreckt und als echte Passepartout-Bezeichnung für nahezu alle Rot- und Weißweinverschnitte des gesamten Etschtals gilt. Da dieses Gebiet über eine ganze Reihe sehr viel enger gefaßter Ursprungsbezeichnungen verfügt, ist es mehr als unwahrscheinlich, daß unter dieser weitgespannten Bezeichnung jemals ein wirklich hervorragender Wein dieses Gebiets in den Handel kommt.

Etyek Kleines ungarisches Weinbaugebiet westlich von Budapest auf dem halben Weg nach dem ungleich bekannteren Gebiet von →Mór.

Euböa →Zentralgriechenland und Euböa

Evangile, Château L' Eines der berühmtesten und bemerkenswertesten Weingüter in →Pomerol mit knapp 13 ha Rebfläche, zu 65 % mit →Merlot und 35 % →Cabernet franc (→Bouchet) bestockt, die einen traditionellen, vollen, reichen und mitunter üppigen, dabei komplexen, ausdrucksvollen und eleganten roten →Bordeaux hervorbringen, der zu den größten Gewächsen Pomerols gehört und allein von dem benachbarten Château →Pétrus noch übertroffen wird. Nachdem das Gut 1990 mehrheitlich in den Besitz von Rothschild (von Château →Lafite) übergegangen ist, sollte man es unbedingt weiter im Auge behalten.

Évora Kleines portugiesisches →IPR-Weinbaugebiet mit nicht einmal 500 ha rund um das charmante Städtchen inmitten des →Alentejo. Die Rotweine stammen überwiegend aus →Periquita, Trincadeira, Aragonez und Tinta Caiada, und bei den Weißweinen dominieren Roupeiro, Arinto und Tamarez mit möglichen Zusätzen von Rabo de Ovelha u. a. Sorten.

Exceptionnel Nach der Einstufung der →bourgeois-Güter von 1932 sechs besonders bemerkenswerte Güter und ihre Weine, offiziell unmittelbar unterhalb der Ebene der →crus classés angesiedelt. Es handelt sich dabei um die Châteaux d'→Angludet, →Bel-Air-Marquis-d'Aligre, →Chasse-Spleen, La →Couronne, →Moulin-Riche und →Villegeorge. Nach mehr als einem halben Jahrhundert verfügen in unseren Tagen Chasse-Spleen und Angludet über ein noch höheres Niveau, während man die übrigen vier Gewächse derzeit nicht mehr vergleichsweise exponiert einordnen würde.

Extra brut Bezeichnung eines →Champagners oder →Schaumweins ohne →Dosage, der trockenste aller Schaumweine, auch als →sans Dosage, →Brut zéro (sauvage o.ä.) bezeichnet; entspricht der deutschen Bezeichnung →extra herb.

Extra dry Bezeichnung eines →Champagners oder →Schaumweins mit einem →Restzuckergehalt zwischen 12 und 20 g / l, auch →extra trocken genannt.

Extra herb Bezeichnung des trockensten →Champagners oder →Schaumweins, der einen →Restzuckergehalt zwischen 0 und 6 g/l aufweist und damit praktisch ohne →Dosage in den Handel gebracht worden ist.

Extra trocken Bezeichnung eines →Champagners oder →Schaumweins, der zwar trockener ist als ein als →trocken bezeichneter Schaumwein, aber lange nicht so trocken wie ein als →extra brut (→extra herb) deklarierter. Mit seinen 12–20 g/l →Restzucker liegt sein Zuckergehalt in der Regel auch über dem als →brut (→herb) bezeichneten Schaumwein. Nach dem österreichischen →Weingesetz von 1993 dürfen angesichts der Aufweichung des Begriffs »trocken« Weine mit nicht mehr als

4 g / l Restzucker als *extra trocken* bezeichnet werden.

Extraktstoffe Jene Stoffe, die bei der Destillation des Weines zurückbleiben, Glycerin, Asche, feste stickstoffhaltige Verbindungen, Gerb- und Farbstoffe, Säure u. a. Der unter Abzug etwaigen Restzuckers verbleibende zuckerfreie Extrakt deutscher Weine liegt in der Regel zwischen 20 und 25 g / l. Je höher der zuckerfreie Extrakt, desto körperreicher und gehaltvoller ist der Wein.

F

Faber Alzeyer →Neuzüchtung aus Weißer →Burgunder × →Müller-Thurgau, die wie nahezu alle Neuzüchtungen längst ihren Höhepunkt überschritten hat. Gegenwärtig sind noch 1906 ha mit ihr bestockt. Vier Fünftel davon befinden sich allein in →Rheinhessen; der Rest verteilt sich bis auf wenige Hektar auf die →Pfalz und die →Nahe. Weine größerer Bedeutung werden nicht aus ihr gewonnen.

Fabrizio Bianchi Der Besitzer der Fattoria Monsanto in Barberino Val d'Elsa, die für ihren →Chianti classico hohe Achtung genießt. Seit den achtziger Jahren werden zwei →Tafelweine unter dem Namen Fabrizio Bianchi erzeugt. Der rote stammt aus →Sangioveto aus der Lage *Scanni* und wird ca. ein Jahr in →Barriques ausgebaut und ergibt dann einen ausgeglichenen, strukturierten, hervorragenden Wein. Der weiße hat vielleicht nicht ganz den Rang: Er wird in der Lage *Val di Gallo* aus →Chardonnay erzeugt, ein zweifellos eleganter Wein, doch würde man ihm mehr Komplexität im Ausdruck wünschen.

Fad Als fad bezeichnet man einen Wein, dem es an Frische, Körper und Bukett fehlt.

Falerio dei Colli Ascolani Aus dem sanften Hügelland der südlichen →Marken bei Ascoli Piceno überwiegend aus →Trebbiano unter Zusatz von →Malvasia, →Pinot bianco u. a. Sorten erzeugter Weißwein, der in der Regel ansprechend, doch kaum sonderlich aufregend ist.

Falerno Berühmtester Wein der römischen Antike, von Plinius und Horaz in Tönen höchsten Lobs gepriesen und als »unsterblich« bezeichnet, da gewisse Jahrgänge sich noch nach über einem Jahrhundert als genießbar erwiesen. Er wurde bei Formia in →Latium und im angrenzenden →Kampanien nördlich von Neapel an der Küste angebaut, wo auch heute noch Reben wachsen, die einen guten – überwiegend weißen – Wein liefern, der als Falerno del Massico das →DOC-Prädikat genießt; er läßt sich angenehm trinken, hat jedoch mit seinem großen Vorgänger aus dem Altertum wenig mehr als den Namen und die Herkunft gemein.

Falkenstein Gut 200 ha Rebfläche umfassende Weinbaugemeinde im Norden des →Weinviertels, unweit der tschechischen Grenze. Es wird nahezu ausschließlich Weißwein erzeugt, vor allem aus Grünem →Veltliner und →Welschriesling. Heinrich Salomon ist ein führender Erzeuger.

Falkenstein, Weinbaugebiet Bis 1985 gebräuchliche Bezeichnung für die Osthälfte des heutigen Weinbaugebiets →Weinviertel.

Fara Italienischer Rotwein aus einem kleinen Gebiet im Norden →Piemonts, ein Verschnitt aus →Nebbiolo, der hier →Spanna genannt wird, →Vespolina und →Bonarda. Wie die in der Nähe erzeugten →Gattinara, →Ghemme, →Sizzano und →Caramino altert er gut und ist dann kraftvoll im Geschmack, aber dennoch weich und samtig-rund. Die lokale Winzergenossenschaft gilt als ein führender Erzeuger.

Farbe Aus der Farbe eines Weins, gegen das Licht, einen weißen Untergrund oder in der silbernen →Tastevin (Probetasse) in →Burgund betrachtet, lassen sich bereits eine ganze Reihe von Rückschlüssen auf seine Qualität und sein Alter ziehen. Ein guter Wein muß unbedingt klar und →glanzhell sein. Bei trockenen Weißweinen schwankt die Farbe von sehr blaß bis zu einem kräftigen Goldgelb, wobei der junge Wein grünliche Schattierungen erkennen läßt. Regionale Faktoren, Rebsorten, Jahrgänge, Vinifikation und Ausbau haben jedoch erheblichen Einfluß auf die Farbe des Weins. Anders als beim Rotwein ist allerdings ein Mangel an Farbe im allgemeinen nicht negativ zu bewerten, eher ein Überschuß. So deuten eine Hochfarbigkeit, leichte bernsteinfarbene oder braune Schattierungen zumeist an, daß der Wein seinen Höhepunkt überschritten hat, bereits zu stark →oxydiert ist bzw. →rahn wird. Süße Weißweine weisen dagegen meist mehr Farbe auf, sind vielfach goldfarben, während eine Brauntönung ein zu weit fortgeschrittenes Alter signalisiert.

Die Farbschattierungen beim Rotwein reichen von purpur (allgemein ein junger und fast immer kein besonders hervorragender Wein) bis zum dunklen Rotschwarz (bei einigen norditalienischen Weinen und den französischen *vins noirs*, →Cahors). Bei hervorragenden Weinen gibt die Intensität der Violettöne entscheidende Hinweise auf Jugendlichkeit und Lebenserwartung und auf die Qualität des Weins. Mit dem →Altern nehmen die Orangeränder und schließlichen Brauntöne zu, wobei →Spätburgunderweine im Alter eine rötlichbraune Tönung, die sog. →*Pelure d'oignon*, annehmen.

Auch Roséweine haben ihre Unterschiede: von rosa bis orange, wobei im letzteren Fall der Wein deutlich zu alt ist. Je nach Herkunft, Rebsorte, Verfahren u. a. kann die Rosatönung sehr hell sein (deutsche Roséweine und →Weiß-

herbste, französische →*vins gris*), um etwa in →Apulien schon nahezu in ein Purpurrot überzugehen.

Färbertraube In Frankreich unter dem Namen →Teinturier bekannt, bei der anders als bei normalen roten Rebsorten ein erheblicher Teil des Farbstoffes im Beerensaft enthalten ist. Sie wird daher, zumal in den nördlichen Weinbaugebieten, gerne selbst oder durch →Kreuzung mit anderen Sorten zu →Deckrotwein verwandt, darunter die →Neuzüchtungen →Dunkelfelder, Deckrot, Kolor u. a. Zusammen sind mit ihnen in Deutschland derzeit gut 200 ha bestockt.

Fargues Kleinste der vier Gemeinden der →Appellation contrôlée →Sauternes mit rund 200 ha Rebfläche und einigen berühmten, reichen, gehaltvollen und voluminösen Sauternes-Weinen, darunter als bedeutendster Château →Rieussec und das ihm meist nur wenig nachstehende, jedoch nicht klassifizierte Château de →Fargues (im gleichen Besitz wie Château d'→Yquem in Sauternes), aber auch das Château →Romer-du-Hayot ist höchst beachtenswert.

Fargues, Château de Nichtklassifiziertes Weingut in →Fargues, im gleichen Besitz und unter der gleichen Leitung wie Château d'→Yquem, mit 12 ha Rebfläche (80 % →Sémillon, 20 % →Sauvignon), dessen Weine heute zu den teuersten im ganzen →Sauternes-Gebiet gehören. Wenn sie gelungen sind, sind sie voll, reich, cremig, komplex und in jeder Weise bemerkenswert. Doch angesichts der geringeren, sehr sandigen Böden erreicht das Niveau zwangsläufig nicht ganz das der besten klassifizierten Gewächse.

Faro Aus Messina auf →Sizilien stammender Rotwein, vorwiegend aus Nerello und Nocera, der nur noch von ei-

nem einzigen Gut auf 0,5 von möglichen 8 ha erzeugt wird. Wäre er verbreiteter, würde er sicherlich auch mehr
Beachtung finden.

Faß Meist runder oder ovaler Holz-
behälter, in dem Wein vergoren, ausgebaut und gelagert wird. Am besten
eignet sich →Eiche, doch werden auch
Kastanie (in Europa) und Rotholz
(*Sequoia sempervirens*, in Amerika) für
Weinfässer verwendet, obwohl sie in der
Regel den Wein weniger günstig beeinflussen als die Eiche. Während vielerorts
Standfässer (*cuve*) für die Vergärung eingesetzt werden, werden traditionellerweise regional unterschiedlich große
Fässer für den Weinausbau benutzt, wobei die Frage, ob alte oder grundsätzlich
neue Fässer bzw. das als optimal angesehene Verhältnis von Holz (→Holz-
geschmack) zu Wein, d. h. der Faßgröße
von dem erstrebten Weincharakter ab-
hängt. Folgende Größen sind gebräuchlich (siehe Tabelle unten).
Es ist allerdings nicht zu verkennen, daß
selbst in diesen genannten Gebieten
und häufig selbst bei Spitzenweingütern, die es eigentlich besser wissen
sollten, aus ökonomischen Gründen
Fässer beim Weißwein vielfach durch
Stahl- oder Kunststofftanks ersetzt
werden – manche von ihnen kehren inzwischen zum Holzfaß zurück –, während einige sogar glauben machen wollen, man könnte einen herausragenden
Rotwein im Tank erzeugen.

Faßgeschmack Mitunter falsch und irreführend verwandter Begriff. Ein Faßgeschmack liegt vor, wenn der Wein aufgrund eines unsauberen →Fasses einen
dumpfen bis hin zu einem faulen, muffigen Ton aufweist. Während es sich in
diesem Fall um einen gravierenden Fehler handelt, kann der Wein durch seinen
Faßausbau aber auch einen durchaus
gewollten →Holzgeschmack aufweisen,
und hierbei handelt es sich dann, wenn
nicht jedes Maß und Ziel überschritten
ist, keinesfalls um einen Fehler.

Faßtrichter Trichter mit einem langen,
durchlöcherten Rohr, durch den man
Wein in ein →Faß füllen kann, ohne den
Faßinhalt aufzuwirbeln.

Faugères Nördlich von →Béziers in der
Umgebung des gleichnamigen Ortes im
Département →Hérault auf rund
5600 ha erzeugter Rotwein aus →Ca-
rignan, →Cinsaut (beide ab 1997 zu
höchstens 40 bzw. 30 %), →Grenache,
→Mourvèdre, →Syrah und Lladoner
pelut (alle vier zusammen ab 1997 mindestens 40 %). Der Wein führt seit 1982

Weinbaugebiet	Bezeichnung des Fasses	Inhalt in Litern
Rheingau	Halbstück	600
	Stück	1200
Mosel	Fuder	1000
Elsaß	Foudre	1000
Champagne	Pièce	205
Chablis	Feuillette	136
Beaujolais	Pièce	216
Burgund	Pièce	228
Bordeaux	Barrique	225
Sherry	Bota	500
Portwein	Pipe	534
Tokajer	Göncer Faß	136
Kalifornien	Barrel	188

das →A.O.C.-Prädikat und kann gehaltvoll, warm und sehr ansprechend sein.

Faul Mitunter können Jungweine den
Geruch und Geschmack von faulen Eiern aufweisen; man spricht dann von einem →Böckser. In der Regel verschwindet dieser Fehler völlig mit der weiteren
Entwicklung des Weins.

Faverges 15 ha große Weinbaudomäne
in →Saint-Saphorin und dem angrenzenden Chardonne in der waadtländischen →Lavaux am Nordufer des Genfer Sees. Die Domäne befindet sich im
Besitz des Kantons →Freiburg, der hier
aus der →Chasselas einen hochangesehenen Weißwein erzeugt, der zu den besten der Lavaux gehört.

Favonio Weingut im Besitz von Attilio
Simonini in der Nähe von Foggia in
→Apulien. Es werden eine Reihe von
Rot- und Weißweinen erzeugt, die
durchaus Beachtung verdienen. Unter
den roten dürfte der →Cabernet franc
der markanteste sein: sehr farbintensiv
und körperreich, bei nur mittlerem Alkoholgehalt (um 12 % vol.), ist er ein
fruchtiger und charaktervoller Wein,
der langsam reift und langlebig ist. Die
Weißweine, aus →Trebbiano, →Char-
donnay bzw. →Pinot bianco, sind sehr
fruchtig und fein und von erstaunlicher
Rasse, wobei der erstere vielleicht der
gelungenste ist. Alle Favonio-Weine
gehören heute zu den beachtenswertesten des nördlichen Apulien.

Favorita Äußerst seltene Weißweinsorte, die im Süden →Piemonts in der
weiteren Umgebung von →Alba vereinzelt angebaut wird. Sie ergibt einen pi-
kanten, fein-abgestimmten, nachhaltigen Wein. Angelo Negro, Renato Rabezzana u. a. gelten als führende Erzeuger.

Faye-d'Anjou Einer der sieben Orte
der →*Coteaux du Layon-Villages*,

bekannt für seine süßen, z. T. durch
→Edelfäule gewonnenen Weißweine.

Fechsung In Österreich mitunter auf
dem →Etikett verwandter Ausdruck
für Ernte, etwas »Aus eigener Fechsung«.

Federspiel Von der →Vinea Wachau ge-
schaffene neue Weinkategorie, beginnend mit dem Jahrgang 1986, für
→Wachauer Weine im →Kabinettbe-
reich, d. h. oberhalb der →Steinfeder
mit einem Alkoholgehalt zwischen 10,8
und maximal 12,3 % vol. Die Weine
können aus allen Qualitätsweißwein-
sorten der Wachau stammen, müssen
sortentypisch und →trocken sein und
werden durch den Verband kontrolliert.
Die Bezeichnung Kabinett kann zusätzlich auf dem Etikett erscheinen. Der
Name Federspiel soll an die einstige, in
der Wachau betriebene Falkenjagd erinnern. Die darüber liegende Kategorie
wäre →Smaragd.

Federweißer In Deutschland in abklingender Gärung befindlicher, trüber
Most (in Österreich →Sturm, in der
Schweiz →Sauser genannt), noch kein
eigentlicher Jungwein, der kaum noch
Hefezellen enthält und besonders vit-
aminreich ist. Nicht nur in den Weinbaugebieten werden im Herbst geringere Moste des neuen Jahrgangs gerne
als Federweiße ausgeschenkt, sondern
zunehmend auch in anderen Gegenden.
Federweiße sind sehr bekömmlich, steigen jedoch, in größeren Mengen genossen, leicht zu Kopf.
In der Schweiz wird *Federweiß* als Bezeichnung für den weiß gekelterten
→Weißherbst verwandt.

Fehler Als Naturprodukt ist Wein bei
nicht sachgemäßer Behandlung vielerlei
Gefahren ausgesetzt, die seine Qualität
erheblich herabsetzen, ja ihn ungenießbar machen können. Dazu zählen verschiedene Trübungen des Weins durch

Eiweiß, →Hefe, Eisen, Kupfer u. a., ferner der →Böckser, jener Geruch nach faulen Eiern. Schließlich kann der Wein eine ganze Reihe von Geschmacksfehlern aufweisen, u. a. →Schimmel-, →Faß-, →Kork- oder →Frostgeschmack, aber auch etwa den gefürchteten Geranienton. In allen Fällen liegt eine fehlerhafte Behandlung von Trauben, Most, Wein oder jenen Gegenständen vor, mit denen der Wein zwangsläufig in Berührung kommt.

Nicht als Fehler sind hingegen die Ablagerungen farbloser Kristalle zu betrachten, die gemeinhin als →Weinstein bezeichnet werden, sowie das bei älteren Rotweinen mitunter auftretende →Depot.

Fein Ein Wein kann dann als fein bezeichnet werden, wenn er eine Reihe von Eigenschaften nicht besitzt, weder schwer noch üppig, weder wuchtig noch süffig ist. Er wird in der Regel ausgeglichen erscheinen und über eine erkennbare Eleganz verfügen. Wenn diese Feinheit noch deutlicher hervortritt, spricht man von →Finesse.

Feinburgunder Seit 1994 verwandte, wenig überzeugende Bezeichnung in der →Wachau für einen nicht in →Barriques ausgebauten →Chardonnay.

Fendant Im →Wallis gebräuchliche Bezeichnung für Weißweine aus der →Chasselas, der verbreitetsten Weißweinsorte in der →Westschweiz, die an den felsigen Hängen des →Rhônetals einen frischen, ausdrucksstarken, nuancenreichen und jung zu trinkenden Wein hervorbringt.

Fernão Pires Weiße portugiesische Rebsorte schlechthin, die nahezu im ganzen Land anzutreffen ist. Obwohl aus ihr teilweise auch sortenreine Weißweine erzeugt werden, erreicht sie keine Spitzenqualitäten, liefert jedoch feinfruchtige und ansprechende Weine. In der →Bairrada ist sie als Maria Gomes bekannt.

Ferrande, Château de Namhaftes Gewächs aus Castres in den südlichen →Graves mit 43 ha Rebfläche (je ein Drittel →Cabernet Sauvignon, →Merlot und →Cabernet franc bzw. 60 % →Sémillon, 35 % →Sauvignon, 5 % →Muscadelle für den Weißwein) und einem beachtenswerten trockenen Weißwein sowie einem vollmundigen roten →Bordeaux.

Ferrari Einer der bedeutendsten italienischen →Schaumweinhersteller aus dem →Trentino mit fruchtigen, feinperlenden Weinen mit schöner Mousse. Am herausragendsten ist der lediglich in überdurchschnittlichen Jahren allein aus →Chardonnay erzeugte *Giulio Ferrari Riserva del Fondatore*, gewiß einer der bemerkenswertesten italienischen Schaumweine nach der →Méthode champenoise, auch wenn er vielleicht die Kremigkeit großer →Champagner nicht voll erreichen mag.

Ferrière, Château 3e *cru classé* von →Margaux im →Haut-Médoc mit 5 ha Rebfläche (47 % →Cabernet Sauvignon, 33 % →Merlot, 12 % →Petit Verdot, 8 % →Cabernet franc). Seit 1993 im gleichen Besitz wie Château →Chasse-Spleen, dessen Bemühungen um die Wiedergeburt von Ferrière vielversprechend erscheinen. Man sollte das kleine Gut in Zukunft nicht aus dem Auge verlieren.

Fest Ein Wein mit einer kräftigen, stärkenden, nicht unangenehm wirkenden →Säure oder →Tannin und einem guten, strukturierten →Körper.

Feuersteingeschmack Typischer Geschmack, wie ihn junge, trockene, reintönige, nahezu streng wirkende Weißweine zum Beispiel aus dem →Chablais, aus →Chablis, der →Vernaccia di San Gimignano u. a. aufweisen können.

Feuillette Kleines Eichenfaß mit einem Inhalt von 136 l, in dem →Chablis-Weine früher traditionsgemäß gelagert wurden. Heute ist die Feuillette weitgehend durch die übliche →Pièce aus →Burgund verdrängt worden, die über ein Fassungsvermögen von 228 l verfügt.

Feurig Geschmackseindruck, wie ihn einige alkohol- und körperreiche Weine hervorzurufen vermögen. Mitunter sind diese →wuchtig und dann das Gegenteil von →fein und →elegant.

Fiano di Avellino In der Umgebung von Avellino in →Kampanien aus der gleichnamigen Sorte erzeugter, mitunter hervorragender Weißwein, der Fülle mit Feinheit und großer Differenziertheit in Bukett (Haselnußton) und Körper verbindet. Er ist einer der besten Weißweine der Region. Mastroberardino gilt als ein führender Erzeuger.

Fiasco Für Romantiker ein unverzichtbarer Bestandteil ihres Italienbildes, jene bastumwundenen, bauchigen Flaschen für einfachen →Chianti (selbst →Chianti classico). Tatsächlich sind diese *fiaschi* längst zum Fiasko geworden, seit ihre Herstellung teurer als der Flascheninhalt geworden ist. Der Weintrinker hat daher auch keinen Grund, ihnen nachzutrauern: Die gehobenen Qualitäten finden sich ohnehin allein in braunen Bordeaux-Flaschen.

Fiefs Vendéens Rote, rosé und weiße →V.D.Q.S.-Weine, die in 19 Gemeinden des Département Vendée mehrheitlich aus →Gamay und →Pinot noir bzw. →Chenin blanc im Westen Frankreichs südlich von →Nantes erzeugt werden. Mareuil, Brem, Vix oder Pissotte müssen als Name eines der vier Bezirke angegeben werden.

Fieuzal, Château de Heute wieder eines der besten Weingüter von →Léognan in den →Graves mit 42 ha Rebfläche, von der 7 ha der Erzeugung von trockenen Weißweinen aus →Sauvignon (50 %) und →Sémillon (50 %) vorbehalten sind. Die Rotweinfläche ist zu 60 % mit →Cabernet Sauvignon, 30 % →Merlot und je 5 % →Cabernet franc und →Petit Verdot bestockt. Die Rotweine, für die allein das Gut als →*cru classé* eingestuft ist, sind reich und füllig, dabei durchaus tief und elegant und seit Beginn der neunziger Jahre nicht mehr so fleischig wie einst, dafür erheblich feiner und komplexer geworden. Die Weißweine können mitunter noch besser sein (seit dem 1985er): konzentriert, nuancenreich und elegant sind sie von bemerkenswerter Klasse und gehören in ihrer etwas an herausragende weiße →Burgunder erinnernden Art zu den besten der Appellation →Pessac-Léognan.

Figari Einer der sieben Bereiche auf →Korsika für den →*Vin de Corse*, dessen Weine unter der Appellation *Vin de Corse-Figari* in den Handel kommen, im Süden der Insel gelegen. Am verbreitetsten – als eher durchschnittlicher Rot- wie Weißwein – ist der L'Omu di Cagna der lokalen Winzergenossenschaft.

Figeac, Château Eines der größten und besten Weingüter von →Saint-Emilion, als *premier cru classé B* eingestuft, in unmittelbarer Nachbarschaft zu Château →Cheval Blanc gelegen, das in früheren Jahrhunderten Teil der Domäne Figeac war und dessen exzellente, kieshaltige Böden es teilt (→Graves-Saint-Emilion). 40 ha sind in einem für Saint-Emilion völlig unüblichen Rebsortenverhältnis bestockt: 35 % →Cabernet Sauvignon, 35 % →Cabernet franc, 30 % →Merlot. Entsprechend eigenständig sind die Weine: Kraftvoll, tanninreich, fest, kompakt und komplex, gehört ein voll gelungener Figeac zu den bemerkenswertesten Weinen Saint-Emilions und →Bordeaux' überhaupt, der seinem noch illustreren Nachbarn kaum nachsteht. Leider wird dieses Potential jedoch nicht in jedem Jahr voll ausgeschöpft. Über ein halbes Dutzend Güter der Umgebung deuten mit ihrem Namen an, daß sie alle einst Teil von Figeac waren: Châteaux La →Tour-Figeac, La →Tour-du-Pin-Figeac-Moueix, →Yon-Figeac, La Tour-du-Pin-Figeac, Petit Figeac, Cormeil-Figeac, Grand Barrail-Lamarzelle-Figeac, Gros Figeac u. a.

Filhot, Château Zu Recht berühmtes →Sauternes-Weingut, das lange im gleichen Besitz wie Château d'→Yquem war. Offiziell ist es als *2e cru classé* eingestuft und bringt auf 50 ha (60 % →Sémillon, 35 % →Sauvignon, 5 % →Muscadelle) einen hervorragenden, feinen Wein hervor, der meist nicht ganz die Üppigkeit und Süße anderer Sauternes-Weine aufweist. Er sollte jedoch angemessener ausgebaut werden.

Fillette Eigentlich ein *kleines Mädchen*, doch an der →Loire und zumal in der →Touraine bezeichnet man damit eine halbe Flasche Wein.

Filtrieren Das Klären eines Mostes oder Weins mit Hilfe von Filtern. Ein zu starkes Filtrieren (Kieselgurfilter) oder – beim Einsatz anderer Geräte – ein →Separieren kann jedoch dem Most oder Wein wertvolle Inhaltsstoffe und etliche seiner qualitätsentscheidenden, feineren Substanzen entziehen, so daß einige der größten Weine der Welt nie oder bestenfalls nur ganz leicht filtriert werden. Dennoch nimmt allein aus ökonomischen Gründen die Praxis des Filtrierens zu, nicht zuletzt aus Angst vor etwaigen Reklamationen, der Wein sei nicht absolut →glanzhell. Viele Weine werden darüber hinaus *sterilfiltriert*, wodurch alle Bakterien ausge-schieden, frühere Flaschenfüllungen ermöglicht und einige andere, durchweg ökonomisch begründete Vorteile erzielt werden, die Lebensdauer des Weins jedoch verkürzt werden kann.

Filzen Kleiner Weinbauort an der →Saar unterhalb von →Kanzem mit gut 50 ha Rebfläche, von denen der *Urbelt* als die beste Lage gilt. Auch wenn die Weine nicht ganz das Renommee der Kanzemer Gewächse erreichen mögen, sind sie alles andere als zu verachten, und das lokale Weingut Edmund Reverchon (28 ha, darunter Filzener *Herrenberg* im Alleinbesitz, 80 % →Riesling, ausdrucksstarke, charaktervolle Weine) genießt einen exzellenten Ruf.

Findling Weiße Rebsorte, Mutation aus dem →Müller-Thurgau, die mit 41 ha nur vereinzelt angebaut wird, zumal an →Mosel-Saar-Ruwer.

Fines Roches, Château des Berühmtes Weingut im Gebiet von →Châteauneuf-du-Pape, das einen hervorragenden, gehaltvollen und dabei feinen und eleganten Rotwein erzeugt.

Finesse Ein Wein mit Finesse verfügt über Rasse, Klasse, Eleganz, Nuancen und Vornehmheit. Ein körperreicher Wein mit Finesse kann groß sein, ohne Finesse wäre er schwer und wohl etwas gewöhnlich.

Finger Lakes Nach →Kalifornien das Hauptweinbaugebiet der →Vereinigten Staaten im Westen des Staates →New York gelegen. Es ist bekannt für seine →Schaumweine. Während in der Vergangenheit nahezu ausschließlich amerikanische Rebsorten aus der Art →*Labrusca* angepflanzt wurden, ist man in jüngerer Zeit verstärkt zu →Hybriden übergegangen. Doch gibt es inzwischen eine zunehmende Zahl von Weinen aus →*Vinifera*-Sorten, die immerhin beachtenswert sind.

Finkenauer Gut 30 ha großes Weingut in Bad →Kreuznach an der →Nahe mit Lagen in Kreuznach, →Roxheim und →Winzenheim und einem →Riesling-Anteil von derzeit 52 %. Nach einer leichten Schwächeperiode verdienen die Weine heute wieder jede Beachtung.

Fino Sieht man einmal von dem →Manzanilla ab, ist der Fino der hellste, leichteste und meistgetrunkene →Sherry mit in der Regel 16–16,5 % vol. →Alkohol und einem unverkennbaren, bestechend eleganten Bukett, das durch die ihm eigentümliche →Flor-Hefe im Faß gebildet wird. Wie alle Sherrys wird der Fino, neben dem →Amontillado und dem →Oloroso einer der drei Grundkategorien des Sherry, in der →Solera verschnitten und gealtert (je nach Erzeuger in der Regel 5–6 Jahre), bevor er auf den Markt kommt. Kühl serviert, ist er dann einer der köstlichsten Apéritifs, der aber auch ein vorzüglicher Begleiter von kleinen Imbissen oder Meeresfrüchten sein kann. Hijos de Agustín Blázquez (Marke: Carta Blanca), A. R. Valdespino (Inocente), Garvey (San Patricio), Emilio Martin Hidalgo (Panesa), Gonzalez Byass (Tio Pepe), Sanchez Romate (Marismeño, Cristal), Croft (Delicado), José Pemartin (Viña Pemartin), Marques de Real Tesoro (Ideal), Osborne (Quinta), Wisdom & Warter (Olivar), Luis Caballero (Pavon), Pedro Domecq (La Ina), Diez Merito (Don Zoilo) u. a. gelten als führende Abfüller.

Fiorano Vor den Toren Roms unweit der Via Appia Antica erzeugter Wein. Der →*Bianco* stammt aus →Malvasia und ist vollmundig, von feiner, höchst differenzierter Art und bemerkenswertem Abgang und gewiß einer der besten Weißweine →Latiums, der in guten Jahren leicht 10 Jahre und älter werden kann. Der →*Rosso* wird aus →Merlot und den beiden →Cabernet-Arten erzeugt und gilt als einer der besten bordeauxähnlichen Rotweine Italiens. Er

ist sehr gehalt- und charaktervoll und altert noch besser als der *bianco*. Zusätzlich wird noch in verschwindend geringer Menge (ca. 500 Flaschen pro Jahr) der *Fiorano* →*Sémillon* als leichter, süßer →Likörwein erzeugt.

Fioretto Roter →Tafelwein, von Vietti im →Barolo-Gebiet aus →Nebbiolo, →Barbera, →Dolcetto und Neirana erzeugt, ein gehaltvoller Rotwein mit Nerv, Struktur, Charakter und Anmut.

Firn Jener Ton, den überlagerte Weine im Altern annehmen. Wann dies geschieht, ist abhängig von Art, Charakter, Herkunft und Qualität des Weins, seinen Rebsorten, der Vinifikations- und Ausbauart und schließlich von der Lagerung. Manche Weine zeigen nach mehr als 100 Jahren nicht die geringste Spur einer Firne, bei anderen macht sie sich nach wenigen Jahren bemerkbar. Firne Weine finden selbst in ihrem Anfangsstadium heute nicht mehr so viele Freunde wie noch vor einer oder zwei Generationen. Doch daß →Altern von Wein, um Reife und Höhepunkt zu erreichen, nicht mit firnen Weinen gleichzusetzen ist, sollte wieder mehr Beachtung finden.

Fitou Einer der traditionsreichsten und beachtenswertesten Rotweine aus dem →Midi, der südlich von Narbonne in 9 Gemeinden des →Corbières-Gebietes zu 90 % aus →Carignan, →Grenache, Lladoner pelut, →Mourvèdre und →Syrah erzeugt wird, wobei der Anteil des Carignan seit 1982 75 % nicht übersteigen darf; ab 1995 soll er, je nach Anteil von Mourvèdre und Syrah, auf 70 oder 60 % gesenkt werden. Die verbleibenden 10 % entfallen auf →Cinsaut, Terret und →Macabeo. Entsprechend den →A.O.C.-Bestimmungen muß der Wein mindestens neun Monate in Holzfässern gelagert sein. Der Wein ist körperreich, kraftvoll, robust und reift sehr gut auf der Flasche.

Five Roses Der vermutlich älteste und einer der bekanntesten Roséweine →Apuliens von Leone De Castris aus →Salice Salentino: Ein traditioneller, schwerer, fast schon breiter Roséwein, der erst nach etlichen Jahren in den Handel kommt und das Gegenteil der heute mehr geschätzten frischen, fruchtigen, eher leichten und unkomplizierten Roséart ist, aber dennoch offensichtlich seine Liebhaber hat.

Fixin Nördlichste der herausragenden Rotweingemeinden der →Côte de Nuits in →Burgund mit 130 ha Rebfläche, deren relativ wenig bekannte Weine oft zu den erlesensten und feinsten →Burgundern zählen, einem besseren →Gevrey-Chambertin durchaus vergleichbar. Als beste Lagen gelten der *Clos de la* →*Perrière* (Alleinbesitz Philippe Joliet) und der →*Clos du Chapitre* (Alleinbesitz Pierre Gelin), beide und vier weitere als *premiers crus*-Lagen eingestuft.

Flaccianello della Pieve Auf dem Weingut Fontodi in Panzano im →Chianti classico-Gebiet in der →Toscana erzeugter →Barriquewein aus →Sangiovese, der zu den besten seiner Art gehört: sehr voll im Körper, mit dezenter Rasse, viel Substanz und Charakter, ein in guten Jahren wirklich bemerkenswerter Wein.

Flach Ein langweiliger Wein ohne besonderen Charakter und Höhepunkte.

Flagey-Echézeaux Nördlich von →Vosne-Romanée gelegene Weinbaugemeinde an der →Côte de Nuits – der eigentliche Ortskern liegt weiter östlich im Saône-Tal –, dessen berühmteste Lagen die beiden *grands crus* →*Grands Echézeaux* und →*Echézeaux* sind. Beide Weine kommen ohne den Gemeindenamen in den Handel. Da die übrigen Weine des Ortes das Anrecht auf die Appellation Vosne-Romanée haben, erscheint der Name Flagey-Echézeaux so gut wie nie auf Weinetiketten. Doch die Weine können superb sein und sind in ihren Spitzen zweifellos bemerkenswert.

Flasche Sieht man einmal von Cubitainern, Tüten, Schläuchen und anderen Einfällen modernen Marketings ab, kommt Wein in der Regel in Flaschen in den Handel, d. h. in 0,75-l-Flaschen bzw. in halben Flaschen (0,375 l) oder in 1-l-Flaschen, um nur die gängigsten aufzuzählen. Traditionsreiche Weinbaugebiete haben im Laufe der letzten Jahrhunderte ihre eigene, spezifische Flaschenform und -farbe herausgebildet. So werden Weine des →Rheingaus traditionell in schlanken braunen Schlegelflaschen abgefüllt, jene von der →Mosel in der gleichen, diesmal allerdings grünen Flasche. Die Weine →Frankens kommen in den flachen, bauchigen →Bocksbeuteln in den Handel, der heute wieder vielfach wie im 18. Jahrhundert braun und nicht grün ist.

In Frankreich kommen die Rot- und Weißweine →Burgunds traditionellerweise in der typischen, olivgrünen Burgunderflasche in den Handel, die in Deutschland ebenfalls zumal für →Spätburgunder-Rotweine verbreitet ist, aber vielerorts auch für Weiße und Graue →Burgunder benutzt wird. In →Bordeaux hingegen ist die Bordeauxflasche üblich, dunkelgrün für Rot- und trockene Weißweine, farblos für →Sauternes-, seltener für trockene weiße →Graves-Weine. Diese Bordeauxflasche hat sich mit geringen Abwandlungen international am weitesten durchgesetzt. In Italien außer in →Piemont und der →Lombardei wird sie zunehmend für Rotweine, aber auch für Weißweine benutzt, wobei die Flaschenfarbe häufig Braun ist. Auch in Griechenland, Spanien und Portugal ist sie verbreitet, allerdings mit der Besonderheit, daß man in der →Rioja die alkohol- und körperreicheren Rotweine in Burgunder- und die etwas leichteren und eleganteren Weine in Bordeauxflaschen abfüllt. Doch da jede →Bodega ihre Kriterien für diese Wahl selbst definiert, lassen sie sich nur schwer verallgemeinern. Auch außerhalb Europas (→Kalifornien, Australien, Neuseeland u. a.) ist die Bordeauxflasche überall zu Hause.

Daneben gibt es überall Spezialflaschen: die Flûte d'Alsace als schlankere und höhere Form der Schlegelflasche im →Elsaß, aber auch in festgelegten weiteren Teilen Frankreichs sowie in der einen oder anderen Abwandlung als Spezialflasche in Deutschland, Österreich und anderswo; der →Clavelin im französischen Jura; natürlich die klassische →Champagnerflasche in der Champagne und überall auf der Welt für →Schaumweine; die Keulenflasche in der →Provence und in abgewandelter Form z. T. in den italienischen Marken für den →Verdicchio dei →Castelli di Jesi; die →Albeisa in Piemont für →Barolo, →Barbaresco u. a. Rotweine. Neben diesen und vielen anderen Flaschen findet man immer wieder Phantasieflaschen, obwohl es unbestritten ist, daß ein seriöser Wein weder ein poppiges →Etikett noch eine absurde Flaschenform benötigt, um auf sich aufmerksam zu machen. Tradition hat hier durchaus ihren guten Sinn und verdeutlicht, daß man sich mehr durch den Inhalt als durch die äußere Form unterscheiden will.

Für den Wein hingegen ist die Flaschenform gleichgültig. Allerdings wird der Weintrinker Wert darauf legen wollen, daß sich die Flaschen leicht stapeln lassen. Anders ist es hingegen mit der Flaschenfarbe, bei der sich angesichts der Lichtempfindlichkeit von Wein eine möglichst dunkle Tönung am ehesten empfiehlt. Nicht ganz belanglos ist schließlich auch die Flaschengröße. Je kleiner die Flasche ist, um so rascher altert der Wein. Nicht umsonst füllt man daher nicht nur von bemerkenswerten

und großen Weinen in Bordeaux u. a. stets einen Teil der Erzeugung in Übergrößen ab. Die wichtigsten Übergrößen von Bordeauxflaschen sind: Magnum = 2 Flaschen; Double-Magnum = 4 Flaschen; Jeroboam = 6 Flaschen; Impériale = 8 Flaschen; Salmanazar = 12 Flaschen; Balthasar = 16 Flaschen; Nebuchadnezzar = 20 Flaschen.

Flaschengärung Bei der Erzeugung von →Champagnern oder →Schaumweinen nach der →Méthode champenoise findet die zweite →Gärung auf der Flasche statt, indem dem vergorenen →Stillwein →Hefe und →Zucker zugefügt und damit eine erneute Gärung eingeleitet wird. Die dabei entstehende →Kohlensäure bleibt auch nach dem →Degorgieren in der Flasche erhalten. Alle bedeutenderen Schaumweine auf der Welt werden nach diesem Verfahren erzeugt und weder durch →Großraumgärung noch nach dem →Transvasierverfahren.

Flaschenreife Bezeichnung für das Ende des →Ausbaus, mit dem der fertige Wein auf die Flasche gefüllt wird. Man sagt, der Wein habe Flaschenreife erreicht und sei nun »füllfertig«. Mit Flaschenreife kann aber auch jene Reife gemeint sein, die der Wein durch →Altern auf der Flasche erreicht hat. Die Länge und Höhe dieser Reifeentwicklung hängen von der Rebsorte, Herkunft, Boden, dem Jahrgang, der Vinifikation und dem Weinausbau, dem Können des Erzeugers, aber auch von den Lagerbedingungen ab.

Flein Weinbauort in →Württemberg, südlich von →Heilbronn mit rund 180 ha Rebfläche und den bedeutenden Lagen *Eselsberg*, *Altenberg* und *Sonnenberg*, Sitz des qualitativ herausragenden Weinguts Robert Bauer, dessen →Rieslinge, →Gewürztraminer und →Lemberger zu den besten des Gebietes gehören. Ferner einen hervorragen-

den Sekt nach der →Méthode champenoise als →Blanc de noirs aus dem
→Spätburgunder.

Flétriwein Bezeichnung im →Wallis für
aus überreifen, eingeschrumpften Trauben erzeugten Wein mit natürlicher
Restsüße (→Luxuswein). Da die →Edel-
fäule in der trockenen Gebirgsland-
schaft nur vergleichsweise selten eintritt,
ist ein *vin flétri* oder *mi-flétri* sehr verschieden von einer →Rheingauer →Aus-
lese bzw. →Beerenauslese oder einem
französischen →Sauternes. Flétriweine
werden nur sehr selten erzeugt, und am
ehesten eignen sich dafür Sorten wie
→Malvoisie (→Pinot gris, Grauer
→Burgunder), →Johannisberg (→Silva-
ner), →Hermitage (Marsanne blanche),
Amigne (*Vitis aminea*) sowie der
äußerst seltene →Riesling.

Fleur-de-Gay, Château La Ein seit Beginn der achtziger Jahre von dem Château La →Croix-de-Gay von der Parzelle La Fleur mit ihren knapp 2 ha in
der unmittelbaren Nähe von den Châteaux →Lafleur, La →Fleur-Pétrus und
→Pétrus allein aus →Merlot erzeugter
und ausschließlich in neuen →Barriques
ausgebauter Wein. Er gilt als einer der
größten →Pomerol und ist von einer
einzigartigen Dichte und Konzentration, doch die Frucht, die Komplexität
und die Eleganz großer Pomerol wird
in diesem nach Möglichkeit aus überreifen Trauben erzeugten Wein ein Opfer
der Kraft und Opulenz.

Fleur-Pétrus, Château La 8 ha großes
Weingut in →Pomerol, im Besitz des
Hauses Jean-Pierre Moueix, das zu
80 % mit →Merlot und 20 % →Caber-
net franc bestockt ist. Die Weine
gehören zu den großartigsten Gewächsen von Pomerol: Reich, elegant, komplex und ausgeglichen, sind sie von bemerkenswerter Statur und bezwingen-
der Feinheit.

Fleurie Weinbaugemeinde inmitten des
Gebietes der zehn →crus des →Beaujo-
lais mit 800 ha Rebfläche auf Granit-
schutt mit hohem Mangangehalt. Seine
als *Fleurie* bezeichneten Rotweine sind
duftig, fruchtig und anziehend und
gehören zu den typischsten und ansprechendsten Beaujolais, die es gibt.

Flor Spanisch für *Blume*, mit der in
der Weinerzeugung eine besondere, aus
dem →Sherry-Gebiet stammende
→Hefe gemeint ist, die sich als gelblich-
weiße Haut oder Schleim echter Wein-
hefen auf der Oberfläche des Weins in
den nur zu drei Vierteln gefüllten Fässern bildet, der *velo de flor*. Dieser Flor,
der sich im Sherry-Gebiet bald nach der
→Gärung bei bestimmten Weinen
natürlicherweise bildet und allmählich
zu einer 1–2 cm dicken Decke wächst,
hat entscheidenden Einfluß auf Bukett
und Aroma des Weins. Eigentümlicherweise bildet er sich aber nur auf den
leichteren Weinen, die dadurch zu →Fi-
nos und →Amontillados werden,
während er bei den schwereren →Olo-
rosos nicht auftritt.

Der Flor, der mitunter fälschlich als
→Kahmhefe bezeichnet wird, kommt
natürlicherweise ebenfalls beim →Man-
zanilla und in →Montilla-Moriles und
beim französischen →Château-Chalon
vor, während er bei den besseren
trockenen »Sherrys« →Kaliforniens
und seit geraumer Zeit auch in Südafrika und Australien mit Erfolg eingeführt worden ist. Eine verwandte Hefe
gibt es auch im Gebiet von →Tokaj.

Flörsheim-Dalsheim Doppelweinbau-
ort im rheinhessischen →Hügelland,
westlich von →Worms, mit zusammen
gut 600 ha Rebfläche. Heute vor allem
bekannt durch das renommierte Weingut Schales (35 ha Rebfläche), das, zumal
auf den Kalkböden Dalsheims, z. T. ausgezeichnete →Rieslinge, Weiße →Bur-
gunder, →Silvaner u. a. Weine, darunter
insbesondere den →Trullo erzeugt.

Flüchtig Bei Weinen – meist bei kleineren – ist damit ein rasch entschwindendes Bukett gemeint; bei →Schaumweinen hingegen gilt *flüchtig* als besonderes Kompliment. →Säure

Flûte Französisch für Flöte, in bezug auf Wein jedoch die *Flûte d'Alsace*, jene überschlanke, hohe Schlegelflasche, die außer im →Elsaß beim →Crépy, →Château-Grillet, dem →Côtes de Provence (rot und rosé), →Cassis, →Jurançon, Rosé de →Béarn und dem →Tavel (rosé) verwandt werden darf. Außerhalb Frankreichs findet man sie bei etlichen Weinen in Deutschland und Österreich, aber auch in Norditalien (→Soave u. a.). Schließlich gibt es noch die →Champagner-Flûte, ein V-förmiges Sektglas, mit oder ohne Stiel.

Fogarina Italienische Rotweinsorte und der aus ihr in der Provinz Reggio in der →Emilia-Romagna erzeugte, lokale Rotwein; er enthält verhältnismäßig wenig Alkohol und viel Säure.

Foianeghe Name zweier Weine, die bei Rovereto im →Trentino von Bossi Fedrigotti erzeugt werden. Der eine, *Foianeghe rosso*, ist ein sehr feiner und eleganter Rotwein aus →Cabernet Sauvignon mit größeren Anteilen von Cabernet franc und →Merlot, der andere, *Foianeghe bianco*, ein fruchtiger, rezenter und feiner Weißwein aus →Chardonnay mit einem kleineren Zusatz von →Gewürztraminer. Beide gehören zu den beachtenswertesten Weinen des Trentino.

Folle Blanche In Frankreich früher sehr verbreitete weiße Rebsorte, mit der heute noch etwa 4000 ha bestockt sind, deren größter Teil sich an der →Loire in der Umgebung von →Nantes befindet, wo sie als *Gros Plant* bekannt ist und den herben, säurereichen *Gros Plant du pays nantais* liefert. Ihre einst weite Verbreitung im Gebiet von →Cognac hat

sie inzwischen längst an den →Ugni blanc verloren, da sie als →Pfropfrebe auf den dortigen kalkhaltigen Böden nicht sonderlich gut gedeiht. Auch im Armagnac-Gebiet, wo sie als *Piquepoule* oder →*Picpoul* – offensichtlich ohne mit der gleichnamigen Sorte des →Midi identisch zu sein – bekannt ist, hat sie nicht mehr ihre einstige Bedeutung, so daß sie heute außer im Nantais lediglich noch im benachbarten Haut-Poitou in größerem Umfang anzutreffen ist.

Fonbadet, Château Cru →*bourgeois* aus →Pauillac im →Haut-Médoc, mit 18 ha Rebfläche (60% →Cabernet Sauvignon, 15% →Cabernet franc, 19% →Merlot, 6% →Petit Verdot und →Malbec) und einem langsam reifenden, kernigen und tanninreichen Rotwein, dessen Qualität heute dem Niveau 5. Gewächse durchaus vergleichbar ist.

Fonroque, Château Tieffarbener, gehaltvoller *grand cru classé* aus →Saint-Emilion, dessen 18 ha zu 75% mit →Merlot, 20% →Cabernet franc und 5% →Cabernet Sauvignon bestockt sind. Der Wein ist mitunter vielleicht eine Spur vordergründig.

Fontalloro Einer der neuen Rotweine aus der →Toscana von der Fattoria di Felsina im äußersten Süden des →Chianti classico-Gebietes. Der Wein wird ausschließlich aus dem alten →Sangioveto gewonnen, in →Barriques ausgebaut und zum Teil nach dem →Governo-Verfahren erzeugt. Das Ergebnis ist ein Kompromiß, der den traditionellen Chianti mit den modernen toscanischen Barriqueweinen zu verbinden sucht: gehaltvoll und tief, dabei zugleich frisch und lebendig, ein Zwitter, doch allemal von hervorragendem Charakter.

Forez →Côtes du Forez

Forschungsanstalt für Weinbau, Gartenbau, Getränketechnologie und Landespflege Bedeutendes Institut für Weinbau, Rebzüchtung, Rebenveredlung und Weinbereitung in →Geisenheim im →Rheingau, 1872 gegründet und heute weit über die Grenzen der Bundesrepublik hinaus bekannt. Es verfügt über 75 ha Freilandversuchsflächen, davon 24 ha Weinbergsbesitz in Geisenheim und →Rüdesheim. Hier wurde 1882 von Prof. Müller-Thurgau die nach ihm benannte, bis heute erfolgreichste →Neuzüchtung entwickelt. Neben der Züchtung neuer Sorten gilt das besondere Interesse der Forschungsanstalt mit angeschlossener Fachhochschule der Erhaltungszucht des →Rieslings.

Forst Einer der berühmtesten Weinbauorte Deutschlands und seit alters der bemerkenswerteste in der →Pfalz mit weniger als 600 Einwohnern und etwas mehr als 200 ha Rebfläche, die einige der großartigsten deutschen Weißweine hervorbringen. Mit 85 % der Fläche erreicht hier der →Riesling seinen höchsten Anteil in der Pfalz. Die Weine verfügen über ein hervorragendes Bukett, sind recht körperreich, markant, aber nie aggressiv in der Säure und weisen eine außerordentliche Eleganz auf, was auf den besonderen Boden und das Mikroklima der Weinberge zurückgeführt wird. Als beste Lagen gelten *Kirchenstück* (eine der bemerkenswertesten Weinlagen Deutschlands überhaupt), →*Jesuitengarten, Freundstück, Ungeheuer, Pechstein,* während *Forster Mariengarten* der →Großlagenname ist. Zu den führenden Erzeugern gehören neben den lokalen Weingütern Eugen Müller, Heinrich Spindler, Georg Mossbacher, dem Mossbacherhof, Lucashof / Pfarrweingut und Eugen Spindler, aus den benachbarten →Deidesheim →Wegeler-Deinhard, →Bassermann-Jordan, →Buhl, Georg Siben Erben, Dr. Deinhard und J. F. Kimich sowie →Bürklin-Wolf und Wolf Erben aus →Wachenheim u. a.

Fortia, Château Berühmtes und traditionsreiches Weingut in →Châteauneuf-du-Pape, das auf 30 ha einen klassischen, kräftigen Rotwein erzeugt, der zu den besten des Gebietes zählt. Sein einstiger Besitzer Baron Le Roy de Boiseaumarié war in den 1920er Jahren der Schöpfer des französischen →A.O.C.-Systems.

Forts de Latour, Les Der Zweitwein von Château →Latour, der von Rebstöcken stammt, die noch keine acht Jahre alt sind, ein hervorragender, wenn nicht bemerkenswerter, gehalt- und kraftvoller Wein, der langsam reift und zumal in herausragenden Jahren zu den großartigsten Weinen von ›Pauillac zählt.

Foudre Französische Bezeichnung für →Fuder, ein großes →Faß unbestimmten Inhalts; im →Elsaß allerdings wie an der →Mosel 1000 l.

Fourchaume Eine der größten (34 ha) und besten *premier cru*-Lagen des →Chablis.

Fourtet, Clos *Premier grand cru classé B* aus →Saint-Emilion mit 18 ha Rebfläche (70 % →Merlot, 20 % →Cabernet franc, 10 % →Cabernet Sauvignon) und zumal seit dem 1983er wieder einem hervorragenden, geschmeidigen, köstlichen und langlebigen Rotwein mit Charakter und warmer Fülle, der, wenn voll gelungen, zu den besten Gewächsen von Saint-Emilion gehört.

Foxgeschmack Bezeichnung jenes typischen fuchsigen Geschmacks →amerikanischer Weine aus einheimischen Rebsorten zumal der *Vitis* →*Labrusca* sowie aus den ersten interspezifischen →Kreuzungen (→Hybriden). Für einen Europäer sind diese Weine nahezu ungenießbar.

Frais Französisch für *frisch* im Sinne eines frischen, jungen Weins, z.B. →Beaujolais; aber auch gebraucht in der Bedeutung *gekühlt*. *Servir très frais* auf den →Etiketten etlicher französischer Weißweine bedeutet also, daß der Wein gut gekühlt serviert werden soll.

Franciacorta In 21 Gemeinden südlich des Iseo-Sees in der Provinz →Brescia erzeugte Rot-, Weiß- und Schaumweine, die heute zu den vorzüglichsten der →Lombardei, wenn nicht Norditaliens zählen. Der Rotwein *Franciacorta* →*Rosso* wird aus →Cabernet franc, →Barbera, →Nebbiolo, →Merlot und gegebenenfalls kleineren Mengen lokaler Sorten erzeugt, während der →Weißwein aus Weißem →Burgunder stammt und als *Franciacorta Pinot* in den Handel kommt. Für den →*spumante*, der nach dem →Champagnerverfahren erzeugt wird, darf zusätzlich bis zu 15% →Pinot grigio bzw. Pinot nero verwandt werden. Alle diese Weine können exzellent, ja bemerkenswert sein und werden noch um einige großartige →Tafelweine der führenden Erzeuger eindrucksvoll ergänzt. Ca' del Bosco genießt allgemein das größte Ansehen, aber auch Cavalleri, Berlucchi u. a. verdienen jede Beachtung.

Franken Mit 5482 ha Ertragsrebfläche eines der kleineren Weinbaugebiete und – abgesehen von den beiden kleinen Gebieten →Saale-Unstrut und →Sachsen – zudem das östlichste in Deutschland und das einzige mit kontinentalem Klima, dessen Nachteile (erhebliche Gefährdung durch Spät- und Frühfröste – dagegen warme, sonnenreiche Sommer) durch eine weitgehende Begrenzung auf kleinklimatisch bevorzugte Lagen, vor allem um →Würzburg, teilweise ausgeglichen werden. Damit verglichen die nach →Baden höchsten Qualitätsanforderungen aller deutschen Weinbaugebiete, zumal für →Kabinettweine und →Spätlesen.

Nach einer Zeit der Irrungen sind heute rund 50% der Erzeugung trockene Abfüllungen (meist in der Form des sog. »fränkisch trocken«, d.h. unter 4 g/l →Restzucker), die die charaktervolle Art der Weine in besonderer Weise zum Ausdruck bringen. Die besten von ihnen weisen eine schöne Frucht auf in Verbindung mit einem charakteristischen →Bodenton, der ihnen einen unverkennbaren Ausdruck unter den deutschen Weinen verleiht.

Die Weine, zu 45% aus →Müller-Thurgau und zu 20% aus →Silvaner sowie aus zahlreichen →Neuzüchtungen gewonnen (knapp 4% →Rieslinganteil und 292 ha rote Rebsorten), werden in der Regel in →Bocksbeutel abgefüllt, der in Deutschland sonst nur noch im Badischen →Frankenland und in einigen Gemeinden der →Ortenau verwandt werden darf.

Das Gebiet ist in die vier Bereiche →Mainviereck, →Maindreieck, →Steigerwald und Bayerischer →Bodensee unterteilt. Die bedeutendsten Weinbauorte sind: →*Bürgstadt, →*Castell, →**Escherndorf, →**Homburg, →*Hörstein, →***Iphofen, →***Randersacker, →*Thüngersheim und →***Würzburg. Die Rebflächen der drei Würzburger Großgüter: Staatlicher →Hofkeller, →Juliusspital und →Bürgerspital sind über das gesamte Anbaugebiet verteilt. →Steinwein

Frankenland, Badisches Frühere Bezeichnung des Bereichs →Tauberfranken.

Frankreich Obwohl Frankreich, was die Weinerzeugung angeht, nur an zweiter Stelle, wenn es um die Rebfläche geht, sogar lediglich an vierter Stelle unter den Weinbauländern der Welt steht, ist es für viele das Weinbauland schlechthin. Rund ein Fünftel der gesamten Weltweinerzeugung kommt von hier. Doch in den Augen vieler ist die Stellung des Landes noch herausragender, wenn es um die Qualität des Weins geht: Weltweit werden die hier gesetzten Maßstäbe als vorbildlich akzeptiert, und es gilt schon als Sensation, die Schlagzeilen in der Weltpresse hervorruft, wenn in einer großen Vergleichsprobe der erste Platz nicht von einem französischen Wein belegt wurde.

Heute stehen in Frankreich keine 900 000 ha mehr unter Reben – vor 100 Jahren war die Fläche noch nahezu dreimal so groß –, was knapp dem Neunfachen der deutschen und etwa dem Sechzehnfachen der österreichischen Rebfläche entspricht, von der jährlich im Schnitt um die 60 Mill. hl Wein kommen. Wenn man von einigen insgesamt unbedeutenden Ausnahmen absieht, wird Weinbau in Frankreich südlich einer Linie betrieben, die ungefähr von der →Loire-Mündung im Westen in einigem Abstand parallel zur Loire nach Paris, von dort in die →Champagne etwas nördlich von →Reims und weiter zur deutsch-luxemburgischen Grenze an der →Mosel verläuft. 24 der 96 französischen Départements, praktisch ausnahmslos nördlich dieser Linie, weisen keine oder maximal 1 ha Rebfläche aus. Nicht nur aus klimatisch ungünstigen Gebieten zieht sich der Weinbau in Frankreich zurück. Zwischen 1968 und 1994 ist die Weinbaufläche um rund 500 000 ha – rund ein Drittel der Gesamtfläche – zurückgegangen, und die Zahl der Winzer hat um über drei Viertel auf derzeit noch 272 000 abgenommen. Die durchschnittliche Rebfläche pro Weinbaubetrieb ist damit von 1 ha auf 3,5 ha angewachsen. Zugleich ist die Fläche der →A.O.C.-Weine deutlich vergrößert und beträgt derzeit 436 000 ha, während die →V.D.Q.S.-Weine mehr und mehr verschwinden und heute noch auf 9200 ha kommen. Der große Verlierer sind die reinen →Tafelweingebiete (im Gegensatz zu den zunehmenden →Landweinen), die heute nur noch für ungefähr ein Fünftel der gesamten französischen Weinernte aufkommen.

Wenn auch in 3 von 4 französischen Départements Weinbau betrieben wird, so ist doch die Bedeutung nach Fläche und Art regional sehr unterschiedlich. Rund 35 % der französischen Rebfläche befinden sich im →Midi, d. h. in den vier Départements →Hérault, →Aude, →Gard und Pyrénées-Orientales, zusammen 313 000 ha. Geringer nach Fläche ist der – in seinem Umfang erheblich größere – französische Südwesten, wo allein 80 000 ha der Cognac-Erzeugung dienen und weitere rund 115 000 ha auf das Département →Gironde und damit auf das →Bordeaux-Gebiet entfallen; zusätzliche 55 000 ha verteilen sich über ein halbes Dutzend weiterer Départements. An dritter Stelle rangiert die →Provence, insbesondere mit den Départements →Var, →Vaucluse und →Bouches-du-Rhône, gut 100 000 ha stehen hier unter Reben. An vierter Stelle mit gut 80 000 ha folgt →Burgund einschließlich nördlicher und mittlerer →Rhône, während rund 60 000 ha auf das Loire-Gebiet einschließlich des Centre entfallen. 29 000 ha befinden sich in der Champagne und etwa 13 500 ha im →Elsaß, während auf der Insel →Korsika 7600 ha unter Reben stehen.

Anders als in Deutschland geht der französische Gesetzgeber nicht davon aus, daß in allen diesen Gebieten qualitativ prinzipiell gleichwertiger Wein erzeugt wird.

Die Rebfläche Frankreichs ist daher in Gebiete eingeteilt, die der Erzeugung von Tafelwein dienen, andere haben das Recht, Landweine zu erzeugen, dritte schließlich dürfen →Qualitätsweine unter dem sog. V.D.Q.S.-Siegel in den Handel bringen, und allein die besten haben das Recht, ihre Qualitätsweine mit dem A.O.C.-Prädikat zu verkaufen. Die gesamte französische Weinerzeugung teilt sich daher so auf, daß ein Fünftel in die Kategorie der einfachen Tafelweine fällt, während derzeit fast ein Viertel der Gesamterzeugung als

Landwein deklariert wird, und etwa 15 % für die Cognac-Produktion bestimmt sind. Je nach Jahrgang entfallen heute zwischen 40 und 45 % der Ernte auf die →Qualitätsweinerzeugung, wobei die Kategorie der V.D.Q.S.-Weine (derzeit 43 Weine) heute mengenmäßig zugunsten der Gruppe der A.O.C.-Weine (388 Weine) kaum noch ins Gewicht fällt (weniger als 3 % der gesamten Qualitätsweinerzeugung).

Innerhalb dieser höchsten Stufe gibt es mitunter noch eine festgelegte, weitergehende Qualitätshierarchie, die einer bestimmten Lage oder einem festgelegten Raum eine prestigereichere Bezeichnung zubilligt oder Rebflächen in Dorflagen, *premiers →crus*- und *grands crus*-Lagen klassifiziert. In allen diesen Fällen stehen dahinter jeweils präzise gesetzliche Vorschriften, die regeln, welche Rebsorten angepflanzt werden dürfen, wie hoch der Basishektarertrag sein darf, welche Mindestqualität der Most aufweisen muß, welche Weinbau- und Vinifikationsverfahren praktiziert werden müssen. Alles dieses wird überwacht und kontrolliert, wobei es sicherlich Lücken gibt, und unterliegt, da es kein unabänderliches System ist, immer wieder dem Wandel und der Anpassung.

Dennoch wohnt diesem System wie jedem, das von der im Prinzip gewiß richtigen Vorstellung der gewachsenen Qualität ausgeht, weil nun einmal Boden- und Klimabedingungen, verbunden mit der passenden Rebsorte nicht an jedem anderen Ort beliebig wiederholbare Faktoren sind, eine gewisse Unbeweglichkeit inne, die jedoch über die Jahre hin und durch den Markt häufig wieder ausgeglichen wird. Es hat aber darüber hinaus den entscheidenden Vorteil, Maßstäbe für Erzeuger und Verbraucher zu setzen, Qualitätsanreize zu geben und dem Weintrinker Orientierungshilfen zu bieten, auch wenn die französische Weinhierarchie auf den ersten Blick so undurchschaubar erscheinen mag und daher von Unkundigen so oft mißdeutet wird.

Der Durchschnittsfranzose, der jährlich laut Statistik seine immer noch annähernd 80 l Wein konsumiert – was bedeutet, daß in jeder(!) vierköpfigen Familie täglich 1 Flasche Wein getrunken wird –, wird dieser Hierarchie in der Regel wenig Beachtung schenken. Er hat bei seinem Mittag- und Abendessen seine Flasche Rotwein auf dem Tisch stehen, und dies ist durchweg ein belangloser, aber meist sauberer und gut trinkbarer Allerweltswein, der gut zum Essen paßt. Die Crème der französischen Weine, die großen roten wie weißen Burgunder und Bordeaux werden dagegen von einem weltweiten Markt aufgenommen, der heute vielfach von Amerikanern und Japanern bestimmt und nur zu etwa einem Drittel im Lande selbst abgesetzt wird.

Doch neben diesen, heute z. T. preislich erheblich überhöhten und in ihren Spitzen unbezahlbar gewordenen Weinen bietet das Land eine Fülle von außerhalb der Landesgrenzen oft nur wenig bekannten, doch häufig köstlichen Weinen. Dazu gehören die den deutschen und österreichischen Weinen noch am ähnlichsten Elsässer, wenn auch meist etwas höher im Alkohol und durchweg trocken, die ansprechenden, mitunter sehr beachtlichen Weine des Südwestens, die frischen und fruchtigen Rosés aus der Provence, die kraftvollen, z. T. hervorragenden, wenn nicht bemerkenswerten Weine der Rhône (die auch weiß in dieser Qualität sein können), die charaktervollen und rassigen Weißweine der Loire, die z. T. ungeahnte Qualität aufweisen und die köstlichen, ungemein charmanten und hervorragenden Rotweine der Loire, die außerhalb Frankreichs nahezu unbekannt sind. Sieht man einmal von den Weinen für die Cognac-Erzeugung ab, sind drei von vier französischen Weinen Rot- oder Roséweine, und sie alle passen in der Regel, vom ordentlichen Landwein bis zum →Romanée-Conti und →Lafite, zum Essen; zu diesem Zweck werden sie erzeugt und in Frankreich durchweg auch getrunken.

Frappato Im Gebiet von Vittoria auf →Sizilien anzutreffende, selten gewordene Rotweinsorte, die u. a. für den →Cerasuolo di Vittoria verwendet wird. Sortenrein als Rotwein ausgebaut, kann sie jedoch einen außerordentlich differenzierten Wein von hervorragender Rasse und Charakter ergeben, so etwa der Frappato d'Italia von Carlo Modica dei Baroni di San Giovanni, der je nach Jahrgang jedem anderen sizilianischen Rotwein deutlich überlegen sein kann.

Frappé Bezeichnung für einen so stark gekühlten Wein, daß beim Einschenken das Glas beschlägt. In den meisten Fällen dürfte der Wein zu kalt sein.

Frascati Weinbaugemeinde in den Albaner Bergen südöstlich von Rom, deren Weißwein zu den populärsten der →Castelli Romani zählt. Er wird aus dem in →Latium üblichen Verschnitt aus →Malvasia und →Trebbiano erzeugt und kommt meist trocken als →*secco* oder →*asciutto* in den Handel, obwohl auch die liebliche Version (→*amabile*) häufiger anzutreffen ist, während Abfüllungen als →*dolce* oder →*cannellino* (sehr süß aus eingetrockneten Trauben) ebenso wie der →*spumante* selten geworden sind. Bei mindestens 11,5 % vol. darf er zusätzlich die Bezeichnung →*superiore* tragen. In der Regel ist der Wein vollmundig, frisch, geschmeidig und angenehm, aber selten wirklich herausragend. Zandotti, Fontana Candida (*Vigneti Santa Teresa*), Villa Simone, Colli di Catone (*Colle Gaio*) u. a. haben heute den besten Namen.

Fratta Kleine, rund 1 ha große Weinlage im →DOC-Gebiet →Breganze, von der

Maculan einen wirklich bemerkenswerten Rotwein aus →Cabernet Sauvignon und 40–50 % →Cabernet franc erzeugt: Dicht, kompakt, fest, sehr differenziert und ausgeglichen zählt er zu den besten italienischen Cabernet-Weinen, das wahrlich großartige Aushängeschild dieses herausragenden Weinguts und heute vermutlich der beste Rotwein des →Veneto, der den Vergleich mit klassifizierten Gewächsen des →Médoc durchaus aufnehmen kann, jedoch, wie heutzutage leider so häufig in Italien, im Preis eher überhöht erscheint.

Frecciarossa Eher an Flugzeuge als an Wein erinnernder Name (*Roter Pfeil*), der jedoch mitunter ausgezeichnete rote und weiße →DOC-Weine aus der Umgebung von →Casteggio im →Oltrepò Pavese in der südlichen →Lombardei bezeichnet.

Freiburg Westschweizer Kanton mit rund 114 ha Rebfläche, von der sich neun Zehntel am Mont →Vully befindet. Der Rest liegt bei Cheyres am Neuenburger See. Ferner gehört dem Kanton noch die 15 ha große renommierte Domäne Les →Faverges in →Saint-Saphorin in der →Lavaux. Freiburger Wein ist überwiegend Weißwein aus →Chasselas, während unter den Rotweinen →Pinot noir überwiegt.

Freinsheim Reizvolles mittelalterliches Städtchen an der →Mittelhaardt zwischen →Kallstadt und Weisenheim am Sand mit rund 350 ha Rebfläche, von der rund 40 % mit →Riesling bestockt ist. Die Weine können von ausgezeichneter Qualität sein, und R. und G. Kern ist ein führender Erzeuger mit markanten, kernigen und stets trockenen Weinen.

Freisa Eigenwillige italienische Rotweinsorte und der aus ihr in →Piemont erzeugte Wein, der mitunter leicht süß ist und eigenartig zu der säure-, mitunter auch tanninreichen Traube kontrastiert. Am bekanntesten sind die beiden mit →DOC-Status versehenen Weine *Freisa d'→Asti* und *Freisa di Chieri*, während der Freisa von →Alba (ohne DOC-Prädikat) als der beste gilt. Die meisten Abfüllungen sind süß-säuerlich und sind oft als →frizzante oder →spumante besonders beliebt. Aber Liebhaber muß man schon sein.

Freisamer Qualitativ wenig überzeugende Freiburger →Neuzüchtung aus →Silvaner × →Ruländer mit heute noch 28 ha Rebfläche bei weiter rückläufiger Tendenz, vor allem in →Baden. Der Charakter der Weine erweist sich häufig als eher belanglos.

Fremersberg Ortsteil von Sinzheim bei Baden-Baden in der →Ortenau, der vor allem durch seine 8 ha große Lage *Klostergut Fremersberger Feigenwäldchen* bekannt ist, die zu über 80 % mit →Riesling (Rest →Traminer) bestockt ist. Die Weine werden über die Breisacher Zentralkellerei in den Handel gebracht.

Freyburg Kleine Weinbaugemeinde an der →Unstrut und Zentrum des Weinbaugebietes →Saale-Unstrut. Sitz der Gebietswinzergenossenschaft. Die terrassierten Steillagen bestehen meist aus Muschelkalk.

Friaul →Friuli-Venezia Giulia

Friedrich-Wilhelm-Gymnasium Stiftung in →Trier mit 36 ha Weinbergsbesitz an →Mosel und →Saar, darunter in den Gemeinden →Bernkastel, →Dhron, →Graach, →Oberemmel, →Trittenheim und →Zeltingen. Zu 88 % wird Riesling angepflanzt, der sich durch seine feine und elegante Art auszeichnet, aber in den letzten Jahren in der Regel nicht besonders aufgefallen ist. Seit kurzem unter neuer Leitung.

Frisch Jugendliche Weine können eine bezaubernde Frische ausstrahlen, wie so manche französische →Primeurs oder österreichische →Heurige, und diese Weine scheinen in besonderer Weise dem Jugendideal der Zeit zu entsprechen. Doch nicht alle diese Weine sind nach kurzer Zeit →matt und ausdruckslos, so daß angesichts dieses Modetrends viele Weine viel zu früh getrunken werden, ohne ihnen Zeit zum →Altern und zum Erreichen ihres Höhepunkts zu geben.

Friuli-Venezia Giulia Mit gut 1–1,4 Mill. hl Wein bringt diese im äußersten Nordosten gelegene Region nur etwa 2 % der italienischen Weinerzeugung hervor, jedoch inzwischen über 6 % der offiziellen →Qualitätsweine des Landes, die innerhalb der Region einen Anteil von rund 43 % ausmachen – den nach der Region →Trentino-Alto Adige (→Südtirol) höchsten Anteil überhaupt in einer italienischen Region. Die noch in den achtziger Jahren eher geringen Hektarerträge von unter 50 hl/ha sind allerdings seit Beginn der neunziger Jahre deutlich gesteigert worden und liegen derzeit bei einer Ertragsrebfläche von noch knapp 19 500 ha bei rund 70 hl/ha. Im allgemeinen genießen die Weißweine, zumal aus dem →Collio und den →Colli Orientale del Friuli das größte Ansehen und erreichen einen hohen Rang, doch sollte man darüber weder die anderen Gebiete (→Grave del Friuli, →Aquileia, →Isonzo, →Latisana und →Carso) noch die Rotweine vergessen, die wie der →Schioppettino erst seit kurzem den →DOC-Status besitzen, doch von bemerkenswerter Qualität sein können. Qualitativ zählt das kleine Friaul heute sicherlich zu den großen italienischen Weinbauregionen, und wenn Engagement und Seriosität mit der richtigen Sortenwahl, den passenden Böden, strenger Ertragsbegrenzung und kompromißloser Vinifikation und Ausbau einhergehen, sind ganz und gar bemerkenswerte Weine das Ergebnis.

Frizzante Italienische Bezeichnung für einen leicht schäumenden →Perlwein, wobei dieses Schäumen meist das Ergebnis einer teilweisen →Gärung in der Flasche ist. Etliche italienische Weine, vor allem rote, werden absichtlich, noch ehe die Hauptgärung völlig beendet ist, auf Flaschen gefüllt. Zu diesem Zeitpunkt enthalten sie noch einen Rest unvergorenen Traubenzuckers, der nun in der Flasche – meist nur teilweise – vergärt. Dadurch werden diese Weine etwas schäumend und bleiben meist auch ein wenig süß. In Norditalien sind derartige Weine recht beliebt, was außerhalb des Landes mitunter schwer nachvollziehbar ist. →Barbacarlo, →Freisa, →Lambrusco u. a.

Fronsac Kleiner Weinbauort an der →Dordogne, 3 km unterhalb von →Libourne gelegen und Zentrum eines eigenen, altberühmten Weinbaubereichs, der in jüngster Zeit wieder von sich reden macht. Insgesamt umfaßt der Bereich rund 3300 ha. Der größte Teil, 2300 ha, entfällt davon auf das sog. →Fronsadais, dessen Rot- und Weißweine über keine eigene Appellation verfügen und als →Bordeaux bzw. *Bordeaux Supérieur* in den Handel kommen. Die verbleibenden Teile verfügen über zwei Appellationen: Die Weine der besseren Hanglagen von Fronsac und St-Michel-de-Fronsac kommen als →*Canon-Fronsac* auf den Markt, die übrigen dieser und einer Reihe weiterer Orte, zusammen rund 700 ha als *Fronsac*. Hierbei handelt es sich um Rebflächen in der Flußebene bzw. oberhalb der Hänge gelegene Lagen bis nach Saillans (plus, als einzige Ausnahme das renommierte Château Mayne-Vieil in Galgon). Die Weine, und die besten von ihnen sind ausgezeichnet und guten →Saint-Emilions und →Pomerols vergleichbar, stammen weit überwiegend aus →Merlot mit unterschiedlich hohen Anteilen von →Cabernet franc und gegebenenfalls einigen weiteren Sorten. Namhafte Gewächse der Appellation *Fronsac* sind die Châteaux de La Rivière, Dalem, de La Dauphine, Richelieu, Renard, Arnauton u. a.

Fronsadais Die Gemeinden im Hinterland von →Fronsac, die traditionell zwar zum Umland von Fronsac gehören, aber keinen Anteil an den beiden Appellation Fronsac und →*Canon-Fronsac* haben. Der hier erzeugte Wein darf, obwohl er alles andere als gering ist, lediglich unter der Passepartout-Appellation →*Bordeaux* oder *Bordeaux Supérieur* in den Handel gebracht werden mit der einzigen Ausnahme des renommierten Château Mayne-Vieil in Galgon.

Frontignan Stadt an der französischen Mittelmeerküste bei Sète und der in ihrer Umgebung erzeugte goldfarbene, süße →Muskatellerwein. Er gilt als der beste französische Wein dieser Art, ein →*Vin doux naturel*, und verfügt über wirklich hervorragenden Charakter und Qualität. Beides beruht letztlich entscheidend auf der verwandten Rebsorte, dem Muscat doré de Frontignan. Der Wein muß einen Alkoholgehalt von mindestens 15 % vol. aufweisen und wird normalerweise durch Zusatz von Weingeist →gespritet.

Fronton Hauptort der →Côte du Frontonnais.

Frost Reben sind sehr frostempfindlich, und deswegen wird der Weinbau, seine Ausdehnung, seine Rebsortenwahl u. a. zuallererst von dem durch Frost mehr oder weniger eingeengten Vegetationszeitraum bestimmt. Dieser beginnt in den nördlichen Teilen des Weinbau betreibenden Europa im April mit dem Austrieb, in dem die jungen Triebe besonders anfällig sind. Diese Gefahr gilt im allgemeinen mit den →Eisheiligen (12.–15. Mai) als gebannt. Danach sind Spätfröste äußerst selten. Im Spätsommer und Frühherbst können dann eventuell auftretende Frühfröste den Reben zusetzen. Schon wenige Grad unter dem Gefrierpunkt können die Vegetation beenden. Ob sie den noch ungeernteten Trauben schaden, hängt von ihrem Reifezustand ab. Sind sie zu diesem Zeitpunkt noch nicht ausgereift, kann die Ernte erheblich dezimiert werden, da die Weine ansonsten einen →Frostgeschmack aufweisen würden. Reifen Trauben schadet Frost hingegen praktisch nicht. Wenn die Temperaturen tief genug sind, ließe sich sogar ein →Eiswein erzeugen, eine Spezialität, die von dem einen oder anderen Gut bewußt angestrebt wird. Während der Winterruhe sind die Reben hingegen relativ unempfindlich und überstehen im allgemeinen kurze Kälteperioden bis −25° C, wenn nicht eine Reihe von warmen Tagen vorausgegangen ist, die den Saft in den Reben hat steigen lassen.

Gegen Frost gibt es keinen wirksamen Schutz, aber zumindest bei Spätfrösten kann man sich durch das Abbrennen kleiner Ölöfchen oder durch Beregnung etwas schützen. Das mag nicht hundertprozentig sein und ist in jedem Fall kostspielig; doch der Verlust der Ernte kommt noch teurer zu stehen.

Frostgeschmack Mit dem →Frost ist es ähnlich wie mit der →Botrytis cinerea, er kann nützen, aber auch erheblich schaden bis hin zur Ungenießbarkeit: Befällt der Frost reife Trauben, gefriert in ihnen das Wasser, und man kann dann (bei mindestens −7° C) →Eisweine aus ihnen gewinnen. Erfrieren jedoch mehr oder weniger unreife Trauben, sind sie verdorben. Wenn man dennoch Wein aus ihnen erzeugt, was man eigentlich nicht tun sollte, weisen diese einen dumpfen Geschmackston auf, den man Frostgeschmack nennt.

Fruchtfleisch Fleischiger und saftiger Inhalt der Beere.

Fruchtig Ein Wein sollte über Frucht verfügen und diese auch noch nach Jahren erkennen lassen. Doch dem Modetrend der Zeit und ihrem Jugendlichkeitsideal entsprechend folgt daraus zumal beim Weißwein durch entsprechende Vinifikations- und Ausbaumethoden vielfach eine Überbetonung von primären Elementen, so daß es dem Wein beim Übergang in seine sekundäre Reifephase an Kraft und Charakter fehlt. Selbst bei Rotweinen findet sich diese Situation heute vielfach. Ein →Beaujolais unserer Tage lebt von seiner Frische und Fruchtigkeit. Von einem herausragenden Burgunder – wie übrigens auch von einem klassischen Beaujolais – sollte man jedoch mehr erwarten können. Fruchtigkeit ist also eine positive Eigenschaft, doch sollte man sie nicht auf Kosten anderer Wertmerkmale des Weins überbetonen.

Frühburgunder, Blauer Vermutlich als Mutation aus dem Blauen →Spätburgunder entstanden und somit zur →Pinot-Familie gehörend. Er wird in Deutschland lediglich auf 44 ha angepflanzt, und zwar in →Württemberg, wo er als →Clevner bekannt ist, und an der →Ahr. Die aus ihm erzeugten Rotweine können durchaus beachtliche Qualität erreichen.

Frühreif Auf den Weinbau bezogen, sind damit jene Rebsorten gemeint, deren Trauben früh, d. h. in den nördlichen Weinbaugebieten in der Regel im September, reif werden, was ein Charakteristikum der meisten →Neuzüchtungen ist, wohingegen der →Riesling eine ausgesprochen spät reifende Sorte ist. Ein frühreifer Wein ist hingegen kaum jemals ein hervorragender Wein, da er sich rasch entwickelt hat, ohne die sich langsam herausbildende Komplexität, Harmonie und Eleganz des Alters annehmen zu können, was natürlich nicht ausschließt, daß er ein angenehmer, vorzüglich mundender Wein sein kann.

Fuder Das herkömmliche Eichenfaß an →Mosel-Saar-Ruwer mit rund 1000 l Fassungsvermögen. →Faß

Fuissé Bekannteste der fünf →Pouilly-Fuissé-Gemeinden westlich von →Mâcon im Süden von →Burgund.

Fülle Ein durch →Alkohol und →Extraktstoffe bedingter Reichtum des →Körpers eines Weins.

Funchal Hauptstadt der Insel →Madeira, in der die meisten Madeira-Weine gelagert, gealtert und versandt werden.

Furmentin Höchst seltene Rebsorte in →Piemont, angeblich von dem ungarischen →Furmint abstammend. Renato Rabezzana erzeugt aus ihr einen frischen, rassigen, sehr gut abgestimmten und ansprechenden Weißwein.

Furmint Berühmte Weißweinsorte aus Ungarn, die hohe Reife und komplexen Körper mit markanter Säure zu verbinden vermag und hauptverantwortlich für den →Tokajer ist, dem sie seinen ganz besonderen, eigentümlichen Geschmack verleiht. Unverschnitten kann sie aber auch in →Tokaj, →Badacsony, →Somló u. a. Gebieten als *Tokaji Furmint*, *Badacsonyi Furmint* usw. in den Handel kommen.

Furth Zusammen mit Palt und einigen weiteren Ortschaften die größte auf dem rechten Donauufer gelegene Weinbaugemeinde des Weinbaugebietes →Kremstal mit knapp 300 ha Rebfläche. Oberhalb von Furth liegt das imposante Benediktinerstift Göttweig, aus dem ansprechende Weine stammen. Noch beachtenswerter dürfte das namhafte Weingut Malat-Bründlmayer in Palt mit seinen vorzüglichen, eleganten Weiß- und Rotweinen (auch →Sekt nach der →Méthode champenoise) sein.

G

Gabiano In Gabiano und Moncestino im →Monferrato Casalese in →Piemont in kleinen Mengen aus →Barbera mit kleinen Zusätzen von →Freisa und →Grignolino erzeugter Rotwein mit dem →DOC-Status. Nach mindestens zweijähriger Lagerung und 12,5 % vol. Alkohol darf er als →riserva in den Handel gebracht werden.

Gaffelière, Château La Unmittelbar unterhalb von Château →Ausone gelegener *premier grand cru classé B* von →Saint-Emilion mit 22 ha Rebfläche, die zu 65 % mit →Merlot, 25 % →Cabernet franc und 10 % →Cabernet Sauvignon bestockt sind. Der Wein ist fleischig, gehaltvoll, langsam reifend und auf seinem Höhepunkt von eindrucksvoller Eleganz. Nach einer Phase der Ungleichmäßigkeit seit Anfang der 1980er Jahre wieder von bemerkenswerter Qualität.

Gaillac Stadt am Tarn, etwa 50 km nordöstlich von Toulouse in Südfrankreich an der Scheide zwischen atlantischem und mediterranem Klima und der in seiner Umgebung erzeugte Weiß-, Rosé-, Rot- und Schaumwein. Die Weißweine aus den 11 bedeutendsten Gemeinden von den Kalkabhängen des rechten Tarnufers mit ihrem fast mediterranen Klima dürfen als *Gaillac premières Côtes* in den Handel gebracht werden. Der Weißwein – auf dem linken Ufer von Granitböden mit noch stärker atlantischem Klima – wird aus Mauzac mit Zusatz von Len de l'el, →Sauvignon u. a. Sorten erzeugt, der Rot- und Roséwein zu mindestens 60 % aus Fer (auch Braucol genannt), Duras, →Gamay und →Syrah, bei Zusätzen von

→Cabernet Sauvignon, →Cabernet franc und →Merlot. Während die Rot- und Roséweine trocken sind, können die als *Gaillac* deklarierten Weißweine trocken, nervig und lebendig sein. Sie können aber ebenso wie die Schaumweine (*Gaillac* →*mousseux*) und wie grundsätzlich bei den als *Gaillac premières Côtes* bezeichneten Weinen über eine deutliche Restsüße verfügen. Man hat den Gaillac-Wein gerne als »Vater des Bordeaux-Weins« bezeichnet.

Gaja Name eines inzwischen 85 ha großen Weingutes in der Umgebung von →Alba in →Piemont, zugleich aber auch Symbol für den neuen dynamischen, kreativen und nach Weltgeltung strebenden piemontesischen Weinbau. Wie kaum ein zweiter hat sein heutiger Leiter Angelo Gaja eine neue Seite von Qualität und Preis im Weinbau Piemonts aufgeschlagen. Dazu gehören neue Ausbaumethoden (→Barrique) für die traditionellen Weine der Region, darunter den →Barbaresco (*Sorì San Lorenzo, Sorì Tildìn, Costa Russi*), seit jüngstem den →Barolo (*Sperss*), den →Barbera (*Vignarey*), den →Dolcetto (*Vignabajla*) und den →Nebbiolo (*Vignaveja* und – nicht reinsortig – den →Sito Moresco) wie auch neue Rebsorten, darunter der →Cabernet Sauvignon (→Darmagi), der →Chardonnay (Gaja & Rey, Rossj-Bass) und der →Sauvignon blanc (Alteni di Brassica). Nahezu alle diese Weine sind auf ihre Weise bemerkenswert, die gelungensten, insbesondere der Barbaresco, zweifellos groß. Sie sind damit nicht nur Ausdruck, was Innovation, Kreativität und Können im Weinbau zu leisten vermögen, sondern auch Hinweis auf eine sicherlich noch voller Überraschungen steckende Zukunft des piemontesischen Weinbaus.

Galestro Weißwein aus dem →Chianti-Gebiet in der →Toscana, der hauptsächlich aus →Trebbiano erzeugt wird. Im Gegensatz zu allen übrigen italienischen Weinen hat er einen vorgeschriebenen Maximalalkohol von 10,5 % vol., muß bei niedrigen Temperaturen vergoren werden und eine spürbare Säure aufweisen. Als solcher kann der Wein fruchtig, leicht und ansprechend sein, mehr eine Marktstrategie zum Absatz der für den →Chianti nicht mehr benötigten Weißweine und ein reines Produkt moderner Kellerwirtschaft als ein beachtenswerter Wein. Antinori, Fonti, Frescobaldi u. a. zählen zu seinen modernen Erzeugern.

Gallisieren →Naßverbesserung

Gamay Hervorragende Rotweinsorte, mit der in Frankreich rund 34 000 ha bestockt sind, 60 % davon finden sich allein im →Beaujolais-Gebiet, wo sie mit einem Rebflächenanteil von 88 % praktisch die einzige Rebsorte ist. In der Tat findet sie hier auf den vorherrschenden Granit- und Lehmböden optimale Bedingungen und übertrifft an Qualität hier selbst den →Pinot noir, der die kalkhaltigen Böden der →Côte d'Or bevorzugt, die wiederum dem Gamay weniger gut bekommen. Hier beträgt daher der Gamay-Anteil lediglich 6 %. Beide Sorten, Gamay und Pinot noir, finden sich im *Bourgogne* →*Passe-Tout-Grains* und meist auch im →Dôle des →Wallis. Außerhalb →Burgunds findet man den Gamay in Frankreich vor allem an der →Loire, zumal in der →Touraine und in den östlich davon gelegenen Rotweingebieten der Côtes d'→Auvergne, der →Côtes du Forez, der →Côte Roannaise u. a. Außerhalb Frankreichs, der →Westschweiz und dem →Valle d'Aosta ist der Gamay

kaum anzutreffen. Der bulgarische *Gamé* ist in Wirklichkeit ein →Blaufränkisch (→Lemberger, →Kékfrankos), der entgegen anderslautender Meinungen nicht mit dem Gamay identisch ist.

Gambellara Kleine Weinbaugemeinde, wenige Kilometer nordöstlich von →Soave, in der Provinz Vicenza im →Veneto und hier und in vier weiteren Ortschaften erzeugte Weißwein. Anders als der Soave kann er vollständig aus →Garganega erzeugt werden, aber auch bis zu 20 % eine der beiden →Trebbiano-Spielarten (di Soave oder Toscano) enthalten. Als trockener Wein – ab 11,5 % vol. Alkohol darf er die Bezeichnung →*superiore* führen – ist er fruchtig, frisch und angenehm, wenn er auch vielleicht nicht ganz das Format des Soave erreicht. Wie dieser wird nach dem →*passito*-Verfahren außerdem ein lieblicher →*Recioto di Gambellara* erzeugt, der mindestens 12 % vol. Alkohol aufweisen muß und den es auch als →*spumante* gibt. Selten ist der →*Vin santo di Gambellara* mit mindestens 14 % vol. Alkohol.

Gamlitz In der →Südsteiermark gelegener Weinbauort, mit 330 ha Rebfläche der größte der gesamten →Steiermark. Es werden die gebietsüblichen – meist weißen – Rebsorten angepflanzt, doch durchweg die besten Ergebnisse, wahrhaft hervorragende Weine, mit Weißem →Burgunder, →Muskateller und Grauem →Burgunder erreicht. Lackner-Tinnacher, Sattler u. a. gelten als führende Erzeuger.

Gard Nach Hérault, →Aude und →Gironde heute das viertgrößte französische Weinbaudépartement mit noch 68 654 ha Rebfläche, fast soviel wie Österreich und die Schweiz zusammen aufweisen, die sich vom unteren →Rhône-Tal bis weit in den →Midi erstreckt. Ihr bedeutendster Wein ist der

→Tavel, jener berühmteste französische Roséwein, sowie sein nicht ganz so bekannter Bruder, der →Lirac. Aber auch viel →*Côtes-du-Rhône* und *Côtes-du-Rhône-Villages* (→Chusclan, →Laudun u. a.) kommt von hier, ferner der →Clairette de Bellegarde, der →Costières-de-Nîmes sowie andere Weine, darunter allein ein Dutzend →Landweine, von denen der bekannteste der sog. →Sandwein (*Vin de pays des sables du Golfe du Lion*) ist.

Gardasee Der größte und zugleich einer der schönsten oberitalienischen Seen, der für sein mildes Klima bekannt ist. Auf den niedrigen Hügeln seines langgestreckten südlichen Teils werden Reben angepflanzt, aus denen eine Reihe von Rot-, Rosé- und Weißweinen erzeugt werden, denen eine frische, lebendige →Seeweinart mehr oder weniger eigentümlich ist. Der populärste dieser Weine dürfte der →Bardolino sein, ein leichter, delikater, mitunter auch substantiellerer Rotwein bzw. ein köstlicher, lebendiger Rosé oder →Chiaretto. Von dem gegenüberliegenden Westufer kommen mitunter ähnliche Weine als →Riviera del Garda (Bresciano), die aber aus ganz anderen Rebsorten erzeugt werden. Auf dem Südufer werden hingegen hauptsächlich Weißweine erzeugt, und zwar der bekannte →Lugana, der →Tocai di San Martino della Battaglia und der →Bianco di Custoza.

Garganega Italienische weiße Rebsorte, die vor allem im →Veneto anzutreffen und deren bekanntester Wein der →Soave ist, auch wenn dieser noch zusätzlich etwa 20 % →Trebbiano di Soave enthält. Der →Gambellara und der Garganega dei →Colli Berici stammen ebenfalls aus ihr, und sie ist für größere Anteile im →Colli Euganei Bianco und im →Bianco di Custoza verantwortlich. Allen diesen Weinen gibt sie einen milden, geschmeidigen Charakter mit einem delikaten Bitterton, der sie zwar nicht zu großen Weinen, aber höchst angenehm macht.

Garnacha Spanischer Name für den →Grenache, die am häufigsten angepflanzte Rebsorte des Landes.

Garonne Größter Fluß Südwestfrankreichs, der bei Luchon in den Pyrenäen entspringt und dann über Toulouse weiter nach →Bordeaux fließt, um sich wenige Kilometer nördlich dieser Stadt mit der →Dordogne zum Mündungstrichter der →Gironde zu vereinigen. Ohne die Garonne wäre die Mehrzahl der großen Bordeaux-Weine undenkbar, denn diese gedeihen auf Kiesablagerungen, die sich in den besten Fällen zu regelrechten Kieskruppen von etwa 10 m Tiefe aufschichten, die in urgeschichtlicher Zeit durch die Garonne entstanden sind, die in Jahrtausenden die Steine von den Pyrenäen herabgespült hat – wie es ähnlich die Dordogne mit dem Gestein des französischen Massif central gemacht hat –, um sie hier in ihrem Auslauf abzulagern. Von →Sauternes, über →Barsac und die →Graves (insbesondere in →Léognan und →Pessac) bis in die südlichen →Haut-Médoc (→Margaux) und vereinzelt darüber hinaus sind diese Ablagerungen aus blendendweißem Kies aus der erdgeschichtlichen Günzperiode (vor ca. 1–1,3 Mill. Jahren) anzutreffen.

Garrafeira Der portugiesische Name für Flaschenkeller und davon übertragen das Prädikat für etliche der besten portugiesischen Rot-, z. T. auch Weißweine. Laut Gesetz muß der Rotwein mindestens drei Jahre, der Weißwein mindestens zwei Jahre im Keller gereift sein, davon ein Jahr auf der Flasche, bevor er die Bezeichnung Garrafeira führen darf. Tatsächlich sind sie häufig viel älter, bevor sie auf Flaschen gefüllt werden, in denen sie in der Regel weitere zehn bis zwanzig Jahre altern können. Wenn es auch heißt, daß die besten Garrafeira-Weine meist aus dem →Ribatejo stammen, war doch die Praxis des übergebietlichen Verschnitts bei ihnen die Regel. In Zukunft sollen jedoch nur noch →Qualitätsweine bestimmter Anbaugebiete das Prädikat Garrafeira erhalten können. Die besten Garrafeira-Weine sind sehr differenziert und von großer Feinheit und Eleganz und können ganz und gar bemerkenswert sein. C. Vinhas (→Ribalta), Aliança, Dom Teodósio, Carvalho – Ribeiro & Ferreira, Messias u. a. gelten als namhafte Erzeuger.

Gärung Vorgang, bei dem sich die Umwandlung von →Zucker in →Alkohol und →Kohlensäure vollzieht; wenn dies geschieht, wird Traubenmost zu Wein. Obwohl die Gärung seit Menschengedenken bekannt ist, hielt man sie für einen spontanen physikalischen Vorgang, bis Louis Pasteur 1857 den Nachweis führte, daß sie von der →Hefe als lebendem Organismus bewirkt wird. Moderne Weinchemie und Kellertechnik gehen sehr viel weiter, und in fast allen guten Kellereien wird die Gärung heute nicht mehr dem Zufall überlassen, sondern genauestens kontrolliert bis hin zur gelenkten Gärung. Dabei werden die Gärkeller je nachdem entweder erwärmt oder gekühlt (auf etwa 18–20°), um einen zügigen Gärbeginn und eine völlige Vergärung zu erreichen. Bei Rotweinen gelten heute Gärtemperaturen zwischen etwa 28 und 32° – bei Weißweinen je nach Art bis zu 22–25° – als ideal, um die Frische und die Aromastoffe im Wein möglichst zu erhalten. Bei Weinen mit mehr oder weniger großem →Restzuckergehalt kommt die Gärung entweder durch den hohen Zucker- oder →Botrytisgehalt von selbst zum Stillstand, ohne daß aller Zucker vergoren wurde, oder man beendet diese Gärung vorzeitig durch Druck, Kälte, →Schwefel, Zusatz von Alkohol (so bei →Portweinen; in Deutschland verbotenes Verfahren) oder andere kellertechnische Maßnahmen. Theoretisch kann durch reine Hefegärung ein natürlicher Alkoholgehalt von bis zu über 18 % vol. entstehen, der in der Praxis aber höchstens in heißen Regionen für Spezialweine angestrebt und erreicht wird. Rotweine werden überwiegend vor dem Keltern auf der →Maische vergoren (Maischegärung), während Weißweine durchweg zuerst gekeltert und dann vergoren werden. →Nachgärung

Gattinara Berühmter italienischer Rotwein aus dem Norden →Piemonts, wo er aus demselben großartigen →Nebbiolo (bei einem zulässigen 10 %igen Anteil von →Bonarda) wie der →Barolo und →Barbaresco weiter südlich erzeugt wird und wie diese seit 1991 über den →DOCG-Status verfügt. Er kommt ausschließlich aus der Gemeinde Gattinara in der Provinz Vercelli und muß mindestens vier Jahre gelagert sein, davon zwei Jahre im Eichen- oder Kastanienfaß, 12 % vol. Alkohol aufweisen und einen Jahrgang tragen. Körperreich, langsam reifend und langlebig, mit einem schönen Bukett und kraftvoll im Geschmack kann er ein bemerkenswerter Wein sein, der einem Barolo und Barbaresco nur wenig nachsteht. Tatsächlich sind jedoch in unseren Tagen bemerkenswerte Gattinara selten geworden. Travaglini, Antoniolo u. a. verdienen dennoch Beachtung. →Monsecco, →Spanna.

Gaudichots, Les Einerseits Nachbarlage von *La* →*Tâche*, die 1936 mit dieser vereinigt wurde, so daß die von dort stammenden Weine seither als *La Tâche grand cru AC* in den Handel kommen. Andererseits Sammelname für ein Dutzend über →Vosne-Romanée verstreute Parzellen (zusammen weniger als 1 ha), deren Weine heute in der Regel als *Vosne-Romanée premier cru AC* auf den

Markt kommen, da, um Mißverständnisse zu vermeiden, von dem Namen *Les Gaudichots* für die von dort stammenden Weine kaum noch Gebrauch gemacht wird.

Gavi In der Umgebung des Städtchens Gavi in →Piemont aus →Cortese erzeugter trockener Weißwein, auch als Cortese di Gavi bezeichnet, mit eigenem →DOC-Prädikat. Wenn voll gelungen, zählt er zu den beachtenswerteren Weißweinen Piemonts – was immer das in einer Region heißt, die allein für einige ihrer Rotweine geschätzt ist – und ist ein fruchtiger, rassiger, lebendiger und jung zu trinkender Wein, der jedoch unter seinem unausgeglichenen Preis-Qualitäts-Verhältnis ebenso leidet wie unter der Tatsache, daß der Wein aufgrund des inzwischen nahezu allgemein praktizierten extrem reduktiven →Ausbaus meist lediglich schlank, säurebetont und einsilbig ist, während noch bis in den Beginn der achtziger Jahre durchaus beachtenswertere Abfüllungen anzutreffen waren. Als führende Erzeuger gelten La Scolca (*Gavi del Gavi*), San Pietro, Valmosé, Spinola, Porta Rossa, Bergaglio u. a.

Gay, Château Le 8 ha großes Weingut in →Pomerol (je zur Hälfte →Merlot und →Cabernet franc) mit einem altberühmten, hervorragenden Rotwein, der jedoch meist besser sein könnte, als er heute in der Regel erzeugt wird.

Gazin, Château Eines der großen Weingüter von →Pomerol mit 23 ha Rebfläche (75 % →Merlot, 20 % →Cabernet franc und 5 % →Cabernet Sauvignon) und spätestens seit Ende der achtziger Jahre wieder ein hervorragender, komplexer und eleganter Rotwein, auch wenn er naturgemäß nicht ganz so illuster ist wie das benachbarte Château →Pétrus, an das es in den siebziger Jahren 5 ha seines besten Weinbergsbodens verkaufen mußte. – Nicht so bedeutend sind das Château Gazin in →Léognan (→Graves) und das Château du Gazin in Saint-Michel-de-Fronsac (→Canon-Fronsac).

Gedersdorf Östlich von →Krems gelegene Weinbaugemeinde im Weinbaugebiet →Kremstal mit 275 ha Rebfläche. Zu zwei Drittel wird Grüner →Veltliner angebaut. Den größten Ruf genießt das Weingut Mantlerhof, dessen Spitzenerzeugnisse beachtlich fein und elegant sind.

Gefällig Bezeichnung eines freundlichen, angenehmen Weins ohne besondere Höhepunkte, Finesse oder ausgeprägten Charakter.

Geheimrat »J« 1983 erstmals auf den Markt gekommener →Riesling aus dem →Rheingau, erzeugt durch das Weingut Julius Wegeler der Gutsverwaltung Geheimrat →Wegeler-Deinhard. Der Wein wird als trockene →Spätlese ausgebaut und soll die Art Rheingauer Gegenstück des berühmten →Baron de L von der →Loire sein. Tatsächlich handelt es sich bei diesem Wein um einen außerordentlich substantiellen Wein von Körper, Säure und Struktur, der in seiner ausgeglichenen Art keinen Vergleich mit den besten Lagenweinen des Rheingaus zu scheuen braucht und dabei den Vorteil seiner leichten Identifizierbarkeit hat: Ein vielversprechender, klassischer Rheingauer, der durch Charakter und Qualität ebenso wie durch seine Konzeption besticht. Seit 1989 wird zusätzlich ein Riesling →Sekt b.A. →brut erzeugt aus ausgewählten Rheingauer →Kabinettweinen und Spätlesen und der →Dosage aus →Ausleseweinen. Insbesondere seit dem Übergang zur klassischen →Flaschengärung mit dem 1991er ist daraus ein →Schaumwein entstanden, der zu den besten in Deutschland gehört und von bemerkenswerter Feinheit und Eleganz ist.

Geisenheim Bedeutende Weinstadt im →Rheingau mit rund 430 ha Rebfläche, auf der zu ungefähr 80 % →Riesling angepflanzt ist. In herausragenden Weinjahren sind Geisenheimer Weine von hohem Rang und verfügen über eine bemerkenswerte Frucht und Rasse. Zu den besseren Lagen zählen *Rothenberg*, *Mäuerchen*, *Kläuserweg*, *Mönchspfad*, *Kilzberg* u. a. Geisenheim ist Sitz der Hessischen →Forschungsanstalt für Wein- und Gartenbau mit angegliederter Fachhochschule. Vor nahezu 120 Jahren gegründet, zählen sie heute zu den bedeutendsten Forschungs- und Ausbildungsstätten in der Welt des Weines. Weitere namhafte Erzeuger sind Johannishhof (H. H. Eser), →Wegeler-Deinhard, →Schönborn, Prinz von →Hessen (früher Landgräflich Hessisches Weingut), das Mumm'sche Weingut u. a.

Geiztrauben Kleine, nicht entwickelte Trauben an den Geiztrieben, die sich erst im Laufe des Sommers herausbilden und folglich von seltenen Ausnahmen abgesehen nicht reif werden, so daß man sie, um den Stock nicht unnötig zu belasten, im Sommer ausbricht, das sog. Ausgeizen.

Gemischter Satz Anbau und Lese unterschiedlicher Rebsorten im gleichen Weinberg, die zusammen ausgebaut werden. Heute noch vereinzelt in →Baden (Badisch →Rotgold), →Württemberg, beim österreichischen →Heurigen und anderswo praktiziert, jedoch grundsätzlich mit einem qualitätsorientierten Weinbau unvereinbar, in dem daher überall der reine Satz vorherrscht. Selbst wo Weine aus verschiedenen Rebsorten erzeugt werden, wie →Bordeaux, →Chianti, →Rioja u. a., werden diese Sorten getrennt angepflanzt, gelesen und vergoren. Erst danach, oft auch erst nach weiteren Monaten getrennten Weinausbaus, findet der →Verschnitt oder der *assemblage* statt.

Genève →Genf

Genf 1346 ha großes Westschweizer Weinbaugebiet mit starken Anlehnungen an den französischen Weinbau und seine Methoden. Nachdem man in den zurückliegenden Jahren vielfach zur Erzeugung von Rotweinen (vor allem →Gamay, weniger →Pinot noir) – die heute mit 49 % nach dem →Wallis den höchsten Flächenanteil unter allen Westschweizer Kantonen aufweisen – übergegangen ist, beträgt der Anteil des →Chasselas, der hier →Perlan heißt, keine 50 % mehr. Daneben finden sich als Spezialität →Aligoté, →Chardonnay und in zunehmendem Maße Riesling × Sylvaner (→Müller-Thurgau). Am bedeutendsten ist der rechts der →Rhône gelegene Bereich des →Mandement mit seinen Zentren →Satigny, Peissy und Dardagny. Die Weine kommen meist aus Genossenschaftskellereien. Die Genfer Hektarerträge zählen zu den höchsten der Schweiz und die Mostgewichte entsprechend zu den niedrigsten (→Ertrag, →Menge-Güte-Gesetz).

Georgien Traditionelles Weinbauland mit heute rund 130000 ha Rebfläche, die sich über die Südausläufer des Kaukasus, um Tbilisi und vor allem in Westgeorgien entlang der Küstenregion des Schwarzen Meers verteilt. Georgische Weine sind sowohl wegen ihrer z.T. beachtlichen Rot- und Weißweine aus einheimischen als auch aus *Vinifera*-Sorten, darunter Cabernet Sauvignon, Pinot noir, Chardonnay und Aligoté im Ausland wesentlich bekannter und geschätzter ist als die aus Aserbaidschan. Daneben werden große Mengen Schaumweine (für die Tbilisi seit langem eines der herausragenden Zentren ist) und Likörweine erzeugt.

Geratiako Txakolina →Chacolí de Guetaria

Gerbsäure, Gerbstoff →Tannin

Geropiga Ein Traubenmostkonzentrat, das aus frischem Traubenmost durch Eindampfen zu Sirup konzentriert worden ist und weniger erlesenen →Portweinen beigegeben wird, um ihnen zu →Süße und Körper zu verhelfen.

Gers Département in Südwestfrankreich mit gut 20 000 ha Rebfläche, deren Weine größtenteils zu Armagnac destilliert werden. Außerdem ragen kleinere Teile des →Madiran- wie des →Côtes du Brulhois-Gebietes in das Département hinein. Ansonsten werden →Land- und →Tafelweine erzeugt.

Geschein Blütenstand der Weinrebe.

Geschmack Die Gesamtheit der Eindrücke, die ein Wein im Mund, also auf der Zunge und am Gaumen, hinterläßt. Subjektiv mag dieser Geschmack angenehm oder unangenehm erscheinen. Bei einer objektiven Beurteilung geht es hingegen darum, ob der zu prüfende Wein nach Sorte(n), Herkunft, Jahrgang und Ausbau typisch und einwandfrei oder ob er atypisch, unsauber oder fehlerhaft ist. Man spricht daher auch von →Boden-, →Faß-, →Frost-, →Hefe-, →Holz-, →Korkgeschmack u. a. Nicht alle diese Eindrücke sind als negativ einzustufen. Ein Hefegeschmack in einem frisch gefüllten Wein mag durchaus berechtigt sein, ein Boden-, Holz- oder →Firneton mag je nach Wein sogar sehr positiv sein. Hingegen sind ein muffiger Faß-, ein Frost- oder Korkgeschmack keineswegs zu akzeptieren und gelten als erhebliche Fehler.

Geschmeidig Bezeichnung für einen ausgeglichenen, harmonisch abgerundeten Wein mit weichem, nicht zu ausladenden Körper und dezenter Struktur. Hierbei kann es sich entweder um einen für einen relativ jungen Jahrgang typischen Geschmackseindruck handeln – im Unterschied zu säure- und/oder tanninbetonten Jahrgängen – oder um

einen reifen Wein, der nach Jahren oder Jahrzehnten des →Alterns seinen Höhepunkt erreicht hat. Ein extrem entsäuerter Wein ist dagegen nicht geschmeidig, sondern →fad und ausdruckslos, ein im Körper zu üppiger Wein →dick und →plump.

Gespritet Weine, deren tatsächlicher Alkoholgehalt nicht das ausschließliche Ergebnis der →Gärung ist, sondern durch Zusatz von Weingeist, Branntwein oder reinem →Alkohol künstlich erhöht wurde, wie dies beim →Portwein, →Sherry, →Madeira, →Marsala sowie bei den französischen *vins doux naturels* der Fall ist. Derartige Weine bezeichnet man als *gespritet*. In Deutschland und Österreich ist dieses Verfahren nicht zulässig.

Gevrey-Chambertin Weltberühmte Weinbaugemeinde an der →Côte de Nuits, etwa 15 km südlich von →Dijon in →Burgund, die auf über 530 ha (darunter 51 ha jener Teile von →Brochon, die das Recht auf die Appellation Gevrey-Chambertin haben) ausschließlich Rotwein erzeugt. Ähnlich anderen Orten der →Côte d'Or hat Gevrey seinem Namen den seiner berühmtesten Weinlage hinzugefügt, des →*Chambertin*. Tatsächlich verfügt aber Gevrey über mehr →grand cru-Lagen als jeder andere Ort an der Côte d'Or. Doch nicht allein das macht sein herausragendes Ansehen aus, auch die Qualität seiner Weine selbst. Bereits der einfache, lediglich als *Gevrey-Chambertin* abgefüllte Wein vermag von seidigem Glanz und herausragender Anmut zu sein. Deutlich höher sind dagegen die Weine von den besseren Lagen einzustufen, die als *Gevrey-Chambertin premier cru* meist mit dem Zusatz des Lagennamens wie *Combottes, Les Cazetiers, Clos du Fonteny, La Romanée, Clos des Varoilles,* →*Clos St. Jacques* u. a. in den Handel kommen. Je nach Böden, Vinifikation und Ausbauart handelt es sich bei ihnen um mitunter tanninbetonte, langsam reifende, aber auch komplexe, charmante, nuancenreiche, sich teils rasch entwickelnde Weine, die auf ihrem Höhepunkt durch ihre Differenziertheit, Ausdruckskraft und Eleganz beeindrucken. Die großartigsten Weine von Gevrey kommen jedoch allein unter dem Namen ihrer *grand cru*-Lage in den Handel: →*Latricières-Chambertin*, →*Charmes-Chambertin* (oder →*Mazoyères-Chambertin*), →*Mazis-Chambertin*, →*Griotte-Chambertin*, →*Ruchottes-Chambertin* und →*Chapelle-Chambertin*. Was hingegen schlicht als *Chambertin* oder *Chambertin*-→*Clos de Bèze* etikettiert wird, zählt zu den exquisitesten roten Burgundern überhaupt. A. Rousseau, Louis Trapet, Pierre Damoy, Clair-Daü, Faiveley, Dujac, Domaine des Varoilles, Drouhin-Laroze, Camus, Tortochot u. a. zählen zu den führenden Erzeugern.

Gewürztraminer Ausgezeichnete Rebsorte, Spielart des →Traminers, in Deutschland besonders an der Südlichen →Weinstraße und in →Baden anzutreffen, in Österreich im →Burgenland, in →Niederösterreich und in der →Steiermark. Darüber hinaus wird sie im →Elsaß, in Norditalien (→Südtirol, →Friuli-Venezia Giulia) und anderswo angebaut. Diese nicht sonderlich ergiebige Sorte mit ihren rosafarbenen Beeren liefert einen ganz besonderen, ungemein würzigen, ziemlich weichen und in seinen Spitzen ganz und gar bemerkenswerten Weißwein, der stets etwas Besonderes darstellt.

Gezuckert →Anreichern

Ghemme Dorf und der aus seiner Umgebung stammende, in geringen Mengen aus dem →Nebbiolo (60–85 %), der →Vespolina und →Bonarda erzeugte sehr gute, nervige, charaktervolle und ausgeglichene Rotwein, der heute der beste aus dem Norden →Piemonts sein

dürfte. Wie der benachbarte Gattinara darf er erst nach vierjähriger Lagerung (davon mindestens drei Jahre im Faß) in den Handel gebracht werden. Alberto und Maurizio Alunno mit ihrer Antichi Vigneti di Cantalupo gelten als der mit Abstand führende Erzeuger.

Ghiaie della Furba Stark kieshaltige (ghiaie) Lage bei →Carmignano in der →Toscana, von der die angesehene Tenuta di Capezzana den gleichnamigen Wein aus je 35 % →Cabernet Sauvignon und Cabernet Franc und 30 % →Merlot erzeugt. Er wird in →Barriques ausgebaut und ergibt einen langsam reifenden, gehaltvollen und sehr gut abgestimmten Rotwein.

Gien Kleine Stadt an der →Loire, stromaufwärts von Orléans gelegen, die längst mehr für ihre Töpferwaren und Fayencen denn für ihren ohnehin kaum noch vorhandenen Wein bekannt ist. Unter dem →V.D.Q.S.-Siegel werden nur noch wenige *Coteaux du Giennois* als Rot- und Roséweine (plus ca. 10 % Weißweine) angeboten. Während erstere aus →Gamay und →Pinot noir stammen, werden letztere aus →Sauvignon und →Chenin blanc erzeugt.

Gigondas Weinbauort an den Füßen des Mont →Ventoux nordöstlich von →Avignon und die von dort kommenden Rot- und Roséweine. Beide werden bis zu maximal 80 % aus →Grenache erzeugt, wobei →Syrah, →Mourvèdre und →Carignan die wichtigsten Ergänzungssorten sind. Der Wein muß einen natürlichen Alkoholgehalt von mindestens 12,5 % vol. aufweisen. Er ist vollmundig, körperreich und weich und erinnert oft an einen guten →Châteauneuf-du-Pape. Der Rosé ist in jungen Jahren ganz angenehm zu trinken, tendiert aber ausgesprochen zur →Maderisierung. Die Domaines Saint-Gayan, des Pallières, Romane Machotte, de Longue Toque, de Montmirail, Les

Goubert u. a. gelten als namhafte Erzeuger.

Gimmeldingen Weinbauort an der →Mittelhaardt und Ortsteil von →Neustadt mit rund 140 ha Rebfläche, die zu rund einem Drittel mit →Riesling bestockt sind. Seine Weine sind kaum geringer einzustufen als die des benachbarten →Königsbach und werden meist unter der →Großlagenbezeichnung *Gimmeldinger Meerspinne* in den Handel gebracht. Zu ihr gehören allerdings alle Lagen südlich von →Ruppertsberg bis Neustadt, zusammen rund 800 ha.

Gioia del Colle Weinbauort in →Apulien, südlich von Bari, und die in seiner Umgebung erzeugten Rot-, Rosé- und Weißweine auf der Basis von →Primitivo bzw. →Trebbiano und weiteren Sorten. Ein allein aus Primitivo erzeugter Rotwein darf als *Primitivo di Gioia* in den Handel gebracht werden (auch als →amabile). Zusätzlich wird noch ein süßer und gespriteter →Aleatico erzeugt.

Gioia di Riecine, La Seit 1982 in guten Jahrgängen auf dem Weingut Riecine im Gebiet des →Chianti classico in der →Toscana in kleinen Mengen erzeugter roter →Tafelwein aus besonders ausgesuchten →Sangiovese-Trauben. Der Wein wird in →Barriques ausgebaut und verfügt über Körper, Konzentration und ein erhebliches Alterungspotential. Man sollte ihm je nach Jahrgang Zeit geben, um seine ganze Eleganz und seinen bemerkenswerten Charakter entfalten zu können und zu einer wahren Freude (→gioia→) zu werden.

Gipsen Beimengung von Calciumsulfat oder Gips zu den Trauben vor der →Gärung zur Erhöhung des Gesamtsäuregrads und zur Verbesserung der Farbe und Klarheit des Weins, ein bei der Erzeugung von →Sherry und einigen anderen Weinen durchaus übliches Verfahren, das im Rahmen gewisser Grenzen in →Spanien und den →Vereinigten Staaten gesetzlich zulässig ist. In Deutschland ist dieses Verfahren verboten.

Girò di Cagliari Ein im →Campidano auf →Sardinien erzeugter Rotwein aus der gleichnamigen Rebsorte, der mindestens 14,5 % vol. Alkohol aufweisen muß. Als solcher kann er trocken vinifiziert, kraftvoll und dennoch weich und geschmeidig sein. Häufig verfügt er aber über etwas →Süße und hat dann immer noch mindestens 12 % vol. tatsächlichen Alkohol. Nach zweijähriger Lagerung kann er als →*riserva* in den Handel kommen. Der Wein kann aber auch durch Alkoholzusatz auf mindestens 17,5 % vol. Alkohol aufgespritet sein und dann als →*liquoroso* angeboten werden, wobei sowohl die trockene Version, →*dry*, als auch die süße, →*dolce naturale*, zulässig ist. Er erinnert dann an einen leichten →Portwein.

Gironde Seit 1993 größtes französisches Weinbaudépartement (vor →Hérault) mit 114735 ha Rebfläche. Über 110000 ha, mehr als die Ertragsfäche der ganzen Bundesrepublik, dienen der Erzeugung von →A.O.C.-Weinen (entsprechend rund ein Viertel der gesamten französischen A.O.C.-Fläche) und d. h. von →Bordeaux-Weinen. Insgesamt stehen dafür über 40 einzelne →Appellations contrôlées zur Verfügung und teilen das Gebiet in →Médoc, →Graves, →Sauternes, →Saint-Emilion, →Pomerol und eine Fülle weiterer Bereiche unterschiedlicher Größe und Bedeutung ein. Der Name des Départements rührt von jenem eindrucksvollen, rund 100 km langen gleichnamigen Mündungstrichter her, der durch den Zusammenfluß von →Garonne und →Dordogne unterhalb von Bordeaux gebildet wird. Einige der besten Rotweine der Welt kommen von dem linken Ufer der Gironde, und man sagt unter Anspielung auf Bodenformationen und Mikroklima gerne, daß, um bedeutenden →Médoc erzeugen zu können, die Reben die Gironde sehen können, also in relativer Nähe zum Fluß stehen müssen.

Giscours, Château *3ᵉ cru classé* in →Labarde-Margaux im →Haut-Médoc mit 78 ha Rebfläche (¹/₃ →Merlot, ²/₃ →Cabernet Sauvignon bei ca. 4 % →Cabernet franc und 1 % →Petit Verdot) mit einem gehaltvollen, kernigen, tanninreichen und langsam reifenden Rotwein, der leider etwas ungleichmäßig ist, doch wenn voll gelungen in seiner eleganten Art zu den besten, wenn auch nicht typischsten Weinen der Appellation →Margaux gehört.

Givry Südlich von →Mercurey an der →Côte Chalonnaise gelegene Gemeinde, die ausgezeichnete Rotweine aus der →Pinot noir hervorbringt, während der nur in geringem Umfang erzeugte Weißwein außerordentlich selten ist. Baron Thénard, Emile Voarick u. a. gelten als führende Erzeuger, während auch einige Handelshäuser, darunter Louis Latour, gute Givry anbieten.

Glacier Ein eigentümlicher, ziemlich angenehmer, herb-trockener Weißwein aus den Kellern der Alpenhochtäler bei →Sierre im Schweizer Kanton →Wallis, auch *Gletscherwein* genannt.

Glanzhell Bezeichnung für einen Wein, der völlig klar ist, wie es heute bei jedem guten Wein als selbstverständlich vorausgesetzt wird.

Glas Für die zuverlässige Beurteilung eines Weins spielen sog. weingerechte Gläser eine unverzichtbare Rolle. Generell sollte es sich dabei um einen großen, dünnwandigen, kristallklaren, farblosen und mehr oder weniger tulpenförmigen Kelch von mindestens 0,2 l Rauminhalt mit einem Stiel handeln. Größe und Form des Kelches sind für die Entfaltung des Buketts unerläßlich, das in einem V-förmigen Glas entweichen und zudem kein Schwenken des Weins im Glas zur Entfaltung des Buketts erlauben würde. Zumal ältere Weine entwickeln ihr Bukett besser, wenn der Glaskörper noch größer ist. Klar und farblos sollte das Glas deswegen sein, damit die Farbe des Weins, seine Nuancen und Farbschattierungen, gegen einen weißen Hintergrund betrachtet, deutlich erkennbar werden. Indem man das Glas schließlich an seinem Stiel anfaßt, vermeidet man eine Erwärmung des Weins durch die Handtemperatur und eine eventuelle Trübung des Glases. Im einzelnen haben sich darüber hinaus noch für verschiedene Weinarten und -alter unterschiedliche Kelchformen und -größen herausgebildet, die immer dann sinnvoll und berechtigt sind, wenn sie den genannten Grundvoraussetzungen entsprechen und die Beurteilung und Probe eines Weins fördern.

Glatt Ein abgerundeter Wein, ohne allzu viel →Körper und →Säure, dem es etwas an Ausdruck fehlt. Würde der Wein über mehr Charakter verfügen, würde man ihn möglicherweise als →geschmeidig bezeichnen.

Gleichenstein, Freiherr von Alteingesessenes Adelsgeschlecht in →Oberrottweil und mit 24 ha eines der größten Weingüter am →Kaiserstuhl mit mehrheitlich trockenen, vielfach beachtlichen →Spätburgunder- (meist als →Weißherbst), Grauen →Burgunder- u. a. Weinen. Zusätzlich wird das Weingut Mez Erben am *Freiburger Schloßberg* im →Breisgau bewirtschaftet.

Gletscherwein →Glacier

Gleukometer →Mostwaage

Gloria, Château Hoch angesehener *cru* →*bourgeois* aus →Saint-Julien mit 48 ha Rebfläche (65 % →Cabernet Sauvignon, 25 % →Merlot, je 5 % →Cabernet franc und →Petit Verdot), der einen vollen, reichen roten Bordeaux von ausgezeichneter Qualität liefert. Seit 1982 befindet sich das klassifizierte Château →Saint-Pierre im gleichen Besitz.

Glühwein Rotwein mit Zucker, einer Zitronenscheibe, Nelken und Zimt, der erhitzt und heiß ausgeschenkt wird.

Glykos (γλυκός) Griechische Bezeichnung für →süß. *Oinos glykos* (οινος γλυκός) bedeutet daher Süßwein, womit in Griechenland ein →Likörwein gemeint ist. Der Ausdruck *glykos* entspricht →doce, →dolce, →doux, →dulce, →sweet.

Gobelsburg Weinbaugemeinde im Weinbaugebiet →Kamptal mit rund 300 ha Rebfläche, Teil der Stadt →Langenlois. Unter den lokalen Erzeugern genießt Schloß Gobelsburg als Weingut des Stiftes Zwettl mit Abstand den besten Ruf.

Gols Mit rund 1840 ha Rebfläche die nach →Langenlois größte Weinbaugemeinde Österreichs, im Gebiet →Neusiedlersee gelegen. Es wird zu 86 % Weißwein aus Grünem →Veltliner, →Welschriesling und einer Vielzahl weiterer, qualitativ nicht immer sehr bedeutender Rebsorten erzeugt, und der überwiegende Teil der Golser Weine stellt qualitativ keine besonderen Ansprüche. Doch die Weiß- und Rotweine von Georg Stiegelmar, dem Stift Heiligenkreuz (im benachbarten Mönchhof), von Josef Roiss u. a. führenden Erzeugern sind in jedem Fall beachtenswert, um das wenigste zu sagen.

Goron Leichter, fruchtiger und meist angenehmer Rotwein aus dem →Wallis aus →Pinot noir und →Gamay, der nicht die Mindestanforderungen für den →Dôle (81–86 ° →Oechsle je nach Jahrgang) erfüllt hat.

Göttweig, Stift →Furth

Goudron Französisch für →Teer. Ein hervorragender, gar großer, körperreicher Rotwein aus einem sehr guten Jahrgang mag, zumal in seiner Jugend goudron haben, d. h. er hat einen →Teergeschmack (*goût de goudron*), z. B. ein →Barolo, der dann von Kennern als Qualitätsmerkmal sehr geschätzt wird. Er trägt im Alter zur vorzüglichen Geschmacksabrundung wesentlich bei.

Goulburn Valley Qualitativ hervorragendes Weinbaugebiet in →Viktoria in Australien, rund 120 km nördlich von Melbourne, das seit 1860 mit dem Namen Château Tahbilk verbunden ist. Inzwischen sind längst weitere Weingüter hinzugekommen, darunter als größtes heute Mitchelton, und die Weine (→Cabernet Sauvignon, →Shiraz, →Chardonnay, →Riesling u. a.) können hervorragend, wenn nicht bemerkenswert sein.

Goumenissa Roter →O.P.A.P.-Wein aus dem Norden Griechenlands, unweit von →Naoussa aus der gleichen Xynomavron wie dieser erzeugt, vermag er ihn an Qualität sogar noch zu übertreffen und voller Rasse, kernig und von hervorragendem Charakter zu sein. Er ist dann einer der besten Rotweine Griechenlands. →Boutari ist ein namhafter Erzeuger.

Governo Besonderes Vinifikationsverfahren, durch das ein traditionell erzeugter →Chianti seine ganz besondere Note und seinen unverwechselbaren Charakter erhält. Dabei werden etwa 10 % der gelesenen Trauben, meist die selteneren Sorten, zunächst nicht gepreßt, sondern man läßt sie eintrocknen, bevor sie dann erst im November gepreßt und vergoren werden. Noch während ihre Gärung im Gange ist, werden sie dem bereits vergorenen Chianti zugesetzt. Bis zum nächsten Frühjahr lagern sie dann in Bottichen mit Gärverschlüssen (*Colmatori*), durch die die entstehende →Kohlensäure austreten kann. Ein Teil von ihr bleibt jedoch in gebundener Form in dem Wein zurück und verleiht ihm eine ganz schwache, fast kaum merkliche schäumende Eigenschaft und eine zauberhafte Frische, die durch ein leichtes Prickeln auf der Zunge bemerkbar ist. Wenn es heute bei vielen herausragenden Chianti selbst im jugendlichen Zustand nicht mehr auf der Zunge prickelt, ist dies ein untrügliches Zeichen, daß das *governo*-Verfahren nicht praktiziert wurde, worauf inzwischen in der Tat viele Spitzengüter verzichten.

Goxwiller Weinbaugemeinde im nördlichen →Elsaß, bekannt für einige gute Weißweine, vor allem aber für ganz ausgezeichnete Obstbrände – Kirsch, Mirabelle, Himbeer u. a.

Graach Einer der berühmtesten Weinbauorte am rechten Ufer der →Mosel mit rund 120 ha Rebfläche zwischen →Bernkastel und →Wehlen, dessen Lagen aus den gleichen imposanten Steilhängen bestehen wie jene der beiden noch berühmteren Nachbarn. Die Graacher Weine sind bewundernswert, spritzig, bukettreich, vielleicht ein wenig leichter und nicht ganz so überwältigend wie die Wehlener, doch gleich ausgezeichnet. Als beste Lagen gelten *Domprobst*, *Himmelreich* und →*Josephshöfer* (letztere im Alleinbesitz des Weingutes von →Kesselstatt). Zu 95 % wird →Riesling angebaut. Als weitere namhafte Erzeuger gelten Joh. Jos. →Prüm, →Wegeler-Deinhard, Dr. Thanisch, Dr. Pauly-Bergweiler, →St. Nikolaus Hospital, →Friedrich-Wilhelm Gymnasium, S. A. Prüm Erben,

Studert-Prüm, Vereinigte →Hospitien u. a.

Gragnano Auf der Halbinsel von Sorrent südöstlich von Neapel in →Kampanien erzeugter voller, fruchtiger, meist trockener und angenehm zu trinkender Rotwein.

Gran reserva Höchste Stufe spanischer →Qualitätsweine (*vinos de calidad*, V.C.). So bezeichnete Rotweine müssen mindestens 24 Monate im Eichenfaß (Weiß- und Roséweine 6 Monate) und anschließend 36 Monate auf der Flasche gelagert sein (Weiß- und Roséweine 42 Monate), bevor sie unter dieser Bezeichnung in den Handel gebracht werden dürfen.

Gran vino Im Gegensatz zum gesetzlich unverbindlichen französischen →Grand Vin handelt es sich in Chile beim Gran Vino um die höchste Qualitätsstufe für Weine mit einer Mindestlagerzeit von 6 Jahren, länger als für die darunter liegende Kategorie *reservado* vorgeschrieben ist.

Granato Seit 1986 erzeugter italienischer →Tafelwein des Weingutes Foradori in Mezzolombardo im →Trentino, bei dem es sich um einen besonders guten, im →Barrique ausgebauten →Teroldego handelt. Der Wein ist tief, komplex und elegant, wobei sich seine deutliche Säure angenehm mit dem Holz vermählt – wenn voll gelungen, ein wahrhaft bemerkenswerter Wein und einer der besten des Trentino.

Grance, Le Einer der bemerkenswertesten Weißweine der →Toscana, der aus →Chardonnay mit kleinen Zusätzen von →Sauvignon blanc und →Traminer erzeugt und in →Barriques ausgebaut wird. Der Wein stammt von der Tenuta Caparzo in →Montalcino und zeichnet sich durch Komplexität, Charakter und Eleganz aus.

Granchiaia Neuer Rotwein aus Gaiole in der →Toscana, der von dem Weingut →Le Macie→ aus →Sangiovese und einem Zusatz von 15 % →Cabernet Sauvignon erzeugt und in →Barriques ausgebaut wird. Der Wein verfügt über einen verhaltenen Körper, der durch eine bezwingende Eleganz ausgeglichen wird, die dem Wein seine Distinguiertheit und Noblesse verleiht, dank der er zu den bemerkenswertesten neuen toscanischen Rotweinen zählt.

Grand cru Wörtlich *Großes Gewächs* und eine Einstufung, die im französischen Weinbau oftmals anzutreffen ist. So sind inzwischen 50 Lagen des →Elsaß offiziell – mit ergänzenden Bestimmungen über Rebsorten, →Ertrag, →Mindestmostgewicht u. a. – als →*Alsace grand cru* eingestuft. In der →Champagne sind die 17 qualitativ führenden Orte mit dem Prädikat *grand cru* versehen, gegenüber denen als *premier cru* (*Erstes Gewächs*) eingestufte Orte ein geringeres Niveau haben. Ähnlich sind in →Burgund die 32 besten Lagen als *grands crus* klassifiziert (und ihr Wein erscheint ohne zusätzliche Ortsangabe nur mit dem Lagennamen im Handel), während die *premiers crus*-Lagen ein etwas geringeres Niveau haben und den Namen der Gemeinde zusätzlich auf dem Etikett führen müssen. In →Bordeaux ist dieses alles schließlich umgekehrt. Der beste →*cru* ist ein *premier cru* bzw. *premier cru classé*. Auf einer Stufe darunter befinden sich die als *grands crus classés* eingestuften Weine.

Grand ordinaire Höhere Stufe des *vin ordinaire*. Nachdem im Zuge der EU-Verordnungen diese *vins ordinaires* verschwunden sind, lebt der *grand ordinaire* als Reminiszenz vergangener Tage fast nur noch im *Bourgogne grand ordinaire* fort, dem billigsten legalen →Burgunder, doch soll diese Bezeichnung im Zuge der Neuordnung der regionalen Appellationen in →Burgund

gestrichen werden, was jedoch bislang nicht geschehen ist.

Grand Poujeaux Teil der Gemeinde →Moulis im →Haut-Médoc, ein bis auf nahezu 25 m Höhe ansteigendes Kiesplateau, auf dem die herausragendsten Châteaux der Gemeinde liegen: →Chasse-Spleen, →Poujeaux, →Maucaillou u. a.

Grand-Puy-Ducasse, Château *5ᵉ cru classé* in →Pauillac im →Haut-Médoc mit 38 ha Rebfläche (70 % →Cabernet Sauvignon, 30 % →Merlot) und einem vollen, ausgeglichenen und eleganten Rotwein, der heute wieder auf dem Niveau seines offiziellen Ranges liegt.

Grand-Puy-Lacoste, Château *5ᵉ cru classé* in →Pauillac im →Haut-Médoc mit 45 ha Rebfläche (70 % →Cabernet Sauvignon, 25 % →Merlot, 5 % →Cabernet franc), im gleichen Besitz wie Château →Ducru-Beaucaillou, und einem kraftvollen, kernigen, tanninreichen und eleganten Pauillac, dessen heutige Qualität deutlich über seinem offiziellen Rang liegt und der zu den bemerkenswertesten Rotweinen dieser illustren Gemeinde gehört.

Grand Roussillon Die umfassendste Appellation für die →*Vins doux naturels* aus den Départements Pyrénées-Orientales und →Aude. Die meisten kommen jedoch unter eng gefaßten Appellationen wie →Banyuls, →Maury oder →Rivesaltes in den Handel.

Grand Vin Anders als →*Grande Réserve* EU-rechtlich zulässige Bezeichnung für französische Weine, ohne daß jedoch für ihre Verwendung eindeutige gesetzliche Kriterien definiert sind. Ihr Gebrauch läßt daher keinerlei Rückschlüsse auf die etwaige Qualität zu. Einige →Bordeaux-Güter teilen ihren Wein in *grand vin* und Zweitwein ein. →*Gran vino*.

Grande Réserve Gesetzlich nicht geschützte Weinbezeichnung in Frankreich und, anders als →Réserve, EU-rechtlich nicht zugelassene Bezeichnung für französische Weine. Früher z. T. im →Rhône-Gebiet und anderswo zur Deklarierung einer – nicht immer zutreffenden – höheren Qualität verwendet. Ferner heute Bezeichnung für den roten Spitzenwein von →Boutari in Griechenland, ein charaktervoller, tanninreicher Wein von hervorragender Qualität.

Grande Rue, La Winzig kleine, aber hervorragend gute Lage (Alleinbesitz der Domäne Henry Lamarche), die sich inmitten von →Vosne-Romanée wie ein schmaler, langgestreckter, 1,6 ha großer Streifen – daher der Name *Große Straße* – von Ost nach West zieht. Im Norden grenzt sie an →*Romanée-St-Vivant*, →*Romanée-Conti* und *La* →*Romanée*, im Süden an *La* →*Tâche*. Ihre Weine stehen jenen ihrer Nachbarn kaum nach, so daß es nur recht und billig ist, daß die Lage 1992 endlich in den gleichen Rang eines →*grand cru* aufgenommen wurde, in dem sich ihre Nachbarlagen schon seit langer Zeit befinden.

Grands Echézeaux, Les Großartige Lage in →Flagey-Echézeaux an der →Côte de Nuits in →Burgund und ihr bemerkenswerter roter Rotwein. Zwischen dem →*Echézeaux* und dem →*Clos de Vougeot* könnten seine 9,1 ha kaum günstiger liegen. Sie liefern einen klassischen Burgunder, der den *Echézeaux* noch zu übertreffen vermag und der zu den 20 besten Rotweinen der →Côte d'Or zählt.

Grange Hermitage Nach unbestrittener Überzeugung der Kenner der größte, geradezu legendäre Rotwein Australiens. Er wird von Penfolds aus der in Australien →Hermitage oder →Shiraz genannten →Syrah seit 1951 erzeugt, wobei in der Regel die Hälfte des Mischsatzes oder etwas mehr aus dem →Barossa Valley und die übrigen Teile überwiegend aus →Adelaide bzw. aus dem →Clare Valley stammen. Wenn voll gelungen, ist er sicherlich der bemerkenswerteste Wein, der irgendwo auf der Welt aus dieser Rebe erzeugt wird. Mitunter anfänglich etwas hart, altert er sehr gut und entwickelt sich dann zu einem sehr feinen, komplexen und eleganten Wein mit bemerkenswerter Tiefe und Charakter.

Granja-Amareleja Gut 1200 ha großes südostportugiesisches →IPR-Weinbaugebiet im →Alentejo nahe der spanischen Grenze, in dem vor allem Rotwein aus Moreto, →Periquita, Trincadeira und eventuell kleineren Zusätzen anderer Sorten und etwas Weißwein, vor allem aus Manteúdo, Roupeiro und Rabo de Ovelha, erzeugt wird.

Grantschen Weinbauort bei und Ortsteil von →Weinsberg in →Württemberg mit der guten Lage *Wildenberg*. Die Weine des Ortes haben in den letzten Jahren immer wieder von sich reden gemacht, zunächst durch das lokale Weingut Richard Trender und dann durch die Grantschener Weingärtnergenossenschaft mit ihrer »Schwarzen Serie«.

Grasig Unangenehmer, harter Beigeschmack von unreifen Trauben oder der →grünen, unreifen Säure eines geringen Mostes oder Jahrgangs. Der Geschmackseindruck kann auch von den Kämmen und Stielen der Trauben stammen und dann ein Zeichen für eine wenig sorgfältige Weinbereitung, insbesondere für ein zu starkes Pressen sein.

Grattamacco Junges, knapp 8 ha großes Weingut unweit von →Bolgheri auf den Abhängen zur Küstenebene in der →Toscana in →Castagneto Carducci und Name zweier eleganter Weine, die dort erzeugt werden. Der Rotwein besteht aus →Sangiovese und zu einem Viertel aus →Cabernet Sauvignon mit geringen Zusätzen von →Malvasia nera (mittelfristig angestrebt wird ein Rebsortenverhältnis von je 50% Sangiovese und Cabernet Sauvignon). Der Wein wird ein Jahr lang in →Barriques ausgebaut, von denen jährlich etwa ein Drittel erneuert werden, und reift anschließend für ein weiteres Jahr auf der Flasche, bevor er in den Handel gelangt. Der Weißwein besteht zu 70% aus →Trebbiano, während die restlichen 30% auf Malvasia bianca und →Vermentino entfallen, dessen Anteil mittelfristig auf Kosten des Trebbiano erhöht werden soll. Beide Weine gehören zur neuen Generation toscanischer Weine und zeichnen sich durch Frucht und geschliffene Eleganz aus, wobei der Rote jedoch der bei weitem bedeutendere der beiden ist.

Graubünden Kanton der →Ostschweiz mit 404 ha Rebfläche, von der allerdings 29 ha im Misox liegen, das nach Lage, Rebsorten und Kulturmethoden zur →Südschweiz gerechnet wird. Die nordbündischen Rebflächen befinden sich zu rund 85% in der →Bündner Herrschaft in den vier Gemeinden Fläsch, →Maienfeld, Jenins und →Malans. Die Rebflächen liegen hier fast ausnahmslos auf Schutthalden von Wildbächen, den sog. Rüfen, und profitieren von dem Auftreten des warmen Fallwindes, des Föhns, der sich als eigentlicher »Traubenkocher« auswirkt. Abgesehen von der weißen Spezialität des Completer aus Malans und einigem Riesling × Sylvaner (→Müller-Thurgau) und →Pinot gris aus Fläsch, ist dies die Heimat des Herrschäftler →Beerliweins (aus →Spätburgunder), der zu den körperreichsten und kräftigsten Rotweinen der Ostschweiz zählt.

Die verbleibende nordbündische Rebfläche befindet sich im Bündner Rheintal, insbesondere in Zizers, Trimmis und Chur, wo hauptsächlich beliebte →Süßdrucke erzeugt werden.

Grauburgunder →Burgunder, Grauer, →Ruländer

Grave à Pomerol, Château La Gut 8 ha großes, altberühmtes Weingut in →Pomerol mit einem Bestand von 90% →Merlot und 10% →Cabernet franc, das einen hervorragenden, charaktervollen und tiefen roten →Bordeaux erzeugt, der zu den besten von Pomerol gehört. Bis 1986 lautete der Name des Gutes Château La Grave-Trigant de Boisset.

Grave del Friuli Der mit Abstand größte →DOC-Bereich von →Friuli-Venezia Giulia, auf beiden Seiten des Tagliamento von der Grenze zum →Veneto bis zu den →Colli Orientali del Friuli gelegen. Insgesamt dürfen laut den gesetzlichen Bestimmungen 15 verschiedene Weine, 14 davon als Rebsortenweine erzeugt werden, nämlich →Cabernet franc, →Cabernet Sauvignon, auch als Cabernet beide zusammen, →Chardonnay, →Merlot, →Pinot bianco, →Pinot grigio, →Pinot nero, →Refosco, →Riesling renano, →Sauvignon, →Tocai, →Traminer aromatico und →Verduzzo. Der 15. ist ein →rosato, ganz überwiegend auf Merlot-Basis. Die Mehrzahl der Rot- und Weißweine kann beachtliches Format erreichen; sie stehen dann den Weinen vom →Collio bzw. den Colli Orientali del Friuli kaum nach.

Graves Langgezogener Bereich auf dem linken →Garonne-Ufer von oberhalb Langon im Süden bis über →Bordeaux hinaus im Norden, wo er nach dem Gesetz an Jalle de →Blanquefort an den →Médoc grenzt. Rund 3200 ha sind mit Reben bestockt, die sich ungleichmäßig verteilen und oft lediglich als die Reste eines noch vor 100 Jahren wesentlich ausgedehnteren Weinbaus zwischen Wald und der sich ständig ausweitenden Urbanisierungszone, zumal im weiteren Umkreis von Bordeaux, fortbestehen. Etwa ein Viertel des Gebiets befindet sich nördlich des Saucats und führt heute die Gemeindeappellation →Pessac-Léognan. Ungefähr drei Viertel bilden die südlichen Graves mit den zusätzlichen Appellationen →Cérons, →Sauternes und →Barsac. Während die Weine von Cérons auch als *Graves* bezeichnet werden dürfen, ist das Sauternais mit Sauternes und Barsac ein eigenständiges Gebiet mit grundsätzlich andersartigen Weinen.

Insgesamt werden heute zu rund 60% Rotweine und zu 40% Weißweine erzeugt. Doch die dabei zutage tretenden Unterschiede zwischen nördlichen und südlichen Graves sind schwerwiegend. Während in Pessac-Léognan ganz überwiegend Rotwein sowie eine Reihe vielfach hervorragender und z.T. großer

trockener Weißweine erzeugt wird, deren Preise jenen vergleichbarer Spitzengewächse des Médoc ähneln, erreichen im Süden die Weine weder vergleichbare Bedeutung noch Preise. Der Rotwein ist angenehm und bestenfalls ausgezeichnet, selten mehr, und gleiches gilt für die deutlich stärker vertretenen Weißweine, von denen einige →lieblich (→moelleux) sind. Sie kommen unter der Appellation Cérons oder als *Graves supérieures* (mindestens 12% vol. natürlichen Alkohol) in den Handel. Letztere können auch trocken sein, werden dann jedoch meist als *Graves AC* deklariert (maximal 13% vol. tatsächlichen Alkohol).

Obwohl der Bordeaux-Wein historisch seinen Ursprung im Umland von Bordeaux im Gebiet der heutigen Graves hat, wurde 1855 lediglich ein einziges

Weingut	Gemeinde
Crus classés en rouge	
Château Bouscaut	Cadaujac
Château Carbonnieux	Léognan
Domaine de Chevalier	Léognan
Château Fieuzal	Léognan
Château Haut-Bailly	Léognan
Château Haut-Brion	Pessac
Château Malartic-Lagravière	Léognan
Château La Mission Haut-Brion	Talence
Château Olivier	Léognan
Château Pape-Clément	Pessac
Château Smith-Haut-Lafitte	Martillac
Château La Tour Haut-Brion	Talence
Château La Tour-Martillac	Martillac
Crus classés en blanc	
Château Bouscaut	Cadaujac
Château Carbonnieux	Léognan
Domaine de Chevalier	Léognan
Château Couhins	Villenave-d'Ornon
Château Couhins-Lurton	Villenave-d'Ornon
Château Laville-Haut-Brion	Talence
Château Malartic-Lagravière	Léognan
Château Olivier	Léognan
Château La Tour-Martillac	Martillac

Gut offziell klassifiziert, und zwar Château →Haut-Brion, der alte und unbestrittene *grand seigneur* der Graves, dessen Rotwein als *premier cru classé* auf eine Stufe mit Châteaux →Lafite, →Latour und →Margaux gesetzt wurde. Erst 1959 ist eine offizielle Klassifizierung der wichtigsten Graves-Weingüter, getrennt nach Rot- und Weißwein eingeführt worden, die jedoch ausschließlich Güter der nördlichen Graves, also der heutigen Appellation Pessac-Léognan aufführt. Es sind dies folgende Güter (in alphabetischer Ordnung, siehe Tabelle, Seite 208): Nicht alle diese Güter haben in den letzten Jahren qualitativ stets diesem Rang entsprochen. Zumindest Château La Louvière fehlt in beiden Aufstellungen. Heute würde man zusätzlich Châteaux →Haut-Gardère und →Larrivet-Haut-Brion aufführen müssen, aber auch die Châteaux →Rochemorin, de →Cruzeau, de France, Haut-Bergey, →Pontac-Montplaisir, →Baret u. a. verdienen zunehmende Beachtung. Sie alle liegen in den nördlichen Graves, während die führenden Güter der südlichen Graves wie Châteaux →Magence, →Ferrande, de Chantegrive, de Portets, Roquetaillade, Piron, Domaine de Gaillat u. a. es schwer haben, sich diesen Weinen gegenüber auf einem größeren Markt durchzusetzen. Das Fehlen einer umfassenden Norden wie Süden umgreifenden Kategorie von →*bourgeois*-Gewächsen trägt ebenso zu dieser Situation bei wie die Art des Weinausbaus. Selbst bei klassifizierten Gütern war es in den 1970er Jahren von rühmlichen Ausnahmen abgesehen üblich, Weißweine nur noch in Stahltanks auszubauen. Das Ergebnis war, daß der einst hochgerühmte trockene weiße Graves, von →Haut-Brion, →Laville und →Chevalier abgesehen, praktisch zur Legende geworden war. Inzwischen hat man aus den Fehlern gelernt und der →Barrique wieder ihren unersetzlichen Platz zumindest für den Weinausbau,

vielfach auch für die Vergärung mehr und mehr zurückgegeben. Seither erlebt der weiße Graves eine großartige Renaissance. Auch wenn er auf breiterer Basis vielleicht noch nicht mit den herausragenden weißen →Burgundern auf eine Stufe zu stellen ist, wird der derzeitige Qualitätsanstieg zu weitergehenden Erwartungen Anlaß geben können. Die Bewegungen beim Rotwein erscheinen derzeit nicht vergleichsweise spektakulär. Doch daß sich hier bei vielen Gütern in den letzten Jahren viel getan hat und die Entwicklung bei vielen klassifizierten und anderen Gütern nach oben zeigt, ist unverkennbar. Berechtigt ist es allemal, denn der rote Graves ist ein Wein eigener Art. Von seinem Rebsortenverhältnis dem Médoc durchaus ähnlich, erreichen seine Weine nicht dessen Kernigkeit und verfügen selbst in ihrer Jugend in der Regel über kein vergleichbares markantes Tanningerüst. Wenn sie weicher sind, so doch wiederum nicht in der geschmeidigen Art eines →Saint-Emilion oder →Pomerol, sondern in der Verbindung von Statur und Rückgrat mit Eleganz und insbesondere Finesse. Es ist diese komplexe und finessenreiche Art, die die bemerkenswerten roten Graves von vergleichbaren Weinen anderer Bordeaux-Bereiche unterscheidet und die ihren unnachahmlichen Höhepunkt im roten Haut-Brion findet und diesen Weinen ihre unverwechselbare Persönlichkeit unter den roten Spitzenweinen Bordeaux' verleiht.

Graves-Saint-Emilion Traditionelle Bezeichnung für einen rund 60 ha großen Teil im äußersten Westen der Appellation →Saint-Emilion, der im Gegensatz zu den sonst üblichen Bodenformationen der Appellation, doch wie im angrenzenden Teil von →Pomerol aus stark kieshaltigen Böden besteht, wie sie sonst auf dem rechten Ufer unbekannt sind, aber den Weinbau der →Graves und des →Médoc charakterisieren und Grundlage für deren Spitzenweine sind. Man führt die Existenz dieses Kiesbodens in Saint-Emilion wie in Pomerol darauf zurück, daß an dieser Stelle in urgeschichtlicher Zeit das Flußbett der Isle verlief, die heute einige Kilometer weiter westlich in →Libourne in die →Dordogne mündet. Wie im Médoc zeichnen sich die Graves-Saint-Emilion, die natürlich keine weinrechtliche Bezeichnung darstellen und daher niemals auf einem Weinetikett erscheinen, durch einige bemerkenswerte Weine aus, allen voran Châteaux →Cheval Blanc, →Figeac und einige kleinere Güter, die Figeac als Namensteil aufweisen, die zu den besten Gewächsen von Saint-Emilion zählen.

Graves de Vayres →Libourne und →Fronsac gegenüber auf dem linken →Dordogne-Ufer gelegener Weinbaubereich mit rund 1000 ha Rebfläche, der geographisch Teil von →Entre-deux-Mers ist, aber über eine eigene →Appellation contrôlée verfügt. Es wird heute überwiegend passabler Rotwein sowie trockener Weißwein erzeugt, nachdem noch vor wenigen Jahrzehnten der in Deutschland beliebte liebliche Graves de Vayres den Ruf des Bereichs völlig zu ruinieren drohte. Neben der sehr starken Winzergenossenschaft gelten Châteaux Bel-Air, Goudichaud, de Barre (bzw. Barre-Gentillot) u. a. als namhafte Erzeuger.

Gravina Weißwein aus →Apulien, der in der Umgebung von Gravina und Altamura südwestlich von Bari aus →Malvasia, →Greco, Bianco d'Alessano und ein oder zwei Ergänzungssorten erzeugt wird. Er kommt entweder als →secco bzw. →asciutto oder als →amabile (4–20 g/l →Restzucker), eventuell auch als →spumante in den Handel, hat aber bislang in keiner Form von sich reden gemacht.

Great Western Qualitativ eines der bedeutendsten Weinbaugebiete Australiens, rund 200 km nordwestlich von Melbourne in →Victoria gelegen. Aufgrund des relativ kühlen, frostanfälligen Klimas und des ärmlichen Bodens ist heute die Rebfläche mit einigen hundert ha geringer als zu Beginn des Jahrhunderts. Doch die Schaumweine wie auch die trockenen Weiß- und Rotweine zählen in guten Jahren zu den besten Australiens. Seit 1918 ist der Name Seppelts mit Great Western verbunden.

Grechetto Weiße Rebsorte aus →Umbrien mit ausgeprägtem Eigencharakter, in der →Toscana als Pulcinculo und in →Latium als Greghetto bekannt. Die besten Abfüllungen stammen in der Regel von Adanti, Vagniluca u. a.

Greco Uralte (→Die Griechische→) und berühmte Weißweinrebe, besonders in Süditalien sehr verbreitet. Die aus ihr erzeugten, sehr unterschiedlichen Weine, z. B. der weiße →Cirò, →Greco di Bianco (ein →Likörwein), →Greco di Tufo u. a., können bemerkenswert feinfruchtig und elegant sein. Interessanterweise wird die Rebe auch in →Piemont nördlich von Novara angebaut und bringt dort einen hervorragenden, fruchtigen und rassigen Weißwein, den *Greco bianco delle colline novaresi* hervor, der zu den besten Piemonts zählt.

Greco di Bianco Einer der herausragendsten italienischen →Likörweine, der um die Ortschaft Bianco an der Südostküste →Kalabriens aus →Greco bianco erzeugt wird. Vor der →Gärung läßt man die Trauben an der Luft eintrocknen, so daß der Wein hinterher einen Gesamtalkoholgehalt von 17 % vol. aufweist, von dem 14 % vol. tatsächlich erreicht werden müssen. Der Wein ist reif, voll und verhalten süß. Umberto Cerratti, der diesen Wein vor der

→DOC-Regelung *Greco di Gerace* nannte, gilt als der führende Erzeuger.

Greco di Tufo In der Gemeinde Tufo und 7 weiteren Ortschaften der Provinz Avellino in →Kampanien aus →Greco bianco erzeugter gehaltvoller und fruchtiger Weißwein, der zu den besseren der Region gehört. Michele Mastroberardino ist der bekannteste, aber nicht der einzige Erzeuger.

Grenache Eine der verbreitetsten roten Rebsorten der Welt, die ursprünglich wohl aus Spanien stammt, wo sie noch heute mit einem Rebflächenanteil von 15 % die quantitativ führende rote Rebsorte ist, und als Garnacha im →Rioja, →Vega Sicilia u. a. hochgeschätzten Weinen vorkommt. In Frankreich ist sie eine der verbreitetsten Rebsorten des →Midi geworden und kommt dort bei steigender Tendenz inzwischen auf über 87 000 ha. Man findet sie ebenso im →Châteauneuf-du-Pape, →Gigondas und →Côtes du Rhône wie, als Rosé vinifiziert, im →Tavel und →Lirac. In der Toscana findet man sie vereinzelt unter dem Namen →Alicante, und auf →Sardinien begegnet man dem Grenache unter dem Namen →Cannonau wieder. Doch auch in Kalifornien steht sie mengenmäßig hoch im Kurs und steht mit über 7000 ha an vierter Stelle unter den roten Sorten, während sie in Australien zwar so gut wie nie auf dem Etikett, um so häufiger aber in den Weinbergen anzutreffen ist und nach dem →Syrah den zweiten Platz bei den Rotweinsorten einnimmt. Von Haus aus ist der Grenache, und das hat seine Verbreitung sicherlich wesentlich gefördert, ein echter Massenträger mit mäßigen Weinen. Doch bei rigoroser Begrenzung des →Ertrags und Verschnitt mit anderen Sorten vermag er höchst beachtenswerte Weine hervorzubringen. Im übrigen gibt es auch einen weißen Grenache, der für Weißweine unterschiedlicher Art verantwortlich ist, u. a. für →Vins doux naturels, →Rivesaltes.

Grenouilles Eine der acht →*grand cru*-Lagen von →Chablis mit 9 ha Rebfläche und ausdrucksvollen Weinen von bemerkenswerter Eleganz und Feinheit.

Grèves, Les Hervorragende *premier cru*-Lage in →Beaune. Ihren großen Bekanntheitsgrad verdankt sie nicht zuletzt dem lokalen Handelshaus Bouchard Père & Fils, das seinen 4 ha großen Anteil unter dem Zusatz *Vigne de l'Enfant Jésus* in den Handel bringt. Der Name soll auf das Karmeliterkloster zurückgehen, in dessen Besitz sich die Rebfläche einst befand. Der Wein ist hervorragend, von großer Finesse und Eleganz.

Griechenland Soweit man das heute beurteilen kann, spielte der Wein in keiner Kultur des Altertums eine so große Rolle wie in der griechischen. Immer wieder ist in den klassischen Werken der Antike, in Literatur und Kunst, von Wein, von Rebstöcken und Weintrauben die Rede, vielleicht sogar noch häufiger als in der Bibel. Wein war im alten Griechenland nicht nur ein fester Bestandteil des alltäglichen Lebens, sondern auch die Grundlage eines religiösen Kults, bei dem →Dionysos, der Gott des Weins, verehrt wurde. Doch wie in so vielen anderen Fällen gibt es auch beim Weinbau keine bruchlose Tradition von der Antike bis zur Gegenwart. Der moderne griechische Weinbau datiert vielmehr erst aus den Anfängen dieses Jahrhunderts, und die heute maßgebenden gesetzlichen Bestimmungen stammen im wesentlichen aus der Zeit seit 1969 und zumal aus den Jahren seit Griechenlands EU-Beitritt 1979, der zur Angleichung an das EU-Weinrecht geführt hat. Heute gibt es in Griechenland wie in allen anderen Weinbauländern der EU →Qualitätsweine (→O.P.A.P., →O.P.E.), →Landweine (→Traditioneller Wein), →Tafelweine und →Markenweine.

Wie in Italien und Frankreich geht auch in Griechenland die Anbaufläche für Wein zurück, während zugleich durch Einsatz moderner Methoden und Unterlagssorten der →Ertrag steigt. Gegenwärtig dienen kaum noch 140000 ha der Weinerzeugung, die jährlich gut 4 Mill. hl hervorbringen (noch einmal fast die gleiche Fläche dient der Erzeugung teils hervorragender Korinthen, Sultaninen und Tafeltrauben). 15% der Fläche entfallen auf Qualitätsweine, zwei Drittel davon für Weißwein, doch entgegen der allgemein rückläufigen Tendenz befindet sich der Anteil roter Qualitätsweine im Steigen. 80% aller griechischen Weine kommen heute fast zu gleichen Teilen aus drei Weinbauregionen: →Zentralgriechenland und Euböa, →Peloponnes und →Kreta, während der Anteil der übrigen sechs Regionen z. T. sehr stark rückläufig ist. So liegt der Anteil der →Ägäischen Inseln und →Thessaliens heute bei knapp 7 bzw. 6%; für →Makedonien und die →Ionischen Inseln beträgt er gut 4 bzw. 3%, während →Thrazien und →Epirus von der griechischen Weinkarte zu verschwinden drohen.

Noch ein paar weitere Zahlen mögen das außerhalb des Landes verbreitete Bild griechischer Weine korrigieren helfen, das nur zu oft den Eindruck schwerer, süßer Weine vermittelt. Diese gibt es zumal im Norden des Peloponnes und auf einigen Ägäischen Inseln, in der Umgebung von →Patras, auf →Samos und anderswo. Doch obgleich sie in der Tat beachtenswert sein können, entfallen nur 5,3% auf diese →Likörweine.

Bei den verbleibenden 94,7% handelt es sich um durchweg trockene Weiß-, Rot- und Roséweine, von denen derzeit ca. ein Viertel auf Flaschen gefüllt und in den Handel gebracht werden, zu über 50% von fünf Firmen: Kourtakis, →Achaia Clauss, →Cambas, →Boutari und →Tsantalis. Während ein erhebli-

cher Teil dieser Weine als →Retsina in den Handel kommt (10% der griechischen Weinbaufläche dienen seiner Erzeugung), lassen die übrigen griechischen Weißweine noch häufig Frucht und Frische vermissen, dürften aber bei zunehmender Verbesserung des Kenntnisstandes der Erzeuger Beachtung verdienen, wie heute bereits der bemerkenswerte →Athos, der →Cava Cambas, Château →Matsa, der →Patras, →Côtes de Meliton, →Robola de Cephalonie, →Kantza, →Mantinia, →Zitsa u. a. In ihren Spitzen sind die Rotweine den Weißweinen zumeist qualitativ überlegen. Das gilt insbesondere für den unvergleichlichen →Katoi de Metsovo, einen wahrhaft großen Wein, und ebenfalls für einen gelungenen Château →Carras. Unter den Qualitätsweinen überragt der →Nemea, aber auch der →Goumenissa, →Naoussa, Côtes de Meliton, →Peza, →Archanes u. a. können hervorragend sein.

Wenngleich dem griechischen Weinbau eine sinnvolle Modernisierung dienlich wäre und es derzeit den Weinen häufig noch an Finesse und Differenziertheit fehlen mag, zeichnen sie sich doch durch einen für südeuropäische Verhältnisse eher moderaten Alkoholgehalt (11–12,5% vol. sind die Regel), einen schönen Körper und mitunter beachtliche Rasse aus, wodurch sie ideale Begleiter nicht nur der griechischen Küche sind und vielfach auch außerhalb der Mahlzeiten genossen werden können. Doch wie im Falle anderer Länder findet sich der bessere griechische Wein selten in den so verbreiteten 2-l-Flaschen; Dionysos würde sicherlich der 0,75-l-Flasche den Vorzug geben.

Grifi Roter →Barriquewein aus →Montepulciano in der →Toscana, der von dem Weingut Avignonesi aus Prugnolo gentile (der lokalen Bezeichnung für den →Sangiovese grosso) und 10–15% →Cabernet franc erzeugt wird: Körperreich, strukturiert und elegant ist er einer der bemerkenswertesten der neuen italienischen →Tafelweine.

Grignolino Ausgezeichnete italienische Rotweinsorte und der aus ihr in →Piemont bereitete Wein. Zumeist stammt er aus der Gegend von →Asti, doch kann mitunter der Grignolino del Monferrato Casalese bzw. der von Portacomara, Castagnole und Rocchetta Tanaro (die letzten drei ohne →DOC) noch besser sein. Da die Traube nur äußerst wenig Farbe abgibt, ist echter, unverschnittener Grignolino (bis zu 10% →Freisa, die ebenfalls nicht sehr farbintensiv ist, dürfen dem Wein nach den DOC-Bestimmungen beigegeben werden) von mehr oder weniger hellem Rubinrot, für italienische Verhältnisse fast ein Rosé (obwohl nicht weiß gekeltert), mit charakteristischer Blume, dabei für einen italienischen Rotwein vergleichsweise leicht, rassig (wenn jung) und mitunter sehr elegant. Giacosa, Nuova Cappelletta, Gaudio, Scarpa, Rabezzana u. a. gelten als führende Erzeuger.

Grinzing Der wohl berühmteste →Heurigenort von →Wien, Teil des XIX. Bezirks. Aus Grinzing kommen einige exzellente Weißweine, die zu den hervorragendsten Österreichs gehören, zumal Grüne →Veltliner, →Rheinriesling, Weiße →Burgunder u. a. Die meisten dieser Weine werden an Ort und Stelle in den Heurigen konsumiert, doch etliche verdienen durchaus, auf Flaschen gefüllt, auch außerhalb Wiens getrunken zu werden.

Griotte-Chambertin 2,7 ha große →*grand cru*-Lage in →Gevrey-Chambertin, zu deren unmittelbaren Nachbarn →*Chambertin*, →*Clos de Bèze*, →*Chapelle-Chambertin* und →*Charmes-Chambertin* gehören. Der hier erzeugte Rotwein ist von bemerkenswerter Qualität: Fein, elegant, tief, komplex

und ausgeglichen, zählt er in großen Jahren auch noch nach 20 und mehr Jahren zu den großen roten Burgundern. Joseph Drouhin ist einer der namhaftesten Erzeuger.

Groenesteyn, Schloß Altes traditionsreiches Weingut im →Rheingau mit 18 ha Rebfläche fast nur noch in den besten Lagen von →Rüdesheim. Zu über 90% wird →Riesling angebaut. Besitzer sind die Freiherren von Ritter zu Groenesteyn.

Grolleau Oft als Groslot bezeichnete rote Rebsorte mäßiger Güte und hoher Erträge, die in Frankreich vor allem an der →Loire anzutreffen ist, wo keine 6000 ha mehr mit ihr bestockt sind, vor allem im →Anjou und in der →Touraine. Ihr Most ist weniger farbintensiv, dünner und säurebetonter als der des →Gamay, mit dem sie meist verschnitten wird, vor allem für den →*Rosé d'Anjou*. Insgesamt geht ihr Anbau zugunsten von Gamay und →Cabernet franc deutlich zurück.

Groppello Italienische Rotweinsorte, die insbesondere in der →Lombardei am Südwestufer des →Gardasees verbreitet ist. Die Weine kommen entweder als Groppello oder als →Riviera del Garda Bresciano in den Handel. →Don Lisander

Gros Plant In der Gegend um →Nantes an der unteren →Loire übliche Bezeichnung für die →Folle blanche. Man erzeugt hier einen frischen, herben Weißwein von mittlerem Körper aus ihr, den *Gros Plant du pays nantais*.

Gros Plant du pays nantais →Nantes

Groslot →Grolleau

Groß Große Weine gleichen großen Werken der Kunst und sind entsprechend rar. Es handelt sich mithin um ein

Attribut, das man nur in Ausnahmefällen auf einen Wein anwenden wird. Doch dann bezeichnet es einen Wein von geradezu perfekter Harmonie, von einem feinen Bukett, großartiger Balance von Körper, Tiefe und Struktur, versehen mit viel Eleganz und einem nachhaltigen Abgang, einem Wein, wie man ihm nur selten begegnet.

Großhöflein Burgenländische Weinbaugemeinde am Fuße des Leithagebirges im Weinbaugebiet →Neusiedlersee-Hügelland mit rund 300 ha Rebfläche. Der Ort verdankt seinen herausragenden Ruf nicht zuletzt dem lokalen Weingut Römerhof (Anton Kollwentz, 14 ha), dessen →Cabernet Sauvignon, →Blaufränkisch, →Sauvignon blanc u. a. Weine von z. T. bemerkenswerter Qualität sind und zu den besten Weinen ihrer Art in Österreich gehören.

Großlage Nach dem deutschen →Weingesetz von 1971 stellt eine Großlage die Zusammenfassung mehrerer →Einzellagen dar, deren Namen auf dem Etikett angegeben werden darf, was letztlich nur Verwirrung stiftet, da für den Laien angesichts jeder fehlenden Klarstellung nicht erkennbar ist, was Groß- und was Einzellage ist. Ein →Saint-Julien oder ein →Côte de Beaune-Villages ist erkennbarerweise ein Wein, der nicht von einer bestimmten Lage stammt und mithin in der Regel von geringerer Qualität sein wird als der Wein eines bestimmten →*cru*. Ein →*Rauenthaler Steinmächer*, →*Wiltinger Scharzberg* oder →*Niersteiner Gutes Domtal* gibt lediglich vor, klar bezeichnet zu sein, ist es aber in Wirklichkeit nicht. So etikettierte Weine können nicht nur wie im Fall des erwähnten Côte de Beaune-Villages aus einer Vielzahl von Orten und Lagen stammen, ein *Wiltinger Scharzberg* wird zudem trotz seines Namens in der Regel nicht aus Wiltingen, sondern eher von einer weniger bedeutenden

Gemeinde kommen. Nur eine einzige der 28 zur Großlage *Gutes Domtal* gehörenden Einzellagen liegt in Nierstein, und dennoch schmücken sich alle unter diesem Namen angebotenen Weine mit dem illustren Namen Niersteins und suggerieren dem unkundigen Käufer, daß er einen Niersteiner Wein kauft. Was immer die Qualität dieses Weines ist, ist die Bezeichnung eine bewußte Täuschung des gutgläubigen Kunden und daher rechtlich ein eindeutiger Widerspruch zu der gesetzlich postulierten »Wahrheit und Klarheit«.
Statt diese Verwirrungen und bewußten Irreführungen, die mit einem wirklich qualitätsorientierten Weinbau unvereinbar sind, endlich zu beseitigen und dem eigenen Anspruch gerecht zu werden, ist es unbegreiflich, daß der Deutsche Bundestag 1994 trotz massiver Widerstände auf der Beibehaltung dieser unseligen Kategorie bestanden hat.
Mutatis mutandis gilt das gleiche für österreichische Weine, wo das Weingesetz von 1993 ebenfalls die Großlage neuerlich sanktioniert hat.

Großraumgärung Erheblich billigeres und schnelleres Verfahren zur Erzeugung von →Schaumwein als das →Champagner-Verfahren, qualitativ aber der →*Méthode champenoise* keineswegs gleichwertig. Die 2. Gärung wird nicht in der Flasche, sondern in großen verschlossenen Tanks durchgeführt, von wo sie unter Druck in Flaschen abgefüllt werden. Kein nach diesem Verfahren erzeugter Wein darf die Bezeichnung Champagner führen, selbst wenn er aus der Champagne stammt. →Transvasierverfahren

Gruaud-Larose, Château *2ᵉ cru classé* in →Saint-Julien im →Haut-Médoc mit 82 ha Rebfläche (65 % →Cabernet Sauvignon, 20 % →Merlot, 10 % →Cabernet franc und 5 % →Petit Verdot). Vor allem beginnend mit dem 1978er wird wieder ein tiefer, konzentrierter, reicher, ausdrucksvoller und langlebiger Wein von bemerkenswerter Statur und Eleganz erzeugt, der heute nicht nur zu den besten und beständigsten Weinen seiner Appellation zählt, ein getreu seinem Motto wahrhaft königlicher roter →Bordeaux. Nach dem Besitzerwechsel 1993 sollte man die weitere Entwicklung im Auge behalten.

Grumello Einer der besseren Rotweine aus dem norditalienischen →Valtellina (Veltlin), der bei Sondrio im Norden der →Lombardei zu mindestens 70 % aus →Nebbiolo, hier →Chiavennasca genannt, erzeugt wird und als Valtellina →superiore »Grumello« in den Handel kommt.

Grün Bezeichnung für einen →grasigen Wein aus unreifen Trauben mit unangenehm harter Säure, ohne Fülle, Ausgeglichenheit oder Charakter. Dies ist keine Frage des Alters, denn in ihrem Frühstadium grüne Weine lohnen ein →Altern nicht, da sie rasch unharmonisch und bald darauf ungenießbar werden.

Grundwein Generelle Bezeichnung für Wein, der zur Erzeugung von →Schaumwein verwandt und damit einer zweiten →Gärung unterzogen wird.

Guado al Tasso Seit 1990 von Piero Antinori in seiner Tenuta Belvedere in →Bolgheri in der Gemeinde →Castagneto Carducci in der →Toscana erzeugter roter →Tafelwein aus →Cabernet und →Merlot, selbstverständlich in →Barriques ausgebaut. Als Antwort auf die in unmittelbarer Nachbarschaft erzeugten →Ornellaia von Ludovico Antinori und insbesondere den →Sassicaia wird der Guado al Tasso noch einiges an Überzeugungskraft benötigen: Über Kraft, Kern und Tannin verfügt er allemal, doch noch fehlt es an Komplexität, Großzügigkeit und Eleganz. Alle Anlagen für einen zukünftig großen Wein scheinen jedoch vorhanden, so daß man ihn in jedem Fall im Auge behalten sollte.

Guebwiller Eine der bedeutendsten Weinbaugemeinden im südlichen →Elsaß mit gut 120 ha Rebfläche und mit allein vier Lagen, die als →*Alsace grand cru* eingestuft sind: *Kessler*, *Kitterlé*, *Saering* und *Spiegel*. Der bedeutendste lokale Erzeuger ist Schlumberger (mit 140 ha Rebfläche die größte Weinbaudomäne des Elsaß), der die ersten drei Lagen nahezu vollständig, letztere mit einem Anteil von einem Drittel besitzt.

Guiraud, Château *Premier cru classé* in →Sauternes mit 63 ha Rebfläche, die zu 62 % mit →Sémillon, 37 % →Sauvignon und 1 % →Muscadelle bestockt ist und seit dem Besitzerwechsel von 1981 einen zunehmend feinen und eleganten, relativ modernen Sauternes hervorbringt, der ähnlich einem →Barsac über Rasse verfügt, aber nicht den Reichtum an Körper und Süße traditioneller Sauternes aufweist. Er gehört heute nach dem unvergleichlichen Château d'→Yquem zu den ersten Weinen des Sauternais. Zusätzlich wird seit 1986 ein vorzüglicher trockener Weißwein, der *G du Château Guiraud Bordeaux blanc sec AC*, erzeugt sowie auf weiteren 12 ha ein ausgezeichneter trockener Rotwein zu ungefähr gleichen Teilen aus →Cabernet Sauvignon und →Merlot plus etwas →Cabernet franc.

Gumpoldskirchen Zentrum und mit 420 ha Rebfläche bedeutendste Weinbaugemeinde des Weinbaugebietes →Thermenregion, dessen Weine zu den hervorragendsten Weißweinen Österreichs gehören. Die Weine sind durchweg gehaltvoll und reif, und die besten von ganz bemerkenswerter Ausdruckskraft, Differenziertheit und außerordentlicher Eleganz. Sie stammen dann in der Regel aus →Rotgipfler und (oder)

→Zierfandler, die zusammen 35 % der Rebfläche einnehmen, und von herausragenden Lagen wie *Wiege, Spiegel, Kramer, Sonnberg, Goldknöpfl, Rasslerin, Grimmling, Stocknarrn* u. a. Als führende Erzeuger gelten Leopold und Manfred Biegler, Franz Kurz, die Landwirtschaftliche Fachschule (Weinbauschule), Heinrich Leitner, die Deutsch-Ordens-Schloßkellerei, das Weingut des Stifts Melk, Harald Zierer, die lokale Winzergenossenschaft u. a.

Gumpoldskirchen, Weinbaugebiet Bis 1985 eigenständiges Weinbaugebiet, das seither gemeinsam mit dem zuvor ebenfalls eigenständigen Gebiet Bad →Vöslau das Weinbaugebiet →Thermenregion bildet.

Gündelbach Östlich von →Maulbronn gelegener, heute zu Vaihingen gehörender Weinbauort in →Württemberg, vor allem bekannt durch den noch älteren Steinbachhof, seit Jahrhunderten im Besitz der Württembergischen →Hofkammer, die von dem *Gündelbacher Steinbachhof* (Alleinbesitz) und dem nur wenig geringeren *Gündelbacher Wachtkopf* (zusammen knapp 13 ha) exzellente Weine erzeugt, vor allem →Riesling, →Lemberger, →Trollinger und →Schwarzriesling, die zu den besten in Württemberg zählen. Die übrigen Gündelbacher Weine kommen nahezu ausnahmslos durch die Weingärtnergenossenschaft in den Handel.

Gundelsheim Reizvolle Weinbaugemeinde am Neckar nördlich von →Heilbronn mit der 30 ha großen Lage *Himmelreich*, die sich weitgehend im Besitz der →Lehr- und Versuchsanstalt Weinberg befindet, die hier in guten Jahren beachtenswerte →Spätburgunder und Graue →Burgunder erzeugt.

Guntersblum Einer der bedeutendsten Weinbauorte von →Rheinhessen zwischen →Alsheim und →Ludwigshöhe

mit rund 550 ha Rebfläche. *Bornpfad, Himmelthal, Kreuzkapelle, Steig-Terrassen* u. a. Lagen haben einen guten Namen. Die Weingüter Muth und Stallmann-Hiestand aus den benachbarten Alsheim bzw. →Uelversheim gelten als führende Erzeuger.

Guntramsdorf Weinbauort unweit von →Gumpoldskirchen im Gebiet →Thermenregion. Der Ort ist vor allem bekannt für seine →Neuburger, doch werden auch →Rotgipfler und →Zierfandler u. a. Sorten, darunter auch Rotwein erzeugt. Franz Melwisch ist ein führender Erzeuger.

Gutedel Alte weiße Rebsorte, die früher sehr viel weiter als heute verbreitet war. In Deutschland sind derzeit 1344 ha mit ihr bestockt, die sich zu über 98 % im →Markgräflerland in →Baden befinden, wo sie die führende Rebsorte ist. In der Mehrzahl werden sie dort als alltägliche →Schoppenweine konsumiert, doch vermag der Gutedel dank seiner feinwürzigen, ausgeglichenen und nicht zu säurebetonten Art durchaus ausgezeichnete Ergebnisse hervorzubringen, die über das Anbaugebiet hinaus Beachtung verdienen. Sein verbreitetstes Anbaugebiet ist jedoch heute die →Westschweiz, wo er als →Chasselas praktisch konkurrenzlos ist und der bemerkenswerteste aus ihm erzeugte Wein der →Dézaley ist. Auch in Frankreich und →Kalifornien ist die Sorte vereinzelt anzutreffen. Ferner ist sie als Tafeltraube beliebt.

Gütezeichen →Weinsiegel

Gutsabfüllung Seit 1993 in Deutschland und in der Provinz →Bozen zulässige Bezeichnung anstelle der →Erzeugerabfüllung, falls der Wein von Rebflächen stammt, die seit mindestens 3 Jahren von dem Weingut bewirtschaftet werden und der Wein dort von einem fachlich ausgebildeten Betriebsleiter ausgebaut wurde.

Gutturnio dei Colli Piacentini In 9 Gemeinden des Anbaugebietes der →Colli Piacentini in der Provinz Piacenza in der →Emilia-Romagna aus →Barbera und Croatina, eventuell mit kleineren Zusätzen von →Bonarda und →Pinot nero, erzeugter Rotwein, der heute in der Regel in trockenen Abfüllungen in den Handel kommt. Von guten Erzeugern stammend, kann er fruchtig, gehaltvoll und von beachtenswertem Charakter sein.

H

Hagel Eine der gefürchtetsten Unbilden des Wetters im Leben eines Winzers. Hagelstürme, die in den meisten Weinbaugebieten keineswegs selten sind, können schlimmstenfalls katastrophal sein und innerhalb weniger Minuten nicht nur die gesamte Ernte vernichten, sondern auch noch durch die Beschädigung des Rebstockes Auswirkungen auf die Ernte des folgenden Jahres haben. Bereits ein leichter Hagel während der Reifezeit fordert seinen Tribut, indem er, zumal bei roten Sorten, die Beeren beschädigt, was einen ganz leichten Fäulnisgeschmack in einem ansonsten gesunden Wein hervorrufen kann, den sog. Hagelgeschmack (*goût de grêle*), wie er z. B. viele 1983er in →Pomerol prägt.

Hajós-Vaskút Mit dem ungarischen Weingesetz von 1994 bestimmtes südungarisches Weinbaugebiet links der Donau zwischen Hajós und Baja und im Osten an das Gebiet von →Kiskunság grenzend. Früher Teil des →Alföld.

Halbstück Ein →Faß mit einem Inhalt von 600 l, das traditionell im →Rheingau u. a. gebräuchlich ist, wo es als Ergänzung des doppelt so großen Stückfasses dient – außer dort, wo man aus falsch verstandenem Fortschritt auf →Tanks umgerüstet hat. Der Inhalt des Halbstücks entspricht 800 Flaschen.

Halbtrocken Bezeichnung für Weine, deren →Restzuckergehalt den für →trockene Abfüllungen zulässigen Grad übersteigt. In der EU liegt die Höchstgrenze bei 12 g / l (dem sich Österreich 1993 angeschlossen hat) bzw. 18 g / l, wenn der Restzuckergehalt den Gesamtsäuregehalt um nicht mehr als 10 g / l übersteigt. Dabei spielt es keine Rolle, ob dieser Zuckerrest bewußt herbeigeführt wurde, etwa durch Zusatz von →Süßreserve, durch Gärstopp oder andere Manipulationen, oder bei hochgrädigen Weinen durch natürlichen Gärungsstillstand bedingt ist. Bei →Schaumweinen bezeichnet halbtrocken einen Restzuckergehalt zwischen 33 und 50 g / l. Die Bezeichnung entspricht in den EU-Weinbauländern den Ausdrücken →abboccato, →demisec, →imixeros, →medium dry, →meio seco, →semiseco.

Halbturn Weinbaugemeinde mit rund 530 ha Rebfläche im Weinbaugebiet →Neusiedlersee. Es werden nahezu ausschließlich Weißweine (→Welschriesling, Weißer →Burgunder, Grauer →Burgunder, →Rheinriesling u. a.) von z. T. beachtenswerter Qualität erzeugt. Die Schloßkellerei Halbturn u. a. gelten als führende Erzeuger.

Hallau Mit nahezu 150 ha Rebfläche größte Weinbaugemeinde der →Ostschweiz und Zentrum des Weinbaus im →Klettgau (Kanton →Schaffhausen). Zu etwa 80 % wird →Blauburgunder angepflanzt, dessen Weine zu den typischsten Ostschweizer Rotweinen gehören. Die Abfüllungen des benachbarten Oberhallau dürfen ebenfalls als *Hallauer* in den Handel gebracht werden.

Hallgarten Bedeutende Weinbaugemeinde im →Rheingau mit knapp 210 ha Rebfläche. Ähnlich wie →Rauenthal und →Kiedrich liegt Hallgarten etwas zurückgezogen vom →Rhein weiter hügelaufwärts. Seine Lagen sind *Schön-hell*, *Würzgarten*, *Hendelberg* und *Jungfer*, die z. T. nur einen Steinwurf weit vom berühmten →*Steinberg* entfernt liegen. Hallgartener Weine, zu 85 % →Riesling, können hervorragend, kernig und kraftvoll sein und sind nicht selten die körperreichsten des ganzen Rheingaus. Der weithin bekannteste Erzeuger ist Fürst →Löwenstein (Pachtgut von Schloß →Vollrads), doch verdienen darüber hinaus die Vereinigten Weingutsbesitzer, die lokale Winzergenossenschaft u. a. Beachtung.

Harmonisch Bezeichnung für einen ausgeglichenen Wein, bei dem alle Geschmackskomponenten ausgewogen aufeinander abgestimmt sind. Dies wird selten bei einem kleinen Wein je der Fall sein. Wenn es sich dabei um einen jungen Wein handelt, dürfte es sich in der Regel um einen durch Vinifikation und Weinausbau auf Kosten von Qualität und Alterungsfähigkeit künstlich herbeigeführten Zustand handeln (wie dies u. a. durch den Zusatz von →Süßreserve bei →halbtrockenen Weinen versucht wird). Wirkliche Harmonie erreichen nur bedeutende Weiß- wie Rotweine und dies allein durch →Altern mittels langsamer Reifung auf der Flasche. Es versteht sich von selbst, daß das Niveau und die Feinheit dieser Harmonie jeder künstlich durch entsprechende Kellerbehandlung erzwungenen weit überlegen ist.

Haro Kleine Stadt am Oberlauf des Ebro und eines der Handelszentren für die Weine der →Rioja – das wichtigste ist längst →Logroño. Einige Dutzend →Bodegas haben ihren Sitz in Haro ebenso wie die staatliche *Estación de viticultura y enología*.

Hárslevelü Ungarische Weißweinsorte (deutsch: Lindenblättriger), die in Ergänzung zum →Furmint und etwas →Muskateller den berühmten →Toka-jer hervorbringt. Sie wird aber auch unverschnitten ausgebaut, und der allgemein geschätzte Hárslevelü kommt aus →Debrö, der *Debröi Hárslevelü*.

Hart Bezeichnung für einen Wein ohne Charme, dem es an Feinheit fehlt. Dennoch muß es sich dabei nicht um einen Fehler handeln. Junge Weine von der →Saar, aus →Chablis, →Bordeaux u. a. Herkünften können in ihrer Jugend mitunter hart sein, entwickeln sich jedoch durch →Altern hervorragend, um sich auf ihrem Höhepunkt wundervoll ausgeglichen und harmonisch zu präsentieren. Die moderne Geschmacksrichtung neigt hingegen dazu, diesen jugendlichen Geschmacksausdruck als Fehler anzusehen – meist weniger in bezug auf den Wein als auf das Marketing – und sucht durch entsprechende Maßnahmen der Vinifikation, selbst dem noch so bemerkenswerten Wein einen bereits in seiner Jugend gefälligen Ausdruck zu verleihen. Solange diese Zwänge des Marktes nicht auf Kosten der Qualität und der Entwicklungsfähigkeit des Weins gehen, ist dagegen nicht das geringste einzuwenden, zumal früher viele in ihrer Jugend harte Weine sich nie mit zunehmendem Alter exzellent entwickelt haben, sondern oftmals aufgrund des Übermaßes an Tannin vorzeitig ausgetrocknet sind.

Hattenheim Eine der großartigsten Weinbaugemeinden des →Rheingau mit rund 250 ha Rebfläche, die zu den hochwertigsten des ganzen Gebietes zählen, obwohl auf den besten Provenienzen der Name Hattenheim nicht erscheint. Denn selbst die Weine des zu Hattenheim gehörenden, kleineren Teil des einzigartigen →*Marcobrunn* werden heute jedoch stets als →*Erbacher Marcobrunn* etikettiert, während die Weine des →*Steinberg* grundsätzlich ohne den Zusatz »Hattenheim« in den Handel kommen. Doch die als *Hattenheimer* etikettierten Weine der Lagen *Nuß-*

brunnen, Wisselbrunnen, Mannberg u. a. stehen jenen kaum nach. Vielleicht nicht ganz so markant und fest in der Säure wie die Erbacher Weine sind die Hattenheimer Weine kernig, kraftvoll, stoffig und langlebig, und die besten von ihnen verdienen das Prädikat »bemerkenswert«, wenn nicht »groß«. Zu den führenden Erzeugern gehören →Langwerth von Simmern, →Schönborn, Schloß →Reinhartshausen, die Hessischen →Staatsweingüter, die Georg-Müller-Stiftung u. a.

Haugsdorf Wichtigster Weinbauort im →Pulkautal im niederösterreichischen →Weinviertel mit nahezu 600 ha Rebfläche (gemeinsam mit dem benachbarten Jetzelsdorf). Im Gegensatz zu den übrigen Gemeinden des Gebietes wird zu über zwei Drittel Rotwein erzeugt, der nahezu ausschließlich aus dem Blauen →Portugieser stammt, der hier weit überdurchschnittliche Qualität und in seinen Spitzen ein höchst beachtliches Niveau zu erreichen vermag. Josef Lust gilt als ein führender Erzeuger.

Hauptlese Bis zur 1993 erfolgten weitgehenden Freigabe der Lese in Deutschland durch die bis dahin bestehende Herbstordnung in jeder Weinbaugemeinde Jahr für Jahr je nach Reifestand und Witterung festgesetzte Beginn und Ende der allgemeinen Lese. Zuvor fand erforderlichenfalls eine genehmigte →Vorlese statt; auf die Hauptlese folgte, außer in geringen Jahren, die →Spätlese.

Haut Französisch *hoch*. In Verbindung mit Bereichs- oder ähnlichen Namen ist damit ein höher gelegenes Gebiet gemeint, ohne daß zugleich eine eindeutige Qualitätsaussage gemacht ist. So ist natürlich der Wein von der →Hautes-Côtes de Nuits nicht besser als der von der →Côte de Nuits; es verhält sich vielmehr umgekehrt. Der Bas-Armagnac liefert einen besseren Branntwein als der Haut-Armagnac. Aber es gilt gewiß auch und sogar wohl häufiger das Gegenbeispiel. So sind die Weine des →Haut-Médoc durchweg denen des →Médoc überlegen, die des →Haut-Rhin denen des →Bas-Rhin usw.

Haut-Bages-Libéral, Château *5ᵉ cru classé* in →Pauillac im →Haut-Médoc mit 25 ha Rebfläche, die zu 75 % mit →Cabernet Sauvignon, 22 % →Merlot und 3 % →Petit Verdot bestockt ist. Der Wein ist kraftvoll, tanninreich und ausgeglichen, ein typischer Pauillac von hervorragender, seinem Rang voll entsprechender Qualität. Heute in gleichem Besitz wie die Châteaux →Ferrière und →Chasse-Spleen.

Haut-Bailly, Château →*Cru classé* aus →Léognan in den →Graves mit 25 ha Rebfläche (60 % →Cabernet Sauvignon, 30 % →Merlot, 10 % →Cabernet franc) und einem körperreichen, langlebigen Rotwein mit angenehmem Tannin, bemerkenswerter Struktur, Nuancenreichtum und Eleganz, der nach einer Schwächeperiode längst wieder, zumal in nicht zu nassen oder zu trockenen Jahren, zu den großartigsten Graves-Weinen zählt und durch seine Finesse brilliert.

Haut-Batailley, Château *5ᵉ cru classé* in →Pauillac im →Haut-Médoc, das vor rund einem halben Jahrhundert aus der Teilung von Château →Batailley entstanden ist und seither von dem Besitzer von Château →Ducru-Beaucaillou geleitet wird. 20 ha sind zu 65 % mit →Cabernet Sauvignon, 25 % →Merlot und 10 % →Cabernet franc bestockt und bringen einen feinen, eleganten, für einen Pauillac recht geschmeidigen und mitunter eher an einen →Saint-Julien erinnernden Wein hervor, der deutlich über dem Niveau seines offiziellen Rangs liegt.

Haut-Benauge →Bordeaux-Haut-Benauge

Haut-Brion, Château Einer der größten Rotweine von →Bordeaux, der einzige Wein der →Graves, der für würdig befunden wurde, in die →Klassifizierung von 1855 aufgenommen zu werden und der dabei als *premier cru classé* eingestuft und auf eine Stufe mit Châteaux →Lafite, →Latour und →Margaux gestellt wurde, was 1973 erneut offiziell bestätigt wurde. Das Gut befindet sich unmittelbar jenseits der Stadtgrenze von →Bordeaux in →Pessac an der Straße nach Arcachon auf einer eindrucksvollen Kieskruppe und verfügt über den besten Rebboden der Graves. 40 ha sind zu 55% mit →Cabernet Sauvignon, 25% →Cabernet franc und 20% mit →Merlot bestockt. Hinzu kommen weitere 4 ha, die der Erzeugung von Weißwein dienen und die je zur Häfte mit →Sémillon und →Sauvignon bestockt sind. Der Rotwein ist vollends bemerkenswert: Ohne die Kraft und die Kernigkeit eines Latour oder →Mouton-Rothschild ist er großzügig, komplex, reich, distinguiert und von einer unnachahmlichen, nuancenreichen und wahrlich luxuriösen Eleganz und verkörpert seit seiner phänomenalen Qualitätssteigerung im Laufe der achtziger Jahre heute in so manchem Jahr die Spitze der roten Bordeaux. Der Weißwein erreicht nicht immer ganz dieses exorbitante Format, zeichnet sich jedoch ebenfalls durch komplexen Reichtum, Großzügigkeit, unnachahmliche Subtilität und eine geschmeidige, einschmeichelnde Struktur aus, die derzeit allein den – im gleichen Besitz befindlichen – Château Laville Haut Brion als Rivalen erscheinen läßt.

Haut-Comtat Ansprechende und ordentliche Rot- und Roséweine aus sechs Gemeinden nördlich des Mont →Ventoux im südostfranzösischen Département →Drôme. Sie werden mehrheitlich aus →Grenache, →Cinsaut, →Mourvèdre und →Syrah erzeugt und kommen

mit dem →V.D.Q.S.-Siegel in den Handel.

Haut-Gardère, Château Einst hochgerühmtes Weingut in →Léognan in den →Graves gegenüber von Château de →Fieuzal, das Ende der 1970er Jahre wiedererstanden ist. 20 ha sind bestockt (58% →Cabernet Sauvignon, 35% →Merlot, 7% →Cabernet franc bzw. 60% Sauvignon und 40% Sémillon für den Weißwein). Auch wenn zumal die weißen Reben noch etwas jung sind, ist die Entwicklung sehr vielversprechend. Der Rotwein hat das Niveau der klassifizierten Gewächse von Léognan längst erreicht, und das Format des Weißweins dürfte sich als ähnlich hervorragend erweisen.

Haut-Marbuzet, Château *Cru* →*bourgeois* in →Saint-Estèphe im →Haut-Médoc mit 40 ha Rebfläche (50% →Cabernet Sauvignon, 40% →Merlot, 10% →Cabernet franc), der derzeit zu den gefeiertsten Weinen von St-Estèphe zählt aufgrund seiner wenig aggressiven, reichen und verführerisch einschmeichelnden Art, dank seines überdurchschnittlich hohen Merlotanteils und dem ausschließlichen Ausbau in neuen →Barriques. Der Wein entspricht damit zwar nicht dem Bild des klassischen St-Estèphe, ist aber zweifellos von bemerkenswerter Qualität und entspricht heute zumindest dem Niveau eines 5. Gewächses.

Haut-Médoc Wenn man von den herausragenden roten →Bordeaux-Weinen spricht, ist der →Haut-Médoc, den man durchweg auch meint, wenn man lediglich →Médoc sagt, der qualitativ bemerkenswerteste Bereich. Er liegt auf dem linken →Gironde- und →Garonneufer oberhalb des heute lediglich Médoc genannten unteren Teils der Halbinsel und erstreckt sich von →Saint-Seurin-de-Cadourne im Norden bis →Blanquefort im Süden, unmit-

Weingut	Gemeinde
Premiers crus classés	
Château Lafite	Pauillac
Château Latour	Pauillac
Château Margaux	Margaux
Château Mouton-Rothschild	Pauillac
Deuxièmes crus classés	
Château Rausan-Ségla	Margaux
Château Rauzan-Gassies	Margaux
Château Léoville-Las Cases	St-Julien
Château Léoville-Poyferré	St-Julien
Château Léoville-Barton	St-Julien
Château Durfort-Vivens	Margaux
Château Gruaud-Larose	St-Julien
Château Lascombes	Margaux
Château Brane-Cantenac	Cantenac-Margaux
Château Pichon-Longueville (Baron)	Pauillac
Château Pichon-Lalande	Pauillac
Château Ducru-Beaucaillou	St-Julien
Château Cos d'Estournel	St-Estèphe
Château Montrose	St-Estèphe
Troisièmes crus classés	
Château Kirwan	Cantenac-Margaux
Château d'Issan	Cantenac-Margaux
Château Lagrange	St-Julien
Château Langoa-Barton	St-Julien
Château Giscours	Labarde-Margaux
Château Malescot-Saint-Exupéry	Margaux
Château Cantenac-Brown	Cantenac-Margaux
Château Boyd-Cantenac	Margaux
Château Palmer	Cantenac-Margaux
Château La Lagune	Ludon-Haut Médoc
Château Desmirail	Margaux
Château Calon-Ségur	St-Estèphe
Château Ferrière	Margaux
Château Marquis d'Alesme-Becker	Margaux
Quatrièmes crus classés	
Château Saint-Pierre	St-Julien
Château Talbot	St-Julien
Château Branaire-Ducru	St-Julien
Château Duhart-Milon	Pauillac
Château Pouget	Cantenac-Margaux
Château La Tour-Carnet	St-Laurent-Haut-Médoc
Château Lafon-Rochet	St-Estèphe
Château Beychevelle	St-Julien

Weingut	Gemeinde
Château Prieuré-Lichine	Cantenac-Margaux
Château Marquis de Terme	Margaux
Cinquièmes crus classés	
Château Pontet-Canet	Pauillac
Château Batailley	Pauillac
Château Haut-Batailley	Pauillac
Château Grand-Puy-Lacoste	Pauillac
Château Grand-Puy-Ducasse	Pauillac
Château Lynch-Bages	Pauillac
Château Lynch-Moussas	Pauillac
Château Dauzac	Labarde-Margaux
Château d'Armailhacq (von 1956–1989 als	
Château Mouton-Baron[ne]-Philippe)	Pauillac
Château du Tertre	Arsac-Margaux
Château Haut-Bages-Libéral	Pauillac
Château Pédesclaux	Pauillac
Château Belgrave	St-Laurent-Haut-Médoc
Château Camensac	St-Laurent-Haut-Médoc
Château Cos Labory	St-Estèphe
Château Clerc-Milon	Pauillac
Château Croizet-Bages	Pauillac
Château Cantemerle	Macau-Haut-Médoc

telbar vor den Toren Bordeaux'. Die Böden sind mehr oder weniger stark kieshaltig und sandig, wobei im südlichen Haut-Médoc feiner weißer Garonnekies anzutreffen ist, der im nördlichen Haut-Médoc zunehmend gröberem gelblichem Kies weicht. Rund 7550 ha sind mit Reben bestockt, von denen rund zwei Drittel auf die sechs Gemeindeappellationen des Haut-Médoc entfallen: →Saint-Estèphe, →Pauillac, →Saint-Julien, →Margaux, →Moulis und →Listrac-Médoc. Hier ist das Reich des →Cabernet Sauvignon, der in der Regel einen Flächenanteil pro Gut von 65–70, z. T. bis 85 % erreicht und unterstützt wird durch →Merlot, →Cabernet franc und →Petit Verdot. Weißweine werden nur in Ausnahmefällen erzeugt und müssen dann, gleich von welchem Gut, als *Bordeaux AC* in den Handel gebracht werden. Die zulässigen Grunderträge liegen derzeit bei 48 hl/ha (für die Appellation →Haut-Médoc) bzw. 45 hl/ha (für die Gemeindeappellationen), werden aber je nach Jahrgang in der Praxis überschritten (→Ertrag).

Der Haut-Médoc ist das Gebiet der berühmten →Klassifizierung von 1855, mit der die Spitzengüter dieses Bereichs in fünf Klassen eingeteilt wurden. Ungeachtet vielfacher Veränderungen der Zwischenzeit, gilt diese Klassifizierung offiziell heute noch und ist lediglich durch die Klassifizierung der *premiers crus* von 1973 einmal seither (in einem Punkt) offiziell geändert worden. Während diese Klassifizierung der *premiers crus* von 1973 offiziell in alphabetischer Reihenfolge erfolgte, wurden die 2. bis 5. Gewächse 1855 in der in der Tabelle wiedergegebenen Reihenfolge aufgeführt. Obwohl nie offiziell ein Grund für diese Reihenfolge genannt wurde, kann man davon ausgehen, daß sie eine Rangordnung ausdrücken sollte, was jedoch stets dementiert wurde.

Unterhalb dieser klassifizierten Gewächse ist die große Zahl der *crus →bourgeois* angesiedelt, deren beste heute durchaus Weine auf dem Niveau 5. Gewächse zu erzeugen vermögen.

Insgesamt sind die Weine des Haut-Médoc mehr oder weniger kraftvoll und tanninreich, wobei sie innerhalb des Gebietes von Süden nach Norden vielleicht etwas an Feinheit abnehmen, dafür an Kraft und Kern gewinnen. Auch wenn sie heute in ihrer Jugend nicht mehr so unnahbar und abweisend sind, wie dies vor 10–15 Jahren noch eher die Regel war, reifen sie je nach Jahrgang langsam, sind dann aber auch in der Regel sehr langlebig. Auch die einfacheren Weine sollte man im allgemeinen nicht trinken, bevor sie etwa 5 Jahre alt sind, während Spitzengewächse in außergewöhnlichen Jahrgängen auch heute noch 10–15 Jahre und z.T. mehr benötigen, um ihren Höhepunkt zu erreichen. Dann aber zählen sie zu den größten Rotweinen der Welt, die keinen Vergleich mit Rotweinen anderer Provenienzen zu fürchten brauchen.

Haut Montravel →Montravel

Haut-Rhin Französisches Département, das den südlichen Teil des →Elsaß umfaßt, aus dem in der Regel die besten Weine des Gebietes kommen. 7836 ha sind mit Reben bestockt an den unteren Abhängen der mit Wald bedeckten Vogesen und liegen dem →Kaiserstuhl bzw. →Markgräflerland gegenüber, liefern jedoch Weine ganz anderer Art: Durch →Chaptalisierung meist im →Alkohol noch etwas höher als auf der deutschen Seite sind sie, von wenigen Ausnahmen abgesehen, trocken und stammen aus →Riesling, →Gewürztraminer und weißen →Pinot- oder →Muskat-Sorten.

Haut-Sauternes Weinrechtlich nicht geschützte Bezeichnung für durchweg einfache und anspruchslose, meist eher plump-süße →Verschnittweine aus den höher gelegenen Teilen von →Sauternes.

Hautes-Côtes de Beaune Oberhalb der →Côte de Beaune liegender Teil der →Arrières Côtes mit in Körper und Charakter leichteren Rotweinen – Weißweine werden kaum erzeugt –, die jedoch zumal in besseren Jahren durchaus Beachtung verdienen. Sie stammen von 29 Gemeinden mit zusammen rund 500 ha und kommen als *Bourgogne-Hautes-Côtes de Beaune* in den Handel.

Hautes Côtes de Nuits Oberhalb der südlichen →Côte de Nuits gelegener Teil der →Arrières Côtes, mit rund 480 ha, verteilt auf 18 Gemeinden, etwas kleiner als die *→Hautes-Côtes de Beaune* mit ansprechenden Rotweinen (weniger als ein Zehntel Weißwein), die in guten Jahren durchaus Beachtung verdienen. Sie kommen als *Bourgogne-Hautes-Côtes de Nuits* in den Handel.

Hautvillers Weinbaugemeinde in der →Champagne an der →Marne gelegen und als *premier cru* mit 93 % eingestuft – d.h. seine Trauben erzielen einen um 7 % geringeren Preis als die des unweit gelegenen →*grand cru*-Ortes →Ay. In Hautvillers werden praktisch ausschließlich Pinot →Meunier und →Pinot noir angepflanzt. In der Abtei von Hautvillers führte →Dom Perignon vor nahezu 300 Jahren seine berühmten Experimente durch, weshalb man diese Abtei die →Geburtsstätte des Champagners→ nennt.

Hefe Einzellige Mikroorganismen, von denen einige (*Sacccharomyces ellipsoideus*) den Saft von Trauben zum Gären bringen und ihn dadurch in Wein verwandeln. Die Hefe bildet die zur →Gärung notwendigen Fermente in ihrem Protoplasma. Die Gärungsvorgänge decken den Energiebedarf der anaerob lebenden Mikroorganismen. Es gibt eine Vielzahl verschiedenster Hefekulturen, von denen einige bei geringeren Temperaturen tätig werden als andere und die sich durch die vielfältigsten Eigenschaften voneinander unterscheiden, eine Erkenntnis, die sich jene weitgehend zunutze machen, die ihre Moste nicht mit den natürlichen Hefen, sondern mit sog. Reinzuchthefe vergären. Selbst wenn es als umstritten gelten mag, ob eine Vergärung durch Reinzuchthefen einer Vergärung durch eigene Hefen vorzuziehen wäre – in jedem Fall ändert sich der Charakter und Geschmack des Weines –, kann es doch keinen Zweifel geben, daß die Ausfiltrierung der natürlichen Hefen aus dem Most einen massiven und in aller Regel für die Qualität des späteren Weins nachteiligen Eingriff darstellt. Nicht alle Hefen sind gleichermaßen nützlich und erstrebenswert. So führt z. B. das Auftreten von →Kahmhefe dazu, daß der Wein ungenießbar wird. Hingegen bewirkt die auf ganz bestimmten Weinen natürlicherweise auftretende →Florhefe genau das Gegenteil und führt zur Bildung des →Fino und →Amontillado →Sherry.

Hefepreßwein Getränk, das man durch Auspressen des Hefetrubs erhält; es schmeckt nicht unangenehm nach →Hefe.

Hefig Sowohl auf junge Weine im Faß angewandter Ausdruck, die noch einen Geruch oder Geschmack nach →Hefe aufweisen, als auch bei einigen Weinen, wie dem →Muscadet, bei denen dieser *goût de lie*, verbunden mit einer leicht schäumenden Spritzigkeit dank natürlicher Kohlendioxidreste, noch auf der Flasche sehr geschätzt wird. Um ihn zu erreichen, werden derartige Weine daher direkt von der Hefe als →*vin sur lie* abgefüllt. Im allgemeinen verliert sich

dieser Geschmack nach einigen Monaten auf der Flasche bzw. recht rasch bei den Faßweinen, die darauf in ein anderes Faß umgefüllt werden (→Abstich). Auch einige →Schaumweine können anfangs hefig schmecken, wie es natürlich auch der →Federweiße tut.

Heidsieck, Charles Bekanntes →Champagnerhaus in →Reims mit einigen feinen und eleganten Weinen, darunter der normale →Brut, der →Blanc de Blancs sowie die Spitzencuvée *Royal Charles*.

Heidsieck Monopole In →Reims ansässiges →Champagnerhaus mit einigen beliebten, gut gemachten Champagnern. Hervorragend ist die Spitzencuvée *Diamant bleu*.

Heilbronn Eine der größten Weinbaugemeinden →Württembergs mit rund 550 ha Rebfläche in den bekannten Lagen *Wartberg*, *Stiftsberg* und *Stahlbühl*. Es werden vorrangig rote Sorten und →Riesling angebaut. Als zuverlässige Erzeuger gelten Drautz-Able (beachtenswerte →Barriqueweine und -sekte), G. A. Heinrich (Spezialität ein ausgezeichneter →Trollinger-Sekt →*brut*) u. a.

Heiligenstadt Einer der berühmtesten →Heurigenorte von →Wien (19. Bezirk) und der Lieblingsaufenthalt Beethovens in der Stadt. Heiligenstädter Weine (*Nußberger*) gehören zu den besten Wiens.

Heimersheim Kleine Weinbaugemeinde an der →Ahr, Stadtteil von Bad Neuenahr-→Ahrweiler, mit weniger als 70 ha Rebfläche, deren *Landskrone* nach den beiden Spitzenlagen von →Walporzheim zu den besten der Ahr gerechnet wird. Ihre →Spätburgunder können in guten Jahren zu den beachtenswerteren deutschen Rotweinen zählen.

Hektar Flächenmaß, das 10000 m² umfaßt. In Europa wird der Umfang von Rebflächen in der Regel in Hektar (ha) angegeben. Nach dem deutschen Weingesetz muß eine →Einzellage mindestens 5 ha umfassen, wobei jedoch begründete Ausnahmeregelungen zulässig sind.

Hektoliter Raummaß, 100 l umfassend. In Europa wird die Weinerzeugung normalerweise in Hektolitern (hl) angegeben. Gesetzlich vorgeschriebene Ertragsbegrenzungen beziehen sich auf Menge pro Fläche, also Hektoliter pro →Hektar (hl/ha). →Ertrag, →Menge-Güte-Gesetz.

Helfensteiner →Weinsberger →Neuzüchtung aus →Frühburgunder × →Trollinger von mäßiger Bedeutung. Heute sind noch 33 ha, ausschließlich in →Württemberg, mit ihr bestockt.

Henriot Namhaftes →Champagnerhaus in →Reims mit einem feinen und eleganten →Blanc de Blancs und einer hervorragenden, eleganten und gehaltvollen Spitzencuvée, der *Réserve Baron Philippe de Rothschild*.

Heppenheim Mit rund 170 ha Rebfläche bedeutendste Weinbaugemeinde im Anbaugebiet Hessische →Bergstraße. Als beste Lagen, gerühmt für z. T. hervorragende →Rieslinge, gelten *Steinkopf, Centgericht, Maiberg* u. a. Führender Erzeuger sind die Hessischen →Staatsweingüter, in deren Alleinbesitz sich u. a. die Lage *Centgericht* befindet. Daneben sind H. Freiberger u. a. bekannt.

Hérault Unter dem Gesichtspunkt des Weins das Herz des →Midi um →Béziers und →Montpellier an der französischen Mittelmeerküste gelegen. Obwohl das Départment kaum größer als das Großherzogtum Luxemburg ist, verfügt es – bei rückläufiger Entwick-

lung – über 113000 ha Rebfläche – etwa doppelt so groß wie die Australiens und etwa der von Chile vergleichbar – und ist damit – seit 1993 – knapp hinter der →Gironde das zweitgrößte französische Weinbaudépartement. Außer den →Muskatweinen von →Frontignan, →Lunel und St-Jean-de-Minervois (→ *Vin doux naturel*) werden hier der →Clairette du Languedoc, der →Picpoul de Pinet als Weißweine sowie der →Faugères, →Saint-Chinian, die Mehrzahl der Weine der →Coteaux du Languedoc und ein Teil des →Minervois erzeugt. Zusammen machen diese →A.O.C.-Weine jedoch gerade einmal 12000 ha oder rund 9 % der Rebfläche des Hérault aus. Quantitativ ungleich bedeutender ist die Erzeugung der insgesamt über zwei Dutzend →Landweine, die inzwischen über 50 % der Gesamterzeugung ausmachen. Zu ihnen zählt der hervorragende Mas de →Daumas Gassac, der sicherlich bedeutendste heute im Hérault erzeugte Rotwie Weißwein. Die verbleibenden 37 % sind schlichte →Tafelweine, Weine meist ohne größere Bedeutung, vielfach aus minderwertigen Rebsorten (→Aramon, →Alicante Bouschet), die in nennenswertem Umfang gar nicht erst auf den Markt kommen, sondern gleich destilliert werden.

Herb Nur bei →Schaumweinen ist der Ausdruck *herb* genau definiert und gilt als die deutsche Übersetzung von →brut. Ein als *herb* bezeichneter Schaumwein oder →Sekt ist daher in der Regel trockener als →extra trocken und verfügt über einen →Restzuckergehalt von maximal 15 g/l (im Gegensatz zu den 12–20 g/l *des extra trocken*).
Beim Wein hingegen bezeichnet *herb* durchweg einen mehr oder weniger trockenen Wein, ohne sich konkret auf den Restzuckergehalt zu beziehen. Vielmehr verwendet man den Begriff bei Rotweinen, um einen deutlichen Gehalt an →Tanninen damit zum Aus-

druck zu bringen, ohne daß diese derart aggressiv hervortreten, daß man sie als →adstringierend bezeichnen würde, während man beim Weißwein mit *herb* einen Wein mit einer relativ hohen →Säure bezeichnet, die jedoch nicht →grün und unreif wirkt. Ein herber Wein ist also keineswegs ein geringer Wein, und er wird in der Regel auch nicht als unangenehm empfunden. Jedoch ist es ein Wein, der in diesem Stadium sicherlich noch zu jung ist und den man deshalb noch weiter →altern lassen sollte.

Hermitage Auch *Ermitage* oder *L'Hermitage* genannt, ein mit Recht seit Jahrhunderten berühmter Wein aus dem →Rhônetal, der 75 km südlich von →Lyon auf nur einem einzigen, steilen, terrassenförmig angelegten Weinberg angebaut wird. Dank einer Windung des Stromes weist der Hang genau nach Süden und umfaßt exakt 123 ha. Von ihnen werden jährlich etwa 4900 hl, davon heute ca. ein Drittel Weißwein (aus →Roussanne und Marsanne), während der größere Teil Rotwein aus der →Syrah ist. Außerdem wird noch eine winzige Menge →Vin de Paille, ein süßer, goldfarbener Wein mit hohem Alkoholgehalt (bis zu 15 % vol.), erzeugt.
Der weiße Hermitage ist ein körperreicher, trockener, blaßfarbener Wein von hohem Charakter und ausgeprägtem Bukett, gehaltvoll und elegant, der, wenn voll gelungen, einem →Château-Grillet nur wenig nachsteht. Der rote kann noch bemerkenswerter sein und zählt dann in guten Jahren zu einem der wahrhaft großen Weine Frankreichs: tiefdunkel, sehr langlebig, kraftvoll, mit einem eindringlichen Bukett, der kraftvollste unter den hervorragenden französischen Rotweinen.
Offiziell gibt es folgende 18 Lagen: *Beaumes, Les Bessards, La Croix, La Croix de Jamanot, Les Diognières, Les Diognières et Torras, Les Greffieux, Les Gros des Vignes, L'Hermite, L'Homme,*

Maison Blanche, Le Méal, Les Murets, Péléat, La Pierrelle, Les Roucoules, Les Signaux und *Varogne.* Sie erscheinen allerdings nur selten auf dem Etikett, das häufiger einen Markennamen trägt.
Um die Entstehung des Hermitage-Weinberges und der Syrahrebe kreisen die verschiedensten Anekdoten und Legenden. Angeblich soll die Rebe aus der persischen Stadt Shiraz von einem Kreuzfahrer nach Frankreich gebracht worden sein, der sich in Hermitage als Eremit (daher der Name) niederließ und auf dem Berg eine kleine Kapelle errichtete. Nach einer anderen Version handelte es sich bei diesem vermeintlichen Kreuzfahrer um Gaspard de Stérimberg, der 1225 an die Rhône kam, nachdem er in den Religionskriegen gekämpft hatte, die in Südfrankreich tobten. Er war jedoch niemals in Persien. Festzustehen scheint dagegen, daß in Hermitage bereits in römischer Zeit Wein erzeugt wurde. Woher der Name kommt, ist jedoch letztlich ebenso ungewiß wie die Herkunft der Syrah.
Als führende Erzeuger des Hermitage gelten Gérard Chave, Henri Sorrel, M. Chapoutier, Paul Jaboulet, Jean-Pierre Brotte, die Winzergenossenschaft von Tain l'Hermitage, Ferraton u. a.
Der Name Hermitage wird in Australien als Synonym für den Syrah verwendet; →Grange Hermitage. Man kennt dort, besonders in →Südaustralien, auch einen *White Hermitage,* bei dem es sich jedoch in Wirklichkeit um den →Trebbiano handelt. In Südafrika bezeichnet man irreführend den →Cinsaut als *Hermitage.*

Heroldrebe →Weinsberger →Neuzüchtung aus →Portugieser × →Lemberger, die sich wohl ebenfalls angesichts nicht erfüllter Erwartungen gegenwärtig wieder auf dem Rückzug befindet. Heute sind noch 211 ha mit ihr bestockt, die sich zu zwei Drittel in der →Pfalz befinden. Der Rest steht in →Rheinhessen und in →Württemberg.

Herrenwein Eine genauso unsinnige und letztlich unzulässige Bezeichnung wie das vermeintliche Gegenstück, →Damenwein. Meint das erstere kräftige, markante Weine mit deutlicher Säure, soll sich letzteres auf leichte, weiche und liebliche Weine beziehen. Beide Ausdrücke kommen für eine seriöse Weinbeschreibung nicht in Frage.

Herzhaft Ein kräftiger, markanter Wein mit einer guten Säurestruktur. Vermutlich wird damit kein bemerkenswerter Wein gemeint sein, doch in aller Regel ein sehr angenehmer. Zumal Weißweine aus →Franken assoziiert man gerne mit dieser Bezeichnung.

Hessen, Weingut Prinz von – Rund 50 ha großes Weingut in →Winkel im →Rheingau mit ca. 90 % →Riesling und Lagen in Winkel, →Johannisberg, →Geisenheim, →Rüdesheim, →Eltville und →Kiedrich. Die Weine können recht edel sein, lassen aber aufgrund zu reduktiven →Ausbaus häufig Lagen- und Jahrgangscharakter vermissen.

Heuriger In Österreich übliche Bezeichnung für den neuen Wein (→*vin nouveau*), der ähnlich dem →Beaujolais →primeur ab 11. November des Erntejahres in →Buschenschenken, die ebenfalls Heurige genannt werden (→Wien), ausgeschenkt wird. In der Regel sind es keine sensationellen Weine, doch am Ort selbst getrunken, ist der Heurige im allgemeinen ein sauberer, leichter, frischer und bekömmlicher Wein, vorwiegend aus dem Grünen →Veltliner, obgleich sich mitunter auch Weine darunter finden, die etwas Besseres verdient hätten, als als Heurige getrunken zu werden.

Heyl zu Herrnsheim 24 ha großes Spitzenweingut in →Nierstein an der →Rheinfront. Zu 60 % wird →Riesling angebaut, 18 % entfallen auf den →Silvaner, 12 % auf den →Müller-Thurgau,

8 % auf den Weißen →Burgunder und 2 % auf den →Spätburgunder. Ca. 60 % der Rebflächen liegen im Bereich der sog. →*grand cru*-Lagen Niersteins, darunter *Brudersberg* (im Alleinbesitz), *Pettental*, *Hipping*, *Oelberg*, *Heiligenbaum* und *Orbel*. Die Weine werden ausschließlich im Holzfaß ausgebaut und kommen als Guts-, Orts- oder *grand cru*-Weine (mit Lagenangabe) in den Handel. Sie zeichnen sich durch Frucht, Charakter und Eleganz aus, und die besten von ihnen – allen voran der unvergleichliche *Brudersberg* – sind von wahrlich bemerkenswerter Güte, herausragender Komplexität, Struktur und eindrucksvoller Eleganz und zählen zu den besten deutschen Weißweinen. – Zusätzlich bewirtschaftet das Weingut Heyl zu Herrnsheim die 16 ha des *Liebfrauenstift-Kirchenstücks* in →Worms, die das Gut 1993 aufgrund seines joint ventures mit dem alten Weinhandelshaus P. J. Valckenberg mit einem langfristigen Pachtvertrag übernommen hat. Die Lage ist nach grundlegender Neuanlage zu 75 % mit Riesling und zu 25 % mit Weißem Burgunder bestockt. Man darf sehr gespannt auf die zukünftigen Weine dieser Lage sein, die noch im vorigen Jahrhundert als die herausragendste Lage →Rheinhessens angesehen wurde und die der legendäre Ursprungsort der längst so heruntergewirtschafteten →*Liebfrauenmilch* ist.

Hippe Rebmesser mit scharfem, gebogenem Ende, wie es seit römischer Zeit zum Lesen der Trauben und zum →Rebschnitt verwandt wurde. Heute durch Schere bzw. Maschinen abgelöst.

Hochdrucktanks Mit einem Betriebsdruck von 8 bar werden derartige Tanks vielfach zur gezügelten →Gärung verwandt, um den Gärverlauf genau überwachen und so abbrechen zu können, daß →Restzucker und →Aroma erhalten bleiben. Außer in Deutschland, hier

z. T. auch bei Rotweinen, werden diese Tanks u. a. auch von Gütern in →Sauternes verwandt. Der Druck entsteht durch die bei der Gärung frei werdende Kohlensäure, die nicht entweichen kann.

Hochfarbig Bezeichnung für einen mehr oder weniger stark →oxydativen, wenn nicht gar oxydierten, gold bis goldbraun gewordenen Weißwein, der in der Regel seine Frische verloren hat und dabei ist, →matt zu werden.

Hochgewächs →Riesling Hochgewächs

Hochheim Bedeutendste Weinbaugemeinde des östlichen →Rheingau, am Main gelegen, mit ungefähr 270 ha Rebfläche. Als beste Lagen gelten *Domdechaney* und *Kirchenstück*, während der *Königin Viktoria Berg* (benannt nach der englischen Königin, die seinen Wein besonders schätzte) am bekanntesten ist. Zu über 80 % wird →Riesling angepflanzt. Die Weine Hochheims tragen die unverkennbare Art des Rheingauers **und verfügen über Körper und Kraft,** wenngleich sie in der Säure meist etwas verhaltener sind als die Weine von →Rauenthal oder →Erbach, und wenn auch nicht geographisch, so doch nach ihrem Charakter eine Art Übergang zu den Spitzengewächsen der →Rheinfront um →Nierstein darstellen. Franz Künstler (6 ha, 90 % Riesling, exzellente Weine), Domdechant Werner, →Schönborn, die Hessischen →Staatsweingüter, Aschrott, das Weingut der Stadt Frankfurt u. a. zählen zu den namhaftesten Erzeugern.

Hock Eingebürgerte englische Bezeichnung für →Rheinwein, ähnlich wie →Claret der englische Name für rote →Bordeaux ist. Das Wort ist durch die entstellte und verkürzte Wiedergabe von »Hochheimer«, dem Lieblingswein von Königin Viktoria, entstanden.

Hofkammer, Württembergische Älteste und größte private Weingutsverwaltung →Württembergs mit gut 42 ha Rebfläche im Besitz der Herzöge von Württemberg. Anders als in Württemberg üblich wird zu 47 % →Riesling angebaut, der auf einigen der besten Lagen Württembergs gedeiht. 22 % entfallen auf den →Trollinger, 13 % auf →Lemberger. Zu den erstklassigen Lagen des Gutes gehören im Alleinbesitz das →*Stettener Brotwasser,* der →*Maulbronner Eilfingerberg* mit *Eilfingerberg Klosterstück* und der →*Gündelbacher Steinbachhof* sowie größere Anteile am →*Mundelsheimer Käsberg,* →*Untertürkheimer Mönchberg* und – als langjährige Pacht – am →*Asperger Berg.* Die Weine sind entsprechend ihren Böden unterschiedlich im Charakter, doch durchweg ausdrucksvolle Persönlichkeiten, die sich langsam entwickeln, doch dann lange lagerfähig sind. Wenn sie voll gelingen, was leider nicht immer der Fall ist, zählen sie zu den besten Weinen Württembergs. Sitz der Verwaltung und der Kellerei ist Schloß Monrepos in Ludwigsburg.

Hofkeller, Staatlicher Mit 118 ha Rebfläche, die über ganz →Franken verstreut ist, ist der 1128 gegründete Staatliche Hofkeller eines der größten deutschen Weingüter, mit Sitz in →Würzburg. Der Staatliche Hofkeller (Staatsweingut) ist Teil der Bayerischen Landesanstalt für Weinbau und Gartenbau, zu der auch das Lehrweingut Veitshöchheim gehört. Neben einigen Rotweinen (6 % →Spätburgunder) wird eine breite Palette von Weißweinen, darunter 26 % →Riesling sowie ein hoher, wenn auch erfreulich rückläufiger Anteil von →Neuzüchtungen erzeugt. Außer Würzburger Lagen (*Innere Leiste, Stein* u. a.) besitzt das Gut Lagen in →Randersacker, →Thüngersheim, →Hörstein u. a. Orten mit jeweils sehr unterschiedlichen Böden. Die Weine werden in Holzfässern in den Kellern unter der großartigen Würzburger Residenz ausgebaut, und ihre Qualität hat seit Ende der achtziger Jahre erfreulich zugenommen, so daß der Hofkeller auch unter diesem Gesichtspunkt heute wieder zu den führenden Erzeugern in Franken gezählt werden kann.

Hohenlohe-Öhringen, Fürst zu Adelsgeschlecht mit einem der ältesten Weingüter →Württembergs mit 20 ha Rebfläche, die bis auf 0,5 ha auf den im Alleinbesitz befindlichen →*Verrenberger Verrenberg* entfallen, dessen →Lemberger (16 %), →Spätburgunder (12 %) und →Rieslinge (49 %) von ausgezeichneter Qualität sind. Etliche dieser Weine werden inzwischen mit beachtlichen Ergebnissen in →Barriques ausgebaut, darunter auch der vielleicht herausragendste Wein des Gutes *Ex Flammis Orior*, eine →Cuvée aus Lemberger und →Spätburgunder. Der Sitz des Weingutes befindet sich im benachbarten Öhringen.

Holzgeschmack Immer wieder diskutierter, doch häufig falsch verstandener Geschmackseindruck, zumal dort, wo primär aus wirtschaftlichen Gründen auf Holzfässer zugunsten von Stahltanks und rigoros reduktivem →Ausbau verzichtet wird und jede Form von Holzgeschmack als →Fehler bezeichnet wird. Sachlich muß hingegen strikt zwischen zwei Faktoren unterschieden werden: Ein in einem Holzfaß ausgebauter Wein kann, bedingt durch ein unzureichend gepflegtes Faß, einen muffigen Geschmack annehmen. In diesem Fall handelt es sich um einen →Faßgeschmack, der ohne Zweifel einen Fehler darstellt. Ein Wein kann aber auch durch ein langes Faßlager in einem einwandfreien →Faß oder durch eine – sehr viel kürzere – Ausbauzeit in einem neuen, nicht →weingrün gemachten Faß oder →Barrique einen Holzgeschmack annehmen, der nicht fehlerhaft ist, weil die Ursache für diesen Ton

ohne offensichtlichen Fehler ist. Selbst wenn man diesen Holzton als Verfremdung ansehen will, muß man erkennen, daß es sich um einen vorübergehenden Geschmackston handelt, der nach einigen Jahren verschwindet und dem Wein dann im allgemeinen zu deutlich höherer Qualität verhilft. Es handelt sich also ausschließlich um eine Ausbaumethode, die genausowenig als fehlerhaft zu bezeichnen ist wie die extrem reduktive Ausbaumethode. Entscheidend ist vielmehr allein die Qualität, und die spricht, zumal bei lagerfähigen Weinen, allemal weit eher für das einwandfreie Holzfaß, gleich in welcher Form, als für den Stahltank.

Homburg Kleiner Weinbauort am Main, westlich von →Würzburg, mit rund 50 ha Rebfläche, deren überwiegender Teil auf den *Kallmuth* entfällt, eine Steillage über dem Main, die seit alters zu den ersten →Frankens zählt und Weine sehr eigener Art ergibt (stark vom Buntsandstein anstelle des um Würzburg vorherrschenden Muschelkalks geprägt), die in ihrer Jugend sehr verschlossen bis abweisend sind und wenig Sortencharakter erkennen lassen. Wenn gelungen, was heute leider viel zu selten der Fall ist, sind die hier insbesondere von den Fürstl. →Löwensteinschen Weingut erzeugten →Rieslingweine von hohem Rang und rechtfertigen den großen Ruf dieser Lage vollauf.

Honifogl Lediglich beim 1986er in der →Wachau von den Mitgliedern der →Vinea Wachau verwandte Bezeichnung für Spitzenqualitäten, die nicht ganz der ansonsten üblichen Bezeichnung →Spätlese entspricht. Seither werden derartige Weine als →Smaragd deklariert.

Horitschon Angeblich die größte Rotweingemeinde Österreichs, im →Mittelburgenland gelegen mit gut 420 ha Rebfläche, die zu 84 % mit roten Sorten bepflanzt sind. Es dominiert eindeutig der →Blaufränkisch, auf den zwei Drittel der gesamten Rebfläche entfallen.

Hörstein Weinbaugemeinde nordwestlich von Aschaffenburg mit noch rund 35 ha Rebfläche in der Lage *Abtsberg* (im Alleinbesitz des Staatlichen →Hofkellers). Obwohl noch zu →Franken gehörend, erinnern die →Rieslinge dieser Lage aufgrund des Urgesteinsbodens mitunter eher an einige des →Rheingaus, vor allem aber an die der →Wachau.

Hospices de Beaune Auch Hôtel Dieu genannt – ein bekanntes christliches Hospiz in der Stadt →Beaune in →Burgund, in dem jedes Jahr am dritten Sonntag im November die wohl berühmteste Weinversteigerung der Welt stattfindet. Seit seiner Gründung im Jahre 1443 gelangt das Hospiz bis zur Gegenwart immer wieder durch Schenkungen in den Besitz exzellenter Weinbergslagen, vor allem an der →Côte de Beaune (seit 1977 erstmals auch an der →Côte de Nuits), so daß es von den Erlösen seiner Weinauktionen den größten Teil seiner Ausgaben bestreiten kann. Die Versteigerung, die sich in dem malerischen Rahmen der sog. *Trois Glorieuse* (der *drei glorreichen Tage* – das Vorbild für eine analoge Novemberveranstaltung im →Rheingau) abspielt, bestimmt durch seine indirekten Auswirkungen ungefähr das Preisniveau des neuen Burgunderjahrgangs. Da der Wein noch im Jahr der Ernte im verschlossenen Faß verkauft wird, ist diese Auktion daher für den gesamten burgundischen Weinbau von weitreichender Bedeutung.
Der Weinbergsbesitz des Hospizes umfaßt derzeit etwa 60 ha, die sich auf 38 Lagen verteilen, die heute um die 700 →*pièces* (Fässer zu 228 l) ergeben, d. h. ca. 1600 hl. Der Wein jeder einzelnen Lage gelangt getrennt zur Versteigerung, und zwar unter dem Namen der

betreffenden →*Cuvée*, der meist mit dem des jeweiligen Stifters identisch ist, wobei die verschiedenen Provenienzen naturgemäß sehr unterschiedliche Preise erzielen.
Seit 1970 gibt es ein einheitliches Etikett für die Weine der Hospices de Beaune. Auf ihm ist der Name der *Cuvée* mit der dazugehörigen →Appellation contrôlée und der Abfüller (Käufer) vermerkt. Folgende *Cuvées*, nach dem Preis pro Pièce in absteigender Folge geordnet, sind 1994 mit der jeweils angegebenen Faßzahl versteigert worden (siehe Seite 232).

Hospices de Nuits Burgunder Hospiz in →Nuits-Saint-Georges, das, ähnlich den weit berühmteren →Hospices de Beaune, Stiftungen in Form von Rebflächen erhalten hat und die dort erzeugten Weine unter seinem Namen auf den Markt bringt. Viele dieser Weine kommen aus den besten Lagen von Nuits und sind von hoher Qualität.

Hospitien, Vereinigte Eine der großen Wohltätigkeitsstiftungen in →Trier und im ganzen Moselraum, 1805 durch Napoleon gegründet, doch mit einer Vorgeschichte, die bis in die römische Antike zurückreicht, aus der u. a. der heute noch von den zugehörigen, 55 ha großen Weingut benutzte älteste Weinkeller Deutschlands stammt. Auch das mittelalterliche Jakobus Hospital gehört dazu, das nachweislich bereits 1464 den →Riesling-Anbau an der →Mosel pflegte. Heute werden von den Vereinigten Hospitien ausnahmslos Riesling-Weine angeboten, und der Weingutsbesitz reicht von →Serrig (*Schloß Saarfelser Schloßberg* im Alleinbesitz) über →Wiltingen (→*Scharzhofberg*, *Hölle* – im Alleinbesitz –, *Kupp*, *Braune Kupp*, *Braunfels* u. a.), →Kanzem (*Altenberg*), →Trier (*Augenscheiner* im Alleinbesitz), →Piesport (*Schubertslay*, *Goldtröpfchen*, *Domherr*), →Bernkastel (*Alte Badstube am Doctorberg* u. a.),

Name der *Cuvée*	Appellation contrôlée	Pièces 1994
Rotweine		
Georges-Kritter	Clos de la Roche	2,5
Cyrot-Chaudron	Clos de la Roche	2,5
Madeleine-Collignon	Mazis-Chambertin	16
Gauvain	Volnay-Santenots	9
Suzanne-Chaudron	Pommard	15
Docteur-Peste	Corton	21
Charlotte-Dumay	Corton	25
Dame-de-la-Charité	Pommard	16
Jehan-de-Massol	Volnay-Santenots	17
Nicolas-Rolin	Beaune	28
Dames-Hospitalières	Beaune	27
Billardet	Pommard	16
Guigone-de-Salins	Beaune	27
Raymond-Cyrot	Pommard	15
Clos des Avaux	Beaune	23
Hugues et Louis Betault	Beaune	24
Maurice-Drouhin	Beaune	22
Brunet	Beaune	15
Blondeau	Volnay	17
Muteau	Volnay	21
Cyrot-Chaudron	Beaune	10
Forneret	Savigny-lès-Beaune	9
Fouquerant	Savigny-lès-Beaune	21
Rameau-Lamarosse	Pernand-Vergelesses	7
Rousseau-Deslandes	Beaune	22
Lebelin	Monthélie	11
Boillot	Auxey-Duresses	9
Arthur-Girard	Savigny-lès-Beaune	16
insgesamt Rotwein		*464*
Weißweine		
Dames-de-Flandres	Bâtard-Montrachet	4
Paul-Chanson	Corton-Vergennes	3
François-de-Salins	Corton-Charlemagne	6
Philippe-le-Bon	Meursault-Genevrières	8
Albert Grivault	Meursault-Charmes	9
De-Bahèzre-de-Lanlay	Meursault-Charmes	16
Baudot	Meursault-Genevrières	19
Loppin	Meursault	10
Goureau	Meursault	11
Jean-Humblot	Meursault	8
insgesamt Weißwein		*94*
Insgesamt		**558**

→Graach (*Domprobst, Himmelreich*), →Wehlen (*Sonnenuhr*), →Zeltingen (*Sonnenuhr*), →Ürzig (*Würzgarten*) bis nach →Erden (*Prälat*). Die Weine sind vielfach feingliedrig und elegant.

Hudson Fluß im Staat →New York in den →Vereinigten Staaten, an dessen Ufern seit 150 Jahren vereinzelt Weinbau betrieben wird. Es werden einheimische Rebsorten, →Hybriden und einige →*Vinifera*-Sorten angepflanzt.

Hügelheim →Müllheim

Hügelland, Rheinhessisches Rund 80 % der Rebfläche →Rheinhessens liegen nicht entlang des →Rheins, sondern in jenem sanft gewellten Hinterland, das sich, von Ausnahmen abgesehen, erst im Laufe der letzten Jahrzehnte zu einem mehr und mehr geschlossenen Rebarial anstelle einstiger Landwirtschaft verwandelt hat, während an der →Rheinfront um →Nierstein der Weinbau wohl bis in römische Zeit zurückgeht. Die Böden sind hier denn auch reicher und weisen nicht immer eine gleiche Prädestination für den Weinbau auf wie um Nierstein. Entsprechend anders ist die Art der Weine, die im Hügelland durch ein buntes Kaleidoskop von →Neuzüchtungen geprägt werden. Doch daß hier auch beachtenswerte Weine erzeugt werden können, machen heute nicht zuletzt Orte wie →Bechtheim, →Flörsheim-Dalsheim, →Selzen und →Uelversheim deutlich.

Hunawihr Weinbaugemeinde im →Elsaß, nordwestlich von →Colmar zwischen →Riquewihr und Ribeauvillé gelegen. Ihre beste Lage *Rosacker* ist als ein →*Alsace grand cru* eingestuft. Der überwiegende Teil der Weine kommt durch die lokale Winzergenossenschaft in den Handel.

Hunter Valley Eines der ältesten und vorzüglichsten Weinbaugebiete in Au-

stralien, etwa 150 km nördlich von Sydney in →Neusüdwales gelegen, hauptsächlich in der Umgebung der Ortschaften Pobolkin und Rothbury. Insgesamt stehen rund 2600 ha unter Reben. Das Klima ist warm und trocken, jedoch mit beträchtlichen jährlichen Schwankungen, wobei verregnete Sommer oder verwüstende Hagelstürme durchaus vorkommen. Im allgemeinen sind die Weine geschmeidig und rund, wobei die trockenen Weißweine aus →Sémillon, der hier als *Hunter Riesling* bezeichnet wird, und die gleichfalls trockenen Rotweine aus →Shiraz und insbesondere aus →Cabernet Sauvignon, wenn voll gelungen, bemerkenswerten Charakter und Rasse aufweisen können. Tyrell's, Rothbury, Wyndham u. a. sind respektable Namen, aber auch Lakes Folly, McWilliam's, Tulloch und große Häuser wie Penfolds und Lindemans genießen beträchtliches Ansehen.

Husseren-les-Châteaux Malerisch gelegene Weinbaugemeinde im →Elsaß, wenige Kilometer südwestlich von →Colmar gelegen und bekannt für ihre beachtlichen Weine und die drei Schloßruinen auf dem Gipfel eines steilen, mit Reben bestandenen Berges – ein weithin sichtbares Wahrzeichen. Unter den lokalen Erzeugern hat Kuentz-Bas den besten Namen.

Huxelrebe Alzeyer →Neuzüchtung aus →Gutedel × Courtillier musqué. Auch hier scheint die Begeisterung langsam nachzulassen; heute sind noch 1473 ha mit ihr bestockt, nahezu ausschließlich in →Rheinhessen und in der →Pfalz. Die aus ihr erzeugten Weine sind blumig und meist etwas aufdringlich.

Hybriden Aus sog. interspezifischen →Kreuzungen zwischen amerikanischen und europäischen Rebsorten entstandene Reben, um die Widerstandsfähigkeit der amerikanischen →*Vitis*-

Sorten gegen Pilzkrankheiten und →Reblaus mit der Qualität der europäischen *Vitis* →*vinifera* zu verbinden. Im Gegensatz zu den →Neuzüchtungen aus *Vinifera* × *Vinifera* einerseits und den heute allgemein üblichen →Pfropfreben andererseits handelt es sich hierbei um →Direktträger. Bislang läßt sich aber über die Hybriden nichts anderes als über die Neuzüchtungen sagen: Allen gegenteiligen Beteuerungen zum Trotz ist es bis heute nicht gelungen, Rebsorten zu entwickeln, die auch nur annähernd an die Qualität herausragenden *Vinifera*-Sorten heranreichen. Aus der Sicht des Weintrinkers ist es daher – zumal nach dem Debakel mit den Neuzüchtungen – nur zu begrüßen, daß der Anbau von Hybriden in Deutschland verboten ist bzw. sie in den EU-Ländern zur Erzeugung von →Qualitätswein nicht zugelassen sind (in Spanien erst ab 1.1.1991 verboten). In anderen Ländern, wie der Schweiz, ist er zulässig, doch müssen die aus ihnen erzeugten Weine sichtbar als →Hybridenwein→ deklariert werden.

I

IGT Abkürzung für italienische Weine mit typischer geographischer Bezeichnung (*Indicazione geografica tipica*), die rechtlich dem →Landwein oder →vin de pays entsprechen.

Ihringen Qualitativ einer der bedeutendsten Weinbauorte am →Kaiserstuhl mit rund 560 ha Rebfläche, darunter der exzellente *Doktorgarten* (im Alleinbesitz des Staatlichen Lehr- und Versuchsgutes →Blankenhornsberg), der *Winklerberg*, der kaum geringere *Fohrenberg* u. a. Die von diesen Lagen erzeugten →Rieslinge, Grauen →Burgunder, →Spätburgunder u. a. Weine sind von exzellenter Qualität und gehören zu dem besten, was der Kaiserstuhl hervorzubringen vermag. Neben dem staatlichen Gut gelten Dr. Heger, R. Stigler, Gebr. Müller u. a. als führende Erzeuger.

Illmitz Mit annähernd 1500 ha Rebfläche das Zentrum des burgenländischen Seewinkels und des Weinbaugebietes →Neusiedlersee und der wärmste Weinbauort Österreichs. Es werden praktisch ausschließlich Weißweine erzeugt, bei denen, aufgrund der dank hoher Temperaturen und erheblicher Luftfeuchtigkeit nahezu regelmäßig eintretenden →Botrytis, →Beeren- und →Trockenbeerenauslesen häufiger als sonst irgendwo in Österreich erzeugt werden können. Aber es werden auch vielfach delikate, trockene Weine von beachtenswerter Rasse und Charakter erzeugt. Franz und Johann Gartner u. a. gelten als führende Erzeuger.

Imbottigliato all'origine (dal produttore, dal viticoltore) →Erzeugerabfüllung

Imiglykos (ἡμίγλυκος) Griechische Bezeichnung für →lieblich, wie man sie vor allem bei billigen griechischen Rotweinen aus →Makedonien findet, die unter diesem Namen angeboten werden; entspricht →amabile, →medium (sweet), →meio doce, →moelleux, →semidulce.

Imixeros (ἡμίξηρος) Griechische Bezeichnung für →halbtrocken; entspricht →abboccato, →demi-sec, →medium dry, →meio seco, →semiseco.

Impériale Riesenflasche mit einem Fassungsvermögen von 6 l, entsprechend 8 normalen Flaschen, wie sie in guten Jahrgängen zur langsamen Reifung und langen Lagerung zumal für roten →Bordeaux gelegentlich verwandt wird.

Imprägnierung Zusatz von →Kohlensäure zu einem Wein unter Anwendung von Druck, um ihm moussierende Eigenschaften zu verleihen. Auf diese Weise erzeugte Getränke müssen die Bezeichnung »Schaumwein mit zugesetzter Kohlensäure« (→*vin mousseux gazéifié, vino spumante gassificato* u.ä.) tragen. Qualitativ sind derartige Weine nicht mit wirklichen →Schaumweinen zu vergleichen, da sie keine zweite →Gärung durchgemacht haben. Der perlende Schaum (*mousse*) ist ebenfalls deutlich gröber und verliert sich sehr rasch wieder.

I.N.A.O. →Appellation (d'Origine) contrôlée

Indicação de proveniência regulamentada Neue Gruppe der portugiesischen Qualitätsweine, die nach dem EU-Beitritt des Landes geschaffen wurde. Sie entspricht in etwa der französischen →VDQS-Kategorie und dürfte wie diese als Aufsteigerkategorie zur nächsthöheren Stufe der →DOC-Weine dienen. Gegenwärtig verfügen 31 portugiesische Weinbaugebiete über eine Indicação de proveniência regulamentada.

Indre Nebenfluß der →Loire südlich von Tours. Die Mehrzahl der an ihren Ufern erzeugten Rot-, Rosé- und Weißweine kommt mit der Appellation →*Touraine* in den Handel. Ferner Name eines mittelfranzösischen Départements mit gut 1300 ha Rebfläche, aus dem ein recht gefälliger →V.D.Q.S.-Wein kommt, der →Valençay. Unter dem Gesichtspunkt des Weinbaus bedeutender ist das Département Indre-et-Loire mit der Hauptstadt Tours und gut 10400 ha Rebfläche, von der der →Bourgueil, →Chinon, →Montlouis, →Saint-Nicolas-de-Bourgueil, der →Vouvray sowie die Weine der Appellation *Touraine* stammen.

Inferno Entgegen seinem Namen ein in seinen Spitzen vorzüglich trinkbarer Rotwein aus dem norditalienischen →Valtellina (Veltlin), der östlich von Sondrio (→Lombardei) zu mindestens 70% aus →Nebbiolo, hier →Chiavennasca genannt, erzeugt wird. Keineswegs »höllisch« gilt er eher als der harmonischste der Valtellina →superiore.

Ingelheim Historisches, malerisches Städtchen in →Rheinhessen, gegenüber von →Johannisberg mit rund 600 ha Rebfläche. Ein Drittel von ihr ist mit roten Sorten, vor allem dem →Spätburgunder, bestockt, was Ingelheim weithin den Ruf der rheinhessischen Rotweininsel eingetragen hat. In der Tat vermögen diese Weine zu den beachtenswertesten deutschen Rotweinen zu zählen, und das lokale Weingut Neuß (10 ha, davon 60% Spätburgunder) genießt nach wie vor den größten Ruf.

Inocente →Macharnudo

Ionische Inseln Griechische Weinbauregion, der griechischen Westküste vorgelagert, mit einer Fülle meist lokaler Weine. Am bekanntesten dürften die →Likörweine von Kephalonien und der ebenfalls von diesen Inseln stammende weiße →Robola und der trockene rote →Tafelwein →Monte Nero sein.

Iphofen Bedeutendste Weinbaugemeinde des →Bereichs →Steigerwald im →Anbaugebiet →Franken mit 265 ha Rebfläche, darunter die Spitzenlage *Julius-Echter-Berg*, die zu den besten des ganzen Gebietes gehört. Das Würzburger →Juliusspital, das lokale Weingut →Wirsching u. a. namhafte Erzeuger bringen von seinen Keuperböden in guten Jahren mitunter bemerkenswerte →Rieslinge u. a. Weine hervor. Nur wenig geringer ist *Kronsberg* und *Kalb*, während *Iphöfer Burgweg* der →Großlagenname ist.

IPR Abkürzung für →*Indicação de proveniência regulamentada*, neue Gruppe portugiesischer Qualitätsweine im Zusammenhang mit dem EU-Beitritt des Landes, entspricht der französischen Kategorie der →VDQS-Weine, die damit nicht ganz das Prestige wie die →DOC-Weine Portugals genießen, obgleich sie ihnen qualitativ vielfach kaum nachstehen, ja mitunter den einen oder anderen von ihnen durchaus übertreffen.

Irancy Weinbaugemeinde im Norden von →Burgund, 15 km südwestlich von →Chablis, die für ihre angenehmen Rot- und Roséweine aus dem →Pinot noir bekannt ist, die aus Irancy, Cravant und Vincelottes mit zusammen 367 ha stammen und als *Bourgogne Irancy* →A.O.C. in den Handel kommen.

Irouléguy Bei Saint-Jean-Pied-de-Port an den Abhängen der Westpyrenäen unweit von Biarritz erzeugte Rot- und Roséweine aus →Cabernet Sauvignon, →Cabernet franc und Tannat. Der Rotwein ist gehaltvoll und in guten Jahren tanninreich und entwicklungsfähig. Die lokale Winzergenossenschaft gilt als führender Erzeuger.

Isabella Minderwertige amerikanische rote Rebsorte, die nach der →Reblaus-Invasion in Europa häufig angepflanzt wurde, zumal im →Tessin und in Teilen Italiens. Man findet sie heute vereinzelt dort immer noch, doch wird sie praktisch nicht mehr zur Weinerzeugung verwandt, sondern als Tafeltraube angeboten.

Ischia Malerische Insel im Golf von Neapel, Teil der Region →Kampanien und eigenes →DOC-Gebiet für zwei Weißweine und einen Rotwein. Der *Ischia bianco* wird aus Forastera (65 %), →Biancolella (20 %) und weiteren lokalen Sorten erzeugt und muß 11 % vol. Alkohol aufweisen, der *Ischia bianco →superiore* enthält 50 % Forastera, 40 % Biancolella und 10 % San Lunardo und einen Mindestalkoholgehalt von 12 % vol. Der *Ischia rosso* schließlich wird aus Guarnaccia (50 %), Piedirosso (40 %) und →Barbera (10 %) erzeugt bei einem Alkoholgehalt um 12 % vol. Alle drei Weine können sehr angenehm und gefällig sein. D'Ambra ist ein verbreiteter und verläßlicher Erzeuger, von dem auch zwei weitere Weine der Insel stammen, die nicht das DOC-Prädikat tragen, aber dem normalen *Ischia* weit überlegen sind, der weiße *Biancolella* und der rote →*Per' è Palummo*.

Isonzo Italienisches →DOC-Gebiet in →Friuli-Venezia Giulia, mit 21 Gemeinden im Isonzotal unterhalb des →Collio gelegen. Das Dekret läßt 16 Rebsortenweine zu, davon 11 weiße: →Pinot bianco, →Pinot grigio, →Riesling renano, →Sauvignon, →Tocai, →Traminer aromatico (→Gewürztraminer) und

→Verduzzo. Die besten Qualitäten bringen in der Regel die beiden roten Sorten →Merlot und Cabernet (d. h. →Cabernet Sauvignon und →Cabernet franc). Die Weine von Isonzo können ausgezeichnet sein, auch wenn sie das Format der besten Gewächse des benachbarten →Collio in der Regel nicht erreichen.

Israel Wein ist in Israel erzeugt worden, so weit die Geschichtsquellen zurückreichen, wenn auch mit der jahrhundertelangen Unterbrechung der islamischen Zeit. Der Neubeginn fand vor gut 100 Jahren statt, als 1886 Baron de Rothschild bei Richon Le Zion Rebstöcke anpflanzen und südöstlich von Tel Aviv eine Kellerei errichten ließ. Von Weinbau in modernerem Sinn kann jedoch erst seit Gründung des Staates Israel im Jahre 1948 gesprochen werden. Heute stehen rund 5000 ha unter Reben, und es werden im Durchschnitt der letzten Jahre gut 120 000 hl Wein erzeugt, von dem nahezu ein Fünftel exportiert wird, hauptsächlich in die →Vereinigten Staaten.

Die Rebflächen liegen über das ganze Land verstreut, darunter die wichtigsten bei Richon Le Zion (nahe Tel Aviv) und Zichron Jacob (südöstlich Haifa), kleinere bei Jerusalem und weiter südlich bei Lachish, Ashkelon und Beersheva. Doch die international reputiertesten und in ihren Spitzen bemerkenswerten Weine kommen heute von den Golan-Höhen zwischen dem Berg Hermon und dem See Genezareth zwischen 400 und 1200 m Höhe (Golan Heights Winery, 280 ha). In den warmen, trockenen Klima werden Rotweine vornehmlich aus →Carignan, →Grenache, →Alicante Bouschet, Weißweine aus verschiedenen →Muskat-Sorten, →Clairette u. a. bereitet. Aber auch →Cabernet Sauvignon, →Malbec, →Sauvignon, →Sémillon, →Chardonnay, Ugni Blanc u. a. Sorten sind ergänzend vertreten.

Die Weine werden in ungefähr zwanzig

Kellereien, meistens Genossenschaften, erzeugt und z. T. auch gleich exportiert. Die größte und wichtigste Genossenschaft ist die Carmel Wine Co., oder korrekter, die *Société Coopérative vigneronne des Grandes Caves.* Im allgemeinen sind die Weine ordentlich und gefällig, mitunter etwas lieblich, doch selten außergewöhnlich.

Issan, Château d' *3ᵉ cru classé* in →Cantenac-Margaux im →Haut-Médoc. Auf 30 ha Rebfläche (75 % →Cabernet Sauvignon, 25 % →Merlot) wird ein bemerkenswerter Rotwein von Feinheit, Eleganz und Rasse erzeugt, der beständig und heute einer der besten seines offiziellen Rangs ist. Das etwas altmodisch wirkende Etikett trägt den stolzen Wahlspruch *Regum mensis arisque Deorum* (Für die Tafel der Könige und den Altar der Götter).

Istein Kleiner Weinbauort im Süden des →Markgräflerlandes mit nur gut 20 ha Rebfläche in der Lage *Kirchberg.* Weithin bekannt durch das heute dem Landkreis Lörrach gehörende Schloßgut, dessen →Gutedel, →Spätburgunder, Weiße wie Graue →Burgunder u. a. Weine im weiten Umkreis einen ausgezeichneten Ruf genießen und durchweg Beachtung verdienen.

Italien »Oinotria tellus«, das unsterbliche »Land des Weins« – kein anderes Land, vielleicht nicht einmal Frankreich, verdient diese Bezeichnung, gibt es doch nicht eine der 20 italienischen Regionen, in der kein Wein angebaut wird; noch ein knappes Dreißigstel Italiens ist mit Reben bestockt, insgesamt noch nahezu 920 000 ha. Im Jahresdurchschnitt werden heute gut 60 Mill. hl erzeugt, mehr als in jedem anderen Weinbauland der Erde und mehr als ein Fünftel der gesamten Weltweinerzeugung.
Über die Hälfte der italienischen Weinerzeugung kommt heute aus vier großen Weinbauregionen, →Sizilien, →Apulien, dem →Veneto und der →Emilia-Romagna. Etwa halb so groß sind, jährlich knapp 3 bis über 4 Mill. hl, →Latium, die →Abruzzen, →Piemont und die →Toscana. 8 Regionen erzeugen jährlich zwischen etwa 1 bis ca. 2,5 Mill. hl (ebenfalls in absteigender Reihenfolge: →Kampanien, →Marken, →Lombardei, →Sardinien, →Friuli-Venezia Giulia, →Trentino-Alto Adige [→Südtirol], →Kalabrien und →Umbrien), und am Ende der Skala, solange es um die Menge geht, rangieren die →Basilicata, →Molise und →Ligurien mit jeweils 300 000 bis maximal über 500 000 hl, und das Schlußlicht bildet das winzige →Valle d'Aosta mit um 30 000 hl.
Nicht allein hinsichtlich der Quantität bestehen gewaltige Unterschiede zwischen den einzelnen italienischen Regionen. Bedingt durch die Vielfalt der Klimazonen, der Bodenarten, der Rebsorten, der Weinbaumethoden und der ökonomisch-sozialen Differenzierungen gibt es noch wesentlich tiefgreifendere Unterschiede hinsichtlich der Qualität. Dies wirkt sich einerseits regional aus. Die qualitativ führenden Weinbauregionen des Landes sind derzeit zweifellos Piemont und die Toscana, vielleicht noch Friuli-Venezia Giulia, schon deutlich dahinter und jeweils nur noch sehr partiell Trentino-Alto Adige, Lombardei und Veneto. Zwar kommen gut 40 % der Weinerzeugung Italiens aus dem Süden, doch von den je nach Jahrgang um 9 Mill. hl →Qualitätswein kommen nahezu 90 % aus Nord- und Mittelitalien, während der Anteil der Qualitätsweinerzeugung an der Gesamterzeugung im Süden kaum 5 % ausmacht. Ein Reflex dieser Situation sind nicht zuletzt die dramatisch auseinanderfallenden durchschnittlichen Hektarerträge, die in den einzelnen Regionen im Schnitt der letzten drei Jahre erwirtschaftet wurden. So fallen 5 Regionen auf, die im Schnitt

zwischen 100 und 140 hl/ha erzeugen: an der Spitze wechseln sich als trauriger Rekordhalter die Emilia-Romagna und die Abruzzen ab und dann jeweils um 100 hl/ha das Veneto, Trentino-Alto Adige und Apulien. Auf etwa 60–80 hl/ha bringen es im Schnitt, ungefähr in absteigender Folge: die Marken, Sizilien, Friuli-Venezia Giulia, Latium und die Lombardei. 7 Regionen erzeugen im Schnitt zwischen 40 und 60 hl/ha: Piemont, Kampanien, Ligurien, Molise, Umbrien, Toscana und Valle d'Aosta. Das Schlußlicht bilden mit unter 40 hl/ha Kalabrien, die Basilicata und Sardinien. Das →Menge-Güte-Gesetz drückt sich in diesen Zahlen ebenso aus wie die Unterentwicklung des Südens.

Verkompliziert wird diese Situation noch durch die Besonderheiten der italienischen Weingesetzgebung, um das wenigste zu sagen. Zwar ist diese äußerlich EU-konform und kennt die Einteilung in →Tafelweine, →Landweine (→IGT-Weine) und zwei Stufen von →Qualitätsweinen, die →DOC- und die →DOCG-Weine. Doch in der Praxis sind diese Gesetze für die Kategorisierung der italienischen Weinerzeugung in einer abgestuften Qualitätshierarchie noch über die Problematik der deutschen Weingesetzgebung hinausgehend über größere Strecken hin ungeeignet.

Damit ist gemeint, daß die italienischen Weingesetze in ihrer gegenwärtigen Form qualitativ hochrangige Weine von der Einstufung als Qualitätswein ausschließen, weil die Bestimmungen zu starr – und manche Erzeuger in einem positiven Sinn zu dynamisch sind. So ist der wohl bemerkenswerteste Rotwein von Friuli-Venezia Giulia der →Schioppettino, der erst mit jahrzehntelanger Verzögerung in die →DOC-Bestimmungen integriert wurde und daher lange Zeit ungeachtet seiner exzeptionellen Qualität rechtlich lediglich als Tafelwein deklariert werden konnte. Einer der namhaftesten Weine Siziliens ist

der Regaleali, ebenfalls nur ein Tafelwein. Der berühmte →Tignanello wird im Gebiet des →Chianti classico erzeugt, doch aus etwas anderem Rebsatz und nach abgewandeltem Vinifikationsverfahren: trotz hervorragender Qualität nur ein Tafelwein. Und, fast möchte man schon sagen: natürlich sind auch der →Solaia und der →Masseto rechtlich nur Tafelweine. Die Liste ließe sich beliebig fortsetzen, so daß es mitunter fast so zu scheinen mag, als wären die Tafelweine die eigentlichen Qualitätsweine.

Dieses ist natürlich so pauschal völlig falsch, doch man wird abwarten müssen, was sich tatsächlich durch das Gesetz vom 10. Februar 1992 über die Neuregelung der Ursprungsbezeichnungen für Wein ändern wird. Immerhin ist inzwischen der →Sassicaia auch offiziell zum Qualitätswein aufgestiegen, und unter den mittlerweile über 240 italienischen DOC-Weinen und den ersten 13 DOCG-Weinen gibt es ohne Frage überragende Qualitäten: →Barolo, →Barbaresco, →Vino Nobile di Montepulciano, →Brunello de Montalcino, →Chianti classico, →Torgiano, →Breganze, →Colli Berici, →Franciacorta, →Patriglione, →Taurasi, →Aglianico del Vulture, →Amarone u.v.a. Doch richtig ist sicher auch, daß innerhalb vieler DOC-Weine, zumal bei den größeren Gebieten oftmals die Qualitätsschwankungen zwischen unterschiedlichen Abfüllungen des gleichen Jahres erheblich größer sind, als dies bei deutschen oder französischen Qualitätsweinen eines Gebiets der Fall zu sein scheint.

Wichtiger als der Name des Gebiets oder Weins ist daher in allen Fällen der des Erzeugers oder Abfüllers. Gerade angesichts der unbestreitbaren Dynamik des italienischen Weinbaus – er dürfte der dynamischste und ideenreichste in Europa überhaupt sein – und der Defizite der italienischen Weingesetzgebung verbürgt letztlich nur der

Mann, der hinter dem Wein steht, dessen wirkliche Qualität, was immer der Name und der rechtliche Status des Weins sein mag. Die Folge davon ist allerdings auch eine kaum noch zu überblickende und ständig weiter ausufernde Fülle von Spezialabfüllungen, sog. Prestigeweinen von z. T. spektakulärer Qualität, aber oft nur wenigen tausend Flaschen, mitunter geboren allein aus Spielerei oder Nachahmungstrieb. Dies trägt zur Imagebildung auch eines Gebietes weniger bei, als wenn es um neue Vinifikations- und Ausbaumethoden geht, wie dies so durchschlagend Giacomo Bologna mit seinem →Bricco dell'Uccellone, einem völlig neuartigen und grandiosen →Barbera vorexerziert hat oder wenn es um überzeugende Sortenalternativen geht.

Was immer der Wein sein mag, so sind oftmals italienische Weinetikette sehr auskunftsfreudig. So muß die gesetzliche Qualitätsstufe angegeben sein. Ferner wird im allgemeinen das Herkunftsgebiet oder der -ort genannt werden, bei Spitzengewächsen in wachsendem Maße heute auch der *cru*, also die Lage (meist als *vigna* oder *vigneto*). Je nach Art des Weines wird ferner die Rebsorte angegeben sein, und bei allen besseren Abfüllungen ist es längst üblich, das Jahr auf dem Etikett zu deklarieren. Schließlich wird der Alkoholgehalt, wenn auch mitunter recht pauschal angegeben, eine nützliche erste Orientierungshilfe, da er je nach Wein zwischen 10 und 17 % vol. variieren kann. Bei Qualitätsweinen wird inzwischen häufig zusätzlich ein →V.Q.P.R.D. aufgedruckt. Schließlich steht heute bei allen Flaschen meist auf den Rückenetiketten – es sei denn es handelt sich um spezielle Exportaufmachungen – »Non disperdere il vetro nell'ambiente«, was nichts anderes heißt, als daß die leere Flasche ordentlich entsorgt werden sollte.

In diesem Zusammenhang scheint noch ein Wort über das trinkfähige Alter und die gegenwärtige Situation italienischer

Weine angebracht. Im allgemeinen wird man feststellen können, daß die durchschnittliche italienische Küche, was immer darunter zu verstehen sein mag, junge Weine bevorzugt. Es gibt daher nur vergleichsweise wenige Weißweine, darunter der →Clastidium, →Fiorano bianco u. a., die 5–10 Jahre, z. T. länger reifen können und sollten, und selbst die besten Weißweine des →Collio werden heute wie nahezu generell in Italien streng →reduktiv im Stahltank ausgebaut, was sie für eine über 5 Jahre hinausgehende Lagerung ungeeignet macht. Diese Entwicklung wird durch den Modetrend zu frischen, säurebetonten und mehr und mehr ausdruckslosen Weißweinen gefördert. Weine wie der Clastidum und der Fiorano gehören damit der Vergangenheit an, während heute überall auf dem Massenträger →Trebbiano gesetzt wird und ihm mit rigoros reduktiven Stahltankausbau der Rest gegeben wird – im Südosten Piemonts feiert der in seiner heute gängigen Form qualitativ kaum viel bessere →Cortese ähnlich fröhliche Urstände –, während der →Malvasia als bedeutende, uralte Qualitätssorte, die diesen Modetrends nicht entspricht, sich überall auf dem Rückzug befindet. Angesichts dieser Einstellungen und der allgemein praktizierten modernen Vinifikations- und Ausbautechniken stellt auch der ebenso modische Zug zum →Chardonnay, die fortschreitende »chardonizzazione«, wie man es in Italien nennt, und die »barriquaggio«, die Barriquomanie, keine wirkliche Gegenbewegung dar, da es an dem Bewußtsein für gehaltvolle, strukturierte, nuancenreiche, sich langsam entwickelnde, komplexe Weißweine weitgehend fehlt.

Sehr viel anders stellt sich die Situation beim Rotwein dar. Zwar werden auch Rotweine in Italien traditionellerweise durchweg jung getrunken, und in der Tat gewinnen nur wenige wirklich durch längeres Lagern und können 8–15 Jahre (in wenigen Fällen und Jah-

ren auch älter) werden, so die obenge-
nannten roten Tafel- und Qualitätsweine sowie einige weitere wie der rote
Fiorano, der →Cirò, →Salice Salentino,
einige außergewöhnliche →Cabernets
und →Merlots, die meisten →Nebbio-
loweine u. a. Doch gibt es hier im Gegenzug deutliche Tendenzen, mit modernen, →Bordeaux mehr oder minder
deutlich nachahmenden Rotweinen,
den qualitativen, vor allem aber stili-
stisch den Anschluß an die internationale Rotweinspitze zu finden. Selbst der
Chianti classico hat darauf seinen traditionellen Charakter weitgehend ein-
büßen müssen, und die ständig zunehmende Zahl moderner roter →Barri-
queweine, vor allem auf der Basis von
→Cabernet Sauvignon, verdeutlicht
diese Richtung.

Seit Ende der achtziger Jahre sind manche dieser Modetrends voraufgegange-
ner Jahre wieder auf dem Rückzug.
Auch in Italien stellt man zunehmend
eine Rückbesinnung auf klassische
Weine fest. Selbst wenn viele Neuan-
stöße und -entwicklungen sich dabei als
beständig erweisen werden, setzt sich
bei den gegenwärtigen Korrekturen zunehmend die jahrtausendealte Erkenntnis erneut durch, daß Weine letztlich
nicht für Journalisten und Tester gemacht werden, sondern um zumal in
Verbindung mit Essen genossen zu werden. Und es ist die große Stärke dieser
Art italienischer Weine, die in Vergleichsproben mitunter eher unscheinbar wirken, daß sie in Verbindung mit
einem entsprechenden Essen ihre ganze
Schönheit offenbaren.

J

Jahrgang Im Sinne des Weinrechts die Bezeichnung für die Weinernte und den daraus erzeugten Wein eines bestimmten Jahres. Während man bei →Markenweinen wie →Champagner, →Sherry, →Marsala, →Portwein u. a. grundsätzlich oder zumindest für die normalen Abfüllungen im Interesse einer über die Jahre gleichbleibenden Qualität mehrere Jahrgänge miteinander verschneidet und in diesen Fällen keinen Jahrgang angibt, ist es in dem übrigen qualitätsorientierten Weinbau – bei nur wenigen Ausnahmen – üblich, den Wein jahrgangsweise auszubauen und abzufüllen, da die Qualität eines Weins in erheblichem Maß von den klimatischen Bedingungen seines Geburtsjahrs bestimmt wird.

Jahrgangssekt Der Standardsekt oder -schaumwein kommt ebenso wie der normale →Champagner als Jahrgangsverschnitt ohne Angabe eines Jahrgangs in den Handel. Dagegen beansprucht der Champagne →millésimé ebenso wie der Jahrgangssekt als Schaumwein eines bestimmten Jahrgangs für sich, eine besondere, höhere Qualität darzustellen.

Jamek, Josef Mit 19 ha Rebfläche größtes privates Weingut der →Wachau mit Sitz in →Joching und Lagen in →Weißenkirchen (*Klaus*, *Achleiten*, *Zwerithaler* u. a.), →Dürnstein, →Wösendorf und Joching. Der →Riesling dominiert mit 40 %, gefolgt von Grünem →Veltliner, Weißem →Burgunder, →Spätburgunder, →St. Laurent und wenigen weiteren Sorten. Die Weiß- wie Rotweine von Josef Jamek (weit über Österreich hinaus auch als vorzügliches Restaurant in Joching bekannt) verfügen über Körper, Charakter und Eleganz – auch wenn der Riesling meist in der Säurestruktur etwas verhaltener als der anderer namhafter Erzeuger ist – und zählen zu den besten der Wachau und damit Österreichs.

Japan Bekannt als Importeur europäischer Spitzenweine und als Aufkäufer namhafter europäischer Weingüter. Darüber sollte allerdings nicht vergessen werden, daß das Land heute über mehr als 25 000 ha Rebfläche verfügt, von denen zwischen 500 000 – 600 000 hl Wein kommen.

Jasnières Äußerst seltener Weißwein aus Lhomme und Ruillé im Bereich der →Coteaux du Loir nördlich von Tours. Auf der kaum noch 20 ha großen Rebfläche, den dürftigen Resten eines altberühmten französischen Weinbaugebietes, wird aus →Chenin blanc in sehr guten Jahren ein hervorragender, trockener Weißwein erzeugt, der dann auch gut altern kann, jedoch im Handel kaum noch anzutreffen ist.

Jechtingen Weinbaugemeinde am Nordwestrand des →Kaiserstuhls in →Baden mit 175 ha Rebfläche. Als bedeutendste Lage gilt der *Eichert*. Namhafte Erzeuger sind Bercher im benachbarten →Burkheim, Franz Keller in →Oberbergen, die lokale Winzergenossenschaft u. a.

Jerez Eindrucksvolle, soliden Wohlstand ausstrahlende spanische Stadt im Südwesten →Andalusiens, unweit der Atlantikküste, der Geburtsort des *Jerez*, *Xérès* oder →*Sherry* (alle drei Schreibweisen sind offiziell zulässig).

Die besten seiner gut 18000 ha Reb-
flächen auf den blendendweißen →Al-
bariza-Böden, denen die Stadt ihren
Reichtum verdankt, liegen nördlich und
westlich von Jerez (→Carrascal,
→Macharnudo), während sich in der
Stadt und an ihren Rändern die z. T.
ganze Stadtviertel einnehmenden Kel-
lereien der großen, weltbekannten
Sherry-Häuser befinden, darunter
Gonzalez Byass, Pedro Domecq, A. R.
Valdespino, Diez-Merito, Emilio Mar-
tin Hidalgo, Garvey, Emilio Lustau,
John Harvey, Sanchez Romate, Wisdom
& Warter, Williams & Humbert, Sande-
man u. a.

Jeroboam Riesenflasche mit 4,5 l Fassungsvermögen, entsprechend dem Inhalt von 6 normalen →Flaschen. Gute
rote →Bordeaux besserer Jahrgänge
werden z. T. in diesen Flaschen gelagert.
Sie werden auch für →Champagner benutzt, der jedoch zu diesem Zweck aus
normalen Flaschen, in denen die
→Gärung erfolgte, umgefüllt wird, was
sich in der Regel nachteilig für die Lagerfähigkeit auswirkt.

Jesi Mittelalterliche Stadt, Geburtsort
Kaiser Friedrichs II. von Hohenstaufen,
in den italienischen →Marken unweit
von Ancona, die, zusammen mit 26 umliegenden Gemeinden, einen ansprechenden trockenen Weißwein hervorbringt, den →Verdicchio di →Castelli di
Jesi.

Jesuitengarten In den deutschen Wein-
baugebieten häufiger anzutreffender
Lagenname; der berühmteste ist der
→*Forster Jesuitengarten*, der zu den be-
sten Lagen der →Pfalz gehört und zum
größten Teil im Besitz des Weingutes
→Bassermann-Jordan ist. Aber auch in
→Winkel, →Marienthal, →Königsbach,
Pellingen und Waldrach (beide im Ge-
biet →Mosel-Saar-Ruwer) gibt es einen
Jesuitengarten.

Joching Kleine Weinbaugemeinde in
der →Wachau zwischen →Weißenkir-
chen und →Wösendorf gelegen mit
ca. 85 ha Rebfläche, von denen *Pichl-
point, Kollmintz, Stein am Rain* u. a.
den besten Namen haben. Neben einigen ausgezeichneten →Rieslingen und
Grünen →Veltlinern kommen mitunter beachtenswerte Rotweine, insbesondere →St. Laurent und →Spät-
burgunder aus Joching, deren beste von
dem erstklassigen lokalen Weingut Josef
→Jamek stammen, neben dem aber auch
Schmelz, Holzapfel, Eigl, Karl Mayr
u. a. Beachtung verdienen.

Johannisberg Wohl der bekannteste
aller Weinbauorte des →Rheingaus, obwohl er mit seinen 120 ha Rebfläche zugleich auch einer der kleinsten ist. Doch
so bedeutend seine Lagen *Klaus, Vogelsang, Schwarzenstein, Goldatzel, Han-
senberg, Hölle* und *Mittelhölle* auch
sind, sein konkurrenzloses Ansehen
gründet sich letztlich allein auf das
Schloß →Johannisberg, das auf einem
Bergvorsprung weithin sichtbar die zum
→Rhein abfallende Landschaft dominiert und mit seinen steil nach Süden gerichteten Rebflächen von 35 ha über ein
Drittel der Rebflächen des Ortes einnimmt. Johannisberger Weine weisen
nicht die Rasse der →Rüdesheimer auf
und nicht die Festigkeit der Erbacher
oder die kernige, dichte Struktur der
→Rauenthaler. Vielmehr sind sie durch
ein herausragendes Bukett und eine außerordentliche Anmut gekennzeichnet,
die mit Substanz und Struktur gepaart ist
und ihnen eine besondere Balance und
Ausgeglichenheit verleiht. Führende Erzeuger sind das Weingut Johannishof (H.
H. Eser, 14 ha, ausschließlich →Riesling),
das Mummsche Weingut und das Weingut Prinz von →Hessen (früher Landgräflich Hessische Weingut), alle in Johannisberg, →Schönborn u. a.
Außerdem ist Johannisberg die im
→Wallis gebräuchliche Bezeichnung für
den Grünen →Silvaner.

Johannisberg, Bereich Geographisch identisch mit dem →Anbaugebiet →Rheingau und umfaßt alle seine →Groß- und →Einzellagen.

Johannisberg, Schloß Eine der berühmtesten Weinbergslagen Deutschlands, malerisch gelegen auf einem der steilsten Hänge des →Rheingaus, auf dessen Spitze das Schloß steht, von dem aus man einen herrlichen Blick über das Rebenmeer und den →Rhein genießt (Goethe: »Der Johannisberg herrscht über alles«). Der Sage nach soll es →Karl der Große gewesen sein, der hier zum ersten Mal Reben anpflanzen ließ, nachdem er von seiner Pfalz im gegenüberliegenden →Ingelheim aus beobachtet hatte, daß der Schnee auf diesem Hang zuerst schmolz. Um 1100 wurde hier eine Benediktinerabtei errichtet, die von 1716 bis 1803 den Fürstäbten von Fulda gehörte, die hier, 1775 noch zufällig, danach planmäßig, die ersten →Spät- und →Auslesen in Deutschland erzeugten. In der Folge einige Jahre im Besitz von Marschall Kellermann dank eines Geschenks von Napoleon machte 1816 der österreichische Kaiser Schloß Johannisberg seinem Kanzler Fürst Metternich zum Geschenk, dessen Nachfahren noch heute das Schloß bewohnen.
Die zu Füßen des Schlosses wachsenden →Rieslingreben (100%) bringen einen fruchtigen, charaktervollen und unverkennbaren Wein hervor, der nicht nur in guten Jahren Ausdrucksstärke mit Individualität verbindet, wodurch sich sein Charakter von dem vieler Rheingauer Weine deutlich unterscheidet. Kernig, von fester Struktur, komplex und differenziert, ist ein großer Schloß Johannisberger stets ein unvergleichlicher Wein. Leider kann man das heute nicht von allen Weinen des Gutes behaupten.

Johannisberg Riesling Name für den echten →Riesling in →Kalifornien.

Josephshof Hervorragendes, 13 ha umfassendes Weingut bei →Graach an der →Mosel, das zum Weingut Reichsgraf von →Kesselstatt gehört. Bis zur Französischen Revolution waren die Weinhänge und die malerischen Gebäude zu ihren Füßen im Besitz des St. Martins-Klosters, danach erhielten sie ihren heutigen Namen. Kernstück des Besitzes ist die Graacher Lage *Josephshöfer* (6 ha), deren Wein jenem von →Wehlen ähnelt: voll und körperreich und dabei zugleich fein, delikat und anmutig.

Jugoslawien →Serbien

Juliénas Eine der bedeutendsten Weinbaugemeinden und →*crus* des →Beaujolais mit 580 ha Rebfläche, die einen seiner besten Weine liefern. Sie sind zwar vielleicht weniger fruchtig als der →Brouilly und weniger gefällig als der →Fleurie, verfügen jedoch über mehr Kraft und Charakter, gepaart mit Ausgeglichenheit und einem feinen Körper.

Juliusspital Mit 115 ha über ganz →Franken verstreuter, bestockter Rebfläche eines der größten deutschen Weingüter, dessen großer Faßkeller sich mitten in →Würzburg unter dem berühmten Fürstenbau des Juliusspital-Krankenhauses befindet. Vor über 400 Jahren (1576) durch Fürstbischof Julius Echter von Mespelbrunn gegründet, hat es heute bedeutende Anteile an den besten Lagen von Würzburg, →Randersacker, →Iphofen, →Escherndorf u. a. Weinbauorten. →Silvaner (35%), →Müller-Thurgau (20%), →Riesling (18%) und eine Reihe weiterer Sorten, darunter ein abnehmender Anteil von →Neuzüchtungen, werden angebaut. Im allgemeinen weisen die Weine eine dezente Frucht und eine durchaus eigene, feingliedrige Note auf.

Jumilla Mittelspanisches Weinbaugebiet, im Hinterland von →Alicante in den Provinzen Murcia und Albacete gelegen mit knapp 43 000 ha Rebfläche und eigener →Denominación de Origen. Es wird überwiegend Rotwein vor allem aus der Monastrell erzeugt, der sich vorzüglich als →Verschnittwein eignet. Wenn er abgefüllt und in den Handel gebracht wird, ist er meist tief und schwer, auch wenn er heute mitunter weniger als 16 % vol. Alkohol und mehr aufweist. Der seltenere Weißwein stammt aus Airén, Merseguera, →Pedro Ximénez u. a. Sorten. In ihrer meist direkten und robusten Art sind die Weine passende Begleiter regionaler Gerichte.

Jung Als →jung bezeichnet man einen Wein, der seinen Höhepunkt noch nicht erreicht hat und der durch →Altern seine Qualität mitunter noch erheblich verbessert. Wie lange diese Phase der Jugendlichkeit beim Wein dauert, hängt von vielen Faktoren ab, seiner Herkunft, seinen Rebsorten, seinem Jahrgang, seiner Vinifikation und Ausbauart und schließlich auch seiner Lagerung. Im allgemeinen werden ein herausragender und traditionell im Faß ausgebauter, trockener →Riesling eines besseren Jahrgangs von →Mosel-Saar-Ruwer oder aus dem →Rheingau oder ein rotes Spitzengewächs aus Bordeaux im Alter von vier Jahren noch sehr jung sein, und ein sechsjähriger Jahrgangsportwein ist geradezu noch ein Baby. Dagegen befindet sich mancher dreijährige Rosé oder →Muscadet bereits im mittleren Alter, und ein dreijähriger →Beaujolais nouveau oder →Vino novello ist schlicht ein Anachronismus. →Frisch

Jungfernwein Der erste Wein aus einem neuangelegten oder neubestockten Weinberg, der zumeist eher wegen seiner Rarität – welchen Wert diese auch immer haben mag – als wegen seiner Qualität auf sich aufmerksam macht. Dennoch trifft es zu, daß die Qualität der ersten Ernte meist die der unmittel-bar nachfolgenden drei, vier Jahre übertrifft.

Jungwein Der durch die Vergärung des Mosts entstandene, noch auf der →Hefe liegende Wein vor dem ersten →Abstich.

Jura Bergkette, Département und Weinbaugebiet in Ostfrankreich unweit der Schweizer Grenze. Die Rebflächen erstrecken sich über eine Entfernung von rund 75 km und liegen jenen der →Côte d'Or auf der anderen Seite des weiten →Saône-Tals praktisch gegenüber. Von wenigen →Landweinen und einigen →Tafelweinen abgesehen, werden auf 1751 ha der →Arbois (überwiegend Rot- und Roséweine) und der →Côtes de Jura (im allgemeinen Weißwein) sowie der →Château-Chalon (→*Vin jaune*) und L'→Etoile (vor allem ein recht ordentlicher →Schaumwein). Ferner wird noch in allen vier Appellationen etwas →Strohwein (→*Vin de paille*) erzeugt.
Der Schweizer Kanton Jura spielt dagegen im Weinbau nahezu keine Rolle. Noch nicht einmal 2 ha sind mit Reben bestockt, zwei Drittel davon rote.

Jurançon Einer der berühmtesten und traditionsreichsten Weine des ganzen französischen Südwestens, dessen Name, zumindest in der Legende, seit Jahrhunderten mit Heinrich IV. verbunden ist, der in Pau geboren wurde, in dessen südwestlicher Umgebung der Jurançon erzeugt wird. Er gilt als die Perle des →Béarn und ist traditionellerweise ein süßer Weißwein aus Petit Manseng, Gros Manseng und Courbu mit Anteilen von Camaralet und Lauzet. Die Trauben werden spät gelesen und müssen von →Botrytis befallen sein. Sie liefern dann einen ungemein würzigen und geschmacksintensiven Wein, der in seiner natursüßen Art ausgeglichen und langlebig ist. Heute wird neben diesem traditionellen Jurançon sehr viel trockener Weißwein erzeugt, der durchaus ansprechend ist, aber nicht die Bedeutung des →*moelleux* erreicht. Schließlich gibt es in geringem Umfang auch noch einen roten Jurançon, der aber nicht das →A.O.C.-Prädikat führt. Jean Chige, die Winzergenossenschaft von Gan-Jurançon, Joseph Labat u. a. gelten als führende Erzeuger.

K

Kabinett Nach den deutschen →Weingesetzen von 1971 und 1994 niedrigste Stufe der →Qualitätsweine mit Prädikat, d. h. zwischen einfachen →Qualitätsweinen und →Spätlesen eingestuft. Je nach →Anbaugebiet und Rebsorte schwankt das vorgeschriebene →Mindestmostgewicht zwischen 67° und 85° →Oechsle. Der Wein darf nicht durch →Zucker →angereichert werden. Da das Gesetz keine Obergrenzen vorschreibt, hat sich aus dem, was ursprünglich als Kategorie leichter Weine mit ca. 9–10,5 % vol. potentiellem →Alkohol gedacht war, inzwischen eine Risidualkategorie für alle nicht →chaptalisierten Weine entwickelt, die aus Marketinggründen nicht unter einem gesetzlich möglichen höheren Prädikat in den Handel gebracht werden, so daß man inzwischen Kabinettweine mit 12,5 % vol. Alkohol antreffen kann. Der *Kabinett*-Begriff des deutschen Weingesetzes, der nicht mit dem in früheren Zeiten traditionell gebräuchlichen Begriff *Cabinet* für die besten Weine der fürstlichen Cabinet-Kellers vergleichbar ist, hat damit wesentlich an Berechtigung eingebüßt, da er anders als in Österreich keine eindeutige Aussage beinhaltet. Ein Weinbegriff, der mehr vernebelt als erklärt, hat jedoch seine Berechtigung verloren.
In Österreich hingegen ist ein Kabinettwein ein gehobener Qualitätswein, der nicht angereichert ist, als Most mindestens 17° →KMW (≙ 83,5° Oechsle) gewogen, nicht mehr als 9 g/l unvergorenen Zucker und 12,9 % vol. Gesamtalkohol aufweist und im übrigen die an österreichische Qualitätsweine gestellten Anforderungen erfüllen muß. Er darf wie alle österreichischen Prädi-

katsweine nur in Flaschen exportiert werden.

Kadarka Rotweinsorte, vermutlich mazedonischen Ursprungs, die auf dem gesamten Balkan sehr verbreitet und insbesondere in Rumänien, Bulgarien, Serbien und Albanien anzutreffen ist. Einige der bedeutendsten der aus ihr erzeugten Weine stammen vermutlich aus Ungarn, auch wenn sie heute für den *Egri* →*Bikavér* (Erlauer Stierblut) nicht mehr die gleiche prominente Rolle spielt wie früher, doch, wenn sie voll gelungen sind, zählen der *Szekszárdi Kadarka* und der *Villányi Kadarka* auch heute noch zu den herausragendsten Rotweinen Ungarns.

Kahmhefe Gefährliche Sproßpilze, die sich auf dem bereits vergorenen Wein bilden können und →Alkohol und organische →Säuren angreifen mit dem Ergebnis, daß der Wein ungenießbar wird. Um die Bildung dieser Pilze zu vermeiden, verhindert man durch regelmäßiges →Auffüllen des Fasses die Entstehung eines Luftraumes über dem Wein. →Flor.

Kaiserstuhl Mit 4400 ha Ertragsrebfläche weitaus größter und gemeinsam mit der →Ortenau qualitativ herausragendster Bereich des →Anbaugebietes →Baden, für sich allein größer als der →Rheingau und genauso groß wie die →Nahe. Die in den 1970er Jahren z. T. durch an Gigantomanie grenzende Flurbereinigungen bedauerlicherweise erheblich verunstalteten Südabhänge des aus der fruchtbaren Oberrheinischen Tiefebene herausragenden Vulkankegels mit seinen vielfach meterdicken Lößauflagen und den höchsten Bodentemperaturen deutscher Weinberge sind zu 46 % mit →Spätburgunder (²/₃) und Grauem →Burgunder (¹/₃) bestockt, die heute zunehmend zu gehaltvollen und strukturierten Weinen von beachtlichem Niveau ausgebaut werden. Darüber hinaus gibt es eine Reihe von mitunter bemerkenswerten Weißen →Burgundern, →Rieslingen u. a. Weinen. Zu den führenden Weinbaugemeinden zählen →Achkarren, →Bickensohl, →Bischoffingen, →Burkheim, →Ihringen (einschließlich des Ortsteils →Blankenhornsberg), →Jechtingen, →Oberbergen, →Oberrotweil u. a. Der südöstlich vorgelagerte →Tuniberg ist heute ein eigener Bereich.

Kalabrien Ungemein reizvolle süditalienische Region, deren meist wild zerklüftete Berglandschaft dem Wein nur verhältnismäßig wenig Raum läßt: Rund 26 000 ha stehen unter Reben, ähnlich viel wie in der →Lombardei und in den →Marken. Doch nur um die 0,9–1 Mill. hl werden im Schnitt der letzten Jahre auf ihnen erzeugt. Der berühmteste und wohl auch älteste dieser Weine dürfte der →Cirò sein, neben dem einige weitere Rot- und Roséweine, meist aus der Gaglioppo und z. T. mit →DOC-Prädikat, erzeugt werden, darunter der →Melissa, →Savuto, →Donnici, →Pollino, →Lamezia u. a. Die gleichfalls erzeugten Weißweine können außerordentlich fein und nuancenreich sein, so als bester der Cirò bianco, der sehr seltene →Scavigna u. a. Ferner kommt aus Kalabrien noch ein herausragender →Likörwein, der →Greco di Bianco.

Kalifornien Vielen Menschen ist es selbstverständlich, von Kalifornien nur in Superlativen zu reden: Von allen Staaten der →Vereinigten Staaten ist es der bevölkerungsreichste Staat, der reichste Staat, der schönste Staat, und was sonst noch alles an Elogen kursiert.

Die meisten mögen durchaus zutreffen, eine aber ganz gewiß: Kalifornien ist der mit Abstand bedeutendste Weinbaustaat in den Vereinigten Staaten: Nahezu 133 000 ha stehen im Ertrag und ergeben im Durchschnitt der Jahre um die 15 Mill. hl, was gut 90 % der gesamten amerikanischen Weinernte entspricht. Kalifornien ist damit heute nach Italien, Frankreich, Spanien, Argentinien , Portugal u. a. eines der größten Weinbauländer der Erde.

Der Weinbau wurde in Kalifornien in der ersten Hälfte des 19. Jahrhunderts durch Franziskanermönche eingeführt, doch gilt der in den 1850er und 1860er Jahren (inzwischen war Kalifornien Bundesstaat der Vereinigten Staaten geworden) tätige gebürtige Ungar Agoston Haraszthy als der eigentliche Vater des kalifornischen Weinbaus. Erst nach der Prohibition in den Vereinigten Staaten (1919–1933) konnte an diese Entwicklung angeknüpft werden. Während in den dreißiger und vierziger Jahren vorrangig billige Massenware (meist →gespritet) erzeugt wurde, hat der kalifornische Weinbau seit den sechziger Jahren und insbesondere seit etwa 1970 einen kolossalen Aufschwung erfahren, dessen Ende noch längst nicht abzusehen ist. Heute werden in 42 der 58 kalifornischen *Counties* Reben angepflanzt, und der Weinbau ist inzwischen der drittwichtigste landwirtschaftliche Produktionszweig des Staates. 1978 gab es um die 300 Weingüter in Kalifornien, 1982 waren es bereits über 400, rund zehn Jahre später waren es etwa 800. Heute wird Kalifornien in fünf Weinbaugebiete unterteilt: die North Coast, die bekannteste und qualitativ bedeutendste Region nördlich von San Francisco, die Central Coast zwischen San Francisco und Los Angeles, die South Coast östlich von Los Angeles und nördlich von San Diego, das Central Valley mit nahezu 75 % der kalifornischen Rebfläche und das kaum 1000 ha umfassende Gebiet der Sierra Foothills östlich von Sacramento. Jedes dieser Hauptanbaugebiete ist nach seinen Verwaltungsgebieten, den counties, weiter unterteilt, wie →Sonoma, →Mendocino, →Monterey u. a. Zusätzlich gibt es gegenwärtig etwa 50 →American Vinicultural Areas (AVA), d. h. engere Ursprungsbezeichnung aufgrund von klimatischen u. a. Gegebenheiten, als bedeutendste darunter das →Napa Valley.

Wurden früher eher Artenweine (Burgunder, Chablis, Moselle, Sauterne [!] u. a.), qualitativ meist belanglose Weine, erzeugt, so strebt heute der kalifornische Spitzenweinbau nach höchster Qualität. Heute sind 54 % mit weißen und 46 % mit roten Sorten bestockt, und die verbreitetsten Rebsorten sind heute →Chardonnay (24 300 ha), →Colombard (22 700 ha), →Cabernet Sauvignon (gut 14 000 ha), →Zinfandel (13 800 ha), →Chenin blanc (12 500 ha), und auf weniger als 6000 ha kommen →Sauvignon blanc, →Grenache, →Barbera, →Pinot noir, →Merlot u. a.

Besonders seit jenen sensationell aufgemachten großen Vergleichsproben in den siebziger Jahren in Paris, als etliche, in Europa bis dahin kaum dem Namen nach bekannte kalifornische Cabernet- und Chardonnay-Weine die namhaftesten Gewächse →Bordeaux und →Burgund auf die Plätze verwiesen, sind kalifornische Weine in Europa, wie man heute sagt, »in«. Aus mangelnder Kenntnis folgte die Enttäuschung bald nach. Denn der durchschnittliche kalifornische Wein ist in unseren Tagen sicherlich gut, aber oft, bedingt durch das meist heiße Klima, schwer, mitunter breit, gar plump und unstrukturiert, qualitativ einem *petit château* aus Bordeaux, einem ordentlichen Qualitätswein aus Südfrankreich oder Italien meist unterlegen. Ganz anders hingegen die, auch in Kalifornien nicht den Alltag bestimmenden, wenigen Spitzengewächse: Meist höher im Alkohol als französische Weine (13–14,5 % vol.) können sie von bemerkenswertem Charakter sein, auch wenn sie robuster sind, fehlt es ihnen nicht an Struktur, doch gibt es inzwischen einige, die eine ganz und gar ungewöhnliche finessenreiche Eleganz aufweisen. Bei ihnen handelt es sich zweifellos um höchst bemerkenswerte, mitunter große Weine, die in der Tat den Vergleich mit dem europäischen Weinhochadel nicht zu scheuen brauchen.

Die besten Weine kommen in der Regel aus den kühleren Zonen der sog. *Bay area* →San Franciscos, allen voran aus dem Napa Valley, aus Sonoma County und aus Mendocino. Aber auch Monterey County, →San Luis Opispo County, →Santa Barbara County, →Santa Clara County, →Santa Cruz County u. a. verdienen durchaus Beachtung.

Was hingegen die kalifornischen →Schaum- und →Likörweine angeht, so können diese zwar hervorragend sein, doch scheint ihnen gegenwärtig noch etwas von dem Format der europäischen Spitzenerzeugnisse auf diesen Gebieten zu fehlen. Warten wir ab, was die Zukunft noch alles bringen wird.

Kallstadt Weinbaugemeinde in der →Pfalz, nördlich von Bad →Dürkheim an der Deutschen →Weinstraße gelegen, mit nahezu 290 ha Rebfläche. Der →Riesling ist mit 35 % die führende Sorte und bringt zum Teil großartige Ergebnisse hervor. *Saumagen, Annaberg, Steinacker* und *Kronenberg* zählen zu den führenden Lagen, die alle zur →Großlage *Kobnert* gehören. Als führende Erzeuger gelten Koehler-Ruprecht, Gg. Henninger IV. u. a.

Kalterersee (Lago di Caldaro) Kleiner See in →Südtirol in der Nähe von →Bozen, in dessen Umgebung in rund 20 Gemeinden der Provinz Bozen und der angrenzenden Provinz Trient insbesondere aus der →Schiava grossa (auch Schiava gentile und Schiava grigia, bei erlaubten Zusätzen von maximal 15 % →Pinot nero und →Lagrein) der Kalterersee erzeugt wird. Ein wirklich guter Kalterersee – leider trifft man, auch im Export, viel häufiger eher dürftige Abfüllungen an – gehört zu den beliebtesten, unproblematischsten und gefälligsten Weinen der Region. Wenn er aus den 9 Kerngemeinden stammt und mindestens 10,5 % vol. Alkohol aufweist, darf er als →classico das Prädikat →superiore führen. Stammt er aus ausgelesenen Trauben und weist mindestens 11 % vol. auf, darf er die Bezeichnung →Auslese (italienisch scelto) tragen. Der Wein kann neben seiner eigenen DOC-Bezeichnung auch die Südtiroler (Alto Adige) führen.

Kammgeschmack Grüner, herber bis bitterer Beigeschmack von Weinen, bei deren Lesegut die Traubenstiele (Kämme) zerrieben oder zerquetscht wurden, wodurch das in ihnen enthaltene →Tannin in den Most und damit in den Wein gelangt. Durch das →Altern dieser Weine mag sich der Geschmack allmählich verlieren.

Kampanien Süditalienische Region um Neapel mit rund 43000 ha Rebfläche, die heute im Schnitt um die 2,2 Mill. hl Wein hervorbringen. In der Antike war ihr nördlicher Teil gemeinsam mit dem angrenzenden Gebiet in →Latium berühmt als Ursprungsgebiet des sagenumwobenen →Falerno. Heute sind ihre Glanzlichter eher der rote →Taurasi und der weiße →Fiano di Avellino. Aber auch der →Lacryma Christi del Vesuvio, →Greco di Tufo, →Per' è Palummo, →Biancolella, →Ischia, →Capri, →Ravello, →Solopaca, →Gragnano, →Vesuvio u. a. verdienen Beachtung.

Kamptal Mit dem österreichischen →Weingesetz von 1993 neuerrichtetes Weinbaugebiet durch die Teilung des vormaligen Weinbaugebietes →Kamptal-Donauland in Kamptal und →Kremstal. Zum Gebiet Kamptal mit seinen 4189 ha gehören alle Gemeinden des Gerichtsbezirks →Langenlois. Es dominieren Löß- und Lehmböden, doch das qualitative Aushängeschild ist der grandiose →Zöbinger Heiligenstein, dessen Urgesteinsböden qualitativ der →Wachau vergleichbare →Rieslinge und Grüne →Veltliner liefern. Der größte Name des Gebietes ist das Weingut →Bründlmayer in Langenlois, aber auch Jurtschitsch, Dolle, Osberger, Schloß →Gobelsburg u. a. verdienen Beachtung.

Kamptal-Donauland Von 1985 bis 1993 bestehendes österreichisches Weinbaugebiet mit rund 6370 ha Rebfläche mit den beiden zuvor bestehenden Weinbaugebieten →Krems und →Langenlois.

Kanada Auf ca. 7000 ha werden im Schnitt annähernd eine halbe Million hl Wein erzeugt. Das Hauptanbaugebiet liegt in der Nähe der Großen Seen zwischen dem Erie- und dem Ontario-See. Die Weine ähneln denen des US-Bundesstaates →New York und werden aus den gleichen Rebsorten wie dort gewonnen. Ein weiteres Anbaugebiet liegt im äußersten Westen in British Columbia. Vorherrschend ist auch hier der Anbau von ›Hybriden, jedoch sind die Anpflanzungen europäischer →Vinifera-Sorten (→Chardonnay, →Pinot noir u. a.) erfolgversprechend.

Kanarische Inseln Zu Spanien gehörende Inselgruppe im Atlantik westlich von Marokko, die im allgemeinen recht passable →Tafelweine erzeugen (etwa 60000 hl), was längst nicht für alle Touristen ausreicht, so daß der Wein außerhalb der Inselgruppe kaum anzutreffen ist. Das gilt auch für den bislang einzigen →DO-Wein, der seit kurzem von dort kommt, nämlich den →Tacoronte-Acentejo aus dem Norden von Teneriffa.

Kantflasche Bezeichnung für eine Flasche, aus der durch einen schadhaften oder minderwertigen →Korken oder durch unsachgemäße Lagerung Wein ausgelaufen ist, wodurch den der in der Flasche verbleibende Wein über kurz oder lang ungenießbar zu werden droht.

Kantza Trockener griechischer Weißwein mit eigener *Appellation d'Origine de Qualité Supérieure*, →O.P.A.P., der auf rund 65 ha östlich von Athen in →Attika aus →Savatiano erzeugt wird, ein ausdrucksvoller und ansprechender Weißwein. →Cambas ist der bekannteste Erzeuger. Seit einiger Zeit wird von →Boutari ohne O.P.A.P.-Prädikat ein aus besonders ausgewählten Trauben bereiteter, hervorragender Wein unter der Bezeichnung Château →Matsa in den Handel gebracht.

Kanzem Trotz seiner nur 75 ha großen Rebfläche einer der bedeutendsten Weinbauorte an der →Saar mit 80 % →Rieslinganteil. Sein Ruhm gründet sich vor allem auf die Steillage *Altenberg*, von der in guten und besseren Jahren bemerkenswerte Weine von filigraner Struktur, stahliger Säure und großem Nuancenreichtum stammen, die jenen von →Wiltingen und →Ockfen kaum nachstehen. Diese kommen vor allem von dem angesehenen lokalen Weingut von Othegraven, das das Kernstück dieser Lage besitzt. Weitere namhafte Erzeuger sind das →Bischöfliche Priesterseminar (das als Rarität auch etwas →Spätburgunder-Rotwein in Kanzem erzeugt), Edmund Reverchon, die Vereinigten →Hospitien u. a.

Kanzler Alzeyer →Neuzüchtung aus →Müller-Thurgau x →Silvaner geringer Bedeutung, die, nachdem die Euphorie über die Neuzüchtungen verflogen ist, sich wieder auf dem Rückzug befindet. Heute sind noch 57 ha mit ihr bestockt, die sich zu zwei Dritteln in →Rheinhessen befinden.

Karaffe Vielfach kunstvoll geformte Flasche aus durchsichtigem Glas, in der Wein serviert wird. Heute benutzt man sie im allgemeinen für Weine, die vor dem Servieren →dekantiert werden, um den Wein von seinem →Depot zu trennen oder die →Tannine zu assimilieren. Noch bis vor wenigen Jahrzehnten wurden in Frankreich einfache Weine nicht auf Flaschen gefüllt, sondern in den Gaststätten und Restaurants vom Faß in Karaffen abgezapft und offen ausgeschenkt. Derartige Weine bezeichnete man pauschal als *Vins de carafe*. Kleine Karaffen nennt man *carafon*.

Karanar Neuer italienischer →Tafelwein, der vom Weingut Foradori in Mezzolombardo im →Trentino seit 1988 erzeugt wird. Der Wein besteht aus 70 % →Cabernet Sauvignon, 18 % →Syrah und 2 % →Petit Verdot und wird in →Barriques ausgebaut. Er ist tief, gehaltvoll und sehr ausgeglichen, komplex und elegant und von wahrhaft bemerkenswertem Rang, der sich mit zunehmendem Alter der Rebstöcke zu einem der herausragendsten Rotweine des Trentino entwickeln. Ob er dann den auf dem gleichen Gut erzeugten nuancenreichen und ungewöhnlich eleganten →Granato übertreffen wird, bleibt abzuwarten.

Karl der Große (Charlemagne) Frankenkönig und Kaiser (742–814), von dem man sagt, daß er die ersten Reben auf Schloß →Johannisberg anpflanzen ließ, nachdem er von seiner auf dem gegenüberliegenden Rheinufer bei →Ingelheim befindlichen Pfalz beobachtet hatte, daß der Schnee dort eher als auf den umliegenden Hängen schmolz. Auch in →Burgund soll ihm ein Weinberg gehört haben, und zwar in →Aloxe-Corton, der heute noch →*Corton-Charlemagne* heißt; im Jahr 775 stiftete er einen Teil davon der Abtei Saulieu.

Karthäuserhofberg Eine der besten Weinlagen und das dazugehörige großartige Weingut an der →Ruwer, →Eitelsbach.

Kasachstan Ein riesiges Land, in dem jedoch wegen extremer Winterkälte, Hochgebirgslage oder Trockenheit nur klimatische Randzonen im Süden und Südosten des Landes für Weinbau geeignet sind. Etwa 25 000 ha stehen unter Reben. Neben einheimischen Sorten werden auch *Vinifera*-Sorten angebaut, wie Pinot noir, Aligoté, Cabernet Sauvignon, →Muskat u. a. Weithin geschätzt sind insbesondere die aus der Umgebung von Alma-Ata (Almaty) kommenden Schaumweine.

Kasel Nach →Maximin Grünhaus und →Eitelsbach bedeutendste Weinbaugemeinde der →Ruwer mit noch 57 ha Rebfläche, als deren beste Lagen *Nies'-chen, Kehrnagel, Hitzlay, Herrenberg* u. a. gelten, auf denen der →Riesling dominiert. Kaseler Weine, zumal aus guten und besseren Jahren, werden wegen ihres Charmes und ihrer Delikatesse gerühmt und sind, wenn voll gelungen, angesichts ihrer an die →Saar erinnernden klaren, nahezu stahligen Säurestruktur, ihres Spiels und ihrer Komplexität sowie ihrer filigranen und zarten Transparenz unvergleichlich. Als führende Erzeuger gelten Reichsgraf von →Kesselstatt, das →Bischöfliche Konvikt, das →Bischöfliche Priesterseminar, →Wegeler-Deinhard, Karlsmühle, Bert Simon, die lokalen Weingüter Erben von Beulwitz, Christoph von Nell u. a.

Katalonien Den Nordosten Spaniens bildet das traditionsreiche Katalonien (span. *Cataluña*) mit seinem Mittelpunkt Barcelona. Was den Wein betrifft, ist dies eine der alten und bedeutenden Weinbauregionen des Landes mit knapp 90 000 ha Rebfläche. Sie verteilen sich auf 12 Weinbaugebiete, von denen heute acht über eine eigene →Denominación de Origen verfügen. Am bekanntesten von ihnen dürfte wohl →Penedés sein, insbesondere als Zentrum der spanischen →Schaumweinerzeugung, aber auch wegen seiner mitunter hervorragenden Weißweine und einiger sehr beachtenswerter Rotweine. Alten Ruf genießen ebenfalls →Priorato, →Tarragona, →Terra Alta, →Costers del Segre mit dem seit dem 13. Jahrhundert berühmten und in seinen Spitzen hervorragenden Raimat (heute im Besitz des Schaumweinherstellers Codorníu) und →Conca de Barberá – insgesamt mit vielen Weißweinen, darunter lieblichen bis süßen →Likörweinen, aber auch einer zunehmenden Zahl mitunter köstlicher Rotweine aus →Cabernet Sauvignon, Ull de Llebre (→Tempranillo) u. a. Sorten – sowie nördlich von Barcelona die an der Küste gelegenen kleinen Gebiete →Alella und →Ampurdán-Costa Brava mit ansprechenden Weiß-, Rosé- und Rotweinen.

Katoi de Metsovo Das Nonplusultra des griechischen Weins, ein im Südosten von →Epirus bei →Metsovo an den hochgelegenen Abhängen des Pindusgebirges aus →Cabernet Sauvignon erzeugter bemerkenswerter Rotwein, der in guten Jahren moderat im Alkohol, vollmundig und tanninreich ist. Er reift außerordentlich langsam, ist sehr langlebig und von exzellenter Cabernetart, ein Wein von großer Struktur, finessenreichen Eleganz und Charakter, der nicht nur der beste griechische Rotwein überhaupt ist, sondern auch keinen Vergleich mit den großen Rotweinen der Welt zu scheuen braucht.

Katzenthal Kleine Weinbaugemeinde im →Elsaß oberhalb von →Colmar zwischen →Ammerschwihr und →Turckheim gelegen. Seine besten Lagen *Florimont, Sommerberg* und *Wineck-Schlossberg* sind als →Alsace grand cru eingestuft.

Kaub Malerischer Weinbauort am →Mittelrhein, berühmt durch seine Pfalz inmitten des →Rheins. Als seine besseren Weinlagen gelten *Backofen* und *Roßstein* und als namhafte Erzeuger Peter Josef Bahles, Heinrich Weiler (aus dem gegenüberliegenden →Oberwesel) u. a.

Kaysersberg Malerische, mit Recht berühmte kleine Weinbaugemeinde im →Elsaß, der Geburtsort von Albert Schweitzer. Heute stehen noch etwa 55 ha unter Reben. Das mit Abstand bedeutendste lokale Weingut ist der Domaine Weinbach (Faller Frères), die heute zu den ersten Adressen im Elsaß zählt und bewundernswerte →Rieslinge, →Gewürztraminer u. a. Weine erzeugt. Die übrigen Weine kommen meist durch die angesehene Kientzheimer Winzergenossenschaft in den Handel.

Kékfrankos Ungarische Bezeichnung für den →Blaufränkisch (→Lemberger). Sie ist am verbreitetsten im Gebiet von →Sopron, doch bringt sie heute auch höchst beachtenswerte Ergebnisse in den Gebieten →Villány-Siklós und →Szekszárd sowie auf der Tihany-Halbinsel im zum Gebiet des →Balaton gehörenden Bereichs →Balatonfüred-Csopak hervor.

Kéknyelü Alte und eine der besten weißen Rebsorten Ungarns, deutsch *Blaustengler*, die angesichts ihrer Anbauprobleme (einhäusig, so daß sie nur in Verbindung mit anderen Sorten angepflanzt werden kann) und ihres geringen Ertrags heute selbst in ihrer angestammten Gegend am →Balaton (Plattensee) im Gebiet von →Badacsony nahezu vollständig verschwunden ist. Hat man einst den *Badacsonyi Kéknyelü* als einen feinen, nervigen und nuancenreichen Wein gepriesen, der als einer der besten trockenen Weißweine Ungarns galt, so handelt es sich bei den Weinen,

die heute unter diesem Namen in den Handel gebracht werden, praktisch durchweg um einen besseren →Welschriesling.

Keller Ort zur Vergärung, zum Ausbau und zur Lagerung von Wein, der sich in Deutschland, Österreich und der Schweiz üblicherweise unter der Erde befindet. In Frankreich und den Mittelmeerländern sind hingegen unterirdische Keller eher selten, da dort die Vergärung und der Weinausbau meist oberirdisch stattfinden. Dies hängt mit dem andersartigen Charakter der Weine zusammen und erfordert in der Regel bauliche und andere Maßnahmen für ein Mindestmaß an Kühlung, die jedoch für eine Flaschenlagerung im allgemeinen nicht ausreicht. Ein Flaschenkeller sollte vielmehr idealerweise über eine über das Jahr konstante Temperatur von 10–12° C verfügen, gut belüftet und vibrationsfrei sein und eine deutliche Luftfeuchtigkeit aufweisen. Da es heute nur noch wenige Wohnhäuser gibt, die über einen derartigen Keller verfügen, muß man deswegen nicht auf die Lagerung von Wein verzichten, selbst wenn man über keine zusätzliche Klimaanlage verfügt. Saisonale Temperaturschwankungen zwischen ca. 8° im Winter und 18–20° im Hochsommer schaden dem Wein selbst nach 15–20 Jahren nicht in gravierender Weise, wenngleich es unbestritten ist, daß das →Altern des Weins um so langsamer verläuft, je kühler der Keller ist. Daß die Flaschen dabei horizontal gelagert werden, um ein Austrocknen des →Korkens und damit ein Undichtwerden der Flasche zu verhindern, versteht sich von selbst.

Kellereiabfüllung Im Unterschied zur →Erzeugerabfüllung bezeichnet die Kellereiabfüllung einen Wein, der nicht von dem Abfüller geerntet und/oder ausgebaut wurde. Im allgemeinen genießt die Kellerei- oder Händlerabfüllung nicht das gleiche Prestige wie die

Erzeugerabfüllung, doch gibt es auch Gegenbeispiele. Der französische Ausdruck für Kellereiabfüllung lautet *Mis en bouteille dans nos caves.*

Kelter Seit Menschengedenken benutzte, in den verschiedensten Arten und Formen existierende Vorrichtungen zum Auspressen des Saftes aus den Beeren vor (Weißwein) bzw. nach (Rotwein) der →Gärung.

Keppoch →Südaustralien (South Australia)

Kerner Aus →Weinsberg stammende →Neuzüchtung aus →Trollinger × →Riesling, die einen guten Weißwein liefert, der dem Riesling ähnlich gilt, jedoch würziger als dieser ist, zumeist aber nicht über dessen Rasse verfügt. Seit dem →Müller-Thurgau entwickelt er sich mehr und mehr zur erfolgreichsten Neuzüchtung, mit der inzwischen 7704 ha bestockt sind – womit er seinen Zenith möglicherweise bereits überschritten haben könnte –, vor allem in der →Pfalz und in →Rheinhessen (zusammen fast zwei Drittel), während sich ein weiteres Viertel auf →Mosel-Saar-Ruwer und →Württemberg verteilt. Der Kerner rangiert damit nach dem Müller-Thurgau und dem Riesling und noch vor dem →Silvaner auf dem dritten Platz der deutschen Sortenliste.

Kernig Als kernig bezeichnet man einen kraftvollen Wein mit einer kräftigen Säure, der über Festigkeit, Biß und Kern verfügt, sicherlich kein geringer Wein, wohl aber ein Wein, der seinen Höhepunkt noch nicht erreicht haben dürfte.

Kesselstatt, Reichsgraf von Mit rund 65 ha eines der größten Weingüter an →Mosel, →Saar und →Ruwer mit Hauptverwaltung und zentraler Kellerei in →Trier sowie ausgedehntem Weinbergsbesitz in →Graach (darunter im Alleinbesitz der →*Josephshof*) und Lagen in →Bernkastel, →Graach, →Wehlen, →Piesport, →Neumagen, →Kasel, →Wiltingen (einschließlich Anteile am →*Scharzhofberg*), →Oberemmel u. a. Orten. Es werden ausschließlich →Riesling-Weine, in zunehmendem Maße als →trockene bzw. →halbtrockene Abfüllungen, angeboten, deren beste von bemerkenswerter Qualität sind, darunter seit 1990 als Markenzeichen des Hauses der trockene *Palais Kesselstatt.* Seit 1978 im Besitz der Familie Reh, seit 1981 auch im Besitz der namhaften Domaine Bertagna in →Vougeot in →Burgund.

Kiedrich Berühmter Weinbauort im →Rheingau, zurückgezogen in den Hügeln zwischen →Hallgarten und →Rauenthal mit 170 ha Rebfläche, die zu rund 85 % mit →Riesling bestockt ist. Als beste Lagen gelten *Gräfenberg, Wasseros, Sandgrub* u. a. Die von ihnen stammenden Weine erreichen zwar in der Regel nicht die einsame Klasse der Spitzen von Rauenthal oder →Erbach, sind aber in guten Jahren ohne Frage bemerkenswert, fruchtig, kernig, kraftvoll und von herausragender Statur. Als führende Erzeuger gelten das zur japanischen Suntory-Gruppe gehörende Weingut Robert →Weil, inzwischen das qualitativ bedeutendste Weingut des Rheingaus, die Hessischen →Staatsweingüter, Schloß →Reinhartshausen, Oetinger, Prinz von →Hessen (früher Landgräflich Hessisches Weingut) u. a.

Kientzheim Ausgezeichnete Weinbaugemeinde im →Elsaß zwischen →Ammerschwihr, →Kaysersberg und →Sigolsheim mit 185 ha Rebfläche, von der die bekanntesten Lagen *Schlossberg* und *Furstentum* (gemeinsam mit Sigolsheim) sind, die als →*Alsace grand cru* eingestuft sind. Als führender Erzeuger gilt die alte Domäne der Comtes de Lupfen, heute im Besitz von Marcel Blanck, von der einige hervorragende elsässische Weine kommen. Auch die Winzergenossenschaft Kientzheim-Kaysersberg hat einen guten Namen.

Kinheim Wenig bekannter Nachbarort von →Erden an der →Mosel, doch anders als dieser auf der linken Flußseite gelegen. 120 ha Rebfläche sind mit Reben bestockt, und als beste Lage gilt der *Hubertuslay*, gefolgt von dem kleinen *Römerhang*, während der *Rosenberg* in die Ebene ausläuft. Die besten →Rieslinge können in guten Jahren hervorragend sein und verdienen jede Beachtung. Als führender lokaler Erzeuger gilt heute Rudolf Trossen. Aber auch Eduard Bremm aus →Neef vermag hier beachtenswerte Weine zu erzeugen.

Kir Beliebter →Apéritif, benannt nach Félix-Adrien Kir, von 1945–68 Bürgermeister von →Dijon und großer Propagator dieses Getränks, das in seiner klassischen Form aus $^7/_8$ Bourgogne →Aligoté und $^1/_8$ Crème de →Cassis besteht. Verwendet man Schaumwein statt Weißwein, bezeichnet man es auch als Kir Royal.

Kirgisien Kaum 10 000 ha Rebfläche, aber bereits in der alten Sowjetunion war das Land bekannt für die Schaumweinkellerei von Frunse sowie neben Schaumweinen für die Erzeugung von Likörweinen. Es werden zunehmend →Pinot noir, →Chardonnay, →Welschriesling u. a. Sorten angepflanzt. Ferner werden Tafeltrauben und Rosinen erzeugt.

Kirwan, Château *3ᵉ cru classé* aus →Cantenac-Margaux im →Haut-Médoc, das auf 31 ha (40 % →Cabernet Sauvignon, 30 % →Merlot, 20 % →Cabernet franc, 10 % →Petit Verdot) einen zarten, eleganten →Margaux erzeugt. Obgleich es sich um ein jahrhundertealtes, stets hoch angesehenes Gut handelt, gab es in den letzten Jahrzehnten erhebliche Schwierigkeiten, und das Gut ist

noch dabei, seinen angestammten Platz in der Hierarchie der →Bordeaux-Weine wiederzufinden.

Kiskunság Großes ungarisches Weinbaugebiet, das 1994 als Teil des früheren →Alföld eingerichtet wurde und das Gebiet zwischen Donau und Theiß umfaßt – soweit es nicht zu den Gebieten von →Csongrád bzw. →Hajós-Vaskút gehört – und von nördlich von Kecskemét bis zur serbischen Grenze reicht.

Klassifizierung von 1855 Klassifizierungen der wichtigsten Weingüter hat es in →Bordeaux seit dem 18. Jahrhundert immer wieder gegeben. Doch keine hat je den Rang und die Bedeutung erlangt wie jene von 1855. Das liegt nicht daran, daß diese besser oder zutreffender als voraufgegangene Klassifizierungen gewesen wären – im Gegenteil sind die Abweichungen von jenen der ersten Hälfte des 19. Jahrhunderts eher gering und zudem durchweg begründet. Die Bedeutung der Klassifizierung von 1855 liegt vielmehr einerseits darin, daß sie im staatlichen Auftrag erfolgte, indem nämlich Napoléon III. die Handelskammer in Bordeaux beauftragte, für die Weltausstellung in Paris 1855 eine Klassifizierung der Bordeaux-Weine vorzunehmen. Sie liegt andererseits darin, daß sich seither keine neuere Klassifizierung der betroffenen Güter hat durchsetzen vermögen und dadurch jene von 1855 den nie beabsichtigten Charakter eines sakrosankten, immerwährenden Dokuments erhalten hat. Praktisch ist sie damit widersinnig geworden, da es neben der Konstanz der natürlichen Faktoren, die für die Höherbewertung eines Gutes gegenüber einem anderen ursächlich sind, die Variable des menschlichen Faktors gibt, der nun einmal Wandlungen unterworfen ist. Beide zusammen machen erst den tatsächlichen Rang eines Gutes zu einer bestimmten Zeit in der Hierarchie aus, was eine immerwährende Einstufung zwangsläufig nicht berücksichtigen kann.

Dennoch ist die Klassifizierung von 1855 heute nicht Makulatur, denn sie konnte den hinreichend bekannten natürlichen Faktoren Rechnung tragen und hat dies mit bewundernswerter Zuverlässigkeit getan. Indem sie selbstverständlich zugleich die menschlichen Faktoren ihrer Zeit in Rechnung stellte, hat sie selbst ihre eigene Revision verlangt, ohne voraussehen zu können, daß sich diese bislang nie als durchsetzbar erwiesen hat.

Der Auftrag, die Bordeaux-Weine 1855 zu klassifizieren, wurde daher in seiner ganzen Zeitbedingtheit ausgeführt. Das bedeutete zunächst, daß die Vertreter des federführenden Bordelaiser Weinhandels weder →Saint-Emilion berücksichtigten (→Pomerol verfügte in dieser Zeit ohnehin über ein deutlich geringeres Ansehen) noch das Gebiet der Graves, mit der Ausnahme von Château →Haut-Brion. Allein die Rotweine des →Haut-Médoc erschienen ihnen in ihren Spitzen klassifizierungswürdig. 61 Gewächse verdienten es nach ihrer Überzeugung, herausgehoben zu werden: 3 *premiers crus classés* (1. Gewächse: Châteaux →Lafite, →Latour und →Margaux plus eben Haut-Brion aus den Graves), 15 *deuxièmes crus classés* (2. Gewächse), 14 *troisièmes crus classés* (3. Gewächse), 11 *quatrièmes crus classés* (4. Gewächse) und 18 *cinquièmes crus classés* (5. Gewächse) (genaue Aufstellung →Haut-Médoc). Nur ein einziges Mal ist diese Klassifizierung und auch nur in einem einzigen Fall korrigiert worden, nämlich 1973, als per Dekret des französischen Landwirtschaftsministers Château →Mouton-Rothschild von dem ersten Platz der 2. Gewächse in die Gruppe der *premiers crus* angehoben wurde.

Noch eine zweite Klassifizierung wurde 1855 gemacht, nämlich die der süßen Weißweine von →Sauternes und →Barsac, die 22 (durch Teilungen heute 27)

Güter umfaßt. Ein Gut wurde als *premier cru supérieur classé* eingestuft (Château d'→Yquem) und damit noch über die roten Spitzengewächse des Haut-Médoc gestellt, 11 als *premiers crus classés* und 15 als *deuxièmes crus classés*. Auch diese Klassifizierung gilt bis heute unverändert weiter (→Sauternes für die genaue Aufstellung).

Klein Bezeichnung für einen leichten Wein mit wenig Körper und verhaltenem Charakter. Dies muß kein Fehler sein, im Gegenteil kann es sich dabei um einen höchst angenehmen Wein handeln, der keine besonderen Ansprüche stellt.

Kleinbottwar Kleiner Weinbauort nordöstlich von Ludwigsburg in →Württemberg mit 65 ha Rebfläche, deren beste Lagen *Süßmund*, *Oberer Berg* (beide im Alleinbesitz des Weingutes Graf →Adelmann), *Götzenberg* u. a. sind. Seine besten →Rieslinge, →Lemberger u. a. Weiß- wie Rotweine können in guten Jahren von hervorragender Qualität sein.

Klettgau Mit rund 350 ha Rebfläche größtes zusammenhängendes Weinbaugebiet im Schweizer Kanton →Schaffhausen mit den Gemeinden →Hallau (einschließlich Oberhallau), Wilchingen, Trasadingen, Osterfingen und Grächlingen. Es wird ganz überwiegend Rotwein aus dem →Blauburgunder erzeugt.

Klevner Regionale Bezeichnung für ganz unterschiedliche Rebsorten, die mitunter auch →Clevner oder Klävner geschrieben wird. In →Baden, insbesondere um →Durbach, ist damit ein →Traminer gemeint, im gegenüberliegenden →Elsaß und ähnlich auch in Österreich ein Weißer →Burgunder. In der angrenzenden →Ostschweiz wiederum bezeichnet man damit einen →Spätburgunder und im benachbarten

→Württemberg einen →Frühburgunder.

Klingelberger In der →Ortenau und insbesondere um →Durbach gebräuchliche Bezeichnung für den →Riesling. Der Name stammt von einer alten Durbacher Lage.

Klöch Nicht zuletzt aufgrund ihres milden Klimas und des roten vulkanischen Bodens ist Klöch mit seiner 175 ha großen Rebfläche die qualitativ führende Gemeinde des Weinbaugebietes →Süd-Oststeiermark. Die herausragende Lage ist der berühmte *Klöcher Berg*, von dem charaktervolle, nervige →Welschrieslinge, Weiße →Burgunder, →Rheinrieslinge, →Sauvignon blanc u. a. Weine kommen, die zu den besten der →Steiermark gehören. Als bedeutendste, die ganze Größe der Lage zum Ausdruck bringende Weine gelten jedoch die →Traminer und →Gewürztraminer, die dank ihrer Rasse, Konzentration und Differenziertheit zu den besten Europas gehören. Als führende Erzeuger gelten Josef Simmerl aus dem benachbarten Halbenrain u. a.

Klöch-Oststeiermark, Weinbaugebiet Bis 1985 gebräuchliche Bezeichnung für das seither →Süd-Oststeiermark genannte südlichste Weinbaugebiet Österreichs.

Klon Vegetativer Nachkomme bester, gesunder, weitgehend virusresistenter und meist sehr ertragsstarker Mutterstöcke, die die höchste Stufe der Selektion im europäischen →Pfropfrebenanbau darstellen. Diese Selektion kann unter dem Gesichtspunkt der Quantität (leider sehr häufig) wie auch dem der Qualität, gegebenenfalls unter strikter Begrenzung des Ertrags, erfolgen. Selbst wenn Klone allein unter dem Gesichtspunkt der Qualitätssteigerung und der erforderlichen Ertragsbegrenzung ausgewählt werden, ist mit ihrer

Verbreitung eine gewisse Geschmacksuniformierung unausweichlich.

Klosterneuburg Mit rund 200 ha Rebfläche der namhafteste Ort des Weinbaugebietes →Donauland und dank seiner klimatisch von der Donau beeinflußten Südlagen *Franzhauser, Rothäcker, Steinriegl, Fensterl* u. a. zusammen mit dem eingemeindeten Weidling der qualitativ führende Ort des Gebietes. Klosterneuburg ist Sitz der Höheren Bundeslehr- und Versuchsanstalt für Wein- und Obstbau, eine der führenden önologischen Stationen Europas. Ein zweiter namhafter Erzeuger am Ort ist das →Chorherrenstift Klosterneuburg.

Klosterneuburg, Weinbaugebiet Zwischen 1976 und 1985 gebräuchlicher Name des in der Folge als →Donauland-Carnuntum bezeichneten Weinbaugebiets. Seit dem 1993er →Weingesetz geteilt in →Donauland und →Carnuntum.

Klosterneuburger Mostwaage Ende des 19. Jahrhunderts von August Wilhelm Freiherr von Babo entwickeltes Gerät zur Bestimmung des →Mostgewichts nach dem prozentualen Anteil des →Zuckers im →Most, angegeben in ° KMW. Anders als in Deutschland oder der Schweiz, wo nach einem anderen Verfahren die Angaben in →Oechslegrad erfolgen, wird seither in Österreich die Bestimmung nach dem von Babo entwickelten Verfahren durchgeführt. Zum Vergleich dieser Angaben mit jenen der Oechslewaage müssen diese mit dem Faktor 5 (exakt 4,98) multipliziert bzw. durch ihn dividiert werden: So entsprechen 20 ° KMW ungefähr 100 ° Oechsle (Oe) bzw. 135 ° Oe ungefähr 27 ° KMW.

KMW →Klosterneuburger Mostwaage

Knipperlé Auch Ortlieber oder →Räuschling genannte weiße Rebsorte, die in früheren Zeiten im →Elsaß und in der →Ostschweiz weit verbreitet war, aber angesichts ihrer großen Fäulnisanfälligkeit in beiden Gebieten inzwischen nahezu vollständig verschwunden ist, obwohl sie ordentliche Weine hervorbrachte.

Kocher-Jagst-Tauber, Bereich Nördlichster Bereich des →Anbaugebietes →Württemberg mit noch 439 ha Ertragsrebfläche, die sich weitgehend auf Lagen in den drei Flußtälern verteilt. Anders als in den beiden großen Bereichen Württembergs (Württembergisch →Unterland und →Remstal-Stuttgart) wird ganz überwiegend (75%) Weißwein erzeugt, davon 30% →Müller-Thurgau und 24% →Silvaner. →Weikersheim ist der bekannteste Ort.

Kochwein Umgangssprachlich häufig benutzter Begriff für mehr oder weniger ungenießbare Weine, die sich jedoch angeblich noch in der Küche verwenden ließen. Mit der Erkenntnis, daß eine Küche, die ihren Namen verdient, allein mit besten Ausgangsprodukten arbeiten kann, ist mit dem Begriff auch die Sache selbst verschwunden. Längst verwendet diese Küche nicht mehr ausschließlich →Madeira, →Sherry oder →Marsala, sondern auch →Riesling, →Champagner, →Burgunder, →Barolo u. a. Weine, so daß die Palette der Verbindung von Wein und Essen ungleich breiter und nuancenreicher geworden ist. Da der →Alkohol durch Erhitzen zwar verdunstet, aber viele Geschmacksstoffe des Weins zurückbleiben, sollte man in der Regel den gleichen Wein, den man in der Küche verwandt hat, auch zu dem Essen reichen.

Kohfidisch Kleiner Weinbauort im Weinbaugebiet →Südburgenland mit knapp 40 ha Rebfläche. Die Rotweine (→Blaufränkisch) der lokalen Gräfl. Er-

dödy'schen Schloßkellerei sind weithin geschätzt.

Kohlensäure Auch als Kohlendioxid (CO_2) bezeichnet, entsteht in großen Mengen bei der →Gärung und ebenfalls beim biologischen →Säureabbau und ist als solcher in geringen Dosen ein natürlicher Inhaltsstoff des Weins (zwischen 0,0 und 0,5 g/l), der dann – außer bei sehr frühen Füllungen, →Sternwein, →Vin sur lie – weder optisch noch geschmacklich feststellbar ist. Aufgrund des modischen Trends zu jungen und frischen Weiß-, aber auch Rotweinen (etwa →Beaujolais →primeur) setzt man heute diesen Weinen häufig bei der Abfüllung eine CO_2-→Dosage zu, was laut Weinverordnungen bis zu einem Höchstwert von 2 g/l erlaubt ist, um diese künstlich frischer erscheinen zu lassen, was dann beim Einschenken des jungen Weins in Form von Gasbläschen am Glasrand sichtbar wird. Verfechter dieser Methode füllen heute grundsätzlich helle Rot- wie Weißweine, aber auch plumpere, säurearme Weine mit einem Kohlensäuregehalt von 1–1,5 g/l ab. Es versteht sich von selbst, daß qualitativ hochstehende Weine mit diesen Methoden nicht zu erzeugen sind.

Kok(k)ineli Eigentlich griechisch für Rosé. Jedoch auch als Bezeichnung für ganz leicht geharzten, schon fast ziegelroten →Retsina-Rosé. Wie auch bei dem weißen Retsina dürfte der beste aus →Attika stammen; er kann durchaus gehaltvoll und ansprechend sein.

Königsbach Südlich von →Deidesheim auf den sanften Abhängen der →Mittelhaardt gelegener Weinbauort, heute Stadtteil von →Neustadt, mit rund 100 ha Rebfläche, als deren beste Lage der *Idig* gilt. Aber auch die drei übrigen Lagen →*Jesuitengarten*, *Ölberg* und *Reiterpfad* verdienen Erwähnung. Die Weine von Königsbach, zu annähernd 30% →Riesling, zählen zu den besten dieses Teils der →Pfalz und werden von →Buhl u. a. Erzeugern angeboten.

Korken Kein Material ist so geeignet zum Verschließen einer Weinflasche wie der aus der Rinde der Korkeiche gewonnene Korken. Indem diese Korken elastisch und zugleich luft- und wasserundurchlässig sind, passen sie sich ideal dem Hals der Weinflasche an, verhindern das Auslaufen des Weins, erlauben aber zugleich über die Jahre des →Alterns des Weins jene minimale Oxydation, die die Reifung des Weins erst möglich macht. Nur ein hervorragender Korken von einwandfreier Qualität kann diese Entwicklung sicherstellen. Der Korken sollte daher von mindestens 7 Jahre alten – je nach Weinqualität möglichst noch älteren – Platten stammen, sorgfältig und zuverlässig verarbeitet sein und bei lagerfähigen Weinen über eine Länge von mindestens 45 mm verfügen. Selbst die besten Korken halten jedoch nicht ewig, und normalerweise wird man sie nach etwa 25 Jahren erneuern müssen, d. h. der Wein muß dann umgekorkt werden. Denn nichts trägt so sehr zum Verderben eines Weins bei wie ein unzureichender oder fehlerhafter Korken.

Sitzt ein Korken lose in der Flasche, so läßt das meist darauf schließen, daß der betreffende Wein nicht sachgerecht gelagert wurde und die Flasche etwa vertikal statt horizontal aufbewahrt wurde. Ein trockener Korken, der sich schwer ziehen läßt, deutet auf einen zu trockenen Weinkeller – was zwar keine Auswirkung auf die Weinqualität haben muß, aber dazu führen kann, daß der Korken beim Öffnen der Flasche zerbröselt und Korkkrümel in den Wein gelangen. Wenn der Korken an der Oberseite unter der Kapsel schimmelig oder schwarz ist, so hat das gar nichts zu sagen. Hingegen signalisiert Mehlaufwurf auf der Oberseite das Vorhandensein einer Korkmotte. Läßt man sie ungestört, besteht nach wenigen Jahren

die Gefahr, daß sie sich durch den Korken hindurchgefressen hat. Der Wein bekommt dann zu viel Luft und verdirbt. Mit Insektenstrips kann man sich im allgemeinen hinreichend vor Korkmotten schützen. Ein völlig durchnäßter Korken ist jedoch ein Hinweis auf eine unzureichende Korkqualität und einen möglicherweise dadurch vorzeitig gealterten Wein. Ein falsch bearbeiteter Korken verändert dagegen den Wein und verleiht ihm einen →Korkgeschmack, der den Wein ungenießbar macht.

So wichtig und unersetzlich der Korken für jeden besseren und damit lagerfähigen Wein auch ist, so sinnlos ist er bei Weinen, die für den unmittelbaren Konsum bestimmt sind, wie der →Heurige, der →Primeur, der →Vino novello oder billige, nicht für die Lagerung bestimmte →Tafel- oder →Landweine, die nichts durch einen Korken gewinnen und durch einen hermetischen Schraubverschluß sehr viel angemessener und sinnvoller verschlossen wären.

Korkenzieher Seit mehr als 300 Jahren gebräuchliches Gerät zum Herausziehen des →Korkens aus der Weinflasche. In seiner einfachsten Form ist es ein schlichtes, gezogenes Stahlgewinde, das an irgendeiner Art von Griff befestigt ist. Zwei Dinge sind dabei grundsätzlich voneinanderzu unterscheiden: Das Gewinde, das sich in den Korken bohrt, entscheidet darüber, ob der Korken zuverlässig, intakt und ohne Beeinträchtigung des Weins aus der Flasche gezogen werden kann. Alle übrigen Teile des Korkenziehers haben allein Rückwirkungen darauf, wieviel Muskelkraft zum Öffnen der Flasche aufzuwenden ist oder dienen – heute selten – ästhetischen Zwecken. In den einfachsten Formen der Korkenzieher ist man ausschließlich auf diese Muskelkraft angewiesen, deren Aufwand bei festsitzenden Korken schon recht erheblich sein kann; in seinen moderneren Ausführungen des Glieder- oder Hebelkorkenziehers ist dieser Aufwand dank zusätzlicher Mechanik bereits erheblich reduziert. In der jüngsten Perfektionierung dieser Korkenzieher – obwohl die Ausführung noch Verbesserungen zuläßt –, nämlich mit dem *Screwpull*, dem *Spinhandle* und schließlich dem *Leverpull* ist dieser Muskelaufwand auf ein kaum noch zu unterschreitendes Minimum reduziert.

Bei alledem darf nicht übersehen werden, daß der wichtigste Bestandteil eines Korkenziehers sein Gewinde ist, das nicht einem Bohrer ähneln darf, sondern die Form einer offenen Spirale haben sollte, durch deren »Seele« sich ein Streichholz stecken läßt. Der äußere Durchmesser sollte ungefähr 7–9 mm betragen. Die Spirale darf nicht zentriert sein und muß in einer ihrem Lauf folgenden scharfen Spitze münden. Der verwandte Stahl muß rund und ohne scharfe Kanten oder Ränder sein. Alles andere würde den Korken zerschneiden und das Herausziehen alter, festsitzender oder brüchiger Korken erschweren oder unmöglich machen. Schließlich muß das Gewinde lang genug sein, um auch die längsten Korken (ca. 55 mm) problemlos herausziehen zu können; zu kurze Gewinde reißen diese Korken meist auseinander.

Neben diesem traditionellen Gewindekorkenzieher gibt es eine Fülle anderer Mechanismen, wie den Stahlfeder- oder den pneumatischen Korkenzieher, die ihren kleinen Kreis eingeschworener Liebhaber besitzen. Im übrigen sollte man festsitzende Champagnerkorken nicht mit einem Korkenzieher, sondern mit einer *Champagnerzange* entfernen.

Korkgeschmack Alle guten Weine sind in der Flasche mit einem Korken verschlossen. Doch nur ein schlechter bzw. falsch behandelter Korken (die wirklichen Ursachen sind immer noch nicht wissenschaftlich zweifelsfrei erwiesen) führt dazu, daß der Wein einen unangenehmen Korkgeschmack annimmt und auch danach riecht. So etwas kann in den besten Kellern vorkommen, da sich erst nach dem Öffnen der Flasche feststellen läßt, daß der Korken nicht in Ordnung war. Der Wein ist dann praktisch ungenießbar und sollte fortgegossen werden. Glücklicherweise sind solche Mängel sehr selten.

Körper Unkundige Weintrinker verwechseln Körper oft mit →Alkohol und neigen bei dem Vergleich von zwei ähnlichen Weinen in der Regel zu dem alkoholreicheren, da ihnen der andere im Körper mager erscheint. Tatsächlich meint jedoch Körper bei einem Wein etwas ganz anderes und hat etwas mit seiner Substanz zu tun. Ein körperreicher Wein muß nicht viel Alkohol besitzen, wohl aber einen relativ hohen →Extrakt. Obgleich ein Wein mit wenig Körper dazu neigt, →dünn zu sein, muß ein Wein mit viel Körper nicht unbedingt gut sein; er kann sogar als →dick oder →plump erscheinen. Wieviel Körper ein Wein haben sollte, hängt ganz von der Art des Weines ab und unterliegt in besonderem Maße Jahrgangsschwankungen. Bei jedem exquisiten Wein wird man erwarten müssen, daß der Körper in einem ausgewogenen Verhältnis zu →Säure und/oder →Tannin steht, die dem Wein mit zunehmender Reife Eleganz verleihen. Daher wird man bei einem sehr körperreichen →Mosel, →Riesling, →Chablis oder →Champagner etwas an Ausgeglichenheit und Anmut vermissen. Ein bemerkenswerter →Burgunder, ein →Dão, ganz zu schweigen von einem →Barolo oder →Châteauneuf-du-Pape muß dagegen über viel Körper verfügen.

Korsika Französische Mittelmeerinsel (→Corse), deren Weinbau in jüngster Zeit qualitativ zunehmend an Bedeutung gewonnen hat, seitdem moderne Gärverfahren hier Einzug gehalten haben, während er quantitativ, wie überhaupt im französischen Süden, deutlich rückläufig ist. Heute stehen noch knapp 11 000 ha unter Reben, die zumeist einen ansprechenden →Landwein (*Vin de pays de l'Ile de Beauté*) hervorbringen, während auf knapp einem Sechstel der Gesamtfläche →A.O.C.-Weine erzeugt werden. Diese kommen entweder unter der allgemeinen Appellation *Vin de Corse* in den Handel oder einer der sieben Unterregionen, von denen →Ajaccio, →Patrimonio, →Porto Vecchio und →Sartène qualitativ als die bedeutendsten gelten. Zu gut 90 % handelt es sich dabei um Rot- und Roséweine aus einheimischen (Sciaccarello, Nielluccio u. a.) oder südfranzösischen Sorten (darunter →Cinsaut, →Carignan, →Grenache), deren beste beachtlichen Charakter, Rasse und Feinheit aufzuweisen vermögen. Die Weißweine (aus →Vermentino, →Malvasia u. a., meist einheimischen Sorten) können heute ebenfalls von beachtlicher Frische und Charakter sein, während andere vordergründig modern erscheinen. Doch die Fortschritte auf breiter Linie sind unübersehbar.

Kraichgau   →Bergstraße / Kraichgau, Badische

Krank Einen Wein, der sich momentan nicht in seinem gewohnten Geschmacksbild präsentiert, bezeichnet man als *krank*. Diese Eigenschaft kann durch Abfüllung, Transport o. ä. hervorgerufen sein und verliert sich in der Regel nach einigen Wochen wieder. Im eigenen Interesse sollte man daher frisch gefüllten oder transportierten Weinen diese Erholungsphase gönnen. Neben dieser vergleichsweise harmlosen Erscheinung kann ein Wein durch Bakterien oder Pilze krank sein. Derartige Weine weisen gewöhnlich eine Trübung und einen ungewohnten und unangenehmen Geruch und Geschmack auf, Veränderungen, die zur Ungenießbarkeit führen. Glücklicherweise erreichen derartige Weine heute kaum je den Verbraucher.

Krems Reizvolle Stadt an der Donau und quantitativ wie qualitativ das Zentrum des Weinbaugebietes →Kremstal, die zusammen mit ihren Katastralgemeinden →Stein, Rehberg, Gneixendorf, Landersdorf, Hollenburg u. a. rund 820 ha Rebfläche umfaßt. Zu nahezu zwei Drittel werden Grüne →Veltliner erzeugt. Die besten Lagen der Stadt befinden sich westlich des Kremsflusses auf Urgesteinsverwitterungsböden, die topographisch und geologisch eigentlich noch zur →Wachau gehören und im Stadtteil Stein liegen (*Kögl, Hund, Pfaffenberg* u. a.), auch wenn sie vielfach als Kremser Lagen etikettiert werden.
Bei den übrigen Kremser Lagen wie *Wachtberg, Kremsleithen, Kraxen, Sandgrube, Weinzierlberg* u. a. handelt es sich meist um Lößböden. Nicht nur angesichts dieser natürlichen Bedingungen können Kremser Weine qualitativ sehr unterschiedlich ausfallen. Auch wenn jenseits von Stein nur selten die Spitzenqualitäten der Wachau erreicht werden, sind doch die besten Weine von hervorragendem Charakter, körperreich und ausgeglichen. Franz Aigner, Baron Geymüller, Metternich, die Weinbauschule, das Weingut der Stadt Krems u. a. gelten als führende Erzeuger. Darüber hinaus befindet sich in Krems die größte Winzergenossenschaft Österreichs.

Krems, Weinbaugebiet Bis zur Neufassung des österreichischen →Weingesetzes 1985 eigenständiges Weinbaugebiet, in →Niederösterreich beiderseits der Donau um die Stadt →Krems gelegen mit gut 2700 ha Rebfläche. Bis 1993 bildete es dann – zusammen mit dem ehemaligen Weinbaugebiet →Langenlois – des neuen Weinbaugebietes →Kamptal-Donauland, während mit dem 1993er Weingesetz das Gebiet unter der Be-

zeichnung →Kremstal wieder eingerichtet wurde.

Kremstal Mit dem →Weingesetz von
1993 durch Teilung des vormaligen
Weinbaugebietes →Kamptal-Donau-
land neu eingerichtetes Weinbaugebiet
mit 2438 ha und dem Zentrum →Krems,
das praktisch dem bis 1985 bestehenden
Weinbaugebiet →Krems entspricht. Die
Böden bestehen hauptsächlich aus Löß
und Lehm, jedoch gibt es in den beiden führenden Gemeinden →Stein und
Senftenberg Urgesteinsterrassen mit
einem hohen Anteil von →Riesling
und einem der benachbarten →Wachau
durchaus vergleichbaren Niveau. Weitere bekannte, doch qualitativ deutlich
geringere Orte sind →Furth (mit Palt),
→Gedersdorf, →Rohrendorf u. a. Hier
dominiert durchweg der Grüne →Velt-
liner.

Kreta Bedeutendste griechische Insel
und rund 13 000 ha große Weinbauregion mit vier roten →O.P.A.P.-Weinen,
von denen →Archanes und der →Peza
die beachtenswertesten sein dürften, die
ganz hervorragend sein können. Ferner
kommt der →traditionelle Wein Hera-
klion aus dem Bezirk der gleichnamigen
Stadt. Die Mehrzahl der übrigen Insel-
weine ist von eher lokaler Bedeutung.
Auf weiteren 33 000 ha werden Rosinen
(nahezu ausschließlich Sultaninen) erzeugt.

Kretzer Im deutschsprachigen →Südti-
rol gebräuchlicher Name für die Weinbereitung aus roten Trauben nach dem
für weiße Trauben üblichen Verfahren
(→Süßdruck, →Weißherbst). Der bekannteste und beste der so erzeugten
Roséweine ist der →Lagrein Kretzer.

Kreuznach Mittelpunkt des →Nahe-
Gebietes und seine bedeutendste Weinbaugemeinde mit rund 850 ha Rebfläche,
rund 15 km flußaufwärts von →Bingen
gelegen, wo die Nahe in den →Rhein

mündet. Einige ausgezeichnete Lagen
befinden sich innerhalb der Stadtgrenzen, so *Brückes, Rosenheck, Kah-
lenberg, Hinkelstein, Narrenkappe,
Steinberg* (Alleinbesitz August E. →An-
heuser), *Krötenpfuhl* u. a., deren →Ries-
linge in guten Jahren zu den bemerkenswertesten Weinen des ganzen Gebietes
zählen. Paul Anheuser, →Finkenauer,
August E. Anheuser, Ernst Anheuser,
→Plettenberg, das lokale →Staatswein-
gut u. a. gelten als führende Erzeuger.

Kreuznach, Bereich Bis 1993 nördlicher und größerer der beiden Bereiche
des →Anbaugebietes →Nahe, zwischen
Bad →Kreuznach und der Nahemündung bei →Bingen gelegen, zu dem neben Bad Kreuznach →Münster-Sarms-
heim, →Dorsheim, →Laubenheim,
→Burg Layen, →Winzenheim, →Lan-
genlonsheim, →Wallhausen u. a. als
qualitativ führende Orte zählen. Seither
mit dem ehemals südlichen Bereich
→Schloß Böckelheim zum neuen Bereich →Nahetal vereinigt.

Kreuzungen In der Kreuzungszüchtung unterscheidet man zwei Arten von
Kreuzungen: 1. Kreuzungen innerhalb
der gleichen Art, d. h. →*Vinifera × Vinifera*-Sorten, z. B. →Riesling × →Silva-
ner, die die sog. →Neuzüchtungen ergeben, deren verbreitetste in Deutschland
der →Müller-Thurgau ist; 2. die sog. interspezifischen Kreuzungen zwischen
zwei verschiedenen Arten, also etwa *Vinifera × Riparia*, die die sog. →Hybriden
hervorbringen und mit denen die Züchtung pilzresistenter →Direktträger be-
absichtigt ist.
Auch wenn diese heute keinen →Foxge-
schmack mehr aufweisen, sollte man
nach dem Debakel mit den Neuzüchtungen nicht der Illusion erliegen, als
ließen sich auf absehbare Zeit auf diesem Weg Rebsorten kreieren, die den
europäischen Spitzensorten vergleichbare Weinqualitäten zu liefern in der
Lage wären.

Neben der Kreuzungszüchtung ist die Erhaltungszüchtung, d. h. der Erhalt der alten Sorten durch Klonenselektion (→Klon) von weitreichender Bedeutung. Bekannte Institute für Rebzüchtung befinden sich in Deutschland in Alzey, Freiburg, Geilweilerhof, →Geisenheim, →Weinsberg und →Würzburg.

Kroatien Rund 70 000 ha umfassendes Weinbauland in Südosteuropa, dessen Rebfläche sich in zwei deutlich voneinander getrennte Regionen teilt. Mit 42 000 ha ist die größere das sog. Kontinentalkroatien, d. h. jenes Gebiet östlich von Zagreb zwischen Drau und Save bis zur Donau. Es werden meist Weißweine erzeugt, wobei das Donaugebiet um Osijek und Vukovar mit seinem →Welschriesling, →Sauvignon, →Traminer, →Sémillon, Weißen →Burgunder u. a. Weinen den besten Namen hat. Die zweite Region ist das kroatische Küstenland mit Istrien und →Dalmatien, das vor allem für seine Rotweine bekannt ist, den Dingac, Postup u. a. meist aus der Plavac gewonnenen Weine.

Krug Nach Überzeugung aller Kenner heute der bemerkenswerteste Name im →Champagnergebiet, ein eher kleines Haus in →Reims, das mittlerweile vier Weine herstellt, die *Grande Cuvée* (Nachfolger der früheren *Private Cuvée*) ohne Jahrgang, den →*Brut* →*millésimé* (auch *Krug* →*Vintage* genannt), den *Krug Rosé* und den →*Clos du Mesnil Brut* →*Blanc de Blancs millésimé*, ein Champagner nur aus einer Lage, aus einer Rebsorte (→Chardonnay) und aus einem Jahr. Alle Weine werden im Holzfaß vergoren und handwerklich erzeugt und sind von ganz außerordentlicher Finesse und Eleganz. Die besten sind von einer überwältigenden Stimmigkeit, Harmonie und unendlichen Geschmacksnuancierungen, so daß es nur recht und billig ist festzustellen, daß ein Spitzen-Krug heute der größte Champagner ist, den es gibt.

Kurz →Abgang

KWV 1918 gegründete Ko-operatieve Wijnbouwers Vereniging von Südafrika, der heute rund 80 individuelle Winzergenossenschaften des Landes angehören mit Sitz in →Paarl. Tatsächlich handelt es sich um eine halbstaatliche Organisation zur Marktregulierung, die zwar kein Exportmonopol besitzt, tatsächlich aber die Ausfuhr südafrikanischer Weine zum überwiegenden Teil abwickelt und 80 % des südafrikanischen Wein- und Spirituosenmarktes kontrolliert. Damit hat die KWV zwar erhebliche Verdienste im Bereich der Marktstützung vorzuweisen, doch ihr Beitrag zur modernen südafrikanischen Qualitätsweinerzeugung war in der Vergangenheit eher gering, um das wenigste zu sagen. Entsprechend sind die unter dem Etikett der KWV vermarkteten Weine in der Regel mäßig bis ordentlich und gefällig, die besten können ausgezeichnet sein, selten mehr. Ob in der Zukunft des südafrikanischen Weinbaus die KWV in ihrer jetzigen Form weiter bestehen wird, bleibt abzuwarten.

L

Labarde Kleine Weinbaugemeinde →Haut-Médoc mit 130 ha Rebfläche, deren Weine zur Führung der Appellation →Margaux berechtigt sind. Die namhaftesten Gewächse sind Châteaux →Giscours, →Dauzac und →Siran.

Labégorce, Château *Cru* →*Bourgeois* aus →Margaux im →Haut-Médoc mit 29 ha Rebfläche (55 % →Cabernet Sauvignon, 40 % →Merlot, 5 % →Cabernet franc) und einem stimmigen und ausgeglichenen Rotwein. Nach Besitzerwechsel im Auge behalten.

Labégorce-Zédé, Château *Cru* →*Bourgeois* in →Soussans im →Haut-Médoc mit 27 ha Rebfläche (50 % →Cabernet Sauvignon, 35 % →Merlot, 10 % →Cabernet franc, 5 % →Petit Verdot) und einem tanninreichen, komplexen, charmanten und sehr eleganten →Margaux, der sich heute durchaus auf dem Niveau eines klassifizierten Gewächses befindet.

Labrusca Eine der verbreitetsten Rebarten Nordamerikas, die *Vitis Labrusca*, von der die Concord ein typischer Vertreter ist, mit ausgesprochenem →Foxgeschmack. Man trifft sie noch im Osten und Mittleren Westen der →Vereinigten Staaten an.

Lacrima di Morro d'Alba In sechs Gemeinden der Provinz Ancona in den →Marken aus Lacrima erzeugter Rotwein mit →DOC-Prädikat, den einige eher für ein Politikum als einen →Qualitätswein halten.

Lacryma Christi del Vesuvio An den Abhängen des Vesuvs wachsender, berühmter Wein mit dem →DOC-Prädikat und höheren Qualitätsanforderungen (12 % vol. Alkohol und geringerer Ertrag) als für den einfachen →Vesuvio. Der rote – aus Piedirosso und erlaubten Zusätzen von Sciascinoso und →Aglianico – kann gehaltvoll und ansprechend, der jung zu trinkende weiße – aus Coda di Volpe und zulässigen Anteilen von Verdeca, Falanghina und →Greco –, wenn trocken, frisch, fruchtig und ausdrucksvoll sein. Führende Erzeuger sind Fabbrocini, Mastroberardino u. a.

Ladoix-Serrigny Kleine Weinbaugemeinde in →Burgund, an der →Côte de Beaune mit rund 160 ha Rebfläche. Ein Teil davon hat das Recht, als →*Aloxe-Corton premier cru* bzw. als →*Corton* und *Corton-Charlemagne* in den Handel gebracht zu werden, während einfacher Wein aus Ladoix häufig als →*Côte de Beaune-Villages* verkauft wird.

Lafaurie-Peyraguey, Château *Premier cru* von →Sauternes mit 27 ha Rebfläche (80 % →Sémillon, 15 % →Sauvignon, 5 % →Muscadelle), eines der besten Weingüter von →Bommes und eines der eindrucksvollsten Schlösser des Sauternais. Der Wein ist körperreich, goldfarben und betont süß – ein charaktervoller Sauternes-Wein.

Lafite-Rothschild, Château Nach Auffassung der meisten unparteiischen Experten und wohl ebenso im Empfinden des breiten Publikums das *Nonplusultra* aller roten →Bordeaux-Weine und das größte Rotweingut der Welt. Lafite oder Lafite-Rothschild (beide

Namen sind korrekt) gilt spätestens seit dem 18. Jahrhundert als *premier cru*, als es sich im Besitz der Grafen de Ségur befand, eine Einstufung, die von der →Klassifizierung von 1855 ebenso wie von der von 1973 geradezu selbstverständlich bestätigt wurde. In einer der spektakulärsten Transaktionen der Weingeschichte ging das über 300 Jahre alte Weingut 1868 für 4,4 Mill. Francs in den Besitz von Baron James de Rothschild über.

Rund 95 ha stehen heute unter Reben, davon 70 % →Cabernet Sauvignon, 21 % →Merlot und 9 % →Cabernet franc. Der aus ihnen erzeugte Wein hat in den 1960er und 1970er Jahren nicht immer die in ihn gesteckten Erwartungen erfüllt und des öfteren zu Enttäuschungen Anlaß gegeben. Doch seit dem 1982er weist der Weg wieder steil nach oben, und Lafite nimmt heute wieder voll seinen angestammten Platz ein. Wie vordem kann man heute von einem gelungenen Lafite nicht anders als in Tönen höchsten Lobes sprechen. Er ist in jeder Weise ein sprichwörtlich ästhetischer Wein von nicht zu übertreffender Finesse und Eleganz, großartig strukturiert und nuancenreich und von einzigartiger Geschmackstiefe, die Vollendung des großen roten Bordeaux.

Lafleur, Château Einer der besten *crus* von →Pomerol, dessen 4 ha zu 60 % mit Merlot und 40 % →Cabernet franc bestockt sind. Der Wein ist üppig und reich im Stil des alten Pomerol, und mitunter fehlt ihm in seinem ganzen Volumen Struktur, Komplexität und Eleganz. Eine fallweise frühere Lese und eine zeitgemäßere Vinifikation könnte noch deutlich bessere Ergebnisse bringen. Man sollte das Gut übrigens nicht mit Gütern gleichen oder ähnlichen Namens verwechseln, auch nicht mit dem benachbarten Château La →Fleur-Pétrus.

Lafões Kleines, sehr bergiges und feuchtes nordportugiesisches →IPR-Weinbaugebiet südlich des →Douro zwischen den größeren und bekannteren Gebieten des →Vinho Verde, →Dão und der →Bairrada. Auf rund 1000 ha werden zu 90 % Rotweine aus Amaral, Jaen, Touriga (→Touriga Nacional) und eventuell weiteren Sorten erzeugt, die recht körperreich sind, aber auch über hohe Säure verfügen, wodurch sie in der Regel eine lange Reifezeit benötigen. Einige der Weißweine, zu mindestens 85 % aus Arinto, erinnern an einen Vinho Verde.

Lafon-Rochet, Château *4ᵉ cru classé* von →Saint-Estèphe, im →Haut-Médoc mit 45 ha Rebfläche (80 % →Cabernet Sauvignon, 20 % →Merlot) und einem klaren und eleganten Rotwein, dessen Qualität ähnlich der des im gleichen Besitz befindlichen Château →Pontet-Canet seit Mitte der achtziger Jahre wieder deutlich steigt, auch wenn derzeit das Niveau eines 4. Gewächses noch nicht als erreicht gelten kann.

Lage In Deutschland engere geographische Herkunftsbezeichnung für einen Wein. Dabei kann es sich sowohl um eine →Einzellage als auch um eine →Großlage handeln. Welche tatsächlich gemeint ist, vermag der normale Weintrinker nicht zu erkennen, so daß das Etikett ihm weder »Wahrheit« noch »Klarheit« bietet. →Ried, →Climat.

Lagern Wein, der nicht zum unmittelbaren Konsum bestimmt ist, sollte möglichst in einem →Keller nach bestimmten Gesichtspunkten gelagert werden.

Lago di Caldaro →Kalterer See

Lagoa Mit etwa 2000 ha das größte portugiesische →DOC-Weinbaugebiet in der →Algarve. Die Weißweine aus Crato Branco und die Rot- und Roséweine aus

Negra Mole, Monvedro und →Periquita können alles von trocken bis recht süß sein und sind mehr als Beiprodukt des modernen Tourismus, denn als herausragendes Ergebnis eines Qualitätsweinbaus anzusehen.

Lagos Das südwestlichste Weinbaugebiet Europas im Westen der →Algarve mit eigener →DOC-Regelung. Es sind kaum noch 500 ha mit weißen (hauptsächlich Boal Branco) und roten (→Periquita, Negra Mole) Sorten bestockt. Doch scheint der Weinbau um das Cabo de São Vicente sich mehr und mehr auf dem Rückzug zu befinden.

Lagrange, Château *3ᵉ cru classé* in →Saint-Julien, im →Haut-Médoc, das sich seit Anfang 1984 im Besitz der japanischen Suntory-Gruppe befindet. Seither ist auf dem Gut kein Stein auf dem anderen geblieben. Die Rebfläche wurde auf 113 ha erweitert und ist heute zu 70 % mit →Cabernet Sauvignon und 30 % →Merlot bestockt. Der Qualitätsaufschwung ist seither phänomenal, ohne daß der Gipfel bereits erreicht scheint. Doch schon heute ist Lagrange ein tanninreicher, tiefer, kompakter und eleganter Wein von großer Distinktion, und morgen dürfte er wohl zu den sog. *super-secondes* und damit den ersten Gewächsen nicht nur von Saint-Julien gehören.

Lagrein Kretzer (Lagrein Rosato) Ein in →Südtirol in 32 Gemeinden der Provinz →Bozen aus Lagrein bereiteter köstlicher Roséwein. Das klassische Anbaugebiet liegt in der unmittelbaren Umgebung von Bozen (Gries und Bozen-Dorf). Der Wein besitzt das →DOC-Prädikat →Alto Adige (Südtiroler) und wird viel in die Schweiz, nach Deutschland und Österreich exportiert. Der in dem Gebiet aus derselben Traube erzeugte ausgezeichnete Rotwein führt die Bezeichnung Lagrein Dunkel (Lagrein scuro).

Lágrima Ein besonderer, häufig süßer Wein, der nur aus dem →Vorlauf, nicht aus mechanisch gepreßten Trauben bereitet werden darf. Am bekanntesten ist der →Málaga Lágrima, aber auch Pedro Rovira in →Terra Alta erzeugt einen vorzüglichen trockenen, weißen *Vino de Lágrima*.

Lagune, Château La *3ᵉ cru classé* in →Ludon, im →Haut-Médoc, das südlichste der klassifizierten Güter des →Médoc, nur 10 km von der Nordgrenze der →Graves entfernt. La Lagune umfaßt 70 ha Rebfläche, die zu 55 % mit →Cabernet Sauvignon, je 20 % →Cabernet franc und →Merlot und 5 % →Petit Verdot bestockt ist, und erzeugt tanninreiche, dabei bemerkenswert finessenreiche, elegante und in hervorragenden Jahren langsam reifende Rotweine, die ihrem Charakter nach sowohl Anklänge an die Spitzenweine von →Margaux als auch an jene der nördlichen Graves erkennen lassen. Das Niveau der Weine liegt deutlich über seinem offiziellen Rang, und die kleine Schwächeperiode in der zweiten Hälfte der achtziger Jahre scheint mittlerweile überwunden.

Lalande-de-Pomerol Randbereich von →Pomerol, zusammen mit dem früher eigenständigen →Néac; rund 820 ha Rebfläche. Die Weine, ausnahmslos rot, können kleineren Pomerols vergleichbar sein. Als namhafte Châteaux gelten *Tournefeuille, Siaurac, Bel-Air, de la Commanderie, Perron* u. a.

Lamarque, Château de *Cru* →*Bourgeois* aus Lamarque im →Haut-Médoc, unweit von →Moulis und das wohl eindrucksvollste mittelalterliche Château, das es im →Médoc gibt. Auf 50 ha (55 % →Cabernet Sauvignon, 25 % →Merlot, 15 % →Cabernet franc, 5 % →Petit Verdot) wird, zumal in guten Jahren, ein sehr ansprechender, kräftiger und kerniger Rotwein erzeugt.

Lambrays →Clos des Lambrays

Lambrusco Italienische Rebsorte und der aus ihr bereitete, leicht schäumende (→frizzante) Rotwein (im Export z. T. auch als Rosé), der in der →Emilia-Romagna um Módena erzeugt wird. Als bester gilt allgemein der Lambrusco di Sorbara, neben dem es den Lambrusco Salamino di Santa Croce, den Lambrusco Grasparossa di Castelvetro und den verbreitetsten, den Lambrusco Reggiano gibt (alle mit →DOC-Prädikat; zusätzlich einige weitere, meist lokale →Tafelweine). Sie werden entweder →trocken oder →lieblich (→amabile) ausgebaut und passen gut zu einigen regionalen Gerichten, während ihre teilweise übergroße Beliebtheit außerhalb Italiens eher mit ihrem Preis als ihrer Qualität erklärt werden dürfte.

Lamezia Ein aus Nerello, Gaglioppo und Greco nero in der Umgebung von Lamezia Terme westlich von Catanzaro in →Kalabrien erzeugter Rotwein mit →DOC-Prädikat, der unkompliziert und jung zu trinken ist.

Lamothe, Château Name zweier benachbarter, ehemals zusammengehöriger Güter in →Sauternes, beide als *2e cru classé* eingestuft. Lamothe (Despujols) umfaßt 8 ha (70 % →Sauvignon, je 15 % →Sémillon und →Muscadelle) und Lamothe (Guignard) 15 ha (90 % Sémillon und je 5 % Sauvignon und Muscadelle). Beide Güter erzeugen einen charaktervollen süßen Weißwein, und letzteres gilt heute als das qualitativ bedeutendere. Beide sollten nicht mit etwa einem weiteren guten Dutzend →Bordeaux-Weingüter dieses oder ähnlichen Namens verwechselt werden.

Landau Mit 2062 ha Rebfläche die nach →Neustadt größte deutsche Weinbaugemeinde, an der Südlichen →Weinstraße im Gebiet der →Pfalz gelegen. Unter dem Gesichtspunkt des Weins

dürfte Godramstein sein bedeutendster Stadtteil sein, dessen Weine von den Weingütern Münzberg (11 ha, je 20 % →Riesling und Weißer →Burgunder, 12 % →Spätburgunder, 10 % →Silvaner), Lergenmüller u. a. in den Handel gebracht werden.

Landes Französisches Département im Südwesten von →Bordeaux, eine flache, sandige, spärlich besiedelte Landschaft mit ausgedehnten Kiefernwäldern und gut 3100 ha Rebfläche. Unter dem Gesichtspunkt des Weins bekannt als Herkunftsgebiet des →Tursan sowie des *Vin de Pays des Landes*. Außerdem wird etwas Côtes de Saint-Mont und Armagnac sowie etlicher Tafelwein erzeugt.

Landesanstalt, Bayerische, für Weinbau und Gartenbau →Hofkeller, Staatlicher

Landesweingut Kloster Pforta – 60 ha großes Weingut im Gebiet →Saale-Unstrut mit Sitz in den Saalhäusern bei Bad Kösen, die früher das Winzerhaus des Klosters St. Moritz in Naumburg waren. Zu 46 % wird →Müller-Thurgau und zu je 10 % →Weißer Burgunder und →Riesling neben einer breiten Palette weiterer Sorten auf insgesamt 19 Lagen des Gebiets angepflanzt. Die Weine haben seit Beginn der neunziger Jahre zweifellos an Qualität gewonnen.

Landwein Laut EU-Recht ein gehobener →Tafelwein mit geographischer Ursprungsbezeichnung, →vin de pays, →vino con indicazione geografica tipica, →vino de la tierra, →vinho regional. Inzwischen gibt es in Deutschland 17 Landweine, so der Pfälzer Landwein, Südbadischer Landwein, Schwäbischer Landwein, Anhaltiner Landwein, Sächsischer Landwein u. a. Sauber vinifiziert kann es sich dabei durchaus um mehr als nur eine Vermarktungsstrategie handeln, zumal diese Weine nur in

→trockenen bzw. →halbtrockenen Abfüllungen in den Verkehr gebracht werden dürfen.

Lanessan, Château Hervorragender *cru* →*bourgeois* aus →Cussac im →Haut-Médoc mit 40 ha Rebfläche (75 % →Cabernet Sauvignon, 20 % →Merlot, 5 % →Petit Verdot und →Cabernet franc). Der Rotwein ist tanninreich, kräftig, charaktervoll und langsam reifend und erreicht heute durchaus das Niveau klassifizierter Gewächse.

Langenlois Nordöstlich von →Krems gelegene niederösterreichische Kleinstadt inmitten des Weinbaugebietes →Kamptal, die einschließlich ihrer Katastralgemeinden →Zöbing, →Gobelsburg, Mittelberg, Reith und Schiltern, mit 1863 ha Rebfläche die größte Weinbaugemeinde Österreichs. Zu seinen besten →Rieden gehören *Spiegel*, *Berg-Vogelsang*, *Steinhaus*, *Dechant*, *Kirchengarten* u. a. Die von dort kommenden Weine (Grüner →Veltliner, →Müller-Thurgau, →Riesling u. a.) sind durchweg angenehm und von reifer, harmonisch-eleganter Art. Den herausragendsten Ruf genießt zu Recht das lokale Weingut →Bründlmayer, das zur ersten Garnitur der österreichischen Weingüter gehört und durch großartige Weiß- wie Rotweine brilliert. Darüber hinaus verdienen die Weingüter Josef Jurtschitsch, Dr. Bruno Hiedler u. a. durchaus Beachtung.

Langenlois, Weinbaugebiet Bis zur Weingesetznovellierung von 1985 ein eigenständiges Weinbaugebiet von rund 3350 ha in →Niederösterreich, nordöstlich von →Krems um die Orte →Langenlois, →Zöbing, →Straß im Straßertal, →Gobelsburg u. a. gelegen. Von 1985 bis 1993 war es Teil des neuen Weinbaugebietes →Kamptal-Donauland. Mit dem 1993er →Weingesetz wurde der Zustand vor 1985 wiederher-

gestellt, nunmehr allerdings, um Mißverständnisse zu vermeiden, unter dem Namen →Kamptal.

Langenlonsheim Mit über 300 ha Rebfläche einer der großen Weinbauorte der →Nahe, etwa auf halbem Weg zwischen Bad →Kreuznach und →Bingen im Nahetal gelegen. *Königsschild*, *Rothenberg*, *Löhrer Berg* u. a. gelten als die besten Lagen. →Riesling, →Müller-Thurgau und →Silvaner sind die vorherrschenden Rebsorten. Das lokale Weingut Erbhof Tesch ist allgemein der bekannteste Erzeuger.

Langhe Der wohl bedeutendste Bereich →Piemonts, wenn es um Wein geht, eine reizvolle Hügellandschaft, die sich im Anschluß an das →Monferrato südlich von →Alba bis nach Cuneo erstreckt. Hier ist das Reich des →Nebbiolo, und von hier kommen einige der berühmtesten Piemonteser Weine, unter ihnen der →Barolo und der →Barbaresco, wahrhaft großartige Weine, aber auch der Nebbiolo d'Alba, ferner der →Dolcetto d'Alba, der →Barbera d'Alba u. a. Sie alle tragen dazu bei, daß es unter den großen Weinbaugebieten der Welt nur wenige gibt, deren qualitative Bedeutung sich mit jener der Langhe messen kann.

Langoa-Barton, Château *3e cru classé* aus →Saint-Julien im →Haut-Médoc mit 15 ha Rebfläche (70 % →Cabernet Sauvignon, 15 % →Merlot, 10 % →Cabernet franc und 5 % →Petit Verdot) und einem charaktervollen, klassischen, tanninbetonten, kernigen, komplexen, langsam reifenden und zunehmend fein und elegant werdenden Rotwein, ganz auf der Höhe seines offiziellen Rangs. Das Gut befindet sich seit 1821 im Besitz der gleichen Familie, länger als jedes andere klassifizierte Gut des →Médoc.

Languedoc Einstige französische Provinz an der Mittelmeerküste von der

→Rhône bis jenseits Narbonne. Als Weinlandschaft Heimat der Weine des →*Midi*, aus der die große Masse der französischen →Tafel- und →Landweine (→*vin de pays*) stammt. Statistisch gesehen steht jeder dritte französische Rebstock in den drei Départements →Hérault, →Aude und →Gard, insgesamt rund 280000 ha, die ein Viertel bis ein Drittel der französischen Weinernte hervorbringen, je nach Jahrgang um 20 Mill. hl. Neben einer Fülle von belanglosen, bestenfalls gefälligen Tafelweinen – vieles davon wird gleich nach der Ernte der Destillation zugeführt – werden hier rund die Hälfte der französischen Tafelweine und nahezu drei Viertel der französischen Landweine erzeugt, letztere insgesamt 58 verschiedene. 18 % der gesamten Rebfläche dient heute der Erzeugung von →A.O.C.-Weinen (→V.D.Q.S.-Weine werden gerade noch auf etwas mehr als 1000 ha insbesondere in der Aude erzeugt), darunter der →Coteaux du Languedoc, z. T. mit Zusätzen wie →Cabrières, →Montpeyroux, →Quatourze u. a., der →Corbières, der →Minervois, der →Clairette de Languedoc, der →Faugères, der →Fitou u. a. Schließlich kommt mit dem →Blanquette de Limoux Frankreichs ältester Schaumwein aus dem Languedoc, und mit den süßen →Muskatellerweinen von →Frontignan, →Lunel und Mireval werden hier noch einige der bekanntesten →*vins doux naturels* erzeugt.

Langwerth von Simmern, Freiherr
Eines der größten und bekanntesten Adelsgeschlechter des →Rheingau mit 32 ha Weinbergsbesitz in →Eltville, →Rauenthal, →Erbach und →Hattenheim, darunter bedeutende Anteile am *Erbacher →Marcobrunn, Rauenthaler Baiken, Hattenheimer Mannberg, Nußbrunnen* u. a. Zu 95 % wird →Riesling angepflanzt, dessen Weine zu den feinsten und elegantesten des Rheingau zählen und sich durch bemerkenswerte

Langlebigkeit auszeichnen. Der Langwerther Hof im alten Stadtkern von Eltville gehört zu den reizvollsten Sehenswürdigkeiten der Stadt, und das Weingut ist inzwischen 530 Jahre alt.

Lanson Bekanntes →Champagnerhaus in →Reims. Am verbreitetsten sind der normale *Brut Black Label* und der *Brut →millésimé Red Label*. Nach Besitzveränderungen in jüngerer Zeit hat jedoch die Qualität spürbar nachgelassen.

Larcis-Ducasse, Château *Grand cru classé* aus →Saint-Emilion. Von 10 ha (65 % →Merlot, 25 % →Cabernet franc, 10 % →Cabernet Sauvignon) wird ein hervorragender, mitunter etwas leichter Rotwein erzeugt.

Larmande, Château *Grand cru classé* aus →Saint-Emilion mit 20 ha Rebfläche (65 % →Merlot, 30 % →Cabernet franc, 5 % →Cabernet Sauvignon) und einem sehr beachtenswerten, aufstrebenden Rotwein mit Struktur, Tiefgang und Eleganz. Nach Besitzwechsel im Auge behalten.

Larose-Trintaudon, Château *Cru →bourgeois* in →Saint-Laurent im →Haut-Médoc, mit über 170 ha Rebfläche (60 % →Cabernet Sauvignon und je 20 % →Merlot und →Cabernet franc) das wohl größte Weingut des Haut-Médoc mit einem ausgeglichenen, gehaltvollen und mitunter feinen Rotwein, der zu den besten der Gemeinde gehört. Wird auch als Larose-Perganson o.ä. in den Handel gebracht.

Larrivet-Haut-Brion, Château Angesehenes Weingut in →Léognan in den →Graves, das 1987 den Besitzer gewechselt hat. Seither wird die Rebfläche auf 43 ha ausgedehnt. Der Rotwein (55 % →Cabernet Sauvignon, 45 % →Merlot) hat seit einigen Jahren sehr an Statur und Ausdruckskraft gewonnen und gehört wieder zu den besten nichtklassifizierten Graves-Weinen. Der Weißwein (je zur Hälfte aus →Sémillon und →Sauvignon) ist hervorragend und sehr differenziert.

Lascombes, Château *2ᵉ cru classé* in →Margaux im →Haut-Médoc mit 95 ha Rebfläche (70% Cabernet Sauvignon, 30% →Merlot) und einem gehaltvollen, fleischigen, strukturierten und eleganten Rotwein, der heute wieder zu den führenden Gewächsen der Appellation gehört und ähnlich Châteaux →Palmer, →Giscours u. a. den vollen, reichen Typus des Margaux-Weins verkörpert.

Latisana Weinbaugebiet in →Friuli-Venezia Giulia um Latisana und 11 weitere Ortschaften auf dem linken Ufer des unteren Tagliamento und in den angrenzenden Küstenebenen. Für die Erzeugung von →DOC-Weinen sind sieben Weißweinsorten (→Chardonnay, →Pinot bianco, →Pinot grigio, →Sauvignon, →Tocai, →Traminer aromatico und →Verduzzo) und vier Rotweinsorten (→Merlot, die beiden →Cabernet-Sorten und →Refosco) zugelassen. Zusätzlich gibt es einen Rosé. Die Weine sind bestenfalls gefällig und angenehm, doch selten von wirklich beeindruckender Qualität. Isola Augusta gilt als ein führender Erzeuger.

Latium Italienische Region um Rom gelegen mit noch etwa 60000 ha Rebfläche, die jährlich etwa 3,5–4 Mill. hl Wein hervorbringen. Zu über 90% handelt es sich dabei um zumeist am Ort selbst konsumierten →Tafelwein, während einige Weine, meist →DOC, überregionale Bedeutung haben. Zu ihnen zählt ohne Frage der hervorragende →Fiorano (kein DOC-Wein). Weithin bekannt sind die überwiegend weißen Weine der →Castelli Romani (→Frascati, →Marino, →Colli Albani, →Velletri, →Colli Lanuvini, →Cori, →Zagarolo u. a.). Äußerst ansprechend können die aus →Cesanese bereiteten Rotweine aus Piglio und einigen Nachbargemeinden östlich von Rom sein sowie die roten und weißen →Cerveteri, →Aprilia u. a., während von dem berühmten →Est! Est!! Est!!! di Montefiascone heute die Geschichte eindrucksvoller als der Wein ist.

Latour, Château *Premier cru classé* aus →Pauillac. Bewundernswertes und weltberühmtes Weingut, in der gleichen illustren Klasse wie Châteaux →Lafite, →Margaux und →Mouton. Von allen großen roten →Bordeauxweinen ist der Latour durchweg der kraftvollste Wein, von geradezu majestätischer Statur und unnachahmlicher Komplexität, der lange braucht, um sich voll zu entwickeln. Wegen dieser Eigenschaften und der bewundernswerten Beständigkeit, dank der selbst in kleinen Jahren ein Latour immer noch ein herausragender Wein ist, mehren sich die Stimmen, die heute Latour den ersten Platz unter den *premiers crus* in Pauillac einräumen. Allerdings hat es in der zweiten Hälfte der achtziger Jahre einige Probleme gegeben, und der Wein war in dem einen oder anderen Jahr nicht ganz so exzeptionell, wie dies zu erwarten gewesen wäre. Ansonsten erreicht ein Latour zwar kaum die subtile finessenreiche Eleganz eines Lafite, doch in seiner überwältigenden Mächtigkeit, gepaart mit einem unendlichen Nuancenreichtum, offenbart sich seine unübertroffene Größe.

Auf 60 ha, von denen 75% mit →Cabernet Sauvignon, je 10% Cabernet franc und →Merlot und 5% →Petit Verdot und →Malbec bestockt sind, werden heute jährlich etwa 1800 hl erzeugt. Der Wein wird weitgehend traditionell vinifiziert, und ein erheblicher Teil wird zur Herstellung des Zweitweins Les →Forts de Latour ausgeschieden.

Es gibt zahllose andere Bordeaux-Weingüter, in deren Namen Tour oder La Tour vorkommt. Viele von ihnen sind in diesem Lexikon an entsprechender Stelle aufgeführt. Doch sie alle sollten nicht mit dem einen großen wirklichen Château Latour verwechselt werden, dessen Etikett stets ein stilisierter Turm, gekrönt von einem Löwen, schmückt.

Latour à Pomerol, Château Einer der besten *crus* von →Pomerol mit 8 ha Rebfläche (80 % →Merlot, 15 % →Cabernet franc, 5 % →Malbec) und einem kraftvollen, tanninbetonten Wein, der langsam reift, auf seinem Höhepunkt jedoch bemerkenswerte Ausdruckskraft und Eleganz erreicht. Er wird vom Haus Jean-Pierre Moueix erzeugt und gilt als das kräftigere und kernigere Gegenstück zum feminineren und eleganteren Château La →Fleur-Pétrus.

Latricières-Chambertin Ausgezeichnete Lage in →Gevrey-Chambertin und der von ihr stammende Rotwein. Offiziell als →*grand cru* eingestuft und nach →*Chambertin* und →*Clos de Bèze* einer der besten Weine →Burgunds. 7,5 ha umfassend, liegt sie unmittelbar südlich von *Chambertin* und hat die gleiche Exposition und praktisch den gleichen Boden.

Laubenheim Südlicher Stadtteil von →Mainz im →Anbaugebiet →Rheinhessen mit rund 140 ha Rebfläche an den zum →Rhein abfallenden Hängen, unmittelbar angrenzend an die Lagen von →Bodenheim, denen sie kaum nachstehen, auch wenn die von hier kommenden Weine nicht mehr den gleichen herausragenden Ruf wie noch im 19. Jahrhundert genießen. – Ferner kleiner Weinbauort an der unteren →Nahe zwischen →Langenlonsheim und →Münster-Sarmsheim mit rund 100 ha Rebfläche, als deren beste Lagen *St. Remigiusberg*, *Karthäuser*, *Krone* u. a. gelten. Erbhof Tesch ist ein namhafter Erzeuger.

Laudun Weinbaugemeinde auf dem Westufer des unteren →Rhône-Tals,

nördlich von →Tavel und →Lirac. Seine Rot-, Rosé- und Weißweine kommen als *Côtes-du-Rhône-Villages* in den Handel. Die weißen gelten als die besten.

Laufen Nördlich von →Müllheim gelegener Weinbauort im →Markgräflerland mit rund 120 ha Rebfläche, von denen heute einige der beachtenswertesten Weine dieses südlichsten Bereichs →Badens kommen, darunter überwiegend →Gutedel, aber auch Weißer und Grauer →Burgunder, →Spätburgunder, →Riesling u. a. Weine. Als führende Erzeuger gelten Hartmut Schlumberger (exzellente Weiße →Burgunder und →Spätburgunder), Friedhelm Schlumberger, Wendelin Brugger u. a. – Ein größerer (550 ha), aber weniger bekannter Weinbauort in →Württemberg heißt Lauffen.

Laurent →Sankt Laurent

Laurent Perrier Insbesondere im Export eines der großen →Champagnerhäuser mit Sitz in Tours-sur-Marne. Am verbreitetsten ist der normale →*Brut*. Mehr Beachtung verdienen der *Ultra Brut sans sucre* und die Spitzencuvée *Grande Siècle*, beide ohne Jahrgang.

Lausanne Reizvolle Stadt am Nordufer des Genfer Sees mit berühmtem städtischem Weingut, in dessen Besitz sich im →*Dézaley* die Lagen *Clos des Abbayes* und *Clos des Moines* befinden, von denen ausgezeichnete trockene Weißweine aus dem →Chasselas stammen. Nicht ganz das Format, aber immer noch sehr beachtenswert sind die Weine des Gutes aus →Mont sur Rolle (*Abbaye de Mont*) von der →Côte. Ferner ist Lausanne Sitz einer der beiden Weinbauversuchsanstalten der Schweiz; die andere befindet sich in →Wädenswil.

Lavaux Eindrucksvollste und berühmteste Weinbauregion der →Waadt am

Genfer See zwischen →Lausanne und Montreux. Auf unzähligen schmalen Terrassen an den steilen Hängen der Monts de Lavaux wird der →Chasselas (→Gutedel) angebaut, der hier optimale Bedingungen vorfindet und feine, würzige Weine liefert, die zu den besten Weißweinen der Schweiz gehören. Die herausragendsten kommen im allgemeinen vom →Dézaley. Kaum geringere Appellationen sind Lutry, Villette, Epesses, Calamin, →Saint-Saphorin, Chardonne und Vevey. Einige von ihnen bringen ebenfalls kräftige Rotweine aus →Gamay und →Pinot noir (Blauer →Burgunder) hervor.

Laville Haut-Brion, Château Bemerkenswerter *cru classé* von →Talence in den →Graves, praktisch der Weißwein von Château La →Mission Haut-Brion (seit 1983 zusammen im Besitz von Château →Haut-Brion). Auf 6 ha (60 % →Sémillon, 40 % →Sauvignon) wird ein vollauf bemerkenswerter trockener Weißwein erzeugt, der zu den besten der Graves zählt und angesichts seines überwiegenden →Sémillon-Anteils in besonderen Jahren wie 1964 oder 1976 den Charakter eines »trockenen →Sauternes« annehmen kann. Charaktervoll, nervig und sehr langlebig.

Lavilledieu Nordwestlich von Toulouse in Südfrankreich erzeugter Rot- und Weißwein mit dem →V.D.Q.S.-Prädikat. Die Weine erinnern an die der →Côtes du Frontonnais und sind im wesentlichen von lokaler Bedeutung.

Layon Im →Anjou kleiner Nebenfluß der →Loire, berühmt für seine süßen Weißweine, →Coteaux du Layon.

Lazio →Latium

Leányka Ungarische Rebsorte mit der deutschen Bezeichnung *Mädchentraube*, die einen delikaten, weichen und leicht süßlichen Weißwein liefert. Der beste dürfte in der Regel aus →Eger stammen und als *Egri Leányka* (Erlauer Mädchentraube) auf den Markt kommen.

Lebendig Ausdruck für frische, nicht allzu schwere Weine, deren →Säure oft noch nach vielen Jahren inspirierend wirkt.

Lehr- und Versuchsanstalt für Wein- und Obstbau Weinsberg, Staatliche 1866 gegründete, älteste deutsche Lehr- und Versuchsanstalt für Weinbau und mit 44 ha Rebfläche größtes Weingut in →Württemberg, mit Sitz in →Weinsberg, in deren Alleinbesitz sich die Spitzenlage →*Abstatter Burg Wildeck* und der *Weinsberger Schemelsberg* befinden. Ferner führender Anteil an den besten Lagen von →Gundelsheim, Weinsberg, Talheim u. a. Unter den angepflanzten Rebsorten dominieren →Riesling (19 %) und →Kerner (12 %) bei den weißen Sorten sowie →Trollinger (10 %) und →Spätburgunder, →Lemberger und →Schwarzriesling (je 9 %) bei den roten. Es werden heute gefällige, meist trockene Weine, davon einige in →Barriques, erzeugt.

Leibnitz Bezirkshauptstadt und Weinbaugemeinde in der →Südsteiermark an den südöstlichen Ausläufern des →Sausal. Im Ortsteil Silberberg befindet sich die bekannte Weinbauschule (»Land- und forstwirtschaftliche Fachschule Fachrichtung Weinbau und Kellerwirtschaft«), deren →Rheinrieslinge, →Welschrieslinge, →Morillon- u. a. Weine zu den hervorragendsten der Südsteiermark gehören: feinfruchtig, nervig, charaktervoll und elegant. Auch das Bischöfliche Weingut in Seggauberg hat einen guten Namen.

Leicht Ein Begriff mit zweierlei Bedeutung, der einen Wein mit einem schwachen Körper bezeichnen kann, der durch das unterdurchschnittliche Niveau eines Jahrgangs, durch überzogen hohe Hektarerträge oder durch Versäumnisse oder Fehler bei Vinifikation oder Ausbau verursacht ist. Er kann aber auch einen Wein mit vergleichsweise niedrigem Alkoholgehalt meinen, etwa einen →Kabinett von der →Mosel oder der →Nahe oder eine →Steinfeder aus der →Wachau. Da diese Weine von Natur aus leicht sind, kann der Ausdruck durchaus ein Kompliment sein, denn der Wein mag über Finesse, Frucht und Charme verfügen. Wären sie nicht leicht, würden sie vermutlich unausgeglichen wirken.

Leinsweiler Kunstgeschichtlich ist die kleine, reizvoll gelegene Weinbaugemeinde an der Südlichen →Weinstraße in der →Pfalz mit ihrer rund 110 ha großen Rebfläche mit dem Namen des bedeutenden deutschen Impressionisten Max Slevogt verbunden, der hier jahrzehntelang wirkte und 1932 starb. Daß sie auch in der Weinwelt seit einiger Zeit verstärkte Beachtung findet, ist vor allem dem lokalen Weingut Thomas Siegrist (8 ha) zu verdanken, dessen hervorragende Graue →Burgunder, aber auch seine →Spätburgunder, beide aus der →Barrique, in den letzten Jahren zu Recht Aufmerksamkeit gefunden haben.

Leistadt Weinbaugemeinde nördlich von Bad →Dürkheim, zu dessen Stadtgebiet es heute offiziell gehört, und oberhalb von →Kallstadt gelegen mit 130 ha Rebfläche. Das *Kirchenstück* gilt als die beste Lage. Bekannt ist das lokale Weingut Annaberg, dessen gleichnamige Lage sich allerdings in Kallstadt befindet.

Lemberger (Limberger) Eine in Deutschland mit inzwischen 878 ha fast nur in →Württemberg (98 %) angebaute, spät reifende Rotweinsorte, die fruchtige, kraftvolle und je nach Vinifikation farb- und tanninreiche Weine liefert, die oft zu den besten der meist guten, in besseren Jahren mitunter ausgezeichneten württembergischen Rotweine zählen. Die Rebe stammt vermutlich aus den Donauländern und ist in Österreich mit rund 2690 ha unter dem Namen →Blaufränkisch die dritthäufigste rote Rebsorte. 94 % ihrer Rebstöcke befinden sich in der →Weinbauregion →Burgenland.

Leodagger Kleine Weinbaugemeinde im niederösterreichischen →Weinviertel, unweit von Pulkau mit rund 120 ha Rebfläche. Die Weine der lokalen Khevenhüller-Metsch'schen Kellerei genießen einen guten Ruf.

Léognan Eine der besten Weinbaugemeinden der →Graves, rund 20 km südlich von →Bordeaux gelegen und Teil der Appellation →Pessac-Léognan. Von seinen 325 ha Rebfläche, die überwiegend zu den besten Weinbergsböden der Graves gehören, kommen ganz hervorragende, mitunter große Rot- und Weißweine. Als beste Güter gelten: Domaine de →Chevalier sowie die Châteaux →Haut-Bailly, →Fieuzal, →Malartic-Lagravière, La →Louvière, →Haut-Gardère, →Larrivet-Haut-Brion, →Carbonnieux, →Olivier, de France u. a.

León Nordspanische Provinz um die einstige Hauptstadt des mittelalterlichen, christlichen Spaniens und Gebiet mit einem aufstrebenden, qualitativ herausragenden Weinbau, vor allem um die Städte León und Villafranca del →Bierzo im äußersten Westen der Provinz an der Grenze zu Galicien. Gerade hier in dem nicht mehr ganz so heißen und etwas feuchteren Klima gedeihen einige vorzügliche Weine, die sich durch Charakter, Konzentration, Ausgeglichenheit und Eleganz auszeichnen. Den herausragendsten Ruf genießen die Bodegas Palacio de Arganza in Villafranca, deren Rotweine – zu über 80 % aus der exzellenten, →Cabernet ähnlichen Mencía erzeugt – von bemerkenswerter Qualität sein können und keinen Vergleich mit Weinen der →Rioja zu scheuen brauchen, jedoch in ihrem Geschmack »französischer« sind, während die trockenen Weißweine, zu 80 % aus →Palomino, hier →Jerez genannt, erzeugt werden, fruchtig und angenehm sind, aber keinen vergleichbaren Spitzenrang unter den spanischen Weinen einnehmen.

Léoville-Barton, Château *2ᵉ cru classé* aus →Saint-Julien im →Haut-Médoc mit 45 ha Rebfläche (75 % →Cabernet Sauvignon, 15 % →Merlot, je 5 % →Cabernet franc und →Petit Verdot) und einem sehr traditionellen, kraftvollen, tanninreichen und klassischen roten →Bordeaux, der sehr lange zu seiner Entwicklung braucht, aber dann bemerkenswert elegant und langlebig ist; qualitativ voll auf dem Niveau seines offiziellen Rangs. Das Gut verfügt über kein Château, und die Weine werden auf dem im gleichen Besitz befindlichen Château →Langoa-Barton vinifiziert und ausgebaut. Léoville-Barton befindet sich seit rund 170 Jahren im Besitz der gleichen Familie, länger als jedes andere klassifizierte Gut des →Médoc mit Ausnahme von Langoa-Barton. Alle drei Léoville-Güter waren ursprünglich ein Besitz, der größte im →Médoc.

Léoville-Las Cases, Château *2ᵉ cru classé* aus →Saint-Julien im →Haut-Médoc. Großartiges Weingut, nach Meinung vieler Kenner heute das erste unter den *2ᵉˢ crus*. Seine 90 ha umfassende Rebfläche (65 % →Cabernet Sauvignon, 18 % →Merlot, 14 % →Cabernet franc, 3 % →Petit Verdot), von denen die Hälfte jenen unmittelbar an Château →Latour grenzenden, mit dem, auf dem Etikett abgebildeten, majestätischen Torbogen versehenen *Enclos* bilden, liefern einem bemerkenswert strukturierten, charaktervollen und eleganten Rot-

wein, der in herausragenden Jahren langsam reift und langlebig ist und selbst noch in geringeren Jahren Charme mit Charakter verbindet und in seiner komplexen und nuancenreichen Art heute durchweg das Niveau erstklassifizierter Gewächse erreicht.

Léoville-Poyferré, Château *2ᵉ cru classé* aus →Saint-Julien im →Haut-Médoc mit 68 ha Rebfläche (65 % →Cabernet Sauvignon, 30 % →Merlot, 5 % →Cabernet franc) und seit Anfang der 1980er Jahre wieder mit konzentrierten, tanninreichen und charaktervollen Weinen, die im allgemeinen nicht das Format und die Komplexität des benachbarten →Léoville-Las Cases erreichen, doch auf dem besten Wege sind, das Niveau ihres offiziellen Ranges zurückzugewinnen.

Lepitre, Abel Kleineres →Champagnerhaus mit exquisiten Weinen. Am gelungensten sind der →*Crémant* und die Spitzencuvée *Prince A. de Bourbon-Parme*, beide außerordentlich fein und elegant.

Lessini-Durello Italienisches →DOC-Gebiet um Lessini im →Veneto, angrenzend an →Soave und →Gambellara, in dem aus dem Durello ein trockener, strukturierter und säurebetonter Weißwein erzeugt wird.

Lessona In der Provinz Vercelli in →Piemont aus →Nebbiolo (hier →Spanna genannt), mit erlaubten Zusätzen von →Bonarda und →Vespolina (zusammen bis zu 25 %) erzeugter, gehaltvoller →DOC-Rotwein, der nach zweijähriger Lagerung in den Handel gebracht werden darf. Ormezzano und Sella gelten als führende Erzeuger.

Leutschach Weinbaugemeinde in der →Südsteiermark mit knapp 80 ha Rebfläche, deren *Pößnitzberger Römerstein* als einer der besten →Rieden des Ge-

biets gilt. Es wird nahezu ausschließlich
Weißwein erzeugt. Das lokale Weingut
Eduard →Tscheppe gilt allgemein als
das Aushängeschild des südsteirischen
Weinbaus. Aber auch andere lokale Er-
zeuger verdienen durchaus Beachtung.

Levante Traditionelle Bezeichnung für
die spanische Mittelmeerregion um
→Valencia. Dazu gehören die →DO-
Gebiete Valencia, →Utiel-Requena,
→Alicante, →Jumilla und →Yecla.

Leverano Südwestlich von Lecce im
→Salento gelegenes →DOC-Gebiet in
→Apulien mit Rot-, Rosé- und Weißweinen. Die ersteren stammen aus
→Negro amaro, eventuell mit Zusätzen
von →Malvasia (rot wie weiß), →Mon-
tepulciano und →Sangiovese, der letztere aus Malvasia, Bombino und
→Trebbiano. Der Rotwein darf nach
zweijähriger Lagerung und bei mindestens 12,5 % vol. Alkohol als →riserva
in den Handel gebracht werden. Die
Weine können sehr ordentlich sein. Der
bekannteste von ihnen dürfte der
→Donna Marzia sein, der allerdings
nicht das DOC-Prädikat besitzt, sondern als →vino da tavola in den Handel
kommt.

Libanon Ungeachtet aller Kriege und
Konflikte wird in diesem zerrissenen
Land am östlichen Mittelmeer in seinem christlichen Nordteil nach wie vor
auf rund 30 000 ha Weinbau betrieben,
die heute mit um die 100 000 hl nahezu
ähnlich viel Wein wie Israel hervorbringen. Sein in Europa berühmtester Wein
ist der hervorragende rote Château
→Musar.

Libourne Stadt an der →Dordogne,
etwa 30 km östlich von →Bordeaux. Bedeutendes Weinhandelszentrum insbesondere für →Saint-Emilion, →Pome-
rol und →Fronsac. U.a. Sitz des exzellenten Weinhandelshauses Jean-Pierre
Moueix, in dessen Besitz sich eine Reihe

der führenden Gewächse Pomerols,
aber auch der beiden übrigen Bereiche
befindet.

Liebfrauenmilch Markenbezeichnung
für einen, insbesondere in angelsächsischen Ländern beliebten Weißwein vor
allem aus →Rheinhessen, der →Pfalz
und von der →Nahe von mindestens
60° →Oechsle und →lieblicher (bis
→süßer) Geschmacksrichtung. Er muß
überwiegend aus →Müller-Thurgau,
→Kerner, →Silvaner oder →Riesling erzeugt werden. Die besseren Weine dieser Gebiete kommen kaum jemals unter
dieser Bezeichnung in den Handel. Ursprünglich war dagegen eine echte *Liebfrauenmilch* ein Riesling-Wein aus dem
Klostergarten um die Liebfrauenkirche
in →Worms (heute heißt diese Lage
Liebfrauenstift-Kirchenstück) und galt
noch im 19. Jahrhundert als der beste
Wein Rheinhessens. Doch sein Ruhm
wurde ihm zum Verhängnis, so daß immer mehr Fälschungen minderer Qualität auf den Markt kamen. Damit war
der Weg zum charakterlosen Massenwein eingeleitet – heute das traurige Ergebnis eines einstmals gefeierten Weins
und seiner einzigartigen Lage. Doch das
Liebfrauenstück-Kirchenstück, von dem
längst keine Liebfrauenmilch mehr erzeugt wird, dürfte unter der Ägide des
Weinguts →Heyl zu Herrnsheim einer
neuen Zukunft entgegengehen.

Lieblich Geschmackskategorie bei Weinen, deren →Restzuckergehalt den der
Kategorie →halbtrocken übersteigt und
in Österreich, Deutschland und den
übrigen EU-Ländern maximal 45 g/l erreicht; entspricht →amabile, →imigly-
kos, →medium (sweet), →meio doce,
→moelleux, →semidulce.

Liechtenstein Fürstentum am Hochrhein zwischen dem ostschweizerischen
Kanton →Sankt Gallen und dem österreichischen Bundesland Vorarlberg mit
kleinem Weinbau. Die Weine, meist aus

dem Blauen →Burgunder, ähneln jenen der angrenzenden →Ostschweiz. Sehr beliebt sind die →Süßdrucke des Hauptortes Vaduz.

Lieser Kleiner Weinbauort bei →Bernkastel an der →Mosel mit rund 200 ha Rebfläche. Die Weine erreichen in der Regel nicht ganz das Format – und Renommee – der benachbarten →Brauneberger, Bernkastler oder →Graacher und haben weniger Bukett und Rasse. *Schloßberg, Süßenberg* und *Niederberg-Helden* gelten als die besseren Lagen. →Wegeler-Deinhard, das →St. Nikolaus Hospital, Schorlemer u. a. gelten als führende Erzeuger.

Ligurien Eine der malerischsten italienischen Regionen, jene Küstenlandschaft zwischen Ventimiglia und La Spezia. Wenn es um Wein geht, nach dem →Valle d'Aosta die kleinste Weinbauregion des Landes mit noch knapp 500 ha Rebfläche und in der Regel heute weniger als 300 000 hl Wein. Lediglich vier Weine führen davon das →DOC-Prädikat, der weithin bekannte →Cinque terre, der →Rossese di Dolceacqua, der →Riviera Ligure di Ponente und der Colli di Luni. Die verbleibenden rund 90 % der Erzeugung sind meist nur von lokaler Bedeutung, doch sollten einige von ihnen, wie der →Polcevera, der rote →Barbera di Linero, der →Coronata u. a. nicht verachtet werden.

Likörwein Wein mit mindestens 12 % vol. natürlichem →Alkohol, der durch Anwendung von Kälte oder durch Zusatz von Alkohol oder konzentriertem Traubenmost einen Gesamtalkoholgehalt von mindestens 17,5 % vol. und höchstens 22 % vol. (tatsächlicher Alkoholgehalt mindestens 15 % vol.) aufweist; muß nicht notwendigerweise →süß sein. Früher bezeichnete man derartige Weine meist als →Dessertweine. →Sherry, →Madeira, →Portwein, →Marsala, →Banyuls u. a. Seit

1993 können diese Weine auch mit der Bezeichnung →Qualitätslikörwein in den Handel kommen.

Limberger, Blauer →Lemberger

Limoux Stadt in Südfrankreich im Département →Aude unweit Carcassonne, aus der einige stille Weißweine kommen, die →trocken und meist recht ansprechend sind. Sie kommen als *Limoux* in den Handel und stammen aus Mauzac (mindestens 15 %), →Chardonnay und →Chenin blanc. Von ihnen gibt es auch – mit einem Anteil des Mauzac von mindestens 70 % – eine Schaumweinversion: der →*Crémant de Limoux*. Ungleich bekannter ist jedoch der →*Blanquette de Limoux*, der älteste Schaumwein Frankreichs, der heute nach der →Méthode champenoise erzeugt wird.

Lindenblättriger →Hárslevelü

Linticlarus Neuer italienischer →Tafelwein von Tiefenbrunner in →Südtirol aus einer ungewöhnlichen →Cuvée aus →Lagrein, →Cabernet Sauvignon und →Spätburgunder, die sicherlich das interessanteste an dem Wein ist.

Lipari Größte der Liparischen oder Äolischen Inseln vor der Nordküste →Siziliens. Nach der griechischen Mythologie hatte hier Äol, der Gott des Westwindes, seinen Sitz. Auf den Inseln, zumal auf →Salina, wird aus der →Malvasia der berühmte *Malvasia delle Lipari* erzeugt, der je nach Erzeuger und Verfahren ein beeriger, nuancen- und bukettreicher, überaus köstlich-delikater und nahezu trockener, alkoholreicher und vollends bemerkenswerter Weißwein bzw. als →*passito* ein mäßig süßer, mindestens ebenso großartiger →Likörwein, ein wahrer Götternektar, sein kann. Der mit Abstand bedeutendste Erzeuger ist Carlo Hauner, dessen Weine konzentrierte Geschmacksfülle mit großer Finesse verbinden und in jeder Weise singulär sind.

Liqueur Im allgemeinen Sprachgebrauch ein stark alkoholhaltiges süßes Getränk. In der speziellen Weinterminologie wird der Ausdruck in ganz anderer Weise verwandt.

Bei der Herstellung von Schaumwein, einschließlich →Champagner spielt *liqueur* in zweierlei Form eine Rolle: einmal als *liqueur de* →*tirage* (Tiragelikör), eine Mischung aus Wein und Zucker (meist plus Hefe), die dem Wein nach der ersten Gärung zur Einleitung der zweiten Gärung in der Flasche oder dem Tank beigegeben wird, zum anderen als *liqueur d'expédition* (Versanddosage oder einfach →Dosage), womit eine ähnliche Zuckerlösung (diesmal natürlich ohne Hefe) gemeint ist, die dem Schaumwein beim →Degorgieren oder vor der Flaschenabfüllung beigegeben wird und seinen Süßungsgrad bestimmt (→Brut, →Sec, →Demi-Sec).

Das Wort *liqueur* (oder seine Ableitung) wird aber auch noch in anderem Zusammenhang gebraucht: Bei von Natur süßen →Likörweinen wie →Beeren- und →Trockenbeerenauslesen bezeichnet man in Frankreich damit den im Wein enthaltenen unvergorenen Traubenzucker. So kann man die Angabe finden, ein bestimmter Wein enthalte z. B. 14 % vol. Alkohol und 4 % vol. *liqueur*, also potentiellen, nicht vergorenen Alkohol. In Frankreich werden daher derartige Weine (→Sauternes, →Anjou) als →*vins liquoreux* bezeichnet.

Davon unterschieden werden die eigentlichen *vins de liqueur* (Likörweine), bei denen es sich fast immer um →gespritete Weine handelt (→Banyuls u. a.). Diese Weine werden in Frankreich als →*vins doux naturels* bezeichnet.

Liquoreux →Vin liquoreux

Liquoroso In Italien wird ein →gespriteter →Likörwein als *vino liquoroso* bezeichnet. Im Gegensatz dazu handelte es sich bei einem →*passito* um einen →süßen, aus halbgetrockneten Trauben (ohne Alkoholanreicherung) bereiteten Wein.

Lirac Weinbaugemeinde im unteren →Rhônetal nördlich von →Tavel (gegenüber von →Châteauneuf-du-Pape), das vor allem für seine Roséweine, vorherrschend aus dem →Grenache unter Zusatz von →Cinsaut, →Mourvèdre, →Syrah u. a. Sorten, bekannt ist, die jenen Tavels ähneln, doch meist etwas leichter und von weniger Charakter sind. Anders als in Tavel dürfen in Lirac jedoch ebenfalls Rotweine und Weißweine (vorherrschend aus der →Clairette, Grenache blanc und Bourboulenc unter Zusatz von →Ugni blanc, →Roussanne u. a.) unter den →A.O.C.-Bestimmungen erzeugt werden, die jedoch nicht die Bedeutung des Rosés haben.

Lison-Pramaggiore Sich über die Provinzen Pordenone, Treviso und Venezia im →Veneto erstreckendes →DOC-Gebiet mit einer Reihe von Rebsortenweinen, darunter als Rotweine →Cabernet franc, →Cabernet Sauvignon, →Merlot und →Refosco, als Weißweine →Chardonnay, →Pinot bianco, →Pinot grigio, →Riesling italico, →Sauvignon, →Tocai und →Verduzzo. Der Cabernet gilt als der bedeutendste.

Listrac-Médoc Seit 1986 gültiger Name des →A.O.C.-Gebietes der Gemeinde Listrac, einer Nachbargemeinde von →Moulis im →Haut-Médoc mit 570 ha Rebfläche, zurückgezogen zwischen →Saint-Julien und →Margaux gelegen, und eine der sechs →Médoc-Gemeinden mit eigener Appellation. Sie verfügt über keine klassifizierten Gewächse, wohl aber eine größere Zahl beachtenswerter *crus* →*bourgeois*, darunter Châteaux Fourcas-Hosten, Fourcas-Dupré, →Clarke, Fonréaud, Ducluzeau, Lestage, Sémeillan u. a. Oft handelt es sich dabei um kernige, robuste und ausdrucksvolle Weine, durchweg ansprechend, auch wenn ihnen zumeist, aufgrund der geringeren Böden, die Finesse eines herausragenden Margaux oder Saint-Julien fehlt.

Livermore Stadt in →Alameda County, →Kalifornien, 65 km südöstlich von San Francisco. Das sie umgebende Livermore Valley erfreut sich seit 100 Jahren eines vorzüglichen Rufs als Weinbaugebiet, das heute jedoch zunehmend durch Urbanisierung bedroht ist. Gegenwärtig dürften noch 700–800 ha unter Reben stehen, darunter →Chardonnay, →Cabernet Sauvignon u. a. Concannon und Wente Bros. gelten als führende Erzeuger.

Loazzolo Süßer Weißwein aus →Piemont, der in der Provinz →Asti in kleinen Mengen erzeugt wird und seit 1992 das →DOC-Prädikat genießt. Er wird sehr spät gelesen und als wohl einziger Wein in Italien als →*Vendemmia tardiva* deklariert und von Kennern hochgelobt.

Loché Weinort südlich →Mâcon im Süden →Burgunds, nahe →Vinzelles, →Fuissé und Pouilly, der aus dem →Chardonnay einen angenehmen frischen Weißwein bereitet, der als →Pouilly-Loché in den Handel kommt.

Locorotondo Stadt in →Apulien und der in seiner Umgebung bereitete dezente, feine, trockene Weißwein, der hauptsächlich aus Verdeca und Bianco d'Alessano erzeugt wird. Er gilt als der beachtenswerteste Weißwein Apuliens. Calella, Borgo Canale, die lokale Winzergenossenschaft u. a. gehören zu den führenden Erzeugern.

Logaiolo Moderner Rotwein, der von Aiola im Süden des →Chianti classico-Gebietes in der →Toscana aus →Sangiovese und →Cabernet Sauvignon erzeugt wird. Der Wein ist gehaltvoll, tief und elegant und von hervorragender Qualität.

Logroño In Nordspanien gelegene Hauptstadt der Provinz und – auf Wein bezogen – ebenso des illustren Weinbaugebietes La →Rioja und Sitz so herausragender →Bodegas wie Marqués de Murrieta, Olarra, Franco Españolas, Campo Viejo u. a.

Loiben Eine der besten Weinbaugemeinden der →Wachau, eigentlich Ober- und Unterloiben, dessen →Rieslinge und Grüne →Veltliner vom *Schütt*, *Loibenberg*, *Steinertal* u. a. →Rieden eine grandiose Struktur und einen einzigartigen Charakter zu erreichen vermögen und die in der Regel gehaltvoller, aber auch säurehaltiger sind als jene von →Spitz am anderen Ende der Wachau. Die bemerkenswertesten von ihnen verbinden Körper mit Kraft, Rasse, Statur und Eleganz, und wenn sie voll gelungen sind, werden sie dank ihrer Komplexität und Ausgeglichenheit von keinem anderen Wein der Wachau übertroffen. Franz Xaver Pichler – heute nach allgemeiner Einschätzung die Nr. 1 in der Wachau –, Emmerich Knoll, Leo Alzinger, Wolfgang Bäuerl, Paul Stierschneider u. a. zählen zu den führenden Erzeugern.

Loir, Le Kleiner Fluß in Frankreich nördlich der (La) →Loire, Nebenfluß der Sarthe, mit einst ausgedehnterem Weinbau. Sein bester Wein ist der selten gewordene →Jasnières. Weitere heute ebenfalls nur noch in geringem Umfang erzeugte Weine sind die →Coteaux du Loir und →Coteaux du Vendômois.

Loire, La Der längste und zugleich einer der malerischsten Ströme Frankreichs, der auf seinem rund 1000 km langen Weg von der Quelle im Massif Central südwestlich von →Lyon bis zu seiner Mündung in den Atlantik bei →Nantes durch eine Reihe französischer Provinzen und vorbei an zahllosen großartigen Schlössern fließt. Auf seinem gesamten Lauf ist der Strom, wenn auch mit Unterbrechungen und unterschiedlicher Konzentration, von Reben begleitet. Dieses Weinbaugebiet, die *Vallée de la Loire* ist mit seinen rund 55 000 ha das vielgestaltigste Frankreichs und umfaßt die unterschiedlichsten Sorten von Rot-, Rosé-, Weiß- und Schaumweinen, einschließlich →*vins liquoreux*, und die Qualitätsskala reicht von dürftig bis bemerkenswert: →Anjou, →Bourgueil, →Chinon, →Muscadet, →Pouilly-Fumé, →Quincy, →Sancerre, →Saumur, →Savennières, →Touraine, →Vouvray u. a.

Lombardei Norditalienische Region mit der Hauptstadt Mailand mit knapp 29 000 ha Ertragsrebfläche, von der jährlich um die 1,6 Mill. hl Wein kommen. Die Rebfläche verteilt sich im wesentlichen auf drei weit voneinander getrennt liegende Weinbaubereiche: das →Valtellina (bei →Sondrio, östlich des Comer Sees unweit der Schweizer Grenze) mit seinen kräftigen und eindrucksvollen Rotweinen; die Hügellandschaft im Süden der Provinz Pavia jenseits des Pos, das →Oltrepò Pavese um →Broni und →Casteggio mit seinen mitunter hervorragenden Weiß- und Rotweinen; schließlich als drittes die Provinz →Brescia im Osten der Lombardei mit erstaunlichen, z. T. köstlich frischen Rot-, Weiß-, Rosé- und Schaumweinen, zumal vom West- und Südufer des →Gardasees bzw. den hervorragenden Weinen von →Franciacorta, von denen einige zu den bemerkenswertesten Weinen Italiens gehören. Insgesamt weniger bedeutend sind die vereinzelten Weine der Provinzen Bergamo und Mantua.

Loosen, Dr. →Prüm

Lorch Weinbaugemeinde am →Rhein nördlich von →Aßmannshausen und nach dem Gesetz Teil des →Rheingaus, obwohl ihre Weine (ebenso wie ihre Böden: Schiefer-Quarzit) nach Charakter und Art bereits deutlich in Richtung →Mittelrhein weisen. Auch unter den Rebsorten dominiert der →Riesling mit gut 50% nicht mehr so eindeutig wie in den besten Lagen des Rheingaus. Gut 180 ha stehen unter Reben (weitere 90 ha gehören zum benachbarten Lorchhausen, stromabwärts dem letzten Weinbauort des Rheingaus) und zu den besten Lagen zählen *Krone*, *Pfaffenwies* und *Bodental-Steinberg*. Als führende lokale Erzeuger gelten Troitzsch, Kanitz, Altenkirch u. a.

Lorchhausen →Lorch

Loreley Bei St. Goarshausen 132 m nahezu senkrecht aufsteigender Schieferfelsen, der Inbegriff der Rheinromantik, wie er durch Heine unsterblich gemacht wurde. Seit 1990 Name des Bereichs, der alle in Rheinland-Pfalz gelegenen Rebflächen des Anbaugebietes →Mittelrhein umfaßt, also das gesamte Anbaugebiet mit Ausnahme jener 20 ha, die zu Nordrhein-Westfalen gehören und den Bereich →Siebengebirge bilden. Der Bereich Loreley umfaßt 646 ha, darunter so bedeutende Weinbauorte wie →Bacharach, →Kaub, →Oberwesel, →Boppard u. a. Mit 76% Rebflächenanteil dominiert der →Riesling, der hier besonders rassig und aromatisch ist. Vor 1990 in die zwei Bereiche →Bacharach und →Rheinburgengau geteilt.

Lothringen Einstige französische Provinz mit noch geringen Resten eines einst ausgedehnteren Weinbaus. Die Rot- und Weißweine des Département Moselle aus der näheren und weiteren Umgebung von Metz kommen als *Vins*

de Moselle mit dem →V.D.Q.S.-Siegel in
den Handel, während die Rot-, Weiß-
und Roséweine, letztere bekannt als
z. B. sehr gefällige und frische →*Vins
gris*, des Département Meurthe-et-
Moselle zumal in der Umgebung von
Toul erzeugt werden und als →*Côtes de
Toul*, ebenfalls mit dem V.D.Q.S.-Siegel,
angeboten werden.

Loupiac Weinbaugemeinde auf dem
rechten Ufer der →Garonne gegenüber
von →Barsac mit ungefähr 550 ha Rebfläche. Wie im benachbarten Sauternais
werden hier mittels →Edelfäule süße
Weißweine, sog. →*vins liquoreux* erzeugt, die den →Sauternes-Weinen
ähneln, ohne deren herausragenden
Rang voll zu erreichen. Darüber hinaus
wird zumeist auch Rotwein erzeugt, der
jedoch nicht die Appellation Loupiac
führen darf, sondern mit der Appellation →Bordeaux in den Handel kommt.

Louvière, Château La Bekanntes
Weingut in →Léognan in den →Graves
mit 55 ha Rebfläche (70 % →Cabernet
Sauvignon, 20 % →Merlot, 10 % →Ca-
bernet franc, bzw. 85 % →Sauvignon,
15 % →Sémillon für die Weißweine),
dessen Rotweine kräftig, etwas fleischig
und langsam reifend sind, während die
Weißweine betont elegant und rassig
sind und im Alter beachtliche Finesse
erreichen. Beide Weine sind hervorragend und beständig und einigen klassifizierten Gewächsen der Graves heute
durchaus gleichwertig, wenn nicht
überlegen.

Löwenstein Bedeutender deutscher
Weinerzeuger, der über umfangreiche
Besitzungen in →Hallgarten im
→Rheingau (Weingut Fürst Löwenstein
mit 21 ha in Hallgarten und praktisch
ausschließlichem →Riesling-Anbau,
derzeit verpachtet an Schloß →Vollrads)
und in →Franken bzw. →Tauberfran-
ken (Fürstl. Löwenstein-Wertheim-
Rosenbergsches Weingut mit 26 ha in

→Homburg, →Bürgstadt, Lengfurt,
Bronnbach und Reicholzheim und 33 %
→Silvaner, 19 % →Spätburgunder, 11 %
Riesling u. a. Sorten) verfügt. Während
die Rheingauer Weine den typischen
festen und kraftvollen Charakter Hallgartener Gewächse aufweisen, sind die
fränkischen Weine in der Regel trocken,
kernig, zurückhaltend und je nach Lage
und Sorte sehr langsam reifend, jedoch
erscheint die derzeitige Kellerausstat-
tung unter qualitativen Gesichtspunkten keineswegs als optimal.

Lubéron Hügelkette am Nordufer der
Durance östlich von →Avignon, von der
sowohl einige beachtliche rote, rosé und
insbesondere weiße →A.O.C.-Weine als
→Côtes du Lubéron kommen. Des weiteren werden →Landweine unter der
Bezeichnung *Vin de pays du Vaucluse*
erzeugt.

Lucertolo Ein leichter Weißwein aus
der Maremma in der südlichen →Tos-
cana, der allein deswegen bereits Beachtung verdient, weil er unter Beweis
stellt, daß man aus →Trebbiano bei
richtiger Behandlung und Kellerarbeit
durchaus ansprechende und feine Weine
mit Charakter zu erzeugen vermag.

Ludon Gemeinde in den südlichen
Ausläufern des →Haut-Médoc mit
115 ha Rebfläche. Ihr bedeutendstes
Weingut ist ohne Frage Château La
→Lagune, ein *3e cru classé*. Daneben
verdient das nicht klassifizierte Château
d'→Agassac Beachtung.

Ludwigshöhe Zwischen →Dienheim
und →Guntersblum gelegener Weinbauort in →Rheinhessen mit rund
130 ha Rebfläche. Als weithin bekannter
führender Erzeuger gilt das lokale
Weingut Dr. Becker.

Lugana Kleines Weinbaugebiet am Südufer des →Gardasees in der →Lombar-
dei und der von dort kommende, mitun-

ter ausgezeichnete trockene Weißwein. Er wird aus →Trebbiano di Lugana (mit erlaubtem Zusatz von maximal 10 % anderen Sorten) erzeugt und kann von fruchtiger, frisch-spritziger Art sein. Ca' Furia, Zenato, Fraccaroli, Ottella u. a. gelten als führende Erzeuger.

Lugny Eine der bedeutenderen Weinbaugemeinden bei →Mâcon, die Weißweine von guter Qualität aus dem →Chardonnay hervorbringt.

Lukanien →Basilicata

Lunel Einer jener vier Orte des Département →Hérault nahe der Mittelmeerküste (die drei anderen sind →Frontignan, Mireval und – weiter im Landesinneren – Saint Jean de Minervois), in denen ein hochwertiger und mit Recht sehr geschätzter und bekannter süßer →Muskatwein erzeugt wird. Die Rebflächen liegen zwischen Nîmes und →Montpellier und umfassen nur rund 180 ha, von denen jährlich um die 5000 hl des als *Muscat de Lunel* deklarierten →*vin doux naturel* bereitet werden.

Lussac-Saint-Emilion Einer der sogenannten Satelliten von →Saint-Emilion (die anderen sind →Montagne-, →Parsac-, →Puisseguin- und →Saint-Georges-Saint-Emilion) mit um die 1200 ha Rebfläche. Die auf ihnen erzeugten Rotweine, ca. 215 verschiedene Gewächse, sind durchweg nicht so exquisit wie jene aus Saint-Emilion selbst, können jedoch sehr ansprechend sein. Als führende Güter gelten Châteaux du Lyonnat, de Lussac, Barbe-Blanche, Tour-de-Grenet u. a.

Lutzmannsburg Namhafte Weinbaugemeinde im österreichischen →Mittelburgenland, deren gut 150 ha Rebfläche praktisch ausschließlich mit roten Sorten bepflanzt sind, darunter zu 85 % →Blaufränkisch. Die Löß-Lehmböden ergeben farb- und körperreiche Weine.

Luxemburg Nach Verlassen Frankreichs bildet die →Mosel auf 42 km Länge die Grenze zwischen der Bundesrepublik und Luxemburg. Während auf dem rechten Ufer die Bereiche →Moseltor und →Obermosel des Anbaugebietes →Mosel-Saar-Ruwer liegen, befindet sich auf dem linken Ufer das luxemburgische Weinbaugebiet mit insgesamt rund 1000 ha Rebfläche (einschließlich der Rebflächen an der Sauer), von der etwa 160 000 hl im Jahresdurchschnitt gewonnen werden. Wird auf der deutschen Seite fast nur →Elbling angebaut – in Luxemburg bei rückläufiger Tendenz mit knapp 19 % zweitstärkste Sorte –, so entfallen in Luxemburg auf den hier Rivaner genannten →Müller-Thurgau 45 % der Anbaufläche. Mit annähernd 12 % steht der →Auxerrois an dritter Stelle, dicht gefolgt vom →Riesling (11,5 %). Schließlich kommen →Pinot blanc und Pinot gris auf jeweils zwischen 5,5 und 6 %. Sie alle liefern frische, eher leichte, ziemlich herbe Weißweine, die z. T. an trockene, mittlere deutsche Moselweine erinnern.

Luxemburgische Qualitätsweine tragen die *Marque nationale* (M.N.) und können durch Zusätze wie *vin classé, premier cru* oder *grand premier cru* gekennzeichnet sein. Die wichtigsten der 33 luxemburgischen Weinbaugemeinden sind Remich, Grevenmacher, Wormeldange, Schwebsange, Bech-Kleinmacher, Wintrange u. a., in denen zusammen rund 600 Haupt- und Nebenerwerbswinzer tätig sind. Der Durchschnitts-Luxemburger ist einer der größten Weintrinker der Welt und konsumiert heute rund 60 l jährlich, fast genauso viel wie der Italiener und nur unwesentlich weniger als der Franzose.

Luxuswein In der Schweiz Bezeichnung für süße Weine mit über 13 % vol. natürlichem, nicht →gespritetem Alkohol und natürlichem, nicht zugesetztem →Restzucker. →Vino di lusso

Lynch-Bages, Château *5ᵉ cru classé* in →Pauillac im →Haut-Médoc mit 80 ha Rebfläche (75 % →Cabernet Sauvignon, 15 % →Merlot, 10 % →Cabernet franc), doch nach übereinstimmender Auffassung aller Kenner heute nicht nur das beste Gewächs seiner Klasse, sondern seinem Qualitätsniveau nach eher als 2. Gewächs einzustufen: ein hervorragender, nahezu kalifornisch wirkender Rotwein mit Körper, Tiefe und Struktur und Komplexität.

Lynch-Moussas, Château *5ᵉ cru classé* in →Pauillac im →Haut-Médoc mit 40 ha Rebfläche (75 % →Cabernet Sauvignon, 25 % →Merlot) und ein eher leichter, mitunter eleganter Wein, der erst allmählich das Niveau seines offiziellen Rangs zurückfindet.

Lyon Drittgrößte Stadt Frankreichs, am Zusammenfluß von →Saône und →Rhône gelegen und wegen ihrer kulinarischen Spezialitäten berühmt. Da ihre Bürger zu den größten Konsumenten des unweit der Stadtgrenzen erzeugten →Beaujolais gehören, sagt man, Lyon liege in Wirklichkeit an drei Flüssen: der Saône, der Rhône und dem Beaujolais. Als erster soll Léon Daudet diese Feststellung getroffen haben.

Lyonnais →Coteaux du Lyonnais

M

Macabeo Katalanische Weißweinsorte, die vor allem in →Penedés angepflanzt wird, aber darüber hinaus an der ganzen Mittelmeerküste vom Ebro bis zur →Rhône von Bedeutung ist. 50000 ha sind mit ihr in Spanien bestockt, weitere 7000 ha im angrenzenden Südfrankreich, und in der Tat werden aus ihr in Nordostspanien ebenso wie im französischen →Midi eine zunehmende Zahl fruchtig-duftiger Weine erzeugt, darunter auch Schaumweine (in Penedés) und →Likörweine (→Banyuls, →Maury, →Rivesaltes). In den meisten Fällen wird sie dabei mit anderen Sorten verschnitten. In →Rioja und →Navarra ist sie inzwischen die wichtigste Weißweinsorte, dort allerdings unter der Bezeichnung →Viura.

Macau Eine der südlichsten Gemeinden des →Haut-Médoc mit rund 120 ha Rebfläche. Ihre besten Gewächse, unter der Appellation Haut-Médoc im Handel, sind mit großem Abstand Château →Cantemerle, ferner Château Maucamps u. a.

Maccabéo →Macabeo

Macération carbonique Gärverfahren, das insbesondere zur Erzeugung des →Beaujolais →primeur, aber zunehmend auch bei anderen französischen Rotweinen, darunter einigen →Châteauneuf-du-Pape, angewandt wird. Dabei werden die Trauben möglichst unverletzt in einen mit CO_2 gefüllten Gärbehälter gegeben zur sog. interzellularen Vergärung. Zwar ist die Farbausbeute auf diese Weise geringer als nach traditionellen Verfahren, doch zeichnen sich die so erzeugten Weine durch eine besondere Frische und Fruchtigkeit aus, dank der sie bereits in sehr jungem Zustand genossen werden können.

Macharnudo Berühmte Lage (*pago*) im →Sherry-Gebiet, nordwestlich von →Jerez gelegen. Sie befindet sich ausschließlich auf den hervorragenden →Albariza-Böden und zählt mit dem →Carrascal zu den besten des Gebietes. *Inocente* ist ein Teil dieser Lage, von der der gleichnamige exzellente →Fino (der einzige mit einer Lagenbezeichnung) stammt.

Mâcon Bedeutende Weinhandelsstadt an der →Saône im Süden →Burgunds. Zugleich →A.O.C.-Bezeichnung für etliche Rot-, Rosé- und Weißweine des →Mâconnais. Rot- und Roséweine dürfen nur aus →Gamay, →Pinot noir und Pinot gris, Weißweine ausschließlich aus Pinot blanc und →Chardonnay bereitet werden. Statt unter dieser einfachen Bezeichnung kommen die Rotweine häufiger als *Mâcon Supérieur* in den Handel (um die 80000 hl), während der Weißwein meist als *Mâcon-Villages* oder als Mâcon plus Gemeindenamen (→Lugny, →Viré u. a.) in den Verkehr gebracht wird (um 140000 hl). Bei dem Rotwein handelt es sich um angenehm zu trinkende, saubere Weine, meist weniger fruchtig oder elegant als ein guter →Beaujolais. Der weiße Mâcon ist trocken, frisch und ansprechend, erreicht aber in der Regel nicht den Rang der Weißweine aus den besten Gemeinden des südlichen Mâconnais.

Mâconnais Großes Weinbaugebiet im Süden →Burgunds im Département

Saône-et-Loire, zwischen der →Côte Chalonnais und dem →Beaujolais-Gebiet, im Bereich der Stadt →Mâcon gelegen. Im Schnitt werden um 300 000 hl →A.O.C.-Weine erzeugt, davon drei Viertel weiß. Nahezu 80 % der Weine werden unter den Bezeichnungen *Mâcon*, *Mâcon Supérieur* oder *Mâcon-Villages* angeboten. Die bedeutendsten Weine des Gebiets (ausnahmslos weiß) kommen aus einem halben Dutzend Gemeinden im Süden des Mâconnais mit den drei bekannten Appellationen →Pouilly-Fuissé, →Pouilly-Loché und →Pouilly-Vinzelles. Sieben weitere, um diese herum gelegene Gemeinden dürfen ihre Weißweine unter der Appellation →Saint-Véran verkaufen.

Mädchentraube Deutsche Bezeichnung für die ungarische →Leányka, die zumal im Gebiet von →Eger angepflanzt wird.

Madeira Im Atlantik gelegene portugiesische Insel, seit rund 500 Jahren wegen ihrer Weine berühmt. Madeiras sind →gespritete Weine, die ihren hohen Alkoholgehalt von 18 bis 20 % vol. dem Zusatz hochwertigen Branntweins verdanken. Obwohl sie ähnlich wie →Sherry in sogenannten →Soleras gealtert und verschnitten werden (Jahrgangs-Madeiras werden nur noch in sehr begrenzter Zahl erzeugt), erinnert das Herstellungsverfahren mehr an das des →Marsala als das beim Sherry übliche. Der typische Madeira-Geschmack rührt daher, daß der Wein einige Monate lang bei hohen Temperaturen in Spezialräumen, den →Estufas, gelagert wird.

Das Wort *Madeira* bezeichnet – das sollte man nicht vergessen – nicht einen einzelnen Wein, sondern eine ganze Skala der verschiedensten Weine einer Kategorie. Diese reicht von sehr trocken bis sehr süß, von strohfarben bis tiefgold, durch alle Preis und Güteklassen hindurch. Als →Kochwein sind selbst weniger ansspruchsvolle Madeiras ganz vortrefflich geeignet und fester Bestandteil der anspruchsvollen Küche, der durch keinen Sherry oder Marsala zu ersetzen ist. Als →Apéritifs oder →Likörweine stellen die besten Madeiras herausragende Raritäten dar, die mit Recht sehr teuer sind.

Madeiras werden heute nach Rebsorten in vier Grundtypen eingeteilt: den →Sercial, den trockensten Madeira, erinnert etwas an einen →Fino Sherry, hat aber eine ganz andere und oft sehr pikante Blume und einen eigentümlichen Charakter; den →Verdelho, in der Regel ein wenig süßer als der Sercial und ihm in Charakter etwas ähnelnd; den →Bual, süßer, schwerer und großzügiger, ein Wein zum Dessert wie in Portugal zum Käse, und den →Malmsey, sehr süße Frucht, fast ölig. Daneben gibt es andere, heute weniger gebräuchliche Weine, darunter einen mit dem schönen Namen →*Rainwater*, fast bedeutender wegen der mit dem Namen verknüpften unterschiedlichen Legenden denn als Wein.

Da es sich bei Madeiras ähnlich wie bei →Portweinen oder Sherrys um jeweils standardisierte Markenweine handelt, ist der Name des Erzeugers bzw. Abfüllers (häufig mit Firmensitz in London) für die Qualität des Weines entscheidend. Man sollte daher darauf achten, zu zuverlässigen Namen zu greifen, wie Cossart Gordon & Co., Henriques & Henriques, Rutherford & Miles, Lomelino, Barbeito, Leacock, Casa dos Vinhos da Madeira u. a.

Maderisierung →Rahnwerden

Madiran Kerniger Rotwein mit eigener →Appellation contrôlée aus Südwestfrankreich, der in →Béarn nördlich von Pau und Tarbes erzeugt wird. Kaum sehr viel mehr als 1100 ha sind unter den →A.O.C.-Bestimmungen zugelassen. Die führende Rebsorte ist der Tannat, vor allem ergänzt durch →Cabernet franc und →Cabernet Sauvignon. Den besten Namen haben die Châteaux d'Aydie, Bouscassé, Montus u. a.

Magdelaine, Château Einer der *premiers grands crus classés B* von →Saint-Emilion, an den Abhängen (Côtes) zum →Dordognetal unmittelbar neben Château →Belair gelegen mit 11 ha Rebfläche. Der Wein wird zu 80 % aus →Merlot und 20 % →Cabernet franc erzeugt (darin eher Château →Pétrus – in gleicher Hand – als den übrigen *premiers crus* Saint-Emilions vergleichbar) und zeichnet sich durch bemerkenswerte Komplexität und finessenreiche, strukturierte und dennoch geschmeidige Eleganz aus.

Magence, Château Eines der besten unter den weniger bekannten Gütern aus den südlichen →Graves, in Saint-Pierre-de-Mons mit 30 ha Rebfläche (41 % →Cabernet Sauvignon, 32 % →Cabernet franc, 27 % →Merlot bzw. 64 % →Sauvignon und 36 % →Sémillon für den Weißwein). Die trockenen Weißweine verfügen über ein ausdrucksvolles Bukett und beträchtliche Rasse, während die Rotweine durchaus ansprechend sind.

Mager →Körper

Magnum Weinflasche mit dem doppelten Fassungsvermögen einer normalen →Flasche, also 1,5 l. Da Weine um so langsamer reifen, je größer der Behälter ist, wird in guten und besseren Jahren besonders in →Bordeaux und in →Burgund ein Teil des Weins in Magnum-Flaschen abgefüllt. Gelegentlich läßt man auch →Champagner in Magnum-Flaschen (nie in größeren Flaschen) gären, um seine Lebensdauer zu verlängern. Auch in Deutschland benutzt das eine oder andere Weingut Magnum-Flaschen. Die Verwendung von Magnums für weniger erlesene Weine mag praktisch sein, viel öfter aber ist sie nichts anderes als Hochstapelei.

Mähren Östlicher Landesteil der →Tschechischen Republik und heute ungefähr 15 000 ha großes Weinbaugebiet. Die Rebflächen befinden sich im wesentlichen zwischen der Thaya und Brünn (Brno), im unmittelbaren Anschluß an das österreichische →Weinviertel. Es werden fast ausschließlich Weißweine, meist aus den gleichen Rebsorten wie im benachbarten Österreich erzeugt.

Maienfeld Weinbaugemeinde der →Bündner Herrschaft (Kanton →Graubünden) mit gut 75 ha Rebfläche. Unter Föhneinwirkung reifen am jungen →Rhein feurige, markante Rotweine aus Blauem →Burgunder, der auf über 90 % der Rebfläche angepflanzt ist, die zu den kraftvollsten der →Ostschweiz zählen. Zu den besten Lagen gehören *Schloß Salenegg*, *Pola* u. a.

Mailberg Einer der besten Weinbauorte im niederösterreichischen →Weinviertel mit 315 ha Rebfläche. Zu nahezu zwei Drittel wird der Grüne →Veltliner angebaut, und die besten Weine weisen feine Frucht und Säure und durchaus Charakter auf. *Hundschupfen*, *Rosenpoint* u. a. gelten als beste →Rieden. Josef Zens, das Schloßweingut des Malteser Ritterordens u. a. sind als führende Erzeuger bekannt.

Mailly Eine der 17 *grand cru*-Gemeinden der →Champagne an der →Montagne de Reims, bekannt für seinen vor allem aus dem →Pinot noir gewonnenen →Blanc de noirs.

Maindreieck Mit 4208 ha Ertragsrebfläche Kernbereich des Anbaugebietes →Franken, um →Würzburg gelegen. Auf Muschelkalkböden wachsen hier die Mehrzahl der besten fränkischen Weißweine. →Müller-Thurgau und →Silvaner kommen mit 46 bzw. 20 % zwar für zwei Drittel der Weine auf, doch stammen aus den besten Lagen einige hervorragende →Rieslinge, Weiße wie Graue →Burgunder, →Traminer u. a. Weine. Neben →Escherndorf, →Homburg, →Randersacker, →Thüngersheim und Würzburg verfügen Frickenhausen, Sommerhausen, Volkach u. a. Orte über gute Lagen.

Mainviereck Westlichster und weitaus kleinster der drei Bereiche des →Anbaugebietes →Franken mit 274 ha Ertragsrebfläche in verstreuten Einzellagen. Am bedeutendsten ist das nordwestlich von Aschaffenburg gelegene →Hörstein aufgrund seiner an Urgesteinsböden stammenden →Rieslinge, während auf den Sandsteinböden in →Bürgstadt, Klingenberg, Großheubach u. a. Orten zunehmend beachtenswertere →Spät- wie →Frühburgunder erzeugt werden. 25 % der Rebfläche des Bereichs sind mit roten Sorten bestockt, während →Müller-Thurgau und →Silvaner hier nur 38 bzw. 9 % erreichen.

Mainz Zentrum des Weinhandels im Rhein-Main-Gebiet (Mainzer Weinbörse) und der deutschen Weinwerbung (Deutsches →Weininstitut, Stabilisierungsfonds für Wein u. a.). Als Weinbaugemeinde spielt es heute jedoch nur noch dank seiner Ortsteile →Laubenheim, Ebersheim und Hechtsheim eine Rolle, in denen sich zusammen 260 ha Rebfläche befinden, während die einstigen rechtsrheinischen Stadtteile Kostheim und Kastel mit ihren 60 ha Rebfläche heute zu →Wiesbaden gehören.

Maische →Traubenmaische

Maiwein Qualitativ meist anspruchsloser regionaler weißer Schoppenwein, der, mit →Waldmeister gewürzt, im Mai ausgeschenkt wird.

Makedonien Nordgriechische Weinbauregion, deren Weinbaufläche heute auf weniger als 10000 ha zusammenge-

schrumpft ist, jedoch qualitativ unverändert zu den bemerkenswertesten Weinbauregionen des Landes gehört. Zu ihren hervorragendsten Rotweinen zählen der Château →Carras, der →Goumenissa, der →Naoussa, der →Côtes de Meliton, der Amynteon u. a., während als Weißweine der großartige →Athos – für viele der beste griechische Weißwein überhaupt –, der weiße Côtes de Meliton u. a. hervorzuheben sind.

Málaga Stadt und Provinz an der südspanischen Mittelmeerküste und der von dort stammende →gespritete Wein, der im Landesinnern vornehmlich aus →Pedro Ximénez und an der Küste vor allem aus →Moscatel bereitet und insgesamt noch auf gut 800 ha erzeugt wird. Der Málaga kann alles von trocken bis sehr süß und von sehr hell bis nahezu schwarz sein, wobei sein Alkoholgehalt zwischen 15 und 23 % vol. schwankt. Als bester gilt der →Lágrima. Andere Typen werden nach Rebsorten entweder als Pedro Ximen oder Moscatel und/oder dem Süßungsgrad als Cream, →sweet (süß) usw. bezeichnet. Der Wein wird in →Soleras gealtert und verschnitten und unterliegt den Bestimmungen der →Denominación de Origen. Ein guter Málaga erinnert an einen guten →Sherry oder →Montilla, und unter den führenden Erzeugern ist Scholtz Hermanos unverändert der große alte Name. Daneben haben Bacarles, Pérez Texeira u. a. heute einen guten Namen.

Malans Südöstlichste der vier Weinbaugemeinden der →Bündner Herrschaft (Fläsch, →Maienfeld und Jenins sind die anderen) im Kanton →Graubünden mit rund 73 ha Rebfläche und kraftvollen feurigen Rotweinen aus dem Blauen →Burgunder mit guter Lagerfähigkeit. Malans pflegt als Kuriosum in kleinen Beständen (0,3 ha) eine sonst nirgends bekannte weiße Rebsorte, den Completer.

Malartic-Lagravière, Château Bedeutender *cru classé* aus →Léognan in den →Graves mit 19 ha Rebfläche (45 % →Cabernet Sauvignon, 30 % →Cabernet franc, 25 % →Merlot bzw. seit 1992 gut 90 Sauvignon und knapp 10 % Sémillon für den Weißwein) und einem gehaltvollen, komplexen und eleganten Rotwein und einem feinen, strukturierten Weißwein, der heute auf 4 ha erzeugt wird und entsprechend selten ist. Ende 1990 wurde das Gut an den →Champagnererzeuger →Laurent Perrier verkauft.

Malbec Ausgezeichnete rote Rebsorte, die auch als Cot, Pressac oder →Auxerrois bezeichnet wird, deren alter großer Ruhm in der Tatsache begründet war, daß sie die Traube des »schwarzen Weins« (*vin noir*) von →Cahors war. Dennoch ist insbesondere aufgrund ihrer Neigung zum →Verrieseln ihre Anbaufläche in Frankreich stark zurückgegangen und liegt heute unter 5000 ha. Man trifft sie noch teilweise im →Bordeaux-Gebiet als Ergänzungssorte an, doch selbst der Cahors wird kaum noch zu mehr als 70 % aus ihr erzeugt. Auch in anderen Teilen Südwestfrankreichs ist sie vertreten. Ihre größte Verbreitung dürfte sie heute wohl in Argentinien haben, wo rund 30 000 ha mit ihr bestockt sind. Auch in Chile, Australien u. a. ist sie vertreten.

Malconsorts Hervorragende kleine Lage in →Vosne-Romanée in →Burgund, die südliche Fortsetzung der →*grand cru*-Lage La →*Tâche*. 6 ha stehen unter Reben, die einen exquisiten, harmonischen Rotwein liefern, der aber häufig einen leichten *Goût de terroir* (→Bodengeschmack) aufweist.

Malescot-Saint-Exupéry, Château *3e cru classé* von →Margaux im →Haut-Médoc mit 34 ha Rebfläche (50 % →Cabernet Sauvignon, 35 % →Merlot, 10 % →Cabernet franc und 5 % →Petit Verdot) und einem vollen, fleischigen Wein mit Tannin und Eleganz, der zur körperreichen Variante der Margaux-Weine zählt.

Malle, Château de *2e cru classé* aus →Preignac, im Sauternais, und eine der architektonischen Kostbarkeiten des Départements in der Verbindung des französischen Klassizismus des frühen 17. Jahrhunderts mit deutlichen florentinischen Einflüssen. Doch auch der Wein verdient Beachtung. 27 ha stehen unter Reben, darunter 75 % →Sémillon, 22 % →Sauvignon und 3 % →Muscadelle. Der von ihnen stammende Wein ist ein reifer, feiner und typischer →Sauternes. Von den in den angrenzenden →Graves liegenden Teilen des Besitzes kommt außerdem ein trockener Weißwein sowie ein Rotwein, die jedoch beide nicht als Château de Malle etikettiert werden.

Malmsey Englische Bezeichnung für die →Malvasia und insbesondere den aus ihr erzeugten besonderen →Madeira.

Malolaktische Gärung In Frankreich oft nur als die *malolactiques*, in Italien als *malolatica* bezeichnet. Ausdruck für die sog. Äpfel-Milchsäure-Gärung, bei der es sich in Wirklichkeit statt um eine →Gärung um einen biologischen →Säureabbau handelt, bei dem die härtere Äpfelsäure in die mildere Milchsäure umgewandelt wird, wobei →Kohlensäure freigesetzt wird, wodurch der Eindruck der Gärung entsteht. →Nachgärung

Malta Nicht nur beliebte Ferieninsel zwischen →Sizilien und Tunesien, sondern auch eins der kleinsten europäischen Weinbauländer mit rund 1000 ha Rebfläche und 20–30 000 hl Wein, wobei es sich in der Regel um wenig aufregende Rot-, Weiß- und →Likörweine von lokaler Bedeutung handelt.

Malvasia Eine seit altersr bekannte und geschätzte weiße Rebsorte (es gibt auch eine rote, aber weniger bedeutende Variante, etwa als →*Südtiroler Malvasia* oder *Malvasia di Casorzo d'*→*Asti* bzw. *Malvasia di Castelnuovo Don Bosco*, die beide aus →Piemont stammen), die ursprünglich aus Griechenland, von den →Ägäischen Inseln, kommt, aber auch in Italien und den meisten übrigen Ländern des Mittelmeers sowie auf →Madeira, in →Südafrika und →Kalifornien verbreitet ist und aus der zwei verschiedene Weinarten bereitet werden. Einmal handelt es sich dabei um normalen, durchweg trocken vinifizierten Wein, etwa den aus ihr reinsortig bereiteten Weißwein wie den weißen →Fiorano, den *Malvasia del* →*Collio*, *Malvasia di* →*Carso*, *Malvasia istriana dell'*→*Isonzo* u. a. bzw. die teilweise lieblichen *Malvasia dei* →*Colli di Parma*, *Malvasia dei* →*Colli Piacentini* u. a. oder um Verschnittanteile in Weißweinen wie auch Rotweinen (von diesen als berühmtester der – traditionelle – →Chianti). Zum anderen werden aus der Malvasia →gespritete →Likörweine bereitet (die Engländer nennen diese z. T. →Malmsey), die meist außerordentlich süß und schwer, golden bis bernsteinfarben, von großem Bukett und sehr lagerfähig sind. Der berühmteste ist wohl der Malvasia von →Madeira, doch gibt es in Italien einige kaum geringere wie den *Malvasia delle* →*Lipari*, den *Malvasia di Bosa* und den *Malvasia di Cagliari*.
Trotz dieser eindrucksvollen Zahl von Weinen und ungeachtet der erheblichen Qualität der Rebsorte befindet sich die Malvasia in Italien wie auch in Spanien (etwa bei weißen →Rioja, wo sie mehr und mehr der weniger bedeutenden →Viura weichen muß) auf dem Rückzug. In einer Zeit, die säurebetonte, frische, wenn auch sonst recht ausdruckslose Weine bevorzugt – was die moderne Weinerzeugung durch übertrieben →reduktiven und Stahltankausbau forciert –, muß diese differenzierte und langsam reifende Qualitätssorte modernen Massenträgern ausdrucksloser Weine, allen voran dem →Trebbiano, mehr und mehr weichen. Die Zahl wirklich bemerkenswerter italienischer Weißweine, die einmal beachtlich war, tendiert bei Fortsetzung dieser Tendenzen deutlich gegen null.

Malvoisie Einerseits französische Bezeichnung für die →Malvasia, aus der im Département Pyrénées Orientales zusammen mit anderen Trauben bekannte →Likörweine wie der →Banyuls, der →Grand Roussillon, der →Maury und der →Rivesaltes erzeugt werden, während sie im benachbarten Département →Aude als Synonym für den weißen Bourboulenc verwandt wird. Andererseits im schweizerischen →Wallis und im italienischen →Valle d'Aosta gebräuchliche Bezeichnung für den →Pinot gris (Grauer →Burgunder), aus dem, um die Verwirrung komplett zu machen, im Valle d'Aosta ebenfalls Likörweine erzeugt werden, darunter der berühmte *Malvoisie de Nus*.

Mancha, La Castilla-La Mancha ist die große zentralspanische *meseta*, jenes baumlose, trockene Hochland (ca. 700 m hoch), die Heimat Don Quijotes und das Zentrum des spanischen Weinbaus mit rund 720 000 ha Rebfläche, von der ungefähr die Hälfte der spanischen Weinproduktion stammt. Große Mengen dieser Erzeugung werden zu Weinbrand oder Industriealkohol destilliert oder zu Weinessig oder →Arrope verarbeitet. Für die Qualitätsweinerzeugung ist das riesige Gebiet in 5 →Denominaciones de Origen eingeteilt: La Mancha selbst mit rund 143 000 ha Rebfläche, →Valdepeñas, →Almansa, →Jumilla und →Méntrida. Hinzu kommt mit einer provisorischen Denominación de Origen (seit 1982) das 75 000 ha umfassende Manchuela. Was als La Mancha in den Handel kommt, sind meist nicht sonderlich aufregende Weißweine aus

Airén, →Macabeo, Pardilla und Verdoncho sowie Rotweine aus Cencibel (→Tempranillo), →Garnacha und Moravia, wobei die beliebten Roséweine häufig als →Rotling erzeugt werden. Traditionellerweise sind sie die typischen Madrilenser Karaffenweine, die man auch als die *vinos tradicionales de La Mancha* bezeichnet. Doch seit einiger Zeit gibt es beachtenswerte Bestrebungen, durch größere Sorgfalt, modernere Verfahren und Anwendung heutiger önologischer Erkenntnisse höhere Qualitäten zu erzielen, deren Ergebnisse als die *nuevos vinos de La Mancha* weit mehr Aufmerksamkeit verdienen. Unter diesen Gesichtspunkten haben heute Savirón, die Vinos regionales aus Noblejas, die Vinicola de Castilla und die Winzergenossenschaft von Manzanares, Eduardo Izquierdo, Ayuso u. a. in Spanien einen guten Namen.

Mandement Geschlossenster und wichtigster der drei →Genfer Weinbaubereiche mit über 600 ha Rebfläche. Westlich der Stadt gelegen (die beiden übrigen Bereiche, die sog. *Rive gauche*, befinden sich zwischen See und Arve bzw. zwischen Rhône und Arve) mit →Satigny als größter Weinbaugemeinde der Schweiz. Russin, Dardagny und Peissy sind ebenfalls von Bedeutung.

Mandrolisai Name eines Rot- und Roséweins, der in 7 Gemeinden der Provinzen Cagliari und Nuoro etwa im Zentrum von →Sardinien aus Bovale, →Cannonau und →Monica erzeugt wird. Der Rotwein darf nach einem Jahr Holzfaßlagerung und bei mindestens 12,5 % vol. Alkohol das Prädikat →*superiore* tragen. Er ist trocken und solide.

Mannersdorf Unmittelbar an der slowakischen Grenze an der March gelegener Weinbauort im →Weinviertel mit rund 80 ha Rebfläche, der besonders bekannt ist wegen seiner →Gewürztraminer, aber auch →Welschriesling,

→Rheinriesling u. a. Weine. Als der mit Abstand führende Erzeuger gilt allgemein Roland Minkowitsch, dessen Weine – dank der meist auftretenden →Botrytis häufig im oberen →Spätlese- bzw. →Auslesebereich oder darüber – zu den hervorragendsten des ganzen Weinbaugebietes gehören.

Mantinia Trockener griechischer weißer Qualitätswein (→O.P.A.P.), der auf knapp 1000 ha nahezu im Zentrum des →Peloponnes in dem Hochland um das antike Mantinea aus Moschofilero und Aspronda erzeugt wird. Der Wein ist eher leicht, von gutem Körper, eigenwillig und interessant und kann höchst ansprechend sein. →Cambas gilt als führender Erzeuger.

Manzanilla Offiziell ein →Sherry, praktisch jedoch ein eigener →Fino, der in →Sanlúcar de Barrameda am Atlantik zwar aus den gleichen Trauben (→Palomino) und nach analogen Vinifikationsmethoden, doch mit gewissen Abweichungen im Detail bereitet wird. Dazu gehören die in der Regel um eine Woche frühere Lese und der weitgehende Verzicht auf eine Trocknung der Trauben in der Sonne. Dadurch enthält der Most etwas weniger Zucker und mehr Säure, so daß der Alkoholgehalt meist 15,5 % vol. aufweist und in der Regel damit etwas niedriger liegt als der des Fino. Der Wein hat ein eigenartiges, nußartiges und fast etwas salziges Aroma – einige behaupten, das läge an der salzhaltigen Meeresluft Sanlúcars –, eine erfrischende Säure und einen sehr komplexen Geschmack. Er ist ein ungemein pikanter Wein und einer der köstlichsten →Apéritifs, die es überhaupt gibt. Viele Kenner ziehen daher einen guten Manzanilla einem guten Fino Sherry vor. Herederos de Argüeso (Marke: San Leon), Antonio Barbadillo (Solear, Eva, Barbadillo u. a.), Hijos de Rainera Pérez Marin (La Guita), Sanchez Romate (Viva La Pepa), Vinicola Hidalgo (La

Gitana) u. a. gelten als namhafte Erzeuger.

Maranges Landschaft im Norden des Département Saône-et-Loire mit den Orten →Cheilly-les-Maranges, →Dezize-les-Maranges und →Sampigny-les-Maranges, deren Weine bis Ende der achtziger Jahre unter der →A.O.C.-Bezeichnung →Côte de Beaune-Villages in den Handel kamen. Seither tragen sie die neue →Appellation contrôlée Maranges.

Marc Französische Bezeichnung für →Trester; der daraus erzeugte Tresterbranntwein heißt Eau-de-vie-de-Marc. – In der →Champagne außerdem eine besondere Maßeinheit, und zwar 4000 kg Trauben, die Menge also, die eine der dort normalerweise verwendeten Pressen auf einmal verarbeiten kann. Daraus erhält man etwa 12 200 l-Fässer Most sowie weitere 200 l geringerer Qualität, die von den qualitätsbewußteren Erzeugern nicht weiter verwendet werden. – Im →Elsaß erzeugt man übrigens einen erwähnenswerten Eau-de-vie-de-Marc aus →Gewürztraminertrester.

Marcillac Kleines französisches Weinbaugebiet, seit 1989 mit →AOC-Prädikat, östlich von →Cahors, in der Rotwein, kaum Rosé, aus der Fer servadou mit geringen Zusätzen von →Cabernet franc, →Cabernet Sauvignon und →Merlot erzeugt wird. Die Weine haben bislang kaum mehr als lokale Bedeutung und werden überwiegend durch die Winzergenossenschaft von Valady in den Handel gebracht.

Marcobrunn Berühmte und eine der besten Weinlagen des →Rheingaus. Der Name ist von dem schlichten klassizistischen Brunnen abgeleitet, dem Marcobrunnen, der an der Grenze zwischen den Gemeinden →Erbach und →Hattenheim steht. Ungeachtet dieser Grenze kommen die Weine seit 1971 ausnahmslos als Erbacher Marcobrunn in den Handel (bis dahin lediglich als Marcobrunn).

Ein gelungener Marcobrunn ist ein großartiger und auf seine Weise einzigartiger Wein. Zwar mag er an Kraft und Festigkeit den Rauenthaler Baiken nicht ganz erreichen, doch er übertrifft ihn an Frucht, Balance und Eleganz, ein Wein, der, wenn voll gelungen – was heute leider oftmals nicht der Fall ist – seinesgleichen sucht, das Nonplusultra des Rheingauer →Rieslings. Zu den Erzeugern gehören →Langwerth von Simmern, die Hessischen →Staatsweingüter, Schloß →Schönborn, Schloß →Reinhartshausen und Oetinger.

Mareuil-sur-Ay Weinbaugemeinde in der →Champagne, mit 99 % eingestuft (gegenüber den 100 % des benachbarten →Ay). Es überwiegt der →Pinot noir, aber auch Pinot →Meunier und →Chardonnay sind vertreten. Als beste Lage des Ortes ist der →Clos des Goisses geschätzt.

Margaux Eine der bemerkenswertesten Gemeinden des →Haut-Médoc, aus der exzellente rote →Bordeaux kommen mit ausdrucksvollem Bukett, geschmeidiger Struktur und großer Zartheit und Rasse. Die Appellation umfaßt außer Margaux die Nachbarorte →Arsac, →Cantenac, →Labarde und →Soussans, zusammen an die 1200 ha Rebfläche. Ein Drittel der klassifizierten Gewächse des →Haut-Médoc kommen unter dieser Appellation in den Handel, allen voran der Grand Seigneur von Margaux, Château →Margaux, aber auch so großartige Weine wie Châteaux →Palmer, →Rausan-Ségla, →Issan, →Malescot-Saint-Exupéry, →Brane-Cantenac, →Giscours, →Durfort-Vivens, →Boyd-Cantenac, →Lascombes, →Marquis de Terme, →Cantenac-Brown, →Kirwan, →Rauzan-Gassies, →Desmirail, →Dauzac u. a.

Margaux, Château *Premier cru classé* von →Margaux und, was das Château wie auch seinen Wein angeht, eines der imposantesten →Bordeaux-Güter. 75 ha sind mit roten Rebsorten bestockt, davon 75 % mit →Cabernet Sauvignon, 20 % mit →Merlot und 5 % mit →Petit Verdot und →Cabernet franc. Hinzu kommen weitere 12 ha, auf denen →Sauvignon angepflanzt ist für den Weißwein von Château Margaux. Als 1977 das Gut seinen Besitzer wechselte, wurde in Bordeaux Weinbaugeschichte geschrieben. Seither hat der Wein einen kometengleichen Wiederaufstieg erlebt, so daß heute der rote Château Margaux wieder ein Wein von →Tannin, Tiefe und Konzentration ist, geradezu eine Geschmacksexplosion im Glas, die eine ungeheure Komplexität und einen großen Nuancenreichtum und Differenziertheit erkennen läßt. Dabei ist es ein Wein von großer Distinktion und Noblesse. Der 1978er war der erste Jahrgang unter der neuen Leitung, und in den achtziger Jahren hat es kaum einen Bordeaux-Jahrgang gegeben, in dem nach allgemeiner Überzeugung der Kenner Château Margaux nicht an der Spitze der roten Bordeaux gestanden hätte. Auch wenn seither Château →Haut-Brion Château Margaux vielleicht seinen Rang streitig zu machen scheint, bleibt der Château Margaux ein großartiger, unvergleichlicher Wein. Darüber sollte nicht vergessen werden, daß selbst der Zweitwein dieses Gutes, der *Pavillon rouge du Château Margaux* ein hervorragender, wenn nicht bemerkenswerter Wein ist, der jede Beachtung verdient, während der Weißwein, der *Pavillon blanc du Château Margaux,* den Vergleich mit exzellenten weißen →Graves nicht zu scheuen braucht.

Marienthal Eine der beachtenswertesten Weinbaugemeinden der →Ahr mit 55 ha Rebfläche, dessen beste →Spätburgunderlage der *Klostergarten* ist (nicht zu verwechseln mit dem *Kloster-*berg, dem →Großlagennamen für die gesamte Ahr, der natürlich auch oft im Zusammenhang mit *Marienthal* auf dem Etikett erscheint und in der Regel einen geringeren Wein bezeichnet). Sitz der Staatlichen →Weinbaudomäne Kloster Marienthal. Einige der beachtenswertesten Weine des Ortes stammen darüber hinaus von dem Weingut Meyer-Näkel aus →Dernau.

Marino Nachbarort von →Frascati mit vergleichbaren, meist nicht sonderlich aufregenden Weinen. Er wird aus →Malvasia bei zunehmenden Anteilen von →Trebbiano (erlaubt sind bis 55 %) erzeugt. Er kann die Bezeichnung →*superiore* führen (mindestens 11,5 % vol. Alkohol), kann trocken bis lieblich sein und auch als →*spumante* erzeugt werden. Qualitativ hervorragende Abfüllungen sind heute leider nicht die Regel. Die gegenwärtig wohl erwähnenswerteste Ausnahme ist der weiße →Colle Picchioni, der zu den achtbareren Weißweinen →Latiums zählt. Der in Marino ebenfalls erzeugte, z. T. beachtliche Rotwein (zumal der *Vigna del Vassallo* des gleichen Weinguts) darf nicht das →DOC-Prädikat führen, sondern gilt als schlichter →*vino da tavola*.

Markant Ein kräftiger, für seine Herkunft bezeichnender Wein mit Statur und Charakter, alles andere als ein geringer, wohl aber vermutlich ein junger Wein, der seinen Höhepunkt erst noch erreichen muß.

Marken Mittelitalienische Adriaregion um Ancona, östlich von →Umbrien, ein großer, dem Meer zugewandter Garten mit noch rund 27 000 ha Rebfläche und im Schnitt der letzten Jahre etwa 2 Mill. hl Wein. Einige von ihnen scheinen der Sanftheit der Landschaft in besonderem Maße angepaßt. Die bekanntesten dürften der →Verdicchio dei →Castelli di Jesi und der Verdicchio di →Matelica sein, wenn gut, frisch, fruchtig und rassig (der beste Verdicchio ist heute vermutlich der Verdicchio di Montanello von Villamagna). Die übrigen Weißweine der Region haben entweder in der Regel nicht diesen Rang, wie der →Falerio dei Colli Asolani oder der →Bianchello del Metauro oder sind außerhalb ihrer Herkunftsgebiete kaum bekannt, wie der Fontanelle oder der Tristo di Montesecco. Der bedeutendste Rotwein der Region, der durchaus mehr Beachtung verdiente, ist der →Rosso Piceno, neben dem auch der →Rosso Cònero und der eine oder andere weitere Rotwein, darunter der →Sangiovese dei Colli Pesaresi, nicht übersehen werden sollte. Als Besonderheit weisen die Marken schließlich noch zwei →spumanti auf, den →Vernaccia di Serrapetrona und den Verdicchio Pian delle Mura.

Markenwein Ein Verschnittwein mit konstanter Geschmacksrichtung und Qualität, wie etwa ein normaler →Champagner oder →Sherry. Diese Weine kommen ohne Jahrgangs- und nähere geographische Herkunftsangabe in den Handel. Andere bekannte Markenweine werden in wachsendem Maße in →Bordeaux erzeugt, wo der →Mouton-Cadet der bekannteste und verbreitetste ist, die durchweg zwar über eine Jahrgangs-, aber keine nähere Herkunftsangabe verfügen. Der bekannteste deutsche Markenwein, zumindest im englischsprachigen Ausland, ist die →Liebfrauenmilch. Auch aus anderen Gebieten kommen Markenweine, und sie alle sind von äußerst unterschiedlicher Qualität, die von belanglos bis hervorragend reichen kann und sehr abhängig von dem Weinbaugebiet, seinen Traditionen und den individuellen Qualitätsmaßstäben des Erzeugers ist. Während es Gebiete gibt, in denen der Markenwein, vielfach unter einem Phantasienamen angeboten, zur geringsten Qualität der regionalen Weine gehört, sind z. B. einige der bedeutend-

sten Weine Griechenlands Markenweine.

Markgräflerland Zwischen Freiburg und Basel gelegener Teil des →Anbaugebietes →Baden mit 3063 ha Ertragsrebfläche, überwiegend auf Löß-, Lehm- oder Kalkböden, in privilegierten Südlagen auf bis zu 500 m Höhe ansteigend. Seit den jüngsten Veränderungen zumal im badischen Weinbau hat es hier manch heilsamen Neuanfang und eine Vielzahl von Neuerungen gegeben. Zwar ist der →Gutedel als die traditionell dominierende Rebsorte nur unwesentlich auf jetzt 43 % der Fläche zurückgegangen, hingegen liegt der z. T. beachtliche Rotwein (nahezu ausschließlich aus dem →Spätburgunder und vereinzelt im →Barrique ausgebaut) heute bereits bei einem Flächenanteil von 17 %, während der →Müller-Thurgau nur noch 24 % einnimmt und der Weiße →Burgunder mit inzwischen 4 % bereits den Grauen →Burgunder überrundet hat. Die besten Markgräflerweine, einschließlich des Gutedels und mancher beachtenswerten Spät- und Weißen Burgunder, zählen zu den vorzüglichsten Weinen Badens, zumal jene aus →Müllheim (einschließlich Hügelheim), →Istein, →Laufen u. a. Orten.

Marlenheim Kleine Weinbaugemeinde im nördlichen →Elsaß, westlich von Straßburg, mit der →*grand cru*-Lage *Steinklotz*. Im Gegensatz zum übrigen Elsaß verdankt jedoch Marlenheim seinen herausragenden Ruf dem hier überwiegend angebauten →Pinot noir, dessen Weine seit alters als →Vorlauf berühmt sind. Die so bezeichneten Roséweine werden auch heute noch aus ohne mechanischen Druck von der Kelter ablaufendem Most bereitet und können rassig, fruchtig und delikat sein und durchaus zu den besten elsässischen Roséweinen zählen.

Marmandais Um Marmande an der →Garonne, im Département Lot-et-Garonne, gelegenes Weinbaugebiet, aus dem etwa 40000 hl Rot- bzw. Roséwein und noch einmal rund 2000 hl Weißwein kommen. Die Rot- und Roséweine werden aus den in →Bordeaux üblichen Rebsorten plus einiger weiterer gewonnen; der Weißwein stammt heute zu mindestens 70 % aus →Sauvignon blanc. Alle drei Weine tragen das →V.D.Q.S.-Siegel und kommen als →Côtes du Marmandais in den Handel. In der Regel handelt es sich um angenehme und ansprechende, z. T. an kleine Bordeaux erinnernde Weine.

Marne Französischer Fluß und Département im Norden des Landes mit 21612 ha Rebfläche: dem Zentrum der Erzeugung des →Champagners.

Marokko Nordwestafrikanischer Staat mit etwa 50000 ha Rebfläche, von denen jährlich um die 450000 hl Wein erzeugt werden, der in steigendem Maße exportiert wird, während heute nur noch der kleinere Teil im Lande selbst bleibt und zumeist von der dort lebenden europäischen Bevölkerung konsumiert wird. Der beste Wein stammt aus der Umgebung von Meknès und ist meist ein ansprechender, nicht zu schwerer Rotwein.

Marque Französisch für Marke; *marque déposée* bedeutet Eingetragenes Warenzeichen. Ein *vin de marque* ist ein →Markenwein, der einen besonderen Weintypus mit einer weitgehenden Konstanz zum Ausdruck bringen soll. Normale →Champagner und andere →Schaumweine sind in aller Regel *vins de marque*. Aber auch in →Bordeaux nimmt die Erzeugung von Markenweinen ständig zu. Der →Mouton-Cadet ist lediglich ihr weltweit bekanntester und verbreitetster. →Likörweine sind als »gemachte« Weine in der Regel ebenso Markenweine. Sie alle tragen in

Frankreich meist das →A.O.C.-Prädikat.

In Luxemburg hingegen entspricht die *Marque nationale* dem deutschen →Qualitätswein b.A. bzw. der französischen →Appellation contrôlée.

Marqués de Griñón Einer der neuen spanischen Weine, der auf dem Gut Casadevacas bei Toledo erzeugt wird. Bemerkenswert ist vor allem der Rotwein, der aus 90 % →Cabernet Sauvignon und 10 % →Merlot erzeugt wird, ein tiefer, tanninreicher, konzentrierter und komplexer Wein, der es mit manchem namhaften →Bordeaux aufnehmen kann; man sollte ihm aber Zeit geben. Zusätzlich gibt es auch einen weißen *Marqués de Griñón*, der in →Rueda erzeugt wird, aber ohne die Bedeutung des roten ist.

Marquis-d'Alesme-Becker, Château *3e cru classé* von →Margaux im →Haut-Médoc mit derzeit nur etwa 9 ha Rebfläche (40 % →Cabernet Sauvignon, 30 % →Merlot, 20 % →Cabernet franc, 10 % →Petit Verdot) und mit Rotweinen, denen es angesichts ihres offiziellen Rangs noch einiges an Statur und Charakter fehlt, wenngleich die Fortschritte der jüngsten Zeit unverkennbar sind.

Marquis-de-Terme, Château *4e cru classé* von →Margaux im →Haut-Médoc mit 38 ha Rebfläche (45 % →Cabernet Sauvignon, 35 % →Merlot, 15 % →Cabernet franc, 5 % →Petit Verdot) und einem strukturierten und tanninreichen Wein, der in letzter Zeit erheblich an Qualität gewonnen hat und auf dem bestem Weg ist, seinen angestammten Platz wieder einzunehmen.

Marsala Altberühmter, z. T. →gespriteter →DOC-Wein Italiens, der einen Alkoholgehalt von 16–20 % vol. hat, bernsteinfarben, gelegentlich trocken, meist jedoch etwas süß ist und leicht an

→Sherry erinnert; benannt nach der gleichnamigen Hafenstadt an der Westküste →Siziliens, aus deren Umgebung er kommt. »Erfunden« haben ihn in der zweiten Hälfte des 18. Jahrhunderts Engländer (Woodhouse, Ingham u. a.), die einen preiswerten Ersatz für die in England beliebten spanischen und portugiesischen →Likörweine suchten.

Marsala wird aus Grillo, Cataratto und Inzolia erzeugt und ist ebenso wie Sherry ein trockener Wein, wenn ihm nicht während der Gärung hochprozentiger Alkohol und Traubenkonzentrat zugesetzt wird zur Süßung (und Erhöhung des Alkoholgehalts) des Weines. Je nach Herstellungsverfahren spricht man von *Concentrato*, *Sifone* oder *Mosto cotto* (letztere dürfen für die besseren Sorten nicht verwandt werden).

Man unterscheidet vier Gruppen von Marsala, den *Marsala fine* (mindestens einjährige Lagerung, 17 % vol. Alkohol), den *Marsala superiore* (mindestens zweijährige Lagerung, 18 % vol. Alkohol), *Marsala superiore riserva* (mindestens vierjährige Lagerung, 18 % vol. Alkohol). Als weitaus bester jedoch gilt heute allgemein der *Marsala vergine* (auch *Marsala soleras*, mindestens fünfjährige Lagerung, 18 % vol. Alkohol), zumal der von den F.lli de Vita, Sala Spanò u. a., der ungespritet und völlig trocken ist und wie Sherry nach dem →Soleraverfahren gealtert und verschnitten wird. →Vecchio Samperi. Schließlich gibt es noch den *Marsala vergine riserva*, auch *Marsala vergine stravecchio* genannt, der eine mindestens zehnjährige Reife und 18 % vol. Alkohol aufweisen muß.

Marsannay Weinbaugemeinde an der einstigen Côte de →Dijon in →Burgund, bekannt für ihren aus dem →Pinot noir bereiteten Roséwein, der zu den feinsten und köstlichsten Frankreichs gehört. Seit kurzem kommen die Weine von Marsannay zusammen mit jenen der Nachbarorte Chenôve und Couchey (zusammen 250 ha Rebfläche) unter der neuen →A.O.C.-Bezeichnung *Marsannay rosé* in den Handel. Für die Rot- und Weißweine der drei Gemeinden gilt die →Appellation contrôlée *Marsannay*.

Martigny Stadt in der Schweiz südöstlich des Genfer Sees, neben →Sion führendes Handelszentrum für die Weine des →Wallis.

Martillac Bedeutender Weinbauort in den →Graves mit rund 175 ha Rebfläche, bekannter für seine Rot- als für seine Weißweine und Teil der neuen Appellation →Pessac-Léognan. Die Rotweine zeichnen sich durch eine gehaltvoll-elegante Art aus. Die besten Abfüllungen stammen von Châteaux La →Tour-Martillac, →Smith-Haut-Lafitte, →Rochemorin, La Garde, Haut-Nouchet, Ferran, Domaine de la Solitude u. a.

Martina Franca Nördlich von Taranto in →Apulien um die Gemeinden Martina Franca, Alberobello und Ostuni erzeugter Weißwein nach dem gleichen Mischsatz wie der →Locorotondo (Verdeca, Bianco d'Alessano, →Fiano, Bombino, →Malvasia). Er kann auch als →spumante erzeugt werden. Die Weine – auch lediglich als *Martina* bezeichnet – können ansprechend sein, genießen aber nicht ganz den Ruf des Locorotondo.

Marzemino Hochwertige italienische Rebsorte und der aus ihr in Norditalien bereitete Rotwein, der allerdings qualitativ sehr unterschiedlich ausfallen kann. Am bekanntesten dürfte der Marzemino del →Trentino sein, dessen Weine, wenn voll gelungen, charaktervoll, vollmundig-samtig und vergleichsweise leicht sind. De Tarczal, Vallis Agri u. a. sind namhafte Erzeuger. Ferner werden z. T. beachtliche Roséweine aus Marzemino erzeugt. →Chiaretto

Mascara Nahe Oran in →Algerien erzeugter sehr körper- und alkoholreicher (13–15,5 % vol.), tieffarbener, voller Rotwein (selten Rosé- oder Weißwein), ein zumal im nördlicheren Europa beliebter →Deckrotwein.

Masianco Einer der beachtenswertesten trockenen Weißweine aus der Umgebung von →Verona, aus →Garganega, →Trebbiano und Durello erzeugt. Vollmundig und nervig ist er etwa zwischen einem →Soave und →Lugana einzustufen. Er sollte jung getrunken werden und wird von Masi erzeugt.

Maso Lodron Bekannter →Cabernet-→Merlot-Wein, der im →Trentino von Letrari erzeugt wird, ein gehaltvoller, feiner Wein mit Charakter.

Masseto Neuer italienischer Rotwein, der auf dem Weingut →Ornellaia in →Castagneto Carducci in der →Toscana zu 100 % aus →Merlot erzeugt wird. Er stammt von einer rund 10 ha großen, sehr tonhaltigen und steinigen Rebfläche und wird ein halbes Jahr in großen Eichenfässern, 14–15 Monate in →Barriques (davon ca. ein Drittel neu) und anschließend rund 18 Monate auf der Flasche ausgebaut. Er wurde erstmals 1986 erzeugt und gilt seither als der →»Pétrus Italiens«. In der Tat handelt es sich um einen einzigartigen Wein, der in guten und besseren Jahren eine ganz und gar außergewöhnliche Dichte, Struktur, Komplexität, Kraft und Eleganz erreicht, dank der er bereits heute zu den größten italienischen Rotweinen zählen und mit zunehmendem Alter der Rebstöcke noch weiter an Format und Statur gewinnen dürfte, ein wahrlich grandioser Wein von unvergleichlichem Charakter und Ausdruck. Wenige Jahrzehnte nach dem »Wunder« des unweit erzeugten →Sassicaia scheint damit die gleiche exzellente Gemeinde Castagneto ein neues, vielleicht sogar noch größeres »Wunder« hervorzubringen.

Mataró Ergiebige spanische Rotweintraube, in Frankreich als →Mourvèdre bekannt.

Matelica Ort in den →Marken, aus dessen Umgebung der →Verdicchio di Matelica stammt, ein – wenn gelungen – köstlicher, sehr ansprechender Weißwein, der den Vergleich mit den übrigen Verdicchio-Weinen, einschließlich der viel berühmteren von den →Castelli di Jesi, keinesfalls zu scheuen braucht. La Monacesca und Italo Mattei gelten als die führenden Erzeuger.

Mateus Markenname für einen weit verbreiteten, lieblichen portugiesischen Roséwein.

Matino In der Nähe von Gallipoli im äußersten Süden →Apuliens gelegene →DOC-Region für Rot- und Roséweine, die hauptsächlich bis ausschließlich aus →Negro amaro (bis zu 30 % Zusatz von →Malvasia nera und →Sangiovese sind erlaubt) erzeugt werden. Die Weine ähneln in der Regel jenen der benachbarten DOC-Gebiete des →Salento.

Mátra Nordungarisches Weinbaugebiet und Mittelgebirge mit ausgedehntem Weinbau an seinen Südabhängen, von denen einige der begehrtesten ungarischen Weine kommen. Heute stehen etwa 11 700 ha unter Reben. Die Weine der »Hauptstadt« des Gebietes, Gyöngyös, erfreuen sich seit Jahrhunderten großer Beliebtheit. Auch der →Welschriesling von Abasár (*Abasári Rizling*, Abasarer Riesling) hat einen guten Ruf. Doch der herausragendste aller Mátraweine kommt aus →Debrö, der *Debröi Hárslevelü* (Debröer Lindenblättrige), ein fruchtiger, milder, charaktervoller und eleganter Wein, der zu den besten Weißweinen Ungarns zählt.

Matsa, Château Ausgezeichneter griechischer Weißwein, praktisch ein ausgewählter und besonders vinifizierter →Kantza, der von →Boutari in den Handel gebracht wird und zu den besten griechischen Weißweinen zählt.

Matt Bezeichnung für einen langweiligen, ausdruckslosen Wein, der jede Frische und Lebendigkeit verloren hat.

Maucaillou, Château Einer der besten *crus →bourgeois* von →Moulis-en-Médoc mit 60 ha Rebfläche (56% →Cabernet Sauvignon, 35% →Merlot, 7% →Petit Verdot, 2% →Cabernet franc) und einem feinen, eleganten und charaktervollen, mitunter jedoch etwas vordergründigen Rotwein.

Mauerwein Bekannter Name für die Weine des →*Neuweirer Mauerbergs*, einer weithin bekannten Lage des nördlichen →Baden. Häufig handelt es sich dabei um →Rieslinge. Die besten Weine stammen in der Regel von dem lokalen Weingut Schloß Neuweier.

Maulbronn Stadt in →Württemberg, berühmt für die besterhaltene mittelalterliche Klosteranlage Deutschlands, ein mitten im Ort befindliches Zisterzienserkloster (12.–14. Jahrhundert), zu dessen Besitz einst die erstklassige Lage *Maulbronner Eilfingerberg* mit *Eilfingerberg Klosterstück* (zusammen 17 ha) gehörte, die auch heute noch zu den besten des Anbaugebietes zählt. Sie befindet sich im Alleinbesitz der Württembergischen →Hofkammer, die von hier in guten Jahren einen der bemerkenswertesten →Rieslinge Württembergs von außergewöhnlicher Feinheit erzeugt.

Maupertuis Frühere Bezeichnung eines bestimmten Teils des →*Clos de Vougeot*, wird heute nicht mehr benutzt.

Maurizio Zanella Der gefeierte Besitzer des Weinguts Ca' del Bosco im Gebiet von →Franciacorta und die großartigen, dort von ihm erzeugten Rot-, Weiß- und Schaumweine. Zugleich aber auch der Name des bedeutendsten von ihm kreierten Weins, einem in →Barriques ausgebauten Rotwein aus →Cabernet Sauvignon, →Cabernet franc und →Merlot. Man hat diesen *Maurizio Zanella* als den bemerkenswertesten und gelungensten →Bordeaux-artigen Wein Italiens bezeichnet. In der Tat ist es ein Wein von Tiefe, Struktur und Komplexität, der sich langsam entwickelt, doch dann sein ganzes Potential offenbart, ein grandioser Wein, der in Italien seinesgleichen sucht und zu den großen Glanzlichtern des modernen italienischen Weinbaus zählt.

Maury Im →Roussillon westlich von Perpignan um die Gemeinde Maury gelegenes Weinbaugebiet, in dem vor allem aus →Grenache noir mit Zusätzen (ab 2000 von maximal 25%) anderer weißer wie roter Sorten jährlich an die 40000 hl eines süßen, →gespriteten →*vin doux naturel* erzeugt werden. Die Weine kommen als *Maury* oder als *Maury →Rancio* in den Handel.

Mautern Weinbauort in der →Wachau, auf dem rechten Donauufer dem →Kremser Stadtteil →Stein gegenüber gelegen mit rund 180 ha Rebfläche. Die Weine erreichen zwar in der Regel nicht das Format jener aus den Wachauer Spitzenlagen, sind aber durchaus beachtenswert. Das lokale Weingut Nikolaihof verfügt allgemein über das größte Ansehen, aber auch Gerald Graf im angrenzenden Mauternbach u. a. verdienen Beachtung.

Mavrodaphne Griechischer Name für eine der bekanntesten Rotweinsorten des Balkans und des östlichen Mittelmeers, die in anderen Ländern gewöhnlich als *Mavroud* bezeichnet wird. Aus ihr werden in Griechenland auf Kephalonia bekannte →Likörweine kontrollierter Ursprungsbezeichnung, aber auch als →Tafelweine der beachtenswerte →Monte Nero erzeugt. Noch berühmter ist der Mavrodaphne aus →Patras, ein mehr oder minder süßer, samtiger und charaktervoller Wein, der an einen leichten →Portwein erinnert. Gute Adressen sind →Achaia Clauss, →Cambas, die Winzergenossenschaft »Patraiki«, →Tsantalis u. a.

Maximin Grünhaus Ortsteil von Mertesdorf an der →Ruwer und Sitz des angesehenen von Schubertschen Weinguts, in dessen Alleinbesitz sich die 29 ha Rebfläche des Ortsteils mit den drei Lagen *Bruderberg* (4 ha, dessen Weine in früheren Zeiten für die einfachen Mönche bestimmt waren), darüber den *Herrenberg* (18 ha, für die Adeligen) und schließlich die steilste und beste Lage, den *Abtsberg* (11 ha, der dem Abt vorbehalten war) befinden. Die von dort kommenden →Rieslinge zählen zu den feinsten der Ruwer und beeindrucken durch ihren Nuancenreichtum, ihre Ausgewogenheit, Differenziertheit und Eleganz.

Mayschoß Einer der größten Weinbauorte an der →Ahr mit fast 140 ha Rebfläche, von der der *Mönchberg* als die beste Lage gilt. Anders als in den weiter flußabwärts gelegenen Orten wird hauptsächlich Weißwein, insbesondere →Riesling erzeugt.

Mazis-Chambertin 9 ha große →*grand cru*-Lage in →Gevrey-Chambertin in →Burgund, unmittelbar nördlich des →*Clos de Bèze* gelegen, deren großartiger Rotwein seinem noch berühmteren Nachbarn kaum nachsteht: voll in Bukett und Frucht, fest, tief, komplex, voll Charme und Eleganz, ein wahrhaft bemerkenswerter, langsam reifender Wein. A. Rousseau, Tortochot u. a. gelten als führende Erzeuger.

Mazoyères-Chambertin Mit 19 ha größte →*grand cru*-Lage von →Gevrey-Chambertin, an der Gemeindegrenze zu →Morey-St. Denis in →Burgund gelegen und ein großartiger, feiner und komplexer Rotwein, der heute durchweg unter dem Namen →*Charmes-Chambertin* in den Handel gebracht wird.

McLaren Vale →Southern Vales

Mecsek Höhenzug unmittelbar nördlich der südwestungarischen Stadt Pécs (Fünfkirchen), an dessen Südabhängen Wein angebaut wird. Zu dem Weinbaugebiet der Mecsekabhänge gehört ferner die bis Mohács an der Donau reichende Hügellandschaft östlich von Pécs. In der Regel werden Weißweine erzeugt, und der verbreitetste ist der angesichts seiner Herkunft aus dem wärmsten ungarischen Weinbaugebiet sehr weiche und alkoholhaltige (bis 14 % vol.) *Pécsi Olaszrizling* (Pécser →Welschriesling). Auch der in guten Jahren noch unvergorenen Zucker aufweisende *Pécsi Cirfandli* (Pécser →Zierfandler) hat einen ähnlich hohen Alkoholgehalt, während der *Mecseki Rizling* (Mecseker →Riesling), →*Furmint* und *Weißer* →*Burgunder* in der Regel etwas ausgeglichener sind.

Medium Englische Bezeichnung, die ohne den Zusatz *dry* (*medium dry*, entsprechend →halbtrocken) tatsächlich *medium sweet* und damit →lieblich meint, z. B. bei →Sherry- u. ä. Weinen; entspricht →moelleux, →amabile, →semidulce, →meio doce, →imiglykos.

Médoc Eines der ganz großen Rotweingebiete der Welt, ein schmaler kaum bis zu 10 km breiter Streifen, der sich auf etwa 75 km Länge nördlich von →Bordeaux längs der →Garonne und →Gironde erstreckt und jährlich um die 500 000 hl Rotwein hervorbringt (der nur minimal erzeugte Weißwein darf lediglich die Appellation *Bordeaux* bzw. *Bordeaux Supérieur* führen). Das Gebiet teilt sich auf in den nördlich von →Saint-Seurin-de-Cadourne gelegenen unteren Médoc, früher auch als *Bas-Médoc* bezeichnet, der auf sandigeren, weniger kieshaltigen Böden nahezu ein Drittel des Gesamtertrags aufbringt. Seine Weine erreichen in der Regel nicht die Rasse und Finesse der südlich davon gelegenen Gewächse, doch gibt es in Orten wie Bégadan, Saint-Christoly-Médoc, Blaignan, Saint-Yzans-de-Médoc, Ordonnac und Saint-Germain-d'Esteuil *crus* →*bourgeois* von herausragender Qualität. Dazu gehören Châteaux La Tour-de-By, Potensac, Loudenne, Patache-d'Aux, La Tour-Haut-Caussan, La Cardonne, Les Ormes-Sorbet, La Tour-Saint-Bonnet, Saint-Christophe, Laujac, La Tour-Seran, du Castéra u. a. Bekannter, teurer und in seinen qualitativen Spitzen ungleich großartiger ist das südlich anschließende Gebiet des →Haut-Médoc, zu dem auch die sechs Gemeinden mit eigener →Appellation contrôlée gehören: →Listrac-Médoc, →Margaux, →Moulis, →Pauillac, →Saint-Estèphe und →Saint-Julien, mit ihren weltberühmten Châteaux.

Um die Hierarchie klarzumachen: Ein *Médoc* gilt als ein höherrangiges Gewächs als ein lediglich mit der Appellation *Bordeaux* oder *Bordeaux Supérieur* in den Handel kommender Rotwein, wird aber in der Prestigeordnung seinerseits vom *Haut-Médoc* übertroffen, über dem noch die Gemeindeappellationen rangieren. Dennoch stammt auch der schlichteste *Médoc* aus einem der besten Rotweingebiete Frankreichs und aus Rebsorten (den beiden →Cabernets, →Merlot, →Malbec, →Petit Verdot und →Carmenère), deren beste zu den herausragendsten Rotweinsorten der Welt gehören. Jeder *Médoc* sollte daher ein überdurchschnittlicher Wein sein.

Mehltau Name zweier verschiedener Rebkrankheiten, die im europäischen Weinbau immer wieder auftreten: 1. Falscher Mehltau oder Blattfallkrankheit, *Peronospora viticola*. Von einem Virus oder Schimmelpilz hervorgerufene schwere Rebkrankheit, die an Blättern, Blüten und jungen Trauben auftritt und zu großen Ertragsausfällen bis hin zum Totalverlust der Ernte führen kann. Sie wurde um die Mitte des vorigen Jahrhunderts aus Amerika nach Europa eingeschleppt und richtete fast noch verheerenderen Schaden als die →Reblaus an, die einige Jahre später die Rebbestände verwüstete. Die Krankheit wird durch organische Fungizide (bei weißen Rebsorten) bzw. Kupferpräparate (bei roten), der sog. Bordelaiser Brühe, *bouille bordelaise*, erfolgreich bekämpft.
2. Echter Mehltau, *Oïdium, Uncinula necator*, wird besonders begünstigt durch wechselhafte Witterung. Führt zum sog. Samenbruch. Vorbeugende Bekämpfung durch →Schwefel möglich.

Meio doce Portugiesische Bezeichnung für →lieblich; entspricht →amabile, →imiglykos, →medium, →moelleux, →semidulce.

Meio seco Portugiesische Bezeichnung für →halbtrocken; entspricht →abboccato, →demi-sec, →imixeros, →medium dry, →semiseco.

Meißen, Bereich Zentrum des Weinbaugebietes →Sachsen, im Elbtal nordwestlich von Dresden gelegen und weltberühmt für sein Meißner Porzellan. Doch auch sein Wein von den Steillagen oberhalb der Elbe verdient Beachtung. Meißen ist Sitz der Sächsischen Winzergenossenschaft, von der über ein Drittel aller Weine des Gebietes stammen.

Melissa In unmittelbarer Nachbarschaft von →Cirò gelegenes →DOC-Gebiet in →Kalabrien. Das Rebsortenverhältnis weist einige Abweichungen auf. So wird der Weißwein nicht ausschließlich aus →Greco bianco erzeugt, sondern enthält zwischen 5 und 20 % →Trebbiano und →Malvasia. Beim Rotwein kann der Gaglioppo um bis zu 25 % mit anderen, vorrangig den genannten weißen Sorten verschnitten werden. Für beide Weine liegt der Alkoholgehalt mit bis zu 12 bzw. 13,5 % vol. um jeweils rund 1 % vol. niedriger als beim Cirò, so daß der Melissa insgesamt leichter, aber auch frischer und weniger tief ist als dieser. Die lokale Winzergenossenschaft Val di Neto ist ein durchaus verläßlicher Erzeuger.

Melnik Stadt in der →Tschechischen Republik, nördlich von Prag an der Elbe gelegen und Zentrum des kleinen böhmischen Weinbaugebietes mit etwa 500 ha Rebfläche, von denen die aus Melnik selbst kommenden Weiß- und Rotweine als die besten gelten. Es werden hauptsächlich →Riesling, →Silvaner, →Müller-Thurgau, rote und weiße →Pinotsorten und →Portugieser angebaut.

Melon Weiße Rebsorte mit leichtem →Muskatgeschmack, die im unteren →Loiretal inzwischen mit rund 11 000 ha verbreitet ist und als →Muscadet bezeichnet wird. Sie ergibt einen beliebten, frischen Wein. Ursprünglich kommt sie aus →Burgund, wo sie jedoch heute praktisch nicht mehr anzutreffen ist.

Mendocino Nördlichstes Weinbaugebiet →Kaliforniens, rund 150 km nördlich von San Francisco gelegen mit heute bereits über 4000 ha Rebfläche, die über mehrere Täler von Mendocino County verstreut und in insgesamt drei verschiedenen Klimazonen (entspricht in etwa Frankreich) liegen. In den letzten Jahren werden verstärkt →Zinfandel, →Cabernet Sauvignon und →Chardonnay angepflanzt. Die besten Abfül-

lungen sind beachtenswert, mitunter etwas bodenständig und ohne die Geschliffenheit der Spitzen des →Napa Valley. Fetzer, Parducci, Edmeades, McDowell Valley u. a. gelten als führende Erzeuger.

Mendoza Größte weinerzeugende Provinz Argentiniens mit gut 70 % der gesamten Rebfläche des Landes, rund 185 000 ha. Die Rebflächen liegen am Fuße der Anden unweit der chilenischen Grenze. Angebaut werden hauptsächlich französische und italienische Rebsorten, darunter →Malbec, →Bonarda, →Merlot, →Syrah, →Cabernet, →Lambrusco, →Pinot noir, →Barbera u. a. rote Sorten, während unter den weißen →Pedro Ximénez, →Chenin blanc, →Sémillon, →Palomino, →Riesling, →Chardonnay u. a. vorherrschen.

Menetou-Salon Ort in der Nähe von Bourges in Mittelfrankreich, in dem jährlich unter dem →A.O.C.-Prädikat etwa 6000 hl Wein erzeugt werden. Mehrheitlich handelt es sich dabei um Weißwein, ausschließlich aus dem →Sauvignon blanc. Der Rest entfällt auf ebenfalls ansprechende und interessante Rot- und Roséweine aus →Pinot noir.

Menge-Güte-Gesetz Zwar, zumal in Deutschland, von offizieller Seite immer wieder in Zweifel gezogene, doch letztlich unbestreitbare Tatsache, daß die Natur auf gleichem Qualitätsniveau nicht beliebig reproduzierbar ist. Je größer die Zahl der Trauben ist, auf die der Rebstock seine Kraft verteilen muß, um so inhaltsleerer werden diese ausfallen. Das gilt sowohl für der Zuckergehalt der Beeren als auch für alle übrigen Inhaltsstoffe, die zur geschmacklichen Qualität des späteren Weins beitragen, und der Weintrinker spürt diese Unterschiede sehr rasch. Soweit der Mensch hier Einfluß nehmen kann, dienen →Rebschnitt und Gescheinsausdünnung nach dem Fruchtansatz zur Ertragsbegrenzung als wichtige Regulative. Wo dabei die Grenze zu ziehen ist, hängt nicht nur von Lage, Sorte und Klima (eventuell auch Zeitpunkt) ab, sondern auch von der Qualitätsorientiertheit der jeweiligen Gesetzgebung, die mehr oder weniger strikte Ertragsbegrenzungen vorschreiben kann. Geschieht dies nicht oder ohne Nachdruck – wie vermutlich auch zukünftig in Deutschland –, entscheidet allein das Qualitätsverständnis des Winzers. Erfreulicherweise sind sich hier inzwischen eine zunehmende Zahl von Spitzenweingütern ihrer Vorreiterrolle bewußt.

Méntrida Spanisches Weinbaugebiet im Norden der Provinz Toledo mit eigener →Denominación de Origen und nahezu 31000 ha Rebfläche. Es werden hauptsächlich aus →Garnacha farbintensive, körper- und alkoholreiche Rotweine erzeugt, zum Teil unter der Bezeichnung *Tinto doble pasta* (14–18 % vol. Alkohol). Die Bodegas Valdeoro, die Winzergenossenschaft in Escalona u. a. haben einen guten Namen.

Meran (Merano) Kurort in →Südtirol, aus dem der *Meraner Hügel*, auch als *Meraner Burggräfler* bezeichnet (*Meranese di Collina* oder *Meranese Burgravio*) kommt, ein roter →DOC-Wein mit der Oberbezeichnung Südtiroler (Alto Adige), zumeist auf Moränenschotter gewachsen und aus verschiedenen Spielarten der →Schiava stammend, von rubin- bis granatroter Farbe, trocken, frisch, würzig, geschmeidig und ausgeglichen. Bei den bekannten blauen Meraner Kurtrauben handelt es sich ebenfalls um Schiavatrauben.

Mercurey Ort in →Burgund, nordwestlich von Chalon-sur-Saône, und der von dort sowie der angrenzenden Gemeinde St-Martin-sous-Montaigu stammende Wein – der bekannteste und beste Rotwein der →Côte Chalonnaise.

Er wird ausschließlich aus →Pinot noir gewonnen und ist einem guten Burgunder von der →Côte de Beaune durchaus vergleichbar. Zusätzlich wird in geringem Maß ein nicht ganz so herausragender Weißwein aus →Chardonnay erzeugt. Von den verfügbaren 850 ha sind derzeit nur etwa 550 ha im Ertrag. M. Juillot, Suremain, Jouennes d'Herville, Faiveley, E. Voarick, F. Protheau u. a. sind namhafte lokale Erzeuger.

Merlot Hochwertige Rebsorte, die im →Bordeauxgebiet eine fast ebenso bedeutende, wenn auch andersartige Rolle spielt wie der →Cabernet Sauvignon und die vielen berühmten Rotweinen Weichheit, Frucht, Geschmeidigkeit und Charme verleiht. Eine frühreife, recht ergiebige Rebe, die weniger astringierende und früher reifende (meist auch weniger haltbare) Weine als der Cabernet Sauvignon liefert. Ihr wachsendes Vordringen im →Médoc wird daher von vielen mit Unbehagen und Sorge betrachtet, während das rechte Ufer (bes. →Pomerol und →Saint-Emilion) als der ihr gemäßere Bereich gilt und eine andere Qualität hervorbringt. So bestehen heute der Château →Pétrus nahezu vollständig und der Château →Magdelaine zu 80 % aus Merlot.

Auch außerhalb des Bordeauxgebietes trifft man heute in zunehmendem Maße auf den Merlot. Dies gilt für den gesamten französischen Südwesten, aber auch den →Midi. Insgesamt sind heute in Frankreich über 60000 ha mit ihr bestockt. Im schweizerischen →Tessin wird ein meist weicher, runder, sehr ansprechender Rotwein mit viel Blume und Fruchtigkeit aus ihr bereitet, der jedoch auch bemerkenswerte Spitzen erreichen kann, darunter der tanninreiche →Vinattieri. Im Nordosten Italiens, an den →Colli Berici, am →Piave, in →Lison-Pramaggiore, im →Collio wie überhaupt in →Friuli-Venezia Giulia (→Aquileia, →Colli Orientali del Friuli, →Grave del Friuli) trifft man heute auf den Merlot, wo er z. T. bemerkenswerte Rotweine (darunter der von Lazzarini von den Colli Berici) hervorbringen kann, aber auch in →Aprilia in →Latium und in →Umbrien, von wo der hervorragende Merlot di Spello von Ruggero Veneri stammt. Der überragende und in jeder Weise bemerkenswerteste Merlot Italiens dürfte jedoch der unvergleichliche →Masseto sein.

In der Schweiz ist der Merlot heute die Rebsorte des →Tessins, wo er mit zunehmend überzeugenderen Ergebnissen aufwartet und der Vinattieri derzeit den größten Ruf genießt. Ebenfalls in Rumänien, Bulgarien und Argentinien findet man den Merlot, und in →Kalifornien gibt es heute bereits mehr als 3300 ha, die mit ihm bestockt sind. Insgesamt sind es über 90 000 ha auf der ganzen Welt, soviel wie die gesamte deutsche Rebfläche.

Mesland Ort im →Loiretal zwischen Blois und Tours, bekannt für seine frischen, fruchtigen, anziehenden Rot- und Roséweine aus →Gamay, →Cabernet franc, →Cabernet Sauvignon und →Malbec. Sie kommen als *Touraine-Mesland* mit dem →A.O.C.-Prädikat in den Handel. Die jährliche Gesamtproduktion beträgt um die 12 000 hl, davon gut 10 % eines mitunter weniger überzeugenden Weißweins aus →Chenin blanc und →Sauvignon blanc. Das lokale Château Gaillard gilt als ein führender und zuverlässiger Erzeuger.

Mesnil-sur-Oger, Le Einer der 17 →*grand cru*-Orte an der →Côte des Blancs in der →Champagne, ebenso wie →Cramant, →Avize und Oger. Es wird ausschließlich →Chardonnay angepflanzt, der einen sehr exquisiten, rassigen →*Blanc de Blancs* liefert, darunter heute als bemerkenswertester der von der Lage →Clos du Mesnil von →Krug.

Meßwein Qualitätswein beliebiger Herkunft und Stufe, in der katholischen Kirche bei der heiligen Messe verwandt. Ihre Erzeugung hat streng nach den kirchlichen Geboten von Reinheit, Natürlichkeit und Alkoholgehalt zu erfolgen. So etikettierter Wein ist nicht frei verkäuflich.

Metallgeschmack Wahrscheinlich durch Berührung mit Metall hervorgerufene nachteilige Geschmacksveränderung, besonders bei Weiß-, seltener bei Rotweinen.

Méthode champenoise Bezeichnung für die Schaumweinerzeugung nach dem klassischen Champagnerverfahren, d. h. durch →Flaschengärung. Jeder Schaumwein, der sich →Champagner nennen darf, muß nach diesem Verfahren erzeugt werden, und alle übrigen herausragenden Schaumweine der Welt bedienen sich der gleichen Methode, deren Bezeichnung außerhalb der →Champagne jedoch nur noch für eine Übergangszeit zulässig ist. Sie muß spätestens dann durch »Flaschengärung nach dem traditionellen Verfahren« oder einen äquivalenten Ausdruck ersetzt werden.

Methusalem Riesen-Champagnerflasche mit einem Fassungsvermögen von acht normalen →Flaschen, entsprechend 6 l.

Metsovo Ort im Südosten von →Epirus an den Abhängen des Pindusgebirges, aus dessen Umgebung der →Katoi de Metsovo kommt, der als der größte griechische Rotwein gilt.

Meunier Eigentlich →Pinot meunier, Variante des →Pinot noir, als dessen armer Verwandter er vielfach gilt. In →Burgund und im →Elsaß ist er heute praktisch verschwunden. Hingegen findet er sich noch im →Loiretal in der Umgebung von Beaugency, vor allem aber in der →Champagne, wo er mit einem Flächenanteil von 44 % die quantitativ führende der drei →Champagnersorten ist (Pinot noir und →Chardonnay sind mit 30 bzw. 26 % die beiden anderen). Hier liefert er einen fruchtigen, lebendigen Wein, der nicht die Tiefe und Langlebigkeit des Pinot noir erreicht, jedoch vielen Champagnern eine wesentliche geschmackliche Komponente gibt.

In Deutschland ist er unter dem Namen Müllerrebe bzw. →Schwarzriesling bekannt, mit der gut 2200 ha bestockt sind, zu 91 % in →Württemberg, wo er die zweitwichtigste Rotweinsorte darstellt.

Meursault Berühmte Weinbaugemeinde an der →Côte de Beaune in →Burgund, in der seit alters Wein angebaut wird. Der Name soll vom lateinischen *muris saltus* (Mäusesprung) abgeleitet sein, obgleich es für eine derart ausgefallene Bezeichnung keine überzeugende Erklärung gibt. Auf 437 ha, davon 132 ha als →*premiers crus*, wird zu 94 % Weißwein erzeugt – Meursault liegt zusammen mit →Gevrey-Chambertin an der Spitze aller Weinbaugemeinden der →Côte d'Or und ist die größte Weißwein erzeugende Gemeinde –, von denen die besten als premiers crus eingestuft sind: →*Perrières* (17 ha), *Genevrières* (17 ha), *Charmes* (28 ha), *Blagny* (2 ha), *La Pièce-sous-le-Bois* (11 ha), *Dos d'Ane* (2,8 ha), *Poruzot* (10 ha), *Jennelotte* (4,8 ha), *Bouchères* (4 ha) und *Goutte d'Or* (5,6 ha) u. a. Die besten der von diesen Lagen kommenden weißen Meursault – aus →Chardonnay – werden nur von ganz wenigen trockenen Weißweinen Frankreichs übertroffen: grüngolden, vollmundig, doch rassig, ziemlich alkoholreich, aber sehr ausgeglichen, trocken, ohne herb zu sein, eine Klasse für sich, die ihren weltweiten Ruf vollauf verdient. Namhafte lokale Erzeuger sind Ampeau, Comtes Lafon, Matrot, Michelot, J.-C. Monnier, Château de Meursault, Prieur, Ropiteau u. a.

Mexiko Bei dem überwiegend heißen Klima des Landes werden nur verhältnismäßig wenig Reben angepflanzt (heute rund 47 000 ha) und noch weniger von ihnen zur Weinbereitung verwendet. Doch verfügen heute 11 Bundesstaaten über ausgewiesene Weinbaugebiete, allen voran Baja California. Es gibt aber nur wenige gute mexikanische Weine, obgleich einige in letzter Zeit dank modernster Kellerausrüstung auch außerhalb des Landes Beachtung gefunden haben. Die gesamte mexikanische Weinerzeugung beläuft sich daher bei deutlich steigender Tendenz seit Beginn der achtziger Jahre derzeit auf etwa 2,4 Mill. hl.

Meyney, Château Ausgezeichneter *cru* →*bourgeois* aus →Saint-Estèphe im →Haut-Médoc mit 48 ha Rebfläche (70 % →Cabernet Sauvignon, 24 % →Merlot, 4 % →Cabernet franc, 2 % →Petit Verdot) und einem oftmals reichen und ausladenden Wein, der sich im Alter erheblich verfeinert und zu den besten seiner Klasse zählt.

Michelfeld Kleiner Weinbauort im Kraichgau (Bereich Badische →Bergstraße/Kraichgau) südöstlich von Heidelberg. Weithin bekannt durch das lokale Weingut Reichsgraf und Marquis zu Hoensbroech, der hier einige beachtenswerte Weiße →Burgunder, →Rieslinge, →Silvaner u. a. Weine erzeugt, die heute zu den besten des Kraichgau gehören.

Midi Bezeichnung für das »mittägliche« Frankreich und ganz speziell den →Languedoc und →Roussillon. Hier zwischen Nîmes und spanischer Grenze mit den Départements →Gard, →Hérault, →Aude und Pyrénées Orientales bilden 320 000 ha Rebfläche das Reich der *vins du Midi*, eine breite Palette mit einer immensen Fülle einfacher →Tafelweine, z. T. sehr ansprechender →Landweine und einer Reihe

→A.O.C.-Weine (→Coteaux du Languedoc, →Corbières, →Minervois, →Faugères, →Fitou u. a.) bis zu Schaumweinen (→Blanquette de Limoux) und →Likörweinen (→Banyuls, →Frontignan, →Maury u. a.), während es lediglich noch drei →V.D.Q.S.-Weine gibt.

Mild Bezeichnung für einen weichen, säurearmen, mitunter →lieblichen Wein ohne ausgeprägten Charakter. Angewandt auf einen →Schaumwein oder →Sekt gilt *mild* hingegen als Synonym von →doux oder →sweet und bezeichnet mithin einen Schaumwein, der über mehr als 50 g/l →Restzucker verfügt.

Millerands Durch →Verrieseln hervorgerufene kleine kernlose, aber sehr süße Beeren an einer ansonsten normal entwickelten Traube, im Deutschen jungfräuliche Beeren, im Englischen →Shot berries genannt. Ihr Auftreten reduziert zwar die Quantität, steigert aber die Qualität.

Millésimé Französisch für: mit Jahrgangsangabe versehen. Ein →*Champagne millésimé* ist also ein Jahrgangschampagner.

Mindestmostgewicht →Mostgewicht

Minervois Durch die Aude von →Corbières getrenntes Weinbaugebiet im →Midi, das 45 Gemeinden des Départements →Aude und 16 des Départements →Hérault nordwestlich von Narbonne umfaßt und seit 1985 den →A.O.C.-Status besitzt. Auf einer Fläche von 18 000 ha wird vor allem Rotwein erzeugt, der ab 1990 nur noch zu maximal 60 % aus →Carignan (ab 1999 nur noch 40 %) bestehen darf, während →Grenache, Lladoner pelut u. a. dann für 30 % aufkommen sollen und →Syrah und →Mourvèdre für 10 % (ab 1999 gemeinsam mindestens 60 %). Der Weißwein besteht aus Grenache blanc, Bour-

boulenc, →Macabeo, Marsanne, →Roussanne, →Vermentino und einigen ergänzenden Sorten. Der Rotwein ist voll im Körper, verfügt über Charakter und gehört zu den angenehmsten des Midi.

Minuty, Château Einer der namhaftesten →*crus classés* der →Côtes de Provence aus der Nähe von Saint-Tropez, dessen Rosé- und Weißweine ansprechende Frische mit geschmeidiger Eleganz verbinden und zu den besten der →Provence gehören.

Mis(e) en bouteille(s) au Château (domaine, à la propriété, par les producteurs réunis) Angabe auf französischen Weinetiketten, entspricht →Erzeugerabfüllung, →Gutsabfüllung.

Misox →Graubünden, →Südschweiz

Mission Erste nach →Kalifornien eingeführte rote europäische →*Vinifera*-Sorte, durch die Missionsanstalten der Franziskaner im späten 18. Jahrhundert und möglicherweise eine Spielart der Pais aus Chile. Noch heute gibt es in Kalifornien etwa 1200 ha, die mit ihr bestockt sind und die in der Regel zur Erzeugung eines süßen →Dessertweins dienen. Als Pais sind hingegen in Chile heute noch mit ihr an die 40 000 und in der Variante Criolla in Argentinien etwa 100 000 ha bestockt.

Mission Haut-Brion, Château La *Cru classé* in →Talence in den →Graves. An der Straße von →Bordeaux nach Arcachon gegenüber von Château →Haut-Brion gelegen (zu dessen Besitz er seit Ende 1983 gehört), nimmt er nach seinem illustren Nachbarn einen kaum geringeren zweiten Rang ein. Er wurde im 17. Jahrhundert von der Religionsgemeinschaft der *Prêcheurs de la Mission* gegründet. Seine 18 ha sind zu 50 % mit →Cabernet Sauvignon, 40 % →Merlot und 10 % →Cabernet franc bestockt.

Selbst in geringeren Jahren ist ein La Mission ein bewundernswerter Wein. In guten und besseren Jahren gehört er ohne Frage zu den bemerkenswertesten Weinen Bordeaux': Voll, großzügig, kräftig, komplex und elegant, stellt er sich jedoch heutzutage anders dar als vor 1983, als der Wein bei einem anderen Rebsortenverhältnis wesentlich kerniger und tanninbetonter war und dank seiner Tiefe, Festigkeit und Konzentration in der Mehrzahl der Jahre den Haut-Brion übertraf. Wenn seit 1983 Haut-Brion wieder die unbezweifelte Nr. 1 in den Graves ist, dann nicht aufgrund einer Senkung der Qualität des La Mission, sondern einer spektakulären Steigerung der von Haut-Brion. Zumindest seit 1986 ist der La Mission wieder ein großartiger Wein, einem *premier cru* durchaus vergleichbar.

Mittelbergheim Bedeutende Weinbaugemeinde im →Elsaß mit rund 170 ha Rebfläche, unweit von →Barr im Département →Bas-Rhin und der als →Alsace grand cru eingestuften Lage *Zotzenberg*. Einige vorzügliche Weißweine kommen von dort, und Seltz, Boeckel u. a. gelten als führende Erzeuger.

Mittelburgenland, Weinbaugebiet Mit der Zerschlagung des ehemaligen Weinbaugebietes →Rust-Neusiedlersee 1985 entstandenes burgenländisches Weinbaugebiet um →Horitschon, →Deutschkreuz, →Lutzmannsburg u. a. Orte und 2107 ha Rebfläche. Zwei Drittel von ihr sind mit roten Sorten bestockt, vor allem →Blaufränkisch – mit über 40 % die dominierende Sorte – und →Zweigelt, und die von dort kommenden Spitzenerzeugnisse haben in den zurückliegenden Jahren immer wieder aufhorchen lassen.

Mittelhaardt–Deutsche Weinstraße, Bereich Nördlicher der beiden Bereiche

des →Anbaugebietes →Pfalz mit rund 10 390 ha Rebfläche. Mit 31 % Rebflächenanteil ist der →Riesling nicht nur quantitativ die bedeutendste Sorte, sondern auch hinsichtlich der Qualität der aus ihm erzeugten Weine, die sich durch bemerkenswerte Feinheit, Frucht und hohen Rang auszeichnen. Die übrigen Weine des Bereichs erreichen in der Regel diese Bedeutung nicht, zumal sie weitgehend aus →Müller-Thurgau (16 %) und anderen →Neuzüchtungen stammen, während die 23 % der Fläche, die roten Sorten vorbehalten ist, zu zwei Dritteln mit →Portugieser bestockt ist. Als die hervorragendsten Weinbauorte gelten →Forst (wo der Riesling 85 % der Fläche einnimmt), →Deidesheim, →Ruppertsberg, →Wachenheim, Bad →Dürkheim, →Ungstein, →Kallstadt, →Leistadt, →Königsbach, →Freinsheim, →Gimmeldingen u. a., allesamt an der eigentlichen Mittelhaardt gelegen, während der früher als →Unterhaardt bezeichnete nördlichste Teil des pfälzischen Weinbaugebietes unter dem Zusatz »Deutsche Weinstraße« diesem Bereich zugeschlagen worden ist, obwohl seine Weine den Rang der Spitzengewächse der Mittelhaardt nur selten zu erreichen vermögen.

Mittelmosel →Bernkastel, Bereich

Mittelrhein Eines der kleinsten deutschen Weinbaugebiete und das einzige in den alten Bundesländern mit seit Jahrzehnten rückläufiger Rebfläche, derzeit noch 644 ha, die sich auf dem linken Rheinufer von der Mündung der →Nahe, auf dem rechten von der hessischen Landesgrenze bis vor die Tore Bonns erstreckt und sich dabei heute im wesentlichen auf vier Weinbauinseln konzentriert. Es sind dies die Räume →Bacharach–→Oberwesel auf der linken bzw. →Kaub–St. Goarshausen auf der rechten Rheinseite, →Boppard und Leutesdorf unterhalb von Neuwied. Das Anbaugebiet ist in die Bereiche

→Bacharach und →Rheinburgengau, die beide 1990 zu dem neuen Bereich →Loreley zusammengefaßt wurden, sowie →Siebengebirge aufgeteilt, von denen mit seinen letzte mit seinen 20 ha bereits in Nordrhein-Westfalen liegt. Drei Viertel der Fläche, überwiegend Steilhänge an beiden Ufern des Stroms und in einigen Seitentälern, darunter dem der Lahn, wo es heute ebenfalls nur noch geringen Weinbau gibt, sind mit →Riesling bestockt. Ansonsten spielen lediglich noch →Müller-Thurgau (8 %), →Kerner (5 %) und – seit jüngstem etwas verstärkt – →Spätburgunder (4 %) eine Rolle. Mittelrheinweine sind in der Regel eher leicht, frisch, rassig, und die besten von ihnen können ganz ausgezeichnet sein. Die wichtigsten Weinbauorte sind →**Bacharach, →*Boppard, →**Kaub und →*Oberwesel.

Mittelwihr Kleiner, hervorragender Weinbauort im qualitativen Zentrum des Weinbaus im →Elsaß unmittelbar nördlich von →Colmar mit gut 200 ha Rebfläche. Der *Mandelberg*, dessen nordöstliche Ausläufer zum benachbarten Beblenheim gehören, ist als →Alsace grand cru eingestuft. Die Weine sind z. T. von überragender Qualität, und Preiss-Henny gilt allgemein als der führende Name.

Moelleux Französische Bezeichnung für →lieblich, wie sie zumal bei einigen Weißweinen bzw. →Schaumweinen (→Vouvray) verwandt wird; entspricht →amabile, →imiglykos, →medium (sweet), →meio doce, →semidulce.

Moët et Chandon Das weltweit wohl bekannteste →Champagnerhaus mit Sitz in →Epernay. Der normale →*Brut* ist zuverlässig, der *Brut* →*millésimé* ein feiner, intensiver und eleganter Wein. Die Spitzencuvée →*Dom Perignon* ist von außerordentlicher Erlesenheit und zählt ohne Frage zu den bemerkenswertesten Champagnern, die es gibt.

Moldawien Mit 250 000 ha Rebfläche bezogen auf den Wein der größte Nachfolgestaat der ehemaligen Sowjetunion, in der z. T. noch die alten rumänischen Weinbautraditionen fortgeführt werden. Wurde einst in großem Maße der →Hybridenanbau betrieben, so haben sich hier längst stärker als irgendwo sonst in der ehemaligen Sowjetunion westliche Sorten und Ausbaumethoden durchgesetzt, so daß →Welschriesling, →Cabernet Sauvignon, →Aligoté u. a. →*Vinifera*-Sorten in zunehmendem Maße angebaut werden, aus denen neben →Likörweinen (meist im Süden) frische, fruchtige, trockene Rot- und Weißweine (in der Regel im Norden) erzeugt werden, darunter der *Romanesti*, ein dem →Bordeaux ähnlicher Rotwein aus Cabernet Sauvignon, →Merlot und →Malbec.

Molinara Eine der besseren italienischen Rotweinsorten, die u. a. für die Erzeugung von →Valpolicella und →Bardolino verwandt wird.

Molise Eine der kleineren italienischen Regionen, auch was den Weinbau angeht, mit 8450 ha Rebfläche und jährlich etwa 400 000 hl Wein. Inzwischen gibt es zwei →DOC-Weine, den jeweils roten, rosé und weißen →Biferno bzw. →Pentro d'Isernia. Ferner gelten noch der →Montepulciano del Molise und der weiße wie rote →Ramitello als erwähnenswert.

Mollig Abgerundete, warme, in der Regel nicht sehr anspruchsvolle Rotweine ohne →Tannin und viel Charakter bezeichnet man als mollig.

Molsheim Kleine Weinbaugemeinde nahe Straßburg im nördlichen →Elsaß mit einigen herausragenden Weinen, insbesondere denen von der als →Alsace grand cru eingestuften Lage *Bruderthal*.

Monbazillac Einer der ältesten →*vins liquoreux* Frankreichs, der östlich von →Bordeaux im Département →Dordogne aus den gleichen Rebsorten wie die →Sauternes-Weine (→Sémillon, →Sauvignon, →Muscadelle) erzeugt werden. Zwar erreichen sie selten die Finesse großer Sauternes, doch verdienen sie bei ähnlichem Grundcharakter durchaus Beachtung. Jährlich werden auf den sanft abfallenden Hügeln südlich von →Bergerac auf 2200 ha um die 15 000 hl erzeugt.

Monbousquet, Château *Grand cru classé* aus →Saint-Emilion mit 30 ha Rebfläche (50 % →Merlot, 40 % →Cabernet franc, 10 % →Cabernet Sauvignon) und einem charaktervollen Rotwein.

Monbrison, Château Hervorragender →*cru* →*bourgeois* in →Arsac in der Appellation →Margaux mit 17 ha Rebfläche (45 % →Cabernet Sauvignon, 35 % →Merlot, 15 % →Cabernet franc und 5 % Petit →Verdot) und einem dichten und konzentrierten Rotwein, der sich heute durchaus auf dem Niveau klassifizierter Gewächse befindet.

Monção Kleines Weinbaugebiet im äußersten Norden Portugals, gilt allgemein als Unterregion des →Vinho Verde-Gebietes, obwohl die Weine etwas körper- und alkoholreicher als diese sind; jedoch noch kein eigentlicher →*vinho maduro*. Die besten Weißweine stammen aus dem hervorragenden, doch sehr unergiebigen →Alvarinho und können vorzüglich sein. Palacio de Brejoeira gilt als ein führender Erzeuger.

Mönch, Grauer In Ungarn übliche Bezeichnung für den →Pinot gris (Grauen →Burgunder). Auf ungarisch →Szürkebarát.

Mondeuse Gute, wenn auch nicht hervorragende französische Rotweinsorte, die in →Savoyen und dem oberen →Rhônetal östlich von →Lyon verbreitet ist und einen recht fruchtigen, charaktervollen Rotwein und einen noch besseren Rosé liefert. Existiert auch als weniger interessante weiße Variante. Beide kommen in den meisten *Vins du* →*Bugey* vor. Möglicherweise ist die rote Mondeuse mit der nordostitalienischen →Refosco identisch.

Monferrato Berühmter Weinbaubereich →Piemonts zwischen Turin und Genua in den Provinzen →Asti und Alessandria. Dies ist das Gebiet der →Barbera (Barbera d'Asti, Barbera del Monferrato), des →Moscato d'Asti und des Asti →spumante. Aber auch der →Grignolino, der →Cortese und die →Freisa finden sich hier. Wenngleich nicht so großartig wie die im Südwesten anschließenden illustren →Langhe mit ihrem →Barolo und →Barbaresco, zählt der Monferrato zu den bedeutenden italienischen Weinbaubereichen.

Monica Rotweinrebe und der aus ihr auf →Sardinien bereitete Wein, darunter der ansprechende und gefällige Monica di Sardegna und der im →Campidano erzeugte Monica di Cagliari, ein schwerer, meist süßer, weicher Rotwein, den es auch als →*liquoroso* mit 17,5 % vol. Alkohol gibt und der an einen leichten →Portwein erinnert.

Moniga del Garda Ort am Südwestufer des →Gardasees, aus dem ein ausgezeichneter frischer Rosé kommt, der als →Chiaretto bekannt und heute unter der →DOC-Bezeichnung →Riviera del Garda im Handel ist. Ungleich bedeutender, wenn auch wesentlich seltener ist der ebenfalls hier erzeugte →Don Lisander, der zu den besten Rotweinen des Gardasees gehört, aber auch der →Pradamonte von Costariva.

Monopol Nichtssagende Bezeichnung, die bisweilen zusammen mit einem Markennamen auf Etiketten erscheint, aber mit Herkunft und Qualität des Weines nichts zu tun hat. Bei französischen Weinen bedeutet der Zusatz *Monopole* hinter einer Lagebezeichnung, daß sich diese im Alleinbesitz des Erzeugers befindet.

Monsecco Hervorragender, seltener Rotwein aus →Piemont, der bis in die 1970er Jahre auf dem Weingut Le Colline (Conte Ravizza) jeweils in wenigen tausend Flaschen erzeugt wurde. Zwar wird der Wein, bei dem es sich eigentlich um einen besonders guten →Gattinara handelt, der früher rassig, gehaltvoll und nachhaltig war, auch heute noch unter dem Nachfolger des Grafen erzeugt, doch die einstige Klasse scheint dahin. Der Name gilt als Verballhornung des französischen *Mon vin sec*.

Monsupello Beachtenswerte, feine Weiß-, Rosé- und Rotweine aus Torricella Verzate bei →Casteggio im →Oltrepò Pavese in der südlichen →Lombardei aus dem renommierten Weingut Carlo Boatti. Sowohl der Weiß- als auch der Rotwein (beide aus den gebietsüblichen Sorten) gewinnen durch Lagerung an Feinheit und Eleganz.

Mont-près-Chambord, Cour-Cheverny Bis Anfang der siebziger Jahre übliche →V.D.Q.S.-Bezeichnung für den heutigen →Cheverny.

Mont-de-Milieu Eine der besten *premier cru*-Lagen von →Chablis, mit rund 34 ha zwischen Fyé und Fleys gelegen. Ebenso wie der →*Montée de Tonnerre* und ein, zwei andere Lagen steht der von dort kommende Wein einem *Chablis Grand Cru* kaum nach.

Mont sur Rolle Größte Weinbaugemeinde der schweizerischen →Côte im Kanton →Waadt. Es werden fast ausschließlich Weißweine aus dem →Chasselas (→Dorin) erzeugt. Einen guten Namen hat der *Abbaye de Mont*, der sich im Besitz des Weinguts der Stadt →Lausanne befindet.

Mont-Redon, Château Größtes Weingut von →Châteauneuf-du-Pape (85 ha), das (auch unter dem Etikett *Vignoble Abeille*) einen sehr guten roten Châteauneuf erzeugt, kräftig, sehr gehaltvoll und tief, wenn auch insgesamt heute bewußt etwas leichter als früher üblich.

Montagne de Reims Nordöstlicher Bereich der →Champagne, dessen berühmteste Weinbauorte →Ambonnay, →Bouzy, →Mailly, →Verzenay u. a. sind. Es wird hauptsächlich →Pinot noir angepflanzt, aus dem z. T. unverschnittener Wein, der →*Blanc de Noirs*, erzeugt wird.

Montagne-Saint-Emilion Bedeutende, im Nordosten an →Saint-Emilion grenzende Ortschaft mit rund 1400 ha Rebfläche. Ihre gehaltvollen Rotweine sind von guter Qualität, wenn auch in der Regel nicht so ausgezeichnet wie die eigentlichen Saint-Emilion. Von den rund 250 Gewächsen gelten als namhafte Châteaux Roudier, Maison-Blanche, de Musset, des Tours, Calon, Montaiguillon, Plaisance, La Bastienne u. a. Die Weine der ehemals selbständigen Nachbargemeinde →Parsac-Saint-Emilion – nach wie vor eine eigene Appellation – werden heute praktisch ausnahmslos als Montagne-Saint-Emilion etikettiert, während die von →Saint-Georges-Saint-Emilion von diesem Recht kaum Gebrauch machen.

Montagnieu Einer von fünf Orten im oberen →Rhônetal zwischen →Lyon und →Genf (die anderen sind Virieu-le-Grand, Manicle, Machuraz und Cerdon), die das Recht haben, ihren Namen an den in ihrer Umgebung erzeugten

Vin du →*Bugey* anzuhängen. Es handelt sich dabei um frische, leichte, meist ansprechende Rosé-, Weiß- und (seltener) Rotweine, die das →V.D.Q.S.-Siegel besitzen.

Montagny Neben →Rully der beste Weißwein der →Côte Chalonnaise in →Burgund (der weiße →Mercurey hat in der Regel nicht ganz den Rang): ein trockener, wenn gelungen, sehr attraktiver und mitunter feiner Wein aus →Chardonnay. Seine Appellation erstreckt sich auf Montagny, Buxy und zwei weitere, kleinere Gemeinden und umfaßt 440 ha, von denen derzeit allerdings nur 190 im Ertrag stehen. Louis Latour ist bekannt für einen guten Montagny. Daneben gibt es die verläßliche Winzergenossenschaft von Buxy und einige private Erzeuger.

Montalbano Kleine Hügellandschaft in der →Toscana westlich von Florenz und im Süden von Pistoia. Der bekannteste dort erzeugte Wein ist der →Carmignano. Zugleich Ursprungsgebiet des →Chianti Montalbano, der zwar nicht den Rang der Spitzen aus dem →Chianti classico-Gebiet erreicht, aber dennoch mitunter ausgezeichnet sein kann. Die Tenuta di Capezzana hat den besten Namen.

Montalcino Reizvoller Ort südlich von Siena, von dessen Abhängen, inzwischen leider auch Ebenen, einige der herausragendsten Weine der →Toscana kommen, darunter der berühmte →Brunello di Montalcino, ferner der →Rosso di Montalcino sowie eine begrenzte Zahl von roten wie weißen →Tafelweinen, wie der Le →Grance u. a.

Monte Nero Griechischer trockener roter →Tafelwein, benannt nach dem 1620 m hohen Ainos (auch *Mavrovuni = Schwarzer Berg*) auf der zu den →Ionischen Inseln gehörenden Insel Kepha-

lonia. Der Wein stammt aus der →Mavrodaphne, kann durchaus gehalt- und charaktervoll mit schöner Rasse sein und wird von Calliga erzeugt.

Montecarlo Bianco In der Gegend von Lucca in der nordwestlichen →Toscana erzeugter Weißwein, aus 60–70% →Trebbiano und kleineren Zusätzen von →Sémillon, →Pinot grigio bzw. bianco, →Vermentino, →Sauvignon und →Roussanne, ein interessanter, trockener Wein, harmonisch, gehaltvoll und von feiner Rasse. Michi, Buonamico, Teso u. a. gelten als namhafte Erzeuger.

Montecompatri-Colonna →DOC-Bezeichnung für Weißweine aus Montecompatri und Colonna – beide Namen können auch alleine verwandt werden – sowie einigen umliegenden Gemarkungen im Bereich der →Castelli Romani in →Latium. Sie werden aus dem üblichen Mischsatz von →Malvasia (bis zu 70%) und →Trebbiano (nicht unter 30%) erzeugt, so daß es sich heute in der Regel weitgehend um einen Trebbiano-Wein handeln dürfte.

Montée de Tonnerre Eine der besten *premier cru*-Lagen von →Chablis, die einen Wein von großer Auszeichnung und Blume liefert. Die Lage ist ganze 6 ha groß und liegt in Fyé.

Montefalco Kleiner Ort in →Umbrien zwischen Perugia und Spoleto, dessen Rotweine seit 1992 mit dem →DOCG-Prädikat in den Handel kommen. Es sind dies der *Montefalco rosso*, erzeugt aus →Sangiovese mit etwas →Trebbiano und Sagrantino, ein weicher, gehaltvoller Wein, und der noch bessere *Sagrantino di Montefalco*, der nahezu ausschließlich aus der dunklen Sagrantino erzeugt wird und ein ausgezeichneter, vollmundig-rassiger Wein ist, der zu den besten Rotweinen Umbriens gehört. Es gibt ihn auch als leicht süßen

→*passito*. Tardioli ist ein führender Erzeuger.

Montefiascone Kleine Stadt nördlich von Rom am Bolsena-See, aus der der bekannte →Est! Est!! Est!!! di Montefiascone kommt.

Montello e Colli Asolani Italienisches →DOC-Gebiet nördlich von Treviso im →Veneto. Aus →Cabernet und →Merlot werden einige gute und bessere Rotweine, aus →Chardonnay, →Pinot grigio und →Prosecco ansprechende Weißweine erzeugt. →Venegazzu ist allgemein der bekannteste Name.

Montepulciano Bezogen auf italienischen Wein Name für zwei verschiedene, nicht miteinander zu verwechselnde Dinge. Einmal Name einer ausgezeichneten, in Italien weitverbreiteten roten Rebsorte, aus der reinsortig oder verschnitten mit weiteren Sorten einige vorzügliche, z.T. hervorragende Rotweine erzeugt werden, darunter der →Montepulciano d'Abruzzo, der Montepulciano del →Molise, der Montepulciano di →Basilicata, der Montepulciano del Nevola, der →Rosso Cònero, der →Rosso Piceno sowie etliche weitere Weine der →Marken, →Apuliens, →Latiums, →Umbriens und anderer italienischer Regionen. – Zum anderen Name einer Stadt in der →Toscana, die berühmt für den aus ihr stammenden Wein ist: den →Vino nobile di Montepulciano, in dem sich jedoch kein Montepulciano befindet.

Montepulciano d'Abruzzo Rot- und Roséwein, der in den Provinzen Chieti, L'Aquila und Pescara in den →Abruzzen aus →Montepulciano (mit bis zu 15 % Zusatz von →Sangiovese) erzeugt wird. Der Rosé wird als →Cerasuolo bezeichnet und kann sehr ansprechend sein. Der Rosso verfügt über Körper und Fülle und ist warm, ausdrucksvoll und anhaltend. Wenn er von einem Spit-

zenerzeuger stammt, wie Edoardo Valentini, der heute allgemein den größten Ruf genießt, oder Emidio Pepe, kann er von bemerkenswerter Qualität sein und zählt dann zu den hervorragendsten Weinen Mittelitaliens. Camillo Montori, Cornacchia u. a. verdienen ebenfalls Beachtung.

Monterey County Aufstrebendes Weinbaugebiet in →Kalifornien in der Küstenregion südlich von San Francisco mit auf dem Höhepunkt rund 15 000 ha Rebfläche, hauptsächlich im Salinas Valley gelegen, während sich in den letzten Jahren einige Weingüter in den qualitativ besseren Bergregionen etabliert haben. Das Klima ist überwiegend kühl und daher für →Chardonnay, →Chenin blanc, →Riesling, →Gewürztraminer und weitere weiße Sorten besonders geeignet, während die Rotweine, von wenigen herausragenden →Pinot noir abgesehen, häufig weniger überzeugt haben. Chalone, Jekel, Monterey Vineyards u. a. gelten als führend.

Monterosso Val d'Arda dei Colli Piacentini Weißwein von den →Colli Piacentini in der →Emilia-Romagna, der aus →Malvasia, →Moscato, →Trebbiano und einigen weiteren Sorten erzeugt wird. Er kann sowohl trocken als auch lieblich sein und auch als →*frizzante* in den Handel kommen.

Montes Claros Altberühmter portugiesischer Weißwein des Weingutes António Mendonça aus Borba, der in guten Jahren langsam reift und außerordentlich lagerfähig ist, durch seine trockene, frische, fruchtige und charaktervolle Art brilliert und von wahrhaft bemerkenswerter Statur ist, die ihresgleichen sucht. Auf seinem Höhepunkt angelangt dürfte es innerhalb wie außerhalb Portugals nur wenige Weißweine vergleichbarer Güte geben.

Montescudaio Name für Rot- und Weißweine, die in der Nähe von Volterra in der →Toscana erzeugt werden. Der Rotwein erinnert etwas an einen kleineren →Chianti und wird aus →Sangiovese u. a. Sorten, darunter den beiden weißen →Trebbiano und →Malvasia, erzeugt, während der Weißwein, den es auch als →Vin Santo gibt, aus Trebbiano, Malvasia und →Vermentino stammt. Die Weine sind angenehm, aber selten aufregend. Die Fattoria Poggio Gagliardo ist für den roten wie weißen Montescudaio ein verläßlicher Name.

Montesodi Hervorragender →Chianti →Rufina, der von Frescobaldi unweit von Pontassieve aus ausgesuchten Trauben und in dreijähriger Lagerung in kleinen Eichenfässern erzeugt wird: vollmundig, kräftig und charaktervoll zählt er zu den besten Chianti überhaupt.

Montevertine Exzellentes Weingut von nur 8 ha in Radda in →Chianti, das mit einigen Weinen heute weithin brilliert. Dazu gehört an erster Stelle der unvergleichliche Le →Pergole torte, aber auch der kaum geringere Il →Sodaccio und der im Gegensatz zu den beiden nicht in →Barriques ausgebaute Montevertine (aus →Sangiovese mit kleineren Anteilen von Cannaiolo). Aber auch die Weißweine aus →Trebbiano und →Malvasia (Bianco di Montevertine bzw. M in der Barriqueversion) können sich sehen lassen. Sein →Vino Santo genießt besonderen Ruf. Ein →Chianti classico wird heute nicht mehr erzeugt.

Monthélie Kleine Weinbaugemeinde zwischen →Volnay, →Meursault und →Auxey-Duresses an der →Côte de Beaune in →Burgund gelegen mit eigener Appellation, dessen Rotweine zu den besten der weniger bekannten Burgunder gehören und vielen →Pommards überlegen sind. Von den 140 ha

Rebfläche kommen auch einige wenige Weißweine.

Montilla-Moriles Viel zuwenig bekannter, ganz hervorragender spanischer →Likörwein, der südlich von Córdoba in der Umgebung der Orte Montilla und Los Moriles auf kärglichen Kalkhügeln mit insgesamt 14 415 ha wächst. Früher wurde ein Großteil dieses Weines nach →Jerez gebracht und kam dort als →Sherry in den Handel (angeblich kommt heute immer noch viel billiger »Sherry« in Wirklichkeit aus Montilla, →Rueda oder dem →Condado de Huelva), und zwar als →*Amontillado*, womit das Verfahren gemeint war und was daher so viel bedeuten sollte wie montilladierter Sherry, also ein Sherry nach Art des Montilla.

Inzwischen sind Montilla-Moriles und Jerez längst zu →Denominaciones de Origen geworden, und die alten Praktiken sollten damit eigentlich der Vergangenheit angehören. In der Tat ist der Montilla-Moriles, der von den gleichen exzellenten →Albariza-Böden und aus derselben →Pedro Ximénez stammt – anders als in Jerez erreicht sie hier einen Anteil von über 90 % –, ein Wein eigenen Rechts, in Spanien vermutlich noch verbreiteter als der Sherry.

Der Most vergärt in übermannsgroßen irdenen Krügen, den →Tinajas, in denen er bis zum folgenden Sommer verbleibt, wobei er sich dank des gleichen →Flor wie Sherry in Weine teilt, die später einmal →Finos und solche, die →Olorosos sein werden. Wie beim Sherry kommt er dann in die →criadera und dann in die →solera. Da der Montilla-Moriles kaum →gespritet wird, ist er mit einem Alkoholgehalt von ca. 15–16 % vol. leichter als der Fino Sherry. Ein normaler Montilla ist ein sehr heller, trockener Wein, der vielleicht nicht ganz soviel Rasse und Bukett wie ein erstklassiger Fino Sherry oder ein →Manzanilla besitzt, dafür aber leichter und angenehmer zu trinken ist. Er wird gekühlt serviert, sowohl als →Apéritif als auch zum Essen gereicht, besonders zu Mariscos (Meeresfrüchte, Krustentiere). Etliche Feinschmecker sind überzeugt, daß er besser als irgendein anderer Wein (einschließlich →Chablis) zu Muscheln und Austern mundet. Alvear, Carbonell, Cobos, Montulia, Pérez Barquero u. a. gelten als führende Erzeuger.

Montlouis Weinbaugemeinde an der →Loire, fast direkt →Vouvray gegenüber, dessen Weine aus →Chenin blanc denen von Vouvray qualitativ durchaus vergleichbar sind. Es werden jedoch nur um die 8000 hl erzeugt, so daß die Weine dem breiteren Publikum relativ unbekannt sind. Auch der in noch geringeren Mengen bereitete *Montlouis* →*mousseux* trägt kaum zu seiner größeren Popularität bei.

Montpellier Zentrum des →Languedoc mit rund 200 000 Einwohnern im Département →Hérault und eine der bedeutendsten Ausbildungs- und Forschungsstätten für Wein und Weinbau in Frankreich sowie einer der führenden Handelsplätze für Wein- und Weinbauartikel.

Montpeyroux Überdurchschnittliche Rot- und Roséweine aus dem →Midi, die seit 1985 →A.O.C.-Rang genießen. Sie kommen aus der Hügellandschaft westlich von →Montpellier, und ihr Ursprungsgebiet gehört zu den →Coteaux du Languedoc.

Montrachet Einzigartige Lage von 8 ha an der →Côte de Beaune in →Burgund, von der der renommierteste und teuerste trockene Weißwein Frankreichs kommt, jährlich gut 300 hl. Der *Montrachet* gehört je zur Hälfte zu den Gemeinden →Puligny-Montrachet und →Chassagne-Montrachet, und er hat seinen Namen nicht nur diesen beiden

Ortschaften, sondern auch noch einigen weiteren exzellenten Lagen der Nachbarschaft gegeben, dem →*Chevalier-Montrachet*, →*Bâtard-Montrachet*, →*Bienvenues-Bâtard-Montrachet* und →*Criots-Bâtard-Montrachet*. Er stammt angeblich vom lateinischen *Mons rachicensis*, aus dem dann die Kurzform *Mont-Rachat* oder Kahler Berg wurde. Tatsächlich ist der Hügel oberhalb der steinigen Weinlagen auch heute noch so gut wie kahl und nur mit einigen wenigen armseligen Sträuchern bewachsen.
Wie alle großen weißen Burgunder wird der Montrachet ausschließlich aus →Chardonnay bereitet. Dieser muß einen natürlichen Mindestalkohol von 12 % vol. erreicht haben und darf bis auf maximal 14,5 % vol. →chaptalisiert werden. Als Grundertrag sind 40 hl/ha zulässig, der aber je nach Jahrgang innerhalb jeweils festgelegter Grenzen überschritten werden darf (→Ertrag). Der Montrachet ist ein völlig bemerkenswerter Wein, der seinesgleichen kaum findet: blaßgolden mit leichten Grünreflexen, alkoholhaltig (selten unter 13 % vol.), von überwältigendem Bukett und unendlich nuancenreichem Geschmack und großer Klasse, trocken mit einer Spur einschmeichelnder Weichheit, besonders in guten Jahren oder, wie einmal gesagt wurde, »nicht so sehr ein Wein als eine Erfahrung«. Der Marquis de Laguiche (Joseph Drouhin) ist heute der größte Besitzer im *Montrachet*, gefolgt von Thénard und Bouchard Père & Fils. Aber auch die Domaine de la →Romanée-Conti, René Fleurot, Jacques Prieur u. a. zählen zu den in aller Welt bekannten Erzeugern.

Montravel Weinbaugebiet im Département →Dordogne westlich von →Bergerac und im Süden und Westen an das →Bordeauxgebiet grenzend. Seine insgesamt rund 400 ha verteilen sich auf drei Bereiche: 1. den eigentlichen Montravel im Dordognetal, 2. auf die anschließenden Hänge der Côtes de Montravel und 3. auf den dahinter liegenden höheren Teilen des Haut-Montravel. Bei den beiden letzteren handelt es sich um leichtere, weniger süße (8–54 g/l →Restzucker bei einem tatsächlichen Alkoholgehalt um 12–13 % vol.) →*vins liquoreux* als die →Sauternes, die aber aus den gleichen Rebsorten wie diese und der benachbarte →Monbazillac erzeugt werden. Der Montravel *tout court* kann noch weitere Rebsorten enthalten, insbesondere →Ugni blanc, und verfügt über 10–13 % vol. Alkohol und weniger als 4 g/l →Restzucker.

Montrose, Château *2e cru classé* von →Saint-Estèphe im →Haut-Médoc mit 68 ha Rebfläche (65 % →Cabernet Sauvignon, 25 % →Merlot, 10 % →Cabernet franc) und einer der kernigsten und kräftigsten sowie der tanninreichste der großen Rotweine des →Médoc, dabei sehr differenziert, tieffarben, sehr langsam reifend und langlebig. Nach einigen Orientierungsschwierigkeiten in den 1970er Jahren entspricht die Qualität der Weine wieder ihrem offiziellen Rang und hat seit Ende der achtziger Jahre noch einmal zugenommen.

Montruc Aus alten →Barbera-Rebstöcken in Nizza-Monferrato in →Piemont vom Weingut San Martino erzeugt und rund 12 Monate in →Barriques ausgebauter bemerkenswerter Rotwein, der dank seiner Eleganz, Komplexität und Ausdruckskraft dem wesentlich bekannteren →Bricco dell'Uccellone in nichts nachsteht.

Monzingen Uralter, heute wieder aufstrebender Weinbauort an der oberen →Nahe mit 190 ha Rebfläche, von deren Südhängen heute wieder einige der besten →Rieslinge der Nahe kommen. Die besten Lagen sind *Halenberg, Rosenberg* und *Frühlingsplätzchen*, und zu den führenden Erzeugern gehören

heute das lokale Weingut Emrich-Schönleber, ferner Paul →Anheuser aus Bad →Kreuznach u. a.

Mór Ungarisches Weinbaugebiet vor allem im Osten der gleichnamigen Stadt und des Bezirks gelegen, etwa 60 km westlich von Budapest. Unter dem Gesichtspunkt des Weins ist Mór bekannt für seinen frischen, charaktervollen, lebendigen und säurebetonten Weißwein aus der Ezerjó, den *Móri Ezerjó* (Morer Tausendgut), der zumal in trockenen Abfüllungen zu den beachtenswertesten ungarischen Weißweinen gehört.

Mörbisch Malerischer burgenländischer Weinbauort mit rund 700 ha Rebfläche südlich von →Rust am Neusiedlersee im Gebiet →Neusiedlersee-Hügelland gelegen. Es werden kräftige, alkoholreiche Weißweine erzeugt. Martin Fiedler (Weingut Eschenhof), Franz Schindler u. a. gelten als namhafte Erzeuger.

Morellino di Scansano Wenn gelungen, gehalt- und charaktervoller, dabei feiner Rotwein, der im Süden der →Toscana vorherrschend aus Morellino (eine →Sangiovesespielart) erzeugt wird. Banti, Motta, Sellari Franceschini u. a. haben einen guten Namen. Aber auch die von der Fattoria »Le Pupille« in →Barriques ausgebaute →*Riserva* vermag ausgezeichnet und mitunter gar noch besser zu sein. →Aquilaia, →Saffredi.

Morey-Saint-Denis Ort an der →Côte de Nuits in →Burgund, aus dem einige exzellente Rotweine stammen, kräftig, kernig und langlebig. Zu den besten Lagen gehören ein Teil von →*Bonnes Mares*, der →*Clos de la Roche*, →*Clos Saint-Denis*, →*Clos de Tart* und →*Clos des Lambrays*. Die Weine dieser *grand cru*-Lagen kommen nicht unter der Angabe des Ortes, sondern ausnahmslos der der Lage in den Handel. Neben ihnen gibt es eine Reihe angesehener *premier cru*-Lagen, darunter *Clos de la Bussière*, *Clos des Ormes*, *Clos Sorbès* u. a., die jeweils mit dem Namen des Ortes auf dem Etikett erscheinen. Der als *Morey-St-Denis* etikettierte Wein hat durchweg nicht den Rang, kann jedoch körperreich und charaktervoll sein. Übrigens wird auch noch eine kleine Menge hervorragenden Weißweins in Morey erzeugt, und zwar in der Lage (→climat) *Monts-Luisants*. Dujac, Mommessin, G. Roumier, Tortochot, Ponsot, Pierre Amiot, Georges Lignier u. a. gelten als führende Erzeuger.

Morgeot *Premier cru*-Lage im Süden von →Chassagne-Montrachet in →Burgund, z. T. identisch mit *Abbaye de Morgeot* und *Clos de la Chapelle*. Bekannt für seine vorzüglichen Weißweine; zugleich als eine der besten Rotweinlagen der Gemeinde angesehen.

Morgon Einer der besten →*crus* des →Beaujolais und dabei zugleich einer der am wenigsten typischen. Er stammt von rund 1100 ha aus der Gemeinde Villié-Morgon und ist kraftvoll und weniger fruchtig als die übrigen *crus* des Beaujolais, reift später und nimmt mit der Zeit eine auffallende Ähnlichkeit mit den Burgundern der →Côte d'Or an. Man bezeichnet dies als *morgonisieren*. Die besten Hanglagen bestehen aus Granitverwitterungs- und Schieferböden.

Mori Vecio Hervorragender Rotwein, der im →Trentino in Mori aus →Cabernet und →Merlot von Lagariavini erzeugt wird und in guten Jahren nach entsprechender Lagerung zu den besten Rotweinen des Trentino gehört.

Moriles, Los →Montilla-Moriles

Morillon Österreichische Weißweinrebe, mit der um die 50 ha vor allem in der →Südsteiermark bestockt sind. Die allgemeine Meinung neigt heute immer stärker der Auffassung zu, daß es sich bei ihr in Wirklichkeit um den →Chardonnay handelt. Morillon-Weine aus guten Jahren (von →Tscheppe, der Weinbauschule u. a.) zeichnen sich durch hervorragende Art und Charakter aus und gelten als sehr langlebig. Die besten von ihnen gehören sicherlich zu den bemerkenswertesten trockenen Weißweinen Österreichs.

Morio-Muskat Qualitativ eine der fragwürdigsten →Neuzüchtungen, auf die bei stark rückläufiger Tendenz dennoch heute immer noch 1604 ha entfallen, womit sie inzwischen auf dem 15. Platz der in Deutschland angepflanzten Rebsorten steht. 57 % der mit ihr bestockten Rebfläche befinden sich in der →Pfalz (dort wiederum zu drei Vierteln an der Südlichen →Weinstraße), 40 % in →Rheinhessen. Was sie an Qualität vermissen läßt, gleicht sie für manche durch ihre enormen Massen aus. Angesichts ihrer aufdringlichen, wenig Charakter und Subtilität verratenden Art sollte für einen derartigen Massenträger in einem qualitätsorientierten Weinbau kein Platz sein.

Mormoreto Einer der neuen Stars am Himmel der →Toscana und ein Wein, der von dem Weingut Frescobaldi aus der gleichnamigen Lage aus →Cabernet Sauvignon erzeugt und in →Barriques ausgebaut wird, ein tiefer, kraftvoller, tanninreicher, konzentrierter, komplexer und ausgeglichener Rotwein, der – erstmals mit dem 1983er erzeugt – heute sicherlich zu den besten seiner Art in der Toscana gehört.

Moscadello di Montalcino Ein in →Montalcino zu mindestens 85 % aus →Moscato bianco erzeugter süßer Weißwein, der auch als →*frizzante* oder →*liquoroso* in den Handel kommen kann. Ein traditionsreicher Wein, der auszusterben drohte, doch gegenwärtig eine Art Renaissance zu erfahren scheint.

Moscatel Portugiesischer, →gespriteter Muskatellerwein, der bei →Setúbal südöstlich von Lissabon erzeugt wird und der als einer der feinsten →Muskat-Likörweine der Welt gilt. Er ist bernsteinfarben bis fast schwarz, meist sehr süß, von geradezu überwältigender Fruchtigkeit und zeichnet sich durch eindrucksvolles Bukett und Geschmack aus. Er erinnert am ehesten an alte →Málaga. Fonseca gilt als führender Erzeuger.

Moscatel ist ebenfalls eine in Spanien weitverbreitete Rebsorte, aus der, reinsortig oder verschnitten, eine ganze Reihe von Weinen erzeugt wird, von denen der beste vielleicht der in →Málaga aus dem Moscatel erzeugte →Likörwein ist.

Moscatello Variante der →Muskattraube, besonders in Italien, in →Montalcino in der →Toscana auch →Moscadello geschrieben.

Moscato Italienische Bezeichnung für den in vielen Regionen des Landes verbreiteten weißen →Muskateller (exakt *Muscat blanc à petits grains*) und die aus ihr bereiteten unterschiedlichen Weine. Dies können – selten – trockene Weißweine sein wie der *Moscato nobile del Cónero*, der *Moscato di Chambave* oder der →Dògoli. Häufiger sind sie als →Schaumweine, allen voran selbstverständlich der *Moscato d'*→*Asti* →*spumante*, der Moscato aus dem →Oltrepò Pavese, der *Moscato del Vulture*, jener von den →Colli Euganei, der *Moscato di Sardegna* u. a. Bei diesen handelt es sich z. T. um die nach der Schaumweinform verbreitetste Art, Moscatoweine herzustellen, nämlich als süße →Likörweine, darunter ferner der *Apianae* (aus Moscato reale von Di Majo Norante aus →Molise), der *Moscato di Cagliari*, der

Moscato di Strevi, der *Moscato di Tempio*, der *Moscato di Villa Fontane*, der *Moscato di Pantelleria*, der *Moscato Trentino*, aber auch der *Gold-* bzw. *Rosenmuskateller* (*Moscato giallo* bzw. *rosa*) aus →Südtirol u. a. Schließlich gibt es noch die →gespritete Form des →*liquoroso*, dazu gehören einige Moscatoweine von Pantelleria, von →Elba, der *Moscato di Sorso-Sennori*, der *Moscato di Trani*, der *Moscato di Noto* u. a.

Mosel Unter dem Gesichtspunkt des Weins bedeutendster Nebenfluß des →Rheins, der in seinem Verlauf eine Reihe von sehr unterschiedlichen Weinbaugebieten durchzieht, einmal das Weinbaugebiet →Lothringens mit den →Côtes de Toul, dann das Weinbaugebiet von →Luxemburg und schließlich in Deutschland das bedeutendste von allen, →Mosel-Saar-Ruwer.

Mosel-Saar-Ruwer Viertgrößtes deutsches Weinbaugebiet mit einer Ertragsrebfläche von 12 459 ha entlang eines der malerischsten Flußtäler Deutschlands, dem etwa 200 km langen Moselverlauf zwischen →Trier und Koblenz, ferner an der Obermosel sowie an den Unterläufen von →Saar und →Ruwer und einigen Hektar auf dem unteren deutschen Ufer der Sauer. Das gesamte Gebiet ist in fünf Bereiche unterteilt, von denen →Bernkastel und →Saar-Ruwer die qualitativ führenden sind. Es folgt der meist unterschätzte Bereich →Zell / Untermosel und mit deutlichem Abstand →Obermosel und →Moseltor, letzterer bereits jenseits der rheinlandpfälzischen Landesgrenze im Saarland gelegen.

Die klassischen Weinlagen des Gebiets, für deren dort gewonnene Weine die Mosel seit Jahrhunderten, ja seit römischer Zeit berühmt ist, sind steile Schieferhänge, die außer für den Rebanbau für jede andere Kultur unfruchtbar sind. Da diese Hänge jedoch nur unter hohem Kosten- und Arbeitsaufwand bewirtschaftet werden können und der vorherrschende Weinbaubetrieb an der Mosel ein Klein- bis Kleinstbetrieb ist, gerät der Weinbau immer stärker unter den Druck seiner strukturellen Probleme. Dies bedeutet schlimmstenfalls Aufgabe von Steillagen und Rückzug aus dem klassischen →Riesling, dem die Mosel ihren Ruhm verdankt, zugunsten reichhaltiger tragender, qualitativ geringerer →Neuzüchtungen und damit zugleich Ausweitung des Weinbaus in die minderwertigen Moselebenen, die früher vom Weinbau bewußt gemieden wurden. Das unweigerliche Ergebnis ist der Verfall von Ansehen und Preisen bis hin zum – häufig weitgehend selbstverschuldeten – wirtschaftlichen Ruin. Die Mosel ist damit einmal mehr das Problemkind des deutschen Weinbaus.

Der weitere Verfall des Moselweinbaus und der damit verbundene Verfall einer einmaligen Kulturlandschaft wäre nicht nur unter dem Gesichtspunkt des Weins katastrophal. Doch für ein breiteres und selbst ein weininteressiertes Publikum ist vielfach das Bewußtsein verlorengegangen, daß die Mosel, einschließlich ihrer Nebenflüsse aus dem Riesling auf ihren besten Steillagen – und sie verfügt über mehr erstklassige Lagen als jedes andere deutsche Weinbaugebiet – zwischen →Trittenheim und →Traben-Trarbach, zwischen →Serrig und →Kanzem, zwischen →Kasel und →Eitelsbach, aber auch zwischen →Zell und →Winningen unvergleichliche Weine hervorzubringen in der Lage ist. Die besten von ihnen sind zwar vergleichsweise blaßfarben, doch äußerst aromatisch, von unnachahmlich zarter, filigraner Struktur, von großem Nuancenreichtum und Komplexität, eleganter Feinheit, bemerkenswerter Ausdruckskraft und Rasse, kurzum Weine, die in ihrer Art gleich einem Gemälde von Botticelli oder einer Symphonie von Mozart einzigartig sind und ihresgleichen suchen. Doch der Alltag kontrastiert heute bedauerlicherweise vielfach

scharf zu diesen Spitzengewächsen. Tatsache ist, daß unter den klassischen deutschen Rieslinganbaugebieten der Rieslinganteil an der Mosel inzwischen der mit Abstand niedrigste ist. Weniger als 54 % sind gegenwärtig mit ihm bestockt, und der absolute Tiefpunkt mag noch nicht erreicht sein. Nicht einmal mehr die Hälfte des Mostertrags des Gebietes entfällt heute noch auf den Riesling. Da die Qualitätsanforderungen zudem, über das gebietstypische Maß hinausgehend, sehr niedrig sind (50° Oechsle für einen Riesling- oder →Elbling-→QbA-Wein, 10 % vol. für die Riesling-→Spätlese, statt der sonst meist üblichen 11,4 % vol. usw.), fehlen notwendige Anreize, die Gunst der Natur auf breiter Basis kompromißloser zu nutzen.

Dennoch erscheint es derzeit, daß die Spitzengüter die Probleme erfaßt haben. Ein deutlicher Wandel wird hier sichtbar, der noch bis in den Beginn der achtziger Jahre nicht einmal zu erahnen war. Seine wichtigsten Stichworte sind: Kompromißloser Rückzug auf den Riesling und wenn immer möglich auf die besten Lagen; Reduzierung der Hektarerträge; Verbesserung der Vinifikationstechniken und des Weinausbaus; Entrümpelung des Etiketts und Vermarktung der QbA-Qualitäten möglichst nur noch unter dem eigenen Namen (statt blumiger Lagebezeichnungen); dadurch deutliche Verbesserung vieler QbA-Weine dank einer sinnvollen, lagenübergreifenden →Cuvée; zunehmender Verzicht auf die Verwendung von →Süßreserve; Weckung des Bewußtseins für die Mosel und ihre einzigartigen Weine. Es wäre dringend zu hoffen, daß die internen Querelen und Widerstände überwunden werden könnten und daß die Mosel mittelfristig unter der Führung ihrer Spitzengüter mit einer neuen Generation den Weg aus ihrer tiefen Krise herausfinden möge. Ihre naturbedingten Vorzüge sind unbestreitbar, und bei rigorosem Einsatz

bringen diese unverändert die folgenden Orte am deutlichsten zum Ausdruck: Bereich Bernkastel: →**Trittenheim, →*Neumagen, →*Dhron, →***Piesport, →*Wintrich, →***Brauneberg, →*Lieser, →***Bernkastel, →***Graach, →***Wehlen, →**Zeltingen, →**Ürzig, →***Erden, →*Kinheim, →*Traben-Trarbach, →**Enkirch, →*Pünderich.
Saar: →**Serrig, →*Saarburg, →**Ayl, →**Ockfen, →**Wawern, →***Wiltingen, →**Oberemmel, →*Niedermennig, →**Kanzem, →*Filzen.
Ruwer: →*Avelsbach, →**Kasel, →**Maximin Grünhaus, →**Eitelsbach.
Zell/Untermosel: →*Neef, →*Ediger-Eller, →*Valwig, →*Pommern, →*Winningen.

Moseltaler Seit 1986 bestehender Qualitätswein aus dem →Anbaugebiet →Mosel-Saar-Ruwer, der ausschließlich aus →Riesling, →Müller-Thurgau, →Elbling oder →Kerner erzeugt ist, zwischen 15 und 30 g/l →Restzucker und mindestens 7 g/l Säure enthält. Er darf keine Rebsortenangabe tragen. Ob sich unter diesem Namen die Weine aus den qualitativ geringeren Moselebenen leichter und besser absetzen lassen als bisher, bleibt abzuwarten.

Moseltor Kleinster der fünf Bereiche des →Anbaugebietes →Mosel-Saar-Ruwer, mit 87 ha im Saarland gelegen insbesondere in der Großgemeinde Perl, nahe der französischen und luxemburgischen Grenze. Zwei Drittel der Fläche ist mit →Elbling bestockt, der Rest entfällt auf →Müller-Thurgau, Grauen →Burgunder, →Auxerrois u. a. Sorten. In der Regel handelt es sich um leichte, frische und säurebetonte Weine.

Most Noch nicht vergorener oder gerade in →Gärung befindlicher Traubensaft wird so lange als Most bezeichnet, bis →Wein daraus geworden ist.

Mostgewicht Alkoholische Potenz des →Mostes in Form von Naturzuckergehalt; wird in Deutschland und der Schweiz in →Oechslegraden, in Österreich nach der →Klosterneuburger →Mostwaage berechnet. In Deutschland sind als Kriterien für die einzelnen Qualitäts- und Prädikatsstufen bestimmte Mindestmostgewichte vorgeschrieben, deren Deklaration nicht nur mitunter in der Vergangenheit unzureichend kontrolliert wurde, sondern die auch von Anbaugebiet zu Anbaugebiet und je nach Rebsorte erheblich schwanken. Während ein Grauer →Burgunder in →Ihringen mit 83° Oechsle sich nicht einmal →Kabinett nennen darf (dafür sind 85° vorgeschrieben), gilt ein →Riesling mit 83° Oechsle in →Bernkastel bereits als →Auslese. Kabinett ist also nicht gleich Kabinett, nicht einmal innerhalb eines Anbaugebietes, und bei allen anderen →Prädikatsweinen ist dies ebenso. Da man außerdem in geringen Jahren die ohnehin sehr niedrigen Mindestmostgewichte noch um einige Grad herabsetzen darf, bleibt die Nomenklatur konstant, während die Qualität manipulierbar erscheint, eine aus Sicht des Weintrinkers höchst fragwürdige Situation.

Mostig Junge Weine, in denen zugesetzte →Süßreserve noch nicht eingebunden wirkt, können einen Mostton aufweisen, mostig schmecken, was sich jedoch mit der Zeit verliert.

Mostwaage Vor rund 150 Jahren von dem Goldschmied und Erfinder Ferdinand Oechsle erfundener Aräometer zur Bestimmung der Dichte des →Mostes. Oechsles Erfindung beruht auf der Erkenntnis, daß Zucker schwerer als Wasser ist. So ging er bei der Gradeinteilung seiner Waage vom spezifischen Gewicht reinen Wassers aus: Besitzt der Most das spezifische Gewicht 1,075, zeigt die Oechslewaage 75°

an. In realen Zahlen umgerechnet, bedeutet dies, daß der Zuckergehalt 15,7 % beträgt, wie ihn die →Klosterneuburger Mostwaage anzeigt.

Mit dem →Refraktometer können diese Messungen zur Bestimmung des Reifegrads der Trauben heute bereits im Weinberg vorgenommen werden, so daß sich schon vor der Lese die Qualität des kommenden Weins zutreffender einschätzen läßt.

Moulin du Cadet, Château Ausgezeichneter *Grand cru classé* aus →Saint-Emilion mit 5 ha Rebfläche (75 % →Merlot, 25 % →Cabernet franc) und einem kernigen und gehaltvollen Rotwein.

Moulin des Carruades Name, unter dem seit 1974 wieder regelmäßig der Zweitwein von Château →Lafite-Rothschild verkauft wird. Schon 1932 als *cru* →*bourgeois* eingestuft, ist dies heute, ähnlich dem Les →Forts de Latour, ein hervorragender, qualitativ und preislich klassifizierten Gewächsen durchaus vergleichbarer Wein.

Moulin-à-Vent Einer der zehn →*crus* des →Beaujolais mit einem festumrissenen Anbaugebiet von 580 ha aus Teilen der zu →Romanèche-Thorins und →Chénas gehörenden Abhänge eines kegelförmigen Berges, auf dem eine alte Windmühle steht, der die Lage ihren Namen verdankt. Die von dort kommenden Weine gelten allgemein als die besten Beaujolais. Ein guter Moulin-à-Vent aus einem guten Jahr ist schon ein bemerkenswerter Wein: tieffarben, kernig, reich und füllig, dabei rassig und sehr lagerfähig, ein Wein von hohem Rang. R. Siffert, Chauvet Frères, Château des Jacques, das Hospices in Romanèche, Duboeuf, Louis Jadot u. a. sind verläßliche Namen.

Moulinet, Château Bekanntes Weingut in →Pomerol mit 17 ha Rebfläche (50 % →Merlot, 40 % →Cabernet franc, 10 % →Cabernet Sauvignon) und einem beachtenswerten, runden, samtigen Rotwein.

Moulis-en-Médoc Weinbauort im →Haut-Médoc zwischen →Margaux und →Listrac-Médoc mit eigener →Appellation contrôlée und rund 390 ha Rebfläche. Zwar verfügt der Ort über keine klassifizierten Gewächse, doch dürften gegenwärtig zumindest Château →Chasse-Spleen und Château →Poujeaux dem Qualitätsniveau eines →*cru classé* entsprechen, während Châteaux →Maucaillou u. a. dem nur wenig nachstehen. Daneben gibt es eine Reihe weiterer achtbarer *crus* →*bourgeois*, z. T. mit dem Anhang →*Grand-Poujeaux* als Hinweise auf ihre Lage auf dem so bezeichneten höher gelegenen Kiesplateau von Moulis, der besten Lage des Ortes.

Moura Das südlichste portugiesische →IPR-Weinbaugebiet im →Alentejo zwischen Beja und der spanischen Grenze. Auf mehr als 1100 ha werden überwiegend gehaltvolle Rotweine aus Alfrocheiro, Moreto, →Periquita, Trincadeira u. a. Sorten und einige Weißweine, überwiegend aus Antão Vaz, →Fernão Pires, Roupeiro und Rabo de Ovelha, erzeugt.

Mourvèdre In Südfrankreich verbreitete rote Rebsorte, die vermutlich aus Spanien stammt, wo sie als →Mataró bekannt ist. Im →Languedoc, in der →Provence und beim →Châteauneuf-du-Pape wird sie häufig als zusätzliche Qualitätsrebe eingesetzt. Reinsortig ausgebaut – was eher selten geschieht in einer Region, in der reinsortig ausgebaute Weine die Ausnahme sind – liefert sie einen ansprechenden, mitunter feingliedrigen Wein, der über Tannin und Charakter verfügt. In Südfrankreich ist sie inzwischen mit über 3000 ha vertreten und gilt dort als qualitätsverbessernde Zusatzsorte. Man findet sie auch in Australien, →Kalifornien u. a.

Mousseux Französisch für schäumend. *Vins mousseux* sind ganz allgemein alle Schaumweine, unabhängig vom Herstellungsverfahren (→Champagnerverfahren, →Großraumgärung, →Transvasierverfahren oder einfach ›Imprägnierung, d. h. Zusatz von Kohlensäure zum Wein unter Druck). In der Praxis jedoch werden Champagner in Frankreich nie als *Vins mousseux* bezeichnet, sondern als eine Klasse für sich betrachtet.

Laut Weingesetz dürfen nur die nachfolgend aufgeführten *Vins mousseux* das →A.O.C.-Prädikat führen: →*Anjou mousseux*, →*Arbois mousseux*, →*Blanquette de Limoux*, →*Bordeaux mousseux*, →*Bourgogne mousseux*, →*Clairette de Die*, →*Côtes du Jura mousseux*, *L'*→*Etoile mousseux*, →*Gaillac mousseux*, →*Montlouis mousseux*, →*Saint-Péray mousseux*, →*Saumur mousseux*, →*Seyssel mousseux*, →*Touraine mousseux*, *Vin de Savoie (Ayze) mousseux* und →*Vouvray mousseux*, während es unter den →V.D.Q.S.-Weinen lediglich den *Vin de* →*Bugey (Cerdon) mousseux* gibt. →Crémant

Moût Französisch für →Most.

Mouton-d'Armailhacq, Château Nach dem Erwerb durch Philippe de Rothschild im Jahre 1933 bis 1956 Name des *5ᵉ cru classé* aus →Pauillac im →Haut-Médoc, der zwischen 1956 und 1989 unter der Bezeichnung Château Mouton-Baron-Philippe bzw. Château →Mouton-Baronne-Philippe geführt wurde und seither wieder Château d'→Armailhacq heißt.

Mouton-Baronne-Philippe, Château Von 1977 bis 1989 Name des *5ᵉ cru classé* aus →Pauillac im →Haut-Médoc – zwischen 1956 und 1977 lautete er Château Mouton-Baron-Philippe –, der seither

als Château d'→Armailhacq bezeichnet wird.

Mouton-Cadet *Der* Markenwein →Bordeaux' schlechthin, der in den mageren 1930er Jahren als Zweitwein von Château →Mouton-Rothschild ins Leben gerufen wurde, doch sich rasch davon gelöst hat und längst zum populärsten und verbreitetsten Markenwein von Bordeaux geworden ist. Heute dürften jährlich etwa 15 Mill. Flaschen davon weltweit verkauft werden, und es handelt sich dabei um gefällige und ansprechende Rot- wie Weißweine, die keine besonderen Ansprüche stellen, aber das Flair des Namens Rothschild genießen.

Mouton-Rothschild, Château Weltberühmtes →Bordeaux-Weingut in →Pauillac und sein großartiger Rotwein. Bei der →Klassifizierung von 1855 an der Spitze der *2ᵉˢ crus classés* eingestuft, nimmt es erst seit 1973 offiziell den ihm gebührenden Rang eines *premier cru* ein und steht damit heute zu Recht auf einer Stufe mit →Lafite, →Latour und →Margaux.

Auf 72 ha werden aus 85 % →Cabernet Sauvignon, 10 % Cabernet Franc und 5 % →Merlot jährlich um die 2000 hl eines überwältigenden Rotweins erzeugt. Nicht von der finessenreichen Eleganz des benachbarten Lafite, geht der Wein eher in die Richtung des kraftvollen, majestätischen Latour: Verschlossen und mitunter abweisend in seiner Jugend und mit einem mächtigen Tannin versehen, braucht der Wein, zumal in sehr guten Jahren, meist lange, um sich zu entwickeln. Auf seinem Höhepunkt ist er dann von einem herausragenden Bukett, einer großen Geschmacksfülle und feiner Harmonie gekennzeichnet, ein nahezu vollendeter Wein, der seinesgleichen sucht und dessen Platz unter den acht größten Rotweinen von Bordeaux unbestritten ist.

Dank seinem 1988 im hohen Alter ver-

storbenen Besitzer Philippe de Rothschild ist dieser Wein wie kein zweiter
mit der darstellenden Kunst verbunden.
Dieses äußert sich nicht nur in den Etiketten, die jedes Jahr von einem führenden zeitgenössischen Künstler gestaltet
werden, sondern auch in dem einzigartigen Museum, in dem der Baron mit
Wein verbundene Kunstgegenstände
aus allen Epochen und Erdteilen zu-
sammengetragen und meisterhaft präsentiert hat.

Moutonne, La Gut 2 ha große Enklave
in der →*grand cru*-Lage →*Vaudésir* in
→Chablis mit eigenem Anspruch auf
die Einstufung als *grand cru* – in den
offiziellen Auflistungen der *grand cru*-
Lagen wird sie in der Regel nicht
berücksichtigt –, im Alleinbesitz der
Domäne Long-Depaquit und der von
dort stammende exzellente Chablis.

Muffato della Sala Auf dem Antinori
gehörenden Weingut Castello della Sala
bei →Orvieto in →Umbrien aus Dru-
peggio, Grechetto u. a. Sorten mit Hilfe
von →Botrytis cinerea erzeugter
Weißwein. Der Wein ist reich, leicht süß
und verfügt über einen deutlichen Botrytiston, jedoch fehlt ihm die Differenziertheit und Komplexität großer
→Sauternes oder →Beeren- bzw.
→Trockenbeerenauslesen.

Müller-Thurgau Von Prof. Hermann
Müller aus dem schweizerischen
→Thurgau 1882 in →Geisenheim
durchgeführte Kreuzung aus →Ries-
ling × →Silvaner, älteste →Neuzüch-
tung, die heute als Müller-Thurgau mit
24 087 ha (nahezu einem Viertel der bestockten Rebfläche) an erster Stelle der
deutschen Rebsortenliste steht, jedoch
wie die meisten Neuzüchtungen in
letzter Zeit wieder rückläufig ist. Ihre
größte Verbreitung findet sie mit
5958 ha, 5358 ha und 4969 ha in →Rhein-
hessen, →Baden und in der →Pfalz,
doch ihre höchsten Flächenanteile er-

reicht sie in →Franken und Baden mit
45 bzw. 33 %.
In Österreich ist sie mit rund 5236 ha
(7,8 %) die vierthäufigste Rebsorte und
ihren größten prozentualen Anteil findet sie im →Kamptal und in der →Süd-
Oststeiermark. Auch in England, Luxemburg (als →Rivaner), der Schweiz
(→Riesling × Silvaner), der Tschechischen Republik, der Slowakei, in Norditalien u. a. Ländern mitunter häufig angebaut.
Die aus ihr gewonnenen Weine sind
meist ansprechend und weich, mit geringem Säuregehalt, mitunter nicht
sehr ausdrucksvoll und vergleichsweise
kurzlebig.
Obwohl in der Zwischenzeit zahllose
Kreuzungsversuche mit Riesling und
Silvaner gemacht worden sind, hat man
aus ihnen nie wieder eine der Müller-
Thurgau ähnliche Rebe erzeugen können. Dies gelang bisher nur bei Riesling
× Riesling-Kreuzungen, weshalb die
Müller-Thurgau-Rebe heute vielfach
für eine Selbstung des Rieslings gehalten wird.

Müllerrebe →Meunier, →Pinot meunier, →Schwarzriesling

Müllheim Weinbaugemeinde im Markgräflerland mit 140 ha Rebfläche (ohne
Ortsteile), zusammen mit seinem größten Ortsteil Hügelheim (60 ha Rebfläche) weithin bekannt als eine der besten Provenienzen für →Gutedel und
rote wie weiße →Burgunderweine aus
dem Bereich. Hermann Dörflinger in
Müllheim und Emil Marget in Hügelheim, beide ca. 7,5 ha groß und traditionsreiche Weingüter – das über 200
Jahre alte Weingut Marget ist geradezu
ein Synonym für Tradition und kompromißlos traditionellen Weinausbau –
genießen für ihre exzellenten, charaktervollen Weiß- wie Rotweine zu Recht
das größte Renommee.

Mundelsheim Weithin bekannte Weinbaugemeinde in →Württemberg, am Neckar zwischen →Stuttgart und →Heilbronn gelegen, mit ca. 180 ha Rebfläche, die insbesondere für ihre →Trollinger zumal aus ihrer besten Lage, dem terrassierten Steilhang *Käsberg* bekannt ist. Ein führender Erzeuger ist die Württembergische →Hofkammer.

Münster-Sarmsheim Einer der besten Weinbauorte der unteren →Nahe mit rund 180 ha Rebfläche. *Dautenpflänzer*, *Pittersberg* und *Kapellenberg* gelten als die besten Lagen. Es wird insbesondere →Riesling und →Silvaner angepflanzt. Zu den beachtenswertesten Erzeugern zählen Kruger-Rumpf, Adelseck, Göttelmann u. a.

Musar, Château Wer an den Libanon denkt, denkt an Gewalt und Terror. Dennoch wird zumal im christlichen Nordteil des Landes unverändert Wein erzeugt, und der in Europa berühmteste libanesische Rotwein ist zweifellos der Château Musar, den man häufig in einem Atemzug mit herausragenden →Bordeaux-Weinen erwähnt findet. Der Wein stammt von dem 130 ha umfassenden Gut gleichen Namens bei Ghazir nördlich von Beirut, dessen heutiger Leiter Serge Hochar in Bordeaux Önologie studiert hat. In dem Wein dominiert mit etwa 50 % der →Cabernet Sauvignon, während ca. 45 % auf →Cinsaut und 5 % auf →Syrah entfallen. Es sind der Cabernet Sauvignon, die Bordeaux entlehnte Vinifizierung und der anschließende zweijährige →Barriqueausbau, die den Vergleich mit Bordeaux-Weinen naheliegend erscheinen lassen. Dennoch dürfte der Vergleich mit einigen südostfranzösischen Weinen, wie etwa dem →Daumas Gassac, aber auch dem einen oder anderen kalifornischen oder australischen Wein näherliegen. Denn durchweg ist der Château Musar schwerer und alkohol-

reicher als ein roter Bordeaux, und sein hoher Tanningehalt ist in einen ausgeprägten, voluminösen Körper eingebettet, dem der Wein seine kraftvolle Art verdankt, die selbst in etwas leichteren Jahrgängen konstitutiv bleibt. Fraglos handelt es sich um einen hervorragenden Wein mit einem geradezu sensationellen Preis-Qualitäts-Verhältnis, doch mag der eine oder andere in ihm etwas an Eleganz und Differenziertheit vermissen.

Muscadelle Weiße Rebsorte, im Südwesten Frankreichs mit rund 5600 ha verbreitet. Sie wird nicht eigenständig oder reinsortig ausgebaut, sondern inbesondere im →Bordeaux-Gebiet, in →Monbazillac, →Montravel u. a. im Ausmaß von ca. 5–10 % mit →Sémillon und →Sauvignon blanc verschnitten zur Erzeugung jener süßen →*vins liquoreux*, für die →Sauternes, →Barsac, →Loupiac, →Cadillac usw. berühmt sind, um dem Wein einen angenehmen leichten Muskatgeschmack zu verleihen.

Muscadet Im unteren →Loire-Tal in der Umgebung von →Nantes gebräuchlicher Name für eine auf rund 11000 ha angepflanzte Rebsorte, deren eigentlicher Name →Melon ist und die vor etwa 300 Jahren aus →Burgund, wo sie einen recht mäßigen Wein ergab, hierher gebracht wurde. In ihrer jetzigen Umgebung bringt sie hingegen einen leichten, frischen, hellen, angenehmen, frühreifen, trockenen Weißwein hervor, der sich in einem nur mit dem →Beaujolais vergleichbaren ungeheuren Popularitätsaufschwung heute internationaler Beliebtheit erfreut.

Der Wein kommt unter drei →A.O.C.-Bezeichnungen in den Handel, einmal als Muscadet *tout court*, als Muscadet des →Coteaux de la Loire und schließlich – der bedeutendste von allen sowohl nach Quantität als auch nach Qualität – der Muscadet de Sèvre et Maine. Zusammen werden je nach Jahrgang um die 500000 hl erzeugt. Ein Teil dieser Weine wird als →*vin sur lie* für ungefähr sechs Monate auf der Hefe belassen und dann mit einem ganz leichten natürlichen Gehalt an →Kohlensäure auf die Flasche gefüllt und als *sur lie* etikettiert.

Als führende Erzeuger erstklassiger Muscadet-Weine gelten heute Louis Métaireau, Domaine de Chasseloir, Guilbaud, Château de Gillieres, Château du Cléray, Marquis de Goulaine, Domaine de la Frutière, Domaine de L'Hyvernière, Château La Berrière u. a.

Muscat d'Alsace Weißwein aus dem →Elsaß, aus einem Verschnitt von →Muskateller mit Muskat-Ottonel, meist im Verhältnis 30:70. Wenn gelungen, ein hervorragender Wein, ausdrucksvoll, ohne aufdringlich zu sein, mit vorzüglichem Säuregerüst und Charakter. Kuentz-Bas, Gustave Lorentz u. a. erzeugen exzellente Muscat d'Alsace.

Muscat du Cap Corse Neue →Appellation contrôlée für Weine aus Muscat blanc à petits grains, die entsprechend den Vorschriften in den beiden bestehenden Appellationen →Patrimonio und →Vin de Corse-Coteaux du Cap Corse erzeugt werden. Der Most muß mindestens 252 g Zucker pro Liter enthalten. Während der Gärung wird der Wein auf 21,5 % vol. Alkohol →aufgespritet, damit ein →Restzucker von mindestens 95 g/l im Wein erhalten bleibt.

Musigny 10,7 ha große Lage in →Chambolle-Musigny in →Burgund, unmittelbar angrenzend an den →*Clos de Vougeot*, von der jährlich rund 280 hl eines der größten roten Burgunder kommen (zusätzlich noch um die 12 hl eines ausgezeichneten trockenen Weißweins, der als *Musigny Blanc* im Handel ist): Delikat, ausgezeichnet, rassig, wird der Musigny von keinem anderen Rotwein der →Côte d'Or übertroffen und

nur von wenigen erreicht. Er ist leichter und vielleicht etwas »weiblicher« als der →Chambertin und gehört der gleichen noblen Klasse an und hält auch einem Vergleich mit dem →Romanée-Conti stand. Domaine Comte Georges de Vogüé, G. Roumier, Clair-Daü u. a. gelten als führende Erzeuger.

Muskat Tafel- und Keltertraube, von der Dutzende von Varianten existieren; sie unterscheiden sich voneinander in der Farbe (Blaßgelb bis Dunkelblau), Qualität (erstklassig bis schlecht), Ertrag (sehr ergiebig bis unergiebig), jedoch haben alle – natürlich unterschiedlich stark ausgeprägt – den typischen, unverwechselbaren Muskatgeschmack und -geruch an sich, und zwar sowohl als frischgelesene Trauben als auch als fertiger Wein. Man findet sie im gesamten Mittelmeerbereich, einschließlich Portugal, im →Elsaß, in Österreich, Ungarn, aber ebenso in →Kalifornien, Südamerika, Südafrika und Australien. Die aus ihr bereiteten Weine reichen von trockenen Weißweinen über – häufig süße – →Schaumweine bis hin zu →Likörweinen, wobei die Qualität dieser Weine je nach Variante und Vinifikation von belanglos bis bemerkenswert reichen kann. →Moscatel, →Moscato, →Muscadelle, →Muskateller.

Muskateller Eine der ältesten →*Vinifera*-Sorten mit zahlreichen Varianten (→Moscatel, →Moscato, →Muscadelle, →Muskat), vor allem im Mittelmeerraum verbreitet. In Deutschland wird der Muskateller nur vereinzelt in →Württemberg (z. T. ganz vorzügliche trockene Muskateller von den Weingütern der Grafen →Adelmann, →Neipperg u. a.), →Baden und der →Pfalz angebaut. Bei leicht steigender Tendenz sind mit ihr inzwischen 76 ha bestockt, während er in Österreich rückläufig ist und es derzeit noch auf 139 ha bringt, 60 % davon in der →Steiermark. Die insgesamt geringe Wertschätzung des

Muskateller entspricht den Modetrends der Zeit. Dabei ist der Muskateller ein höchst charaktervoller Wein mit je nach Jahr kerniger Säure, der langsam reift und über ein bemerkenswertes Alterungspotential verfügt. – Im →Elsaß werden beide Sorten zum →*Muscat d'Alsace* meist im Verhältnis 30:70 verschnitten.

Muskat-Ottonel Eine üppigere und rundere Variante des Muskateller, qualitativ jedoch eher weniger bedeutend als dieser. In Deutschland ist sie inzwischen nahezu ganz verschwunden – noch 7 ha sind mit ihr bestockt –, während sie es in Österreich bei deutlich rückläufiger Tendenz noch auf 888 ha bringt, die sich zu 89 % in den Weinbaugebieten →Neusiedlersee und →Neusiedlersee-Hügelland im →Burgenland befinden. Auch im →Elsaß ist sie weitverbreiteter als der Muskateller.

Muskat-Sylvaner In Österreich z. T. noch gebräuchliche Bezeichnung für den →Sauvignon blanc, deren 170 ha sich vor allem in der →Südsteiermark und im Gebiet →Neusiedlersee befinden. Aber auch in anderen österreichischen Weinbaugebieten trifft man heute

in zunehmendem Maße, wenn auch nur am Rande, auf den Sauvignon.

Muskat-Trollinger Mutation oder Kreuzung, die den Charakter des →Trollingers mit dem Bukett des →Muskatellers verbindet. Vereinzelt in →Württemberg angebaut, wirkt jedoch als Rotwein mitunter etwas zu parfümiert.

Muté Französische Bezeichnung für stummgemachten Most, dessen Gärung durch Zusatz von hochprozentigem Branntwein (oder reinem Alkohol) unterbrochen wird. Wird viel bei der Erzeugung von →Apéritifs oder →Likörweinen angewandt, um den Weinen Süße und einen höheren Alkoholgehalt zu geben. In Deutschland ist dieses Verfahren verboten.

Myrat, Château de *2e cru classé* aus →Barsac, einst bekannt für einen hochangesehenen →Sauternes. Nach nahezu 15jähriger Unterbrechung wurde die Rebfläche neu bestockt und 1991 die erste Ernte eingebracht. Der erste Jahrgang war sehr beachtlich, jedoch das Niveau der drei nachfolgenden Jahrgänge deutlich geringer.

N

Nachgärung Kann durch einen verbliebenen Zuckerrest hervorgerufen werden, der mittels einer Nachgärung zu →Alkohol vergoren wird. Häufiger ist jedoch die sog. Nachgärung oder zweite →Gärung, auch als →Malolaktische Gärung oder Äpfel-Milchsäuregärung oder als biologischer →Säureabbau bezeichnet, die – falls man sie nicht verhindert – entweder im Anschluß an die eigentliche Gärung oder im nachfolgenden Frühjahr erfolgt und bei der Äpfelsäure mittels Bakterien in Milchsäure umgewandelt wird. Durch diesen Vorgang, bei dem →Kohlensäure frei wird, was den Eindruck der Gärung hervorruft, wird biologisch Säure abgebaut und der Wein milder. Will man nicht, wie zumeist in Deutschland oder bei einigen Weißweinen anderswo, bewußt die im Wein vorhandene Säure erhalten, wendet man dieses Verfahren zumal bei Rotweinen allgemein an, die in der Regel dadurch erheblich verfeinert werden. Dennoch wird dieses natürliche Verfahren in der Bundesrepublik in größerem Umfang nur in →Baden und →Württemberg praktiziert. Bei säurebetonten Weißweinen, deren Charakter eine relativ hohe Säure erfordert, wie der →Riesling, ist dieses Verfahren in der Tat weniger empfehlenswert, wohingegen es sich bei Weinen, die in der →Barrique ausgebaut werden, zumeist empfiehlt.

Nackenheim Einer der herausragendsten Weinbauorte →Rheinhessens mit 150 ha Rebfläche, deren beste Partien unmittelbar an der →Rheinfront liegen, und zwar in dem als →*grand cru*-Lage geltenden *Rothenberg*, der qualitativ vielleicht allein von den besten Lagen →Niersteins übertroffen wird, an die er unmittelbar grenzt und deren berühmte Böden (Rotliegendes) er teilt. Von ihm erhalten die Weine, allen voran der →Riesling, außergewöhnliche Frucht, Bukett und Rasse. Nicht ganz das gleiche Renommee genießt der *Engelsberg*. Der Ort und das lokale Weingut Gunderloch (10 ha, 80 % Riesling) – das seit Ende der achtziger Jahre zu den herausragendsten deutschen Weingütern zählt – sind durch Carl Zuckmayers »Der fröhliche Weinberg« zu literarischem Ruhm gekommen.

Nahe Deutsches Weinbaugebiet mit 4509 ha Ertragsrebfläche, die sich von Bingerbrück entlang der Nahe (die bei →Bingen in den →Rhein mündet) bis Kirn, in die Seitentäler des Soonwaldes, in das Alsenztal und Glantal erstreckt. Die in Bad →Kreuznach und nördlich davon gelegenen zwei Drittel der Rebflächen gehörten bis 1993 zum Bereich Bad →Kreuznach; das verbleibende Drittel bildete den Bereich →Schloß-Böckelheim; seither sind beide Bereiche zum neuen Bereich →Nahetal zusammengefaßt. Die Böden sind höchst unterschiedlich – Rotliegendes, Porphyr, Schiefer, Quarzit, Kies, Löß, Lehm u. a. – und wechseln auf kleinstem Raum ständig. Die Folge ist eine beispiellose Vielfalt von Weincharakteren, die von Lage zu Lage aufgrund der Vielgestaltigkeit der Böden wechselt. Fast alle im deutschen Weinbau irgendwo auftretenden Grundtypen von Wein lassen sich auf kleinstem Raum an der Nahe wiederfinden. Doch Fruchtigkeit, Eleganz und Komplexität – nicht Bodenständigkeit oder Rustikalität – sind der Grundtenor der Naheweine. 93 % aller Naheweine sind weiß. Galt noch Anfang der 1970er Jahre in etwa die Formel 30% →Riesling, 30% →Silvaner, 30% →Müller-Thurgau, so hat sich die Entwicklung in der Folge derart in Richtung →Neuzüchtungen aufgesplittert, daß heute vielerorts grundlegende Korrekturen unerläßlich erscheinen, obgleich die vorliegenden Zahlen diese Entwicklung, von Einzelfällen abgesehen, noch nicht erkennen lassen. Während in der Folge lange der Müller-Thurgau die Sortenliste angeführt hat, stand 1994 erstmals der Riesling mit 25% der Ertragsrebfläche an erster Stelle, gegenüber der der Müller-Thurgau auf 23% und der Silvaner inzwischen auf kümmerliche 11% abgefallen war. Die verbleibenden 34% der weißen Rebfläche sind mit →Kerner, →Scheurebe, →Bacchus, →Faber und einer Vielzahl weiterer Sorten, meist Neuzüchtungen, bestockt, während unter den verbleibenden 7% roter Sorten →Spätburgunder und →Portugieser überwiegen.

Bedauerlicherweise haben diese Entwicklung und andere Vorkommnisse – einschließlich der Tatsache, daß ein erheblicher Teil der Erzeugung als →Liebfrauenmilch in den Handel gebracht wird – in den vergangenen Jahren nicht unerheblich dazu beigetragen, daß Naheweine an Ansehen eingebüßt haben und in den Hintergrund gedrängt zu werden drohten. Seit die Verantwortlichen diese Gefahr erkannt haben, versucht man Boden gutzumachen. Doch die unnötige Vielfalt der Sorten, verbunden mit der naturgegebenen Vielfalt der Weincharaktere, läßt es schwierig erscheinen, den Naheweinen ein eindeutiges Profil zu geben. Um so wichtiger erscheint die Herausstellung der vorhandenen Spitzenlagen und der dort erzeugten exzellenten Weine. Die besten von ihnen gehören zweifellos zu den großartigsten deutschen Weinen, und sie stammen in der Regel aus: →*Altenbamberg, →*Burg

Layen, →**Dorsheim, →**Kreuznach, →*Langenlonsheim, →*Laubenheim, →*Monzingen, →**Münster-Sarmsheim, →***Niederhausen, →**Norheim, →*Oberhausen, →*Roxheim, →***Schloßböckelheim, →**Traisen, →*Wallhausen, →*Winzenheim u. a. Die Rebflächen befinden sich mehrheitlich in der Hand kleiner Erzeuger, ohne daß damit allerdings ähnlich gravierende strukturelle Probleme verbunden wären wie an der Mosel, während kaum viel mehr als ein Dutzend Betriebe über mehr als 25ha Rebfläche verfügen, von denen der Besitz der größten über das gesamte Gebiet verstreut ist. Es sind dies die Staatlichen →Weinbaudomänen Niederhausen-Schloßböckelheim, die beiden →Anheuser-Weingüter, Paul bzw. August E. Anheuser, →Finkenauer, Graf von →Plettenberg, das →Staatsweingut-Weinbaulehranstalt (außer ersteren alle in Bad Kreuznach) u. a.

Nahetal, Bereich Ab dem 1993er Bereichsname für das gesamte Nahetal anstelle der beiden vormals getrennten Bereiche Bad →Kreuznach und →Schloß Böckelheim.

Nairac, Château 2ᵉ *cru classé* aus →Barsac mit 16ha Rebfläche (90% →Sémillon, 6% →Sauvignon, 4% →Muscadelle) und einem charaktervollen, süßen →Sauternes-Wein.

Nalys, Domaine de Weingut in →Châteauneuf-du-Pape, das für seine eher leichten, eleganten Rot- und Weißweine bekannt ist.

Nantes Bedeutendste Stadt der unteren Bretagne nahe der →Loire-Mündung. Auf den sanft abfallenden Hügeln ihrer Umgebung, besonders südöstlich der Stadt, wird der trockene weiße →Muscadet erzeugt, der sich wachsender Beliebtheit erfreut. Darüber hinaus kommen zwei →V.D.Q.S.-Weine aus dem *pays nantais*: nordöstlich von Nantes der *Coteaux d'Ancenis* (leichte Rot- und Roséweine, selten Weißweine) und meist südlich der Stadt der *Gros Plant du pays nantais*, ein beliebter, frischer Weißwein aus der hier als Gros plant bezeichneten →Folle blanche.

Naoussa Nordgriechische Stadt in →Makedonien, westlich von Thessaloniki, und der in ihrer Umgebung aus Xynomavron erzeugte bekannte trockene Rotwein (→O.P.A.P.). Der Wein kann sehr gehalt- und charaktervoll und dabei durchaus fein sein und gehört zu den beachtenswertesten griechischen Rotweinen. →Boutari und →Tsantalis zählen zu den bekanntesten Erzeugern.

Napa Valley Zentrum des Weinbaus in Napa County in →Kalifornien, rund 80 km nördlich von San Francisco gelegen, bekanntestes und qualitativ bedeutendstes Weinbaugebiet der →Vereinigten Staaten, dessen Spitzenerzeugnisse heute zweifellos zu den großen Weinen der Welt zählen. Weinbau wird im Napa Valley seit rund 150 Jahren betrieben, doch sein weltweiter Ruhm ist wesentlich jüngeren Datums. Heute stehen ungefähr 12 000 ha unter Reben (was ungefähr 9 % der kalifornischen Weinbaufläche entspricht) und ihre Zahl wächst weiter. Der →Chardonnay ist mit 27 % der Rebfläche die am meisten angepflanzte Sorte und bringt etliche der hervorragendsten Weißweine des Napa Valleys und ganz Kaliforniens hervor, während unter den roten Sorten der →Cabernet Sauvignon mit 25 % der bestockten Rebfläche dominiert und in seinen Spitzen zu den bemerkenswertesten Weinen der Neuen Welt zählt. In die verbleibende Fläche teilen sich →Pinot noir, →Zinfandel, →Merlot bzw. →Sauvignon blanc, →Chenin blanc u. a. Sorten. Das Gebiet verfügt über zwei →AVAs, eine für den südlicheren und kühleren Los Carneros-Bereich, während die Napa Valley AVA die umfassendste ist, die sieben weitere kleinere AVAs in sich einschließt.

Die Weine des Napa Valley sind im allgemeinen sehr reich und voll, z. T. hoch im Alkohol (13 – 14 % vol.) und sind in ihrer durchschnittlichen Qualität oft etwas breit und unstrukturiert, mitunter sogar plump. Die besten Rot- wie Weißweine können jedoch äußerst charaktervoll und – wenn voll gelungen – von einer bemerkenswerten finessenreichen Eleganz sein. Es sind diese, seltenen Spitzengewächse, die keinen Vergleich mit den großen Weinen Europas zu scheuen brauchen, und ihre großartige Spitze wird heute vor allem durch zwei Weine markiert, die die überaus gelungene Verbindung zwischen →Bordeaux und dem Napa Valley zum Ausdruck bringen, der →Opus One und der →Dominus.

Die meisten Weingüter erzeugen mehrere Weine, die qualitativ sehr unterschiedlich ausfallen können. So gibt es Weingüter, die einen erstklassigen Chardonnay, aber nur einen eher durchschnittlichen Cabernet hervorbringen. Dennoch gelten heute insgesamt als führend: Heitz Cellars, Robert Mondavi, Stag's Leap Wine Cellars, Château Montelena, Matanzas Creek, Sterling Vineyards, Caymus Vineyards, Freemark Abbey, Monticello Cellars, Château Woltner, Stony Hill Winery, Mount Veeder Winery, Acacia Winery, Burgess Cellars, Schramsberg Vineyards, Chandon, Clos du Val, Mayacamas Vineyards, Joseph Phelps Vineyard, Villa Mt. Eden, Rutherford Hill, Cuvaison, William Hill, Congress Springs, Flora Springs (→Trilogy), Newton u. a.

Nardò Voller und reicher Rot- und Roséwein aus der Umgebung von Nardò im →Salento in →Apulien. Er wird aus dem üblichen Mischsatz von →Negro amaro und →Malvasia nera erzeugt.

Nasco Alte Rebsorte aus der im →Campidano auf →Sardinien der Nasco di Cagliari hergestellt wird, ein Weißwein, der sowohl trocken als auch →halbtrocken, süß oder →*liquoroso* sein kann. Letzterer mag an einen leichten →Sherry erinnern, doch gilt die trockene Version als die beste. Weniger bekannte Nasco-Weine (und ohne →DOC-Prädikat) werden auch in anderen Teilen der Insel erzeugt.

Nase Umschreibung für den allgemeinen Geruchseindruck eines Weines.

Naßverbesserung Fragwürdige Methode zur Erhöhung des Alkoholgehalts (und des Volumens) und zur Herabsetzung eines hohen Säuregrads. Bis 1984 war diese aus den Krisen des 19. Jahrhunderts datierende Maßnahme in einigen nördlichen Teilen der →Weinbauzone A, zumal an der →Mosel, bei →Riesling- und →Elbling-Weinen zugelassen. Angesichts der prinzipiellen Unvereinbarkeit mit einem qualitätsorientierten Weinbau, durch Zugabe einer 10%igen Zuckerwasserlösung einen ohnehin bereits dürftigen Most noch weiter zu verwässern, ist es nur zu begrüßen, daß im Sinne des Gesetzes die Naßverbesserung nur noch eine historische Reminiszenz ist.

Natur Früher vielfach verwandte Bezeichnung für nicht →angereicherte Weine, die als *Naturwein, naturrein* u.ä. deklariert wurden. Durch EU-Verordnungen sind Bezeichnungen wie *Natur, nature, naturale* und ihre abgeleiteten Formen als Irreführung nicht mehr zulässig. Nicht →verbesserter Wein ist in Deutschland heute der →Qualitätswein mit Prädikat, in Österreich (dort ebenfalls verboten) ein →Kabinett- bzw. →Qualitätswein besonderer Reife und Lesart.

Naumburg Kreisstadt an der Saale gegenüber der →Unstrutmündung südlich von Halle und berühmt für seinen großartigen romanisch/gotischen Dom. Auf dem Gebiet des Weins ist Naumburg eines der Zentren des Weinbaugebietes →Saale-Unstrut. *Sonneck* und *Steinmeister* sind die beiden vorzüglichen Lagen von Naumburg.

Navarra Alte spanische Provinz in den westlichen Pyrenäen und in bezug auf Wein eine →Denominación de Origen. Die knapp 18000 ha, südlich der Hauptstadt Pamplona gelegen, verteilen sich auf 5 Bereiche: Valdizarbe im Norden, Tierre de Estella im Westen, Ribera Alta im Zentrum, Baja Montaña im Osten und Ribera Baja im Süden. Als qualitativ beste Bereiche gelten jene mit atlantischem, halbfeuchtem Klima, während die an die →Rioja baja grenzenden Bereiche der Ribera im Einflußbereich des trocken-heißen, mediterranen Klimas liegen. Es werden Weiß-, Rosé- und Rotweine erzeugt.
Am bekanntesten ist Navarra für seine Roséweine, die wie in Rioja baja fast ausschließlich aus →Garnacha, auf die rund 85% der Rebfläche entfallen, erzeugt werden, während die Weißweine, wenn trocken und jugendlich, fruchtig, vollmundig und gehaltvoll sein können. Die herausragendsten Rotweine vermögen dagegen Charakter, Eleganz und Charme anzunehmen, womit sie den besten, häufig aus den gleichen Rebsorten erzeugten Rioja-Weinen – →Tempranillo, aber auch Graciano und zunehmend →Cabernet Sauvignon u.a. – nicht nachstehen. Sie gehören dann zweifellos zu den besten spanischen Rotweinen überhaupt. Zu den qualitativ führenden Erzeugern zählen heute Malumbres, Chivite, Guelbenzu, Ochoa, Bodega de Sarría, Irache, Cenalsa, Muga, die Vinicola Navarra u.a.

Néac Früher eigene Appellation im →Bordeaux-Gebiet, heute Teil von →Lalande-de-Pomerol.

Nebbiolo Herausragende italienische Rotweinsorte, eine der besten der Welt. Der Name wird von *nebbia* (Nebel) abgeleitet: der Nebbiolo gedeiht nämlich dort am besten (und liefert auch die bedeutendsten Weine), wo im September morgens häufig Nebel herrscht, wie in →Piemont und im Norden der →Lombardei. Hier bringt sie so glänzende Weine wie →Barolo, →Barbaresco, →Gattinara, →Ghemme, →Lessona, →Valtellina u. a. hervor. Darüber hinaus und selbst in weniger guten Weinbaugebieten gewinnt man aus dem Nebbiolo sehr beachtliche Rotweine, die meist einfach unter dem Namen der Sorte in den Handel gebracht werden, von denen der Nebbiolo d'→Alba der bedeutendste sein dürfte: kraftvoll, tanninhaltig, nachhaltig, charaktervoll und ausgeglichen. Giacosa, →Gaja (*Vignaveja*), Vietti, Scarpa u.v.a. sind zuverlässige Erzeuger.
Der Nebbiolo ist wenig ergiebig und gedeiht am besten in Hang- bzw. Steillagen. Von dort kommend verleiht er den aus ihm bereiteten Weinen Körperreichtum, große Säure und Kernigkeit und einen ziemlich hohen Alkoholgehalt (13,5–14,5 % vol.). Diese Weine reifen sehr langsam und sind in guten Jahren äußerst langlebig, wirklich ausgezeichnet und von hohem Rang.

Nebuchadnezar Riesenflasche mit dem Fassungsvermögen von 20 normalen →Flaschen, entsprechend 15 l. Sie wird nur selten zur Lagerung und Reife besonderer Weine verwandt.

Neckar, Oberer, Bereich Wenige Hektar großer Bereich mit verstreuten Parzellen in und um Tübingen, Rottenburg und Reutlingen.

Neckarzimmern Nicht zuletzt durch die Burg Hornberg, im 16. Jahrhundert im Besitz von Götz von Berlichingen, bekannter Weinbauort am Neckar unmittelbar unterhalb von →Gundelsheim.

und Sitz des angesehenen Freiherrl. von Gemmingen-Hornberg'schen Weingutes. Gehört durch »Umzonung« seit Herbst 1985 zum Bereich Württembergisch →Unterland des Anbaugebietes →Württemberg statt wie früher zu →Baden mit dem Bereich Badische →Bergstraße / Kraichgau. Die Weine zeichnen sich durch dezente Frucht und eine elegante Art aus.

Nederburg Berühmtes und traditionsreiches Weingut in →Paarl mit einer wechselvollen Geschichte. Heute ist Nederburg mit seinen 1000 ha Teil der Cape Wine & Distillers Group. Auch wenn seine qualitative Stellung innerhalb des südafrikanischen Weinbaus längst nicht mehr so herausragend ist wie noch vor einigen Jahrzehnten, ist seine →Beerenauslese (Noble Late Harvest) *Edelkeur* aus →Chenin blanc immer noch einer der spektakulärsten Weine des Landes.

Neef Kleiner Weinbauort an der →Mosel im Bereich →Zell / Untermosel mit etwa 90 ha Rebfläche. Als beste Lage gilt der steile *Frauenberg* und als ein führender Erzeuger Eduard Bremm, dessen →Rieslinge zu den besten der Untermosel gehören und durchweg Beachtung verdienen.

Negrar Ort inmitten des →Valpolicella-Gebietes, in dessen Umgebung einige der besten Weine dieses Gebietes erzeugt werden. Sitz namhafter Erzeuger, darunter Le Ragose, Quintarelli, einer Winzergenossenschaft u. a.

Negrara Gute, in Norditalien verbreitete Rotweinsorte, darf zur Erzeugung von →Bardolino, →Valpolicella u. a. Weine verwandt werden.

Negro amaro Gute, in Süditalien sehr verbreitete Rotweinsorte, die besonders im →Salento einige ausgezeichnete Weine hervorbringt, von denen der

→Patriglione der herausragendste sein dürfte.

Neipperg Kleiner von der Burg der Grafen von Neipperg überragter Weinbauort in →Württemberg. Der im gräflichen Besitz befindliche *Schloßberg* gilt als seine beste Lage und ist für seine →Rieslinge und →Lemberger bekannt.

Neipperg, Graf von Eines der ältesten Weinbau betreibenden Adelsgeschlechter in →Württemberg mit wertvollen Lagen in →Neipperg und →Schwaigern (Sitz des Gutes) und in →Saint-Emilion im →Bordeaux-Gebiet u. a. mit dem als *grand cru classé* eingestuften Château →Canon-La-Gaffelière u. a.

Nemea Kleiner, bis in die Antike zurückdatierender Ort südwestlich von Korinth auf dem →Peloponnes, aus dessen reizvoller Umgebung auf ca. 1500 ha aus Agiorgitiko einer der hervorragendsten griechischen Rotweine mit →O.P.A.P.-Prädikat erzeugt wird. Der auch als *Herkulesblut* oder *Lion de Nemea* bezeichnete Wein von Charakter und Rasse reift sehr gut und vermag herausragende Feinheit und Eleganz, gepaart mit einem weinigen Traubenton, zu erreichen. Zu den führenden Erzeugern gehören A. Parparoussis, die lokale Winzergenossenschaft, →Cambas (auch →Cava Cambas), →Achaia Clauss u. a.

Nemo Roter →Tafelwein aus der →Toscana, der von Fabrizio Bianchi auf dem Gut Monsanto im →Chianti classico-Gebiet aus →Cabernet Sauvignon mit kleinen Anteilen von →Sangiovese erzeugt wird. Der Wein stammt von einer einzigen Lage (*Il Mulino di Scanni*) und wird ein Jahr in →Barriques aus französischer Eiche ausgebaut. Er verfügt über viel Feinheit, Eleganz und Komplexität und ist von hervorragender Qualität.

Nenin, Château Bedeutender *cru* von →Pomerol mit 28 ha Rebfläche (50 % →Merlot, 30 % →Cabernet franc, 20 % →Cabernet Sauvignon). Der Wein kann ausgezeichnet, fruchtig, großzügig und weich sein, doch ist das allgemeine Qualitätsniveau bedauerlicherweise sehr ungleichmäßig.

Nerthe, Château La Altberühmtes, von Frédéric Mistral besungenes Weingut im Gebiet von →Châteauneuf-du-Pape, das einen hervorragenden, kraftvollen und nachhaltigen Rotwein und einen höchst seltenen, doch mindestens ebenso guten, vollmundigen, samtigen und dabei feinen Weißwein erzeugt.

Nervig Bezeichnung für einen möglicherweise noch etwas jugendlichen, gleichwohl charaktervollen, lebendigen Wein mit angemessener Säure und unter Umständen guten Lebenserwartungen.

Neuburger Rebsorte unbekannter, sicherlich jedoch österreichischer Herkunft, da sie nur hier anzutreffen ist; es könnte sich um eine Zufallskreuzung aus Weißem →Burgunder und →Silvaner handeln, weshalb sie z. T. auch als Grüner →Burgunder bezeichnet wird. So schmackhaft ihre Trauben auch sind, sind die aus ihr erzeugten Weine in der Regel etwas ausdruckslos und lassen Charakter und Format vermissen. In Österreich sind 1518 ha mit ihr bestockt, zumal in den Gebieten →Neusiedlersee, →Neusiedlersee-Hügelland und →Thermenregion. Sie rangiert damit an 6. Stelle unter den weißen Rebsorten. In Deutschland ist sie praktisch nicht zu finden.

Neuchâtel →Neuenburg

Neuenburg 612 ha großes Schweizer Weinbaugebiet von Le Landeron am Südufer des →Bielersees entlang dem Neuenburger See bis Vaumarcus mit den beiden Bezirken Neuchâtel (dem nordöstlichen Teil) und dem südlich von der Kantonshauptstadt gelegenen Boudry. Auf Kalkböden liefert der →Chasselas (→Gutedel) als weiße Hauptsorte duftige, blumige Weine mit eleganter Säure von spritzig-prickelnder Art, bedingt durch den hohen Kohlensäuregehalt aus dem biologischen →Säureabbau (sog. →Sternweine), die in der Regel unter der generellen Bezeichnung *Neuenburger* (bzw. franz. *Neuchâtel*) verkauft werden. Die von einem guten Viertel der Rebfläche – meist im Boudry-Bezirk gelegen – ausschließlich aus der →Pinot noir erzeugten Rotweine zählen zu den besten des Landes, wobei jene aus →Cortaillod, Auvernier, Boudry selbst, Bevaix, Gorgier u. a. den klangvollsten Namen haben. Wachsender Beliebtheit erfreut sich der →Oeil-de-perdrix, ein nur kurze Zeit an der Maische gegorener →Spätburgunder →Süßdruck (Roséwein).

Neumagen Angeblich der älteste deutsche Weinbauort, eine Behauptung, die Funde aus der Römerzeit zu belegen scheinen, allen voran das berühmte Neumagener Weinschiff (jetzt im Landesmuseum Trier). Neumagen mit seiner rund 145 ha großen Rebfläche liegt an der →Mittelmosel zwischen →Trittenheim und →Dhron. Seine Weine sind frisch, leicht und anmutig, mit einem schönen Bukett. Zu den besten Lagen gehören *Sonnenuhr*, *Laudamusberg*, *Rosengärtchen*, *Nußwingert* (Alleinbesitz Weingut Milz in Trittenheim) u. a.

Neuseeland Obwohl in diesem Nachbarland →Australiens seit über 150 Jahren Reben angepflanzt werden, hat der Weinbau dort erst in den letzten dreißig Jahren größere Bedeutung gewonnen, als man die Vorzüge der Weine aus vergleichsweise kühlem Klima erkannte. Heute stehen rund 6000 ha unter Reben, von denen im Schnitt 4 – 500 000 hl Wein erzeugt werden. Die bedeutendsten Weinbaugebiete sind Marlborough (im

äußersten Nordosten der Südinsel), Hawkes Bay, Gisborne, Auckland (alle auf der Nordinsel) u. a. Über vier Fünftel der Weine sind weiß, wobei unter den angepflanzten Reben der →Müller-Thurgau die mit Abstand führende Sorte ist (wird z. T. auch als →Riesling etikettiert). Mit wachsendem Erfolg werden darüber hinaus →Chardonnay, →Sauvignon, →Gewürztraminer, Riesling u. a. Sorten angepflanzt. Unter den roten Sorten gewinnt der →Cabernet Sauvignon an Bedeutung, aber auch →Pinot noir und →Merlot nehmen zu. Die besten neuseeländischen Weine sind von durchaus beachtenswerter Qualität, meist leicht und fruchtig, von eher schlankem Körper, doch die besten von ihnen können durchaus fein und elegant sein. Zu den namhaften Erzeugern gehören Montana, Cooks, Villa Maria, Cape Mentelle (Cloudy Bay), Esk Valley, Nobilo (das größte Familienweingut Neuseelands) u. a.

Neusiedlersee, Weinbaugebiet Steppensee im nördlichen →Burgenland und das nach ihm benannte, nördlich und östlich von ihm gelegene Weinbaugebiet in der Parndorfer Heide und dem Seewinkel, bis 1985 Teil des damaligen Weinbaugebietes →Rust-Neusiedlersee. Insgesamt sind 10 387 ha mit Reben bestockt, davon 87 % weiße Sorten wie Grüner →Veltliner, →Welschriesling, →Müller-Thurgau, →Muskat-Ottonel, →Neuburger, Weißer →Burgunder u. a. Angesichts des niederschlagsarmen, sommerheißen Klimas mit hoher Luftfeuchtigkeit durch die Wasserverdunstung des Sees sind die natürlichen Voraussetzungen für die ganze Palette von trockenen →Qualitätsweinen bis zur →Trockenbeerenauslese wie kaum in einem zweiten europäischen Weinbaugebiet gegeben. Doch statt eines österreichischen →Sauternes-Gebiets hat das Gebiet in der Vergangenheit eher im Zusammenhang mit →Weinskandalen und Billigprodukten auf sich aufmerksam gemacht. Seither gibt es jedoch eine Fülle ernst zu nehmender Bestrebungen, die natürlichen Vorzüge des Gebietes im Sinne seriöser Weinerzeugung kompromißloser zu nutzen. Die überzeugendsten bisherigen Ergebnisse stammen zumeist aus →Gols, →Halbturn, →Illmitz u. a. Orten.

Neusiedlersee-Hügelland, Weinbaugebiet Im wesentlichen zwischen Leithagebirge und Neusiedlersee bzw. anschließender ungarischer Grenze gelegenes burgenländisches Weinbaugebiet westlich des Neusiedlersees mit 6264 ha Rebfläche, bis 1985 Teil des damaligen Anbaugebietes →Rust-Neusiedlersee. Im Unterschied zum östlich des Neusiedlersees gelegenen Seewinkel weist das z. T. noch etwas sonnigere Klima nicht überall die gleiche hohe Luftfeuchtigkeit auf. Ferner bestehen die Böden in Seenähe und im Süden um Mattersburg aus Sand- und Lehmschichten, während an den Abhängen des Leithagebirges kristalline Gesteinsschichten, z. T. mit Kalk oder Löß bedeckt, vorherrschen. Entsprechend unterschiedlich sind die Weine des Gebietes, die im unmittelbaren Seebereich jenen des Seewinkels noch am ähnlichsten sind mit einem relativ hohen Anteil höherer →Prädikatsweine bis zur →Trockenbeerenauslese, während in den westlich und vor allem südlich davon gelegenen Teilen (zumal um Pöttelsdorf) die Rotweinerzeugung deutlich zunimmt. Bei weiterem kompromißlosem Qualitätsstreben werden sicherlich in Zukunft weitere Orte und Erzeuger gesteigerte Beachtung verdienen. Derzeit zählen →Eisenstadt mit seinen Ortsteilen, →Großhöflein, →Mörbisch, →Oggau, →Rust, →Sankt Margarethen, →Siegendorf u. a. zu den führenden Weinbauorten.

Neustadt Zentrum des Weinbaus und -handels in der →Pfalz, an der Deutschen →Weinstraße gelegen und die größte Weinbaugemeinde Deutschlands: Innerhalb der weit ausgedehnten Stadtgrenzen liegt ein Zehntel der pfälzischen Rebfläche, rund 2100 ha. Die bedeutendsten Lagen befinden sich in den Ortsteilen →Königsbach, →Gimmeldingen, Diedesfeld (Weingut Ökonomierat Isler), Haardt (Weingut Müller-Catoir), Duttweiler (Weingut Bergdolt) und Mußbach. Neustadt ist Sitz des →Staatsweingutes mit Johannitergut.

Neusüdwales (New South Wales) Australischer Bundesstaat an der Südostküste des Kontinents und ältestes Weinbaugebiet Australiens (seit 1788). Heute befinden sich 12 200 ha unter Reben, die jährlich um die 1,3 Mill. hl Wein hervorbringen. →Sémillon, →Chardonnay und →Shiraz sind die führenden Rebsorten. Als bedeutendster Bereich gilt seit langem das etwa 150 km nördlich von Sydney gelegene →Hunter Valley. Andere Gebiete sind Riverina (Murrumbidgee Irrigation Area), 500 km westlich von Sydney, Rooty Hill, Mudgee u. a.

Neuweier Heute zu Baden-Baden gehörender Weinbauort im nördlichen →Baden mit 165 ha Rebfläche, bekannt insbesondere durch die sog. →Mauerweine, die das Schloßweingut Neuweier, aber auch die lokale Winzergenossenschaft, vom *Neuweierer Mauerberg* – zusammen mit dem wesentlich kleineren *Schloßberg* die beste Lage des Ortes – zumeist aus →Riesling erzeugt.

Neuzüchtungen Sog. intraspezifische – im Gegensatz zu den interspezifischen – →Kreuzungen aus *Vinifera x Vinifera*-Sorten, die insbesondere in den sechziger und siebziger Jahren das vermeintliche Zauberwort im deutschen Weinbau darstellten, das in →Rheinhessen, in →Franken, an der →Nahe, in der →Pfalz, aber z. T. auch in →Baden, an der →Mosel, in →Württemberg und in den anderen Anbaugebieten den in seinen Konsequenzen kaum bedachten, fast fluchtartigen Übergang von alten Rebsorten (→Riesling, →Silvaner, weiße und blaue →Burgundersorten, →Gutedel u. a.) auf neue Rebzüchtungen wie →Kerner, →Scheurebe, →Bacchus, →Morio-Muskat, →Huxelrebe u. a. markierte. Nicht daß Neuzüchtungen an sich bereits abzulehnen wären, denn schließlich ist nicht nur die →Müller-Thurgau-Rebe eine sehr erfolgreiche Neuzüchtung, die passable Alltagsweine und mitunter durchaus besseres hervorzubringen in der Lage ist, sondern es gibt unter ihnen auch Rebsorten, die ein dem Müller-Thurgau vergleichbares, vielleicht ihn noch übertreffendes Qualitätsniveau zu erreichen vermögen, obgleich keine von ihnen qualitativ auch nur entfernt an den Riesling, den Weißen oder Grauen Burgunder, →Traminer, Silvaner und die übrigen traditionellen Sorten heranreicht – jener ebenso irrige wie letztlich fatale Euphemismus, mit dem die ganze Neuzüchtungswelle gestartet wurde. In der Praxis war diese jedoch die natürliche Folge des 1971er Weingesetzes, Reben zu züchten, die frühreif sind, d. h. hohe →Oechslewerte erreichen und damit fast jedes Jahr →Spätlesen erlauben, sehr hohe und sichere Erträge bringen, z. T. noch gepaart mit aufdringlichem Bukett. Mit anderen Worten waren an die Stelle von Qualitätserwägungen rein ökonomische Überlegungen getreten, die sich an den Gesichtspunkten von Masse und Gewinn orientieren, die Antithese zu jeder wirklichen Weinkultur. Als Ergebnis haben wir es heute im deutschen Weinbau mit einer qualitativ (und auch im Sinne der Existenzsicherung der Betriebe) überhaupt nicht mehr zu rechtfertigenden Vielfalt von Rebsorten zu tun, durch die nicht nur viele Betriebe, sondern auch bereits ganze Anbaugebiete ihr qualitatives Profil verloren haben. Schon heute ist in Deutschland rund jeder zweite angepflanzte Rebstock eine Neuzüchtung,

wobei es in Rheinhessen trotz rückläufiger Tendenzen immer noch über 20 Rebsorten gibt, mit denen 10 ha und mehr Fläche bestockt sind, während der Anteil der alten Sorten, also der Nicht-Neuzüchtungen an der Gesamttrebfläche, wenn auch steigend, lediglich 32 % ausmacht. Erfreulicherweise hat jedoch inzwischen eine Neubesinnung auf die klassischen Sorten und ihre Werte eingesetzt, so daß eine zunehmende Zahl von Gütern sich mittlerweile wieder von diesen einst gepriesenen Sorten abwendet und ihre Flächen durch Riesling, Burgundersorten, Silvaner u. a. ersetzt. In den übrigen traditionsreichen Weinbauländern Europas haben Neuzüchtungen *für den Qualitätsweinbau* nie eine auch nur annähernd vergleichbare Rolle in den zurückliegenden Jahrzehnten gespielt.

New York State Mit ungefähr 15 000 ha Rebfläche der zweitgrößte Weinbaustaat in den →Vereinigten Staaten nach →Kalifornien. Ungefähr die Hälfte dieser Fläche wird zur Weinerzeugung genutzt. Rund vier Fünftel dieser Fläche liegen im Bereich der →Finger Lakes, der Rest im Tal des →Hudson bzw. auf Long Island und am Lake Erie. Neben einheimischen →*Labrusca*-Sorten werden seit einiger Zeit zunehmend europäische →*Vinifera*-Sorten (→Chardonnay, →Riesling, →Gewürztraminer, →Pinot noir, →Merlot, →Cabernet Sauvignon u. a.) und »neue« →Hybriden erfolgreich angebaut.

Niagara Peninsula In →Kanada in der Provinz Ontario zwischen dem Erie- und dem Ontariosee gelegenes Hauptweinbaugebiet des Landes. Es werden ähnlich dem benachbarten →New York State →*Labrusca*-, einige →*Vinifera*-Sorten und »neue« →Hybriden angebaut. Die Weine, zumal aus den letzteren, sind meist eher leicht und angenehm. Bright's ist ein auch außerhalb des Landes bekannter Name.

Niederhausen Nach →Schloßböckel-
heim einer der besten Weinbauorte der
→Nahe mit gut 120 ha Rebfläche, als deren beste Lagen *Hermannshöhle, Hermannsberg, Steinberg* (die beiden letzteren im Alleinbesitz der lokalen Staatlichen →Weinbaudomäne), *Rosenberg,
Pfingstweide* u. a. gelten, die überwiegend mit →Riesling bestockt sind und
deren Weine zu den hervorragendsten
der Nahe zählen. Dönnhoff, die
Domäne, Paul →Anheuser, Hehner-
Kiltz, Jakob Schneider u. a. gehören zu
den namhaftesten Erzeugern.

Niedermennig Heute zu Konz
gehörender Weinbauort zwischen
→Saar und →Mosel im Bereich →Saar-
Ruwer mit ungefähr 110 ha Rebfläche.
Bringt in guten Jahren einige sehr
schöne Weine hervor. Als beste Lage gilt
der *Herrenberg.*

Niederösterreich Zentrum des österreichischen Weinbaus und größte Weinbauregion des Landes, mit 33 398 ha
Ertragsrebfläche, was knapp 59 % der
gesamten Ertragsfläche Österreichs entspricht. Unter einem qualitativen Gesichtspunkt nimmt die →Wachau dank
ihrer Urgesteinsverwitterungsböden
und der auf ihnen gedeihenden großartig strukturierten, rassigen, nuancenreichen und eleganten →Rieslinge und
Grünen →Veltliner heute qualitativ den
ersten Rang ein, gefolgt von den besten
Teilen des →Kremstals und des
→Kamptals und der →Thermenregion
mit ihren körper- und alkoholreichen,
häufig lieblichen Weißweinen um
→Gumpoldskirchen und den Rotweinen um Bad →Vöslau. Es schließen sich
angesichts ihrer Lößböden die Weine
des →Donaulands und von →Carnun-
tum bzw. des →Weinviertels, jenes
größte österreichische Weinbaugebiet
im Nordosten des Bundeslandes entlang der tschechischen Grenze mit qualitativ sehr unterschiedlichen Weinen.
Ähnlich seiner unterschiedlichen klima-

tischen und geologischen Bedingungen
verfügt daher Niederösterreich über die
wohl breiteste Weinpalette in Österreich.

Niederschlag →Depot

Niederwalluf Weinort im →Rheingau,
Teil von →Walluf.

Nierstein Wohl der berühmteste und
sicherlich der beste Weinbauort in
→Rheinhessen, Zentrum der einzigartigen →Rheinfront und einer der ganz
großen Namen im deutschen Weinbau.
Rund 870 ha sind mit Reben bestockt,
und in den besten Lagen steht nahezu
ausschließlich →Riesling. Es sind dies
die sog. →*grand cru*-Lagen von den
berühmten roten Hang Niersteins, d. h.
rotem Tonschiefer aus der Permzeit
(250 Mill. Jahre), dem sog. »Rotliegen-
den«, *Brudersberg* (Alleinbesitz →Heyl
zu Herrnsheim), *Pettenthal, Hipping*
(in der Großlage *Rehbach*), *Ölberg,
Heiligenbaum, Orbel, Glöck, Kranz-
berg* (in der →Großlage *Auflangen*).
Neben diesen überwiegend Steillagen
genießen die Lagen in der Großlage
Spiegelberg Ansehen, wie *Findling,
Bildstock, Hölle* u. a. Die bekannteste
aller Niersteiner Großlagen ist dagegen
Gutes Domtal, die ganz entscheidend
dazu beigetragen hat, den Ruf der Niersteiner Weine in Mißkredit zu bringen.
Zu ihr gehört lediglich eine einzige, relativ unbedeutende Niersteiner Lage.
Insgesamt umfaßt die Großlage 15 Gemeinden, so daß der als *Niersteiner
Gutes Domtal* abgefüllte Wein in aller
Regel und entgegen seinem Namen
nicht aus Nierstein stammt. Es handelt
sich dabei auch um einen in etwa einer
→Liebfrauenmilch vergleichbaren eher
belanglosen Wein. Ein echter Niersteiner Riesling von den *grand cru*-Lagen
der Rheinfront ist hingegen Wein aus
einer anderen Welt: Großzügig und
strukturiert, wenn auch ohne die Kernigkeit des Ausdrucks eines großen

→Rheingauer ist er ein großartiger Wein von bemerkenswerter Eleganz und Ausgeglichenheit, der durch seine Nuancen, Komplexität und Feinheit besticht. Zu den führenden Erzeugern zählen die lokalen Weingüter →Heyl zu Herrnsheim, →St. Antony, →Braun, →Balbach, G. A. Schneider, E. Wehrheim, Schuch, Strub, die →Weinbaudomäne Oppenheim, Schlamp-Schätzel, Wolff-Metternich, H. Seebrich, Guntrum, Hermannshof u. a.

Nierstein, Bereich Mit 9742 ha Ertragsrebfläche größter und qualitativ bester der drei Bereiche →Rheinhessens. Seine besten Weine sind →Rieslinge, die durchweg von der →Rheinfront um →Nierstein, →Nackenheim, →Oppenheim und einigen benachbarten Orten stammen. Über einen guten Namen verfügen ebenfalls →Laubenheim, →Bodenheim, →Dienheim, →Guntersblum, →Ludwigshöhe, →Alsheim sowie etwas zurückgezogener →Selzen, →Uelversheim u. a. Die letzteren Orte gehören bereits zum rheinhessischen →Hügelland mit seinen andersartigen Böden, die vor allem dafür verantwortlich sind, daß die von ihnen stammenden Weine in der Regel nicht den Rang der Spitzengewächse der Rheinfront zu erreichen vermögen. Die besten von ihnen sind jedoch substantiell, elegant und in jeder Weise beachtenswert.

Noah Minderwertige weiße Rebsorte aus dem Osten der →Vereinigten Staaten, die Ende des vorigen und in der ersten Hälfte dieses Jahrhunderts in →Burgund und vielen anderen Teilen Europas in größerem Umfang wegen ihrer Resistenz gegen die →Reblaus angebaut wurde. Ihrem Namenspatron hat sie keine Ehre gemacht, und heute wird sie praktisch nirgendwo mehr zur Weinbereitung verwandt.

Nobling Freiburger →Neuzüchtung aus →Silvaner × →Gutedel mit derzeit

noch 128 ha Rebfläche (nahezu ausschließlich in →Baden). Die Rebe gilt als ertragssicherer als der Gutedel, doch sind ihre Weine etwas hohl, charakterlos und dem Gutedel qualitativ in der Regel deutlich unterlegen.

Noè di Siculiana Sehr ansprechender, ausdrucksvoller, im Alter feiner roter →Tafelwein aus der Umgebung jenes so nordafrikanisch anmutenden Siciliana an der Südküste →Siziliens, unweit von Agrigent. Die lokale Winzergenossenschaft ist verläßlich.

Norheim Qualitativ hervorragender kleiner Weinbauort an der →Nahe mit rund 85 ha Rebfläche und etlichen herausragenden →Riesling-Weinen. Zu den besten Lagen zählen *Kafels*, *Dellchen*, *Kirschheck* u. a. Paul →Anheuser, Crusius, Jakob Schneider u. a. gelten als führende Erzeuger.

Nosiola Seltene italienische Rebsorte, aus der im →Trentino ein rarer Weißwein erzeugt wird, der in seiner Jugend durch Frische und Frucht besticht. Fanti gilt als ein führender Erzeuger. →Sorni

Nostrano Im →Tessin nach wie vor anzutreffende Bezeichnung für Weine aus überkommenen einheimischen Rebsorten, im Gegensatz zum →Americano oder →Hybridenwein, z. B. der →Isabella, und zu Weinen aus eingeführten →*Vinifera*-Sorten, darunter der heute fast 90 % der Rebfläche einnehmende →Merlot. Der meiste Nostrano (weniger als 6 % der Gesamterzeugung) stammt nach wie vor aus der Bondola, die einen rauhen, gerbstoffreichen, erdigen Rotwein ergibt, der fast nur noch zum Hausgebrauch erzeugt wird. Wenn überhaupt im Handel, wird er durchweg als *Colli del Ticino* etikettiert.

Notarpanaro Eine der besten Weinlagen im Süden →Apuliens in der Nähe von →Salice. Sie befindet sich samt zugehörigem Gut im Besitz von Cosimo Taurino, der hier einen sehr tiefen, nervigen, charaktervollen und langlebigen Rotwein erzeugt, der zu den besten des →Salento zählt und vielleicht nur noch von dem hier ebenfalls erzeugten →Patriglione übertroffen wird. Auch als sehr ansprechender, kräftiger Rosé.

Novaline Rubino Von Todesca in Mattarello südlich von Trento (→Trentino) erzeugter feiner, stimmiger Rotwein aus →Cabernet und →Merlot.

Nuits-Saint-Georges Berühmte Weinstadt an der →Côte de Nuits in →Burgund, der sie ihren Namen gab. Neben geringfügigen Mengen Weißwein (→*Perrière* und *Clos Arlot*) werden eine Reihe bewundernswerter Rotweine erzeugt. Während die besten von ihnen typische, volle und exzellente Burgunder sind, sind die – leider zunehmenden – weniger guten Abfüllungen mitunter etwas leer und rauh und weisen z. T. einen typischen →Bodengeschmack (*goût de terroir*) auf. Zu den besten Lagen (einschließlich von →Premeaux, dessen Weine unter der gleichen Appellation in den Handel gebracht werden) zählen *Les Saint-Georges, Les Vaucrains, Les Pruliers, Les Cailles, Les Boudots,* →*Clos des Corvées, Les Porrets, Clos des Argillières, Les Perdrix, Château Gris, Clos de Thorey, La Richemone, Les Murgers, Clos de la Maréchale, Clos Arlot* u. a. Bruck, J. Chauvenet, R. Chevillon, Faiveley, H. Gouges, Hospices de Nuits, Labouré-Roi, Lupé-Cholet u. a. gelten als führende Erzeuger.

Nuragus di Cagliari Einer der ältesten und der heute wohl verbreitetste Weißwein →Sardiniens, der im →Campidano und darüber hinaus hauptsächlich aus Nuragus erzeugt wird, ein meist ansprechender, gefälliger, eher leichter Wein, dessen Name an die »Nuraghi«, jene rätselhaften, prähistorischen Steintürme als Zeugen einer vergangenen Kultur erinnert.

Nußdorf Bekannter →Heurigenort im 19. Bezirk von →Wien mit einigen vorzüglichen Weinen (*Nußberger*).

Nußton Meist an Walnüsse oder Haselnüsse erinnernder besonderer, angenehmer Geschmack oder Aroma, wie er hauptsächlich beim →Sherry und einigen anderen →Likörweinen anzutreffen ist.

Oberbergen Weinbauort am →Kaiserstuhl in →Baden mit rund 170 ha Rebfläche, darunter die *Baßgeige*, heute dank Franz Keller weithin bekannt, der dort sehr beachtenswerte, rassige und strukturierte Graue und Weiße →Burgunder, →Spätburgunder, →Rieslinge u. a. Weine erzeugt, die zu den besten des Bereichs gehören.

Oberemmel Kleiner Weinbauort in einem Seitental der →Saar bei →Wiltingen. Rund 210 ha stehen unter Reben, vor allem →Riesling, die in besseren Jahren Weine von hoher Qualität ergeben: zart, blumig, charaktervoll. Zu den besten Lagen zählen *Rosenberg*, *Agritiusberg*, *Hütte* (Alleinbesitz Weingut von Hövel), *Raul* u. a. →Kesselstatt, von Hövel u. a. gelten als führende Erzeuger.

Oberhaardt →Weinstraße, Südliche

Oberhausen Name zweier kleiner Weinbauorte im →Anbaugebiet →Nahe, von denen der kleinere an der Appel liegt. Der bedeutendere befindet sich an der Nahe, und zwar flußaufwärts von dem ungleich renommierteren →Niederhausen, und verfügt über gut 50 ha Rebfläche. Seine bedeutendste Lage ist die größtenteils zu Niederhausen gehörende *Hermannshöhle*, deren Rang die auf dem rechten Naheufer gelegenen Lagen (*Brücke* – Alleinbesitz Dönnhoff –, *Leistenberg*, *Kieselberg* u. a.) durchweg nicht erreichen. Weit mehr Beachtung findet der Ort jedoch heute als Sitz des Weingutes Hermann Dönnhoff (10 ha, 70 % →Riesling, mit Anteilen an der *Hermannshöhle* und am →Schloßböckelheimer *Felsenberg*), das

nach allgemeiner Einschätzung eine der ersten Adressen des ganzen Gebietes ist.

Oberloiben →Loiben

Obermosel Westlicher Bereich von →Mosel-Saar-Ruwer, entlang der →Mosel von der Grenze des Saarlandes bis zur →Saar-Mündung, →Luxemburg gegenüber, mit 1089 ha Ertragsrebfläche. Ähnlich dem südlich anschließenden →Moseltor erreicht der Bereich im allgemeinen qualitativ nicht das Niveau der übrigen Bereiche des →Anbaugebietes, was nicht allein klimatische Gründe hat, sondern auch auf den →Elbling zurückzuführen ist, der in den meisten deutschen Weinbaugebieten überhaupt nicht mehr anzutreffen ist, hier aber rund 90 % der Rebfläche einnimmt. Die Weine werden angesichts ihres neutralen, säurereichen Charakters zu einem erheblichen Teil als Sektgrundweine verwendet.

Obernai Südwestlich von Straßburg im nördlichen →Elsaß gelegenes malerisches Weinstädtchen mit rund 65 ha Rebfläche. Der *Clos-Sainte-Odile* ist die bekannteste Lage und liefert in der Regel die besten Weine.

Oberrotweil Weinbauort am →Kaiserstuhl in →Baden mit rund 360 ha Rebfläche. *Eichberg*, *Kirchberg*, *Henkenberg* u. a. gelten als gute Lagen. Grauer →Burgunder und →Spätburgunder sind qualitativ die führenden Rebsorten. Der Freiherr von →Gleichenstein, Salwey (16 ha, 50 % →Spätburgunder, 13 % Grauer →Burgunder, 11 % →Riesling, je 8 % Weißer →Burgunder und →Silvaner) u. a. zählen zu den führenden Erzeugern.

Oberwesel Einer der malerischsten Weinbaustädte am →Mittelrhein mit rund 90 ha Rebfläche im engeren Stadtbereich. Als seine besseren Lagen gelten *Ölsberg*, *St. Martinsberg* u. a. Heinrich Weiler, Walter Persch u. a. lokale Erzeuger sind bekannt.

Óbidos Mittelportugiesisches →IPR-Weinbaugebiet in der Estremadura, nördlich von Lissabon mit ca. 13 000 ha Rebfläche. Die bekanntesten Weine des Gebiets sind heute die weithin geschätzten Weißweine von *Gaeiras* aus der Nähe der pittoresken Stadt Óbidos. Sie werden hauptsächlich aus Vital mit möglichen Zusätzen von Arinto, →Fernão Pires und Rabo de Ovelha erzeugt, während die Rotweine des Gebietes vor allem aus →Periquita und möglichem Verschnitt mit Bastardo, Camarate und Tinta Miúda stammen. Beide sind in der Jugend frisch und können gut altern.

Ockfen Kleiner Weinbauort an der →Saar mit noch 75 ha Rebfläche aus überwiegend steilen Schieferverwitterungsböden, die zu rund 90 % mit →Riesling bestockt sind. Das Aushängeschild des Ortes ist unverändert der *Bockstein*, daneben als einzige weitere Lage der *Geisberg*, dessen Weine nicht ganz das Format der Spitzen des Bocksteins erreichen. Dem Verlauf der Saar folgend ist Ockfen qualitativ der erste herausragende Weinbauort, der in guten und sehr guten Jahren wahrhaft bemerkenswerte, wenn nicht große Weine hervorbringt, die ihresgleichen suchen, ja unvergleichlich sind: von filigraner Zartheit, stahlig in der Säure, von herausragender Komplexität und Nuancenreichtum, elegant und mit unvergleichlichem Bukett. Als führende Erzeuger gelten die Weingüter Dr. Fischer, Le Moguen, Forstmeister Geltz /

Zilleken, Dr. Wagner, St. Urbanshof, Reverchon, Klostermühle u. a.

Oechslegrad Die Qualität eines →Mostes, soweit es seinen Zuckergehalt betrifft, wird in Deutschland und der Schweiz in Grad Oechsle (° Oe) angegeben. Für den deutschen →Qualitätswein und die jeweiligen →Qualitätsweine mit Prädikat sind – nach Rebsorten und Anbaugebieten getrennt – unterschiedliche →Mindestmostgewichte vorgeschrieben, die in Oechslegraden angegeben sind (→Mostwaage). Nach der umstrittenen, doch allgemein angewandten Gilbertschen Formel läßt sich daraus der Alkoholgehalt errechnen, z. B. 76 ° Oe = 10,0 % vol. Alkohol, 100 ° Oe = 13,8 % vol. Alkohol.

Œil de Perdrix Wörtlich Rebhuhnauge und in der Schweiz gebräuchliche Bezeichnung für etliche →Süßdruck-(Rosé-)Weine, wie sie insbesondere in →Neuenburg u. a. Kantonen aus der →Pinot noir erzeugt werden. In Frankreich gibt es kaum noch jene blaßrosa bis bronzefarbenen Roséweine, die man früher dort ebenfalls als *Œil de Perdrix* bezeichnete.

Oestrich Mit knapp 450 ha Rebfläche die wohl größte Weinbaugemeinde im →Rheingau, zwischen →Hattenheim und →Winkel direkt am →Rhein gelegen, mit den Lagen *Lenchen*, *Doosberg* und *Klosterberg*. Da sie im wesentlichen eben sind, haben sie nicht den Ruf der großen Lagen des Rheingaus. Doch die von ihnen kommenden Weine, nahezu ausschließlich →Riesling, sind ausgeglichen, strukturiert, zuverlässig und charaktervoll. →Wegeler-Deinhard, Querbach (beide am Ort) sowie →Schönborn u. a. zählen zu den führenden Erzeugern.

Oggau Einer der bekanntesten Weinbauorte des →Burgenlandes mit 480 ha Rebfläche im Gebiet von →Neusiedlersee-Hügelland. Die Weine ähneln denen des benachbarten →Rust. Die besten von ihnen sind durchaus beachtenswert.

Ohio Bundesstaat der →Vereinigten Staaten, aus dem vor dem Bürgerkrieg die geschätztesten amerikanischen Weine, allerdings ausschließlich aus einheimischen Reben der →Labrusca-Art kamen. Die heute im Durchschnitt erzeugten 100 000 hl jährlich sind eher durchschnittlicher Qualität.

Öhringen →Hohenlohe-Öhringen, Fürst zu

Oidium →Mehltau

Oinos (οἶνος) Griechisch für Wein.

Oinos topikos (οἶνος τοπικός) Griechische Bezeichnung für →Landwein. Neben dem Retsina fallen darunter seit 1989 eine wachsende Zahl von Weinen mit – vor oder nach der Bezeichnung τοπικός οἶνος dem Namen des Herkunftsgebietes. →Traditioneller Wein.

Ökologischer Weinbau Für Ideologen das Zauberwort für eine neue Welt, bei nüchterner Betrachtung und sinnvoller Anwendung ein durchaus vernünftiges Konzept zur Minderung der Umweltbelastung in – begrenztem Umfang – des Arbeitsaufwandes und zur Verbesserung des Rebgutes und damit letztlich des Weins. Die entscheidende Frage ist dabei, wieviel Chemie im Weinberg unerläßlich ist. Sicher wird es nicht immer ganz ohne Spritzen gegen auftretende Rebkrankheiten gehen, doch ein Übermaß kann leicht neue Krankheiten, Probleme und Fehler hervorrufen. Daß Begrünung nicht nur für den Wein besser ist als das tonnenweise Versprühen von Herbiziden dürfte heute ebenso erwiesen sein wie die hinsichtlich des Weins qualitativen Vorzüge eines maßvollen Einsatzes von organischem Dünger anstelle des chemischen

Düngers der Stickstoffwinzer, wie sie von weitsichtigeren Kollegen oft abschätzig genannt werden. Auch Insektizide sind lange Zeit in viel zu großem Umfang ausgebracht worden, und im Normalfall wird man vielerorts ganz auf sie verzichten können. Man muß so erzeugten Wein nicht unbedingt mit dem Modewort des →Bioweins belegen. Für den Weintrinker reicht es, wenn es sich dabei um einen qualitativ herausragenden, nach seinen natürlichen Herkunftsbedingungen optimalen Wein handelt. Nachdem die regionalen Zusammenschlüsse für ökologischen Weinbau viel ideologischen Ballast der Anfangszeit über Bord geworfen haben, sind heute die so erzeugten Weine vielfach von exzellenter Qualität.

Olaszrizling Ungarische Bezeichnung für den →Welschriesling.

Olevano Romano Östlich von Rom in →Latium aus →Cesanese erzeugter ansprechender Rotwein, der Cesanese di Olevano Romano.

Olivier, Château Cru classé in →Léognan in den →Graves mit 34 ha Rebfläche (65 % →Cabernet Sauvignon, 35 % →Merlot bzw. 70 % →Sémillon, 25 % →Sauvignon und 5 % →Muscadelle für den auf fast der Hälfte der Fläche erzeugten Weißwein). Seit dem Beginn der Eigenbewirtschaftung (1981) ist ein deutlicher Qualitätsanstieg bei den Rotweinen zu verzeichnen, die sich seither wieder durch Charakter und Nuancenreichtum auszeichnen und dabei sind, das Niveau eines klassifizierten Gewächses zurückzugewinnen, während es bei den Weißweinen dazu noch weiterer Anstrengungen bedarf.

Olmaia Neuer roter →Tafelwein aus der →Toscana, der von dem Gut Col d'Orcia in →Montalcino aus →Cabernet Sauvignon erzeugt wird. Entgegen einer verbreiteten Praxis wird der Wein nicht in →Barriques ausgebaut. Er verfügt über eine hervorragende Komplexität und viel Eleganz und ist zweifellos bemerkenswert.

Oloroso Neben dem →*Fino* der zweite Grundtyp des spanischen →Sherry (→Jerez). *Oloroso* bedeutet wörtlich *etwas, das gut riecht* (que huele bien). Ein guter alter Oloroso besitzt tatsächlich ein stark ausgeprägtes, meist walnußartiges Bukett wie kaum ein anderer Wein der Welt. Oloroso-Weine haben eine tiefere Farbe als Finos, sind dunkelgold bis tief bernsteinfarben, körper- und alkoholreicher (18–20% vol.). Sie sind aus Mosten entstanden, auf denen sich keine →Flor-Hefen gebildet haben, die den Finos ihren besonderen Charakter verleihen, werden aber wie diese in →Soleras gelagert und gealtert. Von Natur aus sind sie absolut trocken, doch sieht man im Handel öfter gesüßte, in der Regel weniger gute Abfüllungen bis hin zum →*Cream Sherry*, der nichts anderes als ein stark gesüßter Oloroso ist – es sei denn, es handelt sich um einen →*Pale Cream Sherry* –, wie er in der anspruchsvollen Küche gerne zur Bereitung bestimmter Saucen verwandt wird. Als trockene →Likörweine gehören Olorosos zu den eindrucksvollsten und bemerkenswertesten Sherries, die es überhaupt gibt. Diez Merito (Marke: Victoria Regina), A. R. Valdespino (Solera 1842), Garvey (Ochavico), Osborne (Bailen), Pedro Domecq (Rio Viejo), Emilio Lustau (Lustau), Gonzalez Byass (Apostoles), Emilio Martin Hidalgo (Gobernador), Wisdom & Warter (Merecedor) u. a. gelten als zuverlässige Namen.

Oltrepò Pavese Einer der drei Weinbaubereiche der →Lombardei, südlich von Pavia jenseits des Po gelegen. In insgesamt 37 Gemeinden, darunter →Casteggio, →Broni u. a. werden zehn verschiedene →DOC-Weine (rote wie weiße, einschließlich Schaumweine) erzeugt, darunter der herausragende →Barbacarlo, der →Buttafuoco und der →Sangue di Giuda; ferner verdienen der →Bonarda, der →Pinot nero, der →Monsupello, der →Frecciarossa u. a. Erwähnung. Als Weißwein und Schaumwein ist der →Clastidium höchst beachtenswert.

Önologie Die Wissenschaft vom →Wein.

Önothek Eine umfassende Sammlung von Weinen einer Region oder eines Landes als Überblick über die Erzeugung, zum Zwecke des Vergleichs, eventuell auch des Kaufs u. a., wie es sie heute besonders in Italien vielerorts gibt, wo sie als *Enoteca* bezeichnet werden. Die bedeutendste und umfassendste von ihnen befindet sich in Siena. Die bedeutendste österreichische Önothek befindet sich im Weinkloster und im →Kremser Stadtteil →Stein.

O.P.A.P. (О.П.А.П.) Abkürzung für griechische Weine gehobener Qualität mit Ursprungsbezeichnung (*Onomasia Proelevseos Anoteras Poiotetos*, ὀνομασια προελεύσεως ἀνωτέρας ποιότητος). Häufig sind diese Weine außerhalb Griechenlands mit dem entsprechenden französischen Aufdruck etikettiert *Appellation d'Origine de Qualité supérieure*. Entsprechend den französischen →A.O.C.-Bestimmungen stammen diese Weine von festgelegten Anbauflächen und Rebsorten bei vorgeschriebenen Höchsterträgen, Mindestzuckergehalten und önologischen Verfahren. Die Herstellung unterliegt staatlichen Kontrollen. Gegenwärtig gibt es 4 süße →Likörweine (→Zitsa, →Nemea, →Santorin, Dafnes) und 20 trockene griechische O.P.A.P.-Weine: →Archanes, →Côtes de Meliton, →Goumenissa, →Kantza, →Mantinia, →Naoussa, →Nemea, →Paros, →Patras, →Peza, →Rhodos, →Robola de Cephalonie, →Zitsa u. a.

O.P.E. (O.Π.E.) Abkürzung für griechische Weine mit kontrollierter Ursprungsbezeichnung (*Onomasia Proelevseos Elegchomeni, ονομασια προελεύσεως ελεγχομένη*), außerhalb Griechenlands meist mit der französischen Bezeichnung →*Appellation d'Origine contrôlée* etikettiert. Die Bestimmungen entsprechen im wesentlichen denen für die →O.P.A.P.-Weine. Gegenwärtig gibt es acht O.P.E.-Weine, alle →Likörweine aus →Mavrodaphnebzw. →Muskattrauben, die auf dem →Peloponnes, den →Ägäischen bzw. →Ionischen Inseln erzeugt werden.

Oporto Englischer Name für →Porto. Ferner seit dem 18.Jahrhundert, ausgehend von →Villány im äußersten Süden des Landes, in Ungarn heimisch gewordene Rotweinsorte. Sie wurde aus Österreich eingeführt und bezeichnet den Blauen →Portugieser, von dem es heißt, daß er nirgendwo in Ungarn so gut gedeihe wie hier.

Oppenheim Bedeutende Weinbaustadt an der →Rheinfront in →Rheinhessen unmittelbar südlich von →Nierstein mit rund 200 ha Rebfläche, als deren beste Lagen *Sackträger, Kreuz, Zuckerberg, Schützenhütte* u. a. gelten, die jedoch nicht mehr die Böden (Rotliegendes) und damit den →*grand cru*-Charakter der Spitzenlagen Niersteins teilen. Die von ihnen stammenden Weine, überwiegend →Riesling, zeichnen sich durch einen reichen Körper aus und neigen dazu, etwas fülliger als die Niersteiner zu sein, denen sie an Struktur mitunter eine Spur nachstehen. Weit weniger Renommee als Oppenheim mit Recht zukommt, verdient hingegen der bekannteste, mit dem Namen Oppenheims verbundene Wein, der *Oppenheimer Krötenbrunnen* – eine →Großlage, die außer Teilen von Oppenheim 12 weitere, südlich von ihr gelegene Gemeinden umfaßt, jedoch jeweils unter Ausschluß ihrer besseren Hang- oder Steillagen –, bei dem es sich um einen einem *Niersteiner Gutes Domtal* oder einer →Liebfrauenmilch vergleichbaren, in der Regel eher belanglosen Wein handelt, der den Namen Oppenheim mit einer schweren Hypothek belastet. Als führende Erzeuger herausragender Oppenheimer Weine gelten →Braun, die am Ort befindliche →Weinbaudomäne, Louis Guntrum, das Weingut der Evangel. Kirche u. a.

Optima Eine von zahlreichen →Neuzüchtungen, gewonnen aus (→Silvaner × →Riesling) × →Müller-Thurgau, doch ungeachtet ihres euphorischen Namens keinesfalls die beste Rebsorte, wenn sie auch hohe Mostgewichte erreichen kann. Doch die feine, differenzierte und rassige Frucht eines Rieslings ist ihr fremd. Ähnlich vergleichbaren Fehlentwicklungen befindet sie sich seit geraumer Zeit wieder auf dem Rückzug. Derzeit sind noch 349 ha mit ihr bestockt, hauptsächlich an →Mosel-Saar-Ruwer und in →Rheinhessen.

Opus One Als die Nachricht um die Welt ging, daß Robert Mondavi aus →Kalifornien und der inzwischen verstorbene Baron Philippe de Rothschild aus →Bordeaux im →Napa Valley gemeinsam einen Wein erzeugen würden, hielt die Weinwelt zu Recht den Atem an und fieberte erwartungsvoll dem Ergebnis entgegen. 1979 kam erstmals der *Opus One* mit 2000 Kisten (24000 Flaschen) heraus; seither sind es 60000 Flaschen im Jahr geworden. Der Wein wird vorwiegend aus →Cabernet Sauvignon erzeugt mit kleineren Zusätzen von →Cabernet Franc und →Merlot. Das tatsächliche Mischungsverhältnis dürfte mithin nicht weit von jenem des Château →Mouton-Rothschild entfernt sein. Dennoch ist es ein anderer Wein: Kraftvoll, tanninreich, tief, strukturiert, mit viel Eleganz, sehr viel bordeauxähnlicher in seinem Charakter als die Mehrzahl der kalifornischen Weine, ohne ihre ganze Komplexität und Nuancenfülle zu erreichen, dennoch ein Wein voller Kern und Charakter, ein wahrlich großer kalifornischer Wein.

Orange Das alte römische *Arausio* und eine der eindrucksvollsten Städte im unteren →Rhônetal nördlich von →Avignon. Noch heute zeugen imposante Ruinen von jener Zeit. Die Fürsten von Oranien, später Könige von Holland und England, hatten ihren Stammsitz in diesem Ort, der heute ein wichtiges Weinhandelszentrum ist. Im Süden liegen →Châteauneuf-du-Pape, im Osten bzw. Nordosten →Gigondas, →Cairanne, →Vacqueyras, →Rasteau, →Côtes du Ventoux, im Südwesten →Tavel und →Lirac usw.

Oregon Bundesstaat der →Vereinigten Staaten an der Pazifikküste nördlich von →Kalifornien mit jungem und qualitativ beachtenswertem Weinbau. Inzwischen sind 3 →AVAs eingerichtet, von denen Willamette Valley zwischen Portland und Eugene mit knapp 1800 ha die mit Abstand größte ist. Die beiden verbleibenden, Rogue Valley und Umpqua Valley, liegen südlich davon und umfassen jeweils 150–170 ha. Es werden hauptsächlich Weißweine, darunter etwa 400 ha →Chardonnay und 300 ha →Riesling als führende Sorten, sowie Rotweine, allen voran aus dem mit gut 500 ha dominierenden →Pinot noir erzeugt. Derzeit existieren an die 70 Weingüter, von denen Rex Hill u. a. bereits auf sich aufmerksam gemacht haben. Mit Joseph Drouhin hat sich ein erster namhafter Erzeuger aus →Burgund in Oregon etabliert.

Organoleptische Prüfung Sinnenprüfung der Qualität von Wein nach Aussehen, Geruch und Geschmack, anstatt durch physikalisch-chemische Analyse im Labor. Da letzterer jedoch von dem →Weingesetz der Vorrang eingeräumt wird, können heute etliche der besten deutschen wie auch italienischen Weine lediglich als →Tafelwein in Verkehr gebracht werden, wodurch die Weinkontrolle entgegen den Zielsetzungen des Weingesetzes mitunter eher zu einem Ärgernis als zu einem Garanten von Qualität wird.

Orléannais Das Gebiet um Orléans an der →Loire und einst ein berühmtes Weinbaugebiet in Frankreich. Heute ist nicht mehr viel davon übriggeblieben, und lediglich einige 1000 hl kommen zumeist als *Vins de l'Orléannais* mit dem →V.D.Q.S.-Siegel in den Handel. Durchweg handelt es sich dabei um leichte, frische und sehr angenehme Roséweine zumeist aus der →Meunier, vereinzelt auch aus →Pinot noir oder →Cabernet. Auch etwas achtbarer Weißwein aus der →Chardonnay (hier Auvernat blanc) wird erzeugt.

Ormeasco di Pornassio Ligurischer Rotwein aus den Hügeln oberhalb von Imperia, der zu dem neuen →DOC-Bereich →Riviera di Ponente gehört. Er wird aus Ormeasco erzeugt. Schlank und sehr säurebetont in seiner Jugend, kann sich der Wein in guten Jahren zu außerordentlicher Eleganz entwickeln. Als führender Erzeuger gilt Lupi.

Ormes-de-Pez, Château Les Zuverlässiger *cru →bourgeois* von →Saint-Estèphe mit 30 ha Rebfläche (55 % →Cabernet Sauvignon, 35 % →Merlot, 10 % →Cabernet franc) und einem gehaltvollen, strukturierten und einladenden Rotwein. Im gleichen Besitz wie Château →Lynch-Bages.

Ornellaia Neues Weingut im Besitz von Marchese Lodovico Antinori in →Castagneto Carducci in der →Toscana, unweit von →Bolgheri, mit derzeit rund 50 ha Rebfläche. Es werden zwei herausragende Rotweine erzeugt, der →Masseto und der Ornellaia sowie der etwas geringere weiße →Poggio alle

Gazze. Der Ornellaia *tout court* stammt zu 63 % aus →Cabernet Sauvignon, 27 % →Cabernet franc und 10 % →Merlot und wird nach der Vinifikation für ein halbes Jahr in großen Eichenfässern, dann für ein Jahr in Barriques (ein Drittel davon neu) und schließlich ein weiteres Jahr auf der Flasche ausgebaut. Er wurde 1984 erstmals erzeugt und kam mit dem 1985er auf den Markt. Aufgrund seines abweichenden Rebsortenverhältnisses und seines anderen Ausbaus ist der Wein etwas weicher als der in der Nachbarschaft erzeugte →Sassicaia, dessen Format er wohl nicht ganz erreichen dürfte. Dennoch ist er ein bemerkenswerter Wein, reich, strukturiert, elegant und ausgeglichen, einer der großartigsten Weine Castagnetos und der ganzen Toscana, auch wenn er auf dem gleichen Gut noch durch den unvergleichlichen Masseto übertroffen werden dürfte.

Orta Nova Neuer →DOC-Wein aus →Sangiovese und gegebenenfalls einigen weiteren roten Sorten, der in sechs Gemeinden in der Umgebung von Foggia im nordwestlichen →Apulien erzeugt wird.

Ortega →Würzburger →Neuzüchtung aus →Müller-Thurgau × →Siegerrebe mit intensivem Bukett, doch für den Weinkenner nur selten von überzeugendem Charakter. Angesichts ihrer geringen Ansprüche an Böden und Lagen, ihrer hohen Mostgewichte und ihrer frühen Reife findet sie jedoch zumal dort Anhänger, wo Qualität nicht das primäre Kriterium ist. 1250 ha sind inzwischen mit ihr bestockt, davon gut die Hälfte in →Rheinhessen, etwa ein Viertel in der →Pfalz, der Rest an →Mosel-Saar-Ruwer u. a.

Ortenau Straßburg gegenüberliegender, 2655 ha großer Bereich des →Anbaugebietes →Baden zwischen Baden-Baden und Offenburg. Die Böden bestehen überwiegend aus Granit- und Gneisurgestein, allerdings sind im Norden des Bereiches auch Quarzporphyr und Rotliegendes anzutreffen. Die Rebflächen steigen in Ausnahmefällen bis auf 400 m Höhe an. 88 % der Weine werden aus →Spätburgunder (998 ha), →Riesling (781 ha) und →Müller-Thurgau (568 ha) erzeugt, von denen zumal die beiden ersten häufig zu den hervorragendsten Weinen Badens gehören, darunter jene aus →Fremersberg, die →Mauerweine aus →Neuweier sowie aus den nahe gelegenen Steinbach und Varnhalt, die Weiß- wie Rotweine aus dem Gebiet von →Bühl und die Rotweine aus Waldulm und schließlich die Rot- und Weißweine aus →Ortenberg und insbesondere aus →Durbach, der qualitativ vielleicht bedeutendsten Weinbaugemeinde der Ortenau. Der nördliche Teil des Bereichs ist zur Großlage *Schloß Rodeck*, der südliche zur Großlage *Fürsteneck* zusammengefaßt. Der Riesling heißt hier →Klingelberger, der Traminer →Clevner. Die Weine stammen von den zur Oberrheinischen Tiefebene abfallenden Ausläufern des Nordschwarzwaldes und zeichnen sich durchweg durch Körper, Substanz und Struktur aus.

Ortenberg Kleiner bei Offenburg gelegener Weinbauort mit annähernd 80 ha Rebfläche, von der der *Schloßberg* zusammen mit den Spitzenlagen →Durbachs zu den besten →Badens zählt und dessen →Rieslinge und →Traminer in guten Jahren bemerkenswert sein können. Als führender Erzeuger gilt das Weinbauversuchsgut des Ortenaukreises in Schloß Ortenberg.

Orvieto Eindrucksvoll auf einem Tuffsteinfelsen über dem Chianital im südlichen →Umbrien gelegen und seit langem nicht nur für seinen gotischen Dom, sondern auch für seinen Weißwein berühmt. Dieser war, solange er noch traditionell in den Tuffsteinkellern unter der Stadt vergoren wurde, meist von leichter, einschmeichelnder Süße (→abboccato und →amabile). Heute ist der Wein meist trocken (→secco), und der beste kann fruchtig, rassig und gehaltvoll sein, kein großer Wein, aber sicherlich sehr angenehm, doch erzeugt Barbi auf seinem →Decugnano-Gut einen süßen Orvieto dank der dort auftretenden →Botrytis cinerea in hervorragender Qualität. Der Orvieto kommt heute meist in hellen Bordeaux-Flaschen in den Handel, da die alten, kleinen strohumflochtenen Flaschen, die →*Pulcianelle* längst ausgestorben sind. (Decugnano dei) Barbi, Barberani, Le Velette, Petrurbani, Castello della Sala (Antinori) (→Cervaro, →Borro, →Muffato della Sala) u. a. gelten als führende, über das beklagenswerte Durchschnittsniveau erfreulich herausragende Erzeuger.

Österreich Wenn man Österreich etwa auf der Höhe von 400 m teilt, erhält man einen bergigen bis hochalpinen Landesteil und die 59 920 ha umfassende Weinbauregion. Es ist dieses letztere Österreich, das seit alters mit Wein verbunden ist, traditionellerweise erheblich mehr als Deutschland oder die Schweiz. Für die Tage der alten österreichisch-ungarischen Donaumonarchie galt dies in noch größerem Umfang, fanden doch damals noch die besten Weine des heutigen →Südtirols, →Ungarns, der →Tschechischen Republik, der →Slowakei, →Sloweniens und →Kroatiens als österreichische Weine ungehindert ihren Weg nach →Wien. Aber auch heute noch konsumiert der durchschnittliche Österreicher mit rund 35 l pro Kopf gut 10 l mehr als der Deutsche. Bei einer jährlichen Erzeugung von im Schnitt zwischen 2,5 und 3 Mill. hl bleibt selbst noch ein Ausfuhrüberschuß übrig, der sich, bedingt durch die →Weinskandale, allerdings erst allmählich wieder auf die Höhe der letzten Jahre vor 1985 hinbewegt.

Knapp 77 % der österreichischen Weine sind Weißweine, und nahezu 54 % der Weine stammen aus drei Hauptrebsorten: Grüner →Veltliner (verantwortlich für jeden dritten österreichischen Wein), →Welschriesling und →Müller-Thurgau. Doch von erheblicher Bedeutung können in einzelnen Gebieten darüber hinaus auch der →(Rhein-)Riesling, →Zierfandler, →Rotgipfler, →Traminer, Weißer →Burgunder, →Morillon, →Sauvignon blanc (→Muskat-Sylvaner), →Neuburger, Frühroter Veltliner, →Muskat-Ottonel u. a. weiße Sorten sein. Der Rotwein stammt zu gut einem Drittel aus →Zweigelt blau und der Rest zu etwa gleichen Teilen aus dem Blauen →Blaufränkisch (→Lemberger), →Portugieser und anderen Sorten. Doch auch der →St. Laurent, der Blaue →Burgunder und der Blaue →Wildbacher haben ihre regional unterschiedliche Bedeutung.

Die österreichische Weinbaufläche ist in vier Weinbauregionen mit zusammen 15 Weinbaugebieten aufgeteilt. Nahezu 60 % entfallen auf →Niederösterreich, ein Drittel auf das →Burgenland. Die →Steiermark weist knapp 3600 ha auf und Wien als eigenes Gebiet 731 ha.

Während immer noch eine erhebliche, wenn auch deutlich rückläufige Zahl von Weinen unter einer Phantasiebezeichnung in den Handel kommt, hat sich bei den qualitativ führenden Betrieben längst eine präzise Bezeichnung von Herkunft (meist mit →Riede) und Rebsorte eingebürgert. Ähnlich wie in Deutschland, doch in der Regel mit höheren vorgeschriebenen Mindestmostgewichten, werden die österreichischen Weine in →Tafelweine, →Qualitätsweine und →Qualitätsweine besonderer Reife und Lesart (→Spätlese, →Auslese usw.), auch Prädikatsweine genannt, eingeteilt.

Dem österreichischen Weinbau kommen dabei die klimatischen Vorzüge der meisten seiner Weinbaugebiete zugute.

Zwar können in der Mehrzahl der Gebiete die Winter sehr kalt werden, und einige Winter der 1980er Jahre haben zumal in den nördlichen Gebieten erhebliche Frostschäden hinterlassen und ganze Rebkulturen zerstört. Doch die Sommer sind, vor allem in den östlichen Gebieten unter dem Einfluß des pannonischen Klimas heiß und trocken und die wärmsten im ganzen mitteleuropäischen Weinbau mit einer bis zu 250 Tage dauernden Vegetationsperiode, die jahraus, jahrein die Reben voll ausreifen läßt. Dort, wo sich diese klimatischen Vorzüge mit steinigen, armen Spitzenböden verbinden, sind die natürlichen Voraussetzungen für die Erzeugung von Weinen erster Güte gegeben.

Wer die österreichischen Weine daher nur nach spritzigen →Heurigen, plump-süßen Burgenländern, lieblichen Gumpoldskirchnern und anspruchslosen Allerweltsweinen aus Grünem Veltliner oder Müller-Thurgau aus dem →Weinviertel einteilt, ist über die überall gleichartige Ebene der Supermarktsweine nie hinausgekommen. Die Spitzengewächse der →Wachau, aus →Stein oder →Zöbing, aber auch aus Wien, aus Gumpoldskirchen, dem Burgenland oder der Steiermark zählen, was außerhalb Österreichs immer noch viel zu wenigen bekannt ist, zu den besten Weißweinen der Welt, fruchtig, kernig, von großer Rasse und Charakter brauchen sie keinen Vergleich mit den besten Weißweinen Deutschlands oder Frankreichs zu scheuen, und in dem Kreis der bemerkenswertesten Weißweingebiete Europas hat die Wachau zweifellos Anspruch auf einen der vordersten Plätze.

Doch das Potential des österreichischen Weinbaus erscheint noch längst nicht ausgeschöpft, und in den letzten Jahren hat es zumal im durch die Skandale Mitte der achtziger Jahre besonders gebeutelten Burgenland, aber auch im Weinviertel, in der Steiermark und in praktisch allen anderen Weinbaugebieten des Landes enorme Anstrengungen seitens der Spitzengüter, aber auch durch neue oder bislang in diesem Kreis unbekannte Betriebe gegeben, die Erzeugung kompromißlos auf Qualität auszurichten. Was man seither von diesen Gütern an trockenen Weißweinen, vor allem aber auch an Rotweinen gesehen hat, verdient jede Beachtung. So zeichnet sich vielerorts ein Abgang von der zuvor gepflegten Sortenvielfalt mit der Konzentration auf die qualitativ herausragendsten Sorten ab, oftmals verbunden mit einer zunehmenden Beschäftigung mit französischen Rebsorten wie den beiden →Cabernets, →Merlot und →Pinot noir bei den roten Gewächsen und →Chardonnay und Sauvignon unter den weißen Sorten. Zusätzlich werden seit einer Reihe von Jahren in zunehmendem Maße →Barriques zum Weinausbau eingesetzt. Auch wenn diese Entwicklung der letzten Jahre außerhalb Österreichs noch kaum bemerkt worden ist und sicher über das, was man die deutsche Weinbaurevolution der letzten Jahre nennen könnte, noch weit hinausgeht, zeichnet sich bereits ab, daß das traditionelle Bild vom österreichischen Wein unter der Perspektive seiner heutigen Spitzenerzeugnisse gewaltiger Korrekturen bedarf.

Strukturell lebt der österreichische Weinbau weitgehend vom Kleinbetrieb. Von den insgesamt gut 45 000 Weinbaubetrieben bewirtschaften über zwei Drittel eine Fläche von weniger als 1 ha, gerade 5,4 % verfügen über eine Rebfläche von über 5 ha, ganze 2466 Betriebe. Während ihr prozentualer Anteil in Wien und im Burgenland deutlich höher liegt, sinkt er in der Steiermark auf 1,5 % oder ganze 34 Betriebe ab. Die größeren österreichischen Weinbaubetriebe verfügen im Durchschnitt über 7,4 ha Rebfläche. Bei gleichbleibender oder bestenfalls leicht zunehmender Weinbaufläche und einer konstant sinkenden Zahl von Winzerbetrieben dürfte der Konzentrationsprozeß im österreichischen Weinbau auch in Zukunft zunehmen, obgleich der Großbetrieb auch weiterhin eher die Ausnahme bleiben dürfte.

Österreicher Ganz vereinzelt im →Rheingau und in →Franken noch gebräuchliche Bezeichnung für den →Silvaner. Ob dieser jedoch wirklich aus Österreich stammt, ist umstritten. Heute jedenfalls ist er dort verschwunden.

Ostschweiz 2537 ha großes Weinbaugebiet entlang des →Rheins und seiner Nebenflüsse einschließlich ihrer Seen unter Ausnützung mikroklimatischer Inseln an Südhängen und Steillagen. →Zürich, →Schaffhausen, →Aargau, →Graubünden, →Thurgau und →Sankt Gallen erzeugen vorwiegend Rotwein aus dem Blauen →Burgunder von blumig-elegantem Charakter, während kraftvollere Abfüllungen meist aus den Föhngebieten (→Bündner Herrschaft, Rheintal) kommen. Als Weißwein hat der Riesling × Sylvaner (→Müller-Thurgau) Bedeutung, in Spitzenlagen der sog. →Tokayer (→Pinot gris) und zunehmend der →Gewürztraminer.

Ostuni Auch als *Bianco di Ostuni* bezeichneter Weißwein, der aus Impigno, Francavilla, Bianco d'Alessano und Verdeca in der Umgebung von Ostuni im →Salento in →Apulien als →DOC-Wein erzeugt wird.

Ottavianello di Ostuni Voller, kräftiger Rotwein aus der Umgebung von →Ostuni im →Salento im Süden →Apuliens, der überwiegend bis vollständig aus Ottavianello erzeugt wird. Er kommt insbesondere durch die lokale Winzergenossenschaft in den Handel.

Oxydativ Farb- und Geschmackseindruck eines Weins, der stärkerer Luftzufuhr ausgesetzt war. Während ein leicht oxydativer Ton einem Wein sehr gut anstehen kann, wird man dies von einem →oxydierten Wein nicht behaupten können. →Reduktiv

Oxydiert Bezeichnung für einen Wein, der zu viel Berührung mit Luft gehabt hat, dadurch seine Frische verloren und eventuell seine Farbe verändert hat. Er ist müde geworden und steht vor dem →Rahnwerden und erholt sich nie wieder. Er muß entweder sofort getrunken oder ausgegossen werden. →Oxydativ

P

Paarl Zentrum und eines der besten Gebiete des südafrikanischen Weinbaus mit 18 000 ha Rebfläche, im 17. Jahrhundert durch französische Hugenotten begründet und nördlich an das Gebiet von →Stellenbosch grenzend. Vorrangig wird Weißwein erzeugt, darunter →Auslese- und →Beerenauslese-Qualitäten (Special Late Harvest bzw. Noble Late Harvest). Paarl ist der Sitz der vereinigten südafrikanischen Winzergenossenschaft →KWV, von der 90 % der exportierten südafrikanischen Weine stammen, ferner von →Nederburg.

Pacherenc du Vic-Bilh Ausgefallener, selten trockener, meist recht süßer Weißwein, der nördlich von Pau in Südwestfrankreich in winzigen Mengen (kaum einmal 2000 hl) erzeugt wird. Er stammt aus den im Béarnais und →Bordeaux üblichen Rebsorten und besitzt das →A.O.C.-Prädikat. Der ungewöhnliche Name *Pacherenc* soll im lokalen Dialekt *pachet en renc* (»in Reihen gesetzt«) bedeuten, womit die moderne Pflanzmethode gemeint ist.

Pachino Schwerer Rotwein aus der Provinz Syrakus auf →Sizilien, wird meist am Ort der Erzeugung verbraucht.

Padenghe Nahe dem Südwestufer des →Gardasees gelegener kleiner Weinbauort im Gebiet des →Riviera del Garda, der dort hauptsächlich als →Chiaretto erzeugt wird.

Pagadebit Höchst seltene italienische Weißweinsorte, die trotz ihrer relativen Ertragssicherheit (ihr lateinischer Name bedeutet »Zahlt die Schulden«) praktisch nur noch von Mario Pezzi in der Fattoria →Paradiso in Bertinoro angebaut wird. Der Wein ist vollmundig, dabei fruchtig und frisch und sicherlich einer der besseren Weißweine der →Emilia-Romagna und führt seit 1989 das →DOC-Prädikat.

Palästina →Israel

Palazzo Altesi Neuer Rotwein aus der →Toscana, der von Altesino in der Lage *Montosoli* in →Montalcino aus →Sangiovese grosso erzeugt und in →Barriques ausgebaut wird. Der Wein verfügt über Frucht und Körper, verbunden mit Eleganz und einem dezenten Anklang an rote →Burgunder. Wenn es ihm vielleicht auch etwas an Distinktion fehlen mag, gehört er doch sicherlich zu den gelungensten und überzeugendsten modernen toscanischen Rotweinen.

Palazzotto Ein von Maculan im Gebiet von →Breganze ausschließlich aus →Cabernet Sauvignon erzeugter und in →Barriques ausgebauter Rotwein: Kraftvoll, tief, konzentriert, ausgeglichen, entwickelt er sich langsam und gehört auf seinem Höhepunkt zweifellos zu den hervorragendsten Rotweinen des →Veneto.

Pale Cream Sherry Ein →Cream Sherry, der nicht aus einem →Oloroso, sondern aus einem →Fino erzeugt wurde. Er ist zwar genauso süß, aber deutlich heller in der Farbe (daher der Name). Die Süßung erfolgt nicht durch →Pedro Ximénez, sondern meist durch Gärungsunterbrechung oder Zugabe von →gespritetem Traubenmost. Gonzalez Byass, Dávila u. a. gelten als führende Erzeuger.

Paleo Neuer und höchst beachtenswerter Rot- wie Weißwein aus →Bolgheri in der Gemeinde →Castagneto Carducci von dem aufstrebenden Weingut Le Macchiole. Während der seit 1989 erzeugte Rotwein zu 90 % aus →Cabernet Sauvignon und zu 10 % aus →Sangiovese besteht, wird seit 1992 zusätzlich ein Weißwein aus →Sauvignon blanc (40 %), →Chardonnay und →Vermentino (je 30 %) erzeugt. Beide Weine werden in →Barriques ausgebaut und verfügen über Charakter und Ausdruckskraft, wobei die Orientierung des Roten am benachbarten →Sassicaia, dem er kaum nachsteht, unverkennbar ist, während der Weiße dem Roten an Qualität ähnelt und beide schon heute zu den bemerkenswertesten Weinen der →Toscana zählen dürften.

Palette Rot-, Rosé- und Weißweine, die in einem 23 ha großen →A.O.C.-Gebiet unmittelbar östlich von Aix-en-Provence in Südfrankreich erzeugt werden. Die Weißweine stammen zu mindestens 55 % aus →Clairette und die Rot- und Roséweine zu mindestens 50 % aus →Mourvèdre, →Grenache und →Cinsaut. Jährlich um die 900 hl, von denen der Rotwein sehr gut altert und zu den besten der →Provence zählt. Der Weißwein, vor allem aus →Clairette, ist weniger renommiert. Château →Simone ist ein weithin geachteter Erzeuger; das zweite und weniger bekannte, doch von Kennern geschätzte Gut ist Château Crémade.

Palma Cortada Außerordentlich seltener →Sherry, der sich nicht wie ein normaler →Oloroso entwickelt hat, zwar über sein Bukett verfügt, doch im Geschmack einem →Fino ähnelt. Wird heute kaum noch erzeugt.

Palmela Portugiesisches →IPR-Weinbaugebiet im →Alentejo, angrenzend und überschneidend z. T. mit dem von →Setúbal. Auf annähernd 16000 ha mit meist sandigen Böden werden insbesondere farb-, körper- und tanninreiche Rotweine aus →Periquita, gegenüber denen auch quantitativ die Weißweine aus →Fernão Pires, Arinto, →Moscatel de Setúbal, Rabo de Ovelha, Tamarez und eventuell weiteren Sorten nur eine untergeordnete Rolle spielen.

Palmer, Château *3ᵉ cru classé* in →Cantenac-Margaux im →Haut-Médoc, doch nach Überzeugung vieler Kenner heute meist den besten *2ᵉˢ crus* gleichwertig, wenn nicht überlegen. 45 ha sind mit Reben bestockt, davon 50 % mit →Cabernet Sauvignon, 40 % mit →Merlot und je 5 % mit →Cabernet franc bzw. →Petit Verdot. Seit seinem sensationellen 1961er – einem wahrhaft grandiosen Wein, der sich derzeit auf seinem Höhepunkt befinden dürfte – ist Palmer sehr *à la mode* und hat mehrfach exzeptionelle Weine hervorgebracht, die durch ihre Fülle, verbunden mit Tiefe, Konzentration, Struktur und geschmeidiger Eleganz überzeugen, so daß manche in ihm so etwas wie den »Pétrus von Margaux« sehen zu können glaubten, zumal in einer Phase, in der sich Château →Margaux nicht in Höchstform befand. Tatsächlich erscheinen derartige Einstufungen jedoch etwas hoch gegriffen. Sicherlich vermag Palmer phantastische Weine zu erzeugen. Doch nicht nur sein Rebsortenverhältnis ließe eine Einstufung in der Klasse der 1. Gewächse des →Médoc fraglich erscheinen, auch die bedauerliche Ungleichmäßigkeit der Leistung würde dagegen sprechen, sosehr ein vollauf gelungener Palmer diesen Rang auch beanspruchen mag.

Palo Cortado Ein hervorragender, doch sehr seltener →Sherry. Seiner ursprünglichen Anlage nach ein →Oloroso, der sich jedoch nicht normal, sondern in Richtung eines →Amontillado weiterentwickelt hat; daher der Name, wörtlich *abgebrochener Stock*. Er verbindet daher in der Regel den Geschmack des Oloroso mit dem Aroma des Amontillado. Er kommt in trockenen Abfüllungen in den Handel und weist ungefähr 17–18% vol. Alkohol auf. Sanchez Romate, Dávila u.a. sind bekannt für vorzügliche Palos Cortados.

Palomino Im Gebiet von →Jerez die etwa 95% der Anbaufläche einnehmende, dominierende weiße Rebsorte für trockene →*Finos*, die im →Condado de Huelva z.T. als Listán bekannt ist (in →Montilla-Moriles herrscht der →Pedro Ximénez mit 95% vor). Insgesamt sind in Spanien rund 30000ha mit ihr bestockt. Sie wird auch in Argentinien, Südafrika (12000ha), Australien (2000ha), →Kalifornien (1300ha) u.a. angebaut.

Palt →Furth

Palus Lateinisches Wort für Sumpf und im →Bordeaux-Gebiet zumeist als Bezeichnung für den Wiesen- und regenerierten Schwemmlandboden an →Gironde, →Garonne und →Dordogne verwandt. In der Regel sind diese Gebiete heute von der →Appellation contrôlée ausgeschlossen, da ihre Weine als minderwertig gelten. Noch bis zum Beginn dieses Jahrhunderts standen jedoch die *vins de palus* in Bordeaux in hohem Ansehen wegen ihres Körper-, Farb- und Tanninreichtums.

Panades Englische Schreibweise, wie sie häufig auf Etiketten exportierter Flaschen erscheint, für →Penedés.

Panier Verseur Französische Bezeichnung für →Dekantierkörbchen.

Pannonhalma-Sokoró Ungarisches Weinbaugebiet an den Abhängen des Sokoró südöstlich von Györ in Westungarn gelegen.

Panschen Ein Wein ist gepanscht, dem Zucker, Wasser (oder beides) oder andere Stoffe verbotenerweise zugesetzt worden sind, in der Regel um die Menge zu vergrößern oder in betrügerischer Absicht eine höhere Qualität vorzutäuschen. Verstöße dieser Art lassen sich bei gezieltem Verdacht zumeist mittels chemischer Analyse nachweisen. Doch nicht jedes Licht leuchtet in jeden Keller, und gesündigt wird – leider – *intra et extra muros*. →Weinskandal

Pantelleria Zu Italien gehörende Insel südwestlich von →Sizilien in der Straße von Tunis, die vor allem für ihren vorzüglichen →*Moscato di Pantelleria* bekannt ist, den es in verschiedenen Versionen vom lieblichen *naturale* (12,5% vol. Alkohol) bis zum sehr süßen →*passito* (14% vol. Alkohol) sowie in →gespriteten Versionen als →*liquoroso* (bis zu 24% vol. Alkohol) und schließlich auch noch als →*spumante* gibt.

Pape, Château Le Kleines Weingut in →Léognan in den →Graves mit 5ha Rebfläche (95% →Merlot, 5% →Cabernet Sauvignon) und einem guten, relativ unbekannten roten →Bordeaux. Das Gut befindet sich in gleichem Besitz wie Château →Carbonnieux.

Pape-Clément, Château Ausgezeichneter *cru classé* und altes Weingut in →Pessac, vor den Toren von →Bordeaux, das im Jahre 1300 von Bertrand de Goth, dem Erzbischof von Bordeaux und späteren Papst Clemens V. angelegt wurde. Die Rebfläche umfaßt 29ha und ist zu 60% mit →Cabernet Sauvignon und 40% →Merlot bestockt. Nach einer Schwächeperiode ab Ende der 1970er Jahre weist die Richtung, beginnend mit dem 1984er, wieder steil nach oben, und Pape-Clément erzeugt heute wieder einen tiefen, tanninreichen, außerordentlich strukturierten, komplexen und eleganten Rotwein, der zu den ersten Gewächsen der Graves gehört. Zusätzlich werden jährlich gut 1000 Flaschen Weißwein erzeugt, der jedoch kein vergleichbares Niveau erreicht.

Pappig Ein uninteressanter, →plumper Wein mit einer unangenehmen, aufdringlichen, klebrigen Süße.

Paradiso, Fattoria Eines der besten Weingüter in der →Emilia-Romagna, in Bertinoro an den Apenninabhängen, in dem Mario Pezzi u. a. zwei, sonst praktisch nicht mehr anzutreffende Reben kultiviert, aus denen er vorzügliche Weine bereitet, den roten →Barbarossa und den weißen →Pagadebit.

Parfümiert Bezeichnung für einen Wein mit aufdringlichem, als unangenehm empfundenen →Aroma.

Parnay Weinbauort an der →Loire östlich von →Saumur, dessen Rot-, Rosé- und Weißweine von hoher Qualität sind und als *Saumur* (weiß) oder *Saumur-Champigny* (rot) in den Handel kommen. Berühmtestes Weingut ist das Château de Parnay (dessen Keller heute Gilles Collé gehören), das lange Zeit im Besitz von Monsieur Cristal war, der zu Beginn dieses Jahrhunderts zu den bedeutendsten Pionieren des modernen Weinbaus in Frankreich gehörte.

Paros Eine der →Ägäischen Inseln Griechenlands, von der seit einiger Zeit ein etwas breiter, nicht zu eindrucksvoller Rotwein aus der Mandilari unter dem →O.P.A.P.-Prädikat in den Handel kommt.

Parrina Ansprechender, milder und weicher Rotwein aus der Maremma in der südlichen →Toscana, zu mindestens 80 % aus →Sangiovese. Auch als gefälliger Weißwein (wenigstens 80 % →Trebbiano). Die Tenuta »La Parrina→gilt als führender Erzeuger.

Parsac-Saint-Emilion Seit 1973 Teil der Appellation →Montagne-Saint-Emilion, unter deren Bezeichnung die Weine von Parsac heute praktisch ausnahmslos in den Handel kommen. 1993 wurde daher die Appellation Parsac-Saint-Emilion abgeschafft. Das Château de Musset hat den besten Namen.

Pasmados Von Fonseca in Azeitão bei →Setúbal in Portugal erzeugter trockener Rot- und Weißwein. Beide können hervorragend sein, doch erscheint der Weißwein als der bedeutendere, der auch noch nach 15–20 Jahren durch Frucht, Körper, Struktur und Eleganz zu überzeugen vermag.

Passe-Tout-Grains Ein selten aus den besseren Gemeinden stammender roter →Burgunder (auch als Rosé), der aus →Gamay und mindestens einem Drittel →Pinot noir bestehen muß. Das Ergebnis ist ein ziemlich einfacher Wein, der als *Bourgogne Passe-Tout-Grains* in den Handel kommt und einen Alkoholgehalt von maximal 12,5 % vol. aufweist.

Passito Italienische Weinbereitungsart, meist für →Likörweine, aus teilgetrockneten oder -rosinierten Trauben, wobei die Trocknung teils im Freien, teils im Raum erfolgt. Einige trockene italienische Weine werden durch teilweise Verwendung derartigen Traubenmaterials bereitet (→Governo). Die meisten →Vino Santo-Weine und viele →Moscato- und →Malvasia-Weine (z. B. →Caluso und Passito di →Chambave) entstehen auf ähnliche Art.

Passum Ein von Borio als →Passito aus →Barbera in der Nähe von →Asti erzeugter Rotwein: körperreich, voluminös und gehaltvoll.

Pasteurisierung Nach dem bedeutenden französischen Wissenschaftler Louis Pasteur benanntes Verfahren zur

Sterilisierung von Getränken, das z. T. auch bei Wein angewandt wird, indem man diesen auf 55–80° C erhitzt. Dadurch werden die im Wein enthaltenen Mikroorganismen abgetötet, zugleich aber auch bei guten Weinen natürliche Entwicklungs- und Verbesserungsmöglichkeiten unterbunden, so daß bessere Weine niemals pasteurisiert sein sollten. Leider greifen in Deutschland, aber auch in →Burgund u. a. immer mehr Betriebe zu diesem simplen Mittel, ihre Weine auf Kosten der Qualität zu stabilisieren.

Pasto →Vino da Pasto

Patras Stadt und Weinbauzentrum im nördlichen →Peloponnes, aus dessen Umgebung zwei bekannte griechische →Likörweine mit kontrollierter Ursprungsbezeichnung kommen, der →Mavrodaphne und der →Muskat von Patras, letzterer ein sehr gehaltvoller, ölig-samtiger, dezent süßer, weißer Likörwein, der von →Achaia Clauss, →Tsantalis u. a. in den Handel gebracht wird. Ferner ist Patras →O.P.A.P-Gebiet für einen der besten griechischen Weißweine, der aus der weißen →Roditys erzeugt wird, ein gehaltvoller Wein mit schöner Säure und hervorragendem Charakter, zumal wenn er von dem führenden lokalen Weingut A. Parparoussis, Achaia Clauss u. a. namhaften Erzeugern stammt.

Patriglione Italienischer Rotwein unter der →DOC-Bezeichnung →Brindisi. Er stammt aus der exzellenten Lage →Notarpanaro von Cosimo Taurino in der Nähe von Lecce in →Apulien. Der Wein wird nur in außergewöhnlichen Jahrgängen von besonders reifen Trauben erzeugt und etliche Zeit in 225-l-Fässern ausgebaut. Das Ergebnis ist ein herausragender Wein voll Nerv und Körper mit Tiefe, Differenziertheit und Charakter und allen Anzeichen großer Langlebigkeit. Er gehört sicherlich zu den beachtenswertesten Weinen Süditaliens.

Patrimonio Weinbaugebiet an der Nordküste →Korsikas westlich von Bastia und einer der beiden eigenständigen Appellationen der Insel (die andere ist →Ajaccio). Es werden vor allem Rot- und Roséweine (hauptsächlich aus dem korsischen Nieluccio, die dem →Sangiovese der →Toscana verwandt sein soll) sowie Weißweine (überwiegend aus →Vermentino) erzeugt. Zu den beachtenswertesten Erzeugern zählen Domaine de Catarelli, Orenga de Gaffory, Domaine Leccia u. a.

Pauillac Berühmte Kleinstadt im →Haut-Médoc an der →Gironde und vielleicht der bemerkenswerteste Weinbauort der Welt. Von seiner rund 900 ha umfassenden Rebfläche kommen einige der größten Rotweine, die es überhaupt gibt: Châteaux →Lafite, →Latour, →Mouton-Rothschild und etliche weitere von nahe geringerem Ansehen und Rang: →Pichon-Lalande (→Pichon-Longueville (Baron), →Lynch-Bages, →Grand-Puy-Lacoste, →Clerc-Milon, →Duhart-Milon, →Haut-Batailley, →Haut-Bages-Libéral, →Batailley, d'→Armailhacq (früher →Mouton-Baronne-Philippe), →Grand-Puy-Ducasse, →Fonbadet u.v.a. Sie alle führen die *Appellation Pauillac Contrôlée* im Etikett. Die Weine von Pauillac sind in guten Jahren klassische →Bordeaux-Weine in jedem Sinne des Wortes, kernig, kraftvoll, tannin- und körperreich, sehr differenziert und komplex, von großem Bukett und unvergleichlichem Charakter, langlebig und im Alter meist von bemerkenswerter Eleganz. Die besten von ihnen entziehen sich jeden Lobs. Eine bedeutende und bekannte Genossenschaftskellerei bringt ihre besseren, durchaus beachtenswerten Weine als *La Rose Pauillac* in den Handel.

Pauly-Bergweiler, Dr. →Prüm

Pavie, Château Großer und bekannter *premier grand cru classé B* von →Saint-Emilion mit 37 ha Rebfläche (55 % →Merlot, 25 % →Cabernet franc, 20 % →Cabernet Sauvignon) und einem substantiellen, delikaten, ausgeglichenen und feinen roten →Bordeaux, der heute wieder jede Beachtung verdient. Château Pavie-Decesse (im gleichen Besitz) befindet sich in der unmittelbaren Nachbarschaft auf dem Kalkplateau und liefert einen ausgezeichneten Wein, der jedoch nicht über das Format des Château Pavie verfügt, während die Weine des benachbarten Château Pavie-Macquin (wie Pavie-Decesse als *grand cru classé* eingestuft) nicht den Rang haben.

Pavillon Rouge (Blanc) du Château Margaux Wie Château →Lafite (→Moulin des Carruades), Château →Latour (Les →Forts de Latour) und die Mehrzahl der anderen Spitzengüter, zumal des →Médoc, erzeugt Château →Margaux seit dem Beginn des Jahrhunderts sporadisch, seit Ende der siebziger Jahre wieder regelmäßig einen Zweitwein, den *Pavillon Rouge du Château Margaux*, ein in guten Jahren hervorragend strukturierter, eleganter Rotwein, der einen Vergleich mit klassifizierten Gewächsen von →Margaux nicht zu scheuen braucht. Kontinuierlicher ist in diesen Jahrzehnten bis heute der Weißwein von Château Margaux erzeugt worden, der *Pavillon Blanc du Château Margaux*, ein reinsortiger →Sauvignon blanc, kein absoluter Spitzenbordeaux, doch in guten Jahren hervorragend und von feiner Eleganz.

Paysan Einst niedrigste Stufe der →Bordeaux-Weine. Heute noch weniger gebräuchlich als der ebenfalls kaum noch anzutreffende *cru* →*artisan*. Weine dieser, unterhalb der *crus* →*bourgeois* liegenden Kategorien werden jetzt durchweg schlicht als *autres crus* bezeichnet.

Pécharmant Gilt allgemein als der beste Rotwein des Département →Dordogne. Er wird unmittelbar nordöstlich von →Bergerac aus den beiden →Cabernets, →Merlot und →Malbec mit jährlich an die 3000 hl erzeugt. Der beste erinnert an einen kleineren →Médoc.

Pédesclaux, Château *5e cru classé* aus →Pauillac im →Haut-Médoc mit 17 ha Rebfläche (65 % →Cabernet Sauvignon, 20 % →Merlot und je 5 % →Cabernet franc, →Petit Verdot und →Malbec) und einem langsam reifenden, charaktervollen Wein, der seinen angestammten Rang in der Hierarchie der →Haut-Médoc-Weine noch nicht wiedergefunden hat.

Pedro Ximénez Spanische Rebsorte, die in →Montilla-Moriles und →Málaga weit verbreitet ist, in Spanien insgesamt mit 35 000 ha. Nach einer recht unwahrscheinlichen Überlieferung soll sie im 16. Jahrhundert von einem deutschen Soldaten namens Peter Siemens (daher ihr Name) nach Spanien gebracht und in Wirklichkeit der echte →Riesling vom →Rhein sein. In Montilla-Moriles, wo sie am meisten angebaut wird, liefert sie einen eleganten, trockenen →*Fino*, der den aus →Palomino oft an Körper und Charakter übertrifft und in Spanien häufig lediglich 14–16 % vol. Alkohol aufweist.

In Málaga und – mit wesentlich kleineren Anteilen – in →Jerez geschieht die Verarbeitung des Pedro Ximénez auf andere Art: Man trocknet ihn auf Strohmatten nach der Lese etwa zwei Wochen lang in der Sonne. Erst danach wird er vergoren und →gespritet, so daß der auf diese Weise entstehende Wein sehr süß und alkoholreich ist. Entweder kommt er dann nach entsprechender Alterung in der →Solera als sog. PX-Wein direkt in den Handel, oder man

verwendet ihn als teuersten Zucke-
rungszusatz für andere →Sherrys.
In Argentinien ist der Pedro Ximénez
mit 20000 ha Rebfläche die am meisten
angebaute weiße Rebsorte, und in Australien kommt sie immerhin noch auf
1500 ha.

Pelaverga Äußerst seltene italienische
Rebsorte und der aus ihr in →Piemont
(bei Saluzzo und bei La Morra im →Ba-
rolo-Gebiet) erzeugte, nicht sehr farb-
kräftige Rotwein, den man jung trinken
sollte. Das Charakteristische des Weins
ist sein deutlicher Pfefferton, Nerv und
schlanker Körper, eine interessante Rarität, die von Burlotto (Castello di Ver-
duno) erzeugt wird.

Peloponnes Mit gut 25000 ha ist diese
berühmte griechische Halbinsel die
nach →Zentralgriechenland und Euböa
größte Weinbauregion des Landes, aus
der eine Fülle verschiedenartigster
Weine kommt. Dazu gehören sowohl
die am leichte →Portweine erinnernden
→Likörweine aus der Umgebung von
→Patras als auch der hervorragende
rote →Nemea, der zu den besten griechischen Rotweinen zählt, die weißen
Patras und →Mantinia, die bekannten
→Markenweine von Parparoussis und
→Achaia Clauss sowie eine Reihe weiterer Weine meist lokaler Bedeutung.
Zusätzlich werden auf 40000 ha Rosinen
(davon 85% Korinthen und 15% Sultaninen) erzeugt.

Pelure d'Oignon Französischer Ausdruck, der wörtlich *Zwiebelhaut* bedeutet. Bezogen auf Wein zur Bezeichnung für die rostbraune oder lohfar-
bene Farbnuance verwendet, die bestimmte helle Rot- oder Roséweine bei
längerer Lagerung annehmen. In der
Regel dürften Weine mit einer *pelure
d'oignon* zu lange gelagert worden sein;
sie haben ihren Höhepunkt längst überschritten und sollten möglichst rasch
getrunken werden.

Peñafiel Spanische Kleinstadt östlich
von Valladolid, am oberen Duero gelegen, aus deren Umgebung einige beachtenswerte Weine stammen. Sie gehören
zu der qualitativ bedeutenden →Deno-
minación de Origen →Ribera del Duero.

Penedés Größte und qualitativ bedeutendste →Denominación de Origen in
→Katalonien mit knapp 25000 ha Rebfläche südwestlich von Barcelona gelegen. Während die Küstenregion heißes,
mediterranes Klima aufweist, ist es in
dem 600–800 m hoch gelegenen Berg-
land schon deutlich kühler. Traditionellerweise ein Weißweingebiet, in dem
→Macabeo, Xarel-lo, Parellada u. a.
z. T. vorzügliche Weine ergeben bzw. als
Grundweine für die berühmten
Schaumweine des Gebietes – die besten
Spaniens – dienen, werden heute in den
tiefer gelegenen Teilen auch einige Rotweine, insbesondere aus Ull de Llebre
(→Tempranillo), →Garnacha, Monastrell und →Cariñena, erzeugt. In zunehmendem Maße werden auch französische und elsässische rote und weiße Rebsorten, darunter →Cabernet
Sauvignon, →Merlot, →Chardonnay,
→Riesling u. a., mit großem Erfolg angepflanzt. Als führende Erzeuger gelten
Miguel Torres, Jean Leon, Masia Bach,
René Barbier, Conde de Caralt, Marqués de Monistrol, Cavas Hill, Comp.
Intern. de Grandes Vinos, Llopart Mir,
Pinord, José Maria Sogas u. a. Als
Schaumweinproduzenten haben neben
einigen der bereits genannten auch Codorníu, Freixenet, Castellblanch, L'Ai-
xertell u. a. einen Namen.

Pentro d'Isernia Name für in der Provinz Isernia in →Molise erzeugte Rot-,
Rosé- und Weißweine. Die ersteren
stammen aus →Montepulciano und
→Sangiovese, der letzter aus →Trebbi-
ano und Bombino. Noch haben sie
nicht viel von sich reden gemacht.

Per' è Palummo Lokale Bezeichnung auf →Ischia für den Piederosso und den überwiegend aus ihm bereiteten Rotwein, einen beachtenswerten, rassigen, feingliedrigen Wein, der zu den besten Rotweinen der Insel und →Kampaniens überhaupt zählen dürfte. D'Ambra ist ein führender Erzeuger.

Percarlo Seit 1983 in kleinen Mengen auf dem Weingut San Giusto a Rentennano im Gebiet des →Chianti classico in der →Toscana erzeugter roter →Tafelwein aus →Sangiovese und in der →Barrique ausgebaut, an dem sich die Geister scheiden. Für die einen ist er ein Urbild an Kraft, Konzentration und Wucht, für die anderen ist er ein alkohol- und körperüberladener Wein, dem es an Feinheit, Komplexität und Eleganz mangelt und der erschlägt, wo er inspirieren sollte. Allein bemerkenswerte Weine vermögen derartige Kontroversen hervorzurufen.

Père Caboche, Domaine du Weingut im Gebiet von →Châteauneuf-du-Pape, dessen Rotwein nicht die Tiefe eines klassischen Châteauneuf besitzt, doch fein und elegant sein kann. Erzeugt ferner einen hervorragenden, nervigen und gehaltvollen Weißwein.

Perelada Bekannter kleiner Weinort in Nordspanien in den östlichen Pyrenäenabhängen, heute zum →DO-Gebiet →Ampurdán-Costa Brava gehörend. Es werden einige beachtenswerte Rot-, Rosé- und Weißweine erzeugt. Die lokalen Cavas de Ampurdán haben den besten Namen.

Pergola Hohe, in Dachform mit Draht bespannte Holzgerüste, an denen in manchen Gegenden Oberitaliens (→Südtirol), Südwestfrankreichs und Nordspaniens die Rebstöcke erzogen werden, um die Trauben vor der Sonnenglut zu schützen. Auch Pergeln genannt.

Pergole torte, Le Weinlage bei Radda in →Chianti, im Besitz des erstklassigen Weinguts →Montevertine, das dort ausschließlich aus →Sangiovese einen in →Barriques ausgebauten, charaktervollen, langsam reifenden und langlebigen Rotwein von großer Eleganz, Feinheit und Nuancenreichtum erzeugt, der zu den bemerkenswertesten Weinen der →Toscana gehört und sich von so manchem, seinem Beispiel folgenden toscanischen →Tafelweinen überzeugend abhebt und auch die übrigen auf dem Gut erzeugten Weine einschließlich des Il →Sodaccio übertrifft.

Periquita Portugiesische Rebsorte, teilweise auch als Castelão Francês bezeichnet, die in fast allen portugiesischen Weinbaugebieten verbreitet ist und wegen ihrer intensiven Farbe, Frucht und Tannine geschätzt wird. Mitunter wird sie auch reinsortig ausgebaut, so von Fonseca südlich von Lissabon bei →Setúbal, der aus ihr einen kraftvollen, etwas direkten Rotwein bereitet.

Perlan Im Kanton →Genf gebräuchliche Bezeichnung für →Chasselas- (→Gutedel-)Weine.

Perlant Französische Bezeichnung für einen ganz leicht perlenden Wein (geringer als beim →Perlwein), wie etwa ein →*Muscadet sur lie*. Durch Abfüllen von der Hefe oder auf andere natürliche, bewußt herbeigeführte oder zufällige Art entstanden, erhält der Wein aufgrund eines geringen →Kohlensäuredrucks eine gewisse Frische und Spritzigkeit.

Perle Wenig überzeugende Alzeyer →Neuzüchtung aus →Gewürztraminer × →Müller-Thurgau, dessen Anbaufläche aufgrund der unbefriedigenden Qualität ihrer Weine seit einigen Jahren deutlich rückläufig ist. Heute sind noch 190 ha mit ihr bestockt, vor allem in →Franken und →Rheinhessen.

Perlwein Mit natürlicher →Kohlensäure oder durch →Imprägnierung mit Kohlensäure (*gazéifié*) leicht schäumend gemachter Wein mit einem Überdruck von 1 bis höchstens 2,5 bar (→frizzante, →pétillant). Perlweine sind meist frische, angenehm zu trinkende Weine, zu denen in der Regel eher der Gelegenheitstrinker als der Weinkenner greifen wird.

Pernand-Vergelesses Kleine Weinbaugemeinde westlich von →Aloxe-Corton in →Burgund, innerhalb deren Grenzen Teile des berühmten →*Corton* und des *Corton-Charlemagne* liegen (zusammen über 34 ha), so daß in der Regel die besten Weine von Pernand nicht unter dem Gemeindenamen erscheinen werden. Von den *premiers crus*-Lagen Pernands gilt die *Ile des Vergelesses* als die mit Abstand beste. Doch auch von anderen Provenienzen kommen z. T. ausgezeichnete Weine, die einen Vergleich mit Abfüllungen von der übrigen →Côte de Beaune nicht zu scheuen brauchen. Chandon de Brailles, Bonneau de Martray, Dubreuil-Fontaine, Pavelot, André Thiély, Rapet u. a. gelten als führende Erzeuger.

Peronospora Im Deutschen als Blattfallkrankheit oder falscher →Mehltau bezeichnete schwere Rebkrankheit, die, wenn sie nicht bekämpft wird, zu gravierenden Ertragsausfällen bis hin zum vollständigen Verlust der Ernte führen kann.

Perrière Vermutlich von dem französischen *pierre* (Stein) abgeleitete Bezeichnung für steinige Weinbergslagen, von denen in →Burgund vier einen besonders herausragenden Namen besitzen: der →*Clos de la Perrière* in →Fixin am Nordrand der →Côte de Nuits, der einen Rotwein von Charakter und feiner Art liefert; der *Perrière* in →Nuits-Saint-Georges mit einem der wenigen dortigen Weißweine; die als *Perrière*

oder *Perrières* bezeichnete Lage (→Climat) in →Meursault, die allgemein als die beste des Ortes gilt und einen der feinsten trockenen Weißweine liefert; und schließlich der →*Puligny-Montrachet Perrières*, dessen Wein die Einstufung als *premier cru* vollauf zu Recht führt.

Pesquera Einer der großartigsten spanischen Rotweine, der von dem Weingut Alejandro Fernandez im Gebiet von →Ribera del Duero überwiegend aus Tinto fino (→Tempranillo) erzeugt wird: Körperreich, sehr tief und konzentriert, von großer Komplexität und Charakter, dabei samtig und weich, ein Wein, der ungeachtet seines ganz anderen Charakters einem →Vega Sicilia nur wenig nachsteht, zumal als →Reserva.

Pessac 55 000 Einwohner großer Vorort, eigentlich Stadtteil von →Bordeaux, in dem es erfreulicherweise immer noch rund 80 ha Rebfläche gibt, die zu den besten der →Graves zählen. Der berühmteste Wein aus Pessac ist natürlich der Château →Haut-Brion. Aber auch das noch ältere Château →Pape-Clément und das kleinere Château Les →Carmes-Haut-Brion genießen großes Ansehen. Als viertes gibt es noch das winzige Château Haut-Brana.

Pessac-Léognan Neue, seit September 1987 gültige Appellation für die Rot- und trockenen Weißweine der nördlichen →Graves im Sinne einer dem →Haut-Médoc vergleichbaren Gemeindeappellation. Insgesamt 10 Orte haben Anspruch auf diesen neuen, prestigereicheren →A.O.C.-Status (anstelle der pauschalen Appellation *Graves*): Cadaujac, Canéjan, Gradignan, →Léognan, →Martillac, Mérignac, →Pessac, Saint-Médard-d'Eyrans, →Talence und →Villenave-d'Ornon. Mit ihm soll den Weinen der Graves zu einem deutlicheren, dem Médoc vergleichbaren Profil verholfen werden.

Pétillant Französische Bezeichnung, entspricht deutschem →Perlwein und italienischem →frizzante. Laut EU-Recht enthalten Weine dieser Art 1–2,5 bar Überdruck, während Schaumweine, einschließlich →Champagner, mindestens 3 bar aufweisen müssen. Von den französischen →A.O.C.-Weinen dürfen der →Anjou (einschließlich →Rosé d'Anjou), →Touraine, →Saumur, →Montlouis und →Vouvray als pétillant in den Handel kommen. Es wird sich dabei selten um die überzeugendsten Weine dieser Provenienzen handeln.

Petit Französisch für *klein*. Ein *petit vin* wird in der Regel wenig Körper und Charakter haben und sehr anspruchslos sein, so daß er kaum weitere Beachtung verdient. Zumindest eine Ausnahme dieser Regel dürfte jedoch der →Petit Chablis sein. – In →Bordeaux gibt es etliche Weingüter mit dem Namensteil *Petit*, als berühmtestes Château →Petit-Village. Es wäre ein Irrtum annehmen zu wollen, daß es sich in diesen Fällen um kleine Weine handelt. Hingegen bezeichnet man dort mit dem pauschalen Ausdruck *petits châteaux* Weine qualitativ kleiner und unbedeutender Güter.

Petit Chablis *Légers, secs, brillants et digestifs* hieß es im vorigen Jahrhundert von den →Chablis-Weinen, doch seitdem Chablis ein Modegetränk geworden ist, hat der Chablis viel von diesem einst gerühmten Charakter verloren, allem voran seine Leichtigkeit. Nicht nur gab es Petit Chablis noch vor einer Generation überhaupt nicht; der wenige auf jenen Flächen wachsende Wein galt als nicht der Bezeichnung Chablis würdig. Zwar wird der Petit Chablis aus dem gleichen →Chardonnay erzeugt und weist laut Gesetz zwischen 9,5 und 12,5 % vol. Alkohol auf, doch die Böden sind weniger kalkhaltig, Exposition und Mikroklima weniger geeignet als dort, wo der Chablis *tout court* gedeiht. Auf einer zugelassenen Fläche von 1550 ha, von denen allerdings gegenwärtig lediglich 260 ha im Ertrag stehen, werden ca. 1–1,7 Mill. Flaschen jährlich erzeugt, und etliche davon sollten wirklich den Namen *Chablis* nicht führen. Doch wenn von einem seriösen Erzeuger und aus einem guten Jahr kann er wirklich köstlich, leicht und erfrischend sein, und dann ist er seinen Namen ganz gewiß wert.

Petit Verdot Einst klassische Rotweinsorte im →Médoc, die – da sie neben Körper und Farbe vor allem hohe Tanningehalte aufwies – in guten Jahren zur langsamen Reifeentwicklung und Langlebigkeit der Weine zusammen mit dem →Cabernet Sauvignon entscheidend beitrug. Mit dem Wandel des Publikumsgeschmacks ist der Petit Verdot weitgehend verschwunden, zumal er angesichts seiner sehr späten Reife und seines ungleichmäßigen und unzuverlässigen Ertrags heute vielfach als nicht mehr »rentabel« gilt. Die Gunst der Zeit gilt dem weichen, schnell reifenden →Merlot, so daß nur auf strikt qualitätsorientierten Gütern des Médoc der Petit Verdot heute noch eine Rolle spielt.

Petit-Village, Château Einer der besten *crus* von →Pomerol mit 11 ha Rebfläche (80 % →Merlot und je 10 % →Cabernet franc und →Cabernet Sauvignon), dessen Weine in guten Jahren sehr kernig und langsam reifend sind, bevor sie sich zu einem köstlich weichen und dabei ausdrucksvollen, ausgeglichenen und betörend eleganten Pomerol entwickeln.

Petite Sirah Eine inzwischen mit gut 1200 ha in →Kalifornien angepflanzte Rotweinsorte, deren Herkunft immer noch nicht restlos geklärt ist. Es gilt heute als ziemlich sicher, daß sie nicht mit der französischen →Syrah des →Rhônetals identisch ist. Doch ob es sich bei ihr, wie viele glauben, in Wirklichkeit um die in Frankreich nicht mehr zulässige, da als minderwertig geltende Duriff handelt, ist nach wie vor ungeklärt. Tatsächlich bringt sie in jüngster Zeit in Kalifornien einige ganz erstaunliche, tieffarbene, robuste und charaktervolle Weine hervor, die ihre dortige hohe Verbreitung durchaus rechtfertigen.

Pétrus, Château Die unbestrittene No. 1 in →Pomerol und einer der größten Weine – und sicherlich der teuerste – unter den roten →Bordeaux, auf einer Stufe mit →Lafite, →Latour, →Ausone, →Cheval Blanc und den übrigen *premiers crus*. Ganze 12 ha umfaßt heute die Rebfläche von Pétrus, in der besten Lage von Pomerol, die aufgrund einer praktisch auf die Rebfläche von Pétrus beschränkten geologischen Besonderheit ungewöhnlich tonhaltig ist. Der Wein wird zu 95 % aus →Merlot und 5 % →Cabernet franc erzeugt. Durch die privilegierte Lage und sorgfältigste Vinifikation und Ausbau entsteht Jahr für Jahr ein bemerkenswerter, in besseren Jahren zweifellos ein großer Wein: reich, samtig, *gras*, bewundernswert ausgeglichen, wenn nicht vollendet, und nuancenreich, von großer Feinheit und Eleganz, einer der großartigsten Weine, die es überhaupt gibt.

Peyraguey →Clos-Haut-Peyraguey, Château und →Lafaurie-Peyraguey, Château

Pez, Château de Hervorragender *cru* →*bourgeois* aus →Saint-Estèphe im →Haut-Médoc mit 23 ha Rebfläche (70 % →Cabernet Sauvignon und je 15 % →Merlot und →Cabernet franc) und exzellenten, klassifizierten Gewächsen durchaus vergleichbarer Wein: kernig, kräftig, ausgeglichen und elegant, sehr beständig und in großen Jahren langsam reifend und langlebig.

Peza Hervorragender griechischer roter Qualitätswein aus →Kreta, wo er mit an die 700 ha heute die größte Ausdehnung unter den →O.P.A.P.-Weinen der Insel hat. Der Wein wird aus der autochthonen Kotsifali und der ägäischen Mandilari im Verhältnis 80:20 erzeugt und kann, wenn trocken ausgebaut, bei einem Alkoholgehalt um 12,5 % vol. von beachtenswerter Feinheit und Eleganz sein.

Pfaffstätten Weinbauort zwischen →Gumpoldskirchen und →Baden im Weinbaugebiet →Thermenregion mit rund 330 ha Rebfläche, die mit →Neuburger, →Rotgipfler, →Zierfandler, →Rheinriesling u. a. Sorten bestockt ist. Die Weine sind reich, typisch und von mitunter beachtlicher Qualität. Anton Österreicher, Robert Straßer u. a. gelten als führende Erzeuger.

Pfalz Zweitgrößtes deutsches Weinanbaugebiet – bis 1992 offiziell als Rheinpfalz bezeichnet – mit 22 810 ha Ertragsrebfläche und einem jährlichen Ertrag von ungefähr einem Viertel der deutschen Weinmosternte. Schon im Mittelalter galt die Pfalz als der »Weinkeller des Heiligen Römischen Reiches«, *propter vini copiam*. Das pfälzische Weinbaugebiet erstreckt sich entlang der Ostabhänge des Haardtgebirges – wobei es sich allerdings leider immer mehr in die zwar fruchtbare, aber für Weinbau weniger geeignete Rheinebene ausdehnt –, im Norden westlich von →Worms beginnend, bis zur französischen Grenze bei →Schweigen im Süden. Das Gesamtgebiet ist unterteilt in die beiden Bereiche →Mittelhaardt-Deutsche Weinstraße und Südliche →Weinstraße.
Handelte es sich noch vor rund 30 Jahren bei Pfälzer Weinen nahezu ausschließlich um →Silvaner (fast 40 %), →Müller-Thurgau (gut 20 %), →Riesling (14 %) oder Rotwein, praktisch ausnahmslos aus →Portugieser, (18 %), so

ist das allgemeine Bild heute bunter geworden. Müller-Thurgau und Riesling sind angewachsen auf 21 bzw. 20%, während der Silvaner auf 7% dramatisch zurückgegangen ist, und die roten Sorten nach ihrem Tiefpunkt wieder deutlich steigen und es inzwischen bereits wieder auf 18% bringen. Der Anteil der übrigen Sorten ist von 8 auf 34% gestiegen, und die →Neuzüchtungen insgesamt, einschließlich des Müller-Thurgau, machen heute bei (unter den weißen Sorten) rückläufigen Tendenzen 60% der Fläche aus. Dabei ergeben sich jedoch erhebliche Unterschiede zwischen den beiden Bereichen. Beträgt der Anteil der wichtigsten Sorten im Bereich Mittelhaardt-Deutsche Weinstraße: Riesling 31%, Müller-Thurgau 16%, Portugieser 14%, →Kerner 8%, Silvaner 6%, →Scheurebe 4% und →Spätburgunder 3%, zusammen 82%, so sieht die Reihenfolge für die Südliche Weinstraße folgendermaßen aus: Müller-Thurgau 26%, Kerner 14%, Riesling 11%, Silvaner 8%, Portugieser 7%, Scheurebe 5% und Spätburgunder 3%, zusammen 74%. Ähnlich dem rheinhessischen →Hügelland dominieren mithin an der Südlichen Weinstraße die Neuzüchtungen, während an der Mittelhaardt traditionelle Qualitätssorten vorherrschend sind.

Dieser groben Einteilung entsprechen in etwa die Weine der beiden Bereiche. In einem der wärmsten deutschen Anbaugebiete angebaut, zeichnen sich pfälzische Weine durch Körper und Volumen aus, und während der qualitative Schwerpunkt heute noch eindeutig auf der Mittelhaardt mit strukturierten, feinen und eleganten Weinen liegt, deren Spitzen allemal durch den Riesling verkörpert werden, die zu den bemerkenswertesten deutschen Weinen gehören, gibt es an der Südlichen Weinstraße eine zunehmende Zahl von Gütern, die dokumentieren, daß das qualitative Potential so mancher Gemeinde weit größer ist, als die traditionelle Einteilung erkennen läßt und daß hier bei einem strikter und konsequenter betriebenen Qualitätsweinbau höchst beachtenswerte Weine erzeugt werden können, die jenen der Mittelhaardt an Ausdruckskraft und Komplexität kaum nachstehen. Dabei spielen neben dem Riesling Weißer und Grauer →Burgunder, Spätburgunder u. a. Qualitätssorten eine erhebliche Rolle.

Zu den führenden Weinbauorten der Pfalz zählen daher heute: →*Birkweiler, →***Deidesheim, Bad →*Dürkheim, →***Forst, →*Freinsheim, →*Gimmeldingen, →**Kallstadt, →*Königsbach, →*Leinsweiler, →*Leistadt, →*Neustadt, →**Ruppertsberg, →*Schweigen, →*Siebeldingen, →**Ungstein, →**Wachenheim, →*Zell u. a. Orte.

Pfropfrebe Das Auftreten der →Reblaus (*Phylloxera*) in Europa bewirkte nahezu überall das Ende des wurzelechten, da nicht reblausresistenten Rebbaus mit →Vinifera-Sorten. Da aus qualitativen Gründen ein Verzicht auf die Vinifera-Sorten jedoch nicht möglich war, pfropfte man diese auf die Wurzeln reblausresistenter amerikanischer Wildreben (meist *Berlandieri* und *Riparia*) auf. Die so veredelten Reben besitzen die Reblausresistenz der amerikanischen Unterlagsreben und tragen die Frucht der Vinifera, wobei die Wahl der Unterlagssorten die Qualität und/oder den Ertrag zu steigern vermag. Dennoch gibt es in Deutschland und anderen europäischen Ländern und in Übersee (Chile, Australien u. a.) immer noch in Teilen wurzelechten Rebbau, und man trifft immer wieder auf die letztlich nicht beweisbare Behauptung, daß die Weine aus Pfropfreben den Präphylloxera-Weinen qualitativ nicht gleichwertig seien.

pH-Wert →Azidität

Phélan-Ségur, Château Hervorragender *cru* →*bourgeois* aus →Saint-Estèphe im →Haut-Médoc mit 52 ha (55 % →Cabernet Sauvignon, 30 % →Merlot, 10 % →Cabernet franc, 5 % →Petit Verdot) mit einem gleichmäßigen, beständigen, sehr feinen und charaktervollen Wein. Nach einigen Problemen Mitte der achtziger Jahre in der Folge eines Besitzerwechsels ist Phélan-Ségur auf dem besten Weg, seinen angestammten, klassifizierten Gewächsen vergleichbaren Rang wieder einzunehmen.

Phylloxera →Reblaus

Piano della Cappella Ausgezeichneter →Chardonnay, der von dem Weingut Terrabianca in Radda inmitten des →Chianti-Gebietes in der →Toscana erzeugt und in →Barriques ausgebaut wird.

Piave Östlich von Treviso am unteren Piave gelegener großer Weinbaubereich, einer der besten des →Veneto. Weine aus den Rebsorten →Cabernet, →Merlot, →Pinot nero, →Raboso (für Rotweine) und →Chardonnay, →Tocai, →Verduzzo, →Pinot bianco und →Pinot grigio (für Weißweine) dürfen das →DOC-Prädikat *Piave* tragen. Der Merlot und der Cabernet (es kann sich dabei sowohl um einen Verschnitt aus beiden Cabernet-Arten als auch nur um einen von beiden handeln) gelten als die beachtenswertesten, und die besten von ihnen können ganz ausgezeichnet sein. Verga Falzacappa, Canella, Ciani-Bassetti (→Castello di Roncade) u. a. gelten als führende Erzeuger.

Pichet Französische Bezeichnung für eine Kanne oder Krug, aus denen traditionellerweise in französischen Restaurants offene Weine ausgeschenkt werden.

Pichon-Longueville (Baron), Château de *2ᵉ cru classé* aus →Pauillac im →Haut-Médoc mit 50 ha Rebfläche (75 % →Cabernet Sauvignon, 25 % →Merlot), in unmittelbarer Nachbarschaft von Château →Latour und der kleinere, in den letzten Jahrzehnten etwas geringer angesehene Teil des einstigen Pichon-Longueville-Gutes; der andere ist →Pichon-Longueville Comtesse de Lalande. Doch seit das Gut 1987 den Besitzer gewechselt hat und nun Jean-Michel Cazes und sein erfolgreiches Team von Château →Lynch-Bages für Pichon-Longueville verantwortlich ist, scheint eine neue Seite aufgeschlagen: Erste Ergebnisse weisen auf einen kraftvollen, tanninreichen, markanten und ausgeglichenen Wein hin, der seinen angestammten offiziellen Rang sicherlich rasch wieder einnehmen dürfte, so daß das qualitative Verhältnis beider Pichon-Weine zueinander gewiß bald neu definiert werden muß.

Pichon-Longueville Comtesse de Lalande, Château *2ᵉ cru classé* aus →Pauillac, dessen vollständiger Name wieder auf dem Etikett erscheint anstelle der abgekürzten Version *Château Pichon-Lalande*. Anders als der traditionellere →Pichon-Longueville (Baron) ist man auf *Lalande* bemüht, einen früh trinkbaren, aber dennoch langlebigen Wein zu erzeugen. Von allen klassifizierten Gewächsen Pauillacs weist er daher den niedrigsten →Cabernet- und den höchsten →Merlot-Anteil auf: Die 73 ha sind zu 45 % mit →Cabernet Sauvignon, 35 % →Merlot, 12 % →Cabernet franc und 8 % →Petit Verdot bestockt. Das Ergebnis ist ein, dem Zeitgeschmack sehr viel mehr entsprechender, einschmeichelnder Wein voller Charme, Generosiät und Eleganz, der aber dabei zugleich über Kern, Tiefe, Konzentration, Komplexität und Charakter verfügt, ein wahrhaft grandioser Wein, dessen Qualitätsniveau sich spätestens seit 1975 konstant auf dem Rang 1. Gewächse befindet und einem →Mouton-Rothschild, →Latour und →Lafite nur wenig nachsteht. Allerdings haben die Weine der neunziger Jahre nicht immer dieses hohe Niveau zum Ausdruck gebracht.

Picolit Einst der berühmteste und traditionell einer der teuersten Weine Italiens, dessen gegenwärtige Qualität jedoch leider nur noch selten seinem Ruf gerecht wird. Sicher ist er nicht der Château d'→Yquem Italiens. Vielmehr handelt es sich um einen goldgelben Wein mit hohem Alkoholgehalt (15–18% vol.), der alles von ganz trocken bis sehr süß sein kann, aber nur selten wirklich bemerkenswert ist. Der Wein wird aus Picolit erzeugt, die zu äußerst starkem →Verrieseln neigt, was zusammen mit dem Herstellungsverfahren aus halbgetrockneten Trauben zu extrem niedrigen Erträgen führt. Die Verbreitung der Rebe ist aus diesen Gründen recht gering, geht jedoch über die →Colli Orientali del Friuli hinaus, aus denen sie ursprünglich stammt und wo sie heute allein →DOC-Status besitzt. Doch wo immer sie in Nordostitalien derzeit angebaut wird, bleibt die Hoffnung, daß dieser →Likörwein zumindest das Niveau der besten übrigen derartigen Weine der Region wieder erreichen möge.

Picpoul Anderer Name für die →Folle blanche im Gebiet von Armagnac, wo sie einen geringen, dünnen, sehr säurebetonten Wein ergibt, aber einen ganz hervorragenden Branntwein liefert, jedoch immer mehr durch die →Ugni blanc – wie bereits im →Cognac-Gebiet geschehen – ersetzt wird. Dagegen gibt es den Piquepoul (oder Picpoul) gris, aus dem mit erlaubtem Zusatz von maximal 30% Terret blanc und →Clairette zwischen →Montpellier und →Béziers im →Languedoc ein leichter Weißwein mit dem →V.D.Q.S.-Prädikat erzeugt wird, der *Picpoul de Pinet*.

Pièce Französische Bezeichnung für ein Eichenfaß, in dem in →Burgund und in der →Champagne Wein gelagert und gealtert wird. In →Bordeaux gebraucht man dafür den Ausdruck →Barrique. An der →Côte d'Or enthält dieses Faß 228 l, im →Beaujolais-Gebiet 216 l und in der Champagne 205 l.

Piemont Nordwestitalienische Region mit der Hauptstadt Turin. Wenn es um Wein geht, so ist sie qualitativ noch bedeutender, als dies in ihrer heute 60 000 ha mehr umfassenden Ertragsrebfläche ausgedrückt ist, die jährlich 3–3,5 Mill. hl Wein liefern. Solange es um die Qualität geht, dürfte ihr vermutlich allein die →Toscana als erste unter den 20 Regionen Italiens gleichkommen. Wein wird beiderseits des breiten oberen Po-Tals im wesentlichen in vier Bereichen angebaut: 1. im Gebiet um Ivrea (→Erbaluce, →Caluso, →Carema), 2. in den Provinzen Vercelli und Novara (→Gattinara, →Ghemme, →Lessona, →Bramaterra, →Sizzano, →Fara, →Boca), 3. im berühmten →Monferrato und 4. in den →Langhe, dem qualitativ überragendsten Bereich im Südwesten in der Umgebung von →Alba.

Piemonteser Weine sind von eigenem Charakter, da viele der dortigen Trauben entweder in anderen Teilen Italiens nicht angebaut werden oder dort keine vergleichbare qualitative Rolle spielen. Das gilt für den →Nebbiolo, den →Grignolino, →Dolcetto, →Cortese u. a., und selbst der →Barbera spielt im übrigen Italien nicht ganz die Rolle wie in Piemont. An der Spitze der Piemonteser Rotweine stehen die bemerkenswerten →Barolo- und →Barbaresco-Weine. Darunter rangieren die übrigen, oft ausgezeichneten Nebbiolo-Weine, angefangen vom Nebbiolo d'Alba bis zu den nordpiemontesischen, mitunter als →Spanna bezeichneten Weinen. Schließlich kommt die breite Palette der Grignolino-, Dolcetto-, Barbera- und →Freisa-Rotweine, unter denen sich exzellente Weine befinden können, darunter bemerkenswerte Barbera-Weine wie der →Bricco dell'Uccellone, der →Montruc oder *Ai Suma* oder der *Vignarey*. Daneben gibt es etliche interessante Rotweine, z. T. aus fast vergessenen und nur noch auf wenigen Parzellen anzutreffenden Rebsorten bzw. in ungewöhnlichen Verschnitten, darunter der →Rouchet, →Bricco del Drago, →Bricco Manzoni, →Pelaverga, →Brachetto u. a. Qualitativ eine ungleich geringere Rolle spielen die Weißweine, obgleich sie dem großen Publikum in der Form des populären Asti →spumante wesentlich bekannter als die bemerkenswerten Rotweine sein mögen. Schließlich entfallen allein auf den →Moscato d'Asti – nach dem →Chianti der mengenmäßig bedeutendste italienische →DOC-Wein – rund ein Siebtel der gesamten piemontesischen Weinernte. Doch mit den Rotweinspitzen auch nur annähernd vergleichbarer Qualität hat dies nichts zu tun. Auch der eindeutig überbezahlte, doch modische →Gavi, der →Arneis, der →Favorita, der →Furmentin und wie sie alle heißen mögen, mögen ausgezeichnet sein, doch selten wesentlich mehr. Eine Ausnahme mag der höchst seltene, seit 1992 endlich zu DOC-Ehren gekommene süße →Loazzolo sein.

Pierre-à-fusil Französische Bezeichnung für Feuersteingeschmack, wie er bei einigen →Sauvignon-Weinen der →Loire, aber auch bei dem einen oder anderen sonstigen Weißwein (z. T. →Chablis, →Chablais, →Vernaccia di San Gimignano) sehr geschätzt wird.

Piesport Eine der größten und mit Recht eine der berühmtesten Weinbaugemeinden der →Mosel. Rund 500 ha stehen – mit dem Ortsteil Niederemmel – unter Reben, von denen die besten Lagen ein auf felsigem Boden befindliches, steil ansteigendes und nach Süden geöffnetes Amphitheater ergeben, die in guten Jahren Weine von nahezu unvergleichlicher Art liefern: herrlich zart, aromatisch, fruchtig, komplex, nuancenreich, ausgeglichen und von hohem Rang. Als beste Lagen gelten *Goldtröpfchen*, *Schubertslay* (praktisch im Alleinbesitz der Vereinigten →Hospitien), *Domherr*, *Güntherslay* u. a. Zu den namhaftesten Erzeugern gehören neben den →Trierer Großgütern →Kesselstatt, →Bischöfliches Konvikt und Vereinigte →Hospitien heute aufstrebende lokale Weingüter mit z. T. bemerkenswerten Qualitäten, darunter Reinhold Haart u. a.
Ungeachtet seiner natürlichen Vorzüge hat der Ruf des Ortes erheblich gelitten, seit das gegenüberliegende, weitgehend flache Niederemmeler Ufer mehr und mehr mit Reben – zumeist kein →Riesling – bestockt worden ist und die von dort und anderen weniger profilierten Lagen aus den Nachbargemeinden kommenden Weine in großer Zahl als *Piesporter Michelsberg*, so der →Großlagenname, in den Handel gebracht werden. Angesichts einer derartigen, wenig Qualitätsdenken verratenden Herabsetzung eines berühmten Namens machen seither viele, die einen echten klassischen Mosel-Riesling suchen, immer noch einen Bogen um Piesport.

Pigato Norditalienische Weißweinrebe, aus der im westlichen →Ligurien, insbesondere in der Umgebung von Albenga bei Alassio, seit kurzem unter der →DOC-Bezeichnung →*Riviera di Ponente* erzeugten Weißweine, die charaktervoll, gut abgestimmt und jung zu trinken sind und zu den besten Liguriens gehören. Luigi Anfossi, Lupi u. a. gelten als führende Erzeuger.

Piglio Außerordentlich ansprechender Rotwein, der aus →Cesanese östlich von Rom in →Latium erzeugt wird, der *Cesanese del Piglio*.

Pignatello Süditalienische Rotweinsorte, aus der in →Apulien, →Sizilien
u. a. teilweise sehr beachtenswerte
Weine erzeugt werden.

Pignoletto Als dem →Welschriesling
(Riesling italico) verwandt geltende
weiße Rebsorte und der aus ihr im
Bereich der →Colli Bolognesi in der
→Emilia-Romagna bereitete Weißwein.

Pikant Ein vieldeutiges Wort: Es kann
ein Wein sein, dessen →Kohlensäure
empfindlich die Zunge reizt. Aber auch
eine besondere Säure kann als pikant
empfunden werden, und häufig soll pikant schlicht einen Wein mit einem angenehmen Ausdruck und nachhaltigem
Charakter bezeichnen.

Pin, Château Le Nur ganze 2 ha großes Weingut in privilegierter Lage in
→Pomerol (90 % →Merlot, 10 % →Ca-
bernet franc und →Malbec), jedoch seit
einigen Jahren vielbeachtetes Gut. Seine
entsprechend raren Weine sind in der
Tat von hervorragender, wenn nicht bemerkenswerter Qualität, voll, reich,
samtig, ausgeglichen und komplex, zumal wenn es sich um ausgesprochene
Merlot-Jahrgänge handelt, da angesichts der geringen Größe die Möglichkeiten eines innerbetrieblichen Aus-
gleichs kaum gegeben sind. Dennoch
heute eines der besten Gewächse von
Pomerol, jedoch preislich bei weitem
überbewertet.

Pineau des Charentes Verbreiteter, in
Frankreich recht populär gewordener
süßer →Apéritif. Eigentlich handelt es
sich bei ihm um einen Mistelle oder *vin
→muté*, also einen Wein, dessen Gärung
durch Zusatz von Alkohol gestoppt
wurde. Im Unterschied zu anderen Weinen dieser Art verwendet man aber an
der Charente natürlich nicht schlichten
Branntwein, sondern →Cognac für die
Stummachung des Mostes.

Pineau de la Loire Verbreitete weiße
Rebsorte an der →Loire, mitunter
fälschlich auch →Pinot geschrieben.
Tatsächlich handelt es sich bei ihr um
den →Chenin blanc, wie er im →Anjou
und der →Touraine häufig angepflanzt
wird. In seinen Spitzen bringt er bemerkenswerte Weine hervor.

Pinero Auf dem Weingut →Cà del
Bosco in Erbusco in der →Lombardei
erzeugter →Pinot noir, der im Stil des
Gutes durch seine klare Sortenart und
ungeheure Eleganz brilliert, hinter denen der Körper des Weins nahezu völlig
zurücktritt. Für manche Kenner ist der
Pinero der bemerkenswerteste Pinot
noir Italiens, doch selbst wenn dem so
ist, ist er in jedem Fall überteuert, denn
bemerkenswerte →Burgunder vergleichbarer Preislage übertreffen ihn an
Spiel und Finesse allemal.

Pinhel Nordportugiesisches →IPR-
Weinbaugebiet mit etwa 7000 ha Rebfläche zwischen →Douro, →Dão und
spanischer Grenze. Es werden einige
recht helle Rotweine aus Bastardo, Marufo, Rufete und →Touriga Nacional
erzeugt, doch noch bekannter ist das
Gebiet für seine frischen, mitunter auch
an einen Dão erinnernden Weißweine
aus Codo, verschiedenen Arinto-Varianten und Fonte Cal.

Pinot Eine der bemerkenswertesten
Rebenfamilien, die es im Weinbau gibt,
von der sowohl herausragende Rot- als
auch Weißweine abstammen. Die wichtigsten roten Sorten sind der →Pinot
noir und der →Pinot meunier, unter
den weißen der →Pinot blanc und der
→Pinot gris. Der illustre →Chardon-
nay, oftmals auch als Pinot Chardonnay
bezeichnet und verantwortlich für einige der größten trockenen Weißweine
Frankreichs, gehört jedoch nach Überzeugung der führenden →Ampelogra-
phen nicht zur Pinot-Familie.

Pinot bianco Italienische Bezeichnung für den →Pinot blanc oder Weißen →Burgunder und die aus ihm vor allem in →Südtirol, dem →Trentino, der →Emilia-Romagna, dem →Veneto und in →Friuli-Venezia Giulia bereiteten Weine. Die hervorragendsten dürften aus der letzteren Region kommen, vor allem von den →Colli Orientali del Friuli.

Pinot blanc Weiße Variante der →Pinot-Familie, aus der etliche hervorragende Weißweine stammen, die jedoch nicht mit dem →Chardonnay identisch ist. In Frankreich steht er weitgehend im Schatten des Chardonnay und gilt in →Burgund nur als untergeordnete Ergänzungssorte. Seine Hauptrolle in Frankreich, wo rund 1300 ha mit ihm bestockt sind, spielt er wohl im →Elsaß, wo einige beachtenswerte Weine aus ihm erzeugt werden. In Deutschland ist er als Weißer →Burgunder bekannt und inzwischen mit 1552 ha vertreten, die sich bei weiter steigender Tendenz vor allem in →Baden, der →Pfalz und in →Rheinhessen befinden, wo er z. T. vorzügliche Weine liefert. In Österreich steht er mit 1898 ha an vierter Stelle unter den Weißweinsorten und liefert in der →Steiermark (wo er von einigen auch mit dem →Morillon gleichgesetzt wird, was fragwürdig erscheint), in →Wien, der →Thermenregion und dem →Burgenland mitunter hervorragende Weine. Die vielleicht besten Weine von ihm kommen aus Norditalien, von den →Colli Orientali del Friuli, aus dem →Collio und übrigen Gebieten von →Friuli-Venezia Giulia, aus →Südtirol, dem →Trentino, den →Colli Berici, u. a., wo er als Pinot bianco bekannt ist.

Pinot Chardonnay Ampelographisch nicht korrekte Bezeichnung für den →Chardonnay.

Pinot grigio Italienische Bezeichnung für den →Pinot gris bzw. Grauen →Burgunder, eine heute in Norditalien sehr verbreitete Rebsorte, die dort insgesamt wohl ihre bemerkenswertesten Ergebnisse erreicht. Der beste Pinot grigio kommt im allgemeinen aus →Friuli-Venezia Giulia, zumal aus dem →Collio und von den →Colli Orientali del Friuli, aber auch der →Trentino, →Südtirol, der →Veneto und die →Lombardei bringen etliche höchst beachtenswerte Weine aus dem Pinot grigio hervor, während er im →Valle d'Aosta als →Malvoisie bekannt ist. In der Regel haben diese Abfüllungen nichts mit dem heute modischen Pinot grigio gemein, einem belanglosen Allerweltswein.

Pinot gris Eine echte Variante der herausragenden →Pinot-Familie, in Deutschland als Grauer →Burgunder oder →Ruländer und im →Elsaß als →Tokay d'Alsace bezeichnet. Die reifen Trauben zeigen eine ins Graue spielende Rosafärbung und liefern bisweilen ganz ausgezeichnete Weine, wenn sie nicht, wie vor allem früher häufig in →Baden, wo sich rund 1544 ha der deutschen 2525 ha befinden, als üppige, dickplumpe Weine ausgebaut oder als Gegenstück zusammen mit dem →Spätburgunder als Badisch →Rotgold vermarktet werden. Inzwischen kommen aber außer vom →Kaiserstuhl auch aus der →Pfalz, →Rheinhessen, von der →Nahe u. a. einige hervorragende, z. T. im →Barrique ausgebaute Pinot gris, die sich qualitativ denen aus dem Elsaß und Norditalien, wo z. T. hervorragende Pinot grigio in →Friuli-Venezia Giulia, →Südtirol und dem →Trentino erzeugt werden, durchaus an die Seite stellen lassen. Auch als interessante Spezialität aus der Schweiz, wo sie in der →Ostschweiz als →Tokayer und im →Wallis (und dem angrenzenden italienischen →Valle d'Aosta) als →Malvoisie bezeichnet wird. In Österreich kommt der Graue Burgunder auf 392 ha, die sich zu drei Viertel im →Burgenland befinden.

Pinot meunier Rote Variante der →Pinot-Familie, doch ergiebiger und weniger ausgezeichnet als der →Pinot noir. Als →Meunier in Frankreich in der →Champagne verbreitet und häufig an der →Loire anzutreffen. Der Name stammt von der weißlichen Färbung der Blattunterseite, so als sei sie mit Mehl (*meunier* bedeutet *Müller*) bestäubt. In Deutschland offiziell als Müllerrebe bezeichnet, doch in →Württemberg, wo ihr eigentliches Verbreitungsgebiet (83 % der insgesamt 2122 ha) ist, nur unter dem Namen →Schwarzriesling bekannt.

Pinot nero Italienische Bezeichnung für den →Pinot noir, der in Norditalien vereinzelt angebaut wird, aber, von wenigen Weinen in →Südtirol, der →Lombardei u. a. Regionen abgesehen, qualitativ selten wirkliche Bedeutung erlangt, wenngleich man dies von dem →Pinero nicht sagen kann.

Pinot noir Der wohl bedeutendste Vertreter der illustren →Pinot-Familie, der wir sämtliche großen Rotweine aus →Burgund, den →Pommard und →Beaune ebenso wie den →Corton, →Romanée-Conti, →Musigny und →Chambertin verdanken. Als typische Sorte für kühlere Weinbauregionen ist er in der →Champagne verbreitet und findet sich im →Elsaß und an der →Loire, besonders in der Umgebung von →Sancerre, in Frankreich insgesamt rund 22 000 ha. Als Pinot nero begegnen wir ihm häufiger in Norditalien, und ohne den Blauen →Burgunder gäbe es in der →Ostschweiz keine Rotweine. Auch in Österreich treffen wir vereinzelt auf ihn – 281 ha, davon zwei Drittel in →Niederösterreich –, während er in Deutschland mit 6985 ha inzwischen an 5. Stelle der Sortenliste bei weiter steil aufwärts weisender Tendenz steht und für praktisch alle beachtenswerteren Rotweine aus →Baden, von →Aßmannshausen, →Ingelheim, der →Ahr, u. a. Gebieten

(bei einer gewissen Sonderstellung von →Württemberg) als →Spätburgunder verantwortlich ist. Aber auch außerhalb Europas, in →Kalifornien, in Südamerika, in Südafrika und Australien ist der Pinot noir erfolgreich.

Pinotage Eigenwillige →Neuzüchtung von 1925 aus Südafrika aus →Pinot noir × →Cinsaut (der hier mitunter fälschlich als →Hermitage bezeichnet wird). Wie bei nahezu allen Neuzüchtungen fehlt es den Weinen an Charakter, den sie durch eine vordergründige Gefälligkeit zu ersetzen suchen. Auch Tannin kann hier nicht den Mangel an Komplexität, Eleganz und Länge ersetzen. Nichtsdestoweniger ist die reich tragende Sorte in Südafrika sehr verbreitet.

Piodilei Name eines der interessanteren neueren Weißweine aus den →Langhe in →Piemont, der von dem Weingut Pio Cesare aus →Chardonnay erzeugt wird. Wie nahezu alle italienischen Chardonnay-Weine stellt er eine Art Modeerscheinung dar, verfügt aber zweifellos über Frucht, Körper und Charakter und verdient durchaus Beachtung.

Pipe Großes, an den Enden stark abgeflachtes →Faß, zumeist aus Eichenholz, in dem →Portwein gelagert und z. T. auch transportiert wird. Gewöhnlich hat es ein Fassungsvermögen von 534 l, während die →Madeira-Pipe erheblich kleiner ist und nur 418 l faßt.

Piper-Heidsieck Sehr gutes →Champagnerhaus in →Reims mit einigen vorzüglichen Champagnern, insbesondere dem praktisch völlig trockenen →*Brut Sauvage* und der Spitzencuvée *Florens-Louis*.

Planalto Mirandês Die nordöstlichste portugiesische →IPR-Weinbauregion in →Trás-os-Montes, jenseits des →Douro mit ca. 5500 ha Rebfläche auf Granit- und Schieferböden. Es werden hauptsächlich Weißweine, auch als Sekt-grundweine aus Gouveio, →Malvasia Fina, Rabigato und Viosinho, aber auch Rotweine aus Bastardo, Mourisco Tinto, →Tinta Amarela, Touriga Francesca, →Touriga Nacional u. a. Sorten erzeugt.

Plettenberg, Graf von 38 ha großes, traditionsreiches und modern ausge-stattetes Weingut in Bad →Kreuznach an der →Nahe. Gute Anteile an den be-sten Lagen von →Schloßböckelheim, Bad Kreuznach, →Winzenheim, →Rox-heim u. a., auf denen zu 67 % →Riesling angepflanzt ist.

Plump Plump nennt man einen ge-wöhnlichen, schweren Wein, dem es an Struktur und Differenziertheit fehlt, der über viel →Körper verfügt, aber sonst ausdruckslos und uninteressant wirkt. Gewöhnliche Konsumweine aus Mittelspanien müssen sicher nicht, kön-nen aber recht plump sein. Auch durch-schnittliche Rotweine aus →Kalifornien sind häufig plump. Die Beispiele ließen sich – leider – fortsetzen.

Podensac Kleiner Weinbauort in den südlichen →Graves, dessen süße Weißweine Anrecht auf die Appellation →Cérons haben. Es werden jedoch zu-nehmend Rotweine und trockene Weißweine erzeugt, die als Graves-Weine in den Handel kommen. Château de Chantegrive hat mit den besten Namen.

Podere Le Rocce Bemerkenswerter, aus →Cabernet Sauvignon von dem Wein-gut Le Filigare in Barberino Val d'Elsa am Rande des →Chianti classico-Ge-bietes in der →Toscana erzeugter Rot-wein, der durch seine Frucht, Kraft, Struktur und Ausgeglichenheit besticht. Es handelt sich zweifellos um einen der exzellentesten Weine seiner Art in der Toscana, der dem auf dem gleichen Gut erzeugten Chianti classico weit überle-gen ist.

Poggio alle Gazze Neuer italienischer Weißwein (»Elsternhang«), der auf dem Weingut →Ornellaia in →Castagneto Carducci in der →Toscana aus 90 % →Sauvignon und 10 % →Sémillon er-zeugt wird. Er wird seit 1987 auf unge-fähr 6 ha erzeugt. Der Wein wird in Edelstahltanks vergoren und ausgebaut. Zusätzlich gibt es eine Barriqueversion als *Vino diverso del Poggio alle Gazze*, die ausdruckskräftiger ist, auch wenn sie nicht das Format der beiden außerge-wöhnlichen Rotweine des Gutes er-reicht, des →Masseto und des Ornellaia. Doch auch als Poggio alle Gazze handelt es sich um einen beachtenswerten und strukturierten Weißwein.

Pointe Französische Bezeichnung für die Vertiefung am Boden von →Bur-gunder- und →Champagner-Flaschen. Eine Flasche Schaumwein, *mise sur pointe*, steht – meist bei der Alterung – mit dem Hals nach unten in der Pointe der darunter befindlichen. So werden die besseren Champagner vor dem →Degorgieren gealtert, und nur so wer-den sie in der Flasche selbst qualitativ besser. Diese Form der Lagerung wird mitunter auch mit dem Wort *en masse* bezeichnet und der Ausdruck *mise sur pointe* für jene verwandt, bei der die Champagnerflaschen auf den abge-schrägten »Kanzeln« oder →Rüttelpul-ten liegen und vor dem Degorgieren täglich mit der Hand gerüttelt werden.

Pointe, Château La Bekannter cru aus →Pomerol mit 25 ha Rebfläche (80 % →Merlot, 20 % →Cabernet Sauvignon) und einem ansprechenden Rotwein, der jedoch derzeit etwas von der reichen, tiefen, samtigen Art früherer Jahrgänge vermissen zu lassen scheint.

Poja, La Allein aus der →Corvina er-zeugter italienischer →Tafelwein von Allegrini in der vorzüglichen →Valpoli-cella-Lage *La Grola*. Der Wein wird in →Barriques ausgebaut, hat einen deutlichen Pfefferton und ist erheblich gehaltvoller und ausdrucksstärker als der durchweg leicht eingängige Valpolicella: ein hervorragender und langlebiger Wein, der Anklänge an einen →Amarone erkennen läßt, ohne ganz über dessen Schwere zu verfügen.

Pol Roger Exquisites →Champagnerhaus in →Epernay. Der einfache →Brut gehört zu den besten seiner Art. Aber auch die übrigen Weine vom schwierigen Rosé über den Blanc de →Chardonnay bis zu den Spitzencuvées *PR* und *Sir Winston Churchill*, das mit dem Jahrgang 1975 erstmals 1984 herauskam, sind gehaltvoll, sehr differenziert und stilvoll und gewiß bemerkenswerte Weine, die zu den herausragendsten Champagnern gehören, die es gibt.

Polcevera Ordentlicher, jung zu trinkender Weißwein aus der Umgebung von Genua. →Coronata

Polen In früheren Jahrhunderten bis zurück ins Mittelalter gab es in Polen einen ausgedehnten Weinbau, von dem heute praktisch nichts mehr übriggeblieben ist bis auf etwa 100 ha um Zielona Gora (Grünberg), auf denen Weißweine und einige Rosé- und Rotweine erzeugt werden.

Pollino Im Norden →Kalabriens an den Abhängen des Monte Pollino erzeugter Rotwein mit →DOC-Status aus Gaglioppo, →Aglianico, →Greco nero und einigen weißen Sorten, der durchaus Beachtung verdient.

Pomerol Einer der vier großen Rotweinbereiche von →Bordeaux, aus dem einige der bemerkenswertesten Weine des ganzen Gebietes stammen. Pomerol ist der Name einer kleinen, gut 1000 Einwohner zählenden, zerstreut siedelnden Gemeinde, unmittelbar nordöstlich von →Libourne und 30 km östlich von Bordeaux gelegen, deren Rebfläche durch eine kleine, gewundene Landstraße von der des östlich anschließenden →Saint-Emilion getrennt wird.

Rund 475 ha stehen heute auf einem sanft ansteigenden Gelände nördlich der →Dordogne unter Reben, wobei der Boden vom sandigen Süden und Westen sich zum stark kieshaltigen Nordosten verändert, dessen bester Weinbergsboden dem der benachbarten Châteaux →Cheval-Blanc und →Figeac (in Saint-Emilion) gleicht und die herausragendsten Weine hervorbringt, wobei der qualitativ bedeutendste Boden jedoch das nur rund 20 ha große sog. Knopfloch von →Pétrus ist. Bedingt durch die unterschiedlichen Böden fallen die Weine recht unterschiedlich aus, obwohl sie mehrheitlich aus den gleichen Rebsorten →Merlot und →Cabernet Franc erzeugt werden. Doch in ihrem Grundcharakter sind sie sich sehr ähnlich und deutlich von roten Bordeaux anderer Bereiche zu unterscheiden: Sie zeichnen sich durch eine sympathische Wärme, einen kräftigen und meist vollen Geschmack, eine glänzende karmesinrote Farbe und jene eigentümliche Samtigkeit aus, die die Franzosen mit dem Wort *gras* ausdrücken. Sie reifen rascher als die Spitzengewächse des →Haut-Médoc und sind zumeist nicht ganz so feingliedrig und langlebig wie diese. Doch die besten Pomerols sind ohne Frage große Weine, die keinen Vergleich zu scheuen brauchen.

Anders als in den drei übrigen großen Rotweinbereichen Bordeaux' hat es in Pomerol nie eine →Klassifizierung gegeben, und alle Angaben wie *grand vin*, *cru exceptionnel* u. dgl. sind offiziell ohne Bedeutung. Unbestritten ist jedoch Château Pétrus der Spitzenreiter und im Rang einer *premier cru*. In etwa gleichwertig gelten auf einer Stufe darunter Châteaux →Trotanoy, L'→Evangile, La →Conseillante und →Vieux Château Certan. Auf einer nächsten Stufe rangieren die Châteaux La

→Fleur-Pétrus, →Petit-Village, →Certan-de-May und L'→Eglise-Clinet. Auf einer vierten Stufe befänden sich dann Châteaux Le →Pin, →Lafleur, La →Fleur de Gay und →Latour à Pomerol und darunter La →Grave à Pomerol, →Gazin, →Beauregard, Le →Bon Pasteur und →Clinet. Aber auch Clos L'→Eglise, Le →Gay, La →Croix de Gay, →Nénin, →Certan-Giraud, La →Pointe, →Clos René, L'→Enclos, La →Cabanne, →Rouget, →Moulinet u. a. verdienen Beachtung.

Pomino →DOC-Wein aus der →Toscana aus der Umgebung von →Rùfina. Der Pomino bianco wird hauptsächlich aus →Pinot bianco und →Chardonnay erzeugt und der Pomino rosso aus →Sangiovese, dem bis zu 40 % →Cabernet und →Merlot (eventuell auch andere Sorten) beigegeben werden dürfen. Der Rotwein darf bei mindestens 11,5 % vol. natürlichem Alkohol und nach dreijähriger Lagerung das Prädikat →*Riserva* führen. Außerdem ist die Erzeugung von →Vin Santo unter dieser Bezeichnung zulässig. Vor der DOC-Regelung ist vor allem der Pomino bianco von Frescobaldi weithin bekannt gewesen. Il →Benefizio

Pommard Einer der bekanntesten und beliebtesten roten Burgunder, dessen Qualität allerdings heute leider nicht immer seinem Ruf gerecht wird. Pommard liegt zwischen →Beaune im Norden und →Volnay im Süden. Auf seiner knapp 340 ha großen Rebfläche werden im Schnitt um die 12000 hl erzeugt, womit Pommard zu den ertragreichsten Gemeinden der →Côte d'Or gehört. Abfüllungen herausragender Erzeuger (Château de Pommard, Pothier-Rieusset, Parent, Gaunoux, Billard-Gonnet, Mussy u. a.) sind nicht nur verläßlich, sondern auch von großer Feinheit: kraftvoll und nachhaltig, wohl ausgeglichen, graziös, fruchtige, reizvolle Weine von beträchtlicher Rasse. Als beste La-

gen (*premiers crus*) gelten: *Les Rugiens, Les Epenots, Clos de la Commaraine, Clos Blanc, Les Arvelets, Les Chaponnières, Les Pézerolles, Les Poutures, Les Croix Noires* u. a. Die →Hospices de Beaune bringen jährlich einige sehr angesehene →Cuvées aus Pommard, *Dames de la Charité, Billardet, Suzanne-Chaudron* und *Raymond-Cyrot*, zur Versteigerung.

Pommern Kleiner Weinbauort an der →Mosel im Bereich →Zell/Untermosel mit 65 ha Rebfläche auf steilen Südlagen. Als beste davon gelten *Sonnenuhr, Goldberg, Zeisel* u. a., die in guten Jahren z. T. hervorragende →Rieslingweine hervorbringen. Das Weingut Josefshof (Geschw. Schneiders) gilt als ein führender Erzeuger.

Pommery Eines der größten →Champagnerhäuser in →Reims und einer der bekanntesten Champagner. Sehr überzeugend ist heute der normale →*Brut Royal* sowie der *Brut Rosé*. Seit einer Reihe von Jahren gibt es darüber hinaus die exzellente *Louise Pommery* als neues Spitzencuvée, ein wahrlich bemerkenswerter eleganter und komplexer Champagner.

Pontac-Montplaisir, Château Kleines, wenig bekanntes Weingut in →Villenave d'Ornon in den →Graves mit 14 ha Rebfläche (60 % →Cabernet Sauvignon, 40 % →Merlot bzw. 70 % →Sauvignon und 30 % →Sémillon für den Weißwein) und einem beachtenswerten Rotwein und einem vielleicht noch besseren Weißwein.

Pontet-Canet, Château 5e *cru classé* aus →Pauillac im →Haut-Médoc mit 75 ha Rebfläche (72 % →Cabernet Sauvignon, 20 % →Merlot, 8 % →Cabernet franc) und einem traditionell hochgeschätzten roten →Bordeaux. Leider waren die Weine in den letzten Jahrzehnten nur zu oft nicht auf dem zu erwartenden Niveau, doch ab dem 1984er geht es wieder aufwärts, und das Qualitätsniveau seines offiziellen Rangs scheint inzwischen wieder erreicht.

Portalegre Kleines portugiesisches →IPR-Weinbaugebiet mit nur etwa 600 ha Rebfläche östlich von →Santarém, das nördlichste Qualitätsweinbaugebiet des →Alentejo. Es steht im Ruf, einen der feinsten portugiesischen Rotweine – aus Aragonez, Grand Noir, →Periquita und Trincadeira – hervorzubringen. Darüber hinaus wird etwas Weißwein, vor allem aus Arinto, Galego, Roupeiro, mit Zusätzen von Assário, Manteúdo und →Fernão Pires, erzeugt.

Portimão Das kleinste →DOC-Gebiet in der portugiesischen →Algarve, dessen noch verbliebene rund 300 ha Rebfläche sich um den kleinen Fischerhafen Portimão befinden. Der Weißwein besteht vor allem aus Crato Branco, der Rotwein aus Negra Mole und →Periquita.

Porto Zweitgrößte Stadt Portugals, am →Douro unweit seiner Mündung, der einer der berühmtesten →Likörweine der Welt seinen Namen verdankt: der →Portwein. Seine Reben stehen weiter östlich im Dourotal. Nach dem portugiesischen Weingesetz durfte früher Portwein nur in →Vila Nova de Gaia, der Stadt auf dem Porto gegenüberliegenden südlichen Flußufer, in den Handel gebracht werden, während heute auch die Winzergenossenschaften im Dourotal dieses Recht besitzen, ohne es allerdings bislang zu nutzen.

Porto-Vecchio Kleines →A.O.C.-Gebiet im äußersten Süden von →Korsika, das mit →Ajaccio, →Patrimonio und →Sartène zu den besten der Insel gehört. Die fast ausschließlich erzeugten Rot- und Roséweine können beachtliche Rasse und Feinheit erreichen. Sie kommen als *Vin de Corse-Porto-Vecchio* in den Handel. Der Domaine de Torraccia gilt als ein führender Erzeuger.

Portugal Von allen großen europäischen Weinbauländern – nach der offiziellen Statistik trinkt der »Durchschnittsportugiese« mit über 55 l pro Kopf nicht viel weniger Wein als der Franzose und Italiener – darf Portugal für sich in Anspruch nehmen, das unbekannteste zu sein. Vielleicht, daß einem dabei →Portwein oder →Madeira einfallen, selten jedoch mehr. Dabei hat das Land eine Frankreich und Italien durchaus vergleichbare Palette unterschiedlichster Weine zu bieten, darunter eine Fülle von Weinen, die es verdienten, in Europa bekannter zu sein, da sie z. T. von ganz außerordentlicher Qualität sind und in positiver Weise vielfach den traditionellen Qualitätsweinbau in Europa zum Ausdruck bringen, bevor dieser, wie in den anderen Ländern bereits geschehen, seine modernen und modischen Verformungen erfahren hat. Nicht nur zu den unbekanntesten, gehört der portugiesische Weinbau auch zu den ältesten in Europa, und seine Anfänge verlieren sich im Dunkel der Geschichte. Wahrscheinlich wurde die Rebe bereits in vorrömischer Zeit durch die Phönizier kultiviert. Auch nach dem Untergang des Römischen Reiches bestand der Weinbau fort, und er hat sowohl die Völkerwanderung als auch die maurische Zeit überstanden. Erst mit der christlichen Rückeroberung des Landes dürfte er aus vielerlei Gründen etwa im Süden des Landes auf Dauer verschwunden sein.
Heute stehen in Portugal rund 370 000 ha unter Reben, die jährlich um die 8 Mill. hl (bei erheblichen jährlichen Schwankungen (1987: 11,1 Mill., 1988: 3,6 Mill. hl) ergeben. Ganz grob teilt sich diese Ernte in drei Kategorien auf: →Vinho generoso, worunter die →Likörweine, wie Portwein, Madeira, →Moscatel, fallen; →Vinho verde, jene

nordportugiesische Spezialität und →Vinho maduro, der normale Trinkwein.
Bereits im 18. Jahrhundert, genau 1756, begannen Bestrebungen, bestimmte portugiesische Weine, in diesem Fall den Portwein, durch gesetzlich festgelegte Herkunfts- und Herstellungsbestimmungen vor betrügerischen Manipulationen zu schützen. Inzwischen gibt es neben dem Portwein und dem →Madeira zwölf weitere, jeweils mit eigener →DOC-Regelung versehene, genau festgelegte Gebiete, nämlich in der →Algarve die vier Gebiete →Lagos, →Portimão, →Lagoa und →Tavira sowie →Bairrada, →Bucelas, →Carcavelos, →Colares, →Dão, →Douro, →Setúbal und das Gebiet des →Vinho Verde, zu denen inzwischen 31 →IPR-Weinbaugebiete hinzugekommen sind wie: →Alcobaça, →Cartaxo, →Lafões, →Pinhel, →Óbidos, →Borba, →Torres Vedras, →Santarém u. a. Auf sie alle zusammen entfallen rund ein Viertel der portugiesischen Weinernte.
Noch ist die gesamte portugiesische Weinwelt angesichts der Rechtsangleichung an das EU-Weinrecht sehr im Umbruch, und noch finden sich viele traditionelle Bezeichnungen, wie →Reserva oder →Garrafeira, die entweder verschwinden oder neu definiert werden. Zur Überwachung der Einhaltung dieser gesetzlichen Bestimmungen fungiert dabei das direkt dem Landwirtschaftsministerium unterstellte *Instituto da Vinha e do Vinho*.
Der am meisten exportierte portugiesische Wein ist heute der Portwein, obwohl er nur 2–5 % der portugiesischen Weinerzeugung ausmacht, und der Roséwein, wobei Markennamen wie →Mateus oder *Lancer's* in kaum einem Verkaufsregal fehlen. Tatsächlich wird auch in Portugal selbst viel Roséwein getrunken, jedoch etlicher in erheblich besserer Qualität. Doch sollte eine momentane Exportsituation nicht darüber hinwegtäuschen, daß von der Produk-

tion her 30 % der portugiesischen Weine Weißweine und der Rest Rot- bzw. Roséweine sind. Die besten dieser *Vinhos maduros* aus dem →Douro-Gebiet, allen voran der legendäre →Barca Velha, der beste portugiesische Rotwein überhaupt, der →Montes Claros, Colares, Dão, Torres Vedras, der Quinta do Carmo aus Borba u. a. können sowohl als Weiß- wie als Rotweine herausragend, wenn nicht bemerkenswert sein: Mit einem Alkoholgehalt zwischen 11,5–13 % vol. haben sie oft erstaunliche Rasse und Charakter und können hervorragend altern und sich dabei zu feinnervigen, reifen und eleganten Weinen entwickeln, die zu den besten in Europa gehören.
Trotz einiger weniger verbreiteter Namen ist der portugiesische Weinbau auch heute noch in der Hand kleiner Winzer. 87 % der insgesamt 180 000 portugiesischen Winzer erzeugen weniger als 10 000 l Wein, und 35–40 % von ihnen sind in zusammen 113 Winzergenossenschaften zusammengefaßt. Insgesamt leben 15 % der portugiesischen Bevölkerung von Erzeugung und Vertrieb von Wein.

Portugieser, Blauer Verbreitete rote Rebsorte, die ungeachtet ihres Namens – eine portugiesische Abstammung gilt als zweifelhaft, auch wenn sie in Ungarn und andernorts als →Oporto bezeichnet wird – eigentlich österreichischen Ursprungs ist, wo sie seit dem späten 18. Jahrhundert planmäßig angepflanzt wurde. Auch heute noch spielt sie in der Rotweinerzeugung in Österreich eine wichtige Rolle – mehr als jeder vierte österreichische Rotwein stammt aus ihr –, selbst wenn sie inzwischen mit 2994 ha (entspricht 5,2 % der bestockten Rebfläche) nicht nur deutlich von dem →Zweigelt, sondern auch knapp von dem →Blaufränkisch überholt worden ist. 96 % ihrer Rebstöcke befinden sich in →Niederösterreich, und zwar im →Weinviertel (hier auch mit einem qua-

litativen Schwerpunkt im →Pulkautal
um →Haugsdorf) und in der →Thermenregion, wo sie um Bad →Vöslau
einen Flächenanteil von 40% erreicht.
Ferner wird sie in Ungarn, Slowenien,
der Slowakei und etwas auch in England
angebaut.

Eine größere Fläche als in Österreich
nimmt der Blaue Portugieser heute in
Deutschland ein, wo er noch vor 20–30
Jahren wesentlich verbreiteter war, um
in der Folge vielfach dem qualitativ bedeutenderen →Spätburgunder Platz zu
machen. Erst durch die Zunahme der
Rotweinerzeugung im Laufe der letzten
10 Jahre hat er an Verbreitung wieder
etwas zugenommen und ist heute mit
4419 ha (4,2% der bestockten Rebfläche) die zweithäufigste Rotweinsorte. 54% seiner Rebfläche befinden
sich in der →Pfalz, 35% in →Rheinhessen, während er in den klassischen
Rotweingebieten →Württemberg und
→Ahr eine weniger prominente Rolle
spielt. Insgesamt läßt sich feststellen,
daß, wo auf Massenerträge und Massenwein verzichtet wird, er durchaus ansprechende Rotweine hervorzubringen
in der Lage ist.

Portwein Einer der bekanntesten und
hervorragendsten →Likörweine der
Welt, ein süßer, →gespriteter Wein aus
einem genau eingegrenzten Teil (rund
26000 ha) des oberen →Douro-Tals in
Nordportugal mit gesetzlich geschützter Herkunftsbezeichnung.

Seinen hohen Süßegrad verdankt der
Portwein dem Zucker, der in den Trauben enthalten ist, aus denen er bereitet
wird. Die Gärung der Maische wird an
einem bestimmten Punkt des Herstellungsverfahrens abgebrochen, indem
der teilvergorene Most in Fässer oder
Tanks mit hochprozentigem Alkohol
oder portugiesischem Branntwein im
Verhältnis 1:4 gepumpt wird. Auf diese
Weise erhält man einen Wein mit
19–21% vol. Alkohol, der immer noch
sehr süß ist, das unmittelbare Aus

gangsprodukt für die eigentliche Portweinerzeugung. Die Qualität des Endproduktes hängt weitgehend von den
verwendeten Rebsorten (offiziell klassifiziert nach sehr gut bis durchschnittlich), ihrer Güte, der Lage (ebenfalls
klassifiziert) und Güte der Rebflächen
und natürlich der Pflege des jungen
Weins ab.

Portwein wird in Portugal seit 1450 erzeugt (ursprünglich fraglos nicht in der
heutigen hervorragenden Qualität) und
erfreut sich seit Jahrhunderten auch
außerhalb Portugals, besonders in England, größter Beliebtheit. Er muß heute
von den Winzern und Kellereien im
Dourotal an die rund 50 lizenzierten
Weinexporteure in →Vila Nova de Gaia,
gegenüber von →Porto verkauft werden, in deren Lagerhäusern der Portwein mindestens drei Jahre in Fässern
reift, bevor er verkauft werden darf, wobei jährlich nicht mehr als ein Drittel
des Lagerbestandes zum Verkauf gebracht werden darf.

Wie bei allen großen Likörweinen gibt
es verschiedene Arten von Portwein.
Der beste ist der Jahrgangsportwein
(*vintage port*), der aus Spitzenjahrgängen stammt, die von den →Quintas als
solche deklariert werden. Diese Weine
benötigen 15 bis 50 Jahre, bis sie ihre
höchste Reife erreicht haben. Sie sind
dann von ganz bemerkenswerter Qualität und werden mit einem an Verehrung reichenden Respekt behandelt.
Die Spitzenjahrgänge der letzten Jahrzehnte sind 1945, 1947, 1948, 1950, 1955,
1958, 1960, 1963, 1966, 1970, 1975, 1977,
1980, 1983, 1985, 1987, 1989 und 1992. Für
den wirklichen Kenner sind jedoch nur
die zuerst genannten Jahrgänge bereits
trinkreif. Aufgrund des in den Flaschen
befindlichen starken →Depots müssen
sie sehr sorgfältig vor dem Genuß dekantiert werden.

Der *Late bottled Vintage* ist ein Jahrgangsportwein aus einem nachträglich
deklarierten Jahrgang, dessen Qualitäten man erst später erkannt hat und der

daher länger im Faß gelegen hat als der bereits nach seiner Ernte als Jahrgang deklarierte Wein.

Weniger rar und teuer ist der *Port of Vintage Character*, ein Portwein mit Jahrgangscharakter, der nur aus besten Jahrgängen stammen sollte, ähnlich dem allerdings nicht mehr in Vila Nova hergestelltem sog. *Crusted Port*, der bestenfalls noch in England anzutreffen ist, mit seinem *Vintage Port* vergleichbaren starken Depot.

Der meiste Portwein ist jedoch trinkfertig, wenn er in den Handel kommt. Die drei wichtigsten davon sind der *Ruby Port*, ein recht junger, fruchtiger und pikanter Wein unterschiedlicher Qualität (je nach Erzeuger), der *Tawny Port*, länger gelagert, abgerundeter und reifer, und der von den Kennern zumeist weniger geschätzte *White Port*, ein ähnlich dem roten, jedoch aus weißen Trauben bereiteter Portwein.

Namhafte Portweinhandelshäuser sind Andresen, Cálem, Dow, Ferreira, Fonseca, Graham, Martinez, Niepoort, Quinta do Noval, Taylor, Warre u. a.

Pouget, Château *4ᵉ cru classé* aus →Cantenac-Margaux im →Haut-Médoc mit 10 ha Rebfläche (66 % →Cabernet Sauvignon, 30 % →Merlot, 4 % →Cabernet franc) und einem etwas strengen und ungeschliffenen Wein, der in herausragenden Jahren sehr langsam reift und seinem offiziellen Rang nicht ganz gerecht wird.

Pouilly-Fuissé Ausgezeichneter trockener Weißwein aus dem →Chardonnay, der in den fünf Weinbauorten Pouilly, →Fuissé, →Solutré, →Chaintré und →Vergisson mit zusammen 850 ha westlich von →Mâcon im südlichen →Burgund erzeugt wird. Jährlich werden rund 40000 hl erzeugt, der zumeist an Händler (Louis Latour u. a.) geht. Ein guter Pouilly-Fuissé ist ein grüngoldener, gehaltvoller und sehr differenzierter Wein mit feinem Bukett und sehr

ausgeglichen, kein überwältigend großer Wein, doch sicherlich ganz hervorragend, wenn er von namhaften Erzeugern stammt. Als führend gilt heute allgemein das Château Fuissé mit seinen Spitzenweinen. Aber auch das Château de France, Luquet, Forest u. a. haben einen guten Namen. →Pouilly-Loché, →Pouilly-Vinzelles.

Pouilly-Fumé Auch als Blanc-Fumé-de-Pouilly bezeichneter ausgezeichneter Weißwein, der aus der Umgebung von →Pouilly-sur-Loire ausschließlich aus dem →Sauvignon (hier Blanc Fumé genannt) erzeugt wird: ein frischer, rassiger, fruchtiger und gehaltvoller Wein, dessen bester in guten Jahren ganz und gar hervorragend ist. Jährlich werden um die 40000 hl erzeugt. Der mit Abstand beste Pouilly-Fumé ist heute ohne Frage der →Baron de L, das Spitzencuvée von de Ladoucette. Doch auch der normale de Ladoucette (Château du Nozet) ist exzellent, und weitere namhafte Erzeuger sind Château de Tracy, Jean Redde, Gitton, Chatelain, Bailly, Cordier u. a.

Pouilly-Loché Frischer heller, anziehender, trockener, doch nur schwer zu findender Weißwein aus →Loché, das an den Bereich von →Pouilly-Fuissé grenzt. Jährlich werden auf 37 ha nur an die 1500 hl, ausschließlich aus dem →Chardonnay erzeugt. Die Weine aus Loché dürfen auch als →Pouilly-Vinzelles in den Handel gebracht werden.

Pouilly-sur-Loire Weinbauort im Nivernais in Mittelfrankreich, an der →Loire gelegen, der zusammen mit den Gemeinden Saint-Andelain, Tracy u. a. ein rund 500 ha großes Weinbaugebiet bildet. Der weitaus kleinere Teil, um die 100 ha, ist mit dem →Chasselas bepflanzt, aus der mit oder ohne Zusatz von →Sauvignon blanc ein ansprechender, doch nicht sonderlich aufregender Weißwein als *Pouilly-sur-Loire* in den

Handel kommt, jährlich um die 6500 hl. Ungleich bedeutender ist jedoch der reinsortig aus der Sauvignon – auch Blanc Fumé genannt – erzeugte Wein, ein gehaltvoller, rassiger und fruchtiger Weißwein, der zu den hervorragendsten Weinen der Loire zählt und als →*Pouilly-Fumé* in Verkehr gebracht wird.

Pouilly-Vinzelles   Ausgezeichneter, dem →Pouilly-Loché vergleichbarer Weißwein aus dem →Chardonnay, der in der Gemeinde →Vinzelles unmittelbar angrenzend an den Bereich von →Pouilly-Fuissé erzeugt wird. Auf 67 ha werden jährlich gut 2000 hl hervorgebracht, doch dürfen die Weine der allerdings noch kleineren Nachbargemeinde →Loché ebenfalls als Pouilly-Vinzelles in den Handel gebracht werden.

Poujeaux →Grand Poujeaux

Poujeaux, Château Hervorragender *cru* →*bourgeois* aus →Moulis im →Haut-Médoc mit 50 ha Rebfläche (50 % →Cabernet Sauvignon, 35 % →Merlot und 8 % →Cabernet franc und 7 % →Petit Verdot) und einem ausgezeichneten, kernigen und rassigen Rotwein, der im Alter große Feinheit und Eleganz entwickelt und zu den besten Weinen von Moulis zählt.

Pourriture Noble →Edelfäule

Poysdorf Eines der Zentren des niederösterreichischen →Weinviertels, einschließlich seiner Katastralgemeinden mit über 1500 ha Rebfläche, auf der zu nahezu 60 % Grüner →Veltliner angepflanzt ist. Ein erheblicher Teil dieser Weine wird zur Schaumweinerzeugung verwandt. Als führende Erzeuger gelten Gunter Haimer, die Gebietswinzergenossenschaft Poysdorf, der Niederösterreichische Winzerverband u. a.

Pradamonte Vom Weingut Costaripa in →Moniga del Garda erzeugter →Tafelwein aus →Cabernet Sauvignon, der über Kern und Ausdruckskraft mit einem deutlichen Pfefferton verfügt und zu den hervorragendsten →Barriqueweinen seiner Art in der →Lombardei gehört.

Pramaggiore Ursprünglich eigenständiges →DOC-Gebiet in →Veneto für den →Merlot di Pramaggiore; heute Teil des seither bestehenden Gebietes →Lison-Pramaggiore mit insgesamt 9 DOC-Weinen.

Prato di Cànzio Außerordentlich feiner und eleganter weißer →Tafelwein, der von dem berühmten Weingut Maculan in →Breganze im →Veneto aus 40 % →Tocai friulano und je 30 % →Chardonnay und →Pinot bianco (Weißer →Burgunder) erzeugt und in →Barriques ausgebaut wird. In guten Jahren verdient der Wein jede Beachtung und kann durchaus etliche Jahre auf der Flasche reifen.

Preignac Eine der fünf Gemeinden des Sauternais mit rund 550 ha Rebfläche, aus dem einige der renommiertesten →Sauternes-Weine stammen, darunter Châteaux de →Suduiraut, de →Malle u. a.

Premeaux Kleiner Weinbauort in →Burgund (54 ha), unmittelbar südlich von →Nuits-Saint-Georges, dessen Appellation er führt, der südlichste Ort der →Côte de Nuits mit klassifizierten Lagen. Die besten *premiers crus*-Lagen befinden sich daher auf der Nuits zugewandten Seite des Ortes: →*Clos des Corvées, Clos des Forêts, Clos les Didier, Les Perdrix*; doch auch *Clos des Argillières, Clos Arlots, Clos de la Maréchale* u. a. sind geachtet. Die besten Weine Premeaux' sind denen von Nuits durchaus gleichrangig. Belin, Confuron, Dubois, Faiveley, Gouachon, Mugneret, Vienot u. a. haben einen guten Namen.

Premières Côtes de Bordeaux Größerer Bereich des →Bordeaux-Gebietes, der sich auf ungefähr 60 km Länge von Saint-Maixant bis Bassens auf dem rechten Ufer der →Garonne erstreckt, insgesamt rund 5500 ha. Die Rebflächen liegen an den Abhängen des landschaftlich reizvollen, grünen Flußtals gegenüber denen von →Graves, →Cérons, →Barsac und →Sauternes. Rund ein Viertel der Weine sind Weißweine, die überwiegend trocken sind und als *Bordeaux AC* in den Handel kommen, während die wenigen, durchweg im Süden der Appellation erzeugten *vins →liquoreux* entweder mit der Appellation *Premières Côtes de Bordeaux* oder →*Cadillac* in den Verkehr gebracht werden. Rund die Hälfte der Rotweine kommt immer noch als einfacher *Bordeaux AC* in den Handel, doch die besseren Qualitäten werden durchweg als *Premières Côtes de Bordeaux* angeboten (rund 2200 ha), wobei die 37 Gemeinden des Gebietes ihren Namen der Appellation hinzufügen dürfen. Dieser Wein zählt zu den ansprechendsten und erfreulichsten unter den kleineren roten Bordeaux, und der beste hat durchaus Kern, Charakter, Feinheit und Eleganz und steht den *crus →bourgeois* des →Médoc qualitativ nicht nach. Camblanes, Quinsac (traditionell berühmt für seinen →*Clairet*), Capian, Tabanac, Haux u. a. Gemeinden haben einen guten Namen, und Domaine de Chastelet und die Châteaux de Pic, de Chevilette, Lamothe de Haux, Lagarosse, de Plassan, Reynon, de la Closière, Plaisance, Grand Mouëys, de la Meulière u. a. gelten als führende Erzeuger.

Preuses Eine der besten der acht *grand cru*-Lagen von →Chablis mit 11 ha Rebfläche, deren in jungen Jahren oft recht harte Weine spät reifen und meist ein ganz besonderes und anziehendes Bukett und einen haselnußähnlichen Geschmack annehmen.

Prieuré-Lichine, Château *4ᵉ cru classé* aus →Cantenac im →Haut-Médoc mit 58 ha Rebfläche (58 % →Cabernet Sauvignon, 32 % →Merlot, 5,5 % →Petit Verdot, 4,5 % →Cabernet franc) und einem gehaltvollen, hervorragend feinen und eleganten →Margaux, der solide und zuverlässig ist und eine Art Kompromiß zwischen dem zarten und dem körperreichen Margaux-Typus darstellt. Der Wein befindet sich voll auf der Höhe seines offiziellen Rangs.

Primeur Nicht näher festgelegte Bezeichnung für eine Gruppe genau benannter französischer →A.O.C.-Weine, die ab dem dritten Donnerstag im November des Lesejahres in den Handel gebracht werden dürfen (→Heuriger). Wesentliche Voraussetzung für ein derart frühes Inverkehrbringen ist die →*Macération carbonique*, ein kurzes Gärverfahren, durch das der Wein eine besondere Leichtigkeit, Frische und Fruchtigkeit erhält, zumal wenn er aus →Gamay bereitet wird, der sich dafür besonders eignet. *Primeur*-Weine (rot, rosé und weiß) werden heute aus vielen Teilen Frankreichs angeboten, aus →Mâcon, von den →Coteaux du Lyonnais, den →Côtes du Rhône, →Coteaux du Languedoc, →Côtes du Roussillon, aus →Gaillac, der →Touraine, insbesondere aber aus dem →Beaujolais.

Primitivo Beachtliche rote Rebsorte aus →Apulien aus der Gegend südlich von Bari. Während sie früher nahezu ausschließlich zum →Verschnitt verwendet wurde, werden heute zumindest drei erwähnenswerte Weine aus ihr bereitet, der trockene *Primitivo di →Gioia (del Colle)*, ein körper- und alkoholreicher Wein (für den G. Strippoli bekannt ist), der *Primitivo di Manduria*, ein selten wirklich trockener, meist mehr oder weniger süßer Likörwein, der von

Amanda u. a. um Manduria, östlich von Taranto erzeugt wird, und als dritter (noch ohne →DOC-Status) der *Primitivo Tarantino*. Nach heute verbreiteter Auffassung ist die kalifornische →Zinfandelrebe mit dem Primitivo identisch.

Primizio Seit einiger Zeit eine italienische Variante des französischen →Primeur, eine meist belanglose, wenn nicht ärgerliche Modeerscheinung.

Priorato Einst Bezeichnung für einen süßen, körperreichen, rotbraunen →Likörwein (→vino generoso und →rancio mit 14–18 bzw. 14–20 % vol. Alkohol) aus der Umgebung von →Tarragona. Heute gut 1800 ha großes Weinbaugebiet im sommerheißen, trockenen und unwegsamen Hinterland von Tarragona mit eigener →Denominación de Origen. Auch heute werden noch z. T. beachtliche Likörweine erzeugt, doch der beste Wein von dort ist ein in herausragender Qualität allerdings nur noch selten anzutreffender, körperreicher, gehaltvoller, dabei mit zunehmender Reife feiner und eleganter Rotwein aus →Garnacha und →Cariñena. De Muller hat einen guten Namen, doch der hervorragendste, der zu den besten spanischen Rotweinen überhaupt zählt, ist der *Cartoixa Scala Dei* von den Cellers Scala-Dei, einem erst 1973 gegründeten, heute rund 60 ha Rebflächen umfassenden Weingut.

Probe Als Probe oder Weinprobe bezeichnet man das Kosten eines Weins, also die Beurteilung seiner Qualität durch die Sinnesorgane. Das ist, wenn es sich nicht gerade um das Ausschenken einer Kostprobe an einen Gast oder Kunden handelt, der als Laie sein persönliches Urteil abgeben soll, eine ernsthafte und wesentliche Tätigkeit, die Fachkenntnisse, viel Erfahrung und ein trainiertes »geschmackliches« Gedächtnis voraussetzt. Geht es im erste-

ren Fall lediglich um persönliche, subjektive Eindrücke, steht im zweiten Fall allein die Frage der objektiven Qualität des Weins zur Diskussion. Ihre Beurteilung hat nichts mit persönlicher Vorliebe oder Abneigung zu tun.

Für die objektive Qualitätsbeurteilung gibt es ganz bestimmte, genau festgelegte Verfahrensweisen und eine eigene Fachsprache. Dabei wird der Wein gegen Licht zunächst auf seine Farbe untersucht, wobei man das Probierglas hin und her bewegt, um den Wein auf bestimmte Farbnuancen hin zu analysieren, die Aufschlüsse über seine Erzeugung, seinen Reifezustand und seine Alterungsfähigkeit geben können.

Als zweites schüttelt man den Wein heftig im Glas (es sei denn, es handelt sich offensichtlich um einen sehr alten Wein), um ihn stärkerer Luftzufuhr auszusetzen, wodurch die Aroma- und Bukettstoffe zur Entfaltung gebracht werden. Diese Prüfung oder die →Nase des Weins gibt weiteren Aufschluß über Art, Herkunft, Alter und Qualität des Weins und wird den optischen Eindruck bestätigen oder gegebenenfalls auch modifizieren.

Die dritte Prüfung erfolgt durch die Geschmacksorgane, indem man einen Schluck allmählich in den Mund nimmt und dabei zugleich Luft einsaugt und den Wein ein paar Sekunden im Mund hin und her bewegt – und dabei wiederum durch die gespitzten Lippen leicht aspiriert –, wobei die unterschiedlichen Reizempfindungen der einzelnen Zungenteile und des Gaumens, die sog. Attacke des Weins, also der erste Geschmackseindruck im vorderen Mund- und Zungenbereich, der Eindruck auf der Zungenmitte und schließlich der von dem Wein hinterlassene Nachgeschmack oder →Abgang beurteilt werden.

Aus der Summe dieser Prüfungen ergibt sich das Gesamturteil über die Qualität des Weins. Die dazu verwendeten unterschiedlichen Fachausdrücke finden sich als entsprechende Stichworte in diesem Lexikon.

Probenheber Meist aus Glas, z. T. aus Metall angefertigtes Rohr zur Entnahme einer Weinprobe aus dem →Faß.

Probentasse Kleines Schälchen, im Französischen →*Tastevin* genannt, aus poliertem oder facettiertem Silber oder einem anderen Metall, das besonders in →Burgund zumal bei Kellerproben verwendet wird.

Prosecco *Die* weiße Rebsorte der *Marca Trevigiana* und der aus ihr bereitete liebliche oder trockene, in Italien sehr beliebte →Schaum- oder →Perlwein. Es gibt aber unter der gleichen →DOC-Bezeichnung auch stille *Prosecco di →Conegliano* bzw. *Prosecco di Valdobbiadene*, die zu den köstlichsten Weißweinen des →Veneto zählen können: leicht, dennoch charaktervoll, ein jung zu trinkender, frischer und mitunter beachtenswert feiner Weißwein. Als führende Erzeuger gelten Carpené Malvolti, Dott. A. Cosulich (Museo del Vino), Antica Quercia, Col Sandago u. a. Auch im Gebiet von →Montello e Colli Asolani wird ein *Prosecco* erzeugt.

Prosek →Dalmatien

Provence Historische Provinz Frankreichs mit eigener Sprache (dem Provençalisch) und der Hauptstadt Aix-en-Provence, eine der großen Weinlandschaften Frankreichs und vor allem ein Reich des nicht übermäßig alkoholreichen, stets kühl zu trinkenden Rosés. Als Weinbaugebiet umfaßt die Provence heute (ganz oder teilweise) die Départements →Var, →Bouches du Rhône, →Vaucluse, Alpes de Haute Provence und Alpes Maritimes. Es werden 9 →A.O.C.-Weine erzeugt: der →Côtes de Provence (hauptsächlich Rosé), der →Bandol (vorzüglich als Rotwein), →Palette (insbesondere Rot- und Weiß-

wein), der →Cassis (besonders als Weißwein) und der sehr seltene →Bellet und seit kurzem der →Coteaux d'Aix, der Coteaux d'Aix-en-Provence-les-Baux-de-Provence, →Coteaux varois und der →Côtes du Lubéron. Hinzu kommt noch ein →V.D.Q.S.-Wein, der Coteaux de Pierrevert. Schließlich kommen aus dem Département Var noch ein paar →Landweine.

Prüf(ungs)nummer, Amtliche Jeder Wein, der in Deutschland als →Qualitätswein oder als →Qualitätswein mit Prädikat in den Handel gebracht werden soll, muß zur amtlichen Qualitätsprüfung angestellt werden. In den vorgeschriebenen Prüfstellen wird der Faß- oder Flaschenwein auf Aussehen, Geruch und Geschmack geprüft und chemisch analysiert (→Alkohol, →Zucker, →Säure, →Schwefel u. a.). Damit soll sichergestellt werden, daß die in Verkehr kommenden Weine den gesetzlichen Vorschriften entsprechen und fehlerhafte oder gar gefälschte Weine nicht zum Verkauf gebracht werden. Ergeben sich keine Beanstandungen, erhält der Wein die amtliche Prüfnummer (kurz A.P.-Nr.), die auf dem →Etikett erscheinen muß (entsprechendes gilt für →Qualitätsschaumweine). Die Prüfnummern bestehen im wesentlichen aus drei Gruppen, einer Betriebsnummer (in Rheinland-Pfalz gehört dazu vorweg noch die Ziffer für die Prüfstelle und ein Ortskode), der Nummer des geprüften Gebindes und dem Jahr der Prüfung. Gibt es von dem gleichen Wein mehrere Abfüllungen in derselben Qualitäts- oder Prädikatsstufe, kann eine genaue Identifizierung nur über die beiden letzten Nummerngruppen erfolgen. Obgleich dieses System seine unbestrittenen Verdienste hat, haben zumal die →Weinskandale der 1980er Jahre auch seine Grenzen deutlich gemacht, denn bislang unbekannte Zusatzstoffe im Wein können mit herkömmlicher Analytik in der Regel nicht entdeckt und nachgewiesen werden. Schutz ist also bestenfalls vor bereits bekannten Betrügereien gewährleistet. Eine andere Konsequenz dieses Prüfsystems ist seine unvermeidliche Starrheit, die Wandlungen im Geschmack und im Weinverständnis bestenfalls mit erheblicher Verzögerung nachkommt und damit zur Pervertierung des ganzen Qualitätsweinsystems beiträgt, indem sie einige der herausragendsten neuen Weine dank ihrer neuartigen Ausbauweise (→Barrique) oder ihrer neuartigen Aufmachung ablehnt und diese, obwohl qualitativ zur Spitze gehörend, zwingt, als →Tafelweine auf den Markt gebracht zu werden – eine aus Italien längst vertraute Situation, doch der Gesetzgeber muß sich fragen lassen, ob ein →Weingesetz, das der Erzeugung von Spitzenweine hinderlich im Wege steht, wirklich seinen Aufgaben gerecht wird.

Amtliche Qualitätsprüfungen finden auch in anderen Ländern statt, doch sind z. T. die Bedingungen anders, und Nummern erscheinen – außer in Österreich – nicht auf dem Etikett. →Organoleptische Prüfung

Prüm Seit Jahrhunderten zählt der Name Prüm zu den bedeutendsten im Weinbau der →Mittelmosel, der heute aufgrund von Erbteilungen in einer Reihe von Gütern fortlebt. Das derzeit mit Abstand namhafteste und renommierteste dürfte das Weingut Joh. Jos. Prüm in →Wehlen sein (14 ha, reines →Rieslinggut, durchweg großartige zarte, feinstrukturierte Moselweine von großer Feinheit und Eleganz). Ein zweites Gut ist das Weingut S. A. Prüm Erben in Wehlen (5 ha, 100 % Riesling, feingliedrige und strukturierte Weine), ferner das Weingut Studert-Prüm (Maximinhof) in Wehlen (5 ha, 90 % Riesling) und das Weingut Dr. Weins-Prüm Erben in Wehlen (4,5 ha, 100 % Riesling). Ebenfalls zählt das heutige Weingut Dr. Loosen (Johannishof) in →Bernkastel (8 ha, 97 % Riesling) mit seinen hervorragenden Weinen hierzu, das aus den beiden Teilen Zach. Bergweiler-Prüm Erben und Dr. Loosen hervorgegangen ist. Schließlich zumindest teilweise aus altem Prüm-Besitz hervorgegangen ist das Weingut Bergweiler-Prüm Erben, das heute den Namen Dr. Pauly-Bergweiler führt, in Bernkastel (zusammen mit dem seit 1986 im gleichen Besitz befindlichen Weingut Peter Nicolay 15 ha, 88 % Riesling) geführt wird, dessen Weine allerdings nach allgemeiner Einschätzung in der Regel nicht ganz den Rang jener der übrigen Prüm-Güter erreichen.

Puerto de Santa Maria Neben →Jerez de la Frontera und →Sanlúcar de Barrameda einer der Hauptorte des →Sherry-Gebietes unweit der Mündung des Rio Guadalete in den Atlantik gelegen. Zahlreiche berühmte →Bodegas haben hier Kellereien (Osborne, Carlos y Javier de Terry, Fernando A. de Terry, Luis Caballero, Miguel M. Gomez u. a.), und viele →Finos stammen von den Weinbergen nördlich der Stadt.

Puglia Eine der größten italienischen Weinbauregionen: →Apulien.

Puisseguin-Saint-Emilion Einer der sogenannten Satellitenbereiche von →Saint-Emilion mit rund 650 ha Rebfläche und 130 Weinerzeugern. Die besten Rotweine sind kernig, körperreich und ausgezeichnet. Die Châteaux Beauséjour, Bel-Air, Guibeau, des Laurets, de Roques, Teillac, Teyssier u. a. haben einen guten Namen.

Pulcinella Kleine, gedrungene, strohumflochtene Spezialflasche, in der einst der →Orvieto in den Handel kam. Heute kaum noch anzutreffen.

Puligny-Montrachet Weinbauort an der →Côte de Beaune in →Burgund, aus dem zusammen mit dem Nachbarort →Chassagne-Montrachet nach allgemeiner Auffassung einige der feinsten trockenen Weißweine Frankreichs kommen. Zu den berühmtesten Lagen gehören allen voran der unvergleichliche →Montrachet (der zur Hälfte in Chassagne liegt), die kaum geringeren →Chevalier-Montrachet (ganz in Puligny), →Bâtard-Montrachet (zur Hälfte in Chassagne), →Bienvenues-Bâtard-Montrachet (ganz in Puligny) und →Criots-Bâtard-Montrachet (ganz in Chassagne). Sie werden alle unter diesen Lagenamen ohne Erwähnung von Puligny oder Chassagne verkauft. Weitere bewundernswerte, wenn auch etwas weniger herausragende Weine stammen von den *premiers crus*-Lagen *Le Cailleret, Les Pucelles, Les Folatières, Les Combettes, Clavoillons, Le Champ-Canet, Les Chalumeaux, Les Referts, Sous-le-Puits, La Garenne, Hameau-de-Blagny.* Insgesamt stehen 235 ha unter Reben, von denen jährlich über 10 000 hl Wein kommen, fast ausschließlich aus dem →Chardonnay (es gibt im Schnitt nur 330 hl Rotwein in Puligny). Selbst die weniger bekannten Weißweine aus Puligny haben viel Rasse und Klasse und würden in jedem anderen Weinbaugebiet als außergewöhnlich eingestuft werden.

Als namhafte Erzeuger (außer den unter Montrachet genannten) gelten Leflaive, Louis Jadot, Louis Latour, Delagrange-Bachelet, Sauzet, Carillon, Magenta, Thévenin, Clerc, Chavy u. a.

Pulkautal Eines der wichtigsten Weinbauzentren im niederösterreichischen →Weinviertel. Während um →Haugsdorf und Jetzelsdorf hauptsächlich Rotwein aus dem Blauen →Portugieser von z. T. beachtenswerter Qualität erzeugt wird, dominiert in →Seefeld-Kadolz, Pernersdorf, Zellerndorf, Pulkau u. a. Orten der Weißwein, meist aus dem Grünen →Veltliner, häufig etwas zu schwer und breit auf Kosten von Frische, Leichtigkeit und Lebendigkeit. Erwähnt sei noch das wegen seiner sehenswerten Kellergasse berühmte Hadres.

Pünderich Zwischen →Traben-Trarbach und →Zell gelegener Weinbauort an der →Mosel mit ca. 160 ha Rebfläche. Als beste Lagen gelten *Marienberg, Nonnengarten* u. a. Das lokale Weingut Lenz-Dahm hat einen guten Ruf.

Puttonyos Körbe oder Butten, die als traditionelle Maßeinheiten für den →Tokaji Aszú verwandt werden. Je nach Anzahl der Butten (*puttonyos*, ca. 20 kg) →Trockenbeerenausleseteig, der einem Göncer →Faß (136 l) Grundwein beigegeben wird, spricht man von einem (selten) *Aszú 2 puttonyos* (zweibuttigen Aszú) bis *Aszú 6 puttonyos*, wobei der dreibuttige mindestens 60 g/l, der sechsbuttige mindestens 150 g/l →Restzucker enthalten muß. Je größer die Zahl der Butten, desto gehaltvoller, körperreicher und süßer ist also der Tokajer.

PX →Pedro Ximénez

Q

QbA →Qualitätswein (bestimmten Anbaugebietes)

Qualitätslikörwein Neugeschaffene EU-Kategorie für verschiedene Formen meist italienischer oder spanischer →Likörweine. In Spanien können süße Weine dieser Kategorie mit der zusätzlichen Bezeichnung einer Rebsorte oder als →vino generoso de licor oder als vino dulce in den Handel kommen.

Qualitätsschaumwein In Deutschland →Schaumwein gehobener Qualität, der gewisse Mindestvoraussetzungen erfüllt und eine amtliche →Prüfnummer trägt; wird auch als →Sekt bezeichnet. Die höchste Stufe heißt →Qualitätsschaumwein bestimmten Anbaugebietes.

Qualitätsschaumwein bestimmten Anbaugebietes In Deutschland höchste Qualitätsstufe der →Schaumweine. Ein Qualitätsschaumwein b.A. muß zu 100 % aus Qualitätsweinen des genannten Anbaugebietes stammen.

Qualitätssekt In Österreich übliche Bezeichnung für einen →Qualitätsschaumwein, entspricht in etwa dem deutschen →Sekt, während in Österreich Sekt als Synonym für →Schaumwein gebraucht wird.

Qualitätswein (bestimmten Anbaugebietes) Nach den deutschen Weingesetzen von 1971 und 1994 rangiert ein einfacher Qualitätswein (oder Qualitätswein b.A. = eines bestimmten Anbaugebietes) zwischen →Tafel- bzw. →Landwein und →Kabinett und muß je nach Gebiet und Rebsorte ein →Mindestmostgewicht von 50°–72° →Oechsle aufwei-

sen. Der tatsächliche Alkoholgehalt liegt jedoch in der Regel höher, als diese Mostgewichte ergeben würden, da den Mosten vor der Gärung legalerweise durchweg →Zucker zugesetzt wird (→anreichern), um die Weine fülliger zu machen. Vor dem Inverkehrbringen müssen sich QbA-Weine einer analytischen Prüfung unterziehen und auf dem Etikett die erteilte Amtliche →Prüfnummer tragen.
In Österreich sind die Anforderungen z.T. höher. So muß der Most mindestens 15° →KMW (≙ 73° Oechsle) aufgewiesen haben, während der Wein über mindestens 9,5 % vol. Alkohol, 18 g/l zuckerfreien Extrakt und bei Rotwein 4, bei Weißwein 4,5 g/l Säure verfügen muß. Der Wein muß ebenfalls eine staatliche Prüfung bestanden haben. Ein gehobener Qualitätswein darf die Bezeichnung →Kabinett führen.
In der EU entsprechen französische →A.O.C.- und →V.D.Q.S.-Weine, italienische →DOC- und →DOCG-Weine, luxemburgische Weine mit der →Marque nationale, griechische →O.P.A.P.- bzw. →O.P.E.-Weine, spanische →DO- und →DOC-Weine und portugiesische →DOC- und →VQPRD-Weine rechtlich deutschen Qualitätsweinen bzw. →Qualitätsweinen mit Prädikat.

Qualitätswein besonderer Reife und Lesart Laut österreichischem Weingesetz Wein, der die für die nachfolgenden Bezeichnungen gültigen Voraussetzungen erfüllt: →Spätlese, →Auslese, →Eiswein, →Beerenauslese, →Ausbruch und →Trockenbeerenauslese. Das Schema entspricht in etwa dem der deutschen →Qualitätsweine mit Prädikat, mit dem Unterschied, daß der →Kabinettwein in

Österreich zu den einfachen →Qualitätsweinen gerechnet wird.

Qualitätswein mit Prädikat Nach dem deutschen Weingesetz oberste Qualitätsstufe, in sechs Gruppen unterteilt: →Kabinett, →Spätlese, →Auslese, →Beerenauslese, →Trockenbeerenauslese und →Eiswein. Vor 1982 war Eiswein kein eigenständiges Prädikat, sondern konnte nur in Verbindung mit einem anderen Prädikat etwa als Auslese Eiswein verwendet werden. Für alle diese Weine sind →Mindestmostgewichte festgesetzt (nach Anbaugebiet und Rebsorte verschieden), und sie alle dürfen nicht mit →Zucker →angereichert werden. Alle müssen eine Amtliche →Prüfnummer tragen.

Quarts de Chaume Eine der beiden Lagen der →Coteaux du Layon mit eigener →Appellation contrôlée (die andere ist →Bonnezeaux) im Gebiet von →Anjou. In unvergleichlich günstiger Südlage stehen kaum 50 ha unter Reben, ausschließlich →Chenin blanc, in die sich praktisch drei Erzeuger (Lalanne, Laffourcade und Baumard) teilen. Ihr Wein – nur aus ausgelesenen reifsten Beeren und bei minimalen Hektarerträgen (25 hl/ha sind zulässig) erzeugt – ist ein reicher, ungemein köstlicher und nuancenreicher Wein, der zu den besten süßen Weißweinen der →Loire gehört.

Quatourze Zwischen →Corbières und La →Clape östlich von Narbonne liegender Weinbaubereich, der zu den →Coteaux du Languedoc gehört und die von dort kommenden →A.O.C.-Weine (rot, rosé, weiß). Die Rotweine zählen zu den kraftvollsten und robustesten des Umlandes von Narbonne.

Querciolaia, Il Vom Castello di Querceto inmitten des →Chianti-Gebietes erzeugter neuer roter →Tafelwein der →Toscana aus etwa zwei Dritteln →Sangiovese und einem Drittel →Cabernet Sauvignon. Der Wein ist gehaltvoll und tanninreich und durchaus bemerkenswert.

Queue Altfranzösisches Hohlmaß, vom Lateinischen *cupa* oder *culleus* abgeleitet, regional sehr unterschiedlichen Inhalts. Früher wurden die →Hospices de Beaune-Weine bei den Versteigerungen in Queues zu 456 l zugeschlagen statt der heute üblichen →Pièces. Heute wird der Ausdruck queue tendre oder queue verte noch z. T. als regionale Bezeichnung für den →Colombard verwandt.

Quincy Weinbauort an der Cher, unweit von Bourges in Mittelfrankreich und der von dort kommende ansprechende, würzige, trockene Weißwein. Er wird ausschließlich aus der →Sauvignon blanc erzeugt und erinnert an einen →Sancerre oder →Pouilly-Fumé. Die gesamte Rebfläche umfaßt nur noch rund 120 ha, und wenn kein Frost oder Unwetter kommt, werden etwa 4000 hl im Jahr erzeugt. Pipet, Rapin, Mardon u. a. gelten als führende Erzeuger.

Quinta Portugiesisch für Landgut, bezogen auf Weine ein Besitztum, das meist Weinlagen und Gebäude umfaßt. Entspricht dann in etwa dem französischen *château* oder *domaine* und dem italienischen *tenuta*. Allerdings dürfen noch einige Markenweine aus Gewohnheitsrecht den Namen Quinta tragen.

R

Rabaud-Promis, Château *Premier cru* aus →Bommes im Sauternais mit 32 ha Rebfläche (80 % →Sémillon, 18 % →Sauvignon, 2 % →Muscadelle) und einem feinen, körper- und alkoholreichen, ziemlich süßen →Sauternes.

Rablay-sur-Layon Eine der sechs Gemeinden der →Coteaux du Layon-Villages im Gebiet von →Anjou mit süßen Weißweinen von sehr hoher Qualität.

Raboso Interessante einheimische Rotweinsorte im Bereich des →Piave im →Veneto, die man früher nur zum →Verschnitt verwandte. Seit einiger Zeit werden aus ihr reinsortige Weine erzeugt, die sich durch intensive Farbe und Bukett auszeichnen. Angesichts ihres hohen Tanningehalts erfordern sie eine längere Lagerung, doch stellen die besten von ihnen dann einen reizvollen, harmonischen und außergewöhnlich ansprechenden Wein dar. Cescon, Liasora, Maccari u. a. haben einen guten Namen.

Radebeul Im Bereich →Dresden zwischen →Meißen und Dresden gelegener Weinbauort im Anbaugebiet →Sachsen, von dessen Steillagen, insbesondere dem *Goldenen Wagen*, einige der beachtenswertesten Weine des Gebietes stammen. Radebeul ist Sitz des Sächsischen →Staatsweingutes Schloß Wackerbarth.

Rahnwerden Auch Braunwerden, im Französischen *Madérisation*. Bezeichnung für einen →oxydierten Wein, der eine bräunliche Farbe und einen leicht an einen →Madeira erinnernden Geschmack angenommen hat. Ein derartiger Wein ist auf dem besten Weg, unge-

nießbar zu werden, so daß *madérisé* alles andere als ein Kompliment ist.

Rainwater Bezeichnung für einen sehr leichten und hellen →Madeira, praktisch ein halbtrockener →Verdelho. Um die Entstehung des Namens ranken sich gleich mehrere, doch insgesamt eher unglaubwürdige Legenden. *Rainwater Madeira* sind heute selten geworden.

Ramitello Name zweier →Tafelweine, die von Alessio di Majo Norante in der gleichnamigen Lage bei Campomarino in →Molise aus einheimischen Reben gewonnen werden. Der rote Ramitello wird überwiegend aus →Aglianico und →Montepulciano erzeugt, der weiße überwiegend aus Falanghina mit Zusätzen von Fiano. Beide Weine sind durchaus ausdrucksvoll und eigenwillig und gelten als Antwort auf den allseitigen modischen Trend hin zu französischen bzw. internationalen Sorten.

Rancio Ein spezieller →Altersgeschmack, wie er heute noch bei einigen französischen →*vins doux naturels* bzw. spanischen →Likörweinen vorkommt, darunter →Banyuls, →Grand Roussillon, →Maury, →Rasteau und →Rivaltes bzw. aus →Priorato, →Tarragona, →Terra Alta u. a. Gebieten.

Randersacker Nach →Würzburg gilt das unmittelbar südöstlich davon gelegene Randersacker allgemein als die bedeutendste Weinbaugemeinde →Frankens mit rund 220 ha Rebfläche. Der *Pfülben* steht im Ruf, eine der besten Lagen des Anbaugebietes zu sein, doch auch *Teufelskeller, Sonnenstuhl, Marsberg* und *Dabug* genießen hohes Ansehen, während *Ewig Leben* der →Großlagenname ist. Die Weine werden von den Würzburger Großgütern und beachtenswerten lokalen Erzeugern wie Robert Schmitt, Schmitts Kindern u. a. in den Handel gebracht und sind z. T. von selten hohem Rang und Rasse, zumal wenn es sich um →Riesling handelt.

Rapitalà Name sizilianischer Rot-, Weiß- und Roséweine, die auf dem Weingut Conte de la Gatinais erzeugt werden. Während die Rot- und Roséweine durchweg einen außerordentlich ansprechenden Körper und Rasse aufweisen, dürfte der Weißwein, im Sinne der →DOC-Bestimmungen ein Bianco →Alcamo, der beste von ihnen sein, ein fruchtiger, gehaltvoller Wein mit Kern, der zu den beachtenswertesten Alcamo-Weinen gehört.

Rassig Ein lebendiger Wein mit einer schönen, den Charakter des Weins vorteilhaft unterstreichenden Säure. Sicherlich kein kleiner Wein, eher bei einem noch jungen Wein das unverzichtbare Attribut eines →Rieslings, eines →Sauvignon oder eines herausragenden →Barsac. Aber auch Rotweine können über Rasse verfügen, obwohl sie allein noch keinen bemerkenswerten Wein macht. Mit zunehmendem →Altern des Weins verliert sich diese Eigenschaft, doch kann ein derartiger Wein selbst nach vielen Jahren immer noch sehr →lebendig wirken. →Resch

Rasteau Weinbaugemeinde nordöstlich von →Avignon, aus der zwei verschiedene Weine kommen: Einmal ein →gespriteter, süßer, bernsteinfarbener →*vin doux naturel* aus →Grenache, der etwas an einen leichten →Portwein erinnert und vereinzelt heute noch nach 7–10jähriger Faßlagerung halbmaderisiert als →Rancio in den Handel kommt. Zum anderen ist Rasteau eine der 17 Gemeinden der →Côtes-du-

Rhône-Villages mit den üblichen Rot-, Rosé- und Weißweinen, die unter dieser Appellation angeboten werden.

Rauenthal Kleiner Weinbauort im →Rheingau, auf den Ausläufern des Taunus oberhalb von →Eltville gelegen, mit rund 100 ha Rebfläche, die nahezu ausschließlich mit →Riesling bestockt sind. Die besten Lagen, allen voran der großartige *Baiken* und die kaum geringeren *Gehrn* und *Wülfen*, aber auch noch *Nonnenstück, Rothenberg* und *Langenstück* gehören zum wertvollsten Agrarland der Bundesrepublik. Nach Überzeugung vieler Experten ist der *Rauenthaler Baiken* die bedeutendste Weinlage im ganzen Rheingau, und der von ihm stammende Wein zeichnet sich – wenn voll gelungen, was heute leider nicht immer der Fall ist – besonders in guten Jahren durch seine unvergleichliche Würze, Frucht, Kraft, Dichte, Kernigkeit, Komplexität und Rasse aus. Der bekannteste Name ist hingegen der *Rauenthaler Steinmächer*, eine →Großlagenbezeichnung für insgesamt acht Weinbaugemeinden zwischen →Wiesbaden und →Eltville. So gekennzeichnete Weine, selbst wenn sie – was selten genug der Fall sein wird – tatsächlich aus Rauenthal stammen, werden in der Regel kaum zu den besten der Gemeinde zählen. Zu den namhaftesten Erzeugern, zumal der Spitzenlagen, zählen →Langwerth von Simmern, die Hessischen →Staatsweingüter, →Schönborn, Schloß →Reinhartshausen, J. B. Becker u. a.

Rauh →Herb

Rausan-Ségla, Château Altberühmter *2e cru classé* aus →Margaux im →Haut-Médoc mit 46 ha Rebfläche (63 % →Cabernet Sauvignon, 30 % →Merlot, 5 % →Cabernet franc, 2 % →Petit Verdot). Nach einer deutlichen Schwächeperiode, verstärkt durch viel zu junge Cabernet Sauvignon-Reben, geht es seit dem 1982er wieder deutlich aufwärts. Doch das Ziel, wie bei der →Klassifizierung von 1855 wieder der erste unter den 2. Gewächsen – sieht man einmal von dem besonderen Fall des Château →Mouton-Rothschild ab –, scheint trotz des Wiedererreichens des Niveaus 2. Gewächse noch weit entfernt zu sein. Dennoch ist bereits heute Rausan-Ségla erneut ein bukettreicher Wein von bemerkenswerter Feinheit und Eleganz, Struktur und Ausgeglichenheit und inzwischen ein ernstzunehmender Herausforderer von Château →Palmer um den zweiten Platz unter den Gewächsen von Margaux, wenn auch von ganz anderem Charakter.

Räuschling Einst in der →Ostschweiz sehr verbreitete weiße Rebsorte (im →Elsaß früher als →Knipperlé bekannt, dort jedoch inzwischen verschwunden). Heute im Kanton →Zürich noch mit einem Anteil an der Rebfläche von etwa 1,5 %, was wenigen Hektar entspricht, vertreten. Noch geringer in anderen Kantonen. Liefert in guten Jahren einen dezenten Wein mit feiner Säure, der besonders zu lokalen Fischgerichten von Kennern sehr geschätzt wird.

Rauzan-Gassies, Château *2ᵉ cru classé* aus →Margaux im →Haut-Médoc mit 30 ha Rebfläche (40 % →Cabernet Sauvignon, 39 % →Merlot, 20 % →Cabernet franc, 1 % →Petit Verdot) und früh reifenden, zarten Weinen von herausragender Feinheit und Eleganz, die jedoch leider sehr ungleichmäßig ausfallen, so daß insgesamt das Gewächs noch weit von seinem einst illustren Rang entfernt scheint.

Ravello Malerisches Städtchen am Golf von Sorrent oberhalb von Amalfi in →Kampanien, seit langem bekannt für die in seiner Umgebung erzeugten Rot-, Rosé- und Weißweine. Am besten dürften die Rotweine sein, insbesondere die Weine von Episcopio, die,

wenn gelungen, nach einigen Jahren exzellent sein können. Doch auch die Weißweine können durchaus ansprechend sein.

Rayas Sehr dunkle →Olorosos, die aber nicht ganz ihre normale Fülle und Körper erreicht haben und weniger delikat sind, bezeichnet man als *Rayas*. Sie werden meist zum Verschnitt mit anderen Olorosos oder →Cream →Sherrys verwandt.

Rayas, Château Altberühmtes Weingut im Gebiet von →Châteauneuf-du-Pape mit einem reichen, konzentrierten Rotwein, der ganz von einem dichten →Grenache dominiert wird und zu den bemerkenswertesten des Gebietes zählt.

Raymond-Lafon, Château Nichtklassifiziertes Gewächs aus →Sauternes, in unmittelbarer Nachbarschaft des weltberühmten Château d'→Yquem, dessen ehemaliger *régisseur* dieses Gut erworben und auf seinen heutigen Rang gebracht hat. Die Rebfläche umfaßt 18 ha und ist zu 80 % mit →Sémillon und 20 % →Sauvignon bestockt. Der Wein ist entsprechend bemerkenswert: gehaltvoll, intensiv, reich und durchaus den besten klassifizierten Nachbarn von Yquem ebenbürtig, wenn nicht überlegen.

Rayne-Vigneau, Château de *Premier cru classé* aus →Bommes im Sauternais mit 65 ha Rebfläche (75 % →Sémillon, 25 % →Sauvignon) und einem modernen, nicht mehr ganz so opulenten, dafür strukturierten und eleganten →Sauternes, der sich jedoch nicht für eine längere Lagerung zu eignen scheint. Zusätzlich wird ein trockener, feinfruchtiger und gehaltvoller Weißwein als *Rayne sec* in den Handel gebracht.

Realda Von Anselmi von der Lage *Dugale Realda* in Monteforte d'Alpone im

Gebiet des →Soave aus →Cabernet Sauvignon erzeugter Rotwein. Gehaltvoll, reich, komplex und elegant gehört er zweifellos zu den hervorragendsten Weinen seiner Art im →Veneto, den man im Auge behalten sollte.

Rebe →Weinrebe

Rebeln Österreichischer Ausdruck für →abbeeren oder →entrappen.

Rebhuhnauge →Œil de Perdrix

Reblaus Eine Pflanzenlaus und der wohl gefährlichste Feind der europäischen →Vinifera-Reben. Daher ihr lateinischer Name *Phylloxera vastatrix*. Dieses Insekt hat im Osten der →Vereinigten Staaten schon immer existiert, konnte aber den einheimischen amerikanischen Rebsorten mit ihren widerstandsfähigen Wurzeln keinen Schaden zufügen. Fatalerweise wurde es unerkannt mit einigen Blindreben 1860 nach Europa eingeschleppt, wo es zunächst in Frankreich und dann in allen übrigen europäischen Weinbauländern in den folgenden Jahrzehnten Millionen Hektar Rebbestand vernichtete, da die von ihr befallenen *Vinifera*-Reben keine Resistenz ihr gegenüber besaßen und eingingen.
Daß das Einschleppen der Reblaus dennoch nicht das Ende des europäischen Weinbaus bedeutete, ist allein dem Umstand zu verdanken, daß es rechtzeitig gelang, wirksame Gegenmaßnahmen zu ergreifen, wie sie mit der Einführung der →Pfropfrebe gegeben waren. Mit ihr wurden europäische *Vinifera*-Stöcke auf reblausresistente amerikanische Rebwurzeln der →*Vitis riparia, Vitis rupestris* oder *Vitis berlanderi* aufgepfropft. Seit dieser Zeit ist der europäische Rebbau praktisch ein Pfropfrebenbau.
Ob dies auf Kosten der Weinqualität gegangen ist, läßt sich heute kaum noch mit Sicherheit beantworten. Zu viel hat

sich in der Zwischenzeit geändert. Wenn die *Präphylloxera*-Weine langlebiger waren, muß dies nicht nur am wurzelechten Anbau gelegen haben. Sicher ist hingegen, daß man heute durch die Wahl der nach Böden, Rebsorte und Weinart angemessenen Unterlagssorte gezielten Einfluß auf Qualität – und Quantität – des Stockertrags nehmen kann.

Rebpfahl Pfahl aus Holz, Metall oder Beton, der dem Rebstock als Stütze oder dem Draht, an dem die Rebe erzogen wird, als Befestigung dient.

Rebschnitt Notwendige Maßnahme im Weinbau zur Förderung und Erhaltung der Wuchskraft und Produktivität des Rebstocks über Jahrzehnte. Die Maßnahme wird durchweg während der Wintermonate durchgeführt. Aufgrund regionaler, lokaler oder sortenspezifischer Gepflogenheiten haben sich eine Reihe unterschiedlicher Erziehungsarten (Pfahl-, Drahtrahmen-, Mehrschenkel-, Vertiko-, Hochkultur-, Weitraum-, Pergolaerziehung u. a.) herausgebildet, die die Form des Rebschnitts (Bogen-, Kordon-, Silvoz-, Guyot-, Gobeletschnitt u. a.) bestimmen. Welcher Schnitt auch immer praktiziert wird, entscheidend ist gemäß Lage, Klima und Rebsorte, ob Masse (→Ertrag) oder Qualität erzeugt werden soll. Dies entscheidet darüber, wie viele Augen (künftige Triebe) pro Stock angeschnitten werden, d. h. dem Stock verbleiben. Bei hochrangigen Sorten und strikter Qualitätsorientierung dürften ca. 8 Augen pro Stock angemessen sein. Werden aber über 100, 150 oder 200 hl/ha normalerweise geerntet, ist nicht nur der voraufgegangene Rebschnitt wesentlich großzügiger ausgefallen, sondern auch eine unvermeidliche Qualitätsminderung nach dem →Menge-Güte-Gesetz bewußt in Kauf genommen worden. Zwar mag dies betriebswirtschaftlich vernünftig erscheinen, doch der Kenner wird um diese immer ausdrucksloser werdenden Massenprodukte einen Bogen machen.

Rechnitz Größter Weinbauort im Weinbaugebiet →Südburgenland mit rund 125 ha Rebfläche. Vier Fünftel der Weine sind Weißweine, und zwar ganz überwiegend aus dem →Welschriesling, doch gilt der →Blaufränkisch hier als besonders charaktervoll. Josef Mandl zählt zu den führenden Erzeugern.

Recioto Berühmter Wein aus teilrosinierten Trauben, der (wenn es sich dabei nicht gerade um →Schaumwein handelt) hervorragend fruchtig und von intensivem Aroma sein kann. Traditionellerweise wurde so der Recioto della →Valpolicella erzeugt, ein körper- und alkoholreicher, süßer Rotwein, der mitunter an einen ungemein leichten →Portwein erinnert. Heute wird dieser Wein allerdings in der Regel trocken vinifiziert, und er kommt dann mit der Zusatzbezeichnung →Amarone als einer der gehaltvollsten und hervorragendsten italienischen Rotweine mit vergleichsweise hohem Alkoholgehalt (um 15 % vol.) in den Handel.
Auch aus Weißweinen stellt man in Italien mitunter Recioto her, und der bekannteste von ihnen dürfte der Recioto di →Soave sein, ein fruchtiger, feinrassiger Wein mit dezenter Süße, der auch als Schaumwein angeboten wird. Unweit davon wird ein ähnlicher Wein erzeugt, der Recioto di →Gambellara.

Redondo Portugiesisches →IPR-Weinbaugebiet im →Alentejo zwischen →Évora und der spanischen Grenze. Auf ca. 1500 ha werden hauptsächlich körperreiche Rotweine überwiegend aus →Periquita und einige Weißweine vor allem aus Roupeiro und Rabo de Ovelha erzeugt. Sie werden meist durch die lokale Winzergenossenschaft in den Handel gebracht.

Reduktiv →Ausbau

Refosco Eigentlich *Refosco dal Peduncolo Rosso*, der rotstielige Refosco, die traditionelle rote Rebsorte von →Friuli-Venezia Giulia, von der man sagt, sie sei mit der →Mondeuse aus →Savoyen identisch. Ihre besten Ergebnisse erreicht sie in den →Colli Orientali del Friuli, wo sie einen wirklich bemerkenswerten Rotwein von intensiver Farbe und Bukett und großer Ausdruckskraft und Charakter hervorbringen kann. Namhafte Erzeuger sind die Güter Ronchi di Cialla, Bosco Romagno u. a. Auch in →Aquileia, →Grave del Friuli und →Lison-Pramaggiore werden Refosco-Weine erzeugt, die mitunter hervorragend sein können.

Refraktometer Heute nahezu unverzichtbares, handliches und einfach zu bedienendes optisches Gerät, mit dem sich im Weinberg mühelos das →Mostgewicht ausgewählter Beeren und damit der aktuelle Reifezustand des Rebgutes feststellen läßt.

Regaleali Verbreitete, durchweg ausgezeichnete Rot-, Rosé- und Weißweine aus dem Weingut des Conte Tasca d'Almerita südöstlich von Palermo auf →Sizilien. Der Weißwein aus Catarratto, Inzolia und →Sauvignon zeichnet sich durch seinen fruchtig-gehaltvollen Charakter und dezente Rasse aus, während die Rot- und Roséweine aus Nerello Mascalese und Perricone ebenfalls beachtlich sein können. Den größten Ruf genießt jedoch der *Rosso del Conte*, ein durchaus charaktervoller Rotwein, der zwar zu den besten der Insel gehört, aber angesichts mangelnder Finesse und Differenziertheit kaum wirklich zu überzeugen vermag.

Região demarcada Altes System des kontrollierten Ursprungsgebiets portugiesischer Weine, die festgelegten Verordnungen und Kontrollen unterliegen, das lange vor dem französischen →A.O.C.-System entstanden ist. Seine Ursprünge gehen bis auf die ersten staatlichen Regulierungen von 1756 für die →Portweinerzeugung zurück, und 1908 wurde nach ihnen das →Dão-Gebiet als erstes gesetzlich eingegrenzt. Heute ist dieses System unter der Anpassung an die EU-Bestimmungen durch die Bestimmungen der →Denominação de origem controlada neu gefaßt und abgelöst worden.

Régnié Seit 1988 zehnter →*cru* des →Beaujolais mit rund 620 ha Rebfläche um die Orte Régnié, Durette und Lantigné, im Westen des Kerngebietes des Beaujolais zwischen den Appellationen →Morgon und →Brouilly gelegen. Dank der granithaltigen Böden ist der Wein ausdrucksvoll und verbindet die fruchtige Art des Brouilly mit der Langlebigkeit des Morgon.

Reguengos Mit rund 3500 ha das größte portugiesische →IPR-Weinbaugebiet im →Alentejo, südöstlich von →Évora und angrenzend an die Gebiete von →Redondo und →Granja/Amareleja. Die farbintensiven und dabei geschmeidigen Rotweine aus →Periquita, Aragonez und eventuell weiteren Sorten genießen einen guten Namen. Zusätzlich werden einige Weißweine überwiegend aus Roupeiro und Rabo de Ovelha erzeugt. Die Weine stammen vor allem von der angesehenen Winzergenossenschaft von Reguengos de Monsarraz u. a. Gütern.

Reichensteiner Qualitativ wenig eindrucksvolle →Geisenheimer →Neuzüchtung aus →Müller-Thurgau x (Madeleine angevine × Calabreser Fröhlich), mit der heute noch 319 ha in der Bundesrepublik bestockt sind, die Hälfte davon in →Rheinhessen, ansonsten an →Mosel-Saar-Ruwer und in der →Pfalz.

Reif Im allgemeinen ein hohes Lob für einen Wein. Dieser hat seinen Reifeprozeß beendet und die höchste Stufe seiner qualitativen Entwicklung erreicht, Herbe und Rauheit, eventuell auch die Unnahbarkeit seiner Jugend abgelegt und in optimaler Weise zu einer inneren Harmonie gefunden, bevor der eigentliche Alterungsprozeß einsetzt. Bei Weinen, deren größter Charme in ihrer Jugendlichkeit liegt und die leicht, frisch und fruchtig sein sollen, würde jedoch der Ausdruck *reif* eher andeuten, daß dieser Zeitpunkt vorbei ist.

Reims Stadt mit großartiger Kathedrale und historische Krönungsstätte der französischen Könige. Heute zusammen mit →Epernay Haupthandelszentrum für →Champagner. Ganze Stadtteile sind von einem unterirdischen Netz von Tunneln, Gewölben und Kellern durchzogen, die in den weißen Kalkboden gehauen worden sind und in denen der Champagner gelagert, gealtert und ausgebaut wird.

Rein, Reintönig Bezeichnung für einen sauberen Wein, frei von Beeinträchtigungen des Geruchs oder Geschmacks. Besonders reintönige Weine können →elegant sein.

Reinhartshausen, Schloß Eines der größten privaten Weingüter des →Rheingaus mit Sitz in →Erbach mit 72 ha Rebfläche, heute mehrheitlich im Besitz der Leibbrand-Gruppe. Das Schloß selbst ist ein Hotel. Die besten Lagen des Gutes liegen in Erbach (→*Marcobrunn, Steinmorgen, Siegelsberg, Hohenrain, Schloßberg, Rheinhell* – letztere auf der Rheininsel Mariannenaue mit interessanter Versuchsanlage von →Chardonnay), →Hattenheim (*Wisselbrunnen, Nußbrunnen* u.a.), →Kiedrich (*Sandgrub*), →Rauenthal (*Wülfen*) und →Rüdesheim (*Bischofsberg*) und sind zu 89% mit →Riesling bestockt.

Rektifiziertes Traubenmostkonzentrat Was für viele im deutschen Weinbau ein Alptraum ist, erscheint der Brüsseler EU-Bürokratie als probates Mittel, der europäischen Weinüberschüsse Herr zu werden: Anstelle von →Zucker soll in Zukunft (das genaue Datum ist noch offen) nur noch rektifiziertes Traubenmostkonzentrat, also eingekochter, sehr süßer Traubensirup zum →Anreichern von Weinen zulässig sein. Ob damit die Weinqualität negativ beeinflußt wird, ist zumindest umstritten. Ob auf diese Weise die europäischen Weinüberschüsse reduziert werden können, mag möglich sein. Sicher aber scheint, daß damit dem bestehenden deutschen Weinrecht der Boden entzogen würde: Da rektifiziertes Traubenmostkonzentrat im Wein nicht nachweisbar ist, wird das Anreicherungsverbot für Prädikatsweine nicht länger aufrechtzuerhalten sein. Das aber bedeutet, daß neue Kriterien für den Qualitätsweinbau erstellt werden müßten. Würde dies in Angleichung an die Praxis der übrigen EU-Länder nicht zur Klassifizierung der Rebflächen in →Tafel-, →Land- und →Qualitätsweingebiete führen müssen?

Remstal-Stuttgart, Bereich Südlichster der drei Hauptbereiche des Anbaugebietes →Württemberg (noch südlicher – und höher – liegen die winzigen Bereiche Oberer →Neckar und Württembergischer →Bodensee) mit dem Zentrum in und unmittelbar östlich von →Stuttgart und 1779 ha Ertragsrebfläche. Auf Muschelkalk-, Keuper- und z. T. anderen Böden werden nahezu 50 % Weißweine, praktisch ausschließlich aus →Riesling, →Müller-Thurgau, →Kerner und →Silvaner, erzeugt, während unter den Rotweinen der →Trollinger mit 75 % Flächenanteil eindeutig dominiert. Einige der besten Weine Württembergs kommen aus diesem Bereich, so aus Stuttgart und vor allem seinen Stadtteilen Bad →Cannstatt und →Untertürkheim sowie insbesondere aus →Stetten, das in guten Jahren einen der besten Rieslinge Baden-Württembergs hervorbringt.

Resch Zumal in Österreich gern verwandter Ausdruck zur Bezeichnung von Weinen mit ausgeprägter Fruchtsäure und ohne Süße, nicht ganz identisch mit dem in Deutschland benutzten →rassig.

Reserva Anders als im französischen Weinrecht (→Réserve) im spanischen und portugiesischen Weinbau Bezeichnung einer höheren Qualitätsstufe für besonders ausgesuchte, vinifizierte und ausgebaute – in Spanien bei Rotweinen Mindestlagerung von 36 Monaten, davon 12 im Eichenfaß, bei Weiß- und Roséweinen analog 24 bzw. 6 Monate – Qualitäten, die langsamer reifen und langlebiger sind als normale Abfüllungen (wie →Vino de crianza, →Vino añejo). Entspricht in etwa dem italienischen →Riserva. Eine noch höhere Qualitätsstufe wird im Spanischen als →Gran Reserva, bei portugiesischen Weinen als →Garrafeira deklariert. Alle diese Weine setzen natürlich einen qualitativ guten, zumindest normalen Jahrgang voraus.

Réserve Eine auf französischen Weinetiketten mitunter anzutreffende Bezeichnung (auch *Grande Réserve*). Anders als beim spanischen oder portugiesischen →Reserva oder dem italienischen →Riserva jedoch zumeist ohne rechtliche Bedeutung. Eine *Réserve personnelle* im →Elsaß sollte jedoch eine höhere Qualität als die normale Abfüllung bezeichnen, und bei größeren Handelshäusern mit eigenem Weingut wird so z. T. die →Erzeugerabfüllung gekennzeichnet.

Restzucker Auch Restsüße genannt. Hochgradige Moste, je nach Behandlung, Zustand und Außentemperaturen ab etwa 110° →Oechsle, mitunter schon deutlich darunter, vergären mitunter aufgrund ihres hohen Zuckergehalts nicht völlig und belassen dem Wein eine natürliche Restsüße, die solchen Weinen sehr gut anstehen kann. Restsüße kann man aber auch in einem Wein gezielt herbeiführen, indem man ein Ausgären des Mostes mittels Zugabe von hochprozentigem Alkohol (→gespritet) – in Deutschland nicht erlaubt – oder durch Druck oder Kälte verhindert. Die Restsüße nahezu aller deutschen und österreichischen Weine vom →Tafelwein bis zu etlichen →Auslesen kann auf der Anwendung einer der beiden letztgenannten Verfahren beruhen. Zumeist wird sie aber darauf zurückzuführen sein, daß man dem vergorenen Wein unvergorenen süßen Traubensaft (in Österreich angegorenen), die sog. →Süßreserve, beigegeben hat. In diesen Fällen handelt es sich nicht um eine natürliche, sondern zugesetzte Restsüße, und die in der Praktizierung dieser Technik begründete Gefahr der Nivellierung der Weine mittels Süße, die Unterschiede der Jahrgänge, Lagen, Qualitätsstufen, selbst Rebsorten verwischt und in jedem Fall den Charakter der Weine verändert, bewirkt trotz Zunahme trockener Abfüllungen, daß vielfach immer noch als »normal« gilt: →Qualitätsweine ca. 25 g/l, →Kabinett um 30 g/l, →Spätlese um 40 g/l und Auslese um 60 g/l Restsüße.

Retsina Für viele der griechische Weißwein (seltener Rosé) schlechthin, heute rechtlich ein →Tafelwein, der aus →Attika (wo der beste herstammt), Viotias (Böotien) oder aus →Zentralgriechenland und Euböa kommt und unter dem Namen der Region oder dem eines eingegrenzteren Anbaugebietes, etwa Retsina Pikermiou (aus Pikermi), in den Handel kommt. Er wird meist aus →Savatiano-, seltener aus →Roditystrauben gewonnen, wobei ihm vor oder während der Gärung bis zu höch-

stens 1 kg/hl Harz der Aleppopinie zugesetzt wird, ein in Griechenland seit Urzeiten übliches Verfahren, um einen →oxydativen Ton des Weins zu verhindern. Auch heute erfreuen sich diese Weine in Griechenland, trocken und stets kühl serviert, als eine Art →Apéritif großer Beliebtheit, während sich der mit ihnen unvertraute Ausländer trotz der gewaltigen Qualitätsunterschiede zwischen den verschiedenen Abfüllungen auch mit den besten in der Regel angesichts des ungewohnten leichten Harzgeschmacks schwertun wird. Dabei sind es ordentliche, saubere und ohne Frage sehr bekömmliche Weine. Die besten dürften von →Cambas, →Achaia Clauss u. a. stammen.

Retz Malerisches niederösterreichisches Weinstädtchen im nördlichen →Weinviertel, nahe der tschechischen Grenze, um einen überdimensionalen Hauptplatz gelegen, doch noch berühmter für seine ausgedehnten unterirdischen, z. T. mehrstöckigen Keller. Rund 1160 ha sind um die Stadt mit Reben bestockt, von denen *Altenberg*, *Züngel*, *Gollitsch* und *Sonnleiten* als die besten →Rieden gelten. Die lokale Weinbauschule genießt einen sehr guten Ruf.

Retz, Weinbaugebiet Bis 1985 eigenständiges Weinbaugebiet in →Niederösterreich; darauf mit dem bis dahin ebenfalls eigenständigen Gebiet →Falkenstein zum neuen Weinbaugebiet →Weinviertel, dem größten in Österreich zusammengefaßt.

Reuilly Kleiner Weinbauort in Zentralfrankreich westlich von Bourges und in unmittelbarer Nachbarschaft von →Quincy, von dem gegenwärtig rund 75 ha Rebfläche bestockt sind, die die →Appellation contrôlée *Reuilly* führen dürfen (noch einmal 80 ha sind für die →Landweinerzeugung bepflanzt). Es werden selten sehr viel mehr als 2000 hl erzeugt, zu zwei Drittel Weißwein aus →Sauvignon blanc, ein feinfruchtiger, dezenter und sehr erfreulicher Wein. Noch besser dürfte jedoch der Rotwein aus →Pinot noir und insbesondere der Rosé aus →Pinot gris sein, köstliche, glasklare und sehr charaktervolle Weine, die auf ihre Art sicherlich zu den besten der →Loire gehören. Claude Lafond ist ein führender Erzeuger.

Rezent Ein frischer, charaktervoller Wein mit einer schönen →Säure.

Rhein Unter dem Gesichtspunkt des Weins einer der großen Ströme in Europa, vergleichbar der Donau, der →Rhône, der →Loire oder dem →Douro (Duero). Nicht nur ist über die Hälfte seines Laufs von den schweizerischen →Graubünden bis Bonn von Reben umsäumt, sondern es kommen auch einige der bemerkenswertesten deutschen Weine von seinen Ufern, darunter die der →Rheinfront um →Nierstein und darauf die großartigen Gewächse des →Rheingau. Sechs der dreizehn deutschen Weinbaugebiete liegen entlang des Rheins: →Baden, Hessische →Bergstraße, →Pfalz, →Rheinhessen, Rheingau und der →Mittelrhein. Auch als →Tafelweingebiet benutzt man seinen Namen: Oberrhein (für Baden), Rhein (für die übrigen fünf →Anbaugebiete, einschließlich →Nahe und →Ahr), und unter den →Landweinen bezeichnet ein »Rheinischer Landwein« einen Wein aus Rheinhessen. Schließlich findet man des öfteren noch die Bezeichnung →Rheinwein als Unterscheidung zu Moselweinen.

Rheinburgengau Ehemaliger Bereich des Anbaugebietes →Mittelrhein, entlang des →Rheins von der hessischen bis zur nordrhein-westfälischen Landesgrenze mit Ausnahme des linksrheinischen Gebietes von der Nahemündung bis →Bacharach, doch einschließlich der wenigen verbliebenen Reb-

flächen an der unteren Lahn. Seit 1990 gemeinsam mit dem früheren Bereich →Bacharach Teil des neuen Bereichs →Loreley.

Rheinfront Der berühmteste und qualitativ bedeutendste Teil des →Anbaugebietes →Rheinhessen, der mitunter auch irreführend »Rheinterrasse« genannt wird – obwohl es keine terrassierten Weinlagen gibt und keine »Terrassen«, sondern Hänge gemeint sind. Sie erstreckt sich von →Dienheim im Süden über →Oppenheim und →Nierstein bis →Nackenheim. Auf diesen mehr oder weniger steil zum →Rhein abfallenden Hängen wird fast nur →Riesling angepflanzt, dessen Weine bemerkenswertes Niveau zu erreichen vermögen, qualitativ den Spitzen des →Rheingaus, der →Mosel und der →Mittelhaardt um →Forst durchaus vergleichbar. Doch in ihrem Charakter sind es Weine anderer Art: mehr oder weniger körperreich, fest, doch ohne die Kernigkeit Rheingauer Rieslinge, elegant, ausgeglichen und anhaltend, komplexe Weine, die durch die Gunst der Rheinlage und ihrer besonderen Böden geprägt sind und wie sie unter den andersartigen natürlichen Bedingungen des westlich und südlich dieser Rheinfront gelegenen rheinhessischen →Hügellandes nicht erzeugt werden können. Ihre qualitative Spitze erreichen sie am sog. »roten Hang« Niersteins, der aus sehr mineralreichem, verwittertem rotem Tonschiefer des Perms (280–225 Mill. Jahre) besteht – nicht zu verwechseln mit dem erdgeschichtlich jüngeren und in bezug auf Weinbau qualitativ geringeren Buntsandstein –, der den Weinen besondere Eleganz, Komplexität und Langlebigkeit verleiht.

Rheingau Name eines der großen Weißweingebiete Deutschlands und darüber hinaus der Welt. Am Fuße des Taunus gelegen, überblickt es den →Rhein, der von Süden kommend, ab

→Mainz für etwa 25 km fast genau nach Westen fließt. Die Rebflächen liegen auf dem rechten, also dem nördlichen Ufer und haben die idealste Lage, nämlich genau nach Süden, wobei ihnen die die klimatischen Bedingungen verbessernde Situation des bis zu 1 km breiten Stroms zugute kommt. Nach dem Gesetz gehören die Weine von →Hochheim, östlich von →Wiesbaden am Main gelegen, sowie die von →Aßmannshausen und →Lorch ebenfalls zum Rheingau, obwohl die beiden letzteren bereits jenseits des Rheinknies bei →Bingen im eigentlichen Rheintal liegen.

So herausragend der Rheingau unter dem Gesichtspunkt der Qualität ist, hinsichtlich seiner Größe zählt er mit seinen 3233 ha Ertragsrebfläche zu den kleinsten deutschen →Anbaugebieten, kleiner als der Bereich →Markgräflerland, kaum viel größer als die →Ortenau, nicht einmal ein Achtel des auf der gegenüberliegenden Rheinseite befindlichen →Rheinhessen. Gerade etwas mehr als 2,5 % der deutschen Weinmosternte werden hier erzeugt. 81 % der Gesamtfläche sind mit →Riesling bestockt, prozentual mehr als in jedem anderen deutschen Anbaugebiet, während 4 bzw. 9 % auf den →Müller-Thurgau und den →Spätburgunder entfallen. Von einem kleinen, wenn auch etwas zunehmendem Rotweinanteil abgesehen, ist der Rheingauer Wein mithin ein Rieslingwein.

Wenn es sich auch bei allen diesen Weinen nicht stets um wirkliche Spitzenweine handelt und nicht jedes Gut sich gegenwärtig in Höchstform zu befinden scheint und viele der großen Güter von Verwaltern statt von den Besitzern geleitet werden, so sind doch die Zeichen des Wandels auch im Rheingau allenthalben bemerkbar. Das trifft nicht nur für die zahlreichen individuellen Bemühungen um weitere Qualitätssteigerungen zu, sondern auch für die verbreitete Bereitschaft, in Erzeugung und Ausbau der Weine neue Wege einzuschlagen. Dazu zählt ebenso die Ende 1984 gegründete Vereinigung der →Charta-Weingüter, die sich die Steigerung der Qualität der Rheingauer Rieslinge zum Ziel gesetzt hat, wie Initiativen einzelner Weingüter – so etwa →Wegeler-Deinhard mit dem →Geheimrat »J« oder das neue Qualitätsstreben auf den Weingütern Robert →Weil und Franz Künstler (→Hochheim) –, wenn sich auch vieles derzeit noch im Experimentierstadium befindet.

Dennoch ist bereits jetzt erkennbar, daß die Rheingauer Weine der 1990er Jahre nicht mehr die der 1970er Jahre sind. Vielmehr sind die besten der neuen Weine gehaltvoller und substantieller, und die verstärkte Rückbesinnung auf Tradition und Typizität scheint darauf hinauszulaufen, daß es eines Tages lediglich noch →trockene und natursüße Weine geben wird – auch wenn sich manche noch gegen diese im Sinne kompromißloser Qualität erforderlichen Konsequenz stäuben. Damit ist zugleich ausgedrückt, daß der Rheingauer Wein, selbst in kleineren Jahrgängen, kein Wein für den zeitigen Konsum ist, sondern ein Wein, der aufgrund seiner Anlagen, seiner markanten Säurestruktur und seiner Komplexität, gleich einem herausragenden roten →Bordeaux, lagern und reifen sollte – eine Erkenntnis, die sich noch auf den meisten Gütern durchsetzen müßte, bevor sie der Weintrinker beachten wird –, um seine Trinkreife und seinen Höhepunkt zu erreichen. Je nach Jahrgang und Qualitätsstufe wird dieses, zumal bei trockenen Weinen, selten vor 4 Jahren der Fall sein und mitunter 10 Jahre erfordern. Erst dann werden sie – und dies auf Jahre hin – ihre ganze Größe offenbaren: Von gutem Körper, markant, kernig, ohne aggressiv zu sein, dafür fest, konzentriert, komplex und von herausragender Feinheit und Eleganz – Weine, die es zu suchen und zu schätzen gilt.

Das gesamte Gebiet ist im Bereich →Johannisberg zusammengefaßt. Zwischen Hochheim im Osten und →Rüdesheim im Westen (ohne Lorch und Aßmannshausen, deren Weine andersartig sind) gibt es vierzehn Weinbauorte, von denen neun am Rhein und fünf etwas weiter zurück liegen. Neun oder zehn der vierzehn sind ausgezeichnet: →**Hochheim, →*Wiesbaden, →*Walluf, →**Eltville, →***Rauenthal, →**Kiedrich, →***Erbach, →***Hattenheim, →*Oestrich, →**Hallgarten, →**Winkel, →***Johannisberg, →**Geisenheim und →***Rüdesheim. Hinzu kommen jene weltberühmten *grands crus* Schloß →Johannisberg, Schloß →Vollrads und →Steinberg, deren Weine ohne zusätzliche Angabe eines Gemeindenamens in den Handel kommen, sowie seit den achtziger Jahren der Geheimrat »J«, der erste bemerkenswerte Versuch in Deutschland, aus dem Labyrinth der Lagenbezeichnungen auszubrechen und einen Typenwein auf höchstem Niveau zu erzeugen, ein Versuch, der mit zu den jüngsten Bestreben beigetragen haben dürfte, erstmals im deutschen Weinbau eine staatlich anerkannte offizielle Lagenklassizierung einzuführen. Bliebe zu wünschen, daß diese »Erste Lage« bald Wirklichkeit werden kann.

Rheinhessen Größtes deutsches Weinanbaugebiet mit 25 385 ha Ertragsrebfläche, eingeteilt in die Bereiche →Nierstein, →Bingen und →Wonnegau, aus dem jährlich über ein Viertel der deutschen Weinmosternte kommt. Das Gebiet wird im Norden und Osten vom →Rhein begrenzt (jenseits des Stroms befinden sich der →Rheingau bzw. die Hessische →Bergstraße), im Westen vom Gebiet der →Nahe und im Süden von der →Pfalz. Zentrum des Weinhandels und größte Stadt des Gebiets ist →Mainz.
Am häufigsten wird – wenn auch rückläufig – der →Müller-Thurgau angepflanzt (23 %), während auf den einst führenden →Silvaner noch ganze 13 % entfallen. Obgleich inzwischen über die einst so gepriesenen →Neuzüchtungen allenthalben Ernüchterung eingekehrt ist und ihre Rebflächen, von ganz wenigen Ausnahmen abgesehen, auf breiter Front zurückgehen, füllen →Scheurebe, →Kerner, →Bacchus, →Faber, →Huxelrebe und →Morio-Muskat immer noch zwischen 2250 und 650 ha, und die Neuzüchtungen insgesamt, einschließlich des Müller-Thurgau, nehmen heute noch 67 % der rheinhessischen Rebfläche ein. Hingegen entfallen auf den →Riesling inzwischen gut 8 % und auf die beiden führenden Rotweinsorten →Portugieser und →Spätburgunder 6 bzw. 2 % sowie auf Grauen und Weißen →Burgunder zusammen gut 2 %.
Aus dieser bunten und, wie es scheint, eher in Ausnahmefällen qualitätsorientierten Sortenvielfalt ergibt sich angesichts der deutschen Praxis, Rebsortenweine zu erzeugen, lediglich eine Negativform der Definition des normalen Rheinhessen-Weines: Wein aus Neuzüchtungen. In der Tat trifft dies weitgehend für die Weine des rheinhessischen →Hügellandes zu, jener lieblichen, sanft gewellten Landschaft jenseits von →Bingen, →Ingelheim und den Gemeinden der →Rheinfront, aus dem rund 80 % der rheinhessischen Weine, meist unter der Bezeichnung blumiger, doch nichtssagender →Großlagennamen oder als →Liebfrauenmilch kommen: durchweg mehr oder weniger anspruchslose Konsumweine, gegenüber denen es jene herausragenderen und beachtenswerten Qualitäten schwer haben, auf sich aufmerksam zu machen. Am ehesten hat sich noch der →Rheinhessen-Silvaner durchgesetzt, während der →Trullo jede Beachtung verdient.
Lediglich drei Regionen Rheinhessens heben sich mit einem deutlichen Eigencharakter ihrer Weine von diesen Weinen des Hügellandes ab: der Raum um Bingen mit einigen hervorragenden

Rieslingweinen, die Rotweininsel um Ingelheim mit beachtenswerten Spätburgunderweinen und schließlich die unvergleichliche Rheinfront um Nierstein, die Krone der rheinhessischen Weine, die mit Rieslingen großartigen Formats, voll Körper, Struktur und Eleganz brilliert, die mit den übrigen Weinen des Bereichs Nierstein und darüber hinaus denen des gesamten Hügellandes nichts gemein haben.

Als die qualitativ wichtigsten Weinbauorte Rheinhessens gelten heute: →*Alsheim, →*Bechtheim, →**Bingen, →*Bodenheim, →**Dienheim, →*Flörsheim-Dalsheim, →*Guntersblum, →*Laubenheim, →*Ludwigshöhe, →**Nackenheim, →***Nierstein, →**Oppenheim, →*Selzen, →*Uelversheim und – schon bald nicht mehr allein der Tradition wegen – →*Worms.

Rheinhessen-Silvaner Ein stets →trocken ausgebauter →Silvaner, den eine erhebliche Zahl von Erzeugern in →Rheinhessen ohne Angabe von Gemeinden oder Lagen unter einem einheitlichen →Etikett, versehen mit dem Erzeugernamen, in den Handel bringen. In der Regel handelt es sich um ausgezeichnete Weine, die mehr Probleme mit dem Marketing als mit der Produktqualität haben.

Rheinpfalz Bis 1992 offizieller Name des Weinbaugebietes →Pfalz.

Rheinriesling In jenen Teilen Österreichs, in denen auch der →Welschriesling vertreten ist, wie auch z. T. in anderen Ländern (Norditalien: *Riesling renano*) Bezeichnung für den echten →Riesling.

Rheinwein Oftmals, z. T. im Unterschied zum →Mosel gebrauchter Begriff, der so unterschiedliche Weine wie einen →*Oppenheimer Krötenbrunnen* und einen →*Erbacher Marcobrunn* mei-

nen kann. Doch selbst wenn man damit →Rieslingweine von der →Mittelhaardt, der →Niersteiner →Rheinfront, dem →Rheingau oder dem →Mittelrhein meint, bringt man damit Weine zusammen, die der Kenner sehr sorgfältig voneinander zu trennen weiß. *Einen* Rheinwein gibt es daher nicht, wohl aber eine Vielzahl von allesamt sehr unterschiedlichen Weiß-, Rosé- und Rotweinen von der, wenn man so will, →Bündner Herrschaft bis zum →Siebengebirge bei Bonn, aus insgesamt vier europäischen Ländern und von über 75 000 ha Rebfläche. Trotz alledem: Seit einiger Zeit gibt es in Deutschland einen *Rheinischen Landwein* – und dieser kommt aus →Rheinhessen.

Rhoditis →Rodiys

Rhodos Eine der größten und malerischsten griechischen Inseln in der Ägäis und zugleich Ursprungsbezeichnung für einige trockene rote und weiße Qualitätsweine (→O.P.A.P.), die von dort stammen. Am bekanntesten sind die aus Athiri bzw. Amorgiano erzeugten Weiß- bzw. Rotweine der einheimischen Winzergenossenschaft C.A.I.R., die als *Soleil* bzw. *Chevalier de Rhodes* in den Handel kommen: Beide sind gehaltvoll, haben Nerv und Charakter und sind durchaus beachtenswert. Die Insel ist auch bekannt für ihren →Likörwein, den →Muskat von Rhodos.

Rhône Von der Quelle in der Schweiz bis zur Mündung ins Mittelmeer westlich von Marseille durchfließt die Rhône eine große Zahl unterschiedlichster Weinbaugebiete, die sich entlang ihren Ufern erstrecken: in der Schweiz in den Kantonen →Wallis, →Waadt (→Chablais, →Lavaux, La →Côte) und →Genf; in Frankreich die Gebiete von →Seyssel und →Bugey zwischen Genf und →Lyon und dann alle jene Gebiete der eigentlichen →Côtes-du-Rhône. Dazu gehören →Côte Rôtie, →Condrieu, →Château-Grillet, →Crozes-Hermitage, →Hermitage, →Saint-Joseph, →Cornas, →Saint-Péray, →Gigondas, →Châteauneuf-du-Pape, →Tavel, →Lirac u. a.

Außerdem trägt ein fränzösisches Départment den Namen *Rhône*: in ihm liegen die Industrie- und Handelsstadt →Lyon und der größte Teil des →Beaujolais-Gebietes, insgesamt rund 21500 ha Reben.

Rías Baixas Inzwischen gut 1500 ha großes spanisches Weinbaugebiet im Westen Galiciens mit eigener →DO, das sich in den achtziger Jahren zum qualitativ herausragendsten Weißweingebiet Spaniens entwickelt hat. Namhafte →Rioja-Güter, darunter Marqués de Murrieta, La Rioja Alta und Lan, haben sich hier inzwischen niedergelassen. Das Gebiet ist unterteilt in die Bereiche Val do Sanés (Valle del Salnés), nordwestlich von Pontevedra an der Küste gelegen, O Rosal (El Rosal) und weiter östlich Condado do Tea (Condado del Tea), beide im Miño-Tal gelegen und heute wohl die qualitativ führenden Bereiche. Zu 80 % wird der weiße Albariño (im jenseits des Miño gelegenen portugiesischen Gebiet des →Vinho verde als →Alvarinho verbreitet) angepflanzt, und die besten Abfüllungen stammen heute zumeist zu 100 % aus ihm. Diese müssen mindestens 11,3 % vol. Alkohol aufweisen und unterscheiden sich durchaus von den portugiesischen Vinhos verdes. Die besten Weine verfügen über eine herausragende Frucht, reichen Körper, eine schöne, doch keineswegs aggressiv hervorstechende Säure und Länge und zählen in der Tat zu den eindrucksvollsten Weißweinen Spaniens. Fillaboa, Salnesur, Pazo de Señorans u. a. gelten heute als führend.

Ribalta Markenbezeichnung für bemerkenswerte rote →Garrafeira-Weine von C. Vinhas aus dem portugiesischen

Weinbaugebiet →Torres Vedras, die zu den besten ihrer Art gehören, die in Portugal erzeugt werden. In der Regel liegen sie 10–12 Jahre in großen Fässern, bevor sie auf Flaschen gefüllt werden. Sie haben dann eine reife, feine Frucht, Kern und herausragenden Charakter und sind sehr langlebig.

Ribatejo Fruchtbare Ebene am Tejo in Portugal nordöstlich von Lissabon und ausgedehntes Weinbaugebiet zwischen der Estremadura und dem →Alentejo, aus dem jährlich über 800 000 hl Wein (meist weiß) kommen. Die bedeutendsten Weine, meist Weißweine, aber auch einige hervorragende →Garrafeira-Weine kommen aus den zum Ribatejo gehörenden →IPR-Gebieten →Almeirim, →Cartaxo, →Chamusca, →Coruche, →Santarém und →Tomar.

Ribeauvillé Eine der bedeutendsten und malerischsten Weinstädtchen im →Elsaß mit über 260 ha Rebfläche. Seine Weine sind von außergewöhnlicher Qualität, zumal wenn es sich dabei um →Riesling oder →Gewürztraminer insbesondere von den Spitzenlagen *Geisberg*, *Kirchberg* und *Osterberg*, den drei →*Alsace grand cru*-Lagen, und von anderen, kaum geringeren Lagen handelt. Trimbach gilt als führender Erzeuger, doch auch Bott Frères, Louis Sipp u. a. haben einen guten Namen.

Ribeiro Nordwestspanisches Weinbaugebiet mit ca. 3100 ha Rebfläche und eigener →Denominación de Origen. Im Süden Galiciens in unmittelbarer Nähe der portugiesischen Nordgrenze gelegen, zeichnet es sich durch ein feuchtmildes Klima aus. Es werden meist leichte Weiß- und Rotweine, vorwiegend aus Treixadura bzw. Caiño, erzeugt mit wenig Körper und Alkohol (für die Rotweine nicht über 12 % vol., bei Weißweinen 9–13 % vol.). Die Weine sind sehr fruchtig und aromatisch und von charakteristischem Geschmack. Die Bodegas Campante und Rivera haben einen guten Namen.

Ribera del Duero Qualitativ eines der herausragendsten spanischen →DO-Gebiete mit rund 8500 ha Rebfläche in den Provinzen Valladolid, Segovia, Burgos und Soria im Bereich des oberen Duero. In dem aufgrund seiner Höhenlage (700–800 m NN) für spanische Verhältnisse eher kühlen Klima werden nur Rotweine (und einige Rosés bzw. →Claretes, besonders in Cigales) erzeugt, wobei überwiegend der einheimische Tinto del país, auch Tinto fino genannt (→Tempranillo), verwandt wird, zum Teil mit Zusätzen von →Garnacha u. a. Sorten. In zunehmendem Maße werden jedoch →Cabernet Sauvignon, →Malbec und →Merlot angepflanzt. Die besten Weine des Gebietes zählen zu den bemerkenswertesten spanischen Rotweinen überhaupt: eher moderat in Alkohol (um 12,5 % vol.) und Körper, mit dezenter Säure sind sie nach entsprechender Faßlagerung charaktervoll, differenziert und im Alter äußerst elegant. Der berühmteste, nahezu legendäre Wein des Gebiets ist natürlich der →Vega Sicilia, für etliche das *Nonplusultra* des spanischen Rotweins überhaupt. Aber auch die z. T. hervorragenden Weine von Ismael Arroyo, Felix Callejo, Alejandro Fernández (→Pesquera), Perez Pascuas, Peñalba López (→Torremilanos), der Winzergenossenschaft Ribera Duero aus →Peñafiel, Antonio Barceló, Balbas u. a. verdienen Beachtung.

Ribolla Uralte italienische Rebsorte, von der es eine weiße und eine rote Variante gibt. Die weiße, *Ribolla gialla* – sie gilt als mit der römischen *Evola* identisch –, wird vor allem an den →Colli Orientali del Friuli (mit →DOC-Status) sowie im →Collio (ohne DOC-Status) angepflanzt, wo sie ihre besten Ergebnisse hervorbringt: Jung getrunken, ergibt sie einen unge-

mein fruchtigen, frischen und delikaten Wein. Die rote, *Ribolla nera*, ist ungleich bemerkenswerter, doch zugleich höchst selten: Aus ihr wird einer der unbekanntesten, doch größten italienischen Rotweine erzeugt, der →Schioppettino.

Riceys Am Rande der →Champagne im Département →Aube gelegener winziger Weinbaubereich, in dem aus →Pinot noir und etwas →Gamay ein frischer, oft sehr angenehmer Roséwein erzeugt wird, der *Rosé des Riceys*.

Richebourg 8 ha umfassende Lage in →Burgund, und zwar eine der bemerkenswertesten der Gemeinde →Vosne-Romanée, im Süden an →Romanée-Conti und La →Romanée, im Osten an →Romanée-Saint-Vivant grenzend. Ihre Rotweine sind im allgemeinen etwas kerniger und voller, auch tieffarbener als die seiner illustren Nachbarn. Der Wein von *Richebourg* gilt daher auch als der voluminöseste von Vosne-Romanée, soll aber vor dem Übergang zum →Pfropfrebenbau sogar noch exquisiter gewesen sein. Domaine de la Romanée-Conti, Charles Noëllat (heute im Besitz einer der beiden Teilhaber-Familien der Romanée-Conti-Domäne), Charles Viénot u. a. gelten als führende Erzeuger.

Ried Österreichische Bezeichnung für →Einzellage.

Rieslaner Ertragsunsichere →Neuzüchtung, wie viele andere eine →Silvaner x →Riesling-Kreuzung, die zumal in →Franken eine kleine Zahl von Liebhabern hat. Insgesamt sind heute noch 57 ha mit ihr bestockt.

Riesling Eine der bemerkenswertesten weißen Rebsorten, die nach verbreiteter Überzeugung aus dem →Rheintal stammt, wo sie vielleicht schon zu römischer Zeit angebaut wurde. In der

→Wachau ist man jedoch der festen Überzeugung, daß hier die eigentliche Heimat des Rieslings zu suchen ist. Als Beweis für diese Auffassung gilt, daß eine der ältesten Lagen →Weißenkirchens spätestens seit der ersten Hälfte des 13. Jahrhunderts den Namen *Ritzling* trägt.

Heute ist der Riesling, abgesehen von Deutschland und Österreich, im →Elsaß, in der Schweiz, in Norditalien, in der Tschechischen Republik, der Slowakei, in Slowenien, aber auch in Chile, in Südafrika, in →Kalifornien, Australien u. a. Ländern verbreitet. Überall liefert er gute Weine, doch aus relativ kühlen Anbauzonen mit ihrer langsamen und langen Reifezeit und von schieferhaltigen oder Urgesteinsböden kommen seine besten und vollauf bemerkenswerten Weine, zumal in guten Jahren und bei einem entsprechenden, Massenproduktion verhindernden →Rebschnitt.

In Österreich sind 1269 ha mit ihm bestockt, was 2,6 % der österreichischen Rebfläche entspricht, und die bemerkenswertesten Weine der Wachau (→Spitz, Weißenkirchen, →Dürnstein, →Loiben), aus dem →Kremstal (→Stein), dem →Kamptal (→Zöbing) und aus →Wien stammen in der Regel aus dem Riesling. In Deutschland sind – bei derzeit wieder steigender Tendenz – nahezu 22 % der Rebfläche mit ihm bestockt, exakt 23169 ha, darunter alle ausgezeichneten Lagen von →Rheingau, →Mosel-Saar-Ruwer und der →Rheinfront von →Rheinhessen. Ferner findet man sie in den besten Lagen des →Mittelrheins, der →Nahe, der →Mittelhaardt in der →Pfalz sowie in den Spitzenlagen →Frankens, →Württembergs, →Badens und →Sachsens. In allen deutschen Anbaugebieten übertrifft er seine Rivalen an Qualität um Längen; und auch im Elsaß bringt er in der Regel die besten Weine hervor. Als Weißriesling, Rheinriesling, Riesling renano, Johannisberg Riesling u. a. erreicht er auch anderswo mitunter hervorragende Ergebnisse.

Angesichts der Qualität der aus dem Riesling erzeugten Weine wird sein Name jedoch auch oft irreführend in Fällen verwandt, bei denen es sich in Wirklichkeit gar nicht um den echten Riesling handelt. So werden im →Burgenland z. T. Weine als *Riesling* deklariert, die tatsächlich aus dem →Welschriesling gewonnen werden. Bei als *Riesling* etikettierten neuseeländischen Weinen mag es sich durchaus um den →Müller-Thurgau handeln. Ebenso bezeichnen →Schwarzriesling, Frankenriesling, Mainriesling, Banater Riesling, Goldriesling, Grey Riesling u. a. keinen echten Riesling. Ob es sich bei dem →Sercial auf →Madeira oder dem südspanischen →Pedro Ximénez um den echten Riesling handelt, ist zumindest umstritten.

Riesling Hochgewächs 1986 eingeführte Bezeichnung für →Qualitätsweine, die ausschließlich aus →Riesling erzeugt werden und deren natürlicher Mindestalkohol mindestens um 1,5 % vol. über den für das Anbaugebiet geltenden Richtwerten liegt. Ferner muß der Wein bei der Qualitätsweinprüfung mindestens 3 (von 5 möglichen) Punkten erreichen und den für die →Spätlese vorgeschriebenen Kontrollmaßnahmen unterliegen. Obwohl derartige Weine heute aus allen deutschen Anbaugebieten kommen können, sollte ihre Einführung besonders dem Steillagenweinbau von →Mosel-Saar-Ruwer dienen. Nachdem der Markterfolg sich nicht so recht einzustellen scheint, mehren sich die Zweifel, ob dies der richtige Weg war.

Riesling × Sylvaner Führende weiße Rebsorte der →Ostschweiz. In Deutschland, Österreich u. a. Ländern als →Müller-Thurgau bezeichnet.

Rieussec, Château *Premier cru classé* aus →Fargues im Bereich →Sauternes mit 66 ha Rebfläche (80 % →Sémillon,

18 % →Sauvignon, 2 % →Muscadelle) und einem feinen, delikaten und körperreichen Wein. Er ist nicht so süß und üppig wie traditionelle Sauternes, aber kein Vertreter der modernen Richtung eines Château →Guiraud oder →Rayne-Vigneau, sondern schlicht ein großartiger Wein und heute einer der besten des Sauternais. Zusätzlich wird ein Zweitwein unter dem Namen *Clos Labère* und ein hervorragender trockener Weißwein erzeugt, der *R du Château Rieussec*.

Rilly-la-Montagne Mit 94 % eingestufte Weinbaugemeinde (gegenüber den 100 % des nicht weit entfernten →Mailly) südlich von →Reims in der →Champagne, in der alle drei Rebsorten der Champagne angepflanzt sind.

Rincione Weingut der Fürsten di Valdina bei Calatafimi im westlichen →Sizilien und Name der dort erzeugten vorzüglichen und sehr nervigen Rot- und Roséweine sowie des fruchtigen und sehr ausgeglichenen Rincione bianco secco. Sie werden an Qualität noch übertroffen von dem gehaltvollen und sehr feinen Bianco →Alcamo des Gutes, der heute nicht nur zu den besten Weinen Alcamos, sondern auch zu den herausragendsten Weißweinen Siziliens zählt.

Rio Maior Portugiesisches Weinbaugebiet im →Ribatejo, nördlich des Gebietes von →Cartaxo, einst bekannt insbesondere für feine, gehaltvolle und langlebige →Garrafeira-Weine und seit 1989 als →IPR-Gebiet abgegrenzt unter dem Namen →Santarém.

Rioja Das außerhalb Spaniens nach dem →Sherry-Gebiet bekannteste und das für normale Qualitätsweine insgesamt wichtigste und renommierteste spanische Weinanbaugebiet, benannt nach dem Rio Oja, einem kleinen Nebenfluß des Ebro, mit der herausragenden Qualitätsstufe einer →Denominación de ori-

gen calificada. Das Gebiet umfaßt 44 562 ha in den nordspanischen Provinzen La Rioja, Alava und Navarra und ist unterteilt in die beiden besten Bereiche Rioja Alavesa und Rioja Alta westlich von →Logroño, wo die Rebflächen höher liegen (ca. 400–600 m und höher) und das Klima feuchter ist, und den östlich Logroños liegenden trockeneren und heißeren Bereich Rioja Baja, dessen Weine plumper und »dicker« sind und fast nur zum Verschnitt benutzt werden (einige werden allerdings auch, wie man in Spanien sagt, »getauscht«), während jene feinen Rotweine, die in der ganzen Welt als Rioja bekannt und geschätzt sind und mitunter etwas zu häufig in die Nähe der →Bordeaux-Weine gerückt werden, fast ausschließlich aus den beiden erstgenannten Bereichen stammen. Die »Verwandtschaft« zwischen beiden Weinen ist mehr eine historische Reminiszenz: Als Ende des vorigen Jahrhunderts die →Reblaus in Europa einfiel und die Rebflächen Bordeaux' verwüstete, zogen einige hundert französische Winzerfamilien in das von dem Schädling noch verschonte Ebro-Tal und ließen sich in →Haro und Logroño nieder, die noch heute Hauptzentren des Rioja-Handels sind. Sie importierten damit zugleich ihre Weinbaumethoden nach Spanien. Diese einstigen französischen Methoden sind z. T. heute noch in La Rioja erkennbar, obwohl moderne Erkenntnisse und Praktiken inzwischen durchaus ihren Einzug gehalten haben. Obwohl am bekanntesten als Rotwein, werden ebenfalls Rosé- und Weißweine erzeugt. Während für den Rot- bzw. Roséwein ein Ertrag von 42 hl / ha zulässig ist, darf der Hektar weißer Reben bis zu 63 hl erbringen. Die Moste müssen einen Mindestalkoholgehalt von 10 % vol. erreichen, während die Weine einen durchschnittlichen Alkoholgehalt von 11–12 % vol. (weiß) bzw. 12–13 % vol. (rot) aufweisen. Nur eingetragene →Bodegas sind zur Erzeugung von Rioja-Weinen zugelassen.

Die Weißweine werden zunehmend aus der ausdrucksschwachen, aber säurereichen →Viura, das lokale Synonym für den →Macabeo, erzeugt, etliche davon reinsortig, während die alte Qualitätssorte →Malvasia leider mehr und mehr zurückgeht, da ihre reicheren, gehaltvolleren und sich langsamer entwickelnden Weine vielfach nicht mehr als zeitgemäß gelten. Ferner werden mehr oder weniger große Anteile von →Garnacha blanca verwandt. Während sie früher durchweg durch hohe Gärtemperaturen und lange Holzfaßlagerung geprägt waren, sind viele heute durch Anwendung moderner Vinifikationstechniken leicht, fruchtig und rassig. Die besten weißen Rioja – und diese werden leider zunehmend seltener – verfügen über Rasse, Charakter und mitunter außerordentliche Eleganz, reifen gut und können durchaus zehn Jahre und älter werden, ohne an Schönheit zu verlieren. Sie erinnern dann mitunter an hervorragende reife →Graves-Weine. Da in dem Gebiet die →Edelfäule nicht auftritt, sind süße oder halbsüße (→abocado) Weißweine selten und meist durch Gärungsstopp oder Zusatz von Konzentraten erzeugt.

Während die Rotweine aus La Rioja Baja hauptsächlich aus der roten Garnacha erzeugt werden, dominiert in den beiden feineren Gebieten der →Tempranillo, aus dem einige reinsortig erzeugt werden, zu dem in der Regel aber Verschnittanteile von Garnacha, Graciano und Mazuelo (z. T. auch von der weißen Viura) kommen, wobei in der Regel die einfacheren Abfüllungen mehr Garnacha und die gehobeneren Qualitäten mehr Tempranillo enthalten. Diese Rotweine werden zumeist von den einzelnen Bodegas in zwei verschiedenen Grundtypen in den Handel gebracht, die sich bereits äußerlich nach der benutzten Flasche unterscheiden, einmal als sog. Bordeauxtyp in der Bordeauxflasche, zum anderen als Burgundertyp, natürlich in einer Burgunderfla-

sche. Man sollte dieser Wortwahl keine allzu große Bedeutung beimessen, denn natürlich verbergen sich dahinter keine Bordeaux oder →Burgunder. Grob gesagt, ist jedoch in der Regel der erstere Typ schlanker, feiner und eleganter, bei etwas geringerem Alkoholgehalt, während der zweite Typ eher den vollmundigeren, körperreicheren und etwas alkoholhaltigeren Wein darstellt, ohne daß man beide Grundtypen jedoch einheitlich voneinander trennen kann. Die Einstufung schwankt von Bodega zu Bodega, und was bei der einen als Bordeauxtyp gelten mag, mag bei einer anderen den Burgundertyp konstituieren. Generell läßt sich jedoch feststellen, daß rote Rioja-Weine vollauf bemerkenswert sein können: In ihrer Jugend selten wirklich herb und abweisend, doch durchaus mit Rasse und Tannin, reifen die besten von ihnen außerordentlich gut, wobei sie neben ihrem unverwechselbaren Ausdruck über großen Charakter und Differenziertheit verfügen und bemerkenswert elegant und fein werden können. Spitzenrioja werden mit Leichtigkeit zwanzig Jahre und älter, und ganz große sind selbst nach 50 Jahren noch mit Genuß zu trinken.

Die einzelnen Abfüllungen reifen natürlich unterschiedlich gut, so daß die Beachtung der Qualitätsstufe wesentlich ist. Die einfachsten, qualitativ keineswegs notwendigerweise minderwertigen Abfüllungen sind nicht weiter deklariert (auf dem Rücketikett des →Consejo regulador) und gelten als *vino sin crianza*, von dem sich als nächsthöhere Stufe der zumeist auch so bezeichnete →*vino de crianza* unterscheidet. Diese Weine können köstlich sein, doch sollten sie normalerweise in ihrem 4. bis 8. Jahr getrunken werden, die *sin* (ohne) *crianza* eher früher. Für eine deutlich längere Lagerung ist der →*reserva* geeignet, doch um jene zwanzig und mehr Jahre zu erreichen, sollte der Wein als →*gran reserva* deklariert sein. Darüber hinaus spielt natürlich die

Seriosität der Bodega die entscheidende Rolle. Als führend hinsichtlich der Qualität ihrer Weine gelten heute allgemein Murrieta, Bujanda, La Rioja Alta, Riscal, Montecillo, CUNE, Lan, Beronia, Martínez Lacuesta, Olarra, Muga, Riojanas, Cantabria, Cáceres, Campo Viejo, P. Lopez Heredia (Tondonia), Cosecheros Alaveses, Carlos Serres, Franco Españolas u. a.

Riquewihr Einer der besten Weinbauorte im →Elsaß und zugleich einer der malerischsten Frankreichs mit seiner mittelalterlichen Stadtmauer, Toren, Türmen, engen Gäßchen und zahlreichen Fachwerkhäusern. Auf den Vogesenabhängen um Riquewihr stehen rund 280 ha unter Reben, von denen der *Schoenenbourg* und *Sporen* zu den besten Lagen gehören und als →*Alsace grand cru* eingestuft sind, die insbesondere für ihren exzellenten →Riesling und →Gewürztraminer berühmt sind. Zu den führenden Erzeugern gehören Hugel, Preiss-Zimmer, Dopff & Irion, Vieux Dolder, Dopff au Moulin u. a.

Riserva Anders als beim französischen →Réserve kennt das italienische ebenso wie das spanische und portugiesische Weinrecht (→Reserva) die Qualitätsbezeichnung *riserva*. Hierbei handelt es sich um eine höhere Qualitätsstufe als bei den normalen Abfüllungen, wie sie bei →Barolo, →Barbaresco, →Chianti classico und vielen anderen italienischen →DOC- und →DOCG-Weinen vorgesehen ist. Sie gilt mehr als – wo diese vorgesehen ist – →Vecchio, ohne daß jeder italienische DOC-Wein über diese höhere Qualitätsstufe verfügen muß; sie kann vorgesehen und in einigen Fällen als →Superiore bezeichnet sein. Bei anderen Weinen gibt es noch eine höhere Qualitätsstufe, die als *riserva speciale* deklariert wird. In allen Fällen sind für das höhere Prädikat zusätzliche Qualitätsanforderungen sowie eine längere, von Gebiet zu Gebiet unterschiedliche Faß- und Flaschenlagerung (2–4 Jahre) vorgesehen.

Rivaner Aus Luxemburg stammende, heute zunehmend in Deutschland verwandte Bezeichnung für den →Müller-Thurgau.

Rivesaltes Ort nördlich von Perpignan im Département Pyrénées-Orientales und Bezeichnung für den normalen →*vin doux naturel* aus dem →Grand Roussillon, von dem jährlich um die 500 000 hl als weißer, roséfarbener und roter →Likörwein in den Handel kommen, der aus →Muskat, →Grenache, →Malvoisie u. a. Sorten erzeugt wird. Er ist sehr süß und hat mindestens 15 % vol. tatsächlichen Alkohol, ist jedoch in der Regel weniger fein als der →Banyuls. Alter Rivesaltes kann die Bezeichnung →Rancio führen.

Wenn er nicht aus Banyuls und den umliegenden Küstenorten und ausschließlich aus Muskat stammt, ist er berechtigt, die Appellation *Muscat de Rivesaltes* zu führen. Ca. 100 000 hl kommen jährlich unter dieser Bezeichnung in den Handel.

Riviera del Garda Bresciano →DOC-Bezeichnung für einige Rot- und Roséweine (→Chiaretto) vom südwestlichen →Gardasee aus der Provinz →Brescia in der →Lombardei. Während der Chiaretto ansprechend, köstlich und frisch ist, kann der Rosso durchaus gehaltvoll sein. Er wird überwiegend aus der →Groppello erzeugt, und der beste von ihnen dürfte heute der →Don Lisander des Weingutes Monte Cicogna in →Moniga del Garda sein, der nach dem →Passito-Verfahren erzeugt wird und daher als →Tafelwein in den Handel kommt. Ansonsten ist die Bezeichnung *Groppello della Riviera del Garda* üblich.

Riviera Ligure di Ponente Neues →DOC-Gebiet im westlichen →Ligurien um die Orte Albenga und Por- nassio zwischen Imperia und Savona, aus dem die roten →Ormeasco und →Rossese sowie die weißen →Pigato und →Vermentino kommen. Alle kön- nen von sehr beachtenswerter Qualität sein.

Roannais Umgebung von Roanne westlich von →Lyon im oberen →Loi- retal, aus der der →*Côte Roannaise* kommt.

Robola de Cephalonie Trockener grie- chischer Weißwein mit dem →O.P.A.P.- Prädikat von der dem nordwestlichen →Peloponnes vorgelagerten Insel Ke- phalonia, der aus der Robola (griechisch *Rompola*) erzeugt wird. Der beste ist vollmundig, fruchtig und nervig, und Calliga gilt nach wie vor als führender Erzeuger.

Roché →Rouchet

Roche-aux-Moines, La Eine der bei- den Spitzenlagen von →Savennières an der →Loire (die andere ist der berühmte →*Coulée de Serrant*), die einen hervor- ragenden Weißwein aus der →Chenin blanc hervorbringt. Domaine de la Bi- zolière genießt den größten Ruf.

Rochecorbon Eine der bedeutenderen Weinbaugemeinden der →Touraine im Gebiet von →Vouvray.

Rochefort-sur-Loire Das Zentrum der →Coteaux du Layon südlich von An- gers im →Loiregebiet. Aus der →Che- nin blanc werden einige hervorragende süße Weißweine erzeugt, die als *Co- teaux du Layon-Rochefort* in den Han- del kommen, während trockene Weiß-, Rosé- oder Rotweine die Appellation →*Anjou* tragen. Einige Kilometer vom Ort entfernt befindet sich die wohl berühmteste Lage, der →*Quarts de Chaume*. Von den lokalen Erzeugern hat Baumard den besten Namen.

Rochemorin, Château de Alte und hochangesehene Domäne des berühm- ten Montesquieu in →Martillac in den →Graves, die Anfang der 1970er Jahre wiedererstanden ist und nunmehr 42 ha umfaßt, die zu je 50 % mit →Cabernet Sauvignon und →Merlot bestockt sind bzw. zu 80 % →Sauvignon und 20 % →Sémillon auf den 6 ha für Weiß- wein. Der ausgezeichnete, gehaltvolle Rotwein sowie der differenzierte Weiß- wein kommen heute unter der Ap- pellation →Pessac-Léognan in den Handel.

Roditys In Griechenland verbreitete Rebsorte (mitunter auch *Rhoditis* oder *Roditis* geschrieben) mit verschiedenen Varianten. Aus der roten wird ein beliebter trockener Roséwein erzeugt, während aus dem weißen Roditys der ausgezeichnete →Patras stammt, einer der besten weißen griechischen →O.P.A.P.-Weine.

Roederer, Louis Eines der hervor- ragendsten →Champagnerhäuser in →Reims mit exzellenten Weinen vom einfachen →*Brut* über den *Brut Premier* bis zur weltberühmten Spitzencuvée *Cristal*, einem der großartigsten Cham- pagner, den es gibt.

Roeri Hügellandschaft nordwestlich von →Alba in →Piemont, die insbeson- dere für den dort erzeugten weißen →Arneis dei Roeri sowie den →Bianco dei Roeri bekannt ist.

Roero Neue →DOC-Bezeichnung für →Nebbiolo-Weine aus einigen Gemein- den der Provinz Cuneo in →Piemont. Bei mindestens 12 % vol. Alkohol dür- fen sie als →*superiore* in den Handel gebracht werden.

Rohfäule Wenn die →Botrytis cinerea unreife Trauben befällt, führt dies zur gefürchteten Rohfäule, was den Verlust der Ernte nach sich zieht. Der Winzer wünscht sie daher – wenn überhaupt – nur an reifen, weißen Trauben zu sehen, wo sie das Gegenteil bewirkt, nämlich die → Edelfäule.

Rohrendorf Östlich von → Krems gegelegene Weinbaugemeinde im Weinbaugebiet → Kremstal mit rund 340 ha Rebfläche. Der Ort ist weltweit bekannt geworden als die Wirkungsstätte von Lenz Moser (1905–1978), des international bedeutendsten österreichischen Weinbaupioniers in seiner Zeit.

Romanèche-Thorins Weinhandelszentrum im → Beaujolais-Gebiet, Teile von dessen Rebflächen zusammen mit Partien von → Chénas die Appellation → Moulin-à-Vent führen. Eine Reihe führender Handelshäuser und Erzeuger haben ihren Sitz in Romanèche, so Duboeuf, R. Siffert, Château des Jacques, die Hospices u. a.

Romanée, La Winzige Lage mit 0,85 ha Umfang und die kleinste Weinlage Frankreichs mit eigener → Appellation contrôlée. Sie befindet sich in → Burgund in → Vosne-Romanée unmittelbar oberhalb der noch berühmteren Lage → Romanée-Conti. Jährlich werden um die 30 hl eines bemerkenswerten, kräftigen und langlebigen Rotweins erzeugt, dem vielleicht ein wenig an letzter Größe fehlt. Heute exklusiv bei Bouchard Père & Fils. – Nicht ganz das gleiche Renommee genießt die *premier cru*-Lage *La Romanée* in → Gevrey-Chambertin, die sich im Alleinbesitz des Domaine de Varoilles befindet und einen exzellenten, tiefen und langlebigen Wein liefert.

Romanée-Conti Der vielleicht berühmteste aller roten Burgunder und für viele das *Nonplusultra* des Rotweins überhaupt, ein Wein von legendärem Ruf, der auf 1,8 ha in → Vosne-Romanée, im Schnitt mit 36 hl im Jahr erzeugt wird; einer der seltensten – und teuer-

sten – unter den großen Rotweinen der Welt und ein Wein von unendlicher Tiefe, Komplexität und Ausdruckskraft.

Der Name geht auf den Prinzen de Conti zurück, in dessen Besitz sich die Lage von 1760 bis zur Revolution befand. 1869 wurde sie von dem führenden Weingutsbesitzer der damaligen Zeit in Burgund, Duvault-Blochet, erworben, dem unmittelbaren Vorfahren eines der beiden heutigen Besitzer, Aubert de Villaine (der andere ist Madame Lalou Bize-Leroy).

Die Lage ist heute der wichtigste Besitz des berühmtesten Weinguts an der → Côte d'Or, ja ganz Burgunds, des *Domaine de la Romanée-Conti*, dem, ebenfalls im Alleinbesitz, *La* → *Tâche* gehört sowie ein großer Teil von → *Richebourg* und bedeutender Besitz in *Les* → *Echézeaux* und *Les* → *Grands Echézeaux*. Zusätzlich besteht ein langfristiger Pachtvertrag über Teile von → *Romanée-Saint-Vivant* aus dem Besitz des Generals Marey-Monge und ein kleinerer Anteil am berühmten → *Montrachet*. Alle Weine dieser Domäne sind wirkliche *Grands seigneurs* in jedem Sinne des Wortes und weisen eine gewisse Ähnlichkeit untereinander auf, sozusagen die Handschrift der Domäne und des Kellermeisters. Sie gehören alle heute zu den gefragtesten Burgunderweinen und zu den bedeutendsten Weinen, die es überhaupt gibt.

Romanée-Saint-Vivant Bewundernswerte Lage in → Burgund, unmittelbar an → *Romanée-Conti* und → *Richebourg* grenzend, in der Gemeinde → Vosne-Romanée. Der Name wird von der Abtei Saint-Vivant abgeleitet, deren Mönchen der Weinberg 1232 von der Herzogin von Burgund als Stiftung überlassen wurde; die Abtei liegt etwa 5 km westlich von Vosne. Bis zur Französischen Revolution blieb die Lage im Besitz der Mönche.

Heute teilen sich mehrere Besitzer in die

9,4 ha, die einen durchschnittlichen Jahresertrag von ca. 250 hl liefern. Der Romanée-St-Vivant zählt zu den feinsten aller roten Burgunder, voll, weich, mit großem Bukett und dem unvergleichlichen Charakter der Romanées. Es gibt wenige, wenn überhaupt einen besseren Rotwein in Frankreich. Der Domaine de la →Romanée-Conti verfügt über fast 60% der Lage. Weitere namhafte Erzeuger sind Louis Latour, Charles Noëllat (heute im Besitz von Madame Lalou Bize-Leroy), Michel Voarick u. a.

Romer-du-Hayot, Château Während bis 1977 zwei Châteaux Romer existierten, wird heute auch der Wein von Château Romer durch Romer-du-Hayot vinifiziert, und beide werden als Romer-du-Hayot in den Handel gebracht. Heute sind in →Fargues 25 ha mit 65% →Sémillon, 25% →Sauvignon und 10% →Muscadelle bestockt und liefern einen modernen, guten, süßen →Sauternes.

Rompola →Robola de Cephalonie

Roncat, Il Von Giovanni Dri in Ramandolo in →Friuli-Venezia Giulia erzeugter weißer wie roter →Tafelwein. Während der weiße vor allem aus →Verduzzo mit kleinen Anteilen von →Picolit, besteht, wird der rote aus →Refosco, den beiden →Cabernet-Sorten, →Schioppettino und →Corvina erzeugt. Beide sind gewiß beachtenswert.

Ronco del Gnemiz Ort und gleichnamiger Weinbaubetrieb in den →Colli Orientali del Friuli, der neben beachtenswerten →DOC-Weinen unter dem Namen Ronco del Gnemiz einen in →Barriques ausgebauten Rotwein aus →Cabernet Sauvignon und →Cabernet franc erzeugt, der gehaltvoll, tief und ausgeglichen und von herausragender Statur ist. Zur Generation der neuen italienischen Rotweine gehörend, zählt er heute zu den bemerkenswertesten Weinen seiner Art an den Colli Orientali wie überhaupt in →Friuli-Venezia Giulia.

Rondinella Gute italienische Rotweinsorte, die zumal in der →Lombardei und im →Veneto angebaut wird und von der u. a. bis zu 40% im →Valpolicella und →Bardolino enthalten sind.

Roodeberg Nicht sonderlich aufregender, doch sehr ansprechender Rotweinverschnitt der →KWV aus →Südafrika.

Rosa del Golfo Aus →Alezio in der Nähe von Gallipoli im Süden →Apuliens stammender Roséwein von Giuseppe Calò. Der Wein wird aus →Negro amaro und →Malvasia nera erzeugt, die nur schwach gepreßt werden. Der auf diese Weise erzeugte Rosé ist weinig, fruchtig und voll und dabei frisch und von beachtenswert feiner Art und zählt zu den ansprechendsten Roséweinen Apuliens.

Rosato Italienische Bezeichnung für →Rosé, wie sie aus nahezu allen italienischen Regionen stammen und insbesondere aus →Apulien. Viele von ihnen besitzen den →DOC-Status.

Röschitz Führender Weinbauort im niederösterreichischen →Weinviertel mit rund 340 ha Rebfläche. Es wird zu über zwei Drittel Grüner →Veltliner angepflanzt, der aufgrund seiner blumigen Art sehr geschätzt wird. Die Gebietswinzergenossenschaft, Robert Frischauf u. a. gelten als führende Erzeuger.

Rosé Ein Roséwein ist nicht etwa ein Verschnitt aus Rot- und Weißwein (dies wäre ein →Rotling oder →Schillerwein), sondern ein eigenes Produkt, das normalerweise ausschließlich aus Rotweintrauben bereitet wird und seine helle Farbe zumeist dem Umstand verdankt, daß die Trauben weder vollständig mit den Beerenhülsen (wie bei allen

Rotweinen) noch vollständig ohne diese (wie bei Weißweinen), sondern teilweise an der Maische vergoren werden. Rosés werden in fast allen Weinbauländern hergestellt. Einige der besten französischen Rosés bereitet man aus →Grenache, →Pinot noir, →Cabernet franc und →Gamay; →Tavel, →Marsannay, →Elsaß, →Provence, →Korsika, die Rosés des →Loiretals u. a.

Die besten italienischen Rosés stammen meist aus →Lagrein, →Marzemino, →Montepulciano, Bombino nero u. a. Rebsorten und kommen vom →Gardasee (→Chiaretto), aus dem →Trentino und →Südtirol oder aus →Apulien, ferner teilweise aus den →Abruzzen, →Kampanien, →Kalabrien und →Sizilien.

Im Vergleich dazu sind deutsche Rosés meist leichter, blaßfarbener, oft rassiger und spritziger, doch meist von geringerem Körper. Die besten von ihnen dürften vom →Bodensee und vom →Kaiserstuhl stammen, wo sie, wie in fast allen deutschen Weinbaugebieten, →Weißherbst heißen, sofern sie aus einer einzigen, angegebenen Rebsorte stammen.

Beachtenswerter dürften dagegen die österreichischen Roséweine sein, wie sie in allen österreichischen Weinbauregionen erzeugt werden, jedoch insbesondere der herausragendste von allen, der →Schilcher aus der →Weststeiermark.

In der →Westschweiz werden einige ansprechende Rosés (→Süßdruck) aus der Blauburgundertraube gewonnen, →Œil de Perdrix.

Roséweine sollten kühl und in der Regel jung getrunken werden.

Rosé d'Anjou Der bekannteste und vielerorts beliebteste Wein aus →Anjou, zumeist ein recht anspruchsloser, süßlicher Roséwein, vorwiegend aus der →Grolleau, von dem jährlich um die 200 000 hl erzeugt werden. Im Durchschnitt etwas besser ist der →Cabernet d'Anjou.

Rosé de Béarn →Béarn

Rosé de Loire Mitte der siebziger Jahre neugeschaffene →Appellation contrôlée für trockene Roséweine aus →Anjou, →Saumur und der →Touraine, die mindestens zu 30% aus →Cabernet franc bereitet sein müssen. Erst allmählich wird von der neuen Bezeichnung mehr Gebrauch gemacht.

Rosette Halbsüßer Weißwein aus dem Département →Dordogne, nördlich von →Bergerac, ähnlich dem →Montravel aus →Sémillon, →Sauvignon und →Muscadelle mit einem Zuckergehalt im Wein zwischen 8 und 54 g/l. Die Erzeugung erreicht kaum einmal 1500 hl, und die Weine des Gebiets kommen heute meist als *Bergerac* in den Handel.

Rossara Insbesondere im →Bardolino-Gebiet anderer Name für die →Molinararebe.

Rossatz Weinbauort in der →Wachau auf dem rechten Donauufer gegenüber von →Dürnstein gelegen. Die Weine haben naturbedingt nicht den gleichen illustren Rang, doch verdienen die besten von ihnen jede Beachtung, zumal wenn es sich um Grüne →Veltliner und →Rieslinge von Erich Polz, Heinrich Maier (beide aus dem benachbarten Rührsdorf), Günter Mayer (Rossatz) u. a. handelt.

Rossese In →Ligurien heimische rote Rebsorte und die aus ihr erzeugten Rotweine. Wenn er aus der Umgebung von Albenga kommt, kann er das →DOC-Prädikat *Rossese della →Riviera di Ponente* führen. Weiter westlich davon gibt es den noch bekannteren →*Rossese di Dolceacqua*.

Rossese di Dolceacqua Beachtenswerter Rotwein →Liguriens mit einem →DOC-Prädikat und vielleicht einer der bedeutendsten Rotweine der Region. Er stammt aus der heimischen →Rossese, die besonders auf den Hügeln des westlichen Ligurien zwischen San Remo und der französischen Grenze gedeiht. Der Wein ist tieffarben, weich, gehaltvoll und der beste sicherlich hervorragend. Verdiente, außerhalb Liguriens bekannter zu sein.

Rosso Italienisch für rot: *Vino rosso* ist also Rotwein.

Rosso Armentano Einer der besten Rotweine der →Emilia-Romagna, der von Vallunga bei Brisighella in den Apenninenausläufern südlich von Faenza aus →Sangiovese, →Cabernet franc und →Pinot nero erzeugt wird: vollmundig, charaktervoll und ausgeglichen, ist er ein hervorragender Wein, dem Durchschnitt der meist eher belanglosen regionalen Rotweine weit überlegen.

Rosso Barletta Vorherrschend aus Uva di →Troia erzeugter ansprechender Rotwein in der Umgebung von Barletta in →Apulien. Als *invecchiato* (nach zweijähriger Lagerung) durchaus beachtenswert. Die Winzergenossenschaft ist verläßlich.

Rosso Canosa Aus Uva di →Troia, →Montepulciano und →Sangiovese erzeugter ordentlicher Rotwein in →Apulien im Norden der *Terra di Bari*. Nach 2 Jahren Faßlagerung und bei mindestens 13 % vol. Alkohol kann er als →*riserva* in den Handel gebracht werden.

Rosso di Cerignola Um Cerignola in der Provinz Foggia in →Apulien erzeugter Rotwein aus Uva di →Troia, →Negro amaro, →Sangiovese, →Barbera, →Montepulciano, →Malbec und →Trebbiano. Nach zwei Jahren im Holzfaß und bei mindestens 13 % vol. Alkohol darf er das Prädikat →*riserva* führen. Er kann sehr ansprechend sein.

Rosso Cònero Sehr ansprechender samtig-weicher Rotwein, der südlich von Ancona an den Abhängen des Monte Cònero in den →Marken aus →Montepulciano (meist mit bis zu 15 % →Sangiovese verschnitten) erzeugt wird. Neuere Versuche, den Wein in großen wie kleinen neuen Eichenholzfässern auszubauen, zeitigen teilweise beachtliche Ergebnisse, darunter der Dorico von Moroder und der Agontano von Garofoli.

Rosso di Montalcino Vorzüglicher Rotwein aus dem →Brunellogebiet in der →Toscana, der jedoch von seinen Anlagen nicht über die Voraussetzungen für eine lange Holzfaßlagerung und eine anschließende vieljährige Reifezeit verfügt. Er wird daher nur 1–2 Jahre im Faß gereift und kann dann ein jugendlicher, fruchtiger und charmanter Rotwein sein, der über Frucht, Rasse und Charakter verfügt und in seinen Spitzen zweifellos hervorragend ist und dann auch leicht zehn Jahre und älter werden kann. Häufig ist er jedoch entweder tanninüberfrachtet oder nachlässig vinifiziert und ausgebaut. In jüngster Zeit überzeugten La Chiesa di S. Restituta, Tenuta La Fuga, Gorelli und wenige andere Erzeuger.

Rosso Piceno In den →Marken in großen Teilen der Provinzen Ancona, Macerata und Ascoli Piceno aus →Sangiovese (60 %) und →Montepulciano (40 %) erzeugter Rotwein, der alles von sehr durchschnittlich bis hervorragend sein kann. Als →*superiore* stammt er aus einer kleinen, genau festgelegten Anbaufläche im äußersten Süden des Gebiets mit einer mindestens einjährigen Lagerung. Er kann in guten Jahren eine beachtliche Frucht und Eleganz, gepaart mit einer feinen Säure aufweisen. Neben den größeren Erzeugern, von denen Villamagna u. a. als führend gelten, machen manche Kleinbetriebe, darunter Rubicini Vincenzoelo, einen hervorragenden Rotwein, der innerhalb wie außerhalb Italiens verdiente, bekannter zu sein.

Rotgipfler Österreichische Weißweinrebe geringer Ergiebigkeit, derzeit mit 127 ha praktisch ausschließlich in der →Thermenregion angebaut. Sie wird meist mit dem →Zierfandler verschnitten, und beide zusammen liefern etliche der bemerkenswertesten Weine von →Gumpoldskirchen.

Rotgold, Badisch Badischer →Rotling aus Grauem →Burgunder und →Spätburgunder, eine Erfindung von Marktstrategen zur Vermarktung von Überschüssen an Grauem Burgunder. Eine besondere Bedeutung kommt den Weinen in der Regel nicht zu.

Rotling Die ursprüngliche Form des →Roséweins, der heute jedoch grundsätzlich nicht mehr als Verschnitt oder im Mischsatz aus weißen und roten Trauben erzeugt wird. Als Ausnahme ist er in →Württemberg zulässig, wo er die Bezeichnung →Schillerwein führen darf. Eine weitere Ausnahme vom in Deutschland sonst generellen Verbot des Rotlings ist der Badisch →Rotgold.

Rotonda Durchaus ansprechender und gefälliger trockener griechischer →Markenrotwein von →Boutari.

Rotwein Die Farbe des Rotweins entsteht in der Regel durch Vergären auf der →Traubenmaische (bei fast allen roten Rebsorten ist der rote Farbstoff allein in der Beerenhülse enthalten), im Gegensatz zum →Weißwein, der vor der Gärung durchweg gekeltert wird. Der Rotwein wird erst nach der Gärung abgezogen und gekeltert. Nach einem anderen, in Deutschland, Österreich, der Schweiz, →Burgund u. a. mitunter praktizierten Verfahren gewinnt man den Farbstoff durch Erwärmung der Maische auf 50–80° C. Der Most wird

daraufhin gekeltert und vergoren. Da der Wein auf diese Weise leicht einen etwas breiten Geschmackston annimmt, im Extremfall einen regelrechten Kochgeschmack, lassen sich Spitzengewächse auf diese Weise nicht erzeugen.

Rouchet →Ruchè di Castagnole Monferrato

Rouget, Château Altes Weingut in →Pomerol mit 13 ha Rebfläche (90 % →Merlot, 10 % →Cabernet franc) und einem guten Rotwein, der in den letzten Jahren wieder mehr von sich reden gemacht hat.

Roussanne Auch als →Roussette bezeichnete weiße Rebsorte, die mit rund 1800 ha in Südostfrankreich – häufig zusammen mit Marsanne – angebaut wird, so in den Gebieten von →Hermitage, →Crozes-Hermitage, →Saint-Péray, →Châteauneuf-du-Pape u. a. Sie liefert einen ausgezeichneten körperreichen Weißwein, der viel Charakter hat. Vereinzelt auch in der →Toscana (→Montecarlo), Australien (Château Tahbilk) u. a. anzutreffen.

Roussette In →Savoyen, speziell im Département Haut-Savoie vertretene weiße Rebsorte, auch als Altesse oder – anderswo – als →Roussanne bezeichnet, mit der sie jedoch nichts gemein hat, aus der eine Reihe von angenehmen, frischen, duftigen und meist eher leichten Still- und Schaumweinen bereitet wird, darunter der →*Seyssel* (ausschließlich) und der *Seyssel* →*mousseux* (mit erlaubten kleineren Zusätzen anderer Sorten), der →*Vin de Savoie* (insbesondere als Chignin Bergeron) und der *Roussette de Savoie*, der jedoch nur dann ein reinsortiger Roussette ist, wenn er unter dem zusätzlichen Namen einer Gemeinde (Frangy, Marestel, Monterminod oder Monthoux) in den Handel kommt.

Roussillon Ehemalige französische Provinz mit der Hauptstadt Perpignan, zu der das heutige Département Pyrénées-Orientales und ein Teil von →Aude an der Mittelmeerküste nahe der spanischen Grenze gehören. Hinsichtlich der Quantität ist der Roussillon eines der großen europäischen Weinbaugebiete; allein aus Pyrénées-Orientales mit über 42000 ha Rebfläche kommen jährlich 1,5–2 Mill. hl Wein. Annähernd 15% davon gelangen als →*Côtes du Roussillon* bzw. *Côtes du Roussillon-Villages*, ein winziger Teil auch als →*Collioure*, jeweils mit dem →A.O.C.-Prädikat versehen, in den Handel. Zumeist handelt es sich dabei um Rot- oder Rosé-, selten um Weißweine. Über ein Viertel der Erzeugung gelangt jedoch als →*vin doux naturel*, dessen eigentliche Heimat hier ist, unter Bezeichnungen wie →*Rivesaltes*, →*Banyuls* oder →*Maury* an den Käufer. Die große Masse dagegen, sofern es sich nicht um anonymen Verschnitt- oder →Tafelwein handelt, kommt als →Landwein in den Verkehr, so als *Vin de pays Catalan*, *Vin de pays des Coteaux de Genouillèdes*, *Vin de pays des Vals d'Agly* u. a.

Roxheim Einer der wenigen Weinbauorte der →Nahe von größerer Bedeutung, der außerhalb des Nahetals liegt. Von seiner rund 100 ha umfassenden Rebfläche gehören *Höllenpfad* und *Mühlenberg* zu den besten Lagen, von denen einige exzellente →Rieslinge u. a. Weine kommen. Paul →Anheuser, →Finkenauer, →Plettenberg, Salm-Dalberg u. a. gehören zu den führenden Erzeugern.

RS →Rheinhessen-Silvaner

Rubello di Salabue Interessanter, säurereicher, kräftiger und sehr nachhaltiger →Barberawein aus dem nördlichen →Monferrato in →Piemont. Er wird im Castello di Salabue erzeugt, ist eher

jung zu trinken und sicher einer der besseren piemontesischen Barberaweine.

Rubesco Bezeichnung für den roten →Torgiano aus →Umbrien.

Ruchè di Castagnole Monferrato Sehr seltener Rotwein, der noch an wenigen Stellen in →Piemont aus der gleichnamigen Rebe erzeugt wird, die auch als *Rouchet* oder *Rochè* bezeichnet wird. In seiner Jugend sehr rassig, reift er gut und entwickelt dabei beachtliche Eleganz. Allgemein gilt Scarpa als der namhafteste Erzeuger.

Ruchottes Vom französischen Wort für *Bienenkorb* (*ruche*) abgeleiteter Begriff, mit dem zumindest zwei namhafte Lagen in →Burgund bezeichnet sind: der *Grandes Ruchottes* in →Chassagne-Montrachet, bekannt für seine feinen Weißweine, und der →*Ruchottes-Chambertin*, der als *grand cru* eingestuft ist.

Ruchottes-Chambertin Kleine 3,5 ha umfassende *grand cru*-Lage in →Gevrey-Chambertin in →Burgund, in unmittelbarer Nachbarschaft des →*Clos de Bèze* und von →*Mazis-Chambertin* gelegen. Ihre Weine zählen zu den besten der Gemeinde und verfügen über eine beiden vergleichbare Kraft und Langlebigkeit, verbunden mit Komplexität und Eleganz, wahrlich großartige Rotweine. A. Rousseau, in dessen Alleinbesitz sich die 1 ha große *Clos des Ruchottes* befindet, J. M. Roumier u. a. gelten als führende Erzeuger.

Rüdesheim Berühmtes und malerisches Städtchen im →Rheingau gegenüber von →Bingen mit der weltbekannten Drosselgasse. Vom Frühjahr bis Herbst eines der größten Touristenzentren am →Rhein, einer Versuchung, der zahlreiche Weinerzeuger bedauerlicherweise nicht widerstehen können. Dabei ver-

fügt die Stadt über einige der hervorragendsten Lagen des Rheingaus, die exzellente Weißweine hervorzubringen in der Lage sind, die gerade in mittleren und schlechten Jahren zu den besten des Rheingaus gehören, während sie in großen Jahren mitunter dazu neigen, füllig und schwer zu werden auf Kosten ihrer säurebetonten, komplexen und eleganten Struktur. Der Grund liegt in den steilen Schieferhängen westlich der Stadt, dem eigentlichen *Rüdesheimer Berg*, der in heißen, trockenen Sommern leicht Trockenschäden verursacht. Die besten Lagen sind *Berg Rottland, Berg Roseneck, Berg Schloßberg* und *Bischofsberg*. Führende Erzeuger auf der insgesamt knapp 330 ha großen Rebfläche sind Dr. Heinrich Nägler, G. Breuer, Josef Leitz, →Wegeler-Deinhard, die Hessischen →Staatsweingüter, →Groenesteyn, das lokale Pfarrgut, →Schönborn, Mumm, Prinz von →Hessen (früher Landgräflich Hessisches Weingut) u. a.
Außerdem kleiner und in seiner Bedeutung keineswegs vergleichbarer Weinbauort an der →Nahe, dessen *Rüdesheimer Rosengarten* ein Großlagenwein ist, der häufig eher dem entspricht, was den Touristen in dem anderen Rüdesheim vielfach ausgeschenkt wird.

Rueda Abgegrenztes spanisches Weinbaugebiet mit eigener →Denominación de Origen in der Provinz Valladolid und in Teilen von Avila und Segovia mit insgesamt rund 5000 ha Rebfläche gelegen. Es werden trockene Weißweine als *Rueda* und *Rueda Superior* aus mindestens 25 % bzw. mindestens 60 % Verdejo erzeugt mit eventuellen Zusätzen von →Viura und →Palomino. Die besten Weine weisen um 12 % vol. Alkohol auf und sind für den unmittelbaren Verbrauch bestimmt. Ferner werden leichte →Likörweine erzeugt, der *Pálido Rueda* und der *Dorado Rueda*. Vinos Blancos de Castilla (*Marqués de Riscal*), Bodegas de Crianza de Castilla la Vieja

(→ *Marqués de Griñón*), die Winzergenossenschaft »Agricola Castellana« aus La Seca, Los Curros u. a. gelten als führende Erzeuger. Die in dem Gebiet mitunter ebenfalls erzeugten Rotweine, überwiegend aus →Tempranillo, kommen ohne das →DO-Prädikat in den Handel.

Rùfina In der →Toscana 30 km nordöstlich von Florenz im Sieve-Tal gelegene Stadt, aus deren Umgebung der →Chianti Rùfina kommt, dessen beste Weine den Vergleich mit Abfüllungen aus dem *classico*-Gebiet nicht zu scheuen brauchen: schön in Körper und Säure sind sie sehr strukturiert und von hervorragender Feinheit. Als führende Erzeuger gelten Selvapiana, Frescobaldi (→Montesodi), di Vetrice, Poggio Reale (Spalletti), Bossi u. a. Seit 1983 hat der hier ebenfalls von Frescobaldi erzeugte →Pomino bianco →DOC-Status, erweitert um einen Pomino rosso und einen Pomino →Vin Santo. Man sollte Rùfina nicht mit Ruffino, einem verbreiteten Markennamen für verschiedene Chianti, verwechseln.

Ruländer In Deutschland bis vor einigen Jahren durchaus üblicher Name für die →Pinot gris, der an jenen Speyrer Kaufmann Ruland Anfang des 18. Jahrhunderts erinnert, der nachdrücklich zur Verbreitung dieser Sorte in Deutschland beigetragen hat. Vornehmlich in →Baden und dort insbesondere im Bereich →Kaiserstuhl-Tuniberg hat der Ruländer seine große Verbreitung gefunden. Seine Weine waren meist vollmundig und wirkten häufig schwer, säurearm und mitunter dick. Mit den grundlegenden Veränderungen des badischen Weinbaus in den achtziger Jahren, aber auch mit einer zunehmenden Zahl von hochinteressanten und vielfach sehr bemerkenswerten, in →Barriques ausgebauten Ruländern, haben sich viele Erzeuger entschlossen, den ursprünglichen und ampelographisch korrekten Namen wieder einzuführen und den Wein Grauen →Burgunder oder Grauburgunder zu nennen.

Rully Weinbaugemeinde im südlichen →Burgund an der →Côte Chalonnaise, die heute zunehmend an Ruf für ihren ausgezeichneten Weißwein aus dem →Chardonnay gewinnt, von dem derzeit um die 4000 hl erzeugt werden, während der gleichfalls erzeugte Rotwein meist leichter und weniger ausgeprägt in seinem Charakter ist und in der Regel nicht ganz den Rang des Weißen erreicht. Domaine de la Folie, Delorme, René Brelière, Monassier u. a. gelten als führende Erzeuger.

Rumänien Eines der ältesten und mit etwa 250 000 ha Rebfläche und einer Weinerzeugung von um 8 Mill. hl seit der Auflösung des Ostblocks möglicherweise das größte Weinbauland Osteuropas. Der Weinbau Rumäniens ist altberühmt, obwohl seine heutige Struktur nicht gerade zur Festigung dieses Rufes beiträgt: Privaten Weinbau gibt es praktisch nicht mehr, statt dessen werden rund 80 % von Genossenschaften und knapp 17 % durch Staatsbetriebe bewirtschaftet.
Die 5 wichtigsten Weinbaugebiete des Landes sind das östliche Karpatenvorland (Moldau), berühmt als Heimat des Cotnari, eines →Tokajer →Ausbruchweinen vergleichbaren süßen →Likörweins, neben dem auch normale Rot-, Rosé- und Weißweine erzeugt werden; die Dobrudscha zwischen Donau und Schwarzem Meer mit ihren →Ruländer-, →Welschriesling-, →Cabernet- u. a. Weinen, darunter dem süßen Murfatlar, einen an die Cotnari heranreichenden Likörwein; die Große Walachei oder südliches Karpatenvorland in der weiteren Umgebung von Bukarest; die Kleine Walachei (Banat) mit ähnlichen Weinen und schließlich Transsilvanien (Siebenbürgen), deren Weine häufig etwas mehr Säure und weniger

Alkohol aufweisen als die der südlicheren und wärmeren Gebiete.
Rumänische Weine werden in 5 Qualitätsstufen eingeteilt, von denen »Hochwertiger Qualitätswein mit Herkunftsbezeichnung und Qualitätsstufe (H.Q.H.Q.)« die höchste darstellt. Die in den Export gelangenden Abfüllungen sind jedoch leider häufig eher auf den Massengeschmack abgestellt.

Rund Ein ausgeglichener, vollständiger Wein ohne größeren Fehler. Ob es jedoch als Kompliment gelten kann, ist eher eine Frage des Alters. Ein jugendlicher Wein sollte in der Regel nicht *rund* sein, und *rund* mag auf einen Wein hinweisen, der vorzeitig gealtert ist. Ist aber ein Wein nach Jahren des →Alterns *rund*, mag dieses einen ausgeglichenen, harmonischen Wein auf seinem Höhepunkt bezeichnen, und dann ist es sicherlich ein großes Lob.

Ruppertsberg Einer der besten Weinbauorte der →Pfalz mit rund 370 ha Rebfläche. In der Regel erreichen seine Weine nicht ganz das Format der Spitzengewächse von →Deidesheim und →Forst, sind aber dennoch ausgezeichnet: Körperreich, reif, ausgeglichen und elegant, sind die besten von ihnen hervorragende, wenn nicht gar bemerkenswerte Weine. Sie kommen von den Lagen *Reiterpfad, Hoheburg, Nußbien, Gaisböhl* (Alleinbesitz →Bürklin-Wolf) u. a. und stammen zumeist von →Bassermann-Jordan, Bürklin-Wolf, →Wegeler-Deinhard, Georg Siben Erben, →Buhl, dem →Staatsweingut Neustadt, Biffar, Karl Schaefer u. a.

Rußland Trotz einer Rebfläche von etwa 190 000 ha wird man Rußland nicht gerade als klassisches Weinbauland bezeichnen. Dennoch kann der Weinbau am Unterlauf des Don um Rostow wie jener südlich von Krasnodar in den Bezirken Anapa, Noworossisk, in denen heute hochwertige →*Vinifera*-Sorten angepflanzt und aus denen u. a. einige beachtliche Weißweine erzeugt werden, auf eine alte Tradition zurückblicken. Weitere Weinbaugebiete befinden sich bei Stawropol im nördlichen Kaukasus-Vorland und am Kaspischen Meer.

Rust Die bekannteste Weinbaugemeinde des burgenländischen Weinbaugebietes →Neusiedlersee-Hügelland, nach der das bis 1985 bestehende, nahezu das gesamte →Burgenland (außer →Südburgenland, damals →Eisenberg genannt) umfassende Weinbaugebiet →Rust-Neusiedlersee benannt war. Rund 500 ha der Freistadt am Neusiedlersee, die als einer der wärmsten Orte Mitteleuropas gilt und darüber hinaus für ihre Störche berühmt ist, sind mit Reben bestockt. Zu 80 % werden Weißweine erzeugt, von denen zwei Drittel auf →Neuburger, Weißen →Burgunder, →Welschriesling und →Müller-Thurgau entfallen. Während die besten Weine bis 12–13 % vol. heute trocken ausgebaut werden, gibt es darüber hinaus einen relativ hohen Anteil von →Beeren- und →Trockenbeerenauslesen. Körperreich und voluminös, verfügen die besten Ruster Weine über einen eindrucksvollen Charakter und können beachtlich fein sein. Als führende lokale Erzeuger gelten Peter Schandl, Just (Weingut Marienhof), Holler (Weingut Elfenhof), Gustav Feiler, Török u. a.

Rust-Neusiedlersee, Weinbaugebiet Bis 1985 gebräuchliche Bezeichnung für nahezu die gesamte Weinbauregion →Burgenland mit Ausnahme jenes kleinen Gebietes um →Eisenberg, das heutige Weinbaugebiet →Südburgenland. Seit 1985 sind an die Stelle von Rust-Neusiedlersee die drei Weinbaugebiete →Neusiedlersee, →Neusiedlersee-Hügelland und →Mittelburgenland getreten.

Rütteln Wesentlich für die Erzeugung von →Schaumweinen nach der →*Méthode champenoise*. Durch Rütteln wird der →Niederschlag oder Trub vor dem →Degorgieren allmählich zum →Korken bzw. Flaschenhals getrieben. Während dies traditionellerweise über 2–3 Monate von Hand geschieht, wird dies heute zunehmend maschinell durchgeführt.

Rüttelpult Traditionell ein Holzgestell in Form eines spitzgiebeligen Daches, in dem die Schaumweinflaschen mit dem Hals nach unten eingesteckt sind und gerüttelt und jeweils noch etwas senkrechter gestellt werden. Immer mehr Hersteller gehen heute zu maschinellen Rüttlern über, die das alte Holzgestell samt Arbeiter überflüssig machen und den Vorgang des →Rüttelns bis auf eine Woche komprimieren.

Ruwer Kleiner Fluß aus dem Hunsrück, der am nordöstlichen Stadtrand von →Trier in die →Mosel mündet; Teil des Anbaugebietes →Mosel-Saar-Ruwer, zum Bereich →Saar-Ruwer gehörend. Bildet zusammen mit den Trierer und →Avelsbacher Lagen die Großlage *Römerlay*. Die besten Ruwerweine gehören zu den hervorragendsten deutschen Weißweinen und ähneln ihrem Charakter nach denen der →Saar. Weniger als 400 ha stehen unter Reben, überwiegend →Riesling, die auf ungemein steilen Hängen meist mit Blick nach Süden auf schwarzen Schieferböden wachsen. Zwei Weingüter sind weithin bekannt: der →Eitelsbacher Karthäuserhof (Rautenstrauch-Tyrell) und →Maximin Grünhaus (von Schubert). Andere, mitunter ein wenig leichtere Weine stammen aus →Kasel, Waldrach u. a. Orten, weiter flußaufwärts.

Ruzica →Dalmatien

S

Saale-Unstrut Zweitkleinstes und dabei nördlichstes deutsches Weinbaugebiet mit derzeit rund 375 von potentiellen 675 ha Rebfläche, dem kümmerlichen, wenn auch seit Beginn der neunziger Jahre wieder leicht zunehmenden Rest eines über tausendjährigen, einst bedeutenden Weinbaus. Heute hat sich der Weinbau im wesentlichen auf das Saaletal zwischen Weißenfels und Bad Kösen um →Naumburg und das angrenzende Unstruttal zwischen Steigra und →Freyburg südlich von Halle mit einer Exklave am Süßen See westlich von Halle zurückgezogen, die in die beiden Bereiche →Schloß Neuenburg und →Thüringen eingeteilt sind. Klein- und Hobbywinzer bewirtschaften derzeit lediglich ein Fünftel der Rebfläche, doch haben seit Beginn der neunziger Jahre erste private Weingüter (G. Born, K. R. Deckert, U. Lützkendorf, B. Thürkind, das Schloßweingut Klosterhäseler u. a.) bereits auf sich aufmerksam gemacht. Die Böden sind sehr unterschiedlich, und während um Naumburg Buntsandstein vorherrscht, dominiert um Freyburg Muschelkalk. Das Klima im Regenschatten des Harzes zählt zu den trockensten aller deutschen Weinbaugebiete (500 mm mittlere Niederschlagsmenge) und ist weitgehend kontinental geprägt von mitunter kalten Wintern und deutlicher Spätfrostgefährdung, die die Vegetationszeit schlimmstenfalls auf 155 Tage reduzieren und damit zur Mißernte führen können. Es werden daher überwiegend eher früh- bis mittelreife Sorten angepflanzt, allen voran der →Müller-Thurgau (ca. ein Drittel der Rebfläche) und der →Silvaner (knapp ein Sechstel), gegenüber denen andere Sorten, darunter Weißer →Burgunder, →Gutedel, →Traminer, →Riesling u. a. eine deutlich geringere Rolle spielen. 15 % entfallen auf rote Sorten. Die Weine sind durchweg →trocken – zumal ihnen traditionellerweise keine →Süßreserve beigegeben wird – und ansprechend und erinnern mitunter an Weine aus →Franken, wenngleich jene gewisse Bodenständigkeit und mitunter bäuerlich-rustikale Art der Weine in erster Linie den überkommenen Vinifikations- und Ausbaumethoden zuzuschreiben ist, die verglichen mit der modernen Welt →Geisenheims durchaus ihren Charme haben können. Die Weine werden überwiegend durch die Winzervereinigung Freyburg/Unstrut und das →Landesweingut Kloster Pforta in den Handel gebracht. Neben Freyburg und Naumburg sind Steigra, Dorndorf, Großjena, Burgscheidungen u. a. Orte bekannt.

Saar Unter dem Gesichtspunkt des Weins der bedeutendste Nebenfluß der →Mosel und Teil des Anbaugebietes →Mosel-Saar-Ruwer, innerhalb dessen er zusammen mit den →Trierer und →Ruwer-Lagen den Bereich →Saar-Ruwer bildet. Dennoch haben die Saarweine, von denen einige behaupten, sie seien die besten Moselweine überhaupt, ihren eigenen, ganz besonderen Charakter – woraus einige den Anspruch auf ein eigenes Weinbaugebiet ableiten –: streng, fast stahlig, sehr blaßfarben, mit geringem Alkoholgehalt und einem bemerkenswerten Bukett. Wie an der Mosel stammen praktisch alle bedeutenden Saarweine aus dem →Riesling. Da die Saar jedoch zu den kühlsten und sonnenärmsten Weinbaugebieten der Welt zählt, sind ihre Weine in geringen Jahren oft →grün, unreif und →herb. Doch in guten und besseren Jahren vollbringen sie wahre Wunder und erreichen in ihrer geradezu filigranen Zartheit bemerkenswerte Komplexität, Ausdruckskraft und Eleganz, die sie zu Recht den größten Weißweinen der Welt vergleichbar machen. Die berühmteste Lage ist der →*Scharzhofberg*, den man nicht mit dem →*Scharzberg* (Großlagenname für die gesamte Saar) verwechseln sollte. Doch so herausragende Lagen wie *Oberemmeler Hütte, Ockfener Bockstein, Ayler Kupp, Wiltinger Kupp, Wiltinger Braune Kupp, Wiltinger Hölle, Kanzemer Altenberg* u. a. stehen ihm kaum nach. Als führende Weinbauorte gelten, annähernd nach Qualität ihrer Lagen geordnet: →Wiltingen, →Ockfen, →Ayl, →Kanzem, →Oberemmel, →Wawern, →Serrig, →Niedermennig, →Filzen, →Saarburg, Pellingen, Irsch, Schoden u. a.

Saar-Ruwer, Bereich Qualitativ zusammen mit →Bernkastel der bedeutendste Bereich des →Anbaugebietes →Mosel-Saar-Ruwer, dessen 1561 ha Ertragsrebflächen um →Trier in den Tälern (und Seitentälern) der unteren →Saar – mit ungefähr drei Viertel der Fläche – und →Ruwer liegen. Von allen Bereichen des Mosel-Gebietes weist der Saar-Ruwer-Bereich mit 76 % den höchsten →Rieslinganteil auf, dessen Weine hier in guten und besseren Jahren eine einzigartige Ausdruckskraft dank ihrer stahligen Säure, zarten Struktur und herausragenden Eleganz erreichen, ein großartiges und um nichts geringeres Pendant zu den Spitzenweinen der →Mittelmosel um Bernkastel. →Wiltingen, einschließlich des →Scharzhofbergs, →Eitelsbach, →Maximin Grünhaus, →Oberemmel, →Ockfen, →Ayl, →Saarburg, →Serrig, →Kanzem, →Kasel u. a. sind die großen Namen dieses Bereichs.

Saarburg Zwischen →Serrig und →Ockfen gelegene Weinbaugemeinde an der →Saar mit rund 75 ha Rebfläche, nahezu ausnahmslos mit →Riesling bestockt. Als bedeutendste Lagen gelten *Antoniusbrunnen, Bergschlößchen, Klosterberg, Kupp* u. a. In guten Jahren zeichnen sich die Weine durch eine stahlige Säure, Differenziertheit und eine feine Eleganz aus. Die lokalen Weingüter Forstmeister Geltz, Dr. Wagner u. a. genießen den größten Ruf.

Sables-Saint-Emilion Bis 1973 eine der Satelliten-Appellationen von →Saint-Emilion in den sandigen Niederungen an der →Dordogne zwischen Saint-Emilion und →Libourne. Die dort erzeugten Weine kommen seither als *St-Emilion* bzw. *St-Emilion grand cru* in den Handel. Keine großen Weine kommen von dort, doch einige fruchtige, früh reifende und sehr ansprechende Gewächse. Château Martinet dürfte der beste von ihnen sein.

Saccharomyces →Hefen, die die Vergärung des →Mostes in Wein bewirken.

Sachsen Kleinstes und östlichstes deutsches Weinbaugebiet mit einer Ertragsrebfläche von derzeit gut 300 von 500 möglichen ha vor allem um Meißen und →Radebeul, dem beklagenswerten Rest eines alten und zumal im Mittelalter sehr ausgedehnten Weinbaus. Das Gebiet ist in die Bereiche →Meißen, →Dresden und →Elstertal eingeteilt. Die Böden sind sehr unterschiedlich und reichen von Verwitterungsgestein bei Pillnitz über Granit mit Lößauflagen in den Steillagen von Meißen und Radebeul, Buntsandstein bei Zadel bis zu Lößlehm und Schwemmlandböden. Das Klima ist eher trocken und kontinental mit teilweise kalten Wintern und deutlicher Spätfrostgefährdung sowie mitunter heißen Sommern. Qualität und Quantität unterliegen daher den wohl größten Schwankungen von allen deutschen Weinbaugebieten. Die dominierende Rebsorte ist mit 26 % der Anbaufläche der →Müller-Thurgau, während auf den Weißen →Burgunder 15 %, →Riesling 14 %, Grauer →Burgunder (→Ruländer) 9 % und Traminer 7 % entfallen. Die Weine sind durchweg →trocken, markant und beachtenswert, wenn auch außerhalb Sachsens nur schwer erhältlich. Sie stammen überwiegend von den Sächsischen →Staatsweingut Schloß Wackerbarth in Radebeul bzw. der Winzergenossenschaft in Meißen, jedoch befinden sich 44 % der Rebfläche derzeit in der Hand von rund 1200 Klein- oder Hobbywinzern, neben denen sich bereits erste Weingüter etabliert haben, darunter Prinz zu Lippe (Schloß Proschwitz), Klaus Zimmerling, Jan Ulrich, Vincenz Richter, Joachim Lehmann u. a. Neben den bereits genannten sind weitere namhafte Weinbauorte Proschwitz (*Katzensprung*), Seußlitz, Sörnewitz, Pillnitz (*Königlicher Weinberg*) u. a.

Saffredi Neuer roter Tafelwein, der von der bekannten Fattoria Le Pupille in Magliano in der südlichen →Toscana in der gleichnamigen Lage aus →Cabernet Sauvignon erzeugt und in →Barriques ausgebaut wird. Der Wein verfügt über Körper und Tannin, doch läßt seine rustikale Art eher die Verwandtschaft mit dem →Morellino di Scansano erkennen als mit einem klassischen Cabernet Sauvignon. Beachtung verdient der kompakte Wein jedoch allemal, da er in diesem Teil der Toscana nahezu unübertroffen ist.

Saftig Bezeichnung für einen Wein mit Fülle, angenehmer →Säure und schönem Traubenton. Da es ihm etwas an Struktur, Komplexität und Eleganz fehlen mag, wird es sich kaum um einen großen Wein handeln, doch sicher ist es ebensowenig ein geringer.

Saggiavino Italienisch für →Probenheber.

Sagrantino di Montefalco →Montefalco

Saint-Amour Nördlichste der zehn crus des →Beaujolais, unmittelbar an →Juliénas grenzend, mit rund 290 ha Rebfläche; sollte, wenn es um →Burgunder geht, nicht mit anderen französischen Orten dieses oder ähnlichen Namens verwechselt werden. Der Wein von Saint-Amour ist sehr beliebt, vielleicht nicht zuletzt wegen seines romantischen Namens: ein fruchtiger, zarter, frühreifer und einschmeichelnder Rotwein, der von mit Schiefer durchsetzten Granitböden stammt. Von den lokalen Erzeugern haben A. Poitevin, M. Saillant u. a. einen guten Namen.

Saint-Aubin Weinbauort in →Burgund oberhalb von →Chassagne-Montrachet, an das seine Weinlagen unmittelbar angrenzen. Es werden jährlich an die 4000 hl Rotwein und noch einmal um 1500 hl Weißwein erzeugt. Der beste von beiden, durchaus angenehm und ansprechend, kommt von der Lage *Les Frionnes* oder einer der anderen *premiers crus*-Lagen. Clerget, Lamy, Roux u. a. gelten als führend unter den lokalen Erzeugern.

Saint-Chinian Westlich von →Béziers gelegenes 20500 ha umfassendes Weinbaugebiet mit eigener →A.O.C. und die dort erzeugten Rot- und Roséweine aus →Carignan, →Cinsaut (ab 1993 beide jeweils noch zu höchstens 40 bzw. 30 %), →Grenache, Lladoner Pelut, →Syrah und →Mourvèdre (alle vier gemeinsam ab 1995 zu mindestens 50 %). Die Weine können ausgezeichnet sein, solide, reich, großzügig und geschmeidig. Von den lokalen Erzeugern hat Simon den besten Namen.

Saint-Denis →Clos Saint-Denis

Saint-Emilion Kleine, mittelalterliche Stadt, 30 km östlich von →Bordeaux malerisch auf dem zum Tal der →Dordogne abbrechenden Plateau gelegen. Bereits im 4. Jahrhundert war Saint-Emilion wegen seiner guten Weine berühmt, und heute bringen seine rund 5200 ha mehr Wein unter der lokalen →Appellation contrôlée hervor als jeder andere vergleichbare Bereich des Bordeaux-Gebietes. Die Weine – rund 1000 verschiedene Gewächse, ausschließlich rot – kommen entweder aus St-Emilion selbst oder von der südöstlichen Peripherie von →Libourne (dem früheren →Sables-Saint-Emilion) oder aus Saint-Christophe-des-Bardes, Saint-Laurent-des-Combes, Saint-Hippolyte, Saint-Etienne-de-Lisse, Saint-Sulpice-de-Faleyrens, Saint-Pey-d'Armens oder Vignonet.

Wenn die dort erzeugten Weine die gesetzlichen Auflagen erfüllen, d.h. aus den zugelassenen Rebsorten →Merlot, →Cabernet franc, →Cabernet Sauvignon, →Malbec und →Carmenère stammen, über einen natürlichen Alkoholgehalt von 10,5 bzw. 11 % vol. verfügen u.a., dürfen sie unter der Appellation *Saint Emilion* bzw. *Saint Emilion grand cru* in den Handel gebracht werden. Die Weine kommen von sehr unterschiedlichen Böden, die für ihre Qualität von ausschlaggebender Bedeutung sind. Die besten von ihnen kommen entweder von den Dordogneabhängen, dieses sind die sog. *vins des côtes,* oder von besonderen Teilen des unmittelbar dahinter gelegenen Hochplateaus, die sog. *vins du plateau,* oder von dem als →Graves-Saint-Emilion bezeichneten besonders kieshaltigen Böden, die sog. *vins des graves.* Zur ersten Gruppe gehören die Châteaux Ausone, La →Gaffelière, →Pavie, L'→Arrosée, →Beauséjour-Duffau-Lagarrosse, L'→Angélus u.a.; zur zweiten Gruppe zählen die Châteaux →Canon, →Magdelaine, Clos →Fourtet, →Belair, →Cadet-Piola, →Balestard-la-Tonnelle, →Curé-Bon-La-Madelaine, →Troplong-Mondot, →Trottevieille, →Beau-Séjour-Bécot u.a.; während die namhaftesten der dritten Gruppe die Châteaux Cheval Blanc, →Figeac, La →Dominique, La →Tour-du-Pin-Figeac, La →Tour-Figeac u.a. sind.

Diese drei Böden mehr noch als die beiden verbleibenden – die sandigen Böden zwischen Plateau und Graves-Gebiet bzw. die erdgeschichtlich aus jüngerem Sand bestehenden Böden in der Dordogne-Ebene – bringen überwiegend jene Weine hervor, die aufgrund ihrer besonderen Qualität klassifiziert worden sind. Es sind dieses die *St-Emilion premiers grands crus classés* und die *St-Emilion grands crus classés.* Sie sind 1985 neu klassifiziert worden und umfassen folgende Güter (siehe Tabelle, Seite 410).

Saint-Emilion-Weine unterscheiden sich von anderen roten Spitzenweinen Bordeaux' dadurch, daß ihr Merlot-Anteil in der Regel etwas geringer ist als im benachbarten →Pomerol, während sie zumeist über einen deutlicheren Cabernet franc- und Cabernet Sauvignon-Anteil verfügen. Daher sind sie in der Regel tanninbetont, doch lange nicht wie die Weine des →Médoc, aber auch nicht so weich wie die von Pomerol, warm und großzügig, strukturiert und tief und meist bereits in jungen Jahren ansprechend und reizvoll. Höher klassifizierte Gewächse weisen in der Regel beachtlichen Kern, Charakter und Rasse auf und reifen je nach Jahrgang langsam. Die Spitzenweine von St-Emilion stehen dagegen selbst großen Médoc-Weinen in nichts nach, und Châteaux Ausone und Cheval Blanc nehmen nach allgemeiner Überzeugung heute den gleichen illustren Rang wie →Lafite, →Latour, →Margaux und →Mouton-Rothschild ein.

Weine aus den Satellitengemeinden →Lussac-, →Montagne-, →Puisseguin- und →Saint-Georges-Saint Emilion haben meist weniger Rasse, gelegentlich

Saint-Emilion

Premiers grands crus classés

A Château Ausone

Château Cheval Blanc

B Château Beauséjour (Duffau-Lag.)
   Château Belair
   Château Canon
   Château Figeac
   Château La Gaffelière

Clos Fourtet
Château Magdelaine
Château Pavie
Château Trottevieille

Grands crus classés

Château L'Angelus
Château L'Arrossée
Château Balestard La Tonnelle
Château Beau-Séjour-Bécot
Château Bellevue
Château Bergat
Château Berliquet
Château Cadet-Piola
Château Canon-La-Gaffelière
Château Cap-de-Mourlin
Chateau Le Châtelet
Château Chauvin
Château La Clotte
Château La Clusière
Château Corbin
Château Corbin-Michotte
Château Couvent des Jacobins
Château Croque-Michotte
Château Curé-Bon
Château Dassault
Château La Dominique
Château Faurie-de-Souchard
Château Fonplégade
Château Fonroque
Château Franc-Mayne
Château Grand-Barrail-
   Lamarzelle-Figeac
Château Grand-Corbin
Château Grand-Corbin-Despagne
Château Grand-Mayne
Château Grand-Pontet
Château Guadet-Saint-Julien
Château Haut-Corbin
Château Haut-Sarpe

Clos des Jacobins
Château Lamarzelle
Château Laniote
Château Larcis-Ducasse
Château Larmande
Château Laroze
Clos La Madeleine
Château Matras
Château Mauvezin
Château Moulin-du-Cadet
Clos de L'Oratoire
Château Pavie-Decesse
Château Pavie-Macquin
Château Pavillon-Cadet
Château Petit-Faurie-de-Soutard
Château Le Prieuré
Château Ripeau
Château St-Georges-Côte-Pavie
Clos St-Martin
Château Sansonnet
Château La Serre
Château Soutard
Château Tertre-Daugay
Château La Tour-Figeac
Château La Tour-du-Pin-Figeac
Château La Tour-du-Pin-
   Figeac-Moueix
Château Trimoulet
Château Troplong-Mondot
Château Villemaurine
Château Yon-Figeac

auch etwas →Bodengeschmack, doch erreichen die besten von ihnen durchaus das Niveau mittlerer St-Emilions. Sie kommen unter ihrer jeweiligen Gemeindeappellation in den Handel.

Saint-Emilion ist außerdem eine andere Bezeichnung für den →Ugni blanc oder →Trebbiano im →Cognac-Gebiet. Sie hat die →Folle blanche dort nahezu völlig verdrängt, da sie ergiebig ist und genau den richtigen, sehr säure-, aber gering alkoholhaltigen Wein zum Brennen liefert. Wahrscheinlich kam diese Rebe nach Cognac über St-Emilion, wo sie einst gerade in guten Jahren, da sie bei der Lese noch nicht ausgereift war, den Rotweinen willkommene zusätzliche Säure brachte. .

Saint-Estèphe Nördlichste der sechs herausragenden Gemeinden des →Haut-Médoc mit rund 1100 ha Rebfläche und eigener Appellation, unmittelbar an →Pauillac grenzend. Ihre besten Weine, darunter Châteaux →Cos d'Estournel, →Montrose, →Calon-Ségur, de →Pez, →Haut-Marbuzet, →Cos Labory, →Meyney, →Lafon-Rochet, →Phélan-Ségur, Les →Ormes-de-Pez u. a., sind reich an →Tannin, kernig, körperreich, kraftvoll und in ihrer Jugend oft abweisend und unnahbar. Sie verfügen zunächst über weniger Eleganz als vergleichbare rote Bordeaux aus →Margaux, →Saint-Julien oder Pauillac und sind daher oft die am schwersten zu verstehenden unter den bemerkenswerten roten Bordeaux. Selbst heute erfordern sie daher mehr Zeit zum Reifen und zur Entwicklung als die meisten anderen Bordeaux, aber dann, oft erst nach etlichen Jahrzehnten, offenbaren sie ihre ganze Größe. Während Saint-Estèphe über weniger klassifizierte Gewächse verfügt als die drei anderen großen Médoc-Gemeinden, ist sie zugleich berühmt für ihre große Zahl exzellenter *crus* →*bourgeois*. Selbst wenn diese in mittleren Jahren oftmals etwas bodenständig und direkt wirken, sind sie in

besseren Jahren ohne Zweifel charaktervoll und hervorragend.

Saint-Georges, Château Das größte und bedeutendste Weingut von →Saint-Georges-Saint-Emilion mit seinem prachtvollen von Victor Louis errichteten Château und mit 50 ha Rebfläche (50 % →Merlot, 30 % →Cabernet Sauvignon und je 10 % →Cabernet franc und →Malbec) und einem ausgezeichneten Rotwein, der etlichen *crus classés* von →Saint Emilion durchaus ebenbürtig ist.

Saint-Georges-Saint-Emilion Ehemals selbständige, heute zu →Montagne-Saint-Emilion gehörende Satellitengemeinde von →Saint-Emilion, obgleich die meisten der insgesamt 180 ha bewirtschaftenden 18 Weingüter sich weiterhin der traditionellen Appellation bedienen. Einige ihrer Weine sind eindeutig besser als die meisten jener, die mit der *Appellation Saint-Emilion contrôlée* in den Handel kommen. Zu den besseren Châteaux gehören →Saint-Georges, Macquin-Saint-Georges, Samion, Tourteau, Tour-du-Pas-Saint-Georges, Bélair-Saint-Georges u. a.

Saint-Joseph Gegenüber von →Hermitage an der nördlichen →Rhône gelegenes Weinbaugebiet mit heute jährlich um die 16 000 hl Wein. Zumeist handelt es sich um Rotwein aus der →Syrah – nur ca. 7 % der Erzeugung entfallen auf Weißwein –, der zwar nicht die Größe eines Hermitage erreicht, doch durchaus charaktervoll und komplex ist und dabei sehr elegant zu sein vermag. Coursodon, Chave, Grippat, Marsanne u. a. gelten als führende Erzeuger.

Saint-Julien Gemeinde inmitten des →Haut-Médoc mit rund 775 ha Rebfläche, die zwar keine *premiers crus*-Weine besitzt, doch angesichts ihrer Durchschnitts- ebenso wie ihrer Spitzenqualitäten über außerordentliches

Ansehen verfügt. Man bezeichnet daher auch gerne den Wein von Saint-Julien als den idealen roten →Bordeaux: Etwas voller als ein →Margaux, hat er im allgemeinen mehr Charme und Eleganz als ein →Saint-Estèphe und reift durchweg früher als ein →Pauillac. Doch auf dem Niveau seiner Spitzenweine ist er kernig, konzentriert und tief, sehr komplex und in herausragenden Jahren langsam reifend. Als *primus inter pares* gilt heute allgemein der grandiose Château →Léoville-Las-Cases, dessen Weine sich durchweg ebenso wie jene von Châteaux →Ducru-Beaucaillou auf dem Niveau 1. Gewächse befinden. Aber auch →Léoville-Barton, →Gruaud-Larose, →Lagrange, →Léoville-Poyferré, →Branaire-Ducru, →Langoa-Barton, →Talbot, →Beychevelle, →Saint-Pierre, →Gloria u. a. genießen einen vorzüglichen Ruf.

Saint-Laurent Weinbaugemeinde im →Haut-Médoc westlich von →Saint-Julien mit annähernd 400 ha Rebfläche, aus der zwar keine ganz großen Gewächse, doch einige sehr zuverlässige und seit einigen Jahren wieder ungeteilte Beachtung verdienende Weine kommen. Ihre bekanntesten Güter sind Châteaux →Camensac, La →Tour-Carnet, →Belgrave, →Caronne-Sainte-Gemme, →Larose-Trintaudon u. a.
Ferner, vermutlich ursprünglich aus Frankreich stammende rote Rebsorte, die ungeachtet des mitunter leichten →Bordeauxcharakters ihrer besseren Weine nichts mit der Stadt im →Médoc gemein hat und heute besonders in Österreich anzutreffen ist, wo sie den Namen →Sankt Laurent führt.

Saint-Macaire →Côtes-de-Bordeaux

Saint-Nicolas-de-Bourgueil   Kleine Weinbaugemeinde in der →Touraine an der →Loire in unmittelbarer Nachbarschaft von →Bourgueil mit eigener →Appellation contrôlée, für ihre eleganten und komplexen Rotweine aus dem →Cabernet franc, die zu den besten der Loire gehören. Unter den führenden Erzeugern haben die Domänen La Coudraye, Chevrette, Clos de L'Epaisse u. a. einen guten Ruf.

Saint-Péray   Stadt im nördlichen →Rhônetal, auf dem westlichen Ufer des Flusses gegenüber von Valence gelegen, und der von dort kommende Weißwein, der meist nach der *Méthode champenoise* schäumend gemacht wird. Wie der weiße →Hermitage wird er aus →Roussanne (lokal auch als →Roussette bezeichnet) und Marsanne erzeugt. Er ist goldfarbener und körperreicher als ein →Champagner, hat einen ganz eigentümlichen Geschmack und zählt zu den besseren *vins →mousseux* Frankreichs. Als →Stillwein ist er etwas leichter und weniger fein als der Hermitage. Jährlich werden um die 2200 hl erzeugt. Chaboud, Darona, Milliand, die Winzergenossenschaft u. a. gelten als führend.

Saint-Pierre, Château *4e cru classé* aus →Saint-Julien im →Haut-Médoc mit 17 ha Rebfläche (70 % →Cabernet Sauvignon, 20 % →Merlot, 10 % →Cabernet franc) und seit dem Besitzerwechsel von 1982 wieder einem reichen, vollen, strukturierten, kraftvollen und ausgeglichenen Wein, der sich anschickt, das Niveau seines offiziellen Rangs wiederzufinden.

Saint-Pierre-Bontemps-et-Sevaistre, Château In früheren Zeiten mitunter benutzter Name von Château →Saint-Pierre.

Saint-Pourçain-sur-Sioule   Kleine Weinbaugemeinde in Zentralfrankreich im Départment Allier und Name für die in ihrer Umgebung an Sioule und Allier erzeugten →V.D.Q.S.-Weine. In guten Jahren werden an die 30000 hl erzeugt, davon vier Fünftel Rot- und Roséweine aus →Pinot noir und →Gamay, während der verbleibende Weißwein aus Tressalier und zunehmend →Chardonnay, →Aligoté, →Sauvignon u. a. Sorten bereitet wird. Die Weine gehören zu den unbekannteren →Loire-Gewächsen, sind ziemlich ausgefallen, doch zumal jung recht anziehend.

Saint-Romain Malerischer Weinbauort in →Burgund, abseits der eigentlichen →Côte de Beaune (zu der der Ort weinrechtlich gehört) westlich von →Auxey-Duresses gelegen. Es werden einige frische Weißweine sowie Rotweine von etwas geringerem Rang erzeugt, jeweils um die 2000 hl. René bzw. Roland Thévenin, A. Barolet u. a. gelten als führende Erzeuger.

Saint Saphorin Idyllischer, herrlich gelegener Weinbauort der →Lavaux im Kanton →Waadt, am Nordufer des Genfer Sees zwischen →Lausanne und Vevey gelegen. Mit seiner Appellation kommen einige der besten Schweizer Weißweine aus der →Chasselas sowie etwas Rotwein in den Handel. Der bekannte →Faverges kommt von hier.

Saint-Seurin-de-Cadourne Nördlichster Weinbauort des →Haut-Médoc mit rund 450 ha Rebfläche, im Süden an →Saint-Estèphe grenzend. Zu den namhaftesten, durchaus Beachtung verdienenden Gewächsen des Ortes gehören die Châteaux →Sociando-Mallet, →Coufran, Verdignan, Pontoise-Cabarrus, Bel-Orme-Tronquoy-de-Lalande, Saint-Paul u. a.

Saint-Véran →Appellation contrôlée im Süden des →Mâconnais, zu der 4 Gemeinden im Süden von →Pouilly-Fuissé (Chânes, Chasselas, Leynes und Saint-Vérand) und 3 nördlich von ihr (Davayé, Prissé und Teile von →Solutré) gehören, zusammen 590 ha. Es werden jährlich um die 25000 hl Weißwein ausschließlich aus dem →Chardonnay er-

zeugt, die, jung getrunken, ausgezeichnet und köstlich sind. Duboeuf bietet einen guten St-Véran an, während von den lokalen Erzeugern Barbier, Grégoire, Duperron, Chagny u. a. einen guten Namen haben.

Sainte-Croix-du-Mont Weinbaugemeinde auf dem rechten Ufer der →Garonne, dem Sauternais gegenüber, mit eigener →Appellation contrôlée für seine süßen Weißweine. Diese müssen über mindestens 12,5 % vol. tatsächlichen Alkohol verfügen, sind recht schwer, süß und in der Regel weniger exquisit als die Weine von →Sauternes oder →Barsac. Jährlich werden um die 18000 hl erzeugt. Ferner kommen aus der Umgebung trockene Weißweine wie auch Rotweine, die jedoch beide nur die Appellation →Bordeaux führen dürfen. Zu den besseren Châteaux zählen Loubens, La Rame, de Tastes, Lamarque, Coulac u. a.

Sainte-Foy-Bordeaux Östlichster →Bordeaux-Bereich, benannt nach seinem Hauptort Ste-Foy-la-Grande an der →Dordogne zwischen →Libourne und →Bergerac, an dessen Weinbaugebiet es angrenzt, mit rund 4600 ha Rebfläche. Jährlich werden an die 10000 hl Wein erzeugt, davon nahezu zwei Drittel Rotwein. Der Weißwein kann alles von trocken bis süß sein, der beste ist sicherlich, ebenso wie der Rote, durchaus ansprechend.

Sainte Roseline, Château Einer der führenden Rosé- (z. T. auch Rotweine) aus der →Provence aus der Ortschaft Les Arcs bei Draguignan.

Salento Italienische Landschaft im Süden →Apuliens, die ehemals so bezeichnete *Terra di Otranto*, um die eindrucksvolle Barockstadt Lecce. Große Mengen des hier angebauten Weins gehen als anonymer Verschnittwein (→*vino da taglio*) nach Norden. Doch es werden auch etliche wirklich ausgezeichnete Weine (meist Rotweine) erzeugt, die den Salento zum beachtenswertesten Weinbaugebiet Apuliens machen, darunter der →Patriglione, →Notarpanaro, →Salice Salentino, →Donna Marzia, →Rosa del Golfo, →Leverano, →Brindisi, →Matino u. a.

Sales, Château de Das größte Weingut in →Pomerol mit 48 ha Rebfläche (66 % →Merlot und je 17 % →Cabernet franc und →Cabernet Sauvignon) und einem ausgezeichneten, verläßlichen roten →Bordeaux.

Salice Salentino Bedeutender Weinbauort im →Salento im Süden →Apuliens, westlich von Lecce mit eigener →DOC-Regelung. Es werden hauptsächlich Rot- und Roséweine, mehrheitlich aus →Negro amaro erzeugt, die kraftvoll und schwer, mitunter auch breit und undifferenziert ausfallen. Die besten hingegen sind voller Charakter und Art, ja fein. Der allgemein bekannteste Wein ist sicherlich der →Five Roses von Leone De Castris. Deutlich mehr Beachtung verdienen dagegen die Weine von Cosimo Taurino, der heute generell als der qualitativ führende Erzeuger gilt.

Salina Eine der liparischen Inseln nördlich von →Sizilien, von der der größte Teil des bekannten →*Malvasia delle Lipari* kommt, als deren bemerkenswertester heute der des lokalen Weinguts von Carlo Hauner gilt.

Salterio Neuer weißer →Tafelwein aus der →Toscana, der von dem Weingut Trerose in →Montepulciano aus 70 % →Sauvignon und 30 % →Chardonnay erzeugt und in →Barriques ausgebaut wird. Der Wein ist gehaltvoll und komplex, voller Charme und zweifellos einer der bemerkenswertesten neuen Weißweine aus der Toscana.

Salvagnin Im Kanton →Waadt übliche Bezeichnung für gehobene einheimische Rotweine, die entweder aus →Pinot noir oder →Gamay oder aus einem Verschnitt von beiden stammen und zuvor eine →organoleptische Qualitätsprüfung bestanden haben.

Samena Trockener, eher leichter griechischer Weißwein von der Insel →Samos mit fruchtigem Traubenton, gefällig.

Sämling Heute werden fast alle Rebsorten aus sogenannten Blindreben erzogen, das heißt aus Triebstücken, die Wurzeln schlagen. Ein Sämling dagegen ist, wie schon der Name sagt, eine aus Samen gezogene Pflanze, wodurch ihre Herkunft nicht exakt feststellbar ist, es sei denn, die Aussaat und Aufzucht erfolgte unter streng wissenschaftlicher Kontrolle. Alle →Hybriden sind erstmals Sämlinge oder Mutanten gewesen ebenso wie alle →Neuzüchtungen. Danach werden sie nur noch vegetativ über das Holz weiter vermehrt.

Sammarco Vollauf bemerkenswerter Rotwein, der seit 1980 vom Weingut Castello dei Rampolla in Panzano inmitten des Anbaugebietes des →Chianti classico aus →Cabernet Sauvignon (zuzüglich 25 % →Sangiovese) erzeugt wird und nach zweijährigem Ausbau in neuen →Barriques in den Handel kommt. So klein die Erzeugung ist, so bemerkenswert ist der Wein: gehaltvoll, tief, mit schönem Körper und kraftvollem Tannin, dabei langsam reifend, ein Wein, der qualitativ dem ungleich berühmteren →Sassicaia kaum nachsteht.

Samos Berühmte griechische Insel in der Ägäis, seit Urzeiten berühmt für ihren weißen süßen →Likörwein, den →Muskat von Samos. Daneben werden auch andere Weine erzeugt, darunter der ansprechende weiße →Samena.

Sampigny-les-Maranges Weinbaugemeinde am Südende der →Côte d'Or in →Burgund, deren recht ordentliche Rotweine bis Ende der achtziger Jahre als *Côte de Beaune-Villages* in den Handel kamen und nunmehr die neue Appellation →*Maranges* gemeinsam mit den Weinen von →Cheilly-les-Maranges und →Dezize-les-Maranges führen.

Samtig Bezeichnung für weiche Rotweine mit ausgeglichenem →Körper und Alkoholgehalt und geringem →Tannin, die eine gewisse Wärme, mitunter auch Feinheit ausstrahlen. Gewiß kein geringer Wein, doch wenn sie auf Kosten des Charakters geht, fehlt dem Wein etwas.

Samtrot Zur →Pinot-Familie gehörende Rotweinsorte, eine Mutation aus dem →Schwarzriesling, deren Weine ihrem Charakter nach etwa zwischen einem Schwarzriesling und einem →Spätburgunder liegen. Seine inzwischen auf 141 ha angewachsene Anbaufläche beschränkt sich in Deutschland auf →Württemberg. Das Weingut Graf →Adelmann in →Kleinbottwar ist für seine gehaltvollen Samtrot-Weine geachtet.

San Colombano al Lambro Aus Croatina, →Barbera und Uva rara in der Umgebung von San Colombana in den Provinzen Mailand und Pavia erzeugter Rotwein mit →DOC-Status.

San Francisco Bay Die malerische Bucht von San Francisco, um die heute ca. 4 Mill. Menschen leben. Dank des in sie einströmenden kühlen Pazifiks verfügt die gesamte *Bay area* über ein mildes, ausgeglichenes Klima, die ideale klimatische Voraussetzung für die in seiner Umgebung erzeugten herausragenden Weine; →Napa Valley, →Sonoma County, →Alameda County, →Santa Clara County.

San Juan Argentinische Provinz, nördlich von →Mendoza, und das zweitgrößte Weinbaugebiet des Landes mit etwa 59 000 ha Rebfläche, von der etwa ein Fünftel der argentinischen Weinerzeugung kommt. Das Klima ist sehr heiß und sehr trocken, und es werden hauptsächlich →Likörweine erzeugt. Doch die Erzeugung von Qualitätsweinen aus →Cabernet Sauvignon, →Chenin blanc u. a. Sorten hat seit den achtziger Jahren teilweise erhebliche Fortschritte gemacht.

San Leonardo Renommiertes Weingut im →Trentino in Borghetto all'Adige, das aus →Cabernet und →Merlot mitunter exzellente Rotweine erzeugt. Der Cabernet Trentino kann in guten Jahren hervorragend sein und zählt zu den besten seiner Art. Im Besitz von Guerrieri-Gonzaga.

San Luis Obispo County Relativ junges Weinbaugebiet im mittleren bis südlichen →Kalifornien, zwischen →Monterey County und →Santa Barbara County gelegen. Derzeit gibt es nahezu 2300 ha Reben, von den 50 % auf →Chardonnay, →Cabernet Sauvignon und →Zinfandel entfallen. Die County verfügt über vier →AVAs, von denen Paso Robles die bedeutendste ist. Trotz ihres hohen Alkoholgehalts können die besten Weine ausgezeichnet sein. Hoffman, Estrella River, Edna Valley u. a. Erzeuger verdienen Beachtung.

San Martino Bemerkenswerter Rotwein, der von dem Weingut Cipriana in →Castagneto Carducci in der →Toscana seit 1984 ausschließlich aus →Cabernet Sauvignon erzeugt wird. Der Wein wird ungefähr anderthalb Jahre lang in →Barriques ausgebaut, von denen jährlich ein Teil erneuert wird. Er verfügt dann über Frucht, Körper und Tannin. Auch wenn er einen →Sassicaia nicht ganz erreicht, gehört er zu den bemerkenswertesten Weinen von Castagneto, der durch seinen Reichtum und seine Ausgeglichenheit beeindruckt.

San Severo Im Norden →Apuliens im *Tavoliere* gelegenes →DOC-Gebiet für ansprechende Rot- und Roséweine sowie noch überzeugendere Weißweine. Erstere werden aus →Montepulciano, eventuell mit Zusatz von →Sangiovese erzeugt, der letztere aus Bombino, →Trebbiano, →Malvasia und Verdeca. D'Alfonso del Sordo gilt als ein führender Erzeuger.

Sancerre Malerisches Städtchen in Mittelfrankreich an der oberen →Loire, dessen helle, frische, rassige, feinblumig-fruchtige Weißweine sehr an den unweit davon auf der gegenüberliegenden Loireseite erzeugten →Pouilly-Fumé erinnern und aus der gleichen Traube, dem →Sauvignon blanc, bereitet werden. Der Sancerre ist im allgemeinen früher reif als der Pouilly-Fumé und wird nach sechs Monaten auf die Flasche gefüllt. Zumeist erreicht er im 2. bis 3. Jahr seinen Höhepunkt, doch gibt es in guten Jahren auch Weine, die durchaus älter werden können.

Der weiße Sancerre erfreut sich heute zunehmender Beliebtheit, und in guten Jahren werden von ihm 90 000 hl und mehr erzeugt. Er kommt aus insgesamt 14 Gemeinden, von denen Bué einschließlich Brie), Sancerre (incl. →Chavignol), Crézancy, Verdigny und Sury-en-Vaux die bedeutendsten sind. Zusätzlich werden noch bis um die 20 000 hl Rot- und Roséwein aus →Pinot noir erzeugt. Dieser kann zwar (besonders der Rosé) sehr rassig und ansprechend sein, ohne jedoch die Qualität der besten Weißweine des Gebiets zu erreichen. Zu den führenden Erzeugern gehören Henri Bourgeois, Christian Salmon, Bailly-Reverdy, Comte Lafond (de Ladoucette), Archambault (sehr unterschiedliche Qualitäten), Lucien Crochet, Bernard Reverdy, Jean Vacheron, Lucien Picard, Alphonse Mellot u. a.

Sancocho Durch Erhitzen erzeugtes Traubenkonzentrat zur Herstellung von →Sherry, nicht so weit konzentriert (auf ein Drittel des ursprünglichen Mostes) und daher heller und weniger süß als der →Arrope.

Sandwein Allgemeine Bezeichnung für Weine, die auf Sandböden wachsen, darunter die des Seewinkels im →Burgenland, die des ungarischen →Alföld u. a. Am populärsten ist heute der meist schlicht als *Sandwein* bezeichnete *Vin de pays des Sables du Golfe du Lion*, der französische Landwein aus den sandigen Küstenregionen der Départements →Bouches-du-Rhône, →Gard und →Hérault. Diese Weine, weiß, rot und insbesondere rosé, kommen u. a. von den Domaines Viticoles des Salins du Midi, dem in Sète ansässigen größten Erzeugerbetrieb Europas, der sie unter dem Namen *Listel* in den Handel bringt. Nach den Gesichtspunkten modernster Kellertechnik vinifiziert sind sie ansprechende Allerweltsweine für jedermanns Geschmack. Die Spitzenweine des Seewinkels (→Neusiedlersee) verdienen dagegen deutlich mehr Beachtung.

Sangiovese Ausgezeichnete italienische Rotweinsorte, die, meist als *Sangiovese piccolo* in ganz Italien verbreitet und zusammen mit dem →Barbera wohl die meist angepflanzte rote Rebsorte des Landes ist. Ihre Heimat dürfte vermutlich in der →Toscana sein, wo sie ebenso wie in der →Emilia-Romagna, den →Marken, in →Umbrien und →Latium eine der wichtigsten Rotweinsorten darstellt. Auf sie entfällt der Hauptanteil beim →Chianti; aus ihr stammt der →Sangiovese di Romagana. Der →Rosso Piceno und der Sangiovese di Colli Pesaresi werden überwiegend aus ihr erzeugt wie auch der Sangiovese di →Aprilia in Latium und der →Solopaca Rosso aus →Kampanien. Der →Pergole torte, der →Flacianello, der →Etrusco, der →Gioia di Riecine, der →Percarlo, der Grosso Senese und eine zunehmende Zahl neuerer toscanischer Rotweine sind ein reinsortiger Sangiovese wie auch, mit einem besonderen Klon, der →Sangioveto von Badia a Coltibuono, und in der Variante *Sangiovese grosso* ist sie für den →Brunello di Montalcino (→Palazzo Altesi) und als *Prugnolo gentile* weitgehend für den →Vino Nobile di Montepulciano verantwortlich (→Elegia). Die Liste ließe sich um viele weitere Weine fortsetzen.

Sangiovese di Romagna Der Allerweltswein aus der östlichen →Emilia-Romagna, ein Rotwein für alle Tage und ohne größere Ansprüche. Dabei kann die Rebsorte bei entsprechender Pflege, Böden und Vinifikationsverfahren durchaus mehr leisten, und in der Tat gibt es einige Erzeuger, die in der Romagna einen ganz beachtlichen Rotwein aus ihr erzeugen, weit über den schlichten Durchschnitt hinausragend und durchaus mehrere Jahre lager- und entwicklungsfähig. Dazu gehören die Abfüllungen der Fattoria →Paradiso, von Vallunga (→Rosso Armentano), Spalletti, Villa I Raggi (Zanetti), Cesari u. a. führenden Erzeugern.

Sangioveto Alter Klon des →Sangiovese, aus dem das renommierte →Chianti classico-Gut Badia a Coltibuono einen exzellenten, in →Barriques ausgebauten Rotwein erzeugt, der tief und konzentriert ist, langsam reift und zusammen mit dem →Pergole torte zu den herausragendsten Sangiovese-Weinen der →Toscana zählt. Als weitere bemerkenswerte Weine, zumindest teilweise aus Sangioveto, gelten heute →Coltassala, →Balìfico, →Boscarelli u. a.

Sangria Spanischer Sommer-Punsch aus Rotwein (z. T. einfachen →Priorato), Zitronensaft, Zucker, Wasser oder Sodawasser, mitunter auch noch mit Beeren oder Früchten in Scheiben und verschiedenen Gewürzen angereichert.

Sangue di Giuda Leicht schäumender, manchmal etwas süßer Rotwein aus dem →Oltrepò Pavese in der südlichen →Lombardei in der Umgebung von →Broni (aus der u. a. auch der →Barbacarlo und der →Buttafuoco kommen). Sangue di Giuda heißt wörtlich *Judasblut*, was nicht unbedingt mit der Qualität des Weins zusammenhängen muß. Tatsächlich wird er aus Croatina, Uva rara, Ughetta und →Barbera erzeugt.

Sankt Andrä im Sausal Kleiner Weinbauort an den westlichen Ausläufern des →Sausal in der →Südsteiermark mit annähernd 30 ha Rebfläche. Für die Qualität seines Weinbaus spricht, daß sich hier der einstige Zehentkeller des fürsterzbischöflich-salzburgischen Schlosses Harrachegg befindet. Hirschmugl gilt heute als ein führender Erzeuger.

Sankt Antony Eines der führenden Weingüter in →Nierstein in →Rheinhessen mit 20 ha Rebfläche (60 % →Riesling) und nennenswerten Anteilen an den Spitzenlagen des Roten Hangs (*Pettenthal*, *Hipping*, *Ölberg*, *Heiligenbaum* und *Orbel*). Die Weine, überwiegend trocken, im Stahltank temperaturkontrolliert vergoren und im Holzfaß ausgebaut, zeichnen sich durch Frucht, klare Struktur und lagentypische Art aus und gehören heute zu den besten der →Rheinfront.

Sankt Gallen Ostschweizer Kanton, dessen 216 ha Rebfläche sich auf drei Bereiche verteilen, das untere →Rheintal, das St. Galler Oberland und kleinere Rebinseln insbesondere am Walensee und am St. Galler Teil des Zürichsees (Rapperswil). Von Bedeutung sind die Rebflächen von Thal, Berneck und Balgach, aber auch die Orte Rebstein, Marbach, Altstätten (Forst) u. a., während im Oberland Sargans, Bad Ragaz (*Freudenberg*) und Pfäfers (*Portaser*, mit 720 m Höhe höchster Rebberg der Ostschweiz) die bekanntesten Weine liefern. Die St. Galler Weine sind zu 81 % Rotweine aus dem →Blauburgunder und ähneln denen der →Bündner Herrschaft.

Sankt Laurent Ausgezeichnete rote Rebsorte, die ihren Namen von der Stadt →Saint Laurent im →Médoc herleitet, wo sie heute jedoch praktisch unbekannt ist. Obwohl sie den →Portugieser deutlich an Qualität übertrifft, sind in Deutschland – wenn auch bei zunehmender Tendenz – derzeit lediglich 59 ha mit ihr bestockt. In Österreich steht sie hingegen mit rund 500 ha – bei abnehmender Tendenz angesichts ihrer Ertragsunsicherheit – gegenwärtig noch an vierter Stelle unter den Rotweinsorten, und ihre besten Weine kommen zumeist aus der Umgebung von Bad →Vöslau, →Langenlois, der →Wachau und dem Weinbaugebiet →Neusiedlersee. Ihre besten Weine sind charaktervoll und höchst beachtenswert und gelten als die langlebigsten österreichischen Rotweine, die leicht 15 Jahre und älter werden können.

Sankt Magdalener (Santa Maddalena) Die Tage – wenn es sie, außerhalb politisch-programmatischer Äußerungen, je gegeben hat –, in denen der St. Magdalener zur Spitze der italienischen Rotweine gehörte, sind längst vorbei, obwohl in →Bozen und nördlich des Brenners dem Wein unverändert mit Hochachtung begegnet wird. Nicht daß es sich um einen geringen Wein handelte, fehlt ihm doch einiges an wirklicher Größe: Rubinrot, weich und samtig, ist er meist ein harmonisch abgerundeter Wein aus Groß-, Grau- und Kleinvernatsch (→Schiava, →Vernatsch) und →Lagrein, der von den Hügeln oberhalb von Bozen stammt. Er kommt heute als Südtiroler Sankt Magdalener (Alto Adige Santa Maddalena) mit dem →DOC-Prädikat in den Handel. Kehlburg (Bellendorf), Franz Gojer, die

Klosterkellerei Muri-Gries, Kettmeir u. a. gelten als führende Erzeuger.

Sankt Margarethen Bekannter, rund 740 ha Rebfläche umfassender Weinbauort im burgenländischen Weinbaugebiet →Neusiedlersee-Hügelland zwischen →Rust und →Eisenstadt mit z. T. beachtenswerten Weinen.

Sankt-Nikolaus-Hospital Berühmtes, über 500 Jahre altes Hospiz und Altersheim mit Weingut in Kues gegenüber →Bernkastel an der →Mosel, dessen 8 ha große Rebfläche sich auf Spitzenlagen in →Wehlen, →Graach, Bernkastel, →Brauneberg, →Lieser und Kues verteilt. Die Weine, ausschließlich →Riesling, sind durchweg von hoher Qualität und feiner Eleganz und führen die Bezeichnung *Cardinal-Cusanus-Stiftswein*, nach dem Gründer des Hospizes, dem berühmten Gelehrten und Kardinal Nicolaus Cusanus.

Sanlúcar de Barrameda Kleine Hafenstadt an der Mündung des Guadalquivir am Rande des →Sherry-Gebietes, von dessen Rebflächen auf besten →Albariza-Böden einer der köstlichsten →Likörweine Spaniens kommt, der →Manzanilla. Führende Sherry-Häuser, darunter Antonio Barbadillo, Herederos de Argüeso, Hijos de R. Perez Marin, Vinicola Hidalgo u. a., haben hier ihren Sitz.

Sans Dosage Ein Schaumwein ohne →*liqueur d'expédition*, ohne Versanddosage, also vollkommen →trocken, trockener als →*brut*. Von manchen Firmen auch als →*Extra brut, Brut sauvage*, →*Dosage zéro* o.ä. bezeichnet.

Sant'Anna di Isola Capo Rizzuto In der Umgebung von Crotone an der Ostküste →Kalabriens angrenzend an das Gebiet des →Melissa erzeugter Rot- und Roséwein aus Gaglioppo, Nerello, →Malvasia nera und bianca und →Greco bianco mit dem →DOC-Status. Der unförmige Name trägt nicht gerade zur Verbreitung des Weins bei.

Santa Barbara County Nördlich von Los Angeles an der Küste gelegenes kalifornisches Weinbaugebiet, in dem man in größerem Stil in den siebziger Jahren mit der Weinerzeugung begonnen hat. Heute sind bereits gut 3600 ha bestockt, zu 70 % mit →Chardonnay, →Cabernet Sauvignon, →Riesling und →Pinot noir. Das Santa Ynez Valley, eine eigene →AVA, hat derzeit den besten Ruf, und Firestone, Santa Ynez Valley, Zaca Mesa u. a. gelten heute als führende Erzeuger.

Santa Clara County Weinbaugebiet südlich der →San Francisco Bay, einst das größte →Kaliforniens. Durch Urbanisierung ist die Rebfläche heute auf noch gut 500 ha fast ausschließlich im südlichen Teil des Santa Clara Valley zusammengeschrumpft. Die bekannten alten Firmen Paul Masson, Almadén und Mirassou sind noch geblieben, während einige kleinere →wineries, darunter Martin Ray, Congress Springs, Pendleton u. a. heute einen guten Namen haben. Einige weitere Weingüter befinden sich in den Santa Cruz Mountains, →Santa Cruz County.

Santa Cruz County Kleines und relativ kühles kalifornisches Weinbaugebiet, an der Küste südlich der →San Francisco Bay gelegen. Seine besten Weine kommen zumeist aus der Santa Cruz Mountains →AVA, die entlang der Grenze zum →Santa Clara County verlaufen mit Weingütern auf beiden Seiten. Die besten von ihnen haben einen hervorragenden Namen, darunter Ridge, Mount Eden, David Bruce, Santa Cruz Mountain, Felton-Empire, Roudon-Smith u. a.

Santa Helena Der beste weiße Tafelwein von →Achaia Clauss aus Griechenland, trocken, strohgelb, vollmundig, gefällig und ansprechend.

Santarém Über 7000 ha großes portugiesisches →IPR-Weinbaugebiet im Zentrum des →Ribatejo um die Städte Santarém und →Rio Maior. Es werden hauptsächlich Rotweine aus →Periquita, Castelão Nacional, Preto Martinho und Trincadeira Preta sowie einige Weißweine aus →Fernão Pires, Arinto, Rabo de Ovelha u. a. Sorten erzeugt.

Santenay Nach den Gemeinden der Appellation *Les* →*Maranges* südlichste Weinbaugemeinde an der →Côte d'Or in →Burgund, von dessen 379 ha Rebfläche einige hervorragende Rotweine kommen: Recht voll im Körper, von deutlicher Tanninstruktur, robust und etwas bodenständig, können sie sich zu beachtlicher Eleganz entwickeln, ohne dabei jedoch das Volumen und die Ausdruckskraft etwa eines →Volnay zu erreichen. Aber über Charakter und Art verfügen sie allemal. Weißwein wird heute kaum noch erzeugt. Zu den besten *premier cru*-Lagen zählen: *Gravières*, *Clos-de-Tavannes*, *La Comme*, *Beauregard*, *Passe-Temps* u. a. Prosper Maufoux, Lequin-Roussot, Prieur-Brunet, Joseph bzw. Adrien Belland, Mestre u. a. gelten als führende Erzeuger.

Santorin Eine der bekanntesten der →Ägäischen Inseln Griechenlands, unter dem Gesichtspunkt des Weins besonders für ihre Weißweine gerühmt.

Saône Nahezu 500 km langer französischer Fluß, der in seinem Verlauf in →Burgund die →Côte d'Or, die →Côte Chalonnaise, das →Mâconnais und das →Beaujolais berührt, bevor er in →Lyon in die →Rhône mündet.

Sardinien Italienische Mittelmeerinsel mit rund 47 000 ha Rebfläche, von der jährlich im Schnitt aber nur um die 1,2 Mill. hl Wein kommen, die sehr unterschiedlicher Qualität sind. Gut 12 % entfallen dabei auf die bislang insgesamt

16 →DOC-Weine. Diese Weine weisen in der Regel einen hohen Alkoholgehalt auf (häufig zwischen 13–18 % vol.), können dabei aber dennoch z. T. erstaunlich fein und vereinzelt von außergewöhnlicher Güte sein. Als der traditionell berühmteste Wein gilt der delikate weiße →Vernaccia di Oristano, ein sehr alkoholhaltiger Wein, z. T. auch als →Likörwein, wozu auch die auf der Insel sehr beliebten, vielfach im →Campidano erzeugten →Nasco di Cagliari, →Moscato di Cagliari, →Malvasia di Bosa, →Girò di Cagliari und weitere aus Malvasia oder Moscato bereitete Weine gehören. Abgesehen von Likörweinen werden aber mitunter auch ganz beachtliche Weißweine erzeugt, allen voran der →Vermentino di Gallura, ein gehaltvoller und rassiger Wein, neben dem der →Nuragus di Cagliari ebenfalls Erwähnung verdient. Unter den Rotweinen ragen hervor die →Cannonau-Weine, der lokalen Bezeichnung für den →Grenache, besonders der Cannonau di Sardegna, aber auch der →Monica di Sardegna und der aus Cannonau und Monica (plus Bovale) erzeugte →Mandrolisai, ferner der achtbare →Carignano del Sulcis.

Sartène Im Südwesten der Insel →Korsika gelegenes →AOC-Gebiet (*Vin de Corse-Sartène*), das fast ausnahmslos Rotweine hervorbringt, die sehr ansprechend sein können. Am beachtenswertesten dürfte der Fiumicicoli sein. Aber auch die lokale Winzergenossenschaft und der Domaine de San Michele haben einen guten Ruf.

Sassella Einer der besten →Valtellina superiore, der im Norden der →Lombardei westlich von →Sondrio hauptsächlich aus dem hier als →Chiavennasca bezeichneten →Nebbiolo erzeugt wird. Die besten Weine sind konzentriert, charaktervoll und tanninreich und reifen langsam.

Sassicaia Lange Zeit ein legendärer Name unter den italienischen Weinen, dem man auch heute nicht anders als mit größter Hochachtung begegnen kann. Der Wein kommt von einem 25 ha großen, auf drei Parzellen verteilten Rebgelände in der Nähe des einstigen Klosters San Guido knapp 50 km südlich von Livorno an den steinigen Abhängen zur Küstenebene bei →Bolgheri in der Gemeinde →Castagneto Carducci in der →Toscana. Obgleich diese von Carducci besungene Küstenlandschaft in früheren Zeiten nie wegen ihres Weins berühmt war, bepflanzte der Besitzer des Gutes, Marchese Incisa della Rocchetta 1942 einen ersten Hektar mit →Cabernet Sauvignon. Zunächst nur als Liebhaberei gedacht, ließ das Ergebnis mit den Jahren immer mehr aufhorchen. 1968 übernahmen die verwandten Antinori aus Florenz die Vermarktung des Sassicaia, zunächst ganze 7300 Flaschen, die seit 1982 von dem Besitzer durchgeführt wird. Seit 1994 besitzt er den Status eines →DOC-Weins. Inzwischen – zu dem Cabernet Sauvignon sind 20–25 % →Cabernet franc gekommen – werden jährlich ca. 80 000 Flaschen erzeugt von einem Wein, der, wenn er gelingt, nicht nur zu den größten Rotweinen Italiens gehört, sondern dann selbst den Vergleich mit den bemerkenswertesten Weinen →Bordeaux' nicht zu scheuen braucht. Wie diese liegt er jeweils zwei Jahre in →Barriques, von denen jährlich etwa ein Drittel erneuert werden, bevor er nach einem weiteren Jahr Flaschenlagerung in den Handel kommt: Ein ebenso seltener wie großartiger Wein von großer Tiefe und Charakter, in seiner Jugend sehr kernig und adstringierend, bevor er sich zu bemerkenswerter Finesse und Eleganz entwickelt, kurz ein Wein, der höchstes Lob verdient.

Satigny Mit rund 450 ha Rebfläche größte Weinbaugemeinde der Schweiz, im Genfer →Mandement und Sitz der größten Kellerei des Landes, die *Vin Union-Genève*, die 80% der gesamten kantonalen Weinerzeugung vermarktet. Es werden hauptsächlich →Chasselas (→Perlan) und →Gamay angebaut.

Sauber Ein Wein ist sauber, wenn er gesund ist und bei der →Probe keine unangenehmen Geruchs- oder Geschmacksempfindungen hervorruft. Das hat mit seinem Alter nichts zu tun, ebensowenig mit der Preisklasse. Der Begriff sollte daher generell anwendbar sein; wird er jedoch ausschließlich zur Charakterisierung eines Weins verwandt, so handelt es sich gewiß um einen sehr kleinen, in der Regel angenehm trinkbaren Wein. Ein unsauberer Wein ist gewöhnlich ungenießbar. →Rein, Reintönig.

Sauer Einer der am häufigsten mißbräuchlich verwendeten Begriffe zur Charakterisierung eines Weins. Für viele ist jeder →herbe Wein mit einem natürlichen hohen Säuregehalt schlicht *sauer*. Tatsächlich wird man derartige Weine in der Regel zutreffender als →trocken, →rassig, vielleicht als säurebetont charakterisieren. Denn in der Weinsprache hat *sauer* nichts mit dem Gehalt an →Säure zu tun, wohl aber etwas mit ihrem Grad, mit der →Azidität, und d. h. mit der Art der Säure. Wenn ein Wein daher tatsächlich *sauer* schmeckt, muß er nicht besonders viel Säure enthalten, vielmehr wird diese Säure eine besonders hohe Konzentration von Wasserstoffionen aufweisen, so daß der →pH-Wert des Weines ungewöhnlich niedrig ist. Derartige Weine kommen glücklicherweise nur sehr selten in den Handel und sind anders als die obenerwähnten trockenen oder rassigen Weine häufig bereits auf dem Weg, völlig ungenießbar zu werden.

Säuerung Das Gegenteil der →Entsäuerung, darf in den →Weinbauzonen CII, CIIIa und CIIIb in gewissen Gren-

zen praktiziert werden. Dabei darf dem Wein bis zu 1,5 g/l Weinsäure zugesetzt werden, um einen anderenfalls zu niedrigen Gesamtsäuregehalt zu korrigieren. In außergewöhnlichen Jahren darf dieses Verfahren auch in den Zonen CIa und CIb angewandt bzw. in den bereits genannten Zonen die zulässige Höchstmenge bis auf 2,5 g/l erhöht werden.

Saumur Eine der reizvollsten kleineren Städte an der →Loire, berühmt nicht zuletzt durch ihr eindrucksvolles, türmereiches Schloß – wenn auch heute schlichter als auf mittelalterlichen Darstellungen wirkend – hoch über dem Strom, nach Osten der glorreiche Abschluß des Weinbaugebietes von →Anjou. Unter einem önologischen Aspekt ist Saumur heute für zwei verschiedenartige Weine berühmt, einmal für seine →Schaumweine, zum anderen für seine roten →Stillweine.

Der Schaumwein, *Saumur mousseux* oder wie er auf den Etiketten meist genannt wird *Saumur d'origine*, von dem jährlich bis um die 100 000 hl erzeugt werden, ist zu 96% weiß und wird aus →Chenin blanc, mit erlaubten Zusätzen (zusammen bis zu 20%) von →Chardonnay und →Sauvignon, und aus verschiedenen roten Sorten bereitet, die bis zu 60% der Gesamtcuvée ausmachen dürfen. (Der verbleibende *Saumur mousseux* ist ein Roséwein.) Diese Schaumweine können außerordentlich fein sein und gehören ohne Frage zu den besten französischen Schaumweinen außerhalb der →Champagne. Ackerman, Langlois-Château, Bouvet-Ladubay, Gratien & Meyer u. a. gelten als führende Erzeuger. Der zweite bedeutende Wein aus Saumur ist ein Rotwein aus den beiden →Cabernetsorten und aus Pineau d'Aunis, der als *Saumur* oder – aus einem kleineren Gebiet und meist besser – als *Saumur-Champigny* in den Handel kommt, jährlich um die 50 000 hl. Der Wein ist ausgezeichnet, in seiner Jugend eher frisch, reift sehr gut und kann beachtlich fein und harmonisch werden. Ein Wein, der verdiente, bekannter zu sein. Aupy, Château de Chaintres, Dalheuiller, Duveau, Filliatreau, Fourrier, Pisani-Ferry, Sauzay u. a. gelten als führende Erzeuger.

Schließlich werden noch eine Reihe meist ordentlicher weißer *Saumur* oder *Coteaux de Saumur* und in geringen Mengen ein leichter und frischer Rosé, der *Cabernet de Saumur* erzeugt.

Säure Jeder Wein hat einen gewissen Säure*gehalt*. Ist dieser zu gering, schmeckt der Wein →schal, →fad und abgestanden. Ein →saurer Wein hat dagegen einen zu hohen →Säuregrad. Normalerweise kommen in einem Wein Weinsäure, Milchsäure und Äpfelsäure vor. Dagegen sollte der Wein nicht nach Essig schmecken oder riechen, d. h. keine erkennbare →Essigsäure aufweisen, wobei bei Weißweinen 0,8 und bei Rotweinen 1,2 g/l als Höchstgrenze gilt, sonst ist er verdorben.

Im Gegensatz zu der auch als flüchtige Säure bezeichneten Essigsäure, die in kleinen Mengen bei der Gärung gebildet wird, sind Äpfel- und Weinsäuren natürlicherweise in den Trauben enthalten. Diese nicht-flüchtigen Säuren ergeben zusammen die Gesamtsäure oder titrierbare Säure, die in Deutschland je nach Rebsorte, Lage, Reifegrad und Jahrgang im allgemeinen zwischen 6 und 12 g/l, in geringeren Jahren etwa bei 9–14 g/l und mehr im Most liegt (je niedriger die Säure, desto milder, je höher, desto herber ist der Wein). Während der Gärung kommt es zu einem gewissen Säureabbau, so daß die Gesamtsäure im Wein in der Regel etwas niedriger liegt. Weist der Wein der nördlichen →Weinbauzonen der EG, in denen eine →Entsäuerung zulässig ist, jedoch lediglich um 4 oder 5 g/l Säure auf, so ist entweder eine Entsäuerung des Weins durch Kalk mittels eines anderen Verfahrens durchgeführt worden oder der Wein hat einen biologischen →Säureabbau durchgemacht, auch als 2. Gärung oder →Malolaktische Gärung oder →Nachgärung bezeichnet, bei der die Äpfelsäure in die mildere Milchsäure unter Freisetzung von →Kohlensäure umgewandelt wird, womit sich der Gesamtsäuregehalt zugleich reduziert. Die Malolaktische Gärung ist in →Baden, →Württemberg, Österreich, der Schweiz, Frankreich, Italien u. a. Ländern üblich und dient der qualitativen Verbesserung zumal von Rotweinen, es sei denn, Rebsorte oder Art des Weins erfordern einen →nervigen und von deutlicher Säure geprägten Wein, wie das bei etlichen Weißweinen der Fall ist.

Säureabbau, Biologischer Auch als →Malolaktische Gärung (Malolatica), →Nachgärung oder 2. Gärung bezeichnete bakterielle Umwandlung von Äpfelsäure in die mildere Milchsäure, wobei →Kohlensäure freigesetzt wird. Findet je nach Außentemperaturen entweder kurz nach der eigentlichen →Gärung oder im darauffolgenden Frühjahr statt.

Säuregrad Richtet sich nach der Art der →Säure, nicht nach ihrer Menge; →Azidität.

Sausal Nordwestlich von →Leibnitz in der →Südsteiermark gelegener Höhenzug, nach dem das »Sausaler Weinbaugebiet« seinen Namen herleitet. Es stehen ungefähr 500 ha unter Reben, z. T. bis auf 650 m Seehöhe, von denen einige hervorragende Weine (durchweg weiß) kommen. Neben Leibnitz sind →Sankt Andrä i.S., Kitzeck und St. Nikolai die führenden Orte.

Sauser In der Schweiz und Teilen Südwestdeutschlands gebräuchliche Bezeichnung für →Federweißen bzw. →Sturm (in Österreich), ein in abklingender Gärung befindlicher Traubenmost, der bis Ende November in Verkehr gebracht werden darf.

Sauternes Eigentlich nur der Name eines kleinen Dorfes 50 km südöstlich von →Bordeaux; nach dem Weingesetz umfaßt der Bereich jedoch neben Sauternes die drei weiteren Gemeinden →Preignac, →Bommes, →Fargues, und hinzu kommt, mit eigener Appellation und Persönlichkeit, doch einem ähnlichen Grundcharakter und gleichartigem Niveau, →Barsac. Die gemeinsame jährliche Erzeugung beträgt selten über 40 000–50 000 hl.

Sauternes-Weine – und damit meint man im allgemeinen Verständnis die Weine der Appellationen Sauternes und Barsac – sind praktisch das französische Gegenstück zu deutschen und österreichischen Beeren- und Trockenbeerenauslesen (trockene Sauternes-Wein gibt es nicht): reiche, goldfarbene und mehr oder weniger süße Weine, cremig-samtiger als ihre deutschen Pendants, nicht ganz so süß, dafür aber deutlich höher im Alkohol liegend (14 % vol. und mehr tatsächlicher Alkohol sind die Regel), dennoch ungemein blumig, mitunter rassig und fruchtig. Sie stellen die größten französischen →*vins liquoreux* dar und werden aus →Sémillon und →Sauvignon, z. T. mit kleinen Anteilen von →Muscadelle erzeugt, die spät gelesen werden, wenn sie überreif und durch die sog. →Edelfäule (→Botrytis cinerea) besonders konzentriert geworden sind. Der Ertrag ist entsprechend gering; 25 hl / ha sind erlaubt, doch bei den ersten Gütern sind es selten mehr als 9 hl / ha und in manchen Jahren überhaupt nichts. Dennoch fördert der sich wandelnde Publikumsgeschmack die Erzeugung derartiger Weine nicht gerade, so daß immer mehr Güter dazu übergehen, zusätzlich trockene Abfüllungen und z. T. sogar Rotwein zu erzeugen, die dann beide selbstverständlich nicht die →Appellation contrôlée *Sauternes* oder *Barsac*, sondern *Bordeaux* tragen. Vor 100 Jahren war dies noch anders. 1855 wurden nicht nur die Sauternes-Weine zusammen mit denen des →Médoc klassifiziert, sondern auch der größte Sauternes als *premier cru supérieur* noch über die roten *premiers crus* gestellt (Tabelle, Seite 424).

Auch heute noch sind die besten Sauternes-Weine ganz außergewöhnliche Weine, allen voran der *grand seigneur*, der heute wie 1855 eine Klasse für sich ist: Château d'→Yquem. Aber auch die übrigen, meist als *premiers crus* klassifizierten Châteaux liefern wahrhaft bemerkenswerte Weine: →Rieussec, →Climens, →Raymond-Lafon (ein *cru* →*bourgeois*), →Guiraud, →Coutet, →Lafaurie-Peyraguey, La →Tour-Blanche, →Sigalas-Rabaud, →Suduiraut, →Rayne-Vigneau, →Nairac, →Broustet, →Clos-Haut-Peyraguey, →Rabaud-Promis u. a.

Sauvignon blanc Eine glänzende, wenn auch sehr modische weiße Rebsorte, qualitativ vielleicht nur noch vom →Chardonnay und →Riesling übertroffen, die ursprünglich aus dem französischen Südwesten stammt, wo sie noch heute eine führende Rolle unter den Weißweinsorten spielt. So ist sie in der Regel die wichtigste Sorte für die trockenen weißen →Graves, während sie bei den →Sauternes-Weinen nach dem →Sémillon an zweiter Stelle steht. Ihr zweites Hauptverbreitungsgebiet in Frankreich ist die →Loire, wo sie z. T. als →Blanc-Fumé bezeichnet wird und so herausragende Weine wie den →Pouilly-Fumé und den →Sancerre liefert. Man findet sie ferner in →Burgund, wo der *Sauvignon de Saint-Bris*, ein angenehmer →V.D.Q.S.-Wein, aus ihr erzeugt wird, im →Languedoc u. a. Zusammen kommt sie in Frankreich bei steigender Tendenz auf derzeit rund 12 000 ha.

In Österreich sind 131 ha mit ihr bestockt, und die Weine, von denen die besten hervorragend sind, werden teils als Sauvignon etikettiert und teils als →Muskat-Sylvaner. Des weiteren ist sie in Norditalien weit verbreitet, wo sie

Premier cru supérieur classé

Château d'Yquem	Sauternes

Premiers crus classés

Château La Tour Blanche	Bommes
Château Lafaurie-Peyraguey	Bommes
Château Clos Haut-Peyraguey　Bommes	
Château de Rayne-Vigneau	Bommes
Château Suduiraut	Preignac
Château Coutet	Barsac
Château Climens	Barsac
Château Guiraud	Sauternes
Château Rieussec	Fargues
Château Rabaud-Promis	Bommes
Château Sigalas-Rabaud	Bommes

Deuxièmes crus classés

Château Myrat	Barsac
Château Doisy-Daëne	Barsac
Château Doisy-Dubroca	Barsac
Château Doisy-Védrines	Barsac
Château d'Arche	Sauternes
Château Filhot	Sauternes
Château Broustet	Barsac
Château Nairac	Barsac
Château Caillou	Barsac
Château Suau	Barsac
Château de Malle	Preignac
Château Romer	Fargues
Château Romer-du-Hayot	Fargues
Château Lamothe (Despujols)	Sauternes
Château Lamothe (Guignard)	Sauternes

beachtliche Ergebnisse in →Südtirol, im →Collio und anderen Gebieten von →Friuli-Venezia Giulia, in den →Colli Berici und in den →Colli Bolognesi, →Colli di Parma und →Colli Piacentini hervorbringt. In Griechenland bringt sie mit dem →Athos von →Tsantalis einen der besten griechischen Weißweine hervor. Auch in Slowenien, Kroatien, Serbien, Rumänien und Ungarn wird sie mit Erfolg angepflanzt. Außerhalb Europas begegnen wir ihr in →Kalifornien, wo über 5400 ha mit ihr bestockt sind, in Südamerika, Südafrika und Australien, wo sie es allerdings derzeit erst auf gut 300 ha gebracht hat.

Savatiano Exzellente griechische Weißweinrebe, die dank ihrer Widerstandskraft gegen Trockenheit in ganz Griechenland mit rund 32000 ha verbreitet, vor allem aber in →Attika anzutreffen ist und trockene, nicht zu alkoholhaltige, durchaus kernige und charaktervolle Weine hervorzubringen vermag. Nicht nur der attische →Retsina wird weitgehend aus ihr bereitet. Aus ihr stammen ebenfalls der →Kantza, der Château →Matsa, der weiße →Cava Cambas sowie eine Reihe weiterer, z. T. noch wenig bekannter Weine, die in Zukunft noch von sich reden machen dürften.

Savennières Reizvoller kleiner Ort etwa 15 km südwestlich von Angers an der →Loire mit ausgezeichneten trockenen Weißweinen, die zu den bemerkenswertesten Frankreichs gehören – die dort erzeugten Rotweine aus →Cabernet franc und →Cabernet Sauvignon dürfen seit jüngstem unter der Appellation →*Anjou-Villages* in den Handel kommen. Die Weißweine stammen ausschließlich aus →Chenin blanc und erreichen jährlich kaum 2500 hl. Die beiden herausragendsten Lagen besitzen eine eigene Appellation, die auf dem Etikett zusammen mit *Savennières* erscheint: der großartige →*Coulée-de-Serrant* (7 ha, im Alleinbesitz von Nicolas Joly) und der kaum geringere →*Roche-aux-Moines* (28 ha). Die besten Weine sind rassig, kernig, von großem Charakter, langsam reifend und sehr langlebig. Neben Nicolas Joly (Château de la Roche-aux-Moines) gelten Brincard (Domaine de la Bizolière), Bizard (Château d'Epiré), Soulez (Château de Chamboureau), Baumard, Roussier u. a. als führende Erzeuger.

Savigny-lès-Beaune Stadt in →Burgund, nordwestlich von →Beaune in einem Seitental der →Côte d'Or gelegen, und die von dort kommenden Weine, zu 97 % Rotweine: leicht, fein, mitunter geschmeidig. Nach einer Inschrift über der Kellertür von Château de Savigny sollen sie sogar »nahrhaft, gottesfürchtig und lebenserhaltend« sein. Mit 383 ha Rebfläche gehört Savigny zu den größten Weinbaugemeinden der →Côte de Beaune. Zu den besten Lagen zählen *Vergelesses, Marconnets, Dominode, Jarrons, Lavières* u. a. Die von dort kommenden Weine sind ehrlich, nahezu stets angenehm, oft delikat und voller Finesse und zählen zu den besten aus den weniger bekannten Gemeinden der Côte. Aymard de Nicolay, Barraud, Bize, Dubreuil, Ecard-Guyot, Guillemot, Seguin-Manuel u. a. gelten als führende Erzeuger.

Savoyen Historische Provinz Frankreichs, die heutigen Départements Savoie und Haut-Savoie südlich des Genfer Sees umfassend und im Osten an Italien grenzend mit zusammen über 2300 ha Rebfläche, von der heute jährlich selten mehr als 170 000 hl Wein kommen. Bei gut zwei Dritteln davon handelt es sich um →A.O.C.-Weine, ganz überwiegend weiß, die als →*Vin de Savoie* (je nachdem mit einem zusätzlichen Gemeindenamen wie Abymes, Apremont, Arbin, Ayze, Chautagne, Chignin, Jongieux, St-Jean-de-la-Porte u. a. versehen) oder aber als →Roussette de Savoie, →Crépy oder →Seyssel (oder *Seyssel* →*mousseux*) in den Handel kommen. In der Regel sind es leichte, gefällige Weine ohne großen Tiefgang, doch von angenehmer Frucht, die man im allgemeinen jung trinken sollte. Die Rotweine stammen meist aus →Gamay oder →Mondeuse und teilweise aus →Pinot noir, die Weißweine aus Jacquère, Altesse, lokal als →Roussette bezeichnet, →Roussanne, hier teilweise Bergeron genannt, →Chasselas, zumal bei den Weinen vom französischen Ufer des Genfer Sees, zu einem geringen Teil aus →Chardonnay u. a.

Savuto Aus Gaglioppo, →Greco nero, Nerello, →Sangiovese u. a. Sorten, darunter die weißen →Malvasia und Perocino, südlich von Cosenza in →Kalabrien erzeugter Rot- und Roséwein. Während der gehaltvolle Rotwein mitunter Differenziertheit vermissen läßt, muß der →*rosato* häufig als der qualitativ überlegenere der beiden Weine gelten, die zumeist durch die Winzergenossenschaft »Savuto« in den Handel gebracht werden.

Scavigna Äußerst seltener Weißwein, der von Giovan Battista Odoardi in Nocera Terinese erzeugt wird und zu den besten trockenen Weißweinen →Kalabriens gehört: gehaltvoll, mit feinen Geschmacksnuancen und dezenter

Säure, ein in jeder Weise hervorragender Wein, wie er im Mezzogiorno nur selten anzutreffen ist.

Schaffhausen Nördlichster Weinbaukanton der →Ostschweiz, fast ausschließlich rechts des →Rheins. Insgesamt stehen knapp 501 ha unter Reben, von denen zu 79% Rotwein aus dem →Pinot noir kommt. Traditionsgemäß werden 5 Bereiche unterschieden: 1. der mit Abstand bedeutendste ist der →Klettgau mit der größten Weinbaugemeinde der Ostschweiz, →Hallau mit rund 140 ha Rebfläche, zu der auch Oberhallau (mit weiteren 50 ha) zählt, ferner Wilchingen, Trasadingen, Osterfingen und Gächlingen; 2. der knapp 25 ha umfassende, östlich davon gelegene Oberklettgau um Löhningen; 3. die Stadt Schaffhausen selbst (*Munot, Heerenberg, Rheinhalde*) und einige östlich und nordöstlich davon gelegene Rebinseln, zusammen etwa 15 ha; 4. die rheinabwärts um Buchberg bei Eglisau – selbst eine Weinbaugemeinde, die bereits zum Kanton →Zürich gehört – gelegenen, ca. 30 ha umfassenden Rebflächen, und 5. die annähernd 30 ha in und um →Stein am Rhein (*Chäferstei, Blaurock*). Insgesamt handelt es sich um typische Ostschweizer Weine, blumig, süffig und durchweg sehr angenehm.

Schal Büßt ein →Schaumwein seine moussierende Eigenschaft ein, ist er *schal*. Dasselbe gilt für einen →Stillwein, der jede Frische vermissen läßt und der ausdruckslos und matt schmeckt.

Scharzberg Seit 1971 →Großlagenname für alle Saarweine. Im allgemeinen werden unter der Bezeichnung *Wiltinger Scharzberg* keine wirklich hervorragenden Gewächse der →Saar angeboten, sondern eher einfachere Abfüllungen. Man wird daher sehr gut daran tun, den *Scharzberg* nicht mit dem →*Scharzhofberg* zu verwechseln.

Scharzhofberg Eine der großartigsten Weißweinlagen der Welt, in der auf einer Fläche von gut 27 ha auf außergewöhnlich steilen, genau nach Süden weisenden Schieferhängen bei →Wiltingen an der →Saar →Riesling angebaut wird. Der Scharzhof selbst ist ein ehemaliges Klostergut und gehört seit 200 Jahren der Familie Egon Müller, die auch der bedeutendste Besitzer des *Scharzhofberges* ist, in den sich ferner die Hohe →Domkirche in →Trier, →Kesselstatt, die Vereinigten →Hospitien, Jordan & Jordan (früher van Volxem) und einige andere Besitzer teilen, die aber alle nie die Preise der Abfüllungen von Egon Müller erreichen.

Diese Weine heißen schlicht *Scharzhofberger* und genießen den uneingeschränkten Respekt von Weinliebhabern im In- und Ausland. Es ist nur recht und billig festzustellen, daß nur wenige Weine so bemerkenswert sind wie die *Scharzhofberger* der Jahre 1949, 1953, 1959, 1971, 1976, 1985 oder 1990. Und selbst nicht ganz so große Jahre wie 1966, 1975, 1983, 1988 oder 1992 bringen einen Wein von erstaunlichem Charakter hervor. Leicht, aber mit großer Geschmacksfülle, unglaublich differenziert, herb und doch aromatisch und blumig, frisch und doch zufriedenstellend sind die großen *Scharzhofberger* nahezu vollendete Weine. Einfache →Qualitätsweine von Scharzhofberg bringt Egon Müller seit dem 1987er als *Scharzhof* →*Riesling* in den Handel.

Schaumwein Sammelbezeichnung für schäumende Weine, unabhängig von dem Verfahren, nach welchem sie hergestellt sind (→Flaschengärung, →Méthode champenoise, →Transvasierverfahren, →Großraumgärung). Durchweg wird Schaumwein mittels zweiter Gärung aus →Tafelwein oder →Qualitätswein (oder dafür geeignete Trauben, Most oder Wein) hergestellt und muß einen Überdruck von mindestens 3 bar aufweisen. Man unterscheidet dabei die →Cuvée und die beiden Formen des →Dosage, den Fülldosage und den Versanddosage. Als gehobenere Qualität, →Qualitätsschaumwein, →Sekt. Schaumwein, der durch →Imprägnierung erzeugt wurde, muß als »Schaumwein mit zugesetzter Kohlensäure« deklariert werden. →Champagner, →Cava, →Mousseux, →Spumante.

Scheitermost Wein oder Most, der durch starken Druck der gescheiterten, aufgekrümelten →Trester gewonnen wird, auch Nachdruck (*vin de presse*) genannt.

Scheurebe Eine der verbreitetsten →Neuzüchtungen, aus →Silvaner × →Riesling (mitunter nach der Zuchtnummer S 88 genannt), die zwar inzwischen ebenfalls ihren Höhepunkt überschritten hat, mit der aber immerhin noch 3688 ha in Deutschland bestockt sind, womit sie an 7. Stelle der Sortenliste steht. Ihre größte Verbreitung findet sie nach wie vor in →Rheinhessen (wo sie nahezu ein Zwölftel der Rebfläche und nach →Müller-Thurgau, Silvaner, →Kerner und →Riesling den fünften Platz einnimmt) und in der →Pfalz. In Österreich hat die Scheurebe als einzige deutsche Neuzüchtung, abgesehen vom →Müller-Thurgau, einige Anhänger gefunden, so daß hier inzwischen auf sie rund 300 ha entfallen. Die Weine fallen durch ein intensives, an schwarze Johannisbeeren erinnerndes Bukett auf.

Schiava Interessante und ausgezeichnete Rotweinsorte, im Deutschen als →Vernatsch bezeichnet und in →Württemberg als →Trollinger populär, die in →Südtirol und am Westufer des →Gardasees weit verbreitet ist, eine der seltenen feinen Keltertrauben, die zugleich eine gute Tafeltraube ist. Sie wird im allgemeinen in Form der →Pergola erzogen und liefert einen ziemlich hellen, gerbstoffarmen, frischen, aroma-

tischen, frühreifen Wein (→Sankt Magdalener, →Kalterersee und die Rotweine um →Bozen und →Meran). Von der Schiava gibt es vier Spielarten: die *Schiava gentile* (Edelvernatsch), die *Schiava grossa* (Großvernatsch, den eigentlichen württembergischen Trollinger), die *Schiava piccola* (Kleinvernatsch) und die *Schiava grigia* (Grauvernatsch). Die meisten aus ihnen erzeugten Weine bestehen aus einem Verschnitt mehrerer dieser Spielarten.

Schilcher Roséspezialität aus der →Weststeiermark, die aus verschiedenen Spielarten des Blauen →Wildbachers gewonnen wird. Kennzeichnend für den Wein ist seine Zwiebelfarbe (→Pelure d'oignon), obwohl er vereinzelt auch ziegelrot sein kann, seine rassig-kernige Säure (Werte um 10 g/l sind nicht ungewöhnlich) und seine herrliche Fruchtigkeit in Bukett und Geschmack, in guten Jahren einer der köstlichsten Roséweine, die es gibt. Einige Erzeuger, darunter E. & M. Müller, bereiten außerdem aus dem Schilcher einen fast noch besseren, fruchtigen, rassigen und finessenreichen Sekt. – Das Schilchergebiet erstreckt sich auf nahezu 50 km von Ligist bis Eibiswald südwestlich von Graz, und die besten Schilcher stammen in der Regel aus der Umgebung von →Stainz und →Deutschlandsberg.

Schillerwein Ein in →Württemberg durch Verschnitt von weißen und roten Trauben erzeugter →Rotling. Auch in der Schweiz darf für diese Weine die Bezeichnung *Schiller* verwandt werden, wenn das rote Gewächs überwiegt. Die Weine sind bestenfalls von lokaler Bedeutung.

Schimmelgeschmack Bezeichnung für einen dumpfen, muffigen Geschmack im Wein, der durch unreines, verschimmeltes Material hervorgerufen wird, mit dem der Wein in Berührung gekommen ist (Faß, Schläuche, Korken u. a.), ein Fehler, der nicht vorkommen sollte.

Schinznach Mit ca. 30 ha Rebfläche zweitgrößte und bekannteste Weinbaugemeinde des ostschweizerischen Kantons →Aargau im Schenkenbergtal. Eigentlich Schinznach-Dorf, doch die Weine, allgemein aus Riesling × Sylvaner (→Müller-Thurgau) kommen als *Schinznacher* in den Handel. Sie gedeihen auf Jurakalkböden, haben eine ausgeprägte Muskatblume und einen rassigen Körper und sind in guten Jahren durchaus beachtlich.

Schioppettino Bemerkenswerter italienischer Rotwein, der insbesondere in Prepotto in den →Colli Orientali del Friuli aus der sonst kaum anzutreffenden →Ribolla nera (z. T. auch Schioppettino genannt) erzeugt wird, ein äußerst delikater, samtiger, charaktervoller und langlebiger Wein, der, obgleich zu den herausragendsten Rotweinen Italiens zählend, erst seit kurzer Zeit in die →DOC-Regelung integriert worden ist. Der mit Abstand beste Schioppettino dürfte von Ronchi di Cialla stammen.

Schlecht Ein Wein, der in irgendeiner Weise nicht in Ordnung, fehlerhaft ist. Im weiteren Sinn wäre ein schlechter Wein ein Wein, der nicht so ist, wie er vernünftigerweise sein könnte.

Schloß Im Zusammenhang mit Wein Bezeichnung für das gesamte Besitztum eines Weingutes, d. h. Gebäude und Rebflächen, ähnlich dem französischen →Château. Viele Lagen enthalten das Wort Schloß in einer kombinierten Form wie →*Schloßberg*.

Schloß Böckelheim, Bereich Bis 1993 der kleinere der beiden Bereiche des →Anbaugebietes →Nahe, westlich und südlich von Bad →Kreuznach gelegen, mit den Großlagen *Rosengarten*, *Para-*

diesgarten und *Burgweg* und mit →Altenbamberg, →Niederhausen, →Norheim, →Oberhausen, →Roxheim, →Schloßböckelheim, →Traisen u. a. als führenden Weinbauorten. Seither mit dem ehemaligen Bereich Bad Kreuznach zum neuen Bereich →Nahetal zusammengelegt.

Schloß Neuenburg, Bereich Größerer der beiden zum Anbaugebiet →Saale-Unstrut gehörenden Bereiche mit allen in Sachsen-Anhalt gelegenen Lagen.

Schloßabzug Seit dem deutschen →Weingesetz von 1971 nicht mehr statthafte Bezeichnung für bestimmte →Erzeugerabfüllungen; in Frankreich →Mis en bouteille au château. Seit 1993 darf jedoch bei entsprechenden Voraussetzungen die Bezeichnung →Gutsabfüllung gebraucht werden.

Schloßberg Der gebräuchlichste deutsche Weinlagenname. Insgesamt gibt es über 80 verschiedene Lagen mit diesem Namensteil. Am bekanntesten sind *Rüdesheimer Berg Schloßberg*, *Zeltinger Schloßberg*, *Durbacher Schloßberg*, *Neipperger Schloßberg*, *Casteller Schloßberg* u. a. Ferner ist *Schloßberg* bekannt als rund 60 ha große →*grand cru*-Lage von →Kientzheim im →Elsaß, von der vor allem →Rieslinge, meist beachtlicher Qualität, kommen.

Schloßböckelheim Wenn es um die Qualität der Weine geht, eine der bedeutendsten Weinbaugemeinden der →Nahe, im – bis 1993 bestehenden – Bereich →Schloß Böckelheim (man beachte die abweichende Schreibweise) gelegen. Rund 90 ha stehen unter Reben – nahezu ausschließlich →Riesling –, deren Spitzenlagen *Kupfergrube* und *Felsenberg* zu den besten Weinlagen der Nahe gerechnet werden. Die von ihnen stammenden Rieslinge sind in guten Jahren von außerordentlicher Qualität, nuancenreichem Spiel und erlesener

Feinheit, wenn auch im Charakter deutlich voneinander unterschieden. Die Rieslinge der übrigen Schloßböckelheimer Lagen, darunter *Königsfels* und *In den Felsen*, stehen diesen nur wenig nach. Dönhoff, Crusius, die →Weinbaudomäne Niederhausen-Schloßböckelheim, Paul und August E. →Anheuser, Hehner-Kiltz, →Plettenberg u. a. gehören zu den führenden Erzeugern.

Schnapsig Ein vergleichsweise körperarmer Wein mit unverhältnismäßig hohem, unharmonischem Alkoholgehalt.

Schomlau →Somló

Schönborn, Schloß Domäne eines der ältesten und bedeutendsten Adelsgeschlechter im →Rheingau, heute eines der größten privaten Weingüter des Gebiets (45 ha, 91 % →Riesling) mit nennenswertem Besitz in einigen der besten Lagen des Rheingaus, darunter in →Hochheim (*Domdechaney, Kirchenstück*), →Rauenthal (*Baiken, Wülfen*), →Erbach (→*Marcobrunn*), →Hattenheim (*Nußbrunnen, Wisselbrunnen, Pfaffenberg* im Alleinbesitz), →Johannisberg (*Klaus*), →Geisenheim (*Rothenberg, Mäuerchen*), →Rüdesheim (*Berg Rottland, Berg Schloßberg*) u. a. Sitz der Domäne ist Hattenheim, und ihr Eigentümer ist Dr. Karl Graf von Schönborn-Wiesentheid, der auch über ausgedehnten Weinbergbesitz in →Franken in der Umgebung von Volkach verfügt.

Schönen Seit Urzeiten bekannte, traditionelle Methode zur Klärung und heute vor allem zur Stabilisierung von Wein, dem man dabei im Faß bestimmte Bestandteile zusetzt, die sich als Trub oder →Bodensatz zusammen mit den im Wein schwebenden und diesen trübenden Partikeln niederschlagen und ihn dadurch klären bzw. mit deren Hilfe man den Wein vor neuerlichen Eintrübungen und dem vorzeitigen Verderben schützt. Als Zusatz werden die verschiedensten Substanzen benutzt, wie Eiweiß, Hausenblase (gereinigte und getrocknete Schwimmblase des Hausen, Stör oder Wels), Gelatine, Bentonit u. a. In einigen Fällen finden auch Chemikalien Verwendung, wie etwa Kaliumferrocyanid bei der Blauschönung, wenn der Wein zu viel Eisen oder Kupfer enthält; in diesem Fall nimmt er dann vorübergehend eine hellblaue Farbe an. Fast alle Weine der Welt werden auf irgendeine Art geschönt, obwohl etliche Spitzenerzeuger auf derartige Methoden verzichten.

Schoppenwein Übliche Bezeichnung in Deutschland für offene Weine (*vins de carafe*), meist in 0,2-l- oder 0,25-l-Gläsern angeboten, sowie für Weine, die in Literflaschen abgefüllt und verkauft werden. In beiden Fällen handelt es sich zumeist um eher einfachere, jedoch keineswegs notwendigerweise um geringe Weine.

Schorle Erfrischungsgetränk aus (meist mäßig gutem) Weißwein und Sodawasser (eventuell plus Eiswürfel). Frische, herbe Weine eignen sich am besten dazu.

Schozach Südlich von →Flein gelegener Weinbauort in Württemberg, Teil von Ilsfeld, mit nahezu 80 ha Rebfläche und den Lagen *Roter Berg* (Alleinbesitz des Bentzel-Sturmfederschen Weinguts mit gehaltvollen, körperreichen und harmonischen Rot- und Weißweinen; 17 ha, 32 % →Riesling, 22 % →Spätburgunder) und *Schelmenklinge*. D. Wulle ist ein weiterer bekannter Erzeuger.

Schwaigern Sehr gute Weinbaugemeinde in →Württemberg, westlich von →Heilbronn gelegen und Sitz des Weingutes der Grafen von →Neipperg. Die beste Lage des Ortes, *Schwaigerner Ruthe*, befindet sich in deren Alleinbesitz.

Schwarzfäule Krankheit auf Blättern, Trauben und Trieben, die besonders bei feuchter Witterung auftritt und von einem Pilz (*Fuignardia Bidwellii*) verursacht wird. Zu ihrer Bekämpfung verwendet man Kupfersulfat.

Schwarzriesling Rote Rebsorte, die nichts mit dem echten →Riesling gemein hat und eigentlich →Pinot →Meunier heißt, zur Pinot-Familie gehört und in Deutschland offiziell unter dem Namen Müllerrebe geführt wird. Annähernd neun Zehntel ihrer Gesamtfläche von 2122 ha befinden sich in →Württemberg; (der Rest verteilt sich im wesentlichen auf →Baden und die →Pfalz), wo sie als Schwarzriesling regelrecht populär ist und nach dem Riesling und dem →Trollinger an 3. Stelle der Sortenliste steht. Zumal als →Spätlese liefert sie freundliche, gerundete und ansprechende Rotweine.

Schwefel Ein Element, das im Weinbau in verschiedenen Formen Verwendung findet. Einmal besprüht oder bestäubt man damit Reben zum Schutz vor Pilzkrankheiten. Sodann werden vielerorts die Fässer im Keller mit Schwefelgasen sterilisiert. Auch zur Haltbarmachung des Weins wird Schwefel seit alters verwandt, und inzwischen haben auch die Erzeuger von sog. →Bioweinen erkennen müssen, daß es nicht möglich ist, qualitativ herausragende Weine ohne Zusatz von Schwefel hervorzubringen. D.h. je nach Jahrgang, Art, Qualitätsstufe, Süße u. a. müssen dem Wein in verschiedenen Stadien seiner Erzeugung oder Lagerung kleinste Mengen Schwefeldioxid (SO_2) beigegeben werden, um ihn gesund und lagerfähig zu erhalten, um Braunwerden und die Entwicklung krankheitserregender Mikroorganismen zu verhindern und um sich geschmacklich, seinen natürlichen Bedingungen entsprechend, optimal zu entwickeln. Dies kann bislang ebensowenig ohne Schwefel wie durch ein Zuviel an Schwefel erreicht werden, d. h. die zugefügte Gesamtmenge an SO_2 muß so gering wie möglich gehalten werden; sie ist dann gesundheitlich völlig unbedenklich. Bestrebungen qualitätsbewußter Erzeuger wie auch der EU-Kommission gehen daher beständig dahin, den Schwefelgehalt im Wein weiter zu verringern. Gegenwärtig sind in der EG noch 160 mg/l für Rot- bzw. 210 mg/l für Weiß- und Roséweine an Gesamt-SO_2-Gehalt zulässig (bei →Diabetikerweinen jeweils maximal 150 mg/l), wobei Weine mit mehr als 5 g/l →Restzucker je nach Qualitätsstufe zwischen 210 und 400 mg/l enthalten dürfen.

Schweigen Weinbaugemeinde im Bereich Südliche →Weinstraße in der →Pfalz, unmittelbar an der französischen Grenze gelegen und weithin bekannt durch das monumentale, doch kunstgeschichtlich keineswegs bedeutende »Deutsche Weintor«. Zusammen mit dem dazugehörigen Rechtenbach stehen rund 170 ha unter Reben. Einige der von dort kommenden Weine verdienen durchaus Beachtung, insbesondere wenn sie von Fritz Becker, Oskar Jülg u. a. namhaften Erzeugern stammen.

Schweiz Das Land in der Mitte Europas, wie es sich selbst gerne sieht, in dem sich der deutsche, französische und italienische Kulturkreis begegnen, was sich auch auf dem Gebiet seiner Weine niederschlägt: Einige seiner Weine mögen an jene Südbadens erinnern, andere an die Ostfrankreichs, des →Lyonnais und →Savoyens, andere wiederum an Nordwestitalien. Dennoch handelt es sich in allen diesen Fällen um Schweizer Weine mit vielen, aus den rasch wechselnden klimatischen Bedingungen des Alpenlandes resultierenden Gemeinsamkeiten.

Nicht nur sprachlich-kulturell teilt sich die Schweiz in die deutsche →Ostschweiz, die französische →Westschweiz und die italienische →Südschweiz auf; auch beim Wein gilt diese Einteilung. Rund 83 % der Schweizer Weinerzeugung kommen aus der Westschweiz, d. h. abgesehen vom →Wallis und den östlichen Teilen des Kantons →Waadt von den sanften Juraabhängen und den dazugehörigen Seen. Zu 52 % (1970 waren es noch 75 %) handelt es sich dabei um Weißwein, der in aller Regel aus der →Chasselas erzeugt wird, aus der auch der hervorragendste Schweizer Weißwein, der →Dézaley vom Genfer See stammt. Der größte Teil des Rotweins kommt aus dem klimatisch bevorzugten Alpenkanton Wallis, und der bekannteste ist der herausragende →Dôle. Rebsorten und Weinbaumethoden der Westschweiz sind nachhaltig von Frankreich beeinflußt.

Aus der Ostschweiz kommen im Schnitt gut 13 % der Schweizer Weinerzeugung. Größere zusammenhängende Rebflächen sind hier angesichts der Hochlage und der starken Zerklüftung des Alpenlandes selten. Meist gedeiht die Rebe auf mikroklimatischen Inseln, steilen, geschützten Südlagen, wobei sie sich mancherorts nicht nur der Witterung, sondern auch der Urbanisierung zur Wehr setzen muß. Gut 46 % der Ostschweizer Weine kommen aus den Kantonen →Zürich und →Schaffhausen; die übrigen 54 % verteilen sich – sehr ungleichmäßig – auf die 15 verbleibenden Ostschweizer Kantone, wobei 94 % der Weine der Deutschschweiz aus 6 der 17 Kantone stammen. Anders als in der Westschweiz sind 71 % der Ostschweizer Weine Rotweine (1970: 82 %), praktisch ausschließlich aus dem →Blauburgunder, während die Weißweine größtenteils aus dem Riesling × Sylvaner (→Müller-Thurgau) erzeugt werden.

Die Südschweiz kommt in etwa für 4 % der Schweizer Weinmosternte auf, und abgesehen von einigen Hektar im südlichen →Graubünden stehen die Reben südlich der Alpen im →Tessin. Ihre privilegierte Lage in der gerne so genannten Sonnenstube der Schweiz ist zugleich ihr größter Feind. Mehr und mehr Rebflächen fallen der Urbanisierung und Zersiedlung der Landschaft zum Opfer, so daß der Weinbau hier in den letzten Jahrzehnten konstant rückläufig gewesen ist und gegenwärtig noch 891 ha im Ertrag stehen. Dennoch verdient der Wein Beachtung, insbesondere der →Merlot del Ticino, der ein ausgezeichneter, erfreulicher Rotwein ist. Weißwein wird dagegen kaum (ca. 5 %) erzeugt.

Insgesamt stehen in der Schweiz derzeit 14 844 ha unter Reben, in die sich etwa 19 000 Betriebe teilen, was einer Durchschnittsfläche von rund 0,7 ha pro Betrieb entspricht – im Tessin liegt sie bei etwa einem Drittelhektar, während sie in Genf als dem anderen Extrem 4,5 ha beträgt. Jährlich werden um 1,3 Mill. hl Wein erzeugt. Durchweg sind es trockene, sehr ansprechende und unkomplizierte Weine mit mittlerem Alkohol, der selten deutlich über 12 % vol. hinausgeht. Die besseren Schweizer Weine verdienen jedoch ohne Frage weit mehr Beachtung, doch erschwert ihr angesichts eines von der EU weitgehend abgeschotteten Agrarmarktes durchweg hohes Preisniveau (im Verhältnis zur Qualität) eine verstärkte Präsenz auf Auslandsmärkten.

Schwer Bezeichnung für einen körperreichen, wenig differenzierten Wein mit vergleichsweise hohem Alkoholgehalt, der Feinheit vermissen läßt. Süditalienische, insbesondere aber mittelspanische Weine aus →Jumilla, →Alicante u. a. Gebieten können schwer sein. Zum negativen Gesamteindruck noch hin gesteigert, würde man sie als →*dick* oder →*plump* bezeichnen.

Sec Französische Bezeichnung für →trocken, beim Wein das Gegenteil von süß. Handelt es sich hingegen um →Schaumwein, so bezeichnet *sec* bereits eine relativ süße Abfüllung. Der Ausdruck entspricht →asciutto, →dry, →secco, →seco, →xeros.

Secco Italienische Bezeichnung für →trocken, auch →asciutto genannt; entspricht →dry, →sec, →seco, →xeros.

Seco In Spanien und Portugal gebräuchliche Bezeichnung für →trocken; entspricht →asciutto, →dry, →sec, →secco, →xeros. Das Gegenteil, süß, heißt auf spanisch →dulce und auf portugiesisch →doce.

Seefeld-Kadolz Weinbaugemeinde mit rund 175 ha Rebfläche am Eingang des →Pulkautals im niederösterreichischen →Weinviertel. Es wird hauptsächlich Grüner →Veltliner erzeugt, und die Graf Hardegg'sche Schloßkellerei genießt den besten Ruf.

Seewein Sammelbezeichnung für die durchweg säurearmen, milden und angenehmen Weine vom Nordufer des →Bodensees.

Seifig Bezeichnung für einen Wein, der unangenehm →glatt und flach, von geringer →Säure und in der Regel ebenfalls geringem Alkoholgehalt ist und dem es an Struktur fehlt.

Sekt In Deutschland gebräuchliche Bezeichnung für →Qualitätsschaumwein, der eine amtliche →Prüfnummer tragen muß. In Österreich ist jeder Schaumwein ein Sekt, während der Qualitätsschaumwein als →Qualitätssekt deklariert werden kann.

Selle, Château de Sehr beachtenswerte Rosé- und Weißweine aus der →Provence. Das zu den Domaines Ott gehörende Weingut liegt bei Taradeau in der Nähe von Draguignan.

Selo de origem Auch als *selo de garantia* bezeichnet: Eine bei portugiesischen Weinen aus einem →DOC-Gebiet über

den Korken geklebte, numerierte Kontrollbanderole (nur beim →Vinho Verde als Rückenetikett), durch die die autorisierte Gebietskörperschaft die Herkunft des Weines aus dem festgelegten Weinbaugebiet gemäß den bestehenden Verordnungen garantiert.

Selzen Kleiner Weinbauort im rheinhessischen →Hügelland, westlich von →Nierstein, mit 130 ha Rebfläche. Das lokale Weingut Ökonomierat Schätzel Erben hat weithin einen guten Namen.

Semidulce Spanische Bezeichnung für →lieblich; entspricht →amabile, →imiglykos, →medium (sweet), →meio doce, →moelleux.

Sémillon Ausgezeichnete Weißweinrebe aus dem Südwesten Frankreichs, wo sie weit verbreitet ist und die besten Weine liefert, wenn sie mit einer anderen Sorte, insbesondere dem →Sauvignon blanc verschnitten wird, wobei es trotz einiger wichtiger Ausnahmen üblich ist, daß bei trockenen Weinen, wie den weißen →Graves, der größere Anteil auf den Sauvignon und bei süßen Weinen, so den →Sauternes u.a., der Hauptanteil auf den Sémillon entfällt. Nur aus dem Sémillon bereiteter Wein kann zwar ausgesprochenen Charakter und Klasse haben, ist jedoch oft zuwenig säurehaltig, frisch und fruchtig. Etwa 23 000 ha sind heute in Frankreich mit ihm bestockt.

Auch außerhalb Europas hat diese Rebsorte Anklang gefunden, am meisten in Chile, wo sie mit 35 000 ha die führende weiße Sorte ist. Aber auch in Argentinien ist sie mit rund 6000 ha zu finden und in Südafrika mit etwa 4000. In →Australien erreicht ihre Fläche über 3000 ha, wobei sie die besten Ergebnisse im →Hunter Valley erzielt, wo sie als Hunter River Riesling z. T. beachtliche, gehaltvolle und gut abgestimmte Weine hervorbringt. In →Kalifornien kommt sie derzeit auf etwa 880 ha.

Separieren Klären des – meist – weißen Mostes nicht durch Absetzenlassen (→Vorklären), sondern mittels Verwendung von Großraumschleudern (Separatoren) oder zum Abzug des vergorenen Weins von der →Hefe. Zwar ist die Klärung auf diese Weise gründlicher, doch empfinden Verfechter des traditionellen Weinbaus das Separieren mit Recht als zu weit gehenden physikalischen Eingriff, da damit neben dem Trub auch wertvolle Inhaltsstoffe dem Most bzw. Wein entzogen werden. Die Weine erhalten dadurch häufig eine merkwürdige, glatte Eleganz.

Ser Gioveto Neuer Rotwein aus der →Toscana, der von dem Weingut Rocca delle Macìe in Castellina in Chianti inmitten des →Chianti classico-Gebietes aus ausgewählten →Sangiovese-Trauben erzeugt und in →Barriques ausgebaut wird. Der Wein ist vollmundig und gehaltvoll und verfügt über Kern und Charakter, läßt aber etwas Distinguiertheit und Länge vermissen.

Serbien Das größte Weinbauland des ehemaligen Jugoslawien mit rund 66 000 ha Rebfläche, zu denen noch einmal 14 000 ha in der Wojwodina und 7000 ha im Kosovo hinzukommen. Der Weinbau verteilt sich über ganz Serbien, wobei die Täler von Donau, Morava und Timok mit ihren Nebenflüssen die wichtigsten Weinbauregionen markieren. Neben einheimischen Sorten werden in zunehmender Zahl französische Rotweinsorten (→Pinot noir, →Merlot, →Cabernet, →Gamay u. a.) angepflanzt. Im äußersten Süden, nahe der albanischen Grenze, befindet sich in der Provinz Kosovo auch das Anbaugebiet des früher in Deutschland besonders beliebten, doch sehr durchschnittlichen *Amselfelder.*

Sercial Interessante und ausgezeichnete Weißweinrebe, bei der es sich nach häufig vorgebrachter, doch letztlich nicht bewiesener Auffassung in Wirklichkeit um den echten →Riesling handeln soll, aus der in der Regel der beste trockene →Madeira bereitet wird.

Serradayres Altberühmter portugiesischer Wein, der heute von Carvalho, Ribeiro & Ferreira im Weinbaugebiet von →Torres Vedras erzeugt wird. Der Rotwein ist eher leicht, nervig, dabei fein und charaktervoll und kann in guten Jahren leicht zehn Jahre und älter werden. Der Weißwein verfügt über Struktur und Eleganz und kann je nach Jahrgang durchaus der bessere und gehaltvollere der beiden sein.

Serrig Die höchst gelegene und eine der kühlsten Weinbaugemeinden der →Saar, mit der der Saarweinbau seinen Anfang nimmt. Von ihrer rund 100 ha großen und nahezu ausschließlich mit →Riesling bestockten Rebfläche kommen in guten Weinjahren stahlige und nuancenreiche Weine, herb, blaßfarben, niedrig im Alkoholgehalt, doch mit viel Ausdruckskraft. *Herrenberg*, *Vogelsang*, *Schloß Saarsteiner* u. a. gelten als die besten Lagen. Das lokale Weingut Schloß Saarstein (10 ha, 97 % Riesling) hat den besten Ruf.

Servieren von Wein Gewiß sollte man aus dem Weintrinken nicht mittels mehr oder weniger unsinniger Gebräuche ein Ritual machen. Die Verbindung von Wein und Essen ist prinzipiell so selbstverständlich, daß sie keiner weiteren Begründung bedarf. Dennoch gibt es einige sehr vernünftige Grundregeln, die einer jahrhundertealten europäischen Eß- und Trinkkultur entstammen und die zu beachten nur von Nutzen sein kann: Erst wird dem Gastgeber eine Kostprobe des Weins eingeschenkt, damit er sich überzeugen kann, daß der Wein in Ordnung ist und seine Gäste einen guten Wein kredenzt bekommen. Weiß- und Roséweine sollten gekühlt getrunken werden, weil sie dann erfrischender und angenehmer munden. Zu Fischgerichten und allen Formen von Meeresfrüchten passen nahezu immer Weißweine besser, doch wie bei Fleischgerichten entscheidet letztlich die Sauce. Handelt es sich um eine helle Sauce wird ein Weißwein in der Regel die bessere Wahl sein, ebenso wie bei einer dunklen Sauce der Rotwein vorzuziehen ist (fehlt die Sauce, wird, außer bei ganz hellem Fleisch, der Rotwein in der Regel die bessere Wahl sein). Je leichter das Gericht ist, desto leichter sollte der Wein sein, doch dies ist keine Frage des Alkoholgrades, sondern des Jahrgangs und der Herkunft. Zu einem deftigen Braten mag ein schwerer Rotwein die passende Ergänzung sein, denn eine grazile Sauce wäre damit in der Regel erschlagen. Die richtige Wahl erfordert Fingerspitzengefühl und viel Erfahrung. Das gilt besonders für den nachfolgenden Käse: Ist er reif und abgerundet, also *à point*, sollte es der Rotwein ebenso sein. Wer glaubt, er müßte nun hier endlich den jüngsten großen Jahrgang servieren, wird unweigerlich Schiffbruch erleiden; ein alter, rundum reifer Rotwein wäre die passende Wahl. Mehr oder weniger süße Weißweine sollte man dagegen entweder für ein passendes Entrée oder für das Dessert vorbehalten.

Genießt man den Wein ohne Essen, sollte grundsätzlich weiß vor rot, leicht, trocken und säurereich vor gehaltvolleren, reiferen und süßen Weinen serviert werden. In jedem Fall sollte möglichst ausreichend trockenes Weißbrot o. ä. bereitstehen, um die Geschmacksorgane vor dem neuen Wein neutralisieren zu können. →Dekantieren, →Glas, →Temperatur.

Setúbal Stadt und Halbinsel südöstlich von Lissabon in Portugal, aus deren Umgebung eine Menge sehr ordentlicher Rotwein und einiger Weißwein kommt (→Pasmados, →Periquita), z. T. mit der Ursprungsbezeichnung →Pal-

mela. Was jedoch mit der DOC-Bezeichnung Setúbal in den Handel kommt, ist ungleich bekannter, nämlich der legendäre →Muskatwein von Setúbal, der zumindest zu zwei Dritteln aus Moscatel de Setúbal oder Moscatel Roxo besteht. Macht der Anteil dieser Sorten mindestens 85 % aus, darf er sich →*Moscatel de Setúbal* nennen, ein gespriteter süßer →Likörwein von bis zu 22 % vol. Alkohol, dem nach der Gärung frischer Moscatelmost zugefügt wird, der den Wein ungemein fruchtig, süß und sehr delikat macht, so daß der Wein zu den besten Muskatweinen der Welt zählt. Bei Erfüllung der entsprechenden Anforderungen darf er nach 5 Jahren das Prädikat *superior* bzw. bei entsprechendem Mindestalter und Erfüllung der Qualitätsauflagen die Bezeichnung *10 anos de idade* oder *20 anos de idade* (10 Jahre bzw. 20 Jahre alt) führen. Fonseca ist der weltweit bekannteste und angesehenste Name.

Sèvre-et-Maine Weinbaugebiet südöstlich von →Nantes in der südlichen Bretagne und in den südwestlichen Teilen des angrenzenden →Anjou, aus der der →*Muscadet de Sèvre et Maine* kommt, der allgemein als der beste Muscadet gilt. Das Gebiet gehört auch zum Anbaugebiet des →*Gros Plant du pays nantais.*

Seyssel Kleines →A.O.C.-Gebiet an der →Rhône zwischen →Genf und →Lyon an der Grenze von →Savoyen, in dem jährlich gut 2000 hl eines interessanten, hellen, frischen, leichten und sehr trockenen Weißweins ausschließlich aus →Roussette erzeugt werden. Zusätzlich kommen noch einmal halb soviel aus Molette, Bon Blanc (lokale Bezeichnung für den →Chasselas) und Roussette als Seyssel →*mousseux* in den Handel, ein vorzüglicher Schaumwein, der zu den besten Frankreichs außerhalb der →Champagne gehört.

Sfurzat Auch als *sfursat* oder *sforzato* bezeichneter trockener →Valtellina, der ähnlich dem →Amarone aus →Valpolicella, aus leicht getrockneten Trauben (→passito) bereitet wird und mindestens 14,5 % vol. Alkohol enthält.

Sherry Ein hellgoldener bis tiefbernsteinfarbener, gespriteter →Likörwein eines genau bestimmten, gut 18 000 ha großen Anbaugebietes im südspanischen →Andalusien an der Atlantikküste bei Cádiz um die Städte →Jerez de la Frontera, →Sanlúcar de Barrameda, →Puerto de Santa Maria, →Chiclana, →Chipiona, Rota, Trebujena u. a. Sherry, so die nach dem einstigen arabischen Namen Scherisch international eingebürgerte anglisierte Form von Jerez, auf seiner höchsten Qualitätsstufe gilt als der feinste Likörwein der Welt und zu Recht als der berühmteste.

Das Geheimnis des bemerkenswerten Sherry ist sein Boden, der in drei Kategorien eingeteilt ist. Der beste Boden ist der berühmte →Albariza, ein harter, blendendweißer Kreideboden, auf dem sich die bedeutendsten Lagen (*pagos*) befinden, allen voran →Carrascal, →Macharnudo, *Anina* und *Balbaina* (außer im Fall des *Inocente*, Teil des *Macharnudo*, erscheinen diese Lagenamen aber praktisch nie auf Etiketten). Weniger bedeutend für die Qualität ist der →Barro, ein Lehmboden, brauner und fruchtbarer als die *Albariza*-Böden, der größeren Ertrag und einen körperreicheren Wein hervorbringt. Der dritte Boden schließlich ist der →Arena, der Sandboden, der am ergiebigsten ist, doch Weine mit weniger Körper und Charakter liefert.

Rund 95 % der Rebfläche sind mit →Palomino bestockt, aus dem alle trockenen Sherrys erzeugt werden. In die verbleibenden 5 % teilen sich der →Pedro Ximénez, dessen Trauben zur weiteren Konzentration des Zuckers in der Sonne getrocknet werden, und etwas →Moscatel.

Die Lese (*Vendimia*) erfolgt normalerweise Anfang September, und noch vor dem Pressen werden die Trauben mit Kalk oder Gips (→Gipsen) aus den bereits erwähnten *Albariza*-Böden bestäubt, um den Säuregrad und die Reinheit des Weins zu verbessern. Je nach Herkunft sind in der Regel 80 – 100 hl/ha als Höchstertrag zulässig, von denen jedoch nur der Most der leichten ersten Pressung, der →*Vino de yema*, für die Sherry-Erzeugung verwandt werden darf, während der Most der zweiten Pressung zu Brandy destilliert wird (weshalb praktisch alle großen Sherry-Häuser über eine oder mehrere Brandy-Marken von z. T. hervorragender Qualität verfügen) und das Gebiet heute für den *Brandy de Jerez* einer gesonderten →Denominación de Origen unterliegt.

Die Zeit vom Einsetzen der Gärung bis zur Abfüllung in Flaschen verbringt der Sherry in 600-l-Fässern aus amerikanischer Weißeiche (*Quercus alba*); allein in ihnen kann er seinen Anlagen entsprechend optimal reifen und altern. Im Dezember nach der Lese ist der frischvergorene Wein klar und bereit zur Probe. Er hat dann eine helle, strohähnliche Farbe und ist absolut trocken. (Süße und dunkle Farbe entstehen erst später als Ergebnis bestimmter Bearbeitungsverfahren.) Nun beginnt die Zeit der eigentlichen Herstellung, denn der Sherry ist wie der →Champagner, →Portwein, →Madeira oder →Marsala ein »gemachter« und kein »natürlicher« Wein wie etwa ein →Montrachet oder →Scharzhofberger.

Jetzt wird geprüft und entschieden, in welche der beiden großen Grundkategorien der neue Wein gehört, in die Gruppe der →Finos oder der →Olorosos; nach ihr richtet sich die weitere Behandlung. Klarer, leichter Jungwein mit feinem Bukett und einiger →Flor-Hefe an der Oberfläche wird zu Finos oder →Amontillados weiterverarbeitet (auch der Manzanilla gehört in der Regel in diese Kategorie). Dieser Wein kommt nun in andere Fässer, wird auf etwa 15,5 % vol. Alkohol →gespritet und in der sog. →*Criadera* zur weiteren Reifung gelagert. Körperreichere, schwerere Jungweine hingegen mit weniger Bukett, auf denen sich keine Flor-Hefe gebildet hat, werden zu Olorosos. Sie werden nun auf 17–18 % vol. Alkohol gespritet und kommen in eine andere Criadera.

Nach ein, zwei oder mehr Jahren Lagerung in den Criaderas kommen die Weine in die sog. →*Soleras* – eine meist übereinander angeordnete Gruppe von – in der Regel – drei oder vier Reihen von Fässern, in denen jeweils Sherrys der gleichen Art, aber verschiedenen Alters nach und nach mit zunehmender Reife verschnitten werden. (*Solera* kommt von *suelo*, dem spanischen Wort für Boden: Die Reihe mit den Fässern, die den reifsten Sherry enthalten, aus denen die Flaschenabfüllungen vorgenommen werden, ist die unterste, liegt also auf dem *suelo*.) Zumeist werden ein Viertel bis ein Drittel der Weine der untersten Faßreihe in einem Jahr abgefüllt. Diese Fässer werden dann sogleich wieder mit Wein aus der nächsthöherliegenden Faßreihe aufgefüllt usw., ein Vorgang, der normalerweise alle drei bis vier Monate stattfindet. Da das Auffüllen auf diese Weise regelmäßig nach oben, bis zur Criadera weitergeht, enthält die abgefüllte Flasche Weine aus sechs bis zu einhundert und mehr Jahrgängen. Es kann also keinen Jahrgangssherry geben. Wenn auf dem Etikett eine Angabe wie »Solera 1847« steht, heißt das also nicht, daß der in der Flasche befindliche Wein vom Jahrgang 1847 ist, sondern er aus einer Soleragruppe stammt, die 1847 aufgelegt, aber in den nachfolgenden rund 150 Jahren natürlich immer wieder aufgefüllt wurde. Der größte Teil des in der Flasche enthaltenen Weins ist dann in der Tat sehr alt, was häufig auch, ohne Jahresangabe, mit dem Aufdruck »muy viejo« (sehr alt) ausgedrückt wird.

Der Unterschied zwischen einem Fino und einem Oloroso ist nicht primär eine Qualitätsfrage. Vielmehr unterscheiden sich die abgefüllten und in den Handel gebrachten Sherrys nach dem Grundcharakter der Weine, nach Alter, Farbe, Bukett, Alkoholgehalt und Geschmacksrichtung. Man sollte daher die wichtigsten Begriffe kennen, will man sichergehen, den für die eigenen Zwecke bzw. Geschmack passendsten Sherry auszuwählen.

Fino: Ein heller (*pálido*) Sherry mit delikatem Bukett, durchweg trocken, mit einem meist um 16–16,5 % vol. liegenden Alkoholgehalt.

Manzanilla: Ein besonderer Fino aus Sanlúcar de Barrameda, zumeist heller, trockener und etwas leichter als der eigentliche Fino, mit einem leicht salzigen Geschmack; sehr köstlich.

Amontillado: Bernsteinfarben (*ámber*), intensives Bukett, im Geschmack mitunter nußartig, trocken, häufiger aber (vor allem im Export) halbtrocken (*Medium, semiseco, abocado*), im Alkoholgehalt meist etwas höher als der Fino, ca. 16–18 % vol., der Entstehung nach ein im Faß gealterter und weiter entwickelter Fino.

Oloroso: Altgoldfarben (*oro viejo*), mit eigenartigem, oft betont walnußartigem Bukett, körperreicher und geschmacksintensiver als ein Fino, voller Nuancen, besonders wenn trocken (im Export z. T. aber auch mehr oder weniger süß), meist mit dem höchsten Alkoholgehalt (18–20 % vol.), außerordentlich delikat.

Rayas: Dunkel (*oscuro*), praktisch ein nicht ganz gelungener Oloroso, der als solcher kaum in den Handel kommt. Billige Amontillados werden – leider – häufig aus dubiosen Finos mit Zusätzen von Rayas erzeugt.

Palo Cortado: Seitdem Sherry-Erzeugung nicht mehr dem Zufall überlassen bleibt, außerordentlich selten, ein Oloroso im Geschmack, der sich jedoch anders entwickelt hat und im Aroma einem Amontillado ähnelt, trocken, Alkoholgehalt meist 17–18% vol.

Palma Cortada: Noch seltener als der Palo Cortado, der ebenfalls nicht die normale Entwicklung eines Oloroso durchgemacht hat, wie ein Oloroso riecht, aber wie ein Fino schmeckt.

Nach diesen Grundkategorien gibt es noch die sog. Sekundärgruppe der sog. →Dulces, aus ganz bestimmten Gründen bewußt süß gemachte Sherrys, wie sie gerade in der Küche gerne verwandt werden:

Cream: Ein sehr süßer Oloroso, wenn gut, mit dem Aroma des Pedro Ximénez, doch meist mit *Mosto apagado*, süßem, gespritetem Traubenmost aufgesüßt.

Pale Cream: Kein süßer Oloroso, sondern ein aufgesüßter Fino, der in der Farbe also sehr viel heller als der Cream ist, ohne das Aroma des Oloroso, aber sehr weich und ansprechend.

Pedro Ximénez: Sehr dunkle, fast schwarze Farbe (*caoba*), sehr süß, weich und voll, mit einem an Rosinen erinnernden Geschmack.

Moscatel: Außerordentlich selten, ebenfalls sehr süßer und mit der Zeit immer dunklerer Sherry aus der Moscateltraube.

Shiraz In Australien gebräuchliche Bezeichnung für den französischen →Syrah (mitunter auch →Hermitage genannt). Während in Frankreich lediglich rund 5400 ha mit ihr bestockt sind, bringt es die Shiraz in Australien auf knapp 5800 ha. Seltener reinsortig ausgebaut – in aller Regel mit der Ausnahme des unvergleichlichen →Grange Hermitage –, wird sie meist mit →Cabernet Sauvignon verschnitten. In beiden Fällen bringt sie einige der hervorragendsten australischen Rotweine hervor, zumal wenn der Cabernet-Anteil jenen des Shiraz übersteigt. In Australien, genauer in einigen Bereichen →Neusüdwales', kennt man auch einen White Shiraz, bei dem es sich in

Wirklichkeit um den →Trebbiano handelt.

Siebeldingen Weinbauort an der Südlichen →Weinstraße mit 165 ha Rebfläche und Weinen, die in der Regel dem Durchschnitt der Abfüllungen von der Südlichen Weinstraße entsprechen. Wenn der Ort dennoch Erwähnung verdient, dann in erster Linie des allgemein als führend angesehenen Weinguts Ökonomierat Rebholz wegen, dessen Weine aus Siebeldingen und dem benachbarten →Birkweiler unterstreichen, daß es auch in diesem Teil der →Pfalz durchaus möglich ist, überdurchschnittliche Weine von Klarheit, Ausdruckskraft und Eleganz zu erzeugen, wie man sie sonst allein von der →Mittelhaardt gewohnt ist zu erhalten.

Siebengebirge Malerische Hügellandschaft am →Rhein südöstlich von Bonn und der zu Nordrhein-Westfalen gehörende nördlichste Bereich des Anbaugebietes →Mittelrhein. Der Weinbau – 20 ha sind insgesamt bestockt – beschränkt sich auf wenige Lagen in und um Königswinter. Es wird zu 90% Weißwein, vor allem aus →Riesling und →Müller-Thurgau, erzeugt.

Siegendorf Österreichischer Weinbauort mit rund 180 ha Rebfläche im burgenländischen Gebiet →Neusiedlersee-Hügelland. Es wird zu rund zwei Dritteln Rotwein erzeugt. Als führender lokaler Weinbaubetrieb gilt der Klosterkeller, dessen in der Regel feine und dezente Rot- und Weißweine deutlich über dem Durchschnitt des →Burgenlandes liegen.

Siegerrebe Vielfach parfümiert wirkende, qualitativ kaum überzeugende →Neuzüchtung aus Madeleine angevine × →Gewürztraminer. Derzeit sind bei rückläufiger Tendenz noch 195 ha mit ihr bestockt, mehrheitlich in

→Rheinhessen, ansonsten vor allem in der →Pfalz.

Sierre Bedeutende Weinbaugemeinde (dt. Siders) im Oberwallis, dessen unmittelbare Umgebung über 570 ha Rebfläche aufweist. Zusammen mit dem Gebiet Leuk-Salgesch-Varen (weitere rund 350 ha) ist sie das Zentrum des →Blauburgunders im →Wallis und bekannt für gute →Dôle- und →Pinot noir-Weine sowie einige vollmundige →Malvoisies (Graue →Burgunder), z. T. auch als →Flétriweine.

Sigalas-Rabaud, Château *Premier cru classé* aus →Bommes im Sauternais mit 15 ha Rebfläche (93 % →Sémillon, 7 % →Sauvignon) und einem modernen, feinen, nicht zu üppigen und wohlstrukturierten →Sauternes. Der Wein wird heute meist höher bewertet als der der anderen Hälfte des ursprünglichen Château Rabaud, des heutigen Château →Rabaud-Promis.

Sigolsheim Mit 330 ha Rebfläche eine der größten Weinbaugemeinden des →Elsaß. Als führende Lagen gelten *Furstentum*, *Mambourg* und *Marckrain*, alle drei als →Alsace grand cru eingestuft, während *Altenbourg*, *Vogelgarten* u. a. nicht diesen Status genießen. Am bekanntesten unter den lokalen Erzeugern ist neben der Winzergenossenschaft Pierre Sparr.

Sillery Einer der 17 *grand cru*-Orte der →Champagne, die mit 100 % eingestuft sind, an der →*Montagne de Reims* unterhalb von den gleich hoch eingestuften Orten →Mailly und →Verzenay. Es wird überwiegend →Pinot noir angepflanzt.

Silvaner Auch Grüner Silvaner oder Sylvaner genannt. Ziemlich ergiebige, gute Weißweinrebe, wahrscheinlich südeuropäischen (eventuell siebenbürgischen) Ursprungs, die in vielen Ländern angepflanzt wird. In Deutschland war sie noch vor etwa 30 Jahren mit einem Flächenanteil von über 28 % die verbreitetste Rebsorte, doch spätestens mit Beginn der 1970er Jahre hat ihr bislang ungebremster Rückgang eingesetzt, der ihre Fläche heute auf 7605 ha, entsprechend 7,2 % der Rebfläche, reduziert hat. Die Gründe hängen vielfach mit der Entwicklung der →Neuzüchtungen zusammen, denen sie, obwohl nach Charakter und Qualität deutlich überlegen, angesichts ihrer geringeren Erträge und anderer vermeintlicher Nachteile vielfach weichen mußte. Aber auch eine unglückliche und unverständliche →Klonenselektion, die den traditionellen Silvaner vielerorts in einen eher breiten, aufdringlichen Wein verwandelt hat, ist für den Niedergang der Sorte mitverantwortlich. Mit dem inzwischen eingesetzten Rückgang der Neuzüchtungen könnte daher mittelfristig eine durchaus wünschenswerte Renaissance des traditionellen Silvaners verbunden sein, dessen Weine ihn angesichts ihrer leichten, angenehmen und meist unkomplizierten Art als den idealen Wein für alle Tage erscheinen lassen. Dominierte der Silvaner vor 30 Jahren mit zwischen 55 und 40 % Flächenanteil in →Franken, →Rheinhessen, →Nahe und der →Pfalz, so ist er zwar auch heute dort noch überdurchschnittlich vertreten, doch sind seine Flächenanteile auf 20 bis gut 7 % zurückgegangen.

In Österreich, wo der Silvaner einst ebenfalls stark verbreitet war, weswegen er in manchen Gegenden Deutschlands heute noch z. T. als Österreicher bezeichnet wird, ist die auch »Grüner Zierfandl« oder »Ziehrfandler« (nicht zu verwechseln mit dem →Gumpoldskirchner →Zierfandler) genannte Rebe bis auf wenige Parzellen praktisch verschwunden. Häufiger findet man sie noch im →Elsaß und in der Schweiz, wo sie als →Johannisberg bezeichnet wird, ferner in der Tschechischen Republik,

der Slowakei, Kroatien, Slowenien u. a.
Ländern.
Der Silvaner ist vielfach für Neuzüchtungen verwandt worden: →Bacchus,
→Morio-Muskat, →Ehrenfelser, →Rieslaner u. a. sind aus Kreuzungen mit dem
Silvaner hervorgegangen. →Müller-
Thurgau

Simone, Château Sehr angesehenes
Weingut im →A.O.C.-Gebiet →Palette
unweit von Aix-en-Provence, dessen
Roséweine zu den besten der →Provence gehören. Auch sehr beachtliche
Rot- und Weißweine.

Sion Malerische Hauptstadt (dt. Sitten)
des Kantons →Wallis (Valais) in der
Schweiz. An der oberen →Rhône gelegen, in einem von steilen Felswänden
begrenzten Tal. Zentrum des Walliser
Weinbaus. Allein aus der unmittelbaren
Umgebung von Sion kommt von nahezu 1250 ha Rebfläche fast ein Viertel
der Weinerzeugung des Kantons. Dazu
gehören ausgezeichnete rote →Dôles,
der beliebte →Fendant, der weiße →Johannisberg, aber auch Spezialitäten wie
der weiße →Ermitage. Bei Sion hat auch
die Domaine du Mont d'Or ihren Sitz,
die allgemein als führendes Weingut der
Schweiz gilt.

Siran, Château *Cru* →*bourgeois* aus
→Labarde im →Haut-Médoc mit 35 ha
Rebfläche (50 % →Cabernet Sauvignon,
25 % →Merlot, 15 % →Petit Verdot,
10 % →Cabernet franc) und einem reichen und vollen roten →Bordeaux der
Appellation →Margaux, der vielleicht
mitunter etwas mehr Struktur und
Komplexität zeigen könnte.

Sistri, I Großartiger neuer Weißwein,
der von der Fattoria di Felsina im
→Chianti-Gebiet in der →Toscana aus
→Chardonnay erzeugt und in →Barriques ausgebaut wird. Der Wein verfügt
über Eleganz und Komplexität und ist,
wenn voll gelungen, sicherlich einer der

bemerkenswertesten Chardonnays Italiens, der durch seine Ausgeglichenheit
und Finesse besticht und einem herausragenden →Meursault durchaus vergleichbar ist.

Sito Moresco Die neueste Kreation von
Angelo →Gaja aus →Barbaresco in
→Piemont: Ein Rotwein, der zu 85 %
aus →Nebbiolo mit Zusätzen von
→Barbera (5 %) und →Merlot (10 %)
besteht und in →Barriques ausgebaut
wird. Wenn auch nicht sein größter
Wein, so erscheint er in jedem Fall faszinierend: Kaum vom Holz geprägt, ist er
fein und elegant, dabei deutlich von der
Rasse des Nebbiolo geprägt, abgestimmt mit der Säure des Barbera und
der Rundung des Merlot. Ein Wein,
dem man einige Jahre Zeit geben sollte,
um sich dann in seiner ganzen Schönheit zu präsentieren.

Sizilien Auf dieser größten Mittelmeerinsel werden jährlich auf einer Ertragsrebfläche von knapp 150 000 ha über die
11 Mill. hl Wein erzeugt – würde man
Italien nur nach seinen Regionen betrachten, wäre Sizilien damit das sechstgrößte Weinbauland der Erde –, zumeist recht gewöhnlicher, auf der Insel
selbst getrunkener Rot-, Rosé- und
Weißwein bzw. billiger, anonymer Verschnittwein, der täglich in zahllosen
Tankwagen über die Autobahn irgendwohin nach Norden rollt. Wenn auch
bislang keine großen, so gibt es jedoch
etliche durchaus bessere Weine, die es
verdienen, auch außerhalb Siziliens bekannt zu sein. Dazu gehört unter den
Roséweinen sicherlich der →Cerasuolo
di Vittoria und unter den – zwischen
Scilla (Zusatz von Zitronensäure
und / oder Kohlensäure) und Charybdis
(→brandig aufgrund von unausgeglichenem hohen Alkoholgehalt) einen
selten stets vollends überzeugenden
Mittelweg suchenden – Rotweinen der
→Frappato d'Italia, →Regaleali, →Villa
Fontane, →Donnafugata, →Rincione,

→Noè di Siciliana, der →Ätna, →Draceno u. a., während es unter den oftmals stimmigeren und gelungeneren Weißweinen der Bianco →Alcamo (Rincione, →Rapitalà), Donnafugata, →Corvo, Regaleali, der weiße Ätna, →Canicatti u. a. sind. Der berühmteste Wein Siziliens ist jedoch nach wie vor der →Marsala, der insbesondere als trockener *Marsala Vergine* bemerkenswert sein kann. Daneben gibt es in und um Sizilien eine Reihe weiterer →Likörweine, darunter der →Vecchio Samperi, Corvo Stravecchio di Sicilia, der →Moscato di Siracusa, der Moscato di Pantelleria, der →Malvasia delle →Lipari, →Zucco, →Albanello u. a.

Sizzano Gehaltvoller italienischer Rotwein aus einem kleinen abgegrenzten Gebiet in der Provinz Novara im Norden →Piemonts. Er wird aus der →Nebbiolo, die hier →Spanna heißt, erzeugt, plus zusammen ca. 50% Anteil von →Vespolina und →Bonarda. Die lokale Winzergenossenschaft ist verläßlich.

Slowakei Kleiner ostmitteleuropäischer Staat mit derzeit noch ca. 25000 ha Rebfläche. Diese verteilt sich auf acht offiziell eingegrenzte und klassifizierte Weinbaugebiete, die sich praktisch ausschließlich im Süden der Slowakei befinden, um Bratislava (Preßburg), in der Donau-Region und entlang der ungarischen bis zur ukrainischen Grenze. Hier im Osten des Landes liegen auch drei Dörfer, die als eigenständiges Gebiet Tokajská mit etwa 60 ha Rebfläche die unmittelbare Fortsetzung des ungarischen →Tokajer-Gebietes bilden und sehr ähnliche Weine erzeugen. Insgesamt werden hauptsächlich Weißweine, z. T. in beachtlicher Qualität, aus →Rheinriesling (Rizling rýnský), →Traminer (Tramín) →Welschriesling (Rizling vlasský), Grüner →Veltliner (Veltlinské zelené), →Sauvignon, →Burgundersorten u. a. erzeugt.

Slowenien Flächenmäßig kleines, doch unter dem Gesichtspunkt der möglichen Qualität potentiell bedeutendes Weinbauland mit etwa 23000 ha Rebflächen. Der größere Teil liegt im Osten des Landes, östlich und südlich von Maribor und grenzt an die österreichische →Steiermark. Hier befinden sich neben Maribor weitere auch außerhalb des Landes berühmte Weinbauorte wie Ormoz (Friedenau) und insbesondere Ljutomer (Luttenberg), deren Weine vor allem des Podravski-Gebietes zwischen Mur und Drau die Nachbarschaft zur Steiermark – in den Tagen der Donaumonarchie war dieses die Südsteiermark – deutlich werden lassen, darunter →Rheinrieslinge (Renski rizling), aber auch →Welschrieslinge (Laski rizling), →Sauvignon (Muskatni silvanec), →Traminer, Weißer →Burgunder oder →Pinot (Beli burgundac) u. a. Sie können ausgezeichnet sein und verdienen durchaus Beachtung.

Ganz anders sind die Weine aus dem Primorski-Gebiet in Westslowenien unmittelbar an der italienischen Grenze als unmittelbare östliche Verlängerung der friaulischen Weinbaugebiete der →Colli orientali del Friuli, des →Collio, von →Isonzo und →Carso mit den gleichen Rebsorten wie jenseits der Grenze (→Ribolla, →Refosco, →Tocai, →Merlot, →Cabernet Sauvignon u. a.). Auch diese außerhalb des Landes noch viel zuwenig beachteten Weine sind, zumal nach einer sinnvollen Modernisierung des slowenischen Weinbaus, höchst entdeckenswert.

Smaragd Ab dem Jahrgang 1987 verwendete Weinkategorie (für die 1986er lautet die entsprechende Bezeichnung →Honifogl), die in der →Wachau das höchste Qualitätsniveau zum Ausdruck bringt und Weinen mit einem natürlichen Mindestalkoholgehalt von 12% vol. vorbehalten ist. Diese Weine sollten allein aus den besten →Rieden (Lagen) stammen und werden nur in guten und besseren Jahrgängen erzeugt. Sie sind nicht aufgezuckert und müssen völlig durchgegoren sein, wobei ein natürlicher →Restzucker bis maximal 9 g / l – was in Österreich bis zum →Weingesetz von 1993 als →halbtrocken galt – erlaubt ist. In der Regel sind dies Weine der →Spätlese- oder →Auslesekategorie, doch dürfen diese Bezeichnungen nicht zusätzlich auf dem Etikett erscheinen. Smaragd-Weine kommen ausschließlich in der 0,75-l-Flasche (oder in halben Flaschen) in den Handel und müssen einen mindestens 49 mm langen Korken mit Jahrgangsbrand aufweisen. Sie dürfen nicht vor dem 1. Mai des auf die Ernte folgenden Jahres in den Handel gebracht werden. Alle diese Weine unterliegen der Kontrolle durch die →Vinea Wachau.

Smith-Haut-Lafitte, Château *Cru classé* aus →Martillac in den →Graves mit 51 ha Rebfläche (69 % →Cabernet Sauvignon, 20 % →Merlot, 11 % →Cabernet franc bzw. 100 % →Sauvignon für den Weißwein, auf den 11 % der Rebfläche entfallen). Das Gut ist ausschließlich für seine Rotweine klassifiziert, und diese können hervorragend, strukturiert und dabei sehr elegant sein, zumal nachdem sie in den letzten Jahren deutlich an Format gewonnen haben. Auch die Weißweine verdienen heute Beachtung. Beide zählen seit Beginn der neunziger Jahre zu den bedeutendsten Graves-Weinen und kommen unter der Appellation →Pessac-Léognan in den Handel.

Soave Der berühmteste Weißwein des →Veneto und einer der besten Italiens, von altem Ruf, den – leider – seine heutige Durchschnittsqualität nicht erkennen läßt. Er wird in 11 Gemeinden östlich von →Verona am Südrand der Alpen aus →Garganega mit bis zu 30 % Zusatz von →Trebbiano erzeugt. Die Reben werden in →Pergolaform erzogen. Der Wein ist nach der malerischen mittelalterlichen Stadt Soave benannt, jedoch darf der →*classico* außerdem noch aus dem benachbarten Monteforte d'Alpone kommen. Ein guter Soave ist ein heller, ausgezeichneter, frischer, aber nicht säurebetonter Wein, äußerst angenehm, mitunter hervorragend. Nach allgemeiner Überzeugung kommen die besten Abfüllungen von Pieropan, Anselmi, Masi (Col Baraca), Bolla (Castellaro) u. a. Zusätzlich wird ein mitunter exzellenter, leicht süßer →*Recioto di Soave* aus besonders ausgewählten und vinifizierten Trauben erzeugt, der, wenn voll gelungen, fruchtig, feinrassig, von dezenter Süße und dabei sehr differenziert ist.

Sociando-Mallet, Château Hochangesehener *cru* →*bourgeois* aus →Saint-Seurin-de-Cadourne im →Haut-Médoc mit 30 ha Rebfläche (60 % →Cabernet Sauvignon, 25 % →Merlot, 10 % →Cabernet franc, 5 % →Petit Verdot) und einem ausgezeichneten, kompakten, langsam reifenden und langlebigen Rotwein, der sich heute durchaus auf dem Niveau klassifizierter Gewächse befindet und in Saint-Seurin unübertroffen ist.

Sodaccio di Montevertine, Il Roter →Tafelwein, der in Radda in →Chianti in der Lage *Il Sodaccio* aus →Sangiovese (90 %) und Cannaiolo (10 %) erzeugt und auf dem Weingut →Montevertine in →Barriques ausgebaut wird. Der Wein hat vielleicht nicht ganz das Format des von dem gleichen Gut stammenden großartigen Le →Pergole Torte, zählt aber aufgrund seiner Kraft und Distinguiertheit zweifellos zu den bemerkenswertesten Sangiovese-Weinen seiner Art in der →Toscana.

Sodi di San Niccolò, I Südlich von Castellina in →Chianti von Castellare aus →Sangioveto mit geringen Zusätzen von →Malvasia Nera seit 1977 erzeugter und in →Barriques ausgebauter gehaltvoller, ausgeglichener Rotwein, der heute zu den besten und charaktervollsten unter den modernen Rotweinen der →Toscana zählt.

Sòdole Von der Fattoria Cusona (Guicciardini Strozzi) in San Gimignano in der →Toscana allein aus →Sangiovese erzeugter und in →Barriques ausgebauter, kraftvoller Rotwein von ausgezeichneter Qualität.

Solaia Toscanischer Rotwein, der seit 1978 auf der Lage gleichen Namens auf dem Santa Cristiana-Gut von Antinori im →Chianti classico-Gebiet in unmittelbarer Nachbarschaft des →Tignanello erzeugt wird. Im Gegensatz zu diesem besteht der Solaia (seit 1982) zu rund 80 % aus Cabernet, wobei heute im allgemeinen 70 % auf den →Cabernet Sauvignon und 10 % →Cabernet franc entfallen, und zu 20 % auf →Sangiovese. Ursprünglich für 24 Monate wird der Solaia heute im allgemeinen für 18–22 Monate in →Barriques überwiegend aus französischer Eiche ausgebaut. Das Ergebnis ist ein bemerkenswerter, charmanter und eleganter, fruchtiger und gehaltvoller Wein mit vielen Nuancen, Substanz, Struktur und anhaltendem Abgang, der zu den eindrucksvollsten italienischen Cabernet-Weinen im Bordeaux-Stil gehört. Inzwischen werden jährlich an die 60 000 Flaschen erzeugt.

Solatìo Basilica Seit 1981 von Cafaggio in der →Toscana erzeugter →Tafelwein, überwiegend aus →Sangiovese und aus besonders alten Rebstöcken – 1937–39 angepflanzt – gewonnen und entgegen der Mode nicht in →Barriques, sondern in großen Eichenfässern ausgebaut. Der Wein ist außerordentlich komplex und vielschichtig, von bemerkenswertem Nuancenreichtum und herausragender Eleganz, ein großartiger Wein von unvergleichlicher Art.

Solera System von in der Regel drei und mehr übereinander gelagerten Faßreihen zur Reifung und fortlaufendem Verschnitt meist →gespriteter Weine, insbesondere von →Sherry, aber auch u. a. von →Madeira oder →Marsala vergine, um Weine gleichbleibender Art und Qualität über Jahrzehnte hin zu erzeugen. In der Regel entnimmt man zur Flaschenfüllung kaum die Hälfte, mitunter weniger als ein Drittel aus der untersten Reihe (dem Boden, span. *el suelo*), worauf diese Menge sogleich wieder aus der darüber liegenden Reihe aufgefüllt wird usw. bis zur →Criadera. Ein Wein dieser Art besteht daher notwendigerweise aus einer Vielzahl von Jahrgängen, und angesichts dieses Systems kann es beim Sherry anders als beim →Portwein so etwas wie einen Jahrgangswein überhaupt nicht geben.

Solitude, Domaine de la Altberühmtes Weingut in →Châteauneuf-du-Pape, das heute einen recht modernen eleganten Rotwein (und einigen Weißwein) erzeugt, dessen ansprechende Feinheit etwas auf Kosten des Charakters zu gehen scheint. – Ein Gut gleichen Namens gibt es in →Martillac in den →Graves von →Bordeaux, dessen Rotwie Weißweine bislang nicht besonders aufgefallen sind. Seit 1994 wird es jedoch vom hochangesehenen Domaine de →Chevalier bewirtschaftet. Man sollte es im Auge behalten.

Solopaca Rote und weiße →DOC-Weine aus →Sangiovese, →Aglianico, Piedirosso und Sciascinoso bzw. →Trebbiano, →Malvasia und Coda di Volpe, die in der Umgebung von Solopaca in der Provinz Benevento im nördlichen →Kampanien, östlich von Caserta, erzeugt werden. Der Rotwein gilt als der bessere: angenehm, geschmeidig, weich und mit feiner Blume. Die lokale Winzergenossenschaft »La Guardiense« ist verläßlich.

Solutré Eine der fünf Ortschaften des →Pouilly-Fuissé-Bereichs, aus dem etwas leichtere und delikatere Weine kommen als aus den übrigen vier. Über dem Ort erhebt sich der »Fels von Solutré«, ein weithin sichtbares Wahrzeichen der Landschaft, das man oft auf Etiketten der Pouilly-Fuissé-Weine abgebildet findet. Einige Randparzellen können den von ihnen kommenden Wein allein als →Saint-Véran in den Handel bringen.

Somló (Schomlau) Eines der kleinsten ungarischen Weinbaugebiete mit rund 500 ha Rebfläche an den Abhängen des nördlich des →Balaton gelegenen vulkanischen Somlóhegy (Schomlauer Berg), aus dem noch bis in unser Jahrhundert nach allgemeiner Wertschätzung der nach dem →Tokajer beste ungarische Wein stammte. Die heute hier erzeugten Weißweine lassen diesen einstigen Ruhm kaum noch erahnen. Doch werden einige rassige Weißweine erzeugt, von denen der *Somlói* →*Furmint* (Schomlauer Furmint) der beachtenswerteste ist und auch heute noch einen guten Ruf besitzt.

Sommelier Französische Bezeichnung für den Weinkellner, wie es ihn heute auch in den besseren Restaurants in Deutschland, Österreich, Italien u. a. gibt. Seine Aufgabe ist es, mit Hilfe einer umfassenden Weinkenntnis dem Gast jederzeit einen zu einem gewünschten Essen exakt passenden Wein auszuwählen, eine verantwortungsvolle Tätigkeit, die ein hohes Maß an Fachkenntnissen und Geschmackssicherheit voraussetzt.

Somontano Nordöstlich von Zaragoza inmitten der Provinz Huesca gelegenes aufstrebendes spanisches Weinbaugebiet mit eigener →Denominación de Origen. In den Ausläufern der Pyrenäen herrscht ein ausgeglichenes, mildes Klima, das dazu beiträgt, daß auf den rund 2000 ha Rebfläche neben den traditionellen →Macabeo, Moristel, →Tempranillo und →Garnacha in zunehmendem Maße →Chardonnay, →Riesling, →Cabernet Sauvignon, →Merlot u. a., meist französische Sorten angepflanzt werden. Noch sind die daraus erzeugten Weine nur in geringem Maße außerhalb der Region anzutreffen, doch es lohnt sich, nach ihnen Ausschau zu halten.

Sondrio Norditalienische Stadt in der →Lombardei unweit der Grenze zum Schweizer Kanton →Graubünden und Zentrum des Anbaugebietes des roten →Valtellina.

Sonoma County Nördlich von San Francisco zwischen Napa County und der Pazifikküste gelegenes Weinbaugebiet in →Kalifornien, heute nach dem →Napa Valley unter qualitativen Gesichtspunkten die Nr. 2 in Kalifornien. Inzwischen stehen über 12 000 ha unter Reben, verteilt über Los Carneros, Sonoma Valley, Russian River Valley, Alexander Valley, Dry Creek Valley u. a. Bereiche, alle inzwischen definiert als jeweils eigene →AVA. Das Klima ist in diesen Bereichen zumeist eher kühl, und es werden als weiße Sorten vor allem →Chardonnay angepflanzt, während unter den roten Sorten →Cabernet Sauvignon, →Zinfandel und →Pinot noir tonangebend sind. Die besten Weine aus Sonoma sind heute von hervorragender Qualität, und Chateau St. Jean, Jordan, Chateau Montelena, Dehlinger, Grand Cru, Matanzas Creek, Clos du Bois, Dry Creek, Hanzell, St. Francis, Hacienda, Souverain, Foppiano, Simi, Buena Vista u. a. gelten als führende Erzeuger.

Sopron (Ödenburg) Das westlichste Weinbaugebiet Ungarns und zugleich eines der ältesten des Landes, das heute wie ein Keil am Südostende des Neusiedlersees in das österreichische →Burgenland hineinragt. Nicht von ungefähr ähneln die Weine daher etwas denen des Nachbarlandes. Auf den 1100 ha werden zu ungefähr drei Viertel →Blaufränkisch angepflanzt, der *Soproni Kékfrankos*. Weißweine sind dagegen selten und werden aus dem →Welschriesling, dem Grünen →Veltliner, der →Mädchentraube u. a. erzeugt. Sie alle ergeben in der Regel milde, angenehme, nicht zu alkoholhaltige Weine.

Sorni →DOC-Wein aus dem →Trentino nördlich von Trient. Der Rotwein aus →Schiava mit Zusätzen von →Teroldego und →Lagrein ist leicht, weich, ausgeglichen, äußerst ansprechend und charaktervoll. Der Weißwein hat mindestens 70 % →Nosiola (plus →Müller-Thurgau, →Silvaner und →Pinot bianco) hat allgemein nicht den Rang. Gaierhof ist ein führender Erzeuger.

Soussans Unmittelbar nördlich von →Margaux gelegener Weinbauort, dessen Appellation er führen darf, im →Haut-Médoc. Ca. 150 ha stehen unter Reben, von denen so namhafte Gewächse kommen wie Châteaux →Labégorce-Zédé, La →Tour-de-Mons, →Bel-Air-Marquis-d'Aligre, Tayac, Paveil-de-Luze u. a.

Soutard, Château Ausgezeichneter *grand cru classé* von →Saint Emilion mit 22 ha Rebfläche (60 % →Merlot, 40 % →Cabernet franc) und einem strukturierten, gut gemachten Rotwein.

South Australia →Südaustralien

Southern Vales Wegen der Qualität seiner Weine (Rot-, Weiß- und Schaumweine) gerühmtes kleines Weinbaugebiet in →Südaustralien, unmittelbar südlich von →Adelaide gelegen. Die bedeutendste Unterregion ist *McLaren Vale*. Besonders die Rot- und Schaumweine sind beachtenswert und gehören zu den besten Australiens. Thomas

Hardy (Tintara), Reynella, Seaview u. a. gelten als führende Erzeuger.

Spanien Land mit über 3000jähriger Weinbautradition und heute der größten Anbaufläche von allen Ländern der Welt, nämlich rund 1,3 Mill. ha. Wegen des vorwiegend trockenen Klimas ist die Ergiebigkeit des Bodens jedoch wesentlich geringer als in Frankreich oder Italien, so daß Spanien nur etwa die Hälfte der französischen oder italienischen Weinerzeugung aufweisen kann, heute im Schnitt um die 35 Mill. hl.
Unverkennbar hat der spanische Weinbau in den letzten Jahren und Jahrzehnten vielerorts große Fortschritte gemacht, aber immer noch kann man das Land, vom Wein aus betrachtet, in drei große Zonen einteilen: den Norden mit gemäßigterem Klima und vergleichsweise feucht, aus dem die besten normalen Rot- und Weißweine Spaniens kommen, berühmt für so illustre Weinbaugebiete wie →Rioja, →Ribera del Duero, →Rías Baixas, →Penedés, →León, →Navarra, →Rueda u. a.; der mittlere Teil, sonniger, heißer, trockener, die Gebiete von →Valencia, La →Mancha, →Valdepeñas, →Alicante, →Jumilla u. a., aus denen traditionellerweise sehr alkoholhaltige, mitunter dicke und plumpe Weine kommen, wenn auch gerade hier in jüngster Zeit große Anstrengungen unternommen worden sind, höhere Qualitäten zu erzeugen; und schließlich der Süden, aus dessen Hitze und Sonne jene berühmten →Likörweine kommen, für die Spanien in der ganzen Welt bekannt ist, allen voran der →Sherry, aber auch der →Montilla-Moriles, der →Málaga u. a.
Ein erheblicher Teil der spanischen Weine ist alltäglicher →Tafel- oder →Landwein, meist mit etwas höherem Alkoholgehalt und ausdrucksvoller, doch nur selten mit der Frische und dem Charme der besseren französischen →*vins de pays*. In wachsender Zahl kommen spanische Weine jedoch

aus einem gesetzlich genau festgelegten Ursprungsgebiet mit bestimmten Regeln hinsichtlich Sorten, Anbaumethoden, Vinifikationsverfahren und Qualitätsanforderungen, d. h. unter den Bestimmungen einer →Denominación de Origen, überwacht durch den jeweils gebietseigenen →Consejo regulador, die allesamt zusammengefaßt sind (seit 1972) unter dem Instituto Nacional de Denominaciones de Origen in Madrid. Inzwischen gibt es 39 Gebiete mit eigener Denominación de Origen, die mit ungefähr 600 000 ha mittlerweile etwa 45 % der spanischen Rebfläche ausmachen. Diese Qualitätsweingebiete können wie La Mancha das Anderthalbfache der gesamten deutschen Rebfläche umfassen, rund 150 000 ha, aber auch wie →Alella nicht einmal mehr auf 400 ha kommen.

Nicht nur die Anbaugebiete weisen erhebliche Unterschiede untereinander auf, gleiches gilt auch für die Weine. Was die Likörweine angeht, so gehört ein →Fino Sherry aus Montilla-Moriles, ein →Manzanilla zu den köstlichsten Weinen seiner Art. Ähnliches gilt für den →Oloroso. Aber auch auf anderen Gebieten hat Spanien Beachtliches aufzuweisen, etwa unter den Schaumweinen (→Cava) aus Penedés, die von außerordentlicher Güte sein können. Was die normalen Stillweine angeht, gibt es ebenfalls in Penedés, doch auch in einigen anderen nordspanischen Gebieten ausgezeichnete Weißweine. Noch herausragender sind jedoch in der Regel die besten Rotweine des Landes, obwohl diese erst allmählich beginnen, außerhalb Spaniens Beachtung zu finden. Am ehesten gilt dies bislang noch für die roten Rioja-Weine, von denen die besten →Bodegas in überdurchschnittlichen Jahren bemerkenswerte Weine erzeugen. Doch die kaum geringeren Spitzenrotweine aus Ribera del Duero, León, Navarra, →Priorato, →Terra Alta u. a. sind außerhalb Spaniens kaum dem Namen nach bekannt.

Selbst der berühmteste aller spanischen Rotweine, der unvergleichliche →Vega Sicilia hat nur für wenige Kenner den Klang unter den großen Rotweinen der Welt, der ihm zukommt.

Angesichts der gewaltigen Fortschritte im spanischen Weinbau in jüngster Zeit, eine Entwicklung, die noch längst nicht abgeschlossen ist, verdienen jedoch auch die eher für den gehobeneren alltäglichen Genuß bestimmten Weine zunehmend an Beachtung: Wenn von einem qualitätsbewußten Erzeuger oder Händler sind sie in der Regel solide, ansprechend und charaktervoll und halten jedem Vergleich mit entsprechenden Weinen in Europa stand. Mit einer Ausfuhr von heute um 4 Mill. hl ist Spanien auf dem besten Weg, seinen alten Ruf als eines der führenden Weinexportländer Europas zurückzugewinnen – zumindest solange die Preise nicht über das zuträgliche Maß hinaus weiter eskalieren.

Spanna Zumal in der Provinz Novara im Norden →Piemonts gebräuchlicher Name für den →Nebbiolo. Allerdings sind als *Spanna* angebotene →Tafelweine nicht unbedingt reinsortige Nebbioloweine. Die besten Spannaweine jedoch, zumal jene von Antonio Vallana & Figlio, sind nahezu jedem →Gattinara überlegen und wirklich herausragende, charaktervolle Weine, die in guten Jahren leicht 15–20 Jahre und älter werden können.

Spätburgunder, Blauer In Deutschland üblicher Name für den →Pinot noir, in Österreich meist und in der →Ostschweiz durchgängig als Blauer Burgunder oder Blauburgunder bezeichnet, aus der die besten der mitunter ausgezeichneten deutschen, wenige österreichische und etliche der besten schweizerischen Rotweine erzeugt werden. Sie ist *die* rote Rebsorte der Ostschweiz, wo derzeit nahezu 1700 ha im Ertrag mit ihr stehen, während in

Österreich lediglich an die 400 ha mit ihr bestockt sind. In Deutschland hat sich mit einer verstärkten Zuwendung zum Rotwein ihre Rebfläche in den letzten 30 Jahren nahezu verdreifacht. Heute ist sie mit 6985 ha die mit Abstand führende rote Rebsorte, und 62 % ihres Bestandes befinden sich in →Baden, wo sie mit einem Flächenanteil von 26 % nach dem →Müller-Thurgau die führende Rebsorte ist. Noch dominierender ist ihre Stellung mit 52 % Flächenanteil an der ungleich kleineren →Ahr. Der Rest verteilt sich auf →Rheinhessen, die →Pfalz, →Württemberg und den →Rheingau sowie kleinere Flächen in den anderen Gebieten. Hat man noch in den 1970er Jahren aus dem Spätburgunder in Deutschland durchweg eher milde und samtige Weine erzeugt, die gleichermaßen schwach in Farbe, Körper, Alkohol und ihrem Pinot-Charakter waren und mit ihren bemerkenswerten Vettern aus →Burgund kaum mehr als den Namen teilten, so sind in den letzten Jahren einige höchst beachtenswerte, farb-, tannin- und körperreiche, gehaltvolle Spätburgunder-Rotweine in Deutschland, häufig mittels →Barriqueausbau erzeugt worden, die hinreichend dokumentieren, daß sich hier auch ernst zu nehmende Rotweine erzeugen lassen.

Spätlese Einerseits Traubenlese nach Abschluß der →Hauptlese, die anmeldepflichtig ist. Die Trauben sind in der Regel reifer als zum Zeitpunkt der Hauptlese und ergeben einen höherwertigen, gehaltvolleren Wein (*Spätlese* u. a.). Anders als in Deutschland dürfen in Österreich →Ausles[e]weine nur aus spätgelesenen Trauben erzeugt werden. Mit der Freigabe der Lese 1993 ist zwar einerseits das Qualitätsbewußtsein der Winzer gefordert, andererseits aber auch dieses überkommene System, das es ohnehin in keinen Qualitätsweingebiet in Europa in dieser Form gab, abgeschafft worden. Damit bleibt der Begriff Spätlese, ohne definierte Aussage

über die Lese, allein eine gesetzlich definierte Qualitätsstufe für aus einem bestimmten Traubengut erzeugten Wein, die sog. Spätlese. Sie gehört in Deutschland zur Gruppe der →Qualitätsweine mit Prädikat und bildet die nächsthöhere Stufe nach den →Kabinettweinen. Das Mindestmostgewicht – für →Rieslinge von →Mosel, →Ahr und →Mittelrhein nur 76°, an der →Nahe 78° →Oechsle – liegt in der Regel je nach Anbaugebiet und Rebsorte zwischen 85 und 95° Oechsle. Die Moste dürfen nicht angereichert werden und vergären von Natur aus in der Regel vollständig, obwohl immer noch viele von ihnen mit dem Zusatz von →Süßreserve in den Handel gebracht werden (→Restzucker).
Eine österreichische Spätlese muß ein Ausgangsmostgewicht von mindestens 19° →KMW (entspricht 94° Oechsle) aufweisen, während eine eventuelle Restsüße nur durch Gärungsunterbrechung oder durch Zusatz von angegorenem Most derselben Lesart (mit mindestens 5 % vol. tatsächlichem Alkohol) erreicht werden darf.
Auch in anderen Ländern wird vielfach die späte Lese zur Erzeugung alkoholreicher und häufig natursüßer Weine praktiziert. Im →Elsaß werden diese Weine z. T. als *Vendange tardive*, in →Kalifornien als *Late harvest* etikettiert.

Spätrot Aufgrund seiner rötlichen Herbstfärbung anderer Name für den →Zierfandler.

Spiel Gehaltvolle Weine mit angenehmer →Säure, z. B. →Spät- und →Auslesen können Spiel besitzen und somit einen nuancenreichen Geschmackseindruck hinterlassen.

Spitz Westlichster der führenden Weinbauorte der →Wachau mit rund 215 ha Rebfläche, dessen Grüne →Veltliner und →Rieslinge in der Regel etwas schlanker sind als die des donauabwärts gelegenen →Weißenkirchen, dafür aber duftiger und finessenreicher und mitunter eine beachtliche Eleganz aufweisen. Die berühmteste Lage ist der *Tausendeimerberg*, während der *Singerriedel* die beste Lage ist und zu den drei, vier bemerkenswertesten Lagen der Wachau überhaupt zählt. Ihm stehen kaum nach *Hochrain, Rotes Tor, Achspoint* u. a., die zu den hervorragendsten →Rieden der Gemeinde zählen. Zu den führenden Erzeugern gehören das exzellente lokale Weingut Franz Hirtzberger, eine der ersten Adressen des Gebietes und Österreichs überhaupt, ferner Max Högl, Karl Lagler, Graben-Gritsch, die Freien Weingärtner Wachau (früher Winzergenossenschaft »Wachau«) u. a.

Spritzen Das Versprühen von Chemikalien im Weinberg zur Bekämpfung von Rebkrankheiten oder -schädlingen, z. T. auch zur Düngung und zur Vernichtung des Unkrauts, was heute nicht nur von den Verfechtern des →Ökologischen Weinbaus entschieden abgelehnt wird.

Spritzig Frische, junge Weine mit deutlicher, doch angenehmer →Säure (und mitunter etwas CO_2) nennt man *spritzig*.

Spumante Italienisch für *schäumend*. →Schaumweine werden so bezeichnet, zum Unterschied von →Perlweinen (→frizzante). Die besten *Spumanti* werden in →Flaschengärung nach der →Méthode champenoise erzeugt und kommen zumeist aus der Umgebung von →Franciacorta, →Asti, →Conegliano, dem →Oltrepò Pavese und dem →Trentino, aber auch aus →Lugana, →Lison-Pramaggiore, →Lessini-Durello und aus →Südtirol.

Squinzano Aus der Umgebung von Squinzano und 6 weiteren Orten im →Salento in →Apulien kommende Rot-

und Roséweine mit →DOC-Status. Sie werden aus →Negro amaro, eventuell unter Zusatz von →Malvasia nera und →Sangiovese erzeugt. Nach zweijähriger Lagerung, davon 6 Monate im Holzfaß, darf er als →*riserva* in den Handel kommen. Er zählt zu den überzeugendsten Weinen des Salento.

Staatsweingut mit Johannitergut Neustadt/Mußbach 20 ha großes Weingut in der südlichen →Mittelhaardt mit Lagen in →Ruppertsberg, →Deidesheim, →Königsbach, →Gimmeldingen und den zu →Neustadt gehörenden Ortsteilen Haardt und Mußbach. Seit 1970 im Besitz des bis auf das Jahr 735 zurückdatierten Johanniterguts in Mußbach, des ältesten Weinguts der →Pfalz. Dem Staatsweingut angeschlossen ist die 1899 als Wein- und Obstbauschule gegründete Staatliche Lehr- und Forschungsanstalt für Landwirtschaft, Weinbau und Gartenbau, ein bedeutendes Ausbildungs- und Forschungszentrum in der Pfalz. Die mitunter bemerkenswerten Rieslinge des Gutes zeichnen sich in der Regel durch eine feinfruchtige Eleganz aus.

Staatsweingut Meersburg 55 ha große Domäne mit Weingütern in Meersburg am →Bodensee (*Bengel, Jungfernstieg* und *Lerchenberg* im Alleinbesitz), am Hohentwiel bei Singen (*Olgaberg*, ebenfalls Alleinbesitz) und in Gailingen am Hochrhein (*Ritterhalde*). 46% der Fläche entfallen auf →Spätburgunder, 30% auf →Müller-Thurgau, 10% auf Weißen →Burgunder, aus denen in der Regel milde und angenehme →Seeweine, der erstere oft als →Weißherbst, erzeugt werden.

Staatsweingut Schloß Wackerbarth, Sächsisches Das in →Radebeul ansässige umfangmäßig bedeutendste Weingut in →Sachsen, das nahezu über ein Drittel der sächsischen Rebfläche verfügt und in den besten Lagen des Gebietes vertreten ist. Der →Riesling führt daher die Sortenliste mit 21% an, und Weißer und Grauer →Burgunder kommen auf 13 bzw. 9%, der →Traminer auf 5%. Ein erheblicher Teil der Ernte wird darüber hinaus traditionell zu →Sekt verarbeitet.

Staatsweingut/Weinbaulehranstalt Bad Kreuznach

Staatsweingut/Weinbaulehranstalt Bad Kreuznach Bedeutende staatliche Weinbauschule und einer der führenden Weinbaubetriebe an der →Nahe. Gute Anteile an den besten Lagen von Bad →Kreuznach und →Norheim.

Staatsweingüter, Hessische Größte deutsche Weingutsverwaltung mit 194 ha Weinbergbesitz im →Rheingau und an der Hessischen →Bergstraße mit Sitz in →Eltville, wo sich auch die ausgedehntesten Kellereianlagen befinden. Während die Domäne →Aßmannshausen nur Rot- und Roséweine aus dem →Spätburgunder erzeugt, werden in den übrigen Domänen →Rudesheim, →Hattenheim, →Rauenthal, →Steinberg, →Hochheim und →Bensheim-Heppenheim Weißweine von mitunter bemerkenswerter Qualität erzeugt. Diese stammen zu einem erheblichen Teil von den besten Lagen beider Anbaugebiete und nahezu ausnahmslos aus dem →Riesling. Ein Teil der Erzeugung wird alljährlich im Frühjahr und Herbst in Kloster →Eberbach versteigert.

Stabilisieren Bezeichnung für eine Vielzahl von Behandlungsmethoden (einschließlich →Pasteurisierung und Ausfällen von →Weinstein), die zusammen mit dem →Schönen des Weins angewendet werden können, um das mögliche Auftreten späterer →Fehler oder Eintrübungen zu verhindern. Ein korrekt und sauber vinifizierter und ausgebauter Wein bedarf durchweg dieser, häufig die Qualität des Weins mindernden Maßnahmen nicht.

Stäfa Mit gut 34 ha Rebfläche größte Weinbaugemeinde des Kantons →Zürich am rechten Ufer des Zürichsees, dessen Speziallagen *Lattenberg*, *Risi-Uerikon* und *Sternenhalde* heißen. Stäfa ist bekannt für seine →Klevner (auch Clevner geschrieben, Blauer →Burgunder) und den so selten gewordenen →Räuschling, den idealen Wein zu Seefisch, weißem Fleisch und Käse. In guten Jahren werden →Auslesen und →Beerenauslesen aus Riesling × Sylvaner (→Müller-Thurgau) und →Pinot gris (Grauer →Burgunder) erzeugt.

Stahlig Ein mitunter harter, durch kräftige Fruchtsäure gekennzeichneter Wein, ohne »grün oder unreif zu sein, eine sehr positive Charakterisierung für einen entsprechenden Wein. Junge →Rieslinge von der →Saar sind oftmals *stahlig*.

Stainz Eines der Zentren des →Schilchergebiets in der →Weststeiermark, zusammen mit St. Stefan ob Stainz und Gundersdorf. Als führender Erzeuger gilt neben anderen Josef Fuchs-Maierhofer in Gundersdorf.

Stanze, Le Der Wein ist ein hommage an Angelo Poliziano, den bedeutenden italienischen Humanisten und Dichter aus →Montepulciano. Auf dem gleichnamigen Gut wird in Erinnerung an seine »Le stanze per la giostra« (Turniergedichte) seit 1987 ein herausragender, im Holz ausgebauter →Cabernet Sauvignon erzeugt: großzügig, reich, mit kraftvollem Tannin, komplex und elegant, ein neuer →Tafelwein aus der →Toscana, der jede Beachtung verdient. →Elegia.

Starkenburg, Bereich Überwiegend zwischen Zwingenberg und →Heppenheim gelegener Hauptteil (ca. 85%) des Anbaugebietes Hessische →Bergstraße am Fuße des Odenwaldes im sog. Frühlingsgarten Deutschlands.

Staufenberg, Schloß 31 ha großes Weingut des Markgrafen von →Baden in der →Ortenau, im Alleinbesitz der Spitzenlage *Durbacher Schloß Staufenberg*. 40 % sind mit →Riesling, 35 % mit →Spätburgunder bestockt. Im gleichen Besitz befindet sich das 11 ha große Weingut Schloß Eberstein bei Baden-Baden sowie die Schloßkellerei Salem am →Bodensee mit drei Weingütern und zusammen 87 ha. →Müller-Thurgau, Spätburgunder und Riesling sind die vorherrschenden Rebsorten. Mit seinen verschiedenen Weingütern ist der Markgraf von Baden heute insgesamt der größte deutsche Weingutsbesitzer.

Steen Angeblich mit dem →Chenin blanc identische Rebsorte in →Südafrika und der daraus bereitete blumige, fruchtige und feinrassige Weißwein.

Steiermark Südlichste österreichische Weinbauregion mit den Weinbaugebieten →Weststeiermark, →Südsteiermark und →Süd-Oststeiermark, unter dem Gesichtspunkt der Qualität ihrer Weine eine der hervorragendsten Österreichs. Mit einer Ertragsrebfläche von derzeit 3587 ha, die 6 % der österreichischen Weinbaufläche entsprechen, jedoch nach →Wien kleinste Weinbauregion des Landes. Der Weinbau ist im wesentlichen auf mehr oder weniger steile Südhänge weit verstreut und zumeist in der Hand von Klein- und Kleinstbetrieben. Der Weinbau ist daher insgesamt sehr unterschiedlich und vielgestaltig und profitiert von seiner klimatischen Grenzlage zwischen Nord- und Südeuropa. →Welschriesling, →Müller-Thurgau und Weißer →Burgunder sind die vorherrschenden Rebsorten, auf die ungefähr 45 % der Gesamtrebfläche entfallen. Darüber hinaus ist die Weststeiermark für ihren einzigartigen →Schilcher bekannt, während die bemerkenswertesten Gewächse der Süd-Oststeiermark häufig →Traminer und →Gewürztraminer, zumeist aus →Klöch sind. In der Südsteiermark wird schließlich der mitunter hervorragende →Morillon erzeugt, nach verbreiteter Auffassung in Wirklichkeit ein →Chardonnay, während hier wie in der Süd-Oststeiermark außerdem etliche ebenso hervorragende →Sauvignon, →Rheinrieslinge und →Muskateller erzeugt werden. Die besten steirischen Weine gehören ohne Zweifel zu den hervorragendsten Weinen Österreichs, die es unbedingt verdienen, außerhalb des Landes wesentlich größere Beachtung zu finden.

Steigerwald Östlichster Bereich des Anbaugebietes →Franken mit 1329 ha Ertragsrebfläche. An den Westabhängen des Steigerwalds wächst auf Keuperböden und in klimatischer Grenzlage ein kräftiger und nachhaltiger Weißwein, der zu 52 % aus →Müller-Thurgau und gut einem Fünftel aus →Silvaner erzeugt wird. Der bedeutendste Wein des Steigerwalds dürfte jedoch der →Riesling sein, oft der reifste und vollste Riesling ganz Frankens, auf den allerdings lediglich gut 1 % der Rebfläche entfällt. Während →Iphofen qualitativ die bedeutendste Gemeinde am Steigerwald ist, verdienen →Castell, Rödelsee u. a. durchaus Beachtung.

Stein Österreichische Katastralgemeinde (Stadtteil) von →Krems und zwischen diesem und dem bereits zur →Wachau gehörenden →Loiben unmittelbar an der Donau gelegen. Viele der besten Kremser Weine kommen in Wirklichkeit aus Stein, und die Spitzen von ihnen stehen jenen der Wachau nichts nach, zumal wenn sie von den Steiner →Rieden *Pfaffenberg, Geisberg, Hund, Goldberg, Kögl, Wieden* u. a. und dem qualitativ überragenden lokalen Weingut Undhof (Fritz Salomon, 15 ha, 55 % Grüner →Veltliner, 30 % →Riesling) stammen, das zu den führenden Adressen im österreichischen Weinbau zählt. In Verbindung zu dem Weingut steht seit wenigen Jahren das Weinkolleg Kloster Und, das sowohl eine →Önothek österreichischer Spitzenweine als auch ein Zentrum österreichischer Weinkultur ist. Im unweit davon gelegenen →Joching in der →Wachau gibt es ferner die bekannte Lage *Stein am Rain*, die für ihren reschen Grünen →Veltliner geschätzt wird. – Auch in der Schweiz gibt es einen Weinbauort dieses Namens, nämlich das bekannte, reizvolle Stein am Rhein im Kanton →Schaffhausen, das insbesondere für seine →Blauburgunder bekannt ist. – In Deutschland schließlich ist *Stein* der Name der berühmtesten Lage von →Würzburg, von der mitunter bemerkenswerte Weine, insbesondere →Rieslinge kommen, und die der geographische Ursprung des sog. →Steinweins ist.

Steinberg Berühmter, 32 ha großer Weinberg im Herzen des →Rheingau, der im 12. Jahrhundert von jenen Mönchen des Zisterzienserordens aus Clairvaux zusammen mit dem dazugehörigen Kloster →Eberbach angelegt wurde, die zuvor bereits den →*Clos de Vougeot* in →Burgund angepflanzt hatten. Beides geschah unter der Anleitung des hl. Bernard, und beide sind mit der noch heute bestehenden Umfassungsmauer umgeben (daher der Name *Steinberg*). Zusammen mit Kloster Eberbach wurde der *Steinberg* 1803 säkularisiert. Heute gehört er zu den Hessischen →Staatsweingütern.

Die Reben, nahezu ausnahmslos →Riesling, gedeihen auf den sanft abfallen Hängen oberhalb von →Hattenheim, und die aus ihnen bereiteten Weine – ohne Ortsnamen allein als *Steinberger* etikettiert – gehören zu den großartigsten des ganzen Rheingaus: Voll und kräftig im Geschmack, fest, langsam reifend und langlebig, vielleicht nicht ganz so nuancenreich, anmutig und elegant wie ein →*Erbacher* →*Marcobrunn* und ohne die Kernigkeit

und Dichte eines →*Rauenthaler Baiken*, sind es bemerkenswerte Weine, die dank ihres Charakters und ihres Ausdrucks, wenn sie voll gelingen, wahrlich unvergleichlich sind.

Steinfeder Im Weinbaugebiet →Wachau häufig anzutreffende zarte, elfenbeinfarbige Grasart, *stipa pennata*, in Deutschland z. T. auch als *Federgras* bekannt. Seit dem Jahrgang 1984 dient sie als Bezeichnung für nicht →angereicherte, trockene →Qualitätsweine (unterhalb der →Kabinettweinstufe) mit einem Alkoholgehalt zwischen 9,5 und 10,7 % vol., die von den Mitgliedswinzern des Gebietsschutzverbandes →Vinea Wachau in den Handel gebracht werden. Dabei handelt es sich je nachdem um Grüne →Veltliner, →Rieslinge oder andere Rebsortenweine, deren gemeinsame Eigenschaften leicht, duftig und resch sind. Stets durchaus ansprechend sind es problemlose Wachauer Weine gehobener Kategorie.

Steinwein Ursprünglich Gattungsname für Weine aus →Franken, benannt nach der bekanntesten und markantesten Lage Würzburger *Stein*. Man nimmt heute allgemein an, daß es Weine dieser Lage waren, die im späten 18. Jahrhundert als erste mit Flaschenetiketten versehen in den Handel kamen.

Stellenbosch Zweitältestes südafrikanisches Weinbaugebiet mit rund 13000 ha Rebfläche, östlich von Kapstadt und nach Süden offen zur False Bay. Eine erhebliche Zahl der bedeutendsten Güter und Genossenschaften Südafrikas verfügt hier über Weinbergsbesitz, von denen heute einige der besten Weine des Landes kommen. Es werden hauptsächlich französische Rebsorten (→Chenin blanc, →Cabernet Sauvignon u. a.) angepflanzt. →Trilogy

Sterilfiltrieren →Filtrieren

Sternwein Beliebte, spritzige Schweizer Weine insbesondere aus →Neuenburg und vom →Bielersee (lokal *Sternliwein* oder *Sternewy*), die durch biologischen →Säureabbau und nachfolgende zeitige Abfüllung auf die Flasche natürliche (in einigen Fällen auch zugesetzte) →Kohlensäure enthalten, die beim Einschenken im Glas aufsteigt und sich entbindet und dabei einen sternförmigen Schaum bildet.

Stetten Weinbaugemeinde östlich von →Stuttgart im Remstal gelegen mit um die 100 ha Rebfläche, dessen bedeutendste Lage *Brotwasser* als eine der besten →Württembergs gilt. Ihre 3 ha befinden sich seit über 500 Jahren (mit Unterbrechungen) im Alleinbesitz der Württembergischen →Hofkammer, die dort, wenn voll gelungen, einen der besten →Rieslinge Baden-Württembergs erzeugt, die qualitativ jenen von den Spitzenlagen der →Ortenau nichts nachstehen und diese in der Regel an Körper, wenn auch vielleicht nicht an Rasse übertreffen. Nicht ganz den gleichen Rang hat der höher gelegene *Pulvermächer*. Karl Haidle ist ein weiterer bekannter Erzeuger.

Stichig Bezeichnung für durch zu hohen Anteil von →Essigsäure vom Essigstich befallene Weine.

Stierblut →Bikavér, →Eger

Stillwein Sammelbezeichnung für Wein, der im Gegensatz zu →Perl- oder →Schaumwein keine oder fast keine Kohlensäure enthält.

Stoff Reichtum eines Weins an →Extraktstoffen; →Körper.

Straß im Straßertal Mit über 560 ha Rebfläche eine der größten und bedeutendsten Weinbaugemeinden im Weinbaugebiet →Kamptal in →Niederösterreich. *Gaisberg, Wechselberg, Stangl* u. a.

sind bekannte Lagen. Helmut Osberger ist ein renommierter Erzeugerbetrieb.

Straußwirtschaft Für vier Monate im Jahr zulässiger Nebenerwerbsbetrieb für Winzer, um auf ihrem Betriebsgelände eigene Weine gaststättenähnlich ausschenken zu können. Dazu dürfen kleine und einfache, in der Regel kalte Speisen angeboten werden. Die Tradition der Straußwirtschaften geht angeblich auf →Karl den Großen zurück und wird im →Rheingau, in →Württemberg u. a. sehr gepflegt. Als Erkennungszeichen dient ein ausgehängter Kranz oder Strauß. →Heuriger

Stravecchio di Sicilia →Corvo

Strohwein Wein, der ganz oder z. T. aus Trauben erzeugt wird, die nach der Lese und vor dem Abpressen auf Strohmatten oder Holzgestellen in der Sonne bzw. unter dem Dach getrocknet werden, um den relativen Zuckeranteil in den Beeren mittels Wasserverdunstung zu erhöhen. Vereinzelt in Österreich, Frankreich (→vin de paille), Italien (→passito, →recioto), Spanien (→Pedro Ximénez) u. a., meist südlichen Ländern praktiziert. Während man in Deutschland früher auch vereinzelt Strohweine erzeugte, ist dieses Verfahren sicherlich zu Recht durch das 1971er →Weingesetz verboten worden, denn in der Regel sind es schwere, alkoholbeladene Weine ohne die Subtilität und Differenziertheit von Weinen am Stock gereifter Beeren.

Stück Altes Rheingauer →Faß mit 1200 l Inhalt; in alten und qualitätsbewußten Weingütern zusammen mit dem →Halbstück (600 l) gebräuchlich.

Studert-Prüm, Weingut →Prüm

Sturm Österreichische Bezeichnung für →Federweißen (in der Schweiz →Sauser genannt).

Stuttgart Hauptstadt →Württembergs und zugleich eine der größten Weinbaugemeinden des Landes mit annähernd 400 ha Rebfläche (einschließlich Stadtteile), die »Stadt zwischen Wald und Reben«. Mitten in der Stadt liegt die bedeutende Lage *Mönchhalde* (Alleinbesitz des Weingutes der Stadt Stuttgart), während sich z. B. noch hervorragendere Lagen in den Stadtteilen Bad →Cannstatt, →Untertürkheim, Uhlbach u. a. befinden. Überwiegend werden →Trollinger, zu kleineren Teilen →Riesling u. a. Sorten angepflanzt.

Suau, Château *2ᵉ cru classé* aus →Barsac mit 7 ha Rebfläche (85 % →Sémillon, 15 % →Sauvignon) und einem guten →Sauternes-Wein. Ein anderes, wesentlich größeres Gut gleichen Namens liegt in Capian im Bereich →Cadillac bzw. →Premières Côtes de Bordeaux.

Südafrika Seit den Tagen der weißen Kolonisation wird in Südafrika Wein angebaut. Eines der berühmtesten südafrikanischen Weingüter, Groot Constantia, wurde bereits 1684 gegründet. Heute werden auf rund 115 000 ha gut 9 Mill. hl Wein unter der Marktüberwachung und -steuerung der →KWV erzeugt. Die qualitativ führenden Weinbaugebiete liegen in der etwas gemäßigteren und feuchteren Zone, darunter →Coastal Region nahe Kapstadt (mit →Constantia und Durbanville), →Paarl, →Stellenbosch, Swartland, Tulbagh u. a. Seit Ende der achtziger Jahre haben darüber hinaus das Breedetal, Robertson (das de Wetshof Weingut findet große Beachtung), Worcester und Swellendam östlich und das Boberg-Gebiet nördlich der Coastal Region auf sich aufmerksam gemacht. Darüber hinaus gibt es Gebiete, so etwa das zum Overberg-Gebiet gehörende Untergebiet von Walker Bay am Atlantik 100 km südöstlich von Kapstadt, wo das exzellente Weingut Hamilton Russell im Hemel-en-Aarde-Tal unmittelbar bei Hermanus

hervorragende Weine erzeugt, darunter den, der nach wie vor als bester →Pinot noir Südafrikas gilt und einen diesem inzwischen kaum nachstehenden, sehr eleganten und nuancenreichen →Chardonnay. Die südafrikanischen Weinbauregionen, die übrigens fast genau auf dem gleichen Breitengrad wie jene Australiens, Argentiniens und Chiles liegen, dürften also zukünftig noch weit mehr Aufmerksamkeit erregen, als dies gegenwärtig bereits der Fall ist. Es sind durchweg westeuropäische, überwiegend französische Rebsorten angepflanzt, wobei unter den weißen Sorten der →Chenin blanc traditionellerweise dominiert, auch wenn →Chardonnay und →Sauvignon blanc an Bedeutung gewinnen und unter den roten Sorten vor allem die →Bordeaux-Sorten (→Cabernet Sauvignon, →Cabernet franc, →Merlot) zunehmend favorisiert werden.

Der südafrikanische Weinbau hat seit den achtziger Jahren einen qualitativ bedeutenden Aufschwung erlebt und ist heute dank der Einführung moderner Vinifikations- und Ausbaumethoden in der Lage, hervorragende und bemerkenswerte Weine auf einem breiten Niveau anzubieten, die einen Vergleich mit Gewächsen aus Kalifornien, Australien oder Europa nicht zu scheuen brauchen. Dazu haben das Weingesetz von 1973 mit der Einführung des *Wine of Origin* und die staatliche Kontrolle durch das Wine and Spirits Board erheblich beigetragen, auch wenn sich renommierte Betriebe heute vielfach nicht der aufwendigen staatlichen Kontrolle unterwerfen und über das am Flaschenhals angebrachte Siegel des *Certified Wine* noch die drei aufgedruckten Farbstreifen tragen (blau: für Garantie der Ursprungsangabe, rot: für Garantie des angegebenen Jahrgangs und grün: für Garantie, daß der Wein zu mindestens 75 % aus der angegebenen Rebsorte stammt).

Südamerika Heute sind in Südamerika rund 430 000 ha mit Reben bestockt, von denen im Schnitt der letzten Jahre etwa 22 Mill. hl Wein kamen, über ein Drittel weniger als aus Spanien mit der dreifachen Rebfläche. Etwa zwei Drittel der Erzeugung kommen aus Argentinien, während zu Beginn der neunziger Jahre Chile nur noch um 3 Mill. hl und damit weniger als Brasilien erzeugt hat, das sich nach Erzeugung damit auf den zweiten Platz der Weinbauländer des Subkontinents geschoben hat. Der Rest verteilt sich auf Uruguay, Hochlagen in Peru und Bolivien u. a. klimatisch begünstigte, nicht zu heiße Weinbauinseln. Der meiste Wein wird in den jeweiligen Erzeugergebieten bzw. Ländern selbst getrunken, während nur wenig in den Export geht (nicht einmal 1% der argentinischen Weinerzeugung wird ausgeführt); die Einfuhren sind noch geringer. Um so beachtlicher ist der Verbrauch, der von allen außereuropäischen Ländern in Argentinien mit 50–55 l pro Kopf am höchsten ist und an das Niveau der führenden europäischen Länder (Frankreich, Italien, Portugal) heranreicht. Der durchschnittliche Chilene konsumiert allerdings nur noch etwa 30 l, was etwa dem Pro-Kopf-Verbrauch in Österreich, Griechenland und Ungarn entspricht, während der Durchschnittsverbrauch in Uruguay mit 25 l dem von Dänemark und Deutschland in etwa vergleichbar ist.

Südaustralien (South Australia) Australischer Bundesstaat im Süden des Kontinents mit der Hauptstadt →Adelaide und der größte Weinbaustaat der australischen Union. Rund 25 800 ha stehen heute im Südosten des Staates unter Reben (was fast einem Drittel der gesamten australischen Rebfläche entspricht). Knapp 50% der Rebfläche sind mit →Cabernet Sauvignon, →Shiraz, →Riesling und →Chardonnay bestockt. Das bekannteste Weinbaugebiet des Staates ist nach wie vor das →Barossa Valley (einschließlich Eden Valley), gut 50 km nordöstlich von Adelaide, doch qualitativ ungleich bedeutender ist das im äußersten Südosten des Staates gelegene Gebiet von →Coonawarra, aus dem einige der hervorragendsten australischen Weine stammen. Exzellente Qualitäten kommen ebenfalls aus den unmittelbar südlich von Adelaide gelegenen →Southern Vales. Ein weiteres sehr beachtenswertes Gebiet ist das gut 130 km nördlich von Adelaide gelegene Gebiet des →Clare Valley. Schließlich gibt es noch weitere Rebflächen in Padthaway-Keppoch, Metropolitan Adelaide, am Langhorne Creek und im zu Südaustralien gehörenden Teil des Murray Valley.

Südbahn →Thermenregion

Südbalaton →Dél-Balaton

Südburgenland, Weinbaugebiet Kleines Weinbaugebiet im Süden des →Burgenlandes um →Eisenberg gelegen – nach dem das Gebiet bis 1985 benannt war – mit 457 ha Rebfläche, von der ganze 2% der burgenländischen Weinerzeugung kommen. Obwohl mehrheitlich Weißwein (→Welschriesling, Grüner →Veltliner, →Rheinriesling u. a.) erzeugt wird, rührt der unter Kennern geschätzte Name des Gebiets vor allem von seinen Rotweinen, die insbesondere aus dem →Blaufränkisch stammen, auf den rund 30% der Rebfläche entfallen. Sie können durchaus charaktervoll sein und zählen dann zu den beachtenswertesten Weinen Österreichs. Als führende Weinbauorte gelten →Rechnitz, →Kohfidisch sowie im Pinkatal →Eisenberg, →Deutsch-Schützen u. a. Heiligenbrunn im Süden des Gebiets ist bekannt für seine historischen Weinkeller.

Süd-Oststeiermark Im Südosten der →Steiermark, unmittelbar an der slowenischen bzw. burgenländischen Grenze gelegenes Weinbaugebiet mit 1205 ha Ertragsrebfläche, aus dem einige der bemerkenswertesten Weine Österreichs stammen. Sie kommen zumeist aus →Klöch und seiner Umgebung und werden aus →Welschriesling, Weißem →Burgunder, →Rheinriesling, →Sauvignon blanc u. a. Sorten erzeugt. Die bemerkenswertesten Weine des Gebiets sind jedoch eindeutig die →Traminer und →Gewürztraminer, die zu den größten ihrer Art in Europa gehören. Neben Klöch verdienen St. Anna am Aigen, Fehring, Großwilfersdorf u. a. Orte Erwähnung.

Südschweiz Schweizer Weinbaugebiet südlich der Alpen mit noch 920 ha Rebfläche, vor allem im →Tessin (Ticino) gelegen. Darin enthalten sind auch die 29 ha im Misox, im südlichen →Graubünden. Zu 95 % werden rote Sorten angepflanzt, unter denen der →Merlot heute nicht nur den größten Raum einnimmt, sondern auch die besten und dabei höchst beachtenswerte Südschweizer Rotweine hervorbringt, während Weißweinsorten (→Chasselas, →Sémillon, →Sauvignon) auf einen Anteil von 5 % der Rebfläche kommen. Der noch vor wenigen Jahrzehnten umfangreiche →Hybridenanbau, der sog. →*Americano*, ist inzwischen nahezu vollständig verschwunden; mit den derzeit noch verbliebenen knapp 35 ha macht er gerade noch 3,8 % der Gesamtfläche aus. Hingegen bleibt zu hoffen, daß der Rückgang des strukturschwachen und mancherorts von Urbanisierungsmaßnahmen bedrohten Weinbaus inzwischen zu einem gewissen Stillstand gekommen ist.

Südsteiermark Geographisch kleinstes, nach seiner Ertragsrebfläche (1902 ha) mit Abstand größtes Weinbaugebiet der →Steiermark, aus dem im Schnitt gut die Hälfte der steirischen Weine kommen. Die führende Rebsorte ist der →Welschriesling, aber auch →Müller-

Thurgau, Weißer →Burgunder und →Traminer spielen eine wichtige Rolle und können ausgezeichnete Ergebnisse liefern. Mitunter noch erheblich mehr Beachtung verdienen jedoch der →Muskateller (dem besten elsässischen →Muscat d'Alsace vergleichbar, wenn nicht überlegen), der Graue →Burgunder, der →Sauvignon blanc, der seltene, rassige →Rheinriesling und nicht zuletzt der nur hier anzutreffende, nervigcharaktervolle →Morillon. Bei den besten von ihnen handelt es sich ohne Frage um ganz hervorragende, wenn nicht bemerkenswerte Weine von feiner Frucht, schönem Körper und einer charaktervollen Säure, die zu den besten Österreichs gehören. Sie kommen meist von mehr oder weniger steilen Südlagen und verteilen sich im wesentlichen auf zwei Bereiche, in deren Mitte die Weinstadt →Leibnitz liegt. Nordwestlich von ihr befindet sich das Gebiet des →Sausal, zu dem neben den Ausläufern von Leibnitz, →Sankt Andrä i.S., Kitzeck, St. Nikolai u. a. Orte gehören. Südlich von Leibnitz, unmittelbar an der slowenischen Grenze befindet sich das Gebiet der südsteirischen Weinstraße mit →Leutschach, →Gamlitz, →Berghausen u. a. Orten.

Südtirol (Alto Adige) Die nördliche Hälfte des Etschtals in Oberitalien, verwaltungsmäßig die Provinz →Bozen, die im Norden an Österreich grenzt. Seit der römischen Antike sind die fruchtbaren Hügel und Täler des Tiroler Landes berühmt für ihre Weine. Heute stehen über 5000 ha unter Reben, die durchweg auf eindrucksvollen, die Landschaft prägenden →Pergolen erzogen werden. Jährlich werden um die 600 000 hl Wein erzeugt (über 80 % davon mit dem →DOC-Prädikat – im italienischen Durchschnitt sind es nur 10 % – und von diesen wiederum 90 % als Rot- oder Roséweine), von dem über die Hälfte nach Deutschland, in die Schweiz und nach Österreich exportiert wird. Vier Fünftel der Erzeugung sind Rotweine und ein Fünftel Weißweine. Mit der Neuordnung der DOC-Regelung von 1993 kommen alle Südtiroler DOC-Weine mit Ausnahme jener des Etschtals und, falls gewünscht, des →Kalterersees als *Alto Adige* oder *Südtiroler* in den Handel, darunter 19 Rebsortenweine sowie der →Sankt Magdalener, →Terlaner, die Weine →Bozens und →Merans und der →Eisacktaler. Sie alle sind mehr oder weniger leicht, aromatisch, ungemein angenehm und oftmals ausgezeichnet. Vorherrschend werden →Schiava, →Lagrein, →Spätburgunder, aber auch →Cabernet und →Merlot unter den roten Sorten, →Gewürztraminer, →Silvaner, →Müller-Thurgau, Weißer →Burgunder, →Chardonnay (vor allem der »Löwengang« von Lageder und der kaum geringere von Portico dei Leoni) und →Riesling (renano wie italico) angepflanzt, die häufig auch auf dem Etikett erscheinen. In der Mehrzahl der Fälle sind diese Weine in ihrer Jugend am köstlichsten. Zumal einige Rotweine können jedoch durchaus länger lagern. Zu den führenden Erzeugern gehören heute Alois Lageder (»Löwengang«), Giorgio Grai (Bellendorf), Franz Haas, Hofstätter, Tiefenbrunner u. a., deren Weine in hervorragenden Jahren zu den beachtenswertesten ihrer Art in Italien gehören.

Suduiraut, Château *Premier cru classé* in →Preignac im Sauternais mit 75 ha Rebfläche (80 % →Sémillon, 20 % →Sauvignon) und einem vollen, körperreichen, strukturierten →Sauternes, der heute vielfach wieder seinem alten Ruf vollauf gerecht wird, jedoch aufgrund einer häufig zu frühen Lese leider sehr unregelmäßig ausfällt. Nach Besitzerwechsel (1992 an die AXA-Gruppe verkauft) unbedingt im Auge behalten.

Süffig Meist leichter, frischer, angenehm mundender, gut zu trinkender,

jedoch in der Regel wenig aufregender Wein. – In Österreich versteht man darunter einen Wein mit geringer Süße, in etwa entsprechend den in Deutschland und – seit 1993 in Österreich – für →halbtrocken gültigen Bestimmungen.

Superiore Bei verschiedenen italienischen →DOC-Weinen erlaubter Zusatz, der auf eine höhere als die normale Qualität hinweist, ähnlich dem – bei anderen Weinen erlaubten – Zusatz →*Riserva*.

Sur lie →Vin sur lie

Süß Bezeichnung für einen Wein mit vergleichsweise hohem →Restzuckergehalt – höher als bei der Bezeichnung →lieblich –, worunter man in der Schweiz einen Wein, außer →Luxuswein, versteht, der mehr als 4 g/l Restzucker aufweist und daher als *leicht süß* deklariert werden muß, während in Österreich seit dem →Weingesetz von 1993 in Anlehnung an die EU-Länder damit Weine mit mindestens 45 g/l bzw. →Schaumweine mit mehr als 50 g/l Restzucker gemeint sind. Die Bezeichnung entspricht in anderen Sprachen den Ausdrücken →doce, →dolce, →doux, →dulce, →glykos, →sweet. Beim Wein bezeichnet man das Gegenteil nicht als →bitter oder →sauer, sondern als →trocken.

Süßdruck In der Schweiz gebräuchliche Bezeichnung für einen ca. 6–10 Stunden an der Maische angegorenen →Roséwein. Auf diese Weise ist er im Gegensatz zum fast weißen Schweizer →Weißherbst von hellroter Farbe und wird häufig als →Œil de perdrix bezeichnet. →Cerasuolo

Süße Bei einem Wein kann Süße ganz oder teilweise natürlich oder überhaupt nicht natürlich sein. Bei einem guten →Sauternes oder einer →Beerenauslese rührt sie von den Beeren selbst her, die erst im überreifen Zustand gelesen werden – das ist eine typische vollständig *natürliche Süße*. Bei anderen Weinen wiederum bleibt die natürliche Süße der Trauben nur deshalb im Wein, weil die →Gärung gestoppt (billige Weißweine) oder dem Wein während der Gärung reiner →Alkohol o.ä. zugesetzt wurde (→Portwein). Süßer →Sherry oder →Marsala verdankt seine Süße dem Zusatz schwerer süßer Spezialweine oder Mostkonzentrate.

Bei der Süße deutscher Weine vom →Tafelwein bis zur →Auslese handelt es sich in der Mehrzahl der Fälle um *keine natürliche Süße*, vielmehr beruht sie in der Regel auf einem mehr oder weniger großen Zusatz von unvergorenem (in Österreich angegorenem) Traubenmost, sofern nicht die Gärung durch Druck, Kälte o.ä. abgebrochen wurde, um ein vollständiges Ausgären des Mostes und damit einen natürlichen trockenen Wein zu verhindern. Dieser Traubenmost (→Süßreserve) kann aus den gleichen Trauben der gleichen Lage desselben Jahres stammen, kann aber auch aus einer Art Süßreservekellerei bezogen sein.

Süßreserve Bezeichnung für jenen Zusatz von unvergorenem (in Österreich angegorenem) Traubenmost, durch den Weine im allgemeinen einen mehr oder weniger großen →Restzuckergehalt aufweisen und der ihnen eine →liebliche bis →süße Geschmacksrichtung gibt, wie dies bei ungezählten deutschen und – seit dem letzten →Weinskandal nur noch wenigen – österreichischen Weinen der Fall ist. Bei →Tafel- und →Qualitätsweinen darf diese Süßreserve durch Zusatz von →Zucker im gleichen Umfang wie der Grundwein »verbessert« werden, so daß allen gegenteiligen Beteuerungen zum Trotz eine Teilsüßung des Weins unmittelbar durch Zuckerzusatz erfolgen kann. Die Süßreserve gilt rechtlich nicht als Verschnitt, sie wird aber auf die übrigen Fremdanteile im Wein (Jahrgang, Sorten, Lage) insoweit angerechnet, als diese heute zusammen nicht mehr als 25% ausmachen dürfen. Es gibt eine ganze Reihe von Gründen, warum man dem Wein Süßreserve zusetzt, nämlich einmal um kleine Fehler oder Schwächen im Wein zuzudecken, zum anderen um dem unkundigen Weintrinker die vorhandene →Säure milder erscheinen zu lassen und schließlich um eine höhere Reife und Qualität des Weins zu suggerieren. Keiner dieser Gründe kann den qualitätsbewußten Weintrinker überzeugen, zumal er weiß, daß in ihrer Jugend harte und aggressive Weine genau wie herausragende →Bordeaux-Weine →altern müssen, um auf ihrem Höhepunkt getrunken zu werden. Süßreserve ist im Zusammenhang mit Weinkultur ein unbekannter Begriff, wohingegen ein natürlicher Zuckerrest, der nach natürlichem Gärende im Wein unvergoren zurückgeblieben ist, einigen →Rieslingen gut anstehen mag – ohne jedermanns Geschmack sein zu müssen.

Swan Valley →Westaustralien (Western Australia)

Sweet Englische Bezeichnung für →süß; entspricht →doce, →dolce, →doux, →dulce, →glykos.

Sylvaner →Silvaner

Syrah Nicht sehr ertragreiche, aber qualitativ hervorragende Rotweinsorte, die schon in römischer Zeit nach Südost-Frankreich gekommen sein soll, wo sie heute ca. 13000 ha Rebfläche einnimmt. Sie liefert einen tieffarbenen, spätreifen Wein mit hohem →Extrakt- und →Tanningehalt und einer ganz besonderen, eindringlichen Blume. Aus ihr stammen die hervorragendsten Rotweine des →Rhônetals, allen voran der →Côte Rôtie und der rote →Hermitage. In anderen Rotweinen des Südostens ist sie mit mehr oder weniger großen Verschnittanteilen enthalten, so im →Châteauneuf-du-Pape u. a. Weinen.

Die Syrah ist heute noch sehr viel verbreiteter in Australien, wo sie als →Shiraz oder Hermitage bezeichnet wird. Bei der →Petite Sirah in →Kalifornien handelt es sich jedoch sehr wahrscheinlich nicht um die Syrah, sondern um die geringer eingestufte Duriff.

Szamorodni (Samorodner) Bezeichnung eines →Tokajers »wie er gewachsen ist«, d. h. ohne Aussonderung und getrennte Behandlung der überreifen Beeren. Er muß daher in jedem Fall einen →Botrytiston aufweisen. Je nach Jahrgang kann ein *Tokaji Szamorodni* (Tokajer Samorodner) daher trocken bis – in herausragenden Jahren – süß sein. Wenn gut gemacht, sollte er in jedem Fall zumindest ein ausgezeichneter Wein sein, der bei ca. 14 % vol. →Alkohol als trockener Wein an einen leichten →Manzanilla →Fino zu erinnern vermag. Dazu trägt der Weinausbau bei, indem der Szamorodni wie jeder Tokajer eine Zeitlang in nur zu etwa vier Fünftel vollen Fässern gelagert wird, in denen sich dann, ähnlich wie bei dem Fino →Sherry, ein Hefefilm bildet, der die Reifung und Veresterung des Weins fördert. Als süßer Wein in einem sehr guten Jahr kommt der Szamorodni einem dreibuttigen →Aszú nahe. In der Hierarchie der Tokajerweine steht der Szamorodni mithin zwischen dem Grundwein, dem *Tokaji Furmint* oder *Tokaji Hárslevelü*, und dem *Tokaji*

Aszú. Er kommt nach zweijähriger Faßlagerung in den Handel.

Száraz Ungarische Bezeichnung für →trocken, entspricht →asciutto, →dry, →sec, →secco, →seco, →xeros.

Szekszárd Ungarische Stadt nordöstlich von Pécs, an dessen nach Osten zur Donau abfallenden Lößhängen seit der römischen Antike Weinbau betrieben wird. Heute stehen in den zum Weinbaugebiet Szekszárd westlich und südlich der Stadt gehörenden Rebflächen etwa 900 ha unter Reben, die ganz überwiegend Rotwein hervorbringen. Früher wurde dieser überwiegend aus →Kadarka erzeugt, der einen weithin geschätzten, herben, gehaltvollen, samtig-vollmundigen Rotwein ergab, den *Szekszárdi Kadarka*, von dem sich bereits Franz Schubert und Franz Liszt inspirieren ließen. Heute wird der Szekszárder Rotwein weitgehend aus →Blaufränkisch, →Merlot und →Cabernet erzeugt.

Szürkebarát Ungarische Bezeichnung für den →Pinot gris oder Grauen →Burgunder, der auch *Auvergnat gris* genannt und im Deutschen als *Grauer Mönch* übersetzt wird. Seine besten Abfüllungen kommen zumeist aus →Badacsony, wo sie jedoch leider immer noch in aller Regel →halbtrocken bis →lieblich ausgebaut werden, obgleich sie als trockene Weine ungleich besser sind und sehr komplex und nuancenreich sein können.

T

Tâche, La Einer der ganz großen roten Burgunder, der aus einer ganze 6,1 ha umfassenden *grand cru*-Lage in der Gemeinde →Vosne-Romanée an der →Côte de Nuits stammt. Sie befindet sich im gleichen Besitz wie der noch illustrere →*Romanée-Conti*. Jährlich werden etwa 1500 hl *La Tâche* erzeugt: komplex, körperreich und in jeder Weise ein ganz außergewöhnlicher Rotwein. Les →Gaudichots

Tacoronte-Acentejo Neues spanischen →DO-Gebiet im Norden der Insel Teneriffa, wo auf 200–800 m Seehöhe vor allem Rotwein und in geringerem Umfang Weißwein erzeugt wird. →Malvasia, →Moscatel, Verdello (→Verdelho), Gual, Listán Negro, Negra Común und Negramoll sind die bevorzugten Rebsorten. Die Weine weisen in der Regel um 12,5 % vol. Alkohol auf und können sehr angenehm und auch deutlich besser sein.

Tadschikistan Wegen des Gebirgscharakters Weinbau fast nur im äußersten Nordwesten möglich. Ca. 30 000 ha sind mit Reben bestockt, von denen neben Tafeltrauben und Rosinen ähnliche Weine, darunter insbesondere Likörweine, wie aus dem benachbarten Usbekistan kommen.

Tafelwein Nach EU-Recht unterste Weinkategorie, unterhalb der →Qualitätsweine (ein →Landwein gilt als ein gehobener Tafelwein), deren Weine einen Mindestalkohol von 5 % vol. (→Weinbauzone A) bzw. 6 % vol. (B) aufweisen müssen. Diese Weine kommen durchweg angereichert in den Handel und dürfen keine Lagenamen führen – was, ohne die Weinqualität zu mindern, etliche, besonders italienische dennoch tun – und unterliegen keiner Prüfung. In Deutschland gibt es vier Tafelweingebiete: 1. →Rhein und →Mosel (Untergebiete Rhein, Mosel), 2. Main, 3. Neckar und 4. Oberrhein (Untergebiete Römertor, Burgengau). Tafelweine (*vin de table*, *vino da tavola*) sind in der Regel anspruchslose, bestenfalls gefällige Weine, die in Deutschland kaum (0–10 %) erzeugt werden, während sie etwa in Frankreich oder Italien einen erheblichen Anteil der Erzeugung darstellen. *Honi soit qui mal y pense.*

In der Pervertierung eines der Erzeugung von Spitzenweinen nicht gerade förderlichen →Weingesetzes kommen allerdings seit einigen Jahren eine zunehmende Zahl von Tafelweinen zumal in Italien und Deutschland in den Handel, die mit dieser EU-Kategorie der Tafelweine nichts gemein haben. Vielmehr sind sie Ausdruck zu starrer Bestimmungen für die Erzeugung von Qualitätsweinen und daher vielfach qualitativ den vergleichbaren sog. Qualitätsweinen überlegen.

Taillan, Château du →Dame-Blanche, Château La

Tain l'Hermitage Stadt an der →Rhône südlich von →Lyon, aus der der rote und weiße →Hermitage kommt.

Taittinger Exzellentes →Champagnerhaus in →Reims mit einigen hervorragenden Champagnern. Der beste ist der sehr feine und elegante *Comte de Champagne Blanc de Blancs* →*millésimé*, einer der bemerkenswertesten seiner Art.

Tajardino Im Gebiet von →Francia-corta von Cavalleri aus →Cabernet franc und →Merlot erzeugter Rotwein, der etwas an einen →Saint-Emilion erinnert: Fruchtig, tanninbetont und strukturiert, ohne ausladenden Körper, doch sehr elegant, zählt er zu den hervorragendsten neuen Weinen Norditaliens, der gewiß jede weitere Beachtung wert ist.

Talbot, Château *4ᵉ cru classé* aus →Saint-Julien im →Haut-Médoc mit 104 ha Rebfläche (70 % →Cabernet Sauvignon, 20 % →Merlot und je 5 % →Cabernet franc und →Petit Verdot) und einem bemerkenswerten, charaktervollen, körperreichen, tieffarbenen und ziemlich langsamen reifen roten →Bordeaux erzeugt werden, der nicht die Differenziertheit und Komplexität des bis 1992 in gleichem Besitz befindlichen Château →Gruaud-Larose erreicht, jedoch heute seinem offziellen Rang voll entspricht. Zusätzlich wird auf weiteren 6 ha ein nerviger, charaktervoller Weißwein aus →Sauvignon erzeugt, der *Caillou Blanc du Château Talbot*. Heute im Besitz von Jean Cordier.

Talence Gemeinde in den →Graves, heute praktisch Teil von →Bordeaux. Angesichts der durchgängigen Urbanisierung ist der Weinbau in Talence bis auf 25 ha verschwunden, doch diese bringen nach wie vor bewundernswertes hervor: Château La →Mission Haut-Brion, ein wahrhaft großes Gewächs, Château La →Tour Haut-Brion, der nicht zu verachtende, klassifizierte und ausgezeichnete →*grand cru*, und Château →Laville Haut-Brion, das einen der feinsten weißen Graves liefert. Sie alle kommen heute unter der Appellation →Pessac-Léognan in den Handel.

Tank Großes, geschlossenes Behältnis, das zur Weinherstellung oder -lagerung dient. Meist aus Kunststoff, Stahl oder Beton, verdrängt es heute angesichts

seiner größeren Wirtschaftlichkeit immer mehr die alten traditionellen Holzfässer. Erfreulicherweise nimmt dagegen in den letzten Jahren die Erkenntnis wieder zu, daß sich qualitativ überdurchschnittliche Weiß- wie Rotweine, die nicht für den unmittelbaren Konsum bestimmt sind, sondern auf Jahre gelagert werden können und sollen, ausschließlich im Holzfaß erzeugen lassen.

Tannin Gerbsäure, Gerbstoff. Zu den Polyphenolen gehörende Gruppe organischer Verbindungen, die in Baumrinden, Holz, Wurzeln und Stielen vieler Pflanzen vorkommen, so auch in Weintrauben, vor allem in roten, wobei der Anteil an der Beerenhaut enthaltener Gerbsäure je nach Rebsorte unterschiedlich ist. Die →Önologie kennt heute eine Vielzahl – über 30 – unterschiedlicher Tannine, von denen einige die Qualität des Weins entscheidend zu verbessern vermögen, wohingegen andere als zumindest ungünstig eingestuft werden, so daß man ihr Eindringen in den Wein nach Möglichkeit zu vermeiden sucht. Angesichts dieser Erkenntnisse müssen daher heute selbst in einem jungen Wein die Tannine nicht mehr grundsätzlich aggressiv und →adstringierend wirken und im Mund einen zusammenziehenden Geschmackseindruck hinterlassen, wie das bei besseren jungen →Bordeaux-Weinen guter Jahrgänge noch in den 1970er Jahren in der Regel der Fall war. Mit Hilfe geeigneter Maßnahmen bei der Vinifikation (→Abbeeren, Länge und Temperatur der →Gärung, Einmaischdauer, Anteil des Preßweins u. a.) läßt sich dieser Vorgang heute bereits in beachtlichem Umfang steuern. Weine, die in Eichenfässern, zumal in neuen, lagern, nehmen z. T. noch zusätzlich Gerbstoff auf, was ihre Qualität und Lagerfähigkeit mitunter erheblich verbessert. In Verlauf des →Alterns des Weins werden alle diese Tannine mehr oder weniger abgebaut und als →Trub oder Depot (→Niederschlag) ausgeschieden, der sich bei guten Rotweinen nach einigen Jahren abzusetzen beginnt. Überdurchschnittliche Rotweine sollten daher nahezu immer über einen deutlichen Gerbstoffgehalt verfügen.

Tarragona Stadt und Provinz südlich von Barcelona an der spanischen Mittelmeerküste, bezüglich Wein einst ebenso bekannt für den *Tarragona clásico*, einen heute nur wenig erzeugten an einen →Portwein mitunter erinnernden süßen, roten oder weißen →*vino generoso* (mit ca. 16–20% vol. Alkohol) wie für die Masse anonymen Verschnittweins. Im spanischen Weinrecht ist Tarragona heute eine →Denominación de Origen mit einer Rebfläche von gut 18000ha. Es werden – meist aus den üblichen nordspanischen Rebsorten – mehrheitlich Weißweine als *Tarragona Campo* erzeugt, während zumal die Umgebung von Falset bekannt für ihre Rotweine ist. In der Regel sind es angenehme Weine mit nicht zu hohem Alkoholgehalt (11–12% vol. bei den weißen und Rosés, 12–13% vol. bei den Rotweinen), denen jedoch zumeist etwas von dem Schliff der besten Weine des benachbarten →Penedés oder der Spitzenrotweine von →Rioja oder →Navarra fehlt. Zwei Randbereiche mit z.T. hervorragenden Weinen werden heute nicht mehr zu Tarragona gezählt: →Priorato und →Terra Alta. In Tarragona ist De Muller ein verläßlicher, alter Name, aber auch einige Winzergenossenschaften des Gebiets (in Falset, Reus, Valls u.a.) haben einen guten Ruf.

Tasmanien Die südlich des australischen Kontinents, um den 42. Breitengrad gelegene Insel, der mit Abstand kleinste Bundesstaat der Australischen Union. Angesichts der südlichen Lage ist der Weinbau hier erst relativ jungen Datums und immer noch sehr begrenzt (ca. 200ha), obwohl die Wärmewerte denen des nördlichen bis mittleren →Burgund vergleichbar sind. In der Tat sind die bisherigen Ergebnisse des tasmanischen Weinbaus äußerst ermutigend: Die besten Weine (→Chardonnay, →Pinot noir, →Cabernet Sauvignon und →Riesling) zeichnen sich durch eine feindifferenzierte Struktur, sehr klare Sortenart, mäßigen Alkohol und einen Körper von schlanker Anmut aus. Moorilla Estate ist ein führender, wenn auch sehr kleiner Erzeuger, dessen Cabernet Sauvignon beanspruchen kann, zu den beachtenswerteren australischen Rotweinen zu gehören.

Tastevin In →Burgund übliche flache Schale, häufig aus Silber, für Weinproben, von dem sich der Name der berühmten burgundischen Weinbruderschaft, der *Confrérie du Tastevin*, herleitet, die ihren Sitz im altehrwürdigen Château von →Vougeot hat.

Tastevinage Besondere Etikettierung bei bestimmten →Burgundern, die nach eingehender →Probe von einem Ausschuß der *Confrérie du* →*Tastevin* ausgewählt wurden und nach Entrichtung einer bestimmten Gebühr das besondere Etikett der Bruderschaft tragen, auf dem der Name des Abfüllers (Händler oder Erzeuger) ebenfalls erscheint. Die betreffenden Weine gelten als *tastevinés*. Dies ist ein Hinweis auf, aber keineswegs eine Garantie für eine gehobenere Qualität.

Tattendorf Mit 220ha Rebfläche eines der Zentren der Rotweinerzeugung im Weinbaugebiet →Thermenregion, besonders bekannt für seine z.T. ausgezeichneten →St. Laurent-Weine. Das →Chorherrenstift →Klosterneuburg unterhält hier ein großes und sehr beachtenswertes Weingut.

Tauberfranken Im unteren Taubertal zwischen Bad Mergentheim und Wertheim/Main gelegener nördlichster

→Bereich des →Anbaugebietes →Baden, der bis vor Ende der achtziger Jahre noch den Namen Badisches Frankenland führte. Die Reben stehen in der Regel in 200–300 m Höhenlage auf Muschelkalkböden, während um Bronnbach und Wertheim Buntsandstein anzutreffen ist. Auf 717 ha Rebfläche werden zu 60 % →Müller-Thurgau (der höchste Anteil in einem Bereich überhaupt) und zu gut 6 % →Silvaner angepflanzt; der Rest verteilt sich größtenteils auf →Neuzüchtungen. Die Weine, für die ebenso wie für jene des →Bodensees angesichts der etwas ungünstigeren klimatischen Bedingungen z. T. etwas geringere →Mindestmostgewichte vorgeschrieben sind als im übrigen Baden, können kernig und kräftig sein und ähneln denen des benachbarten →Franken mehr als den übrigen badischen Weinen. Wie die Weine Frankens kommen sie in →Bocksbeuteln in den Handel. Recht gut ist die alte Klosterlage *Kemelrain* der einst bedeutenden Zisterzienserabtei Bronnbach, heute im Besitz des Fürstl. →Löwensteinschen Weinguts. Ferner gibt es in Lauda ein Staatliches Weinbauversuchsgut, und die Winzergenossenschaft in Beckstein, dessen Mitglieder fast die Hälfte der tauberfränkischen Rebfläche besitzen, macht des öfteren von sich reden.

Taurasi Süditalienischer Rotwein, der in →Kampanien auf dem sog. *Agro Taurasino* in der Provinz Avellino südöstlich von Benevento aus →Aglianico erzeugt und bis insgesamt 30 % Zusätze von Piedirosso, →Sangiovese und →Barbera enthalten darf. Der Wein verfügt seit 1993 über den →DOCG-Status. Der führende und international bekannteste Erzeuger ist Michele Mastroberardino, dessen Weine je nach Jahrgang sehr unterschiedlich ausfallen und mitunter eher enttäuschend sein können. Als →*Riserva* und voll gelungen, wie etwa 1968, ist der *Taurasi* je-

doch noch nach über 20 Jahren ein großartiger Wein, nervig, elegant und von großem Charakter, einer der bemerkenswertesten italienischen Rotweine, wie es im ganzen Mezzogiorno kaum etwas Vergleichbares gibt.

Tavel Frankreichs berühmtester und wahrscheinlich auch ältester Rosé. Er wird aus →Grenache und →Cinsaut mit mehr oder weniger großen Zusätzen von →Clairette, Bourboulenc, →Syrah, →Mourvèdre, →Picpoul und →Carignan erzeugt und kommt aus einem genau festgelegten Anbaugebiet von rund 900 ha um den Ort Tavel westlich von →Avignon auf dem rechten →Rhôneufer. Die Reben wachsen teils auf felsigem Boden, teils auf sandigem Kies. Die Weine zeichnen sich durch eine hellrote bis karmesinrote Farbe und ausgeprägtes Aroma und Bukett aus; sie sind außerordentlich fein und elegant und verfügen heute in der Regel über einen Alkoholgehalt um 13 % vol. Jährlich werden im Schnitt gut 40 000 hl erzeugt. Als führende Erzeuger gelten Château d'Aquéria, Prieuré de Mantézargues, Domaine de la Forcadière, Le Vieux Moulin, Domaine de la Genestière, Château de Manissy, Domaine des Roches u. a.

Tavernelle Seit 1982 von der Villa Banfi in →Montalcino in der →Toscana aus →Cabernet Sauvignon erzeugter moderner roter in →Barriques ausgebauter →Tafelwein, der insbesondere durch seine perfekte Kellertechnik brilliert. Der Wein hat mit zunehmendem Alter der Rebstöcke zweifellos an Tiefe und Qualität zugenommen, bleibt aber dennoch bislang etwas alltäglich und ohne das Format des →Castello Banfi Summus.

Tavira Kleines portugiesisches →DOC-Weinbaugebiet im Osten der →Algarve bis zur spanischen Grenze. Auf rund 1500 ha werden Rotweine aus →Periquita und Negra Mole und Weißwein aus Crato Branco erzeugt.

Teergeschmack Bezeichnung (im Französischen *goût de* →*goudron*), die für bestimmte, sehr körperreiche Rotweine (z. B. →Barolo) aus großen Jahrgängen gebraucht wird, die aus sehr reifen Trauben bereitet werden. Es handelt sich also keineswegs um eine negative Charakterisierung, zumal sich dieser zumeist im Verlauf des →Alterns des Weins wieder verliert.

Teinturier Bedeutet im Französischen wörtlich *Färber*. Im Weinbau zur Bezeichnung für die verhältnismäßig seltenen Rebsorten mit rotem oder gar purpurfarbenen Saft (bei allen gängigen Rotweinsorten ist die Farbe ausschließlich in den Beerenschalen enthalten). Meist sind diese Rebsorten allein zum Zweck, farbschwachen Weinen eine intensivere Farbe zu verleihen, als →Neuzüchtungen bzw. →Hybriden entwickelt worden, und die →Alicante-Bouschet dürfte weltweit die verbreitetste von ihnen sein. →Färbertraube

Temperatur Weine, besonders gute, sind sehr temperaturempfindlich. Ein zu warmer Weißwein mag leicht plump und dumpf schmecken, ein zu kalter Rotwein zusammenziehend und beinahe steril; er scheint ohne Bukett und Charakter. Daher mag es angebracht sein, ungeachtet bestehender kleinerer Abweichungen aufgrund der jeweils nationalen Trinkkultur, einige grobe Faustregeln anzugeben:
1. In der Regel sollte kein Wein mit mehr als 22 °C kredenzt werden, obgleich das Verhältnis zur Außentemperatur erfahrungsgemäß eine erhebliche Rolle spielt: Mit zunehmender Hitze kann in Maßen auch die Weintemperatur ohne erkennbare Nachteile für den Weingenuß steigen, wobei die Differenz zwischen beiden Temperaturen beim Rotwein etwa 10° betragen sollte.

2. Hervorragende bis große Rotweine, vor allem alte, sind häufig bei 17–20 °C am besten.
3. Weniger erlesene Rotweine, vor allem jüngere, sollten kühler serviert werden: 15–16 °C dürfte meist eine ideale Temperatur sein.
4. Trockene Weißweine, Rosés, aber auch einige Rotweine wie z. B. der →Beaujolais sollten gut gekühlt werden; bessere und alkoholärmere Sorten auf etwa 13 °C, die übrigen auf 10 °C.
5. Alle Schaumweine und fast alle süßen Weine wie →Sauternes, aber auch →Fino Sherry sollten eisgekühlt getrunken werden (5–6 °C). Deutsche →Beeren- und →Trockenbeerenauslesen sollten jedoch nicht unter 13 °C gekühlt werden.

Tempranillo Qualitativ die vielleicht bedeutendste spanische Rotweinsorte, früher reifend als etwa der Garnacha (→Grenache), gut im Ertrag, sehr tief in der Farbe, doch mit nicht zu hohem Zucker-, d. h. Alkoholgehalt und guter Säure, ergibt sie fein-elegante, langlebige Weine. Sie ist die Hauptrebsorte in →Rioja Alavesa und hat mithin einen führenden Anteil an allen guten roten Rioja-Weinen, insbesondere in den →Reserva-Qualitäten (es gibt auch einige reinsortige Tempranillo-Weine, etwa von Marqués de Cáceres). Auch in →Katalonien ist der Tempranillo verbreitet, heißt dort allerdings *Ull de Llebre* bzw. *Ojo de Liebre*. Ihre größte Verbreitung dürfte sie in Mittelspanien, insbesondere in La →Mancha haben, wo sie den Namen *Cencibel* führt, während sie in →Ribera del Duero und in Westspanien die Bezeichnung *Tinto fino* führt; →Vega Sicilia. Insgesamt kommt sie in Spanien auf rund 40000 ha. In Portugal ist der Tempranillo unter dem Namen →Tinta Roriz verbreitet. In Argentinien kommen weitere 11000 ha hinzu.

Tenuta vinicola Italienische Bezeichnung für →Weingut.

Terlan (Terlano) Bekannter, alter Weinort im reizvollen Etschtal zwischen →Bozen und →Meran, berühmt für seine Weißweine, die zu den besten →Südtirols gehören. Einfach als *Terlaner* etikettierter Wein besteht zu mindestens 50 % aus Weißem →Burgunder und Anteilen von 6 weiteren Rebsorten, die ebenso wie der →Pinot bianco auch reinsortig in den Handel kommen können und dann durchweg auf dem Etikett genannt werden. Es sind dies: →Rheinriesling (Riesling renano), →Chardonnay, →Sauvignon, →Welschriesling (Riesling italico), →Sylvaner und →Müller-Thurgau. Alle diese Weine tragen das →DOC-Prädikat Südtiroler Terlaner (Alto Adige Terlano), und in der Regel liefern die ersten drei Sorten sowie der Pinot bianco die besten Weine: trocken, charaktervoll und elegant. Die Klosterkellerei Muri-Gries, die Winzergenossenschaft von Terlan u. a. gelten als führende Erzeuger.

Teroldego Rotaliano Aus Teroldego auf dem Campo Rotaliano, der kieshaltigen Ebene des Etsch zwischen Mezzolombardo und San Michele all'Adige, einschließlich dem Bereich der Gemeinde Mezzocorona erzeugter Rotwein, der in guten Jahren zu den besten Nordostitaliens gehört: duftig, vollmundig-reich und samtig mit dezentem →Tannin, reift er mitunter vorzüglich. Auch als weniger bedeutender Rosé. Barone de Cles gilt für viele als der führende Erzeuger, doch auch Foradori – mit einem im →Barrique ausgebauten Teroldego unter dem Namen →Granato –, Zeni, de Tarczal, F.lli Endrizzi u. a. haben einen guten Namen.

Terra Alta Spanischer Weinbaubereich mit eigener →Denominación de Origen, unmittelbar an →Tarragona grenzend, mit 10 500 ha Rebfläche. Es werden z. T. ähnliche, vielfach schwere Rot-, Rosé- und Weißweine (oft 14–15 % vol. Alkohol) aus →Cariñena und →Garnacha bzw. →Macabeo und Garnacha wie dort erzeugt. Doch gibt es auch Kellereien, insbesondere Pedro Rovira in Gandesa in der südlichen Terra Alta, deren Weine einer anderen Welt anzugehören scheinen und deren Rotweine charaktervoll und mitunter fein und elegant sein können, während die Weißweine sich durch Rasse und Differenziertheit auszuzeichnen vermögen. Rovira erzeugt ebenfalls einen weithin geschätzten *→vino generoso*, den *Mas dels Frares*, aus Garnacha.

Terravin Im Kanton →Waadt gebräuchliche Bezeichnung für gehobene einheimische weiße →Dorin-Weine, die eine →organoleptische Qualitätsprüfung bestanden haben.

Terre Rosse Weingut oberhalb von Zola Predosa bei Bologna, im Besitz von Enrico Vallania, der hier teils unter der →DOC-Bezeichnung →Colli Bolognesi Monte San Pietro, teils als →Tafelweine einige der beachtenswertesten Weiß- und Rotweine der →Emilia-Romagna erzeugt. Der →Chardonnay, →Sauvignon und →Riesling italico sind von herausragender Frucht und Rasse, während unter den Rotweinen der →Cabernet Sauvignon nervig und elegant ist und gewiß Beachtung verdient.

Terre di Tufo Eigentlich ein →Vernaccia di San Gimignano, der von Teruzzi & Puthod (Fattoria Ponte a Rondolino) auf ihren besten Tuffsteinlagen bei San Gimignano aus der Vernaccia erzeugt und z. B. in →Barriques vergoren und ausgebaut wird, ein hervorragender, wenn nicht bemerkenswerter toscanischer Weißwein, der das ganze Potential italienischer Weißweine verdeutlicht, das heute leider nur noch so selten anzutreffen ist: Ausdrucksvoll, konzentriert, nuancenreich und differenziert, gehört der Terre di Tufo heute fraglos zu den besten italienischen Weißweinen.

Terricci Roter italienischer →Tafelwein, der von dem Weingut Lanciola II südlich von Florenz in der →Toscana vor allem aus →Sangiovese mit kleineren Anteilen von →Cabernet Sauvignon und →Cabernet franc erzeugt und in →Barriques ausgebaut wird. Der Wein verfügt über Rasse und Komplexität und läßt nach entsprechender Flaschenreife durchaus Eleganz erwarten.

Terroir, Goût de Französisch für →Bodengeschmack.

Tertre, Château du *5ᵉ cru classé* in →Arsac im Süden des →Haut-Médoc mit 48 ha Rebfläche (85 % →Cabernet Sauvignon, 10 % →Merlot, 5 % →Cabernet franc) und einem feinen, zarten und ungemein eleganten, dabei tiefen und ausgeglichenen →Margaux, dessen Qualitätsniveau heute wieder über seinem offiziellen Rang liegt. Im gleichen Besitz wie Château →Calon-Ségur in →Saint-Estèphe.

Tertre-Daugay, Château *Grand cru classé* aus →Saint-Emilion mit 16 ha Rebfläche (60 % →Merlot, 30 % →Cabernet franc, 10 % →Cabernet Sauvignon) und heute wieder ein substantieller, ausgeglichener und seinem Rang entsprechender Rotwein. Das Gut befindet sich im gleichen Besitz wie Château La →Gaffelière.

Tessin (Ticino) Südschweizer Kanton, der in den vergangenen 100 Jahren wohl den spektakulärsten Rückgang des Weinbaus von allen Schweizer Kantonen erlebte. Von den knapp 7500 ha des Jahres 1876 sind heute noch ganze 891 ha übriggeblieben, wobei seit Beginn der achtziger Jahre eine Stabilisierung und sogar eine geringe Zunahme der Ertragsrebfläche zu verzeichnen ist. Ob also wirklich der weitere Abwärtstrend

aufgehalten werden konnte, erscheint immer noch ungewiß, denn viele der Ursachen für den Verfall bestehen weiter: Strukturschwäche (die durchschnittliche Rebfläche pro Winzer beträgt weniger als 10 ar) mangels fehlender Rebbautraditon größeren Stils (Wein wird hier zwar seit Jahrtausenden erzeugt, doch nahezu stets nur zur Eigenversorgung und daher meist in der Form der bäuerlichen Mischkultur), hohe Kosten, Urbanisierung und Straßenbau, Billigimporte aus Italien u. a. So ist der →Nostrano auch heute noch der Wein, der praktisch nicht in den Handel kommt (wenn, als *Colli del Ticino*), sondern nahezu ausschließlich der Eigenversorgung dient. Mit dem →Merlot und seiner konsequenten Förderung (ausgedrückt nicht zuletzt in dem Gütesiegel →VITI) verbindet sich die Hoffnung eines langfristigen Wiederaufstiegs des Tessiner Weinbaus. Heute nimmt der Merlot fast 90 % der Tessiner Rebfläche ein, und die aus ihm erzeugten Rotweine gehören in guten Jahren zu den besten der Schweiz, von denen einige, darunter die bemerkenswerte →Vinattieri, in Zukunft durchaus Aufsehen erregen könnten – zumal wenn ihnen noch eine überzeugendere Balance zwischen Körper und Holz gelingt. Auf den Nostrano (aus Bondola u. a. Sorten) entfallen kaum noch 6 % der Gesamterzeugung, während der →Americano (→Hybriden), der jedoch zur Weinerzeugung nicht mehr verwandt wird (für Tafeltrauben und Traubensaft), nur noch knapp 4 % erreicht. 5 % der Rebfläche sind mit weißen Sorten bestockt. Nach dem Monte Ceneri unterteilt man in die beiden Hauptweinbaugebiete *Sottoceneri* (mit den Luganese und Mendrisiotto als dem größten Tessiner Weinbaubereich überhaupt) und *Sopraceneri* (das nördliche Tessin mit dem Schwerpunkt Locarno–Bellinzona).

Tête Bedeutet im Französischen eigentlich *Kopf* und bezeichnet daher in der Regel den Gipfel einer Sache. Ein *vin de tête* oder eine *tête de cuvée* oder *tête de cru* meint daher den besten Wein, den der Winzer oder das Weingut von diesem Jahrgang erzeugt hat.

Texas Seit jüngstem bringt die texanische Erde nicht nur Öl, sondern auch vielversprechenden Wein hervor. Er kommt aus dem Südwesten des Staates, wo bei El Paso in 1000–2000 m Höhe bereits hunderte Hektar mit den verschiedensten Europäerreben bestockt sind. Angesichts der Begeisterung und des hohen Kapitaleinsatzes, mit dem hier in einem relativ günstigen Klima bei entsprechenden Grundwasservorräten der Weinbau aus dem Boden gestampft wird, scheint dem texanischen Wein schon jetzt ein Platz auf der amerikanischen Weinkarte sicher.

Thallern Ortsteil von →Gumpoldskirchen und Sitz des ältesten Weinguts Österreichs, des Freiguts Thallern, das sich seit 1141 im Besitz des Stiftes Heiligenkreuz befindet und von den Zisterziensermönchen nach dem Vorbild des →*Clos de Vougeot* des Mutterklosters Citeaux in →Burgund angelegt wurde. Stets gehörte das Gut zu den allerersten Adressen im österreichischen Weinbau und war ein Hort der Weinkultur des Landes. Doch seit Beginn der achtziger Jahre ist eine Schwächeperiode eingetreten, von der sich das Gut bis heute nicht erholt zu haben scheint. Das Gut verfügt über rund 65 ha Weinbergsbesitz, davon 35 ha in den besten Lagen von Gumpoldskirchen; hinzu kommen noch einmal 30 ha am →Neusiedlersee. →Rotgipfler und →Zierfandler werden auf dem Gumpoldskirchener Gutsteil besonders gepflegt, und die aus ihnen erzeugten Weine sind, wenn gelungen, von bemerkenswerter Art; die besten gehören zweifellos zu den größten Weinen Österreichs.

Thermenregion Traditionelle Bezeichnung für das unmittelbar südlich von →Wien gelegene sanfte Vorland der Thermenalpen und seit 1985 gesetzlich definiertes Weinbaugebiet →Niederösterreichs mit 2814 ha Rebfläche, das die beiden bis dahin eigenständigen Weinbaugebiete →Gumpoldskirchen und →Vöslau umfaßt. In seinem nördlichen Teil dominiert die Umgebung von →Gumpoldskirchen, dem wohl bekanntesten Weinbauort Österreichs, mit seinen körper- und alkoholreichen, vollen und milden Weinen, die selten ganz →trocken, vielmehr meist ein wenig süß sind bis hin zur Honigsüße und dem finessenreichen Spiel großer →Trockenbeerenauslesen. Die typischen Gumpoldskirchener Rebsorten sind der →Zierfandler und der →Rotgipfler, die häufig zusammen ausgebaut und dann als →Spätrot-Rotgipfler angeboten werden. Aber auch andere Weißweinsorten wie →Neuburger, Weißer →Burgunder, →Traminer, werden angepflanzt. Sie liefern mitunter beachtenswerte und charaktervolle Weine. Zu den führenden Orten dieses Bereichs gehören in erster Linie die Marktgemeinde Gumpoldskirchen selbst, einschließlich das dazugehörende →Thallern, →Guntramsdorf, →Traiskirchen, →Pfaffstätten, →Baden u. a. Südlich davon schließt sich der Bereich des ehemaligen Weinbaugebietes Vöslau an, in dem mehrheitlich Rotwein erzeugt wird, vor allem aus dem Blauen →Portugieser, der allein 40 % der Rebfläche einnimmt; →Zweigelt und →St. Laurent machen zusammen weitere rund 15 % aus. Die Rotweine sind mitunter nur durchschnittlich, doch gibt es beachtenswerte Abfüllungen, die dokumentieren, daß das Gebiet durchaus in der Lage ist, höhere Qualitäten zu erzeugen, da das pannonische Klima und die sandigen und kalkhaltigen Schotter- und Schwemmlandböden gute natürliche Voraussetzungen für die Rotweinerzeugung bieten. Die beiden wichtigsten Zentren des Gebietes befinden sich um Bad →Vöslau und →Tattendorf.

Thessalien Heute noch ca. 5500 ha große Weinbauregion in Mittelgriechenland, aus der als bekannteste Weine der rote Rapsani und der weiße Agchialos (beide heute →O.P.A.P.-Weine) kommen. Zusammen mit →Makedonien Zentrum der Tafeltraubenerzeugung in Griechenland.

Thouarcé Eine der besten Weinbaugemeinden der →Coteaux du Layon im →Anjou, deren hervorragendste Lage der →*Bonnezeaux* ist, der über eine eigene →Appellation contrôlée verfügt. Von dort kommen in guten Jahren aus dem →Chenin blanc mitunter bemerkenswerte Weißweine, feinfruchtig, mit verhaltener Süße und eindrucksvoller Eleganz. Das Château de Fesle gilt als ein führender Erzeuger.

Thrazien Griechische Provinz und Weinbauregion im äußersten Nordosten des Landes, nach →Epirus die kleinste Griechenlands mit kaum noch 1300 ha Weinbaufläche. Auf noch einmal der gleichen Fläche werden Tafeltrauben erzeugt.

Thüngersheim Weinort in →Franken, etwa 15 km nördlich von →Würzburg, unmittelbar am Main gelegen, mit 220 ha Rebfläche in den beiden Lagen *Johannisberg* und *Scharlachberg*, die vom Staatlichen →Hofkeller, dem →Bürgerspital (beide Würzburg), einigen lokalen Erzeugern und der örtlichen Winzergenossenschaft bewirtschaftet werden. *Thüngersheimer Ravensburg* ist der Großlagenname für diese und vier weitere Lagen zwischen Retzbach und Veitshöchheim.

Thüringen, Bereich Kleiner Bereich mit allen im Freistaat Thüringen liegenden Rebflächen des Anbaugebietes Saale-Unstrut, zusammen 13 ha.

Thurgau Ostschweizer Kanton, der fast so sehr von der Rebbaukrise mitgenommen wurde wie der →Tessin, dessen Rebfläche jedoch heute wieder behutsam wächst. Der durchschnittliche Rebflächenbesitz nähert sich der 1 ha-Marke, und gegenwärtig sind 272 ha im Ertrag, auf zwei Dritteln davon wächst →Blauburgunder, auf dem Rest nahezu ausschließlich Riesling × Sylvaner (→Müller-Thurgau). Die Rotweine sind durchweg ausgezeichnet und denen der benachbarten Kantone →Schaffhausen und →Zürich sehr ähnlich und vermögen in herausragenden Jahren kraft- und ausdrucksvoll zu sein. Im wesentlichen gibt es vier Weinbaubereiche: Frauenfeld und das östliche Thurtal mit Weinfelden und Ottoberg (*Bachtobel*), das westliche Thurtal mit Warth (*Kartause Ittingen*) und Uesslingen (*Iselisberg*), das Seebachtal mit Hüttwilen (*Stadtschryber*, *Guggenhüsli*), Nussbaumen und Herdern (*Kalchrain*, *Schloßgut Herdern*) und schließlich Untersee und Hochrhein mit Ermatingen, Schlattingen, Salenstein (*Arenenberg*) u. a.

Ticino →Tessin

Tiefenbach Kleiner Weinbauort im Kraichgau (Bereich Badische →Bergstraße/Kraichgau), südlich von →Michelfeld gelegen, mit rund 90 ha Rebfläche. Als führend gilt das lokale Weingut Heitlinger (25 ha) mit einigen guten →Rieslingen (38 %), Weißen und Grauen →Burgundern (9 bzw. 14 %), →Spätburgundern (18 %) u. a. Weinen.

Tignanello Man hat den Tignanello als »il delizioso miracolo« bezeichnet, und dieses köstliche Wunder findet zu einem nicht unerheblichen Teil im Keller statt. Nicht daß die Herkunft des Weins unbedeutend wäre: Er kommt aus einer heute 54 ha großen Lage der →Toscana, genauer aus Santa Cristina im Val di Pesa, also aus dem Gebiet des →Chianti classico, als unmittelbarer Nachbar des →Solaia, einem ähnlich herausragenden Wein, jedoch ganz anderen Charakters. Im Gegensatz zum Solaia wird der Tignanello hauptsächlich (80%) aus →Sangiovese erzeugt. An die Stelle der ursprünglichen Zusätze von Canaiolo (und →Malvasia) ist ab dem Jahrgang 1975 der →Cabernet Sauvignon getreten, in manchen Jahren ergänzt um ca. 5% →Cabernet franc. Doch der Wein, der daraus hervorgeht, ist weder ein Chianti noch ein toscanischer Wein im traditionellen Sinn. Durch seine Kellerbehandlung und nicht zuletzt die bis zu zweijährige Lagerung nach →Bordeaux-Art in jeweils neuen →Barriques aus Limousin-Eiche entsteht ein nahezu französischer Rotwein: charaktervoll und von großer Rasse, reift er nach einigen Jahren zu einem bemerkenswert feinen und eleganten Wein heran, der zwar nicht ganz die Größe des →Sassicaia erreicht, aber dank seiner größeren Verbreitung in Italien in den 1970er Jahren ein neues Kapitel der Weinerzeugung aufgeschlagen hat. Auch heute noch zählt er zu den bemerkenswertesten Weinen Italiens. Nach einer leichten Schwächeperiode Ende der 1970er Jahre hat der Wein inzwischen wieder seinen illustren Rang zurückgewonnen.

Tigné Dorf im →Loire-Tal unweit der →Coteaux du Layon, in dem, ebenso wie in den Nachbardörfern, die wohl besten Rosés aus →Anjou erzeugt werden. Château de Tigné, Château de la Roche Coutant u. a. gelten als führende Erzeuger.

Tinaja Großer irdener, amphorenähnlicher Behälter mit ungefähr 1600 l Inhalt, in dem traditionellerweise in →Montilla-Moriles und →Valdepeñas der Wein vergoren und zunächst auch gelagert wird.

Tinta In Portugal und auf →Madeira gebräuchliches Wortteil (»Rot«) für eine

Reihe von roten Rebsorten, wie sie für die Erzeugung von →Portweinen und Rot- und Roséweinen verwandt werden. Zur Gruppe dieser Rebsorten gehören Tinta Amarela (sehr verbreitete, ertragsarme und körperreiche Sorte, im →Ribatejo als Trincadeira Preta, in der →Algarve als Crato Preto und in der Estremadura als Mortágua bezeichnet), Tinta Caiada, Tinta Carvalha, Tinta Francisca, Tinta Madeira, Tinta Miúda (seltene, edle Sorte in der Estremadura), Tinta Pinheira (in der →Bairrada und in →Dão, aber auch darüber hinaus weit verbreitet), Tinta Roriz (eine der edelsten portugiesischen Sorten in →Douro, im →Portwein, in Dão u. a. Gebieten verbreitet, darunter im →Alentejo, wo sie Aragonez genannt wird. Ob sie ursprünglich aus Portugal oder aus Spanien stammt, wo sie →Tempranillo, Tinto fino, Cencibel u. a. genannt wird, ist umstritten.) u. a.

Tintilla Auch als *Tent* bezeichneter süßer, →gespriteter Rotwein aus der Tintilla de Rota, der heute allerdings nur noch in ganz geringen Mengen um Rota, eine südspanische Hafenstadt am Rande des →Sherry-Gebietes, erzeugt wird.

Tintillo Eigentlich »kleiner Rotwein«. Spanische Bezeichnung für einen blaßfarbenen Rotwein, der eher an einen dunklen Rosé erinnert. →Clarete

Tirage Französische Bezeichnung für *Flaschenabfüllung*, also das Abfüllen des fertigen Weins aus dem Faß in Flaschen. In der →Champagne wird unter *tirage* die erste Flaschenabfüllung des jungen →Stillweins verstanden einschließlich des Zusatzes von Zuckersirup und Hefe (→*liqueur de tirage*), die zur zweiten Gärung in der Flasche und damit zum Schäumen führen.

Tocai Italienische Rebsorte, die nichts mit dem →Tokajer und seinen Reben

gemein hat und insbesondere im Nordosten des Landes zwischen →Gardasee
und slowenischer Grenze sehr verbreitet ist. Die besten der aus ihr erzeugten,
mitunter hervorragenden, körperreichen und charaktervollen Weißweine
dürften vom →Collio stammen, doch
bringt die Rebe auch im westlichen Slowenien und in fast allen übrigen Bereichen von →Friuli-Venezia Giulia, wo sie
die am meisten angepflanzte weiße
Rebsorte ist, z.T. beachtliche Weine
hervor, ebenso am →Piave, im Gebiet
von →Lison-Pramaggiore und schließlich – als westlichster mit →DOC-Prädi-
kat versehener Wein – der *Tocai di San
Martino della Battaglia* auf der Grenze
zur →Lombardei.

Ungleich seltener als diese Rebsorte ist
der *Tocai rosso*, der nichts mit dem
weißen *Tocai* gemein hat und sehr vereinzelt im →Veneto angepflanzt wird,
wo er einen gefälligen, etwas gewöhnlichen Rotwein ergibt, der durchaus die
Vermutung nahelegt, daß es sich bei
dem *Tocai rosso* in Wirklichkeit um den
→Grenache noir handelt.

Tocco di Colle Bereto, Il Vom Weingut
Colle Bereto in Radda in →Chianti aus
in →Barriques ausgebautem →Sangio-
vese erzeugter →Tafelwein, der über
Kraft und Charme verfügt und Beachtung verdient.

Tokaj-Hegyalja Ungarisches Weinbaugebiet im Nordosten des Landes, das
insgesamt 28 Gemeinden und rund
4500 ha umfaßt – vieles davon in der
Umstrukturierung mit erheblichen ausländischen Investitionen – und aus dem
der berühmteste aller ungarischen
Weine kommt, der →Tokajer.

Tokajer Einer der traditionsreichsten
und bedeutendsten →Likörweine der
Welt, der gegenwärtig wieder zu seiner
früheren Bedeutung zurückfindet und
der in dem Gebiet von →Tokaj-
Hegyalja mit jährlich etwa 180000 hl er-

zeugt wird. Er stammt zu rund zwei
Dritteln aus dem →Furmint, während
für den Rest weitgehend der →Hársle-
velü (Lindenblättrige) sowie etwas
Gelbe →Muskateller (Muscat de Lunel)
aufkommen.

Tokajer wird nach einem ganz besonderen Verfahren erzeugt, wie es sich in
Jahrhunderten herausgebildet hat. Der
sozusagen einfachste Tokajer ist der *Tokaji* →*Szamorodni* (Tokajer Samorodner), ein Wein, »wie er gewachsen ist«,
der je nach Jahrgang trocken oder mehr
oder weniger süß sein kann, aber stets
einen →Botrytiston aufweisen muß und
über etwa 15% vol. Alkohol verfügt.
Das Geheimnis des Tokajers ist nämlich
wie bei den →Beeren- und →Trocken-
beerenauslesen des →Rheingaus oder
den →Sauternes die →Edelfäule. Im
Unterschied zu diesen und ähnlich den
→Fino →Sherrys wird er jedoch eine
Zeitlang in nur etwa zu vier Fünftel
vollen Fässern ausgebaut, in denen sich
dann ein Hefefilm bildet, ähnlich der
→Florhefe, doch bei sehr viel geringeren Temperaturen, die den Weinen ihre
besondere Geschmacksnote verleihen.
Für höherrangigen Tokajer, den *Tokaji*
→*Aszú* (Tokajer Aszú), sortiert man die
von der Edelfäule befallenen Beeren aus
und füllt sie in →Puttonyos (Bütten)
von etwa 30l Fassungsvermögen. Die
anderen Trauben werden gepreßt bzw.
sind meist vor dem 28. Oktober gelesen
worden, dem traditionellen Lesebeginn
für die Aszú-Trauben.

Die Qualität des späteren *Tokaji Aszú*
und sein Süßegrad hängen nun von dem
Verhältnis normalen Weins – wobei als
bester Grundwein früher jeweils der
des voraufgegangenen Jahres galt – zu
Bütten edelfaulen Lesegutes ab, d.h.
wieviel Bütten Ausbruchteig einem
Göncer Faß (136 l) Grundwein hinzugefügt und zusammen vergoren werden.
Je mehr Bütten, desto feiner, süßer und
bemerkenswerter ist der Wein. Die Zahl
der Puttonyos, die auf dem Halsetikett
der Flasche angegeben ist, schwankt

zwischen eins und sechs, wobei die am häufigsten erzeugten Weine drei-, vier- oder fünfbüttige Aszúweine sind. Für alle diese Stufen sind exakte Mindestwerte vorgeschrieben, so daß diese Weine in der Regel heute statt in Göncer Faß und Bütten entsprechend den vorgegebenen Parametern in größeren Einheiten erzeugt werden.

Der rarste und exzeptionellste aller Tokajer ist die *Tokaji →Eszencia* (Tokajer Essenz), die ausschließlich aus dem →Vorlauf der Bütten erzeugt wird, wobei eine Bütte 1–1,5 l Essenz ergibt, die mindestens 250 g/l Zucker enthält, der natürlich nur zum geringsten Teil vergärt, so daß die Essenz den niedrigsten Alkoholgehalt (6–10 % vol.) und die höchste Süße aller Tokajer und eine einmalige, doch nur äußerst selten anzutreffende Köstlichkeit darstellt. Nicht ganz die Exzeptionalität hat der *Tokaji →Aszú Eszencia*, der über dem sechsbuttigen Aszú rangiert, in der Regel wohl um 200 g/l Restzucker und 12–14 % vol. Alkohol aufweist und ein ganz und gar großartiger Wein ist.

Aus diesen gesetzlichen Bedingungen heraus ergibt sich, daß im Gegensatz zu einem →Sauternes ein Tokajer nicht jedes Jahr erzeugt werden kann, da der Botrytisbefall die unumstößliche Voraussetzung ist. Im allgemeinen geht man davon aus, daß von zehn Jahren drei mittlere Jahre und vier gute Jahre sind, während es in den verbleibenden drei keinen Tokajer gibt. Auch quantitativ unterscheidet sich der Tokajer vom Sauternes: Quantitativ mittlere Jahre ergeben einen durchschnittlichen Ertrag von ganzen 5 hl/ha, gute Jahre hingegen im Schnitt 10 hl/ha.

Alle Tokajer zeichnen sich durch eine ganz eigentümliche Blume und Geschmack und eine bemerkenswerte Säure aus. Selbst die geringeren sind meist interessante und hervorragende Weine, während die nur selten gefundenen besten in der Tat ganz große Weine sind.

Tokay d'Alsace Im →Elsaß bis 1984 übliche Bezeichnung für den →Pinot gris (Grauen →Burgunder), der seither als Pinot gris oder Tokay Pinot gris deklariert werden muß. Ebenso wie der →Tocai in Italien oder der →Tokayer in der →Ostschweiz hat er natürlich nichts mit dem echten →Tokajer aus Ungarn gemein.

Tokayer In der →Ostschweiz gebräuchliche, irreführende Bezeichnung für den →Pinot gris oder Grauen →Burgunder, dessen Weine nichts mit dem echten →Tokajer aus Ungarn gemein haben. →Tocai, →Tokay d'Alsace.

Tomar Mittelportugiesisches →IPR-Weinbaugebiet um die historische Stadt Tomar nördlich von →Santarém, das nordöstlichste Gebiet des →Ribatejo. Auf rund 2500 ha werden je etwa zur Hälfte Weißweine vor allem aus →Fernão Pires, Arinto, →Malvasia, Rabo de Ovelha und Tália bzw. Rotweine überwiegend aus Castelão Nacional, Baga, →Periquita und Tinta Mole erzeugt.

Tonneau Im →Bordeaux-Gebiet übliche Bezeichnung für den Inhalt von vier →*barriques* (also 4 x 225 = 900 l). Obwohl es keine Fässer dieses Inhalts gibt, wird die erzeugte Menge traditionellerweise in *tonneaux* angegeben (hier der Einheitlichkeit halber in hl umgerecht: 1 *tonneau* = 9 hl).

Torcolato Besonderer, sehr seltener italienischer Weißwein aus →Breganze, der aus luftgetrockneten Trauben, die erst einige Monate nach der Lese gekeltert und vergoren werden, erzeugt wird. Meist werden dafür Vespaiola, →Garganega und →Tocai verwandt. Der Wein hat einen hohen Alkoholgehalt (um 15 % vol.) und eine dezente Süße und in jedem Fall Charakter. Er gehört zu den hervorragendsten italienischen →Likörweinen und wird von Maculan erzeugt.

Torgiano Kleiner Ort in →Umbrien, unweit von Perugia mit eigenem →DOC-Gebiet für seine Rot- und Weißweine. Die gesamte Erzeugung wird von Lungarotti in den Handel gebracht. Der Torgiano rosso, seit 1991 mit dem →DOCG-Prädikat versehen, wird aus →Sangiovese mit Zusätzen von Canaiolo, →Trebbiano und zwei weiteren Rotweinsorten erzeugt und ist von unterschiedlicher Qualität. Als →*Rubesco riserva* von der Lage *Monticchio* ist er jedoch gehaltvoll, von bemerkenswertem Charakter und feiner Eleganz. Er gehört dann in guten Jahren fraglos zu den hervorragendsten Rotweinen Italiens. Der Weißwein aus Trebbiano mit Zusätzen von Grechetto, →Malvasia und Verdello kommt als *Torre di Giano* in den Handel. Er ist fruchtig und angenehm, doch ohne die Distinktion des roten.

Toro Nordspanisches Weinbaugebiet zwischen Zamora und Valladolid mit gut 3200 ha Rebfläche und eigener →Denominación de Origen. Es werden zumeist gehaltvolle und konzentrierte Rotweine von mitunter herausragender Qualität erzeugt, überwiegend aus der lokalen Tinta de Toro, einer →Tempranillo-Variante, eventuell mit Zusätzen von →Garnacha und weiteren Sorten, darunter in Zukunft möglicherweise auch →Bordeaux-Sorten. Auch die Rosé-Weine genießen einen guten Ruf und werden häufig aus einem Verschnitt von roten und weißen Trauben erzeugt. Die meist weniger renommierten Weißweine stammen vor allem aus →Malvasia, zum Teil mit Zusatz aus Verdejo und anderen Sorten. Traditionell haben die Bodegas Fariña den besten Namen, aber auch die lokalen Winzergenossenschaften, Fermoselle u. a. sind verläßlich.

Torre Quarto Kleine zu Cerignola gehörende Ortschaft in der Provinz Foggia in →Apulien und der dort erzeugte Wein. Am beachtenswertesten ist der aus →Malbec, →Negro amaro und →Troia erzeugte Rotwein von Cirillo-Farrusi, der nervig, gehaltvoll und in guten Jahren sehr langlebig sein kann und dann sicherlich zu den besten Rotweinen Apuliens zählt, obwohl sein Charakter (aufgrund des Malbec) eher in den Südwesten Frankreichs verweist, aus dem die Herzöge de la Rochefoucauld stammen, die 1847 das Gut gründeten. Auch als weniger bedeutender Weiß- und Roséwein.

Torremilanos Hervorragender, wenn nicht bemerkenswerter Rotwein, der von dem Weingut Peñalba López im Gebiet von →Ribera del Duero ausschließlich aus Tinto fino (→Tempranillo) erzeugt wird. Tief, konzentriert und komplex, zählt er zu den exzellentesten Weinen dieses noch jungen spanischen →DO-Gebietes.

Torres – Mittelportugiesisches →IPR-Weinbaugebiet mit nahezu 20000 ha Rebfläche um die kaum 50 km nördlich von Lissabon gelegene Stadt Torres Vedras. Es werden vor allem Weißweine überwiegend aus →Fernão Pires, Arinto und Vital erzeugt, von denen die meisten durch die lokale Winzergenossenschaft vertrieben werden, die zu den größten in Portugal gehört. In der Regel handelt es sich um nicht sonderlich aufregende Weine. Jedoch kommen von hier auch einige körperreiche und lagerfähige Rotweine, vor allem aus →Periquita und eventuellen Zusätzen von Camarate, Mortágua und Tinta Miúda, von denen einige weithin Beachtung verdienen, darunter der →Ribalta und der →Serradayres.

Toscana Mittelitalienische Region mit der Hauptstadt Florenz und eines der großen Weinbaugebiete Italiens mit 71700 ha Ertragsrebfläche, die jährlich um 3 Mill. hl Wein hervorbringen. Während sie damit für rund 5 % der italienischen Weinernte aufkommt, liegt ihr Anteil an den →DOC- und →DOCG-Weinen nahezu dreimal so hoch. Über ein Drittel aller toscanischen Weine sind als Qualitätsweine eingestuft.

21 DOC- und DOCG-Weine gibt es heute in der Toscana, von denen über die Hälfte weiß ist. Bezogen auf die Menge sind jedoch rund 90 % der Qualitätsweine rot, allen voran der →Chianti mit alleine rund 1 Mill. hl der mengenmäßig größte italienische Qualitätswein, der bereits für sich über 11 % der gesamten italienischen DOC-DOCG-Ernte ausmacht. Mit anderen Worten, trotz so beachtenswerter Weißweine wie →Vernaccia di San Gimignano, →Montecarlo, auch →Pomino bianco und den meist angenehmen →Bianco Vergine Valdichiana, →Bianco di Pitigliano, →Bianco della Valdinievole u. a., ist der toscanische Qualitätswein rot. Doch nicht nur das. Ungeachtet so illustrer Namen wie (seit 1994) →Sassicaia, →Brunello di Montalcino, →Vino Nobile di Montepulciano, →Carmignano, →Rosso di Montalcino, →Morellino di Scansano, →Rosso delle Colline Lucchesi, den roten →Elba u. a., ist die große Masse der roten Qualitätsweine Chianti. Wie kein zweiter Wein ist der Chianti daher auch für das breite Publikum mit der Toscana verknüpft. Und mehr als nur ein Massenwein, kann ein sehr guter Chianti von ganz hervorragender Qualität sein und zum besten gehören, was die Toscana an Wein hervorbringt.

Die Popularität des Chianti sollte aber nicht darüber hinwegtäuschen, daß über 70 % aller toscanischen Weine kein Chianti sind und daß sich unter jenen Weinen, die schlicht als →Tafelwein verkauft werden, einige hervorragende, wenn nicht bemerkenswerte Weine befinden, darunter die herausragendsten toscanischen →Barrique-Weine, wie der →Masseto, →Solaia, →Sammarco, →Paleo, Le →Pergole Torte, →Solatìo Basi-

lica, →Podere Le Rocce, →Ornellaia, Le →Stanze, →Coltassala, →Balìfico, →San Martino, →Tignanello, →Etrusco, →Barullo, →Grifi, →Elegia, →Codirosso, →Sangioveto, →Boscarelli, →Vinattieri Rosso, →Flaccianello, →Fontalloro, →Mormoreto, I →Sodi di San Niccolò, →Palazzo Altesi, →Percarlo u. a., die zu den bemerkenswertesten italienischen Rotweinen überhaupt zählen. Das gleiche gilt für einige der herausragenden Weißweine, darunter Le →Grance, I →Sistri, Il →Benefizio, →Salterio u. a. Sie alle tragen, obwohl sie in der Regel lediglich in kleinen Mengen erzeugt werden, dazu bei, daß die Toscana auch hinsichtlich der Qualität ihrer Weine zur Creme der italienischen Weinbauregionen gehört.

Tot Tot ist ein Wein, der Bukett, Güte und Charakter verloren hat.

Toul Nordostfranzösische Stadt am Oberlauf der Mosel, aus deren Umgebung einige sehr leichte, passable *vins gris* kommen. Sie werden überwiegend aus →Gamay, →Meunier und →Pinot noir erzeugt und kommen als →*Côtes de Toul* mit dem →V.D.Q.S.-Siegel in den Handel.

Tour-Blanche, Château La *Premier cru classé* aus →Bommes, im Staatsbesitz und teilweise als Weinbauschule genutzt. 27 ha sind zu 78 % mit →Sémillon, 19 % →Sauvignon und 3 % →Muscadelle bestockt und ergeben einen süßen, reichen →Sauternes, der seit Ende der achtziger Jahre wieder viel von seinem früheren Ansehen zurückgewonnen hat. Ferner wird eine kleine Menge trockenen Rotweins erzeugt. Das Gut sollte nicht mit etlichen anderen →Bordeaux-Châteaux gleichen oder ähnlichen Namens verwechselt werden.

Tour-Carnet, Château La *4ᵉ cru classé* aus →Saint-Laurent im →Haut-Médoc mit 31 ha Rebfläche (66 % →Cabernet Sauvignon, 33 % →Merlot, 1 % →Petit Verdot). Nach einer Periode der Vernachlässigung werden heute wieder große Anstrengungen unternommen, das Niveau eines klassifizierten Gewächses zurückzugewinnen. Man sollte das Gut weiter im Auge behalten.

Tour-Figeac, Château La *Grand cru classé* aus →Saint-Emilion, ursprünglich Teil von Château →Figeac, mit 14 ha Rebfläche (60 % →Merlot, 40 % →Cabernet franc) und einem gut gemachten Rotwein.

Tour Haut-Brion, Château La *Cru classé* aus →Talence in den →Graves und kleineres Schwestergut von Château La →Mission Haut-Brion mit 5 ha Rebfläche (80 % →Cabernet Sauvignon, 20 % →Merlot). Das Gut vermag phantastische Weine von großer Tiefe, Kern, Komplexität und Eleganz hervorzubringen, die zu den besten Rotweinen der Graves gehören. Leider sind derartige Weine eher die Ausnahme, da unter dem Namen des Gutes lange der Zweitwein von La Mission Haut-Brion abgefüllt wurde. Wie es scheint, geht jedoch La Tour Haut-Brion unter den neuen Besitzern (ab 1983 Château →Haut-Brion) einer neuen Zukunft entgegen. Der Wein ist zwar durchweg leichter, heute auch deutlich kerniger als der La Mission und reift langsam, aber der qualitative Aufschwung seit Ende der achtziger Jahre ist unverkennbar. La Tour Haut-Brion ist heute mehr und mehr ein exzellenter Wein von Rang, Klasse und Distinktion. Er kommt heute unter der neuen Appellation →Pessac-Léognan in den Handel.

Tour-Martillac, Château La *Cru classé* in →Martillac in den →Graves mit 25 ha Rebfläche (66 % →Cabernet Sauvignon, 22 % →Merlot, 8 % →Malbec und →Petit Verdot, 4 % →Cabernet franc bzw. 60 % →Sémillon, 30 % →Sauvignon,

10 % →Muscadelle für den Weißwein). Der Rotwein zeichnet sich durch einen verhaltenen Körper und viel Eleganz und Finesse aus und ist in jeder Weise beachtenswert, während der Weißwein nach deutlichen Verbesserungen seit Ende der achtziger Jahre dabei ist, sein Niveau als klassifiziertes Gewächs wiederzufinden. Beide Weine kommen seit kurzem unter der neuen Appellation →Pessac-Léognan in den Handel. Im Auge behalten.

Tour-de-Mons, Château La *Cru →bourgeois* aus →Soussans im →Haut-Médoc mit 30 ha Rebfläche (45 % →Cabernet Sauvignon, 40 % →Merlot, 10 % →Cabernet franc, 5 % →Petit Verdot) und einem mitunter ausgezeichneten Rotwein, der seit Ende der achtziger Jahre wieder mit größerer Rigorosität und Gleichmäßigkeit erzeugt wird, die dem altberühmten Gewächs angemessen ist.

Tour-du-Pin-Figeac-Moueix, Château La Ausgezeichneter *grand cru classé* von →Saint-Emilion, einst zu Château →Figeac gehörend und Nachbargut von Château →Cheval Blanc mit 9 ha Rebfläche (60 % →Merlot, 30 % →Cabernet franc und je 5 % →Cabernet Sauvignon und →Malbec) und einem kernigen und feinen Rotwein. Unmittelbar benachbart ist ein knapp 11 ha großes Gut gleichen Namens (allerdings nicht zu Armand Moueix gehörend und daher ohne den Zusatz *Moueix*), dessen Weine (75 % Merlot, 25 % Cabernet franc) heute in etwas geringerem Ansehen stehen.

Touraine Historische Provinz Frankreichs in reizvoller Landschaft an der →Loire um die alte Stadt Tours, ausgezeichnet durch eine Vielzahl, häufig großartiger Loire-Schlösser. In guten Jahren kommen aus der Touraine über 500 000 hl →A.O.C.-Wein, zu etwa zwei Fünftel Weißwein. Noch einmal ein

Drittel kommt als →Tafel- oder →Land-
wein in den Handel. Knapp die Hälfte
der A.O.C.-Weine führt die Bezeichnung *Touraine tout court*. Etwa weitere
30 000 hl kommen unter den Namen
Touraine-Amboise, *Touraine-Azay-le-
Rideau*, *Touraine-Mesland* oder *Touraine →Mousseux* auf den Markt. Die
besten Rotweine der Touraine gedeihen
stromabwärts von Tours und führen
eine der drei Appellationen →Saint-Ni-
colas-de-Bourgueil, →Bourgueil oder
→Chinon, während die besten Weiß-
und Schaumweine stromaufwärts von
Tours erzeugt werden, der →Vouvray
und der →Montlouis. Aufgrund ihrer
Mittellage finden sich in der Touraine
sowohl die Rebsorten der westlichen
Loire (→Cabernet franc, →Chenin
blanc, →Grolleau u. a.) als auch die der
östlichen (→Sauvignon, →Pinot noir,
→Meunier, →Gamay u. a.).

Touriga Nacional Nach allgemeiner
Überzeugung die edelste Rotweinsorte
Portugals, qualitativ noch bedeutender
als die →Tinta Roriz, die im Nordosten
des Landes verbreitet ist und wesentlichen Anteil an den Weinen von
→Douro, einschließlich des →Port-
weins, →Dão u. a. Gebieten hat, darunter auch von →Lafões, wo sie Tourigo
genannt wird. Sie liefert außerordentlich vielschichtige, fruchtige, farb- und
tanninreiche Weine.

Traben-Trarbach Doppelort an der
→Mosel, unterhalb von →Bernkastel,
doch noch zu dessen illustrem Bereich
gehörend. Ungefähr 320 ha (einschließlich der Flächen im Stadtteil Wolf) stehen unter Reben, von denen sich die
besseren Lagen moselabgewandt in Seitentälern südlich von Trarbach befinden, darunter der *Schloßberg*, *Hühner-
berg*, *Ungsberg* u. a.

Traditioneller Wein (νομασια κατα
παραδοση) – Durch EU-Verordnung
355/79 zugelassener ergänzender Aufdruck für bestimmte griechische →Ta-
felweine, auf französisch *appellation
traditionelle*. Der klassische traditionelle Wein Griechenlands ist natürlich
der →Retsina. Die traditionellen Weine
müssen aus festgelegten Ursprungsge-
bieten kommen, von denen es heute in
Griechenland 3 gibt: →Attika und Viotias sowie Evias, beide in →Zentralgrie-
chenland und Euböa. Es handelt sich
um Weißweine (meist aus →Savatiano),
die auch unter dem Namen eines eingeschränkteren Erzeugungsgebietes in
den Handel gebracht werden dürfen.
Heute stellen diese Weine eine Gruppe
der griechischen Landweine dar.

Traisen Weinort an der →Nahe mit
knapp 40 ha Rebfläche. Hierzu gehören
jedoch die 2 ha der *Bastei* in reiner Südlage am Fuße eines 200 m hoch aufragenden Porphyrmassivs, die zu den besten Lagen des ganzen Gebietes gehört.
Von ihr kommen, besonders in guten
Jahren rassige und kraftvolle →Ries-
linge von hervorragender Qualität. Als
führende Erzeuger gelten das herausragende lokale Weingut Crusius, die
Staatl. →Weinbaudomäne Niederhausen-Schloßböckelheim u. a.

Traiskirchen Zwischen →Gumpolds-
kirchen und →Baden gelegener Weinbauort im Weinbaugebiet →Thermenre-
gion mit rund 270 ha Rebfläche. Es werden →Rotgipfler, →Zierfandler, →Neu-
burger u. a. Sorten angepflanzt. Karl
Alphart, Johann Glanner, Ferdinand
Schafler, Johann Stadlmann u. a. gelten
als führende Erzeuger.

Tramin (Termeno) Weinbaugemeinde
südlich des →Kalterersees in →Südtirol,
dessen Rotweine die Bezeichnung Kalterersee tragen dürfen. Ferner kommen
einige →Gewürztraminer von dort. Ob
sich von diesem Ort jedoch tatsächlich
der →Traminer herleitet, gilt zumindest
als zweifelhaft.

Traminer Auch Roter Traminer (wegen der leicht rötlichen Färbung der Beerenhaut) genannt, in der →Ortenau als →Clevner bezeichnet. Gilt mit dem verwandten →Gewürztraminer als hervorragende Qualitätsrebe, mit denen zusammen in Deutschland noch 820 ha bestockt sind, besonders in der →Pfalz, in →Baden und →Rheinhessen. In Österreich ist sie lediglich prozentual etwas häufiger anzutreffen und kommt derzeit auf 674 ha, unterschiedlich verteilt über alle vier →Weinbauregionen. Im →Elsaß (nur in der Spielart des Gewürztraminers) kommt sie auf rund 2400 ha. Ferner ist sie in Norditalien, in →Kalifornien (ca. 750 ha), in Australien (um die 250 ha) und in zahlreichen weiteren Ländern in und außerhalb Europas anzutreffen.
Wenn sie ihr gemäße Bedingungen vorfindet und entsprechend vinifiziert wird, liefern Traminer und Gewürztraminer mitunter bemerkenswerte, außerordentlich charaktervolle Weine von großer Distinktion. Die besten dürften fraglos aus →Klöch in der →Süd-Oststeiermark stammen, denen die großartigsten elsässischen Gewürztraminer nur wenig nachstehen. Doch auch in Italien, Kalifornien u. a. werden z. T. ganz außerordentliche Weißweine aus ihr erzeugt.

Tramonto d'Oca Neuer →Tafelwein aus der →Toscana, der von dem Weingut Poggio Bonelli in Castelnuovo Berardenga überwiegend aus →Sangiovese erzeugt und in →Barriques ausgebaut wird. Der Wein ist reich und gehaltvoll, von ausgeprägtem Barriqueton und dabei komplex und elegant, zweifellos einer der bemerkenswerten neuen Sangioveseweine, der jede Beachtung verdient.

Transvasierverfahren Neuere Technik bei der Herstellung von →Schaumwein, verbindet angeblich die Vorzüge der →Flaschengärung mit dem Verzicht auf das monatelange →Rütteln, wodurch eine drastische Verkürzung des Herstellungsverfahrens gegenüber der →Méthode champenoise von einem halben bis einem ganzen Jahr erreicht wird, da die Flaschengärung beim Transvasierverfahren lediglich ca. 4 Monate (statt mindestens 9 oder 12) dauert; danach wird der Schaumwein in Großraumbehälter umgefüllt und vor der Flaschenfüllung filtriert. In Frankreich, wo für →Champagner und →Qualitätsschaumwein b.A. Flaschengärung vorgeschrieben ist, wird dieses Verfahren meist bei den einfacheren →Qualitätsschaumweinen angewandt, während der schlichte Schaumwein durch →Großraum- oder Tankgärung hergestellt wird.

Trás-os-Montes Portugiesische Provinz im äußersten Nordosten des Landes und großes Weinbaugebiet, östlich des →Vinho verde und nördlich des →Douro. In der bergigen, schiefer- und granithaltigen Landschaft werden sehr unterschiedliche Weine, zu 90 % Rot- und Roséweine (darunter der in Portugal beliebte *Evel*) erzeugt. In der Regel sind die Weine gehaltvoller als der Vinho verde, ohne jedoch den Alkohol- und Körperreichtum der weiter südlich erzeugten Weine zu erreichen. Neben dem →DOC-Gebiet Douro liegen die →IPR-Gebiete →Valpaços, →Chaves und →Planalto Mirandês in Trás-os-Montes.

Traubenabbeermaschine Auch Entrappungsmühle genannt, ein Gerät zum Ablösen der Beeren von den Stielen vor der Gärung, wie sie heute zur Erzeugung hochwertiger Rotweine durchweg verwandt wird.

Traubengeschmack Normalerweise sollte ein Wein nicht nach Trauben, sondern nach Wein schmecken. Doch gibt es bestimmte Rebsorten, deren Trauben ihr besonderes Aroma an den aus ihnen bereiteten Wein sozusagen weitergeben, wie etwa etliche →Muskat-Sorten oder →Neuzüchtungen der sog. Bukett-Gruppe (→Morio-Muskat, →Scheurebe, →Ortega u. a.). Auch einige Rotweine können den Geschmackston reifer Trauben aufweisen, das *Traubengschmäckle*, wie man es in →Württemberg beim →Trollinger schätzt. Bei wirklich bemerkenswerten Weinen wird man jedoch auf diesen Traubengeschmack durchweg verzichten.

Traubenmaische In der Traubenmühle werden die gegebenenfalls entrappten Beeren zu Brei, der sog. Maische gequetscht. Bei Weiß- und den meisten Roséweinen (→Cerasuolo, →Süßdruck) wird die Maische sofort abgepreßt, während man zur Rotweinerzeugung entweder den Most an der Maische vergären läßt oder die Maische erhitzt und dann keltert.

Traubenmost Aus Weintrauben gewonnener Most, der zur Weinbereitung bestimmt ist, d. h. entweder vergoren wird oder unvergoren bzw. angegoren als sog. →Süßreserve eingelagert oder zu →rektifiziertem Traubenmostkonzentrat verarbeitet wird. Während das Traubenmostkonzentrat mitvergoren wird, um den Alkoholgehalt des Weins zu erhöhen, dient die Süßreserve dazu, den →Restzuckergehalt des Weins zu steigern. Wenn der Traubenmost hingegen zum unmittelbaren Genuß in unvergorenem Zustand bestimmt ist, bezeichnet man ihn als *Traubensaft*.

Trebbiano Eine der ältesten und heute die verbreitetste Weißweinsorte Italiens, wo sie auf etwa 130000 ha angebaut sein dürfte. Ihre größte Verbreitung hat sie in der →Emilia-Romagna, der →Toscana und in →Latium, doch trifft man sie auch in den meisten übrigen italienischen Regionen an. Die verbreitetsten, reinsortig aus Trebbiano erzeugten Weine sind der *Trebbiano d'Abruzzo* und der *Trebbiano di Romagna*. Dane-

ben gibt es weitere Trebbiano-Weine und eine ganze Palette von Weiß- und Rotweinen, in denen ein mehr oder weniger großer Anteil von Trebbiano (zwischen 90 und 10%) enthalten ist. Dazu gehören ebenso der →Lugana und →Soave wie die traditionellen →Chianti und →Vino nobile di Montepulciano und der rote →Torgiano. Dieser große Siegeszug des Trebbiano ist jedoch nicht auf eine besondere Qualität der aus ihm erzeugten Weine zurückzuführen, sondern auf die Tatsache, daß er dem Modetrend der Zeit entsprechend auch im warmen Klima säurereiche, wenn auch ansonsten nichtssagende Weine liefert und diese mit hohen Erträgen von 100–150 hl / ha verbindet. Würde man ihn mehr auf Qualität erziehen und ausbauen, wären durchaus bessere Ergebnisse zu erzielen, wie u. a. der →Lucertolo deutlich macht.

Außerhalb Italiens findet man den Trebbiano im ganzen Süden Frankreichs, wo er als →Ugni blanc bezeichnet wird, bis ins →Cognac-Gebiet, wo er →Saint-Emilion heißt (zusammen stolze 127000 ha). Auch außerhalb Europas wird er angepflanzt, so in Argentinien und in Australien, wo er auf je 2–3000 ha kommt und auch als White →Shiraz oder White →Hermitage deklariert wird.

Trentino Norditalienisches Weinbaugebiet um Trient (Trento), Teil der Region Trentino-Alto Adige (→Südtirol). Jährlich werden auf rund 8700 ha um die 780000 hl Wein erzeugt, von denen etwa 45 % (rund 300000 hl) als →DOC-Weine in den Handel kommen. 85 % dieser Weine sind Rot- oder Roséweine. Die unkompliziertesten dieser Weine kommen unter den *Passepartout*-Bezeichnungen →Casteller (rot) oder →Valdadige (rot und weiß) in den Verkauf. Doch dies sollte nicht den Blick dafür verstellen, daß der Trentino einige ganz hervorragende Weine (ob mit oder ohne DOC) erzeugen kann. An erster Stelle verdient hier der König der Trentiner Rotweine Erwähnung, der →Teroldego Rotaliano, auch als bemerkenswerter →Granato, ferner etliche, z. T. unter der DOC-Bezeichnung *Trentino* in den Verkehr kommende →Marzemino, →Cabernet, →Merlot, →Lagrein u. a. Rotweine, der →Karanar, →San Leonardo, →Mori Vecio, →Foianeghe, Castel San Michele, →Maso Lodron u. a. Auch unter den Weißweinen gibt es beachtenswerte →Chardonnay, →Sauvignon, →Pinot bianco u. a. Weine, den →Nosiola, den →Sorni u. a. Schließlich ist der zu häufig vernachlässigte **Trentino einer der führenden italienischen →Schaumweinhersteller** (u. a. →Ferrari), und nicht zuletzt gibt es noch eine Reihe leichter (fast) →Likörweine, darunter den →Vino Santo, auch wenn dieser vielleicht nicht ganz das Format der besten Weine dieses Namens der →Toscana erreicht.

Trester Bezeichnung für die festen Bestandteile der Trauben, die nach der Kelterung zurückbleiben. Im Französischen *marc*.

Tresterwein Nachwein, der bereitet wird, indem man den wäßrigen Auszug von Traubentrestern (→Trester) mit Zucker versetzt und vergärt. Nur als Haustrunk verwertbar; darf allerdings z. T. auch gebrannt werden (Tresterbranntwein).

Trévallon, Domaine de 16 ha großes Weingut in Saint-Etienne-du-Grès in den →Coteaux d'Aix (Les Baux) mit einem je zur Hälfte aus →Cabernet Sauvignon und →Syrah erzeugten Rotwein, der in seiner strukturierten, festen, kompakten und ausgeglichenen Art heute zu den besten der →Appellation contrôlée und damit der ganzen →Provence gehört.

Trieb Stockwachstum eines Jahres, das in der Zeit der Winterruhe zusammen mit dem alten Holz beschnitten wird.

Trier 2000jährige Hauptstadt der Mosellande, von den Römern gegründet, und Zentrum des Weinbaus und insbesondere des Weinhandels im →Mosel-Saar-Ruwer-Gebiet. Einschließlich seiner eingemeindeten Stadtteile verfügt Trier heute über rund 350 ha Rebfläche, von denen sich die bedeutendsten Lagen in den Stadtteilen →Eitelsbach und →Avelsbach befinden. Etliche namhafte Großerzeuger haben ihren Sitz in Trier, darunter die Verwaltung von →Kesselstadt, das →Bischöfliche Konvikt, das Bischöfliche →Priesterseminar, die Hohe →Domkirche, das →Friedrich-Wilhelm-Gymnasium, die Staatliche →Weinbaudomäne, die Vereinigten →Hospitien u. a. Zweimal jährlich werden in Trier etliche der besten Gebietsweine öffentlich versteigert.

Trilogy Name mindestens zweier Rotweine. Der eine stammt von dem Weingut Flora Springs in St. Helena im →Napa Valley in →Kalifornien und wird im →Bordeaux-Stil aus →Cabernet Sauvignon, →Merlot und →Cabernet franc erzeugt. Der Wein verfügt über bemerkenswerte Komplexität und Eleganz und zählt zu den herausragendsten kalifornischen Rotweinen. Der andere hat vielleicht nicht ganz das Format. Es handelt sich ebenfalls um einen Wein im Bordeaux-Stil, diesmal jedoch von dem Weingut Warwick in Muldersvlei in Gebiet von →Stellenbosch in Südafrika. Er besteht zu 70 % aus Cabernet Sauvignon, 23 % Merlot und 7 % Cabernet franc. Der Wein ist kompakt und fest, aber ein wenig eng, doch dabei komplex und elegant, zweifellos der bedeutendste Wein dieses angesehenen Weinguts.

Trittenheim Ausgezeichneter Weinbauort an der →Mittelmosel. Etwa

300 ha stehen unter Reben, die einen leichten, einnehmenden, nuancenreichen und charaktervollen Wein liefern. Als mit Abstand beste Rebflächen des Ortes gelten die beiden jeweils nur 0,5 ha großen und im Alleinbesitz des führenden lokalen Weingutes Milz befindlichen Lagen *Felsenkopf* und *Leiterchen*. Ungleich größer, doch immer noch herausragend sind die beiden verbleibenden Lagen *Apotheke* und *Altärchen*. Neben dem Weingut Milz gehören →Kesselstatt, das →Bischöfliche Priesterseminar, das →Friedrich-Wilhelm-Gymnasium u. a. zu den führenden Erzeugern.

Trocken Bei Weinen bezeichnet man das Gegenteil von →süß nicht als →sauer, sondern als trocken. So deklarierte Weine dürfen in der Schweiz höchstens 4 g/l Restzucker aufweisen – wobei in der EU und seit 1993 auch in Österreich maximal 9 g/l zulässig sind, falls die →Säure um nicht mehr als 2 g/l niedriger liegt als der Restzuckergehalt. Letztere Weine müßten in der Schweiz als »leicht süß« (außer bei →Luxusweinen) bezeichnet werden und wurden in Österreich bis 1993 als →halbtrocken deklariert. Ein trockener Schaumwein ist dagegen schon recht süß und weist einen →Restzuckergehalt auf, der zwischen 17–35 g/l liegt. Der Bezeichnung *trocken* entsprechen →asciutto, →dry, →sec, →secco, →seco, →xeros.

Trockenbeerenauslese Höchste Prädikatsstufe der deutschen und österreichischen →Qualitätsweine. Sie werden aus edelfaulen Beeren bereitet, die so lange am Rebstock hängengelassen wurden, bis sie nahezu zu Rosinen eingetrocknet sind. Ihr Mindestmostgewicht muß in Deutschland 150 bzw. 154° →Oechsle (in →Baden) betragen, in Österreich einheitlich 30° →KMW (entspricht 150° Oechsle). So selten diese Weine sind, kommen tatsächlich auch wesentlich höhere Mostgewichte bis zu 200°

Oechsle und mehr vor. Trockenbeerenauslesen gibt es fast nur in hervorragenden Weinjahren. Die Beeren liefern dann winzige Mengen eines sehr süßen, in Deutschland mitunter eher alkoholarmen (in Extremfällen nur 5–6 % vol.), völlig bemerkenswerten Weins, der zu den größten Köstlichkeiten gehört.

Troia Alte, möglicherweise von den Griechen in der Antike eingeführte, sehr ergiebige italienische Rotweinsorte, die einen tieffarbenen, körper- und alkoholreichen Wein ergibt und zumal in →Apulien weit verbreitet ist. Sie wird häufig mit anderen Sorten verschnittten. →Rosso Barletta, →Rosso Canosa, →Rosso di Cerignola, →Torre Quarto.

Trollinger Führende Rotweinsorte Württembergs, deren 2520 ha sich bis auf 7 ha in der →Pfalz, in →Rheinhessen und →Baden praktisch ausschließlich dort befinden. Sie stammt aus →Südtirol, wo sie als Großvernatsch bzw. →Schiava grossa bekannt ist, und liefert frische, leichte, mitunter delikate Rotweine von ansprechender Qualität, sofern nicht – wie leider häufig der Fall – der →Ertrag pro Hektar zu hoch gelegen hat. Als Mutation ist aus ihr der →Muskattrollinger bekannt. Ferner sind einige →Neuzüchtungen aus ihr hervorgegangen, darunter als verbreitetste der →Kerner.

Tronquoy-Lalande, Château *Cru* →*bourgeois* aus →Saint-Estèphe im →Haut-Médoc mit 17 ha Rebfläche (50 % →Merlot, 45 % →Cabernet Sauvignon, 5 % →Petit Verdot) und einem sehr ansprechenden, mitunter ausgezeichneten Rotwein.

Troplong-Mondot, Château *Grand cru classé* aus →Saint-Emilion mit 30 ha Rebfläche (65 % →Merlot, je 15 % →Cabernet Sauvignon und →Cabernet franc und 5 % →Malbec) und einem ausgezeichneten, jedoch forciert konzentrierten Rotwein, der zu den großen Weinen Saint-Emilions gezählt wird.

Trotanoy, Château Einer der bemerkenswertesten Rotweine aus →Pomerol, nach Überzeugung der meisten Kenner heute nach Château →Pétrus – beide werden unter der gleichen Leitung erzeugt – der großartigste Wein dieses exzellenten →Bordeaux-Bereichs. Er kommt von knapp 8 ha Rebfläche, die ähnlich wie der Pétrus zu 90 % mit →Merlot, 9 % →Cabernet franc und 1 % →Malbec bestockt sind. Der Wein ist fest, konzentriert und komplett, von großer Tiefe und Charakter, ausgeglichen, nuancenreich und von bemerkenswerter Eleganz.

Trottevieille, Château *Premier grand cru classé B* von →Saint-Emilion mit 10 ha Rebfläche (50 % →Merlot, 40 % →Cabernet franc, 10 % →Cabernet Sauvignon) und einem Wein, dem es in der Vergangenheit oft etwas an Kraft und Ausdruck gefehlt hat. Die jüngsten Jahrgänge erscheinen dagegen vielversprechender. Man sollte das Gut und seine Weine im Auge behalten.

Trub →Bodensatz

Trüb Als trüb bezeichnet man einen Wein, der nicht klar oder →glanzhell ist. Kein guter, gesunder Wein sollte heute trüb sein, doch wird man sich davor hüten müssen, einen klaren Wein, der in der Flasche einen →Niederschlag hat, »trüb« zu nennen. →Schönen

Trullo Steinernes, einräumiges Rundhaus meist mit Kraggewölbe, wie es vor allem in →Apulien anzutreffen ist. Im 18. Jahrhundert tauchten Trulli, ohne daß die Zusammenhänge bislang hinreichend geklärt zu sein scheinen, auch in Teilen von →Rheinhessen auf, u. a. in der Umgebung von →Flörsheim-Dalsheim. Seit einigen Jahren erzeugt dort

das geachtete Weingut Schales einen Wein unter dem Namen »Trullo«, der je nach Jahrgang bis zu 60 % aus Weißem →Burgunder, ca. 20–30 % aus →Kerner, ca. 10 % aus →Riesling und eventuell noch aus der einen oder anderen ergänzenden Sorte besteht: ein Wein mit 11–11,5 % vol. →Alkohol, trocken, gehaltvoll, substantiell mit gutem Rückgrat, Nerv, doch nicht aggressiv in der →Säure, ausgeglichen, vielleicht nicht ganz das rheinhessische Gegenstück zum →Geheimrat »J« des →Rheingaus, doch der derzeit wohl bemerkenswerteste Wein aus dem rheinhessischen →Hügelland.

Tsantalis In Thessaloniki ansässiger Großproduzent griechischer Weine in der Regel eher durchschnittlicher Qualität, die innerhalb wie außerhalb Griechenlands weit verbreitet sind, →Imiglykos, →Mavrodaphne, →Muskat von →Patras, →Naoussa. Daneben werden auch bessere Qualitäten erzeugt, so ein guter roter →Cava Tsantalis der bemerkenswerte weiße →Athos aus →Sauvignon blanc, für viele der beste griechische Weißwein überhaupt.

Tschechische Republik Alter, traditionsreicher Weinbau mit heute knapp 16 000 ha Rebfläche, von der jährlich in der Regel 1–1,5 Mill. hl Wein erzeugt werden. Während der Weinbau in Böhmen lediglich etwa 600 ha umfaßt, von denen sich die bedeutendsten Rebflächen um →Melnik im Elbtal nördlich von Prag befinden, gibt es kleinere Flächen in den Ausläufern von Prag bzw. nordwestlich davon bei Most. Wesentlich gewichtiger ist der Weinbau in →Mähren, wo sich gut 15 000 ha zwischen Brünn und der Grenze zu Österreich bzw. zur Slowakei befinden. Die hier erzeugten Weine sind denen des angrenzenden österreichischen →Weinviertels nicht unähnlich, und die Weißweine stammen wie dort aus →Müller-Thurgau, Grünem →Veltliner,

→Welschriesling, Weißem →Burgunder, →Neuburger u. a. Sorten, während für die etwa 20% Rotwein vor allem aus →Sankt Laurent und in geringem Umfang →Blaufränkisch, Blauer →Portugieser und →Spätburgunder.

Tscheppe, Eduard 30 ha großes Weingut in →Leutschach und traditionell die Nummer 1 im südsteirischen Weinbau. Es wird nahezu ausschließlich Weißwein erzeugt, wobei →Spätlesen und höhere Prädikate äußerst selten sind. Als Aushängeschild des Gutes gilt der →Morillon, der ebenso wie der →Muskateller, →Sauvignon u. a. Weißweine des Gutes in aller Regel von hervorragender Qualität ist, sehr fein und elegant und dabei voller Charakter. Die Weine von Tscheppe zählen ohne Frage zu den exzellentesten Gewächsen der →Südsteiermark.

Tuilé Französischer Fachausdruck für Rotweine, die eine ziegelrote Verfärbung aufweisen – ein Zeichen dafür, daß sie allmählich alt werden und sich nicht mehr lange halten.

Tunesien Auf heute noch 33 000 ha Rebfläche werden derzeit gut 400 000 hl Wein erzeugt, der größtenteils exportiert wird, wobei die Bemühungen um größere Qualität offensichtlich Früchte tragen. Der Weinbau ist im wesentlichen im Nordosten des Landes gegenüber Malta konzentriert. Die angepflanzten Rebsorten sind nahezu ausschließlich die des französischen →Midi. Es werden hauptsächlich Rot- und Roséweine erzeugt, die mitunter recht gelungen und sehr ansprechend sein können. Die wenigen Weißweine sind zumeist von geringerer Qualität. Außerdem werden in bescheidenem Umfang →Likörweine erzeugt.

Tuniberg, Bereich Durch Abspaltung vom →Kaiserstuhl eigenständiger Weinbaubereich von →Baden mit 1074 ha und der einzige badische Bereich, in dem mehr rote Sorten – praktisch ausnahmslos →Spätburgunder mit 542 ha – als weiße – darunter nahezu vier Fünftel →Müller-Thurgau – angepflanzt sind. Die Weine haben aber aufgrund des Fehlens namhafter Weingüter bislang wenig eigene Persönlichkeit entwickelt und werden größtenteils durch den Badischen Winzerkeller in →Breisach vermarktet.

Turckheim Weinbauort im südlichen →Elsaß westlich von →Colmar mit rund 180 ha Rebfläche, als deren beste Lage der *Brand* gilt, der als →*Alsace grand cru* eingestuft ist. Etliche Weine von Turckheim werden von Gütern außerhalb des Ortes wie Dopff au Moulin, Zind-Humbrecht u. a. in den Handel gebracht. Aber auch die lokale Winzergenossenschaft hat einen guten Namen.

Türkei Sicherlich das unbekannteste Weinbauland in Europa. Dabei verfügt das Land über eine Rebfläche von derzeit noch 580 000 ha, von denen zwar mehrheitlich Tafeltrauben, aber jährlich auch um die 250 000 hl Wein kommen.

Turkmenistan Trockener und sommerheißer Wüstenstaat, in dem Weinbau nur als Ausnahme möglich ist, und die ca. 20 000 ha befinden sich größtenteils um Aschabad an der Grenze zum Iran. Neben Tafeltrauben und Rosinen werden insbesondere Likörweine erzeugt.

Tursan Kleines, 250 ha umfassendes Weinbaugebiet im Südwesten Frankreichs, an der Grenze der Départements →Landes und →Gers. Aus meist lokalen Rebsorten werden bis an die 15 000 hl jährlich erzeugt, ein Drittel davon Weißwein. Die Weine tragen das →V.D.Q.S.-Siegel, sind jedoch außerhalb des Anbaugebietes heute nur selten zu finden.

U

Uelversheim Kleiner Weinbauort im rheinhessischen →Hügelland, oberhalb von →Guntersblum mit 190 ha Rebfläche. Als führender Erzeuger gilt das lokale Weingut Stallmann-Hiestand dank seiner ausgezeichneten und ausdrucksvollen Weine.

Ugni blanc Eine ergiebige Weißweinrebe, die in Italien als →Trebbiano und im →Cognac-Gebiet als →Saint-Emilion bekannt ist. Der größte Teil ihrer französischen Anbaufläche liegt hier, und insgesamt ist sie in Frankreich nach dem →Carignan mit 127 000 ha die verbreitetste Rebsorte. Der beste aus ihr in Südfrankreich bereitete Wein dürfte der →Cassis sein. Sie liefert – je höher die Erträge, und diese können bei 150 hl/ha und höher liegen – einen entsprechend dünnen, säurebetonten Wein, der bei rigoroser Begrenzung zumindest ordentlich, ausgeglichen und angenehm ausfallen kann. Doch wird sie in französischen Weißweinen kaum unverschnitten verwandt. In der Mehrzahl der provenzalischen und korsischen Weißweine ist sie mit einem mehr oder weniger großen Anteil vertreten.

Ukraine Mit derzeit rund 220 000 ha eines der großen Weinbauländer Osteuropas mit vier sehr unterschiedlichen Weinbaugebieten, 1. das Transkarpatengebiet an die Slowakei, das nordöstliche Ungarn und Rumänien grenzend, 2. das Gebiet im Südwesten um Odessa und an Moldawien angrenzend, 3. das Gebiet südlich des Dnjepr bei Cherson und schließlich 4. das auch außerhalb des Landes bekannteste von allen, nämlich auf der Krim. Von hier kommen vor allem die bekannten roten (z. B. auch weißen) Schaumweine, und hier befindet sich bei Jalta das auch im Ausland bekannte Staatsgut und Weinbauinstitut von Massandra.

Umbrien Mittelitalienische Region nördlich von Rom mit 20 300 ha Rebfläche, die jährlich etwa 1 Mill. hl Wein ergeben, von denen heute gut 20 % auf →DOC-Weine entfallen. Über 80 % dieser etwa 190 000 hl sind weiß. Dieser hohe Anteil geht weitgehend auf das Konto des bekanntesten aller umbrischen Weine, des →Orvieto, der es allein auf über 130 000 hl bringt, obwohl auch in den →Colli Altotiberini, den →Colli del Trasimeno und den →Colli Perugini Weiß- wie auch Rotwein erzeugt wird. Gleiches gilt auch für →Torgiano, der als in hervorragenden Jahren wohl bedeutendster Rotwein Umbriens jedoch ungleich mehr Beachtung verdient. Doch auch der Sagrantino di →Montefalco, der →Decugnano dei Barbi, der →Almonte, der →Cabernet Sauvignon di Miraduolo, der →Corbara, der →Merlot di Spello, der →Grechetto u. a. können ausgezeichnete und in ihren Spitzen bemerkenswerte Rot- bzw. Weißweine sein, während unter den übrigen Weißweinen insbesondere der →Cervaro della Sala als einer der besten modernen Weißweine Italiens jede Beachtung verdient.

Umschlagen Die bakterielle Erkrankung eines Weins kann sich in Zersetzung der Weinsäure und Bildung von flüchtigen Säuren (→Essigsäure) und von →Kohlensäure äußern. Dadurch tritt nachträglich eine Trübung des vormals klaren Weins ein. Eine derartige Trübung kann auch durch Ausscheidung chemischer Stoffe auftreten. In beiden Fällen ist der Wein »umgeschlagen« und praktisch ungenießbar geworden.

Umstadt, Bereich Die Reste des einst ausgedehnteren Odenwälder Weinbaus mit insgesamt 5 Rebinseln in Groß- und Klein-Umstadt, Dietzenbach und Roßdorf bzw. bei Brensbach östlich von Darmstadt, die heute zum Anbaugebiet Hessische →Bergstraße gehören.

Ungarn Als noch vor über 100 Jahren der Ruf *Nullum vinum, nisi Hungaricum* zu vernehmen war, galt Ungarn als das größte Weinbauland Südosteuropas. Mit seinen heute noch verbliebenen 130 000 ha ist es nicht nur längst von Rumänien, Bulgarien und Griechenland überrundet, sondern auch Serbien könnte ihm durchaus Konkurrenz machen. Im Durchschnitt werden jährlich etwa 4 Mill. hl erzeugt, die aus nahezu allen Landesteilen mit Ausnahme der Berggegenden kommen. Mit dem Weingesetz von 1994 wurden in Ungarn 20 Weinbaugebiete eingerichtet: →Ászár-Neszmély, →Badacsony, →Balatonfüred-Csopak, →Balatonmellék, →Bükk, →Csongrád, →Del-Balaton, →Eger, →Etyek, →Hajós-Vaskút, →Kiskunság, →Mátra, →Mecsek, →Mór, →Pannonhalma-Sokoró, →Somló, →Sopron, →Szekszárd, →Tokaj-Hegyalja und →Villány-Siklós. →Alföld.
Ungarische Weine, besonders der →Tokajer, haben sich jahrhundertelang eines weltweiten Rufs erfreut. Heute sind sie zwar immer noch von zufriedenstellender, gelegentlich auch von ausgezeichneter Qualität, doch sind die Unterschiede zwischen engagierten Privatbetrieben, bemühten Genossenschaften und staatlichen Gütern und der Masse der durchschnittlichen Produzenten weit größer, als dies in Westeuropa gemeinhin der Fall ist. Dabei zeigt sich nicht nur, daß zumeist Weine noch traditioneller erzeugt werden, als dies im modernen europäischen Weinbau heute durchweg geschieht, sondern daß vielfach auch die einfachsten Mittel zur Erzeugung nach Herkunft und Rebsorte angemessener Weine offensichtlich noch fehlen. Besonders im privaten und oft auch im genossenschaftlichen Bereich sind diese Defizite nur zu häufig spürbar, und es bleibt abzuwarten, wieweit sich auf diesem Gebiet in absehbarer Zukunft Grundlegendes ändern wird. Daß ein großes Potential vorhanden ist, ist allein schon an den großen ausländischen Investitionen im ungarischen Weinbau seit Beginn der neunziger Jahre erkennbar, wo sich eine wachsende Zahl von Franzosen, Italienern, Deutschen u. a. engagieren, ungleich mehr als in irgendeinem anderen Weinbauland Mittel- und Osteuropas. Zwar sind die ersten Früchte dieses Engagements ermutigend, doch kann erst die Zukunft ihre Bedeutung für die Modernisierung und Neugestaltung des ungarischen Weinbaus zeigen. Dabei geht es keineswegs allein um den Tokajer, sondern ebenfalls um so manchen trockenen Weiß- wie Rotwein aus dem dank Böden und Klima an qualitativ überdurchschnittlichen Weinbaugebieten keineswegs armen Land. Der von dem neuen, 1995 in Kraft getretenen ungarischen Weingesetz ausgehende Qualitätsanspruch erscheint als Weg in die richtige Richtung.
Ungarische Weine kommen meist unter dem Namen des Ortes oder des Weinbaugebietes als *Debröer* (→*Debröi*), *Pécser* (*Pécsi*), *Gyöngyöser* (*Gyöngyösi*) oder *Erlauer* (*Egri*), *Badacsonyer* (*Badacsonyi*), *Szekszárder* (*Szekszárdi*), *Schomlauer* (*Somlói*), *Soproner* (*Soproni*), *Villányer* (*Villányi*) usw. in den Handel, worauf zumeist die Angabe der Rebsorte folgt: Lindenblättriger (→*Hárslevelü*), Tausendgut (*Ezerjó*), Blaustengler (→*Kéknyelü*), Mädchentraube (→*Leányka*) u.a. durchweg westeuropäische Sorten. Eine Aus-

nahme bildet der →Bikavér (Stierblut) aus Eger, der allgemein als bester ungarischer Rotwein angesehen wird. Auch beim Tokajer ist, außer bei den Grundweinen, keine Rebsorte angegeben. Die höheren Qualitäten erscheinen vielmehr mit Angaben wie →Szamorodni, →Aszú (→Puttonyos), →Aszú Eszencia und →Eszencia im Handel, die Aufschluß über seine Erzeugung und Qualitätsstufe geben.

Ungstein Heute zu Bad →Dürkheim gehörender, hervorragender Weinbauort an der →Mittelhaardt mit rund 160 ha Rebfläche, von denen einige fruchtige und charaktervolle Weine kommen, darunter insbesondere der →Riesling, der ca. 40 % der Rebfläche einnimmt. Diese, besonders vom *Herrenberg* und *Nußriegel*, fallen in der Regel kräftiger aus als jene →Wachenheims, erreichen aber vielleicht nicht ganz deren Feinheit. *Honigsäckel*, der gemeinhin bekannteste Name, ist die ortsumgreifende →Großlagenbezeichnung. Das lokale Weingut Fuhrmann-Eymael (10 ha, 66 % Riesling) genießt den größten Ruf.

Unstrut Nebenfluß der Saale mit Weinbau in der Umgebung von →Freyburg, Teil des Anbaugebietes →Saale-Unstrut.

Unterhaardt Heute zum Bereich →Mittelhaardt-Deutsche Weinstraße gehörender Teil des Anbaugebietes →Pfalz mit zumeist ansprechenden und etlichen ganz und gar ausgezeichneten Weinen. Als beste Orte gelten →Zell (*Schwarzer Herrgott*), Bockenheim (*Klosterschaffnerei, Burggarten*), Dirmstein (*Jesuitenhofgarten, Mandelpfad*), Grünstadt (*Bergel*), Laumersheim (Weingut Knipser), Großkarlbach (Weingut Lingenfelder) u. a.

Unterland, Württembergisch, Bereich Mit 8864 ha Ertragsrebfläche der mit

Abstand größte Bereich des Anbaugebietes →Württemberg, aus dem gut 80 % der württembergischen Weine kommen. Während an den Hängen des Neckartals Muschelkalkböden vorherrschen, verfügen die abseits gelegeneren Lagen zumeist über Keuperböden. Unter den Weißweinen dominiert der →Riesling, der über ein Viertel der Gesamtrebfläche einnimmt und ebenso wie die – allerdings recht seltenen →Traminer bzw. →Gewürztraminer und Grauen →Burgunder – mitunter hervorragende Weine liefern kann. Bei den roten Sorten bringen der →Lemberger, z. T. auch der →Schwarzriesling qualitativ oftmals bessere Weine als der weniger angebaute →Spätburgunder hervor, während aus dem beliebten, 20 % der Fläche einnehmenden →Trollinger – bei maßvoller Begrenzung der →Erträge pro Hektar und entsprechender Vinifikation – leichte, frische und delikate Weine erzeugt werden. Die besten Lagen befinden sich in →Abstatt, →Asperg, →Bönnigheim, →Brackenheim, →Flein, →Grantschen, →Gündelbach, →Gundelsheim, →Heilbronn, →Kleinbottwar, →Maulbronn, →Mundelsheim, →Neckarzimmern, →Neipperg, →Schozach, →Schwaigern, →Verrenberg, →Weinsberg u. a. Orten.

Unterloiben →Loiben

Untermosel →Zell-Untermosel, Bereich

Untertürkheim Gemeinhin eher als Produktionsstätte von Daimler-Benz bekannt, doch auch unter dem Gesichtspunkt des Weins beachtenswert als einer der bedeutendsten Stadtteile von →Stuttgart mit den vorzüglichen Lagen *Mönchberg, Altenberg, Gips* u. a., von denen z. T. hervorragende →Lemberger und →Rieslinge, ansprechende →Trollinger u. a. Weine stammen. Die Württembergische →Hofkammer, das Weingut der Stadt Stuttgart, Gerhard

Aldinger aus dem benachbarten Fellbach u. a. gelten als führende Erzeuger.

Urgesteinsriesling Als man noch nicht im heutigen Umfang →Rieden etikettierte, in der →Wachau häufiger anzutreffende Bezeichnung für →Rieslingweine, die von den Urgesteinsböden, einer oder meist mehrerer der renommierten Berglagen stammen. Wenn man von dieser Bezeichnung Gebrauch machte, konnte man davon ausgehen, daß es sich um ein Spitzenerzeugnis des jeweiligen Guts handelte.

Uruguay Das nach Argentinien, Chile und Brasilien viertgrößte südamerikanische Weinbauland mit heute über 20 000 ha Rebfläche, überwiegend im Südwesten des Landes, von denen heute fast 1 Mill. hl Wein kommen. Die wichtigsten Rebsorten sind →Cabernet Sauvignon, →Cabernet franc, →Merlot, →Syrah, →Chardonnay, →Riesling, →Sauvignon, →Gewürztraminer und →Sémillon.

Ürzig Weinort an der →Mittelmosel mit knapp 60 ha Rebfläche, meist auf steiler Südlage über der →Mosel. Der Boden ist hier, im Unterschied zu dem sonst im Moseltal vorherrschenden schwarzen Schieferboden, meist ziegelrot (Buntsandsteinverwitterung). Die Weine sind in der Regel frisch, säurebetont, ausdrucksvoll und ausgesprochen würzig. *Würzgarten* und der winzige *Goldwingert* (Alleinbesitz des Weinguts Peter Nicolay) sind die beiden exzellenten Lagen. Neben dem genannten Gut und Dr. Loosen sowie Weins-Prüm (für alle drei →Prüm) gelten das →Bischöfliche Priesterseminar, die Vereinigten →Hospitien, Rich. Jos. Berres u. a. als führende Erzeuger.

Usbekistan Von den rund 130 000 ha Rebfläche kommen hauptsächlich Tafeltrauben und Rosinen. Ferner wird unter dem Namen *Usbekistan* ein beachtlicher roter Likörwein in den Verkehr gebracht, während aus den höher gelegenen Regionen einige normale Weiß- und Rotweine sowie Grundweine für die Schaumweinherstellung kommen.

Utiel-Requena Weinbaugebiet in Mittelspanien in der Provinz →Valencia mit eigener →Denominación de Origen. Knapp 40 000 ha stehen unter Reben, von denen hauptsächlich Rot- und Roséweine erzeugt werden. Bobal ist die vorherrschende Rebsorte, wird aber qualitativ von den ebenfalls angepflanzten Cencibel (→Tempranillo) und →Garnacha übertroffen. Bei den Weißweinen dominieren →Macabeo und Merseguera. Die Weine haben meist nur einen mittleren Alkoholgehalt (um 12 % vol.) und können sehr ansprechend und die Rosés fruchtig und delikat sein. Ernesto Carcel, Ejarque Rebollar, Casa de Calderón, Solimonte u. a. →Bodegas haben einen guten Namen.

V

Vacqueyras Einer der →*Côtes-du-Rhône-Villages* aus dem unteren →Rhônetal nordöstlich von →Avignon, dessen Rotweine neben denen von →Cairanne als die besten der *Côtes-du-Rhône* gelten und von beachtenswerter Tiefe und Differenziertheit sein können. Als führende Erzeuger gelten Domaine de la Fourmone, Château des Roques, Domaine du Pont de Rieu, Domaine des Lambertins u. a.

Vaillons 15 ha große *premier cru*-Lage in →Chablis, heute eine der besten ihrer Art. Die Weine dieser Lage können u. a. auch unter dem Namen *Beugnons* in den Handel kommen.

Val d'Arbia In und um Siena in der →Toscana aus →Trebbiano mit 15 – 25 % Zusatz von →Malvasia erzeugter Weißwein mit dem →DOC-Prädikat, jedoch ohne besonderes Aufsehen zu erregen.

Valais →Wallis

Valbuena Außergewöhnlicher spanischer Rotwein, der aus der berühmten →Bodega →Vega Sicilia in der Provinz Valladolid im →DO-Gebiet →Ribera del Duero kommt. Der Wein, eigentlich der Zweitwein von Vega Sicilia, stammt wie dieser aus →Cabernet Sauvignon, →Malbec, →Merlot, Tinto fino (→Tempranillo) und der weißen Albillo. Anders als der Vega Sicilia wird er lediglich drei oder fünf Jahre gelagert und kommt dann (mit Jahrgangsangabe versehen) als *Valbuena 3. año* oder *Valbuena 5. año* in den Handel. In guten Jahren stammt er aus den jüngeren Rebstöcken des Gutes, während in mittleren Jahren, wie 1978, die gesamte zu Wein verarbeitete Ernte als *Valbuena* in den Handel gebracht wird. Alles andere als etwa eine zweite Wahl zeichnet sich dieser ebenso seltene wie herausragende Wein durch eine außergewöhnliche Rasse, Feinheit und Eleganz aus, dank der er zu den bemerkenswertesten Rotweinen Spaniens gehört.

Valcalepio Zwischen Bergamo und dem Iseosee erzeugte Rot- und Weißweine mit →DOC-Status. Der Rote wird überwiegend aus →Merlot erzeugt, ergänzt durch →Cabernet Sauvignon, der Weiße aus →Pinot bianco, ergänzt durch →Pinot grigio. Die Weine sind angenehm, aber merkwürdigerweise selten besonders herausragend.

Valdadige →Etschtaler

Valdeorras Nordwestspanisches Weinbaugebiet in Galicien in der Provinz Orense mit rund 2500 ha Rebfläche. Es werden hauptsächlich Weißweine aus verschiedenen Rebsorten, z. T. auch reinsortige aus der Godello, sowie Rotweine, meist aus →Garnacha, auch →Alicante genannt, oder Mencía, erzeugt. In der Regel haben die Weine mehr Körper und Tiefe als die des benachbarten →Ribeiro und können sehr ansprechend sein. Die Winzergenossenschaft von Barco de Valdeorras gilt als verläßlich.

Valdepeñas Südliche Enklave des großen mittelspanischen Weinbaugebiets La →Mancha mit eigener →Denominación de Origen. Obgleich Valdepeñas über einen alten Ruf als Weinbaugebiet verfügt und im 19. Jahrhundert vereinzelt sogar mit →Burgund qualitativ auf eine Stufe gestellt wurde, wird hier der Wandel im spanischen Weinbau unserer Tage besonders deutlich. Die Bemühungen gehen deutlich in Richtung, leichte, fruchtig-aromatische Weine mit abgestimmter Säure zu erzeugen, deren Alkoholgehalt in der Regel kaum erheblich über 12 % vol. hinausgeht. Derzeit sind nahezu 35 000 ha bestockt, wobei nach den →DO-Bestimmungen ausschließlich die weiße Airén und die rote Cencibel (→Tempranillo) zulässig sind. Nach wie vor werden viele der Rotweine und besonders die →Claretes aus einem Verschnitt von Airén und Cencibel hergestellt. Als führende Erzeuger gelten Félix Solis, Pinato, Poveda, Videva, Los LLanos, Visan, Miguel Calatayud, die Winzergenossenschaft La Invencible, Morenito u. a.

Valençay Angenehme Rot-, Rosé- und Weißweine mit dem →V.D.Q.S.-Siegel aus einem kleinen Weinbaugebiet um die Stadt gleichen Namens im zum →Loire-Gebiet gehörenden Teil der Berry (Département →Indre). Vorherrschend sind →Gamay bei den Rotweinen, →Chardonnay und →Sauvignon bei den Weißweinen. Die Weine kommen häufig mit der Angabe einer Rebsorte in den Handel, können aber auch aus mehreren Sorten verschnitten sein. Jährlich werden an die 6000 hl erzeugt. M. Gauthier ist eine verläßliche Adresse.

Valencia Mittelspanisches, zur sog. →Levante gehörendes Weinbaugebiet mit knapp 19 000 ha Rebfläche, die auf vier, z. T. nicht unmittelbar miteinander verbundene Bereiche aufgeteilt ist: das relativ kühle Alto Turia, bekannt für sehr feine und frische Weißweine aus der Merseguera; das heiße Clariano im Süden mit üppigen und alkoholreichen Weiß- und Rotweinen aus Merseguera, →Malvasía u. a. bzw. Monastrell,

→Garnacha u. a. Sorten; Valentino mit 60 % der Gebietsrebfläche und trockenen Weiß- und Rotweinen sowie einigen →*vinos generosos*, meist aus →Moscatel, Merseguera, Malvasía, →Pedro Ximénez u. a. bzw. Garnacha; schließlich südwestlich von Valencia den Bereich des *Moscatel de Valencia*, eines süßen und alkoholreichen →Likörweins. Die Schweizer Gesellschaften Schenk und Egli sowie die spanische Vinival sind – nicht zuletzt hinsichtlich der Quantität – weithin bekannt.

Valgella Eine der vier Unterbezeichnungen des →Valtellina superiore. Die Reben gedeihen auf Südabhängen der Dörfer Teglio und Chiuro östlich von Sondrio in der nördlichen →Lombardei. Die Weine können von ausgezeichneter Qualität sein.

Vallagarina Seitental des Etsch im →Trentino westlich von Rovereto. Eine Reihe von Weinen, die heute meist unter der →DOC-Bezeichnung *Trentino* in den Handel kommen, stammen von dort, darunter einige sehr beachtenswerte →Merlot-Weine. Ein mitunter hervorragender, von dort kommender Wein ist der →Foianeghe. Und schließlich ist das Lagarinatal die Heimat des →Marzemino, der von exzellenter Qualität sein kann.

Valle d'Aosta Die mit Abstand kleinste italienische Region, eine eindrucksvolle Berglandschaft im äußersten Nordwesten des Landes im französisch-schweizerischen Grenzgebiet. Angesichts der Höhenlage ist Weinbau nur auf kleinen verstreuten Parzellen an einigen bevorzugten Hanglagen möglich, keine 700 ha insgesamt, von denen jährlich nur um die 30 000 hl Wein erzeugt werden. Doch sollte man die Weine, die oft eigenwillig sind und sich vielfach von übrigen italienischen Weinen unterscheiden, nicht verachten. Nicht nur kommen von dort der →Donnaz und der →Enfer d'Arvier, zwei beachtenswerte und altberühmte Rotweine mit eigener →DOC-Regelung bis 1992, sondern auch einige andere, z. T. ausgezeichnete Weine, darunter der →Blanc de Morgex et de la Salle, der →Chambave, der Nus, der →Arnad-Montjovet, der Torrette und einige Rebsortenweine, insgesamt 19 Weine, die heute alle unter der einheitlichen DOC-Bezeichnung *Valle d'Aosta* in den Handel kommen.

Valle Isarco →Eisacktal

Vallée de la Marne Nördlich von →Epernay gelegener Weinbaubereich der →Champagne, dessen →Pinot noir-Weine als weicher und runder als jene von der →Montagne de Reims gelten. →Ay, →Mareuil-sur-Ay, →Dizy, →Hautvillers u. a. sind berühmte Orte.

Vallocaia Neuer roter →Tafelwein, der in →Montepulciano in der →Toscana von dem Weingut Bindella aus Prugnolo gentile, der lokalen Variante des →Sangiovese grosso, erzeugt und in →Barriques ausgebaut wird. Der Wein verfügt über Frucht, Struktur und Eleganz und gehört zweifellos zu den hervorragendsten neuen Tafelweinen der Toscana.

Valmur Eine der acht *grand cru*-Lagen in →Chablis mit 13 ha Umfang und Weißweinen von bemerkenswerter Klasse, würzig und fein.

Valpaços Nordportugiesisches →IPR-Weinbaugebiet nördlich von →Douro, das auf nahezu 5000 ha einige beachtenswerte, charaktervolle und langlebige Rotweine aus Bastardo, Cornifesto, Mourisco Tinto, →Tinta Amarela, Tinta Carvalha, Tinta Roriz, Touriga Francesca und →Touriga Nacional sowie einige Weißweine vor allem aus Codega, →Fernão Pires, →Verdelho (Gouveio) und →Malvasia Fina erzeugt.

Valpantena Unmittelbar nördlich von →Verona gelegener kleiner Weinbaubereich im Pantena-Tal, gehört zum Weinbaugebiet des →Valpolicella und liegt östlich des →*classico*-Gebietes. Die in diesem Bereich erzeugten Weine dürfen als *Valpolicella-Valpantena* in den Handel kommen.

Valpolicella Unmittelbar nördlich von →Verona gelegenes Weinbaugebiet, aus dem einer der bekanntesten und verbreitetsten Rotweine des →Veneto kommt. Das Ursprungsgebiet des Valpolicella, die heutige →*classico*-Zone liegt nordwestlich von Verona am Eingang zum Etschtal und beschränkt sich auf die 5 Gemeinden →Negrar, Fumane, Marano, San Pietro in Cariano und Sant' Ambrogio di Valpolicella. Östlich davon liegen der →Valpantena-Bereich und weitere Teile des Anbaugebietes, das sich bis zum Gebiet des →Soave erstreckt. Der Valpolicella wird ungefähr zur Hälfte (40–70%) aus →Corvina erzeugt, während die verbleibenden Anteile auf →Rondinella und (weniger) →Molinara entfallen (kleine zusätzliche Anteile von →Negrara, →Barbera, →Sangiovese u. a. Sorten sind zulässig).

Ein gut gemachter, junger und frischer Valpolicella zählt fraglos zu den köstlichsten Schoppen- oder Karaffenweinen, die es gibt. Anspruchsvollere Qualitäten, mit mindestens 12% vol. Alkohol und 15 Monaten Lagerzeit, können als →*Superiore* in den Handel kommen und können ausgezeichnete, rassige und höchst ansprechende Weine sein. Schließlich wird aus dem Valpolicella noch ein →*Recioto* erzeugt, der zwischen 14 und 17% vol. Alkohol aufweist, üppig, körperreich und lieblich ist. Wenn er trocken ausgebaut wird, was heute meist der Fall ist, trägt er die zusätzliche Bezeichnung →*Amarone*. Er kann dann ganz hervorragend, von erstaunlicher Rasse und Feinheit und ungeachtet seines Alkohol- und

Körperreichtums sehr differenziert und charaktervoll sein, einer der besten Rotweine des Veneto. Als führende Erzeuger gelten Quintarelli, Le Ragose, Masi, Righetti, Allegrini, Tedeschi u. a.

Valtellina Weinbaugebiet der →Lombardei im Addatal im äußersten Norden der Region unweit der Schweizer Grenze und des angrenzenden Kantons →Graubünden. Der Wein – ausschließlich Rotwein – wird zu mindestens 70 % aus dem Piemonteser →Nebbiolo, der hier →Chiavennasca heißt, erzeugt (Zusätze von →Pinot nero, →Merlot und drei weiteren lokalen Sorten sind zulässig). Einfacher Valtellina (oder *Veltliner*, wie er in der Schweiz heißt) kann ein eher unkomplizierter, ansprechender Rotwein sein, gegenüber dem der *Valtellina →superiore* mehr Beachtung verdient. Dieser muß aus dem Gebiet der vier Orte →Sassella, →Grumello, →Inferno und →Valgella stammen, die auf dem Etikett genannt werden dürfen, und höhere Qualitätsanforderungen erfüllen. Er kann ein ausgezeichneter, charaktervoller, mitunter hervorragender Wein sein; der Sassella gilt allgemein als der beste von ihnen. Schließlich wird noch ein trockener Rotwein aus teilrosinierten Trauben (→passito) erzeugt, der um 14,5 % vol. Alkohol aufweist und als →Sfurzat (auch Sfursat, Sforzato) in den Handel kommt und von einigen für den besten aller Valtellina gehalten wird. Die Enologica Valtellinese, Tona, Bettini u. a. gelten als führende Erzeuger.

Valwig Einer der besten Weinbauorte der →Mosel im Bereich →Zell / Untermosel mit 57 ha ungemein steiler Rebfläche, deren Lagen *Herrenberg*, *Palmberg* und *Schwarzenberg* fast genau nach Süden exponiert sind.

Var Französisches Département an der Mittelmeerküste, das Kerngebiet der →Provence, mit knapp 35 000 ha Rebfläche, aus dem vor allem der →Côtes de Provence und als weitere →A.O.C.-Weine der Coteaux Varois, der →Bandol und ein kleiner, zwei Gemeinden (Artigues und Rians, Château →Vignelaure) umfassender Teil der →Coteaux d'Aix kommen. Des weiteren werden drei →Landweine, darunter der *Vin de pays des Maures* erzeugt, während die Hälfte der jährlichen Erzeugung schlichter →Tafelwein ist. Rund 7 % der Weine des Var sind Weißweine.

Varosa Rund 1900 ha großes nordportugiesisches →IPR-Weinbaugebiet direkt südlich von →Douro nahe der historischen Stadt Lamego. Das hochgelegene, relativ kühle Gebiet ist vor allem für seine Schaumweine aus →Malvasia, →Fernão Pires, →Chardonnay, weißem →Pinot u. a. Sorten bzw. Alvarelhão, rotem Pinot, →Tinta Roriz, Touriga Francesca und weitere rote Sorten bekannt. Daneben werden auch einige Weiß- und Rotweine erzeugt.

Vaucluse Département an der unteren →Rhône mit rund 53 300 ha Ertragsrebfläche. Von hier kommen der →Châteauneuf-du-Pape, der →Gigondas, einige der besten Weine der →Côtes-du-Rhône-Villages, ferner der →Rasteau, der →Beaumes-de-Venise, der →Côtes-de-Lubéron, der →Côtes-du-Ventoux sowie als →V.D.Q.S.-Wein der Coteaux de Pierrevert. Zwei Fünftel der Weine kommen als →Land- bzw. →Tafelweine in den Handel, und rund 90 % aller Weine des Départements sind Rot- oder Roséweine.

Vaud →Waadt

Vaudésir Eine der besten der acht *grand cru*-Lagen von →Chablis mit gut 14 ha Umfang und hervorragenden Weinen. *La* →*Moutonne*, die achte Lage, ist eine 2,3 ha große Enklave im Vaudésir, die heute allein unter ihrem eigenen Namen (ohne *Vaudésir*) erscheint.

Vaudieu, Château de Weingut in →Châteauneuf-du-Pape, bekannt für einen »modernen«, rassigen und differenzierten Rotwein, ohne den Charakter des »klassischen« Châteauneuf.

V.D.Q.S. Abkürzung für *vin délimité de qualité supérieure*. Gesetzliche Kategorie für etliche französische →Qualitätsweine, zu der einige wirklich gehobene Qualitäten gehören, obwohl diese Weine nicht zur Creme der französischen Qualitätsweine zählen, d. h. nicht (z. T. noch nicht) die renommiertere Bezeichnung →*Appellation contrôlée* führen dürfen. Für sie gelten nichtsdestoweniger strenge Vorschriften. Nur ganz bestimmte Weine aus genau umrissenen Anbaugebieten, vorgeschriebenen Rebsorten mit festgelegten Anbaumethoden, Hektarhöchsterträgen und Vinifikationsverfahren dürfen auf ihrem Etikett den V.D.Q.S.-Stempel mit dem Vermerk *Label de Garantie* führen. Die Weine werden ständig von einem neutralen Gutachterausschuß gekostet und geprüft. Derzeit besitzen noch 43 Weine das V.D.Q.S.-Siegel, die eine Fläche von gut 9200 ha einnehmen.

Vecchio Wörtlich *alt*. Qualitätsstufe bei einigen italienischen →DOC-Weinen, für die höhere Qualitätsanforderungen und längere Ausbauzeiten als bei normalen Abfüllungen vorgeschrieben sind, so z. B. vor der Aufstufung zum →DOCG-Wein beim →Chianti classico. Meist gibt es darüber noch eine höhere Stufe, die →Riserva.

Vecchio Samperi Ein in Samperi im →Marsala-Gebiet auf →Sizilien erzeugter →Likörwein nach dem →Soleraverfahren, das jedoch nicht den gesetzlichen Anforderungen an den Marsala entspricht. Obwohl der Wein aus den gleichen Sorten (Grillo und Catarratto) erzeugt wird, darf er daher nicht die Bezeichnung *Marsala* führen. Dennoch ist er ein hervorragender Wein mit ca. 16 %

vol. Alkohol, der dem besten *Marsala vergine* gleichwertig ist. Er wird von De Bartoli erzeugt.

Vega Sicilia Bodega und ihr legendärer →DO-Wein, der in dem Gebiet →Ribera del Duero in der Provinz Valladolid erzeugt wird. Man wird ohne zu übertreiben feststellen müssen, daß der *Vega Sicilia* nicht nur der größte spanische Rotwein ist, sondern daß er darüber hinaus zu den größten Rotweinen der Welt zählt. Er wird aus einem Verschnitt →Cabernet Sauvignon, →Malbec, →Merlot, Tinto fino (→Tempranillo) und dem weißen Albillo erzeugt und nach dem ersten Jahr in 225-l-*barriques* gelagert. Der Wein zeichnet sich durch großen Charakter und Samtigkeit, gepaart mit einer bemerkenswerten finessenreichen Eleganz aus. Auf 140 ha Rebfläche werden jährlich maximal 350 000 Flaschen erzeugt, die jedoch keineswegs alle als *Vega Sicilia* in den Handel kommen. In ganz besonders ungünstigen Jahren wie 1963 und 1971 wird überhaupt kein Wein erzeugt, während in mittleren Jahren der Wein »nur« 3 oder 5 Jahre gelagert wird und dann unter der Bezeichnung des Zweitweins als →*Valbuena 3. año* oder *Valbuena 5. año* in den Verkehr gebracht wird, ein immer noch bemerkenswerter Wein von Rasse, Feinheit und Eleganz. In guten und hervorragenden Jahren wird der Wein aus jungen Rebstöcken zu *Valbuena*, während der übrige Wein zehn Jahre und mitunter länger in Fässern lagert, bevor er auf Flaschen gefüllt wird. Er ist dann keineswegs hart oder holzig, sondern immer noch außergewöhnlich fruchtig, samtig, großartig und sehr langlebig. Zusätzlich wird noch als Verschnitt verschiedener Jahrgänge in geringen Mengen der *Reserva Especial* erzeugt. Ein *Vega Sicilia* ist immer ein außerordentlich rarer und kostbarer Wein, doch er lohnt die Suche, denn es gibt nur wenige Weine der Welt, die sich mit ihm vergleichen lassen.

Velletri Einer der angenehmeren →DOC-Weine der →Castelli Romani südlich von Rom in →Latium. Der Rotwein wird aus →Sangiovese, →Montepulciano und →Cesanese erzeugt, der Weißwein aus →Malvasia und →Trebbiano.

Veltlin →Valtellina

Veltliner, Frühroter In Österreich angepflanzte Weißweinsorte (z. T. auch Malvasier genannt) unbekannter Herkunft, doch vermutlich keine Verwandte des Grünen →Veltliners. Ihre 823 ha befinden sich zu 80 % in →Niederösterreich. Der aus ihr erzeugte Wein ist meist weich und rund ohne die Spritzigkeit und den Charakter des Grünen Veltliners. In Deutschland wird sie als Frühroter Malvasier bezeichnet, mit der ganze 8 ha (in →Rheinhessen) bestockt sind.

Veltliner, Grüner Statistisch ist jeder 3. österreichische Wein ein Grüner Veltliner. Während die zweithäufigste Rebsorte des Landes (der →Müller-Thurgau) auf rund 5236 ha kommt, führt der Grüne Veltliner mit 20770 ha konkurrenzlos die Sortenliste an. Obgleich er in →Niederösterreich 48 % der Fläche einnimmt – in einigen Gemeinden des →Weinviertels beträgt sein Anteil zwischen 70 und 80 % –, kommt er im →Burgenland nur auf 21 %, und in der →Steiermark ist er praktisch überhaupt nicht vertreten. Dennoch scheint er seinen Zenith immer noch nicht erreicht zu haben; allein seit Beginn der siebziger Jahre hat der Grüne Veltliner in Österreich seine Anbaufläche praktisch verdoppelt.

Ohne Frage ist der Grüne Veltliner eine ausgezeichnete Rebsorte, und wie bei allen Rebsorten können die aus ihm bereiteten Weine je nach Jahrgang, →Klon, Böden, Weinbereitung u. a. sehr unterschiedlich ausfallen. Köstlich frisch und rassig, ist den hervorragendsten unter ihnen jener höchst angenehme, von Kennern überaus geschätzte sog. pfeffrige Geschmack eigen. Sie können dabei sehr körperreich sein – weniger gelungene Weine werden mangels Säure breit, aufdringlich, mitunter gar plump, denn nicht überall ist er die geeignete Sorte – und von ausdrucksvoller Fruchtigkeit und zugleich – und mit zunehmendem Alter – wunderbar klar. Obgleich sie in der Regel jung getrunken werden, haben die besten von ihnen ein außerordentliches, keiner anderen weißen Rebsorte vergleichbares Alterungspotential. So kann ein trockener Grüner Veltliner →Smaragd aus der →Wachau problemlos 20, 30 Jahre und älter werden, ohne an Charme und Klarheit zu verlieren, und ist dann jedem trockenen →Riesling vergleichbaren Alters deutlich überlegen.

In geringerem Umfang werden auch in der Tschechischen Republik, der Slowakei und in Ungarn Grüner Veltliner angebaut. In Deutschland wird er derzeit auf ganzen 2 ha (→Rheinhessen) kultiviert.

Veltliner, Roter Aussterbende Weißweinsorte in Österreich, mit noch 285 ha Rebfläche, fast ausnahmslos in →Niederösterreich, vertreten, die offensichtlich nichts mit den beiden voraufgegangenen gemein hat. Qualitativ sehr schwankend, können ihre Weine recht belanglos sein. Wenn aber beste Bedingungen vorliegen, ergeben sie einen charaktervollen, langsam reifenden und lange lagerfähigen Weißwein von hervorragender Qualität. Die besten dürften vom Mantlerhof in →Gedersdorf bei →Krems stammen.

Vendemmia Italienisch für →Weinlese bzw. Jahrgang.

Vendimia Spanisch für →Weinlese. Die Bezeichnung für Jahrgang lautet →Cosecha.

Venegazzu Von Gasparini Loredan im →DOC-Gebiet von →Montello e Colli Asolani erzeugte Rotweine, von denen die hervorragendsten der *Venegazzu Riserva della Casa* und der *Etichetta nera* sind und aus den beiden →Cabernet-Sorten, →Merlot und →Malbec erzeugt werden, ein vollmundiger, gehaltvoller Wein, der, wenn voll gelungen, zu den besten ihrer Art im →Veneto gehört. Leider ist die Qualität allerdings sehr ungleichmäßig.

Veneto Die alte *terra ferma* Venedigs und eine der vier großen Weinbauregionen Italiens mit rund 80 000 ha Rebfläche und um 8 Mill. hl im Schnitt der letzten Jahre. Zwischen einem Viertel und einem Fünftel dieser Weine kommt heute mit dem →DOC-Prädikat in den Handel. Darunter befinden sich etliche altberühmte Weine, vom hervorragenden →Amarone über den klassischen →Valpolicella bis zum etwas einfacheren, nichtsdestoweniger mitunter köstlichen →Bardolino. Bei den Weißweinen gebührt sicherlich der erste Platz dem klassischen →Soave, dem der heiter-spritzige →Prosecco di Conegliano und die gefälligen Weine der →Colli Euganei folgen.
Der Weinbau unserer Tage im Veneto wird mit dieser traditionellen Aufzählung eher verzerrt als angemessen wiedergegeben. Zwar gibt es die altberühmten Weine noch, und sofern sie nicht in den Großkellereien →Veronas allzu industriell erzeugt werden, können sie nach wie vor beachtlich sein. Doch wenn man heute von den qualitativ führenden Weinbaubereichen der Region spricht, fallen andere Namen. Da wird von →Breganze, den →Colli Berici und →Piave und ihren Spitzenweinen die Rede sein, von dem großartigen →Fratta, den kaum geringeren →Realda und →Torcolato, von →Cabernet Sauvignon, →Merlot und roten und weißen →Pinotsorten. Noch sind dieses nur die qualitativen Aushänge-

schilder eines Weinbaus, der in seiner Masse immer noch auf Menge setzt. Aber die Zukunft mag anders aussehen.

Ventoux Fast 2000 m hoher Berg im unteren →Rhônetal im Département →Vaucluse, an dessen unteren Hängen Reben wachsen, darunter etlich ausgezeichnete Rosés und ordentliche Rotweine, die als →Côtes-du-Ventoux, einige auch als →Côtes-du-Rhône-Villages in den Handel kommen, einige z. T. hervorragende Rotweine unter der Bezeichnung →Gigondas, sowie weniger interessante Weißweine und sogar zwei süße →Likörweine, der →Beaume-de-Venise und der →Rasteau.

Verbessern →Anreichern, →Aufbessern, →Chaptalisieren, →Naßverbesserung

Verdelho Eine der besten Rebsorten →Madeiras, aus der ein interessanter →gespriteter Wein bereitet wird, der normalerweise unter dem Rebsortennamen in den Handel kommt, z. T. auch als →Rainwater. Er ist meist nicht ganz so trocken wie ein →Sercial, hat jedoch durchaus eigenen Charakter. Darüber hinaus zählt sie in den meisten Qualitätsweinbaugebieten Nordportugals zu den empfohlenen Rebsorten, z. T. auch unter dem Namen Gouveio, wo sie hochwertige Weine mit mittlerer Säure und neutralem Geschmack liefert, aber selten reinsortig ausgebaut wird. In Spanien als Verdello bezeichnet und insbesondere auf den Kanaren anzutreffen.

Verdicchio Vor allem in den →Marken verbreitete ausgezeichnete italienische Weißweinrebe. Die bekanntesten aus ihr erzeugten Weine sind der Verdicchio dei →Castelli di Jesi und der Verdicchio di →Matelica, der auch als Schaumwein in den Handel kommt. Leider wird heute aus dieser Rebe sehr viel charakterloser, in die Pizzerien in aller Welt verschickter Massenwein erzeugt, so daß wirklich guter Verdicchio nur noch selten und dann z. T. eher außerhalb dieser bekannten →DOC-Gebiete zu finden ist. Einer der besten von diesen dürfte der Verdicchio delle Marche von Villamagna sein.

Verdiso Weißweinrebe, aus der in der Umgebung von →Conegliano in Nord-italien ein seltener, trockener und inter-essanter Weißwein erzeugt wird.

Verduzzo Alte nordostitalienische Weißweinsorte, die in →Friuli-Venezia Giulia (→Colli Orientali del Friuli, →Grave del Friuli, →Isonzo, →Lati-sana, →Aquileia) und im benachbarten →Lison-Pramaggiore und dem →Piave-Gebiet sehr verbreitet ist. Zumeist wird aus ihr ein trockener, mitunter sehr an-sprechender Weißwein erzeugt. Bei Ra-mandolo und einigen anderen Orten der Colli Orientali wird aus ihr ein süßer →Likörwein bereitet, der zu den besten Italiens zählt und, wenn vollends gelungen, in seiner samtig-rassigen, fei-nen Art jedem Vergleich mit sehr guten →Sauternes-Weinen standhalten kann. Wenn er von dem Weingut Ronchi di Cialla u. a. führenden Erzeugern stammt, übertrifft er praktisch jeden →Picolit an Qualität.

Vereinigte Staaten von Amerika Rund 60 Jahre nach Ende der Prohibition sind die Vereinigten Staaten eines der großen Weinbauländer der Erde. Heute stehen über 300 000 ha unter Reben, von denen um die 16 Mill. hl Wein kommen, während ein großer Teil der Rebflächen der Erzeugung von Tafeltrauben vor-behalten ist. Unter allen Wein erzeugen-den Ländern der Welt stehen die Verei-nigten Staaten damit an 5. Stelle. Fast 90 % dieser Weine kommen aus →Kali-fornien, während sich der Rest auf eine große Zahl von Staaten verteilt, darun-ter →New York, →Washington, →Ore-gon, →Virginia, →Texas, →Ohio, Illi-nois u. a. In ihnen werden in zuneh-mender Zahl durch das Federal Bureau of Alcohol, Tobacco and Firearms ge-nau umrissene Weinbaubereiche, die →American Viticultural Areas (AVA) eingerichtet. 25 Bundesstaaten (von 50) verfügen inzwischen über eine oder mehrere Viticultural Areas. Der mit dem Namen einer AVA vermarktete Wein muß zumindest zu 75 % aus dem angegebenen Bereich stammen. Anders als bei den europäischen Ursprungsre-gelungen (→AOC, →DO, →DOC, →DOCG) schreiben die amerikanischen AVA-Regelungen aber weder Rebsorten noch Weinausbaumethoden und Wein-charaktere vor.

Vergena Neuer, von Frescobaldi in der →Toscana auf →Sauvignon blanc-Basis erzeugter Weißwein von Frucht, Körper und Charakter, der sicherlich zu den beachtenswertesten toscanischen Weiß-weinen zählt, auch wenn er nicht an das Format des von dem gleichen Weingut erzeugten Il →Benefizio heranreicht.

Vergisson Eine der 5 Weinbaugemein-den von →Pouilly-Fuissé; sie gilt als weniger renommiert. A. Forest ist ein führender Erzeuger.

Vermentino Ausgezeichnete italieni-sche Weißweinrebe und der aus ihr er-zeugte Wein, dessen beachtenswerteste Abfüllungen meist aus →Ligurien (von Calleri, Lupi u. a.) und →Sardinien stammen. Sie kommen im allgemeinen aus der Umgebung von Pietra Ligure bzw. von der Gallura-Halbinsel auf Sar-dinien und sind als Vermentino della →Riviera di Ponente bzw. als Vermen-tino di Gallura oder Vermentino di Sar-degna mit dem →DOC-Prädikat im Verkehr. Einer der besten Vermentino-Weine stammt jedoch von Michele Satta aus →Castagneto Carducci und kommt als *La Costa di Giulia* in den Handel. Reinsortige Vermentino-Weine sind meist nicht allzu hoch im Alkohol, frisch, fruchtig und rassig und mitunter ganz und gar ausgezeichnet, die idealen Begleiter zu Fischgerichten. Der Vermentino ist ebenfalls auf →Korsika verbreitet, wo er z. T. als →Malvoisie de Corse bezeichnet wird und den Hauptanteil bei den Weißweinen stellt, die unter der →Appellation contrôlée →Vin de Corse in den Handel kommen.

Vermouth →Wermut

Vernaccia Hervorragende italienische Weißweinrebe, aus der in verschiedenen Gegenden Italiens unterschiedliche Weine bereitet werden. Der heute bekannteste und verbreitetste dürfte der Vernaccia di San Gimignano sein, der aus der Umgebung der pittoresken, mittelalterlichen und türmereichen Stadt San Gimignano in der →Toscana stammt. Sieht man einmal von der zu großen Zahl belangloser Weine ab, handelt es sich bei diesem seit 800 Jahren berühmten Wein, der angeblich der Lieblingswein Michelangelos war und der 1966 als erster italienischer Wein das →DOC-Prädikat und 1993 den →DOCG-Status erhielt, um einen Weißwein von ungewöhnlicher Rasse und Substanz, einem guten →Chablis durchaus vergleichbar, einen eindrucksvollen *Pierre-à-fusil*-Geschmack er ebenfalls ausweist. Er gehört fraglos zu den besten italienischen Weißweinen (vereinzelt auch als weniger eindrucksvoller Schaumwein), und Teruzzi & Puthod (Fattoria Ponte a Rondolino, →Terre di Tufo, →Vigna Peperino), Pietrafitta, Guicciardini Strozzi (Fattoria di Cusona), La Torre, Riccardo Falchini, Capezzano u. a. gelten als führende Erzeuger.
Ein Wein ganz anderer Art und ebenfalls altberühmt ist der Vernaccia di Oristano aus →Sardinien, ein in der Regel trockener, sehr delikater und ziemlich aromatischer, stark alkoholhaltiger (mindestens 15 %, z. T. über 17 % vol.) Wein, der, obwohl ungespritet, an einen leichten →Sherry erinnert und zu den besten Weinen seiner Art Sardiniens zählt.
Auch in →Umbrien, →Molise u. a. italienischen Regionen erzeugt man aus der Vernaccia teils trockene Weißweine, teils süße →Likörweine.
Ein wiederum ganz anderer Wein mit dem Namen Vernaccia ist der Vernaccia di Serrapetrona, ein beachtenswerter roter Schaumwein aus den →Marken. Er stammt natürlich nicht aus der weißen Vernaccia. Vielmehr handelt es sich bei dem Namen möglicherweise um eine Verballhornung von →Vernatsch.

Vernatsch In →Südtirol gebräuchlicher Name für die →Schiava, in Deutschland z. T. als →Trollinger bekannt.

Verona Bedeutendes Weinhandelszentrum in Norditalien, aus dessen Umgebung eine Reihe weithin bekannter Weine kommt, darunter der →Soave, der →Valpolicella, der →Bardolino, der →Bianco di Custoza u. a.

Verrenberg Ortsteil von Öhringen in →Württemberg, dessen bekannteste Lage der *Verrenberger Verrenberg* sich im Alleinbesitz des Fürstl. →Hohenlohe-Öhringenschen Weinguts befindet, das für seine ausgezeichneten trockenen →Lemberger und →Rieslinge weithin bekannt ist. Partien beider Weine werden inzwischen mit beachtlichen Ergebnissen in →Barriques ausgebaut. Der Star dürfte dabei die Lemberger- →Spätburgundercuvée *Ex Flammis Orior* sein.

Verrieseln Nicht ganz so verhängnisvoll für den Winzer wie das →Durchrieseln. Beim Verrieseln bleiben einige Beeren infolge mangelhafter Befruchtung klein und kernlos. Diese »unterentwickelten« Beeren nennt man *jungfräuliche* oder *parthenokarpe Beeren*, im Französischen →*Millerands*, im Englischen *Shot* *berries.* Da sie gewöhnlich sehr süß sind, können sie qualitativ durchaus zur Verbesserung des Weins beitragen, doch geht das natürlich auf Kosten der Quantität.

Verschnitt Verfahren der »Mischung« von Wein, Most oder Trauben aus verschiedenen Gründen: 1. um einen →Markenwein gleichbleibender Qualität Jahr für Jahr zu erzeugen, wie dies bei den meisten →Likör- und →Schaumweinen, die ohne Jahrgangsbezeichnung in den Handel kommen, der Fall ist, aber auch für etliche Stillweine zutrifft; 2. um einen besseren Wein zu erzeugen, als es der Fall wäre, bestände er nur aus einem Teil seiner Komponenten. Diese auch *assemblage* genannte Mischung kennzeichnet nicht nur praktisch alle großen →Bordeaux, den →Chianti, →Rioja, →Châteauneuf-du-Pape, in der Regel auch den →Dôle u. a. Weine, sondern nahezu alle südeuropäischen Weine; 3. um einen Wein genießbarer und marktgerechter zu machen, insbesondere in geringeren Jahren in den nördlichen Anbaugebieten, z. B. der →Edelzwicker im →Elsaß. Alles dieses ist völlig legal und kann keinen Anstoß erregen, solange dabei nichts Falsches vorgetäuscht wird. Ein Wein darf nicht als →Land- oder →Qualitätswein eines bestimmten Anbaugebietes in Deutschland, Frankreich oder Italien deklariert werden, wenn der Flascheninhalt tatsächlich aus der →Emilia-Romagna, aus →Apulien oder aus sonstigen verschwiegenen Quellen stammt. Wenn die geographische Herkunft, die Rebsorte und der Jahrgang genannt sind, müssen mindestens 85 % des Flascheninhalts exakt den Angaben entsprechen. Eine Ausnahme ist – leider – nur insofern zulässig, als die deutschen Weinen so gerne zugesetzte →Süßreserve unverständlicherweise selbst dann nicht als Verschnitt gilt, wenn sie aus anderen als auf dem Etikett angegebenen Rebsorten, Lagen

oder Jahrgang stammt. Immerhin darf sie heute in diesem Fall nicht mehr unbegrenzt zugesetzt werden. Zusammen mit den übrigen Anteilen dürfen die Fremdanteile insgesamt 25 % nicht übersteigen. Abgesehen von der Erzeugung von →Rotling ist in Deutschland das Verschneiden von weißen mit roten Traubensorten nicht zulässig. →Deckrotwein.

Versetzter Wein In Österreich Bezeichnung für Wein, »dessen Beschaffenheit auf besondere Behandlungsweisen oder auf die Verwendung von Zusätzen bei der Erzeugung neben der durch die Weintrauben gegebenen Eigenart zurückzuführen ist« (Österr. Weingesetz). Darunter fallen →Perlweine und →Schaumweine ebenso wie →Likörweine und →Wermutweine u. a.

Verzenay Einer der 17 →*grand cru*-Orte in der →Champagne an der →Montagne de Reims. Obwohl der →Pinot noir traditionellerweise dominiert, gibt es auch etliche →Chardonnay-Anpflanzungen.

Vespolina Im nördlichen →Piemont und im →Oltrepò Pavese angebaute Rotweinsorte, die meist mit anderen verschnitten wird, z. B. beim →Fara. Nur selten für sich allein ausgebaut, ergibt sie einen nicht zu körperreichen, tanninhaltigen Rotwein.

Vesuvio →DOC-Bezeichnung für Weiß-, Rot- und Roséweine von den Abhängen des Vesuvs. Coda di Volpe, Verdeca, Galanghina und →Greco werden für den Weißwein, Piedirosso, Sciascinoso und →Aglianico für die Rot- und Roséweine verwandt. Weine mit einem Gesamtalkohol von 12 % vol. dürfen die Bezeichnung →*Lacryma Christi del Vesuvio* führen (ebenso Schaum- und →Likörweine).

Veuve Clicquot-Ponsardin Distinguiertes →Champagnerhaus in →Reims mit exzellenten Weinen, die vielfach zu den besten ihrer Art gehören, vom ausgezeichneten →Brut bis zur Spitzencuvée *La Grande Dame*, mit Körper, Rasse und Eleganz. Seit einiger Zeit werden die Weine allerdings in der Regel nicht mehr ganz ihrem außergewöhnlichen, einstigen Ruf gerecht.

Victoria Südostaustralischer Bundesstaat mit der Hauptstadt Melbourne, der sich, was den Wein angeht, derzeit in einer großen Aufschwungphase befindet. Heute sind etwa 19 400 ha mit Reben bestockt, und es kommen inzwischen einige vorzügliche Rot-, Weiß- und Schaumweine aus Victoria (→Chardonnay, →Cabernet Sauvignon, →Shiraz, →Riesling u. a.). Der Weinbau verteilt sich auf mehrere größere und eine Vielzahl kleinere Weinbaugebiete. Am bedeutendsten ist derzeit der sog. *Nordosten* des Staates, etwa 350 km nordnordöstlich von Melbourne an der Grenze zu →Neusüdwales mit dem Zentrum Rutherglen (Brown Bros. [Milawa], All Saints, Morris, Seppelt u. a. gelten als die führenden Erzeuger). Ein weiteres wichtiges Gebiet ist das weiter südlich, auf dem Weg nach Melbourne gelegene →*Goulburn Valley*, bekannt vor allem durch Château Tahbilk. Rund 300 km westlich davon befindet sich das besonders durch Seppelt bekanntgewordene Gebiet des →*Great Western*, in dessen Umgebung sich auch das inzwischen namhaft gewordene Weingut Taltarni befindet. Ferner spielt das *Yarra Valley* unmittelbar östlich von Melbourne heute wieder eine Rolle, während das südwestlich von Melbourne gelegene *Geelong* inzwischen durch das Weingut Idyll einen vorzüglichen Ruf hat. Man darf sicher sein, in Zukunft auch von anderen Gebieten und Gütern zu hören.

VIDE Angabe auf einigen italienischen Weinflaschen: Sie stammen von Mitgliedern der *Associazione* →*Vitivinicoltori Italiani di Eccellenza*, einem Zusammenschluß von rund 30 italienischen Spitzenweingütern. Der so ausgezeichnete Wein wurde einer Prüfung unterzogen und dank seiner überdurchschnittlichen Qualität mit der numerierten Kontrollbanderole VIDE versehen. Ziel der Vereinigung ist es, nur die besten Weine der Mitgliedsbetriebe auszuzeichnen und auf diese Weise höchste Qualität zu erreichen.

Vidigueira Rund 1700 großes südportugiesisches →IPR-Weinbaugebiet im →Alentejo, zwischen →Évora und Beja gelegen. Das Gebiet ist vor allem für seine Weißweine aus Antão Vaz, Manteúdo, Perrum, Rabo de Ovelha und Roupeiro bekannt. Es werden auch einige eher leichtere Rotweine aus Alfrocheiro, Moreto, →Periquita, Tinta Grossa und Trincadeira erzeugt.

Vieux Château Certan Altberühmtes Gewächs aus →Pomerol, das bis in die 1920er Jahre unangefochten als die Nummer 2 des Gebietes nach dem Spitzenreiter Château →Pétrus galt. Seither erscheint er in der Qualität und Beständigkeit geringfügig abgefallen, was jedoch seit 1985 überwunden sein dürfte, wenn auch die meisten Kenner derzeit in der Regel den Châteaux →Trotanoy, L'→Evangile und La →Conseillante den Vorzug zu geben geneigt sind. Nicht zuletzt ist dafür das eigenwillige Rebsortenverhältnis mit verantwortlich. Auf 13,5 ha stehen nur zu 50 % →Merlot und 25 % →Cabernet franc, während der →Cabernet Sauvignon auf herausragende 20 % und →Malbec auf 5 % kommen. In ausgesprochenen Merlotjahrgängen hat es Vieux Certan daher schwer, mit den anderen Spitzenpomerols mithalten zu können, während er in Cabernet Sauvignon-Jahrgängen eher die Nase vorn hat. Ist er voll gelungen, ist es ein kerniger und gehaltvoller roter →Bordeaux, der zumeist langsamer reift und weniger samtig und *gras* ist als die übrigen großen Pomerol, ihnen jedoch in Charakter und Ausdruckskraft nicht nachsteht.

Vigna Italienisch für Weinberg; darf ebenso wie *vigneto* bei →DOC- und →DOCG-Weinen zur Bezeichnung einer →Einzellage oder *cru* verwandt werden, wenn die Lage im Weinbergsregister eingetragen ist und der Wein tatsächlich aus dieser Lage stammt.

Vigna al Cavaliere Seit 1990 von Michele Satta aus →Castagneto Carducci in der Lage Accattapane ausschließlich aus →Sangiovese erzeugter und in →Barriques ausgebauter roter →Tafelwein, der über Frucht, Kern und Tannin verfügt und sich bald zu einem der herausragenden Rotweine dieser spektakulären Weinbaugemeinde der →Toscana entwickeln dürfte.

Vigna Peperino Herausragender neuer Rotwein von Teruzzi & Puthod (Fattoria Ponte a Rondolino) in San Gimignano in der →Toscana, die sich zuvor bereits durch seinen →Vernaccia di San Gimignano und insbesondere durch den exzellenten weißen →Terre di Tufo in die erste Reihe der toscanischen Weinerzeuger eingereiht hatten. Der Rotwein wird zu 70% aus →Sangioveto und zu 20% aus →Montepulciano und 10% weiterer roter Sorten erzeugt und besticht durch Frucht, Körper, Ausgeglichenheit und Eleganz und dürfte unschwer der bemerkenswerteste Rotwein dieser für ihre Weißweine berühmten, pittoresken mittelalterlichen Stadt sein.

Vigne Französische Bezeichnung für Wein allgemein, aber auch für den Weinstock und die Weinrebe, damit wieder auf die individuelle Parzelle und deren Wein übertragbar.

Vigne de l'Enfant Jésus →Grèves, Les

Vignelaure, Château Provenzalisches Weingut in Rians an den →Coteaux d'Aix, heute weithin gerühmt wegen seines →ökologischen Weinbaus (→Biowein). Der Wein wird zu 60% aus →Cabernet Sauvignon, 30% →Syrah und 10% →Grenache erzeugt und ist sicherlich ausgezeichnet, doch in Preis und Nachfrage, verglichen mit anderen Rotweinen der →Provence, eher etwas überschätzt, zumal er mitunter etwas an Körper, Komplexität und Distinguiertheit vermissen läßt. Besitzerwechsel.

Vignoble Französisch für Weinberg oder die Gesamtheit mehrerer Weinberge (nicht für die →Einzellage), die oft die gleiche Appellation haben, z. B. *Les Vignobles de Bordeaux* für die Gesamtheit der →Bordeaux-Weine, aber auch *Le Vignoble de la France*.

Vigorello Im Süden des →Chianti classico-Gebietes in der →Toscana von dem beachtenswerten Weingut San Felice erzeugter →Barriquewein aus 80% →Sangiovese und 20% →Cabernet Sauvignon. Der Wein ist in guten Jahren gehaltvoll, kräftig und von guter Frucht und Rasse und nach einigen Jahren der Reifung sehr ausgeglichen und elegant.

Vila Nova de Gaia Stadt auf dem Südufer des →Douro unmittelbar gegenüber von →Porto und bis vor einiger Zeit der einzige legale Ort in Portugal, doch nach wie vor praktisch der alleinige, an dem →Portwein gelagert, ausgebaut und weiterverkauft wird.

Villa Fontane Von Giuseppe Coria in Vittoria im südöstlichen →Sizilien erzeugter recht heller Rotwein. Gehaltvoll und alkoholreich ist er dennoch differenziert und nuancenreich und gehört zu den beachtenswertesten Rotweinen Siziliens.

Villafranca del Penedés Bedeutendes Weinhandelszentrum im spanischen Weinbaugebiet →Penedés. Von hier und seiner Umgebung, wozu auch das benachbarte San Sadurni de Noya gehört, kommen einige hervorragende Weißweine, z. T. ausgezeichnete und bessere Rot- und Roséweine und ca. 90 % der spanischen Schaumweine. So bekannte →Bodegas wie Miguel Torres, Pinord, Sogas u. a. haben ihren Sitz in dieser Stadt.

Villány-Siklós Südlichstes ungarisches Weinbaugebiet südlich von Pécs, nahe der kroatischen Grenze, mit deutlich mediterranen Klimaeinflüssen. Heute stehen etwa 1800 ha unter Reben. Vorherrschend sind Kalksteinböden mit hohen Auflagen von Löß und kalkhaltigem Lehm. Während auf den Villány umgebenden Südhängen Rotwein erzeugt wird, herrscht auf den nach Westen anschließenden Siklóser Hängen Weißwein (→Olaszriesling, →Hárslevelü, →Traminer, →Chardonnay u. a.) vor, der in der Regel jedoch nicht das Format der besten Rotweine erreicht. Diese gelten heute als die bedeutendsten Rotweine Ungarns, und der →Cabernet Sauvignon, →Kékfrankos (→Lemberger), Kékoporto (→Portugieser), aber auch der →Pinot noir, →Kadarka u. a. Sorten verdienen jede Beachtung und können ein bemerkenswertes Format erreichen. Ede Tiffán aus Villány (10 ha) gilt heute als der qualitativ bedeutendste Rotweinerzeuger Ungarns. Aber auch andere Namen (Gere, Polgár u. a.) machen inzwischen auf sich aufmerksam.

Villaudric →Côtes du Frontonnais

Villegeorge, Château *Cru →bourgeois* in →Avensan im →Haut-Médoc mit 11 ha (60 % →Merlot, 30 % →Cabernet Sauvignon, 10 % →Cabernet franc) und einem feinen, geschmeidigen und stimmigen Rotwein.

Villenave d'Ornon Weinbaugemeinde in den →Graves am südlichen Stadtrand von →Bordeaux. Heute gibt es kaum noch 50 ha Rebfläche, in die sich im wesentlichen die Châteaux →Couhins, →Couhins-Lurton, →Baret und →Pontac-Montplaisir teilen.

Vin de l'année Französische Bezeichnung (wörtlich *Wein des Jahres*) für einen Wein der letzten Ernte, der noch kein Jahr alt ist, unabhängig von seiner Qualität. →Heuriger, →Primeur.

Vin blanc Französisch für Weißwein.

Vin de Café Meist Rot- oder Roséwein von in der Regel anspruchsloser Qualität, der als *Vin de comptoir* oder →Schoppenwein in französischen Restaurants offen ausgeschenkt wird.

Vin de Corse Allgemeine →Appellation contrôlée für die den Bestimmungen entsprechenden Rot-, Rosé- und Weißweine →Korsikas. Jährlich kommen etwa 80 000 hl unter dieser Bezeichnung in den Handel, davon weniger als 10 % Weißwein. Diese Weine können gegebenenfalls auf dem Etikett zusätzlich einen der 7 Bereiche als engere geographische Herkunftsangabe nennen: →Ajaccio, →Calvi, →Figari, →Patrimonio, →Porto-Vecchio, →Sartène und Coteaux du Cap Corse.

Vin cuit Französischer Ausdruck für einen Wein mit dem Aroma und Geschmack eines Konzentrats, der vor der Gärung erhitzt (»gekocht«) worden ist, um durch Reduzierung seines Volumens Alkoholgehalt und Körper zu verstärken.

Vin délimité de qualité supérieure →V.D.Q.S.

Vin doux naturel Etwas mißverständlicher Begriff für eine Gruppe südfranzösischer Weine, vor allem aus dem

→Midi, deren Süße nicht ganz so natürlich ist, wie der Name vermuten ließe. Zwar müssen ihre Moste vor jeder Anreicherung mindestens 252 g/l Zucker enthalten, doch sind die Weine grundsätzlich →gespritet, d. h. die →Gärung wird vorzeitig durch den Zusatz von reinem →Alkohol beendet. Dadurch bleiben die Weine süß und verfügen über einen relativ hohen Alkoholgehalt (mindestens 15 % tatsächlichen und mindestens 21,5 % vol. Gesamtalkoholgehalt; in der Regel liegt der tatsächliche Alkoholgehalt dieser Weine zwischen 16 und 17 % vol.). In Frankreich werden jährlich um die 600000 hl dieser Weine erzeugt, die als →Rivesaltes, →Banyuls, →Maury, →Frontignan, →Beaumes-de-Venise, →Rasteau u. a. in den Handel kommen.

Man sollte diese, auch →Likörweine genannten Weine nicht mit dem grundsätzlich ungespriteten →*Vin liquoreux* aus →Sauternes oder von der →Loire bzw. den deutschen und österreichischen →Beeren- und →Trockenbeerenauslesen verwechseln.

Vin fin Wenig präziser Begriff in Frankreich für einen Wein gehobener Qualität, ähnlich wie →*grand vin.* Theoretisch könnte sich jeder Wein so nennen, und dies ist wohl auch ein Grund, warum heute die einstige Bezeichnung *Vins fins de la Côte de Nuits* zugunsten der Bezeichnung →*Côte de Nuits-Villages* kaum noch benutzt wird.

Vin de garde Französische Bezeichnung für einen lange lagerfähigen Wein, dessen Qualität durch Lagerung besser wird. So gelten z. B. die 1961er, 1970er, 1975er, 1982er, 1986er, 1990er roten →Bordeaux als klassische *vins de garde* letzter Zeit.

Vin gris In Frankreich gebräuchliche Bezeichnung für einige besondere, sehr helle Rosés, darunter jene, die in Ostfrankreich, vornehmlich in →Lothringen, aus blauen Trauben bereitet werden. Einige *vins gris* sind praktisch Weißweine mit einem kaum merklichen Stich ins Rosafarbene oder Bronzene.

Vin jaune Ausgefallener, ganz spezieller Wein aus dem französischen →Jura, der stark an einen sehr leichten spanischen →Sherry erinnert und vornehmlich in der Umgebung von →Château-Chalon erzeugt wird.

Vin liquoreux Nicht →gespriteter, süßer Weißwein, einer deutschen oder österreichischen →Beeren- oder →Trockenbeerenauslese vergleichbar, der ein hohes Maß an natürlichem Traubenzucker oder →Liqueur enthält.

Vin mousseux →Mousseux

Vin mousseux gazéifié →Imprägnierung

Vin non mousseux Das Gegenteil des *vin* →*mousseux*, ein nicht moussierender, also ein →Stillwein.

Vin nouveau Französisch für den *neuen Wein*, der soeben erst oder kürzlich seine Gärung beendet hat und fertig ist. →Primeur, →Heuriger

Vin ordinaire Der einfache, belanglose Allerweltswein, eine gesetzlich nicht mehr verwendete Kategorie.

Vin de paille *Paille* bedeutet Stroh, und ein →Strohwein ist ein Wein, dessen Trauben auf Strohmatten (manchmal in der Sonne, häufiger im Haus aufgehangen oder auf Gestellen gelagert) getrocknet werden, bis sie teilweise oder ganz rosiniert sind. *Vins de paille* sind in der Regel süße, meist recht alkoholreiche Weine, die in Frankreich jedoch nur in sehr geringem Umfang erzeugt werden, so z. T. im →Hermitage und im →Jura. →Passito, →Recioto, →Amarone, →Sfurzat, →Pedro Ximénez.

Vin de pays In Deutschland →Landwein, in Italien →*vino con indicazione geografica tipica*. Anders als in diesen beiden Ländern stellt der *Vin de pays* in Frankreich heute mit ca. 15 % einen erheblichen Anteil an der nationalen Weinerzeugung dar. Heute gibt es 102 *Vins de pays* in Frankreich mit unterschiedlich großen Gebieten. Diese können mehrere Départements umfassen, wie die Zonen des *Vin de pays du Jardin de France*, des *Vin de pays d'Oc*, des *Vin de pays du Comté Tolosan*, aber auch die des *Vin de pays des Comtés rhodaniens*, des *Vin de pays des collines rhodaniennes*, des *Vin de pays charentais*, des *vin de pays de Franche-Comté* u. a. oder aber auch nur wenige Hektar wie das Gebiet des *Vin de pays des Coteaux Charitois* an den Hängen oberhalb von La Charité sur Loire unweit von →Pouilly. Französische Landweine dürfen nur aus empfohlenen Rebsorten und mit einem Hektarhöchstertrag von 80 bzw. 90 hl/ha erzeugt werden. Sie müssen je nach Region mindestens 9–11 % vol. Alkohol aufweisen. Rotweine dürfen nicht mehr als 125, Weiß- und Roséweine nicht über 150 mg/l SO$_2$ enthalten.

Vin rouge Französisch für Rotwein.

Vin Santo →Vino Santo

Vin de Savoie Französische →A.O.C.-Bezeichnung für Weine aus einem weitläufigen Gebiet in →Savoyen, dessen Weinbauinseln sich von Evian am Genfer See bis ins Isère-Tal südlich von Chambéry erstrecken. Auf den rund 1500 ha Rebfläche werden nach Geographie, Klima und Tradition sehr unterschiedliche Weine, zu 70 % weiß, erzeugt. Am französischen Ufer des Genfer Sees überwiegt wie auf dem gegenüberliegenden schweizerischen der →Chasselas, der wenig aufregende, jung zu trinkende Weißweine liefert, darunter auch den →Crépy. Château de

Ripaille ist ein bekannter Name. In den übrigen Anbaugebieten werden die einheimische Jacquère mit neutralen, etwas derben Weinen und ein gutes Dutzend weiterer Sorten, darunter der →Chardonnay angebaut bzw. ein leichter, gefälliger Rotwein aus der →Gamayrebe und ein tanninreicher, leicht pfeffriger und alterungsbedürftiger Rotwein aus der →Mondeuse erzeugt, während der →Pinot noir seltener anzutreffen ist, doch teilweise ausgezeichnete Ergebnisse hervorbringt. 17 Gemeinden dürfen ihren Namen auf dem Etikett angeben, von denen bei den Weißweinen Apremont, Abymes und Chignin die bekanntesten sind und aus der letztgenannten die besten Sorten aus der Altesse oder →Roussane stammen und als Chignin Bergeron in den Handel kommen und in ihrer ausdrucksvollen und komplexen Art dem →Roussette de Savoie kaum nachstehen, während für Rotweine die Orte Jongieux, Chautagne, Saint-Jean-de-la-Porte und Arbin den klangvollsten Namen haben. Charles Gonnet, Domaine de l'Idylle, Eugène Carrel, Edmond Jacquin, Maison Mollex, G. Perret, Les Fils de René Quénard, Jean Perrier u. a. gelten als führende Erzeuger.

Vin sur lie Bezeichnung für Weißweine, die ohne abgestochen zu werden, unmittelbar von der Hefe auf die Flasche gefüllt werden. Sie behalten auf diese Weise einen ganz leichten, sehr angenehmen Hefegeschmack und etwas von der natürlichen →Kohlensäure, wodurch sie ganz leicht perlen. Die Weine verfügen dadurch über eine besondere Frische und Spritzigkeit, wie man sie in Frankreich zumal beim →Muscadet sehr schätzt. Dieser kommt dann als *Muscadet sur lie* in den Handel.

Viña Spanisch für Lage (auch als *Viñedo* bezeichnet), wird, wo entsprechende, festgelegte Gemarkungen fehlen, mitunter als Markenname für bestimmte Abfüllungen einer →Bodega verwandt.

Vinagrinho Portugiesische Bezeichnung für den charakteristischen Geschmack bestimmter alter →Madeiras oder →Portweine, der als Ergebnis partieller Oxydation und leichter Zunahme der flüchtigen Säure auftritt und dem →Rancio verwandt ist.

Vinattieri Rosso Roter →Barriquewein aus der →Toscana, der seit einigen Jahren auf Castello di Volpaia aus →Sangiovese-Klonen (→Sangioveto und →Brunello) aus dem →Chianti- und →Montalcino-Gebiet erzeugt wird. Der Wein ist gehaltvoll, tief, strukturiert und substantiell und zählt zu den gelungensten toscanischen →Tafelweinen der neuen Generation.
Ferner ist Vinattieri seit Ende der achtziger Jahre der Name eines der bemerkenswertesten Rotweine des →Tessins, nämlich eines kernigen, tanninreichen, langsam reifenden →Merlot Ticino, der als jugendlicher Wein hart und abweisend ist, um dann im Alter samtig und elegant zu werden.

Viné Französische Ausdruck für →gespritet.

Vinea Wachau 1984 gegründeter Verein als freiwilliger Zusammenschluß von Winzern und Weingütern in der →Wachau zur Garantie der Echtheit des von ihnen erzeugten und verkauften Wachauer Weins und zur Steigerung seiner Qualität mittels Ertragsbegrenzung und Förderung der Qualitätssorten, vor allem des →Rieslings. Der volle Name des Vereins lautet *Vinea Wachau Nobilis Districtus* und soll an den auf dem Siegel abgebildeten Leuthold I. von Kuenring (1243–1312) als den ersten großen Förderer des Wachauer Weinbaus erinnern. Der Verein, dem inzwischen nahezu alle namhaften Betriebe der Wachau angehören, hat eigene Weinkategorien

eingeführt, nämlich →Steinfeder als leichter, nicht aufgezuckerter Qualitätswein zwischen 9,5 % und 10,7 % vol. Alkohol, →Federspiel als Wein im →Kabinettbereich (bis maximal 12,3 % vol. Alkohol) und →Smaragd mit einem Mindestalkohol von 12 % vol. Alle diese Weine müssen sortentypisch und →trocken ausgebaut sein (der Smaragd darf bei entsprechend hoher Reife ausnahmsweise bis maximal 9 g/l →Restsüße aufweisen, was in der Wachau bis 1993 als →halbtrocken galt) und unterliegen der strengen Qualitätskontrolle seitens des Vereins.

Vinello Italienische Bezeichnung eines kleinen Weins mit wenig Körper und geringem Alkoholgehalt, auch für den →Tresterwein verwandt. →Vinillo

Vinho branco Portugiesisch für Weißwein.

Vinho do Douro →Douro

Vinho generoso Portugiesische Bezeichnung für bestimmte →gespritete Weine gehobener Qualität und spezifischer Herkunft.

Vinho maduro Der reife, d. h. normale portugiesische Wein, ob rot, weiß oder rosé, im Gegensatz zum →Vinho verde.

Vinho regional Portugiesische Bezeichnung für →Landwein. Terras do Sado bei →Setúbal und →Alentejo sind bislang die einzigen definierten Landweingebiete. Die Bezeichnung soll auch für Spitzenweine des jeweiligen Gebiets gelten, die aus nicht empfohlenen, da regionsuntypischen, internationalen Rebsorten erzeugt werden.

Vinho verde Weinbaugebiet im äußersten Nordwesten Portugals, das größte des Landes, mit etwa 50 000 ha Rebfläche und eigener →DOC-Regelung, das in insgesamt 6 Bereiche unterteilt ist,

→Monção, Lima, Braga, Penafiel, Basto und Amarante. In ihnen wird der *vinho verde*, der *grüne Wein* Portugals erzeugt, im Gegensatz zu den in anderen Landesteilen erzeugten →*Vinho maduro* und →*Vinho generoso*. Grün hat also nichts mit der Farbe des Weins zu tun, diese kann weiß oder rot sein, sondern mit der Reife. Dennoch ist *vinho verde* kein grüner im Sinne von unreifer Wein, vielmehr ist er ein Wein von niedrigem Alkoholgehalt (in der Regel zwischen 8,5 und 9,5 % vol.), der jung (er sollte nicht lagern), spritzig, säurebetont und lebendig ist (aufgrund des hohen Apfelsäureanteils weist der Wein nach der →Malolaktischen Gärung häufig einen z. T. hohen Grad an natürlicher Kohlensäure auf). Er wird aus einer ganzen Reihe von lokalen Rebsorten erzeugt, wobei der Monção lediglich aus der →Alvarinho bereitet wird (der Alvarinho von Palacio da Brejoeira, aber auch jener der Winzergenossenschaft von Monção sind vorzüglich – jedoch auch höher, um 11,5 % vol., im Alkohol) und der rote Lima aus der Vinhão. Der Rotwein ist außerordentlich farbkräftig, ansonsten frisch und kohlensäurehaltig. Noch zu Beginn der siebziger Jahre waren 90 % aller *vinhos verdes* rot. Da dieser sauerste und leichteste Rotwein der Welt jedoch im Export weit weniger geschätzt wird als der weiße *vinho verde*, lag zu Beginn der neunziger Jahre der Anteil des weißen *vinho verde* bereits bei fast 50 %. Aveleda, Tormes, Messias, Casal Garcia, Montemar, 5 Cidades, Ravel, Campelo, Gatão u. a. sind weitere verläßliche Namen, neben denen es heute Dutzende selbstabfüllender Weingüter gibt, die im Ausland bislang kaum bekannt sind.

Vini del Piave →Piave

Vinifera Eine und schlechterdings die bedeutendste von 35 Arten, die zur Gattung →*Vitis* gehören. Ungefähr 20 *Vitis*-Arten sind in Amerika, der Rest in Asien beheimatet. Doch allein die europäische *Vinifera* (die »Weinmachende«), abgesehen von einigen, weniger bedeutsamen →Hybriden, ist für alle in der Welt gewonnenen Weine aus Weintrauben verantwortlich. Man kennt ungefähr 8000 Sorten der *Vinifera*-Art.

Vinillo Spanisch für *kleiner Wein*, ein Wein mit wenig Alkohol, Körper und Charakter. →Vinello.

Vino de aguja Spanisch für →Perlwein.

Vino añejo Auch als *vino viejo* bezeichneter spanischer →Qualitätswein, der mindestens drei Jahre gelagert wurde, ehe er in den Verkehr kommt.

Vino da arrosto Eigentlich *Bratenwein*. Im Italienischen für einen körperreichen Rotwein von überdurchschnittlicher Qualität verwandt, den man zu dunklem Fleisch reicht.

Vino bianco Italienisch für Weißwein, →Bianco.

Vino blanco Spanisch für Weißwein.

Vino corriente Der spanische Kurrantwein, entsprechend dem französischen →*vin ordinaire*, ein gewöhnlicher, alltäglicher Schoppenwein, der meist offen ausgeschenkt wird. Auch als *vino común* bezeichnet.

Vino de crianza Spanischer →Qualitätswein, der mindestens zwei Jahre Lagerzeit aufweisen muß, bevor er in den Verkehr gebracht werden darf.

Vino generoso Spanische Bezeichnung für →Likörwein.

Vino con indicazione geografica tipica Kategorie italienischer Weine, die laut EU-Richtlinien dem →Landwein oder →*Vin de pays* entsprechen, d. h. zwischen →Tafelwein (→*Vino da tavola*) und →Qualitätswein (→DOC, →DO) einzuordnen ist.

Vino de lágrima Allein aus dem →Vorlauf, ohne mechanische Pressung, erzeugter Wein, meist süß. Jedoch erzeugt u. a. Pedro Rovira aus →Terra Alta einen vorzüglichen, trockenen weißen *Vino de* →*lágrima*, den Blanc de Belart.

Vino di lusso Italienischer Ausdruck für →*Luxuswein*, wozu u. a. →Schaum- und →gespritete →Likörweine gezählt werden.

Vino de mesa Spanische Bezeichnung für den normalen →Stillwein, wie er zum Essen gereicht wird.

Vino Nobile di Montepulciano Italienischer Rotwein, der im wesentlichen aus Prugnolo gentile (→Sangiovese grosso) mit Zusätzen von Canaiolo, →Trebbiano, →Malvasia und eventuell zwei weiteren Sorten in der Umgebung von →Montepulciano im Süden der →Toscana erzeugt wird (wobei in der Praxis häufig auf die weißen Sorten verzichtet wird). Seit der Ernte 1980 darf dieser Wein die höchste italienische Prädikatsstufe der →DOCG führen. Er muß mindestens zwei Jahre im Holzfaß gelegen haben, bevor er in den Handel gebracht werden darf (nach drei Jahren als →*riserva*). Wenngleich seither eine deutliche Qualitätsverbesserung der Weine festzustellen ist, ist der Stil mitunter eher uneinheitlich. So erzeugen einige Güter einen leichter eingängigen, auch eleganteren Wein, während andere den kraftvollen, traditionellen, facettenreicheren, dabei durchaus mit Eleganz gepaarten Stil pflegen, der diesen in ihrer Jugend naturgemäß säurebetonten Weinen letztlich angemessener sein dürfte und den Charakter der Weine von Montepulciano unnachahmlicher zum Ausdruck bringt. Die besten Weine von Montepulciano zählen heute wieder zu den bemerkenswertesten traditionellen Rotweinen Italiens, und eine erstklassige *riserva* aus einem herausragenden Jahr ist ein großartiger Wein, einem →Chianti classico an Kraft und Eleganz ohne Zweifel überlegen, der in der Toscana seinesgleichen sucht und ein wahrhaft nobler Wein von Kraft und Eleganz ist. Zu den führenden Erzeugern zählen heute De Ferrari-Corradi (→Boscarelli), Poliziano, Le Casalte, Talosa (Fognano), Bindella, Dei, Valdipiatta, Contucci, Gattavecchi, Avignonesi u. a. – Man sollte diesen Wein übrigens nicht mit einem →Montepulciano d'Abruzzo verwechseln.

Vino novello Das italienische Gegenstück zum französischen →*vin nouveau*, der nach Vergärung und minimalem Ausbau noch im Herbst des Erntejahres auf den Markt gebrachte →Heurige – wie in Frankreich u. a. letztlich mehr eine Modeerscheinung als ein ernst zu nehmender Wein.

Vino da pasto Italienische Bezeichnung für normale Weine zum Essen, also kein →Apéritif und kein →Likörwein. Im Spanischen ist ein *Vino de pasto* eher ein gewöhnlicher, leichter und alltäglicher Wein.

Vino rosato →Rosato

Vino rosso Italienisch für Rotwein, →Rosso.

Vino Santo Italienischer Weißwein, vornehmlich aus der →Toscana, wo er meist *Vin Santo* genannt wird, z. T. auch aus dem →Trentino. Man bereitet ihn aus luftgetrockneten, teilrosinierten Trauben, meist aus →Malvasia und →Trebbiano. Er ist gold- bis bernsteinfarben, meist recht süß – kann aber auch trocken sein – und hoch im Alkohol (15–16 % vol.), samtig-weich und wird normalerweise nach zweijähriger oder längerer Lagerung in kleinen Fässern

(50 l) unter dem Dach in Flaschen abgefüllt. Er wird durchweg nur in kleinen Mengen für den eigenen Bedarf erzeugt, und nur geringe Mengen kommen in den Handel. →Passito

Vino della Signora Name eines im →Chianti-Gebiet von Poggio al Sole erzeugten trockenen Weißweins aus dem →Traminer. Der Wein ist fruchtig, elegant und hat eine feine Sortenart. Zweifellos ein hochinteressanter, hervorragender toscanischer Weißwein, der jedoch nur in kleinen Mengen erzeugt wird.

Vino spumante →Spumante

Vino spumante gassificato →Imprägnierung

Vino da taglio Italienische Bezeichnung für →Verschnitt- oder Deckwein, meist ein tieffarbener, alkoholreicher Wein aus dem Süden des Landes, der häufig auf verschwiegenen Wegen nach Norden wandert, um dortigen Weinen Farbe und Kraft zu verleihen, was nicht ungesetzlich sein muß.

Vino da tavola Italienisch für →Tafelwein. Nach dem Gesetz gibt es in Italien heute zwei verschiedene Tafelweine, den einfachen Tafelwein, der ca. 70 % der italienischen Weinerzeugung ausmachen dürfte, und den Tafelwein mit geographischer Herkunftsbezeichnung (*Vino da tavola con indicazione geografica tipica*), der eine administrative geographische Einheit (von Kommune bis Region, aber keine →Lage) angeben und dann auch die Rebsorte nennen darf, aus der er stammt. Diese Weine bedürfen staatlicher Approbation, bevor sie in den Handel gelangen.
Anders als in den meisten übrigen EU-Ländern ist es eine Folge der italienischen Weingesetzgebung, daß sich italienische Tafelweine nicht mühelos in die europäische Qualitätshierarchie einfügen, wie es den Intentionen des Gesetzgebers entsprechen würde. Die Starrheit der →DOC-Bestimmungen schließt mitunter selbst hervorragende Weine von dem Qualitätsweinsiegel aus. So war der →Sassicaia, den viele für einen der besten italienischen Weine überhaupt halten, bis 1993 rechtlich ein schlichter Tafelwein, und viele herausragende italienische Weine wie der →Schioppettino, →Maurizio Zanello, →Sammarco u. a. sind es immer noch. In der Bundesrepublik ist seit den achtziger Jahren eine ähnliche Entwicklung in Gang gekommen.

Vino de la tierra Spanische Bezeichnung für →Landwein. Von den in zwei Wellen 1986 und 1988 definierten 32 spanischen Landweinen sind über ein halbes Dutzend inzwischen zu →DO-Weinen aufgestiegen.

Vino tinto Spanisch für Rotwein. Im Spanischen werden z. T. auch *rojo* und *negro* (katalanisch *negre*) für rot verwandt.

Vino tipico Spanische Bezeichnung für →Landwein, die bis in die sechziger Jahre auch in Italien für einfachere Weine bestimmter Herkunft verwandt wurde und die heute als →IGT-Weine bezeichnet werden.

Vino virgen In Spanien ein ohne Häute und Stiele vergorener Wein. Manche Roséweine werden auf diese Weise erzeugt.

Vino de yema Im Unterschied zum →Vino de lágrima ist der *vino de yema* ein leichter, feiner Wein aus nur wenig gepreßten Trauben, dem man häufig etwas *vino de prensa* (Preßwein) zugibt, dessen Kraft und Tannin ihn gehaltvoller und langlebiger machen.

Vinos de Madrid Neues spanisches →DO-Gebiet für Weine, die in den drei

Bereichen Arganda, Navalcarnero und San Martín de Valdeiglesias südlich und westlich von Madrid auf 12 800 ha erzeugt werden. Während in Arganda die Weine am leichtesten und feinsten sind – Malvar ist die Rebsorte für Weißweine und Tinto fino (→Tempranillo) für Rotweine –, sind die Weine der anderen beiden Gebiete schwerer. Hier dominiert die →Garnacha, und für die Weißweine aus San Martín de Valdeiglesias ist der Albillo zugelassen.

Vintage Englisch für Weinlese bzw. Jahrgang; ein Vintage-→Champagner ist also ein Champagner mit Jahrgangsangabe.

Vinzelles Weinbauort im →Mâconnais, aus dem der →Pouilly-Vinzelles kommt.

Viognier Weißweinrebe im nördlichen →Rhônetal, die einen exzellenten Wein von ausgeprägtem Eigencharakter liefert. Sie wird auch als *Vionnier* bezeichnet und ist die allein zulässige Rebsorte für den bemerkenswerten →Château-Grillet und den hervorragenden →Condrieu, während ihr Anteil im roten →Côte Rôtie bis zu 20 % betragen darf. Leider ist die Rebe sehr ertragsschwach, so daß es auf der ganzen Welt nur 32 ha geben soll, die mit ihr bestockt sind – doch, wenn das angesichts dieser geringen Zahl ein Trost sein kann, ihr Anbau nimmt zu!

Viré Weinbaugemeinde in Südburgund, nördlich von →Mâcon, deren frische, trockene und aromatische, aus dem →Chardonnay bereitete Weißweine als *Mâcon-Viré* in den Handel kommen und neben denen aus →Lugny und Clessé zu den besten der *Mâcon-Villages* gehören. Bekannteste Lage ist der →*Clos du Chapitre* (im Besitz von Jacques Dépagneux). Die lokale Winzergenossenschaft gilt als verläßlich.

Virginia Bundesstaat im Südosten der →Vereinigten Staaten, in dem es einige vielversprechende Versuche zur Wiedereinführung des Weinbaus gibt. Erste Ergebnisse sind sehr ermutigend, und Meredyth hat inzwischen einen über Virginia hinausreichenden guten Namen.

Visperterminen Ort oberhalb des Vispertals im Oberwallis mit 45 ha Rebfläche, die bis auf 1100 m Höhe hinaufreichen und zu den höchsten Rebbergen Europas gehören. Von ihnen kommt u. a. der berühmte weiße *Heida* (auch *Paien*, Savagnin blanc, →Traminer) sowie einiger →Pinot noir.

Vite alberata Nach italienischer Art (häufig auch in Nordportugal) an Bäumen erzogene Weinreben, wobei der Baum als *marito* (Ehemann) bezeichnet wird.

VITI In der Schweiz seit 1948 vom Kanton →Tessin verliehenes Gütezeichen für von ihm geprüfte und für gut befundene →Merlot-Weine. Abkürzung für *vini ticinesi*.

Viticulteur Französischer Ausdruck für Winzer, zumal den selbständigen. Insofern nicht immer identisch mit *vigneron*, der auch den unselbständigen Weinbauern oder Pächter bezeichnen kann.

Vitis Gattung der Reben, zur Familie der Rebengewächse gehörend, mit Untergattungen und zahlreichen Arten. Von einigen →Hybriden abgesehen, stammen alle Weine von der in Europa beheimateten Art Vitis →*vinifera*.

Vitivinicoltori Italiani di Eccellenza Vereinigung namhafter Spitzenerzeuger italienischer Weine, deren jeweils beste Weine nach entsprechender Prüfung die numerierte Kontrollbanderole →VIDE erhalten. Auch wenn nicht alle so ausgezeichneten Flaschen einen wirklich bemerkenswerten Wein beinhalten, noch alle Spitzenerzeuger der Vereinigung angehören, darf man davon ausgehen, daß so etikettierte Weine sicherlich von deutlich überdurchschnittlicher Qualität sind.

Viura Aus Aragón stammende spanische Weißweinrebe (in →Katalonien und Südfrankreich als →Macabeo bekannt), z. T. auch als Alcañon oder Alcañol bezeichnet, die heute die wichtigste weiße Rebsorte in La →Rioja ist. Sie liefert einen fruchtig-duftigen Weißwein mit angemessener Säure und wird daher heute öfters alleine ausgebaut, während sie bei traditionelleren Weinen bestenfalls mit dem überlegeneren →Malvasia und z. T. Garnacha blanca (→Grenache) verschnitten wird. Auch rotem Rioja gibt man mitunter etwas Viura bei. Ebenfalls in →Navarra, →Penedés und den meisten übrigen katalanischen Weinbaugebieten sowie in →Rueda u. a. verbreitet.

Voll Ein körperreicher Wein ist ein voller Wein; es ist also der →Körper und nicht der →Alkohol maßgebend.

Vollmer, Heinrich Innerhalb von 25 Jahren von Heinrich Vollmer zum größten privaten deutschen Weingut entwickeltes Gut in Ellerstadt in der →Pfalz mit 126 ha – allein der Markgraf von →Baden dürfte ihn mit seinen verschiedenen Weingütern derzeit noch übertreffen –, die sich nicht nur in Ellerstadt und Friedelsheim befinden, sondern ebenfalls in den berühmtesten Orten der →Mittelhaardt von →Ungstein über Bad →Dürkheim, →Wachenheim, →Forst und →Deidesheim bis →Ruppertsberg. Anders als in der Pfalz üblich wird überwiegend Rotwein erzeugt (47 % →Portugieser, 13 % →Spätburgunder), und Vollmer war der erste in Deutschland, der →Cabernet Sauvignon anpflanzte und in →Barriques

ausbaute. Auch beim Weißwein werden klassische Qualitätssorten gepflegt: 22 % →Riesling, 4 % Weißer →Burgunder, 3 % →Silvaner u. a. Vollmer verfügt außerdem – und auch dies ist ungewöhnlich – über größeren Weinbergsbesitz in Argentinien. Die Pfälzer Weine des Gutes sind sortentypisch und sauber.

Vollrads, Schloß Großes und berühmtes Weingut im →Rheingau, östlich von Schloß →Johannisberg gelegen. Das malerische Schloß stammt in seinen ältesten Teilen aus dem Anfang des 14. Jahrhunderts und ist heute ein stattliches Herrenhaus. 51 ha stehen unter Reben – praktisch ausschließlich →Riesling –, aus denen eine breite Skala von Weinen bereitet wird, die vom leichten, nichtsdestoweniger meist ausgezeichneten →Qualitätswein bis zur unvergleichlichen →Beeren- und →Trockenbeerenauslese großer Jahrgänge reicht. Nahezu alle Weine, die unter dem Namen *Schloß Vollrads* im Handel sind, zeichnen sich durch eine charakteristische, feinfruchtige Eleganz, ein schönes Bukett, eine angenehme Leichtigkeit und einen anmutigen, nicht zu üppigen Körper aus. Sie können zu den bemerkenswertesten Rheingauer Weinen gehören, wenngleich sie gegenwärtig nicht auf dem Höhepunkt ihres Ansehens erscheinen. Aber möglicherweise sind die Weichen für das Wiederanknüpfen an frühere Spitzenleistungen bereits gestellt. Auch die Weine des Fürstl. →Löwenstein'schen Weinguts in →Hallgarten werden von Schloß Vollrads ausgebaut. Ebenfalls im Besitz von Schloß Vollrads befindet sich das berühmte Graue Haus in →Winkel.

Volnay Mit Recht berühmter Ort an der →Côte de Beaune in →Burgund mit 213 ha Rebfläche, die in der Regel die Weine des nördlich angrenzenden und ungleich bekannteren →Pommard an

Qualität deutlich übertreffen, während der wenige an der Grenze zu →Meursault angebaute Weißwein mit der →Appellation contrôlée Meursault in den Handel kommt. Volnays gute Jahrgänge zählen zu den einnehmendsten roten Burgunder. Sie zeichnen sich durch einen vollen Körper aus, der von deutlichem Tannin gestützt wird, das den Weinen in ihrer Jugend eine gewisse Strenge gibt und etwas auf Kosten der Komplexität geht. Mit zunehmendem Alter und Reife entwickeln sie eine eindrucksvolle Eleganz, die aber angesichts einer anderen Tanninstruktur etwas bodenständiger wirkt als bei vergleichbaren Weinen der →Côte de Nuits. Zu den besten *premier cru*-Lagen zählen *Caillerets, Champans, Clos des Chênes, Clos des Ducs, Bousse d'Or, Santenots, Les Angles, Taillepieds* u. a. Als führende Erzeuger gelten Domaine de la Pousse d'Or, Marquis d'Angerville, Henri Boillot, Michel Lafarge, Joseph Matrot, Henri Delagrange, Clerget, Rossignol-Boillot, Hubert de Montille u. a.

Vorklären Höchst wohltuende Praxis bei der Erzeugung von Weißwein, bei der man den frisch gekelterten Most ungefähr 24 Stunden stehenläßt, damit sich Trub- und Schmutzteilchen absetzen können. Um ein frühzeitiges Einsetzen der →Gärung zu verhindern, benötigt man etwas →Schwefel und möglichst niedrige Temperaturen. Das Vorklären wird heute, in der Regel aus arbeitstechnischen Gründen, zugunsten eines →Separierens des Mostes vielfach unterlassen, das jedoch in der Regel die Qualität des späteren Weins negativ beeinflußt.

Vorlauf Ohne Anwendung mechanischen Drucks aus dem Vorentsafter oder der Kelter beim Aufschütten ablaufender Most, mitunter von besonders harmonischer Zusammensetzung und dann getrennt vom Preß- und →Scheitermost eingelagert. Als Vorlauf wird im →Elsaß in →Marlenheim ein bekannter Roséwein aus dem →Pinot noir erzeugt. In →Bordeaux erzeugt man aus Vorlauf (das sog. *Saigner*-Verfahren) den →Clairet. →Vino de →lágrima

Vorlese Mitunter vor der eigentlichen Lese durchgeführte Auslese gefährdeten Leseguts.

Vornehm Bezeichnung für einen sehr eleganten, distinguierten und hochwertigen Wein.

Vöslau, Bad Zusammen mit →Tattendorf Zentrum der Rotweinerzeugung in der →Thermenregion. Zu dem Gemeindegebiet gehören rund 200 ha Rebfläche, die nahezu zur Hälfte mit Blauem →Portugieser bestockt ist. Der über Österreich hinaus bekannte, führende Betrieb ist Schlumberger, von dem nicht nur im vorigen Jahrhundert die Schaumweinerzeugung in Österreich ausging, sondern dessen Rotweine, besonders jene aus →Cabernet und →Merlot heute zu den beachtenswertesten Rotweinen Österreichs gehören und unterstreichen, welches Weinbaupotential in dem ganzen Gebiet steckt, doch heute noch viel zuwenig genutzt wird.

Vöslau, Weinbaugebiet Bis zur Gesetzesänderung von 1985 eigenständiges niederösterreichisches Weinbaugebiet, seither südlicher Teil des neuen Weinbaugebietes →Thermenregion.

Vosne-Romanée Vielleicht die bemerkenswerteste Weinbaugemeinde Frankreichs, obwohl sie nur über 184 ha Rebfläche verfügt. Doch wachsen innerhalb seiner Gemeindegrenzen sieben oder acht wirklich unvergleichliche Rotweine, die den Ruhm →Burgunds in die Welt getragen haben: →*Romanée-Conti, La →Romanée, La →Tâche, →Richebourg, →Romanée-St-Vivant, La →Grande Rue*, zusammen rund

28 ha und alle nur mit dem Lagennamen etikettiert, ohne jede Erwähnung von Vosne (letztere erst seit jüngstem). Aber auch die *premier cru*-Lagen sind im Rang: →*Malconsorts, Suchots, Beaux-Monts, Clos des Réas* (Alleinbesitz von Jean Gros) u. a. Da es, wie man sagt, keine gewöhnlichen Weine in Vosne gibt, haben alle guten, darunter auch einfach als *Vosne-Romanée* etikettierte Weine, gewisse Eigenschaften gemein, und die besten von ihnen stellen eine unvergleichliche Synthese der großen roten Burgunder dar, indem sie den Nuancenreichtum, die Komplexität und Eleganz eines →*Chambertin* mit der reichen, kernigen und differenzierten Art eines →*Corton* verbinden: voll in Bukett und Körper, von großer Festigkeit und komplexer Struktur, Kern, Biß, Tiefe und Konzentration und dabei von geradezu unendlicher Eleganz und grandioser Ausgeglichenheit. Als die namhaftesten Erzeuger gelten die einzigartige Domaine de la Romanée-Conti, ferner Henri Lamarche, René Engel, Jean Grivot, Château de Vosne-Romanée, Clos Frantin, Charles Noëllat, Michel Voarick, Jean Gros u. a.

Vougeot Weinbaugemeinde in →Burgund an der →Côte de Nuits, die nahezu unbekannt wäre, gäbe es nicht den weltberühmten →*Clos de Vougeot*, die mit Abstand bedeutendste Lage des Ortes. Und in der Tat verfügt Vougeot über 67 ha Rebfläche, von der 50,6 ha auf den *Clos de Vougeot* entfallen. Die verbleibenden knapp 16,5 ha sind weniger renommierte, kleine *premier cru*-Lagen wie *Petits-Vougeots, Clos de la* →*Perrière* (Alleinbesitz von Bertagna) und *Clos Blanc* (von dem ein ausgezeichneter Weißwein kommt, im Alleinbesitz von Guyot).

Vouvray Berühmtester Weißwein der →Touraine, ausschließlich aus der →Chenin blanc, der auf dem Gebiet der folgenden acht Gemeinden im →Loiretal unmittelbar östlich von Tours erzeugt wird: Vouvray, →Rochecorbon, Vernou, Sainte Radegonde, Chançay, Noizay, Reugny und einem Teil von Parçay-Meslay. Vouvray kann sehr unterschiedlich ausfallen, je nach Jahrgang und Kellerbehandlung. Er kann fruchtig, absolut trocken (→*sec*) und etwas herb sein oder intensiver in Farbe und Frucht und halbtrocken (→*demisec*) oder voll, goldfarben und lieblich (→*moelleux*) wie ein →*Sauternes* sein; er kann hell, appetitanregend und perlend (→*pétillant*), aber auch – am häufigsten – schäumend (→*mousseux*) sein, und dann gehört er zu den besten Schaumweinen Frankreichs. Zusammen werden an die 100 000 hl und mehr erzeugt, und man wird sehr gut daran tun, das Etikett hinsichtlich der Art des Weines und seines Erzeugers sehr aufmerksam zu betrachten. Als führende Erzeuger gelten Marc Brédif, Poniatowski, Huet, Jarry, Château Montcontour, die Winzergenossenschaft in Vouvray u. a.

V.Q.P.R.D. Auf Etiketten französischer →A.O.C.- und →V.D.Q.S.-Weine bzw. italienischer →DOC-Weine häufig anzutreffende Abkürzung für *Vin de qualité produit dans des régions déterminées* = →Qualitätswein bestimmten Anbaugebietes. Seit Ende der 1980er Jahre auch zunehmend für portugiesische Weine der →IPR-Regionen verwandt für *vinhos de qualidade produzidos em região determinada*.

Vully Kleines Westschweizer Weinbaugebiet am Mont Vully zwischen Murten- und Neuenburgersee. Die knapp 140 ha große Rebfläche ist zwischen den Kantonen →Freiburg und →Waadt aufgeteilt (rund 100 ha sind freiburgisch, der Rest ist eine Exklave der Waadt). Zu über 80 % wird Weißwein, zumeist aus →Chasselas erzeugt, während unter den Rotweinen eindeutig der →Pinot noir dominiert.

W

Waadt Westschweizer Kanton mit 3799 ha Rebfläche, auf der zu 73 % Weißwein, fast ausschließlich (mehr als 90 %) aus → Chasselas und hier → Dorin heißt, erzeugt wird. Die verbleibenden Rotweine werden aus → Pinot noir und → Gamay erzeugt und dürfen, ob reinsortig oder ein Verschnitt aus beiden, nach bestandener organoleptischer Prüfung die Bezeichnung → Salvagnin führen. Man unterteilt das Waadtländer Weinbaugebiet in fünf Bereiche: Über die Hälfte des Gesamtgebiets entfällt auf die → Côte am Genfer See zwischen → Lausanne und Nyon; daran schließt sich zwischen Lausanne und Montreux die nur halb so große, aber qualitativ überragende → Lavaux an; schließlich folgt vom Ostende des Genfer Sees bei Villeneuve bis zur Grenze zum → Wallis der → Chablais mit gut 500 ha; auf rund 260 ha kommen die Rebflächen des Bereichs Bonvillars am südlichen Neuenburgersee und der südwestlich davon liegenden Côtes de l'Orbe, während die restlichen etwa 35 ha auf den waadtländischen Teil des Weinbaugebietes am Mont → Vully entfallen.

Wachau Westlichstes Weinbaugebiet → Niederösterreichs und einer der klangvollsten Namen im österreichischen Weinbau wie überhaupt unter den herausragenden Weißweingebieten Europas. Malerisch entlang der Donau zwischen Melk und → Krems gelegen, werden auf 1448 ha, vielfach im Terrassenweinbau, zu 40 % Grüner → Veltliner, 15 % → Riesling – von dem die Wachauer gerne behaupten, daß hier und nicht am → Rhein seine ursprüngliche Heimat sei – und etliche weitere weiße (Chardonnay, Weißer → Burgun-

der u. a.) wie rote Sorten (darunter → St. Laurent und → Pinot noir) angebaut. Qualitativ teilt sich das Gebiet praktisch, wenn auch nicht offiziell in drei Lageklassen: die Urgesteinsterrassen als *grand cru*-Lagen, die Lößterrassen als *premier cru*-Lagen und die meist ebenen, aus Schwemmlandböden bestehenden Gemeindelagen. Die Grünen Veltliner zumal von den besten Lagen (Rieden) in → Loiben, → Dürnstein, → Spitz, → Weißenkirchen, → Wösendorf, → Joching, → Mautern, → Rossatz u. a. Orten gehören zu den eindrucksvollsten Weinen dieser anderenorts mitunter etwas zu häufig angebauten österreichischen Sorte und können ganz und gar bemerkenswert und von großer Langlebigkeit sein. Qualitativ übertroffen werden sie mitunter allein von den großen Rieslingen, die ursächlich den Ruhm der Wachau als Spitzenweinbaugebiet begründet haben und deren Güte nur noch in den Spitzengewächsen des benachbarten, bereits zum Weinbaugebiet → Kremstal gehörenden → Stein erreicht wird. Sie zählen zu den bemerkenswertesten Weinen Österreichs: Von transparenter Struktur, die Charakter mit Differenziertheit und Eleganz vereinigt, brauchen die besten von ihnen einen Vergleich mit deutschen Spitzenrieslingen des → Rheingaus oder der → Mosel nicht zu scheuen, ja übertreffen diese vielfach. Die Wachauer Weine kommen heute zunehmend mit einer eigenen, durch die → Vinea Wachau geschaffenen Nomenklatur in den Handel als → Steinfeder, → Federspiel oder → Smaragd.

Wachenheim Einer der besten Weinorte in der → Pfalz mit rund 550 ha Rebfläche. Zu den besten Lagen gehören *Goldbächel, Gerümpel, Rechbächel* (Alleinbesitz →Bürklin-Wolf), *Böhlig, Altenburg, Luginsland* u. a., die insgesamt etwa zur Hälfte mit →Riesling bestockt sind. Auch wenn diese Weine mitunter nicht ganz die Kraft, Ausdrucksfülle und Komplexität der besten Gewächse von →Forst und →Deidesheim erreichen, stehen sie ihnen an Feinheit und Eleganz kaum nach. Das lokale Weingut →Bürklin-Wolf, eines der führenden der Pfalz, genießt einen ausgezeichneten Ruf, doch auch →Buhl, Georg Siben Erben (Hofgut Odinsthal), Karl Schaefer, Fitz-Ritter u. a. gelten als führende Erzeuger.

Wädenswil Stadt am Zürichsee im Kanton →Zürich und Sitz der 1890 gegründeten, höchst angesehenen Eidgenössischen Forschungsanstalt für Obst-, Wein- und Gartenbau mit angeschlossenem Technikum HTL (Ingenieurschule) und ausgezeichneten Rebanlagen am Zürichsee. Erster Direktor war Prof. Hermann Müller, Zuchter der nach ihm benannten →Müller-Thurgau-Rebe.

Wagram Langgestreckter flacher Höhenzug, östlich von →Krems, zum Weinbaugebiet →Donauland gehörend, wo, häufig auf Lößterrassen oder -hängen, mit den Zentren Fels am Wagram (550 ha) und Kirchberg am Wagram (440 ha, mit dem namhaften Weingut Schloß Kirchberg von Fritz Salomon) intensiver Weinbau betrieben wird. Es dominiert der Grüne →Veltliner, doch werden daneben auch →Riesling, Weißer →Burgunder u. a. Sorten sowie z. T. beachtenswerte →Spätburgunder erzeugt. In der Regel handelt es sich um milde, abgerundete Weine.

Waldmeister *Asperula odorata*, ein aromatisches Kraut schattiger Laubwälder zum Würzen des →Maiweins.

Waldulm Kleine Weinbaugemeinde in der →Ortenau, dessen *Pfarrberg* einmal als die beste →Spätburgunderlage →Badens galt. Nach dem 1971er Weingesetz sind fast alle Waldulmer Lagen dem jetzt 70 ha großen *Pfarrberg* zugeschlagen worden, was den Wert der Lage erheblich beeinträchtigt hat. Dagegen versucht die lokale Winzergenossenschaft, die 98 % der Lage vermarktet, dessen Renommee dadurch zu erhalten, daß sie ausschließlich →Qualitätsweine mit Prädikat (ab →Kabinett aufwärts) unter der Bezeichnung *Pfarrberg* in den Handel bringt.

Wallhausen Mit rund 400 ha Rebfläche eine der größten Weinbaugemeinden der →Nahe, nordwestlich von Bad →Kreuznach und ähnlich dem nahen →Roxheim außerhalb des Nahetals gelegen. *Hasensprung, Johannisberg, Mühlenberg* u. a. gelten als gute Lagen. Das lokale Prinz zu Salm-Dalbergsche Weingut (9,5 ha, 65 % →Riesling) ist weithin für seine leichten, fruchtigen Weine bekannt.

Wallis Westschweizer Kanton, mit 5266 ha größtes Weinbaugebiet des Landes, aus dem einige der besten schweizerischen Rotweine und etliche seiner erwähnenswertesten Weißweine stammen (Verhältnis Rot- zu Weißwein hat sich mit inzwischen 55:45 zu Lasten des bis Ende der achtziger Jahre mehrheitlich erzeugten Weißweins Anfang der neunziger Jahre umgedreht). Gut 80 % der Walliser Rebfläche bilden ein durchgehendes Weinbauareal auf den Abhängen des rechten Rhôneufers (im Schnitt auf ca. 600 m Höhe) von Susten bis nach →Martigny. Oberhalb von Susten im Oberwallis befinden sich noch etwa 150 ha Rebfläche, von denen die bekanntesten die bis auf 1100 m aufragenden Rebberge von →Vispertermin sind. Auf rund 200 ha erstreckt das Unterwallis mit dem Val d'Entremont um Martigny, während sich auf dem linken Rhôneufer zwischen Martigny und →Sierre noch einmal rund 600 ha befinden. Das Zentrum des Walliser Weinbaus ist die Kantonshauptstadt →Sion, aus dessen Umgebung ungefähr ein Viertel des Walliser Weins kommt, weshalb man Sion auch als die Hauptstadt des →Fendant bezeichnet. Dieser Fendant (aus dem →Chasselas) ist der verbreitetste Walliser Weißwein, der über ein Drittel der Gesamterzeugung ausmacht. Um die 10 % entfallen auf den zweiten wichtigen Weißwein des Wallis, den →Johannisberg (aus →Silvaner), während der →Dôle *der* Rotwein des Wallis schlechthin und der bekannteste Schweizer Rotwein überhaupt ist. Zusammen stellen diese drei Weine jährlich meist über 95 % der Weinerzeugung des Kantons. Der Rest entfällt auf einige Spezialsorten, die z. T. von höchster Seltenheit und nirgendwo anders mehr anzutreffen sind, darunter die weißen Arvine und Amigne, der rote Humagne (es gibt auch einen noch selteneren weißen Humagne), der Heida (Traminer), →Malvoisie (Grauer →Burgunder), →Ermitage, der heute fast verschwundene alte Landrote (Rouge du pays) u. a. Die besten Walliser Rot- und Weißweine gehören zur Crème der Schweizer Weine.

Walluf Gemeindename der einst selbständigen Teile Niederwalluf und Oberwalluf im →Rheingau, mit zusammen rund 100 ha Rebfläche und 1200jährigem Weinbau. Der Ort gilt damit heute als die älteste Weinbaugemeinde des Rheingaus. Zu seinen besten Lagen zählen *Walkenberg, Berg-Bildstock, Oberberg* u. a. Die Weißweine, durchweg →Riesling, sind von ausgezeichneter Qualität und weisen einen gewissen →Bodengeschmack auf. Außerdem gibt es einige beachtenswerte Rotweine aus dem →Spätburgunder. J. B. Becker ist ein führender Erzeuger.

Walporzheim Die wohl bedeutendste Weinbaugemeinde der →Ahr mit rund 55 ha Rebfläche, zwischen →Ahrweiler und →Marienthal gelegen. Die winzige, 0,68 ha umfassende *Gärkammer* (Alleinbesitz von J. J. Adeneuer) und der 5,15 ha große *Kräuterberg* gelten allgemein als die Spitzenlagen des Gebiets. Ihre besten Spätburgunder sind ausdrucksvoll, kräftig und fein. Ein führender lokaler Erzeuger ist A. Grimmiger.

Walporzheim, Bereich Das gesamte Anbaugebiet der →Ahr ist im Bereich Walporzheim-Ahrtal zusammengefaßt, der seinerseits wieder aus der einzigen →Großlage *Klosterberg* besteht. *Walporzheimer Klosterberg* ist also eine Bezeichnung, die legalerweise jeder Ahrwein führen kann, so daß die bedeutenderen sie kaum verwenden werden.

Warm Bezeichnung von alkoholreichen Rotweinen, die aufgrund ihrer →milden und →weichen Art eine gewisse Wärme ausstrahlen. In der Regel wird es sich dabei um angenehme, wenn auch selten hervorragende Weine handeln.

Washington Bundesstaat der →Vereinigten Staaten an der Pazifikküste, nördlich von →Oregon, mit inzwischen knapp 5000 ha Rebfläche, die nahezu ausschließlich auf die drei →AVAs Columbia Valley, Yakima Valley und Walla Walla entfallen, wobei die beiden letzteren innerhalb des umgreifenden Columbia Valley liegen, östlich der Cascade Mountains. Während einstmals insbesondere einheimische amerikanische Rebsorten angepflanzt wurden, gibt es seit einigen Jahren umfangreiche Neuanlagen mit französischen und deutschen Rot- und Weißweinsorten. Die führenden Weißweinsorten sind heute →Chardonnay und →Riesling; bei den Rotweinen dominieren →Merlot und →Cabernet Sauvignon. Die besten Weine können beachtlich fein und elegant sein, und Château Ste. Michelle (inclusive des dazugehörenden Weinguts Columbia Crest) hat den besten Namen.

Wawern Kleine Weinbaugemeinde in einem Seitental der →Saar, unweit von →Kanzem, mit rund 40 ha Rebfläche. Zu seinen besten Lagen zählen *Herrenberger* (Alleinbesitz des lokalen Weinguts Dr. Fischer), *Jesuitenberg*, *Ritterpfad* u. a. Die Weingüter Le Gallais, Fischer, Schloß Saarstein u. a. gelten als führende Erzeuger.

Wegeler-Deinhard, Geheimrat Das Haus Deinhard ist nicht nur als Sekterzeuger und Weinhandelshaus bekannt, sondern verfügt auch unter dem Namen Geheimrat Wegeler-Deinhard über eine der größten deutschen Weingüterverwaltungen mit 110 ha Rebfläche, von denen 60 ha auf den →Rheingau entfallen, vor allem in →Rüdesheim, →Winkel und →Geisenheim, 31 ha auf das →Anbaugebiet →Mosel-Saar-Ruwer (darunter ein namhafter Anteil am *Bernkasteler Doctor* sowie an den Spitzenlagen von →Wehlen, →Kasel u. a.) und 19 ha auf die →Pfalz mit Lagen in →Forst, →Deidesheim und →Ruppertsberg, wobei das renommierte Deidesheimer Weingut Dr. Deinhard zur Hälfte Deinhard gehört; die andere Hälfte befindet sich im Besitz der Hoch-Familie. 96 % der Gesamtfläche sind mit →Riesling bestockt.
Seit einigen Jahren verfolgt Wegeler-Deinhard eine zukunftsweisende Politik von Erzeugung und Absatz, um die Fehler vergangener Jahre und Jahrzehnte wie die des deutschen →Weingesetzes von 1971 zu korrigieren. So werden praktisch nur noch trockene (und einige →halbtrockene) sowie natursüße Weine erzeugt. Die qualitativen Aushängeschilder sind dabei im Rheingau der seit 1983 erzeugte großartige →Geheimrat ›J‹ (seit 1989 auch als bemerkenswerter →Sekt b.A.), für die Mosel-Saar-Ruwer *Bernkasteler Doctor Spätlese*, *Wehlener Sonnenuhr Spätlese* und *Kaseler Nies'chen Spätlese* sowie für die Pfalz die *Forster Ungeheuer Spätlese*. Qualitativ eine Stufe darunter stehen sogenannte *grand cru*-Weine (ohne Lagenbezeichnungen) als *Geheimrat Wegeler-Deinhard*. Unterhalb dieser Ebene werden schließlich für alle drei Gebiete *Wegeler-Riesling* als Qualitätsweine ohne Lagenbezeichnungen angeboten und darunter erst Lagenweine als →QbA, →Kabinett oder →Spätlese. Alle nicht ganz vergorenen Weine mit deutlicher natürlicher →Restsüße kommen als →Auslesen oder mit entsprechend höheren Prädikaten in den Handel. Eine wachsende Zahl von Gütern, →Bürklin-Wolf u. a., geht inzwischen ähnliche Wege der internen Klassifikation.

Wehlen Einer der berühmtesten und nach Überzeugung vieler Kenner heute der beste Weinbauort an der →Mosel mit rund 160 ha Rebfläche, zwischen →Bernkastel und →Zeltingen gelegen. Noch zu Beginn des Jahrhunderts genoß Wehlen keinen so herausragenden Ruf und rangierte weit nach →Brauneberg und Bernkastel, kaum auf gleicher Stufe mit →Graach, Zeltingen und →Piesport. Die ganz erhebliche Qualitätsverbesserung der Wehlener Weine ist in entscheidendem Maße das Verdienst der Gutsbesitzerfamilie →Prüm, deren Weine bei den halbjährigen Auktionen in →Trier meist die höchsten Preise unter den Mittelmoselweinen erzielen.
Der Ort selbst liegt auf dem linken, hier südlichen Moselufer, gegenüber den steilen hohen Weinbergen. In ihrer Mitte befindet sich, auf einer fast senkrecht in die Höhe ragenden Schiefertafel, eine *Sonnenuhr*, nach der der beste Wehlener Wein benannt ist. Die →Rieslinge von der *Wehlener Sonnenuhr* – andere Rebsorten gibt es dort praktisch nicht – finden in herausragenden Jahren

nur wenige ihresgleichen, blumig, ausgeglichen, mit viel Nuancen und Feinheit, verbinden sie geradezu vollkommene Delikatesse mit Fülle. Andere gute Wehlener Lagen sind *Klosterberg* und z. T. *Klosterhofgut*. Als namhafteste Erzeuger gelten die Weingüter Johann-Joseph Prüm, Dr. Loosen, S. A. Prüm, Studert-Prüm, Weins-Prüm, →Wegeler-Deinhard, das →St. Nikolaus Hospital, Dr. Pauly-Bergweiler, Heribert Kerpen, Hauth-Kerpen u. a.

Weich Bezeichnung für einen milden, säurearmen Wein. Ob dies ein Lob ist, hängt von Rebsorte und Alter des Weins ab: Ein Wein auf seinem Höhepunkt sollte eher weich sein als ein jugendlicher Wein.

Weikersheim Weinbaugemeinde im Taubergrund im nördlichen →Württemberg mit rund 75 ha Rebfläche. Als beste Lage gilt der *Schmecker*; kaum geringer sind *Hardt* und *Karlsberg*. Zu den führenden Erzeugern zählen das Fürstl. Hohenlohe-Langenburgsche Weingut u. a.

Weil, Robert Traditionsreiches Weingut in →Kiedrich im →Rheingau, das 1868 gegründet wurde und heute in der 4. Generation von Wilhelm Weil geleitet wird und seit 1988 im Besitz des japanischen Suntory-Konzerns ist. Inzwischen werden 35 ha Weinberge bewirtschaftet, vor allem in den beiden Kiedricher Spitzenlagen *Gräfenberg* und *Wasseros*. 96 % sind mit →Riesling, 4 % mit →Spätburgunder bestockt. Nach dem phänomenalen Aufstieg des Gutes seit Ende der achtziger Jahre gehört das Weingut Robert Weil heute zu den ersten Adressen im deutschen Weinbau mit Weinen, die durch Ausdruckskraft, Charakter, Ausgeglichenheit und Eleganz brillieren.

Wein Ein ausschließlich durch vollständige oder teilweise alkoholische Gärung

frischer oder eingemaischter Weintrauben oder von →Traubenmost erzeugtes Produkt, das in der Schweiz mindestens 8 % vol. tatsächlichen Alkohol enthalten muß. In Deutschland sind für →Qualitätsweine 7 % vol. tatsächlicher Alkohol als Minimum vorgeschrieben, wobei bei →Eisweinen, →Beeren- und →Trockenbeerenauslesen bereits 5,5 % vol. ausreichen. Was den Gesamtalkohol betrifft, muß dieser bei österreichischen Qualitätsweinen mindestens 9,5 % vol. betragen. Nach den EU-Bestimmungen muß jeder Qualitätswein der →Weinbauzone A und B mindestens 8,5 % vol., sonst mindestens 9 % vol. Gesamtalkohol aufweisen (höchstens 15 % vol.).

Weinbaudomäne Kloster Marienthal, Staatliche 20 ha großer, bedeutender Weinbaubetrieb an der →Ahr mit Rebbesitz in →Walporzheim, →Ahrweiler und →Marienthal. Zu 63 % wird →Spätburgunder angepflanzt, der Weine von mitunter ausgezeichneter Qualität hervorbringt, die zu den besten Abfüllungen von der Ahr zählen. Mit der Domäne ist die Staatliche Lehr- und Versuchsanstalt in Bad Neuenahr-Ahrweiler verbunden.

Weinbaudomäne Niederhausen-Schloßböckelheim, Staatliche Eines der bedeutendsten Weingüter der →Nahe mit derzeit noch etwa 30 ha Rebfläche, auf denen fast nur →Riesling angepflanzt wird. Die Domäne verfügt nach einer deutlichen Verkleinerung noch über Besitz in →Schloßböckelheim, darunter einen Anteil von 95 % an der *Kupfergrube*, →Niederhausen (*Hermannsberg* im Alleinbesitz), →Traisen und Ebernburg. Die besten Weine des Gutes, die noch bis zum Beginn der achtziger Jahre zu den bemerkenswertesten Weinen der Nahe gehörten, zeichnen sich durch besondere Feinfruchtigkeit und Eleganz aus.

Weinbaudomäne Oppenheim, Staatliche Entstanden als Versuchs- und Musterbetrieb mit angeschlossener Staatlicher Lehr- und Versuchsanstalt für Berufsbildung, Erwachsenenbildung und Beratung in →Rheinhessen. Die Domäne verfügt über 25 ha Rebfläche in →Nierstein (*Glöck* im Alleinbesitz), →Nackenheim, →Oppenheim und →Bodenheim. 55 % sind mit →Riesling, 8 % mit →Silvaner, 7 % mit roten Sorten bestockt.

Weinbaudomäne Trier, Staatliche Nach einer radikalen Verkleinerung verfügt die Domäne heute noch über 31 ha Rebflächen in →Avelsbach und →Trier. Zu rund 90 % wird →Riesling angebaut. Nachdem man sich von den einstigen Gutsteilen in →Kasel, →Ockfen und →Serrig hat trennen müssen, stellen heute vor allem die Avelsbacher Weine das qualitative Aushängeschild der Domäne dar. Angeschlossen ist eine Staatliche Lehr- und Versuchsanstalt.

Weinbaugebiet Allgemeine Bezeichnung für eine geographische →Einheit mit Wein vergleichbarer Art. Nach dem österreichischen Weingesetz nächst kleinerer Teil einer →Weinbauregion, in etwa den deutschen →Bereichen vergleichbar. Die gesamte österreichische Rebfläche ist auf 15 Weinbaugebiete aufgeteilt. →Anbaugebiet, bestimmtes

Weinbauinstitut, Staatliches Bedeutendes önologisches Institut in Freiburg im →Breisgau, 1920 gegründet, mit einem Versuchs- und Lehrgut für Weinbau in →Blankenhornsberg, dem mit 27 ha größten Weingut am →Kaiserstuhl, das vorbildlich die Spitzenlage *Doktorgarten* bewirtschaftet und dort mitunter bemerkenswerte Weißweine (Riesling 17 %, Weißer →Burgunder 15 % u. a.) und beachtliche Rotweine (Spätburgunder 21 %) erzeugt, die zu den besten →Badens zählen. Ferner gehören zwei kleinere Versuchsgüter in →Durbach und in Hecklingen im Breisgau sowie verschiedene weitere Rebflächen im Breisgau und im →Markgräflerland dem Freiburger Institut.

Weinbauregion Den deutschen bestimmten →Anbaugebieten vergleichbare geographische Herkunftsbezeichnung österreichischer Weine. Seit der österreichischen Weingesetznovelle von 1985 bestehen folgende vier Weinbauregionen: →Burgenland, →Niederösterreich, →Steiermark und →Wien.

Weinbauzone Die gesamte Rebfläche der EU-Länder ist in insgesamt 7 Weinbauzonen eingeteilt, für die jeweils unterschiedliche Mindestanforderungen sowie Möglichkeiten des →Anreicherns und der →Entsäuerung bzw. →Säuerung gelten. Es sind dies die Weinbauzone A (Deutschland ohne →Baden, die Beneluxländer und →England); Weinbauzone B (Baden, →Elsaß, →Lothringen, →Champagne, →Jura, →Savoyen und das →Loiretal); Weinbauzone CIa (mittleres und südwestliches Frankreich, einschließlich →Bordeaux, →Burgund und nördliches →Rhônetal und die nördlichen, höher gelegenen Teile der →Provence sowie die Nordküste Spaniens); Weinbauzone CIb (in Italien →Valle d'Aosta, das Gebiet des →Valtellina, →Südtirol und das →Trentino sowie die Provinz Belluno im nördlichen →Veneto); Weinbauzone CII (der französische →Midi, die untere Rhône und →Provence außer der Küstenregion zwischen Marseille und St-Tropez sowie ganz Italien südlich der Zone CIb bis einschließlich der Regionen →Kampanien und →Molise und das nördliche Spanien südlich der Zone CIa bis zu den mittelspanischen Scheidegebirgen bzw. dem Unterlauf des Ebro); CIIIa (die meist höher gelegenen Weinbaugebiete Nord- und Westgriechenlands sowie auf dem →Peloponnes und →Kreta); CIIIb (→Korsika, der Süden des Départements →Var und der

Südosten von Pyrénées-Orientales, in Italien →Apulien, die →Basilicata, →Kalabrien, →Sizilien und →Sardinien, in Griechenland die verbleibenden, wärmeren Gebiete der →Ionischen und →Ägäischen Inseln, außer Santorin, des Peloponnes, der größte Teil von →Zentralgriechenland und Euböa sowie die Chalkidike, ferner das mittlere und südliche Spanien südlich der zur Weinbauzone CII gehörenden Gebiete). Die portugiesischen Weinbaugebiete werden erst nach einer Übergangszeit den entsprechenden Weinbauzonen zugeordnet. Es ist geplant, diese sieben Zonen durch drei (Nord, Mitte, Süd) zu ersetzen und die Mindestanforderungen in der nördlichen Zone stufenweise zu erhöhen.

Weinbereitung Gesamtheit aller Verfahren des Weinbaus und der Erzeugung von Wein aus Weintrauben. Sie unterteilt sich in zwei Abschnitte, die Phase der Vinifikation von der Ankunft des Lesegutes über Kelterung und →Gärung bis zum 1. →Abstich und in die anschließende Phase des Weinausbaus bis zur Flaschenfüllung.

Weinberg Auch Weingarten oder Wingert genannt; mit Reben bestockte Fläche oder Besitz.

Weinbewertung →Weinsiegel

Weingesetz Neben zahlreichen EU-Verordnungen seit 1970, weitgehend zusammengefaßt bzw. novelliert in der EU-Weinmarktordnung vom 5. Februar 1979 (zuletzt geändert am 16. März 1987), und einigen Landesverordnungen gilt in Deutschland das Weingesetz vom 8. Juli 1994 (einschließlich der darin übernommenen Teile des Weingesetzes vom 14. Juli 1971 in Form der Bekanntmachung vom 27. August 1982). In Österreich gilt das Weingesetz vom 6. Juli 1961 in den Novellierungen von 1993, während in der Schweiz neben

einzelnen und kantonalen Verordnungen das Landwirtschaftsgesetz vom 3. Oktober 1951, die Lebensmittelverordnung – für die Mitte 1995 eine umfassende Revision erwartet wird –, das Weinstatut vom 23. Dezember 1971 mit dem Stand vom 1. April 1990 und den Änderungen bis einschließlich 29. November 1993 sowie der Bundesbeschluß über den Rebbau vom 19. Juni 1992 maßgebend sind.

Weingrünmachen In Deutschland und überall dort, wo nach wie vor Holzfässer zur Weinbereitung verwandt werden, der spätere Wein jedoch keinen →Holzgeschmack aufweisen soll, übliches Verfahren zum Entlohen neuer Fässer. Diese werden mit Säure und Lauge ausgebeizt und kräftig gewässert, um sie geschmacksneutral, *weingrün* zu machen. →Barriques, wie sie zunehmend auch in Deutschland eingesetzt werden, werden natürlich nicht *weingrün* gemacht, da sie ja gerade einen Holzton an den Wein abgeben sollen.

Weingut Besitztum, das Weinberg, Gebäude und Kellereien umfaßt, sollte in der Regel mindestens 2 ha groß sein. Rund 14 250 (von insgesamt rund 77 000) Weinbaubetriebe in Deutschland verfügen über eine Rebfläche von über 2 ha, gut 5000 über mehr als 5 ha; gut 200 besitzen 20 ha und mehr, davon 8 zwischen 100 und 200 ha. In Österreich verfügen nahezu 8900 von annähernd 45 400 Weinbaubetrieben über mehr als 2 ha, davon 2466 über mehr als 5 ha, allerdings fehlt eine strikte Trennung zwischen Weingut und Weinhandelsbetrieb. Weine dürfen nur dann als Erzeugnisse eines Weinguts deklariert werden, wenn sie vollständig dort erzeugt, ausgebaut und abgefüllt worden sind.

Weinig Ein Wein ohne betonte Säure oder Tannin, bei dem alle charakteristischen Eigenschaften harmonisch zusammenklingen, sicherlich ein sehr guter, aber vielleicht kein bemerkenswerter Wein.

Weininstitut, Deutsches Zentrale Verbands- und Werbeinstitution für den deutschen Wein in →Mainz; zuständig für Öffentlichkeitsarbeit, Absatzförderung und Pflege der Kultur des deutschen Weins.

Weinkommissionär Mittler bei Weinan- und -verkäufen. Der Kommissionär vermittelt im eigenen Namen auf fremde Rechnung Wein, Most oder Trauben auf Provisionsbasis (4–5 %), die gewöhnlich vom Käufer und Verkäufer je zur Hälfte getragen werden. In Deutschland gibt es derzeit weniger als 200 hauptberufliche Weinkommissionäre, die über die Hälfte der Weinkäufe abwickeln.

Weinland Zwischen der Stadt →Zürich und den Kantonsgrenzen von →Schaffhausen und dem →Thurgau gelegener Bereich des Kantons →Zürich, in dem sich eingesprenkelt in die sanfte Hügellandschaft zwei Fünftel der Zürcher Rebfläche befinden. Im Zentrum des Bereichs liegt →Andelfingen.

Weinlese Bezeichnung für die Traubenernte (französisch *vendange*, englisch *vintage*, italienisch *vendemmia*, spanisch *vendimia*). In Deutschland traditionellerweise unterteilt in →Vorlese, →Hauptlese und →Spätlese. Mit der Freigabe der Lese 1993 wurde dieses System abgeschafft.

Weinlesekorb Korb oder Behälter aus Kunststoff, Metall, Weidengeflecht oder anderem Material, der zur Aufnahme und zum Transport der gelesenen Trauben dient. Form und Größe dieser Körbe sind verschieden und hängen z. T. von den jeweiligen regionalen Gepflogenheiten ab.

Weinrebe Traubenkerne, die jenen der heute bekannten Weinreben ähneln, hat man bei Ausgrabungen in ägyptischen Gräbern und in Wohnstätten der Bronzezeit gefunden. Nach dem Alten Testament hat Noah den ersten Rebstock gepflanzt, doch reichen Weinbau und Weinerzeugung viel weiter in die Urzeiten des Menschengeschlechts zurück.
Alle Weinreben gehören der Gattung →*Vitis* an, von der es 35 verschiedene Arten gibt, die sämtlich in den gemäßigten Zonen beheimatet sind. Die bei weitem wichtigste Art ist die *Vitis* →*vinifera*, die, von wenigen Ausnahmen abgesehen, allein für die Weinerzeugung in allen Weinbauländern der Welt verantwortlich ist. Von ihr gibt es rund 8000 verschiedene Sorten, von denen etliche hundert im Weinbau eine mehr oder weniger große Rolle spielen. Sie werden heute nahezu überall durch das Pflanzen sogenannter →Pfropfreben, auch Veredelung genannt, weiterverbreitet, nicht durch Aussähen von Traubenkernen oder -samen (→Sämling).
Die verschiedenen Rebsorten haben unterschiedliche Eigenschaften und dienen dementsprechend verschiedenen Verwendungszwecken. Einige liefern gute Tafeltrauben zum Essen und sind für die Weinbereitung wenig geeignet. Andere eignen sich besonders für die Eintrocknung zu Rosinen. Wiederum andere sind ungemein ergiebig und liefern Massen einfacher Schoppenweine, während weniger ergiebige die Ausgangsbasis für die Bereitung höherrangiger Weine darstellen. Es gibt Reben, die in fast jedem Klima gedeihen und andere, die ein ganz besonderes Klima oder auch bestimmte Bodenverhältnisse verlangen. Nur insgesamt etwa 20, jedenfalls nicht mehr als 40 verschiedene Sorten sind in der Lage, herausragende Weine hervorzubringen.

Weins-Prüm, Weingut →Prüm

Weinsberg Hübsche Kleinstadt in →Württemberg östlich von →Heilbronn, die einschließlich ihrer Stadtteile, darunter →Grantschen, über 280 ha Rebfläche verfügt. Als beste Lagen gelten *Ranzenberg*, *Schemelsberg* (Alleinbesitz der Staatlichen →Lehr- und Versuchsanstalt für Wein- und Obstbau, die in Weinsberg ihren Sitz hat) u. a. →Riesling und →Trollinger sind die vorherrschenden Sorten. Die Lehr- und Versuchsanstalt gilt als führender Erzeuger.

Weinsiegel Aus Marktgründen werden in allen Weinbauländern gerne Medaillen, Gütezeichen und Weinsiegel für Weine vergeben, die nach einer besonderen Prüfung ihrer für würdig befunden werden. Die wirkliche Elite hält sich jedoch heute in der Regel von solchen Veranstaltungen fern. So ist es oft nicht mehr als der gute Durchschnitt, der auf Landes-, nationaler oder – heute seltener geworden – auf internationaler Ebene gesiegelt oder mit Medaillen dekoriert wird, sicher durchweg kein schlechter Wein, doch allein wegen einer Goldmedaille noch keineswegs das *Nonplusultra*.

Weine werden in Deutschland nach entsprechender Prüfung durch einen Ausschuß der Deutschen Landwirtschafts-Gesellschaft mit einem Weinsiegel versehen, wobei ein gelbes Siegel →trocken signalisiert, grün →halbtrocken und rot →lieblich bzw. →süß. Nach z. T. strengeren Prüfungen erhalten badische bzw. fränkische Weine das entsprechende Badische oder Fränkische Gütezeichen. In Österreich wird derartigen Weinen das österreichische Weingütesiegel verliehen, während die Marke ›Wein aus Österreich‹ entsprechenden →Tafelweinen vorbehalten ist.

Weinskandal Das Aufdecken von Weinfälschungen und Betrügereien in gewinnsüchtiger Absicht bei der Erzeugung und Inverkehrbringung von Wein,

das traurigste, aber auch eines der ältesten Kapitel der Weingeschichte. Dazu gehört ebenso die Kunstweinherstellung wie der verbotswidrige Zusatz von Stoffen (etwa Diäthylenglykol, Flüssigzucker u. a.) oder Weinpanschereien, darunter die sog. Germanisierung (Deklarierung ausländischer Weine als deutsche Erzeugnisse) oder der Verschnitt mit anderen Weinen und schließlich falsche oder irreführende Angaben auf dem Etikett. Alles dieses und noch manches mehr kommt offensichtlich immer wieder vor, und es ist die Aufgabe der verschiedenen staatlichen Organe, dagegen vorzugehen und derartige kriminelle Betrügereien zu unterbinden. Die Erfahrung zeigt jedoch, daß den wirksamsten Schutz gegenüber diesen Machenschaften die fundierte Kenntnis des Weintrinkers bietet.

Weinstein Eigentlich nur Kaliumhydrogentartrat, umgangssprachlich aber für alle kristallinen Ausscheidungen im Wein (auch Calciumtartrat u. a.), die zumeist als farblose, mitunter weiß oder farbig erscheinende Kristalle oder feste Kruste beim Gären des Mostes ausgefällt werden. Bei abgefüllten Weinen setzt sich Weinstein in den Flaschen bei niedrigen Temperaturen am Boden ab (Weinsteinausfällung). Auf diese Weise bauen gute Weine ihre überschüssige Säure ab. Weinstein findet sich daher mitunter in Flaschen guter Weine, ohne daß dadurch die Qualität des Weines in irgendeiner Weise beeinträchtigt wird. Das Auftreten von Weinstein (von Unkundigen z. T. als Zucker mißdeutet) ist daher kein Fehler, sondern eher ein Zeichen für Qualität. Immer mehr Güter gehen jedoch heute dazu über, durch Anwendung von Kälte den Weinstein vor der Flaschenabfüllung auszufällen.

Weinstraße Aus Gründen der Werbung und Öffentlichkeitsarbeit weisen heute viele Weinbaugebiete in nahezu allen

Weinbauländern ›Weinstraßen‹ aus, die den Touristen angemessen durch ein Weinbaugebiet leiten sollen. Eine der ältesten und in Deutschland sicherlich die bekannteste Weinstraße befindet sich in der →Pfalz: Diese ›Deutsche Weinstraße‹ verläuft parallel dem Höhenzug der Haardt von Bockenheim an der →Unterhaardt über →Kallstadt, Bad →Dürkheim, →Wachenheim, →Forst, →Deidesheim, →Neustadt bis nach →Schweigen, wo sie am ›Deutschen Weintor‹ endet.

Weinstraße, Südliche, Bereich Südlicher der beiden Bereiche des →Anbaugebietes →Pfalz, früher als Oberhaardt bekannt, zwischen →Neustadt an der Weinstraße und der französischen Grenze bei →Schweigen gelegen, mit einer Ertragsrebfläche von 12 420 ha, was 54 % der pfälzischen und mehr als der gesamten Rebfläche des Anbaugebietes →Mosel-Saar-Ruwer entspricht. 86 % der Fläche sind mit weißen Rebsorten bestockt, und zwar zu ungefähr drei Viertel mit →Neuzüchtungen, gegenüber denen klassische Rebsorten wie →Riesling (11 %), →Silvaner (8 %) u. a. nur eine vergleichsweise bescheidene Rolle, zumal im Vergleich mit der →Mittelhaardt spielen. Entsprechend verschieden ist das allgemeine Qualitätsniveau der Weine der Südlichen Weinstraße von jenen der Mittelhaardt, deren Format und Feinheit sie in der Regel nicht erreichen. Doch einige weit über den Durchschnitt hinausragende Betriebe dokumentieren, daß bei entsprechendem Einsatz durchaus hervorragende Weine erzeugt werden können. Unter diesen Gesichtspunkten verdienen heute Orte wie →Birkweiler, →Leinsweiler, →Siebeldingen, →Schweigen, →Landau u. a. besondere Beachtung.

Weinviertel, Weinbaugebiet Traditioneller Name für den weinreichen Norden und Osten von →Niederösterreich und seit 1985 durch Zusammenlegung der beiden vormaligen Weinbaugebiete →Retz und →Falkenstein entstandenes größtes österreichisches Weinbaugebiet mit einer Rebfläche von 18 004 ha. Das Klima ist kontinental mit trockenen, warmen Sommern, und die vorherrschenden Böden sind Löß mit Schwarzerde.

Das westliche Weinviertel ist identisch mit dem vormaligen Weinbaugebiet Retz. Hier kommt der Grüne →Veltliner auf 42 % der Rebfläche, und er kann alles von sehr neutral und angenehm bis aufdringlich mit einem deutlichen Sämlingston (→Scheurebe) sein, während beachtlich viel Rotwein, vor allem aus dem Blauen →Portugieser (16 %) erzeugt wird. Eine weitere wichtige Sorte ist mit knapp 10 % der →Müller-Thurgau. Die besten Weine sind fruchtig, vollmundig, haben eine feine Säurestruktur, sind meist recht unkompliziert, doch, wenn nicht durch übermäßiges →Anreichern zu hoch im Alkohol, durchweg angenehm und einige sicher ausgezeichnet. Als beste Provenienzen gelten →Mailberg, das →Pulkautal mit →Seefeld-Kadolz, →Haugsdorf und weiteren Orten, ferner →Retz, →Röschitz, →Leodagger u. a.

Das östliche Weinviertel entspricht dem ehemaligen Weinbaugebiet Falkenstein, in dem der Grüne Veltliner mit inzwischen 55 % den Ton angibt, gegenüber dem →Welschriesling, →Müller-Thurgau, Weißer →Burgunder, →Rheinriesling u. a. weiße sowie einige rote Sorten nur eine untergeordnete Rolle spielen. In der Regel werden frische, rezente Weißweine erzeugt, deren beste über erstaunlichen Charakter und Art verfügen und in jeder Weise Beachtung verdienen. Zu den wichtigsten Weinbauorten gehören neben →Falkenstein selbst →Mannersdorf, →Wilfersdorf, →Poysdorf, →Bockfließ, Wolkersdorf, Mistelbach, Zistersdorf u. a.

Weißburgunder Im deutschen Sprachraum häufig verwandte Bezeichnung für den →Pinot blanc, Weißer →Burgunder.

Weißenkirchen Mit rund 210 ha Rebfläche (ohne die Ortsteile → Joching, →Wösendorf und St. Michael, zusammen die alte ›Thalschaft Wachau‹) eine der bedeutendsten Weinbaugemeinden der →Wachau. Auf den meist nach Süden geneigten Terrassenlagen *Klaus*, *Achleiten*, *Steinriegel* u. a. gedeihen einige der besten österreichischen →Rieslinge (der hier, insbesondere in der uralten Lage *Ritzling*, nach verbreiteter Überzeugung seinen eigentlichen Ursprung haben soll) von z .T. herausragender Struktur und Rasse und etliche kernige und charaktervolle Grüne →Veltliner. Ohne in der Regel die Duftigkeit und Finesse der Spitzengewächse von → Spitz oder die Rasse, Ausdruckskraft und Eleganz jener von →Loiben zu erreichen, verbinden sie in bemerkenswerter Weise Körper und Struktur mit Ausgeglichenheit. Die beachtenswertesten Weine stammen in der Regel von den Weingütern Josef →Jamek aus dem benachbarten Joching, dem lokalen Franz Prager, Franz Zottl, Adolf Gattinger, Anton Schneeweiß, den Freien Weingärtnern Wachau (früher Winzergenossenschaft ›Wachau‹) u. a. führenden Erzeugern.

Weißherbst Bezeichnung für Roséweine, meist aus dem →Spätburgunder (die Rebsorte muß auf dem Etikett angegeben sein), der wie Weißwein gekeltert und anschließend vergoren wurde und dadurch eine blaßrose Farbe erhält. Am bekanntesten sind die Weißherbste aus →Baden, deren beste zumeist vom →Kaiserstuhl und vom →Bodensee aus der Gegend um Meersburg kommen. Badisch →Rotgold ist dagegen kein Weißherbst, sondern ein →Rotling. In der Schweiz unterscheidet man vom Weißherbst den →Süßdruck, der seine

etwas kräftigere Farbe wie der italienische →Cerasuolo →dadurch erhält, daß er erst einige Stunden an der Maische angärt, dann abgepreßt und wie Weißwein zu Ende vergoren wird.

Weißriesling In →Württemberg, zum Unterschied vom →Schwarzriesling, häufig verwandte Bezeichnung für den echten →Riesling.

Weißwein Wein, der durch Vergären von aus weißen Trauben gewonnenem Most erzeugt wird. Anders als beim →Rotwein, jedoch ähnlich dem →Weißherbst, werden die Trauben zunächst gekeltert. Der daraus entstandene Most wird zumeist vorgeklärt und dann zu Wein vergoren. Je nach Herkunft, Alter, Rebsorte und Herstellungsverfahren kann die Farbe eines Weißweins von sehr blaßfarben über Grünschattierungen und alle Gelb- und Goldtöne bis zum dunklen Braun variieren.

Welschriesling Mit 4776 ha die dritthäufigste Rebsorte in →Österreich, mit der 8,2 % der Rebfläche des Landes bestockt sind. Ihre größte Verbreitung hat sie im →Burgenland, in →Niederösterreich und in der →Steiermark. Sie liefert in der Regel frische, rezente Weine mit Charakter, auch wenn sie nicht das Format des Weißen oder →Rheinrieslings erreichen, während im Burgenland einige höchst delikate →Beeren- und →Trockenbeerenauslesen aus ihr erzeugt werden.
In Norditalien ist der Welschriesling unter dem Namen *Riesling italico* sehr verbreitet. Zumal in →Südtirol, dem →Trentino, dem →Veneto, →Friuli-Venezia Giulia, der →Emilia-Romagna und dem →Oltrepò Pavese bringt er frische und meist vollmundige Weine hervor. Auch in Südosteuropa, besonders in Slowenien, Serbien, Ungarn, Rumänien, Bulgarien, der Tschechischen Republik und der Slowakei ist der Welsch-

riesling eine sehr beliebte Rebsorte. Weltweit sollen 64000 ha mit ihm bestockt sein.

Wermut Gespriteter und mit Kräutern und Spezereien gewürzter Wein. Wichtigstes aromatisierendes Ingrediens sind die Blüten einer südeuropäischen Beifußart (*Artemisia absinthium*), die ihm seinen typischen bitteren Geschmack verleihen. Wermut wird häufig als →Apéritif oder zur Cocktail-Bereitung verwendet. Man unterscheidet vor allem zwei Kategorien: den französischen und den italienischen Wermut. Der erste ist hell und recht trocken, der zweite ist dunkler, ziemlich süß und enthält meist einen Zusatz von Muskatwein. Die Unterteilung hat jedoch mehr mit dem Typus als mit der Geographie zu tun: Es werden auch in Italien Wermutweine nach französischer Art hergestellt und umgekehrt. Auch andere Länder produzieren Wermutweine.

Westaustralien (Western Australia) Zunehmend an Bedeutung →gewinnendes Weinbaugebiet mit ca. 2200 ha im äußersten Südwesten von Australien in der weiteren Umgebung der westaustralischen Hauptstadt Perth. Am bedeutendsten sind die Gebiete des Swan Valley, Margaret River und am Mount Barker. Trotz des heißen Klimas werden hier zunehmend feine und elegante →Cabernet Sauvignon, →Chardonnay, →Riesling u. a. Weine erzeugt. Plantagenet, Sandalford u. a. Erzeuger haben einen guten Namen.

Westhalten Bedeutende Weinbaugemeinde im südlichen →Elsaß in der Nachbarschaft von Pfaffenheim, Rouffach und Soultzmatt, mit denen sie ihre drei →Alsace grand cru-Lagen teilt: *Steinert*, *Vorbourg* und *Zinnkoepflé*.

Westschweiz Größte Weinbauregion der Schweiz mit derzeit 11380 ha Rebfläche, von der über 80 % aller Schweizer Weine kommen, allein nahezu die Hälfte davon aus dem →Wallis, dem mit Abstand größten Schweizer Weinbaukanton. Die von ihrer Rebfläche her beiden weiteren bedeutenden Kantone sind die →Waadt und →Genf, während →Neuenburg, →Bielersee und →Freiburg zu den kleineren Gebieten gehören, wobei der Kanton Jura mit kaum 2 ha nicht ins Gewicht fällt. Zu 57 % wird Weißwein erzeugt, der ganz überwiegend aus dem →Chasselas (Gutedel) stammt, darunter auch der bedeutendste aller Schweizer Weißweine, der →Dézaley, während die anteilmäßig auf breiter Front zunehmenden Rotweine meist aus →Pinot noir und (oder) aus →Gamay erzeugt werden. Die Weinbau- und Vinifikationsmethoden der Westschweiz sind deutlich von Frankreich her beeinflußt.

Weststeiermark Mit Abstand kleinstes der drei Weinbaugebiete der →Steiermark (und Österreichs überhaupt) mit 480 ha Ertragsrebfläche, südwestlich von Graz gelegen. Um die Orte →Deutschlandsberg, →Stainz (einschließlich St. Stefan ob Stainz und Gundersdorf), Ligist, Wildbach u. a. wird zu rund 80 % aus dem Blauen →Wildbacher ein fruchtig-rassiger Roséwein, der →Schilcher, erzeugt, die herausragende Spezialität der Weststeiermark, gegenüber der die dort erzeugten Weißweine meist von geringerer Bedeutung sind.

White Zinfandel So etwas wie der →Rosé d'Anjou →Kaliforniens, der jedoch anders als dieser aus der roten →Zinfandel erzeugt wird und entgegen seinem Namen kein Weiß-, sondern ein Roséwein ist. Wie sein französisches Gegenstück ist er →halbtrocken bis →lieblich im Geschmack, gefällig, leichter, doch ohne das Format des aus der gleichen Sorte erzeugten Rotweins.

Wien Nicht nur die Hauptstadt Österreichs, sondern auch eine der vier Weinbauregionen des Landes, zwar die kleinste, doch immerhin noch mit 731 ha, was 1,3 % der Ertragsrebfläche Österreichs entspricht. Kaum eine zweite Stadt ist traditionellerweise so mit Wein verbunden wie Wien. Wien und Wein gehören zusammen, und der →Heurige ist der Inbegriff des Wiener Weins und der Wiener Weinseligkeit geworden.

Ein erheblicher Teil des Wiener Weins wird in der Tat als Heuriger konsumiert, doch die z. T. ganz hervorragende Qualität der besten Wiener Weine verdient über die Gemütlichkeit des Heurigen hinaus Beachtung. Sie stammen zumeist aus dem Grünen →Veltliner, → Rheinriesling und Weißen →Burgunder. Ohne ganz die Finesse der besten Weine der →Wachau zu erreichen, sind sie fruchtiger, rassiger und rezenter als die des →Burgenlands und gehören zur Crème der österreichischen Weißweine. Sie kommen aus so weltberühmten Wiener Stadtteilen wie →Grinzing, →Heiligenstadt, →Nußdorf, Kahlenbergerdorf, Sievering u. a. Orten des XVIII. und XIX. Bezirks. Aber auch im X., XVI., XVII., XXI. und XXIII. Bezirk befinden sich z. T. größere Rebflächen. Als führende Erzeuger gelten Franz Mayer, ›Feuerwehr-Wagner‹, der Niederösterreichische Winzerverband, das →Chorherrenstift aus dem benachbarten →Klosterneuburg u. a.

Wiesbaden Hessische Landeshauptstadt und bedeutende Weinbaugemeinde des →Rheingaus mit 150 ha Rebfläche (einschließlich der Stadtteile Schierstein, Frauenstein, Dotzheim, Mainz-Kostheim u. a.). Inmitten der Stadt befindet sich der bis zu 54° steile, 5 ha große *Neroberg* (im Alleinbesitz des städtischen Weinguts), dessen schwere Böden zumal in trockenen Jahren wohl den vorzüglichsten Wein der Stadt liefern.

Wildbacher, Blauer Fast ausschließlich in der →Weststeiermark (und in einer gleichnamigen, doch großbeerigen, we-

niger säurebetonten Variante in den Hügeln westlich von →Conegliano im →Veneto, wo das Weingut Col Sandago einen interessanten Rotwein aus ihr bereitet) anzutreffende Rebsorte mit mehreren Spielarten (Früh-, Mittel- und Spätblauer), mit der 79 % (382 ha) der weststeirischen Rebfläche bestockt sind. Aus ihr wird der bedeutendste Wein des Gebiets erzeugt, der nur wenige Stunden auf der →Maische angegorene, dann abgepreßte und vergorene, auf diese Weise zwiebelfarbene →Schilcher, ein jung zu trinkender, frischer, dabei gehaltvoller und feiner Roséwein, der charaktervollste Österreichs. →Deutschlandsberg, →Stainz.

Wilfersdorf Unweit von Mistelbach im niederösterreichischen →Weinviertel gelegene kleine Weinbaugemeinde mit rund 40 ha Rebfläche. Es wird hauptsächlich Grüner →Veltliner erzeugt, und die Hofkellerei des Fürsten von Liechtenstein gilt als ein führender Erzeuger.

Wiltingen Berühmte Weinbaugemeinde an der →Saar südwestlich von →Trier mit rund 320 ha Rebfläche, durchweg auf sehr steilen, meist genau nach Süden weisenden Schieferhängen gelegen, die nahezu ausschließlich mit →Riesling bestockt sind. Zu den besten Lagen zählen der unvergleichliche →*Scharzhofberg*, nach Meinung vieler Experten eine der größten Weißweinlagen der Welt, ferner *Wiltinger Kupp, Braune Kupp, Hölle* (Alleinbesitz der Vereinigten →Hospitien), *Braunfels, Gottesfuß* u. a. In herausragenden Weinjahren werden die Spitzengewächse von keinem anderen Weißwein Deutschlands übertroffen und zeichnen sich durch eine stahlige Säure, einen zarten und ungeheuer nuancenreichen Körper, durch Statur, Finesse, Eleganz und Ausdruckskraft aus. Zu den renommiertesten Erzeugern gehören der alles überragende Scharzhof (Egon Müller) am Fuße des *Scharzhofbergs* sowie die Weingüter Le Gallais, →Kesselstatt, die Hohe →Domkirche, das →Bischöfliche Priesterseminar, die Vereinigten →Hospitien, Edmund Reverchon, Apollinar Joseph Koch (heute Kesselstatt), Jordan & Jordan, Schorlemer u. a.

Winery Amerikanisch für →Weingut.

Winkel Qualitativ in der Regel der bedeutendere Teil der heute zusammengelegten Weinbaugemeinde →Oestrich-Winkel inmitten des →Rheingaus östlich von →Johannisberg mit über 260 ha Rebfläche, dessen bedeutendste Lage *Schloß* →*Vollrads* als Orteil gilt und daher ohne den Zusatz ›Winkel‹ in den Handel kommt. Weitere namhafte Lagen sind *Hasensprung, Jesuitengarten, Dachsberg, Gutenberg* u. a. Mit über 80 % dominiert der →Riesling, der in Winkel Weine hervorbringt, die nicht die Festigkeit der →Erbacher und →Hattenheimer Weine und nicht die Tiefe und Differenziertheit der Johannisberger Gewächse aufweisen, dafür jedoch durch ihre Anmut, ihr Spiel und ihre Eleganz zu beeindrucken vermögen. Zu den führenden Erzeugern zählen Johannishof (H. H. Eser), →Wegeler-Deinhard, →Schönborn, Querbach, →Brentano, Prinz von →Hessen (früher Landgräflich hessisches Weingut), Mumm u. a.

Darüber hinaus befindet sich in Winkel das sog. Graue Haus, das als ältestes deutsches Steinwohnhaus aus karolingischer Zeit stammt und heute neben Kloster →Eberbach ein Zentrum der Rheingauer Weinkultur ist.

Winningen Einer der ältesten und besten Weinbauorte im Bereich →Zell/ Untermosel mit rund 170 ha Rebfläche, als dessen beste Lagen *Uhlen, Röttgen, Brückstück, Hamm* u. a. gelten. Heymann-Löwenstein (8 ha, 87 % →Riesling), Richard Richter u. a. gelten als führende Erzeuger.

Wintrich Namhafter Weinbauort an der Mittelmosel, zwischen →Piesport und →Brauneberg gelegen, mit rund 270 ha Rebfläche, von der *Großer Herrgott, Ohligsberg, Geierslay* u. a. als beste Lagen gelten. Der namhafteste Erzeuger dürfte heute Reinhold Haart aus dem benachbarten Piesport sein.

Wintzenheim Im südlichen →Elsaß, unmittelbar südwestlich von →Colmar gelegene Weinbaugemeinde mit rund 160 ha Rebfläche. Die bekannteste Lage ist der *Hengst*, als →*Alsace grand cru* eingestuft, der in guten Jahren hervorragende, charaktervolle Weine hervorbringt. Jos. Meyer, Zind-Humbrecht u. a. gelten als führende Erzeuger.

Winzenheim Einer der bedeutendsten Weinbauorte der →Nahe, heute Stadtteil von Bad →Kreuznach, mit gut 65 ha Rebfläche. Der *Winzenheimer Roseneck* zählt zu den besseren Lagen des Gebiets, dessen bemerkenswertere →Rieslinge mitunter an die des →Rheingaus erinnern. →Plettenberg u. a. gelten als führende Erzeuger.

Winzergenossenschaft Zusammenschluß von kleineren Winzern (meist Nebenerwerbs- oder Feierabendwinzern) zur Erzeugung und Vermarktung von Wein und um dadurch die Wirkungsfähigkeit von Großbetrieben zu erlangen. Ca. 48500 Weinbaubetriebe (knapp zwei Drittel aller Weinbaubetriebe) sind heute aufgrund des anhaltenden Konzentrationsprozesses im Weinbau in Deutschland Mitglieder in insgesamt 296 Winzergenossenschaften, von denen 168 (Orts-, Gebietswinzergenossenschaften, Zentralkellereien) über eine eigene Kellerwirtschaft verfügen, deren größte wiederum die Zentralkellerei Badischer Winzergenossenschaften in Breisach ist (ferner Württembergische Weingärtner-Zentralgenossenschaften, Gebietswinzergenossenschaft Franken, Zentralkellerei der

Winzergenossenschaften Mosel-Saar-Ruwer u. a.). Während in einigen Anbaugebieten (→Württemberg und →Baden) fast 80 % der Weine durch Winzergenossenschaften vermarktet werden, sind es im Gebiet →Mosel-Saar-Ruwer kaum 20 % und in →Rheinhessen nicht einmal 8 %, so daß der Bundesdurchschnitt bei rund einem Drittel, knapp 35 000 ha, liegt. Französisch *coopérative vinicole* o. ä., italienisch *cantina sociale*.

Winzer-Wy, Attestierter In der →Ostschweiz nach bestandener →organoleptischer Prüfung verliehene Schutzmarke für →Erzeugerabfüllungen lagen- und sortentypischer Weine, die in der Regel von gehobener Qualität sein sollten.

Wirsching, Hans Mit nahezu 60 ha Rebfläche nach den →Würzburger Großgütern das größte private Weingut →Frankens in →Iphofen. 32 % der Rebfläche sind mit →Silvaner, 16 % mit →Riesling bestockt, insbesondere in der Spitzenlage *Julius-Echter-Berg*. Auf rote Sorten (Portugieser, →Spätburgunder und →Domina) entfallen 8 %. Die Weine verfügen über Persönlichkeit und Charakter und zählen heute in ihrer klassischen und eleganten Art vielfach zu den herausragendsten in Franken, während die Exklusivweine der Linie ›S.‹ besonders bemerkenswert sein können und in Franken unübertroffen sind.

Wolff-Metternich, Graf Ältestes und größtes Weingut der →Ortenau mit 33 ha Weinbergsfläche und führendem Anteil an den Spitzenlagen →Durbachs, darunter *Schloßberg* und *Schloß Grohl* im Alleinbesitz. Die mitunter bemerkenswerten →Rieslinge (die hier →Klingelberger heißen, 32 %) und →Traminer (hier →Clevner, 8 %) sowie die ausgezeichneten →Spätburgunder (30 %) gehören zu den besten Baden-Württembergs. Ferner im Besitz eines kleinen Weinguts in Heppingen an der →Ahr, während sich das gleichnamige Weingut

in →Nierstein im Pachtbesitz des lokalen Weingutes →Braun befindet.

Wonnegau Südlichster und qualitativ wie quantitativ dritter der drei Bereiche des Anbaugebietes →Rheinhessen mit 7099 ha Ertragsrebfläche, um →Worms gelegen, der ursprünglichen Heimat der →Liebfrauenmilch. Heute dominieren hier →Müller-Thurgau und eine ganze Palette weiterer →Neuzüchtungen, während es traditionsreiche Sorten wie →Riesling oder →Silvaner auf je 9 % Flächenanteil bringen. Weitere 12 % entfallen auf Rotwein, wobei der Blaue →Portugieser vorherrscht. Als südlicher Ausläufer des rheinhessischen →Hügellandes teilt der Bereich im allgemeinen Art und Ruf seiner Weine. Doch daß dieses Gebiet bei entsprechendem Einsatz durchaus Respektableres, ja hervorragende Weine zu erzeugen in der Lage ist, wußte nicht nur das 19. Jahrhundert, sondern dokumentieren heute so beachtenswerte Orte wie →Bechtheim, →Flörsheim-Dalsheim u. a. und in Zukunft sicherlich auch wieder Worms.

Worms Alte, historische Stadt in →Rheinhessen, berühmt wegen ihres Kaiserdoms und besonders im englischsprachigen Ausland wegen der ursprünglich vom hiesigen Liebfrauenstift stammenden →Liebfrauenmilch. Im engeren Stadtbereich besitzt Worms heute noch die 16 ha Rebfläche des *Liebfrauenstift-Kirchenstücks*, dessen Weine heute jedoch keinen dem 19. Jahrhundert vergleichbaren Ruf genießen. Jedoch werden diese ab 1993 im Rahmen eines joint ventures mit dem alten Weinhandelshaus P. J. Valckenberg mittels eines langfristigen Pachtvertrags durch das Weingut →Heyl zu Herrnsheim in →Nierstein bewirtschaftet. Die Lage ist nach grundlegender Neuanlage zu 75 % mit →Riesling und zu 25 % mit Weißem →Burgunder bestockt. Man darf sehr gespannt auf die zukünftigen Weine dieser Lage sein und ob es gelingt, an den alten Ruf als die herausragendste Lage →Rheinhessens wieder anzuknüpfen. – Dank umfangreicher Eingemeindungen verfügt Worms inzwischen über mehr als 1300 ha Rebfläche und ist damit die drittgrößte deutsche Weinbaugemeinde.

Wösendorf Zwischen →Joching und Spitz an der Donau gelegener Weinbauort in der →Wachau, der zusammen mit St. Michael über rund 150 ha Rebfläche verfügt, von denen *Hochrain*, *Kollmüntz*, *Schiedl*, *Ralais* u. a. als die besten Lagen gelten. Böden – in den Terrassen überwiegend Löß – und Weine ähneln denen Jochings. Als führende Erzeuger gelten Josef → Jamek aus Joching, die lokalen Weingüter Rudolf Pichler, Machherndl, Ernsthofer, Langmayer, Schwaiger u. a.

Wuchtig Ein schwerer, gehaltvoller Wein, sicherlich kein kleiner, doch ebenfalls kaum ein großer Wein, sondern ein Wein, dem es etwas an Struktur und Ausgeglichenheit sowie natürlich an Eleganz fehlt.

Württemberg Mit 11 114 ha Ertragsrebfläche fünftgrößtes deutsches Weinbaugebiet, aus dem im Jahresschnitt ca. 11–12 % der deutschen Mosternte kommen, die zu nahezu 85 % durch Weingärtnergenossenschaften verarbeitet und vermarktet wird. Das Gebiet ist unterteilt in die fünf Bereiche →Kocher-Jagst-Tauber, Württembergisch →Unterland, →Remstal-Stuttgart, Oberer →Neckar und Württembergischer →Bodensee und erstreckt sich vom Taubergrund im Norden bis zum →Bodensee, dessen größerer Teil jedoch zum →Anbaugebiet →Baden gehört. Das Zentrum des Württembergischen Weinbaus liegt breitgestreut zwischen Ludwigsburg und →Heilbronn bzw. in →Stuttgart und seinen östlichen Randgemeinden.

Die Bodenverhältnisse sind sehr unterschiedlich, die Lagen sind vergleichsweise hoch gelegen (durchweg zwischen 200 und 400 m NN), und das Klima ist etwas kühler und weist mehr Niederschläge während der Vegetationsperiode auf als im benachbarten Baden der Oberrheinischen Tiefebene. Anders als dieses gehört daher Württemberg wie die übrigen deutschen Weinbaugebiete zur →Weinbauzone A, und die Anforderungen an den Qualitätsweinbau sind etwas niedriger als jenseits des Schwarzwalds. Im Unterschied zum →Kaiserstuhl, zur →Pfalz oder zum →Rheingau gibt es daher selten größere zusammenhängende Rebflächen. Der württembergische Weinbau beschränkt sich vielmehr auf zahllose Weinbauinseln, meist Südhänge, die sich dank ihrer mikroklimatischen Vorzüge in besonderer Weise für den Weinbau eignen.

Württembergischer Wein ist deswegen keineswegs schlechter, er ist anders. Württemberg ist neben der ungleich kleineren →Ahr das einzige deutsche Weinbaugebiet, in dem rote Rebsorten mit 56 % der Fläche überwiegen, darunter einige, die in Deutschland ansonsten praktisch kaum anzutreffen sind, wie der →Trollinger (22 % der Rebfläche), der →Schwarzriesling (knapp 16 %) und der →Lemberger (7 %). Aber auch eine Sorte wie der nur auf 135 ha angebaute →Samtrot wird hier unverhältnismäßig mehr gepflegt als irgendwo sonst in Deutschland, während der in der übrigen deutschen Rotweinerzeugung dominierende →Spätburgunder in Württemberg nur einen Flächenanteil von knapp 4 % erreicht. Unter den weißen Sorten fehlen dagegen derartige lokale Sorten. Hier führt der →Riesling (24 % Anteil an der Gesamtfläche, 55 % Anteil an der Weißweinfläche) eindeutig vor dem →Müller-Thurgau (7 %), dem →Kerner (8 %) und dem →Silvaner (3 %). Übrige Weißweinsorten spielen quantitativ keine Rolle. Eine Besonderheit des württembergischen Weinbaus ist ferner der nur hier erzeugte →Schillerwein, ein Rotling aus weißen und roten Rebsorten.

Dies alles trägt mit dazu bei, daß die Württemberger, statistisch ohnehin Deutschlands eifrigste Weintrinker, ihre Weine großenteils selbst trinken. Doch daraus folgern zu wollen, daß der württembergische Weinbau qualitativ lediglich regionale Bedeutung habe, würde seinem Niveau keineswegs gerecht. Gerade dieser hat in jüngerer Zeit zusätzliche Impulse erfahren, indem auch hier wie im benachbarten Baden führende Weingüter wie auch manche Winzergenossenschaft damit begonnen haben, neue Wege in der Weinerzeugung zu gehen, indem sie sich auf bewährte Qualitätssorten konzentrieren, die Erträge deutlich begrenzen, die Gärung sorgfältiger durchführen und die Weine wieder im Holzfaß und z. T. im →Barrique ausbauen. Die inzwischen vorliegenden ersten Ergebnisse können sich mehr als sehen lassen und dokumentieren, daß das qualitative Potential des württembergischen Weinbaus auf breiter Basis noch keineswegs als ausgeschöpft gelten kann.

Die besseren der häufig ausgezeichneten württembergischen Rotweine und die besten der in der Regel etwas kräftigeren Weißweine sind heute nicht mehr jenseits der Landesgrenzen längst erreichbar, sie verdienen in der Tat auch jede Beachtung, zumal wenn sie aus einem der bedeutenderen Weinbauorte stammen wie →**Abstatt, →**Asperg, **Bad →Cannstatt, →*Bönnigheim, →*Brackenheim, →**Flein, →*Grantschen, →*Gündelbach, →**Gundelsheim, →**Heilbronn, →**Kleinbott-

war, →***Maulbronn, →**Mundelsheim, →*Neckarzimmern, →**Neipperg, →*Schozach, →*Schwaigern, →***Stetten, →**Stuttgart, →**Untertürkheim, →*Verrenberg, →*Weikersheim oder →**Weinsberg.

Würzburg Liebenswürdige Stadt am Main und Zentrum des Weinbaus in →Franken mit über 210 ha Rebfläche, in deren geschwungenen Formen des fränkischen Barocks sich jene mit fränkischem Wein gefüllten →Bocksbeutel widerspiegeln. Zu den bedeutendsten →Lagen der Stadt gehören die *Innere Leiste* und der berühmte →*Stein* (mit *Stein-Harfe*), der die Stadt nach Norden umrahmt, sowie die nicht sehr viel geringere *Abtsleite* und der *Pfaffenberg*, während der von der Marienfeste nach Osten zum Main abfallende *Schloßberg* zwar die meistfotografierte ist, jedoch nicht zu den besten Würzburger Lagen gehört. Neben →Riesling und →Silvaner werden heute klassische Sorten, darunter Weißer →Burgunder, Grauer Burgunder und selbst →Chardonnay auf den besten Lagen angepflanzt; auch etwas Rotwein aus dem →Spätburgunder wird innerhalb der Stadtgrenzen erzeugt. Die drei fränkischen Großgüter, der Staatliche →Hofkeller, das →Bürgerspital und das →Juliusspital haben ihren Sitz in Würzburg.

Würzig Bezeichnung für einen Wein mit unverwechselbarem Aroma und Geschmack, der auf eine gewisse Weise pikant ist, und zwar aufgrund seiner natürlichen Geschmackskomponenten, nicht etwa durch Gewürzzusätze.

XYZ

Xampán Spanisierte Form von →Champagne, mit der früher spanische Schaumweine nach dem Champagnerverfahren bezeichnet wurden. Sie werden heute als →Cava etikettiert.

Xérès Altspanisch und französisch für →Jerez, →Sherry.

Xeros (ξηρς) Griechisch für →trocken. Bezogen auf Wein heißt also *Oinos xeros* trockener Wein. Die Bezeichnung entspricht den Ausdrücken →asciutto, →dry, →sec, →secco, →seco.

Y Vorletzter Buchstabe im Alphabet, im Französischen *Ygrec* gesprochen und als solcher der bemerkenswerteste trockene Weißwein aus dem →Sauternes-Gebiet, der aufgrund der gesetzlichen Bestimmungen lediglich die →Appellation contrôlée →Bordeaux führen darf. Er wird auf Château d'→Yquem erzeugt. Wie der eigentliche Château d'Yquem wird der trockene »Y« aus →Sémillon und →Sauvignon erzeugt, und zwar aus jenen Trauben, die bei Abschluß der Lese nicht von →Botrytis befallen waren und daher für die Erzeugung des Yquem nicht verwandt werden. Der auf diese Weise erzeugte Wein ist sehr konzentriert, alkoholreich und gehaltvoll, würzig und anhaltend, langsam reifend und sehr langlebig; ein wuchtiger Wein.

Yecla Spanisches Weinbaugebiet mit eigener →Denominación de Origen, in der mittelspanischen Provinz Murcia gelegen, mit einer Rebfläche von rund 11500 ha. Es werden hauptsächlich Rotweine, besonders aus der Monastrell und →Garnacha erzeugt, die mitunter sehr alkoholhaltig, wuchtig und schwer sein können, sowie einige Weißweine aus Merseguera, Verdil u. a. Sorten. Ochoa gilt als ein führender Erzeuger. Die Winzergenossenschaft La Purísima vermarktet 90 % der Erzeugung.

Yon-Figeac, Château *Grand cru classé* in →Saint-Emilion mit 23 ha Rebfläche (80 % →Merlot, 20 % →Cabernet franc) und einem tiefen, kräftigen Rotwein.

Yonne Nördlichstes Département der alten französischen Provinz →Burgund gut 5000 ha Rebfläche. Neben einer minimalen Erzeugung von →Land- und →Tafelweinen ist dies vor allem die Heimat des →Chablis. Ferner kommen von hier der →Bourgogne-→Irancy, der Bourgogne-→Côte d'Auxerre und der →Sauvignon de Saint-Bris, ein leichter →V.D.Q.S.-Wein.

Yquem, Château d' Der unvergleichliche *premier cru supérieur* aus →Sauternes, der bei der →Klassifizierung von 1855 noch über die großen roten →Bordeaux eingestuft wurde. Château d'Yquem ist auch heute noch eines der berühmtesten und wertvollsten Weingüter der Welt. Über seinen Rebflächen erhebt sich stolz wie eine mittelalterliche Festung das aus dem 15. Jahrhundert stammende Château, das vor rund 400 Jahren von der Sauvage-Familie erworben wurde, in die 200 Jahre später das gräfliche Geschlecht Lur-Saluces einheiratete, in deren Besitz sich das Gut noch heute befindet.

100 ha stehen heute unter Reben, zu 80 % mit →Sémillon und zu 20 % mit →Sauvignon bestockt, doch da nur überreife, von der →Edelfäule befallene Beeren in je nach Jahrgang 4 bis 11 Le-

segängen gelesen werden, ist der Ertrag äußerst gering. Im Schnitt gibt man 8 hl/ha für den Château d'Yquem an, der in manchen Jahren, wie 1964, 1972, 1974 oder 1992 ganz ausfällt; selbst der trockene →»Y« mag aufgrund anhaltenden Regens in derartigen Jahren ausfallen. Dank der späten Lese und der →Botrytis ist der Château d'Yquem ein alkoholreicher Wein (um 14 % vol.), der je nach Jahrgang zwischen 80 und 120 g/l unfermentierten Zucker enthält. Er verfügt über einen köstlichen, geradezu cremigen Geschmack, ungewöhnliche Fruchtigkeit und bemerkenswerte Rasse. Doch seine wahre, unvergleichliche Größe offenbart ein Yquem erst nach einer langen Reifeperiode – und ein Yquem aus einem hervorragenden Jahr entwickelt sich über Jahrzehnte. Er ist dann von einer unnachahmlichen Geschmacksintensität, endloser Differenziertheit und praktisch vollkommen.

Yvorne Neben →Aigle bedeutendster Weinbauort des →Chablais im Westschweizer Kanton →Waadt, östlich des Genfer Sees, mit einigen der kraftvollsten und ausgeglichensten Weißweine des Landes, die aus dem →Chasselas erzeugt werden. Auch einigen beachtenswerten Rotwein aus dem →Pinot noir.

Zagarolo Östlich von Rom in →Latium um die Gemeinden Zagarolo und Gallicano aus dem lokal üblichen Mischsatz von →Malvasia und →Trebbiano erzeugte Weißweine, die trocken bis lieblich sein können und bei 12,5 % vol. Alkohol die Bezeichnung →*superiore* führen dürfen.

Zapfen In der Schweiz übliche Bezeichnung für →Korken.

Zart Junge, frische, leichte Weine mit Charme können zart sein, wie z. B. feine →Moselweine, aber etwa auch einige →Margaux.

Zell Name zweier bekannter deutscher Weinbauorte: Einer von ihnen liegt an der Untermosel und ist weithin bekannt wegen der *Zeller Schwarze Katz*, der jedoch in der Regel alles andere als ein hervorragender Wein ist. Vielmehr ist es die Bezeichnung für eine rund 620 ha umfassende →Großlage, zu der neben Zell auch die Ortsteile Merl und Kaimt gehören.
Das andere Zell liegt an der →Unterhaardt in der →Pfalz. Seine beste Lage, von der durchaus einige beachtenswerte Weine kommen können, ist der *Zeller Schwarzer Herrgott*.

Zell/Untermosel, Bereich Nordöstlichster der 5 Bereiche des Anbaugebietes →Mosel-Saar-Ruwer mit 1933 ha Ertragsrebfläche. Wenn der Bereich auch zu einem gewissen Recht nicht ganz das herausragende Ansehen der Bereiche →Bernkastel und →Saar-Ruwer besitzt, so verdient er sicher ebensowenig die weitgehende Mißachtung und Geringschätzung seiner Weine, der er sich heute vielfach ausgesetzt sieht. Nicht von ungefähr ist hier der →Riesling heute prozentual häufiger vertreten (60 %) als an der hochgelobten Mittelmosel, und es gibt einige Weinbauorte wie →Neef, →Pommern, →Valwig, →Winningen u. a., deren Spitzengewächse von hervorragender Qualität sind und erheblich höhere Wertschätzung verdienen, als sie dem Bereich heute zumeist entgegengebracht wird.

Zellenberg Malerische kleine Weinbaugemeinde im →Elsaß unterhalb von →Riquewihr gelegen. Als beste Lagen gelten der teilweise zu Riquewihr gehörende *Schoenenbourg* und der *Froehn*, die als →Alsace grand cru eingestuft sind.

Zeltingen Qualitativ einer der herausragenden Weinbauorte der →Mittelmosel mit rund 250 ha Rebfläche, meist in herrlicher, steiler Südwestlage gelegen, von der *Sonnenuhr* und *Schloßberg* als die bedeutendsten gelten. Die von dort kommenden Weine zählen zusammen mit denen von →Brauneberg zu den körperreichsten der feinen Moselweine und weisen – anders als die Brauneberger – eine verhaltene Säure auf. Joh. Jos. →Prüm, Selbach-Oster (8 ha, 100 % →Riesling), →Kesselstatt, das →Friedrich-Wilhelm-Gymnasium, die Vereinigten →Hospitien, Dr. Pauly-Bergweiler (einschließlich Peter Nicolai), das lokale Weingut Leo Kappes u. a. gelten als führende Erzeuger.

Zentralgriechenland und Euböa Mit über 28 000 ha Rebfläche größte Weinbauregion Griechenlands, aus der über ein Viertel der gesamten Weinerzeugung des Landes kommt. Es ist das Gebiet der →Tafel- bzw. →Traditionellen Weine, darunter der berühmte →Retsina (80–90 % der Keltertrauben in den Gebieten →Attika, Viotias und Euböa werden zu Retsina verarbeitet), der Chalkis u. a., die durchweg aus →Savatiano stammen, wie auch der einzige →O.P.A.P.-Wein der Region, der →Kantza. Daneben werden eine Reihe z. T. ausgezeichneter Rotweine und →Markenweine erzeugt, die zumeist aus Attika kommen.

Zierfandler In Österreich auch als Spätrot bezeichnete weiße Rebsorte, deren 127 ha sich insbesondere in der Thermenregion in der Umgebung von →Gumpoldskirchen (104 ha) befinden, wo sie meist mit dem →Rotgipfler verschnitten wird. Beide Rebsorten können ausgezeichnete Weine hervorbringen, doch ergibt der Zierfandler aus besten Lagen, reinsortig ausgebaut, einen sehr feinen, fruchtigen und rassigen Wein, der bei höhergradigen Mosten höchst bemerkenswert sein kann. Zierfandler wird z. T. auch in Ungarn u. a. angebaut. – In jedem Fall sollte der Zierfandler nicht mit dem Grünen →Silvaner verwechselt werden, der in Österreich, Ungarn u. a. mitunter auch als *Grüner Zierfandl* oder *Ziehrfandler* bezeichnet wird.

Zinfandel Die verbreitetste rote Rebsorte →Kaliforniens, wo derzeit über 11 300 ha mit ihr bestockt sind. Die Sorte ist in vieler Hinsicht rätselhaft. Sicher ist in jedem Fall, daß es sich bei ihr um eine →*Vinifera*-Art handelt, ohne daß jedoch endgültig geklärt ist, wie, wann und woher sie nach Kalifornien kam. Die Anzeichen häufen sich allerdings in letzter Zeit, daß es sich bei ihr in Wirklichkeit um den apulischen →Primitivo handelt. In der Tat vermag sie sehr robuste, körperreiche Rotweine zu liefern, doch mag je nach Klimazone und Bodenart der Charakter der aus ihr erzeugten Weine z. T. beträchtlich schwanken, und einige →Wineries erzeugen gleich verschiedene Arten von Zinfandel-Weinen. Die besten von ihnen (von Storybook Mountain Vineyards u. a.) verbinden Kraft mit Eleganz und sind hervorragende Weine. Eine sicherlich insgesamt hochinteressante Rebsorte, deren recht populäre Roséweine, als →White Zinfandel bezeichnet, in der Regel allerdings weit weniger Beachtung verdienen, nicht nur weil sie eine Art kalifornischen →Rosé d'Anjou abzugeben versuchen.

Zitsa Trockener, ausgesprochen frischer und fruchtig-aromatischer Weißwein, der in einem kleinen Gebiet in →Epirus im Nordwesten Griechenlands in rund 600 m Höhe aus Ntempina, auch Dembina oder Debina genannt, erzeugt wird, die nur hier angepflanzt wird. Der lediglich noch auf gut 100 ha erzeugte Wein ist als einziger in Epirus mit dem →O.P.A.P.-Prädikat versehen. Er kommt sowohl als normaler Stillwein als auch als trockener →Perlwein in den Handel, und der letztere gilt allgemein als der bessere der beiden.

Zöbing Katastralgemeinde (Stadtteil) von →Langenlois mit 250 ha Rebfläche, deren berühmteste Lage *Heiligenstein* zu den besten des ganzen Weinbaugebietes →Kamptal zählt und die hervorragendsten →Rheinrieslinge von Langenlois hervorbringt. Wilhelm →Bründlmayer genießt mit Abstand den größten Ruf.

Zucco Süßer →Likörwein, der in der Provinz Palermo auf →Sizilien aus Cataratto und Inzolia erzeugt wird.

Zucker Der Saft reifer Trauben enthält etwa zu gleichen Teilen Traubenzucker (*Glucose*) und Fruchtzucker (*Fructose*) (in Deutschland zusammen je nach Reifegrad und Rebsorte zwischen 120 und 250 g/l). In überreifen und edelfaulen Trauben ist mehr Fruchtzucker enthalten. Beide Zuckerarten werden ebenso wie der Rohrzucker (*Saccharose*), der →Tafel- und →Qualitätsweinen zur Erhöhung des Alkoholgehalts bzw. mit dem die nach der Gärung zugesetzte →Süßreserve »verbessert« werden darf, durch Gärung in Alkohol verwandelt. Der im Wein verbleibende mehr oder minder große →Restzucker, ein Gemisch aus Trauben- und Fruchtzucker, wird als Invertzucker bezeichnet.

Zuckern →Anreichern, →Aufbessern, →Chaptalisieren

Zukunft Ein Wein hat Zukunft, wenn er seinen Höhepunkt erkennbarerweise erst in etlichen Jahren erreichen wird.

Zürich Größter Weinbaukanton der →Ostschweiz mit 632 ha Rebfläche, die sich im wesentlichen auf drei Bereiche verteilt: das →Weinland mit dem Zentrum →Andelfingen und etwa die Hälfte der Rebfläche zwischen der Stadt Zürich und den nordöstlichen, an →Schaffhausen und den →Thurgau grenzenden Kantonsteilen; das Unterland nördlich von Zürich, einschließlich des rechtsrheinischen Eglisau und des Rafzerfeldes mit gut einem Fünftel der Rebfläche; das rechte Seeufer von Küsnacht bis →Stäfa, knapp ein Fünftel der Rebfläche. Die verbleibenden Rebareale befinden sich innerhalb der Stadt Zürich und dem unmittelbar angrenzenden Limmattal sowie insbesondere in →Wädenswil auf dem linken Seeufer. Heute sind 63 % der Zürcher Rebfläche mit Rotweinsorten, praktisch ausnahmslos →Blauburgunder bestockt, während 37 % auf weiße Sorten (bes. im Seebereich und dem Limatttal) entfallen, wobei der Riesling × Sylvaner (→Müller-Thurgau) eindeutig dominiert, aber auch noch einige Parzellen →Räuschling u. a. Weißweinsorten anzutreffen sind. 50 % der Zürcher Winzer sind heute Nichtbauern, so daß sich der kantonale Weinbau heute zu einem erheblichen Teil in der Hand von Hobbywinzern befindet.

Zweigelt Klosterneuburger →Neuzüchtung aus →Saint-Laurent × →Blaufränkisch (→Lemberger). Heute mit rund 4500 ha Rebfläche nach Verbreitung (nicht Qualität) die führende österreichische Rotweinsorte. Inzwischen praktisch in allen österreichischen →Weinbauregionen anzutreffen, obgleich sie dazu neigt, Quantität auf Kosten der Qualität zu erzeugen. Bei entsprechender Ertragsbegrenzung ergibt sie fruchtig-warme, jedoch sehr einsilbige und vordergründige Weine mit ansprechender Säure. In Deutschland ist die Sorte glücklicherweise so gut wie nicht (7 ha) vertreten.

Zwicker →Edelzwicker

Zymase Fermentkomplex von über 20 einzelnen Fermenten (Enzymen), durch die Zucker in Alkohol und Kohlendioxid verwandelt wird. →Gärung

Zypern Insel im östlichen Mittelmeer, die Geburtsstätte der Aphrodite mit ununterbrochener, jahrtausendealter Weinbautradition. Heute stehen im bergigen Westen der Insel rund 23 000 ha unter Reben, die im Jahresdurchschnitt um die 600 000 hl Wein ergeben. Es werden lediglich drei Rebsorten angepflanzt, die rote Mavron, die weiße Xynisteri und die →Muskat von Alexandrien. Aus den ersten beiden werden sowohl trockene, robuste und tanninreiche Rotweine als auch einige Roséweine (→Kokkineli) und trockene, alkoholreiche Weißweine erzeugt. Noch bekannter ist die Insel für ihre →Likörweine, die nach Art des →Sherry im →Solera-Verfahren erzeugt werden, darunter insbesondere der aus Mavron und Xynisteri hergestellte, an einen leichten →Portwein erinnernde (15 % vol.), altberühmte *Commandaria*, der auf 2000 ha in 14 Dörfern erzeugt werden darf und über eine eigene kontrollierte Ursprungsbezeichnung verfügt.

Anhang

I. Die Weinjahrgänge

Kein Jahrgang gleicht völlig einem anderen, da zu viele Faktoren die Qualität des Weins bestimmen, die nicht nur von Jahr zu Jahr, sondern auch von Gemeinde zu Gemeinde, von Ort zu Ort, ja von Lage zu Lage innerhalb ein und desselben Jahres sehr unterschiedlich ausfallen können.

Wenn man daher nur sehr pauschal innerhalb eines Gebietes von dem Jahrgang sprechen kann, so sind diese allgemeinen Hinweise dennoch als Orientierungshilfe nützlich, weil sie Anhaltspunkte über die zu erwartende Art zumal der besseren Weine geben, was die mögliche Entwicklung des Weins, seine Reifezeit und Lagerfähigkeit, seine zu erwartende Trinkreife angeht. Diese Fragen sind ebenso wesentlich, wenn es um den eigenen Weinkeller geht, wie bei der passenden Wahl eines Weins zum Essen.

Dabei ist zu berücksichtigen, daß in einem geringen Jahrgang die Weine meist über weniger Körper und Alkohol verfügen, leichter oder wäßriger sind. Manchmal haben sie dann eine spitze, graßige Säure, was aber nicht sein muß und kein generelles Merkmal ist. In der Regel sind es Weine, die rascher reifen und eher ihren Höhepunkt erreichen als die Weine herausragender Jahrgänge. Doch wird dieser Höhepunkt zumeist auch deutlich niedriger liegen. Ein kleiner Wein mag durch entsprechende Lagerung zu einem passablen Wein werden; zu einem großen Wein wird er nie.

Allgemein läßt sich sagen, den kleinen Jahrgang für heute, den großen Jahrgang für morgen. Dabei ist natürlich die ganz unterschiedliche Lagerfähigkeit der einzelnen Rebsorten und Weine zu berücksichtigen. Weit wichtiger geworden sind heute leider Fragen des Weinausbaus – die nicht auf dem Etikett erkennbar sind. Dort, wo Weißweine und sogar Rotweine nicht mehr im klassischen Holzfaß, sondern im Tank ausgebaut werden, ist rascher, sich bestenfalls auf wenige Jahre erstreckender Konsum vonnöten. Nur der sorgfältig im Holzfaß ausgebaute Wein vermag sich bei entsprechendem Jahrgang, Rebsorte und Erzeuger auf 10, 15 und z.T. mehr Jahre zu entwickeln. Doch Stahltank-Weißweine aus Deutschland, der Schweiz, Italien, großen Teilen Frankreichs u.a. Gebieten verlieren nach wenigen Jahren ihren Reiz, werden müde und siechen rasch dahin. Wer Wein, insbesondere auch trockene Weißweine lagern möchte, sollte sich daher zuvor über die Art des Ausbaus der fraglichen Weine zuverlässig unterrichten und dabei stets daran denken, daß der Winzer gerne die Vorteile des Stahltanks preisen wird, aber seine qualitätsmindernden Nachteile wenn nicht ganz verschweigen, so doch als längst überholte Kellerromantik abtun wird.

1. Deutschland

	Baden	Franken	Mosel-Saar-Ruwer	Nahe	Rheingau	Rheinhessen	Pfalz	Württemberg
1960	gut	gut	mittel	mittel	mittel	gering	mittel	mittel
1961	sehr gut	außergew.	mittel	gut	gut	gut	gut	gut
1962	sehr gut	sehr gut	gering	sehr gut	gut	sehr gut	gut	mittel
1963	gut	sehr gut	gering	mittel	gut	mittel	mittel	mittel
1964	sehr gut	sehr gut	sehr gut	gut	gut	gut	gut	gut
1965	gering	gering	gering	gering	schlecht	gering	gering	schlecht
1966	gut	gut	gut	außergew.	gut	sehr gut	gut	mittel
1967	sehr gut	sehr gut	mittel	gut	gering	gut	gut	gut
1968	gering	gering	gering	gering	mittel	schlecht	schlecht	schlecht
1969	gut	gut	mittel	mittel	mittel	mittel	mittel	mittel
1970	mittel	gut	gering	mittel	außergew.	gering	gering	gering
1971	außergew.	außergew.	sehr gut	außergew.	gering	außergew.	sehr gut	außergew.
1972	mittel	gering	gering	gering	gering	schlecht	schlecht	schlecht
1973	gut	mittel	mittel	gut	mittel	mittel	mittel	gering
1974	gut	mittel	gering	mittel	gering	mittel	gering	gering
1975	gut	sehr gut	sehr gut	sehr gut	gut	gut	gut	mittel
1976	sehr gut	außergew.	außergew.	außergew.	außergew.	außergew.	sehr gut	gut
1977	mittel	gering	gering	mittel	gering	gering	gering	gering
1978	gut	mittel	mittel	mittel	gering	mittel	mittel	schlecht
1979	gut	außergew.	gut	außergew.	gut	sehr gut	mittel	mittel
1980	gut	gut	gering	mittel	gering	mittel	gering	mittel
1981	gut	sehr gut	mittel	gut	mittel	gut	mittel	gut
1982	mittel	mittel	mittel	mittel	mittel	mittel	gering	schlecht
1983	sehr gut	gut	gut	gut	gut	gut	mittel	mittel
1984	mittel	gering	schlecht	schlecht	schlecht	gering	schlecht	schlecht
1985	sehr gut	außergew.	mittel	gut	gut	gut	gut	gut
1986	mittel	gut	gering	mittel	mittel	mittel	gering	gering
1987	gut	mittel	gering	gering	gering	mittel	gering	mittel
1988	gut	sehr gut	gut	gut	gut	gut	gut	mittel
1989	gut	mittel	mittel	gut	gut	gut	gut	mittel
1990	sehr gut	sehr gut	gut	mittel	sehr gut	gut	gut	sehr gut
1991	gut	mittel	mittel	gering	mittel	mittel	gut.	mittel
1992	sehr gut	gut	mittel	gut	sehr gut	gut	gering	gut
1993	sehr gut	außergew.	gut	gut	sehr gut	sehr gut	sehr gut	sehr gut
1994	gut	sehr gut	mittel	gut	gut	gut	gut	mittel

2. Österreich
(Zusammenstellung unter Mitwirkung des Weinwirtschaftsfonds, Wien.)

	Wachau, Kremstal, Kamptal, Donauland, Carnuntum	Weinviertel	Thermenregion	Burgenland	Steiermark	Wien
1960	gut	gut	gut	gut	gering	gut
1961	sehr gut	sehr gut	sehr gut	sehr gut	sehr gut	sehr gut
1962	gut	gut	gut	sehr gut	gering	sehr gut
1963	gut	gut	gut	sehr gut	gut	sehr gut
1964	sehr gut	sehr gut	sehr gut	sehr gut	gut	gut
1965	schlecht	schlecht	schlecht	schlecht	gering	gering
1966	sehr gut	gut	gut	gut	gut	gut
1967	gut	gut	gut	sehr gut	gut	sehr gut
1968	sehr gut	sehr gut	sehr gut	gut	sehr gut	sehr gut
1969	außergew.	außergew.	außergew.	außergew.	gut	außergew.
1970	gut	gut	gut	gering	gut	gering
1971	sehr gut	sehr gut	sehr gut	sehr gut	außergew.	sehr gut
1972	gering	gering	gering	gering	gering	gering
1973	sehr gut	gut	sehr gut	außergew.	außergew.	sehr gut
1974	gut	gut	sehr gut	gut	gut	gut
1975	gut	gut	gut	gut	sehr gut	gut
1976	gut	gut	gut	gut	sehr gut	gering
1977	sehr gut	außergew.	sehr gut	gut	sehr gut	außergew.
1978	gering	gering	gut	gering	gut	gut
1979	sehr gut	sehr gut	außergew.	sehr gut	sehr gut	außergew.
1980	gering	gering	gering	gut	gering	gering
1981	sehr gut	sehr gut	sehr gut	sehr gut	sehr gut	sehr gut
1982	gut	gut	gut	gut	gut	gut
1983	sehr gut	sehr gut	sehr gut	sehr gut	sehr gut	sehr gut
1984	gering	gering	gering	gering	gering	gering
1985	sehr gut	sehr gut	sehr gut	sehr gut	sehr gut	sehr gut
1986	außergew.	außergew.	außergew.	außergew.	außergew.	außergew.
1987	gut	gut	gut	gut	sehr gut	gut
1988	sehr gut	sehr gut	gut	sehr gut	außergew.	sehr gut
1989	gut	gut	gering	gut	gut	gut
1990	außergew.	gut	gut	gut	sehr gut	gut
1991	gut	gut	gering	gut	gut	gut
1992	gut	mittel	gut	gut	gut	gut
1993	sehr gut	gut	sehr gut	außergew.	sehr gut	außergew.
1994	sehr gut					

Anm. zur Tabelle links: Anmerkung zur Jahrgangstabelle Deutschland: Den Einstufungen liegt das jeweilige Durchschnittsmostgewicht des Gebietes zugrunde, nach den Angaben der statistischen Landesämter bzw. des Statistischen Bundesamtes, Wiesbaden. Dabei wurde nach folgendem Schema verfahren: außergewöhnlich ≙ über 85° Oechsle, sehr gut ≙ 80–84,9° Oechsle, gut ≙ 75–79,9° Oechsle, mittel ≙ 70–74,9° Oechsle, gering ≙ 65–69,9° Oechsle und schlecht ≙ unter 65° Oechsle; im Fall von Mosel-Saar-Ruwer wurde, den besonderen Gegebenheiten der dortigen Weine Rechnung tragend, das Raster um jeweils 5° Oechsle heruntergesetzt (zum Vergleich: ein deutscher Qualitätswein b. A. muß in der Regel um 60°, eine Spätlese mindestens 85° Oechsle aufweisen, während die Riesling Spätlese an Mosel-Saar-Ruwer mindestens 76° und an der Nahe 78° Oechsle wiegen muß).

3. Schweiz

	Ostschweiz		Westschweiz		Südschweiz
	Riesling x Silvaner	Blauburgunder	Weißwein	Rotwein	Merlot
1960	gut	gut	gut	gut	mittel
1961	sehr gut	sehr gut	sehr gut	außergew.	außergew.
1962	gut	sehr gut	außergew.	sehr gut	außergew.
1963	mittel	gut	gut	sehr gut	gut
1964	gut	sehr gut	sehr gut	sehr gut	außergew.
1965	mittel	mittel	mittel	gut	gering
1966	gut	gut	sehr gut	sehr gut	gut
1967	mittel	gut	gut	sehr gut	gut
1968	mittel	mittel	mittel	gut	gut
1969	gut	sehr gut	sehr gut	sehr gut	gut
1970	gut	gut	gut	gut	gut
1971	sehr gut	außergew.	sehr gut	außergew.	außergew.
1972	mittel	mittel	gut	gut	mittel
1973	gut	gut	mittel	gut	mittel
1974	gut	mittel	mittel	gut	gut
1975	gut	sehr gut	gut	gut	gut
1976	mittel	mittel	sehr gut	sehr gut	gut
1977	mittel	mittel	gering	gering	gering
1978	gut	gut	sehr gut	gut	sehr gut
1979	gut	sehr gut	gut	gut	gut
1980	mittel	gut	gering	mittel	gut
1981	gut	gut	gut	mittel	mittel
1982	mittel	mittel	gering	mittel	mittel
1983	sehr gut	außergew.	gut	gut	sehr gut
1984	mittel	gut	mittel	mittel	mittel
1985	sehr gut	außergew.	gut	sehr gut	gut
1986	gut	sehr gut	gut	sehr gut	gut
1987	sehr gut	gut	mittel	gut	mittel
1988	gut	sehr gut	gut	gut	sehr gut
1989	gut	außergew.	gut	außergew.	sehr gut
1990	sehr gut	außergew.	gut	außergew.	außergew.
1991	gut	sehr gut	mittel	sehr gut	sehr gut
1992	sehr gut	außergew.	gut	sehr gut	mittel
1993	sehr gut	sehr gut	mittel	gut	gut
1994	gut	sehr gut	mittel	gut	gut

Anm.: Die Übersicht soll den Gegebenheiten Schweizer Weinen Rechnung tragen und ist auf die entsprechende Weinsorte abgestimmt. Für die Weißweine der Ost- und Westschweiz gilt: außergewöhnlich ≙ über 80° Oechsle usw., d.h. die Stufen liegen um jeweils 5° Oechsle unter den für die Mehrzahl der deutschen Weine gewählten Einstufung; für die Ostschweizer Rotweine entspricht das Raster dem der Einstufung der Mehrheit der deutschen Weine, während es für die Westschweizer Rotweine und den Südschweizer Merlot um jeweils 2° Oechsle darüber liegt. Die Angaben über die jeweiligen Durchschnittsmostgewichte stammen vom Eidgenössischen Volkswirtschaftsdepartement, Bundesamt für Landwirtschaft, Bern.

4. Frankreich

	Bordeaux		Burgund		Côtes du Rhône	Loiretal	Elsaß	Champagne
	Rot-wein	Weiß-wein	Rot-wein	Weiß-wein				
1960	13	11	14	10	15	14	14	14
1961	20	19	20	17	18	16	17	16
1962	15	16	15	16	13	13	15	16
1963	7	6	8	10	7	6	7	6
1964	16	13	17	16	14	15	15	17
1965	5	4	7	8	12	8	9	7
1966	18	14	18	12	15	15	16	18
1967	15	18	15	16	16	13	16	15
1968	7	5	4	6	10	9	10	9
1969	12	14	18	19	16	15	15	15
1970	19	19	14	16	17	14	16	15
1971	18	18	18	16	17	16	18	17
1972	12	12	17	14	16	11	12	14
1973	14	13	14	17	13	14	16	15
1974	15	12	14	15	14	13	15	14
1975	19	18	10	15	13	16	17	16
1976	17	19	17	17	17	17	18	17
1977	13	13	13	13	15	13	14	13
1978	18	17	20	18	19	16	16	14
1979	18	18	16	17	17	15	16	17
1980	14	17	13	15	16	14	13	15
1981	18	18	16	17	17	16	16	16
1982	19	18	17	18	16	17	17	18
1983	19	19	16	18	18	17	20	15
1984	15	16	14	16	15	13	15	14
1985	19	18	19	19	18	17	18	17
1986	19	19	15	17	16	16	15	15
1987	15	17	14	13	15	16	16	14
1988	18	19	19	16	19	17	18	16
1989	18	19	18	19	17	20	17	18
1990	19	19	19	18	18	18	19	20
1991	15	15	15	16	16	12	15	16
1992	14	15	14	18	12	15	16	14
1993	15	15	18	14	15	15	18	14
1994	17	19	14	17	17	14	17	15

Anm.: Den Angaben liegt das international übliche System der erreichten Punkte von maximal 20 möglichen Punkten zugrunde. Größere Abweichungen zwischen trockenen und süßen Weißweinen unter den weißen Bordeaux und bei der Angabe der Loire-Weine sind möglich, ebenso zwischen den Weinen der nördlichen und denen der südlichen Rhône.

5. Italien

	Piemont	Südtirol Trentino	Veneto, Friuli-Venezia Giulia Rotwein	Weißwein	Toscana	Kampanien	Apulien
1960	gering	mittel	mittel	mittel	mittel	sehr gut	sehr gut
1961	sehr gut	sehr gut	sehr gut	sehr gut	gut	außergew.	gut
1962	sehr gut	gut	gut	gut	sehr gut	gering	gut
1963	gering	mittel	gering	mittel	gering	gering	mittel
1964	sehr gut	sehr gut	gut.	gut	sehr gut	sehr gut	mittel
1965	mittel	gering	gering	mittel	mittel	gut	mittel
1966	gering	gut	gut	gut	gut	sehr gut	mittel
1967	gut	gut	sehr gut	gut	sehr gut	sehr gut	gut
1968	gut	sehr gut	gut	mittel	gut	außergew.	gering
1969	gut	außergew.	sehr gut	sehr gut	gut	gut	mittel
1970	sehr gut	gut	sehr gut	sehr gut	außergew.	sehr gut	gut
1971	sehr gut	sehr gut	sehr gut	sehr gut	sehr gut	gut	sehr gut
1972	gering	gut	mittel	gut	mittel	gut	gering
1973	mittel	gut	gut	mittel	gut	sehr gut	mittel
1974	sehr gut	gut	gut	gut	gut	gut	sehr gut
1975	mittel	sehr gut	gut	gut	sehr gut	sehr gut	sehr gut
1976	mittel	gut	gut	gut	gering	gut	mittel
1977	mittel	gut	sehr gut	gut	sehr gut	außergew.	sehr gut
1978	außergew.	gut	sehr gut	sehr gut	sehr gut	gut	gut
1979	sehr gut	mittel	gut	gut	sehr gut	sehr gut	gut
1980	gut	gut	mittel	gut	gut	gut	gut
1981	mittel	mittel	gut	mittel	mittel	sehr gut	sehr gut
1982	außergew.	sehr gut	sehr gut	sehr gut	sehr gut	gut	gut
1983	gut	sehr gut	gering	gut	gut	außergew.	sehr gut
1984	gering	gering	sehr gut	mittel	gering	schlecht	gut
1985	sehr gut	sehr gut	sehr gut	sehr gut	außergew.	außergew.	sehr gut
1986	sehr gut	gut	gut	sehr gut	sehr gut	sehr gut	gut
1987	mittel	mittel	außergew.	mittel	mittel	außergew.	mittel
1988	sehr gut	außergew.	mittel	außergew.	sehr gut	außergew.	sehr gut
1989	außergew.	mittel	sehr gut	gut	mittel	sehr gut	gering
1990	außergew.	sehr gut	mittel	sehr gut	außergew.	außergew.	außergew.
1991	mittel	mittel	gering	gut	gut	sehr gut	gering
1992	gering	gering	gut	mittel	gering	sehr gut	mittel
1993	gut	gut	gut	gut	sehr gut	gut	sehr gut
1994	gut	gut	gut	gut	gut	sehr gut	sehr gut

Anm.: Die Übersicht beruht größtenteils auf den Angaben von Dr. Antonio Niederbacher, Rom bzw. Daniel Thomases, Florenz.

6. Spanien

La Rioja (rot)			
1960	gut	1978	sehr gut
1961	gut	1979	mittel
1962	sehr gut	1980	gut
1963	mittel	1981	sehr gut
1964	außergewöhnlich	1982	außergewöhnlich
1965	gering	1983	gut
1966	mittel	1984	mittel
1967	mittel	1985	gut
1968	außergewöhnlich	1986	gut
1969	mittel	1987	sehr gut
1970	außergewöhnlich	1988	gut
1971	gering	1989	gut
1972	gering	1990	gut
1973	gut	1991	sehr gut
1974	mittel	1992	gut
1975	gut	1993	gut
1976	gut	1994	außergewöhnlich
1977	mittel		

Anm.: Den Einstufungen liegen zumeist die Angaben der Estación de viticultura y enologia in Haro, der Guía de vinos Gourmets (1992) bzw. des spanischen Landwirtschaftsministeriums zugrunde. In einzelnen Fällen wurde unter stärkerer Berücksichtigung der reserva-Qualitäten von ihnen geringfügig abgewichen.

II. Kommentierte
Auswahlbibliographie

Wie schon in den voraufgegangenen Auflagen wird an dieser Stelle auf knappem Raum wiederum eine Auswahl von Neuerscheinungen der letzten Jahre vorgestellt, diesmal annähernd 400 Titel. Der Schwerpunkt liegt wie stets auf der deutschsprachigen Literatur, allerdings konnte auch diesmal in einer Reihe von Fällen zur Abrundung auf fremdsprachige Publikationen nicht völlig verzichtet werden. Gemeinsam setzen sie heute den Interessierten in den Stand, sich auf breiter Basis zuverlässig und kritisch sichtend zu informieren, indem sie dem Qualitätsgedanken eine solide Basis geben. Ohne diese Werke wäre die Neuauflage des Weinlexikons in dieser Form nicht möglich gewesen. Allerdings sind immer noch gra-

vierende Niveauunterschiede zwischen der kritisch-informativen Weinliteratur der angelsächsischen und der romanischen Länder und der deutschsprachigen Literatur festzustellen. Deshalb werden hier häufig Übersetzungen englischer oder französischer Bücher aufgeführt, da sich viele deutschsprachige Autoren unverändert eines unangemessenen saloppen Stils befleißigen, anstatt auf seriös vorgebrachte Information zu setzen.

Die vorliegende Übersicht, unvollständig wie jede Auswahl nun einmal ist, soll dem Interessierten eine erste Orientierungshilfe geben, mit deren Hilfe er rascher das finden möge, wonach er sucht.

Weinerzeugung, Weinbau, Rebsorten

Grundlegend für jeden, der sich für die Welt des Weins und die darin Tätigen interessiert, ist das *Who's who international du vin/International Who's Who in Wine*, erstmals 1991 erschienen, nun in der Ausgabe 1995/96 (Paris: Editions Jacques-Lafitte 1995).

Die beste knappe Einführung in die Erzeugung, Mikrobiologie, Vinifikation, Ausbau und Analyse von Wein ist das schmale Bändchen von Pascal Ribéreau-Gayon, *Le Vin* (Paris: Presses Universitaires de France 1991, 2. Aufl. 1994), das auf 125 Seiten das Wichtigste zusammenfaßt, aber unverständlicherweise nach wie vor nicht ins Deutsche über-

setzt worden ist. Eine nützliche Ergänzung ist der kleine Führer von Marie-José Thiney, *Petit guide d'oenologie* (Bordeaux: Mollat 1992), der sich zwar insbesondere an jene wendet, die ihre Kenntnis der Bordeaux-Weine verbessern wollen, aber darüber hinaus grundsätzliche önologische Kenntnisse vermittelt.

An ein Fachpublikum wie an den interessierten Laien wendet sich das *Weinbuch für Winzer, Wirte und Weinfreunde* von Walter Eggenberger, 1990 in 9. Auflage im Verlag des Schweizer Wirteverbands in Zürich erschienen, dessen Überblick über die Weinbaugebiete der

Welt nach wie vor wenig hilfreich ist und der zum Teil völlig veraltetes Kartenmaterial verwendet und als Schwerpunkt Weinerzeugung und Absatz in der Gastronomie behandelt. Ganz anders das unter Federführung von Günther Posner entstandene Buch *Weinbau. Eine Einführung* (Berlin: Deutscher Landwirtschaftsverlag 1991), das sich insbesondere an die Klein- und Hobbywinzer in den neuen Bundesländern wendet und hier nützliche Anleitungen zumal in den Bereichen »Melioration im Weinbau«, »Junganlagen« und »Ertragsweinberg« liefert. Ebenfalls von ostdeutschen Autoren stammt *Das Weinbuch: Werden des Weins von der Rebe bis zum Glas*, begründet von dem inzwischen verstorbenen Friedrich Gollmick, das in 6., völlig neu bearbeiteter Auflage von Harald Bocker (Leipzig: Fachbuchverlag 1991) herausgegeben wurde. Neben einer vergleichsweise ausführlichen Darstellung des Weinbaus an Saale-Unstrut und Elbe liegt der Schwerpunkt auf »Wein und Kellerwirtschaft«. Das Werk von Karl-Gustav Bergner, *Weinkompendium für Apotheker, Ärzte und Naturwissenschaftler* (Stuttgart: Wissenschaftliche Verlagsgesellschaft 1993) informiert vpr allem über Weinbereitung und Weinchemie.

Zwei Neuerscheinungen setzen sich mit dem ökologischen Weinbau auseinander: Während Uwe Hofmann, Paulin Köpfer und Arndt Werner, *Ökologischer Weinbau* (Stuttgart: Ulmer 1995), sich vor allem mit dem Problem des Bodens, der ökologischen Bodenbearbeitung und Pflanzenpflege beschäftigen, führen Wolfgang Hubert und Heike Reith, *Das große Buch der Bio-Weine. Die besten Weine aus ökologischem Anbau und wo man sie kauft* (Herford: Busse Seewald 1992) zu jenen Winzern in Deutschland und Europa (plus je einen in Kalifornien und Australien), die nach anerkannten ökologischen Grundsätzen Wein erzeugen. Eine derartige Liste kann nie vollständig sein, aber der

Blick sollte jenseits aller Ideologie grundsätzlich für die allein entscheidende Qualitätsfrage offenbleiben.

Drei lexikalische Nachschlagewerke wenden sich an ein ähnlich breit gestreutes Fach- wie Laienpublikum: Von Graham und Sue Edwards stammt das 1991 bei Alan Sutton in London erneut erschienene *The Dictionary of Drink* mit über 42000 Stichworten zu Getränken aller Art mit äußerst knappen, rein sachlichen Informationen. Sehr viel informativer, jedoch mit »nur« über 10000 im allgemeinen zuverlässigen Stichworten ist das von Simon Siegel u. a. verfaßte *Handlexikon der Getränke: Wein, Champagner, Sekt, Sherry, Portwein* (Linz: Rudolf Trauner Verlag 1989) mit kurzgefaßten und prägnanten Charakteristiken auf über 1000 Seiten. Nicht den gleichen Rang hat das von Karl-Diether Gussek herausgegebene *BI-Lexikon: Der Wein* (Leipzig: Bibliographisches Institut 1990), das am ehesten für die Weine des ehemaligen Ostblocks zu Rate zu ziehen ist, soweit diese Angaben nicht von der Entwicklung der letzten Jahre überholt sind.

Sehr viel spezieller ist der von Hans Ambrosi u. a. verfaßte *Farbatlas Rebsorten. 300 Sorten und ihre Weine* (Stuttgart: Eugen Ulmer 1994). Die Beschreibungen sind in der Regel sehr technisch, während die Bewertung der Weinqualität der jeweiligen Rebsorten häufig irreführend ist und nicht dem Qualitätsstandard der international anerkannten Weinliteratur entspricht. Das gleiche gilt für Walter Hillebrand, Heinz Lott und Franz Pfaff, *Taschenbuch der Rebsorten*, dessen 9. Auflage 1990 in Mainz (Fachverlag Dr. Fraund) erschien und in dem – in souveräner Mißachtung aller Erkenntnisse der internationalen Ampelographie – der Chardonnay immer noch als eine »qualitativ sehr gute Weißburgunderspielart« bezeichnet wird (S. 415), im Gegenzug aber über jede noch so unbedeutende Neuzüchtung ausführlich berichtet wird. Allein der Rebsorte

Riesling sind zwei Broschüren gewidmet. Bei der älteren handelt es sich um die *Festschrift anläßlich des 10jährigen Jubiläums des »Riesling-Freundeskreises Trier«* (Trier: Riesling-Freundeskreis 1989) mit kürzeren Beiträgen u.a. zur Geschichte des Rieslings und zum Riesling an Mosel-Saar-Ruwer. Die nur unwesentlich jüngere stammt von Rudolf Knoll, *Plädoyer für einen großen Wein: Riesling* (Mainz: Fachverlag Dr. Fraund 1990), eine wenig tiefschürfende Übersicht über die Rebsorte und ihre Variationsbreite und mit einer Liste einiger bekannter Rieslinggüter, die jedoch wenig beeindruckend ist. Mit allen diesen Rebsorten-Betrachtungen kann man nicht nur international wenig Eindruck machen, sondern sie sind auch weit von dem Qualitätsstandard der seriösen, zumal englischsprachigen Literatur entfernt. Ein eindrucksvolles Beispiel gerade dieser Literatur ist trotz des unangemessenen deutschen Titels der Band von James Halliday und Hugh Johnson, *Wie Wein entsteht: Von den Göttern geschenkt, von den Menschen gemacht* (Bern–Stuttgart: Hallwag 1993). Was man hier über »the art and science of wine« (so der englische Originaltitel) und über die Weine der wichtigsten Rebsorten erfahren kann, ist nicht nur sehr viel fundierter als in dem zuvor vorgestellten Band, sondern das Buch enthält auch zuverlässige und solide Informationen zu allen wesentlichen Bereichen der Weinerzeugung der führenden Weinbaugebiete und Rebsorten.

Zwei Neuerscheinungen sind von gleichem Niveau, nämlich der Band von Jancis Robinson, *Vintage Timecharts. The Pedigree and Performance of Fine Wines to the Year 2000* (London: Mitchell Beazley 1989), in deutscher Übersetzung erschienen als *Der Weinkalender. Die besten Jahre der besten Weine* ([Weil der Stadt:] Hädecke 1990). Was Robinson hier erstmals versucht, ist an 45 ausgewählten Weinen der führenden Weinbaugebiete der Welt die Reifeentwicklung zumeist der Jahrgänge von 1978 bis 1988 bis zum Jahr 2000 zu beschreiben und graphisch darzustellen. Das zweite Werk stammt von Michael Broadbent, *The Great Vintage Wine Book II* (London: Mitchell Beazley 1991), auf Deutsch erschienen als *Broadbents Weinnotizen. Michael Broadbent beschreibt und bewertet große Weine und Jahrgänge aus drei Jahrhunderten* (Bern–Stuttgart: Hallwag 1994). Es handelt es sich hierbei um die Fortsetzung seines erstmals 1980 erschienenen *Great Vintage Wine Book* mit den Degustationsnotizen der achtziger Jahre. Die deutsche Ausgabe ist gegenüber der englischen aktualisiert und berücksichtigt noch Notizen bis in das Jahr 1993, aber die Nuancen der Sprache sind nun einmal im Englischen subtiler als in jeder noch so guten Übersetzung. Man liest sie mit Genuß, und sie sind in gleich hohem Maße eine lehrreiche Lektüre.

Ein Werk sui generis ist die jüngste Neuerscheinung: Emile Peynaud, *Oenologue dans le siècle. Entretiens avec Michel Guillard* (Paris: La Table ronde 1995), eine Art Resümee des Lebenswerkes des wohl bedeutendsten Önologen dieses Jahrhunderts, der im Plauderton sein Leben und seine Einstellung zum Wein und damit auch seinen Beitrag Revue passieren läßt.

Wein und Weinbau

1 Allgemein

An Werken dieser Gattung herrscht wahrlich kein Mangel, doch der Qualitätsunterschied zwischen ihnen ist horrend. Das wird schon bei dem ersten Titel dieser Gattung deutlich: Karl Röder und Hans-Georg Dörr, *Was Weinfreunde wissen wollen. Fragen und Antworten rund um den Wein* (Niederhausen/Ts.: Falken 1991), in dem auf dem Niveau des deutschen Weingesetzes und der deutschen Weinbaupraxis die Weinwelt eingeteilt wird, ohne auch nur die Frage aufkommen zu lassen, ob dies denn wirklich der Weisheit letzter Schluß sei. Eine deutlich breitere Perspektive verfolgt Jens Priewe, *Wein: Die kleine Schule* (München: Zabert Sandmann 1993), mit einer sehr gelungenen, kritisch abwägenden Einführung in Rebkunde, Weingesetze, Weinbereitung, die wichtigsten Weinbauländer und den Umgang mit Wein. Eine ähnliche, reich bebilderte, aber inhaltlich weniger umfassende Einführung stammt von Joanna Simon, *Wein entdecken* (Bern–Stuttgart: Hallwag 1994), die in knapper Form über den Umgang mit Wein, die Weinentstehung und die wichtigsten Weinbauländer informiert. Sehr viel methodischer und lehrbuchhafter ist der Zugang von Steven Spurrier und Michel Dovaz, *Große Weinkunde* (Rüschlikon–Zürich: Albert Müller 1990), die mittels vier aufeinander aufbauender Kurse die derzeit wohl beste und umfassendste Einführung in das Thema Wein bieten. Einen anderen Ansatz verfolgt das Autorenteam der Zeitschrift *Vinum* mit ihrem reich bebilderten Band *Welt der Weine – Weine der Welt: Weine kennen, pflegen, genießen* (München: Mosaik 1992). Doch schon an der Definition des großen Weins scheitert das Werk, was

zu schwerwiegenden Folgen für den nachfolgenden Überblick über die Weinbauländer der Welt führt, auch wenn die Beiträge von unterschiedlichem Niveau sind und mitunter wenig fundierte Kenntnis verraten. Besser ist es um den Band von Pierre Casamayor, Michel Dovaz und Jean-François Bazin, *Edle Tropfen: Die 100 teuersten Weine der Welt* (Cham: Müller Rüschlikon 1994) bestellt, wenngleich man sich vom Verlag etwas mehr Professionalität gewünscht hätte. Die 100 geachtetsten Weine der Welt, darunter elf deutsche Trockenbeerenauslesen (einschließlich eines Eisweins), sind große Weine, wahre grands vins, aber keine noch so edlen Tropfen. Der so verstandene große Wein wird hier ausführlich definiert und liefert damit eine Grundlage für die Auswahl, selbst wenn man mit dieser nicht in allen Punkten übereinstimmt und insgesamt eine etwas »amerikanisierte« Betrachtungsweise feststellen wird.

Als umfassendere Übersicht über die Welt des Weines ist unverändert und zumal in seiner jüngsten aktualisierten Form mit Lagenklassifizierung nicht nur im deutschen Weinbau Hugh Johnson, *Der neue Weinatlas: Länder, Lagen, Qualitäten, Trauben, Traditionen, Produzenten, Etiketten*, 25. vollständig überarbeitete Auflage (Bern–Stuttgart: Hallwag 1994), unschlagbar, ein Muß für jeden, der sich ernsthaft mit den Weinen der Welt beschäftigt. Die klassische Ergänzung zum *Weinatlas* sind der *Große* und der *Kleine Johnson*, Hugh Johnson, *Der große Johnson: Die neue Enzyklopädie der Weine, Weinbaugebiete und Weinerzeuger der Welt*, 5. Aufl. (Bern–Stuttgart: Hallwag 1991), und ders., *Der kleine Johnson für Weinkenner. Informationen über 6000 Weine, zu Jahrgängen und Trinkreife*, zuletzt als *Ausgabe für 1995*, 16. Aufl.

(Bern–Stuttgart: Hallwag 1994), beide längst zu Standardführern des erfolgreichsten Weinbuchautors der Gegenwart geworden.

Jeder andere Autor hat es neben diesen Klassikern der modernen Weinliteratur schwer, selbst ein so populärer wie Oz Clarke. Sein *Knaurs Großes Lexikon der Weine: Rebsorten, Weine, Anbaugebiete und Erzeuger aus aller Welt* (München: Droemer Knaur 1994) betont einseitig die Erzeuger und ist darüber hinaus für den deutschen Sprachraum lückenhaft und nicht immer korrekt. Das gleiche gilt mutatis mutandis auch für seinen *Knaurs Kleinen Weinführer. 4000 Weine aus aller Welt*, zuletzt in der *Ausgabe für 1995* (München: Droemer Knaur 1994). Anders aufgebaut sind dagegen zwei weitere Bücher von ihm. Der Gedanke der Bedeutung des Erzeugers liegt seinen *New Classic Wines* (London: Websters/Mitchell Beazley 1991) zugrunde, das die herausragende Einzelpersönlichkeit in den Mittelpunkt stellt und folglich hauptsächlich Kalifornien und Australien behandelt. Doch sein Plädoyer für den modernen Wein meint letztlich Technik und Mode, aber nicht Individualität, Persönlichkeit und Größe. Dieser Richtung folgt mit einem anderen Ansatz auch sein Buch *Weine aus aller Welt* (Cham–Stuttgart–Wien: Müller Rüschlikon 1992). Hier geht es zwar um Gebiete und zumal Europa, doch wo wirkliche Größe liegt, vermag der Autor nur selten zu zeigen, und die aufgeführten Namen sind mitunter genau die falschen.

Slow Food Welt-Wein-Führer. Die 6000 Spitzenweine der 2000 besten Weingüter der Welt (München: Zabert Sandmann 1993) – das klingt sehr vollmundig und fordert oftmals zum Widerspruch heraus, doch von der regionalen Eigenart und der Individualität statt Uniformität auszugehen, verdient im Sinne der Weinkultur nur Zustimmung. Ein ähnlicher Anspruch geht von dem unter Federführung der beiden Schweden Mikael Mölstad und Belinda Stublia erschienenen Werk aus, *Die Welt des Weins. Der vollständige Weinführer* (Luzern: Millhouse 1994). Wer für sich reklamiert, »so viele sorgfältige Nachforschungen« wie »niemals« zuvor angestellt zu haben, darf sich nicht wundern, wenn man ihm die vertauschten Fotos und Fehler bei so manchen Angaben vorhält und die Auswahl mitunter als wenig kenntnisreich erscheint. Aber immerhin wimmelt es nicht so von falsch geschriebenen Namen, unzutreffenden Behauptungen und manchmal hanebüchenem Unsinn wie in dem erstmals 1982 auf Französisch erschienenen Werk eines internationalen Autorenteams, das jetzt als *Das große Weinbuch* (Bern: Kümmerly und Frey 1990) auf Deutsch erschienen ist. Vorbehalte sind auch bei dem neuesten Werk von Peter-Paul Falkenstein, *Das Weinbuch. Führer durch die wichtigsten Anbaugebiete in Deutschland, Europa und Übersee für Anfänger, Kenner und Genießer* (Köln: Naumann & Göbel o.J. [1994]) angebracht. Die saloppe Art, die auch schon einmal danebengreift, über Wein zu schreiben, hat mit sachlicher Information und Weinkultur nichts zu tun.

Sehr viel seriöser ist der umfangreiche Band von Rudolf Steurer, Wolfgang Thomann und Josef Schuller, *Welt-Wein-Almanach* (Wien: Orac 1992). Ein Schwerpunkt, fast ein Viertel des Bandes, entfällt auf die Weinbauländer des östlichen Mitteleuropas und Osteuropas, jedoch sind die Informationen hier wie auch in den übrigen Teilen dieses im allgemeinen zuverlässigen Werkes meist rein technischer Natur und seltener qualitativ gewichtend. An der bereits in der letzten Auflage des Weinlexikons konstatierten mitunter hausbackenen und oberflächlichen Art der Darstellung hat sich auch in der nunmehr vorliegenden 4. Aufl. des Bandes von Susi Piroué, *Freude am Wein: Der umfassende Führer zur Weinkennerschaft und zu den Weinen der Welt.* (München:

Gräfe und Unzer 1992) wenig geändert. Daß angeblich Aktualisierungen in größerem Maße durchgeführt wurden, ist zu bezweifeln, da der jüngste erwähnte Jahrgang der gleiche wie der der 2. Aufl. von 1989 (nämlich der 1988er) ist. Auch daß es 1992 eine DDR nicht mehr gab, scheint der Aufmerksamkeit von Autorin und Verlag entgangen zu sein.

Regionaler sind in ihrem Bezug einige weitere Werke, darunter Rudolf Steurer und Wolfgang Thomann, *Europäischer Wein-Almanach. Das umfassende Nachschlagewerk zu den Weinen Europas* (Wien: Orac 1990), die Vorstufe zu dem Welt-Wein-Almanach, gleichartig angeordnet und ebenso weitgehend auf technische Beschreibungen beschränkt. Sehr viel urteilsfreudiger ist dagegen Christian Rischert, *Die Weinmacher: Handwerker, Bauern, Manager, Künstler. Begegnungen in Europa* (Steinhagen: Zabert Sandmann 1989), der 14 europäische Weinbaugebiete (sechs in Italien, drei in Spanien, je zwei in Deutschland und Frankreich und die Wachau in Österreich) ausgewählt hat. Doch warum gerade diese und warum bestimmte Winzer und Weingutsbesitzer von ihm vorgestellt werden, läßt sich wohl allein durch »die spontane freundschaftliche Zuneigung« erklären. *Weine der Neuen Welt: Kalifornien, Argentinien, Brasilien, Chile, Australien und Neuseeland* stellt Oz Clarkes Regional-Weinführer vor in einem Band, der von Bob Thompson, James Halliday und Rosemary George verfaßt wurde (Cham/Zug: Müller Rüschlikon 1994). Aufbau und Aussage orientieren sich an Oz Clarkes *Großes Knaurs Lexikon der Weine* und erlauben es, sich rasch über führende Erzeuger zu informieren, wobei allerdings Südamerika mit acht Seiten (1 Erzeuger für Brasilien!) sehr stiefmütterlich behandelt wird.

Ein anderes Prinzip verfolgen einige weitere Weinführer. So gibt es bei Hallwag zwei Taschenführer von Jim Ainsworth, *Weißwein von A bis Z* und *Rotwein von A bis Z* (beide: Bern–Stuttgart: Hallwag 1991). Das ist sehr ambitioniert, doch trotz der einen oder anderen fraglichen Beurteilung sind die Führer meist nützlich. Das gilt jedoch nicht für österreichische Weißweine, von denen der Autor kaum Ahnung zu haben scheint, und in beiden Bänden sind Schwächen im Bereich Bordeaux vorhanden. Doch für einen ersten Einstieg mag es angehen. Insgesamt erscheint allerdings der Band von Roger Voss, *Aperitif- und Dessertweine: 1500 Weine aus aller Welt* (Bern–Stuttgart: Hallwag 1989) gelungener und zuverlässiger, wenn auch das Kapitel über den Tokajer inzwischen von der Entwicklung in Ungarn überholt worden ist und neu geschrieben werden müßte. Die Neuauflage von Jane MacQuitty, *Champagner, Sekte, Schaumweine. Über 500 Produzenten aus 22 Ländern*, 2. Aufl. (Bern–Stuttgart: Hallwag 1990), ist nach wie vor nützlich – auch wenn die Erwähnung des einen oder anderen deutschen Supermarkt-Schaumweins überrascht. Allerdings scheint sich die Aktualisierung auf die Ergänzung der drei Champagner-Jahrgänge 1986, 1987 und 1988 (S. 19-20) zu beschränken. Hingegen bietet Horst Dohm, *Flaschenpost aus der Champagne und anderen Weinlandschaften. Champagner und Sekt, Spumante, Cava und Crémant: Sechzig große Schaumweine* (München: Keyser 1990), weniger Informationen, dafür aber eine Fülle schöner Bilder. Man vermißt nicht nur Pol Roger u.a. namhafte Champagner-Häuser, sondern trifft etwa auch in Spanien auf viele Lücken, von außereuropäischen Gebieten ganz zu schweigen. Nicht ganz zu Recht haben Claus Arius und Wolf Uecker ihr Buch *Champagner* (München: Heyne 1993) genannt, denn tatsächlich geht es hier zumindest teilweise auch um deutsche und italienische Schaumweine und schließlich auch noch um Schaumweincocktails. Ohnehin kennzeichnet den Band eine Kluft zwischen Aufmachung und Inhalt.

Eine einzigartige englische Serie verdient an dieser Stelle besondere Erwähnung, nämlich die von Harry Eyres herausgegebenen *Guides to Grape Varieties* (London: Viking), in der insgesamt sechs Bände erschienen sind: Harry Eyres, *Cabernet Sauvignon* (1991), Stuart Pigott, *Riesling* (1991), Andrew Barr, *Pinot noir* (1992), Stephen Brook, *Sauvignon Blanc and Sémillon* (1992), Giles MacDonogh, *Syrah, Grenache and Mourvèdre* (1992) und Tim Atkin, *Chardonnay* (1992). In diesen Führern werden praktisch alle Weinbauländer, in denen die entsprechenden Rebsorten vorhanden sind, meist mit dem Schwerpunkt auf Frankreich, kompetent behandelt. Zwar mag man bedauern, daß der Band über Cabernet Sauvignon nicht den Cabernet Franc und Merlot mitbehandelt – es bleiben mithin die Weine von St. Emilion und Pomerol, aber auch von der Loire, die Rotweine des Tessins u. a. unberücksichtigt. Der Band von MacDonogh geht dagegen viel zu wenig auf Spanien und Italien (Sardinien) und die neuesten Entwicklungen in Deutschland und Österreich, aber auch in Griechenland, Südafrika und anderenorts ein, doch die Bedeutung der Rebsorten und zumeist die wichtigsten Güter und ihre entsprechenden Weine sind zuverlässig behandelt.

Drei neue Weinlexika verdienen hier noch eine Erwähnung. Eines stammt von der bekannten englischen Weinjournalistin Pamela Vandyke Price, *Dictionary of Wines and Spirits*, von dem 1994 in London bei Chancellor Press ein preiswerter Nachdruck erschienen ist. Bei knapp 2300 Stichworten bleiben sicherlich Lücken, doch die behandelten Stichworte sind meist zuverlässig und gewichten qualitativ, so daß sich der Benutzer mit ihrer Hilfe orientieren kann. Anders der Band von Walter Ruckenbauer und Hans Traxler, *Lexikon für Freunde des Weins. Ein Nachschlagewerk mit über 1000 Stichwörtern aus allen Bereichen rund um den Wein* (Wien: Österreichischer Agrarverlag 1992), der auf Österreich zugeschnitten ist und in anderen Weinbaugebieten der Welt schon einmal in die Irre geht, es generell aber bei technischen Beschreibungen beläßt und auf Gewichtungen verzichtet. Letzteres gilt auch für Hans Ambrosi, *Wein A bis Z. Antwort auf alle Fragen in 5000 Stichwörtern. Informativ – verständlich – umfassend* (München: Gräfe und Unzer 1992). Tatsächlich ist das Werk alles andere als informativ, da es dem Benutzer nicht verrät, ob der Name Forst oder Forchtenberg im deutschen Weinbau der bedeutendere ist, und es ist auch nicht so umfassend, wie der Autor vorgibt, da er uns eben nicht mitteilt, wie sich der Wein von Fleurie von denen der übrigen neun Beaujolais-Gemeinden unterscheidet. Beim Stichwort »Fronsac, Canon-Fronsac« wiederum bleibt offen, ob es nun ein AC-Gebiet ist oder vielleicht doch zwei und worin, falls das der Fall ist, die Unterschiede liegen. (Diese willkürlich herausgegriffenen Beispiele mögen genügen.)

Von dem gleichen Autor, dem langjährigen Direktor der Hessischen Staatsweingüter in Eltville, stammt der *Welt-Atlas des Weines* (Mainz: Fachverlag Dr. Fraund o.J. [1989]), ein dünnes, statistisches Bändchen mit sehr pauschal gehaltenem Kartenmaterial, dessen Angaben aber zu einem großen Teil bereits 1989 veraltet waren. Eine vergleichbar pauschale, wenn auch etwas aktuellere Einführung ist das Bändchen *Internationaler Wein-Taschenatlas* (Mainz: Woschek Verlag 1990), das immerhin Erzeugerlisten beinhaltet.

2 Deutschland

Ein nützlicher Einstieg in die Situation des deutschen Weins ist die jährlich in der Schriftenreihe des Deutschen Weinbauverbandes erscheinende Broschüre *Zahlen und Fakten. Die deutsche Weinwirtschaft im internationalen Vergleich.* Etwas ausführlicherer, doch recht allgemein gehaltene Informationen bietet Rudolf Knoll, *Diners Club Lexikon der Weine und Spirituosen: Deutschland* (Münster: Stedtfeld Verlag 1991). Sehr viel umfangreichere Kenntnisse vermittelt dagegen Horst Scharfenberg, *Deutschlands Weine* (Bern–Stuttgart: Hallwag, 6. Aufl. 1993). In der Verknüpfung von Lagen, Karten und Erzeugern stammt das beste Werk von Hugh Johnson, *Atlas der deutschen Weine: Lagen, Produzenten, Weinstraßen* (Bern–Stuttgart: Hallwag, 2. Aufl. 1990), demgegenüber die allgemeinen Kartenwerke des Deutschen Weininstituts, *Deutscher Weinatlas: Anbaugebiete, Lagen, Straßenkarten* (Mainz: Deutscher Weinfonds 1991) bzw. *Deutscher Wein: Atlas der Anbaugebiete, Bereiche und Lagen* (Bern–Stuttgart: Hallwag 1993) weniger hilfreich sind, auch wenn in letzterem zumindest die Lagenkarten besser geworden sind. Eine reine, nicht sehr detaillierte Karte ist dagegen *Reisen zum deutschen Wein. Ein Führer zu allen deutschen Anbaugebieten – von Ahrweiler bis Zwingenberg* (Berlin: RV-Verlag 1991), während der *Wein-Reiseführer Deutschland* von Hans Ambrosi und Kerry Brady Stewart (Herford: Busse Seewald 1991) mehr touristische Informationen zu vermitteln sucht. Präziser und kompakter ist dagegen der Prestel-Führer von Edda und Michael Neumann-Adrian, *Deutsche Weinreise* (München: Prestel 1992). Abgeschlossen wurde inzwischen das *Gesamtwerk Deutscher Wein* von Winfrid Heinen mit den beiden Bänden *Ahr/Mittelrhein* und dem allerdings in der Eile recht

dürftig geratenen Band *Elbe/Saale-Unstrut* (Trittenheim: Heinen 1990).

Ganz andere und teilweise tiefergehende Informationen bietet schließlich nach wie vor das Fortsetzungswerk in Lieferungen von Günter Neitzer, *Deutsches Weinarchiv* (Oestrich-Winkel: Vinothek-Verlag), das bis 1995 auf insgesamt sieben Ordner angewachsen ist. Eine problemorientierte Einführung – allerdings eindeutig unter dem Gesichtspunkt Marketing und Absatz, nicht unter der Perspektive der Erzeugung großer Weine – bietet Heinz von Opel, *25 Chancen für den deutschen Winzer. Bestandsaufnahme und Perspektiven* (Mainz: Fachverlag Dr. Fraund 1993).

Der Wunsch, Hilfestellung bei der Suche nach dem passenden Wein und den wichtigsten Erzeugern zu geben, vereint viele Publikationen. Die erste auf dem Weg dorthin war vor über zwanzig Jahren der Band von Hans Ambrosi, *Wo große Weine wachsen*, 1992 in überarbeiteter Neuauflage in Herford bei Busse Seewald erschienen. Von den 94 ursprünglichen Gütern sind 84 geblieben und 24 neu hinzugekommen. Was nach wie vor fehlt, ist eine Definition dessen, was ein großer Wein ist. Die Crux des deutschen Weinbaus, daß man sich letztlich über seine eigenen Kriterien nicht im klaren ist, kennzeichnet daher auch dieses Buch, in dem etwa das heute allgemein als Nr. 1 der Nahe anerkannte Weingut Hermann Dönnhoff ebensowenig wie andere namhafte Güter vorgestellt werden. Daraus erklärt sich aber, weshalb Hans Ambrosi gemeinsam mit Peter Cech dem einen zweiten Band folgen lassen konnten, der allein den Winzergenossenschaften gewidmet ist (*Wo große Weine wachsen*, Bd. 2: *Winzergenossenschaften*, Herford: Busse Seewald 1994), von denen etliche nach allgemeinem Verständnis geradezu als Antithese für große Weine angesehen werden. Die internationale seriöse Weinliteratur zur Kenntnis zu nehmen, wäre hier wohl angebracht gewesen.

Nützlicher ist hier Mario Scheuermann, *Deutsche Spitzenweingüter. Klassifikation von 1990/91* (Düsseldorf: Econ 1989), auch wenn man nicht immer seiner Meinung sein muß. Auch Harry George, *Georges Weinführer: Der Wegweiser zu trockenen deutschen Weinen* (Waldkirch: Waldkircher Verlag 1989) ist um kritische Sichtung bemüht, obwohl seine Kriterien und Präsentation noch verbessert werden könnten. Rudolf Knoll schließlich wollte mit seinem *Der deutsche Winzerspiegel* (München: Mosaik Verlag 1991) Zeichen setzen. Doch nicht nur manches dieser sogenannten »unbekannten Weingüter« war gar nicht so unbekannt, sondern auch die Kriterien für die entdeckten Spitzenweine bleiben undurchsichtig. Der unter redaktioneller Leitung von Armin Diel und Joel Payne erstmals 1993 erschienene *Gault Millau WeinGuide Deutschland (Ausgabe für 1995*, München: Heyne 1994) ist hier schon hilfreicher. Auch wenn man nicht in jedem Fall mit der zwischen 13/20 und 19/20 erfolgten Einstufung der zuletzt 325 Weinerzeuger einverstanden sein mag und es für grundsätzlich problematisch hält, daß die Federführung bei einem deutschen Weingutsbesitzer und einem Vertreter eines der größten deutschen Weinhandelsunternehmen liegt, ist nicht zu bestreiten, daß die ganze Diskussion um die deutschen Spitzenweingüter hier auf einem erheblich sachlicheren Niveau geführt wurde.

Wie notwendig das ist, wird deutlich, wenn man daneben das jährlich vom Deutschen Weininstitut veröffentlichte Preisträgerverzeichnis der DLG-Bundesweinprämierung mit dem Anspruch *Die deutschen Spitzenweine* (Mainz: Deutsches Weininstitut) betrachtet. Nach derartigen Kriterien würde kein premier cru aus Bordeaux zu den französischen Spitzenweine gehören. Von wirklichen Spitzenweinen ist dagegen in dem von Horst Dippel in der Reihe der großen Weine der Welt herausgegebenen Band von Stuart Pigott, *Die großen deutschen Rieslingweine* (Düsseldorf: Econ 1994) die Rede. Wenn dieser Band auch wegen einiger Marginalien ein bundesweites Presseecho gefunden hat, hat er doch zugleich die Tür für eine seriöse und fundierte Diskussion um deutsche Spitzenweine weit aufgestoßen. Der deutsche Weinbau wäre gut beraten, wenn er jenseits subjektiver Irritationen sich der objektiven Grundlagen für deutsche Spitzenweine, ihrer internationalen Dimensionen wie der önologischen Konsequenzen mit allem Nachdruck annehmen würde, statt auf vordergründiges Marketing zu schielen.

Kein vergleichbarer Anspruch geht von Stuart Pigotts schmalem Band *Große Weine von Rhein & Mosel '88/89* (Selbstverlag 1990) aus, das im übrigen auch Weine aus Rheinhessen und der Pfalz berücksichtigt. Selbst nach nunmehr einer Reihe von Jahren ist Pigotts damalige Beurteilung der 1988er und 1989er der besten Erzeuger auch heute noch von Interesse. Im Buch von Horst Dohm, *Winzerportraits, aus »Der Feinschmecker«: 32 deutsche Winzer und ihre besten Weine. Mit Adressen, Bewertungen und Empfehlungen* (München: Gräfe und Unzer 1992), lebendig geschrieben, werden Winzer aus allen Weinbaugebieten der alten Bundesrepublik (außer Mittelrhein und Hessische Bergstraße) in mitunter etwas eigenwilliger Auswahl vorgestellt, wobei mit über einem Viertel der Löwenanteil auf den Rheingau entfällt. Noch stärker regional eingeengt ist der von Michael Schröder herausgegebene Band *Wege zum Winzer* (Mannheim: Südwestdeutsche Verlagsanstalt 1992), der 55 ausgewählte Weingüter und Genossenschaften aus der Pfalz, von der Hessischen und der Badischen Bergstraße, aus dem Kraichgau und aus Tauberfranken vorstellt. Die Beschränkung auf den pfälzischen, südhessischen und nordbadischen Raum läßt sich wohl allein aus dem Verbreitungsgebiet des *Mannheimer Morgens* erklären, auf dessen Weinserie der Band zurückgeht. Einen kritischen Ansatz wird man hier nicht finden, aber er ermuntert dazu, hinaus zu den Winzern zu fahren und ihre Weine zu probieren und zu kaufen.

Wer noch *Mehr über deutschen Wein* erfahren will, mag zu dem gleichnamigen Band von Hans Ambrosi (Mainz: Fachverlag Dr. Fraund 1989) greifen, doch über sehr allgemeine Grundinformationen geht der schmale Band nicht hinaus. Zwei Bücher zu dem Spezialthema *Sekt* seien noch erwähnt, der schmälere und ältere Band stammt von Rudolf Knoll (Düsseldorf: Econ 1989), der ausführlichere, neuere und üppig bebilderte mit dem Untertitel *Perlendes Deutschland* von Horst Scharfenberg (Bern–Stuttgart: Hallwag 1993). Er beschränkt sich jedoch weitgehend auf die großen Sektkellereien, während bei Knoll auch die Sekte privater Weingüter erwähnt werden.

Zwei weitere Publikationen mögen diesen allgemeinen Teil abschließen. Die eine stammt von Guy Bonnefoit, *Unsere Weine – unsere Küche. Die Harmonie von deutschem Wein und zeitgemäßer Küche* (Mainz: Deutsches Weininstitut, 2. Aufl. 1990), eine Art Hofberichterstattung, die, was den Wein betrifft, sich bei den jeweiligen Gerichten darauf beschränkt, einige Rebsorten bestimmter Weinbaugebiete, meist als junge Weine, trocken und halbtrocken anzugeben. Es versteht sich von selbst, daß – von einem internationalen Niveau ausgehend – mit derartigen Empfehlungen in der Regel wenig anzufangen ist.

Das andere Werk stammt von Günther Eichborn, *Internationale Weine & Spirituosen* (Würzburg: Stürtz 1992) und ist ein Verzeichnis von Bezugsquellen in Deutschland mit über 230 Kurzporträts von Importhäusern. Ein derartiges Verzeichnis kann zwangsläufig nie vollständig sein und bedarf stetiger Aktualisierung, soll es seinen Nutzen nicht bereits nach kurzer Zeit verlieren.

2.1 Einzelne Anbaugebiete

Wie in den vergangenen Jahren sind die dreizehn deutschen Weinbaugebiete sehr unterschiedlich mit Publikationen bedacht worden. Selbst zu einem so großen und qualitativ bedeutsamen Gebiet wie dem der **Mosel** ist aus den letzten Jahren nicht viel zu vermelden. Rudolf Knoll hat in der ECON Gourmet Bibliothek ein schmales Bändchen über *Mosel-Saar-Ruwer* (Düsseldorf: Econ 1989) vorgelegt, das nicht mehr als eine kleine Einführung sein kann. Stuart Pigott gebührt das Verdienst, die berühmte *Saar und Mosel Weinbau-Karte für den Regierungsbezirk Trier* des preußischen Steuerrats Clotten aus dem Jahr 1868 mit seiner Klassifikation der Mosel-Lagen erneut vorgelegt zu haben (Selbstverlag 1991), wobei auch Entstehung und Bedeutung der Karte erläutert werden. Zwei kleine Hefte von Monika Artz und Helmut Prößler beschäftigen sich mit dem *Weinbau in Moselweiß* (Koblenz: Deinhard-Stiftung 1987). Unter Mitwirkung von Ursula Prößler erschien die *Dokumentation zur Ausstellung »Weinbau in Moselweiß«* (Koblenz: Stadtverwaltung 1990). Schließlich ist noch auf die verdienstvolle Arbeit von Helmut Prößler, *Bernkasteler Doctor: Der »kurfürstliche« Weinberg* zu verweisen, die 1990 als Sonderheft 3 der *Schriften zur Weingeschichte* als Privatdruck der Gesellschaft für Geschichte des Weins erschien.

Aus dem Gebiet des **Mittelrheins** ist lediglich das Heft 2 der *Leutersdorfer Hefte* zu vermelden mit dem Titel *Weinbau* (Leutersdorf: Verkehrs- und Verschönerungsverein o.J.).

Die Neuerscheinungen zum **Rheingau** halten sich ebenfalls in Grenzen. Rudolf

Knoll hat in der oben genannten Reihe ein Bändchen über den *Rheingau* (Düsseldorf: Econ 1990) als allgemein gehaltene Einführung vorgelegt, während in erweiterter, von Alexander Hildebrand herausgegebener Neuauflage Wilma Weidmanns *Ein gar anmutig Land. Impressionen aus dem Rheingau* (Wiesbaden: H. G. Seyfried 1994) erschienen ist, ein hübsch gemachtes, angenehm zu lesendes Bändchen. Aus den *Beiträgen zur Weinkultur im Rheingau* müssen zumindest drei Hefte angezeigt werden, Nr. 1: *Der Mainzer Rheingau* (Eltville: Walter 1988), Nr. 2: *...und jedes Jahr blühen die Reben. Eine Stimmensammlung über den Rheingau und seinen Wein bearbeitet von Paul Claus* (ebd. 1989) und Nr. 4: *30 Jahre Erntedankfeier der Rheingauer Winzer 1960–1989* (ebd. 1990). Abschließend sei noch auf Hermann Mölbert, *Weinbau in Bad Soden a. Ts., zwischen Main und Taunus* verwiesen, das 1988 als H. 5 der *Materialien zur Bad Sodener Geschichte* erschienen ist und einen wichtigen Beitrag zur Geschichte des Rheingauer Weinbaus darstellt.

Zu **Rheinhessen** sind zwei Publikationen anzuzeigen, die Neuauflage von Hans-Jörg Koch, *Einkehr beim Rheinhessenwein. Ein weingastronomischer Führer durch das größte deutsche Weinanbaugebiet* (Alzey: Verlag der Rheinhessischen Druckwerkstätte, 2. Aufl. 1992), eine Liebeserklärung mit gastronomischen Tips und Hinweisen auf Winzerfeste. Ganz anders der Band *Nierstein: Beiträge zur Geschichte und Gegenwart eines alten Reichsdorfes*, herausgegeben von Hildegard Friess-Reimann und Sigrid Schmitt (Alzey: Verlag der Rheinhessischen Druckwerkstätte 1992), aus dem hier vor allem zwei Beiträge über den »Weinbau in Nierstein« und die »Weinbergsflurbereinigung Nierstein« interessieren.

Mehr gibt es zur **Pfalz** zu vermelden. Der prachtvollste Band stammt zweifellos von Claudia Bette-Wenngatz mit Photos von Christian Prager, *Deutsche Weinstraße* (Luzern: Reich Verlag 1994). Weniger an bestechenden Bildern, dafür mehr an zuverlässiger Information bietet der schmale Band von Holger Mühlberger, Manfred Novak und Inga Maria Säftel, *Pfalz. Die Deutsche Weinstraße. Zum Kennenlernen und Genießen. Wein- und Spezialitätenführer für Reise und Einkauf. Der gastronomische und kulinarische Ratgeber mit ausgewählten Hotelempfehlungen* (Mainz: Woschek o.J. [ca. 1992]). Der von Wolfgang Diehl und Karl-Friedrich Geißler herausgegebene Band *»Im Wein erklingt das Wort«: Gedichte, Lieder und Geschichten zum Pfälzer Wein* (Landau: Pfälzische Verlagsanstalt 1990) enthält überwiegend Gedichte um den pfälzischen Wein aus den letzten beiden Jahrhunderten. Analog zu dem gewichtigen Band über Nierstein ist soeben ein vergleichbares, von Kurt Andermann und Berthold Schnabel herausgegebenes Werk über *Deidesheim: Beiträge zu Geschichte und Kultur einer Stadt im Weinland* (Sigmaringen: Thorbecke 1995) erschienen, aus dem in unserem Kontext neben anderen besonders die Beiträge »Von der Wildrebe zur Winzergenossenschaft. Zur Weingeschichte von Deidesheim« und »Der Deidesheimer Weinbau im 20. Jahrhundert« von Interesse sind. Eine ebenso nützliche wie verdienstvolle Detailstudie stammt schließlich von Siegfried Hörig, *Flurnamen, Gewanne und Weinlagen der Stadt Wachenheim an der Weinstraße* (Wachenheim: Weinfreunde Wachenheim, 2. Aufl. 1990), der anhand von Archivmaterial und alten Beschreibungen die Genese und Entwicklung der Wachenheimer Lagennamen nachzeichnet.

Zu **Baden** liegt seit jüngstem im Woschek Verlag Mainz (1994) ebenfalls ein Band über *Baden. Wein- und Spezialitätenführer für Reise und Einkauf* vor, der in bewährter Weise über die Landschaft, ihre Weine, Restaurants und Hotels informiert. Hingegen ist Franz Hilgers

Bändchen *Die Badische Weinstraße. Von Baden-Baden bis Basel* (Freiburg: Rombach, 2. Aufl. 1989) in Wirklichkeit kaum vielmehr als ein reiner Nachdruck der zehn Jahre zuvor erschienenen 1. Auflage. Ähnliches gilt für Wolfgang Abel, *Freiburg – Markgräflerland – Südwestschwarzwald* (Badenweiler: Oase Verlag, 4. Aufl. 1990/1991), in dem neuere Weinentwicklungen ebenfalls kaum Berücksichtigung finden. Neu ist hingegen der von Ruth Gaier herausgegebene schmale Band *Badisches Paradiesbüchlein für Weinkenner und Gourmets* (Tübingen: Silberburg-Verlag 1994). Doch was sich hinter dem anspruchsvollen Titel verbirgt, sind in Wirklichkeit eine Fülle alter Gedichte und nicht immer ganz so neuer Rezepte. Auch inhaltlich neu ist dagegen das Bändchen des bekannten Basler Journalisten Hanns U. Christen, *Weinparadies Oberrhein…Ein kritischer und unabhängiger Führer zu den Weinen der drei Länder am Rheinknie* (Basel: Buchverlag Basler Zeitung 1990), das zwar auch auf die Weine des Elsaß und des Baselbiets eingeht, aber eigentlich eine Lanze für die trockenen Weine des Markgräflerlandes bricht. Abschließend sei noch an den Neudruck von Karl Moll, *Meersburger Weinranken*. *Vom Wein und Weinbau in der tausendjährigen Stadt und am Bodensee* (Meersburg: List & Francke 1987) erinnert, der erstmals 1924 erschienen war.

Wenn es nach der Fülle der Neuerscheinungen ginge, müßte **Württemberg** das mit Abstand größte deutsche Weinbaugebiet sein. Allein acht Titel sind hier anzuzeigen. So ist von Hans Georg Frank, *Württemberger Weinkunde* (Stuttgart: Theiss 1992), erschienen, eine sehr allgemeine, leicht verständliche Einführung mit einer Reihe schöner Photos. Sehr viel umfangreicher und umfassender informiert Carlheinz Gräter, *Württemberger Wein: Landschaft, Geschichte, Kultur* (Leinfelden-Echterdingen: DRW-Verlag 1993), der sich

ebenso mit der Geschichte wie den gegenwärtigen Aspekten des württembergischen Weins beschäftigt. Der Band von Heinz Krumm, Paul Strähle und Eberhard Uhl, *Neckarland und Württembergischer Weinwanderweg* (Stuttgart: Theiss 1990), wendet sich an jene, die sich per Rad oder zu Fuß die württembergische Landschaft, zu der auch der Weinbau gehört, erschließen wollen. Auf einem dieser Wege werden sie an der bedeutendsten württembergischen Weinlage, dem Eilfingerberg, vorbeikommen, dem nunmehr ein eigener Band gewidmet ist: Richard Hachenberger, *Die Eilfinger Weinberge des Klosters Maulbronn* (Maulbronn: Verlag am Klostertor 1990), und der die Geschichte dieser herausragenden Lage bis zu ihrer Wertschätzung in der Gegenwart nachzeichnet. Drei Werke von Robert Matzek dürfen hier nicht fehlen: *Schwäbischer Wein von Abt Knittel bis Zuckerle. Geschichten über die originellsten Weinnamen im Ländle* (Stuttgart: Idee-Verlag 1989), *Von Apostelwein bis Zwiebelkuchen. Allerlei Schwäbisches rund um den schwäbischen Wein* (ebd. 1991) und *Unterwegs zum schwäbischen Wein. Weinlehrpfade, Weinmuseen, Weinfeste und weitere Vierteles-Treffpunkte* (ebd. 1992), alle drei Pflichtlektüre für Viertele-Schlotzer und andere Liebhaber württembergischer Weine mit Informationen über die Etymologie schwäbischer Weine und Wissenswertem über die heutige württembergische Weinbausituation und die Weinbauorte. Als letztes ein Werk von Gunter Link, *Stuttgart und sein Wein* (Tübingen: Silberburg-Verlag 1993), ein aufwendig bebilderter Band über Stuttgart und seine Stadtteile, ihre Lagen, Weine, Weinbaubetriebe und Weinstuben, eine reizvolle Anleitung für jeden, der die Landeshauptstadt von ihrer vinösen Seite erkunden möchte. Mehrere Neuerscheinungen beschäftigen sich mit **Franken**. Dazu gehört aus der Reihe *Zum Kennenlernen und Ge-*

nießen: Wein- und Spezialitätenführer für Reise und Einkauf. Der gastronomische und kulinarische Ratgeber mit ausgewählten Hotelempfehlungen des Woschek Verlags Mainz der von Jochen Freihold, Hubert Griebel und Bernhard Weisensee verfaßte Band *Wein-Franken* (1990). Da es sich bei den Autoren um Offizielle des fränkischen Weinbaus handelt, sollte man keine kritische Auseinandersetzung mit dem fränkischen Wein erwarten. Carlheinz Gräter hat einen schönen Band über *Frankens Reben im Porträt* (Würzburg: Mainpresse 1990) vorgelegt, aus dem mehr die Begeisterung für die Vielfalt als das Bewußtsein für die Qualität spricht. Gleiches gilt für Susanne Hillerheimer, doch führt ihr schmaler Band *Mittelfränkische Bocksbeutelstraße. Führer zum Weinbau an Steigerwald, Frankenhöhe und Tauber* (Uffenheim: Seehars 1990) in eine wenig bekannte Weinlandschaft, denn wer von Franken spricht, meint damit meist allein Unterfranken.

Eher der Rarität wegen sei für das Gebiet **Saale-Unstrut** auf die Faltkunstmappe von Harald Bocker, *Weinanbau an Saale und Unstrut* (Leipzig: Kunstverlag H. C. Schmiedicke 1989) verwiesen.

Anders dagegen **Sachsen**. Hier bietet sich der mit eindrucksvollen Photos von Hans-Ludwig Böhme versehene Band von Reinhard Delau an, *Die sächsische Weinstraße. Kulturlandschaft im Elbtal* (Halle: Mitteldeutscher Verlag 1994). Als Ergänzung mag der von Werner Böhme und Günter Rühle verfaßte Band *Sachsen: Begleiter zu den Weinberg-Lagen, Winzern und ihren Küchen* in der von Hans Ambrosi und Bernhard Breuer herausgegebenen Reihe *Deutsche Vinothek* (Herford: Busse Seewald 1994) dienen, wobei es hilfreich gewesen wäre, wenn bei den einzelnen Weinlagen Zusammensetzung und Struktur der Böden angegeben wäre.

Abschließend sei auf zwei Publikationen bedeutender deutscher Weinhandelsfirmen verwiesen. Einmal das Heft der A. Segnitz & Co. GmbH, *Einweihung des neuen Löwenhofes in Weyhe-Dreye am 16. Mai 1992* (Bremen: Segnitz 1992), zum anderen Helmut und Berthold Prößler, *Wein und Sekt in Koblenz, 1. Teil: Die Frühgeschichte des Hauses Deinhard & Co. (1794–1834) und die Entstehung der Wein- und Sektmetropole Koblenz* (Koblenz: Deinhard 1992).

3 Österreich

Anders als noch in der letzten Auflage des Weinlexikons ist diesmal eine erfreulich große Zahl von Neuerscheinungen zum österreichischen Wein und Weinbau anzuzeigen. Eine allgemeine, reich bebilderte, aber nicht immer hinreichend kritisch gewichtende Einführung stellt der Band von Rudolf Lantschbauer und Sepp L. Barwirsch, *Weinland Österreich* (Graz: Vinothek-Verlag 1989) dar. Neuer, knapper, aber keineswegs kritischer ist Kurt Pollak, *Wein-Reiseführer Österreich* (Herford: Busse Seewald 1993). Das »Telefonbuch« des österreichischen Weins ist der immer umfangreicher werdende *Österreichische Weinführer 1992/1993* von Rudolf Steurer (Wien: Ueberreuter 1992), der es inzwischen auf zwei Bände mit zusammen über 1300 Seiten gebracht hat und dabei fast 4000 Erzeuger aufführt, die er in der Mehrzahl mit ausführlicher, aber eben nicht kritisch gewichtender Beschreibung vorstellt. Sehr viel stärker gewichtender und klassifizierender geht der von Stefan M. Gergely u.a. verfaßte und von Werner Schima und Robert Sedlaczek herausgegebene Band *Unser Wein* vor, dessen jüngste Ausgabe für 1994/95 in Wien bei Deuticke 1994 erschienen ist. So manche Einstufung und Bewertung ist allerdings nicht unbedingt nachvollziehbar, so daß sich wie bei allen Klassifizierungsversuchen die Frage nach den Kriterien stellt und auch in diesem Fall überzeugende Antworten ausbleiben. Derartige Einwände müssen erst recht gegen den Band von Mario Scheuermann, *Spitzenweingüter Österreichs: Klassifikation von 1991* (Düsseldorf: Econ 1991) vorgebracht werden, dessen Einstufungen selbst bei größtem Wohlwollen in vielen Fällen einfach nicht ernst genommen werden können. Eher wird man da heute auf den seit 1994 von Michael Reinartz herausgegebenen *Wein Guide zum Gault Millau Österreich* (Vaduz: Guide-Verlags-Anstalt) zurückgreifen, der insgesamt sehr viel zuverlässig ist. Keinen vergleichbaren Anspruch erheben Rudolf Knoll, *Der Winzerspiegel Österreich: Ein Weinreise- und Einkaufsführer* (München: Mosaik Verlag 1993), und Harry George, *Georges Weinführer Österreich. Die besten Adressen* (Graz: Unikum Verlag o.J. [ca. 1994]), das erstere etwas solide und hausbacken, das zweite mitunter fehlerhaft und beide mit einigen überraschenden und einer Reihe fehlender Adressen.

Neben diesen allgemeineren Werken gibt es eine ganze Reihe spezieller Publikationen. Einen Weinführer besonderer Art stellt der Band von Berndt Anwander und Cordula Loidl-Reisch, *Kellergassen in Österreich: Ein Führer zu 325 Orten in den Weinbaugebieten* (Wien: Falter 1989), dar. Lag bereits bei diesem Band der Schwerpunkt in **Niederösterreich**, so ist das folgende Buch insgesamt Teilen dieser größten österreichischen Weinbauregion gewidmet: Eva Bakos, *Landschaften für Genießer: Waldviertel – Wachau – Weinviertel* (Wien: J & V, 2. Aufl. 1995). Hier geht es keineswegs nur um Wein, doch in dieser Liebeserklärung an zauberhafte Landschaften spielt der Wein immer wieder eine Rolle, und »Wege zum Wein« werden auch aufgezeigt. Sehr viel unmittelbarer wird das Thema Wein in dem

herrlichen Photoband von Franz Hubmann, *Wo der Wein blüht: Zwischen Dürnstein und Falkenstein* (Wien: J & V 1993) behandelt und stimmungsvoll eingefangen, während der schmale Band von Wilfried Moselt, *Weinland Österreich: Wachau – Kremstal – Kamptal. Wein- und Spezialitätenführer für Reise und Einkauf* (Mainz: Woschek 1994), sehr viel prosaischer daherkommt, dabei aber recht zuverlässig und informativ ist.

Speziell der **Wachau** als dem qualitativ bedeutendsten österreichischen Weinbaugebiet sind folgende vier Publikationen gewidmet: Harald A. Jahn und Michael Bull, *Weinreise durch die Wachau* (Dortmund: Harenberg 1992), mit schönen Photos, wenig Text und ohne so ganz genaue Vorstellung, was zur Wachau gehört und was nicht. Eine Augenweide ist der von Hans Schaumberger herausgegebene Band *Wachau: Natur- und Kulturlandschaft* (Wien: Christian Brandstätter 1995). Allerdings sind die Photographien von Lois Lammerhuber weitaus ansprechender als der Text von Christoph Wagner. Wer sich hier etwa über die Wachauer Weinjahrgänge informieren will, wird mitunter gründlich in die Irre geleitet und sollte eher den Band von Horst Dippel, *Die großen Weine der Wachau* (Düsseldorf: Econ 1995), konsultieren. Dieses erste umfassende Buch über die Wachauer Weine erklärt ihren herausragenden Rang unter den europäischen Spitzenweißweinen und bietet fundierte Informationen über die zwanzig führenden Weingüter der Wachau und ihre besten Riesling- und Grüne Veltlinerweine aus den letzten zehn Jahren. Ein besonderer Genuß für die Liebhaber der Wachau ist schließlich der vom Kulturausschuß der Marktgemeinde Spitz herausgegebene schmale Band *Spitz in alten Ansichten* (Krems: Malek 1992). Zwei Publikationen sind dem **Wiener Wein** gewidmet: Rudolf Steurer, *Wiener Heurigenführer. Die Original-Buschen-*

schenken (Wien: Ueberreuter 1989), unentbehrlich für jede gründliche Beschäftigung mit Wiener Wein vor Ort und eines der gelungensten Bücher dieses fleißigen Autors. Der zweite Band ist zwar vergleichsweise nicht so informativ, hat aber sehr viel überzeugender die Stimmung und den Alltag dieses Ur-Wiener Kulturgutes eingefangen: Kurt Hamtil und Christian Hauenstein, *Die Reblaus: Der Wiener und sein Heuriger* (Wien: Buchkultur 1991).

Zum Gebiet der **Thermenregion** ist auf den Band von Rudolf Biegler, *Die Weinstadt Traiskirchen: 100 Jahre Weinbauverein 1889–1989* (Traiskirchen: Weinbauverein 1989) zu verweisen, eine sehr nützliche Schrift, die vergleichbare Untersuchungen zu anderen Weinbauorten nach sich ziehen sollte.

Fünf Titel seiem abschließend zum **steirischen Weinbau** angeführt: darunter Wolfgang Bauer u.a., *Steirisches Weinland* (Graz: Droschl 1990), und Heimo Kaindl und Evelyn Ranzinger, *Ein Schluck Kultur – Ein Blick ins Land: Reblesungen aus dem Südsteirischen Weinland* (Graz: Schnider 1990), beides Bilder einer Landschaft, im direkten wie übertragenen Sinn, wobei sich der zweite Band in besonderem Maße als »Kulturlesebuch« versteht, doch keine eigentlichen Auseinandersetzungen mit den Weinen der Steiermark beinhaltet. Heidelore Strallhofer-Hödl, die Inhaberin des rührigen Unikum Verlags in Graz, hat es sich schließlich zur Aufgabe gemacht, in ihrem Verlag in drei Bänden den wohl vollständigsten Überblick über »Weinbau, Menschen, Buschenschenken« – und insbesondere die letzteren – in der Steiermark zu geben: *Die Mutter der Weinstraße* (Südsteiermark), 1992, *Der Weinkönig von Herrenberg* (Südoststeiermark), 1993, und *Höllerhansls Schilcherparadies* (Weststeiermark, Graz und Graz-Umgebung), 1994, so die drei Titel ihrer von der Ausstattung her immer ansprechender werdenden Bände.

4 Schweiz

Weinliteratur zur Schweiz ist lange nicht so viel wie zu Österreich zu vermelden. Als Nachtrag verdient Gottfried Bürgin, *Schweizer Weinlexikon* (Basel: Birkhäuser 1987), Erwähnung, ein weniger als 100 Seiten umfassendes Bändchen mit im allgemeinen zuverlässigen, doch gemäß seinem Umfang begrenzten Informationen. Als besonders gelungen kann das von der OFD Communication Genf unter der Schirmherrschaft der Kommission der regionalen Informationsstellen für Schweizer Wein herausgegebene *Buch vom Schweizer Wein* (Aarau–Stuttgart: AT Verlag 1992) gelten, das alle Aspekte des Weinbaus von der Geschichte über Klima und Rebsorten, der Önologie, der Vermarktung und Aufmachung, Weingesetz, Weinbauregionen bis zur Degustation, Servieren, Lagern und Kellerverwaltung behandelt, übersichtlich angeordnet und mit hervorragenden Photos ausgestattet ist. Als ein Führer zu den besten Erzeugern ist der *Schweizer Weinführer. Die besten Winzer und ihre Weine* von Walter Kümin (Aarau: AT Verlag 1992) konzipiert. 138 Erzeuger werden in diesem ersten Führer seiner Art in der Schweiz vorgestellt. Auf insgesamt 92 Erzeuger bringt es der von Andreas Keller u.a. erstellte Schweizer Weinführer, *Die besten Schweizer Weine*, als Teil des *Gault Millau Guide Schweiz 1995* (Zürich: Ringier o.J.), unter denen erstaunlicherweise auch Großbetriebe und Genossenschaften bis hin zur 1350 ha umfassenden Provins Valais genannt werden, die man bei Kümin nicht findet.

Angesichts der geringen Zahl einschlägiger Titel ist es besonders begrüßenswert, daß in der Reihe *Zum Kennenlernen und Genießen* insgesamt drei Bände über Schweizer Weine vorgesehen sind, von denen der erste soeben erschienen ist: Nadia Dumont, *Ost-*

schweiz und Fürstentum Liechtenstein. Wein- und Spezialitätenführer für Reise und Einkauf. Ein gastronomisch-kulinarischer Ratgeber mit ausgewählten Hotel- und Restaurantempfehlungen (Mainz: Woschek 1995), eine empfehlenswerte Einführung. Nachdem auf Christens Weinparadies Oberrhein bereits bei Baden verwiesen wurde, sollen hier noch zwei Werke zu Schweizer Weinbauregionen aufgeführt werden, nämlich der schöne Band von Andreas Belassi u.a., Weine aus Graubünden. Zwischen Tradition und Trend: Rebkultur im Bündner Rheintal (Wädenswil: Stutz 1993), der die Landschaft, ihre Weine und in 52 Porträts die in ihm Tätigen vorstellt. Das andere Buch stammt von Martin Kilchmann und beschreibt kenntnisreich und solide den Merlot del Ticino (Rüschlikon–Zürich: Albert Müller 1989), der sich mehr und mehr zum bedeutendsten Schweizer Wein entwickelt (vgl. dazu auch unter Italien I Vini di Veronelli).

5 Frankreich

Zu keinem Weinbauland gibt es eine so umfangreiche Literatur wie zu Frankreich. Eine erste, noch sehr allgemein gehaltene Orientierungshilfe bietet Joachim Lennert, Diners Club Lexikon der Weine und Spirituosen: Frankreich (Münster: Stedtfeld 1991), die im allgemeinen verläßlich ist. Dagegen ist das von der SOPEXA herausgegebene Bändchen Weine und Spirituosen aus Frankreich (Paris: Editions Le Carrousel 1989) lediglich eine mehr oder weniger offizielle Übersicht mit begrenztem Informationsgehalt. Wesentlich gründlicher mit zuverlässigen Karten und Namen der wichtigsten Erzeuger informiert das bewährte Werk von Hugh Johnson und Hubrecht Duijker, Atlas der französischen Weine: Lagen, Produ-

zenten, Weinstraßen, das nunmehr in 4., völlig überarbeiteter Auflage (Bern–Stuttgart: Hallwag 1993) vorliegt. In mancher Hinsicht noch präziser, mit noch aussagekräftigerem Kartenmaterial versehen und in der Analyse der Qualitätsfaktoren noch genauer, aber ohne spezielle Nennung von Erzeugern ist der unter der Leitung von Pascal Ribéreau-Gayon in Zusammenarbeit mit dem Institut National des Appellations d'Origine entstandene Band Hachette Weinatlas Frankreich (München: Droemer Knaur 1989), eine hervorragende Einführung, wie sie zu keinem anderen Weinbauland bislang existiert. Sehr viel touristischer, auf das Zusammenspiel von Essen und Trinken abhebend und dabei manches Kochrezept bietend, ist der schön illustrierte Band von Roger Voss, France: A Feast of Food and Wine (London: Mitchell Beazley 1993). Als ähnliche touristische Führer gedacht sind Hubrecht Duijker, Weinstraßen Frankreichs. 45 Routen. Produzenten, Restaurants, Hotels (Bern–Stuttgart: Hallwag 1990), und Christopher Fielden, Wein-Reiseführer Frankreich (Herford: Busse Seewald 1992). Der Band von Duijker hat gegenüber jenem von Fielden den Vorzug, handlicher zu sein, bessere Karten zu präsentieren und präziser zu informieren, während der andere Band mehr Wert auf Illustrationen legt. Der gegenwärtig nützlichste und verbreitetste Weinführer dürfte der jährlich erscheinende Guide Hachette des vins de France (Paris: Hachette) sein, der seit einigen Jahren regelmäßig auch zugleich in deutscher Übersetzung erscheint als Hachette Weinführer Frankreich zuletzt in der Ausgabe 1995 (München: Droemer Knaur 1994). Die Informationen zeichnen sich durch einen hohen Grad an Zuverlässigkeit aus, der ideale Begleiter jeder Frankreichreise. In seinen Aussagen sehr viel dezidierter und in seinem Stil ganz anders ist Robert M. Parker, Jr., Parker's Wein-Guide Frank-

reich (München: Heyne 1994), der zwar in seinen Berichten über die qualitativ führenden Gebiete ausführlicher ist, aber über die übrigen Gebiete viel weniger und oftmals gar nichts berichtet und darüber hinaus nicht über die Aktualität des jährlich erscheinenden Hachette-Führers verfügt. Der Band von Steven Spurrier, *Die französischen Weine. Anbaugebiete, Güter, Degustationen* (München: Christian Verlag 1993), ist dagegen weniger zur raschen Orientierung als zur ausführlicheren Lektüre geeignet. Er geht von den Appellationen aus, läßt aber durch seine pauschalen Nennung der wichtigsten Erzeuger keine Erwähnung jahrgangsbedingter Besonderheiten oder Schwankungen zu. Noch allgemeiner gehalten ist der Band von Jarisoy de Rély, *Frankreichs Rebgärten, Winzer und ihre Weine. M. M. Frankreich-Ratgeber 1992/93* (Hamburg: Maurice Moureau 1992), dessen pauschale Angaben wenig hilfreich und nicht immer zutreffend sind und dessen Auswahlkriterien obskur bleiben (warum werden z.B. unter St-Julien, S. 212–213, lediglich Léoville Las Cases, Léoville Barton, Lagrange und Gloria erwähnt?).

Gleich zweimal liegt eine Aufteilung der Weinführer nach Rot- und Weißweinen vor: Margaret Rand und Joanna Simon, *Die Rotweine Frankreichs* (1988), bzw. Robert Joseph und Joanna Simon, *Die Weißweine Frankreichs* (1989), sind im Verlag Stocker-Schmid, Dietikon–Zürich, und in Lizenz im Pietsch-Verlag, Stuttgart, erschienen, während Oz Clarkes Regional-Weinführer, *Frankreich Rotweine* bzw. *Frankreich Weißweine*, 1993 bei Müller Rüschlikon in Cham/Zug publiziert wurden. Während die beiden ersten Bände gebietsbezogen sind und nur allgemeine Aussagen über die Erzeuger enthalten, geht bei Oz Clarke sehr viel präziser vom Weinnamen aus und kommt von dort zu Jahrgängen und – wo erforderlich – zu Erzeugern und

bietet daher eine raschere und im allgemeinen zuverlässige Information.

Jenseits der großen, weltberühmten Gebiete von Bordeaux, Burgund und der Champagne suchen zwei Autoren die Spreu vom Weizen zu trennen, nämlich Rosemary George, *French Country Wines* (London: Faber and Faber 1990) und Roger Voss, *Frankreichs Regionalweine*, zuletzt erschienen in 4. Aufl. für den Berichtszeitraum *1995/96* (Bern-Stuttgart: Hallwag 1995). Im Gegensatz zu George behandelt Voss dabei auch das Elsaß und die Rhône. Der eigentliche Unterschied besteht darin, daß George einen fundierten, erklärenden Text liefert, bei dem die Erzeuger eine ergänzende, sekundäre Rolle spielen, während bei Voss getreu der zeitgemäßen Forderung nach rascher Orientierung statt Studiums eines komplexen Sachverhalts die Erzeuger, nach Gebieten geordnet, im Mittelpunkt stehen. Einer weiteren Kategorie französischer Weine ist schließlich speziell der Band *Vins de Pays. Die französischen Landweine* (St-Cloud: Romain Pages Editions 1991) der SOPEXA gewidmet. Die Informationen beschränken sich auf die technischen Rahmenbedingungen, und die Übersetzung könnte mitunter sorgfältiger sein.

5.1 Einzelne Anbaugebiete

Eingedenk der Tatsache, daß das **Bordeaux**-Gebiet das größte Qualitätsweinbaugebiet der Welt und größer als das gesamte deutsche Weinbaugebiet ist, wundert es nicht, daß hier besonders viele einschlägige Neuerscheinungen zu vermelden sind. Über Erzeugung, Verbrauch und Export informiert regelmäßig der Conseil Interprofessionnel du Vin de Bordeaux, *Marché des vins*, zuletzt *Campagne 93–94* (Bordeaux: CIVB 1995). Als erstes muß danach auf die »Bibel« verwiesen werden: Edouard Féret, *Bordeaux et ses vins, classés par* *ordre de mérite dans chaque commune*, von dem inzwischen die 14. Aufl. (Bordeaux: Editions Féret 1991) vorliegt, jenes grundlegende Werk seit nunmehr nahezu 150 Jahren, das das Ansehen der Güter jeweils zu ihrer Zeit widerspiegelt. Unter diesem Gesichtspunkt sind auch die alten Ausgaben von unverzichtbarem Wert, und es ist daher nur zu begrüßen, daß Clive Coats 1995 (Otley, West Yorkshire: Smith Settle) die zweite englische Ausgabe von Charles Cooks und Edouard Féret, *Bordeaux and its Wines, classed by Order of Merit* (Bordeaux: Féret 1883) hat nachdrucken lassen. Was die Aufarbeitung der historischen Dimension bis zur Gegenwart angeht, so stammt das grundlegende Werk unverändert von Edmund Penning-Rowsell, *The Wines of Bordeaux*, das 1989 in London bei Penguin Books in 6. Aufl. erschienen ist.

An großen und kleinen Bordeaux-Führern herrscht derzeit kein Mangel. Von französischen Autoren liegen vor Michel Mastrojanni, *Le Grand livre du Bordeaux* (o.O.: Solar 1989), eine gelungene Abwechslung zwischen Information und Illustration, Philippe Gaillard und François Gilbert, *Le Guide des vignobles et des vins: Bordeaux* (Paris: M.A. Editions 1990), das auf Photos verzichtet und rund 350 Châteaux mit dem Charakter ihrer Weine vorstellt. Der bekannte französische Journalist Patrick Dussert-Gerber hat sich mit seinem *Guide des vins de Bordeaux* (Paris: Albin Michel 1990) ganz auf die Kategorie der Bordeaux- und Bordeaux Supérieur-Weine beschränkt und dabei rund 600 Betriebe rein technisch vorgestellt, während schließlich Franck Dubourdieu, *Les Grands Bordeaux de 1945 à 1988. Etat et avenir, les millésimes et les meilleurs vins* (Bordeaux: Mollat 1992) eine sehr nützliche Übersicht über die wichtigsten Erzeuger und ihre Weine seit 1945, einschließlich ihrer Zukunftserwartung, vorgelegt hat. Aus dem englischsprachigen Raum sind

zwei Autoren mit Übersetzungen ins Deutsche vertreten. Der Klassiker ist David Peppercorn, *Bordeaux: 1000 Châteaux und ihre Weine*, zuletzt in der *Ausgabe 1994/95* (Bern–Stuttgart: Hallwag 1994), ein zuverlässiger, solider Taschenführer mit nützlichen Informationen – im wesentlichen eine gekürzte, gleichwohl aktualisierte Ausgabe seines über 700 Seiten umfassenden Werkes *Bordeaux* (London: Faber and Faber, 2. Aufl. 1991), von dem es jedoch keine deutsche Ausgabe gibt. Für eine weltweit zunehmende Zahl von Bordeaux-Trinkern stammt das einzige Werk über diese Weine, das sie kennen oder benutzen oder auf das – selbst die Händler – verweisen, von Robert M. Parker, Jr., *Bordeaux* (Bern–Stuttgart: Hallwag 1992). Keiner informiert ausführlicher über fast 700 Châteaux und ihre Weine (über 1000 Seiten). Präzise, unbeirrt und zuverlässig wird hier die Qualität angesprochen und die Spreu vom Weizen getrennt. Aber bei allen unbestrittenen Fähigkeiten des Autors bleibt er ein Degustator mit einer kalifornischen und nicht einer bordelaiser Zunge, und wenn es heute eine steigende Zahl von Gütern gibt, die eine derart forcierte Konzentration im Jungwein betreiben, dann ist das auch ein Ergebnis dieses marktbeherrschenden Autors.

Von deutschsprachigen Autoren hat es jahrzehntelang nichts über Bordeaux-Weine gegeben, und nun sind es gleich mehrere Werke. Den Anfang machte Horst Dippel, *Die großen Bordeaux-Weine*, das inzwischen in aktualisierter Neuaufl. *1993/94* (Düsseldorf: Econ 1992) vorliegt. Im Umfang wesentlich bescheidener als Parker (gut 100 Güter auf 600 Seiten) versucht es, eine Lanze für den klassisch-eleganten und vielschichtigen Bordeaux zu brechen, der – wie es seiner Tradition entspricht – nicht von einem opulenten Körper, sondern von seinen feinen Nuancen geprägt wird.

Als nächster folgte René Gabriel, *Bor-

deaux à jour (Gunzwil: Granchâteau o.J.[1991]), das inzwischen aktualisiert als *Bordeaux total* (Zürich: WeinWisser-Verlag o.J. [1995]) neu aufgelegt worden ist. Vieles ist erfrischend, manches nicht nachvollziehbar an dem etwas unkonventionellen Buch des Einkaufschefs der Mövenpick-Kellereien, der diese Bücher eben nicht nur schreibt, um den Konsumenten vor Fehlgriffen und Enttäuschungen zu bewahren, sondern weil es sein Beruf ist. Der dritte im Bunde ist inzwischen Harald Ecker, *Bordeaux: Weine & Châteaux* (Herford: Busse Seewald 1994), ein schönes, mit Bildern und Karten aufgelockertes Buch, das mehr – mitunter etwas unverbindlich und sehr zurückhaltend in der Kritik – beschreibt als klassifiziert und in seiner unterhaltenden Art Probleme bestenfalls andeutet, statt mit aller Deutlichkeit darauf aufmerksam zu machen. Als neueste Publikation ist mit deutlich geringerem Anspruch in der bewährten Reihe *Zum Kennenlernen und Genießen* der Band *Bordeaux. Wein- und Spezialitätenführer für Reise und Einkauf. Der gastronomische und kulinarische Ratgeber mit ausgewählten Hotelempfehlungen* (Mainz: Woschek o.J. [1995]) erschienen, der – trotz kleinerer Fehler – als solide und zuverlässige Einführung in die Welt der Bordeaux-Weine dienen kann.

Weitere Publikationen verfolgen bescheidenere Ansprüche. Hannes Scherrer, *Die 200 größten roten Bordeaux* (Selbstverlag 1989), beschränkt sich weitgehend auf technische Angaben und Preise. Ähnlich kauforientierte Ziele kennzeichnet das *Jahrbuch Bordeaux: Alle wichtigen Weine der Region mit aktuellen Preisen und Bezugsquellen* (Rastatt: Stedtfeld 1992) von Christa Klauke und Friedrich Eberle. Das Bändchen von Günter und Peter Kühler, *Bordeaux-Kompaß für Rotweine: Über 500 Châteaux mit jahrgangsbezogenen Bewertungen und Trinkreifeprognosen im* *Überblick* (Baden-Baden: Nomos 1993) ist rein schematisch ausgerichtet und zeugt nur von begrenzter Kenntnis der einschlägigen Literatur.

Daß man mit derartigen Übersichten Bordeaux-Weine wirklich begreifen lernen kann, ist eine Illusion. Um so nützlicher ist der vertiefte Blick in die Geschichte und Entstehung der großen Bordeaux-Weine, wozu jetzt eine Zürcher Dissertation von Denise Tschamper vorliegt, *Die Weinproduktion im Bordelais während des 17. Jahrhunderts. Eine agrartechnische, weintechnologische und agrarkommerzielle Untersuchung* (Hegnau/CH: Eigenverlag – Dionysia 1991). Aufbau und Titel der Arbeit sind nicht ganz glücklich gewählt, und ihr über die bekannten Arbeiten von Pijassou und Higounet hinausgehender Erkenntniswert wird bestenfalls im Detail deutlich, aber als deutschsprachige wissenschaftliche Auseinandersetzung mit diesem vielschichtigen Thema aus der entscheidenden Entstehungsphase der heutigen Bordeaux-Weine ist sie zu begrüßen. Zwei weitere historische Arbeiten seien hier genannt: Michel Espagne, *Bordeaux – Baltique: La présence culturelle Allemande à Bordeaux aux XVIIIᵉ et XIXᵉ siècles* (Paris: Editions du CNRS 1991), eine zeitgemäße wissenschaftliche Untersuchung über den deutschen kulturellen Einfluß in Bordeaux vom Beginn des 18. Jahrhunderts bis 1914. Einem Angehörigen dieses Personenkreises ist nun mit einer Marburger Dissertation eine umfangreiche eigene Untersuchung gewidmet: Wolfgang Henninger, *Johann Jakob von Bethmann 1717–1792: Kaufmann, Reeder und kaiserlicher Konsul in Bordeaux*, 2 Teile (Bochum: Universitätsverlag Dr. N. Brockmeyer 1993). Keinen vergleichbaren wissenschaftlichen Anspruch erhebt das Buch von Florence Mothe, *Toutes hontes bues. Un siècle de vin et de négoce à Bordeaux* (Paris: Albin Michel 1992). Doch jenes beklagte, verlorengegangene Schamgefühl offenbart der Blick hinter die Kulissen in die wirkliche Welt der bordelaiser Gesellschaft, der Weinbourgeoisie und des bäuerlichen Lebens, mit dem Mothe aufzeigt, warum so vieles unwiederbringlich verlorenging und wie der Bürgermeister von Pessac verhinderte, daß Haut-Brion ein Nachbargrundstück, das einst zum Besitz des Gutes gehörte, zurückkaufte, um dort wieder Rebstöcke anzupflanzen – um nur dieses eine Beispiel zu erwähnen. Ein mutiges und höchst lesenswertes Buch.

Einen anderen Aspekt von Geschichte und Gegenwart der Bordeaux-Weine beleuchtet das schmale, doch sehr nützliche Heftchen des Bremer Weinkollegs *Die Klassifikation von Bordeaux* (Bremen: Bremer Weinkolleg 1990), das ein Resümee zum Stand der Diskusssion um eine eventuelle Neuklassifizierung gibt.

Der weltweit bekannteste Bordeaux-Bereich ist der **Médoc**, zu dem mehrere Neuerscheinungen vorliegen. In der Reihe des *Grand Bernard des Vins de France* hat Bernard Ginestet den Band *Médoc* (Paris: Jacques Legrand 1989) vorgelegt und kenntnisreich und solide die Güter des unteren Médoc nördlich von St-Estèphe beschrieben. Allein den klassifizierten Gewächsen von Pauillac ist der schmale Band von August F. Winkler, *Mouton-Rothschild, Latour, Lafite-Rothschild & Co.* (Düsseldorf: Econ 1989) gewidmet, doch wie schon der Titel vermuten läßt, hält sich der Wert des Buches in Grenzen. Der Band *Le Médoc: Vignes et vignerons* mit Texten von René Pijassou und Photographien von René Jean (Bordeaux: L'Horizon chimérique 1990) dagegen versucht mit seinen Schwarzweißbildern in besonders anschaulicher Weise die Geschichte und Tradition des Weinbaus im Médoc in seinen heute fast vollständig verlorengegangenen Formen und damit die traditionelle Verbindung von Mensch, Weinbau und Boden festzuhal-

ten. Den Schein der großen Welt hält Frédérique Crestin-Billet, *Die Spitzenweine und Schlösser des Médoc* (Würzburg: Stürtz 1989), fest. Eine andere, sehr viel interessantere Seite dieser Spitzengewächse schlägt Cees Kingsmans in seinem viersprachigen Buch *Les Étiquettes des Grands Crus Classés du Médoc/Die Etiketten der Grands Crus Classés des Médoc* (Den Haag: Editions Ton Borghouts 1993) auf, das einen eindrucksvollen Überblick über die Entwicklung der Etiketten der klassifizierten Gewächse des Médoc seit dem 19. Jahrhundert bis 1990 gibt.

Bleiben noch die Publikationen zu einzelnen Châteaux aufzuführen. So ist Nicholas Faith, *Château Margaux* endlich in einer sehr aufwendigen und schönen deutschen Ausgabe erschienen (Egg-Zürich: Kreativ-Verlag 1989), wobei die französische Ausgabe von 1988 zugrunde gelegt wurde. Ebenfalls von Nicholas Faith liegt nun ein schlichteres, 100 Seiten umfassendes Buch über *Latour* (London: Christie's Wine Publications 1991) vor. Zwei sehr schöne Broschüren mit Texten von Bernard Ginestet, René Pijassou, Emile Peynaud u.a. und eindrucksvollen Farbphotographien sind zu *Château Ducru-Beaucaillou* und *Château Grand-Puy-Lacoste* erschienen (beide: o.O.: William Blake 1992). Nicholas Faith wiederum hat im Stil seines Margaux-Bandes ein eindrucksvolles Werk über *Château Beychevelle* (Paris: Olivier Orban 1991) vorgelegt. Vieles in derartigen Büchern ist Hofberichterstattung, doch ihr eigentlicher Wert liegt in der Aufarbeitung der jahrhundertealten Geschichte dieser Güter, und Nicholas Faith ist ausgebildeter Historiker.

Zu den übrigen Bereichen von Bordeaux liegt keine vergleichbar umfangreiche Literatur vor. Von dem bereits erwähnten Frédérique Crestin-Billet stammt in gleicher Ausstattung und Aufmachung ein Prachtband über *Die Spitzenweine und Schlösser von Sauternes und Graves*

(Würzburg: Stürtz 1991). Interessanter ist da schon der Band von Jean-Bernard Delmas, dem Direktor von Château Haut-Brion, *La Collection ampélographique du Château Haut-Brion. Petit précis à l'usage de l'amateur* (Pessac: Château Haut-Brion 1989), eine sehr schöne Beschreibung von 66 Rebsorten, von denen etliche traditionsreiche Sorten im französischen Südwesten inzwischen nahezu vollständig ausgestorben sind. Der Kreativ-Verlag Egg-Zürich hat 1989 – in gleicher Aufmachung wie der Margaux-Band – *Yquem* von Richard Olney in deutscher Übersetzung herausgebracht, so daß auch dieses grundlegende Werk nunmehr dem deutschen Leser leichter zugänglich ist. Sehr viel bescheidener in Umfang und Zielsetzung ist daneben Pascal Bussy, *Château de Malle: Un grand cru du Sauternais* (Drémil-Lafage: Editions Daniel Briand o.J. [ca. 1990]), nicht nur kunsthistorisch eines der bedeutendsten Schlösser der Region, sondern auch ein herausragender Wein. Ein dritter Band von Frédérique Crestin-Billet beschreibt schließlich *Die Spitzenweine und Schlösser von Saint-Emilion* (Würzburg: Stürtz 1990). Das interessantere Werk stammt von anderen Autoren, nämlich von Jacqueline Candau, Philippe Roudié und Corine Ruffe, *Saint-Emilion: Terroir viticole et espace de vie sociale* (*Publication de la Maison des Sciences de l'Homme d'Aquitaine*, N°. 152 [1991]), das in drei Beiträgen die Agrarstruktur St-Emilions um die Mitte des 19. Jahrhunderts sowie die Winzer und das soziale Leben St-Emilions in diesem Jahrhundert bis zur Gegenwart wissenschaftlich untersucht. Abschließend sei pauschal auf die drei jüngsten Bände der Reihe *Le Grand Bernard des Vins de France* zu drei weniger prestigereichen Bordeaux-Appellationen verwiesen, die alle nach dem gleichen bewährten Schema aufgebaut sind. Zwei von ihnen stammen von Bernard Ginestet selbst, *Côtes de Blaye* (Paris: Jacques Legrand 1990) bzw. *Fronsac/Ca-non-Fronsac* (ebd. 1994), der dritte ist von Guy Claisse, *Entre-Deux-Mers* (ebd. 1991). Allein für das Gebiet Bordeaux ist diese bemerkenswerte Serie damit auf inzwischen 16 Bände angewachsen.

Neben dieser Fülle von Neuerscheinungen zu Bordeaux nimmt sich **Burgund** geradezu kümmerlich aus. Der Klassiker von Pierre Poupon und Pierre Forgeot über die Weine Burgunds liegt nun in 11., völlig neubearbeiteter Auflage vor: Sylvain Pitiot und Jean-Charles Servant, *Les Vins de Bourgogne* (Paris: Presses Universitaires de France 1992), die önologische und juristische Einführung in die Appellationen und Weinbaugemeinden Burgunds. Als Führer zu den Erzeugern und ihren Weinen bieten sich zwei Werke an. Robert M. Parker, Jr., *Burgundy: A Comprehensive Guide to the Producers, Appellations, and Wines* (New York: Simon and Schuster 1990), hat auf 1000 Seiten eine rigorose Klassifizierung der Erzeuger und der Weine Burgunds vorgenommen und damit das bedeutendste Buch zu dieser Region geschrieben. Moderater im Anspruch und in ihren Urteilen pauschaler ist Serena Sutcliffe, *Guide to the Wines of Burgundy* (London: Mitchell Beazley, 2. Aufl. 1992). Leicht aktualisiert ist dagegen die deutsche Ausgabe: *Burgund: Produzenten, Lagen, Jahrgänge, Ausgabe 1995/96* (Bern–Stuttgart: Hallwag 1995), ein solider und zuverlässiger Führer. Schon etwas älter, aber immer noch benutzbar ist Christopher Fielden, *Die weißen Burgunder* (Rüschlikon–Zürich: Albert Müller 1988). Hier steht im Mittelpunkt die Beschreibung der Gemeinden bzw. Appellationen und ihrer Weine, verbunden mit einer Charakterisierung der wichtigsten Güter und Winzer. Von André Dominé schließlich stammt der Band *Beaujolais: Ein Landschafts- und Erlebnisführer* (Badenweiler: Oase-Verlag 1991), der sich für jeden Urlaub im Beaujolais-Gebiet eignet und eine Fülle von Tips zu Weingütern über Restaurants und Hotels bis zu Märkten und besonderen Geschäften enthält. Seit jüngstem gibt es eine verdienstvolle neue Darstellung zu historischen Aspekten: Loic Abric, *Le Vin de Bourgogne au XIXe siècle: Aspects économiques, sociaux, culturels* (Précy-sous-Thil: Editions de l'Armançon 1993). Angesichts der Bedeutung der Zisterziensermönche für den Weinbau in Deutschland sei trotz seines eingeschränkteren inhaltlichen Rahmens noch auf das schon etwas ältere Heft von Marcel Lebeau, *Essai sur les vignes de Cîteaux des origines à 1789* (Dijon: Centre Régional de Documentation Pédagogique de l'Académie de Dijon 1986) verwiesen, das den ausgedehnten Weinbergsbesitz der Zisterzienser an der Côte d'Or weit über den Clos de Vougeot hinaus dokumentiert.

Zu dem nach Süden anschließenden Gebiet der **Rhône** sollte zumindest auf zwei Titel verwiesen werden, bei denen es sich allerdings in beiden Fällen um englischsprachige Publikationen handelt. Robert M. Parker, Jr., *The Wines of the Rhône Valley and Provence* (New York: Simon and Schuster 1987), hat auch hier den grundlegenden Führer zu den Spitzenerzeugern und ihren Weinen vorgelegt. Angesichts der Struktur der Rhône-Weine kann man davon ausgehen, daß Parker sich hier so richtig in seinem Element fühlt, denn – so lautet sein Eingeständnis – von seinen 50 besten je gekosteten Weinen würden mindestens 10 aus Hermitage, dem – wie er es formuliert, vielleicht männlichsten aller Weine – kommen (S. 85). Einen etwas anderen Zugang bietet John Livingstone-Learmonth, *The Wines of the Rhône* (London: Faber and Faber, 3. Aufl. 1992), von dem unverändert die ausführlichste Darstellung der Rhône-Weine stammt und der sich wohl am meisten für den Côte-Rôtie zu begeistern vermag.

In Deutschland scheinen hingegen beide nördliche Nachbarn Burgunds eher Interesse zu finden. So taucht das **Elsaß** immerhin auch bei deutschen Neuerscheinungen auf. Doch zunächst muß auf den einschlägigen Band aus der Reihe *Le Grand Bernard des Vins de France* hingewiesen werden: Bernadette Burn und Gilles Schmidt, *Alsace clos et grands crus* (Paris: Jacques Legrand 1989), dessen besonderer Reiz in der Beurteilung der elsässischen Weine aus der Perspektive zweier Elsässer selbst liegt. Etwas anders sieht das schon aus bei Hans-Albert Stechl und Hans Roschach, *Elsaß: Zum Kennenlernen und Genießen. Wein- und Spezialitätenführer für Reise und Einkauf. Der gastronomische und kulinarische Ratgeber mit ausgewählten Hotelempfehlungen* (Mainz: Woschek o.J. [1992]), wie die ganze Serie zuverlässig und hilfreich. Wolfram Siebeck widmet sich einem ganz anderen Aspekt: *Die Weinstuben des Elsaß* (München: Heyne, 2. Aufl. 1991). Hier stehen zwar Küche und Rezepte im Vordergrund, doch die allfällige Verbindung mit dem Wein der Region, das Zusammenspiel von Küche und Keller, wird auf allen Seiten sichtbar. Nicht in gleichem Maße kann man dies von dem schön aufgemachten Heft *Bucher's Straßburg und elsässische Weinstraße* (München: Bucher 1987) sagen, in dem der Wein etwas stiefmütterlich behandelt wird.

Der andere nördliche Nachbar von Burgund ist die **Champagne**, deren Weine in Deutschland eine wachsende Rolle spielen, worauf das Vin de Champagne Informationsbüro in Reutlingen mit seinen *Zahlen und Fakten zum Thema Champagne-Wein* stets gerne hinweist. Doch mehr als einen guten Einstieg mit Serena Sutcliffe, *Große Champagner* (Bern–Stuttgart: Hallwag 1989), deren Buch über vorzügliches Kartenmaterial verfügt – wenn auch mit einer wenig glücklichen Farbgebung – und eine zuverlässige und solide Einführung in die großen Häuser bietet, ist derzeit nicht zu vermelden. Die hier vermißten kleineren selbständigen Güter tauchen auch in den weiter oben angezeigten Büchern, die Champagner zusammen mit anderen Schaumweinen behandeln, nicht auf.

Bleiben noch zwei Titel zu Weinbaugebieten, zu denen man im allgemeinen in Deutschland kaum etwas liest: André Dominé, *Roussillon und französische Pyrenäen. Ein Landschafts- und Erlebnisführer* (Badenweiler: Oase Verlag 1989), eher eine Enttäuschung, da der Leser bei einem Autor, den er in vielfacher Weise mit Wein in Verbindung bringt, wesentlich mehr Informationen über die Weine der Region erwartet hätte. Eine gewisse Entschädigung bietet der *Guide pratique des étapes en Muscadet* (Saint-Herblain: Imprimerie Le Govic 1991), der immerhin 80 zu besuchende Weingüter mit Öffnungszeiten angibt, unter denen man allerdings eine Reihe namhafter Betriebe vermißt.

6 Italien

Die in der letzten Auflage des Weinlexikons zu konstatierende gewisse Flaute italienischer Weinliteratur auf dem deutschen Büchermarkt gehört der Vergangenheit an. Mangelndes Interesse wie auch aufsehenerregende Weinskandale scheinen gegenwärtig nicht zu beklagen zu sein. Gerade in diesem Zusammenhang ist die umfangreiche Loseblattsammlung nur zu begrüßen, die das italienische Landwirtschaftsministerium Ende 1989 unter dem Titel *V.Q.P.R.D. d'Italia: Schedario Enologico Sistematico delle Denominazioni d'Origine* vorgelegt hat, um die Kenntnisse über italienischen Wein und seine gesetzlichen Rahmenbedingungen durch »Offenheit und Transparenz« zu verbessern. Leider gibt es davon aber weder eine deutsche Übersetzung, noch

ist die italienische Ausgabe seither aktualisiert worden.

Als allgemeine, noch nicht sehr ins Detail gehende Einführungen mögen zwei Lexika dienen: Christa Klauke und Friedrich Eberle, *Diners Club Lexikon der Weine und Spirituosen: Italien* (Münster: Stedtfeld 1991), und Luigi Veronelli, *Lexikon der Weine Italiens* (Berlin: Kammerer & Unverzagt o.J. [ca. 1991]), wobei das erstere pointierter ist und auch wichtige Erzeuger aufführt, während das zweite die Übersetzung des *Repertorio Veronelli dei Vini Italiani* ist, das über 3000 Weine Italiens, allerdings sehr technisch und ohne Beurteilung vorstellt. Breiter gestreute, auch gewichtete Informationen bringt Burton Anderson, *Atlas der italienischen Weine: Lagen, Produzenten, Weinstraßen* (Bern–Stuttgart: Hallwag 1990), ein sehr zuverlässiger Führer von einem der bedeutendsten Kenner italienischer Weine, wenngleich das Kartenmaterial noch verbesserungsfähig ist. In verkürzter Form, mit schlichteren, zum Teil aber auch präziseren Karten, gibt es noch von Burton Anderson, *Weinstraßen Italiens: 38 Routen. Produzenten – Restaurants – Hotels* (ebd. 1991). Als Gegenstück existiert Stephen Hobley, *Wein-Reiseführer Italien* (Herford: Busse Seewald 1991), der zwar eine Reihe schöner Bilder beinhaltet, aber in seinem Informationsgehalt und in der Sicherheit der Auswahl nicht an Anderson heranreicht. Als nützliche Ergänzung bietet sich der *Guida 1989 alle Città del vino d'Italia* an, der von der Associazione Nazionale Città del Vino bei der Enoteca Italiana in Siena zu beziehen ist. Um derartige Reisen zum rechten Erfolg zu bringen, mag vielleicht der *Sprachführer für Gourmets: Italienisch/Deutsch. Küche, Keller, Menüs, Märkte* von Cédric Dumont (Bern–Stuttgart: Hallwag 1991) hilfreich sein. Zwei nützliche Ergänzungen zu den genannten Büchern sind David Gleave und Joanna Simon, *Die Weine*

Italiens (Dietikon–Zürich: Stocker-Schmid und Stuttgart: Pietsch-Verlag 1990), und Maureen Ashley, *Oz Clarkes Regional-Weinführer: Italien, Weiß- und Rotweine* (Cham/Zug: Müller Rüschlikon 1994), auch wenn zumindest im ersteren Fall die eine oder andere Erzeugerempfehlung nicht nachvollziehbar erscheint.

Bezüglich direkter Erzeugerempfehlungen hat sich in Italien in den letzten Jahren der *Gambero Rosso* durchgesetzt, der seit einigen Jahren regelmäßig auch in deutscher Ausgabe erscheint, zuletzt *Vini d'Italia 1995/1996: 1178 Produzenten und 5725 Weine* (Bern–Stuttgart: Hallwag 1995). Drei Gläser im *Gambero Rosso* zu erhalten, gilt heute in Italien als höchste Auszeichnung. Das Gegenstück ist Luigi Veronelli, *I Vini di Veronelli 1995* (Bergamo: Veronelli Editore 1994), wo die höchste Auszeichnung drei Sterne und für die etwa zwei Dutzend der Crème de la crème die Sonne ist. Inzwischen finden hier auch die Spitzenweine des Schweizer Tessin Berücksichtigung. Lediglich eine frühere Ausgabe der *Vini di Veronelli* liegt in deutscher Übersetzung als Luigi Veronelli, *Jahrbuch der Weine Italiens 1991* (Berlin: Kammerer & Unverzagt o.J.) vor, die lediglich für lagerfähige Weine heute noch von Interesse ist. Inzwischen fast auch schon als klassisch anzusehen ist der Taschenführer von Burton Anderson, *Italiens Weine. Über 2000 Weine und Produzenten*, zuletzt in der *Ausgabe 1994/95* (Bern–Stuttgart: Hallwag 1994), eine hervorragende Übersicht eines großen Kenners. Eine willkommene Ergänzung ist der von dem italienischen Nachrichtenmagazin *L'Espresso* herausgegebene *Guide to Wine from Italy* (Beverly Hills: GMG Publishing 1989) mit rund 200 Erzeugern, darunter den besonders hervorgehobenen 24 besten. Als *Weinführer Italien* gibt es diese Übersicht in überarbeiteter deutscher Übersetzung in der Edition Priewe (Steinhagen: Zabert

Sandmann 1990) mit einer um rund 10 Prozent erhöhten Erzeugerzahl, doch ohne die Herausstellung der 24 besten. Beide Ausgaben sind im wesentlichen zuverlässig.

Einer speziellen Thematik widmet sich der von der Vereinigung Agricola Slow Food herausgegebene Band *Italienischer Wein für jeden Tag* (München: Edition Spangenberg 1992), der nur Weine in der Preisklasse bis ca. 15 DM anführt und mit den 1200 Weinen von 800 Winzern keine erschöpfende, doch verläßliche Auswahl präsentiert. Stärker auf Bezugsquellen und Preise ausgerichtet ist Christa Klauke und Friedrich Eberle, *Kursbuch italienischer Wein. Bezugsquellen aller wichtigen Erzeuger mit aktuellen Preisen. Mit Schwerpunktthema Südtirol/Trentino* (Rastatt: Stedtfeld 1992).

6.1 Einzelne Anbaugebiete

Eine ausgesprochen reichhaltige Literatur liegt zu einzelnen italienischen Weinbauregionen vor, nicht gerade zu **Friaul**, doch kann dieses für sich in Anspruch nehmen, daß Jürg Scheidegger mit dieser Region sein höchst ambitioniertes *Gesamtwerk italienischer Wein*, das auf 10 Bände geplant ist, begonnen hat: Jürg Scheidegger, *Friaul, Julisch-Venetien: Seine Weine und Weinmacher* (Luzern: Enolibri 1992). Doch trotz aller Detailfreude fehlen wichtige und präzise Auskünfte zu den Gütern und der Art der Vinifikation und des Weinausbaus, und das abgedruckte Kartenmaterial bleibt deutlich hinter den Standards von Johnson u.a. zurück.

Deutlich mehr Publikationen liegen zu **Südtirol** vor, darunter Bd. 2 des *Gesamtwerkes italienischer Wein* von Jürg Scheidegger, *Südtirol und Trentino: Seine Weine und Weinmacher* (ebd. 1993), für den die an dem ersten Band geäußerte Kritik wiederholt werden muß. Jürg Scheidegger sollte den weiteren Bänden seines großen Werkes zumindest in den genannten Punkten mehr Aufmerksamkeit widmen und sich nicht damit zufriedengeben, daß es deutlich dürftigere Bücher gibt, darunter etwa Jutta Born und Edgar Wessel, *Südtiroler Weinatlas* (Bozen: Athesia 1991). Dieser »Atlas«, laut Duden ein Sammelwerk geographischer Karten, enthält nicht nur keine einzige Karte, sondern auch derart allgemeine Informationen über Rebsorten, Anbaugebiete und Erzeuger, daß man sich unwillkürlich fragen muß, wem dieser Band nützen soll. Mehr hat man da in jedem Fall von Ulrich Koeppen, *Südtirol: Zum Kennenlernen und Genießen. Wein- und Spezialitätenführer für Reise und Einkauf. Der gastronomische und kulinarische Ratgeber mit ausgewählten Hotel- und Restaurant-Empfehlungen* (Mainz: Woschek o.J. [ca. 1993]), obwohl auch hier einige Wünsche offenbleiben. Vielleicht hält man sich dann lieber gleich an die deutsche Ausgabe des *Gambero Rosso, Reisen und Genießen in Südtirol* (Bern–Stuttgart: Hallwag 1992), in dem man auch etwas über den Wein und die Erzeuger der Region erfahren kann.

Mehr Interesse scheint dagegen **Piemont** zu finden, was angesichts der Bedeutung seiner Weine durchaus gerechtfertigt ist, was aber in Deutschland erst seit relativ kurzer Zeit erkannt worden ist. Friedrich Eberle und Christa Klauke konnten daher vor einigen Jahren mit ihrem Bändchen *Barolo & Barbaresco* (Düsseldorf: Econ 1990) noch als Pioniere gelten und haben eine sehr gelungene Einführung in diese beiden großen und erklärungsbedürftigen Weine geschrieben. Hannes Scherrer, *Piemonte: Die Rotweine des Piemont. Produzenten, Weine, Klassierungen* (Selbstverlag 1991), folgte schon bald nach. Getreu seinem Bordeaux-Buch hält er minutiös technische Daten fest und bringt sie in eine gefällige Ordnung, statt wirklich zu analysieren und

zu erklären. Mehr Gewicht kommt da zweifellos dem von Jens Priewe herausgegebenen Band *Reisen in die Welt des Weins: Piemont* (München: Zabert Sandmann 1992) zu, eine fundierte Einführung in die Weine Piemonts, seine führenden Erzeuger und die Probleme der Gegenwart. Der von Gerd Drechsler u.a. verfaßte Band *Besser Trinken: Piemont. Einkaufsberater für Weine aus Italien. Über 400 Weine beschrieben und bewertet* (München: di Vini 1993) verfügt nicht über diese thematische Breite, sondern stellt schwerpunktmäßig gut 60 Erzeuger und ihre Weine vor, wobei die wichtigsten Namen vertreten und die Bewertungen meist zuverlässig sind. Der letzte Titel stammt von Martin Kilchmann, *Weine des Piemont* (Cham/Zug: Müller Rüschlikon 1993), eine sehr ausgewogene und einfühlsame Darstellung mit deutlichem Problembewußtsein.

Die **Toscana** ist für viele Deutsche das Sinnbild Italiens, so daß sich ihre Weine stets besonderer Wertschätzung nördlich der Alpen erfreut haben. Einen der ersten seiner *Wein- und Spezialitätenführer für Reise und Einkauf* in seiner Serie *Zum Kennenlernen und Genießen* hat der Woschek Verlag Mainz daher bereits 1989 der *Toskana* gewidmet, eine brauchbare Einführung und Anleitung für den Toscana-Touristen. Fundierter sucht der von Jens Priewe und Eberhard Spangenberg herausgegebene Band *Reisen in die Welt des Weins: Toskana* (Steinhagen: Zabert Sandmann 1990) zu unterrichten, ein überaus informativer Band, in Stil und Gehalt dem Piemont-Band vergleichbar. Hannes Scherrer, *Toscana: Die Rotweine der Toscana. Produzenten, Weine, Klassierungen* (Selbstverlag 1991), hinterläßt hingegen den gleichen Eindruck wie mit seinem Piemont-Band: etwas für die Statistik, aber nicht für das Verständnis. Christoph Hennig, *Toskana: Ein Landschafts- und Erlebnisführer* (Badenweiler: Oase Verlag, 2. Aufl. 1991/92), ist zwar recht informativ, bringt aber nur sehr wenig über den Wein der Region. Anders Gerd Drechsler u.a., *Besser Trinken: Toskana. Einkaufsberater für Weine aus Italien. Über 400 Weine beschrieben und bewertet* (München: di Vini 1992), dessen Hauptaugenmerk dem Wein gilt. Sein Buch enthält aber erstaunlich viele Lücken, und er läßt sich von einer zu großen Euphorie hinsichtlich der vorgestellten Weine leiten: 144 der 429 Rotweine wurden mit 90–97 Punkten bewertet, nur 20 erhielten weniger als 80 Punkte. Friedrich Eberle und Christa Klauke, *Chianti* (Düsseldorf: Econ 1989), gehen zwar auch auf Tafel- und Weißweine des Gebietes ein, doch die gegenwärtige Problematik des Chianti bleibt außen vor. Einen offiziellen Steckbrief der Mitglieder des Consorzio del Gallo Nero hat der Verband vorgelegt: *Catalogo dei Confezionatori del Chianti Classico Gallo Nero/Katalog der Weinproduzenten des Chianti Classico Schwarzer Hahn* (Florenz: Consorzio del Gallo Nero 1988). Nur ein einziger weiterer Bereich hat daneben größeres Interesse gefunden, worauf an dieser Stelle verwiesen werden soll, auch wenn die Publikation bereits etwas älteren Datums ist: Emanuele Pellucci, *Brunello di Montalcino: Ein Wein, eine Geschichte* (Florenz: Editrice Toscanaverde 1986), eine eher touristische Einführung, ohne Auseinandersetzung mit den anstehenden Problemen. Zuletzt sei noch auf eine kleine touristische Broschüre aufmerksam gemacht, die als Vorbild für andere dienen mag: *La Strada del Vino: Costa degli Etruschi. D.O.C. Montescudaio, D.O.C. Bolgheri, D.O.C. Val di Cornia* (Villanova di Castenaso: Renografica 1993). Hier werden Informationen zum Wein mit touristischen Aspekten verknüpft und damit Wege zum Wein – bis zum Sassicaia – gezeigt.

7 Spanien

Eine erfreuliche Zahl von Neuerscheinungen liegt zu spanischen Weinen vor und macht damit auf deren wachsende Bedeutung aufmerksam. Zwei Titel behandeln dabei die Weine Portugals gleich mit: Charles Metcalfe, Kathryn McWhirter und Joanna Simon, *Die Weine Spaniens und Portugals* (Dietikon-Zürich: Stocker-Schmid und Stuttgart: Pietsch-Verlag 1989) und ebenfalls von Kathryn McWhirter und Charles Metcalfe, *Oz Clarkes Regional-Weinführer: Spanien – Portugal: Weiß- und Rotweine* (Cham/Zug: Müller Rüschlikon 1994). Angesichts desselben Autorenteams liegt der wesentliche Unterschied zwischen beiden Büchern in der Aufmachung und der Aktualität. Beide erscheinen im wesentlichen zuverlässig, und letzteres etwas benutzerfreundlicher. Der Band von Miguel A. Torres, Muricio Wiesenthal und Peter Hilgard, *Die Weine Spaniens* (Mainz: Woschek 1990) ist sehr informativ und mit vielen wichtigen statistischen Daten angereichert, außerdem hervorragend bebildert. Erzeuger stehen erst an zweiter Stelle, eine Zurückhaltung, die angesichts der Tatsache, daß es sich bei einem Autor um einen namhaften Erzeuger und bei einem weiteren um einen Weinhändler handelt, angebracht erscheint. Einen sehr ausgewogenen Band mit kritisch abwägendem Urteil hat Tony Lord mit *Spaniens Große Weine* (Cham–Stuttgart–Wien: Müller Rüschlikon 1991) vorgelegt, der sich in besonderem Maße als Einführung eignet. In der gängigen Form des Taschenführers ist Jan Read, *Spaniens Weine. Über 900 Weine aus allen Regionen*, zuletzt in der *Ausgabe 1993/94* (Bern–Stuttgart: Hallwag 1993), als solide und zuverlässig zu empfehlen. Mehr im Stil eines Reiseführers mit Karten, aber zugleich mit soliden Informationen über die Weinbaugebiete und ihre wichtigen Erzeuger, ist der

Band *Atlas der spanischen Weine: Lagen, Produzenten, Weinstraßen* (Bern–Stuttgart: Hallwag 1992) von Hubrecht Duijker angelegt. Vom selben Autor gibt es noch eine Art Taschenbuchausgabe: *Weinstraßen Spaniens. 41 Routen: Produzenten, Restaurants, Hotels* (Bern–Stuttgart: Hallwag 1994). Beide unterscheiden sich von dem Band von Desmond Begg, *Wein-Reiseführer Spanien* (Herford: Busse Seewald 1992), dadurch, daß sie sehr viel präziser und kenntnisreicher über Erzeuger und Weine informieren. Die solideste, umfassendste und aktuellste Information bietet aber der seit 1983 jährlich erscheinende *Guía de vinos Gourmets*, inzwischen in der 10. Ausgabe 1995 (Madrid: Gesdisa 1994), ein vorzüglicher und unbestechlicher Führer, der präzise die DO- wie die übrigen Gebiete, ihre Entwicklung, Rebsorten, Klima und Böden sowie die qualitativ führenden Bodegas vorstellt und ihre einzelnen Weine beschreibt und bewertet – unverzichtbar für jede seriöse Beschäftigung mit spanischem Wein. Ein letzter schmaler Band ist einem der bekanntesten spanischen Weine gewidmet: Peter Hilgard, *Rioja-Weine* (Düsseldorf: Econ 1989), kenntnisreich und zuverlässig, doch mit dem notwendigen Hinweis, daß der Autor selbst Importeur ist.

8 Portugal

Die Kenntnis portugiesischer Weine ist nicht nur in Deutschland immer noch beklagenswert gering, und Literatur über sie liegt kaum vor, wobei selbst der Portwein keine wesentliche Ausnahme darstellt. Sieht man einmal von den beiden unter Spanien aufgeführten allgemeinen Darstellungen von Kathryn McWhirter und Charles Metcalfe ab, bleibt fast nur die kleine, aber mangels weiterer Literatur nützliche Broschüre

Portugiesischer Wein von A-Z übrig, die 1993 vom Portugiesischen Handelsbüro Düsseldorf herausgegeben wurde. Um so notwendiger ist es, zumindest auf einen der beiden portugiesischen Standardweinführer hinzuweisen: José A. Salvador, *Roteiro de vinhos portugueses 1995* (Lisboa: Terramar 1994), ein detaillierter, qualitativ gewichtender Führer zu den Erzeugern und ihren Weinen, in Deutschland über das Zentrum für Bücher und Schallplatten in portugiesischer Sprache in Frankfurt/M. zu beziehen.

9 Übriges Europa

Von allen weiteren europäischen Weinbauländern findet **Ungarn** derzeit am meisten Beachtung. Am umfassendsten informiert gegenwärtig Michael Sailer, *Ungarn: Weingebiete und Weine mit Informationen und Ratschlägen für Weinkenner, Weinfreunde und Touristen* (Budapest: Medicina Könyvkiadó Rt und Nürtingen: Selbstverlag 1994), kein großer Wurf und ohne analytische Schärfe, aber es gibt nichts Besseres. Weniger brauchbar, da allgemeiner und unverbindlicher, aber auch wesentlich knapper ist József Katona, *Ungarischer Weinführer* (Budapest: Corvina, 2. Aufl. 1990). Ebenfalls noch aus der Zeit vor dem Umbruch und damit heute praktisch überholt ist der dürftige Band von Zoltán Halász und Ildikó Székely, *Von ungarischen Weinen* (Budapest: Agroinform 1989). Noch etwas älter – und mithin noch überholter – ist István Lázár, *Der König der Weine, der Wein der Könige: Das kleine Buch vom Tokajer Wein* (Budapest: Corvina 1987), dessen Informationen über den bedeutendsten ungarischen Wein mehr als dürftig sind. Besser informiert da zweifellos Michael Sailer, *Der Tokajer: Weine und Geschichte eines berühmten Weingebiets* (Nürtingen: Selbstverlag 1992), obgleich selbst damit immer noch ein gründliches Werk über die Erzeugung und Probleme des Tokajer not tut.

Nur ein Titel ist bezüglich **Griechenland** anzuzeigen: Miles Lambert-Gócs, *The Wines of Greece* (London: Faber and Faber 1990), verdienstvoll und solide, doch keineswegs erschöpfend, denn die neuesten großartigen griechischen Rotweine sind hier noch genausowenig wie in einem anderen mir bekannten Werk auch nur erwähnt.

Bleibt zum Schluß ein exotischer Tupfer: Gillian Pearkes, *Vinegrowing in Britain*, 2. Aufl. (London: Dent 1989), das in Großbritannien inzwischen als so etwas wie das Standardwerk für Anbau und Gewinnung von Wein gilt.

10 Außereuropäische Länder

Von den außereuropäischen Weinen wird derzeit in Deutschland zumindest literarisch das meiste Interesse den Weinen **Kaliforniens** entgegengebracht. Die derzeit beste Einführung stammt von Bob Thompson, *The Wine Atlas of California with Oregon and Washington. A Traveller's Guide to the Vineyards* (London: Mitchell Beazley 1993), der nunmehr auch in deutscher Übersetzung vorliegt als *Atlas der kalifornischen Weine mit Oregon und Washington: Lagen, Produzenten, Weinstraßen* (Bern–Stuttgart: Hallwag 1994). Praktisch eine Kurzform davon, wenn auch zuvor erschienen, ist der Führer des gleichen

Autors, *Kaliforniens Weine. Über 700 Produzenten aus 26 Regionen* (Bern–Stuttgart: Hallwag 1991), in dem allerdings Oregon und Washington nicht mitbehandelt sind. Nicht das gleiche Gewicht hat der Band von Rudolf Lantschbauer und Sepp L. Barwisch, *Die Weine Kaliforniens* (München: Hugendubel 1991) mit vielen Schwarzweißphotos, aber etlichen Fehlern. Substantieller – auch ohne Photos – ist dagegen James Laube, *California's Great Chardonnays. The Wine Spectator's Ultimate Guide for Consumers, Collectors and Investors* (San Francisco: Wine Spectator 1990), der eine Klassifizierung der Weine vornimmt. Auch wenn man in dem einen oder anderen Fall damit nicht übereinstimmen wird und der Titel etwas hochtrabend erscheint, wird man sich mit dem Buch auseinandersetzen müssen.

Zu **Australien** soll auf den Klassiker verwiesen werden: Len Evans, *Complete Book of Australian Wine*, das nunmehr seit über 20 Jahren erscheint und in überarbeiteter und aktualisierter Auflage (New York: Facts on File 1990), vorliegt und trotz seiner Bedeutung bislang nicht ins Deutsche übersetzt worden ist.

Der letzte Titel ist eine echte Kuriosität: Andreas Löwenstein, *Weinbau in der Volksrepublik China* (Saarbrücken-Scheidt: Dadder 1991), eine überarbeitete Berliner Magisterarbeit, die eine ebenso willkommene wie sachkundige Einführung in den immer bedeutender werdenden chinesischen Weinbau liefert.

Geschichte und Kultur des Weinbaus und des Weins

Eines der faszinierendsten Themen ist die Weingeschichte, und das grundlegende aktuelle Werk dazu hat Hugh Johnson geschrieben, *The Story of Wine* (London: Mitchell Beazley 1989). Die deutsche Ausgabe ist, nicht allein was den Untertitel angeht, nicht immer gelungen: *Hugh Johnson's Weingeschichte*.

Von Dionysos bis Rothschild (Bern–Stuttgart: Hallwag 1990). Eine ideale Ergänzung zu Johnson ist die zweibändige Publikation zur Steirischen Landesausstellung 1990 *Weinkultur*, herausgegeben vom Kulturreferat der steiermärkischen Landesregierung, Gesamtredaktion Ileane Schwarzkogler und Harald Vetter (Graz 1990). Zwar liegt ein gewisser thematischer Schwerpunkt auf der Steiermark, doch darüber hinaus werden in dem begleitenden Aufsatzband eine Fülle allgemeiner Themen der Weingeschichte und Weinkultur angesprochen, die dieser Veröffentlichung eine überregionale Bedeutung verleihen. Zwei Tagungsbände befassen sich ebenfalls mit dieser Thematik: *Le Vin des historiens. Actes du 1er Symposium Vin et Histoire 19, 20 et 21 mai 1989*, herausgegeben von Gilbert Garrier (Suze-la-Rousse: Université du vin 1990), mit rund zwei Dutzend Beiträgen von der Antike bis zur Gegenwart, und *Weinbau, Weinhandel und Weinkultur. Sechstes Alzeyer Kolloquium*, herausgegeben von Alois Gerlach (Stuttgart: Franz Steiner 1993), mit sieben Beiträgen unterschiedlichen Gewichts vom Mittelalter bis zum 20. Jahrhundert. Außerdem sei auf die von der Gesellschaft für Geschichte des Weins herausgegebenen *Schriften zur Weingeschichte* hingewiesen, die inzwischen bis zur Nr. 114 mit Beiträgen sehr unterschiedlicher Themenstellung gediehen sind. Einem Aspekt ganz besonderer Art ist der aus Anlaß einer Ausstellung der attischen Kleinmeisterschalen des 6. Jahrhunderts v. Chr in der Staatlichen Antikensammlung München erschienene Band, *Kunst der Schale – Kultur des Trinkens*, herausgegeben von Klaus Vierneisel und Bert Kaeser (München: Staatliche Antikensammlung 1990), gewidmet – eine eindrucksvolle Dokumentation griechischer Weinkultur. Die *Weinkultur der Römer* ist dagegen das Thema des teilweise als Lexikon, teilweise als Anthologie angelegten Bandes von Karl-Wilhelm Weeber (Zürich: Artemis & Winkler 1993) gewidmet. Ein großer zeitlicher Sprung ist es dann zu dem schmalen Band von Dieter Weber, *Der Wein im Herbst des Mittelalters. Ein kultur- und realiengeschichtlicher Bilderbogen* (Würzburg: Böhler-Verlag 1994), eine breit angelegte, mit zeitgenössischen Illustrationen versehene Kulturgeschichte des Weins zwischen dem 13. und 16. Jahrhundert mit dem Schwerpunkt auf Franken.

Einen noch eindeutigeren regionalen Bezug, zumeist mit dem Schwerpunkt auf den letzten ein- bis dreihundert Jahren, haben eine Reihe kleinerer und größerer Arbeiten oder Gelegenheitsschriften. Bezüglich Franken ist hier insbesondere die schöne Arbeit von Hermann Neubert, *Häckerarbeit in Franken. Ein Beitrag zur Sozial- und Kulturgeschichte des Steigerwaldvorlandes* (Würzburg: Königshausen & Neumann 1990) zu nennen. Zum 675. Jubiläum erschien als ergänzter Separatdruck Otto Meyer, *Das Bürgerspital Würzburg 1319 bis 1994* (Regensburg: Schnell & Steiner 1994), und aus gegebenem Anlaß kam *1691–1991: 300 Jahre Schloßkeller Castell* (Neustadt/Aisch: Verlagsdruckerei Schmidt 1991) heraus. Trotz kleiner Unrichtigkeiten verdient der Band von Manfred Halfer und Helmut Seebach, *Altes Handwerk und Gewerbe in der Pfalz* (Mainz: Bachstelz-Verlag 1991) Beachtung, denn bei diesem etwas unglücklich betitelten Buch handelt es sich in Wirklichkeit um eine Kulturgeschichte des Weins, die die verschiedenen Handwerke in der Entstehung, im Absatz und in der Überwachung von Wein behandelt. Stärker auf das 19. und 20. Jahrhundert zugeschnitten, aber mitunter nur am Rande den Wein behandelnd, ist ein weiterer Band von Helmut Seebach, *Was der Pfälzer Bauer nicht kennt... Essen und Trinken im Wandel der Zeit. Ein Beitrag zur Volkskunde der Pfalz* (ebd. 1991). Aus dem *Jahrbuch für Hausforschung*, Bd.

41: *Hausforschung und Wirtschaftsgeschichte in Rheinland-Pfalz* (Marburg: Jonas Verlag 1993), findet besonders der Beitrag von Klaus Freckmann, Kelterhäuser am Rhein und an der Mosel bis 1800 (S. 131–146), Beachtung. Eine Publikation besonderer Art ist Gerhard Aldinger zu danken, dessen Familie seit 500 Jahren in Fellbach Weinbau betreibt: *Wenn die Maura schwätza könntet. Ein Fellbacher Wengerter blickt zurück* (Remshalden-Buoch: Manfred Hennecke 1994), eine sehr persönliche Weinbaugeschichte Fellbachs und ihres Wandels in diesem Jahrhundert aus eigenem Erleben und mit viel Lokalkolorit angereichert.

Einige kleinere Schriften sind weiteren Orten oder Räumen gewidmet, darunter Martin Vöhringer, *Weinbau an Rems und Murr in Geschichte und Gegenwart* (*Typisch im Rems-Murr-Kreis*, H. 1, 1989). Längst vergessenen Weinbau ruft Werner Pohl wieder in Erinnerung: *Weinausschank und Weinbau im Bayerischen Wald in früheren Zeiten* (*Heimatkundliche Beiträge aus dem Viechtreich*, H. 40, 1990). Auf breiter Quellenbasis weiß Dieter Coburger über *Tausend Jahre mit Karst und Hippe. Historisches von der Rebkultur an der sächsisch-anhaltinischen und thüringischen Weinstraße* (Naumburg: Selbstverlag 1993) bzw. *Zur frühen Geschichte des Weinbaus in Thüringen* (Erfurt: Selbstverlag 1993) zu berichten. Noch unmittelbar vor dem Ende der DDR entstanden *50 Jahre VdgB Sächsische Winzergenossenschaft Meißen – 800 Jahre Weinbau im Elbtal* (Meißen: Winzergenossenschaft 1988) bzw. das Heft von Ingrid Zeidler, *Die Entwicklung des Weinbaus im Gebiet der heutigen Stadt Radebeul im 19. Jahrhundert* (Radebeul: Museum Haus Hoflößnitz 1987). An einen weiteren, längst vergessenen Weinbau erinnert Fritz Pape mit *Der Weinbau im ehemaligen Fürstentum Lüneburg. Eine landeskundliche und kulturgeschichte Studie* (Schriftenreihe des Stadtarchivs

Celle und des Bomann-Museums, H. 17, 1989).

Auf mehrere wichtige Nachdrucke soll hier noch aufmerksam gemacht werden. Das bekannte *Calendarium oeconomicum* von Johann Coler (Wittenberg 1591), ein frühes Beispiel der Hausväterliteratur, das so schöne Ratschläge über den Wein enthält, wurde 1988 nachgedruckt (Weinheim: Acta Humaniora). Im gleichen Jahr erschien bei Beck in München in der Bibliothek des 18. Jahrhundert der Nachdruck von *Johann Wallbergens Sammlung Natürlicher Zauberkünste oder aufrichtige Entdeckung vieler bewährter, lustiger und nützlicher Geheimnüsse, insbesondere denen Wein-Negozianten dienende.* In der Reihe *Les Classiques de la Vigne et du Vin* wurde das angesichts des allgemeinen zeitgenössischen Kenntnisstandes bemerkenswerte Werk von Pierre Reymondin, *L'Art du Vigneron* (Lausanne 1798) neu aufgelegt (Chapelle-Vaudanne: Ketty & Alexandre Editeurs 1992). Die *Practische Abhandlung über den steyermärkischen Weinbau* von Franz Xaver Rath (Graz 1824) ist dankenswerterweise vom Schnieder-Verlag Graz 1990 als Nachdruck herausgebracht worden. Die Schwäbische Verlagsgesellschaft Tübingen hat das Verdienst, ihre Reprintreihe der Werke von Johann Philipp Bronner um dessen Schrift, *Die teutschen Schaumweine. Für teutsche Weinzucht und teutsche Weintrinker* (Heidelberg 1842), erweitert zu haben. Auch der von Heinz Monz herausgegebene und eingeleitete Nachdruck von Ludwig Gall, *Der Nothstand der Winzer und seine Ursachen*, zuerst 1854 in seiner *Praktischen Anleitung, sehr gute Mittelweine selbst aus unreifen Trauben… zu gewinnen*, erschienen, mit denen er aus wirtschaftlichen Gründen die Methode der Naßzuckerung propagierte, ist nur zu begrüßen (Trier: Wissenschaftlicher Verlag 1993). Abschließend sei der Nachdruck von Eberhard Fritz, *Die Verbesserung des Wein-*

baus in Württemberg unter König Wilhelm I. (1816–1864) (Tübingen: Silberburg 1994), genannt, dessen Maßnahmen ihre Auswirkungen bis in das 20. Jahrhundert zeitigten.

Einen anderen Aspekt von Weingeschichte behandelt die Schrift von E. G. Zitzen, *Der Wein in der Wort- und Wirtschaftsgeschichte* (Rheinischer Landwirtschafts-Verlag 1990), bei der es sich um einen Nachdruck des Kapitels »Der Wein« aus dem 1952 erschienenen rheinischen agrargeschichtlichen Wortschatz *Scholle und Strom* handelt. Hier werden lexikalisch nicht nur Begriffe aus Weinbau und Weinkultur, sondern auch aus dem einschlägigen Handwerk und dem Brennereiwesen, nach Sachgruppen geordnet, erklärt. *Rund um den Wein* hat Theo Becker (Grünstadt: Emil Sommer 1990) sein Werk genannt, wobei es sich ebenso wie bei Alfred Hofmann, *Hofmanns Weingeist* (Mainz: Fachverlag Dr. Fraund 1990), um einen sehr persönlichen Exkurs in die Kulturgeschichte des Weins handelt. Einem ganz ausgefallenen Aspekt von Weinkultur und Volkskunde ist die Untersuchung von Gisela Graff-Höfgen und Dieter Graff, *Maria in den Reben: Brauchtum und Bekenntnis* (Saarbrücken: Saarbrücker Druckerei und Verlag 1990) gewidmet.

Einer sehr speziellen Thematik hat sich Helmut Arntz mit seiner Veröffentlichung angenommen: *Kognakbrenner: Der Geschichte vom Geist des Weines anderer Teil* (München: Saur 1990), in der der Verfasser sehr kenntnisreich die Geschichte der »Kognakbrennerei« vom frühen 19. Jahrhundert bis zur Gegenwart nachzeichnet und damit an eine erste Darstellung vor zwanzig Jahren anknüpft, in der er die Entwicklung bis zum Ende des 18. Jahrhunderts dargelegt hatte.

Dieser Titel mag zu einer Gruppe von Untersuchungen überleiten, die sich mit Brauch und Mißbrauch des Alkohols in der Geschichte beschäftigen. Als erster sei Pierre Fouquet und Martine de Borde, *Histoire de l'Alcool* (Paris: Presses Universitaires de France 1990), genannt, die knappste und gegenwärtig zuverlässigste Einführung in dieses Thema. Ein Spezialaspekt dieses Thema hat Didier Nourrisson mit *Le Buveur du XIXe siècle* (Paris: Albin Michel 1990) aufgegriffen und macht dabei deutlich, daß Alkoholismus letztlich in umfassende soziale Fragen mündet. Dieser Betrachtungsweise stimmt auch Hasso Spode, *Die Macht der Trunkenheit. Kultur- und Sozialgeschichte des Alkohols in Deutschland* (Opladen: Leske + Budrich 1993), zu, der den Umgang mit dem Rauschmittel Alkohol in Deutschland vom Mittelalter bis zur Gegenwart darstellt.

Nicht den Mißbrauch, wohl aber den genußvollen Gebrauch haben Gert von Paczensky und Anna Dünnebier, *Leere Töpfe, volle Töpfe: Die Kulturgeschichte des Essens und Trinkens* (München: Albrecht Knaus 1994), in ihrem üppig ausgestatteten Band im Sinn, auch wenn es darin auch ein nicht sehr gelungenes Kapitel über Alkohol und Antialkoholismus gibt. Irgend etwas in dieser Richtung hätte man angesichts seines Titels auch von dem einen oder anderen Beitrag in dem von Alexander Schuller und Jutta Anna Kleber herausgegebenen Band, *Verschlemmte Welt. Essen und Trinken historisch-anthropologisch* (Göttingen: Vandenhoeck & Ruprecht 1994), erwartet. Tatsächlich ist dem Thema Trinken kein Beitrag gewidmet, und die auf dem Buchumschlag abgebildete Weinflasche bleibt auch im übertragenen Sinne leer.

Weinrecht

Gesetzliche Grundlage sind die bestehenden Weingesetze und -verordnungen, die in den beiden bewährten Sammlungen von Hans-Jörg Koch, *Weinrecht-Kommentar* (Frankfurt: Deutscher Fachverlag), und Gabriel Pillmayer, *Weinrecht der EU, der Bundesrepublik Deutschland und der Bundesländer* (Regensburg: Walhalla und Praetoria) vorliegen und als Loseblattsammlung regelmäßig aktualisiert und auf den neuesten Stand gebracht werden. Beide Sammlungen sind unerläßlich zur Kenntnis der Rechtslage, die die Erzeugung und Aufmachung der Weine und den Handel mit ihnen regelt. Was nationale Bestimmungen der übrigen EU-Länder betrifft, so sei für Frankreich auf die Dekrete und Verordnungen der I.N.A.O. verwiesen, die ebenfalls fortlaufend herauskommen und den jeweils neuesten Rechtsstand der französischen Qualitätsweine wiedergeben.

Die Probleme der Angleichung des nationalen Rechts an das europäische Bezeichnungsrecht und das sich daraus ergebende hochkomplizierte Regelwerk hat Susann-Annette Storm in ihrer Tübinger Dissertation, *Das Europäische Weinbezeichnungsrecht. Die Möglichkeiten, Grenzen und die Kontrolle des Weinbezeichnungsrechts in der Europäischen Gemeinschaft* (Baden-Baden: Nomos 1990), untersucht. Während Storm sich dabei mit dem europäischen Weinbezeichnungsrecht und seiner Kontrolle und Überwachung beschäftigt, analysiert Ludwig von Zumbusch in seiner Münchener Dissertation, *Das Verhältnis des EG-Weinbezeichnungsrechts zum deutschen Wein- und Wettbewerbsrecht* (München: Verlag V. Florentz 1990). Beide erkennen die zwischen beiden Rechtsbereichen bestehenden Zielkonflikte, doch während Storm für eine wirksamere, grenzüberschreitende Kontrolle zur Lösung dieser Probleme plädiert, hält von Zumbusch eine verbindliche Einbeziehung der verfahrensmäßigen Aspekte bei der Durchsetzung gemeinschaftsrechtlicher Regelungen für ausreichend.

Ganz anderen Gegenständen haben sich Christopher Fielden und Jean Moise Braitberg zugewandt, indem sie im Interesse des ehrlichen Winzers und des unverfälschten Weins jene kleinen und großen Betrügereien, jene offenen und verdeckten Fälschungen und Verfälschungen aufdecken und auf jene Schlupflöcher des Gesetzes hinweisen, die immer wieder gesucht und gefunden werden. Sehr humorvoll liest sich das bei Fielden, *Der Weinbetrug. Etikette und Inhalt* (Cham: Müller Rüschlikon 1991), sehr viel kritischer bei Braitberg, *Le Scandale des vins frelatés. Les raisins de l'imposture* (Monaco: Editions du Rocher 1993).

Zum Schluß soll auf zwei sehr unterschiedliche Publikationen verwiesen werden, die verbindet, daß sie sich beide nicht nur unter einem rechtlichen Aspekt mit Wein befassen. Das erste Werk versammelt unter dem Titel *Alm und Wein. Aufsätze aus Rechts- und Wirtschaftsgeschichte*, herausgegeben von Louis Carlen und Hans Constantin Faussner (Hildesheim: Weidmann 1990), Aufsätze von Nikolaus Grass, von denen neun Aufsätze Themen aus der Rechts- und Kulturgeschichte des Weins insbesondere des Mittelalters und der Frühen Neuzeit gewidmet sind. Ganz anders die Broschüre mit den Beiträgen zum 2. Wein-Marketing-Kongreß des Deutschen Weinbauverbandes, *Profil durch Qualität und Umweltschutz* (Bonn: Deutscher Weinbauverband 1991), in denen es neben Fragen des Weinbezeichnungsrechts insbesondere um Ökologie in Weinbau und Weinvermarktung geht.

Weinkauf

Im wesentlichen sind die verschiedenartigen weiter oben vorgestellten Weinführer mit und ohne Klassifizierung von Weingütern und Winzern als Kaufhilfen gedacht. Ein spezielles Werk scheint jedoch aufgrund seines Autors vielfach marktbeherrschend zu sein: Robert M. Parker, Jr., *Parker's Wine Buyer's Guide*, 3. Aufl. (New York: Simon & Schuster 1993). So nützlich es auch ist, kann es die eigene Meinung naturgemäß nicht ersetzen, die häufig auf anders gewichtenden Kriterien beruht. Eine völlig andere Art von Ratgeber stellt Alice King, *A Bootful of Wine* (London: Mitchell Beazley 1993), dar, das in der Folge der EU-Bestimmung erschien, nach der jeder Unionsbürger 90 l Wein zollfrei einführen darf. Als Anleitung für Engländer beim Einkauf in französischen Supermärkten gedacht, kann es grundsätzlich auch anderen EU-Bürgern nützlich sein. Die hier gegebenen Aussprachehilfen werden vielen willkommen sein. Ergänzen läßt sich diese Hilfestellung jetzt auch bequem durch das von der Österreichischen Weinmarketingservice Gesellschaft herausgegebene *Wein-Wörterbuch. Eine Sammlung von über 1700 Stichwörtern aus allen Bereichen rund um den Wein: Deutsch – Englisch – Französisch – Italienisch* (Wien: Österreichischer Agrarverlag 1992), das dem Käufer begrifflich, allerdigs nicht in der Aussprache der ausländischen Termini weiterhilft. An den Verkäufer und nicht an den Käufer wendet sich die Broschüre von Gerd Hessert, *Nützliche Erkenntnisse zum Weinverkauf an den Endverbraucher (Direktvermarktung)* (Bingen: GEWA-Druck 1990), die sich auf Verbaucherbefragungen und Marktanalysen stützt. Als letztes sei ein Hilfsmittel besonderer Art angeführt: Karl Friedrich von Brandt, *Das Jahrhundertbuch. Wein und Wirklichkeit von anno 1900 – 1988* (ebd. 1989), das über deutsche Weinjahrgänge und Ereignisse in Deutschland informieren will, beides aber nur in recht oberflächlicher Weise leistet.

Geschmack, Genuß, Gesundheit

Geschmack kann man lernen, und das gilt erst recht für das Degustieren von Wein. Wenn man hier Ratgeber sucht, sollten sie etwas fundierter sein als jener von Friedrich Kurz, *Leitfaden für eine erfolgreiche Weinprobe. Nützliche Informationen für die Praxis* (Bingen: GEWA-Druck 1991), der degustatorisch die Besonderheit deutscher Weine herausstellen will, um dann pauschal Weine aus südlicheren Anbaugebieten als überreif, schwer, alkoholreich »und nach unseren Begriffen oft geschmacklich langweilig« zu bezeichnen, weshalb – notgedrungen, so muß man dann wohl hinzufügen – oft gar nichts anderes übrigbleibt, als sie zum Essen zu trinken (S. 25). Wer so urteilt, kennt einen Sassicaia, einen Pesquera, einen großen Burgunder oder Bordeaux nicht einmal vom Hörensagen. Die von der Landwirtschaftskammer Rheinland-Pfalz Bad Kreuznach in ihrer Schriftenreihe herausgegebene Broschüre *Grundlagen der Weinsensorik* (Bad Kreuznach 1991) ist auch nicht mehr als eine grobe erste Einführung und vermag nicht dazu anzuleiten, zwischen einfachen und großen Weinen zu unterscheiden.

Um substantielle Informationen zu erhalten, die erst eine wirkliche Orientierung mit Hilfe der eigenen Zunge erlauben, muß man wohl immer noch auf nichtdeutsche Autoren zurückgreifen. Schon etwas älter, aber immer noch nützlich, wenn auch die Ausrichtung auf den englischen Leser zumal in dem Deutschland betreffenden Teil offensichtlich ist und damit wohl letztlich eine Übersetzung ins Deutsche verhindert hat, ist Oz Clarke, *Wine Factfinder and Taste Guide* (London: Mitchell Beazley 1988), das einfühlsam, instruktiv und unverkrampft geschrieben ist. Hingegen ist Michael Schusters *Understanding Wine* ins Deutsche unter dem Titel *Der Weinkenner* (Bern–Stuttgart: Hallwag 1990) übersetzt worden und vermittelt durchweg zuverlässige Informationen über die Techniken des Degustierens, Faktoren des Geschmacks und die wichtigsten internationalen Rebsorten und ihre Weine. Einen anderen, weiter gefaßten Zugang hat Pierre Torrès, *Wein-Degustation* (Cham: Müller Rüschlikon 1992), gewählt, der sich ausführlich mit allen Aspekten der Degustation beschäftigt, zusätzlich auf die Verbindung von Wein und Speisen und die Anlage eines Weinkellers eingeht. Abschließend sei auf die Neuerscheinung des Großmeisters der Degustation hingewiesen: Michael Broadbent, *Weine prüfen, kennen, genießen* (Bern–Stuttgart: Hallwag 1992). Nirgendwo kann man mehr darüber lernen, wie man degustiert, wie man Degustationsnotizen anlegt und mit welchem Vokabular man den Wein beschreibt, von allen weiteren Informationen und Anleitungen ganz zu schweigen. Speziell auf das Vokabular ist die von Friedrich Kurz verfaßte Broschüre *Ratgeber für die Weinbeschreibung* (Bingen: GEWA-Druck 1988) abgestimmt, deren Niveau allerdings dem seines Weinproben-Leitfaden ähnelt. Etwas substanieller ist Bernulf Bruckner, *Das ABC der Weinsprache* (St. Pölten: Nie-

derösterreichisches Pressehaus o.J. [ca. 1991]), dem man gerne seine mitunter speziell österreichischen Nuancen nachsieht.

Den Bogen vom Verstehen zum Genießen versuchen einige Titel zu schlagen, darunter Eckhard Supp, *Wein für Einsteiger: Wein beurteilen, einkaufen, genießen – der leichte Weg zur Weinkennerschaft* (München: Gräfe und Unzer 1992). So zuverlässig hier der Text in der Regel auch ist, wird man es mit dieser allerersten Einführung kaum zum Kenner bringen. Auch mit dem Buch von Wilhelm Flitsch, *Wein: Verstehen und genießen* (Berlin: Springer-Verlag 1994), wird das nicht gelingen. Zu sehr schimmert der emeritierte Chemie-Professor durch, der zwar nützliche Fachinformationen zu geben weiß – etwa welche Faktoren und chemischen Bedingungen für die Entwicklung der Florhefe beim Sherry erforderlich sind –, man aber mitunter grundlegende, darüber hinausgehende Aspekte unbekannt sind wie etwa der, daß ein Oloroso einen sehr konzentrierten und komplexen, nußartigen, trockenen Geschmack voller Nuancen hat und lediglich für den Export mitunter gesüßt wird. Auch Rolf Kriesi und Peter Osterwalder, *Wein: Erleben & genießen. Die berühmtesten Weine der Welt, vermählt mit 57 köstlichen Gerichten* (Künzelsau: Sigloch 1994) halten nicht das, was der Titel verspricht. Zwar werden Lokalpatrioten entzückt sein, unter den »berühmtesten Weinen« die Scheurebe aus Rheinhessen und den Müller-Thurgau aus Sachsen anzutreffen, Seriosität läßt sich aber mit diesen und ähnlichen Verbeugungen nicht beanspruchen. Von allen hier behandelten Autoren ist offensichtlich Hugh Johnson – wen wundert es – der einzige, der sein selbst gewähltes Thema auch verstanden hat. *Wein genießen* (Bern–Stuttgart: Hallwag 1993) lautet der knappe, obwohl reichlich spät übersetzte Titel seines Buches, das jedoch alles andere als veraltet ist, denn was hier Johnson über Entkorken, Lagern, Dekantieren und Servieren, Beurteilen, Weinstile, Essen, Restaurant und besondere Anlässe im Plauderton zu erzählen weiß, liest sich mit ebensogroßem Gewinn wie Genuß.

Einem dieser Themen ist ein erstaunlicherweise offensichtlich erfolgreiches Büchlein von Rudolf Steurer, *Welcher Wein zu welchem Essen?* (Cham/Zug: Müller Rüschlikon, 6. Aufl. 1993), gewidmet. Der Erfolg dürfte allerdings eher aus der allgemeinen Unsicherheit als aus der Qualität der Aussage herrühren. Denn welcher Sinn liegt darin, zu einem bestimmten Gericht als französische Weine einen St. Estèphe, roten Graves, Pomerol oder Fronsac zu empfehlen, die alle miteinander kaum etwas gemein haben, statt generell Bordeaux-Weine? Warum in Deutschland, Österreich, Frankreich und anderswo krampfhaft nach einem passenden Wein zu einer bestimmten Pizza suchen – die alle bestenfalls zweite Wahl sind –, statt generell jeden mittleren italienischen Rotwein zu empfehlen, der bei allen regionsspezifischen Unterschieden grundsätzlich zu einem italienischen Gericht besser paßt als alles andere. Oder will Steurer etwa behaupten, der Zusammenhang zwischen regionaler bzw. – wenn vorhanden – nationaler Küche und den regionalen Weinen sei letztlich nur ein rein zufälliger und jederzeit auflösbarer? Wolfram Siebeck würde dem sicherlich widersprechen. Doch sein Buch *Über Wein* (Frankfurt: Eichborn 1992) gibt zu diesem Komplex nicht direkt eine Antwort, sondern es stellt eher eine Sammlung zusammenhängender-unzusammenhängender

Gedanken dar. Wer seinen Genuß noch weiter vertiefen möchte, dem sei noch ein Titel empfohlen, der sich nach Auskunft des Autors als Handbuch zum Weinsnobismus versteht: Leonard S. Bernstein, *Amüsanter Leitfaden für den perfekten Weinkenner* (Rüschlikon-Zürich: Albert Müller 1990), eine mitunter humoristische, mitunter snobistische Bettlektüre.

Den Genuß mit dem so zentralen Thema Gesundheit in Einklang zu bringen, ist das Anliegen einer Broschüre mit dem Titel *Bewußt genießen* (Bonn: Deutscher Weinbauverband 1992), die die Vorträge wiedergibt, die zu diesem Thema auf der Tagung des Deutschen Weinbauverbands 1992 in Stuttgart gehalten wurden. Dem Thema *Wein und Gesundheit* galt auch der Vortrag, den Dr. med. Dietrich Parade vor dem Rheingauer Weinkonvent hielt und der in deren *Beiträgen zur Weinkultur im Rheingau*, Nr. 3 (1989), veröffentlicht wurde. Ebenfalls von einem Mediziner, Horst Kreiskott, stammt die Broschüre *Gesundheit mit Wein* (Grünstadt: Emil Sommer 1991), während die neueste ausführliche und allgemein verständliche Abhandlung zu diesem Thema von dem Mainzer Sportmediziner Klaus Jung geschrieben wurde: *Wein: Genuß und Gesundheit. Eine Darstellung aus ärztlicher Sicht* (Mainz: Woschek Verlag 1994). Alle diese Untersuchungen, und die von Jung ist dabei die umfassendste und am besten belegte, münden in der Feststellung, daß der regelmäßige, aber mäßige Genuß von Wein positive Auswirkungen auf die einzelnen Organsysteme des Menschen hat und daher gesundheitsfördernd ist.

Der Wein in Kunst und Literatur

Auf den Ausstellungskatalog *Kunst der Schale – Kultur des Trinkens* wurde weiter oben bereits verwiesen. Viel mehr Titel sind zum Thema Wein in der Kunst nicht zu vermelden, ein Desideratum, dessen sich anzunehmen Aufgabe von Künstlern, Kunsthistorikern und an Kunst interessierten Autoren wäre. Der Band von Wolfgang Hubert und Heike Reith, *Wein und Kunst. Das Etikett – Was Künstler und Winzer verbindet* (Herford: Busse Seewald 1993), ist begrüßenswert, wenn auch drei Fünftel des Umfangs auf Deutschland entfallen und andere Länder mithin zu kurz kommen und die Autoren nur einen speziellen Aspekt des Themas Wein und Kunst aufgreifen. Ergänzen läßt sich diese Publikation durch den Katalog der Ausstellung »Les habits du vin« des Musée des arts décoratifs der Stadt Lausanne, *L'Étiquette de vin: Tendances contemporaines/Die Weinetikette: Heutige Tendenzen* (Denges: Editions Roth et Sauter 1990), der insgesamt eine breitere Perspektive aufzeigt und zwangsläufig weniger Beispiele aus Deutschland bringt.

In einer besonderen Weise als Ausdruck von Wein und Kunst ist der großartige Band von Peter Oberleithner, *Vinaria* (Wien: Oberleithner's Kulinarium-Verlag 1993) zu begreifen, der dank der außergewöhnlichen Photographien von Oberleithner über das Jahr des Rebstocks, die Rebsorten und die Entstehung von Wein als der wohl schönste Weinband der letzten Jahre anzusehen ist und in dem man immer wieder blättern kann.

Wesentlich mehr Autoren scheint das Thema Wein und Literatur zu beflügeln, wenngleich die Ergebnisse nicht immer die sind, was man erwartet. Wenn ein Verfasser selbst noch zu reimen beginnt, kann es sehr leicht peinlich werden. Das gilt leider für Hans

Grebe, *Lachen mit Weinen. Betrachtungen eines Weinfreundes* (Frankenberg: Kahm o.J.[ca. 1991]), dessen Einführung zum Wein eine Fülle sachlicher Fehler aufweist und weder in Stil noch Anordnung überzeugt, während seine nachfolgenden Gedichte an Goethes Vers über Hans Sachs erinnern. Das klingt sprachlich schon besser bei Günter-Joachim Musiol, *Rendezvous mit dem Wein. Verkostung in Reimen* (Mainz: Woschek, 2. Aufl. 1989), doch inhaltlich wirken seine Gedichte mitunter reichlich platt.

Auf sicherem Boden bewegen sich da jene Autoren, die nach dem Wein in der Literatur suchen, wie es Otto Böcher, Professor für Neues Testament, mit seiner kleinen Schrift *Der Wein und die Bibel* (Grünstadt: Emil Sommer 1989), tut, der kundig die zahllosen einschlägigen Stellen in der Bibel aufspürt und erläutert. Ein Werk ganz eigener Art ist der Band *Wein: Genuß und Kultur. Eine literarische Bestandsaufnahme der Weinkultur in unserer Zeit* (Mainz: Woschek 1989), der als Hommage an Ulrich von Pufendorf, einen der nachdrücklichsten Verfechter von Weinkultur in Deutschland, gedacht ist und mit seinen acht Beiträgen und weiteren literarischen Zeugnissen zur Weinkultur insgesamt ein unterhaltsames Wein-Lesebuch darstellt.

Ein vergleichbarer weinkultureller Anspruch geht gewiß nicht vom dem Sammelband *Bacchus lacht…, über 200 ausgewählte Witze und viele köstlich-heitere Anekdoten vom edlen Rebensaft, dem Trinken und dem großen Durst* (Bingen: GEWA-Druck 1989) aus, doch ob Bacchus über das, was hier geboten wird, wirklich gelacht hätte, darf mitunter bezweifelt werden. Auf deutlich höherem Niveau bewegt sich dagegen Rudolf Steurer, *Heiteres Weinverkosten* (St. Pölten: Niederösterreichisches

Pressehaus, 2. Aufl. 1993), der auch zahlreiche literarische Autoren zu Wort kommen läßt. Einen besonderen Genuß stellt in diesem Genre das schöne Buch von Karl-Diether Gussek, *Lustvolle Reise eines Weinfreundes in die Welt der Bücher* (Berlin–Leipzig: Faber & Faber 1994), dar, eine ebenso geistreiche wie unterhaltsame Sichtung der Literatur von der Antike bis zur Gegenwart unter dem Stichwort Wein, wobei mitunter überraschende Perspektiven aufgezeigt werden.

Im eigentlichen Sinne als Anthologien einschlägiger Poesie und Prosa der Weltliteratur zum Thema Wein sind sechs von unterschiedlicher Publikationen. zu bezeichnen. Der Vollständigkeit halber sei zunächst noch auf eine schon ältere Veröffentlichung verwiesen: *Launiges Wein-Brevier. Verse – Weisheiten – Wahrheiten* (Bingen: GEWA-Druck 1987), das auch Sprichwörter und Inschriften beinhaltet und insgesamt eher einen unterhaltenden Charakter har. Weiter gefaßt und durch ein nützliches Register erschlossen ist das schöne Bändchen von Paul Ziegler, *Wahrheit im Wein. Ein Brevier für Weinfreunde. Wein-Spruchweisheit aus dem Schatzkeller der Wein-Poesie* (Waldkirch: Waldkircher Verlag 1990). Mit stimmungsvollen Illustrationen von André Rawyler versehen ist der schmale Band von Walter Eggenberger, *Rebe und Wein in der menschlichen Kultur. Poesie und Prosa aus grauer Vorzeit bis ins 20. Jahrhundert* (Urnäsch: Säntis-Verlag 1993). Zwar wird man meist allseits Bekanntes entdecken, doch die geschmackvolle Aufmachung des Buches entschädigt einen dafür. Etwas ausgefal-

lenere Texte, insbesondere aus dem österreichisch-Südtiroler Raum, enthält das Büchlein von Peter Reisch, *Heiteres und Ernstes über den Wein. Gesammelt zwischen Persien und Tirol* (Bozen: Edition Raetia 1994), das im wesentlichen chronologisch angeordnet ist.

Die drei derzeit umfangreichsten Anthologien stammen von Mark Bannach und Martin Demmler (Hrsg.), *Trinkpoesie. Gedichte aus aller Welt* (Stuttgart: Reclam 1989), Herbert Heckmann, *Der beredte Bacchus. Weinliteratur aus allen Jahrhunderten* (Landau: Pfälzische Verlagsanstalt 1992), und Thomas Hocke, *WeinLese. Der Wein, die Literatur, der Wein. Texte über Wein* (Frankfurt: Eichborn 1995). Während sich der Reclam-Band als recht traditionelle Sammlung – lediglich ausführlicher als die bisher genannten – präsentiert, ist der von dem Präsidenten der Deutschen Akademie für Sprache und Dichtung besorgte Band eine wahre Fundgrube, dessen Wert noch durch die sachkundigen Erläuterungen zu den Autoren gesteigert wird. Angesichts des Umfangs des Buches (746 S.) wäre allerdings ein Register hilfreich gewesen. Der von Hocke herausgegebene Band ist dagegen thematisch aufgebaut und vereint in origineller Weise zu den Themen Faß/Glas, literarische Orte des Weins, Mensch und Wein, Rausch und Inspiration, Literatur und Sinnlichkeit, Einsamkeit und Geselligkeit, Wein und Politik, Geschäft/Winzer, Traum – Rausch – Literatur und Das Fest geht weiter Prosa und Poesie von der Antike bis zur Gegenwart, wobei man Bekanntem wie weniger Bekanntem begegnet.

Zeitschriften

Bezüglich der Zeitschriftensituation sind keine wesentlichen Neuerungen gegenüber der letzten Ausgabe zu vermelden. Als die führenden Publikumszeitschriften im deutschsprachigen Raum sind *Alles über Wein*, *Vinum* (Schwerpunkt Schweiz) und *Falstaff* (Schwerpunkt Österreich) längst etabliert. Zumal die führenden englischsprachigen Periodika *Decanter*, *The Wine Advocate* von Robert Parker, Jr., und *The Wine Spectator* finden in Deutschland wachsende Beachtung. Von den französischsprachigen Organen kann sich offensichtlich noch am ehesten und aus vielerlei Gründen *L'Amateur de Bordeaux* einer gewissen Aufmerksamkeit erfreuen. Aus dem Kreis weiterer einschlägiger Zeitschriften ist die *Vinaria* in Österreich offensichtlich verbreiteter als die *Degustation* von Mario Scheuermann in Deutschland, die ihren Newsletter-Stil nicht verloren hat. Schließlich erscheint als reines Fachorgan, auch nach seiner Trennung vom Deutschen Weinbauverband, *Das deutsche Weinmagazin* (früher: *Der deutsche Weinbau*). Weitere in- wie ausländische einschlägige Zeitschriften scheinen im allgemeinen nicht über einen sehr speziellen Abnehmerkreis hinauszukommen.

Wolfram Siebeck

Die Rosine im Kuchen

Über Küchen und Köche, Städte und Landschaften,
den Wein und den Zeitgeist

Band 12978

Die Kolumnen des »ZEIT-Schmeckers« Wolfram Siebeck amü-
sieren allwöchentlich Hunderttausende von Lesern – und regen
sie auf. Sein gnadenloses Beharren auf Qualität, Ästhetik und
Stil ist ebenso gefürchtet wie sein scharfer Blick auf die Schlu-
drigkeiten und Unzulänglichkeiten seiner Mitmenschen. Mit
Witz und polemischer Schärfe streitet Siebeck für die Erhaltung
und Schaffung von Lebensqualität auf höchstem Niveau. Gleich-
macherei im Mittelmaß ist ihm ein Greuel. Die Auswahl seiner
schönsten Kolumnen zeigt, daß der Blick des »Oberfeinschme-
ckers der Nation« weit über den Rand von Teller und Glas hi-
nausreicht. Auch außerhalb von Restaurants entdeckt Siebeck
vieles, was ihn stört und was man besser machen könnte. Außerdem hält er jede Menge praktischer Tips für diejenigen bereit, die es ohne großen Aufwand ein bißchen schöner, besser,
gefälliger haben möchten, die aber überkandidelten Luxus und
Scharlatanerie ebenso scheuen wie Siebeck selbst.

Fischer Taschenbuch Verlag